中國考古
研究會
成立三十
周年紀念

图书在版编目（CIP）数据

《中国李白研究》集萃 / 中国李白研究会秘书处，马鞍山李白研究所编．
-- 合肥：黄山书社，2017.9
ISBN 978-7-5461-6903-3

Ⅰ．①中… Ⅱ．①中… ②马… Ⅲ．①李白（701-762）—人物研究—文集 Ⅳ．① K825.6-53

中国版本图书馆 CIP 数据核字（2017）第 247516 号

《中国李白研究》集萃　　中国李白研究会秘书处 马鞍山李白研究所 编

出品人　王晓光
策划编辑　石　松
责任编辑　秦矿玲　张月阳
装帧设计　石　晓
出版发行　时代出版传媒股份有限公司（http://www.press-mart.com）
　　　　　黄山书社（http://www.hspress.cn）
地址邮编　安徽省合肥市蜀山区翡翠路 1118 号出版传媒广场 7 层　230071
经　　销　新华书店
印　　刷　合肥锐达印务有限责任公司
版　　次　2017 年 11 月第 1 版
印　　次　2017 年 11 月第 1 次印刷
开　　本　700mm × 1000mm　1/16
字　　数　1260 000
印　　张　66.25
书　　号　ISBN 978-7-5461-6903-3
定　　价　198.00 元（上下册）

服务热线　0551-63533706
销售热线　0551-63533761
官方直营书店（http://hsssbook.taobao.com）

《中国李白研究》集萃

中国李白研究会秘书处
马鞍山李白研究所 编

（上）

全国百佳图书出版单位
时代出版传媒股份有限公司
黄山书社

《李白丛书》之二编委会

《〈中国李白研究〉集萃》编委会

总 目 录

（上）

(下)

李白及其家人名字寓意之推断

周勋初

李白和他家庭中的人员所取的名字都很奇特，简直像是一连串的谜。古人视命名为大事，这些奇特的名字，当然不可能是随便取下来的。李白的家庭，从他的上代起，就已具有较高的汉族文化的修养，他们为子女所取的名字，为自己所取的别号，当然是有所考虑，赋予一定寓意的。推究起来，似乎也可发掘出某些踪迹，从而察觉其用意之所在。今将李白父子三代的名字略作考辨如下：

“客”的内涵

李白的父亲叫“客”。大家知道，古书上所说的客，只是一个代号，犹如五四时期的作家称某人为×先生一样。以人们日常用语的习惯称呼而言：对于外地来的人，可称之为客，《古诗十九首》之十八曰：“客从远方来，遗我一端绮。相去万余里，故人心尚尔”；而对远方来此的人来说，则是他乡做“客”。李白父亲的称呼，看来寓有上述双重含义。联系他的具体经历而言，这种称呼是很恰当的。因为他本来居住在西域，直到武后时才携家入蜀，定居绵州彰明县。从他的出身之地而言，万里跋涉至此，可谓他乡做客，而从本地人的眼中看来，则是“客从远方来”了。由此可知，这个“客”字不能作为姓名看待，它只是一个标志其特殊身份的代号。

李白之父自始至终没有正式的名字传世，享大名的儿子也没有留下先人的正式姓名，真是一大奇事。陈寅恪说：“其父之所以名客者，殆由西域之人其名字不通于华夏，因以胡客呼之，遂取以为名，其实非自称之本名也。”[1]这种假设有其道理。但后人仍应严格按照文献上的记载仅称之为“客”，因为没有任何材料可以证明旁人有称之为“胡客”的。

李白的姓名字号

在现存的各种文献记载中，这一家庭中的人员都坚持自称是李氏的子孙，而且明确地说，李白是凉武昭王暠的九世孙。

李阳冰《草堂集序》：“李白，字太白，陇西成纪人。凉武昭王暠九世孙，蝉联珪组，世为显著。中叶非罪，谪居条支，易姓与名。然自穷蝉至舜，五世为庶，累世不大曜，亦可叹焉。神龙之始，逃归于蜀。复指李树而生伯阳。惊姜之夕，长庚入梦，故生而名白，以太白字之。世称太白之精，得之矣。”

范传正《唐左拾遗翰林学士李公新墓碑序》：“公名白，字太白，其先陇西成纪人。绝嗣之家，难求谱牒。公之孙女搜于箱箧中，得公之亡子伯禽手疏十数行，纸坏字缺，不能详备。约而计之，凉武昭王九代孙也。隋末多难，一房被窜于碎叶，流离散落，隐易姓名，故自国朝已来漏于属籍。神龙初，潜还广汉，因侨为郡人。父客以逋其邑，遂以客为名。高卧云林，不求禄仕。公之生也，先府君指天枝以复姓，先夫人梦长庚而告祥，名之与字咸所取象。”

李白晚年，以永王璘事获罪，穷途末路，往投当涂令李阳冰。临死之前，请李氏为其文集作序，因此《草堂集序》中的这一段话，当是李白自叙其世系，具有可靠的文献价值。而这与范传正所见到的伯禽手疏所叙世系相符。这就说明，李白父子坚信他们的这一家庭出自陇西李氏。唐代的人经常有冒称出自某一著名郡望的习气，但像李白这样訚訚言之，就不太可能说这也是一相情愿的假托之词了。

范传正在《新墓碑》中申明李白的“名之与字咸所取象”，从上下文看来，这是伯禽手疏中的原则，颇有启发意义。它为后人了解李白家庭人员的名字，提供了一把钥匙。范传正的文字也正是依据这项原则而书写的。

所谓“先府君指天枝以复姓”和“复指李树而生伯阳”，涵义相同，说明这一家庭中的“李”姓，直到李白生后始行恢复。他的父亲当然认为自己是凉武昭王李暠的八代孙，但他或因长期流寓在外，居住西域，原来的名字不类汉人，因而不便贸然自称宗室子孙；或因沾染西域胡人的习气太深，作风有异，因而不便公开申言自己为宗室子孙。到了李白一代，也就可以不必顾及这些障碍，正式宣布“复”姓了。

唐代天子以姓李之故，自称是老子李耳的后代，李白要复姓，也得自称老子之后。这里李白的父亲采取了一种不寻常的措施，把李白的名字与老子诞生的事迹联系了起来。

葛洪《神仙传》中记叙了许多李耳诞生的传说，中云：

老子者，名重耳，字伯阳，楚国苦县曲仁里人也。其母感大流星而有娠。……或云：老子之母适至李树下而生老子，生而能言，指李树曰："以此为我姓。"（《太平广记》卷一引）

把李阳冰、范传正二人有关李白诞生的记载和葛洪《神仙传》中有关李耳诞生的记载加以比较，可知前者乃从后者脱胎而出，并且改动甚微，简直是活脱的翻版。这样做，寓有多种用意，目的似在说明：

（一）他们的这一个家庭，原来确是姓李。这是他们所一再坚持申言的。《赠张相镐二首》之二曰："本家陇西人，先为汉边将。功略盖天地，名飞青云上。苦战竟不侯，当年颇惆怅。"这也就是说：他们的始祖是李耳，远祖是李广，族出凉武昭王李暠，渊源有自，并非虚构。

（二）李唐皇室也自称是李暠之后，因此李白的这一家庭，出于皇室同一族系。只因远窜西域，与中原久失联系，从而与皇室无法联宗，只能暗中引为憾事。范传正在《新墓碑》中说到"绝嗣之家，难求谱牒"，实则范氏到李白的孙女家中了解情况时，距伯禽去世之时不远，伯禽之子外出不归亦仅十二年，如有谱牒流传，不会遽尔泯没。伯禽手疏十数行，还保存了下来。如果家中原来藏有李氏谱牒，恐怕不大会片纸无存。于是李白之父也就只能在李白的出身问题上做文章，假借神话传说中李耳诞生之事作暗示，所谓"指天枝以复姓"了。"天枝"即"天支"，内寓皇室支族之意。

（三）老子本居中原，后西行，《史记·老子列传》曰："居周久之，见周之衰，乃遂去。至关，关令尹喜曰：'子将隐矣，强为我著书。'于是老子乃著书上下篇，言道德之意五千余言而去，莫知其所终。"裴骃《集解》引《列仙传》曰："关令尹喜者，周大夫也。善内学星宿，服精华，隐德行仁，时人莫知。老子西游，喜先见其气，知真人当过，候物色而迹之，果得老子。老子亦知其奇，为著书。与老子俱之流沙之西，服巨胜实，莫知其所终。"这里说的"之流沙之西"，不是与李白上代的情况相同的吗？

（四）李白之"白"，五行方位属西。李白字太白，太白即金星，亦即长庚星。《神仙传》上叙老子之生乃因"其母感大流星而有娠"，李白的父母把大流星改称"长庚星"，当有其用意在。《诗经·小雅·大东》曰："东有启明，西有长庚。"长庚亦寓出自西方之意。《唐摭言》卷七《知己》："李太白始自西蜀至京，名未甚振，因以所业贽谒贺知章。知章览《蜀道难》一篇，扬眉谓之曰：‘公非人世之人，可不是太白星精耶！’”又李白在安禄山初反时，制《胡无人》乐府曰：“太白入月敌可摧”，虽是托言天官家占验之法，然亦寓有比喻义，认为自己在剿灭安禄山叛军的行动中可大显身手。《酉阳杂俎》前集卷十二《语资》：“禄山反，制《胡无人》，言‘太白入月敌可摧’。及禄山死，太白蚀月。”可见时人颇以西方明星目之，而他自己则以西方明星自居。

（五）李白自号青莲居士，见《答族侄僧中孚赠玉泉仙人掌茶诗序》，又《答湖州迦叶司马问白是何人》诗曰：“青莲居士谪仙人，酒肆藏名三十春。湖州司马何须问，金粟如来是后身。”杨慎《丹铅续录》卷兰：“李白生于彰明县之青莲乡，其诗云‘青莲居士谪仙人’是也。”此说似是而非，前人已加驳正。《唐诗纪事》卷十八《李白》引东蜀杨天惠《彰明逸事》云：“学者多疑太白为山东人，又以匡山为匡庐，皆非也。今大匡山犹有读书台，而清廉乡故居，遗址尚在，废为寺，名陇西院。”可见李白的故居名叫清廉乡，作青莲乡者误。王琦《李太白年谱》释青莲曰：“青莲花出西竺，梵语谓之优钵罗花，清净香洁，不染纤尘，太白自号疑取此义。”西竺之地，古时也认为属西域，《三国志》卷三十《魏书·东夷传》裴松之注引《魏略·西戎传》曰：“《浮屠（经）》所载与中国《老子经》相出入，盖以为老子西出关，过西域之天竺。”故后世有唐僧西天取经之说。青莲花亦生西域，岑参《优钵罗花歌并序》有记载。

由上可见，李白的姓、名、字、号，都有寓意。这一家庭中人坚信自己出自陇西成纪一族，乃凉武昭王暠之后，只是移居西域已久，谱牒无存，回到中原之后，不能与皇室联宗，因而只能比附李耳故事，说明本家族之迁徙经过。这些故事反映出了一种偏执的逆反心理，“客”与李白在无法证明原属陇西一系之后，采用隐语的手法，定要说明这一家族出自西方的李姓，于是在李白的姓、名、字、号中，或寓来自西方之意，或寓本姓李之意。尽管言词闪烁，但统而观之，仍有其线索可循，从而有可能逆探其用意之所在。

释“月圆”

李白有个妹妹叫“月圆”，亦见上引《彰明逸事》。

月是李白笔下出现次数最多的一种天象。今知李白之父为其女儿取名“月圆”，可见这一家庭中人都对“月”有偏爱。

古时的人都喜欢将日月对举而言之。日生于东，则月生于西。《文心雕龙·通变》篇中说：“相如《上林》云：‘视之无端，察之无涯，日出东沼，月生西陂。’马融

《广成》云：‘天地虹洞，固无端涯，大明出东，月生西陂。’……”可见月与“西方”联系之紧密。

为什么“月”与“西方”会有如此紧密的联系呢？这是因为：古人认为日出东方的扶桑，月出西方的月窟。扬雄《长杨赋》曰：“西厌月蜎，东震日域。”李善注引服虔曰：“蜎音窟，月所生也。”（《文选》卷九）梁简文帝《大法颂》曰：“西逾月窟，东渐扶桑。”（《广弘明集》卷二十）唐人持同样的认识，岑参《北庭贻宗学士道别》诗曰：“荷戈月窟外，擐甲昆仑东。”《热海行送崔侍御还京》诗曰：“势吞月窟侵太白，气连赤坂通单于。”刘禹锡《送工部张侍郎入蕃吊祭》诗曰：“月窟宾诸夏，云官降九天。”……都以月窟为西域远地。

李白在《上云乐》中说：“金天之西，白日所没。康老胡雏，生彼月窟。”李白坚信自己乃李姓之后，与胡人无涉，但从他对月的称颂中，可知其用意亦与月窟有关。他所说的“月”，原来寓有出自西域极边之地的寓意。

李白在《关山月》中动情地说：“明月出天山，苍茫云海间。长风几万里，吹度玉门关。”联系李白家族的身世，再来考察这首诗中的情绪，应该认为，李白之咏月具有比喻义。如此读去，则可发现李白笔下的“月”，以及他的妹妹名字叫月圆，原来都寓托着对远西出生之地的怀恋。

在李白的集子里，有一首难得确解的诗《江西送友人之罗浮》，诗中说：“乡关眇安西，流浪将何之？”王琦注：“杨齐贤曰：‘唐安西大都护府，初治西州，后徙治高昌故地，又徙治龟兹，而故府复为西州交河郡。’琦按文义，‘安西’字疑讹，指为陇右道安西大都护府者，恐未是。”这两句诗，确是很难解释清楚，但传世各本均如此，后人只能根据“安西”本义作出解释。或许这里文字前后有佚，但联系李白的身世，则不能不承认它是绝对正确的自白。于此可见，李白一家对于他们的出身之地，抱有极为深厚的感情。

又李白在《寄远十二首》之十中说：“鲁缟如玉霜，笔题月支书。寄书白鹦鹉，西海慰离居。”因为这一户人家到绵州定居时，李白已是五岁的孩子了，对于西海故地，理当有一些模糊的记忆，而他生活在这样一个具有浓郁的西域文化色彩的家庭中，也就有可能运用月支书来表达衷肠。由此可知，在李白的笔下，不论是有寓意的月，还是明确提到的“安西”“月支”，都反映了这一家庭对流寓西域这一段历史的深深怀念。

但李白在有一些诗中，则又说到月出蜀地，《剑阁赋》曰：“若明月出于剑阁兮，与君两乡对酒而相忆。”《峨眉山月歌送蜀僧晏入中京》诗曰：“月出峨眉照沧海”……不论月出月窟或天山，还是月出峨眉或剑阁，都指月出李白一家的生身之地。这种对明月升起的地方的歌颂，反映出他心中某种缠绕不清的思绪，所以在笔下自然地流露了出来。

伯禽、明月奴、颇黎诸名考辨

李白还替他儿子取了一个名字,叫作明月奴。这也是与众不同的命名方式,一直引起人们的惊诧。

按“奴”为贱役之称,此词唐前已习用。《晋书》卷六《明帝纪》:“(太宁二年)六月,(王)敦将举兵内向,帝密知之,乃乘巴滇骏马微行,至于湖,阴察敦营垒而出。有军士疑帝非常人。又敦正昼寝,梦日环其城,惊起曰:‘此必黄须鲜卑奴来也。’帝母荀氏,燕代人,帝状类外氏,须黄,敦故谓帝云。”而自魏晋南北朝至唐宋,贵族官僚家中经常拥有自南海贩运过来的土著昆仑族人,习称之曰昆仑奴。显然,这是以西域一地结合“奴”字而成的专用名称。

《三国志》卷四八《吴书·三嗣主(孙休)传》裴松之注引《襄阳纪》曰:“(李)衡每欲治家,妻辄不听,后密遣客十人于武陵龙阳泛洲上作宅,种甘橘千株。临死,敕儿曰:‘汝母恶吾治家,故穷如是,然吾州里有千头木奴,不责汝衣食,岁上一匹绢,亦可足用耳。’衡亡后二十余日,儿以白母,母曰:‘此当是种甘橘也。’”明月奴的命名方式与甘橘而曰“木奴”,有一致之处。“奴”乃昵称,由贬词转来是小名的后缀词。明月寓西方之意,二者合称,犹如说此儿乃是西方的小家伙。

明月奴的大名叫伯禽,这个名字也是非常奇特的。

众所周知,伯禽是周公的长子。李白的性格虽然狂放,但也不大可能自比周公,而且从他的诗文中来看,似乎也没有自拟儒家圣人的兴趣。当然,像他这种性格的人,也不会去捡拾别人的名字来给自己的儿子命名。

看来这里也是运用了隐语的手法。《刘宾客嘉话录》中一则曰:

> 窦群与袁德师同在浙西幕,窦群知尉,尝嗔堂子,曰:“须送伯禽。”问德师曰:“会否?”曰:“某乙亦不到如此,也还曾把书读,何乃相轻?”诘之:“且伯禽何人?”德师曰:“只是古之堂子也。”满座人哂。(《太平广记》卷二六〇引)

唐兰释“伯禽”曰:“按此所谓庾词也。‘伯禽’名鲤,谐‘理’或‘李’,指司法也。”[2]这就可以明白了,李白之子名“伯禽”,原来寓托着姓氏所出的意思。这与其父“指天枝以复姓”的用意一样。

伯禽一名暗寓“李”字,和他的小名一样,还暗寓“西方”之意,因为古时还有李出西方的说法。沈约《咏李诗》曰:“青玉冠西海,碧石弥外区,化为中国实,其下成路衢。”可见李白给他的儿子取名时,寓有希望这一西方之宝来中国结实的用意。

魏颢《李翰林集序》中说他还曾生下一个儿子,取名为“颇黎”。这也是令人感到奇怪的事。在汉人的名字中,似乎很少见到这样的命名。

按“颇黎”即“玻璃”,原来大约只是一种天然的水晶石,古时归之为玉类。熊忠《古今韵会举要》卷二曰:“玻璃,亦西国宝。此云水玉,千岁冰化。亦书作颇黎。”《旧唐书》卷一九八《西戎传》中即说波斯出玻璃。唐人甚为重视这种远方而来的珍宝,屡见之诗什,如韩愈《游青龙寺赠崔大补阙》诗曰“灵液屡进颇黎碗”,李贺《秦王饮酒》歌曰“羲和敲日玻璃声”,温庭筠《菩萨蛮》词曰“水晶帘里颇黎枕”等均是。

颇黎即玉,乃西方之特产,在李白笔下,也就与明月结合了起来。《古朗月行》曰:“小时不识月,呼作白玉盘。”原来他的两个儿子的命名,都寄寓着他对出身之地的系念。

“平阳”的寓意

李白在《寄东鲁二稚子》中说:“娇女字平阳,折花倚桃边。折花不见我,泪下如流泉。小儿名伯禽,与姊亦齐肩。双行桃树下,抚背复谁怜?”可知他的长女叫作“平阳”。

“平阳”一名又有什么涵义?

熟悉唐诗的人,立即就会想到王昌龄的《春宫怨》诗,内云:“平阳歌舞新承宠,帘外春寒赐锦袍。”这里说的是汉武帝到他姐姐平阳公主家中,遇到舞姬卫子夫的事。卫子夫以歌舞得宠,甚至做到了皇后,后世即以平阳歌舞指称能歌善舞的女子。

以这样的词汇给自己的女儿取名,在具有正统观念的古代文士中,也是难以看到的。

李白毕竟出身于一个由西域迁来的受胡族文化影响很深的家庭,音乐歌舞成了他特殊的爱好。当时的乐舞,传统的清乐多用于宗庙祭祀,虽然古雅,但已难邀时人的赏识;风行朝野的,主要是西域和西南地区的音乐歌舞,李白的喜好,当然不会例外。

他在诗中多次提到胡姬的美貌和擅长音乐,《前有樽酒行》中说“胡姬貌似花”,《少年行》中说“笑入胡姬酒肆中”,《白鼻騧》中说“挥鞭直就胡姬饮”,《猛虎行》中说“胡雏绿眼吹玉笛”,《醉后赠王历阳》中说“双歌二胡姬,更奏远清朝”……因为他长于西域的胡化家庭，从小培养起对歌舞的爱好，于是他为女儿命名时，也就采取“平阳”这一罕见的名字了。

过去曾有人认为，李白本身就是一个胡人。这种看法虽有一定道理，但在很多地方无法讲通，因为他在有些地方对“胡”地的东西并无好感，甚至还有诋斥胡人的言辞，提出过讨伐胡人的主张。假如他是一个胡人，也就不大可能会有这样的情绪了。但李白的家庭与胡人毕竟关系甚深。魏颢在《李翰林集序》中提到，当他们在广陵见面时，李白“眸子炯然，哆如饿虎”。有人就以为这种相貌“有些和古书上所说的什么‘碧眼胡僧’等差不多”。[3]这可是流于求之过深的臆断之词。但是这一记载可以用来说明李白的长相颇与平常的人不同。李白的血液中，当有胡人的成分，而这是完全可以理解的。因为自李暠始，有好几代的人一直生活在当时国际交往最为频繁的丝绸之路上。在他的上代，难免会有与异族通婚之事。只是如上所言，这一家庭中人坚信自身出自陇西成纪的李姓之后，这是与纯粹的胡人颇不相同的；而他在给子女命名时又强烈地体现出了对西域文明的爱好，这种情绪，则又是无法在盛唐时期的其他诗人中见到的。

剔骨葬法与突厥遗风

在上述各节中，我对李白及其家人名字之寓意，作出种种解释，因为李白及其家庭人员本身对其名字没有提供直接的说明，因此上述各种解释，只能说是一些拟测推断之辞，有待于进一步的论证。下面我再就李白的奇特作风，提出一个具体问题来讨论，借以说明他曾受多种文化的影响，可与上述诸说互证。

李白的有些做法简直叫人无法理解，因为它与一般人的作风相去太远了。例如他在《上安州裴长史书》中说：

> 昔与蜀中友人吴指南同游于楚，指南死于洞庭之上，白禫服恸哭，若丧天伦，炎月伏尸，泣尽而继之以血。行路闻者，悉皆伤心。猛虎前临，坚守不动。遂权殡于湖侧，便之金陵。数年来观，筋骨尚在，白雪泣持刃，躬身洗削，裹骨徒步，负之而趋，寝兴携持，无辍身手，遂丐贷营葬于鄂城之东。

这种葬法，汉族中人自古至今无有所闻，但在中原地区之外的其他民族中，则有这一类的葬法流行。《墨子·节葬下》曰：“楚之南，有炎人国者，其亲戚死，朽其骨而弃之，然后埋其骨，乃成为孝子。”《列子·汤问》篇同，唯作“歺其骨而弃之”，殷敬顺《释文》：“歺本作呙，音寡，剔肉也。”《太平御览》卷七九〇与《太平广记》卷四八〇引《博物志》，亦引炎人之国事，均作“刳其肉面弃之”。

又宋代朱辅《溪蛮丛笑》中《葬堂》一节，所记者与此相似，文曰："死者，诸子照水内，一人背尸，以箭射地，箭落处定穴，穴中藉以木，贫则已。富者不问岁月，酿酒屠牛，呼团洞，发骨而出，易以小函。或枷崖屋，或挂大木。风霜剥落，皆置不问，名葬堂。"可见李白的葬友之法，和炎人之国的葬法类同，都要"刳其肉"而后"埋其骨"。

这种葬法，在民俗学上叫作剔骨葬，或称二次检骨葬。

谈据罗开玉介绍，云南的傣族、布依族，古代都采用二次检骨葬。仫佬族，古今都采用二次检骨葬。壮族则在当今实行二次检骨葬。[4]李白五岁入蜀，到二十多岁离开家乡，这段时间一直住在绵州彰明县。此地周围有多种民族杂居。他曾受到此间文化的影响，也是完全有其可能的。常明、杨芳灿编于嘉庆年间的《四川通志》卷五四《舆地·古迹》龙安府彰明县青莲乡条曰："龙安府平武县有蛮婆渡，在江油青莲乡，相传李白母浣纱于此，有鲤跃入篮中，烹食之，觉有孕，而生白。"这是一种传说，里面竟称李白的母亲为蛮婆了。蛮是古代对南方一些民族的泛称，李白之母不可能出于南方的某一民族。在《警世通言》等小说中，则有"李谪仙醉草吓蛮书"等神奇传说，凡此种种，无非说明李白曾受蛮方文化的影响罢了。这些传说当然不足凭信，但从李白采用剔骨葬法这一点来说，则又不能说它是绝无根据的拟测之词。

《周书》卷五十《突厥传》言该族之葬法曰："死者停尸于帐，子孙及诸亲属男女各杀羊马，陈于帐前祭之，绕帐走马七匝，一诣帐门，以刀剺面且哭，血泪俱流，如是者七度乃止。择日取亡者所乘马及经服用之物，并尸俱焚之，收其余灰，待时而葬。春夏死者，候草木黄落，秋冬死者，候华叶荣茂。然后坎而瘗之。"韩儒林重译之丹麦V·汤姆森《〈蒙古古突厥碑文〉》导言中说："至于突厥葬仪，中国史籍所记载者，只能适用于其上等人。"[5]可知一般突厥民众之葬法，当又有不同。岑仲勉《突厥集史》于上述《周书·突厥传》引文之后，又引Czaplieka氏《历史上及现代之突厥族》一书中文，也叙突厥古代葬仪云："吾人必须假定既死之后，尸放墓外或置于临时之墓，待其肉完全消化。此项习俗，正与中国史所言春夏死者候草木黄落……相符。"（九〇页）[6]这是突厥族采用二次检骨法葬仪的最好说明。

李白为友人吴指南行二次检骨法葬仪，就可能与他早年生于碎叶，其家族长期生活在西突厥的统治区内，接受突厥文化的影响有关；也有可能与他生长于蜀地，接受蛮族文化的影响有关。当然，李白此举到底受了哪一个民族文化的影响，难以确说。但从他对西方之地的眷恋之情而言，则似以受西域文化影响的可能性为大。他采用的是一种与华夏文化的葬仪截然不同的剔骨葬法，确是一件令人感兴趣而值得深入探讨的事。

读李白的作品，了解李白的为人，总觉得他与当时一般的汉族文人颇不相同，今知他生长在一个由西域地区迁来的家庭之中，接受的是多种文化的影响，那么对于他的个人特点，也就可以有所了解了。

李白家庭人员何以喜用隐语命名

看来李白的父亲对于汉族文化已有较高的修养。李白《秋于敬亭送从侄耑游庐山序》云："余小时大人令诵《子虚赋》，私心慕之。"可见他们父子二人都很喜爱司马相如的辞赋。从上面的某些引述中，也可看出他们受到了《子虚赋》的影响。

《子虚》《上林》，原为一赋。[7] 司马相如通过子虚公和乌有先生的对话，反映他内心一些隐微的想法，子虚乌有，也就成了虚构的代词。李氏家族中人的命名，什么伯禽、平阳等，不也是承此而来，曲意虚构的吗？这里不是采用了类似于司马相如的同一手法吗？

《上林赋》中说到"月生西陂"，应该说与月圆、明月奴等名字的出现有关。

《子虚》《上林》中侈陈珍宝的文字，可以激发颇黎等名字的产生。

在李白的创作中，《大鹏赋》等文字的产生，固然与《庄子》中的文字与思想有关，但从文体与创作手法的渊源来考察，应当说是直接导源于《子虚》《上林》等赋。由此可见，李白深受辞赋的影响。司马相如等人常用的一些创作手段，在李白一家命名之时也被采用了。因此，李白家人名字之中都有寓意，揭示其中的隐微之处，也就可以发现许多有关李白家世和个人特点的新鲜信息。

注释

[1]《李太白氏族之疑问》，载《清华学报》第十卷第一期，后收入《金明馆丛稿初编》。

[2]见《〈刘宾客嘉话录〉的校辑与辨伪》，载《文史》第四辑。

[3]胡怀琛《李太白的国籍问题》，载《逸经》第一期(1936 年 3 月)。

[4]罗开玉《中国丧葬与文化》第三章"丧葬与民族"，海南人民出版社，1988 年版。

[5]林幹编《突厥与回纥历史论文选集》上册，中华书局，1987 年版。

[6]此书原名 M. A. Czaplicka《The Turks of central Asia in history and at the present day》，牛津大学出版社，1918 年版。岑氏以为此书上述"引证殊误"，然恰普列卡此说乃是引证另一学者之考古发掘报告而提出的，且云"从中国和希腊笔下有关古代突厥人丧葬风俗的记载是一致的"，虽然我还不太了解他引用的是哪一位希

腊作家的记载，但想来当非妄说。

[7]有关《子虚》《上林》二赋之间的关系，请参看高步瀛《文选李注义疏》卷七《子虚赋疏》。

关于李白离开永王军的时间问题

——以《南奔书怀》[1]诗为中心

[日]松浦友久

李白何时离开永王李璘的军队，这不仅是个客观性的考证问题，而且是李白本人的价值观念问题，因此，有着比较重要的研讨价值。

学术界对这个问题的看法，大约可以分为两种。第一种看法是：李白在永王军队和肃宗军队交战以前就离开了永王军队，这是学术界比较多数人的见解。第二种看法是：李白在永王军队被打败以后才离开永王军队，这是比较少数人的见解。

首先考察第一种看法。

《新唐书·李白传》："永王璘辟为僚佐。璘起兵，逃还彭泽。"清王琦把它解释为："是广琛奔走广陵之日，即太白逃亡彭泽之日也。"[2]这就是说，李白是在丹阳双方军队对峙的阶段就向彭泽逃跑的。黄锡珪《李太白年谱》同样解释："太白之奔亡，在季广琛等遁逃之时。约在前一二日，尚未交兵之时也。"[3]

乔象钟《李白从璘事辨》[4]一文，则更详细地加以考证，认为：

一、《南奔书怀》一诗中的"主将动谗疑，……从风各消散"这一段六句的内容，符合新旧《唐书》的将士幕僚各自奔亡的情形。

二、双方军队打仗，永王奔向晋陵，而扬子津的李成式渡大江而抵达新丰湖附近；也就是说，其地点并不是在长江沿岸，也不是在丹阳、丹徒城附近。因为，这不符合《南奔书怀》中的"自来白沙上，鼓噪丹阳岸"和"舟中指可掬，城上骸争爨"的情况。

由于这两点，乔先生也把李白的南奔看作是在双方军队交战以前的某一天。

现在再考察第二种看法。

如上面已经提到的那样，清朝王琦《李太白年谱》说，李白和季广琛同日逃亡；但他在《南奔书怀》诗的注文[5]中却把“自来白沙上，……从风各消散”和“舟中指可掬，城上骸争爨”这几句，解释为永王在新丰与鄱阳打仗时的一种修辞性的记载。这可以说是间接地支持第二种看法的态度。

又，詹锳先生《李白诗文系年》[6]一书，引用《新唐书·刘晏传》：“（永王）璘反，（晏）乃与采访使李希言谋拒之。……会王败，欲转略州县。闻晏有备，遂自晋陵西走。”又引《资治通鉴·至德二载》二月“戊戌永王璘败死”一条的考异：“……（永王）及其败也，自丹阳，奔晋陵，以趣鄱阳，其道里节次可验。”然后得出结论：“此诗盖太白自丹阳南奔晋陵途中作也。”这同样可以说是间接地支持第二种看法的态度。

那么，这两种看法究竟哪一种正确呢？我认为第二种看法是正确的。这有四个理由。

第一个理由是：《南奔书怀》一诗可以认为是李白在从丹阳南奔的路上所作。因为，A 按照诗的题目《南奔书怀》；B 按照题目底下的校语“一作《自丹阳南奔道中作》”；C 按照诗句本身的“鼓噪丹阳岸”；这首诗都只能解释为，从丹阳南奔的路上所作才合适。并且，由于晋陵（常州）位于丹阳的东南，因此永王败走正符合“南奔”这两个字。还有一点必须指出，这一带是运河很发达的水乡地区。因此，《南奔书怀》一诗中“水战”的记载，也不必认为不符合实际情况。最重要的是，永王水军的败走，如像《资治通鉴》[7]所记载的“具舟楫而去”那样，正是利用水路逃亡的。

第二个理由是：由于李白终于被捕坐牢被流放夜郎。如果李白在双方军队交战以前，就像季广琛那样答应朝廷方面的招谕而离开永王水军的话——即使是因为作为《永王东巡歌》的作者而要受到一些责问，但很难想象会受到“下狱”“流放”那样严酷的处分。招谕工作的前提是对投诚者、归顺者赦罪或者减刑，何况所有资料中并没有李白在永王幕府里担任重要工作的证据，据《新唐书》的记载，李白只不过是个“僚佐”而已。

关于这一点，王琦在《李太白年谱》[8]中说：“乃广琛以拥众归降，位至节度。太白以只身逃遁，不免窜流。固遇之幸不幸也。”还有乔象钟先生的论文也提出同样的看法，很同情李白。但客观地看，这并不是“幸不幸”的问题，而是李白作为一个平凡“僚佐”而终于被下狱、流放这样一个难以想象的事实。也就是说，这样难以想象的事实中，包含着李白并不与季广琛“同日流亡”，而与永王“同道南奔”的真相。

第三个理由是：由于李白在《南奔书怀》一诗中，仍然把永王称为“天人”“明主”，而且把永王的军队称为“王师”。如果李白答应朝廷方面的招谕，在双方军队交战之前和其他的幕宾们一起“从风各消散”的话，那么在自己“南奔”的路上，仍然对永王加以赞美之辞，这不仅是在大义名分观念上的极大矛盾，而且是对自身安全的极大矛盾。

第四个理由是：由于《南奔书怀》一诗，李白敢把朝廷方面派来的北方军称作“北寇”。“北寇无涯畔”这一句，乍看好像指华中、华北方面的安史叛军的情况。因此，对这“北寇”两个字，历来未能加以详细的探讨。但是，如果考虑到下面“顾乏七宝鞭，留连道旁玩”这两句，我们可以断定，这“北寇”是指朝廷方面的北方军。杨齐贤和王琦早已指出，这两句诗是用《晋书·明帝纪》[9]的典故。因此，“顾乏七宝鞭，留连道旁玩”这两句，意思是说：正在被敌人追击的逃亡者，偏偏没有手段挣脱掉敌人的追击。何况，事实上，包括李白本身在内的永王军正在被追击的，就是从北岸渡江而来的朝廷方面的北方军，而并不是遥在黄河地区的安史叛军。既然这样，那么，这“北寇”是指朝廷派来的北方军，可以说是毫无疑问了。

还有一点值得注意，这个“七宝鞭”的典故，是关于东晋明帝这样的所谓“贵人”的故事，而不是一般将士或者文人的故事，所以由于没有“七宝鞭”而被敌人追踪的这位主人公，只有永王才是最合适的人了。

综合以上四个理由，我们可以得出结论：李白是和永王一起“南奔”的，而并不是在交战之前就逃跑的。

注 释

[1]《南奔书怀》，见《李太白文集》卷二十四。

[2]见《李太白全集》卷三十五王琦《李太白年谱》“至德二载”条。

[3]黄锡珪《李太白年谱》认为《南奔书怀》诗“不因秋风起，……行行昧前算”，与史书“诸将四散”相合。

[4]乔象钟《李白从璘事辨》，见《李白论》，齐鲁书社，1986年版。

[5]王琦注云：“‘自来白沙上，鼓噪丹阳岸。宾御如浮云，从风各消散。’言军中扰乱、宾幕奔逃之状。璘与成式将赵侃、战新丰而败，非水战也。”“璘至鄱阳郡，司马陶备闭城拒之。璘怒，命焚其城，非久攻也。其曰‘舟中指可掬，城上骸争爨’，甚言其挠败之形有若此耳。”

[6]见詹锳《李白诗文系年》至德二载《南奔书怀》系年。

[7]见《资治通鉴》至德二载二月记载。

[8]见王琦《李太白年谱》至德二载条。

[9]《晋书·明帝纪》：“六月，敦将举兵内向，帝密知之，乃乘巴滇骏马微行，至于湖，阴

察敦营垒而出。有军士疑帝非常人。又敦正昼寝,梦日城,惊起曰:'此必黄须鲜卑奴来也。'帝母荀氏,燕代人,帝状类外氏,须黄,敦故谓帝云。于是使五骑物色追帝。帝亦驰去,马有遗粪,辄以水灌之。见逆旅卖食妪,以七宝鞭与之,曰:'后有骑来,可以此示也。'俄而追者至,问妪。妪曰:'去已远矣。'因以鞭示之。五骑传玩,稽留遂久。又见马粪冷,以为信远而止不追。帝仅而获免。"

李白交游考录三题

许嘉甫

李白在青年时代就广事交游，与当时的某些社会名流结下了友谊，现考录李白交游三题，供同志们参考，请方家们指教。

一、李白与卢鸿

李白有两首赠嵩山隐士卢鸿的诗，其一是《口号赠(卢)征君鸿》：

陶令辞彭泽，梁鸿入会稽。
我寻高士传，君与古人齐。
云卧留丹壑，天书降紫泥。
不知杨伯起，早晚向关西。

其二是《赠卢征君昆弟》：

明主访贤逸，云泉今已空。
二卢竟不起，万乘高其风。
河上喜相得，壶中趣每同。
沧州即此地，观化游无穷。
水落海上清，鳌背睹方蓬。
与君弄倒影，携手凌星虹。

黄谱《目录》题其一作《口号赠杨征君》，系于"天宝九年(721)暮春，白在嵩山元丹丘处作"。系其二于"天宝十一年(723)仲冬，白游河北道，还途经沧州作"。并误。

案：以上二诗俱系开元十九年(731)太白初游嵩山访卢鸿时作。新旧《唐书·隐逸传·卢鸿传》略谓:“卢鸿,又名鸿一,字浩然,本范阳人,徙家洛阳,隐于嵩山。开元初,遣币再征不至,五年又下诏征辟,六年至东都谒帝,授谏议大夫,鸿固辞,玄宗乃放还山。……”《宋高僧传》卷五《唐中岳嵩阳寺一行传》谓:“时有征士卢鸿,隐居于别峰,道高学富,朝廷累降蒲轮,终辞不起。”从史传所叙来看,开元六年(718)以前,凡两次征辟,即开元二年(741)与五年(717)两次,是谓“再征”。但我以为还应当有最后第三次的征召,时在开元十九年(731)冬,不过为史书所混记或漏载罢了。两《唐书·玄宗纪》开元十九年:“冬十月丙申,幸东都。”玄宗此番到洛阳,必然要对卢鸿作最后一次的争取,否则不能显示出“朝廷累降蒲轮”之诚,不能表现开元天子求贤之切。第一次远在长安,尚且遣币征聘,而今近在眼前,岂有不予召见之理?也只有是在开元十九年,才有太白的首次嵩山之游,才会有前一首诗题下原注“此公时被征”的话。因此,系二诗于开元十九年冬作,当不会有误。

复考卢鸿的生年,约在高宗上元之初。因为他在神龙二年(706)曾与岐王范、燕国公张说一起,为神秀之卒和造报恩寺写过碑诔,那时他至少有 30 岁。到开元十九年,则年垂 60。如果分别系二诗于天宝九载(750)与十一载(752),则卢鸿早已年逾 80,做官也过了悬车之年,而这时的玄宗皇帝恐未必还有文王求访吕尚那样的热情。事实上,开元后期已不见卢鸿的行迹和有关他的记载了。

今细味原诗,亦复如此。前诗首联谓以前征为谏议大夫,卢鸿固辞后乃高蹈远引;颔联则显系太白初游嵩山寻访卢鸿的口气;颈联是指最后一次诏入东都又拜以官联;所以,尾联就问他何时去西京长安做官。这就表明,此番召见卢鸿的地点确实在东都洛阳,与史载玄宗“幸东都”正合。但卢鸿却并未因此就去长安,所谓“终辞不起”,即指此。后诗的“沧州”,实为“沧洲”之讹。意谓此嵩山之地即如沧洲之滨,于此亦可得云水蓬海之胜,无异于人间仙境也。隐于是,复可观其变化而游于无穷矣。故“水落”以下四句,顿出幻境,纯属想象之辞。此是太白一生本领处,如何能误解诗旨且坐实为太白经河北沧州观海所作?“水落海上清”句,已暗示出太白游嵩山时确实在开元十九年冬。

这两首诗没有显示出作于天宝三载(744)以后的丝毫迹象,而只能看到开元时期的李白思想。“二卢竟不起”就说明是“终辞不起”的最后一次征辟情况。什么“明主访贤逸”“天书降紫泥”一类词句,明明表现出作者对它的企羡与渴望,而这正是青年诗人李白还生活在开元盛世的表面下梦寐以求的一种心态反映。天宝以前,李白的思想状况难道不是这样的吗?但是,自天宝三载玄宗“诏许还山”之后,上述李白早期的幻梦已被他亲身经历的现实所打破,他写诗就不再以“明主”称颂玄宗,也不再去重温那“天书降紫泥”的旧梦了,而留给他的只不过是“失向来之烟霞”那一丝缥缈的空虚而已。这两首诗反射出李白早期的思想状况,也照见了卢鸿这类真隐士投在李白身上的影子。但李白积极追求的入世思想却不是卢鸿所具有的。可以这样说:李白颇有一点儿卢鸿,卢鸿却无半点儿李白。

二、李白与卢弈

李白有一首《朝下过卢郎中叙旧游》的诗:

君登金华省,我入银台门。
幸遇圣明主,俱承雨露恩。
复此休浣时,闲为畴昔言。
却话山海事,宛然林壑存。
明湖思晓月,叠嶂忆清猿。
何由返初服,田野醉芳尊。

黄谱《目录》系此诗于“天宝元年暮秋,白至长安作”。误。亦未明卢郎中为谁。

案:卢郎中乃兵部郎中卢弈。弈系黄门侍郎卢怀慎的次子,为南海太守卢奂之弟,本出范阳,滑州灵台人。弈为人谨愿寡欲,克己自励。开元中,为京兆司录参军事;天宝初,任鄠县令、兵部郎中;天宝十四载(755)在洛阳被安史叛军俘获,不屈而死。事见两《唐书·忠义传》。

金华省,代指总领吏、户、礼、兵、刑、工六部的尚书都省;银台门,翰林院在其内,故云。

考卢弈任鄠县令,在开元末和天宝初,擢为兵部郎中当在天宝二载(743)。太白待诏翰林,乃在天宝元载(742)秋,其欲返初服则在二载,是诗作于天宝二载无疑。倘依黄谱,是初入朝即欲还山,显非事实,亦于情理不合。卢、李相继入朝而李先卢后,不可为“君登……我入”一语所先后。

李白与卢弈有旧,当始于开元二十四年(736)左右,地点不外乎河南。诗题“叙旧游”即指此。那时,他们形影不离,或散凉于晓月未沉的明湖之畔,或避暑于清猿夜啸的高山之下,海阔天空,无所不谈,有时举杯对饮,陶醉在风光旖旎而散发着泥土芳香的田野里。与卢弈度过的这一段无拘无束的生活,给他留下了深刻而又美好的印象。天宝二载再来追叙旧游,这反映李白对林壑的向往与对自由生活的渴求,因此到次年的春天,他就恳求还山了。

三、李白与杨山人

李白从待诏翰林到病逝当涂的前一年，二十年来一直与杨山人保持友谊，并且曾先后三次写诗相赠。第一首是《驾去温泉后赠杨山人》：

少年落魄楚汉间，风尘萧瑟多苦颜。
自言管葛竟谁许，长吁莫错还闭关。
一朝君王垂拂拭，剖心输丹雪胸臆。
忽蒙白日回景光，直上青霄生羽翼。
幸陪鸾辇出鸿都，身骑飞龙天马驹。
王公大人借颜色，金章紫绶来相趋。
当时结交何纷纷，片言道合惟有君。
待吾尽节报明主，然后相携卧白云。

黄谱《目录》系此诗于“天宝元年冬，白在长安作”。甚是。

案：《旧唐书·玄宗纪》天宝元载(742)：“冬十月丁酉，幸温泉宫。”太白于是秋八月奉诏入京，两月之后，便“陪鸾辇”出都，可见玄宗当时“欲以纶诰之任委之”的意思。太白一时荣耀无比，故王公贵族纷纷与之攀附，要借他的光。但他始终抱定宗旨，随时准备功成身退。这时，杨山人也以“片言”相告，约他将来相偕远引。他以杨山人为志同“道合”的知己，故赋诗明志以答之。这位杨山人到底是何人？历来的李白研究者都说“无考”或“不详其人”。要详知其人，还得费点周折。

第二首是《送杨山人归嵩山》：

我有万古宅，嵩阳玉女峰。
长留一片月，挂在东溪松。
尔去掇仙草，菖蒲花紫茸。
岁晚或相访，青天骑白龙。

黄谱《目录》系此诗于“天宝二年(743)夏，白在长安作”。显误。

案：此系天宝三载(744)仲春，太白偕高适同游汴州开封时作。同时有高适送杨山人诗可证：

不到嵩阳动十年，旧时心事已徒然。
一二故人不复见，三十六峰犹眼前。
夷门二月柳条色，流莺数声泪沾臆。
凿井耕田不我招，知君以此忘帝力。

山人好去嵩阳路，惟余眷眷长相忆。

高集题作《别杨山人》，误。诗题当从《文苑英华》及《全唐诗》，以作《送杨山人归嵩阳》为是。孙钦善《高适集校注·年谱》系于"天宝四载（745）春至夏，与李白同游开封、洛阳"时作，系年亦误。高、李同游开封，乃在天宝三载（744）仲春之时，所送归嵩阳的杨山人也属同一对象。然高集中杨山人凡三见，除此篇外，另有《宋中遇林虑杨十七山人因而有别》与《武威同诸公过杨七山人》两首。林虑的杨十七山人与武威的杨七山人，都不是由开封回到嵩阳的杨山人。嵩阳的杨山人行第三，征于刘长卿《夜宴洛阳程九主簿宅送杨三山人往天台寻智者禅师隐居》诗，可得其实。刘诗的前半部分向我们介绍了杨三山人的一些具体情况：

东林问逋客，何处栖幽偏？
满腹万余卷，息机三十年。
志图良已久，鬓发空苍然。
调啸寄疏旷，形骸如弃捐。
本家关西族，别业嵩阳田。
云卧能独往，山栖幸周旋。
垂竿不在鱼，卖药不为钱。
藜杖闲倚壁，松花常醉眠。
顷辞青溪隐，来访赤县仙。
南亩自甘贱，中朝唯爱贤。
仍空世谛法，远结天台缘。
魏阙从此去，沧洲知所便。
……

杨三山人自天宝三载二月由开封回到嵩阳，五载（746）春又离开嵩阳而出游浙东天台。时刘长卿与程九主簿在洛阳官邸为杨三山人饯行，因赋此诗。

今据刘诗以检两《唐书·杨炎传》，知此杨三山人即杨炎之父杨播。旧传载：

杨炎，字公南，凤翔人。……父播，登进士第，隐居不仕。玄宗征为谏议大夫，弃官就养，亦以孝行祯祥表其门闾。肃宗就加散骑常侍，赐号玄靖（新传作玄静）先生。名在《逸人传》。炎美须眉，风格峻峙，文藻雄丽，汧、陇间号为小杨山人。……

史载杨炎有小杨山人之称，则杨播即杨三山人无疑。刘诗称其"本家关西族"，今仍以陕西的汧阳、陇县、凤翔一带为"关西"，当地人称之为"西府"，与传载“凤翔人”正合。又,《新唐书・宰相世系表》载,杨播为华山公杨初之裔孙,是知其父杨哲与初唐四杰之一的杨炯系从祖兄弟。

以高、刘二诗与史传合参,知杨播登进士第当在开元五年(717)前后,隐居不仕,达三十年之久。天宝初,与李白同时诏入长安,拜为谏议大夫,乃弃官就养。父卒,天宝三载服阕,出游梁宋滑汴,归隐于嵩阳别业。时与高适、李白、刘长卿等友善,故俱以诗赠之。播性偏寡合,才高学富,喜游山水。天宝末游于淮南,为安史之乱所阻隔,遂浪迹江湖间。尝以贤孝著称于当世。

第三首是《送杨山人归天台》:

客有思天台,东行路超忽。
涛落浙江秋,沙明浦阳月。
今游方厌楚,昨梦先归越。
且尽秉烛欢,无辞凌晨发。
我家小阮贤,剖竹赤城边。
诗人多见重,官烛未曾然。
兴引登山屐,情催泛海船。
石桥如可度,携手弄云烟。

黄谱《目录》系此诗于“天宝五年暮秋,白四游扬州作”。詹锳先生《李白诗文系年》系于天宝二载(743),以诗中小阮为指杭州刺史李良。俱非是。

案:王琦注《李太白全集》卷十六以小阮为指诗人李嘉祐。甚是。傅璇琮《唐代诗人丛考・李嘉祐考》已据《嘉定赤城志》卷八秩官门“历代郡守”载“上元二年(761)台州刺史李嘉祐”的史料考订证实。则太白此诗系上元二年暮秋,在宣州送杨播归天台时作。

复考李嘉祐事迹:肃宗至德元年(756)秋,坐事自殿中侍御史贬为鄱阳令,时任长洲尉的刘长卿有《送李侍御贬鄱阳》诗,可相印证。上元元年(760)春,李白自豫章之余干,时初贬为南巴尉的刘长卿正由鄱阳赴余干,故又有题鄱阳李嘉祐江亭诗与余干别李白诗。同年春夏之际,李嘉祐已自鄱阳量移为江阴令。上元二年春,又由江阴令迁为台州刺史,时刘长卿自南巴被赦回到苏州,故有《送台州李使君兼寄题国清寺》诗。逐年排比这些诗,可以清楚地考见李嘉祐调转迁移的时间和行迹,证明他之出任台州刺史确在上元二年的春天。嘉祐离台州任与郭英翰继任台州刺史,都是在宝应元年(762)。肯定了剖竹赤城的李嘉祐是在上元二年春赴任的,则太白送杨播归天台亦必在同年暮秋,是毫无疑问的了。时太白与杨播同游宣城,故诗有“厌楚”“归越”等语,是发宣州而归台州之证。

太白作此诗送别杨播之后的一年,即宝应元年病逝于当涂了。到广德二年(764),浙东袁晁发动的农民起义被镇压下去之后,杨播才又回到关中,于大历七年(772)前后卒于家。杨播和卢鸿都是隐居不仕的高人,他们的出世思想与漫游作风,也都给李白以不可忽视的影响。

李白长流夜郎新考

王辉斌

一年前,我在《李白卒年"新说"辨析》[1]一文中,曾就魏颢《李林集序》中的"朝廷忍白久为长沙汨罗之俦"一段文字,作了这样的笺说:"他以为上元二年(761)李白还在长流夜郎之中。其实,李白早此两年即被中途赦还。"我的这种笺说,实际上是采用了目前学术界对李白巫山赦还较为一致性的看法,即学术界目前大都认为,李白的巫山赦放是在乾元二年(759),魏《序》的上元二年说乃为一种揣测之辞。然而,据我新近对有关材料考察的结果表明,存在于学术界的这种较为一致性的意见,却是大有问题的,事实证明,李白的赦放不是在乾元二年,而魏《序》的揣测也并非凭空而谈,乃是有其根据的。

众所周知,最早将李白赦放的时间明确系于乾元二年者,乃首推王琦的《李太白年谱》其于是年内云:"未至夜郎,遇赦得释。"又云:"按《唐书》本纪:乾元元年二月丁未,以改元大赦。四月乙卯,以有事南郊大赦。十月甲辰,以册立太子大赦。二年三月丁亥,以旱降死罪,流以下原之。公之遇赦,当在此数月。"王《谱》又于乾元元年(758)内云:"终以永王事长流夜郎,遂泛洞庭,上三峡,至巫山。"这就是王琦对李白长流夜郎时间的考订。据王《谱》,知李白长流夜郎的时间虽为两个年头,而实际则不足十五个月。王《谱》之后的黄锡圭《李太白年谱》、詹锳《李白诗文系年》、王伯祥《增订李太白年谱》等,均从王说。

但王《谱》的两年说,乃与李白诗歌之所述相悖。如《放后遇恩不赦》云:"独弃长沙国,三年未许回。"又《忆秋浦桃花旧游时窜夜郎》云:"三载夜郎回,于兹炼金骨。"另《江上赠窦长史》亦云:"万里南迁夜郎国,三年归及长风沙。"以上所举诸例表明,王《谱》之说是无法成立的。

固然,李白曾在《自汉阳病酒归寄王明府》诗中这样说过:

去岁左迁夜郎道，琉璃砚水长枯槁。
今年赦放巫山阳，蛟龙笔翰生辉光。

诗中将“去年”与“今年”的时间上对举，似可证李白长流夜郎乃为两年，故王《谱》即将是诗系于乾元二年(759)。按“王明府”此人，为李白长流夜郎途经江夏时所结识的一位新交，李白集中除是诗外，另有《寄王汉阳》《赠王汉阳》《望汉阳柳色寄王宰》《早春寄王汉阳》《醉题王汉阳厅》以及《泛沔州城南郎官湖序》四诗一文记与其在江夏之交游。其中，《赠王汉阳》有云：“吾曾弄海水，清浅嗟三变。”这两句虽然是化用了《神仙传》中的典故，实则是诗人在借“东海三为桑田”喻其长流夜郎之为“三年”的，而以此勘之《自汉阳病酒归寄王明府》一诗，知其中的“去岁”所指，非为李白长流夜郎韵首途之年，而是说他去年还在“左迁夜郎”的流放之中。又诗中所谓“巫山阳”者，乃泛指巫山南面的地方而非仅指白帝、巴东等具体地名，所以，这首诗是不能用来证实李白的长流夜郎只有两年的。

为了证实李白诗中的“三年”，又要如王《谱》那样认定李白长流夜郎赦放的时间为乾元二年三月，于是，郭沫若便在《李白与杜甫》中提出了一种新的意见，认为李白此行首途的时间，不是如王《谱》所说的乾元元年(758)的仲春，而是至德二年(757)的十二月。从至德二年十二月到乾元二年的三月，其间虽然是“海月十五园”，但首尾计之则正好与“三年”合。郭著此说问世后，即得到了安旗、薛天纬《李白年谱》等著述的首肯，而拙作《重评郭沫若〈李白与杜甫〉》[2]一文，亦对是说予以赞同。现在看来，郭著此说也是大有问题的。

按据《通典》卷一六四、卷一六五，《唐律疏议》卷三，《律附音义》卷一等文献资料可知，隋朝的流放罪分为三等：“有千里，千五百里，二千里；应配者，千里居作二年。千五百里居作二年半，二千里居作三年。”唐承隋制，但有所改变：“流刑三。自二千里至三千里。”二者相较，知大唐的流放罪亦分为三等，但每一等中，在里程上都比隋律增加了一千里。而且唐律还规定：“诸流配人，在道会赦，计行程过限者，不得以赦原。”注云：“谓从上道日总计，行程有违者。”这说明，大唐律令对流刑的里程、时间都是有极为严格之规定的。又大唐法律对死刑以外的罪犯，最严厉的惩治就是“流三千里”而“居作三年”。而李白的从永王东巡，乃是触犯了唐律“十恶不赦”中的第一条即“谋反”罪，且其又未能“自投降”，本属死罪，其之所以未被处斩者，盖乃因宋若思、张镐等人活动的结果所致。死罪既免，那么，等待着他的就必然是“流三千里”，而“居作三年”的打击。

又据两《唐书·肃宗纪》、《通鉴·唐纪》可知，唐玄宗在至德二载十二月三日自成都回长安后，唐肃宗为了表示庆贺，于十二月十五日这一天，曾分别作出了这样三种决定：一、改成都为南京；二、赐民酺三日；三、大赦天下。经考察，知两《唐书·肃宗纪》、《通鉴·唐纪》的这一记载，乃是本之肃宗李亨的《收复两京大赦文》[3]一文。是文于“大赦天下”云：

可大赦天下。常赦所不免者，咸赦除之。其逆人能自投降，率众款附，及杀获逆人，以所部郡县、军城降者，并加超赏。应与安禄山同谋反逆支党，及李林甫、王鉷、杨国忠等一房，并不在免限。

《赦文》中的“逆人”，所包括的就是像李白这样的“谋反”者，如果李白当时能够“自投降”，不仅可以获得释免，而且还有可能得到“超赏”，但李白却未能这样做，故“应与安禄山同谋反逆支党，及李林甫……等一房”一样，“不在免限”之列。

李白既未能于唐肃宗至德二载（757）十二月十五日的大赦中“免限”，那么，他的长流夜郎就必当在此之后。他集中的《避地司空原言怀作》一诗则正好证实了这一点：

卜筑司空原，此将天柱邻。雪霁万里月，云开九江春。

合勘诗题中的“避地”一词与诗中的“九江春”三字，可知乾元元年（758）的初春，李白尚在司空原，则其自寻首途就又必在此之后。又唐肃宗诏令将成都改名为南京后，李白曾写了《上皇西巡南京歌》十首，其中时令皆为春日，据此，知被郭著据之以证李白长流夜郎首途时间为至德二年十二月初的《流夜闻郎酺不预》诗，亦当写于此时，盖因改成都为南京与赐酺五日两件事，乃为唐肃宗于同日下达诏令。而李白流夜郎的始程之时，也就在斯时。这就足可证明，郭著之说，也是完全站不住脚的。

弄清楚了李白长流夜郎的首途时间仍为乾元元年的仲春，则其“居作三年”的期满之时，乃为上元二年（761）的仲春即可论断，而此，即魏颢在《李翰林集序》中揣测李白“上元末”仍在流放时的依据。换言之，魏颢的揣测乃因大唐律令而为之。但魏颢的揣测又并非正确，这是因为，李白在乾元三年（760）即上元元年的闰四月就已被大赦放还，而届时魏颢在“绛”，故未能获悉。

如前所述，王《谱》之所以认为李白的赦放在乾元二年（759）的三月，盖乃为《新唐书·肃宗纪》所载是年三月曾因天旱而大赦天下故。按《新唐书·肃宗纪》的这一记载，乃本之《唐大诏令集》卷八十四《春令减降囚徒敕》，而是文亦被《全唐文》卷四十四著录。兹节抄其中有关大赦的一段文字如次：

天下现禁囚徒，死罪从流，流罪已下一切赦免。京城宜令中书、门下即分往府县，御史台、大理寺即亲自按问，疏决讫具状闻奏。诸府州各委所繇长官准此处分。诸色流人及左降官等,所繇类例。

从这段文字可知:此次的大赦,无论是死罪降流者,还有原来的流罪放免者,其档案材料都要经由中书、门下所“分往府县”的使臣与“府州各委”的长官共同“处分”,然后再送长安的御史台与大理寺“按问”,而“按问”的结果还得上报唐肃宗亲自审查,只有待唐肃宗审查后,真正的赦令才可由使者送到罪犯的所在地。这种由上而下到由下而上,再到由上而下的“三段式”审批程序,以当时的交通条件与工作效率而论,处理一个流放三千里路于边远地带的罪犯,没有半年时间是难以办到的。而此时,就已到了乾元二年(759)的九月,其既于“海月十五圆”在时间上不合,又与《自巴东舟行经瞿塘峡晚还题壁》中的“积雪照空谷”所述时令相悖。更何况如前所述,李白诗歌对其长流夜郎的时间述说乃为“三年”。综此三点,故可以肯定,李白的赦放绝非是在乾元二年的春天。

又通考《全唐文》所收唐肃宗的全部赦文,知其唯一能与李白的赦放相关联者,乃为《改元上元赦文》[4]一文。是文云:

大赦天下。改乾元三年为上元元年。自上元元年闰四月十九日昧爽已前,大辟罪已下,已发觉未发觉,已结正未结正,见禁囚徒,罪无轻重,常赦不免者,咸赦之。其与逆贼元谋,及协从受驱使,惧法未降,并潜藏不出者,已频处分,但能归顺舍罪,除元恶之外,一无所问。

这才是一种真正的大赦。李白在《赠江夏韦太守良宰》中所说的“传闻赦书至”,当即指此而言。据《赦》文,知李白的遇赦乃在上元元年(760)闰四月下旬。而此时,距他“居作三年”的刑满之期还有十个月左右,故而,他于赦放后写的《流夜郎半道承恩放还》诗有云:

去国愁夜郎,投身窜荒谷。半道雪屯蒙,旷如鸟出笼。

诗题中所谓“半道承恩放还”,诗中所谓“半道雪屯蒙”,并非如旧说是指李白在流放的途中遇赦,而是说他的“居作三年”流放罪未到满期而因唐肃宗大赦天下“承恩放还”。而前举大唐律令中“诸流配人,在道会赦,计行程过限者,不得以赦原”云云,又正好佐证了这一点。据此可知,李白此行的长流夜郎,是确曾到达了谪所夜郎的。

对于李白到达夜郎之史实,清人程恩泽《程侍郎遗集》卷六、黎庶昌《拙尊园丛稿》卷四、张澍《续黔书·李白至夜郎辨》等,早已有所考察,但中华人民共和国成立以来的研究者们因对王《谱》大都信之不疑,故使本来已呈现的“庐山真面目”反仅被重重云雾所困。请看李白的《南流夜郎寄内》:

夜郎天外怨离居,明月楼中音信疏。
北雁春归春欲尽,南来不得豫章书。

这诗的开首第一句，就明确表明了李白当时写此诗的地点是“夜郎天外”而不是巫山，以前的诸家年谱之所以认为是诗写于巫山者，盖因为未明李白的遇赦是在上元元年（760）而致误。再看他的《窜夜郎于乌江留别宗十六璟》诗云：

适遭云罗解，翻谪夜郎悲。拙妻莫邪剑，及此二龙随。惭君湍波苦，千里远从之。白帝晓猿断，黄牛过客迟。遥瞻明月峡，西去益相思。

诗题中的“乌江”，旧说认为乃指今江西九江一带的长江，故郭沫若在《李白与杜甫》中说：“宗璟是李白的妻弟，长流夜郎时，水程送了他一千里。夜郎在今贵州遵义附近，但李白由长江溯流而上，到了巫山遇赦，并不曾到达遵义，可知乌江并不是贵州境内的乌江。注家王琦以为浔阳江，则宗璟的湍波千里远送，可见是从黄河流域远道赶来的。”郭著是说亦不的。假如当时宗璟真的是从黄河流域赶到九江“远送”李白，此间路程固然可称之为“千里”，但宗璟的此行却不能称“远从之”。“远从之”三字，是表明宗璟伴随李白长流夜郎了“千里”路的，故二人于“乌江”分别时，李白才有“惭君湍波苦”云云。所以，这首诗中的“乌江”，不是浔阳江，而是谭优学《李白诗中乌江考辨》[5]一文中的“巫江”，亦即今四川之涪陵江一带的长江。

又曹学佺《蜀中名胜记》卷十七《重庆府》一引李膺《益州记》云：“广阳，州东七里，水南有遮要二堆石，石东二里至明月峡。”

另据《太平环宇记》卷一三六，知明月峡在今四川巴县，为重庆市所辖。李白诗有“遥瞻明月峡”之句，说明他与宗璟分别时已快到渝州了，而此，正与“巫江”指涪陵江合。李白的《江夏赠韦南陵冰》诗又云：

君为张掖近酒泉，我窜三巴九千里。

天地再新法令宽，夜郎迁客带霜寒。

诗中的“三巴”，乃为巴东、巴西与巴郡（中巴）的合称。王应麟《小学绀珠》云：“三巴，巴郡今重庆府，巴东今夔州，巴西今合州。”[6]李白在诗中自述他已“窜三巴九千里”，表明他长流夜郎的此行，不仅到过今重庆一带，而且还可与《窜夜郎于乌江留别宗十六璟》中的“遥瞻明月峡”互为印证。而由重庆市至唐时的夜郎，其间路程仅为百余公里，勘之“我窜三巴九千里”，又正与《赠江夏韦太守良宰》中的“夜郎万里道”合。这就是说，仅据李白诗歌中所提供的上述这些内证，就足可证实，李白此行的长流夜郎，是确曾到达了谪所夜郎的，所谓“巫山遇赦”是根本不存在的。

不过所应指出的是，李白诗中的“万里南迁夜郎国”之“万里”，并非是指其流程而言，而是说从浔阳走水路至夜郎约有“万里”之遥，故“西上令人老”。按唐律规定，流行的里程乃是以长安为首程点到流放之地计算的。据《元和郡县图志》卷三十，知唐代的夜郎为珍州的州治所在地，珍州在当时虽然“东北至上都五千五百五十里”，但其“东南至播州二百里”，而播州至长安“北取万、开州路三千二百七十里”，二者计之为三千四百七十里，与“流三千里”基本相符。乾元二年(759)四月，监察御史孙蓥因“凤翔马房押官”案被毛若虚诬构，自长安流放于播州的史实[7]，即能对此佐证之。

既然李白长流夜郎赦放的时间为上元元年(760)闰四月，他此行又曾到达过夜郎谪所，那么，这一历史的真实概况，是否会与被王《谱》系于乾元二年的一些诗作产生时间上的冲突呢？下面对此进行逐一检核与复证。

一、与贾至、李晔的唱和之作

李白赦放后，在岳阳一带与贾至、李晔的唱和之作，计有十余首之多，其中既涉及贾至又关联着李晔的为《陪族叔刑部侍郎晔及中书书舍至游洞庭》五首。这五首诗表明，如果李白赦放确为上元元年，那么，贾至与李晔的至岳阳也就必须是在此年。

据吴缜《新唐书纠谬》卷十一，知贾至贬岳州司马是在乾元二年三月九节度滏水之败后，傅旋琮《唐代诗人丛考·贾至考》据以考证为乾元二年的九月，三年后离岳州。贾至在岳州既为三年，则上元元年的秋日自可与李白泛舟洞庭。李晔自刑部侍郎谪贬为岭南一尉，据《通鉴·唐纪》、两《唐书·李晔传》以及《新唐书·宰相表》等材料可知，其乃因前所举之“凤翔马房押官”案而为毛若虚诬构所致，时间确为乾元二年的四月。考《旧唐书·毛若虚传》云：“上元元年，贬宾化尉而死。”毛若虚的贬死为上元元年，则李晔等“十余人”的昭雪也就应为是年，以此度之，似李白与李晔的岳阳之遇会，乃在其自岭南返京之际而非自京南下之时。又前引《改元上元赦文》有云：“顷以奸臣擅命，中典不修，造次便行，哀矜何在，自今已后，其有犯极刑者，宜令本司，依旧三复，庶平反之际，人谓不冤，幽明之间，理皆无滥。”据此，疑李晔之被“平反”昭雪乃与李白的赦放为同时。若果尔，则李白与贾至、李晔等在洞庭诗酒唱和，就乃在上元元年的秋九月而非乾元二年。

二、关于“荆州贼乱”的三首诗

据《资治通鉴》的记载，乾元二年的八月，康楚元、张嘉延据襄州作乱，楚元自称南楚霸王；九月，破荆州；十一月，为商州刺史韦伦生擒，荆、襄皆平。王琦即根据这一史实，认为《九日登巴陵置酒望洞庭水军》《荆州贼乱临洞庭言怀作》二诗，皆为李白作于乾元二年的秋九月前后。按《九日登巴陵置酒望洞庭水军》诗有云：

今兹讨鲸鲵，旌旆何缤纷。……酣歌激壮士，可以摧妖氛。

诗中的“鲸鲵”“妖氛”，勘之李白写于安史战乱中的全部诗作，知乃指安史叛军而非康楚元的荆襄之乱。《送张秀才谒高中丞》云：“高公镇淮海，谈笑却妖氛。”《书怀示息秀才》云：“鲸鲵未剪灭，豺狼屡翻复。”《赠张相镐》二首其二云：“誓欲斩鲸鲵，澄清洛阳水。”由此可见，王《谱》的系年乃为不确。《荆州贼乱临洞庭言怀作》一诗，题中的“乱”字，萧本、胡本、王《谱》均作“平”，即这诗乃写于“荆州贼平”之后。退一步说，即使“乱”字不作“平”字，但“荆州贼乱”也与李白当时“思归阻丧乱”的路线与方向皆不相涉，盖因荆州在岳阳之西，而李白所“思归”之地处岳阳之东的豫章，二者的方面正好相反。所以，王《谱》对这诗的系年，也是无法成立的。至于《司马将军歌》更非为“荆州贼陷后之作”，因为诗中“狂风吹古月”一句已作了明确回答：“古月”者，胡也，这是李白自安史乱始后对安禄山及其军队的一贯称呼。“狂风吹古月”，是表明这股“狂风”乃来自“胡”军，与康楚元的荆襄之乱亦毫无关联。

三、李白授古乐府之学于韦渠牟的问题

王《谱》在系上述诸诗于乾元二年(759)之后，又据计有功《唐诗纪事》、权德舆《右谏议大夫韦君集序》两起材料，认为韦渠牟见李白“时在乾元二年中”，即以二人相见之时间来佐证李白的赦放乃为乾元二年。其实，王《谱》此系，乃为失考所致。按权德舆《右谏议大夫韦君集序》[8]云：

初君年十一，尝赋《铜雀台》绝句，右拾遗李白见而大骇，因授以古乐府之学。

细玩是段文字，知权《序》旨在表明，韦渠牟幼年时乃十分聪敏，他十一岁时所赋之《铜雀台》绝句，曾为“李白见而大骇，因授以古乐府之学”，并非能证实李白是在乾元二年韦渠牟十一岁时二人相见而“大骇”的。此为其一。其二，据权德舆《韦公墓志铭》一文可知：韦渠牟生于天宝八年(749)，十一岁时为上元元年(760)而非乾元二年。而又据此《墓志铭》可知，韦渠牟十二岁时乃在金陵，其十二岁及其前根本不可能在江夏以西的地方或江夏以南的湖湘与李白相见。而根据李白与韦渠牟各自的生平及行踪考察，二人的相见，只能是在李白“请缨出征东南”而因“半道病还”至金陵的上元二年期间。斯时，韦渠牟十三岁，在金陵与李白相见，即将两年前所写的《铜雀台》绝句出示以向李白求教，李白“见而大骇”，才对其“授以古乐府之学”。王《谱》因轻信《唐诗纪事》之所载，又未曾细按权文及时对韦渠牟的生平进行考察，故有此误。

以上的检核与复证表明，王《谱》系于乾元二年内的一些诗作等，均是不能

用来证实李白长流夜郎的赦放乃为乾元二年的，盖因其未明李白的赦放是在上元元年(760)，此行他曾到达流放地并在那里度过了一个春天之史实所致。所以，对上述诗作的系年，是大有作重新考察之必要的，因为只有这样，才能准确还李白历史之真面目。

注　释

[1]《漳州师院学报》,1990年2期。

[2]《文学遗产》,1990年3期。

[3]《全唐文》卷四十四。

[4]《全唐文》卷四十五。

[5]《西南师大学报》,1988年3期。

[6]据王琦辑注本《李太白全集》引。

[7]见《资治通鉴·乾元二年》。

[8]《全唐文》卷四九〇。

李白流夜郎的法律分析

张才良

一、前言

本文一不涉及肃宗与永王的是非曲直，二不讨论李白判流夜郎的允当与否。案子是肃宗朝廷依据唐律审理的，这里所作的法律分析，即在此基础上进行，意在恢复历史事件的本来面貌，并不反映作者的真实立场。

二、李白在流夜郎诗中屡称“三年”，是因为他判的“加役流”

在李白的流夜郎诗作中，有四篇因为提到“三年”“三载”而特别引起人们的注意和兴趣。为阅读方便，现一一抄录如下：

桃花春水生，白石今出没。摇荡女萝枝，半挂青天月。不知旧行径，初拳几枝蕨？三载夜郎还，于兹炼金骨。（《忆秋浦桃花旧游时窜夜郎》）

天作云与雷，沛然德泽开。东风日本至，白雉越裳来。独弃长沙国，三年未许回。何时入宣室，更问洛阳才？（《放后遇恩不沾》）

窜逐勿复哀，惭君问寒灰。浮云无本意，吹落章华台。远别泪空尽，长愁心已摧。三年吟泽畔，憔悴几时回？（《赠别郑判官》）

汉求季布鲁朱家，楚逐伍胥去章华。万里南迁夜郎国，三年归及长风沙。闻道青云贵公子，锦帆游弈西江水。人疑天上坐楼船，水净霞明两重绮。相约相期何太深，棹歌摇艇月中寻。不同珠履三千客，别欲论交一片心。（《江上赠窦长史》）

有人认为，李白自至德二载（757）十二月流放，至乾元二年（759）遇赦放还，两头算，正好“三年”，并以此来解释李白流夜郎诗中的屡称“三年”。其实这是不对的。首先，李白始流夜郎不是至德二载而是乾元元年（758）的事情（详后），两头算，不是“三年”，而是“二年”。其次，《忆秋浦桃花旧游时窜夜郎》《放后遇恩不沾》《赠别郑判官》三篇，从诗题与内容可知，是作于遇赦放还之前而不是之后，即作于流放途中或夜郎；即使始流是至德二载的事情，李白也不可能事先就如此准确地预料到在一年半不到的时间里会遇赦放还，并且这一年半不到的时间还将贯穿三个年头。

那么，《江上赠窦长史》是不是作于遇赦放还之后呢？也不是。虽然学术界都认为给李白诗编年是一项极为困难的工作，但在确定《江上赠窦长史》的作年上，却表现出了少有的一致性，即都认为该诗作于上元元年（760）或二年。之所以如此，一是因为李白遇赦东还途经长风沙确实是上元二年（761）的事情；二是因为学术界又一致认为，李白判流之后，途经长风沙只有这么一次。实际上李白判流之后途经长风沙还有流放之初一次，《江上赠窦长史》正是作于流放初期。而自乾元元年流放至上元二年“归及"，并不是“三年”而是“四年”；如果从至德二载算起，则更是“五年”了。不好说乾元元年至上元二年是“实足”三年，因为古人不用这种计算方法。也不好说是乾元元年至上元元年“三年”，因为上元元年冬李白还在豫章与宗氏夫人团聚，不曾有过途经长风沙之行。因此，唯一的回答是《江上赠窦长史》作于流放初期。

作于遇赦放还之前，而又屡称“三年”，这里一定有什么“三年早知道”的秘密。其实也算不上什么秘密，判决书一经宣告，李白就知道要“三年吟泽畔”“三年未许回”了；就知道要“三年”以后，才能“夜郎还”，才能“归及长风沙”了。因为他判的是“加役流”。

《唐律疏议·名例四》：

> 流刑三：二千里（赎铜八十斤）。二千五百里（赎铜九十斤）。三千里（赎铜一百斤）。

流二千里、流二千五百里、流三千里，这三种流刑，通称“三流”，也叫“常流”。

《唐律疏议·名例二十四》：

> 诸犯流应配者，三流俱役一年（本条称加役流者，流三千里，役三年。役满及会赦免役者，即于配处从户口例）。
>
> 《疏》议曰：犯流，若非官当、收赎、老疾之色，即是应配之人。三流远近虽别，俱役一年为例。加役流者，本法既重，与常流理别，故流三千里，居

役三年。

从李白的屡称“三年”可以知道，李白的流夜郎不是“役一年”的常流，而是“役三年”的加役流。

唐律规定，流犯役满一年或三年，即在流放地落下户口，跟当地老百姓一样，要纳税、服徭役。

《唐律疏议·名例二十四》：

注：役满及会赦免役者，即于配处从户口例。

《疏》议曰：役满一年及三年，或未满会赦，即于配所从户口例，课役同百姓。

不允许离开配所到处流浪。但外出经商、求学、求取功名却是法律允许的。

《唐律疏议·捕亡十二》：

诸非亡而浮浪他所者，十日笞十，二十日加一等，罪止杖一百。……若营求资财，及学宦者，各勿论……

《疏》议曰：“非亡”，谓非避事逃亡，而流宕他所者，十日笞十，二十日加一等，一百九十日罪止杖一百。……“若营求资财”者，谓贸迁有无，远求利润；“及学宦者”，或负笈从师，或弃缟求仕：各遂其业，故并勿论。

李白符合“学宦者勿论”条。否则，他也不敢说“三载夜郎还”“三年归及长风沙”之类的话。

说李白判的是加役流，从赎刑的规定上也看得出来。如果他判的是三千里常流，那他完全可以用一百斤铜来赎刑。不能解释为他不想赎刑，也不能解释为他拿不出一百斤铜来赎刑。

《新唐书·刑法志》：

居作者著钳若校，京师隶将作，女子隶少府缝作。旬给假一日，腊、寒食二日，毋出役院。病者释钳校，给假，疾差陪役。谋反者男女奴婢没为官奴婢，隶司农，七十者免之。凡役，男子入于蔬圃，女子入于厨饎。

这种强迫劳动三年的生活对任何人来说都不会有一丝一毫的吸引力。唯一的解释是不许李白赎刑。

《唐律疏议·名例十一》：

其加役流、反逆缘坐流、子孙犯过失流、不孝流及会赦犹流者，各不得减、赎，除名、配流如法。

《唐律疏议·名例三十》：

《疏》议曰：加役流者，本是死刑，元无赎例，故不许赎。

可见，李白的流夜郎确实是“役三年”并“不许赎”的加役流。

他的屡称“三年”，他的“三年早知道”，秘密全在于此。

三、李白判加役流，犯的是“十恶”之首的“谋反”罪

《唐律疏议·名例六》：

一曰：谋反（谓谋危社稷）。

钱大群、钱元凯在《唐律论析》（南京大学出版社，1989 年 12 月版）一书中分析“谋反”罪的构成特点是：已行即罪、不必有害，出言即罪、不必有行，但谋即罪、不必有言行，并且一人即可称谋、不必二人或多人；指出：“从唐律中‘谋反’罪构成上的特点看，其根本用意是要把谋反罪消灭在萌芽状态之中，它要求君主专制制度下的臣民，对推翻现存统治，想也不要想，说也不能说，否则，就会随时被加上此罪名。”（参见第 138、139 页）

在这样的法律面前，在“世人皆欲杀”（杜甫《不见》）的汹汹议论声中，给李白戴上一顶“谋反”的帽子，岂不是一件轻而易举而又顺理成章的事情？

再看李白本人的所作所为又是怎样的。李白欣然应聘，下庐山，上楼船，入永王幕府，直至两军开战溃败，仓促南奔，这是有目共睹的事实。在永王军与肃宗军的对峙中，李白称永王军为“王师”，称肃宗军为“北寇”，这有他的《南奔书怀》诗为证：

主将动谗疑，王师忽离叛。……南奔剧星火，北寇无涯畔。顾乏七宝鞭，留连道边玩。

如果说称永王军为“王师”并不能说明什么问题，那么称肃宗军为“北寇”就不好这么说了。“顾乏”二句用了《晋书·明帝纪》中的一个典故：

（王）敦将举兵内向，帝密知之，乃乘巴滇骏马微行，至于湖，阴察敦营垒而出。有军士疑帝非常人，又敦方昼寝，梦日环其城，惊起曰：“此必黄须鲜卑奴来也。”……于是使五骑物色追帝。帝亦驰去，马有遗粪，辄以水灌之。见逆旅卖食妪，以七宝鞭与之，曰：“后有骑来，可以此示也。”俄而追者至，问妪，妪曰：“去已远矣。”因以鞭示之。五骑传玩，稽留遂久。又见马粪冷，以为信远而止不追。帝仅而获免。

用这样的典，颇令人怀疑李白是不是与永王一道南奔了一段路程。当然，这种可能性很小。但在南奔途中，李白把追击的肃宗军比作谋反的王敦叛军，而把永王比作东晋明帝司马绍，却是显而易见的。

只需以上述事实为根据，以唐律为准绳，再考虑到当时玄宗南朝与肃宗北朝两个司令部的斗争背景，如果不定李白“谋反”罪，不判他死刑，倒是叫人不

好理解了。

加役流本是死刑,是由死刑免死而改为加役流的。

《唐律疏议·名例十一》:

其加役流

《疏》议曰:加役流者,旧是死刑。武德年中,改为断趾。国家惟刑是恤,恩弘博爱,以刑者不可复属,死者务欲生之,情输向隅,恩覃祝网,以贞观六年奉制,改为加役流。

所谓"加役流",本义是"至死者,加役流",即"本罪合判死刑的,改判加役流"。李白犯的是"谋反"罪,合判死刑(绞刑),判他"加役流",即属于"至死者,加役流"。

四、李白流夜郎自舒州怀宁首途

李白流夜郎是从哪里始发的?学术界存在着两种不同的看法,一种认为是浔阳,一种认为是宿松。而据《江上赠窦长史》,则可确定为淮南道舒州治所怀宁(今安徽潜山)。

唐代在地方管理上实行州、县二级制。州、县均有监狱。李白说自己"中道奔走,却至彭泽"(《为宋中丞自荐表》);《新唐书·李白传》说李白"逃还彭泽"。李白首次被捕当在江州境内,系浔阳州狱前可能下过彭泽县狱。李白《赠张相镐二首》宋蜀本题注作"时逃难病在宿松山作",又有《避地司空原言怀》诗,司空原即司空山,属太湖县(今属安徽岳西县),在宿松县北(偏西)约70公里。李白第二次被捕当在舒州境内,系怀宁州狱前可能下过宿松或太湖县狱。顺便说一句,李白流夜郎的始发地既然有宿松一说,也就该有太湖一说。但不知是何原因,却从来不见有太湖说者。

长风沙(今安徽安庆市长风镇),自古以来是上下船只停泊避风的安全水域,又是怀宁入江最近、最佳口岸,两地相距仅百余里,大约是"驴及步人"三天的路程(以日行50里计)。

因此,李白流夜郎当自怀宁首途。唯其如此,《江上赠窦长史》的作地、作时才能得到正确、合理的解释。

五、李白流夜郎的始发时间是乾元元年春

李白《流夜郎闻酺不预》诗云:

北阙圣人歌太康，南冠君子窜遐荒。汉酺闻奏钧天乐，愿得风吹到夜郎。

这首诗说明，李白“闻酺”之时，已判流夜郎。

据两《唐书·肃宗纪》记载，至德二载（757）十二月丙午（初三），玄宗自蜀至长安；戊午（十五日），肃宗大赦天下，“赐酺五日”。查两《唐书》及《全唐文》，知肃宗在位七年，赐酺只此一次。据《旧唐书·地理志》，长安至舒州怀宁2626里。“赦书日行五百里”（见张九龄《南郊赦书》《东封赦书》《后土赦书》《藉田赦书》及唐宪宗《上尊号赦文》），则这次赦书二十一日即可传送到怀宁。

《唐律疏议·断狱二十四》：

《疏》议曰：……其流人，准《（狱官）令》：“季别一遣。若符在季末三十日内至者，听与后季人同遣。”

又李白《自汉阳病酒归寄王明府》诗云：

去岁左迁夜郎道，琉璃砚水长枯槁。今年敕放巫山阳，蛟龙笔翰生辉光。

据以上引文，可得出如下判断：李白流夜郎的判决书是至德二载冬季末三十日内传到怀宁狱中的，依《狱官令》，第二年即乾元元年（758）春，李白踏上了西上夜郎的漫漫长途。

六、李白窜夜郎于乌江留别宗十六璟，还有宗氏夫人

宗氏夫人流没流夜郎？在这个问题上，有“已流”说和“未流”说两种对立的看法。尽管观点对立，但面对的似乎都是完全相同的两首诗。一首是《南流夜郎寄内》：

夜郎天外怨离居，明月楼中音信疏。北雁春归看欲尽，南来不得豫章书。

一个在夜郎天外，一个在豫章明月楼中，已经说得清清楚楚。另一首是《窜夜郎于乌江留别宗十六璟》：

……我非东床人，令姊忝齐眉。浪迹未出世，空名动京师。适遭云罗解，翻谪夜郎悲。拙妻莫邪剑，及此二龙随。……

其中最为关键的是“拙妻”二句。这两句诗化用了《吴越春秋》关于干将、莫邪夫妻二人造干将、莫邪双剑和《晋书·张华传》关于干将、莫邪双剑化龙的典故，同样说得明明白白，宗氏夫人是跟随了李白一道去夜郎的，起码一道到了乌江。

郭沫若《李白与杜甫》认为“未流”夜郎:“李白首途赴夜郎即以当年十二月初旬或中旬由宿松出发,溯江西上。在起程的一段路上,有他的妻室宗氏和妻弟宗璟陪同,送到浔阳江才分别了。”

李从军《李白考异录》认为“已流”夜郎:“‘夜郎天外怨离居’不是记述实境,而是发夜郎途中的虚拟设想之辞,李白写这首诗在他被贬夜郎之后的乾元元年(758),时令是北雁南归的初春,此时宗氏在豫章。李白流夜郎的路线是先由水路南来豫章会宗氏,后返浔阳溯江而上的。……李白至豫章后,宗氏夫人决定随李白同行。于是其弟宗璟水路相送,一直至乌江—浔阳,才与李白、宗氏相别……”

本文试作法律分析如下。

《唐律疏议·名例二十四》:

诸犯流应配者,三流俱役一年。妻、妾从之。

《疏》议曰:妻、妾见已成者,并合从夫。依《(狱官)令》:“犯流断定,不得弃放妻、妾。”

问曰:妻有“七出”及“义绝”之状,合放以否?

答曰:犯“七出”者,夫若不放,于夫无罪。若犯流听放,即假伪者多。依《(狱官)令》不放,于理为允。犯“义绝”者,官遣离之;违法不离,合得徒罪。“义绝”者,离之;“七出”者,不放。

丈夫判流,不仅明文规定“妻妾从之”,还特别强调不得搞假离婚,即使犯“七出”,也不得“弃放妻妾”。

唐律有赎刑的规定。但李白是犯“谋反”罪而判加役流,宗氏则为“反逆缘坐流”,属“缘坐反、逆得流罪者”。据前引《名例十一》,反逆缘坐流“不得减、赎”。所以宗氏夫人并不能用一百斤铜来赎刑。

但是,唐律还有换刑的规定。

《唐律疏议·名例十一》:

反逆缘坐流

《疏》议曰:谓缘坐反、逆得流罪者。其妇人,有官者比徒四年,依官当之法,亦除名;无官者,依《留住法》,加杖、配役。

宗氏夫人正是“缘坐反逆得流罪者”,并且是“无官者”。

《唐律疏议·名例二十八》:

其妇人犯流者,亦留住。流二千里决杖六十,一等加二十,俱役三年。

《疏》议曰:妇人流二千里,决杖六十;流二千五百里,决杖八十;流三千里,决杖一百。三流俱役三年。若加役流,亦决杖一百,即是役四年。既决杖之文在上，明须先决，后役。

这就是说，宗氏夫人可以用杖一百、役四年来代替流夜郎。但决杖一百之后，即使免其役，宗氏夫人也不可能有直至乌江的千里相送了。因此“留住法”可以排除。

此外，唐律还有免刑的规定。

《唐律疏议·名例三十》：

《疏》议曰：……其妇人流法与男子不同：……反逆缘坐流，依《贼盗律》：“妇人年六十及废疾，并免。”

李白的“豫章老妻”宗氏夫人，如果年已六十，即可免流夜郎。

结论：依《贼盗律》，宗氏夫人不曾流夜郎，李白于乌江留别的是宗氏姊弟二人。

七、李白遇赦在夜郎

李白流夜郎，到没到达夜郎？对此，学术界持“未至”论者显然占了绝大多数。根据是李白诗《流夜郎半道承恩放还兼欣克复之美书怀示息秀才》“半道雪屯蒙，旷如鸟出笼”、《自汉阳病酒归寄王明府》“去岁左迁夜郎道……今年敕放巫山阳”以及其他。而所有这些似乎又全都能够在《自巴东舟行经瞿塘峡登巫山最高峰晚还题壁》（以下简称《自巴东舟行》）一诗中得到印证。“半道放还”、“敕放巫山阳”自不必说，其他如：①李白自至德二载（757）十二月始流，于乾元二年（759）三月到巫山阳遇赦，一共江行一年又三个月，正好是“海月十五圆”；②李白一生两次出蜀，“千里江陵一日还”的“还”字，表明《早发白帝城》是遇赦东还时所作，与《自巴东舟行》为同时之作；③《自巴东舟行》云：“积雪照空谷，悲风鸣森柯。……月色何悠悠，清猿响啾啾。辞山不忍听，挥策还孤舟。”《唐宋诗醇》说这首诗“词意沉郁”，这与李白流放途中尽是愁、尽是悲的心境完全一致，等等。

实际上，上述几条理由均不能成立。就拿“半道”和“巫山阳”来说吧，晚清黎庶昌《李白至夜郎考》就另有解释：“半道”不是指流途而是指期限；“巫山阳”意谓巫山以南地区，即指夜郎（转引自裴斐主编《李白诗歌赏析集·李白年谱简编》）。再说，前面已经指出，李白流夜郎首途的时间是乾元元年（758）春。这样，“海月十五圆”也就失去了意义。至于讲到“忧”“愁”什么的，李白蜀中诗《访戴天山道士不遇》就有“愁倚两三松”，《登锦城散花楼》就有“极目散我忧”，《唐宋诗醇》所谓“词意沉郁”，即使说得对，其实也不能说明什么问题。

下面，让我们再来分析一下《自巴东舟行》与《早发白帝城》是不是作于同一时期。

在讨论这个问题之前，首先需要说明的，是“自巴东舟行”的“巴东”，指的是夔州，而不是别的什么地方。夔州的前身为春秋时期庸国的鱼邑。秦置鱼复县。西汉沿置。王莽时公孙述改鱼复为白帝。汉献帝初平元年(190)，刘璋分巴郡置永宁郡；建安六年(201)，改永宁为巴东郡，治白帝。章武二年(222)，刘备改白帝为永安。晋改白帝为鱼复。西魏改鱼复为人复。隋开皇初郡废，大业初复置巴东郡，治人复。唐武德元年(618)改为信州，二年(619)又改信州为夔州；天宝元年(742)改为云安郡；乾元元年(758)复为夔州。《旧唐书·地理志·夔州》云：“奉节汉鱼复县，属巴郡，今县北三里赤甲城是也。梁置信州，周为永安郡，隋为巴东郡，仍改为人复县。贞观二十三年(649)改为奉节。”这就是说，自刘璋置巴东郡、治鱼复，历经蜀汉、晋、宋、齐、隋，直至唐天宝元年，计五百余年，巴东郡辖县虽有变化，郡名却相继沿用，基本不曾改变；治所虽屡易其名，也始终不曾挪动地方。可见，自“巴东”舟行，也就是自“白帝”舟行，也就是自“鱼复”“人复”“奉节”“夔州”舟行。

明白了“自巴东舟行”即是“自白帝舟行”，那么《早发白帝城》与《自巴东舟行》不是同一个时候的作品，也就不言而喻了。“朝辞白帝彩云间，千里江陵一日还”，说明朝发暮至，中间不曾停留。而“自巴东(即白帝)舟行，经瞿塘峡，登巫山最高峰，晚还题壁”之后，李白满可以方便行事，朝辞巫山彩云间，大可不必舍近求远，再逆水行舟35公里，跑回去向白帝城的彩云告别。

如果李白一生只有两次出蜀，《早发白帝城》是遇赦放还途中所作，那么《自巴东舟行》就应该是初出蜀时的作品；如果《早发白帝城》是放还途中所作，《自巴东舟行》不是初出蜀时的作品，那就应该考虑一下李白流夜郎之前是不是还有一次入蜀。

总之，《自巴东舟行》对“未至夜郎”论的种种支持，全都不能成立。

顺便说一下，唐代夔州还有个巴东县。巴东县本汉巫县地，北周天和三年(568)置乐乡县，隋开皇十八年(598)改为巴东县，唐沿置。有人以为“自巴东舟行”的巴东指的是巴东县。只是巫山在巴东县上游57公里，白帝城又在巫山上游35公里(中间隔着一个瞿塘峡)。如果是自巴东县舟行，则舟行路线于情理不合，并且也不是一天的路程。显然这种意见也不能成立。

唐律对于发配遣送流犯，有着种种明确而具体的规定，特别是时间上的限制极为严格。

《唐律疏议·名例二十五》：

诸流配人在道会赦，计行程过限者，不得以赦原（谓从上道日总计，行程有违者）。

《疏》议曰："行程"，依《（公式）令》："马，日七十里；驴及步人，五十里；车，三十里。"其水程，江、河，余水沿泝，程各不同。但车、马及步人同行，迟速不等者，并从迟者为限。

注：谓从上道日总计，行程有违者。

《疏》议曰：假有流配二千里，准步程合四十日。若未满四十日会赦，不问已行远近，并从赦原。从上道日总计，行程有违者，即不在赦限。

有故者，不用此律。

《疏》议曰："故"，谓病患、死亡及请粮之类。准《（假宁）令》："临时应给假者，及前有阻难，不可得行，听除假。"故不入程限。故云："不用此律。"

《大唐六典》卷三记载有关于水程的规定：

水行之程：……空舟泝……江（日）五十里，余水六十里（其三峡、砥柱之类不拘此限。若遇风、水浅不得行者，即于随近官司申牒验记，听折半功）。

《新唐书·肃宗纪》云："乾元二年三月丁亥（二十一日），以旱降死罪，流以下原之。"又据《旧唐书·地理志》，长安至夔州为2443里，至夜郎为4100里。赦书以日行五百里计，当月二十六日、三十日即可传到夔州、夜郎。李白自怀宁首途，由长风沙入江西行，经涪州（今四川涪陵）溯涪陵江（今乌江）至珍州夜郎，走的全部是水路。且不说日行五十里、六十里，即使天天都是"遇风、水浅"不得行，用五十里折半再折半，乾元元年（758）春始发，至十一月也该到夜郎了。即使让李白再生上一个月的病，再等上两个月的粮，迟至乾元二年（759）二月，也该到达夜郎了。怎么可能已经到了乾元二年三月下旬，李白还在半路上走着，才到巫山呢？怎么能够一点也不考虑法律的严肃性呢？怎么能够把流放当作旅游，一点也不加以区别呢？

其实，李白在《南流夜郎寄内》一诗中已经说得明明白白，诗是在"夜郎天外"写的，为怀念"豫章老妻"宗氏夫人而作，作于"北雁春归看欲尽"的乾元二年暮春三月。四月，李白即遇赦东还。

唐律所谓"役一年""役三年"的一年、三年，不是自流放之日算起，而是从到达流放地之日算起，并且是实实在在的一年三百六十日、三年一千八十日。

《唐律疏议·名例五十五》：

称"年"者，以三百六十日。

《疏》议曰:在律称年,多据徒役。此既计日,不以十二月称年。

李白本该"于配所役三年",可他到达夜郎后不久即遇赦,对于加役流的"役三年"来说,当然是"半道承恩放还"了。

结论:李白遇赦在夜郎。

李白东鲁寓家地考

安　旗

旧说均谓李白寓家任城（今山东济宁），千年来已成定论，但实际上并非如此。

李集中在东鲁所作诗文以及在别处所作有关东鲁诗文共约七十题，其中涉及任城的只有三首，即《赠任城卢主簿潜》《对雪奉饯任城六父秩满归京》《任城县厅壁记》，而这三首皆是客游其地所作。

《赠任城卢主簿潜》诗末云："归飞未忍去，流泪谢鸳鸿。"李白身在任城，而言"归飞未忍去"，可见是客游其地。诗首云："海鸟知天风，窜身鲁门东。""鲁门"亦非指任城，说详后。

《任城县厅壁记》文末有句云："白探奇东蒙，窃听舆论，辄记之于壁，垂之将来。""东蒙"，山名，此处作为东鲁之代称。"探奇东蒙"，亦是客游其地。

《对雪奉饯任城六父秩满归京》诗中有句云："窦公敞华筵，墨客尽来臻。"主人为"窦公"，李白仅是邀来作陪之"墨客"。诗末虽有"何日竹林下，更与步兵邻"之语，但"邻"字应作亲近解，非谓邻里。《管子·水地篇》："邻以理者，知也"。房玄龄注："邻，近也。"《左传·昭十二年》："倍其邻者，耻乎？"杜预注："邻，犹亲也。"二句用晋时阮咸事，咸任达不拘，与叔父籍同为林下之游。诗末"何日"二句，不过是说何时再能与前任城县令李某同游林下而已，非谓复为邻里。

以上三首诗文均不能证明李白寓家任城。

固然，唐懿宗咸通二年（861）沈光有《李白酒楼记》，谓楼在任城；孟棨《本事诗》亦有李白在任城构酒楼之说；清《一统志》且谓李白酒楼在济宁（即任城）南城上。然以上记载与李白本人作品所述殊不相符。

从李白《寄东鲁二稚子》一诗看来，酒楼是有的，但不在任城。兹录全诗如下：

吴地桑叶绿，吴蚕已三眠。我家寄东鲁，谁种龟阴田？春事已不及，江行复茫然。南风吹归心，飞堕酒楼前。楼东一株桃，枝叶拂青烟。此树我所种，别来向三年。桃今与楼齐，我行尚未旋。娇女字平阳，折花倚桃边。折花不见我，泪下如流泉。小儿名伯禽，与姊亦齐肩。双行桃树下，抚背复谁怜？念此失次第，肝肠日忧煎。裂素写远意，因之汶阳川。

在这首诗中不但提到酒楼，而且对酒楼的环境作了具体描写。可以看出，其酒楼所在之地即其子女所居之地。而尤其值得注意的是诗末的"汶阳川"。李白归心飞堕之地，远意所寄之地，也就是他的酒楼和子女所在之地，分明是在"汶阳川"。关于"汶阳川"，王琦失注，却注汶水，显系以"汶阳"为汶水之北。窃按"汶阳"，乃汉时鲁国县名，见《汉书·地理志》第八鲁国："县六：鲁、卞、汶阳、蕃、驺、薛。"汶阳故城，杜佑《通典》谓在泗水县东南，顾祖禹《读史方舆纪要》谓在曲阜县东北。隋时汶阳即曲阜，见《元和郡县志》卷十曲阜县："隋开皇三年罢郡，仍移汶阳县理此，属兖州。十六年改汶阳县为曲阜县。"可见，"汶阳川"系指曲阜县郊，非指任城。汉时，任城为东平国属县，与"汶阳"无涉；且任城在汶水之南百有余里，"汶阳"即使用作泛称，亦与任城无涉。

李白寓家之地，酒楼所在之地，均非任城，那在什么地方呢？

"我家寄在沙丘旁。"李白《送萧三十一之鲁中兼问稚子伯禽》一诗中本有明确答案。问题是"沙丘"又在什么地方？

关于"沙丘"，前贤皆失注，但皆谓在东鲁，非河北巨鹿之沙丘。李诗中三次出现"沙丘"，除上一首外，还有《送薛九被谗去鲁》："沙丘无漂母，谁肯饭王孙？"《沙丘城下寄杜甫》："我来竟何事，高卧沙丘城？……思君若汶水，浩荡寄南征。"足见李白诗中之"沙丘"确在东鲁。今按乾隆《兖州府志》卷十九古迹志："沙丘，在城东二里，黑风口西，……今地名沙堆社。"明万历《兖州府志》亦谓："沙丘，在宗鲁门外。"宗鲁门即兖州城东门。孔尚任《阙里志》亦云："西泗沂交汇处，拥沙如山，呼为沙丘。"据当地人士称，中华人民共和国成立之初其地积沙犹高过屋顶。足证李白诗中之东鲁沙丘即此处。清之兖州府城即唐之兖州（鲁郡）治城瑕丘。瑕丘，东北距曲阜三十里，西南距任城六十里，今为山东兖州县。李诗既言"我家寄在沙丘旁"，则其寓家之处当在瑕丘东门外二里许。

李白诗中多次提到"东鲁门""鲁东门""鲁门东"，它们究竟是什么地方？这个问题可以从《东鲁门泛舟二首》得到解答。

其一：

日落沙明天倒开，波摇石动水萦回。轻舟泛月随溪转，疑是山阴雪后来。

其二：

水作青龙盘石堤，桃花夹岸鲁门西。若教月下乘舟去，何啻见流到剡溪？

此诗题中之“东鲁门”一作“鲁东门”，王琦注：“《一统志》：东鲁门，在兖州府城东。”清之“兖州府城东”即唐之瑕丘城东，则泛舟之河流必为泗水，且从城东泛到城西。据《元和郡县志》《兖州府志》《曲阜县志》《滋阳县志》（清之滋阳即唐之瑕丘）等记载，泗水东自曲阜县界流入，经瑕丘城东五里黑风口，分支入郡城东墉，贯城西而出，西南流入任城界；其主流则经城东之金口坝，西南流亦入任城界。金口坝，在城东五里沂、泗之交，隋开皇中兖州刺史薛胄所建，积石为堰，遏水西流入黑风口，以灌农田。见《隋书·薛胄传》。此坝经历代修葺，至今犹存。在泗水流经的兖州诸县中，只有在瑕丘是既过城东又过城西。泗水虽亦流经曲阜，然在“县北八里”；虽亦流经任城，然在“城东四十里”。可见，李白“东鲁门泛舟”，即不是在曲阜，也不是在任城，而是在瑕丘。只有在瑕丘城外泗水泛舟，才能从城东泛到城西。因此，王琦以李白诗中之“东鲁门”或“鲁东门”属瑕丘是正确可信的。

既然“东鲁门”或“鲁东门”是指瑕丘东门，则《鲁东门观刈蒲》也是在瑕丘东门外观看农家收割蒲草；《送韩准、裴政、孔巢父还山》：“今晨鲁东门，帐饮与君别。”也是在瑕丘东门外送别友人；《赠任城卢主簿潜》：“海鸟知天风，窜身鲁门东。”姑不论“窜身”应作何解，也是说“窜身”瑕丘；《送杨燕之东鲁》：“二子鲁门东，别来已经年。”也是说两个孩子住在瑕丘东门外。

既然李白月下泛舟、观刈蒲、送别友人、“窜身”之地，以及子女居住地，皆在瑕丘东门外，亦可证其地有家。沙丘即在瑕丘城东金口坝西。

这样看来，李白诗中多次提到的“东鲁门”“鲁门东”和“沙丘”“沙丘城”“沙丘旁”，统统是一个地方.即唐代兖州（鲁郡）治城瑕丘。正因为他的家住在这个地方，所以这个地方在他的诗中多次出现，不过是以别称出现，而不是径作瑕丘。这在诗歌作品中是可以理解的。

李白诗中又多次涉及尧祠，如《鲁郡尧祠送别张十四游河北》《鲁郡尧祠送窦明府薄华还西京》《鲁郡尧祠送吴五之琅琊》《秋日鲁郡尧祠宴别杜补阙范侍御》等。据《元和郡县志》卷十瑕丘县：“尧祠在县东南七里，洙水之西。”《兖州府志》卷二十祠祀志亦言“尧祠在城东南七里”，并谓“汉熹平六年建”。若按旧说，李白寓家任城，何以总是到六十里地以外的瑕丘尧祠来送别友人？殊不可解;尤其不可解的是:《送窦明府薄华》一诗题下自注:“时久病初起作”;诗中又云:“朝策犁眉騧,举鞭力不堪。强扶愁疾向何处?角巾微服尧祠南。”试想:以久病之躯,乏举鞭之力,又怎能从六十里地以外的任城赶到尧祠来给人送别?今按李白寓家瑕丘东门外,则尧祠距其家不过数里,李白常到尧祠送别,甚至久病初起亦能来此,以及《送吴五之琅琊》一诗中,在日落既醉以后犹能从容回家等情景,就可以理解了。

李白《鲁郡东石门送杜二甫》一诗的“石门”何在,亦可随之解决。

先前诸家均以此石门为曲阜北六十里之石门山,非是。诗题中分明标明“鲁郡东”字样,意即兖州(鲁郡)城东,亦即瑕丘城东,石门山显然不能说是“鲁郡东”。而且按寓家任城说,石门山距任城足有一百五十里,李白到这样远的石门山去给杜甫送行,也使人费解。按寓家瑕丘说,李白在城郊的石门给杜甫送行,则完全合乎情理。何况“鲁郡东”(即瑕丘城东)也确有石门。

“鲁郡东”石门何在?在洙水上。《水经注·洙水》:“洙水……又南经瑕丘城东,西南入石门。古结石为水门,跨于水上也。”可见“鲁郡东”石门即洙水石门。

洙水石门又何在?在尧祠附近。有《鲁郡尧祠送窦明府薄华还西京》可证。诗中有句云:“强扶愁疾向何处?角巾微服尧祠南。长杨扫地不见日,石门喷作金沙潭。”尧祠既在“(瑕丘)县东南七里,洙水之西”,则此“喷作金沙潭”之石门必是洙水石门无疑。

尧祠遗址,今犹可见。自兖州县城东过金口坝,东南行五里许,有一章枣村,村外有一高地,当地人呼为“尧王坟”或“尧王墓”者便是。抗战时期,日军曾在其上筑有碉楼,今已夷为平地,但仍较四周田地高出一公尺许。章枣村内又有“石老爷”庙,相传前清年间发大水,冲出一石人,作跪状,高约一公尺许,村人为盖一小庙,并建有石碑记其事。今庙、碑均不存。此“石老爷”或即李白尧祠诗中所云“门前长跪双石人”之一欤?

从以上情况看来,李白寓家瑕丘是可以肯定的。以上所引诸诗有的作于开元末期,如《送韩准、裴政、孔巢父还山》《送薛九被谗去鲁》《鲁郡尧祠送别张十四游河北》等;有的作于天宝中期,如《沙丘城下寄杜甫》《寄东鲁二稚子》《送杨燕之东鲁》《送萧三十一之东鲁兼问稚子伯禽》等。似此,则李白自开元末至天宝中皆寓家瑕丘可知。

既然李白寓家瑕丘,为什么他的酒楼又在“汶阳川”——曲阜城郊呢?这个问题必须联系另一个问题来解决。另一个问题就是:《酬张卿夜宿南陵见赠》《南陵别儿童入京》二诗题中的“南陵”究竟在何处?

二诗题中之“南陵”,旧说均以为是宣州之南陵县。但郁贤皓《吴筠荐李白说辨疑》、李宝均《吴筠荐举李白入长安辨》二文否定了吴筠荐李白旧说,葛景春、刘崇德《李白自东鲁入京考》一文又否定了李白寄家宣州南陵旧说。以上三文皆持之有故,言之成理。旧说所谓李白在天宝元年(742)入京前与吴筠同游越中,因吴筠之荐奉诏入朝,在宣州南陵县别儿童入京云云,确系误传。因而上述二诗题中之“南陵”究竟在何处,必须重新考虑。

葛、刘一文已发现《南陵别儿童入京》“诗中之内容与宣州南陵的江南风物多相不符。‘白酒新熟山中归,黄鸡啄黍秋正肥。’黄鸡啄黍,应是中原风光。黍属粟类,产在黄河流域,而江南主要产稻米”。无独有偶,《酬张卿夜宿南陵见赠》也是无一语及宣州,诗云:“月出鲁城东,明如天上雪。鲁女惊莎鸡,鸣机应秋节。”纯系东鲁景象。两首诗题中的“南陵”既有此特点,则此“南陵”非彼“南陵”,应在东鲁,不在宣州。

东鲁有“南陵”吗?有。

首承济宁市文物局副局长宫衍兴同志面告:曲阜县南有陵城村,人称南陵。

继考乾隆《曲阜县志》卷三十六,关于该县村庄有如下记载:“(兖州)府城东三十里日曲阜县……计村庄之大者一百四十有一……西南十有四:……陵城南庄……”

又考乾隆《兖州府志》卷十九,关于曲阜古迹有如下记载:“(周)鲁伯禽墓在县南七里,高四丈四尺;文公墓在县南九里,高五丈五尺,冢之北有石人四,石兽二;(汉)鲁恭王墓在县南九里,恭王以下子孙皆葬于墓北里许,大墓四十余,石人三,石兽四。”《曲阜县志》记载略同。可知曲阜县南,陵墓成群,村庄之名或即由此而来。

又承郑州大学教授耿元瑞先生函告:民国二十三年(1934)编修之《曲阜县志》古迹目中有如下记载:“陵城乡之陵城村,相传即古兰陵,其地有明碑可考。唯兰陵故城在今峄县东,楚曾以荀况为兰陵令;未必即此陵城村也。”窃按荀况为令之兰陵固非此地,但后人误以陵城村为古兰陵,显系因“南”“兰”二字音近所致,亦可证陵城村有“南陵”之称。

李白寓家之地既在瑕丘东门外二里之沙丘旁,何以又在曲阜县南(或西南)之“南陵”别儿童入京呢?

《寄东鲁二稚子》诗中有句云:“我家寄东鲁,谁种龟阴田?”句中之“龟阴田”并非实指田地在泗水东北的龟山之北,乃用《左传》语:“鲁定公十年,齐人来归龟阴之田。”不过是说东鲁的田地。诗末之“汶阳川”既如上述,是指曲阜城郊,“龟阴田”当即代指此处之田地。也就是说,李白有田地在曲阜县南之陵城村,诗中之“南陵”,即其田舍所在之地,亦即其酒楼所在之地。犹如“东鲁门”“鲁门东”“沙丘旁”这一组地名均指瑕丘东门外寓家之处;“汶阳川”“龟阴田”“南陵”这一组地名则均指曲阜县南郊田舍所在之地。两处相距仅一二十里,其子女时居家中,时居田舍,故李白在南陵别儿童入京。其后李白旅居江南时,家信时而捎到“沙丘旁”,时而寄到“汶阳川”,也就可以理解了。

最后再对李白诗中的“鲁城”略抒己见。古鲁城固然是曲阜。周武王封周公于鲁,子伯禽就封,都曲阜,为春秋诸侯国之一,故曲阜有鲁城之称。然李白诗中之“鲁城”,非谓古鲁城,乃谓当时之鲁城,即兖州(鲁郡)治城瑕丘。唐之州(郡)相当于春秋时之诸侯国,州(郡)治城相当于诸侯国之都城。故亦可称“鲁城”。犹如李白谒见州(郡)官吏,谓之“遍干诸侯”一样。其《鲁东门观刈蒲》首句云,“鲁国寒事早”,意即兖州寒事早。《赠瑕丘王少府》有句云,“毫挥鲁邑讼”,意即毫挥瑕丘讼。《赠任城卢主簿潜》中“海鸟”二句,用《国语》,“海鸟日爰居,止于鲁东门之外三日”,《国语》中之鲁东门固指曲阜东门,然用典不必实指,此指瑕丘东门。总之,在李白诗中,“鲁”“东鲁”“鲁国”均指兖州(鲁郡),“鲁门”“鲁邑”“鲁城”均指其治城瑕丘。

只有明确李诗中“鲁城”何指(指瑕丘,而不是指曲阜),才能弄清《酬张卿夜宿南陵见赠》是怎么一回事。诗云:“日出鲁城东,明如天上雪。鲁女惊莎鸡,鸣机应秋节。”首句中之“鲁城”指瑕丘,曲阜城南之南陵恰在瑕丘之东。故知首四句写的是张卿夜宿南陵之景。其下续云:“当君相思夜,火落金风高。河汉挂户牖,欲济无轻舠。”张卿打发人给李白送了一首诗去,李白遂答以此诗。因夜已深,无法过河(瑕丘与南陵之间隔着一条泗水),次日始至南陵。故诗之末云:“故山定有酒,与尔倾金罍。”句中之“故山”即指南陵田舍。

总而言之,以“鲁城”属瑕丘,则左右逢源,于诸诗皆可通;以之属曲阜,则多有质疑,不知所云;以之属任城,则是风马牛不相及。

今山东兖州县东金口坝一带,泗水之天光云影,仿佛当年。《东鲁门泛舟》诗中之景,犹依稀可见。“金口秋波”历来为兖州八景之一,而曲阜东郊则无此景;济宁(任城)东门外,唯有护城河如龙须沟,不能容舟舠,焉能泛舟?亦可知“东鲁门”舍瑕丘莫属。

李白寓家任城之说,虽相传已有千年,实乃源于旧史之误。《旧唐书·文苑列传》谓李白“山东人”,且云:“父为任城尉,因家焉。”此即旧说之源头。所谓“山东人”“父为任城尉”云云,既属虚妄,所谓“因家焉”,又何能成立?惜前人未审,因而讹传至今。今据实考之,乃知“因家焉”亦犹“山东人”“父为任城尉”之类子虚乌有之言,一并不可信,而当以寓家兖州(鲁郡)治城瑕丘为是。

从兖州近年出土的四件文物看李白在山东寓家地点

武　秀

1993年以来，兖州泗河干涸，在金口坝附近出土了不少文物。市文物部门和公安部门进行了征集和追缴。现将与李白研究有关的4件介绍如下，并谈谈这4件文物对李白在兖州研究的实证价值。

一、北魏守桥石人

现征集到北魏守桥石人两尊，这两尊石人形状大小差不多，一尊高0.94米，宽0.59米，另一尊高0.76米，宽0.5米，两尊皆无头，颈部凿有方卯，此石人康有为《广艺舟双楫》有记载。石人背有铭文，铭文分别在背上及臀部。石人(一)背后铭文绝大部分剥损，在右肩后存“大魏延昌三年”6字。石人(二)背后铭文经三尊石人背后铭文对照补充，可识者150多字。从三尊石人铭文对照情况来看，背后铭文的内容是相同的，只是字的大小不同。从补充后的文字看，铭文记载了北魏延昌三年(514)兖州刺史元匡主持疏浚洙川(即泗河)，修筑泗津桥堰之事。从铭文中记载的时间看，是元匡疏河修桥功成之后，雕刻了这四个石人置于桥的两侧作为守桥堰者。其铭文中“起石门于泗津之下”“书于四石人背”等字，清晰可辨。由此可知，石人有四尊。现在我们征集到两尊，另外两尊，我们现知一尊埋在兖州驻军礼堂西南侧不远的地下。此处原是县衙门院中大坑，清康熙年间，一尊石人在泗河中出土，被运往该处的金石馆内。后金石馆被毁，石人就放置在坑边。中华人民共和国成立初，我市的傅星伯先生拓下了石人背后的铭字，拓片现存徐叶翎先生处。“文革”中石人被推入坑中，部队填坑建成操场，石人埋在坑里。另一尊石人不知下落。李白在诗中多次提到“石门”。“石门”的确切位置在何处？众说不一。石人背题“起石门于泗津之下”说明了石门建造于泗河的渡口之上。据史料记载，金口坝为隋代兖洲刺史薛胄所修，北魏石人铭文证明，在隋代以前的北魏泗河之上就有了泗津桥堰了。泗河在古代是一条重要河流，在这条大河之上，即便在北魏以前，也完全应有一座桥堰。郦道元《水经注》记：“洙水……又南经瑕丘城东南入石门，古人结石为门，跨于水上也。”这就说明了北魏之前，泗河上确有“石门”之类的建筑了，隋代薛胄所修金口坝是在原石门上改建的拦水堰。金口坝，有金扣坝、金水闸之称。金口坝是横贯东西古驿道上的行人大坝。驿道跨过金口坝西达长安，东往琅琊，泗洙汇流南去，金口坝也是通往京口瓜洲的水上交通码头。由此可见，石门即现在的金口坝，石人是守其桥堰的饰物，门石是大坝的一部分，坝上行人，坝口流水。所以李白在《送窦明府薄华还西京》中写“石门喷作金沙潭”，在送杜甫诗中有“何时石门路，重有金樽开”之句。以上两个北魏守桥石人是1993 年春在金口坝附近发现的。

二、汉代跪石人

汉代跪石人高 1.35 米，宽 0.47 米，是尧祠内的石雕。关于尧祠，《元和郡县志》《太平寰宇记》《滋阳县志》均有记载。具体位置就在今金口坝以北的泗河西岸青莲阁处。尧祠是祭祀唐尧的神庙，建于汉熹平四年(175)，唐代时的宴游胜地，金元以后不复存在。尧祠对于李白研究是个非常重要的地方。李白在尧祠的送客诗达 18 首。关于尧祠的描写，李白在《鲁郡尧祠送吴五之琅琊》中写“尧没三千岁，青松古庙存”。在《鲁郡尧祠送窦明府薄华还西京》中写尧祠“红泥亭子赤栏干”“门前常跪双石人，有女如花日歌舞”。特别是李杜尧祠相会，更是千古佳话。此石人我们认为是李白诗中“门前长跪双石人”的石人。根据有四点：一是从石人的艺术风格上看是汉代的作品，线条简洁，雕刻粗狂，造型古朴，颇具汉代大家气象。这与尧祠的建造时间是吻合的；二是石人呈跪式，与李白描写的跪石人相吻合；三是从石人的造型大小上看是门前饰物；四是从出土地点看，该石人出土于金口坝以北的泗河中. 正是距离尧祠故址不远处。李白诗描写的尧祠中的旧物出现，是李白研究的幸事。首先，李白、杜甫两颗诗仙、诗圣的煌煌巨星在尧祠走到了一起，使尧祠成了一处文学圣地。尧祠不复存在，石人作为尧祠的一部分，继承了二位伟大诗人的灵光，成了文化圣物。人们瞻物思古，追忆二位诗人，意味悠长。其次，李白尧祠送窦明府还西京是久病初愈，强扶愁疾，骑马前往尧祠的，说明李白的家就在距离尧祠不远的地方。因为人久病应回家治疗调养。李白久病初愈,角巾微服送客不可能从很远的地方来,由此推断李白家在兖州。

此石人是1993年3月在金口坝附近出土,被人运走,1994年5月从曲阜市张村追回的,据诸天寺村一青年目睹,与此相同的另一汉石人埋在坝南不远处的河中,因泗河有水,只能待以后挖掘。

三、北齐沙丘城造像残碑

此碑是块佛碑。长1.4米,宽0.37米,有字26行,207字,后残缺。从碑底的石卯看,是镶嵌在某处。碑文的内容为赞美佛教的教义,描述庙宇的情形。文中有"大齐河清三年(564)岁次实沉于沙丘东城之内"等句。此碑的出现,对揭开沙丘城之谜,有十分重要的实证价值。李白移家山东二十多年,住在何处。李白诗中有记载,如:"我来竟何事,高卧沙丘城。""我家寄在沙丘旁,三年不归空断肠""沙丘城下寄杜二甫",沙丘城到底指哪里? 不少学者从不同角度提出了多种答案,成为《中国古今地名大辞典》都悬而未决的大问题。唐代骆宾王的《上兖州崔长史启》、明清代的《兖州府志》、清代的孔尚任《阙里志·古迹》中都提出了沙丘位置或沙丘城代指兖州城。但缺乏实证,显得无力。此碑文的出土,说明了北齐时兖州城就有沙丘城之称,揭开了沙丘之谜,为李白寓家兖州找到了铁证。王伯奇、徐叶翎先生根据李白的作品和文字实物资料考证了李白寓家地点就在兖州市的原东关剧院北、火车站广场一带,解决了一个李白研究中长期没有解决的问题。

关于李白之死和墓及其后人的几个问题

李子龙

李白之死与墓的疑问

李白病卒当涂，初葬龙山，后迁青山。已被历代许多学者认同，视为定论。这个说法，各有一条权威性的资料作基础。一是唐人刘全白于贞元六年(790)撰写的《唐故翰林学士李君碣记》，其云："有子名伯禽。偶游至此，遂以疾终，因葬于此。"一是唐人范传正于元和十二年(817)撰写的《唐左拾遗翰林学士李公新墓碑并序》序中引用了李白孙女二人的话："先祖志在青山，遗言宅兆。顷属多故，殡于龙山东麓，地近而非本意。坟高三尺，日益摧圮，力且不及，知如之何？"于是传正委当涂县令诸葛纵"躬相地形，卜新宅于青山之阳，以元和十二年正月二十三日迁神于此"。然而，自唐以降，就有一些关于李白之死与墓的不同说法在百姓和文人士大夫中流传，并被写入诗歌和志书笔记，从而形成对上述所谓定论的冲蚀，动摇着这个定论的基础。

李白果然初葬于龙山东麓吗？白居易《李白墓》诗云："采石江边李白坟，绕田无限草连云。可怜荒垄穷泉骨，曾有惊天动地文。但是诗人多薄命，就中沦落不过君。"此诗因朱金城先生系于元和十三年(818)，恰在范传正为李白迁墓的第二年，故从未被当代学者深究，甚而视作无稽民间传说被采录入诗。其实，系此诗于元和十三年似无根据，也并不妥当。应当说，像范传正为大诗人李白迁葬之事，白居易不可能不知；已知却仍说采石"荒垄穷泉骨"，当然是无稽之谈。但是，倘若白居易之诗作于元和十二年以前，便能顺理成章，并且使我们对采石的李白墓产生新的却与事实相近的看法。朱金城先生《白居易年谱》与花房英树先生《白居易》均对白居易的行踪有过精湛的考辨，叙述略同：建中四年（783）白居易12岁时便逃难于江南，至贞元四年（788）离开江南北上。贞元十五年（799）去任浮梁县（治今景德镇北新平）主簿的兄幼文处，又在宣州乡试及第。贞元十七年（801）复游徐州、宣州等地。这些行踪说明白居易自贞元四年（17岁）至贞元十七年（30岁），路经采石不止一次，其《李白墓》的风格也近于他早期诗作，如《江南送北客因赁寄徐州兄弟书》等，因而亦当是此期作品。确切地说，系于贞元四年更稳妥。由此，北宋王象之《舆地纪胜》征引白居易《李白墓》诗，作为采石乃李白藁葬之地的佐证也便落到实处。其卷十八《太平府》云：

唐李白墓在县东一十七里青山之北（今按：当作谢家青山之西北）。李阳冰为当涂令，白往依之，悦谢家青山欲终焉。宝应元年卒，葬龙山东。今采石亦有墓及太白藁葬之地，后迁龙山。元和十二年宣歙观察使范传正委当涂令诸葛纵改葬青山之址，去旧坟六里。白乐天《李白（墓）》诗云：（同上引，兹不复录。）

应该说，这个说法是不无道理的，但长期以来却不为前贤所重。其主要原因，乃是李华那篇《故翰林学士李君墓志并序》中，已有“姑孰东南，青山北址，有唐高士李白之墓”的说法，人们以为“青山北址”即“龙山东麓”，亦即初葬之地，故不足辨疑。但在实际上，这篇墓志是大有问题的。李从军先生《李白考异录·李白卒年辨》已指出此墓志是伪作，考辨详繁，今尚可补疑者有二：

一、据明徐师增《文体明辨·墓志铭》和清赵翼《陔余丛考·墓志铭》考，墓志乃埋在墓中的志墓文，用正方两石相合，一刻志铭，一题死者姓氏、籍贯、官爵，平放在棺前。但李华所作的这篇墓志却并非如此。李华在唐代以长于碑版文字而著称，为何此文写得如此不规范？恐怕不能简单地用“惜墨如金”来加以解释。此其一。其二，如李华果然在李白卒时撰写了墓志，亦应于初葬龙山时埋入棺前。那么范传正委诸葛纵迁墓时一定能够见到，而我们从范传正的碑文中却未见任何痕迹。这恐怕也不能以传正忽略来加以解释。

二、如果李白确系初葬“龙山东麓”，那就不是“青山北址”。因为龙山与青山地近同一纬线，龙山在当涂城之正南，青山在当涂城之东南，此二山只有东、西之距，而无南、北之离。故在李白墓未迁青山之前，说“青山北址有唐高士李白之墓”，显系大谬。清人王琦解“此云‘青山北址’，谓龙山在青山之北耳”，也系不知青山和龙山的方位的曲护之解，不能成立。

值得注意的是，贞元六年（790）尚书膳部员外郎刘全白为李白“表墓式坟”后，也作有《碣记》一篇，文中完全避开了墓址，这是什么原因？文中又称，李白

“有子名伯禽”，这就不免使人发问：伯禽既在，他为何不向刘全白提出先大人“志在青山，遗言宅兆。顷属多故，殡于龙山东麓，地近而非本意”之事？我们已知李白卒时尚无孙辈，其如有遗言，当言于其子伯禽。因而理应由伯禽来实现。伯禽没有提出的原因，疑是与李白墓不久才由采石迁龙山有关。前已论及，白居易于贞元四年(788)自江南渡江而北，或经采石并作《李白墓》诗；刘全白“表墓式坟”在贞元六年(790)，且在《碣记》中说“荒坟将毁”。由此可以推测李白墓由采石迁龙山在贞元四年冬或五年(789)春，距刘全白拜墓不过一年多时间。在这样短的时间内，如再迁一次墓，恐是有违古训，所以伯禽没有再提起李白的遗言，便只待“有孙为收骨”(林弼《登州集》)了。

“藁葬”之法，古已有之。《汉书》李善注：“藁，草也。时权葬，占称藁。”明嘉靖《衡州府志》云：“甫终耒阳，藁葬之。元和中，其孙嗣业，始改葬巩县。”是说杜甫也曾藁葬耒阳。唐人杜荀鹤《哭陈陶》写道：“耒阳山下伤工部，采石江边吊翰林。两地孤坟各三尺，却成开解哭君心。”他正是在李白、杜甫这两大诗人的藁葬地痛悼联想进而缘情为诗的。至北宋，林逋竟在《采石山》诗中写道：“翻然却怪宣城守，是甚移将李白坟！”对从采石迁走李白墓表示出了一种责备和遗憾。这些，都是所谓李白初葬龙山的反证。

采石既是初葬之所，李白又怎么会藁葬于此呢？这就涉及李白之死的问题。

关于李白之死，自唐代起就有病死、醉死与溺死三种说法。前面说过，“以疾终”最早由刘全白提出。但范传正在碑文中却不提死凶。这一点颇有蹊跷。后来皮日休作《七爱诗》又云李白“竟遭腐胁疾，醉魄归八极”。他虽未将“疾”与“归”有机地缀联在一起，且在中间缀以“醉”字，但人们仍然理解为“因病而死”。皮日休写此诗与李白之死已距百年，即使李白遭腐胁疾是真，此二句也可解释成李白竟染上了腐胁疾，醉酒而死。这便与《旧唐书》所说“竟以饮酒过度”而死庶几相近，而视腐胁疾非其致死的直接原因。会昌四年(844)项斯作《经李白墓》诗云：“夜郎归未老，醉死此江边。”与皮日休所说也相近，只不过项斯未说李白先患病而已。当然“醉魄归八极”与“醉死此江边”也有不同处，那就是前者没有说明李白“醉魄”由何地点(当涂还是采石？)归于八极，后者却明言李白“醉死”于采石江边。指出这一点很有必要，因为它涉及李白溺死之说。

对于李白有可能溺死，杜甫在冥冥之中似乎有一种预感。他在“三夜频梦君”之际，作《梦李白二首》，反复提出了自己的担心：“水深波浪阔，无使蛟龙得。”“江湖多风波，舟楫恐失坠。”这不能说是事出无因。杜甫深知李白嗜饮，也已知李白晚年正“病起暮江滨”，但醉与病都不使他担心，唯担心有舟楫失坠的可能，大概是他在回忆往年与李白同游时，从交往和实践中引发出的预感，并在梦中出现。王定保《唐摭言》云：“李白着宫锦袍，游采石江中，傲然自得，旁若无人，因醉入水中捉月而死。”（据王琦《李太白年谱》所引，今本无此文）这是李白溺死的最早记载。与杜甫的预感相比，多出了“因醉”和“捉月”的前因后果。北宋初诗人梅尧臣《采石月下赠功甫》云：“（李白）醉中爱月江底悬，以手弄月身翻然。”为溺死增添了几分诗情画意。这些说法虽与“病死说”一样，不见于正史，但影响颇大。洪迈《容斋随笔》云：“世俗多言李太白在当涂采石，因醉泛月于江，见月影俯而取之，遂溺死。故其地有捉月台。”可以想象，溺死的说法肯定会受到病死说者的攻讦，甚而被指为荒唐之说。对此，明末清初诗人杜浚在《太白楼歌》中曾予以回答：“开元太白更清狂，酷爱采石恣徜徉。醉中放诞无不有，捉月岂必全荒唐。”（《当涂县志稿》引自杜浚《变雅堂集》）王琦在注《李太白文集》时悉心研究了有关李白溺死的传说，终于发以疑问：“岂古不吊溺，故史氏为白讳耶？”在我看来，王琦的设问不无道理，我们在唐人范传正、裴敬所写的碑记中，均可发现他们为李白避讳的迹象；即便如刘全白，虽被后人认为是“病死说”的肇始者，但他在记述李白之死的文字前，却冠以伯禽之名，也可见其良苦的用心。要之，采石既是李白的藁葬之所，那么他大病之中，醉见月影，俯身取之，翻然落水而溺死就是可能的。今日我们不必对此避讳。

关于李白的子孙和孙女二人

据《唐左拾遗翰林学士李公新墓碑并序》载，在李白逝世五十余年的元和年间，宣歙池等州观察使范传正“按图得公（李白）坟墓在当涂属邑，因令禁樵采，备洒扫；访公之子孙，欲申慰荐。凡三四年，仍获孙女二人，一为陈云之室，一为刘劝之妻，皆编户甿也”。因召至郡庭，问其所以。由是孙女二人说出了李白卒后家道衰落的过程及种种遭遇。其云：

> 父伯禽以贞元八年不禄而卒。有兄一人，出游一十二年不知所在。父存无官，父殁为民；有兄不相保，为天下之穷人。无桑以自蚕，非不知机杼；无田以自力，非不知稼穑；况妇人不任，布裙粝食，何所仰给？俪于农夫，救死而已。久不敢闻于县官，惧辱祖考。乡间逼迫，忍耻来告。

研读这段话，参之有关史籍和近人研究成果，可以概略知道李白子孙的政治和经济情况。

一、李白子孙的生卒年

李白在《寄东鲁二稚子》诗中曾云：“南风吹归心，飞坠酒楼前。楼东一株桃,枝叶拂青烟。此树我所种,别来向三年。桃今与楼齐,我行尚未旋。娇女字平阳,折花倚桃边。折花不见我,泪下如流泉。小儿名伯禽,与姐亦齐肩。双行桃树下,抚背复谁怜。”此诗郭沫若在《李白与杜甫》中说作于天宝七载(748),似不妥。李白于天宝三载(744)春辞京还山,天宝四载(745)秋,尚与杜甫在东鲁漫游。拙作《李白寄家东鲁新考》曾指出:李白由安陆移家东鲁,先是住在鲁郡(兖州)城东门外附近的“南沙丘”,直到鲁郡刘长史迁弘农长史后,才再移居任城(济宁)酒楼之旁,并在新居门前种桃一株,然后出游。按各家系年推定这是天宝六载(747)春的事。《寄东鲁二稚子》诗中既云“别来向三年”,当作于天宝九载(750),詹锳先生《李白诗文系年》正同。又郭沫若据诗中平阳、伯禽“姐弟的高低相差一头地”作出推断,“伯禽之生当在开元二十五年(737),与长姐平阳相差十岁”,已为时贤认同。照此计算伯禽年龄,天宝九载为14岁,贞元六年(790)池州刺史刘全白和当涂县顾游秦为李白“表墓式坟”时为54岁,贞元八年(792)卒当56岁。

假如李白于宝应元年(762)以62岁而卒的说法不错,则此时伯禽年方26岁。我们从李白生前诗中看不出伯禽已娶亲,由此再推定他服丧三年以后于30岁完婚,大历元年(766)他31岁生下长子,那么,至范传正于元和十一年(816)与伯禽两个女儿“相见与语”时,伯禽长子应约51岁,而两个女儿至少亦当在40岁上下。二女对范传正说其兄“出游一十二年”,则其兄出游在贞元二十一年(805),时约40岁;二女其时约30岁。又从她们与范传正之言得知,其兄出游时她们均未嫁人。会昌三年(843)二月,前守秘书校书郎裴敬拜李白墓,问墓左人毕元宥,得曰:“二孙女不拜墓已五六年矣。”(《翰林学士李公新墓碑》),则可知李白二孙女于开成二年(837)以前已相继去世,终年约60岁。

二、李白子伯禽终身为“士”

李白孙女二人云:“父伯禽以贞元八年不禄而卒。”据《礼·曲礼下》载:“天子死曰崩,诸侯为薨,大夫曰卒,士曰不禄,庶人曰死。”李白早年为翰林学士,代宗之初,拜左拾遗,生不及禄,没而称官。故范传正云:“今士大夫之葬必志于墓”(《李公新墓碑并序》),将其列于士大夫阶层,称其死为“卒”。朱自清指出:“中国传统的文学以诗文为正宗,大多数出于士大夫之手。士大夫配合君主掌握着政权。做了官是大夫,没有做官是士;士是候补的大夫。”(《文学的标准与尺度》)但他同时又指出:“从孔子‘有教无类’起,教育渐渐开放给平民,受教育的渐渐多起来。这种受了教育的人也称为‘士’,可是跟从前贵族的士不同,这些只是些‘读书人’。”(同上)又《汉书·食货志上》载:“士农工商,四民有业。学以居位曰士。”《唐六典·户部尚书》:“凡习学文武者为士,肆力耕桑者为农，工作贸易者为工，屠沽兴贩者为商。”仍以士为四民之首。李白二孙女云“父存无官，父殁为民”，向我们揭示了两点：第一，伯禽生前之家既不属官，也不属民，因而只能为士阶层的家庭。虽然亦是士民，却与农工商之民有别，位于庶民之上。第二，伯禽子女是在伯禽死后才降为庶民的。这是李白孙女二人的第一次沉沦。

以上是“不禄”之一解。“不禄”还有一解是“夭折”。《礼·曲礼下》云：“寿考曰卒，短折曰不禄。”什么叫寿考？朱熹《集传》云：“文王九十九乃终，故言寿考。”但若依此解，伯禽 56 岁而终，固然可称夭折曰不禄，而李白 62 岁而终，不也可称夭折曰不禄吗？他若王勃、陈子昂、李贺等人，寿命更短，前人在著录中却从未有称其“不禄而卒”者。可见，所谓“不禄”，当以上述“士（死）曰不禄”为是。

伯禽死于贞元八年（792）。《唐会要》卷七十七《贡举下》有一条资料可为注意：“贞元八年八月诏曰：朕以薄德……自江淮而及乎荆襄，历陈宋而施于河朔，其间郡邑，连有水灾，城郭多伤，公私为害，损坏庐舍，浸败田苗，或亲戚漂沦，或资产沉溺……应诸州百姓，因水不能自有者，委宣抚使赈给，死者各加赐物；在官为收理埋瘗；其田苗所损，委宣抚使与所在长吏速具闻奏……”伯禽之死，是否与这年江淮沿岸地区遭受的特大洪涝灾害有关？诏书称这次灾害死人颇多，包括一些在官的人，伯禽或在其中。这当然仅是一种推测。

三、李白孙女二人沦为草野之民

范传正在《李公新墓碑并序》中说李白二孙女“皆编户甿也”。“编户”即编入户籍的民。“甿”，《周礼·地官·遂人》注：“变民为甿，异外内也”。亦同“氓”。朱骏声《说文通训定声·壮部》：“自彼来此之民曰氓，从民从亡，会意。”若照此解，则李白二孙女徙乡嫁于农夫后，成为流亡之民。又《战国策·秦一》：“不忧民氓。”高诱注：“野民曰氓。”依照此解，则李白二孙女未嫁之前已沦为草野之民。

李白孙女二人沦为草野之民的直接原因，她们自己说是“有兄不相保，为天下之穷人”。即是说，她们社会身份的变化，在经历了父死之后的第一次沉沦而成为“民”之后，又因其兄出游不归而再次沉沦为无田、无桑的草野之民。这里涉及唐代的土地制度。按唐制，丁男可得授田。授田之法，据岑仲勉《隋唐史·唐之均田》载：“每丁男百亩，内八十亩为口分，二十亩为世业（永业）。老男、笃疾、废疾各口分四十亩，寡妻妾各三十亩。”“永业田皆传子孙，不在收授之限（《通典二》），其田课植桑、榆枣等，土地宜者依乡法（《唐律疏议》）。”“授田多寡，有宽、狭乡之别，田多可以足给者曰宽，否则为狭。狭乡田减宽之半。业工商者宽乡亦减半授,狭乡不授。”但是,无论在宽乡狭乡,唐制:“女不给田(寡妻妾除外)。”除授田外,又有退田制度。年龄之限,广德元年(763)为25岁至55岁。即丁男25岁可得授田;至56岁则应将永业田传于子孙,并退还部分口分田,只享老男的口分田。“授田之式,每岁一造计账,三年一造户籍。定户以仲年(子、卯、午、酉),造籍以季年(丑、辰、未、戌,见《六典》)。岁十月,里正预造簿,县令总集应退、应受人对共给受。”(《唐律》)由此推测,宝应二年(763)为卯年,伯禽应在当涂定户;广德二年(764)为辰年,伯禽当被造籍,得授田。其长子于25岁时(贞元六年,亦即刘全白为李白“表墓式坟”之年)作为丁男也可受田。唯二女不得受田。然而,“北齐授田,不听卖易。唐则在相当范围内可以卖买帖赁,如徙乡及贫无以葬者得卖永业田,充宅及碾硙、邸店者得卖口分田,自狭乡迁宽乡者并许卖之。”(岑仲勉:《隋唐史》)尽管我们尚不清楚伯禽长子“出游”的原因和归宿,亦不清楚他作为户主是否卖易了授田,但按广德二年二月赦文:“天下户口宣委刺史、县令据见在实户,量贫富作等第差科,不得依旧籍账,据其虚额,摊及邻保。”(《全唐文》四十九)伯禽子一旦出游,至多三年以后,里正和县令是不会再给李白二孙女以授田的。这便使她们成了“无桑”(永业田)、“无田”(口分田)之人;又二孙女当时尚未嫁人,不属“寡妻妾”之类。于是在“三年一造户籍”时,便将他们“编户甿”,使之成为草野之民。这大概即是她们所说“有兄不相保”的具体内容。李白孙女二人接着说,只是为了“救死”才不得已“俪于农夫”,否则,布裙粝食何所仰给呢!她们认为,这种遭遇是有辱先祖李白名声的,所以长期以来不敢将嫁于农夫的事告诉县官,故县官的户籍簿上仍将她们“编户甿”。

是否可以认为李白孙及孙女二人原住狭乡且业工商,所以从未得到授田呢?看来不可能。倘如此,二孙女大概不会在范传正面前说自己在嫁于农夫前就已“知机杼”“知稼穑”。除非她俩都在说谎。而说谎不仅会为时人所诟,也不会为范传正写入碑文镌于贞石的。

四、李白孙女二人的婚姻道德观

范传正访李白之子孙,目的是“欲申慰荐”。现伯禽已死,李白之孙已“出游一十二年不知所在”,“荐”是不存在了,剩下的便是对二孙女的“慰”。传正在听罢二孙女自述后,欲将她俩“改适于士族”。这是通过将编户甿的李白二孙女依附于士族男子的方法,从根本上改变她俩的社会身份,并使其跻身于士大夫眷属阶层。显然是要重新进行一次赤裸裸的政治婚姻,却遭到李白二孙女的断然拒绝。她俩在陈述拒绝理由的同时,表明了自己的婚姻道德观。主要有三点:(一)男女婚姻的事理,在命运,亦在天分,难以个人理想而逆转。这种观念的根源，显然与老庄的屈服环境、“安之若命”的思想不无联系；(二)既然已经在孤穷之时“失身”于乡里俗人，而今如果仰仗某种政治威力而求援于他人过问，在世纵然可以偷安，死后又有何脸面去见祖父李白于地下呢？这里已将自己的婚姻道德与李白及祖德联系起来，并且显然与刘向《列女传》和班昭《女诫》有着深刻的内在联系，从而使人窥测到李白通过伯禽对后裔女子的婚姻道德教育，尤其是她们所说的不愿“仗威力求援于他问”，更类于李白的风范。故而范传正慨叹她们虽“衣服村落，形容朴野，而进退闲雅，应对详谛，且祖德如在，儒风宛然”。(三)李白二孙女最后的回答是“欲败其类，所不忍闻”。今按：《诗·大雅·桑柔》云：“大风有隧，贪人败类。”朱熹《集传》：“败类，犹言圮族也。”李白二孙女认为范传正之言，将败坏同类妇女，毁坏李氏家族，故不忍听。上述三点，不仅是李白孙女二人以切身的最具体的言行标榜了祖德，维护了先祖李白的道德声誉，而且以最典型的事例向人们提供了唐代下层社会妇女的婚姻道德观，显示了李白孙女二人的人格力量。

中国自秦始皇建立大一统天下后，加强了对婚姻制度的控制，重视了婚姻道德宣传。会稽刻石云：“饰省宣义，有子而嫁，倍死不贞；防隔内外，禁止淫佚，男女洁诚。”(《史记》)汉承秦制，神爵四年(前58)诏赐贞女顺帛(《汉书·宣帝本纪》)。刘向著《列女传》，鼓励烈女不更二夫。东汉元初六年(119)始旌表贞妇(《后汉书·安帝纪》)。班昭著《女诫》，提出“妇无二适之文”的“圣贤之语”。范晔撰《后汉书》，专辟《列女传》，使贞妇进入正史，从此以权威的史书确立了礼教的妇女贞节观。之后，经过魏晋南北朝几百年的社会分裂，礼教受到了冲击。至唐，妇女再嫁有了某种自由。今据《新唐书·公主传》统计，唐代公主中，除去幼年早夭、出家人道、事迹不详者 87 人外，在出嫁的 124 人中，再嫁者达 24 人，占五分之一，其中有 4 人为三嫁者。在下层社会中，妇女失贞不守妇道的现象也很普遍。然而，贞节又是当时社会衡量妇女好坏的一个标准，为社会风俗所提倡。白居易写过一首《妇人苦》诗，对那些恪守妇道但内心却十分痛苦的妇女表示同情：“蝉鬓加意梳，蛾眉用心扫。几度晓妆成，君看不言好。妾身重同穴，君意轻偕老。惆怅去年来，心知未能道。”李白孙女二人似乎没有这种惆怅，她们甘于认命；也没有这般含蓄。她们公然申明要维护先祖的道德遗风。这正是以最典型的现身说法，证明即使在颇为开放的唐代，下层社会中仍有诸如李白二孙女一样的妇女，仍然被传统的婚姻道德观念束缚着，展现着唐代社会道德风尚的又一面。范传正称李白一门为“勋庸道德之家”，也正表明了他的嘉叹真意。

李白孙女二人在传统贞节观下形成的“志”，竟使范传正不能“夺”，于是他对二女采取了“复井税免徭役”的办法，表示慰藉。所谓“复井税”，就是免除李白孙女二人所嫁农夫陈云、刘劝的田税。因为陈云、刘劝二人肯定早已有授田并被征敛两税杂徭。而“免徭役”，即是免去李白孙女二人家庭应负的杂徭色役。岑仲勉《隋唐史·租庸调及杂徭役》指出：“唐给民以田，所以责偿者约言之有四项，一日租，二日调，三日庸（即役），四日杂徭。”“唐制……俊士、孝子、顺孙、义夫、节妇同籍者（即同一户籍），皆免课役。”范传正在此大约是采取了变通的办法才免去陈云、刘劝两户田税和徭役的。

范碑所述李白世系的谱牒学问题

李　浩

范传正《唐左拾遗翰林学士李公新墓碑并序》(以下简称“范碑”)是研究李白世系、家室、生平的重要文献,其中有一段话屡为学者所征引:

> 公名白,字太白,其先陇西成纪人。绝嗣之家,难求谱牒。公之孙女搜于箱箧中,得公之亡子伯禽手疏十数行,纸坏字缺,不能详备。约而计之,凉武昭王九代孙也。隋末多难,一房被窜于碎叶,流离失散,隐易姓名,故自国朝已来,漏于属籍。神龙初,潜还广汉,因侨为郡人。父客,以逋其邑,遂以客为名,高卧云林,不求禄仕。

范碑作于宪宗元和十二年(817),上距李白病逝已五十多年,材料来源于李白的孙女。以上引文一方面粗略地交代了李白的郡望世系,但另一方面又解释了之所以不能详备的原因:绝嗣之家,难求谱牒;伯禽手疏十数行,纸坏字缺;国朝已来,漏于属籍。“谱牒”“属籍”以及下文“遗言宅兆”“将改适于士族”云云,涉及了氏族谱牒学的问题,笔者不揣浅陋,试图从谱牒学的角度对李白世系争论中的一些观点,提出自己的一点臆见,敬俟海内外方家教正。

一

学界研究李白世系,不唯对其世系源流的看法不一,就是对“绝嗣之家,难求谱牒”“伯禽手疏十数行,纸坏字缺”几句的理解亦有差别,兹先罗列诸家之说,以资讨论:

王琦《李太白年谱》:

> 传正《碑》,据太白之子所手疏。[1]

詹锳《李白家世考异》：

试思以十数行字焉能道尽其世系，何况又“纸坏字缺，不能详备”耶！盖传正作碑之时，亦本知其谱牒不足为据，而又不得不曲为之说，故曰“约而计之凉武昭王九代孙”耳。[2]

郭沫若《李白与杜甫》：

或者由于谱牒无征，所以得不到承认，但李白自己在行文中却往往自相矛盾，游移不定。[3]

裴斐《评李白出生碎叶说兼谈李白的籍贯问题》：

范《碑序》作于元和十二年(817)，去白之殁已五十五年，但他见到了白子伯禽手疏先世谱牒之残纸。[4]

杨明《读李小识》：

新传当据李序、范碑而言，李序所载当得自于太白所述，范碑则据伯禽手疏，伯禽自亦得之于其父。[5]

不难发现，上列诸说对范碑内容的转述是有差别的。王琦、杨明认为范碑据伯禽手疏，詹锳亦认为得之于“十数行字”，但说“本知其谱牒不足为据”，似又隐含着这十数行字即为谱牒意思，而裴斐则明白表示手疏即谱牒之残纸，郭沫若则说谱牒无征。

这些差别实际上包含着如下几个问题：李白家族究竟有无谱牒？伯禽手疏十数行，是否即为李氏谱牒？

郑樵《通志·氏族略序》：“自隋唐而上，官有簿状，家有谱系，官之选举必由于薄状，家之婚姻必由于谱系。历代并有图谱局，置郎、令史以掌之，仍用博通古今之儒知撰谱事。凡百官族姓之有家状者则上之，官为考定详实，藏于秘阁，副在左户。若私书有滥，则纠之以官籍；官籍不及，则稽之以私书。此近古之制，以绳天下，使贵有常尊，贱有等威者也。所以人尚谱系之学，家藏谱系之书。”可知魏晋到隋唐的谱牒，实有两类：一是簿状，即官书，官修谱牒，主要用于选举；二是谱系，即私书，私修家谱，主要用于婚姻。按照谱牒学界的一般看法，六朝谱学，以官修为主，宋元以下，皆为私谱。唐代处于士族制度的转型期，故官修、私修谱牒皆很发达，翻检《新唐书·艺文志》《通志·艺文略》《宋史·艺文志》即可知，所以郑樵接着说：“姓氏之学，最盛于唐。”

范碑明谓“绝嗣之家，难求谱牒”，很显然，白之孙女并无其家谱。至于伯禽手疏十数行，姑不说其已纸坏字缺，即令无缺损，亦恐不能称其为谱系。陈捷先《唐代族谱略述》一文引颜真卿所撰《颜氏世系谱序》、于邵《河南于氏家谱后序》、程淘《程氏世谱序》、钱镠《钱氏大宗谱序》等，可使我们略窥唐代谱牒的体例、内容与篇幅[6]，绝非十数行所能涵括。谱牒的另一种形式簿状或家状，可能篇幅较短，但一般都是送呈政府甄别的，所以要求真实无伪，且体例上必具有辨姓氏、联婚姻、明官爵三个特点，姑且不说伯禽手疏残纸看不出这三方面内容，就是在李华、刘全白、裴敬及范传正诸碑碣志中，亦看不全这三方面的内容，所以王琦对此已不免生疑："按《唐书·李华传》，言天下士大夫家传墓板及州县碑颂，时时赍金帛往请。今华之文多见于《文苑英华》《唐文粹》中，乃作太白墓志，不特于生平行事一切不言，即郡邑、世系、表字、配偶亦略而不书，寥寥数言，何其惜墨如金乃尔。"[7]

范碑还说："文集二十卷，或得之于时之文士，或得之于宗族，编辑断简，以行于代。"传正既能从李氏宗族另得李白诗文十卷(从詹锳说[8])，为何不能从同宗之人访查李白的世系？考唐代谱牒，有家谱，亦有族谱(亦称宗族谱、宗系谱、房从谱、宗族大血脉等。如《新书·艺文志》所著录之《吴郡陆氏家系谱》《李氏房从谱》《通志·艺文略》所记之《杨氏血脉谱》《刘氏大宗血谱》等)。传正不仅未能从李白孙女处见到谱牒，亦未能从李白家族(假如真有宗族的话)访得谱牒。李白这一支成了绝嗣之家，总不至于同宗之人皆为绝嗣之家吧？这些同宗既然收藏有李白的诗文，为何在唐朝这样一个"人尚谱系之学，家藏谱系之书"的时代，均无谱牒的片纸遗存？即令文献无征，那么虽为编户之民却仍"儒风宛然"的两个孙女，进退闲雅，应对详谛，难道没有从父祖的口耳相传中，知道一些家族世系吗？时至宪宗元和年间，难道她们还有什么避讳疑忌，抑或所述不经不为传正所采？

二

范碑中所谓"漏于属籍"云云，使人们从另一个途径思考探赜李白的世系。

"属籍"，特指列入皇室宗族成员的名册簿籍。属籍的审验、核实与批准，由宗正寺负责。《唐六典》卷一六宗正寺："宗正卿之职，掌皇九族、六亲之属籍，以别昭穆之序，纪亲疏之列，并领崇玄署；少卿为之贰。九庙之子孙，其族五十有九；光皇帝一族，定州刺史乞豆；景皇帝之族六，谯、蔡、毕、雍、郇、郑。谯王、蔡王二族无后。元皇帝之族三，梁、蜀、汉。梁王、汉王二族无后。高祖之族二十有一，隐太子、卫、巢、楚、荆、汉、丰、周、徐、韩、彭、郑、霍、虢、道、邓、舒、鲁、江、密、滕。隐太子、卫王、巢王、楚王、荆王、汉王、丰王、周王八族无后。太宗之族十有三，恒山、楚、吴、濮、齐、蜀、蒋、越、纪、代、江、赵、曹。楚王、齐王、蜀王、越王、江王、代王、赵王七族无后。高宗之族六，梁、许、泽、郇、孝敬、章怀。梁王、许王、孝敬三族无后，郇王追封许王。中宗之族四，懿德、庶人、节闵、殇帝。懿德太子、庶人重福、殇帝并无后。睿宗之族五：宁王、惠庄、惠文、惠宣、隋王。隋王无后。”

要获得属籍，有严格的程序：“请宗子自常参官并诸州府及县官等，各具始封建诸王，及五代祖，及见在子孙，录一家状，送图谱院，仍每房纳，于官取高，处昭穆取尊。即转送至本寺所司磨勘属籍，稍获精详。”[9]

学术界关于李白世系为李唐宗室的观点，又大体可细分为如下几种看法[10]：

1. 凉武昭王九世孙说。由李阳冰、范传正提出。

2. 李达摩后代说。由麦朝枢提出。

3. 李轨后代说。由王文才、周维衍等提出。

4. 建成元吉后代说。由罗香林、褚问鹃、韩维禄等提出。

5. 坐扬豫博案的唐室疏族说。由孙楷第提出。

6. 李炜李湮等宗室后代说。由李从军提出。

其中，第一种观点影响最为广远，以下诸种都不过是第一种观点的孳乳分蘖，想象推测。但詹锳、郭沫若都已据《新唐书》宗室、宰相世系，详考李白诗文中所称同宗诸人的辈次，并不固定，证明其本非宗室，于联宗之际则漫为之说。第二、第三、第四种观点亦有学者提出疑问进行商榷，兹不赘述。本文主要拟对第五、六两种看法提出质疑。

孙楷第《唐宗室与李白》一文一方面承认“越王贞裔袭爵事，史书所载，分明如此。则白父客非越王贞裔，又可知也。白盖唐室疏族”，但又认为李白“先人之被窜，必是武后时坐扬豫博党得罪。以扬豫博在神龙初犹不赦，故曰父潜还广汉，不敢露真姓名”[11]。李从军《李白家世考察》一文认为孙先生把徙西域事与武后时事连在一起，可谓卓见。但他认为“李白先人并不是坐光宅元年(684)和垂拱四年(688)扬(徐敬业)、豫(李贞)、博(李冲)起兵倒武之案，坐扬、豫、博案者，流绣州、黔州”。他拈出《舆地广纪》中的一句话，与《通鉴·唐纪二〇》相联系，认为李白先世尝流巂州，“所坐应是永昌元年(689)谋迎中宗之案”[12]。

孙、李之说，揆之于史料，多有龃龉。据《新唐书》卷八〇《太宗诸子传》知，越王贞，始王汉，后徙原，已乃封越。贞善骑射，涉文史，有吏干，为宗室材王。武后初，迁太子太傅、豫州刺史。博州刺史冲为其长子。垂拱四年，与韩王等计议倒武反王，皆被诛。

《旧唐书》卷七六《太宗诸子传》：

神龙初，侍中敬晖等以冲父子翼戴皇家，义存社稷，请复其官爵，武三思令昭容上官氏代中宗手诏不许。开元四年，诏追复爵土，令备礼改葬。太常奏谥议曰："故越王贞，往者愿匡宗社，夙怀诛吕之谋；乃心王国，用击非刘之议。以兹获戾，上悼圣心。谨按谥法'死不忘君曰敬'，请谥曰敬。"从之。五年，下诏曰："九族以亲，克敦其教；百代必祀，允竟厥德。故蔡州刺史、越王贞，执心不回，临事能断，粤自藩国，勤于王家。弘道之后，宝图将缺，怀刘章之辅汉，追郑武之翊周，遂能奋不顾身，率先唱义，虽英谋未克，而忠节居多。嗣绝国除。年逾二纪，莫享沦废，甚为悯焉。永言兴继，式备典册。其封贞侄孙故许王男左监门卫将军、夔国公琳为嗣越王，以奉其祀。仍官为立碑。"

又，《新唐书》卷八〇《太宗诸子传》：

贞最幼息珍子谪岭表，数世不能归。开成中，女孙持四世丧北还，求祔王茔。诏嘉悯，敕宗正寺、京兆府为访其兆，非陪陵者听葬。

质是之故，可知垂拱四年(688)倒武之案中的宗室李贞、李冲父子至开元中皆已被彻底昭雪平反，并复爵土，自然不存在漏于属籍的问题，李白于开元、天宝间往来两京，与社会上层人物交往颇广，如此大事，不能不知。既然扬豫博案之主谋李贞、李冲父子均已昭雪，其疏族胁从(假如真有其人其事的话)却未被赦罪，奔窜潜匿，揆之常理，似亦离奇费解。孙先生又说："白为嵩后，虽不知何房，要其所出始祖，在天锡前。以世已远，故不列属籍。而其房自有谱，故与唐宗室诸人行辈可考，称谓不谬。"孙文仅据李白诗举出两例与唐宗室世次相合者，但据詹、郭两位所考，白与唐宗室联宗之际，漫为之说，大多不合，已为学界所熟知，兹不赘引。至于李白家谱，范传正已叹难求，千年烟涛微茫，究竟是有是无，更加汗漫难知。

又，《资治通鉴》卷二〇四《唐纪二〇》曰："(则天后永昌元年)夏，四月，甲辰，杀辰州别驾汝南王炜、连州别驾鄱阳公諲等宗室十二人，徙其家于巂州。炜，恽之子諲；諲，元庆之子也。"胡三省注曰："蒋王恽，太宗子；道王元庆，高祖子也。"

李从军只看到《旧唐书·武后本纪》所载神龙元年(705)春正月"除扬、豫、博三州及诸逆魁首，咸赦除之"，又据《唐大诏令集》卷二《中宗即位赦》中"除犯赃贿及畜蛊毒造伪避仇反逆缘坐勘会不免者，余并放还天下"，遽下结论，认为"诸逆魁首"包括李炜、李諲、李白祖父等十二人，未能被赦罪，故有李序、范碑中的"神龙之始，逃归于蜀""神龙初，潜还广汉"云云。李说实际包含两个假设：其一，李白祖父即为永昌元年(689)谋迎中宗案中炜、諲等宗室十二人之

一;其二,这一案件在中宗神龙元年(705)复辟后,并未被平反。殊不知《旧唐书·中宗本记》中紧接着便明确记载道:

(神龙元年春正月丙午)皇帝先被配没者,子孙令复属籍,仍量叙官爵。初,韩王元嘉、霍王元轨等自垂拱以事皆遭非命,是日追复官爵,令备礼改葬,有胤嗣者即令承袭,无胤嗣者听取亲为后。

《新唐书·中宗本纪》:

(神龙元年)三月甲申,诏文明后破家者昭洗之,还其子孙荫。

《资治通鉴·唐纪二十三》:

(丙午,中宗即位)皇族先配没者,子孙皆复属籍,仍量叙官爵。

又,同书《唐纪二十四》:

武后所诛唐诸王、妃、主、驸马等皆无人葬埋,子孙或流窜岭表,或拘囚历年。或逃匿民间,为人佣保。至是,制州县求访其柩,以礼改葬,追复官爵,召其子孙,使之承袭,无子孙者为择后置之。既而宗室子孙相继而至,皆召见,涕泣舞蹈,各以亲疏袭爵拜官有差。

拨乱反正,昭雪洗冤,虽或有前后过程,但进行得如此深入细致,何以能将永昌元年(689)李炜、李諲等宗室十二人案遗漏呢?何况,《新书·太宗诸子传》还有一条更明确直接的材料:"炜初王汝南郡,恽薨,遂嗣王,为武后所害。神龙初,以嫡孙绍宗为嗣蒋王,薨,子钦福嗣,为率更令。"这条史料又见《册府元龟》卷二八四《宗室部·承袭三》。炜、諲等十二人的后裔,既然在神龙以来陆续被追复爵土,那么其与李白祖父无涉明矣,则李从军解释"漏于属籍"云云不攻自破。

三

范碑又谓李白坟茔在当涂龙山东麓,并通过李白孙女之口说:"先祖志在青山,遗言宅兆,顷属多故,殡于龙山东麓,地近而非本意。坟高三尺,日益摧圮,力且不及,知如之何。"后迁神于青山之阳,西距旧坟六里。李华《故翰林学士李君墓志并序》同。又据刘全白《李君碣记》知,白"偶游至此,遂以疾终,因葬于此"。

窃以为李白卒于客寓,未迁归祖茔,虽或因其子弟力且不及,但观其所留遗言,子孙对其葬地的看法,甚至李华、刘全白、范传正三碑志的措辞用语,颇与唐代士人丧葬礼俗不同。

《礼记·檀弓上》:"周公盖袝。"孔颖达疏:"周公以来,盖始袝葬,袝即合也，言将后葬合前丧。”陈寅恪《论李栖筠自赵徙卫事》一文说：“吾国中古士人，其祖坟住宅及田产皆有连带关系。观李吉甫，即后来代表山东士族之李党党魁李德裕之父所撰《元和郡县图志》，详载其祖先之坟墓住宅所在，是其例证。其书虽未述及李氏田产，而田产当亦在其中，此可以中古社会情势推度而知者，故其家非万不得已，决无舍弃其祖茔旧宅并与茔宅有关之田产而他徙之理。”[13]台湾毛汉光氏进一步指出：“坟茔之所在地，成为今日研究某家族重心的重要标杆。……归葬是中古士族的大事，客死他乡，其子孙负柩归葬成为当时重要的孝行，此事在拓片中屡见，如果客观形势无法归葬，拓片中有‘权厝’，表示力有未及。士族归葬地的改变与籍贯的改变之间有重大关联。”[14]两《唐书》传记中对士人的祖茔及归葬涉及较少，这些内容主要保存在墓志之中。

考唐代文人，杜甫卒于湖湘，四十三年后，其孙杜嗣业迁其柩归葬于偃师杜氏祖茔。“嗣子曰宗武，病不克葬，殁，命其子嗣业。嗣业以家贫，无以给丧，收拾乞丐，焦劳昼夜，去子美殁余四十年，然后卒先人之志，亦足以为难矣”。[15]柳宗元卒于柳州，后由裴行立、卢遵等人帮助“归葬万年先人墓侧”。[16]韩愈叙其兄韩会卒于韶州，他与侄、嫂扶枢归葬河阳韩氏墓。国子助教薛公达卒于东都洛阳，归葬京兆府万年县少陵原，合祔王夫人茔[17]。李德裕卒于崖州，其子烨护德裕、德裕妻灵柩归葬于洛阳。[18]窦叔向殡于丹阳郡覆釜山，后归葬于河南偃师北原。其子窦牟卒于西京宣平里，但仍要迁回偃师葬先公之兆次。[19]柳宗元《崔君权厝志》谓崔简“先崔君十年卒，其葬在长安东南少陵北。君以窜没，家又有海祸，办不克祔。三年，将复故葬也。……葬湘滋，非其地。后三年，辞当备”。

《旧唐书·德宗纪上》：“（大历十四年）诏人死亡于外以棺柩还城者勿禁。”《旧唐书·宣宗纪》：“（大中三年六月）敕：先经流贬罪人，不幸殁于贬所，有情非恶逆，任经邢部陈牒，许令归葬，绝远之处，仍量事官给棺椟。”《旧五代史·周太祖纪》载太祖诏曰：“应内外文武官僚墓职、州县官举选人等，今后有父母、祖父母亡殁未经迁葬者，其主家之长，不得辄求仕进，所由司亦不得申举解送。”又据《旧唐书·列女传》载，元和年间，徐州孝女王和子的父兄战死边地，和子独往泾州，行丐取父兄之丧，归徐营葬。兖州郑神佐战死庆州，其女亦自往庆州护父丧还，与母合葬。《新唐书·列女传》还记载萧氏女甚至以归葬双亲作为许婚条件，杨含助其归葬，萧氏女遂许嫁。唐德宗时崔损，身据宰相之职，母野殡不展墓，不议迁祔，为时人所耻[20]。可见归葬迁祔为有唐一代之风尚。

还有些人，本来就卒于祖茔之所在地，便可就近入葬。如王绩、孟浩然、独孤郁、奚陟、韩愈、杜牧等。

李白的丧葬则显得与众不同。范碑铭曰:“故乡万里且无嗣,二女从民永于此。”则当涂既非其郡望祖茔所在,又非其籍贯或出生地。其以疾卒于彼地,如系宗室当归葬长安,如为一般士人亦当迁回江油故里。何以其子伯禽及两孙女均无归葬之举?论者或谓伯禽早卒,两孙女力且不及。按白之后代沦落衰微,无力归丧,亦合情理,但竟然连言辞表示亦无,则殊不可解。李华、刘全白、范传正诸碑志中亦没只言片语提到“权厝”“归葬”,李白之父葬于何处,李白之子伯禽是否归葬,李白之妻是否合葬?一般墓志多有交代的葬制内容,在李、刘、范三碑中均未提及,颇异常式。而白遗言宅兆当涂青山,自我为祖,更迥异于当时中原士人之观念。殆李白家庭为寒素,其子孙无经济条件归葬,抑或因其家久居西域,濡染胡风,不羁于中华丧葬礼俗,没有寄命归宗、正首丘之观念?

本文的结论是:

一、据范碑知李白卒后,其家并无谱牒,伯禽手疏十数行姑不说已纸坏字缺,即令完好无损亦恐不能称为谱牒;

二、李白世系为李唐宗室说中的两种观点(坐扬豫博案的唐室疏族说,李炜、李诨等宗室后代说),揆之以现存史料,皆很难成立;

三、李白卒于客寓,未迁归祖茔,颇异唐代士族丧葬礼俗,虽因子孙无经济条件归葬,但亦当与其濡染胡风,中原礼俗观念淡薄有关。

注　释

[1]王琦注《李太白全集》下册,第1574页,中华书局(标点本),1977年版。

[2]詹锳《李白诗论丛》,第18页,人民文学版版社,1984年版。

[3]郭沫若《李白与杜甫》,第11页,人民文学出版社,1971年版。

[4]《李白研究论丛》,第70页,巴蜀书社,1987年版。

[5]《李白学刊》第一辑,第135页,上海三联书店,1989年版。

[6]参见《第一届国际唐代学术会议论文集》,第854~874页,台湾唐代研究者联谊会1979年出版,台湾学生书局经销。

[7]王琦注《李太白全集》下册,第1459页。

[8]詹锳《李白诗论丛》,第2页。

[9]《唐会要》卷三六《氏族》,第666页,中华书局(排印本),1955年版。

[10]参见薛天纬《李白家世问题讨论综述》(载《唐代文学研究年鉴》,1987年辑)、郁贤皓、倪培翔《建以来李白研究概述》(载《李白学刊》第2辑)、王辉斌《李白生平中十大热点问题综述》(载《唐代文学研究年鉴》,1991年辑)等。王文还提及有关李白世系的其他几种观点,因与本文无涉,兹不赘引。

[11]见《李白研究论文集》,82页,中华书局,1964年版。

[12]李从军《李白考异录》,第45页,齐鲁书社,1986年版。
[13]《金明馆丛稿二编》,第2页,上海古籍出版社,1980年版。
[14]见氏著《中国中古社会史论》,第244~246页,台湾联经出版公司,1988年版。
[15]元稹《唐检校工部员外郎杜君墓系铭并序》。
[16]韩愈《柳子厚墓志铭》。
[17]韩愈《国子助教河东薛君墓志铭》。
[18]参见傅璇琮《李德裕年谱》,第702~708页考证,齐鲁书社,1984年版。
[19]《金石萃编》卷一〇五羊士谔《窦公(叔向)神道碑》,韩愈《窦公(牟)墓志铭》。
[20]《册府元龟》卷九二三《总录部》"不孝"。

李白与三峡若干问题辨析

刘友竹

最近读到汤绪泽先生《李白三峡游踪及其有关诗作探讨》[1]一文(以下简称"汤文"),说我的"渝州得赦说不足为信"。可惜,他未能触及我的主要论据,只在一些枝节问题上作了一些辩驳,而就是这样的论点也是难以成立的。他还提出了李白两次出峡的时间及有关作品问题。下面对这些问题略作辨析。

一、关于李白渝州遇赦问题

"渝州遇赦"说的依据就是李白自己的作品。我在一系列文章中反复论证:李白入峡后在万州作《春于南浦与诸公送陈郎将归衡岳并序》,在涪州作《窜夜郎于乌江留别宗十六璟》,在渝州作《赠从弟南平太守之遥二首》。要否定这些说法就必须否定这三首诗作于上述三个地方。"汤文"的用意也是如此,可惜未能如愿。

(一)关于《春于南浦与诸公送陈郎将归衡岳并序》

从序中"迁逐枯槁"、登高"增愁"、"朝心不开,暮发尽白"等句看,此诗毫无疑问作于流放途中。"春于南浦"标明写作的时间、地点。"南浦",作为写入诗题的地方专名,这是李白流放途中唯一的一个,即万州南浦县。乾元元年(758)春节李白还在江州与鄂州交界一带,到江夏已值仲夏,则这个"春"只能是乾元二年(759)春。这与他上行入峡的时间完全吻合。"汤文"回避上述各点,足见论证无力。他说"江夏城南之'南浦'是很著名的,李白亦常留寓于此"。请问有什么根据?这"江夏南浦"作为地方专名,见诸唐代什么典籍或诗文?未加论证的论点,就是无稽之谈。我已经多次论证,李诗中提到的"南浦",凡不是见诸诗题者,都是泛指江、湖的南岸，而不是地方专名。有人判定此诗作于江夏是依据《赠汉阳辅录事》有“南浦登楼不见君”之句，并说“登楼”就是“登高”。说二诗是同时之作。其实，“赠”，当然是就地赠送，如在外地，就应当是“寄”了。李白又有《江夏寄汉阳辅录事》诗，可证。而且，诗中提到的“汉川”“汉口”“汉阳渡”等地均隶属汉阳，可见此诗乃作于汉阳。“南浦”，盖泛指汉水南岸，李白是在汉阳南浦“登楼”的，晚唐诗人李群玉有《汉阳太白楼》诗，此太白楼当是为纪念李白在汉阳登楼而命名或修建。所谓江夏城南三里的小码头“南浦”，纯属附会，而且是在没有读懂这首诗的情况下张冠李戴式的附会。而今还去重复这样的附会，那就是故意以讹传讹了。“汤文”故意不提“登楼”，以混淆“登高”与“登楼”的界限，可见，他连这一点“依据”也不敢正视。但除此之外，就毫无根据了。“汤文”硬说“江夏城南一带的长江之滨”似乎是有“高丘可登”的，请问，又有什么根据？你能证明李白是在哪一年春天在江夏“登高”的？李白在南浦县“登高”或在其他地方“登高”都不等于“登楼”。我引用李白在安陆作《送戴十五归衡岳序》，在有“林亭”之处“登高送远”，正是证明“登高”不等于“登楼”。而“汤文”也套用此句，那就是不知所云了。我曾举例说明，“按李白惯例，他在江夏赠别的诗文一般都在题目中标明地望……未有以小地名入诗题者。何况，这是一次州里最高级别的社交活动，诗题更须标明郡望，以示郑重”。而“汤文”撇开“在江夏”这一前提，断章取义，举出什么“荆门”“灞陵”“沙丘城”之类，不知扯到哪里去了。而且，“沙丘城”指兖州瑕丘县，正是“县以上”地名。所举数诗，皆个人送别，非州级社交活动可比。而且，“荆门”“灞陵”甚至“黄鹤楼”，能算“小地名”吗？它们比很多州县都更为著名。

（二）关于《窜夜郎于乌江留别宗十六璟》

我曾反复论证，此“乌江”在涪陵，浔阳根本就没有所谓“乌江”，所谓“九条江”纯属子虚乌有。“白帝”“黄牛”之句乃回顾来路，“明月峡”之句乃遥瞻前程，“千里远从之”是说宗璟从行了约千里之遥。这些论点，“汤文”均未敢正视，足见不可动摇。他硬说李白流放夜郎，其妻弟与其夫人宗氏“在（安徽）乌江县或乌江之滨分手”，这真是奇谈！请问，你能证明那个“乌江县或乌江”是在李白流放途中吗？而且，那个霸王自刎之处的和州乌江县根本就不靠长江。但他又说“宗璟同他姐姐宗氏由安徽宿松县送李白，是在浔阳江分别的”。观点上的闪烁不定表明了论证上的惶惑无从。“汤文”又说“千里，远程也，不是确数。则宗璟同他姐姐宗氏陪送李白赴夜郎走了相当远的路程”。请问，李白与宗璟如果不是在涪陵乌江留别，仅仅由宿松“陪送”到浔阳，能说是“相当远的路程”，有“千里”之遥吗？硬说宗氏夫人也一起“陪送”，也毫无根据。

（三）关于《赠从弟南平太守之遥二首》

我已多次论证，按李白惯例，“赠”，都是当地面赠；诗题称“南平太守”，诗中称“专城”，李之遥显然尚未离任；“桃源寻花”，当在春间，也与李白流放入峡的时间相吻合；如果在外地相遇，则不得仍称已经因贬离职的地方官为“南平太守”。“汤文”仍然不顾这些事实，而搬出一个毫无作用的“史实问题”，说“那时重庆（按：那时根本没有‘重庆’之名）已是渝州不称南平郡”。这不是什么新发现。我早在1988年发表的《李白遇赦前后行踪考异》[2]一文中早已指出：“或云据《旧唐书》，渝州于天宝元年（742）改为南平郡，乾元元年（758）复为渝州，则乾元二年（759）春不得复称南平。”按乾元元年改郡为州之后，许多官书和文人诗文仍沿用郡名。如《元和郡县志》仍称“郡县”，于“渝州”下仍列“南平”郡名。北宋修《新唐书・地理志》仍州郡并称，如“鄂州江夏郡”“万州南浦郡”“渝州南平郡”等。从实例看，李白于乾元二年秋作《经乱离后天恩流夜郎忆旧游书怀赠江夏韦太守良宰》，仍称鄂州刺史为“江夏太守”。上元元年（760）作《博平郑太守自庐山千里相寻入江夏北市门见访却之武陵立马赠别》，仍称博州刺史为“博平太守”，又如杜甫于大历二年（767）作《可叹》云：“豫章太守高帝孙。”这位“豫章太守”，就是洪州刺史李勉。又如白居易于元和十四年（819）任忠州刺史，多次自称“南宾太守”，如《咏木莲树》：“云埋水隔无人识，唯有南宾太守知。”可见，李白那时称“南平太守”是完全正确的。

总之，李白流放的预定路线有渝州明月峡；乾元二年春他在渝州留有作品；《以春令减降囚徒制》规定“流罪以下一切放免”，这道赦令颁布于乾元二年二月二十五日，传到渝州当是三月上旬；到渝州之后再没有发现李白南赴夜郎的作品和踪迹；遇赦之后“三月下瞿塘”，其《荆门浮舟望蜀江》又说“春水月峡来”，是说他的一叶扁舟和满江春水都是从明月峡而来。凡此种种，我们可以得出结论，李白是在渝州遇赦的。

二、关于李白两次出峡问题

李白两次出峡的时间及有关作品，我已在《李白初次出峡时间及其后短期游踪别考》[3]《李白遇赦前后行踪考异》[4]及《李白长流夜郎新探》[5]等多篇论文中进行过探究和论证。以李白的作品作内证，可以看出他第一次出峡是在开元十二年（724）秋，第二次出峡是在乾元二年三月。

先谈李白第一次出峡。

这次出峡，王琦《李太白年谱》定为开元十三年，詹锳、郭沫若等从之。郁贤皓《李白出蜀年代考》定为开元十二年(724)秋,葛景春等从之。我赞成后一种说法。

李白在安陆作《上安州裴长史书》自云三千岁,可知此文作于开元十八年(730)。内云:“大丈夫必有四方之志,乃仗剑去国,辞亲远游。南穷苍梧,东涉溟海。见乡人相如大夸云梦之事,云楚有七泽,遂来观焉。而许相公家见招,妻以孙女,便憩迹于此,至移三霜焉。”可以看出,他刚到安陆是三年前的开元十五年(727),而在此以前已经“南穷苍梧,东涉溟海。”王琦正是估计李白南游、东下约需两年,故把他出峡时间定为开元十三年(725)。他的这种思路和考证方法基本上是对的,结论也比较接近实际情况。但他的考证失于粗略,故结论尚欠精确。而郁贤皓先生正是把李白“南穷苍梧,东涉溟海”的行踪进行“排列考察”,才得出正确的结论的。不过,我觉得他的《出蜀年代考》还有个别值得商榷之处,我已在上述论文中谈过我的意见。

按“南穷苍梧”是指南游潇湘、九疑山;“东涉溟海”是指下剡中、登天台,“直下见溟渤”。具体行程排列参看拙文《李白两游苍梧及有关作品考察》[6]和《李白两游苍梧的补证和辨析》[7]。他“南穷苍梧”是开元十二年冬到十三年春,开元十三年秋抵金陵,在扬州滞留近一年,于开元十四年(726)夏赴剡中,于这年秋冬之际游天姥,观溟渤。开元十五年到安陆。从李白有关作品看,李白初次出峡是秋天,这必然是开元十二年秋,正好与他“南穷苍梧”的时间相衔接。

李白出峡首途的时间、地点已不可考,只有在平羌江所作《峨眉山月歌》说明这次“下渝州”“向三峡”正值秋天,这正是开元十二年之秋。他沿江而下,在川东一带作《巴女词》,“巴水急如箭,巴船去若飞”,匆匆下峡,志在四方。出峡后在荆门(今湖北宜都县境)小憩,作《渡荆门送别》:“渡远荆门外,来从楚国游。……仍怜故乡水,万里送行舟。”这当然是初次离蜀入楚时的口吻。同时之作《秋下荆门》:“霜落荆门江树空,布帆无恙挂秋风。此行不为鲈鱼脍,自爱名山入剡中。”此诗在敦煌唐人写本《唐诗选》残卷中题作《初下荆门》,这证明两点,一是他初次下峡到荆门正值秋天,他是经过平羌江,下渝州,当季下峡的;二是此行的目的是东游剡中,但后来改变计划,先“南穷苍梧”。因为他出发前立下“四方之志”,恐怕不会在蜀中多作停留。从他出蜀后马不停蹄、舟不解帆地南游、东下的情况看,这位“一生好入名山游”的伟大诗人是巴不得一下子游遍名山大川的,那么,对他匆匆下峡的那种急切心情就是可以理解的了。

后来他多次回忆初次出峡时的情景。《观元丹丘坐巫山屏风》:“昔游三峡见巫山,见画巫山宛相似。……寒松萧飒如有声,阳台微茫如有情。……苍苍远树围荆门,历历行舟泛巴水。”画屏中的景色与他亲身的体验已经融为一体。

“荆门”“巴水”二句与他在荆门所写“仍怜故乡水，万里送行舟”更是一脉相承。苍苍的远树，萧飒的寒松，一派深秋景象。这正是他初次离蜀秋游三峡的情景。《巫山枕障》：“巫山枕障画高丘，白帝城边树色秋。朝云夜入无行处，巴水横天更不流。”在他的记忆仓库里，只有秋游三峡的体验，所以见到任何关于巫山的图画都能勾起对这段往事的回忆。

现在再谈李白第二次出峡。

他在渝州遇赦之后迅疾折返，当月下峡。一是因为乍脱樊笼，归心似箭；二是因为要赶在四五月份水涨以前过滟滪堆。《早发白帝》就反映了这种急切的心情。同时之作有《宿巫山下》：“桃花飞渌水，三月下瞿塘。”盖实录也。出峡之后作《荆门浮舟望蜀江》：“春水月峡来，浮舟望安极？正是桃花流，依然锦江色。……江陵识遥火，应到渚宫城。”首句说明他此行是从渝州明月峡而来。“桃花流”正与前一首一致。末二句，遥识江陵之火，熟谙渚宫之城，说明并非初到江陵。这与“千里江陵一日还”的“还”是一个意思。

“汤文”认为“约在开元十四年(726)春，李白初出蜀沿江经三峡入楚”“‘江行几千里，海月十五圆’，大致是说从前年暮秋之时辞亲起程，由岷江入长江，在渝州、涪州、万州(南浦)流连一段时间，到达夔州已经十五个月了。”又说“李白初出蜀登万县西山，读书于太白岩是可信的”。又说“李白初出蜀时在夔州寓居了一段时间”。我对这些说法都不敢苟同。

“前年暮秋”是指何时？这样含糊其辞，再加上“约”、“大致”等飘忽不定的语气，是否说明心中无数，没有把握？代为推算，开元十四年的“前年”是不是开元十二年(724)？请问，这“辞亲启程”之时就是平羌江吟诗之时吗？有什么依据？如果直到开元十四年春才出峡，那么，他在开元十五年(727)憩迹安陆以前拿什么时间去“南穷苍梧，东涉溟海”和北游汝州呢？说李白此行在渝、涪、万一带“流连”，在万州“登西山”，在夔州“寓居”，恐怕都是猜测之词，缺乏依据的吧。一种说法不能言之有据，就很难成立。或云“登西山”有宋明传说，但这些后世的“传说”本身并不具备实证价值，是不能拿来作立论的依据的。看来，“汤文”是为了去拼凑那个“海月十五圆”之数，才作上述推测和猜想的，而这也恰恰足以从一个侧面说明，不当把“江行几千里，海月十五圆”的行程移植到蜀中。此问题我还将在下文详析。

“汤文”不同意我说李白这次“行色匆匆，未作停留”。我这样说是因为确实没有停留的证据，故不愿乱说。请问，谁能找到这样的证据呢？

“汤文”说李白“乾元二年(759)春半道遇赦复经三峡东下”，“李白遇赦东归，行至荆门写下《荆门浮舟望蜀江》，行至岳阳写下《与夏十二登岳阳楼》”。

我认为前半段是正确的,但末句有误。按前一首诗作于春天(有"春水月峡来"之句),后一首作于秋天(有"雁别秋江去"之句),两首诗并不连贯。李白这次出峡后于"葡萄开景风"的初夏时节抵江夏,滞留四五个月之后,又于"秋叶黄梧桐"的时候再次西上洞庭,接着再次南游潇湘。《与夏十二登岳阳楼》就是于乾元二年(759)秋再次西上洞庭时作的。

三、几点商榷

(一)"汤文"基本上是持"巫山遇赦"说的,关于此说之不能成立,我已在《"巫山遇赦"说析误》[8]及其他论文中多次阐明,兹不赘。但"汤文"与其他持此说者略有不同,他说:"'敕放巫山阳',其具体地点当是巫山境内听说'遇赦',在夔州领到赦书'放还'。""李白所谓的'敕放巫山阳',只可理解为在巫山至奉节这个地段。"这是因为他也感到如说"巫山阳"就是巫山县,不好解释为什么遇赦之后又"早发白帝",但他又不愿承认李白还在继续西上,就在"巫山阳就是巫山县"与"巫山阳是指巫山山脉南面一带广大地区"两种说法之间作了一下折中。不过,所谓"巫山听消息,夔州领赦书"之说纯属臆想,不足为据。但是,他毕竟把"巫山阳"延伸到了夔州,那么,可否再延伸一点呢?难道只准你延伸,不准别人延伸?其实,"巫山阳"的延伸不取决于谁的主观愿望,而是客观存在的事实。杜甫在夔州曾多次称"巫山""巫峡"。而且他早在云安(今云阳县)就说过"直觉巫山暗"(《雨》)、"朝朝巫峡水"(《怀锦水居止》)。白居易在忠州作《听(竹枝)赠李侍御》:"巴童巫女竹枝歌,懊恼何人怨咽多?"他称忠州的歌女为"巫女"。其《送萧处士游黔南》:"江从巴峡初成字,猿过巫阳始断肠。"从忠州赴黔南是不会东行经巫山县,而是西行经涪陵入乌江的,可见这"巫阳"当指忠、涪一带乃至更南面的地区。

(二)把《自巴东舟行经瞿塘峡登巫山最高峰晚还题壁》一诗系于初次出蜀下行之时,恐不确。它当是流放上行之作。

首先,李白有《流夜郎闻酺不预》,按至德二载(757)十二月戊午(十四日)"赐民酺五日",可见服流刑当是在此之前,为是年十一月。江行十五个月,于乾元二年初春上峡,途中行程历历可考,时间完全吻合。

其次,诗题中"巴东"当是唐代归州巴东郡之巴东县。对唐代诗人笔下的"巴东",必须具体分析,以判断哪些是专用地名,哪些是泛称古巴东郡所属之地。白居易有《入峡次巴东》诗,此"巴东"即是专名,指巴东县。其《初到忠州登东楼寄万州杨八使君》:"我怀巴东守,本是关西贤。"他称万州为"巴东",就是泛称。其

《竹枝词》:“巴东船舫上巴西,波面风生雨脚齐。”他把忠州一带的船舫称作“巴东船舫”,亦为泛称。杜甫在夔州作《李潮八分小篆歌》有“巴东逢李潮”之句,此“巴东”泛指夔州,因夔州乃古巴东郡治所。他的其他几处“巴东峡”,乃泛指三峡,出自古诗“巴东三峡巫峡长”;“巴东山”则泛指巴东三峡一带之山。但他笔下还有其他含义的“巴东”,如在梓州作《题郪县郭明府茅屋壁》:“别后巴东路,逢人问几贤。”仇兆鳌引顾注:“此广德元年(763)从梓州往阆州时作。”由梓去阆,也就是由古蜀国去古巴国,此“巴东”当泛指古巴国,“巴东路”即由蜀去巴之路。在李白笔下,其《江上寄巴东故人》:“觉后思白帝,佳人与我违。”此“巴东”乃白帝城之泛称。其《峨眉山月歌送蜀僧晏入中京》:“我在巴东三峡时,西看明月忆峨眉。”此“巴东”乃泛指三峡。至于其《自巴东舟行》中的“巴东”,把他整个流放历程和此诗的全部内容联系起来综合分析,它必指“巴东县”无疑。(1)从“江行几千里,海月十五圆”的行程来看,这时必然是入峡到巴东县。(2)从“积雪照空谷,悲风鸣森柯”的初春景象看,正与流放上行时相符,而与两次下峡的时令不同。(3)“望云知苍梧,记水辨瀛海”,从“知”和“辨”这些动词看,当是已有“南穷苍梧,东涉溟海”的经历,此二句乃回忆联想之词,决非初出峡时所当有。

第三,巫山山峰不止一座,最著者为“巫山十二峰”,分布在峡中各处。其实,七百里三峡可以通称“巫峡”,峡中之山可以通称“巫山”。如梁简文帝《巫山高》:“巫山七百里,巴水三回曲。”陆龟蒙《过巫峡》:“巫峡七百里,巫山十二重。”所以有的巫山山峰是可以在瞿塘峡之西的。杜甫在夔州多次称那一带的山为“巫山”,如《老病》:“老病巫山里,稽留楚峡中。”《晴》:“久雨巫山暗,新晴锦绣文。”《西阁》:“巫山小摇落,碧色见松林。”这就是李白所登的在夔州附近的“巫山”。这还可在李诗中找到内证。其《宿巫山下》:“昨夜巫山下,猿声梦里长。桃花飞渌水,三月下瞿塘。”他记述得很清楚,先宿巫山,后下瞿塘。《巫山枕障》:“巫山枕障画高丘,白帝城边树色秋。”这显然是说,这座“高丘”,这座“巫山”,是在“白帝城边”。

第四,诗中“巫山高不穷,巴国尽所历”,是说登高远眺,巴国尽收眼底。到巫山县还未进入古巴国境域,而且隔着整个瞿塘峡,怎么远眺?只有到夔州才能这样登高俯瞰巴国。

(三)“汤文”侈谈“李白在万州南浦县的游踪”,但又不愿承认他留有作品,仅凭后世的一堆“传说”,那“游踪”是无从谈起的,这样的人文景点也将大为减色。而且,所述有的“传说”还大大有误,如说:“大书法家王羲之有‘太白岩’题字。”按,万州的李白传说见诸文字记载者始于南宋王象之《舆地纪胜》及其《碑目》,太白岩得名乃因“相传以太白读书于此”。他只说“绝尘龛”三字“类晋宋间人书”。

现在硬要说覆盖在“绝尘龛”三字上面的“太白岩”三字是王羲之所书，恐怕是有人为了某种目的而进行的编造。据万县市文化局等四单位所编《白岩古今》说，“太白岩”三字乃明末高僧、诗人破山大师所书。按，破山在太白岩上有题刻，还有《太白岩》诗，他是到过此地的。参看拙文《破山大师轶事》[9]。

（四）李白乌江留别诗云：“拙妻莫邪剑，及此二龙随。惭君湍波苦，千里远从之。”“汤文”对这四句的解释似未妥。说“拙，应如《老子》所云‘大巧为拙’”。按，引文有误，《老子》《庄子》原文均为“大巧若拙”。其实“拙妻”，如同“拙荆”“贱内”，不过是对自己妻子的谦称，用不着说得那么玄妙。“雌剑思念雄剑”的“古代传说”不知出自何种典籍？与此诗有何相干？又说：“二龙多指兄弟，此处指姐弟二人”“宗璟同他姐姐宗氏陪送李白赴夜郎走了相当远的路程。76”这不知从何说起？按此乃用典，据《晋书·张华传》，张华、雷焕分佩干将、莫邪二剑，后飞入水中，化为二龙。李白数用此典，如《梁甫吟》：“张公两龙剑，神物合有时。”《古风·其十六》：“宝剑双蛟龙，雪花照芙蓉。雌雄终不隔，神物会当逢。”诗中“二龙”，实指双剑。李白“十五学剑术”，早年“仗剑去国”，生平爱剑。详诗意，当是宗氏夫人曾临别赠剑（即“莫邪剑”），以壮行色，加上李白自己常佩之剑，这时二剑随身，故曰：“二龙随。”这两句是对宗氏夫人表示怀念和赞美。诗题明明只留别宗璟，恐怕不能硬说：“姐弟同行。”后二句则是对宗璟千里陪送表示感谢。

（五）请注意避免硬伤。如把南宋王象之说成“北宋”；把开元二十二年（734）所作《江夏别宋之悌》和至德元载（756）所作《感时留别从兄徐王延年从弟延陵》也列入长流夜郎时的“悲愁诗”；把“荆门”说成是“荆州之门山”，把“沙丘”说成是“山东临清县之地名”，把《老子》原文弄错，等等。要尽量少犯常识性错误，以保持学术论文的缜密性和严肃性。

注　释

［1］载《巴乡村》1997 年第 1 期，《李白研究与交流》1997 年第 2 期。

［2］［4］载《成都大学学报》1998 年第 2 期。

［3］载《成都大学学报》1991 年第 2 期。

［5］载《荆门大学学报》1989 年第 1 期。

［6］载《零陵师专学报》1989 年第 2 期。

［7］载《李白研究》1990 年第 2 期。

［8］载《巴乡村》1997 年第 1 期。

［9］载《巴乡村》1996 年第 3、4 期合刊。

再论李白不卒于宝应元年

阎 琦

一九八五年,我曾撰文,论李白不卒于代宗宝应元年(762),而卒于代宗广德元年(763),享年六十三岁,比传统的说法晚了一年[1]。写这篇文章时,我有一个相当固执的念头,即李白必不卒于宝应元年。李白因病往依当涂令李阳冰,时在宝应元年初冬,李阳冰接待了李白,但因任期满限,于当年仲冬十一月乙酉《初七》为李白编集作序后,即离开当涂赴长安候调,其《草堂集序》云:“临当挂冠,公又疾亟,草稿万卷,手集未修,枕上授简,俾予为序。”只说到李白“疾亟”,并未言及李白已死,而后来的研究者遂据“疾亟”二字,判定李白卒于当年冬末,实在是靠不住的;又以为,研究界由于先验地断定李白必卒于宝应元年,往往忽视了李白晚年诗歌透露出来的与这一成说相矛盾、抵触之处,也忽视了有关可以证明李白不卒于此年的有价值的史料。

首先对李白卒于宝应元年、享年六十二岁成说提出质疑的是李从军先生,其《李白卒年辨》经详细论证,断李白卒于代宗广德二年(764)、享年六十四岁[2]。拙文在最基本的立场上是对李文的一个声援和支持,而断李白卒于广德元年,仅是一处更正而已。诚然,李白卒于广德二年或广德元年的新说,尚缺乏完全令人信服的资料,尚不能最后确立,所以有几篇不同意新说、坚持旧说的商榷文章。这些文章对我多所启发,促使我进一步考虑李白卒年的问题,但是,我对李白必不卒于宝应元年的固执想法并未改变。以下将补充一些例证继续证明我的观点,虽然这些例证仍不能作为李白卒于广德元年的坚实证据,却可以作为李白必不卒于宝应元年的可靠证据。特为拈出,再次求教于方家。

欲从三个方面说明李白的不卒于宝应元年。

第一,关于李光弼的“大举秦兵百万出征东南”。李白晚年漫游于金陵一带，穷愁潦倒之际，曾欲投李光弼军中效力，试图在政治上有大作为，不料途中遇病，半道而还。李白有《闻李太尉大举秦兵百万出征东南懦夫请缨冀申一割之用半道病还留别金陵崔侍御十九韵》（以下简称《留别金陵崔侍御》）诗纪其事。此诗的作年于判定李白卒年至关重要。王琦系此诗于上元二年（761）秋，其根据是"上元二年五月，以李光弼为河南副元帅、太尉兼侍中，都统河南、淮南东西、山南东、荆南、江南西、浙江东西八道节度使，出镇临淮"（《通鉴·唐纪》上元二年），各家著作及李诗注本、选本俱从之。拙文《李白卒年刍议》系此诗于宝应元年（762）秋末，以为"唐太尉李光弼'出征东南'之事，并不是与中原一带的史朝义作战，而是与浙东一带的袁晁农民起义军作战"；李光弼军征剿袁晁农民军的军事行动在宝应元年八月（见《通鉴》），则李白的投军行动也应在此时，而当他半道病还，退回金陵并与金陵群官告别写《留别金陵崔侍御》诗时，则已到宝应元年的秋冬之际了。

按肃宗上元二年有《授李光弼副知行营事制》（《全唐文》卷四二），制中有云："属残寇犹虞，总戎有命，用择唯贤之佐，式宏建亲之典，必能缉宁邦国，协赞天人。誓于丹浦之师，剿彼绿林之盗。"肃宗其所以让李光弼以河南副元帅身份都统淮南东西、江南西、浙江东西等八道节度使，目的是除了让他对付中原一带的安史残部（即制书中的"残寇"）以外，还要兼顾镇压淮南、江南及浙江东西部的"绿林之盗"。广德元年（763），杜甫有《喜雨》诗，有句云："安得鞭雷公，滂沱洗吴越。"句下自注："时闻浙右多贼。"安史之乱以来，中原多故，而江南一带相对平静，但军备粮饷多出自江南，地方官吏又借机苛剥，故民多疲于赋敛，往往啸聚山林。在朝廷看来，中原的"残寇"，固应急需缉宁，而江南的"贼"或"绿林之盗"，亦渐为患，也应预为防范。河南元帅驻节之地原在陈留，李光弼的移镇临淮（今江苏盱眙），原因即在此。宝应元年，代宗初即位，又有《加李光弼实封仍与一子官三品制》（《全唐文》卷四六），有云："自出征移镇，距海负河，连率百城，旌旗千里……"是在史朝义势蹙、中原的安史残部基本平定而浙右的"贼"亦为李光弼剿灭之后对李光弼的封赏，"距海负河"分指李光弼浙右平"贼"和中原平叛两大功绩，与肃宗上元二年之制相呼应。李光弼移镇临淮之初，浙右的"绿林之盗"多是小股势力，抗交赋税，骚扰地方官府而已，并没能形成大气候，所以李光弼移镇临淮未久，因中原史朝义部猖獗，再移镇徐州，保持大军与史朝义残部正面作战之势，暂置浙右"绿林之盗"于不顾。到代宗宝应元年八月，浙右的"绿林之盗"发展得愈来愈炽，尤以台州袁晁最为强大，"攻陷浙东诸郡，改元宝胜"（《通鉴·唐纪》宝应元年），不但攻州掠县，而且建立了农民政权，使李光弼不得不予以重视，于是在宝应元年（762）八月"遣兵击袁晁于衢州”。这些史实,在两《唐书·李光弼传》、《通鉴》及李白《留别金陵崔侍御》诗中都有反映。郭沫若称李白的投李光弼军是他“一生中最后一次重要的政治活动”(《李白与杜甫·关于李白》);从李白的政治热情、晚年困窘之中急欲有所作为而言,李光弼军驻节临淮、移军徐州和出兵衢州,李白都有可能去投效军前,但就李光弼“大举秦兵百万出征东南”的史实而言,就只是指李光弼征剿袁晁的那一次军事行动,而李白的从军行为便只能发生在宝应元年(762)八月那一次。研究者往往只注意李光弼军与中原安史残部军事对峙这个事实,而忽略了李光弼军与淮南、江南、浙右之“贼”也存在严重的军事对峙这个事实。王琦以“出镇临淮”指李光弼之东南征,是不对的,因为移镇并非出征,何况临淮尚属河南道,未出中原这个大范围;上古版《李白诗选》此诗题解云“上元二年(761),安史叛军残部史朝义向东南窜扰”。所谓“史朝义向东南窜扰”,于史无征;郭沫若《关于李白》云“他(指史朝义)还有不小的势力,东北可以退回幽燕,东南可以窜犯吴越,李光弼的出兵是有防止史朝义流窜的用意的”,更是对“东南征”字面上随意性的解释。在这样的理解之间,研究者主观上多少还存在着一个误区,以为让李白从李光弼军,去与中原安史残部作战,可以使李白的政治出处显得更正大辉煌一些。但这毕竟是不必要的“为贤者讳”罢了。

詹锳主编《李白全集校注汇释汇评》以为李白投李光弼军在上元二年,并驳新说云:“按《新唐书·李光弼传》:‘宝应元年已封临淮郡王。’……如此诗作于宝应元年,例应称其王位,不应只称太尉。”(卷十三此诗后按语)今按:自安史乱后,肃宗至德宗间,所谓中兴名将进封王位者,有郭子仪(汾阳王)、李光弼(临淮王)、李晟(西平郡王)、马燧(北平郡王)等,检《全唐诗》,当时诗人与郭、李、李、马诗,多不称其王位而仍称其职官。如韩翃《送刘侍御赴令公行营》(《全唐诗》卷二四四),“令公”为郭子仪。诗写于代宗永泰元年(765),而郭子仪肃宗上元二年已封为王;又韩翃《送王诞渤海使赴李太尉行营》(《全唐诗》卷二四五),“太尉”为李光弼。诗写于李光弼移镇徐州以后,光弼已封为王(诗题中“太尉”讹为“太守”,详见陶敏《全唐诗人名考证》所考)。有关李晟、马燧的诗亦如是。唯权德舆有《故太尉兼中书令赠太师西平王挽词》、《故司徒兼侍中赠太傅北平王挽词》二首(《全唐诗》卷三二七),称李晟、马燧为王,但俱是李、马挽词,不能视作通例。

第二,关于李白返至当涂后病体的复苏。李白《留别金陵崔侍御》诗云:“半道谢病还,无因东南征……天夺壮士心,长吁别吴京。”对自己因病不能从李光弼军感到十分遗憾,并从此结束了这一次金陵漫游,“孤风向西海,飞鸿辞北溟。因之出寥廓,挥手谢公卿”,准备到某处安居下来静息一段时间了。李白所说的“孤风向西海”就是当涂。当涂距金陵不过一两日水程,李阳冰在这里做县令,李白称他为“族叔”,其欲在当涂安居静养在情理之中。《留别金陵崔侍御》与李白初至当涂所写《献从叔当涂宰阳冰》,二诗在时序、地理、情节上的衔接是很紧的,这一点对判定李白不卒于宝应元年很重要,拙文《李白卒年刍议》论之甚详,此不赘。

李白从李光弼军半途所患之“病”,恐不能理解成很严重的大病;倘是大病,则他可能止于半途,连退回金陵的体力也无。李白初至当涂的病况也应是如此。《献从叔当涂宰阳冰》诗一语未及自己病况,李集中又有《当涂李宰君画赞》一篇,说明李白在当涂尚能与李阳冰应酬交往,完全不是病体缠绵状况。李白初至当涂在宝应元年(762)初冬,李阳冰于十一月初“挂冠”离任,二人周旋仅一月余。大约应在十月底或十一月初,李白病突然加重,以至于卧枕不起。李阳冰《草堂集序》云:“阳冰试弦歌于当涂,心非所好;公遐不弃我,乘扁舟而相顾。临当挂冠,公又疾亟,草稿万卷,手集未修,枕上授简,俾予为序。”从这一段话可以看出二人相聚时间甚短;“挂冠”即辞官,在这里是秩满候调的同义语。唐代官员,无论秩满或未满,朝廷若有新的任命,即赴新任,若无,则往长安候调。参加候选的地方基层官员,称为“选人”,每年孟冬、十一月,是他们会集京师的日子[3]。李白病况的突然加重,使他生平第一次有了生命或者即将终结的预感,于是托李阳冰为其编集作序。李阳冰是著名的文章家兼书法家,就当时的情况看,舍李阳冰亦再无合适的人了。《草堂集序》就是李阳冰在行色匆匆之中写就的,李白“疾亟”,“疾亟”之后是否即去世,李阳冰事后是不得而知的。

考察今存李白诗歌,我以为在李阳冰离开当涂之后,随着宝应元年冬天的过去和广德元年(763)春天的到来,李白病体复苏,并在当涂有一年左右时间的居留。拙文《李白卒年刍议》列举《游谢氏山亭》《田园言怀》《九日龙山饮》等十余首诗,证明这些诗歌皆是李白病体复苏后在当涂所写,参见安旗主编《李白全集编年注释》“广德元年”下各诗注释。还有一首杜甫的诗,我以为也可以作为李白病体复苏的旁证,即《寄李十二白二十韵》。全诗如下:

> 昔年有狂客,号尔谪仙人。笔落惊风雨,诗成泣鬼神。声名从此大,汩没一朝伸。文采承殊渥,流传必绝伦。龙舟移棹晚,兽锦夺袍新。白日来深殿,青云满后尘。乞归优诏许,与我宿心亲。未负幽棲志,兼全宠辱身。剧谈怜野逸,嗜酒见天真。醉舞梁园夜,行歌泗水春。才高心不展,道屈善无邻。处士祢衡俊,诸生原宪贫。稻粱求未足,薏苡谤何频。五岭炎蒸地,三危放逐臣。几年遭鹏鸟,独泣向麒麟。苏武先还汉,黄公岂事秦?楚筵

辞醴日，梁狱上书辰。已用当时法，谁将此义陈？老吟秋月下，病起暮江滨。莫坚恩波隔，乘槎与问津。

此诗杜诗旧编多在乾元二年（759）杜甫在秦州时，不确。杜甫自天宝初与李白别后，所写关于李白的诗，都是在不知李白确切地址、确切消息的情况下写的，诗题或曰“怀”（如《天未怀李白》），或曰“梦”（如《梦李白二首》），或径题曰“不见”，唯独此首曰“寄”，可知是在得知李白确切地址、对李白近况有了准确了解且李白有了相对稳定居住之地以后写的。当乾元二年之际，杜甫偏处闭塞的秦州，李白尚在流放途中，杜甫既无从获知李白确切的消息，李白也无稳定的居处可使杜甫“寄”诗给他。郭沫若《关于李白》中“李白与杜甫在诗歌上的交往”一章对此诗最多曲解，然亦颇多发明。曲解之处不具列，其发明之处如下，郭云：“《寄李十二白二十韵》，共二百字，可以说是杜甫的李白诗传，对于李白的现状，不仅他的生活，更兼及他的心事，都好像了如指掌了。”又云：“诗既是寄给李白的，足证他们之间已经有诗札来往。这从李白来说，要有了定居之后才能有此方便。”又云：“特别是‘老吟秋月下，病起暮江滨’两句，很明显地表明是李白在宝应元年（762），即行将去世的一年，在当涂养病的情况。”以上说法大体上都是极有见地且相当精当的，尤其是关于此诗写于李白当涂“养病”时的说法。按李白自判长流后，诗文中涉及自己有病不起而且是在“江滨”者，唯投李光弼病还后至当涂这一段。如上所述，李白从李光弼军在宝应元年八月，因病退还金陵，九十月间告别金陵群官往依当涂李阳冰。从李白抵当涂到李阳冰“挂冠”离开当涂，总共只有一月余，即使将李白病卒的时间推迟到宝应元年年底，也不足两月，李白只有发病、疗病乃至于死的时间，何谈“养病”？另外，李白病卧当涂的消息经人传开，再传到杜甫那里（宝应元年春夏杜甫在成都，秋七月后在梓州），一月有余的时间未免太短。更重要的是杜诗“老吟秋月下，病起暮江滨”二句。此二句句法同于杜甫《春日怀李白》“渭北春天树，江东日暮云”，前句写自己，后句写李白，而且，“病起暮江滨”明明是说李白已经“病起”，说明杜甫听到的不止是李白病发当涂的消息，听到的还是李白病发之后经复苏已经“病起”的消息。假若李白病体复苏在来年春天，则时间已在半年左右，宜乎远在成都、梓州的杜甫能得知李白的消息并“寄”诗给李白表示他的慰问了。

总之，我以为杜甫这首诗是可以作为李白不卒于宝应元年的一个例证来看待的。

第三，李白的不卒于宝应元年，还可以从伯禽及其子女移居当涂、伯禽二女嫁于当涂农民并成为当涂“编户”来予以证明。我们知道，李白在兖州、任城一带置有相当规模的田产，这是伯禽姐弟当父亲长年漫游在外赖以生存的基本生活资源。据李白天宝九载(750)所作《寄东鲁二稚子》诗推知,李白长女平阳约出生于开元二十年(732),伯禽幼于姐姐五岁,约生于开元二十五年(737)。平阳"既嫁而卒"(魏颢《李翰林集序》),在天宝十一二载(752—753),姑无论。乾元二年(759),李白判长流遇赦,伯禽尝自东鲁来到滞留于潇湘的父亲身旁,见本年李白所作《门有车马客行》诗。此后,李白诗文中再无语及伯禽者,估计当李白晚年漫游金陵一带时,伯禽重新返回东鲁。李白"病亟"于当涂,伯禽应当再自东鲁到当涂侍病于父侧。假若李白自病发到卒仅在一两个月之间,则伯禽只是侍病、料理丧事而已,未必能有移居当涂之举。如果李白病体渐有起色,且在当涂有长时间的"养病",则伯禽便有可能遵父之命,自东鲁移居当涂了。范传正《李白新墓碑》云:"(白)晚岁渡牛渚矶,至姑熟,悦谢家青山,有终焉之志。""终焉之志"当然是要嘱咐给儿子、由儿子在自己身后办理的。李白集中有《游谢氏山亭》一首,拙文《李白卒年刍议》已有征引,姑再作申述。全诗如下:

沦老卧江海,再欢天地清。病闲久寂寞,岁物徒芬荣。借君西池游,聊以散我情。扫雪松下去,扪萝石道行。谢公池塘上,春草飒已生。花枝拂人来,山鸟向我鸣。田家有美酒,落日与之倾。醉罢弄归月,遥欣稚子迎。

"再欢天地清"当指代宗广德元年(763)正月史朝义势穷自缢死事,历时八年的安史之乱至此宣告结束。"沦老卧江海""病闲久寂寞""谢公池塘上,春草飒已生"等,都是说自己久病初愈的情况,而其场景、地点,皆非当涂一地莫属。最值得注意的是诗末"醉罢弄归月,遥欣稚子迎"二句,"稚子"当然不可能是伯禽,而是伯禽之子。广德元年,伯禽已有二十五六岁,是已娶的年龄,他的儿子已懂得迎接晚归的爷爷了。伯禽之子在当涂,说明伯禽遵父之命,已举家南迁,且定居当涂,准备长远侍奉于父侧了。李白一生足迹飘忽不定,所谓祖籍陇西,是虚幻的,出生地碎叶,是遥远的;唯蜀中是他青少年生活之地,印象甚为深刻,诗文中时有故里之思,但是他一自出蜀却再也没有回去过。出蜀后的安陆、东鲁,李白也曾居止过很长时间,但似乎都没有太在意,晚岁乃选定当涂为其"终焉"之地,是颇令人嗟讶再三的。伯禽后半生定居于当涂,伯禽之子长成之后外出不归,不知所终,当涂李氏遂为绝祀之家。但李白的两个孙女却分别嫁于当涂农民,成为当涂的"编户"(范传正《李白新墓碑》),这都从一个侧面证明了李白病卒当涂之前有一段较长的定居当涂的生活,而不可能仅仅是仓促之间客死当涂而已。

注　释

［1］拙文《李白卒年刍议》载《西北大学学报》1985 年 3 期。

［2］李从军文《李白卒年辩》原载《吉林大学学报》1983 年 3 期，后收入论文集《李白考异录》，齐鲁书社，1986 年版。

［3］关于唐代基层官员入京候选的时间，见《唐会要》卷 77“吏部尚书”、《唐六典》卷 2“吏部尚书”及《通典》卷 15“选举”各条。

从杜甫诗论测李白生平的一些问题

邝健行

杜甫怀赠李白的诗不少，有的诗题中有李白名字而内容同样以李白为主，有的诗题中有李白名字而内容兼及李白，有的诗题没有李白名字而诗中提到他。宋人洪迈《容斋随笔》谓“凡十四五篇”，[1]数目是对的。郭沫若另外指出“没有提名，但其中一定包含有李白的，无法统计”。[2]有无法统计是另一回事，但超过十四五篇，可以断言。不过，本文基本上只以其中四首一些句子作为主要材料，进行探论和分析。其他各首引述次数较少，随文指点。这四首的句子和题目，依《仇注》先后次序列出如下：

一、“李侯有佳句，往往似阴铿”，卷一《与李十二白同寻范十隐居》，仇氏以为玄宗天宝四载(745)作。

二、“白也诗无敌，飘然思不群。清新庾开府，俊逸鲍参军。……何时一樽酒，重与细论文”，卷一《春日忆李白》，仇氏以为天宝五载(746)作。

三、“昔年有狂客，号尔谪仙人。笔落惊风雨，诗成泣鬼神。声名从此大，汩没一朝伸。文彩承殊渥，流传必绝伦。龙舟移棹晚，兽锦夺袍新”，卷八《寄李十二白二十韵》，仇氏以为肃宗乾元二年(759)作。

四、“忆与高李辈，论交入酒垆。两公壮藻思，得我色敷腴。……不复见颜鲍，系舟卧荆巫”，卷十六《遣怀》。仇氏以为代宗大历元年(766)作。

(一)

有关李白和杜甫交游种种，古今谈论研究的人不少。前几年我也对这个问题作过若干思考和探索，写过几篇文章发表，自觉也算讲出一点个人的看法。

兹先把往日的意见和思考过程简述一下，作为下文进一步议论时的基础。

我的意见是：李白和杜甫初次会面的时间，应该在玄宗开元二十五六年间(737—738)，而不是目前的流行说法玄宗天宝三载(744)或四载(745)。李、杜开元年间相晤，本是宋人旧说，只是从清代以后，学术界才用目前的流行说法罢了。我注意到当世学者用开元说得很少，好像只有王伯奇先生，他认为李、杜初会时间应为开元二十二年(734)的秋冬。[3]

我基本上通过杜甫的作品进行论证。论证大概是这样的：

(1)通过对杜甫《赠高式颜》一诗的分析。诗起联云："昔别是何处，相逢皆老夫。"颈联云："自失论文友，空知卖酒垆。"高式颜是高适的侄子，李、杜、高梁宋之游时和三人在一起，但在开元二十七年(739)应括州刺史张守畦之召而离开宋中。"论文""酒垆"，杜甫记与高、李梁宋游时的实事，见《遣怀》诗。我通过"昔别""老夫"和高式颜的去留年期的分析比对，得出开元间相会的见解。

(2)通过对《赠李白》(二年客东都)一诗的分析。一向以来，学者均认定本诗作于天宝三载，并指起笔"二年客东都"以下八句为杜甫自叙文字，"李侯金闺彦"至末四句才说到李白。我仔细分析，认为首八句不能看成为杜甫"自谓"，首八句的描写对象仍旧是李白。不过首八句种种描述，却与刚刚"赐金放还"的李白实际情况不符。诗中的描述如果挪到开元间李白天宝初进长安之前，倒见合适。

(3)对诗中个别和李白初会时有关词语的分析。如《昔游》的"青岁""少年"，《寄李十二白二十韵》的"宿心"之类，分析之下，颇有助于证明开元间相会的见解。

从李、杜开元二十五六年间初会的角度切入去论析李、杜之间的问题，有时也能得出另外的看法。我谈到三点：

第一，古人(如王安石等)认为杜甫"李侯有佳句，往往似阴铿"两句，流露出杜甫嫉妒对方、贬抑对方之意。此诗多数人和仇兆鳌一样，以为玄宗天宝四载作。实则李、杜既然开元年间已经会面，此诗正是那时的作品。当时杜甫不过二十六七岁，评论识力也许不足，作出和后人定评(如贺知章及以后的人)有距离的说法，不一定不可能。杜甫那时还没有诗名，何来嫉妒而要贬抑？

第二，宋人拿杜甫"重与细论文"句中的"细"字推敲，以为杜甫有讥刺李白诗欠细密的微意。按"论文"是杜甫和高适、李白梁宋之游时的事实，《遣怀》所谓"忆与高李辈，论交入酒垆。两公壮藻思，得我色敷腴"，写得明白。梁宋之游时杜甫如果二十六七岁，问题便可从其他方向去考虑。杜甫晚年嫌自己当时的诗律不够细(所谓"晚节渐于诗律细")，开元年间的作品他保留得不多，这反映出杜甫那时的诗艺仍未臻成熟,某些方面仍欠细密。既然这样,他怎么同时又能够看出李白诗不足的一面?何况他明说李白“壮藻思”,何讥刺之有?论文求细求深入是议论之际应有之义,用一“细”字,不必定暗含讥刺之意的。

第三,杜甫直接论李白诗的作品起码有七首。[4]应该承认:“佳句似阴铿”之评,和其他六首各句论调很不同。其他六首各句用语,如“飘然”“敏捷”“惊风雨”“泣鬼神”等,大抵离不了贺知章天宝初品题的基调。至于阴铿之评,则强调诗风的“清省”和作者的“苦用心”(杜诗所谓“阴何尚清省”和“颇学阴何苦用心”)。然而一般说法,《与李十二白同寻范十隐居》也是天宝年间作品。这时杜甫年岁已长,诗识已高,诗艺已见成熟,却在差不多同时,对同一诗人说出趋于相反的评语,这是很难理解的。不过如果把阴铿之评看成杜甫诗艺未必高明的“少年日”和贺知章评语未出之前的议论,道理倒是说得通的。[5]

(二)

以下在旧有意见的基础上,尝试再从杜甫诗去观察和讨论李白生平事迹中其他一些问题。以下准备分三点讲:

(1)杜甫给李白诗的评语是:“似阴铿”“无敌”“飘然思不群”“清新”“俊逸”“一斗诗百篇”“才兼鲍照”“惊风雨”“泣鬼神”“敏捷”“壮藻思”。自“无敌”以下,基调确与贺知章“谪仙人”和“泣(泣或作哭)鬼神”说法[6]相近;只有“似阴铿”例外。这难免使人想到,杜甫下笔“似阴铿”三字时,似乎还未听过贺知章的评语。也就是说,贺知章评语直到开元二十五六年(737—738)后才流传而为杜甫采纳。另外,写出“飘然”“清新”“俊逸”诸语的《春日忆李白》,天宝四载(745)作。这便表示天宝四载或之前,贺知章评语已为杜甫所知。然则文献资料所载天宝初李白在长安会见贺知章和贺知章评李白诗一事,应该不误。不过学术界也有一种见解,以为开元十八年(730)间李白入长安时,已与贺知章交游;孟棨《本事诗》和王定保《唐摭言》所记李、贺两人相会和贺知章读《蜀道难》后的反应,都发生于此时。贺知章的反应是:“读未竟,称叹者数四,号为谪仙。”“(知章)扬眉谓之(李白)曰:‘公非人世之人,可不是太白星精耶?’”[7]可是我们对杜甫诸作仔细研味后,觉得李、贺二人开元十八九年间(730—731)见面,似无可能。因为贺知章如果真的在开元十八九年间评过李白诗,则开元二十六年(738)前后杜甫下笔时,不容不知;可是他只写出“似阴铿”的句子,这便只能反证贺知章的话,不是这么早说的。

再就杜诗《寄李十二白二十韵》前四句察看。前两句写贺知章号李白为谪仙人。这回事发生在天宝初李白进京后,不容置疑。因为李白《对酒忆贺监二首序》说得明白:“太子宾客贺公于长安紫极宫一见余,呼余为谪仙人。”“长安紫极宫”一词对年份作出了规限。据《旧唐书·玄宗纪》:天宝二年(743)三月,改天下诸州郡玄元皇帝庙为紫极宫。长安紫极宫不是西京的太清宫,而是京兆府的紫极宫,近代学者已作说明。[8]然则这回见面,当在天宝二年三月以后。杜甫在写了谪仙人之事后,转笔称许李白诗,誉为“惊风雨”“泣鬼神”。从行文的次序推敲,似乎表示六字赞语是在“呼尔谪仙人”之后才冒现,也就是在天宝初才冒现。

(2)关于李白哪一年奉诏入京,学术界有两种说法,一为天宝元年(742)秋天,一为天宝二年秋天。主二年说的詹锳先生认为吴筠在元年五月后才奉诏进京。要说到了长安以后便推荐李白,再由朝廷下诏征召李白,而李白即在是年秋天入京,时间上过于急促,应该办不来。因为这起码要半年以上的时间才足够。[9]詹先生因此将李白入京事系在天宝二年,离京则为天宝四载(745)春。主元年的一向是主流见解。郁贤皓先生曾就詹锳先生的说法作过论述和质疑。他论证吴筠和李白根本不可能在天宝初“同隐剡中”,也根本不存在吴筠荐李白于朝的事实。[10]此外,如果说李白迟至天宝四载才离长安,那便跟天宝三载(744)春夏之际李白到洛阳和杜甫相会的史实有所抵牾;[11]而李、杜天宝三载相会是大家公认的史实。

李、杜两人天宝三载春夏间洛阳相会如果确是事实,则詹锳先生的说法自然不易站住脚。问题是:李、杜两人这番相会和接下来的梁宋之游,不见得是那时的事实;这便仍然给二年说者留下回旋坚持的空间。李白离长安后是见过杜甫的,那是在东鲁,时当天宝四五载(745—746)之际。

李白《对酒忆贺监二首序》:“太子宾客贺公于长安紫极宫一见余。”细味《序》中“一见余”的“一”字,当是李、贺二人在长安的第一次会面,而且看来会是李白到长安不久后的事。《本事诗》谓“李太白初自蜀至京师”,贺知章往访;《唐摭言》谓“李太白始自西蜀至京”,往谒贺知章;二书用“初”用“始”字,对时间有所提示。果真这样,便会引致我们这样思考:李白《南陵别儿童入京》明言入京时当秋天,所谓“黄鸡啄黍秋正肥”。黄锡珪《李太白年谱》说是八九月间事。从诗中描写物候的文字看,时间似乎只会更早些,不会更迟些。题目中的“南陵”,不管在今安徽或今山东,从那里出发到长安,需时不致超过三个月。郁贤皓先生谓李白《侍从游宿温泉宫作》作于是年深秋。[12]假定李白七八月间起行,九月底或稍前已到了长安了。又安旗先生《李白全集编年注释》书后所附《简谱》,列《侍从游宿温泉宫作》《驾去温泉宫后赠杨山人》《温泉侍从归逢故人》三诗作于是年十月，同样表示起码九月底已到了长安。不妨再具体计算一下：李白天宝元年（742）九月底到长安，然后次年即天宝二年（743）三月以后才见贺知章，中间起码有半年甚或更多的空档。李白要到长安半年或以上才见贺知章，算不算初至京师或始至京师？这倒是可以考虑的。从另一方面说，李白如果在天宝二年秋入京，十月前抵步，短期间内即跟贺知章会面，却是颇符笔记小说“初至”“始至”的描述的。

再从杜甫寄李白的诗看，李白受到玄宗重视，主要由于其不凡的文才，而不是由于他口中所说的像郑子真般的德行（说见后），或者如司马承祯所称许的“有仙风道骨，可与神游于八极之表”。[13]其他唐宋人传碑序跋小说记载，提到上《宣唐鸿猷》篇和沉香亭赋诗之类，亦能作若干程度的旁证。学者早已指出，李白以文才见知，贺知章向玄宗推荐的作用很大。贺知章是名士名宦、朝廷耆旧，为玄宗所敬信。王琦《年谱》“天宝元年”条云：“疑当时吴筠荐之于先，贺知章复言之于后。在玄宗于筠之荐，视太白不过与预荐诸人一例等视而已。及得知章之称誉，而后以奇才相待，异礼有加。”所言当是。据上文考论，贺知章的称誉，应该是在天宝二载三月以后的。

然而另一方面，学术界又存在这样的看法：李白到长安不久，就获得玄宗隆重接见。这就不免会产生这样的疑问：天宝元年李白到长安后不久，还未能在紫极宫和贺知章会面，从而得到贺氏对玄宗的进言，他怎么便获得玄宗的“异礼有加”了？玄宗又怎么已经知道和赏识他的文才、命他侍从赋诗了？反过来说，玄宗既然早知李白的文才，贺知章不会一无所闻，那么贺知章和李白相见时，为什么还要“请所为文”？这是一个矛盾。这个矛盾，对主李白天宝元年入京说的人难辩解些，对主李白天宝二年入京说的人易辩解些。

这里还可以作一点补充。李白《为宋中丞自荐表》：

> 天宝初，五府交辟，不求闻达。亦由子真谷口，名动京师，上皇闻而悦之，召入禁掖。

李白在文章中自述经历。“天宝初”如果指天宝元年，最初“五府交辟”，不免要经历一些时日，然后是“名动京师”，消息让玄宗知道。按正常情况，玄宗总要再作详细打听，才下诏征人。全部过程，要说在半年或多一点时间内完成，不是不可能，然而“不可能”的情况也肯定存在的。王琦《年谱》引录李白文章后，补充说：“考其时当在天宝元二年间。”他不咬定整个过程完成于天宝元年，而说“元二年间”，似乎流露出他对时日过于促迫的疑虑。

（3）杜甫寄李白诗云：“声名从此大，汩没一朝伸。”句中“此”字，承上文贺知章号李白为谪仙人说的。如果谪仙人之号必在天宝初年，则李白声名之大也必从天宝初开始，天宝之前是不可能的，这是逻辑上的必然推论。杜诗中的“声名”，指的是文名而言。下面接写道：“文采承殊渥，流传必绝伦。龙舟移棹晚，兽锦夺袍新。”《仇注》引四桩事实：

《唐书》：知章言白于玄宗，召见金銮殿，奏颂一篇，赐食，帝为调羹，召供奉翰林。

乐史《别集序》：上命李龟年，持金花笺，宣赐翰林供奉李白。白宿酲未解，援笔赋之，立进《清平调》三章。

范传正《墓碑》：玄宗泛白莲池。皇欢既洽，召公作序。时公已被酒翰苑中，命高将军扶以登舟。

《旧书》：武后令从臣赋诗，东方虬先成，赐以锦袍。宋之问继进诗，尤工，于是夺袍赐之。

四事均与文章有关，“声名”指文名，应该是杜甫本意。这等于说，李白诗文为人所知，从天宝初开始。而李白《经乱离后天恩流夜郎忆旧游书怀赠江夏韦太守良宰》云：

试涉霸王略，将期轩冕荣。时命乃大谬，弃之海上行。学剑翻自哂，为文竟何成。剑非万人敌，文窃四海声。儿戏不足道，五噫出西京。

“文窃四海声”句放在“轩冕荣”“出西京”之间，正表示入长安之后文名大振。然而这样的叙述，从另一角度说，又可以理解为入长安之前文名不大、无四海之声了。事实上从现存资料看，天宝之前，好像除杜甫以外，还没有哪个人推扬过李白的作品的。杜甫有“似阴铿”的誉语，可是不算正确的誉语。不错，李白《上安州裴长史书》引述过苏颋对自己的好评：“此子天才英丽，下笔不休；虽风力未成，且见专车之骨。若广之以学，可以相如比肩也。”又引马正会赞语：“诸人之文，犹山无烟霞，春无草树；李白之文，清雄奔放，名章俊语，络绎间起，光明洞彻，句句动人。”不过毕竟是李白本人单方面的转述，稍嫌缺少旁证。《新唐书》本传采苏颋言，但省略成“是子天材英特，少益以学，可比相如”，还不是全面而具体的称许。《旧唐书》本传全然不采苏、马两人评语。另一方面，《唐摭言》说李白至京见贺知章之前，“名未甚振”。此“名”亦指文名，从下面接“因以所业谒贺知章，知章览《蜀道难》一篇”两句可知。“名未甚振”云云，起码加深我们对李白天宝以前诗名状况的推测。再看所有唐人写的有关李白传记和文集序跋文字，从没有李白在入翰林前已大享诗名的记述的。

有一点或者要补充说明：李白《为宋中丞自荐表》说自己“天宝初，五府交辟”“亦由子真谷口，名动京师”。揣摩文意，“名动京师”似乎已是天宝初年以前的事。文章用“五府交辟”一典，究竟为实写为虚写，自惭浅陋，未觉有这方面的议论。虚写不用说了,即使是实写,其所以“名动京师”,也只是因为有郑子真那样的德行,[14]而与文辞无涉。倘使李白开元间文名至盛,他是可以作为“名动京师”的理由——起码是其中一项理由——提出来的。

还有一点或者也要补充说明,中唐诗人张祜《梦李白》云:“祜当听我言,我昔开元中。生时值明圣,发迹恃文雄。一言可否由贺老,即知此老心还公。朝廷大称我,我亦自超群。”从诗句看,李白享文名(所谓“文雄”)、贺知章论其诗,都可以说成开元年间事,因为事情都写在“我昔开元中”之后的。可是李白的“发迹”呢?他入朝发迹,难道也是开元年间事吗?所以张祜之言,只能看成不甚严谨的文学语言,不一定绝对准确。事实上他这首长篇五七言古体,浪漫放言之处有的是。譬如诗中李白自道:“严陵死后到李白,布衣长揖万乘君。”即不能当真拿来描述李白之用。

小　结

上文探讨各点,假设和推论的成分不少,不能说是稳妥的结论。我本来就不敢企盼能够有稳妥的结论,只是想提出一些问题出来罢了。我种种推论,算是建立在三个自认为支撑点上的,那就是:李白、杜甫开元二十五六年间(737—738)初会;李白、贺知章天宝二年(743)三月后初会;杜甫《寄李十二白二十韵》记述准确可靠。三个支撑点有动摇,则全文即成无根之谈。三个支撑点如果还立得住,则文内意见,也许还可以看成有其参考意义。

注　释

[1]《仇注》卷一《冬日有怀李白》诗后引。

[2]《李白与杜甫》第100页,人民文学出版社,1971。

[3]《李白与杜甫、高适游梁宋时间新考》,载《中国李白研究》2001~2002年集,中国李白研究、中国李白研究会、马鞍山李白研究所编,黄山书社,2002。

[4]除上引四首外,还有:“李白一斗诗百篇,长安市上酒家眠。”(卷二《饮中八仙歌》)“座中薛华善醉歌,歌辞自作风格老。近来海内为长句,汝与山东李白好。何刘沈谢力未工,才兼鲍照愁绝倒。”(卷四《苏端薛复筵简薛华醉歌》)“世人皆欲杀,吾意独怜才。敏捷诗千首,飘零酒一杯。”(卷十《不见》)三首仇兆鳌以为作于天宝年间、天宝十五载(756)正月、肃宗上元二年(761)。

[5]以上议论,分见拙文《杜甫、高适、李白梁宋之游疑于开元二十五六年说》《〈赠李白〉(二年客东都)运意与作年详议》《谈杜甫论李白和杜甫与李白间“剀切”及“疏旷”的对待关系》三篇,曾在《杜甫研究学刊》发表,今并收入拙著《杜甫新议

集》(台北,万卷楼图书公司,2004·12)中。

[6]贺知章评语,除杜甫提及外,还分见《旧唐书》和《新唐书》本传、范传正《唐左拾遗翰林学士李公新墓碑并序》、魏颢《李翰林集序》、孟棨《本事诗·高逸第三》、王定保《唐摭言》卷七。有的提到一项,有的两项并提。另李白《对酒忆贺监二首·序》提及"谪仙人"。

[7]郁贤皓《李白两入长安及有关交游考辨》。

[8]李清渊《读李白〈对酒忆贺监序〉三题》,载《李白研究》1990第三期。又詹锳主编《李白全集校注汇释集评》亦采此说。

[9]《李白诗文系年》"天宝三年癸未"条。

[10]见《吴筠荐李白说存疑》。

[11]见《李白两入长安及有关交游考辨》。

[12]同注[10]。

[13]《大鹏赋序》:"余昔于江陵,见天台司马子微(承祯字),谓余有仙风道骨,可与神游八极之表。"

[14]王琦注引《华阳国志》:"郑子真,褒中人也。玄静守道,履至德之行,乃其人也。教曰:'忠孝爱敬,天下之至行也;神守五征,帝王之要道也。'……家谷口,世号谷口子真。"

唐代流人制度与李白的流放

李德辉

一、李白流放黔中的必然性

李白流放夜郎的过程，曾巩的《李白诗集后序》有一段简明扼要的概述，称："乾元元年，终以污璘事，长流夜郎。遂泛洞庭，上峡江，至巫山。以赦得释，憩岳阳、江夏。久之，复如浔阳……"唐代全国诸道都有流人，武周时期有六道流人、十道流人之说，李白为什么被流放到黔中道，而不是其他地区？这个问题看似偶然，其实有它的历史必然性，有它特定的背景。具体地说，牵涉到两方面的内容：一是唐代流刑的类型和量刑原则、处置方式，一是黔中道作为流放重地的典型性。

在唐代，被判罪流放的人有两大类型，一大类是应配的常流之人，一般依罪行轻重，定为两千里、两千五百里、三千里三等，按照法律条文的规定配流居作，有章可循，变化不大，从身份看，都是名不彰闻的普通吏民，以配流到河西、陇右（唐前期）、京北、京西（唐后期）等北方边要之州居多。据《唐会要》卷四一，贞观十四年（640）正月二十三日，即下制：流罪三等，不限以里数，量配边要之州，居作若干年再予处分，此后相沿成例。另一大类则是在法律之外，由皇帝殊旨别敕配流之人。这一类多为政治犯，地位、声望较高，与政治关系颇深。正因为如此，得到的惩罚也比较重。个人情况既千差万别，流所、流程、年限也相应地因人、因时而异，没有一定的量刑原则，全由执政者和掌管刑法的刑部、大理寺、御史台三司说了算，处置起来有较大的自由度。据唐人张鷟记载，唐初长孙无忌执政的时候就建议，对于政治犯一律"别敕长流"，而且还要"以为永例"（《太平广记》卷一二一引《朝野佥载》、《南部新书》戊卷),他的建议得到了皇帝的批准,通过了中书省的讨论和门下省的审议,从而取得了与流刑同等的地位,长期交由尚书省执行,并且载于律令。《唐六典》卷六:“凡律法之外,有殊旨别敕,则有死、流、徒、杖、除、免之差。”注曰:“谓有殊旨别敕:宜杀却、宜处尽、宜处死、宜配远流……”这一刑罚的独特之处还在于,流放的地方,不是一般的偏远之所,而是岭南、黔中等地。岭南、黔中作为流放罪人的重地,其典型性不仅体现在地域上最为远恶,最能达到严惩犯人的目的,更在于这里离唐代政治中心距离遥远,也不接近大州要郡,流人不容易与其他敌对势力勾结串通,起事反唐,将危险的政治人物安置在这些偏远地区,统治者最放心。所以我们看到,唐代文献中,凡是有名有姓的流人,多数属于这一类。李白也是这样的人,从情节看,他属于“与逆贼元谋及胁从受驱使”(《册府元龟》卷八七)者,在当权者看来,较之于“事缘反逆、造伪头首、情状难容者”,只有罪行轻重之别,并无性质的根本不同,属于唐朝敌对势力范围。凭上述几点,他被视为打击对象,流放黔中那样偏远落后的地方,就是必然的。

既然牵涉到黔中,就有必要看看唐前期黔中道的流人情况。唐代流放重要犯人的重地,一直在岭南、黔中、安南、剑南、闽中等边远地区。其中,岭南和黔中以位置更加偏僻、经济文化更为落后,而成为流放政治犯的首选。但这有一个发展过程,武周以前,这里主要用来安置危险而重要的政治上层人物,数量较少,不过庶人承乾、太尉长孙无忌、梁王忠、霍王元轨等数位,都是皇室成员或皇亲国戚,一般犯人比较少见。武后掌权以来,重用酷吏,屡起大狱,其时流放在外者“且数万人”,在这样的情况下,黔中道流人大幅增加,成分也越来越复杂,从皇室、重臣到一般臣民都有,变得不拘品级。《旧唐书·刑法志》、《通典》卷一七〇载,长寿二年(693),武后尝命摄监察御史刘光业、王德寿、鲍思恭等六人分往剑南、黔中、安南、岭南等六道按鞫流人,光业诛九百人,德寿诛七百人。《册府元龟》卷五二一则称:“光业诛七百,德寿五百人。”无论人数多少,都说明白武后时,黔中道就成为仅次于岭南的流放重地。从天宝至宝应,流放黔中的中上层人物愈来愈多。天宝中,有陇右节度使皇甫惟明、杨慎矜及李林甫子孙、近亲及党羽。至德、宝应间,严厉惩治陷贼官及其他相关人士,流黔中者于前陡增。郭湜《高力士外传》云:肃宗收复两京以后不久,即屡起大狱,“但经推案,先没家赀,不死则流,动逾千计,黔中道此一色尤多”。有裴冕、张镐、第五琦三位故相,贺兰进明一大夫,郑叔清、畅璀[1]、韦利见、皇甫锐、张万顷、毛若虚六中丞,李融、屈无易、孙昌胤、孙莹、宋晦、严锐、毕曜七御史,张渭、张之绪、李宣三员外,皇甫铣一左丞,此外有郡守王瑀,宦官高力士、朱光辉、啖庭瑶、陈仙甫,史臣柳芳等。至于“遗评补博、卿监司舍、将军列卿、州牧县宰已下，散在诸郡，不可尽纪。从至德至宝应，向二千人。及承恩放还，十二三矣”。直到王玙为相，才奏请下诏，三司推勘未毕者，一切放免。宝应元年(762)四月乙丑诏：“其天下见禁囚徒，罪无轻重，并已发觉未发觉，已结正未结正，四月十五日昧爽已前，一切放免。左降官宜即量移近处，流人一切放回，有司更不得辄有类例条件。”(《册府元龟》卷八七)李白就是在这样严酷而混乱的形势下被流放夜郎的。肃宗特别痛恨那些负恩背主的陷贼官，他采纳李岘之议，凡陷贼官皆以六等定罪，“重者刑之于市，次赐自尽，次重杖一百，次三等流贬。”(《资治通鉴》卷二二〇)连类所及，很多附逆缘坐者也受到株连，史称时“三司用刑，连年不定，流贬相继”(《旧唐书·刑法志》)永王李璘与肃宗为敌，也被列为打击对象，像李白这样为被征入幕的，也属从逆人员，自然要安置到南方远恶之处。

二、李白流放不合律令规定的问题

倘若根据唐朝对待流人的政策来衡量李白的流放，会发现，李白赴流所，严重违越了法律条文规定的程限。唐制：无论出使、流贬、赴任，都乘驿或乘传进发，都有程限，违程者要治“稽程”之罪。早在唐初，就对流人赴流所的行进速度作了明确规定。《唐律疏议》卷三：“诸流配人在道会赦，计行程过限者，不得以赦原。谓从上道日，总计行程有违者。”疏议曰：“行程依令：马日七十里，驴及步人五十里，车三十里。其水程，江、河、余水沿溯，程各不同。假有配流二千里，准步程合四十日。若未满四十日会赦，不问已行远近，并从赦原。从上道日总计，行程有违者，即不在赦限。”李白赴流所，属《疏议》中的水程、溯流、重舟，其行程规定见《唐六典》卷三：“水行之程，舟之重者，溯河日三十里，江四十里，余水四十五里。”他必须达到日行四十里这一标准才算合律。他从江州出发，西行至珍州，沿途经鄂、岳、荆、夔、涪、渝、溱等州。查《元和郡县志》，江州西至鄂州五百九十三里(卷二九)，岳州东北至鄂州五百五十里，西北至江陵府五百七十里(卷二八)，涪州东至江陵府水路一千七百里。渝州东北至涪州水路三百四十里，江津县在州西一百二十里，县南陆路至溱州三百六十里(卷三四)，溱州正南微东至珍州二百四十里(卷三一)，通计全程四千四百七十三里。按照学界一般的说法，李白乾元元年(758)春出发西行，可是，直到次年二月或三月遇赦时，他还在夔州以西的“半道”上，其《流夜郎半道承恩放还兼欣克复之美书怀示息秀才》诗题中“半道承恩放还”就是一个直接证据。整整一年多时间，他只走了三千里左右，行程十二三个月，平均每天不到十里(其实他很长时间都没有江行，而是在各地逗留不进），按照“舟之重者溯河日三十里，江四十里”（《唐六典》卷三）的规定，他的行程严重违越了程限，不在赦限，可他竟然也遇赦放归，怎么来解释这一现象呢？乔长阜先生解释说，这可能是因为遇夏水方涨，前方道路阻绝，属于《唐律疏议》卷三所说的“前有阻难，不可得行，听除假，故不入程限”，[2]这种解释有一定道理，但说服力不足，夏水盛涨不过是一旬半月的事，无论如何也不能解释李白为什么花费一年多时间却只走完多半路程的问题，而且还有相反的事例，如白居易元和十三年（818）十二月二十日敕授忠州刺史，次年三月二十八日到本州（《白居易集》卷六一《忠州刺史谢上表》），他与李白路线相同，仅用九十天左右，就走完了李白一年多的行程，可见只要依令行事，根本不需要那么长时间。所以不妨推测说，合理的解释只能是：在流贬的实行过程中，各地政府并未严格依照唐代法令的规定去对待像李白那样的身无官品的流人，普遍较为宽容，并不是因为李白是大名士，就对他格外开恩，而是当时大致如此。这一情况，唐前期普遍存在，玄宗朝还十分严重，这已经反映到诏敕上来了。《唐会要》卷四一“左降官与流人”称，诸色流贬之人常常“在路多作逗留，郡县阿容，许其停滞”，尽管朝廷三令五申，此类现象还是未能杜绝。稍微留意就会发现，唐代流贬人未按期到达的例子多的是，不只李白如此。如沈佺期长流欢州，神龙元年（705）二月上路，将近一年才达欢州，其《初达欢州》“自昔闻铜柱，行来向一年”之句就是一个直接证据。查《元和郡县志》卷三八，欢州东北至东都六千六百一十五里，[3]走了将近一年，也远未达到标准，其他例子尚多。

可是，除了行进速度不符合规定以外，李白的流放也与唐朝对待流人“锢身递送”的政策不符。

在唐代，凡在京的重要流人，都遣使押领，“锢身递送”至流所，而且规定“不许东西”，即不许私自离开流所，谋求逃归或从事其他活动。如天宝六载（747），岭南五府经略采访使彭果坐赃服罪，“除名长流溱溪郡，仍即差使，驰驿领送，至彼捉搦，勿许东西”（《册府元龟》卷一五二）。程元振长流溱州，“委京兆府差纲递送，路次州县，差人防援，至彼捉搦，勿许东西”（《旧唐书·程元振传》）。第五琦除名长流夷州，驰驿发遣，“差纲领送至彼所，勿许东西”（《唐大诏令集》卷五七《第五琦长流夷州制》）。郑云逵弟方逵，“受性凶悖，不知君亲，众恶备身……诏令京兆府锢身递送黔州，付李模于僻远州驱使，勿许东西”（《旧唐书·郑云逵传》）。完成“锢身递送”这一任务的，是京兆府。《太平广记》卷一二一引《朝野佥载》：“京兆尹崔日知，处分长安、万年及诸县左降流移人，不许暂停，有违晷刻，所由决杖。无何，日知贬歙县丞，被县家催，求与妻子别，不得。”《旧唐书·玄宗纪下》载，开元二十七年（739），郾国公主之子薛谂，与其党李谈、崔洽、石如山，同于京城杀人，“其夏事发，诏决杀于京兆府门。谂以国亲，流瀼州，赐死于城东驿”。类似的杖杀、流放、赐死之类刑法，多是由京兆府单独执行或协同其他单位执行的，这些材料证实了这一政策的具体执行情况和过程。处置如此严厉，犯有重罪而被流放的文人莫不九死一生，一旦陷身流移则魂飞胆落。沈佺期《入鬼门关》：“昔传瘴江路，今到鬼门关。土地无人老，流移几客还。自从别京洛，颓鬓与衰颜。夕宿含沙里，晨行菵露间。马危千仞谷，舟险万重湾。问我投何处，西南尽百蛮。”诗中的陈述具有相当大的代表性，有助于我们了解唐代流人的心态和处境。

可是李白的情形却完全不是这样。其《流夜郎至西塞驿寄裴隐》：“扬帆借天风，水驿苦不缓。平明及西塞，已先投沙伴。”一诗说明，他赴夜郎是乘驿行进的，这符合“递进”的规定，但没有任何证据表明他是“锢身”的。他沿途所至之处，都有人迎送，花了大量时间在游玩宴乐，唱和交游，一路西行，歌吟不绝，酬赠、送别、留别之作多达近三十首。[4]尽管流放的惩罚也曾使得他涕泪涟涟，但较之于那些充满哀伤、痛苦、愤恨情绪的其他唐人流贬诗歌，如宋之问、沈佺期、韩愈等人的作品，李白流放途中所作的诗，悲苦之感要轻微得多。尽管史无明文记载，大量作品却表明，李白流放途中非常自由，与常人几乎没有什么两样——他不仅没有被拘押的迹象，写出的诗歌没有流贬文人那种特有的痛感，甚至反而表现得十分悠闲、愉快，怎么看也不像一个流人，如《流夜郎至江夏陪长史叔及薛明府宴兴德寺南阁》：“绀殿横江上，青山落镜中。岸回沙不尽，日映水成空。天乐流香阁，莲舟扬晚风。恭陪竹林宴，留醉与陶公。”全诗都在表现流连光景、参与游宴的快乐，丝毫没有被拘囚的意味，[5]乍看这也是令人费解的。

进一步追寻就会知道，上述现象看似反常，其实很正常。造成这一现象的原因是多方面的。这主要是因为，唐代法令在执行过程中，会发生许多变动。尽管法令的规定十分严厉，但操作起来却有很大变动。从唐史的实际看，只有对待重要政治犯人时（如高宗、武后时期对待反对派），或者遇到执政者要严厉打击政敌时（如李林甫执政期间，不满意地方政府对流贬人的宽容和款待，下令罪重者日驰十驿以上赴任），或者新帝即位，整肃朝政时（如德宗即位之初，连贬重臣，流移相继），对待左降官与流人才分外严厉，其余多数情况下并不如此。李白流放的乾元元年（758）春，正值唐朝处置陷贼从逆人员的高峰期，叛乱未平，问题成堆。这样一个多事之秋，对于在道流人的实际控制就不可能很紧，加之李白流放是由江州地方政府发遣的，而不是由京兆府处置的，相对而言管制就要松弛得多。天宝时期,对待流贬人不依法令行事就呈蔓延态势。《册府元龟》卷六三:"(天宝五载)七月,诏曰:应流贬人,皆负罪谴,其中或舍其殊死,全彼余生,将宽尝(常)法,示有惩戒。如闻在路多作逗留,郡县阿容,许其停滞,是何道理?自今以后,其左降官量情状稍重者,驰十驿已上赴任,流移人令押领,纲典画时,递相分付。如更因循,尚有宽纵,所繇当别有处分。"尽管朝廷要求各级政府依法行事,但徇私情的还是大有人在,李白流放途中得到沿途州郡官员的款待,也属于这种情况,是可以理解的。[6]

三、李白赴流所的路线问题

笔者又注意到,李白赴珍州(夜郎),所取的路线与其他贬放黔中者的颇不一致。最明显的例子是王昌龄。昌龄天宝中自江宁县丞贬龙标县尉,也是自长江下游出发,沿着长江西行,贬所龙标县也在黔中道(属巫州),两人行程方向、出发点和目的地都相近,但王昌龄行至洞庭湖以后,却没有像李白那样沿着长江西上,而是折向西南,转而从岳阳—朗州溯沅水西上,经卢溪—辰州—麻阳抵达巫州龙标县,他西行沿途所作诗篇为我们提供了直接的证据,李白的《闻王昌龄左迁龙标遥有此寄》中"扬花落尽子规啼,闻道龙标过五溪"讲述的也是这一行程路线。无独有偶,高力士贬巫州,北归,走的也是这条路,郭湜《高力士外传》记载,他宝应元年(762)在巫州遇赦归,七月发巫山(巫州地名,非三峡之巫山),至朗州,八月病终。《册府元龟》卷七〇〇"张万顷为广州刺史,上元二年,以赃,贬巫州龙标县尉员外置长任"。这一位从广州贬巫州,他赴龙标很可能走的是王昌龄、高力士的同一路线。又,武德四年(621),赵郡王孝恭及李靖自巴蜀发兵东讨萧铣,数道并进,庐江王瑗从襄州道,黔州刺史田世康趣辰州道(《旧唐书·萧铣传》),田世康的军队走的也是这条道路。

既然如此,那李白为什么就不走这一路线呢?反复思考后发现,最重要的原因还是交通不便。珍州在黔中道西北角,巫州则在东南部,两地虽直线距离不远,却有崇山峻岭相隔,中间没有较为便利的陆路沟通,而珍州北侧不远处就是长江,中有溪水相通,这种交通地理形势决定了李白赴流所走水路沿长江西上反而便近些,而且道路畅通,能顺利到达,所以他走长江而不走沅江。在黔中这样一个地理位置对于交通路线和走向起着决定因素的地区,即使同属一道,地理区位不同,交通路线也不同,这是我们以往考虑得较少的。翻阅《元和志》和《寰宇记》会发现,黔中诸郡的四达交通线最不齐全,大多因山河形势为交通路线,黔北多沿涪陵江及其他诸多溪谷以通长江,黔东南多沿辰溪等沅江流域诸溪谷，东流至洞庭湖，以通荆襄鄂岳。除黔州等少数州郡开辟了驿路以外，其他多数没有，陆路交通极为不便，以至人们出入此境，都得依靠水路。

唐代黔中与外地的交通，较重要的有三条路：一条自黔州东北至江陵府，北通上都，江陵以西主要走水路，比较平稳，体力消耗较小，利于物资运输，所以走的人最多，是最重要的一条通路。唐诗中对它的描述之多，文献记载之清晰，也能证明这一点。周繇《送人尉黔中》："盘山行几驿，水路复通巴。峡涨三川雪，园开四季花。"李频《黔中罢职过峡州题田使君北楼》："巴中初去日，已遇使君留。及得寻东道，还陪上北楼。"綦毋潜《送崔员外黔中监选》："持衡出帝畿，星指夜郎飞。神女云迎马，荆门雨湿衣。"三首诗中，一个是放逐到黔中的县尉，一个是客游黔中使幕的幕僚，一个是自京中而出的使客，不约而同地都取道荆门、三峡，这就很能说明问题。因为往来人员多，又要维系所谓峡江水运，故沿途置驿，李白流放夜郎，必须走驿路，自然走这条路线。第二条自黔中北取万、开州路，经凤州、散关至上都，唐代流贬黔中的人士，走这条路的居多。如霍王元轨坐与越王贞连谋起兵，徙居黔州，行至陈仓，道卒（《旧唐书·霍王元轨传》），肃宗朝，太子通事舍人王儦徙播州，行至凤州，背疮迸发而死（《太平广记》卷一四三引《纪闻》），两人都经过陈仓、散关，走的是这条路线。因为交通量颇大，也置驿。一条自黔中东取辰、朗而至荆州或岳州，因交通不便，多数路段不置驿，故走的人最少。

注　释

[1]畅璀：原作"畅灌"，唐无此人，据《太平广记》卷三〇四引《戎幕闲谈》，璀拜殿中侍御史，入为省郎、谏议大夫，后贬辰州司马，后征为左丞，终工部尚书，与《高力士外传》合，与《册府元龟》卷四六四、七一六亦合，《元龟》所据为唐实录，可信，知"灌"为"璀"之误，据改。

[2]见《中国李白研究》2001—2002 年集，乔长阜《李白流夜郎获赦原因及地点时间辨证》。

[3]《旧唐书·地理志四》云：欢州"至东都一万一千五百九十五里，水路一万六千二百二十里"。这一距离是《元和志》的一倍，《寰宇记》卷一七一亦谓"东北至西京陆路一万四千里"，差异甚大，三书关于安南诸州与两京的距离，都相差一倍左右，不知何故。《旧志》《寰宇记》多抄撮故籍成书，而不加考核，《元和志》则多有实据，相比之下，仍当以《元和志》为正，故不取《旧志》《寰宇记》之说。

[4]此据王琦《李太白年谱》统计。

[5]这当然也与李白性格有关，江盈科《雪涛诗评·评唐》："李青莲是快活人。当其得意，斗酒百篇，无一语一字不是高华气象。……杜少陵是固穷之士，平生无大

得意事。……而所历苦楚,都于诗中写出,故读少陵诗,即当少陵年谱看得。”这段话揭示了文学表达与诗人性情之间的关系,值得注意。

[6]某些研究者对上文提到过的《唐律疏议》所载行进速度的规定存在误读,以为是对流贬人行进速度的规定,其实不然。查《唐六典》卷三,这一记载主要规定的是水陆交通运输速度,《唐六典》将这条放在“度支郎中员外郎”下,开头说:“度支郎中员外郎,掌支度国用、租赋少多之数,物产丰约之宜,水陆道路之利,每岁计其所出而支其所用。”意思甚明。《疏议》《六典》根据的都是《唐令》,主要讲的是钱粮物资搬运。《资治通鉴》卷二五九:“义胜节度使董昌苛虐,于常赋之外,加敛数倍以充贡献,及中外馈遗,每旬发一纲……用卒五百人,或遇雨雪风水违程,则皆死。”胡注“唐制:陆行之程,马日七十里,里步及驴五十里”云云,更是一个有力证据。总之,唐代文献中所谓“违程”“稽程”,主要是针对王命在身的各类人员和行重贬的重要流移者,像李白那样的一般人员,朝廷和地方政府实际上管制得并不严,前述李白赴流所的不合法令现象,与此关系极大。

关于李白与安徽的五个问题考论

汤华泉

李白一生来往游历安徽的次数最多,中间几次寓居在这里,并在这里走到人生的终点。李白在安徽写作的诗文最多,留下的遗迹和后人建造的纪念景点也最多。李白为安徽奉献了一份丰厚的价值无比的文化遗产,对今天安徽的文化建设、旅游开发发挥着特别重大的作用。对这份遗产,安徽各地各界都进行了深入地开发、研究,取得了不少成果,获得了显著的社会效益和经济效益。但在对这份遗产的研究、利用上也还存在一些不足之处,还有些模糊的地方和盲点。为进一步开发利用李白的遗产,本文拟对其中五个问题谈一些情况和看法。

一、李白是否在安徽的南陵奉诏入京?

李白的《南陵别儿童入京》诗很多人都熟悉,这首诗是天宝元年李白奉唐玄宗的征召离开南陵前往长安时写的。题目上的"南陵"自唐代以来人们都认为是指宣州的南陵,也自然属于今天的安徽。

上世纪80年代初有学者提出新说,说这首诗所写的南陵不在安徽,而是在山东。这一新说其实没有多少能够支撑的证据,论者先是从诗里的"黄鸡啄黍"的风物描写和李白当时的行程找疑点,认为这样的风物属于北方,李白四五月在泰山,还有别的事要做,秋季不大可能在江南的南陵,以后又在山东找到几个可能是南陵的地望和一个村名,因而说南陵在山东,引发了一场笔墨官司。

南陵这个地理专名唐代除了宣州外别地还有没有?在2001年马鞍山举行的纪念李白诞生1300周年的研讨会上,南通大学的姜光斗先生和我都在提交的论文中谈到这个问题[1]。姜先生通过对《全唐诗》的检索,共检出35个"南陵"词条,除少数几例指的是"南面的山陵"、"南面的陵墓"作普通名词用之外,凡是地名一律指宣州的南陵。2008 年 12 月 2 日,安师大文学院诗学中心的丁放教授在《光明日报》上也发表了关于李白奉诏入京地的考辨文章[2],认为李白奉诏入京地确实是安徽南陵,新说找到清代后山东某些地方村庄叫南陵或可能叫南陵来证明南陵在山东,是缺乏证明力的。

我还注意到李白在诗题中九次用了“南陵”,其他八首确凿无疑都是指宣州的南陵县,不可能就这一首成了另类,从体例和用语习惯上说,李白大概也不会这样做。另外,古人诗题上的地名一般是较大的、知名度较高的地名或特定的名胜,一般不大用一个不知名的村庄名,即便使用也会作所属地域说明。最近我在做《李白安徽诗文写作时地新编》时又发现一条支持安徽南陵的有力证据。李白天宝十二载专程来游宣城,来宣城后,他赠诗给宣城司户崔文说:“惟昔不自媒,担簦西入秦。……一去已十年,今来复盈旬。”[3]李白是天宝元年入京的,与写此诗隔了十年,说“今来”是指来宣城,南陵时属宣城郡,这正证明了十年前他是由此地前往京城的。

李白是否由安徽的南陵入京,是李白生平上一件大事,自然要弄明白。弄明白这件事,为李白在安徽所写的诗文进行编年有意义,这是李白以安徽为游历目的地的开端,对宣城、南陵乃至安徽的旅游开发也是有意义的。

二、李白游历安徽有多少次?游历了哪些地方?各有几次?寓居过哪些地方?

李白游安徽的次数这个问题不少介绍李白与安徽的著作、文章和各地导游小册子中都给出了数字,但说法不一,往往夸大,显得较为混乱。我通过编《李白安徽诗文写作时地新编》把这个问题算是搞得比较清楚了。“游历安徽”或曰“游安徽”可以用两个标准加以界定:一是以到过为准,只要经过安徽都算;二是以游历目的地为准,就是某次游历是为到达某地,只是经过没停留不算。如果用前一个标准统计,李白来安徽次数就太多了,安徽处于中国中部,李白一生东西南北漫游都要经行安徽。李白沿长江由西到东,由东到西,至少四个来回,沿大运河由北到南,由南到北,差不多三个来回,这样就可能有十三四次了,显然这样统计不合适。这样经行式的游历,也没有留下多少确切的记录,我认为应以目的地为准,而且要有李白自己的诗文和别的可信的文物、文献证明。我在《新编》中已基本解决了这个问题。

李白游历安徽大约 5 次:第一次是天宝元年前后寓居南陵,然后由此奉诏入京;第二次天宝六载由金陵来安徽,至天宝九载,游历了皖东当涂、历阳(和县),皖西皖中潜山、霍山、寿春、庐江郡合肥等地,时间四年;第三次天宝十二载由梁园来宣城,至十五载,游历了皖南宣城、当涂、泾县、南陵(包括繁昌、铜陵)、秋浦(贵池,包括石台西部、东至北部)、青阳,时间四年;第四次至德二载避地卧病皖西的宿松、太湖(包括岳西),时间较短;第五次上元二年赦归,游历了宣城、泾县(包括太平、石台东部),最后定居当涂,时间两年。这五次是可以确定的。

还有几次经行安徽留下诗作的,江行较多,有诗记地的有天柱山、长风沙、天门山、牛渚,还到过皖北的砀山、亳州,这都是途经,而不是游历目的地。由此也就知道了安徽从东到西,从南到北,大部分地区李白都到过。李白在安徽游历的时间总计在10年以上,游历的范围和时间远高于李白在其他地方的游历。上面我考证出李白到过寿州、亳州[4],这是许多李白研究者未曾注意到的。

李白到过原以歙县为首邑的徽州六县吗?据地志和笔记小说记载似乎到过,如歙县、黟县、婺源都有关于李白的一些传说、纪念建筑和地名,歙县还流传有李白的诗,但都不可信,李白的足迹到过黄山的白鹅岭,黄山的东南他没有到过。

由《新编》也不难统计出李白在各地游历的次数。这里要分清李白在一个大的旅行时段以某地为中心短时出入,不能另计为一次,如宣城,天宝十二载到天宝末李白的旅行基本是以它为中心的,只能记一次,最多记两次,而不能反复计算。李白在安徽游历两次以上的地点有:当涂4次,宣城3次,泾县3次,南陵2次,秋浦2次。

李白在安徽居留的地点上面已说到有南陵,这是最早的寓居地,然后是宣城,天宝十二载至十五载,时间跨度四年,流放归来后还到过这里的居所,最后两年定居当涂。天宝十三载游秋浦还在那里寓居了近一年时间,这是许多人没有注意到的。李白终老当涂,前后还有三个寓居地,这也是别处所无的。

三、李白游历、寓居安徽的动因何在?

动因主要应该是以下四点:一、游山玩水,二、访道炼丹,三、谢朓崇拜,四、干谒避难。

游山玩水意图很突出,第二次游安徽是由金陵来当涂,是当涂一带江天美景把他吸引来的,他的《自金陵泝流过白壁山玩月达天门寄句容王主簿》这首诗的题目就清楚地表现出来了。第三次来宣城他也有一首似乎旅游宣言的诗,题目叫《自梁园至敬亭山见会公谈陵阳山水兼期同游因有此赠》,是敬亭山和陵阳山水引导他开始第三次安徽之旅。安徽许多好山好水都被他游遍,有不少是他首次游览,还有的山名、景点名称是他命名的,我曾在《李白与安徽旅游资源的开发》中,将李白的游踪、李白对安徽景区的描写概括为:三座名山、两条山水旅游带、两大风景名胜区和其他景点。三座名山就是黄山、九华山、天柱山,两条山水旅游带就是泾川山水旅游带、清溪秋浦山水旅游带,两大风景名胜区就是宣城和当涂。其他景点就更多了，如五松山、司空山、八公山、长风沙等。

访道炼丹的意图在第三次表现最为突出，他急不可待地想游览陵阳山水，就是因为在陵阳有他崇拜的仙人陵阳子安，宣城麻姑坛还有他崇拜的麻姑仙子、琴溪有炼丹方士琴高。他表示要追随古代的列仙炼丹学道。他来宣城次年真的到秋浦清溪和道友权昭夷等人进行了一年之久的炼丹活动，以后一直念念不忘。流放回来后，他还到了陵阳山，登上天柱石，和韩愈的叔叔韩云卿商量到黄山隐居学道。在他的安徽之游中交往的道人、隐士、学道者、僧人就有十六七位。

谢朓崇拜。谢朓在宣城当太守，又多次过往当涂、皖江一带，他在这些地方写的诗最多，题材又多山水，写得清新秀丽，最为李白赏识。李白往来宣城、当涂两地最多，谢朓留在这两地的遗迹差不多他都有题咏，他的诗也多次化用谢朓的诗句，融合谢朓诗的意境。他长期在这些地方流连，终葬谢公山，很大的原因就是因为有谢朓这个偶像在。

干谒是指在谋仕和谋生上向别人乞求，李白游安徽除第一次外都是出走长安后，基本上没有谋仕的诉求，谋生是当务之急，因还山所得的赐金是有限的，已无别的生活来源，为了养家活口和自己不菲的生活消费，他不能不乞求别人主要是各地官员的资助。从李白在安徽所交往的人来看，以官员居多，三十六七位，几乎各州县的官员都有。他还攀结上身为宗室的庐州太守吴王李衹。我还发现，这期间李白与李姓官员来往较多，有六位，其中三位是当涂前后县令，都和他们攀上了本家。大诗人李白一方面不愿意摧眉折腰事权贵，傲气十足，一方面又要低声下气乞求资助，显得俗气，看似可怪，其实不奇怪，看在什么环境下，为了生存，也不得不捏软铁打的腰板。避难就是安史乱后，他卧病宿松、司空山，其实就是避难。

以上是李白频繁来游安徽的几点动因，这是他的主观意图，明确的动机，还有一客观情况，就是安徽的区位特点，前面已讲到，安徽位居一国之中，南来北往、东奔西走都要经过这里，来这里很方便，这也是李白频繁到这里的一个附带原因。

四、可以查考的安徽历史上的李白遗迹、纪念景点有多少？哪些遗迹、纪念建筑唐宋时期文献就有记载？

李白遗迹和纪念景点安徽各地很多，后世方志和其他文献有大量记载，主要集中在皖南、皖西地区。下面由东到西作一介绍。

当涂。当涂是李白的终老之地，最著名的遗迹就是李白墓。李白墓有两处，一在青山，一是采石衣冠冢，都有祠堂。青山李白墓为唐元和年间由龙山迁葬，采石李白墓也修于唐代。采石李白的纪念建筑最多，有十余处，以建于明代的太白楼最为著名。历史上当涂城区也有不少李白纪念景点。

宣城。李白纪念地、景点多与谢朓联系，可以说凡是谢朓纪念处，必有李白在焉，有十余处祠亭楼阁。

泾县。泾县的李白景点集中在水西和桃花潭一带。水西多在水西寺，桃花潭及其附近的景点大多与汪伦有关，震山有太白祠。

太平黄山。李白遗踪和景点一在黄山东北轩辕峰附近，一在山南温泉附近。轩辕峰附近有太白书院。

南陵县。县城有太白祠、太白新酒坊，在李白寓所附近。

铜陵。有两太白祠，或称太白书堂，一在五松山，一在横港矶。

贵池。李白遗迹和景点多沿清溪、秋浦散布，苦竹岭、白笥陂有太白祠，水车岭有太白楼，还有其他七八处景点。

九华山。有太白书堂，又称太白祠，其旁有太白井。神光岭传有太白洗砚处，名金沙泉。

石埭。杉山镇国禅寺北有太白书堂，又称太白祠。

东流。今属东至，时属秋浦，有太白书堂。

望江。城西值雪山有太白书堂。

宿松。城南南台山有太白读书台，其旁还有数处相关景点。

太湖。城北48里独阜山，传李白避地于此。城西北120里司空山（今属岳西）有太白书堂。

潜山。莲字崖，传为李白题咏处。

李白的游踪到达长江以北除了前面介绍的皖西数处外，还有和县和合肥，但未留下遗迹。淮河和汴河自是李白南来北往经行路线，也未留下旅泊的记载，比较确切的一处是砀山的宴喜亭。

据李白本集诗文查考及古今学者的考论，李白的行踪未曾越过黄山到达当时的歙州即后来的徽州，但此地很早就有李白往游其地并留有诗作的传说记载，最早见于南唐沈汾的《续仙传》，于是此地就产生了一些有关李白的遗址和纪念景点如太白楼。黟县亦有类似传说和景点，连较远的徽州县份婺源（今属江西）也有太白渡遗迹。

李白在安徽的遗迹及纪念建筑应当说产生很早，有的遗迹当确认于李白当代，有的据得名之由也是在唐代，但或者由于文献记载不及时，或文献亡佚，因此很多遗迹及建筑早期出处已无法查考了。可以查考的两座李白墓都是修建在李白去世后不久。当涂青山、采石的太白祠，至晚在宋代就有了，宋代文献多有记载。另一处较早的建筑是九华山太白书堂，宋初《太平寰宇记》有记载，据其描绘，此处建筑不晚于晚唐。宋代的文献中还记载了李白的遗迹和建筑二十几处，如当涂十咏亭、蛾眉亭、捉月亭、醉月亭、暮云亭，宣城的叠嶂楼、双溪阁、二仙堂、五贤堂，泾县的秋霜阁，铜陵的五松山太白祠，贵池的清溪钓台、弄水亭、如剡亭，司空山的李太白书堂等。

还有两处石刻题记：一处在泾县桃花潭附近的放歌台，石壁刻有“天宝十五载三月李白偕汪伦寺僧”；一处在贵池秋浦白笴陂不远处的桃花坞，有“桃花坞”大字石刻，其旁有小字题刻“同李太白在此游”、“高霁题”、“唐天宝庚寅岁”。此地为参与《改九子山为九华山联句》高霁的住处。两处石刻是否当时真迹，不得而知，但来历相当久远。

通过考察知道李白在安徽的遗迹和景点多达100余处，见于唐宋文献记载的30余处，这不仅是李白在全国之最，也是所有古人无能企及的。

五、马鞍山当涂及其周边一带有无李白后人？

这个问题不少人也挺有兴趣，2008年4月我参加马鞍山李白国际旅游节游仙李白精神论坛，在发言中说过：“我总相信李白有后人（不一定是本姓）在这一带，李白的基因肯定还在这里传承。”我说这话是有依据的。李白晚年定居当涂，有二子随侍，二子在这里为李白送终。二子长曰伯禽，幼曰天然。伯禽又有一子二女，子贞元末由当涂出游，不知所在，二女分别嫁当地农户陈云、刘劝，至少活到50余岁。二女应当有后代，根据是：据当时宣州刺史范传正《李公新墓碑》所引二女自述，其夫家还不太贫寒，由于李白的关系，地方官府免去了两家的赋税、徭役，给了一些照顾，其经济状况当在中人以上，具备较好的生养条件，二女不可能都无后代。孙女有后，即表明李白有嗣，从现代的观点来说，后嗣由儿孙传承与由女孙传承并无不同，只不过姓氏有别罢了。由此看来，李白的血脉、李白的基因会由两个孙女系统传递，在今天的马鞍山当涂一带或陈姓、或刘姓、或其他姓氏中肯定有他的后人。

次子天然的情况文献记载很少，但没有文献记载他早夭，他有可能还留在当涂，也可能迁离当涂，但不能肯定他就无后。伯禽的儿子出游，流落何方，文献也无明确记载，他与其叔天然不一定都未营家室，没有后嗣。

2007年我在道光《繁昌县志》上发现一条资料，似乎与二人的下落有关。这部县志有一条关于唐人李羣的记载，说：“李羣，白之后裔也，贞元中与王翀霄、陈秘监讲究性理，筑室马仁山，高尚不仕，尝为句曰：‘学道已曾忘世味，避人何用住山深。生平只有天相谅，笑揭灵台对马仁。’”说“白之后裔”自指李白后代，其行事颇类李白之孙，年代也相应，大历中上距李白去世30年左右，假设李白去世几年后伯禽成家，此子此时当已20余岁。上面说的是符合伯禽之子的地方，诗也看不出有明显的破绽，只是涉及的两个人物一有疑，一无考，但不管怎么说这条资料还是为查考李白后人提供了一个有价值的线索。这条资料与天然似乎也可以联系，隐居者也可能是他。繁昌唐代未设县，和南陵同县，南陵是李白第一次来安徽的寓居地，如果李晕真是李白的后裔，他在其祖或其父曾经的住地隐居，也是一种情感上的皈依。

近几年，各地有不少李姓以家谱为依据，宣称他们是李白后代，马鞍山周围地区就有不少。与马鞍山一水之隔的和县有两处，附近的还有江宁、南陵。还有远一些的如无为、来安，合肥周围有好几处。李白号青莲居士，这些李姓家谱上的堂号都叫青莲堂。是不是李白后代，不能仅凭一个堂号，要有比较确切的世系传承记载及别的相关资料。但也不能一概否定，我们希望有奇迹出现。

注　释

[1]姜光斗:《论李白与安徽的情结》、汤华泉:《李白与安徽旅游资源的开发》,《中国李白研究》2001—2002年集,合肥:黄山书社,2002年12月。

[2]丁放:《天宝初年李白奉诏入京地再考辨》,《光明日报》,2008年12月2日。

[3][4]汤华泉:《李白安徽诗文写作时地新编》,《池州学院学报》,2011年第2期。

李白再次入越之缘由与贺知章之影响

吕玉华　蒋　凡

目前学界多认可李白曾三次游越中，第一次为青年时代初次出蜀，游历天下以广见闻；第二次为天宝三载赐金放还之后；第三次则为安史之乱初起之后。本文认同此观点，将辨析李白第二次入越的缘由，并由此考察贺知章对于李白人生规划的影响。

以往对李白与贺知章关系的研究，多集中在贺知章对李白的称许及推荐方面。本文认为李白被赐金放还时，即有入越计划，并且其后一系列积极入道之举，均受到了贺知章的影响。

一

天宝三载春天，李白被赐金放还，离开长安，当年秋，先到达梁宋之地，与杜甫、高适等人同游，而后寓居东鲁。在此期间，他所写的诗篇，多次表达了要前往越地的明确意愿。如《登单父陶少府半月台》云："水色渌且明，令人思镜湖。终当过江去，爱此暂踟蹰。"又《鲁郡尧祠送窦明府薄华还西京(时久病初起作)》云："尧祠笑杀五湖水，至今憔悴空荷花。尔向西秦我东越，暂向瀛洲访金阙。"

写于同一时期的诗篇中，他也屡屡使用有关越地的意象，可谓身在东鲁心在越，如《东鲁门泛舟二首》曰："轻舟泛月寻溪转，疑是山阴雪后来。""若教月下乘舟去，何啻风流到剡溪？"又《单父东楼秋夜送族弟沈之秦》："卷帘见月清兴来，疑是山阴夜中雪。"以及《淮海对雪赠傅霭》："兴从剡溪起，思绕梁园发。"[1]

再如《梦游天姥吟留别》,是其离开东鲁、前往越地之前所作,对于我们了解李白此时的心态颇有帮助,其中亦明确写道:“我欲因之梦吴越,一夜飞度镜湖月。”

此诗的创作年份,阎琦先生《李白二、三两次入越考》系于天宝五载冬,李白起意游越,岁暮抵扬州,次年入越。其前行的缘由,阎先生认为:“出朝时谗言的人身威胁如影随形,惊怖的心理无法得以平息;尤其是当天宝五载之际,谗言似有再兴之势,为了避谗、抚慰惊魂,李白遂有第二次入越之行。”[2]

可是,李白从来不曾获得什么官职,不曾掌握任何权力,既然从来都构不成威胁,也不具有在民间一呼百应的号召力,已经远离朝廷的李白似乎没有让人忌惮的理由,反对势力何至于如此无聊?李白离开东鲁,前往越地,未必是因为莫须有的谗言。结合前面所列举的诗篇来看,越地之行并非李白的临时起意,而是一直就在他的计划之内,越地风物无时无刻不萦绕其心中,李白一定有其必须去的理由。

《留别曹南群官之江南》亦写于二次入越之前、李白尚在鲁地之时,我们再来分析此诗。

留别曹南群官之江南[3]

我昔钓白龙,放龙溪水傍。道成本欲去,挥手凌苍苍。
时来不关人,谈笑游轩皇。献纳少成事,归休辞建章。
十年罢西笑,览镜如秋霜。闭剑琉璃匣,炼丹紫翠房。
身佩豁落图,腰垂虎鞶囊。仙人借彩凤,志在穷遐荒。
恋子四五人,徘徊未翱翔。东流送白日,骤歌兰蕙芳。
仙宫两无从,人间久摧藏。范蠡脱句践,屈平去怀王。
飘摇紫霞心,流浪忆江乡。愁为万里别,复此一衔觞。
淮水帝王州,金陵绕丹阳。楼台照海色,衣马摇川光。
及此北望君,相思泪成行。朝云落梦渚,瑶草空高堂。
帝子隔洞庭,青枫满潇湘。怀君路绵邈,览古情凄凉。
登岳眺百川,杳然万恨长。却恋峨眉去,弄景偶骑羊。

该诗表现的是一派江海之志,诗人欲远离尘嚣、隐遁江湖,恋阙之情依然浓重,却自知仕途无望,所谓“献纳少成事,归休辞建章”。这首诗中的李白形象是一个纯粹的道教徒,即“闭剑琉璃匣,炼丹紫翠房。身佩豁落图,腰垂虎鞶囊”。

再看《梦游天姥吟留别》:“世间行乐皆如此,古来万事东流水。”让他深感虚幻的是人世间的功名富贵,转而寄希望于修道求仙,“且放白鹿青崖间,须行即骑访名山。安能摧眉折腰事权贵,使我不得开心颜。”整篇诗意相当明确。

因此,李白离开东鲁,要前往越中遍访道教名山,在求仙方面更进一步,这是他仕途之梦暂时幻灭后的最大寄托。李白从来都不是一个甘于寂寞、甘于沉沦的人,当一条道路受阻,他就要开辟另外一条。

二

李白对于道教的爱好与信仰,是一以贯之的。他生长于道教氛围浓厚的蜀中,“十五游神仙,仙游未曾歇”(《感兴》);出川之后,游历各地,在此过程中,他的人生理想和个人兴趣也表露得越来越清楚。[4]李白的最大信仰的确是道教,但是他并没有完全遵照道教的仪轨,不能忘怀俗世的功名利禄。道教,只是他的一条退路,甚至可以说是一条辅助的、带有娱乐消遣性质的途径。如范传正所言:“好神仙非慕其轻举,将不可求之事求之,欲耗壮心、遣余年也”。[5]

李白写于早年的《代寿山答孟少府移文书》明确表达志向:

吾与尔,达则兼济天下,穷则独善一身。安能餐君紫霞,荫君青松,乘君鸾鹤,驾君虬龙,一朝飞腾,为方丈、蓬莱之人耳,此则未可也。乃相与卷其丹书,匣其瑶瑟,申管、晏之谈,谋帝王之术,奋其智能,愿为辅弼,使寰区大定,海县清一。事君之道成,荣亲之义毕,然后与陶朱、留侯,浮五湖,戏沧洲,不足为难矣。[6]

此时的李白正年轻,对于前途拥有强烈的自信。与世间的功名事业相比,得道成仙无疑是虚幻的。虽然李白有道教熏染的人生基础,他对于神仙世界还是持相对否定的态度,更想去兼济天下。

随着年岁增长,李白的仕途规划进展得并不如意。他先是酒隐安陆,干谒无成,又寄家东鲁,隐居以求名。天宝元年四月,李白已经四十多岁,作《游泰山六首》,几乎每一首都充满了游仙色彩。

游泰山六首其四[7]

清斋三千日，裂素写道经。
吟诵有所得，众神卫我形。
云行信长风，飒若羽翼生。
攀崖上日观，伏槛窥东暝。
海色动远山，天鸡已先鸣。
银台出倒景，白浪翻长鲸。
安得不死药，高飞向蓬瀛。

可以看出，人过中年，功名之念稍有平息，神仙之念占据上风，此时的李白是以修道来自任的。恰好在此年秋天，李白被荐举，入长安供奉翰林院。关于李白的荐举人，历来有道士吴筠、持盈法师（玉真公主）、贺知章等多种说法。学者们已经进行了多种考证辨析，兹不赘述。不过，推荐李白的人，无论是吴筠、玉真公主还是贺知章，都属于道教中著名人士。“在唐玄宗周围有几个道教名人，他们形成道教中心，这就是贺知章、玉真公主、司马承祯、吴筠。贺知章是朝廷的重臣，玉真公主是皇亲，司马承祯和吴筠是著名的道士。他们营造了道教的强大势力，在他们周围聚集了一批诗人。他们既能对玄宗的政事产生影响，又能提携诗人，帮助诗人步入仕途，或者帮助他们扬名。他们既是道教的中心，又是诗人与玄宗之间的桥梁。”[8]

唐玄宗在施政方面主张三教并尊，实则格外崇信道教。他亲自为《道德经》作注；于开元二十九年，置崇玄学；开元年间，修成《三洞琼纲》（即《开元道藏》）；其姊妹玉真公主、金仙公主青年入道，其女万安公主于天宝年间入道；著名的道士如司马承祯、李含光等一直享受国师待遇……“玄宗御极多年，尚长生轻举之术。于大同殿立真仙之像，每中夜夙兴，焚香顶礼。天下名山，令道士、中官合炼醮祭，相继于路。投龙奠玉，造精舍，采药饵，真诀仙踪，滋于岁月。”[9]张说、张九龄、李林甫等重臣，皆投皇帝所好，热衷于修道，在他们的诗文中均有反映。

李白原本就向慕道教，如今身处长安，耳闻目睹玄宗对道教和道士的崇信，他一定有更深的感触。但是，结合李白全部诗文来考察，他并非遗世独立、忘怀功名，而是要功成名就，然后归山修道，这一直就是李白的人生规划。只不过不同时期的际遇有差别，他的侧重点也随之不同罢了。

天宝元年秋供奉翰林之后，李白的主要志向就是先尽心尽力报效君主，然后功成身遂退隐江湖。

驾去温泉后赠杨山人[10]

少年落魄楚汉间,风尘萧瑟多苦颜。
自言管葛竟谁许,长吁莫错还闭关。
一朝君王垂拂拭,剖心输丹雪胸臆。
忽蒙白日回景光,直上青云生羽翼。
幸陪鸾辇出鸿都,身骑飞龙天马驹。
王公大人借颜色,金章紫绶来相趋。
当时结交何纷纷,片言道合唯有君。
待吾尽节报明主,然后相携卧白云。

《金门答苏秀才》"我留在金门,君去卧丹壑"亦属此意。

他感激皇帝的知遇之恩,也很想好好地报效朝廷,做出一番大事业,然后再隐居高卧,去成就另一个人生梦想——修道成仙。可惜世事并不按照他的个人规划发展,仅仅在宫中一年多,他就被赐金放还,这与起初的宏愿相比,落差的确太大了。他什么功业都没能实现,甚至连像样的官职都没有。

天宝三载春,李白离开长安时,首要的目的地是东鲁,探望子女和家人,并在东鲁梁宋一带盘桓。但是他最终的目的地是越地,因此,人在东鲁,思绪却一直萦绕越地,并形诸篇章。越地固然拥有丰富的道教资源,可是,天下的洞天福地比比皆是,李白本人也畅游过江东,何至于非要再去越地?促成李白入越的更重要的因素还是贺知章的影响。

三

贺知章可谓李白的第一知己。目前学界多认为,开元年间李白初次入长安,遇到贺知章。贺公读其《蜀道难》,惊呼谪仙人,并解金龟换酒,从此两人结为忘年之交。"谪仙人"成为千年以来对李白的最贴切称呼,李白本人也相当受用,屡次言及。如《金陵与诸贤送权十一序》:"吾希风广成,荡漾浮世。素受宝诀,为三十六帝之外臣。即四明逸老贺知章呼余为谪仙人,盖实录耳。"《对酒忆贺监二首序》:"太子宾客贺公于长安紫极宫一见余,呼余为'谪仙人'。"《答湖州迦叶司马问白是何人》:"青莲居士谪仙人,酒肆藏名三十春。湖州司马何须问,金粟如来是后身。"

李白再入长安,供奉翰林,贺知章正在朝中任职,两人一定有更多的交往。

杜甫《酒中八仙歌》即将两人一并写入。

如前所述,李白的人生规划是功成名就,然后访道求仙。在他身边,有没有这样的成功榜样呢?当然有,这就是与李白关系密切的贺知章。

贺知章颇有名士风度,“性放旷,善谈笑,当时贤达皆倾慕之。”[11]他的仕途也比较顺利,经历了高宗、武则天、中宗、睿宗、玄宗五朝天子,而能善始善终。开元十三年(725),“贺知章自太常少卿迁礼部侍郎,兼集贤学士。一日并谢二恩。”[12]礼部侍郎、集贤学士,都是清贵职务,一人兼得,的确荣耀非常。

据《旧唐书·文苑传》记载,贺知章的仕途轨迹为:“礼部侍郎,加集贤院学士,又充皇太子侍读……改授工部侍郎,兼秘书监同正员,依旧充集贤院学士。俄迁太子宾客,银青光禄大夫兼正授秘书监……天宝三载,知章因病恍惚,乃上疏请度为道士,求还乡里,仍舍本乡宅为观……御制诗以赠行,皇太子已下咸就执别。”[13]贺知章致仕在天宝二年十二月,百官饯行在天宝三载正月。

这次送别,集一时之盛。唐玄宗虽不到场,但是亲自赋诗以示宠遇。送行的人群以皇太子、宰相为首,李适之、韦坚、崔璘、王瑨、姚鹄、于休烈等当时政坛、文坛均有影响的人物全部出席,每人都赋诗一首。

送贺知章归四明[14]

李隆基

遗荣期入道,辞老竟抽簪。岂不惜贤达,其如高尚心。
寰中得秘要,方外散幽襟。独有青门饯,群僚怅别深。

李白先后作诗两首:《送贺监归四明应制》[15]《送贺宾客归越》。

送贺宾客归越[16]

李　白

镜湖流水漾清波,狂客归舟逸兴多。
山阴道士如相见,应写黄庭换白鹅。

入道求仙,成为这次饯行盛会的主题。如此高的规格,不是送别一个退休官员,而是送别一位道士。贺知章此刻的道士身份加重了他在皇帝和百官心目中的分量。玄宗如此大张旗鼓的真正目的是:“岂惟崇德尚齿,抑亦励俗劝人。”(《送贺知章归四明序》)借此表达自己崇道的信念,并鼓励世俗之人,以入道为荣耀。有关玄宗礼遇道士的记载不胜枚举,《唐会要》卷五十记载甚详[17]。

贺知章的家宅施舍为道观，玄宗亲自题名“千秋观”，并且赏赐他镜湖剡川一曲，同时擢拔他的儿子为会稽郡司马，当地为官，赡养老父。

贺知章归乡不久即去世。他一生风流纵逸，又仕宦通达，且晚年度为道士，在修行当中平安终了，可称为李白之理想人生的现实版。

贺知章正月离京的时候，李白有没有预感到自己不久也要离开？他最初也是志得意满，但是渐渐地，风起于青萍之末，讥讽和谗毁不断袭来，他的反应是愤懑和辩解，也想到了退一步海阔天高。

翰林读书言怀呈集贤诸学士[18]

晨趋紫禁中，夕待金门诏。观书散遗帙，探古穷至妙。
片言苟会心，掩卷忽而笑。青蝇易相点，白雪难同调。
本是疏散人，屡贻褊促诮。云天属清朗，林壑忆游眺。
或时清风来，闲倚栏下啸。严光桐庐溪，谢客临海峤。
功成谢人间，从此一投钓。

李白早就有一贯的人生构想，眼下贺知章的荣耀离任，更成为一个推动因素。就李白的前途而言，在朝廷当中，暂时看不到出路，他对于谣诼中伤没有还手之力，既然如此，不如退避，转而趋向另外一条可以取得名望的途径，即修道。道士授官在唐代并不鲜见。如隐居嵩山的田游岩，在高宗朝为太子洗马。先天二年，道士叶法善拜鸿胪卿，封越国公。开元间，隐居嵩山的卢鸿一被征召为谏议大夫。在玄宗朝，不做官而能够取得巨大声望和荣誉的途径，唯有修道。

从李白的诗文来看，他从来都不是一个淡泊物外的人，而是一直有着强烈的功名之念，他对于道教的倾慕，何尝不是对社会热点的追逐？他在长安期间，目睹了唐玄宗对于道教的热衷，与贺知章、元丹丘等人的交往，更加深了他对道教的感受。在所有这些影响到他的人当中，拥有道教和世俗两方面示范意义的，自然以贺知章为最。

因此，李白被赐金放还、离开长安之后的主要活动，都是围绕着道教进行的。其中最重要的事情，就是接受道箓。

天宝四载，他在齐州（今济南）紫极宫接受了道箓，《奉饯高尊师如贵道士传道箓毕归北海》《访道安陵遇盖寰为余造真箓临别留赠》等诗写于此时。后者曰：“举手谢天地，虚无齐始终。黄金满高堂，答荷难克充。下笑世上士，沉魂北罗酆。昔日万乘坟，今成一科蓬。赠言若可重，实此轻华嵩。”俨然以与天地齐寿的神仙来自居了。他还有更实际的修道举止，如《草创大还赠柳官迪》就是谈论炼丹之术。

此时的李白已经有了和贺知章进一步对话的资格，他理应更想前往越地，去看看贺监所居。贺知章天宝三载已经去世，李白在东鲁之地，不一定及时得到消息，否则一定会有诗悼念。故天宝三载、四载，他一直抱持着前往越地的决心。

四

李白第二次前往越地、探访贺知章的时间，大约在天宝四载秋冬时。杜甫《春日怀李白》写于天宝五载，曰："渭北春天树，江东日暮云。"[19]则天宝五载，李白已在江东，却只能垂泪对贺监故宅。以才情相交，以仙风道骨相倾慕，是李白与贺知章之友谊的核心要素。李白既感怀贺知章最初的知遇之情，也羡慕他入道归故里的荣耀。

对酒忆贺监二首[20]

太子宾客贺公，于长安紫极宫一见余，呼余为"谪仙人"，因解金龟，换酒为乐。[殁后对酒，]怅然有怀，而作是诗。

四明有狂客，风流贺季真。长安一相见，呼我谪仙人。
昔好杯中物，今为松下尘。金龟换酒处，却忆泪沾巾。

狂客归四明，山阴道士迎。敕赐镜湖水，为君台沼荣。
人亡馀故宅，空有荷花生。念此杳如梦，凄然伤我情。

此次入越，李白专为贺知章而来，在《重忆一首》中表现得更明显。

重忆一首[21]

欲向江东去，定将谁举杯？稽山无贺老，却棹酒船回。

《天台晓望》《早望海霞边》两首诗，有学者系于开元年间。而本文认为两诗俱有浓重的修道意味，如《天台晓望》"天台邻四明……攀条摘朱实，服药炼金骨。安得生羽毛？千春卧蓬阙"；《早望海霞边》"四明三千里……一餐咽琼液，五内发金沙。举手何所待？青龙白虎车"。与第二次入越的意图更加接近，故定于天宝五载、六载间。

又《同友人舟行》诗意相仿，也似作于同一时期。

同友人舟行[游台越作][23]

楚臣伤江枫，谢客拾海月。怀沙去潇湘，挂席泛溟渤。
蹇予访前迹，独往造穷发。古人不可攀，去若浮云没。
愿言弄倒景，从此炼真骨。华顶窥绝溟，蓬壶望超忽。
不知青春度，但怪绿芳歇。空持钓鳌心，从此谢魏阙。

天宝十五载(756年)左右，李白《赠王判官，时余归隐居庐山屏风叠》对于这次越中之游，有详细的回忆："昔别黄鹤楼，蹉跎淮海秋。俱飘零落叶，各散洞庭流。中年不相见，蹭蹬游吴越。何处我思君？天台绿萝月。会稽风月好，却绕剡溪回。云山海上出，人物镜中来。一度浙江北，十年醉楚台。"[24]往前推十年，正是天宝五载左右，中年李白正追随贺知章的足迹，徘徊在会稽、剡溪、天台等浙东地区。

乾元元年(758年)十一月，因为贺知章曾经为太子属官，有侍读之义，故肃宗下诏追加褒扬："器识夷淡，襟怀和雅，神清志逸，学富才雄……常静默以养闲，因谈谐而讽谏。"[25]卒后十四年，被追赠礼部尚书，贺知章可谓哀荣犹盛。

与贺知章相比，李白却是"富贵与神仙，蹉跎成两失"(《长歌行》)。

李白的思想相对驳杂，有道教修炼长生之意愿、纵横家之王霸术、儒家之兼济情怀，甚至还有佛家意味的居士状态。他一直都在积极干谒，寻求门路，如《上安州裴长史书》《上韩荆州书》《为宋中丞自荐表》《上张相镐》等诗文所示；但是，他又总是有一副无法彻底放下的傲气，不甘于随波逐流，认同官场规则；经常表现出矛盾的态度，对功名富贵向往渴求，又鄙夷摧眉折腰，所以，他在仕途上只能碰壁，隐居不成，功名无望。

再看贺知章，似乎轻轻松松就获得了李白想要的一切，还不改那份本性上的风流放旷。既然如此，就可以理解李白对于贺知章的情愫了。贺知章以前辈成名的重臣，赏识后进无名的青年，两人又性情脾气相投，则贺知章对于李白的揄扬分量很重。李白奉贺知章为现实榜样，也是比较自然的。

虽然没有贺知章那样生前身后的现实功名，但是，坎坷与蹉跎激荡了李白澎湃的诗歌才华，使他赢得了千秋万岁的荣耀，成为盛唐文化精神的真正象征。化用韩愈的话：假使李白得偿所愿，为将相于一时，而不能在诗歌上有大成就，"以彼易此，孰得孰失，必有能辨之者。"(韩愈《柳子厚墓志铭》)

注　释

[1][日]寺尾刚《论"越地"对李白诗歌创作的意义》："李白在池州、宣州、和州、江州、宋州、兖

州等地进行诗歌创作、表现当地风土、山水时,常引证到越地。而且引证越地的地名范围也是很广的……引证越地与某地的风土、山水予以对照表现,可以说已形成李白诗歌创作的固定模式。”见《中国李白研究》(1991 年集)——中国首届李白研究国际学术讨论会论文集。就李白一生的创作来讲,的确有此现象,但是在天宝三载左右,他对于越地的向往具有实在的意义。

[2]阎琦《李白二、三两次入越考》,见《20 世纪李白研究论文精选集》,西安:太白文艺出版社,2000 年,第 301 页。

[3](清)王琦注《李太白全集》,北京:中华书局,1977 年,第 708 页。

[4]有关李白与道教的研究,成果颇丰,可参看罗宗强《李白的神仙道教信仰》、葛景春《壶中别有日月天——李白与道教》等文章。

[5](唐)范传正《唐左拾遗翰林学士李公新墓碑》,《李太白全集》,第 1464 页。

[6]《李太白全集》,第 1225 页。

[7]《李太白全集》,第 924 页。

[8]丁放、袁行霈《唐玄宗与盛唐诗坛——以其崇尚道家与道教为中心》,《中国社会科学》,2005 年第 4 期,第 163 页。有关盛唐道教与诗人关系的研究,亦可参看石云涛、胡述范《道教文化与盛唐诗人》,《南都学坛》,1993 年第 4 期。

[9]《旧唐书》卷二十四志第四礼仪四,北京:中华书局,1997 年,第 934 页。

[10]《李太白全集》,第 485 页。

[11]《旧唐书》卷一百九十中文苑中,第 5034 页。

[12](唐)刘肃撰,许德楠、李鼎霞点校《大唐新语》卷十一“褒赐”,第 165 页。

[13]《旧唐书》,第 5033 ~ 5034 页。

[14]《全唐诗》卷三,北京:中华书局,1960 年,第 31 页。

[15]陶敏《李白〈送贺监归四明应制诗〉为伪作》认为:《送贺监归四明应制》为晚唐人拟作,李白不曾参与送别集会。见《李白学刊》,1989 年,第 186 ~ 193 页。郁贤皓选注《李白选集》亦持此观点,见《李白选集》,上海:上海古籍出版社,1990 年,第 181 页。

[16]《李太白全集》,第 802 页。

[17](宋)王溥撰《唐会要》卷五十“尊崇道教”,上海:上海古籍出版社,2006 年,第 1013 ~ 1033 页。

[18]《李太白全集》,第 1113 页。

[19](唐)杜甫著,(清)仇兆鳌注《杜诗详注》,北京:中华书局,1979 年,第 52 页。

[20]《李太白全集》,第 1085 ~ 1086 页。

[21]《李太白全集》,第 1087 页。

[22]周琦《李白游天台山考》,《中国李白研究》1990 年集,第 209 ~ 216 页。

[23]《李太白全集》,第 929 页。

[24]《李太白全集》,第 553 页。

[25]《旧唐书》,第 5035 页。

李白与许氏婚姻推论

王　清

范传正《唐左拾遗翰林学士李公新墓碑并序》记载,李白"生不及禄,殁而称官"。李白生前没有实授官职,但由于"殁而称官",有"拜公左拾遗"为前提,范传正因此视李白为士族阶层。基于这一点,范传正做了两件事。一是比例士大夫身份,安排李白后事:

今士大夫之葬,必志于墓,有勋庸道德之家,兼树碑于道。余才术贫虚,不能两致。今作新墓铭,辄刊二石,一寘于泉扃,一表于道路。亦岘首汉川之义也。庶芳声之不泯焉。

另一件事,就是安排李白孙女改嫁士族。但是这件事情被李白孙女所拒绝。李白孙女认为,嫁给农民是"在孤穷既失身于下俚"。其如果"仗威力乃求援于他门"而改嫁士族,会造成"欲败其类,所不忍闻",将来无颜见祖父于九泉,可见唐代士庶之间在等级身份上存在很大的差别。

一

随着李白研究的逐步深入,更多学者对李白与许氏的婚姻展开了探讨。周勋初先生认为李白是入赘相门。古代男子入赘地位低下,唐代犹然。入赘之后,男方就成为女方家庭人口。李白能够很自由携子女移家东鲁,对于失去社会身份且行为受到限制的赘婿恐怕很难办到。李白生活在多民族杂处的环境中,或许不循常流对入赘婚不以为意,但这也只是推测。对于要实现"申管晏之谈,谋帝王之术。奋其智能,愿为辅弼,使寰区大定,海县清一"的李白,既然选择大唐腹地的安州立足,不能不考虑生活的现实。唐代婚姻习俗男到女家成婚,但不属于入赘的情况并不鲜见。敦煌文书《大唐吉凶书仪》即为例证，一些学者多有论及。（周一良《敦煌写本书仪中所见唐代婚丧礼俗》，《唐五代书仪研究》中国社会科学出版社，1995 年出版）。因此，“入赘”之说难以坐实。

日本筧久美子《李白结婚考》认为，李白属于“工商杂类”。其理由是：作为家族声望已经消失的许氏并不太顾忌法律所规定的士庶不婚，相反愿意与身份不同但有才能的李白结婚，以改变处境（《中国李白研究》1990 集下）。李白在蜀中生活大体是求学、读书、制作和隐居。或许李白有“商贾”家庭背景，但其个人身份已经不能再界定为“工商杂类”，当属“士农工商”中的“士”阶层。其次，史载许氏隋末归附李渊父子，为大唐开国立下战功而成为唐初新贵。但到高宗时期，其受到政治集团排挤打压。许圉师因其子与田主发生纠纷，以廷对不敬而罢相。李白初到安陆，其时名未见著，《上安州李长史书》自述：“白孤剑谁托，悲歌自怜。迫于凄惶，席不暇暖。寄绝国而何仰？若浮云而无依。”许氏寄希望于初来乍到的李白改变许氏家境，仅凭“才能”一项，理由显然也不够充分。

朱玉麒先生通过考察《许肃之墓志》讨论许圉师家族的洛阳聚居，认为李白娶许氏非许圉师直系孙女。关于许氏家族资料补述如次。宋本《舆地纪胜》：“宰相林在紫石村，唐许氏松柳所在。”明代周圣楷《楚宝》：“许绍家墓考：安陆县，唐名安州。绍家在县西六十里大安山下，其墓在县东十八里紫石村。”清代道光《安陆县志》：“赠荆州都督谯国公许绍墓，在城东十八里紫石村。”按，今安陆城东仍存旧名紫石村。考两《唐书》与《资治通鉴》，许氏家族情况甚为详备。许绍祖父许弘，北周楚州刺史徙家安陆。父许法光，北周黄州刺史。许绍三子，许善、许智仁和许圉师。许善隋末宣城郡主簿，孙许钦寂袭曾祖谯国公许绍爵位。许智仁武德三年因功拜温州刺史，封孝昌县公。许圉师则在龙朔二年拜高宗朝左相。《许肃之墓志》记载，墓主“少以门荫补崇文生”。从许圉师家族情况考察，李白所娶许氏无论出自哪一支脉，其属士族家庭之女当属无疑。

二

李白与许氏婚配之时，当属庶民。首先，李白先世“自穷蝉至舜，五世为庶”（李阳冰《草堂集序》，以下简称李《序》），“父客，以逋其邑，遂以客为名。高卧云林，不求禄仕”（范传正《唐左拾遗翰林学士李公新墓碑并序》，以下简称范《碑》），显示李白完全不是出自士族家庭。其次，《与韩荆州书》自称：“白陇西布衣，流落楚汉”。《上安州裴长史书》追叙：“又前礼部尚书苏公出为益州长史，白于路中投刺，待以布衣之礼。”天宝间诏入翰林，唐玄宗“谓曰：卿是布衣，名为朕知,非素蓄道义何以及此?”(李《序》)范《碑》同样记载李白待诏翰林之时是“布衣之遇,前所未闻”。无论自述或者他人记载,李白终究是一介“布衣”,即身份为庶民。

韩国磐先生《隋唐五代史论集》认为士庶不通婚媾,同时又认为隋唐时期限制比较松弛。笔者以为,唐前期对士庶婚姻已经没有法律上的约束,但在人们思想观念上断然不被接受,为社会舆论所不容。本文开篇所举范传正寻访李白后裔一事,即是一个较为典型的例子。李白孙女“皆编户甿也”,即庶民。家境落魄嫁给农民,被认为是“失身”。但范传正告诉她们,将要为其改嫁士族。在官府主持下能够嫁与士族而且还是改嫁,说明士庶通婚与唐律并无抵牾。《唐律疏议》规定良贱不婚,对士庶婚姻没有明文禁止。朱玉麒先生认为许氏属许圉师非直系孙女,那么作为“庶民”身份的李白与许氏之间的身份就更为接近。要之,李白与许氏的“士庶婚姻”虽受舆论非议,但如果不是特殊缘由,作为地方官员的裴长史大可不必对李白专事指斥,甚至欲加严厉处罚。

三

李白《上安州裴长史书》记述自己遭遇“谤言忽生,众口攒毁”。关于李白因何缘由遭受诋毁,见有学者论及。陈建平先生推测“斯时裴某可能知道李白在蜀中的一些底细和传闻”。也有学者根据文中所述“存交重义”、“养高忘机”和“颇工于文”,认为李白是在品行上蒙受了不白之冤。事实上,该文开篇就明确提出“论举身之事”,清楚表明是要澄清其身世问题。“而粗陈其大纲,一快愤懑”,意指对其家世谱系摘其概要加以申述,同时针对指责表达了强烈的愤慨。惟其如此,则“白本家金陵,世为右姓。遭沮渠蒙逊难,奔流咸秦。因官寓家,少长江汉”的陈述,主旨明确语意连贯。因此,窃以为身世受到严重质疑,是诗人情非得已不能不上书自辩的主要缘由。

细读《上安州裴长史书》,其时情形十分严峻:

> 何图谤詈忽生,众口攒毁,将欲投杼下客,震于严威。然自明无辜,何忧悔吝!孔子曰:“畏天命,畏大人,畏圣人之言”。过此三者,鬼神不害。若使事得其实,罪当其身,则将浴兰沐芳,自屏于烹鲜之地,惟君侯死生。不然,投山窜海,转死沟壑。岂能明目张胆,托书自陈耶!昔王东海问犯夜者曰:“何所从来?”答曰:“从师受学,不觉日晚”。王曰:“吾岂可鞭挞宁越,以立威名?”想君侯通人,必不尔也。

曾母投杼,听到的是不实之词。但谣言是曾参杀人,陈建平先生在《李白在安陆十年诗文系年》中认为“用了曾参杀人的典故,可见罪名很大”。“投山窜海”,指放逐到边远、荒凉之地。按照语句顺序,中间两句大意为:“假设关于我的谣传确有其事罪当其身,那么我将听凭君侯决断。问题是,我明知众人的指责一旦属实,结局就是投山窜海转死沟壑,怎么竟敢明目张胆向您陈述自辩?”末尾所举“入夜犯禁”的例子,同样是行为不法。很显然,李白所面临的处境已然与唐代律法有所抵牾。

四

身世受到质疑是一个十分现实的问题,和李白与许氏的婚姻有着直接关联。其一,范《碑》“隋末多难,一房被窜于碎叶,流离散落,隐姓与名,故自国朝以来,漏于属籍”,与李《序》“中叶非罪,谪居条支,易姓与名”的记载相一致。“绝嗣之家”保全性命已属不易,按例当属前朝“配隶之色”,非经放免不得为“良人”。李白“父客,以逋其邑,遂以客为名”,姑且算作“客户”,尚可以算作“良人”阶层。但宋熙宁年间《匡山大明寺碑记》和稍后的《唐诗纪事》引杨天惠《彰明逸事》记载,李白微时曾做过“县小吏”。这个记载真实与否姑且不论,但与“杂户”附籍州县需要定期服役的情况颇相类似。《上安州裴长史书》:“白窃慕高义,已经十年”,证知李白二十岁左右就与裴长史知名。假定李白无法说清自己的身世或者身份,那么其与许氏的婚姻就大成问题,因为它直接触及“良贱不婚”的法律规定,为唐律所不容。

其二,见有学者论及李白与裴长史,或谓蒙受不白之冤,或谓为裴某所不容。笔者认为,其时情形与户籍制度不无关联。唐代编制户籍遵循“每一岁一造计账,三年一造户籍”(《唐六典》),时间规定“起正月,毕三月”(《大唐六典》,与《上安州裴长史书》写作时序相符)。农耕文明时期,管理户籍所获得的税赋是国家财力的主要来源。开元九年、十二年,宇文融先后担任“搜括逃户使”与“安辑户口使”,两次在全国大范围执行“检田括户”。《唐会要》记载,开元十八年“县司责手实、计账,赴州依式勘造”。在如此大规模户籍管理情形之下,用不着裴长史对李白刻意为难。没有充分理由,很难想象诗人如何面对“身份不明”这样的现实问题。

范《碑》记载李白属“绝嗣之家,谱牒难求”。不说谱牒没有,却说难以找到,文字表述很是奇特。又称“公之孙女搜于箱箧中,得公之亡子伯禽手疏十数行,纸坏字缺,不能详备”。“手疏十数行”约有百余字,足以说明原委。“纸坏字缺”,同样令人费解。王琦《李太白年谱》云“按:阳冰《序》乃太白在时所作,所述家世必出于太白自言。传正《碑》据太白之子所手疏。二文序述无有异词,此其可信而无疑者也”,又“引杜田《杜诗补遗》云:范传正《李白新墓碑》云:白本宗室子,厥先避仇,客居蜀之彰明,太白生焉”,要之,李白家世确属有着重大隐情。

其三,关于李白身世,有着多种说法。在缺乏史料的前提下做出可信结论,显得十分困难。李白《上安州裴长史书》欲“粗陈其大纲,一快愤懑”,开篇呈述:“白本家金陵,世为右姓。遭沮渠蒙逊难,奔流咸秦。因官寓家,少长江汉。”历来论家对这段话颇感费解,认为文字或有缺讹。笔者无意讨论李白身世的具体情形,窃以为其行文核心是表白“世为右姓”。“右姓”就是士族,而且还是陇西李氏这样的高门著姓。许氏家族当然也是望族,一如《唐书》所载“贵莫如许”。但“许相公家”严格考察,属军功入品的新贵,即所谓“勋格”。读韩国磐先生《隋唐五代史论集》可知,这样的婚姻同样会受到舆论非议。如果是“绝嗣之家”身世不清,就与唐律规定“当色相婚”相扞格。如果是“凉武昭王九世孙”,“许相公家见招”又为社会舆论所不容。既如此,则李白与许氏的婚姻不能不说处于尴尬的两难境地。

余论:无奈何,满腹豪情的李白只得“西入秦海,一观国风”,“何王公大人之门,不可以弹长剑乎?”一入长安,南风不竞。不意天赋才华,犹锥处囊中,以至多年之后追述:“少年落魄楚汉间,风尘萧瑟多苦颜”,“酒隐安陆,蹉跎十年”。“白,嵚崎历落可笑人也”,亦可叹焉。

李白郎陵学禅考

李振中

李白年谱，自宋迄今，国内外已有七种：宋薛仲邕《李太白年谱》，清王琦《李太白年谱》，黄锡珪《李太白年谱》，詹锳先生《李白诗文系年》，安旗、薛天纬先生《李白年谱》，王伯祥先生《增订李太白年谱》，日本筧久美子《李白年谱》。2010年北京风雅诗社雍冠生先生据以上年谱，综合各家之言，并参考部分有关李白的学术研究成果以及诸家对李白诗文的注释，结合李白诗文中所述经历，整理成《李白年谱及著作编年》[1]。2012年吕华明、陈安庸、刘金平三位先生的《李白年谱补正》[2]，将王琦、黄锡珪、詹锳、安旗、郁贤皓等先生所作的李白年谱汇总到一起，并对各家所作的年谱进行了详细的分析研究，又基于新材料的发掘，补充了前人立论的一些依据，订正了前人观点的一些歧误。上述年谱中，对李白一生的行踪作了很好的勾勒。《中国国家地理》杂志2005年第12期载有“李白行踪图”，对李白一生所游历的地方，作了更为直观的再现：西起绵州昌隆（今四川江油市），东至吴越（远至今浙江天台山），南抵苍梧（远至九嶷山），北达幽燕（远至今天津蓟县）。然而，对于李白行踪的考察，上述研究仍有遗珠之憾。李白曾在郎陵（今河南确山县）学禅，却未见学界关注。本文就李白在郎陵学禅的情况作一番考述，以期对于了解李白生平及作品有所裨益。

王琦《李太白全集》卷一〇《赠僧崖公》：

昔在朗陵东，学禅白眉空。大地了镜彻，回旋寄轮风。揽彼造化力，持为我神通。晚谒太山君，亲见日没云。中夜卧山月（夜卧雪上月），拂衣逃人群。授余金仙道，旷劫未始闻。冥机发天光，独朗谢垢氛。虚舟不系物，观化游江渍。江渍遇同声，道崖乃僧英。说法动海岳，游方化公卿。手秉玉麈尾，如登白楼亭。微言注百川，亹亹信可听。一风鼓群有，万籁各自鸣。启闭八窗牖，托宿掣电霆。自言历天台，搏壁蹑翠屏。凌兢石桥去，恍惚入青冥。昔往今来归，绝景无不经。何日更携手，乘杯向蓬瀛[3]？

详诗意，全诗分为两层：一为李白自叙曾于郎陵之东随僧白眉空学禅，二为于江岸遇到僧崖公。

郎陵在哪里[4]？学禅的地方为郎陵东，究竟在今何处？李白何时到郎陵学禅？为何要去学禅？这些问题，将是本文考述的内容。

一

郎陵即唐时朗山县，宋大中祥符五年（1012）改为确山县，沿用至今。王琦引《元和郡县志》及《太平寰宇记》分别注郎陵山及郎陵故城[5]。王注为概括转述，今引述原典如下：

《元和郡县图志》卷九"蔡州"："朗山县，东北至州九十一里（按：蔡州治所即今汝南县城）。本汉安昌县地，属汝南郡；东汉省。后魏太平真君二年，于郎陵故城复置。隋开皇三年移于今理，属豫州，十六年改为朗山县。……郎陵故城，汉县也，在县西南三十五里。晋何曾所封之邑也。"[6]

《太平寰宇记》卷一一"蔡州"："朗山县，西南九十里（按：指据蔡州治所今汝南县城而言），依旧六乡。汉安昌县，属汝南郡，张禹所封之邑也。至汉末改为郎陵县，以境内郎陵山为名。后魏真君二年于郎陵故城复置安昌县，以隶初安郡。隋开皇三年自郎陵故城移安昌县于今所，属豫州，十六年仍改安昌又为郎山县。……郎陵山，一名大朗山，在县北三十里（按：当为西北）。……郎陵故城，汉为县，所治在今西南三十五里。晋武封何曾为郎陵公，即此城也。"[7]

除上述两书外，《通典》卷一七七《州郡》七"汝南郡"云："朗山，有郎陵山。汉郎陵县在今县西南。"[8]《旧唐书》卷三八《地理志》一"蔡州"云："朗山，汉安昌县，隋改为朗山。"[9]《新唐书》卷三八《地理志》二"蔡州汝南郡"云："朗山，本隶北朗州，贞观元年隶蔡州。"[10]《宋史》卷八五《地理志》一"蔡州汝南郡"："确山，隋朗山县。大中祥符五年改。"[11]《确山县志》卷一《舆地考》述其疆域沿革基本同上述所引史籍[12]。

综上所引，郎陵曾为今确山县古称。唐时称朗山县，隶属蔡州，治所在汝阳（今河南汝南县城附近）。郎陵故城在今确山县城南三十五里处，即今确山县任店镇集市附近。郎陵之得名，因其境内有郎陵山（今称乐山），在县城西北三十里[13]。

二

李白学禅之地在郎陵东，其地究竟在什么地方，史志阙载，难以确指。据民国二十年(1931)《确山县志》卷三《古迹考·寺观》载，确山县城东关有观音寺、观音阁，城东二十里有大雷(音)寺、小雷(音)寺、羌城寺，城东南二十里有普会寺，城东南五十里有三宗寺，城东南七十里有吕台寺[14]。上述寺观今皆不存，何时始建更无从得知，或更有他寺而其名至今湮没无闻者。确山县今有普会寺乡、普会寺行政村及三宗寺行政村[15]，当是因寺而名之。三宗寺原有十多米高的石塔，"文革"时期被毁，原址现为三宗寺小学。以上寺观，李白均有习禅的可能，然而综合多种因素考虑，李白在三宗寺学禅的可能性最大。

首先，三宗寺在盛唐时期可能业已存在。寺名或源于周颙所著的《三宗论》。周颙(441？—491？)，字彦伦，南朝宋、齐间汝南安城(今河南正阳东北寒冻镇)人，文学家、音韵学家、佛学家。确山县与正阳县毗陵(三宗寺距周颙家乡更近)，宋、齐间均隶属于汝南郡，故而《确山县志》人物传中录有《周颙传》。《南齐书》卷四一《周颙传》云："泛涉百家，长于佛理。著《三宗论》。立空假名，立不空假名。设不空假名难空假名，设空假名难不空假名。假名空难二宗，又立假空名。"[16]宋、齐时期，佛教盛行的学说主要是《般若》《涅槃》《三论》《成实》。而《般若》《三论》《成实》均为阐述空义的学说。晋时研究《般若》就有六家七宗的不同，宋、齐两代，成实、三论诸师谈空也有多种不同，周颙因著《三宗论》以评判之[17]。

所谓"三宗"为：空假名宗、不空假名宗、假名空宗。《三论宗》的影响很大，当时高昌郡沙门智林，著《二谛论》，又注《十二门论》《中论》，服膺空宗，却修书周颙，对《三宗论》推重有加："此义旨趣似非始开，妙声中绝六七十载。贫道年二十时，便得此义，窃每欢喜，无与共之。年少见长安耆老，多云关中高胜乃旧有此义，当法集盛时，能深得斯趣者，本无多人。过江东略是无一。贫道捉尘尾来四十余年，东西讲说，谬重一时，余义颇见宗录，唯有此途白黑无一人得者，为之发病。非意此音猥来入耳，始是真是实行道第一功德。"[18]周氏"三宗"，不是宗派，只是阐明佛教"空"的学说而已。因为南北朝时期，佛徒虽各阐其说，而宗派未兴，演至隋唐，宗派渐次大兴。隋吉藏据《三论》即龙树《中论》《十二门论》和提婆《百论》创立"三论宗"[19]。吉藏《中论疏》卷五云："齐隐士周颙《三宗论》……大朗法师关内得此义授周氏，周氏因著《三宗论》。"[20]汤用彤先生谓周氏非受学于大朗法师，此无关本文主旨，故不置可否。然周颙所著，与"三论宗”还是有些关联的。郎陵之三宗寺，是否为“三论宗”派，无从考察。但周颙之说，见重于时，更兼南朝至隋唐时期，佛法大兴。在周颙之故里建寺弘法，名之三宗寺，当属可能。

其次，据李白《赠僧崖公》诗中所描述的情景，与三宗寺方位及环境亦合。从方位看，三宗寺在古郎陵（即今确山县任店镇）东约三十里。从诗歌内容及描写的环境来看与三宗寺关联很大。

首先从分析诗歌的内容入手。对于该诗的分层及意义，宋葛立方《韵语阳秋》卷一二云：“李白跌宕不羁，钟情于花酒风月则有矣，而肯自缚于枯禅，则知淡泊之味贤于啖炙远矣。白始学于白眉空，得‘大地了镜彻，回旋寄轮风’之旨，中谒大山君，得‘冥机发天光，独照谢世氛’之旨。晚见道崖，则此心豁然，更无疑滞矣。所谓‘启开七窗牖，托宿掣电形’是也。后又有谈玄之作云‘茫茫大梦中，唯我独先觉。腾转风火来，假合作容貌。问语前后际，始知金仙妙’，则所得于佛氏者益远矣。”[21]

葛氏认为此诗分为三层：始学白眉空，中谒太山君，晚见道崖。如果如葛氏所论，据“授余金仙道，旷劫未始闻。冥机发天光，独朗谢垢氛”，则授予李白金仙道的应是太山君。而“太山君”为“主太山之神也。《广博物志》：‘东岳太山君，领群神五千九百人，主治死生，百鬼之主帅也。’”[22]“金仙道”却与佛教相关：“《金光明经》：‘如来之身，金色微妙。后世称佛，有金仙之号。’”[23]而太山君和佛禅无涉。诗中“大地了镜彻，回旋寄轮风。揽彼造化力，持为我神通。晚谒太山君，亲见日没云。中夜卧山月（夜卧雪上月），拂衣逃人群”，从叙述的时间上看，分明是一天之内的时间段，而不是人生中的几个阶段。其中“亲见日没云”，似指《华严经》中所说“日没还照时”，佛在此时为上上根众生说法：“譬如日出于阎浮提，先照一切须弥山等诸大山王，次照黑山，次照高原，然后普照一切大地。日不作念，我先照此，后照于彼，但以山地有高下故，照有先后。如来应正等觉，亦复如是。”[24]阳光返照高山，佛于此时为众生说法，示以智慧。因此，葛氏所论，似可商榷。另外，根据该诗的一句异文“夜卧雪上月”，诗当作于冬季。而李白游历泰山是在天宝元年（742）四月[25]，时间上也不吻合。

详诗意，如前文所述，该诗当分两层：一为李白自叙曾于郎陵之东随僧白眉空学禅，二为于江岸遇到僧崖公。其中，第一层大意为：往昔在朗陵之东，跟随白眉师学禅。于时大地了然如明镜透彻，回旋变化如寄风轮。揽取造化之力，转化为我的神通。晚来拜谒太山君，目睹太阳没在云中。夜卧山上，月光皎洁，拂衣逃离人群。尊师授予金仙之道，前所未闻。冥冥之中，激发天光，乾坤明朗，不染一尘。正是作者感悟了大自然的力量，尊师白眉空才授其金仙之道。

第一层结束,很自然地用“虚舟不系物,观化游江渍。江渍遇同声,道崖乃僧英”过渡到第二层。顺便提及,从这几句来看,该诗当作于习禅后不久游“江渍”之时。

三宗寺西约八里处有老君山和佛光山,二山耸峙,高于旁山。《确山县志》卷二《山川考》上:“老君山,在县东南五十里,上有老君庙。”“佛光山,在县东南五十里,属东七保。山势高峻,春时天气晴霁,常现圆光,初如镜,渐如车轮,故名。”[26]结合佛光山的自然景色,李白诗句“大地了镜彻,回旋寄轮风”,既是对佛理的阐发(详见王琦注),又像是对佛光山景色的描摹。因为下句便是“揽彼造化力,持为我神通”,衔接十分自然。更让笔者感到疑惑的是,既然授予李白金仙道的不是太山君而是白眉空,那么,诗里面为何要提到“太山君”呢?我疑心三宗寺旁的“老君山”,唐时可能名叫“太君山”或“大君山”[27],而“晚谒太山君”,很可能是“晚诣太君山”的讹误。这样,李白在三宗寺学禅,白天感悟大地镜彻,风轮回旋;傍晚至太君山上,目睹红日没云的壮观;中夜栖息山上,朗月照身,顿有所悟,拂衣逃离人群;而后白眉尊师授予金仙之道,如乾坤朗朗,除去了内心的污秽与烦恼。

三

朗陵学禅在什么时间呢?当是在李白“酒隐安陆”的十年之内,但更可能在开元十六年春至十七年春(728—729)这一年左右的时间内。

诸家年谱,对于李白开元十六年春至十七年春(728—729)这段时间的行踪,或只说明居安陆,或没有说明,更没有诗文系年。笔者以为,这段时间,李白极有可能客居郎陵学禅了。

要弄清这个问题,《李太白全集》卷二六《上安州李长史书》中所透露的信息值得玩味:“白孤剑谁托,悲歌自怜,迫于恓惶,席不暇暖。寄绝国而何仰,若浮云而无依,南徙莫从,北游失路。远客汝海,近还郧城。”[28]

关于《上安州李长史书》的作年,詹锳先生《李白诗文系年》、安旗、薛天纬先生《李白年谱》及《唐五代文学编年史(初盛唐卷)》均据《上安州裴长史书》的系年而定于开元十七年(729)[29]。此说甚是,但仍可更详细系于该年夏季。

《上安州李长史书》云:“昨遇故人,饮以狂药。一酌一笑,陶然乐酣,困河朔之清觞,饫中山之醇酎。”其中饮药及河朔避暑饮之典,王琦注云:《晋书》:“长水校尉孙季舒尝与石崇酣燕,慢傲过度,崇欲表免之。裴楷闻之,谓崇曰:‘足下饮人狂药,责人正礼,不亦乖乎?’”《初学记》:“魏文帝《典论》曰:‘大驾都许，使光禄大夫刘松北镇袁绍军，与绍子弟日共宴饮。常以三伏之际，昼夜酣饮，极醉至于无知，云以避一时之暑，故河朔有避暑饮。’”[30]李白用河朔饮酒典，暗示正值暑夏之时。最后云：“以近所为《春游救苦寺》诗一首十韵、《石岩寺》诗一首八韵、《上杨都尉》诗一首三十韵，辞旨狂野，贵露下情，轻干视听，幸乞详览。”称《春游救苦寺》为近作，也印证了《上安州李长史书》作于夏季。李白于春季回安陆，游了救苦寺，寺在德安府安陆附近[31]。综上所论，《上安州李长史书》作于开元十七年(729)夏，基本无疑了。

回过头来，再看“寄绝国而何仰，若浮云而无依，南徙莫从，北游失路。远客汝海，近还郧城”这段话。所谓“寄”，为“寄居”之意。所谓“绝国”，即绝远之国，安州安陆县城，本春秋时郧国城[32]。学界一般认为，李白于开元十五年(727)与故相许圉师孙女结婚，遂家安陆。“寄绝国”，则指寄家安陆，说明李白已经结婚。所谓“南徙莫从”，或是李白婚后，有南迁想法，但遭到许家人反对。所谓“北游失路”，意为李白欲北上求仕，却苦于没人汲引而感迷茫。从在此后李白接连上书裴长史、韩朝宗来看，正反映出他为求仕而渴望汲引的急切心情。所谓“远客汝海，近还郧城”，其中“远”“近”，不仅指距离，也兼指时间。“客”“还”，指离家和回来，意为先前远至汝海客居，近来才回到安陆。故出游为“客”，回家为“还”。而且所谓“客”，还有在某地寄居一段时间的意思。“而近还郧城”后，李白又去过安陆附近的救苦寺，陆续写了《春游救苦寺》《石岩寺》《上杨都尉》诗。夏天饮酒时，未及回避李长史车驾，遂致获罪，便作书以谢。

至此，我们已经基本确认，李白在开元十七年(729)春回安陆前，“远客汝海”了。

“汝海”是什么地方呢？王琦注同“极目汝海”(《题元丹丘颍阳山居并序》)之“汝海”，注云：“《一统志》：‘汝水源出嵩县分水岭，经流郏县，合扈涧、长桥等水，戴液、团造等溪，东流入淮。’”[33]王琦注“朝发汝海东”(《秋夜宿龙门香山寺，奉寄王方城十七丈奉，国莹上人，从弟幼成、令问》)之“汝海”云：“枚乘《七发》：‘南望荆山，北望汝海。’李善注：‘汝称海，大言之也。’郭璞《山海经注》：‘汝水出南阳鲁阳县大孟山东北，至河南梁县东南，经襄城、颍川、汝南，至汝阴褒信县入淮。’”[34]

由此可知，汝海即汝水，今名汝河。自发源起，流经梁县(河南汝州市)、襄城(今属许昌市)、颍川(漯河市郾城区)、汝南(今属河南)、褒信(今河南息县包信镇)，最后流入淮河。

《上安州李长史书》中所云“远客”之“汝海”，是不是指李白一入长安后的“汝海”之游呢？据安旗、薛天纬先生《李白年谱》，《题元丹丘颍阳山居并序》

《秋夜宿龙门香山寺,奉寄王方城十七丈奉,国莹上人,从弟幼成、令问》诗作于开元十九年(731)秋[35],为李白长安求仕无果后,滞留洛阳时期的作品。李白这次游历,远至邠州(今陕西彬县)、坊州(今陕西黄陵县北),滞留洛阳、又至汴州(今河南省开封市)、宋城(今河南省商丘市)。以上游历,均可称"客游",相对于汝海而言,距离更远。而李白单称游汝海为"客",又称"远",从逻辑和常理上,显然不是指《上安州李长史书》中所云"远客"之"汝海"。又据安旗、薛天纬先生《李白年谱》,李白这次出游,直到开元二十年(732)岁末才回安陆,上述两诗的作年,与《上安州李长史书》的作年也不相合。可见,信中所云"远客汝海",不是这次"汝海"之游。

那么,"远客汝海"之"汝海",极有可能指郎陵(唐称朗山,今称确山)之地。

汝海是一个范围极广的地理概念。前文所述汝海,为北汝河。与之相对的则是南汝河,即流经汝南、褒信至入淮的一段。《水经注》卷二一《汝水》:"溱水出浮石岭北青衣山,亦谓之青衣水也。东南迳朗陵县故城西……溱水又南屈迳其县南,又东北径北宜春县故城北。……溱水又东北径马香城北,又东北入汝。"[36]所谓溱水,今名溱头河,是南汝河最大的支流,发源于郎陵(今确山县)西南部山区,流经确山、汝南,于汝南城附近汇于汝河。郎陵自古多属汝南,唐代即属蔡州汝南郡[37]。前文所说三宗寺,其西不远处溱头河自南而北流过。因此,唐时朗山(古称郎陵,今称确山)之地也可称汝海。

需要说明的是,学界多认为"远客汝海"之时,在开元十四年(726),李白离卄扬州后,北游汝海,再到安陆[38]。笔者以为,即便是这时客游汝海,亦当指唐时朗山县及其附近区域。原因是:李白于726年冬离开扬州,于是取道西进,经陈州(河南周口)后有两条线路[39]:陈州—蔡州(治所汝南)—申州(信阳)—安州;陈州—郾城(漯河)—蔡州—申州—安州。第一条线路最近。无论哪条线路,朗山县(确山)是必经之路。按当时交通条件,朗山县西部为伏牛山系余脉,地多山地、丘陵,不利行进。经朗山东(即三宗寺附近)为平原,是最好走的道路。那么,李白是否是这次途经朗山时学禅的呢?可能性不大。因为李白此次漫游,曾到金陵、扬州等地,均为客游,甚至更远,只说"汝海"为远,甚为可疑。另外,李白此时没有成家,所云"寄绝国""客""还"等字,便失去了依托。最为可能的是,李白途经朗山时,听说白眉空禅师于此讲法。于安陆成家后,又慕名前来习禅。

四

李白为何这时要到郎陵学禅呢?

李白受儒家的影响较大，总有志在四方、激昂青云的理想，“以为士生则桑弧蓬矢，射乎四方，故知大丈夫必有四方之志，乃仗剑去国，辞亲远游，南穷苍梧，东涉溟海”[40]，李白辞亲远游的主要目的，为广交朋友，寻找机会，为出仕作准备。李白寄希望于风云际会，幻想平交王侯、一匡天下而立抵卿相。之前，苏颋、司马承祯的激赏，对李白影响和鼓励颇大，更增强了他的自信，撰《大鹏赋》，以大鹏自比。然而，现实情况却不是如此，李白这次漫游时段，正值官方筹备“大唐泰山封禅”盛典[41]，干谒无由。更兼出游扬州不到一年，“散金三十余万”，经济上极有可能十分拮据。途中李白结识孟少府，而孟少府与安州都督马公相厚，这燃起了李白对前途的希望之光。李白之所以到云梦之地安陆，最主要的是希求安州都督马公举荐。李白说欣羡云梦七泽，更多的是一种托辞。因为，之前李白游云梦的机会很多，他出川后，先到荆门、江夏（武昌），这两地距云梦之地近在咫尺。到安陆后，李白虽然受都督马公欣赏，却引起长史李京之的嫉妒，希望再次落空。不久李白就入赘许梓芝员外家。这次婚姻，李白多少有一种攀附心态，希望利用许家为高门大户、故相之后的家庭背景，来扩大自己的影响，以为进身之阶。然而，入赘以后，境况并没有什么改观，李白继续他的干谒与漫游生活，这是后话。用其话说则为“酒隐安陆，蹉跎十年”[42]。“蹉跎”之意，有“失足”“失时”“失意”“光阴虚度”等义项。无论是哪种义项，都说明李白没有施展其凌云之志。这会对李白造成一种精神重压。

习禅是一种很好的减轻精神重压、摆脱精神羁绊的方法。梁慧皎《高僧传》卷一一《习禅》：“禅也者，妙万物而为言，故能无法不缘，无境不察。然缘法察静，唯寂乃明。其犹渊池息浪，则彻见鱼石；心水既澄，则凝照无隐。”[43]麻天祥先生说：“典型中国化了的禅宗所谓的禅实际上是一种意境，一种力图摆脱思维羁绊、超越相对、涵盖相对、游行自在的意境。”[44]方立天先生说：“中国禅宗的禅是一种文化理想，一种追求人生理想境界的独特修持方法，或者说是一种生命哲学、生活艺术、心灵超越法。”“禅宗精神就是超越精神。超越是禅宗思想的本质，超越现实矛盾、生命痛苦，追求思想解放，心灵自由，是禅宗追求的理性目标。”[45]以上所引，都说明习禅主要是人的一种精神修持方法，是其摆脱外界干扰，保持内心平静的方法。李白通过修禅，还真达到了“独朗谢垢氛”的效果。

李白在此之前就结识高僧怀一法师和僧行融，留诗《赠僧行融》（卷十二）和《安州般若寺水阁纳凉喜遇薛员外乂》（卷二三），表现出对佛教及释子的喜爱。这时，禅宗思想已经在中原流传，“开元八年（720），敕慧能弟子神会往南阳龙兴寺，继于洛阳大兴禅法，始判南北二宗。”[46]从安陆到郎陵三宗寺，约有五百里,即使步行,也就是七到十天的行程。这些都是李白可能前往郎陵习禅的因素。另外,习禅的时段内,李白没有诗作流传,虽然不能排除散佚的原因,但也是静心修禅、心无旁骛的明证。

最后,再回到原诗,其中有一句异文也值得注意,即"中夜卧山月",一作"夜卧雪上月",据此,诗当作于冬季,正好在我们所说的习禅时间段内。

以上是根据李白《赠僧崖公》中所述于郎陵学禅的情况所作的一番考述,限于材料支撑,其中臆测的成分居多。但作为引玉之砖,更多的是期待方家对于这一问题的关注,并给予更好的解决。

注 释

[1] http://blog. sina. com. cn/yongguansheng; http://blog. sina. com. cn/s/blog_63dbedc30100gpp8. html.

[2]吕华明、陈安庸、刘金平《李白年谱补正》,北京:中华书局,2012 年。

[3]清王琦注《李太白全集》,北京:中华书局,1977 年,542 ~ 543 页。本文所引文本均据王琦注本。

[4]黄锡珪云:"郎陵即武陵,俱是白初游楚地所经历者。"《李太白年谱补正》,98 页。按:黄氏不言何据。

[5]《李太白全集》,543 页。

[6](唐)李吉甫《元和郡县图志》,北京:中华书局,1983 年,239 ~ 240 页。

[7](宋)乐史《太平寰宇记》,北京:中华书局,2007 年,204 页。按:《汉书》卷二八上《汝南郡》有郎陵县。北京:中华书局,1962 年,1561 页。《太平寰宇记》校勘记据此及他书云"'至汉末改为郎陵县'实误",214 页。"开皇十六年",《隋书》卷三〇《地理志》中云十八年,北京:中华书局,1973 年,839 页。

[8](唐)杜佑《通典》,北京:中华书局,1988 年,4671 页。

[9](后晋)刘昫《旧唐书》,北京:中华书局,1975 年,1434 页。

[10](宋)欧阳修、宋祁《新唐书》,北京:中华书局,1975 年,988 ~ 989 页。

[11](元)脱脱《宋史》,北京:中华书局,1985 年,2116 页。按:宋真宗大中祥符五年,为避赵氏始祖玄朗讳改朗山为确山。参王彦坤《历代避讳字汇典》,郑州:中州古籍出版社,1997 年,264 页。

[12]张缙璜《确山县志》,民国二十年汉口大丰印书馆,3 页。

[13]郎陵山,《汉书》卷二八上,应劭注云:"郎陵山在县西南。"1562 页。

[14]《确山县志》,民国二十年汉口大丰印书馆,36 页。

[15]据天中人文网(http://www.rwyjy.com/chuanqi/2418.html)载,普会寺村内有汉代所建的普会寺院,清咸丰元年(1851 年)改村名为普会寺村。

[16](梁)萧子显《南齐书》,北京:中华书局,1972年,731页。
[17]参汤用彤《隋唐佛教史稿》第四章《隋唐之宗派》有关部分,南京:江苏教育出版社,2007年,83页。
[18][19](梁)萧子显《南齐书》,731~732页。
[20]汤用彤《隋唐佛教史稿》,89页。
[21](清)何文焕《历代诗话》,北京:中华书局,1981年,576页。按:其中异文未作改动。
[22][23]《李太白全集》卷一〇,543页。
[24]《华严经·如来出现品》,转引《方立天文集·隋唐佛教》,北京:中国人民大学出版社,2006年,52页。
[25]见安旗、薛天纬《李白年谱》,《李太白年谱补正》,232页。
[26]《确山县志》,民国二十年汉口大丰印书馆,15页。
[27]约自北魏时起,老子称太上老君。高宗乾封元年上老子尊号为玄元皇帝。武后革命,改曰老君。见《资治通鉴》卷二〇八,北京:中华书局,1976年,6583页。
[28]《李太白全集》,1229页。
[29]见《李太白年谱补正》,149~150页;陶敏、傅璇琮《唐五代文学编年史》,沈阳:辽海出版社,1998年,649页。
[30]《李太白全集》,1230页。
[31]见祝穆《方舆胜览》卷三一。王琦注本云在常德府,1233页。系抄写或刊刻致误。
[32]见《李太白全集》卷二六,1230页。
[33]《李太白全集》,1147页。
[34]《李太白全集》,654页。
[35]见《李太白年谱补正》,160~161页。
[36](北魏)郦道元著、陈桥驿校证《水经注校证》,北京:中华书局,2013年,484页。
[37]见《新唐书》卷三八,988页。
[38]詹锳《李白诗文系年》,安旗、薛天纬《李白年谱》,见《李太白年谱补正》,98、103页。
[39]有学者说李白经陈州后,再向西经临汝(汝州,即"汝海"之地),再向南经襄州(襄阳),再折向东南至安州。按:李白由扬州西进后,主要是为了拜谒安州马公,没有必要这样绕路。
[40]《李太白全集》卷二六《上安州裴长史书》,1244页。
[41]见《旧唐书》卷八,188页。
[42]《秋于敬亭送从侄耑游庐山序》,《李太白全集》卷二七,1266页。

[43]（南朝）梁慧皎《高僧传》，北京：中华书局，1992年，426页。
[44]麻天祥《中国禅宗思想史·前言》，北京：中国人民大学出版社，2007年，3页。
[45]方立天《禅宗精神——禅宗思想的核心、本质及特点》，《哲学研究》，1995年第3期，收录于《方立天文集》第二卷《隋唐佛教》，北京：中国人民大学出版社，2006年，472页。
[46]汤用彤《隋唐佛教史稿》，南京：江苏教育出版社，2007年，216页。

文学研究的创新仍应以文献及其解读为基础

——以李白与科举相关问题为例的分析

戴伟华

李白与科举关系研究大致可归纳为两类:其一是性格论;其二是身份论。性格论者以逻辑推理方法,印证主观判断,即李白性格豪放,不拘常规,不屑于科举。[1]而身份论者以文献资料为基础,从李白身份出发,找出李白不能参加科举考试的客观条件。[2]双方对于李白为何没有参加科举的解释差别较大,前者是李白主观意愿的结果;后者是李白受客观条件制约的结果。其实,双方的认识方法应有互补性,特别是在李白研究中有必要将两种方法参互使用。

有关李白的生平史料,大致出自其本人在不同时期、不同情况下的自述,本身即有矛盾之处,很难甄别取舍。例如李白自述其待诏翰林事,就因时间不同、对象不同、目的不同、场景不同,所述内容存在较大差异,甚至分歧。[3]研究李白与科举关系,因文献不足,选择性格论是比较简单而又易为人们所接受的方法;选择身份论因缺少明确可信的资料,其论证过程必然是艰难复杂的。这里所谓"选择"只是对研究结果的归纳,而非研究者的自觉行为。

李白研究应该加强理论探索,也要进一步深耕细作,有些问题可以在细读文本中,再作细致的分析。这样的工作进路基于如下认识:文学研究的创新仍应以文献及其解读为基础。大致说来,李白和科举的关系可分为守望、尝试和放弃三个阶段进行讨论。

一、守望:诗赋训练

参加科举走上仕途应该是所有唐代士子的梦想。因此,唐代士人在青少年时期往往有读书山林,准备举业的经历。[4]开元、天宝间举子读书山林寺院的现象已经存在，《唐故郴州刺史赠持节都督洪州诸军事洪州刺史张府君墓志铭并序》："公讳翃，字逸翰，安定人也……童年以门荫补斋郎，立志不就，读书于侯山玉泉寺，道业大成。廿二，国子明经上第，解褐补郑城尉，敬始宦途，缵修绪业。"[5]张翃卒于大历十四年七月，年五十七，则其二十二岁明经上第在天宝三载，而读书玉泉山在开元、天宝间。当然，应举科目不同，其读书和写作的重点就不一样。

李白生活的蜀地，青年学子读书山林寺院的记载并不多，但也是存在的，李白自己就是一例。又如他的同乡前辈陈子昂读书于家乡的金华山。梓州有陈子昂读书处，杜甫参观其遗迹，作《冬到金华山观因得故拾遗陈公学堂遗迹》诗，《杜诗详注》注云："鹤曰：宝应元年秋，公自梓归成都迎家，再至梓州。十一月，往射洪，乃是时作。广德元年，虽亦在梓，而冬已往阆州矣。《舆地纪胜》：陈拾遗书堂，在射洪县北金华山。大历中，东川节度使李叔明，为立旌德碑于金华山读书堂，今在玉京观之后。地志：金华山，上拂云霄，下瞰涪江。有玉京观在本山上。东晋陈勋学道山中，白日仙去。梁天监中建观。《唐书》：陈子昂，字伯玉，梓州射洪人，常读书于金华山。"诗云："陈公读书堂，石柱仄青苔。悲风为我起，激烈伤雄才。"[6]称扬陈子昂为"雄才"，并作深深哀悼。

士子读书山林，有诗、赋的写作练习。诗人一生的写作风格是不断变化的，在讨论诗人诗歌写作时，会发现习业阶段或青年时期的写作风格与作家主导风格并不一致，且习业阶段的诗风有其相似性。岑参是唐代边塞诗人的代表，杜确《岑嘉州诗集序》云："时议拟公于吴均、何逊，亦可谓精当矣。"[7]如果统观岑参诗，这句话是不全面的。所谓"吴何体"应指岑参早期诗歌，而岑参出塞后的诗作，如比拟古人，则更接近鲍照。[8]岑参《感旧赋序》云："参，相门子。五岁读书，九岁属文，十五隐于嵩阳，二十献书阙下。"[9]岑参《丘中春卧寄王子》："田中开白室，林下闭玄关。卷迹人方处，无心云自闲。竹深喧暮鸟，花缺露春山。胜事那能说，王孙去未还。"《南溪别业》："结宇依青嶂，开轩对翠畴。树交花两色，溪合水重流。竹径春来扫，兰樽夜不收。逍遥自得意，鼓腹醉中游。"《寻少室张山人闻与偃师周明府同入都》："中峰炼金客，昨日游人间。叶县凫共去，葛陂龙暂还。春云凑深水，秋雨悬空山。寂寞清溪上，空余丹灶闲。"[10]如果将这些岑参隐于嵩山读书之作，与他的边塞诗比较，面貌、风格完全不同。

李白早期在蜀诗现存不多，王琦谓"《访戴天山道士不遇》诗、《登峨眉山》诗、《登锦城散花楼》诗，在蜀所作者"[11]。依王琦《年谱》，则为李白25岁以前所作。因此在分析李白早年读书匡山之作时，也要和其出蜀之作区别对待。《唐诗纪事》载："东蜀杨天惠《彰明遗事》云：元符二年春正月，天惠补令于此，窃从学士大夫求问遗事。闻唐李太白本邑人,微时募县小吏,入令卧内,尝驱牛经堂下,令妻怒,将加诘责。太白亟以诗谢云:'素面倚栏钩,娇声出外头。若非是织女,何必问牵牛。'令惊异,不问。稍亲,招引侍砚席。令一日赋山火诗,思轧不属,太白从旁缀其下句。令诗云:'野火烧山后,人归火不归。'太白继云:'焰随红日远,烟逐暮云飞。'令惭止。顷之,从令观涨,有女子溺死江上,令复苦吟云:'二八谁家女,飘来倚岸芦。鸟窥眉上翠,鱼弄口旁朱。'太白继云:'绿鬓随波散,红颜逐浪无。何因逢伍相,应是怨秋胡。'令滋不悦。太白恐,弃去。隐居戴天大匡山,往来旁郡,依潼江赵征君蕤。蕤亦节士,任侠有气,善为纵横学,著书号《长短经》。太白从学岁余,去。游成都,赋《春感》诗云:'茫茫南与北,道直事难谐。榆荚钱生树,杨花玉糁街。尘萦游子面,蝶弄美人钗。却忆青山上,云门掩竹斋。'益州刺史苏颋见而奇之。时太白齿方少,英气溢发,诸为诗文甚多,微类宫中行乐词体。今邑人所藏百篇,大抵皆格律也。虽颇体弱,然短羽褵褷,已有凤雏态。淳化中,县令杨遂为之引,谓为少作是也。"[12]王琦按:"此编今已不传。晁公武《读书志》曰:蜀本《太白集》附入左绵邑人所裒白隐处少年所作诗六十篇,尤为浅俗。今蜀本李集亦不可见,疑《文苑英华》所载五律数首或即是欤?"[13]王琦将《春感》编入《诗文拾遗》,并注明出自《彰明逸事》,[14]但同出于《彰明逸事》的诗句、诗段,王琦大概认为属"尤为浅俗"类而弃之不取。这些诗句和诗段为:(1)素面倚栏钩,娇声出外头。若非是织女,何必问牵牛。(2)焰随红日远,烟逐暮云飞。(3)绿鬓随波散,红颜逐浪无。何因逢伍相,应是怨秋胡。其实,轻易否定为李白之作是不妥的。[15]

北宋淳化五年(994)县令杨遂作《唐李先生彰明县旧宅碑并序》:"先生旧宅在青莲乡,后往县北戴天山读书,今旧宅已为浮图者居之。"[16]杨遂为彰明县令时,搜集李白遗诗,并为之作序,谓为李白"少作"。而"时太白齿方少,英气溢发,诸为诗文甚多,微类宫中行乐词体。今邑人所藏百篇,大抵皆格律也。虽颇体弱,然短羽褵褷,已有凤雏态",应为杨天惠序引之语。元符二年(1099)县令杨天惠求问李白遗事,所引诗及诗句当在杨遂搜集的作品之中。从杨遂所作《唐李先生彰明县旧宅碑并序》中看出,杨遂因少读李白诗,对李白心存敬意,而凡涉事实处皆无虚构,故引《彰明遗事》所录李白诗应是可信的。杨天惠序引评李白少作也较为精准,不为曲护。

李白在蜀地的创作可以确定的并不多,计有功录《彰明遗事》以存李白少作实属珍贵。第一,保存了李白少作,有利于认识其诗歌创作的阶段性特征,认识一位杰出诗人的成长过程。第二,确认李白年青时已具有诗歌写作的才能。这和县令之作比较可知。《赋山火》诗,县令云:"野火烧山后,人归火不归。"李白继之云:“焰随红日远,烟逐暮云飞。”县令诗是平直中有巧思的,“人归火不归”用二“归”,一肯定,一否定,却有诗思在。但与李白续句一比较,县令诗就显得平庸,而李白诗句就比较雅致。尤其后面咏溺女的诗,一浅俗而平直,一蕴藉而文雅。第三,李白少时诗歌作品,表明李白在学习阶段的诗歌写作训练是下过功夫的,正为科举做准备。《彰明遗事》所录李白诗,在格律上较工,“若非是织女,何必问牵牛。”“何因逢伍相,应是怨秋胡。”不像县令诗直写表象,而是富有智慧和联想。李白早期诗正好留下唐代人初习诗歌的痕迹,追逐浓艳,拘守规则,《春感》云:“茫茫南与北,道直事难谐。榆荚钱生树,杨花玉糁街。尘萦游子面,蝶弄美人钗。却忆青山上,云门掩竹斋。”有追求新奇的倾向。榆荚,榆树之实,先于叶而生,连缀成串,状如铜钱,呼为“榆钱”。用于诗中亦少,庾信《燕歌行》诗中有“榆荚新开巧似钱”之句。唐诗中用例亦少,李白“榆荚钱生树”大概还是首用。“蝶弄美人钗”句,也新奇,有巧思,一“弄”字,写出情趣,将“蝶”和“美人钗”放到一起。不管是真实的“蝶”,还是美人的蝶形头饰,用一“弄”字联结,形象生动。可以确定为早期作品的还有《访戴天山道士不遇》,诗云:“犬吠水声中,桃花带雨浓。树深时见鹿,溪午不闻钟。野竹分青霭,飞泉挂碧峰。无人知所去,愁倚两三松。”岑参有一首《寻少室张山人闻与偃师周明府同入都》诗,其写作背景和李白此诗极为相近,两首诗放到一起比较,则李白诗歌风格浓艳更为突出。《唐诗解》:“今人作诗,多忌重叠,右丞《早朝》,妙绝今古,犹未免五用衣服之论。如此诗(按,指李白《访戴天山道士不遇》),水声、飞泉、树、松、桃、竹,语皆犯重,得充王、何之论,幸也。吁!古人于言外求佳,今人于句中求隙,去之所以更远。”[17]无论是古人还是今人,李白诗犯重却为小疵。这是写作中安排过于拘谨造成的结果。

但这一切用于科举试诗又是优点。在命题写作的环境中,严谨胜过粗放。李白诗和岑参诗在结尾处都具有匠心,“无人知所去,愁倚两三松”“寂寞清溪上,空余丹灶闲”,不仅呼应“寻人不遇”的主题,而且也不像起笔“犬吠水声中,桃花带雨浓”和“中峰炼金客,昨日游人间”那样落实,有空灵之美。联想到钱起《省试湘灵鼓瑟》的应试诗,也是收束空灵,令人遐想,这也是吸引考官的地方。钱起诗云:“善鼓云和瑟,常闻帝子灵。冯夷空自舞,楚客不堪听。苦调凄金石,清音入杳冥。苍梧来怨慕,白芷动芳馨。流水传潇浦,悲风过洞庭。曲终人不见,江上数峰青。”收束精警,声画并茂。

当然应试诗以六韵十二句为常式。尽管以上所列李白、岑参诗虽不是这一六韵十二句的常式,但其篇章和结构要素是一样的。五言六韵为省试诗常体,也是奉和诗的常体。世重五言,士子皆模习之。李白《早夏于将军叔宅与诸昆季送傅八之江南序》亦云:"侯篇章惊新,海内称善,五言之作,妙绝当时。陶公愧田园之能,谢客惭山水之美。佳句籍籍,人为美谈。"[18]盛赞五言诗作。李白《上安州李长史书》当为其出蜀后不久所献当地长官书,文云:"敢以近所为《春游救苦寺》诗一首十韵、《石岩寺》诗一首八韵、《上杨都尉》诗一首三十韵,辞旨狂野,贵露下情,轻干视听,幸乞详览。"[19]三诗皆逸,当是五言之作。[20]

除诗歌写作训练外,李白在赋的写作中也下了功夫,《酉阳杂俎》载:"白前后三拟词选,不如意,悉焚之,惟留《恨》《别》赋。"[21]《古赋辨体》云:"《大猎赋》与《子虚》《上林》《羽猎》等赋,首尾布叙,用事遣辞多相出入。""太白天才英卓,所作古赋,差强人意。但俳之蔓虽除,律之根故在,虽下笔有光焰,时作奇语,只是六朝赋尔。"[22]李白现存赋八篇,《大猎赋》《拟恨赋》皆在其中。李白摹写赋作态度认真,故三拟《文选》,不如意,悉焚之;其赋优点在于,"除俳之蔓","时作奇语";弱点在于,"律之根故在","只是六朝赋尔"。这三点皆与学赋目的有关,赋的写作训练是应科举考试的。

综上所述,李白读书匡山,至少是接受了以应科举考试文学之需的正规化训练,可见其并非是无心科举。

二、尝试:关注科举

对科举的关心,应分为直接和间接两类。直接关心就是去关注和科举直接关联的人和事;间接关心就是去关注和科举并没有直接关联而有可能影响科举的人和事。

李白间接关心科举应从年轻时开始,李白《上安州裴长史书》云:"又前礼部尚书苏公出为益州长史,白于路中投刺,待以布衣之礼。因谓群僚曰:'此子天才英丽,下笔不休,虽风力未成,且见专车之骨。若广之以学,可以相如比肩也。'四海明识,具知此谈。"[23]这一投刺行为和张九龄相似。唐代官吏为政一方常有劝善劝学之举,不必夸大对个人仕进的作用,但对未出道的年青学子十分重要,特别是偏处一方的学子。其引导和鼓励作用可能对年青学子一生产生重大影响。《旧唐书》张九龄本传云:"年十三,以书干广州刺史王方庆,大嗟赏之,曰:'此子必能致远。'"[24]张第一次参加科举考试,虽然为沈佺期举为高第,但"时有下等,谤议上闻",未获成功。[25]稍有差异的是,"必能致远"是对张九龄政治上有所期许;而"下笔不休""比肩相如"则是对李白文学发展的期待,这一点与科举试诗、赋更为靠近。开元八年(720)苏颋检校益州大都督府长史,按察节度剑南诸州。时李白二十岁,"白于路中投刺"。李白在《上安州裴长史书》中，讲述过两件与文学相关的事是有证明人的，一是证明苏颋的表扬“四海明识，具知此谈”；一是证明马公的表扬“此则故交元丹，亲接斯议”。无非说明二事的真实可信。另外两件事则没有证明人，一是葬友人吴指南明其“交重义”，二是奇禽就掌取食惊动太守举以有道而不起，明其“不屈之迹”。前者死无对证，后者行为诡秘。鸟就掌取食，其实是培养鸟的习惯而已，具有诱惑性。换句话说，鸟与人在这里的契合，与品质无关，不能提升到“养高忘机”的境界，太守以此而举其有道，只能说明太守糊涂。因此这两件事的真实性值得怀疑。

李白曾献诗安州李长史，《上安州李长史书》和《上安州裴长史书》应为先后之作，并有因果关系。《上安州李长史书》缘于一件小事，即李白一不小心没有回避长史车驾：“而遥观君侯，窃疑魏洽，便欲趋就，临然举鞭，迟疑之间，未及回避。”上书的核心是检讨过失，“请罪门下，傥免以训责”。并献《春游救苦寺》等诗三首，而《上安州裴长史书》中云：“前此郡都督马公，朝野豪彦，一见尽礼，许为奇才。因谓长史李京之曰：‘诸人之文，犹山无烟霞，春无草树。李白之文，清雄奔放，名章俊语，络绎间起，光明洞彻，句句动人。’”马都督所评应兼及《上安州李长史书》之文、《春游救苦寺》之三诗的。

无论是投刺或献诗都沿承了李白年少时的理想，下笔不休、比肩相如以及诗文清雄、俊语间起，对于年青的李白意味深长。投刺在蜀中，献诗在安州，地点不同，时间亦异，但在这一被鼓励的过程中，李白怀揣理想，且具有实现理想的信心。这一理想在开元二十三年(735)有了付诸实施的可能性，其实这一年于考察盛唐文人与科举关系具有特殊意义。

李白《秋日于太原南栅饯阳曲王赞公贾少公石艾尹少公应举赴上都序》云：“则阳曲丞王公，神仙之胄也。尔其学镜千古，知周万殊。又若少府贾公，以述作之雄也。鳌弄笔海，虎攫辞场。又若石艾尹少公，廊庙之器，口折黄马，手挥青萍。咸道贯于人伦，名飞于日下。实难沉屈，永怀青霄。剑有隐而气冲七星，珠虽潜而光照万壑。”[26]文中有“今年春，皇帝有事千亩，湛恩八埏，大搜群才，以缉邦政”语，则此文作于开元二十三年，“二十三年正月，籍田礼毕，诏曰：每渴贤良，无忘鉴寝，顷虽虚伫，未副旁求，其或才有王霸之略，学究天人之际，知勇堪将帅之选，政能当牧宰之举者，五品以上清官及军将、都督、刺史各举一人。孝悌力田，乡闾推挽者，本州刺史长官各以名闻。”[27]“二十三年春正月己亥，亲耕籍田，上加至九推而止，卿已下终其亩。大赦天下，京文武官及朝集采访使三品已下加一爵，四品已下加一阶，外官赐勋一转。其才有霸王之略，学究天人之际，及堪将帅牧宰者，令五品已上清官，及刺史各举一人。”[28]“有事千亩”，即“籍田”，《礼记》云：“天子为籍千亩。”此事当施行，《唐代墓志汇编》天宝196《大唐故中大夫守晋陵郡别驾千乘倪府君墓志铭并序》:“使还,迁海州长史,陪籍田承恩增秩,授朝散大夫,转授明州司马。”[29]

李白对诸人的描述,实际上也是对自己的综合评价。(1)“神仙之胄”,按,李白《大鹏赋》:“余昔于江陵见天台司马子微,谓余有仙风道骨,可与神游八极之表。”[30](2)“学镜千古,知周万殊”,按,李白《上安州李长史书》云:“颇尝览千载,观百家。”[31]《上安州裴长史书》:“五岁诵六甲,十岁观百家。”[32]《为宋中丞自荐表》自谓:“学可以究天人。”(3)“以述作之雄也,鳌弄笔海,虎攫辞场。”按,李白《上安州裴长史书》云:“前此郡督马公,朝野豪彦,一见尽礼,许为奇才。因谓长史李京之曰:‘诸人之文,犹山无烟霞,春无草树。李白之文,清雄奔放,名章俊语,络绎间起,光明洞彻,句句动人。’”[33](4)“廊庙之器,口折黄马,手挥青萍”,按,李白《代寿山答孟少府移文书》自谓:“申管、晏之谈,谋帝王之术。奋其智能,愿为辅弼,使寰区大定,海县清一。”[34](5)“咸道贯于人伦,名飞于日下。实难沉屈,永怀青霄。剑有隐而气冲七星,珠虽潜而光照万壑。”按,此句总说诸人,李白亦可名列其间,虽有隐潜之时,终有气冲光照之日。正如李白《行路难》所云“长风破浪会有时,直挂云帆济沧海”。

开元二十三年(乙亥岁),这一年在诗人科举史上值得关注。

高适于此年应举,其《酬秘书弟兼寄幕下诸公》诗序云:“乙亥岁,适征诣长安。”[35]《册府元龟》卷六四五《贡举部·科目》:“(开元)二十三年正月诏:其或才有王霸之略,学究天人之际,智勇堪将帅之选,政能当牧宰之举者,五品以下清官及军将、都督、刺史各举一人,孝悌力田乡闾推挽者,本州刺史长官各以名闻。”[36]按《册府元龟》卷六十八和八十五引此文作“五品以上清官”,卷六四五作“五品以下”误,《曲江集》《唐大诏令集》《文苑英华》皆作“五品以上”。[37]故高适云“征诣长安”者,即李白《序》题“应举赴上都”之意。高适《酬秘书弟兼寄幕下诸公》诗序云“乙亥岁,适征诣长安”下有“时侍御杨公任通事舍人,诗书起予,盖终日矣”。此诗当为天宝九载(750)高适北使清夷军途中作。[38]上距“乙亥年”(735)15年,此重提15年前事,可见高适对“乙亥岁征诣长安”之事的重视,也是对杨某的感恩,通事舍人杨某在高适“征诣长安”中应起了作用。通事舍人虽为清官,但位秩从六品上,还没有举荐的资格,杨某的作用如诗序所云是“诗书起予”,如诗所云是“他时常发蒙”。通事舍人隶属中书省,《新唐书·百官志》载:“通事舍人十六人,从六品上,掌朝见引纳殿庭通奏。凡近臣入侍,文武就列,则导其进退,而赞其拜起出入之节。蛮夷纳贡,皆受而进之。军出则受命劳遣,既行则每月存问将士之家,视其疾苦凯还则郊迓。”[39]对应“才有王霸之略,学究天人之际,智勇堪将帅之选,政能当牧宰之举者”,高适当被举荐应

"学究天人"科。从《登科记考》的载录看,四科中,除"学究天人科"未见著录,其余三科皆有人选,王霸科(才有王霸之略)有刘璀、杜绾;智谋将帅科(智勇堪将帅之选)有张重光、崔圆、李广琛;牧宰科(政能当牧宰之举者)有张秀明、崔国辅。

制举落第者不仅有高适,李白所送之王赞公、贾少公、尹少公也不见史载登科,大概也落第了。为何应"学究天人之际"科试落第,其中有一个原因是此年春天进士试中高手甚众,仅及第者中就有萧颖士、李华、赵骅三杰,外加柳芳。萧颖士,李华《扬州功曹萧颖士文集序》云:"以文学著于时者,曰兰陵萧君颖士字茂挺……君七岁能诵数经,背碑覆局。十岁以文章知名,十五誉高天下。十九进士擢第。"[40]李华,与萧颖士齐名,世号"萧李",著有《吊古战场文》。独孤及《检校尚书吏部员外郎赵郡李公中集序》:"天宝中,公与兰陵萧茂挺、长乐贾幼几勃焉复起,振中古之风,以宏文德,公之作本乎王道,大抵以五经为泉源,抒情性以托讽,然后有歌咏。美教化,献箴谏,然后有赋颂。悬权衡以辩天下公是非,然后有论议。"[41]赵骅[42],志于学,善属文,有名当时。"天宝中语云:'殷、颜、柳、陆、萧、李、邵、赵。'以其行义敦交也。"[43]"赵骅与殷寅、颜真卿、柳芳、陆据、萧颖士、李华、邵轸同志友善。故天宝中语曰:'殷、颜、柳、陆、萧、李、邵、赵。'以其重行义,敦交道也。"[44]"晔性孝悌,敦重交友,虽经艰危不改其操。少时与殷寅、颜真卿、柳芳、陆据、萧颖士、李华、邵轸同志友善。故天宝中语曰:'殷、颜、柳、陆、萧、李、邵、赵。'以其重行义,敦交道也。"[45]"晔",当作"骅"。柳芳,"通明谱第,又识古今仪注。"[46]

值得注意的是崔国辅,是以政能当牧宰之举者。据《河岳英灵集》载,"国辅诗婉娈清楚,深宜讽味,乐府数章,古人不能过也。"[47]

李白比附王、贾、尹三公,当关心其结果,据《登科记考》,三人皆未登科。李白虽羡其可以应举赴上都,最后只能哀其落第。

杜甫开元二十三年疑赴举,仇兆鳌《杜工部年谱》:"公自吴越归,赴京兆贡举,不第。"注云:"黄曰:公本传:'尝举进士不第。'故《壮游》诗云:'归帆拂天姥,中岁贡旧乡。忤下考功第,独辞京兆堂。'朱按:史:唐初,考功郎掌贡举至开元二十四年,考功郎李昂为举人诋诃,帝以员外郎望轻,徙礼部,以侍郎主之。则公下考功第,当在二十三年。"《壮游》诗注:"乡贡上京,在开元二十三年,时公年二十四矣,故曰中岁。旧乡,指河南,公居河南巩县也。"[48]

开元二十三年,于李白而言,结束了出蜀后的"安陆十年"。《王谱》开元十三年,李白二十五岁,"太白出游襄、汉,南泛洞庭,东至金陵、扬州,更客汝、海,还憩云梦。故相许圉师家以孙女妻之,遂留安陆者十年。"[49]从开元十三年至开元二十三年，约略十年时间。“已而去之齐、鲁，寓家任城”。[50]《五月东鲁行答汶上翁》：“顾余不及仕，学剑来山东。举鞭问前途，获笑汶上翁。”王琦云“是初游鲁地之作”。[51]总结过往是“不及仕”，展望未来是“学剑来山东”，故“问前途”，路在何方？甚至可以说，李白生平阶段可以此为界，此前是蜀地学习、安陆十年；此后移家山东，直到天宝元年入长安。

之所以说李白是在尝试走科举一路，是因为他一方面有投刺、献诗等为科举做准备的行为，也羡慕他人能参加科举，但自己确有无法摆脱的担忧。从其生活轨迹看，李白应谋划走另一条路。天宝元年李白得到唐玄宗召见，入京作翰林供奉，对走这一条路作了回应。

三、放弃：漏于属籍

李白《古风》其三十五：“丑女来效颦，还家惊四邻。寿陵失本步，笑杀邯郸人。一曲斐然子，雕虫丧天真。棘刺造沐猴，三年费精神。功成无所用，楚楚且华身。大雅思文王，颂声久崩沦。安得郢中质，一挥成风斤。”萧士赟曰：“此篇盖讥世之作诗赋者，不过借此以取科第、干禄位而已，何益于世教哉。太白尝论诗曰：将复古道，非我而谁？《雅》《颂》之作，太白自负者如此。然安得《雅》《颂》之人识之，使郢中之质，能当匠石之运斤耶？”[52]这一认识当始于楚，而至于鲁。有无经济策成了新的事功标准，他在《嘲鲁儒》中说：“鲁叟谈五经，白发死章句。问以经济策，茫如坠烟雾。”后来，他作诗《赠溧阳宋少府陟》云：“早怀经济策，特受龙颜顾。”也把受玄宗召见视为是“怀经济策”的结果。那么，是什么原因，使李白从尝试科举，转而放弃科举并讥刺科举干禄位者，同时把眼光投向“经济策”的呢？

关于李白放弃科举的讨论意见不一，从身份来探讨李白不参加科举比较客观可行，但有三种可能性：一为商人之子说。这一说法的依据是其挥金如土，如无商人背景，就没有金钱来源。李白诗中说过“千金散尽还复来”等类似的话，但诗中所言可信程度低，况且李白自己也承认“世人见我恒殊调，闻余大言皆冷笑”。其实“千金”是唐诗中常用的字词，沿袭传统的富有夸张性的表述习惯。李白在一些文章中还是说了他出游在外的真实处境的，《上安州李长史书》云：“白孤剑谁托，悲歌自怜，迫于恓惶，席不暇暖。”[53]《与韩荆州书》云：“白，陇西布衣，流落楚、汉。”[54]这似乎不像富商之子的表述和口吻。

二为小吏说。这一说法的依据是《唐诗纪事》载：“东蜀杨天惠《彰明遗事》云：……微时募县小吏。”[55]《旧唐书·宪宗上》云：“壬申，礼部举人，罢试口义，试墨义十条，五经通五，明经通六，即放进士。举人曾为官司科罚，曾任州县小吏，虽有辞艺，长吏不得举送，违者举送官停任，考试官贬黜。”[56]则小吏不能被举送。这里有三个方面的问题需要梳理清楚，首先，《彰明遗事》言李白为县小吏，有人存疑。其二，即使李白曾为县小吏，是否不能被举送。所谓在宪宗时，“举人曾为官司科罚，曾任州县小吏，虽有辞艺，长吏不得举送，违者举送官停任，考试官贬黜”，应有两种理解：一是过去有此规定而未施行，故重申此条。二是宪宗时的新规条文。开元时，擢书判拔萃科的刘润有《对荐贤能判》云：“惟甲书生可贵，能移太守之尊；小吏虽卑，犹夺宰君之望。”[57]这里书生和小吏对举，虽有“贵”“卑”之分，但都可以“移太守之尊”和“夺宰君之望”。可见开元时应无小吏不能被举送的规定，否则他也没有必要在对判中说此违规的话。如果为宪宗时的新规定，又与李白无关。

李白放弃科举的客观原因虽各有其理由，衡诸载籍，当以“漏于属籍”说为最佳。范传正《唐左拾遗翰林学士李公新墓碑并序》：“公名白，字太白，其先陇西成纪人。绝嗣之家，难求谱牒。公之孙女搜于箱箧中，得公之亡子伯禽手疏十数行，纸坏字缺，不能详备，约而计之，凉武昭王九代孙也。隋末多难，一房被窜于碎叶，流离散落，隐易姓名，故自国朝已来，漏于属籍。神龙初，潜还广汉，因侨为郡人。父客，以逋其邑，遂以客为名，高卧云林，不求禄仕。公之生也，先府君指天枝以复姓，先夫人梦长庚而告祥，名之与字，咸所取象。”[58]这是“漏于属籍”的唯一记载。有关李白出生和籍贯的记载，当以李阳冰《草堂集序》以及范传正《唐左拾遗翰林学士李公新墓碑并序》为是。李阳冰云：“李白，字太白，陇西成纪人，凉武昭王暠九世孙。蝉联珪组，世为显著。中叶非罪，谪居条支，易姓与名。然自穷蝉至舜，五世为庶，累世不大曜，亦可叹焉。神龙之始，逃归于蜀，复指李树而生伯阳。惊姜之夕，长庚入梦，故生而名白，以太白字之。”二文传达出的信息多有一致性。籍贯乃陇西成纪；以罪获谪，易姓与名；神龙初，逃归；李白名、字应长庚入梦而取。

其不同处也不能忽视。其一，凉武昭王九世孙，李阳冰无疑，而范传正存疑，所谓“约而计之，凉武昭王九代孙也”，这就说明所谓凉武昭王九世孙并不能确定无疑，因为从凉武昭王到李白之父之间传承无绪，奇怪的是李白祖父也没有留下名字，这已超出常理。其二，李阳冰云“谪居条支”，范传正云“被窜于碎叶”。王琦于“谪居条支”下有注：“按，范传正《墓碑》云‘隋末多难，一房被窜于碎叶’，与所谓‘中叶非罪，谪居条支’，地名不同。《新唐书》略之，但言隋末以罪徙西域。考《汉书·西域传》，乌弋山离国去长安万二千二百里，条支国又在其西，行百余日，方至其国，与中国绝远，疑非谪戍者所居。《唐书·地理志》,西域羁縻州有条支都督府,以诃达罗支国伏宝瑟颠城置,领州九,隶安西都护府,乃唐龙朔元年所置,隋时无之。恐碎叶为是,条支乃借言作西域极远之地说耳。"[59]其三,复李姓。李阳冰云:"复指李树而生伯阳。"王琦注云:"《艺文类聚》:老子姓李,名耳,字伯阳,楚国苦县赖乡人也。其母感大流星而有娠,虽受气于天,然生于李家,犹以李为姓。又云:母到李树下生老子,生而能言,指李树曰:'以此为我姓。'"[60]按,伯阳为李耳之字,如是用典,则不恰当,且联系上下文不知所云。范传正云:"公之生也,先府君指天枝以复姓。"意思清楚,因李白生前,祖上已易姓与名,李白生时李白之父指"天枝"复为李姓。"天枝"指为皇族支派,也可以指"李树"。其四,潜归地点微异。李阳冰云:"逃归于蜀。"范传正云:"潜还广汉,因侨为郡人。"王琦在李白《上安州裴长史书》"广汉太守"下有注:"太白巴西郡人,唐之巴西郡,即汉之广汉郡,地取旧名,以代时称,唐人多有此习。其实唐时无广汉太守之名也。"[61]二者虽异而同。其五,李阳冰叙及其母,而范传正叙及其父。范传正云:"父客,以逋其邑,遂以客为名,高卧云林,不求禄仕。公之生也,先府君指天枝以复姓。"其父名"客",不及姓,因"易姓与名",其父当非李姓,客当非其名。"客"指居于本地的外地人,是一种社会身份。李客是以社会身份为名的。李阳冰《序》在前,范传正《新墓碑并序》在后,其记载不同之处造成分歧,但最有文献价值。

如此,对于李白的家世有几点可以明确:其一,资料大致来源于李白自述和其子伯禽手书。保存信息最多的文献当是李阳冰和范传正的记载,且范传正所述大多较为客观、合理。其二,李白出生前,其家并不姓李。而所谓李暠之后只是约略的推测或人为的选择。姓李自李白始。其三,其可确定的世系只能叙述至其父,父未知其名,是"绝嗣之家"。其四,祖上谪居碎叶,神龙初逃归蜀地。关于李白出生和世系如超出以上所述应予以存疑。

范传正所述的"绝嗣之家,难求谱牒"以及"故自国朝已来,漏于属籍"两点,对我们了解李白未参加举业的原因比较重要,在此作进一步分析。

首先,"绝嗣之家,难求谱牒"的"谱牒"在唐代应是家族世系存在的必然载体,如没有则为非正常。谱牒如不存或残,有多种表述,其一为叙述策略,《唐代墓志汇编》天宝207《唐河东郡故张府君墓志铭并序》:"吾家谱牒,史籍昭彰,故不叙尔。"[62]上代只追叙到祖、考。其二为如实叙述。《唐代墓志汇编》元和082《大唐故宣州司功参军魏府君墓志铭并序》,撰人"息孤子匡赞自撰兼书",云:"其先钜鹿人,寄居于京兆府咸阳县,积代矣。顷因禄山暴逆,銮舆南征,畿甸士庶,皆为俘馘,由是图籍毁致,旧业烟烬,不可复知先人之事也,此无以述。"[63]《唐代墓志汇编》长庆009《唐故校尉守左武卫泾州四门府折冲都尉员外置同正员赐紫金鱼袋上柱国刘府君墓志铭并序》:“君讳明德,字节,望自彭城,汉武帝之裔。家本河曲延州风临县人也。因草扰之故,移家此州,寄食临泉县界永吉村而业焉。曾祖及祖坠于谱籍,不录其讳。”[64]《唐代墓志汇编》乾符018《唐故苗府君夫人彭城刘氏墓志铭并序》:“先妣刘夫人,其先彭城远裔,流落江左,家籍失坠,故匿名不书。”嗣子哀子弇撰并书[65]。《唐代墓志汇编》大中091《唐故颍州颍上县令李府君夫人荥阳郑氏合祔玄堂志》:“太夫人讳琯,其先祖于周得姓,述以不见谱籍,莫究其裔,但略而记焉。”述,其长子。[66]

李白“绝嗣之家,难求谱牒”与上述情况有异。不知父名,父以上世系全无。难有相同的例证。

其次是“漏于属籍”。“属籍”指宗室谱籍。

唐代重视属籍之事,由宗正卿管理,“宗正卿之职掌皇九族六亲之属,籍以别昭穆之序,纪亲疏之列,并领崇玄署。”[67]有些因故散落的宗室支派都会重新归籍。“武德元年十月二十四日诏:‘太仆少卿安康公袭誉,我之同姓,派别支分,惟厥祖考,世敦恭睦。特听合谱宗正,恩礼之差,同诸服属。’其年十二月六日,义安郡王李孝常赐属籍宗正寺。”又,“其年十二月十四日,幽州总管燕郡王罗艺,赐姓李氏,属籍宗正寺。”[68]罗艺因赐姓而属籍宗正寺。《唐代墓志汇编》贞元030《唐故华州潼关镇国军陇右节度支度营田观察处置等使开府仪同三司检校尚书左仆射兼华州刺史御史大夫武康郡王赠司空李公墓志铭并序》:“公本安姓,讳元光,其先安息王之胄也。轩辕氏廿五子在四裔者,此其一焉。立国传祚,历祀绵远。乃归中土,犹宅西垂,家于凉州,代为著姓。”“寻又赐姓李氏,同属籍也。”[69]也是赐李姓归入属籍的例子。

属籍既被重视,当然也需要慎重,“天宝元年七月二十三日诏:‘殿中侍御史李彦允等奏称与朕同源承凉武昭王后,请甄叙者。源流实同,谱牒犹著。自今以后,凉武王孙宝已下,绛郡、姑臧、燉煌、武阳等四公子孙,并宜隶入宗正寺,编入属籍。’”[70]基本要求是“谱牒犹著”,“大中六年十二月宗正寺奏:‘……今请宗子自常参官并诸州府及县官等,各具始封建诸王,及五代祖,及见在子孙,录一家状,送图谱院。仍每房纳,于官取高,处昭穆取尊,即转送至本寺所司磨勘,属籍稍获精详。’依奏。”[71]其中有“家状”的要求。

可见,范传正云“漏于属籍”的前提是李白实出于李暠一族,或李暠之旁支。但有人对此提出疑问,天宝元年玄宗下诏:“自今以后,凉武王孙宝已下,绛郡、姑臧、燉煌、武阳等四公子孙,并宜隶入宗正寺,编入属籍。”李白入京供奉翰林,即在其时,为何李白没有被编入属籍。事实上,要被编入属籍需有谱牒可依凭,有家状可呈进。李白没有谱牒,更无家状可呈。在文献解读上,因为李白的自述也给我们了解事物真相增加了难度，李白的每一次叙述（如对李阳冰和其子伯禽叙述自己的身世）都不同，一定在闪烁其词，看似矛盾，或有意增减的背后，当另有真相在。要彻底弄清真相多么不易，甚至给出其合理性的解释也非常困难。可以设想，李白父亲之名“客”是以身份来定的，如果于此追问，可以产生无数的问题：李白父亲有名字吗？李白知道其父之名吗？如果知道，为何他不告诉他的儿子伯禽，为何伯禽手疏十数行中没有出现？故范传正云“父客，以逋其邑，遂以客为名”。这是唯一出现李父名字的文献，意味着，李父本不名“客”。李白知不知道其父之名，有可能因父亲犯罪潜逃等原因故意隐瞒父名；或者李白确实不知父亲原姓名。那其祖父名讳呢？为什么李白不能知道其父名，也不知道其祖父之名？合理的解释是什么？范传正说“绝嗣之家，难求谱牒”似乎传递出消息。可以确立的李白世系：李暠（？）—李（？）父（客）—李白—李伯禽，所谓绝嗣又在何时，李父（客）嗣续谁呢？据李阳冰和范传正记载，李白其父是不姓“李”的，所谓“隐易姓名”只是带有修辞意味的婉转表述，那又姓什么？这样的追问其实是有意义的。所谓“属籍”如何可能？如应试，三代名讳如何填写？再从撰写者角度看，李阳冰和范传正与李白的关系很清楚，李阳冰云，李白临终，“枕上授简，俾予为序”[72]。范传正云：“传正共生唐代，甲子相悬，常于先大夫文字中见与公有浔阳夜宴诗，则知与公有通家之旧。”[73]故李阳冰和范传正于李白行事的书写不会随意，范传正更是认真负责，为写李白家世，访问了李白的孙女。循诸常理，李阳冰和范传正都会调查了解李白家庭及三代名讳，而李和范于此皆空阙，也证明了李白对其父及其祖辈或一无所知，或隐瞒真相。因此，如果去考证李白出于李暠何支，恐怕只是海市蜃楼，难得的解。

李白行第十二，见于同时诗人的诗题，当无疑问。《唐人行第录》“李十二白”下引例为杜甫《与李十二白同寻范十隐居》、王昌龄《巴陵送李十二》、贾至《初至巴陵与李十二白裴九迪同泛洞庭湖》《洞庭送李十二赴零陵》。[74]另《李太白全集》尚存有附诗数首，崔宗之《赠李十二》、崔成甫《赠李十二》。那么，这一情形和李阳冰《草堂集序》以及范传正《唐左拾遗翰林学士李公新墓碑并序》所述似有不同。也就是说李白有无兄弟是个问题。唐人计算行第，率依祖、曾所出以联排行，李十二的行第是依祖、依曾，实难推测。李白之“李”姓也是从李白始，父不姓李，排行又从何计算呢？李白诗歌中有一特殊现象，凡李姓对象出现，大致不是同辈兄弟，就是长一辈的父叔，但父叔辈偶有称行第的，如《奉饯十七翁二十四翁寻桃花源序》《对雪奉饯任城六父秩满归京》，李六与李十七皆为李白长辈；而同辈中则鲜有称行第的。因此，可以这样来理解，李白青年时代在蜀中,而无同族排行,无论祖父辈或曾祖父辈。出蜀后,因李白急于要建构新的人际关系,会和李姓者称兄道弟,李白所言之“兄弟”应属此类关系。在某一时和某一地有人为之通谱牒,而有了行第。[75]而这一“李十二”的行第只是李白在一些特殊情况下使用,故李白在与李姓对象交往中不方便也不合适告知对方是行第十二;称对方为“十七翁”“二十四翁”“六父”,应是偶尔随所谓同辈对长者的称呼。正因为如此,李白乡情很浓,自二十五岁出蜀后(依王琦说)却没有再回蜀的迹象。而这一点恰恰也印证了所谓“绝嗣之家,难求谱牒”说法。其实,有关李白身世在后世记录中也露出玄机,《唐诗纪事》杨天惠云“闻唐李太白本邑人”,为何多用一“闻”字,不能确指之谓也,正如苏轼《念奴娇》“人道是”之意。

李白家庭状况关系到他的仕进,直接影响李白科举考试。《新唐书·选举志上》载:“每岁仲冬,州、县、馆、监举其成者送之尚书省;而举选不繇馆、学者,谓之乡贡,皆怀牒自列于州、县。试已,长吏以乡饮酒礼,会属僚,设宾主,陈俎豆,备管弦,牲用少牢,歌《鹿鸣》之诗,因与耆艾叙长少焉。既至省,皆疏名列到,结款通保及所居,始由户部集阅,而关于考功员外郎试之。”“凡贡举非其人者、废举者、校试不以实者,皆有罚。”[76]不是馆、学的生员需“怀牒自列”,李白“牒”从何来,又如何能准备好报考资料,“由户部集阅”呢?“天授三年,右补阙薛谦光以其时虽有学校之设,禁防之制,而风俗流弊皆背本而趋末,矫饰行能以请托奔驰为务。上疏曰……今夫举人询于乡闾,归于里正而已。虽迹亏名教,罪加刑典,或冒籍窃资,邀勋盗级……仍请宽立年限,容其采访,简汰堪用者试守,令以观能否,参检行事,以核是非,称职者受荐贤之赏,滥举者抵欺罔之罪,自然举得才行,而君子之道长矣。”[77]天授三年所言宽容“冒籍窃资”者,乃一时之举。可见正常情况下,“冒籍窃资”者都会受到惩罚。《唐律疏议》“贡举非其人”条云:“诸贡举非其人及应贡举而不贡举者,一人徒一年,二人加一等,罪止徒三年。”所谓“非其人”就是“德行乖僻,不如举状者”,疏议曰:“若使名实乖违,即是不如举状,纵使试得及第,亦退而获罪。”[78]可知举子参加科举者皆有举状,“举状”和“家状”或有区别,但必包括家状的内容,家状为家庭状况表,主要有籍贯、三代名讳等内容,但在细节上不同时代当有所不同。张九龄第一次考试落第,当因举状或有“名实乖违”的地方,虽被举为高第,而为落第者不满而遭到揭发,最终未能登科。[79]

李白最终放弃科举的原因在于其出身,即身份。说他是“漏于属籍”,只是尊重其自己的表述而已。

李白与科举关系的研究确实有很多成果,在借鉴和梳理现有成果基础上,对一些材料作了细致的辨析,将李白不与科举归纳为"性格论"和"身份论"两种,如此可以确定研究的目的和意义,也可以展示研究的内在逻辑关系。本文认为:第一,少年诗不要轻易否定,否定者只是观文望气而已,缺少文献支持。应明白一人之风格变化,诗歌在不同阶段呈现出不同特征,是自然现象;李白早期诗是有特殊的认识价值。第二,李白不是生来就拒绝科举,而是在努力中放弃,转而不屑科举,实属无奈之举。从追求到努力,再到放弃,这种过程分析,具有逻辑性,并可与文献相呼应和印证。第三,李白不能参加科举的原因并不明晰,小吏说和商人说皆可搁置,待有的据可再论证,而"漏于属籍"说,虽扑朔迷离,但毕竟是当事人所述。时贤之论引用不多,原因在于甄别选用较难。如商人说,裴斐论及,但只是否认郭沫若说,而指出李白经济另有来源,[80]此与身份无关。

开元二十三年对于盛唐文士与科举考试的意义,只是提出以引起深入讨论,而李白生平以开元二十三年为界的分析,虽然不能确定是从追求科举到放弃科举的分界,但其从安陆十年后移居鲁地而进入长安,这不是简单的空间位移,[81]而是有非常强的目的性。

注 释

[1]这一观点主要体现在文学史的编纂和专题论文中,如游国恩主编的《中国文学史(二)》(人民文学出版社,1963年,第72)认为:"他(李白)没有也不屑于参加科举考试。"袁行霈编著的《中国文学史纲要(二)》(北京大学出版社,1998年,第148页)认为:"他不屑于参加科举考试,他希望凭借自己的才能和声誉,得到某个有力人物的推荐而直取卿相。"专题论文中,有傅绍良《李白不入科场原因新探》[《陕西师大学报(哲学社会科学版)》,1994年,第3期]提出:"李白的文化心理和个性意识与科举政治的极度不协调。"认为李白以自己的不赴科场来反对科举。持此观点的还有部分日本学者,如武部利男,他认为:"李白根本没有志愿考科举。他讨厌拘泥各种传统观念和死板形式的官僚社会。他家系不属于官僚士族,这可能影响他的志愿。"(《李白》上,岩波书店《中国诗人选集》,1957年。)

[2]其实身份问题又可以分为三类:富商出身、尝为小吏、籍贯问题,按照唐代的法律规定,依据这三项中的任何一项都可以使得李白被拒于科举之外。较早论及这一问题的是阎琦《关于李白的户籍、婚姻及科举的余论》[《中国李白研究(1992—1993年集)》,安徽文艺出版社,1994年,第192~199页]一文,认为:"李白其所以不参加制举的原因,恐怕仍在于他的'户籍'及出身问题上。……李白尽管已经婚于安陆并定居下来,但他的籍贯和身份仍是不明确的。"而后阎琦《李白的入仕道路和他的忧愤》[《西北大学学报(哲学社会科学版)》,1994年,第4期]主要以富商出身和籍贯问题立论,认为:"李白父祖辈在西域碎叶生活了

百年左右，赖以生活的方式除经商之外别无他途。李白的父亲侨居蜀中后，生活的手段仍以经商为主，或亦商亦隐。这从青年时代的李白的富有和挥霍无度可以得到证明。”而籍贯上的所谓“山东人李白”，正是李白为了离弃、遮掩其工商杂户出身，并取得山东户籍的结果。认为：“李白终身未参加朝廷举行的任何形式的科举考试，其原因盖在于形格势禁被拒于科场之外，个人喜好、性不相近等，应是极次要的方面。”熊笃《李白为何不赴科举考论》[《重庆师院学报(哲社版)》，1996年，第1期]，认为李白“‘不屑赴’是公开的表象”，“‘不敢赴’是难言的苦衷”，苦衷即为其家世和籍贯。郎宝如《“李白不屑科举说”考辨》[《内蒙古大学学报(哲学社会科学版)》，2001年第3期]一文指出：“李白无法提供足以证明他非工商之家的谱牒户籍等材料，以备户部集阅，而户部也不可能存有李白家世的原始档案材料。”

[3]戴伟华：《李白自述待诏翰林相关事由辨析》，《文学遗产》2009年第4期。
[4]严耕望：《唐人习业山林寺院之风尚》，《严耕望史学论文选集》上，中华书局，2006年，第232~271页。
[5]周绍良主编：《唐代墓志汇编》，上海古籍出版社，1992年，第1820页。
[6](唐)杜甫著，(清)仇兆鳌注：《杜诗详注》，中华书局，1979年，第946~947页。
[7](唐)岑参著，陈铁民、侯忠义校注：《岑参集校注》，上海古籍出版社，1981年，第463页。
[8]戴伟华著：《唐代使府与文学研究(修订本)》，广西师范大学出版社，2007年，第162~179页。
[9](唐)岑参著，陈铁民、侯忠义校注：《岑参集校注》，上海古籍出版社，1981年，第437页。
[10](唐)岑参著，陈铁民，侯忠义校注：《岑参集校注》，上海古籍出版社，1981年，第1、3、5页。
[11](唐)李白著，(清)王琦注：《李太白全集》，中华书局，1977年，第1579页。
[12](宋)计有功撰，王仲镛校笺：《唐诗纪事校笺》，中华书局，2007年，第600页。
[13](唐)李白著，(清)王琦注：《李太白全集》，中华书局，1977年，第1577页。
[14](唐)李白著，(清)王琦注：《李太白全集》，中华书局，1977年，第1420页。
[15](唐)李白著，(清)王琦注：《李太白全集》，中华书局，1985年第3次印刷本，已在出版说明中说，又据《唐诗纪事》等，将王琦弃之不取的诗句和诗段，作为补遗附入。第1440~1441页。
[16]丁稚鸿等编著：《李白与巴蜀资料汇编》，巴蜀书社，2011年，第221页。碑刻宋淳化五年，署款：“宣德郎检校尚书水部员外郎赐绯鱼袋杨遂撰。”
[17](明)唐汝询编选：《唐诗解》，河北大学出版社，2010年，第779页。
[18](唐)李白著，(清)王琦注：《李太白全集》，中华书局，1977年，第1277页。

[19](唐)李白著,(清)王琦注:《李太白全集》,中华书局,1977年,第1233页。

[20]李白行诗卷当在开元十八、九年,此非为应试行卷之作。但由此可以窥见无论是举子或士人,行诗卷都是展示诗才,希望得到他人赏识的手段。依程千帆意见,"进士科举加试文词,早在永隆二年(公元六八一年)以前即偶有之,而刘思立的奏请,则使它进一步地制度化了。又经过几十年的演变,才由任试包括诗、赋在内的各体杂文,逐渐转为只试诗、赋。"(《唐代进士行卷与文学》,上海古籍出版社,1980年,第11页)

[21](唐)段成式著:《酉阳杂俎》前集卷之十二《语资》,中华书局,1981年,第116页。

[22](元)祝尧编:《古赋辨体》,上海古籍出版社,1993年,第124页。

[23](唐)李白著,(清)王琦注:《李太白全集》,中华书局,1977年,第1247页。

[24](后晋)刘昫等撰:《旧唐书》,中华书局,1975年,第3097页。

[25](唐)徐浩《唐尚书右丞相中书令张公神道碑》,(清)董诰等编:《全唐文》,中华书局,1983年,第4489~4490页。

[26](唐)李白著,(清)王琦注:《李太白全集》,中华书局,1977年,第1272页。

[27](宋)王钦若等编:《册府元龟》,中华书局,1960年,第763页。

[28](后晋)刘昫等撰:《旧唐书》,中华书局,1975年,第202页。

[29]周绍良主编:《唐代墓志汇编》,上海古籍出版社,1992年,第1668页。

[30](唐)李白著,(清)王琦注:《李太白全集》,中华书局,1977年,第2页。

[31](唐)李白著,(清)王琦注:《李太白全集》,中华书局,1977年,第1227页。

[32](唐)李白著,(清)王琦注:《李太白全集》,中华书局,1977年,第1243页。

[33](唐)李白著,(清)王琦注:《李太白全集》,中华书局,1977年,第1247~1248页。

[34](唐)李白著,(清)王琦注:《李太白全集》,中华书局,1977年,第1225页。

[35]刘开扬著:《高适诗集编年笺注》,中华书局,1981年,第213页。

[36](宋)王钦若等编:《册府元龟》,中华书局,1960年,第763页。

[37]傅璇琮主编:《唐才子传校笺》第一册,周勋初《高适校笺》,中华书局,1987年,第417页。

[38]刘开扬:《高适诗集编年笺注》,中华书局,1981年,第214页。

[39](宋)欧阳修,宋祁撰:《新唐书》,中华书局,1975年,第1212页。

[40](清)董诰等编:《全唐文》,中华书局,1983年,第3197页。

[41](清)董诰等编:《全唐文》,中华书局,1983年,第3946页。

[42]赵骅,或作赵晔,作赵晔误,见林宝撰、岑仲勉校记《元和姓纂(附四校记)》,中华书局1994年,第1010页。岑校记云:"《旧书》一六七及《新表》《新传》同作'骅',唯《旧书》一八七下作'晔'。《纪事》二七,骅字云卿,开元进士,尝陷禄

山,贬晋江尉。《全文》三一五李华《杨骑曹集序》,孙逖为考功,天水赵骅高第。同书三一七同人《三贤论》,天水赵骅云卿。骅后拜补阙、御史,见《全诗》三函二册颜真卿《寄赵七侍御》诗注。《旧传》称骅尝为膳中,今据《曲石藏赵益志》,系大历十四年立,题'祠部郎中赵骅文',疑《旧传》膳中误。"《登科记考》从岑说,见徐松撰、赵守俨点校《登科记考》,中华书局1984年,第276页。按,岑校云,唯《旧书》作"晔"误,《登科记考》又补《旧唐书·忠义传》、《新唐书·赵宗儒传》作"晔"例。又岑校云"疑《旧传》膳中误",亦误。岑校可据《赵益志》补赵骅仕履中有"祠部郎中"一节,而不可据此否定《旧传》所载骅曾任膳部郎中,《赵益志》又见《唐代墓志汇编》,上海古籍出版社1992年,第1818页。赵骅曾任"仓曹参军",《大唐故右金吾卫胄曹参军陇西李府君墓志铭并序》,"领军卫仓曹参军赵骅书",系开元二十九年立,时赵骅为仓曹参军。见《唐代墓志汇编》,第1539页。

[43](宋)钱易撰,黄寿成点校:《南部新书》,中华书局,2002年,第25页。

[44](宋)王钦若等编:《册府元龟》,中华书局,1960年,第9234页。

[45](后晋)刘昫等撰:《旧唐书》,中华书局,1975年,第4907页。

[46](宋)李昉等编:《太平广记》,中华书局,1961年,第1706页。

[47]傅璇琮、陈尚君、徐俊编:《唐人选唐诗新编(增订本)》,中华书局,2014年,第236页。

[48](唐)杜甫著,(清)仇兆鳌注:《杜诗详注》,中华书局,1979年,第12、1441页。

[49](唐)李白著,(清)王琦注:《李太白全集》,中华书局,1977年,第1579页。

[50](唐)李白著,(清)王琦注:《李太白全集》,中华书局,1977年,第1583页。

[51](唐)李白著,(清)王琦注:《李太白全集》,中华书局,1977年,第1583页。

[52](唐)李白著,(清)王琦注:《李太白全集》,中华书局,1977年,第133~134页。

[53](唐)李白著,(清)王琦注:《李太白全集》,中华书局,1977年,第1229页。

[54](唐)李白著,(清)王琦注:《李太白全集》,中华书局,1977年,第1240页。

[55](宋)计有功撰,王仲镛校笺:《唐诗纪事校笺》,中华书局,2007年,第600页。

[56](后晋)刘昫等撰:《旧唐书》,中华书局,1975年,第423页。

[57](清)董诰等编:《全唐文》,中华书局,1983年,第4103页。

[58](唐)李白著,(清)王琦注:《李太白全集》,中华书局,1977年,第1462页。

[59](唐)李白著,(清)王琦注:《李太白全集》,中华书局,1977年,第1444页。

[60](唐)李白著,(清)王琦注:《李太白全集》,中华书局,1977年,第1444页。

[61](唐)李白著,(清)王琦注:《李太白全集》,中华书局,1977年,第1247页。

[62]周绍良主编:《唐代墓志汇编》,上海古籍出版社,1992年,第1676页。

[63]周绍良主编:《唐代墓志汇编》,上海古籍出版社,1992年,第2006页。

[64]周绍良主编:《唐代墓志汇编》,上海古籍出版社,1992年,第2064页。

[65]周绍良主编:《唐代墓志汇编》,上海古籍出版社,1992 年,第 2485 页。

[66]周绍良主编:《唐代墓志汇编》,上海古籍出版社,1992 年,第 2320 页。

[67][日]广池千九郎校注,内田智雄补订:《唐六典》卷 16,三秦出版社,1991 年,第 336 页。

[68](宋)王溥撰:《唐会要》卷 65,上海古籍出版社,1991 年,第 1348 页。

[69]周绍良主编:《唐代墓志汇编》,上海古籍出版社,1992 年,第 754 页。

[70](宋)王溥撰:《唐会要》卷 65,上海古籍出版社,1991 年,第 1349 页。

[71](宋)王溥撰:《唐会要》卷 36,上海古籍出版社,1991 年,第 777 页。

[72](唐)李白著,(清)王琦注:《李太白全集》,中华书局,1977 年,第 1446 页。

[73](唐)李白著,(清)王琦注:《李太白全集》,中华书局,1977 年,第 1466 页。

[74]岑仲勉:《唐人行第录》,中华书局,2004 年,第 50 页。

[75]关于"通谱牒"可参戴伟华《张九龄"为土著姓"发微》,《文学遗产》2011 年第 4 期。

[76](宋)欧阳修、宋祁撰:《新唐书》,中华书局,1975 年,第 1161 页。

[77](唐)杜佑著,颜品忠等校点:《通典》,岳麓书社,1995 年,第 211 ~ 212 页。

[78](唐)长孙无忌等撰,刘俊文点校:《唐律疏议》,中华书局,1983 年,第 183 页。

[79]戴伟华:《张九龄"为土著姓"发微》,《文学遗产》2011 年第 4 期。

[80]裴斐:《李白经济生活探源》,《江汉论坛》1980 年第 2 期。文中引用郭沫若《李白与杜甫》一段:"李家的商业规模相当大,它在长江上游和中游分设了两个庄口,一方面把巴蜀的产物运销吴楚,另一方面又把吴楚的产物运销巴蜀。从这里对于李白生活费用的来源才可以得到妥当说明。"裴文否定了郭说,认为李白"并不存在一个供他挥霍的富商家庭,而是各地州佐县吏和朋友经常给予经济支持"。

[81]戴伟华:《唐代文学研究中的文人空间排序及其意义》,《扬州大学学报》1999 年第 1 期。

论李白的散文

朱金城

李白的散文,留存至今共71篇[1]。其中古赋8首,书表9首,序23首,记、颂、赞20首,铭碑、祭文10首,题跋1首。这个数字几乎包括了李白集中诗词以外的全部作品,因此,本文所指的“散文”,是从广义上理解的。

李白的作品,在唐时已经散失了许多,李阳冰作序时称其“当时著述,十丧其九”。可见,他的散文与诗歌一样,今天能见到的,仅是其中的一部分,极个别的尚有真伪问题。但总的说来,这些散文与诗歌一起,代表着一个完整的艺术体系,它与唐代文学的发展,有着千丝万缕的联系.研究它的存在与开元、天宝时期的文风,对认识唐代文学发展中的某些问题,有一定的参考价值。

一

为了叙述方便,现将李白的散文分为三类:一,古赋;二,书表序记;三,颂赞铭碑祭文。这样分类并非十分合理,目的仅在于能比较清楚地说明李白散文与传统散文之间的继承和革新。

李白集中的古赋,有《大鹏赋》《拟恨赋》《惜余春赋》《愁阳春赋》《剑阁赋》《明堂赋》《大猎赋》等,这些作品从题材、内容、形式到表现手法、艺术风格都深受汉赋及六朝抒情小赋的影响。具体地说,古赋又可分为两种:即模拟大赋(汉赋)的作品和模拟小赋(六朝徘赋)的作品。

《明堂赋》《大猎赋》等篇幅较长,属于大赋,从谋篇布局到遣词铸句,都大量借鉴了班固的《两都赋》、司马相如的《子虚赋》《上林赋》、扬雄的《羽猎赋》、王逸的《鲁灵光殿赋》等汉魏人的作品,气势磅礴,辞意畅达,打破了齐梁以后俳赋典丽精工的格局。这些大赋虽脱胎于汉赋，还广泛吸收了先秦两汉诸子的笔法，尤其是《庄子》《山海经》《淮南子》等在创作题材和手法上都启发过作者。如《大鹏赋》取材于《庄子·逍遥游》，而描绘大鹏的夸张手法则移用了《庄子·外物》中任公子为大钩的写法，大鹏与大鱼那种震撼山川、惊动神鬼的形象如出一辙：

任公子为大钩巨缁，五十犗以为饵，蹲乎会稽，投竿东海，旦旦而钓，期年不得鱼。已而大鱼食之，牵巨钩陷没而下，骛扬而奋鬐，白波若山，海水震荡，声侔鬼神，惮赫千里。……

——《庄子·外物》

（大鹏）脱鬐鬣于海岛，张羽毛于天门。刷渤澥之春流，晞扶桑之朝暾。惮赫乎宇宙，凭陵乎昆仑。一鼓一舞，烟朦沙昏。五岳为之震荡，百川为之崩奔。……斗转而天动，山摇而海倾。怒无所转，雄无所争。……

——李白《大鹏赋》

李白的大赋在唐人同类作品中享有很高的声誉，与其同时的任华称赞说："古来文章有奔逸气，耸高格，清人心神，惊人魂魄。我闻当今有李白，《大鹏赋》《鸿猷文》，嗤长卿，笑子云，班、张所作琐细不入耳，未知卿云得在嗤突限否？"[2]清人何焯也认为，"《明堂》《大猎》二赋，晋、宋以降未有此作"[3]。

另一类赋，明显地模拟了南朝江淹、庾信等人的抒情小赋。据说李白前后曾三拟《文选》，不如意，辄焚之，唯留《恨》《别》二赋[4]。现《拟别赋》已不得见，仅存《拟恨赋》一首。后人评价说："太白诸短赋，雕脂镂冰，是江文通《别赋》等步骤。"[5]其实并不尽然，李白的小赋中已经全然不是那种沁人心骨的冷色调和精雕细凿的风格，尽管作者努力使自己的作品接近南朝的意境，而字里行间仍时时透露出清新自然的气息：

登九疑兮望清川，见三湘之潺湲。水流寒以归海，云横秋而蔽天。余以乌道计于故乡兮，不知去荆吴之几千。于时西阳半规，映岛欲没。澄湖练明，遥海上月。念佳期之浩荡，渺怀燕而望越。荷花落兮江色秋，风嫋嫋兮夜悠悠。临穷溟以有羡，思钓鳌于沧洲。无修竿以一举，抚洪波而增忧。归去来兮人间不可以托些，吾将采药于蓬丘。

——《悲清秋赋》

在这类小赋中，作者较多地吸取了楚辞的风格，甚至可以说，是把楚辞与六朝小赋的艺术特色糅合在一起，去表现怅然有所失的感慨。这里没有辞藻的堆砌和典故的拼凑，一切都是自然的流泻。

李白小赋与六朝小赋的重要区别还在于它具有后者所没有的开阔气象以

及一贯到底的完整性和流畅性。虽然作者本人和后代的评论者都承认，这些作品有一定的模仿现象，但所获得的成功，已经从形似、神似达到了脱颖而出的地步了，汉赋与六朝骈赋的艺术特质已在李白身上形成了一种新的艺术风格。元人祝尧《古赋辩体》指出，李白的大赋，与《子虚》《上林》等赋“首尾布叙，用事遣辞，多相出入”“但俳之蔓虽除，律之根故在。虽下笔有光焰，时作奇语，只是六朝赋尔”。而他的小赋则“揪敛《上林》《两都》铺叙体格而裁入小赋”。“故虽以小赋亦自浩荡而不伤俭陋”。祝氏按文体的正格要求去衡量李白的古赋，不免有些偏激，却也佐证了这样一个事实，即李白的古赋实质上已经从汉魏六朝的辞赋演变成为唐人的辞赋。

书、表、序、记一类，在李白散文中占的比重较大。辞赋体裁的作品偏重于文学欣赏，而书、表、序、记则偏重于实用性。不过，这些应用文字中，仍然可以见出李白行文的一贯风格和他那纵横驰骋于文学传统中的深厚功力。许多书序几乎都用赋的力法写成，如《代寿山答孟少府移文书》：

近者逸人李白自峨眉而来，尔其天为容，道为貌，不屈己，不干人，巢、由以来，一人而已！乃虬蟠龟息，遁乎此山。仆尝弄之以绿绮，卧之以碧云，嗽之以琼液，饵之以金砂。既而童颜益春，真气愈茂。将欲倚剑天外，挂弓扶桑，浮四海，横八荒，出宇宙之寥廓，登云天之渺茫。俄而李公仰天长吁，谓其友人曰：“吾未可去也！吾与尔达则兼济天下，穷则独善一身，安能餐君紫霞，映君青松，乘君鸾鹤，驾君虬龙，一朝飞腾，为方丈蓬莱之人耳？此则未可也！”

文中有大赋的铺张起伏，又不拘泥于辞赋的声律典故，写得酣畅淋漓，声情并茂。

与辞赋相比，书、表、序、记不再是单纯的写景抒情，而是将抒情与叙事紧密地结合起来，那些小赋中令人难以捉摸的惆怅，为坦率直切的真情实感所替代。作品中强烈的主体意识和主体形象给源出于六朝的抒情纪事小品体裁，带来了一系列新变化。

《春夜宴从弟桃花园序》被认为是李白此类文字中最杰出的。严格地说，这是一首以骈文体裁写成的作品，在声律、骈对、辞藻等方面也都具有骈文的特点。但是，文中雄浑开阔的气象、跌宕转折的文势、典赡高华的风态和清丽自然的语言，则综合体现出盛唐文学的特色。大部分的书、表、序、记用骈散相间的文体，同样，也突出地显示了相似的特点，例如《与韩荆州书》的开头：

白闻天下谈士相聚而言曰：生不用万户侯，但愿一识韩荆州。何令人之景慕一至于此耶？岂不以有周公之风，躬吐握之事，使海内豪俊奔走而

> 归之，一登龙门，则声誉十倍！所以龙盘凤逸之士，皆欲收名定价于君侯，愿君侯不以富贵而骄之，寒贱而忽之。则三千宾客中有毛遂，使白得颖脱而出，即其人焉！

《任城县厅壁记》一文以叙事见长，仍不减雄俊流丽之风：

> 鲁境七百里，郡有十一县，任城其冲要。东盘琅邪，西控巨野，北走厥国，南驰互乡。青帝太昊之遗墟，白衣尚书之旧里。土俗古远，风流清高，贤良间生，掩映天下。地博厚，川疏明。汉则名王分茅，魏则天人列土。所以代变豪侈，家传文章。

在这些作品中，李白的字句结构尚带有骈文的特征，而他的章法则突破了骈文滞重、装饰的框架，常常开门见山，急转直下，给人简洁爽畅、一气呵成的感觉。他注重文字的抑扬顿挫，而不受声律拘束，使事用典化而无迹，辞藻华美而毫无矫揉造作之态。《上安州裴长史书》《春于姑熟送赵四流炎方序》《秋于敬亭送从侄耑游庐山序》等篇都很有代表性，正如明人杨慎所说，李白是“神于文者”，“非工于文者所能及”[6]。

颂、赞、铭、碑、祭文一类，也属于应用文作品。与前一类不同的是，有比较严格的体制要求。李白这类作品基本上遵守传统的规范，注重韵律，追求工稳。只是文风一如前者，像《溧阳濑水贞义女碑铭》《武昌宰韩君去思颂碑》等都以铺陈夸张的手法叙事，豪气逼人。《志公画赞》曾以吴道子画、李白赞、颜真卿书刻石，世称三绝[7]。其他如《金银泥画西方净土变相赞》等，也获得唐人“宏拔清厉”的评价。

李白的三类作品，各自都有自己的特点，但从整体上看，它们具有一些共同的品性。首先是受到传统文学，特别是汉魏六朝文学的深刻影响。把汉魏六朝作为一个概念，是为了强调李白所受到传统的影响，并非仅仅指六朝文学中比较突出的崇尚骈丽、讲究声律辞藻的习气，而是指古典文学经过长期的积淀和发展，在六朝重新形成的、独立的文学意识和实践的综合影响。李白的散文还体现了典型的盛唐时代风貌和美学风格。盛唐气象是盛唐的时代特征，从文学角度着眼，盛唐气象也是开、天时期文学作品的美学特征，它不完全是升平、繁荣景象的体现，更主要的是一种坚定的自信和奋斗精神，并表现为雄浑、高昂、开阔、明朗的格调，这些特点在李白身上是很突出的。此外，李白的散文有骈散结合，以诗为文的现象。散文的功能也偏重于抒情和叙事，较少有议论的成分。即使有说理性的文字，也采用抒情色彩很浓重的方法来表现，缺乏严密的逻辑性和思辨性。所谓主气、不主意，主情、不主理的艺术方法，直观上增添了他的散文作品的文艺性。

二

李白散文的特点和文风，固然与其本人的个性、气质、思想意识、生活遭遇等分不开，但也和开、天时期的文学风尚紧密相关。

李白受到传统文学的深刻影响，绝非偶然，唐人对前代文学创作的学习和模仿，甚为普遍。与李白同时的杜甫也说过“熟精《文选》理”之类的话[8]。《文选》一书在当时曾广泛流传，初唐时已出现了各种注本。唐显庆三年(658)，李善上表进呈他的注本，开元六年(718)，吕延祚又进呈了五臣注本，《文选》受到朝野文人的重视，几乎人手一册，作为学习的范本。

《文选》由梁昭明太子萧统领衔辑纂，是南朝文人文学观念变革以后的产物。齐梁的文学创作处于新旧交替时期，对文学应当如何体现自己的艺术特质，看法并不一致。《文选》编纂者的态度是折中的：“事出于沉思，义归乎翰藻。”[9]从入选作品的分类来看，除了诗赋之外，大部分尚属“笔”的范畴，是注重文采的应用文字。《文选》中梁代作品收得很少，特别是文的部分，大多为先秦两汉两晋的作品，其中不乏为后世古文家所重视的散文名篇，如贾谊《过秦论》、司马迁《报任少卿书》、诸葛亮《出师表》，以及子夏《毛诗序》、孔安国《尚书序》、杜预《春秋左氏经传集解序》、干宝《晋纪总论》等。骈文体裁的作品也很少有绮靡软滑的文字，而恰恰推崇像陶渊明《归去来辞》那样既有骨力又追求优美淡泊意境的小品。《文选》虽然不收经、史、子类，却选入不少史论和史赞，如班固《汉书·述高纪》、范晔《后汉书·二十八将传论》，沈约《宋书·谢灵运传论》。此外，碑铭、祭文之类也有些很素朴流畅的序文，如潘岳《杨仲武诔序》《夏侯常侍诔序》、谢惠连《祭古冢文序》等。

《文选》的流行，某种意义上表明，唐人接受了萧统等人的文学观念。唐人在理性上鄙视六朝文学，“自从建安来，绮丽不足珍”[10]，自四杰、陈子昂到李白以及元结、韩愈、元白，都坚持这种看法。但是，唐人并不摒斥文学特有的艺术表现方式，除了像王勃那样少数偏激的理论之外，大多数唐人反对齐梁以来的淫艳之词，却依旧对楚辞汉赋中华美的辞藻感兴趣，只是强调“文质因其宜，繁约适其变”[11]。卢藏用《陈子昂文集序》说：“孔子殁二百岁而骚人作，于是婉丽浮侈之法行焉。汉兴二百年，贾谊、马迁为之杰，宪章礼乐，有老成人之风。长卿、子云之俦，瑰诡万变，亦奇特之士也。……其后班、张、崔、蔡、曹、刘、潘、陆，随波而作，虽大雅不足，其遗风余烈，尚有典型。宋、齐已来，盖憔悴逶迤，陵颓流靡，至于徐、庾，天之将丧斯文也。”卢氏所说，基本上代表了初盛唐之际对文学的流行看法和对中国文学发展的评价。他们否定了宋齐以后的文风，却没有表示杜绝“婉丽浮侈之法”，彻底回到经学的范围里去。这样，《文选》所提供的先秦两汉两晋时期代表作家的作品，倒成了唐人摆脱齐、梁以后过分骈丽绮靡文风的武器。再者，从另一角度看，南朝文学中，追求辞藻、声律、骈偶等文学表现形式的完美，并非毫无传统根源，正如唐人指出的那样，可以溯源到屈、宋。不过，南朝文学的弊病似乎不仅在于辞藻淫艳，文句骈丽，关键在于“骨气都尽，刚健不闻”[12]。于是，唐人在反对六朝文风，向汉魏汲取营养的同时，仍然注重对诗文艺术形式的追求。唐代社会的现实生活为唐人的文学创作开辟了天地，激发了他们的创作热情，经过初唐的努力，开、天时期的诗文从内容、形式到风格，都呈现出新的面貌。

开、天时期的文，除去少量应制之作，基本上脱去了梁、陈的雕凿习气。长篇巨制增添了宽博浑重的气势，小品也从轻靡的格调趋向清空疏快，出现了崇尚高华、自然的美学风格。开元初，张说、苏颋被称为“燕许大手笔”，享有盛名。《旧唐书·张说传》称他“为文俊丽，用思精密，朝廷大手笔，皆特承中旨撰述，天下词人咸讽诵之”。张说长于碑文墓志，文风稳健，文词壮丽，骈文与散文均相当出色，如他的《洛州张司马集序》用骈文写成，层次清晰，繁简得当，颇有气势：

洛州司马张公名希元，中山人也。族高辰象，气壮河山。神作铜钩，天开金印。孝友内植，礼乐外滋。励行闺庭，乡人谓之曾子；飞名都邑，诸儒号曰圣童。下帷覃思，穿墙嗜古。蓬山芸观之书，群玉悬金之记，鲁宫藏篆，汲冢遗编，无不日览万言，暗识三箧。博学吞九流之要，处盈若虚；雄辩敌四海之锋，退藏于密。

张说的文章并不很古朴，但他具有用典少、流爽自然的特点，甚至骈偶极工的碑铭文字也能做到文气一贯到底，如《齐黄门侍郎卢思道碑》：

铭曰：彧彧黄门，实天生德。才盖一世，荣闻四国。文壬既没，文在人弘。公为宗臣，当朝与能。龙跃春霁，凤鸣朝升。或颂或变，或雅或承。理以神合，声以妙征。高视睢涣，与君代兴。人之云亡，十有一纪。斯文未丧，施于孙子。新作丰碑，德音不已。

纵观保存在《全唐文》中开、天时期的各类文章，已经可以看到一定数量比较质朴的文字，特别是天宝以后，除了李华、萧颖士、梁肃、元结等人，还有一些不甚有名的短小作品，如张景《河南县尉厅壁记》：

县尉能御盗，而不能使民不为盗。盗贼息，非尉之能；盗贼繁，过不在乎尉矣。上失其平，下苦其情，弱者困死，强者偷生，道之常也，岂乐盗哉？

无竭民力，民心安益；无尽民物，民利丰实。居乡聚族，有良有睦；履诈迹伪，有责有愧，民之常也，孰肯为盗哉？故曰：能与过，不在乎尉，在时政之失尔。

这篇记文采用论说文的写法，语言明白如话，透露了唐文将以议论为主，以散文为主的趋向。不过，崇尚高华的风格依然占据当时文坛上的主导地位。这个特点，后来在贾至、陆贽等人的文章中仍有所体现。皇甫湜说贾至之文如“高冠华簪，曳裾鸣玉”[13]，正是指这种高华雄浑的气格而言的。

开、天时期的文风与辞赋创作的盛行有些关系。开元十三载（725），进士加试诗赋，可见赋，特别是律赋已经成为唐人很重视的体裁[14]。诗赋上的成就，被认为是有才华的表现，也是跻身于仕途的必要条件之一，所谓“开元以后，四海晏清，无贤不肖，耻不以文章达”[15]。此外，制诰奏章请状诸文多用骈体，文体的制约使作品不可能过分拙朴，而总是偏于华美。当时著名的文章，流传广泛的作品，大多为辞赋，如李白的《明堂赋》《大猎赋》、杜甫的三大礼赋、吕向的《美人赋》、李华的《含元殿赋》等。这一时期，人们对词人和散文的评价，一般都要把有无文采作为标准之一，如道士吴筠的文章就被誉为“词理宏通，文采焕发”[16]。当然，从开元初到天宝末，文学风尚也有一些变化，天宝中后期，文坛上重散尚质的审美要求正在渐渐形成，文体文风的改变也已成为一种必然趋势。这在探索唐代散文发展的过程中值得重视，而就开、天时期本身的文学创作着眼，并不能因为这种意向日趋明朗，而忽视了盛唐时期的主导文风。在开、天时期的作品中，可以找到十分成熟的散文，同样，在天宝以后乃至古文大发展的中唐，也可以找到典型的骈丽作品，但这都不是代表时代风貌基本特色的东西。

盛唐诗歌的高度发展，对开、天时期的文风形成，有相当大的影响。如前所述，李白的散文与他的诗歌就有许多共同之处，以至后人说他的文简直就是“歌诗”。的确，在他那里，可以找出诗与文相对应的作品：

咸阳之南直望五千里，见云峰之崔嵬。前有剑阁横断，倚青天而中开。上则松风萧飒瑟飔飔，有巴猿兮相哀。旁则飞湍走壑，洒石喷阁，汹涌而惊雷。送佳人兮此去，复何时兮归来？望夫君兮安极？我沉吟兮叹息。

——《剑阁赋》

噫吁嚱！危乎高哉！蜀道之难，难于上青天！……西当太白有鸟道，可以横绝峨眉巅。……黄鹤之飞尚不得过，猿猱欲度愁攀援。……连峰去天不盈尺，枯松倒挂倚绝壁。飞湍瀑流争喧豗，砯崖转石万壑雷。……剑阁峥嵘而崔嵬。……锦城虽云乐，不如早还家。蜀道之难，难于上青天，侧身西望长咨嗟。

——《蜀道难》

东风归来,见碧草而知春。荡漾惚恍,何垂杨旖旎之愁人?天光青而妍和,海气绿而芳新。……魂与此兮俱断,醉风光兮悽然。若乃陇水秦声,江猿巴吟。明妃玉塞,楚客枫林。试登高而望远,痛切骨而伤心。

——《愁阳春赋》

燕草如碧丝,秦桑低绿枝。当君怀归日,是妾断肠时。春风不相识,何事入罗帏?

——《春思》

这些作品,不仅词句相似,风格情调也一脉相承。又如《观佽飞斩蛟龙图赞》用五言写成,简直就是一首排律:

佽飞斩长蛟,遗图画中见。登舟既虎啸,激水方龙战。惊波动连山,拔剑曳雷电。鳞摧白刃下,血染沧江变。感此壮古人,千秋若对面。

王维的诗文也有很典型的例子,如《山中与裴迪秀才书》与他《辋川集》中的写景诗艺术手法和意境十分相近。其他大诗人也有类似的情况,如高适《东征赋》与他的边塞诗,陶翰《送孟大入蜀序》与他的写景小诗……与上述情况相反,独孤及、李华、萧颖士等擅长和提倡古文的作家,他们的诗歌创作则不甚著名,留下来的作品似乎都没能达到盛唐诗歌那种艺术境地。

开、天时期的诗歌,历来被认为是唐诗的高峰,特别是七言歌行和近体诗这些在唐代发展成熟的诗歌样式,在开、天时期出现了很高的艺术成就。七言歌行创作手法和艺术风格有敷陈恣肆的特点,而严格的骈偶声律则是近体诗特有的艺术形式。在这个诗歌创作极为普及的时代里,诗歌创作手法不能不渗透到唐文的创作中去,体现在颇有成就的诗人身上则愈加明显。当然,每个作家的个人风格与诗文之间影响的程度各不相同,就整体而言,唐诗对唐文的影响在开天时期主要表现为重抒情、重格律。此外,盛唐诗歌不事雕凿,一气呵成的那种崇尚自然的特色与唐文骈散相间、舒和高畅的风格基本一致。只是由于盛唐诗歌的成就比唐文更加突出,又由于后世古文家的势力大大增强,因而开、天时期的散文,便不很引人注目了。

三

李白的散文与开、天时期的文风能给我们什么启示呢?我以为有三个方面值得探讨。

第一，唐代文学中，各种文学样式的发展呈现出交杂错综的状况，各种文学样式之间，各种文学样式中的各种类别之间，都在相互影响，趋向融合而又不断产生新的分离。就诗歌与散文两种样式而言，两者都在本身的发展中不断地相互影响，如果说，李白以诗为文是受到诗歌的深刻影响，那么，杜甫的以文为诗是否能说明散文对诗歌产生了影响呢？事实上各种文学样式之间在这种相互影响、相互融合的过程中对各自的功能和表现方式进行互补，起了丰富艺术表现能力的促进作用。例如，以诗为文，将诗歌的抒情特色移植到散文中，不仅发挥了散文的抒情功能，还能使散文具有诗歌般的语言和意境；以文为诗，则增添了诗歌中的叙事和议论成分，对于深化诗歌的主旨，开阔气度也不无裨益。这样的情况同样也会出现在某个文学样式的各种类别之间，例如，古人把诗赋归为一类，诗赋两者的文体也始终存在着相互影响、相互融合的趋势。又如骈散文之间也很难各自严守门户，骈文不免用散句来调节，而散文中也总会出现一些偶对的词句。有时这种影响所产生的效果非常明显，尤其是当某一种文学样式具有强大的生命力的时候。因此，在研究某一类作品时，不应忽视这种影响。开天时期的诗文发展，诗强于文，但诗与文也并非互不干扰，骈文发展盛于散文，但也并不意味着散文发展没能影响骈文。开、天时期出现了骈散融合的散文创作方法，各类文体之间的相互影响是一个重要因素。例如，唐代的史学以及史传文体就直接影响了散文的发展。这在书、表、记、序一类中十分突出。当时的这类作品，大都已看不出有什么固定的格式，不仅骈散随意，而且文章的结构、步骤都信手为之。碑铭之类多用韵文，但章法句法都趋向简洁、质实。如张说的许多碑铭，都采用记传的做法，显得自然生动，以后散文大家韩愈也采用这种方法作碑文。因此研究唐代文学的发展，不仅要注意各种文学样式的纵向发展线索，同时也应注意各类文学样式的横向联系。

第二，唐代文学与文学批评的发展不是完全同步和紧密相关的。唐人的创作与文学理论在处理情与理、文与质的矛盾时，往往受到多方面的制约，有许多创作与理论不一致、动机与效果不一致的地方。文学理论对社会政治、历史文化诸因素比较敏感，常常因时代的变革或某种政治观念的需要，迅速提出新的主张，而文学创作则较多地受到前代风尚与传统的影响，需要经过一段时间，才能逐渐地转变以适应新的文学主张。此外，作品本身的影响也与理论主张不同，理论可以提纲挈领，观点鲜明，一个比较完整的文学理论体系对基本观点的阐述，一般不会产生理解上的歧义，而文学作品的则不同，作品是具体的，多义的，内容与形式可以是统一的，也可以是不统一的，它能使读者根据自己的经验和需要从不同的角度各取所需。因此，唐人对汉魏六朝文学的具体作品，接受的角度很不一致,《文选》的流行,很能说明问题。唐初李善注《文选》,用训诂的方法,目的是为了使人们能掌握运用作品中的词汇和典故,丰富自己的文学创作。开元初,吕延祚集五臣注,则出于对李注的不满。他斥李注为"末学",认为《文选》的作品含有教化作用:"风雅其来,不之能尚,则有遗词激切,揆度其事。宅心隐微,晦灭其兆,饰物反讽,假时维情,非夫幽识,莫能洞究。"[17]而《文选》在唐代文学发展中所起的双重作用,则是李、吕二人所没有料到的。至于后世文人从《文选》中汲取了大量艺术素养,而不是教化的方法,更是《文选》的编注者所没能料到的。唐代文学发展中这些错综复杂的关系,使尚文尚质的两大派不可能泾渭分明,这是阐述和评价流派和作家时应当注意的。

第三,唐代文学的发展,是与某种特定政治文化气候之间产生矛盾和统一的结果。六朝文学演变成为唐代文学,一般认为,这个发展说明文学本身的发展与时代的要求是相一致的。事实上,唐代文学,特别是近体诗的高度发展以及骈文的盛行,与从隋、初唐就已经显露出来的提倡复古的理论倾向,存在着尖锐的矛盾。从开、天时期的创作中也可以看到,文学本身仍然不断地、强烈地表现出自己与其他学科不同的特征,而儒家文化、哲学思想的再度强盛,却希望把文学重新纳入经学的轨道,唐代文学的发展,是与之不断斗争、不断调和、力求统一的结果。坚持儒家文学观念与实践,常常以排斥文学所具有的独特的表现方式为前提,甚至视文学特性较强的"文人之词"等而下之。如尚衡曾经说过:"君子之作,先乎行,行为之质,后乎言,言为之文。行不出乎言,言不出乎行,质文相半,斯乃化成之道焉。""词士之作,学古以摅情,属词以及物。及物胜则词丽,摅情逸则气高。高者求清,丽者求婉,耻乎质,贵乎情,而忘其志,斯乃颓靡之道焉。"[18]他把"文"分为三等:君子之文为上等,志士之文为中等,词士之文为下等。这种政治文化气候一定程度上阻碍了文学发挥艺术特性,可是,文学本身却不断地进行挣扎,其中以不断地丰富和完善自己的艺术表现形式最突出。天宝后期至大历时期,复古尚质的文学思潮日趋严重,而文学创作中追求艺术形式的完美仍大有人在,杜甫的律诗拗体便是一例。这种斗争的结果往往以调和与统一——即"文质并重"而得到暂时的缓和,如开、天时期诗文创作的巨大成就、韩柳散文的大发展等。唐代儒学的再度振兴,对文学发展影响极大,甚至包括创作手法和创作风格的变化。开、天以后,唐代诗文都失去了主情、主气的特点,而转向主意主理,唐代中后期诗文以外的文学样式的兴起,在某种意义上说,不能不是因为限制了诗文的抒情功能和艺术特性,而迫使文学另寻生路。

唐代文学的发展和发展方式、发展方向是个极为复杂的问题,远远不是本文所能阐述清楚的，这里只打算提出一些值得思考的角度，希望得到大家的指正。

注　释

[1]本文统计数及所引李白作品均据《李白集校注》(上海古籍出版社，1980年7月版)。

[2]任华《杂言寄李白》。

[3]见《李白集校注》评笺所引《陆本李集校评》。

[4]《酉阳杂俎》。

[5]《古赋辩体》。

[6]参见《升庵全集外集》。

[7]见叶奕苞《金石录补》。

[8]杜甫《宗武生日》。

[9]参见周勋初《梁代文论三派述要》(《中华文史论丛》第五辑)。

[10]李白《古风》。

[11]令狐德棻《周书·王褒庾信传论》。

[12]杨炯《王勃集序》。

[13]皇甫湜《喻业》。

[14]参见《唐会要》及徐松《登科记考》。

[15]沈既济《词科论序》。

[16]参见《旧唐书·吴筠传》。

[17]《进集注文选表》。

[18]《文章元龟》。

论李白诗的飘逸风格及其成因

房日晰

风格能够代表一个作家创作的最高成就，显示其艺术才能与创作个性。有无独特的艺术风格，是一个作家是否成熟的标志。因此，研究一个作家，风格之探讨不可或缺。然纵观李白诗歌的研究，专论创作风格者甚少。究其原因，一是中华人民共和国成立后对作家创作风格研究不够重视；二是因为李白诗歌风格多种多样，不便一言以蔽之，用一种风格概括。诚然，艺术家之创作往往有多种风格，但在诸多风格中，必有其主导风格。李白诗或清新俊逸，或清雄奔放，或悲慨劲健，或自然绮丽。真是五彩缤纷，炫人眼目。然古代学者拈出“飘逸”二字以概括他的诗歌风格，却是很有见识的。我以为“飘逸”是李白诗歌的主导风格，兹简论如次。

一

谈到李白诗歌的风格，首先令人想到伟大的现实主义诗人杜甫对他诗歌所作的颇为精当的评价。“白也诗无敌，飘然思不群。清新庾开府，俊逸鲍参军”（《春日忆李白》），他以内行对诗的直感，以精警的诗句，对李白诗歌的风格作出了准确而简要的概括。“清新”“俊逸”是就李白诗歌的风格特点直接而言的，“飘然思不群”，则是指他创作构思的特征。“飘然”言其意象飘移不定迷离恍惚的情态，“思不群”是指他的艺术构思能够超拔流俗。他举重若轻，挥翰雾散，笔走龙蛇，从而写出“惊风雨”“泣鬼神”的动人篇章。“无敌”则誉其天才超轶，举世无匹。以诗的语言风格而论，李白诗清新俊逸而卓特，极萧散洒脱之致。飘然与俊逸，简言之即飘逸，这是李白诗歌风格的主要特征。继杜甫之后，历代诗人和评论家对李白诗歌的风格,多有一语中的的评赞。王安石说:“白之诗歌,豪放飘逸,人固莫及。”[1]严羽说:“子美不能为太白之飘逸,太白不能为子美之沉郁。”[2]他们都拈出了“飘逸”二字,以概括李白诗歌的风格。晁公武云:“白天才英丽,其辞逸荡隽伟,飘然有超世之心,非常人所及,读者自可别其真伪也。”[3]“飘然有超世之心”的性格与“逸荡隽伟”之诗句,构成了他诗歌飘逸的风格。也就是说,李白诗歌飘逸的风格,不仅是他独特个性的表现,而且是通过语言的外壳表现出来的。读者可以根据这种飘逸的风格,辨识其诗的真伪。我国传统的文学批评,常常不是用抽象的理论概括,而往往是用感人的形象描述。对于李白诗风格之研究,历代更多的人,则以形象的笔触描绘其诗歌飘逸的情态,有很强的可感性。李阳冰称“其言似天仙之辞”[4]。刘全白谓“才调逸迈,往往兴会属辞”[5]。黄庭坚曰:“余评太白诗,如黄帝张乐于洞庭之野,无首无尾,不主故常,非墨工椠人所可拟议。”[6]杨万里云:“太白之诗,列子之御风也。”[7]《臞翁诗评》谓:“李太白如刘安鸡犬,遗响白云。覈其归存,恍无定处。”[8]杨慎曰:“太白诗仙翁剑客之语。”[9]沈德潜云:“太白想落天外,局自变生。此殆天授,非人力也。”[10]所谓“天仙之辞”“列子之御风”“恍无定处”“不主故常”,等等,都是描绘李白诗的风格,言其写诗时能够“离方遁圆”,挥洒自如,若神仙乘祥云来往于宇宙之间,自由自在而无拘检。“兴会属辞”,则是指他兴致到来时脱口而出、不用苦思冥索的写诗情景。不墨守成规,天才地大胆地创造,是李白诗歌创作成功的重要因素。从他们对李白诗歌风格的具体描绘中,显示与概括了李白诗歌风格的特征。总之,前人或径直称其诗风格飘逸,或以形象的笔法状其飘逸之态。由此可见,李白诗歌风格之飘逸,为历代诗歌评论家所公认。虽然,飘逸二字不能概括李白诗全部风格的特征,但它是李白诗歌风格的金光闪闪的一个徽章。

二

就美的表现形态说,李白诗有壮美、优美以及壮美中存优美、优美中有壮思等多种表现形式。但无论诗中表现出的是何种美,诗都写得极其自然流畅。诗人善于自由挥洒,笔走龙蛇,诗里呈现出活泼飘洒之态。他曾谓别人的诗是“清水出芙蓉,天然去雕饰”[11],论者皆以为这是李白诗的语言风格的真实写照。其实,他诗中思想内容的表达与感情的表现,也是可用这10个字概括的。他写诗时极忠实于他的思想情绪,诗的内容也能记录他内心的真实感情。“我醉欲眠卿且去,明朝有意抱琴来”(《山中与幽人对酌》),则是诗人坦率性格的写照。

李白写诗时情绪变化之迅敏，思路之流畅，行为之洒脱都是惊人的。所谓“李白斗酒诗百篇”，“挥翰雾散”是近乎实录的。李白在《赠黄山胡公求白鹇序》中说：“因援笔三叫，文不加点以赠之。”这与“二句三年得，一吟双泪流”的苦吟、与“闭门觅句”搜索枯肠者不可同日而语。他的诗有如行云流水般的自然，有如孤云野鹤式的飘逸，这一特点，是为李白研究者所公认的。

飘逸风格是老庄思想作用于艺术趣味的反映，显示出潇洒闲逸、离脱尘俗的艺术境界。飘逸重在逸，带有超脱凡俗的神仙风貌。裴敬在《翰林学士李公墓碑》中描写了李白这种飘然若仙之状：“先生得仙秀气耶？不然，何异于常人耶？或曰：太白之精下降，故字太白，故贺监号为谪仙，不其然乎！故为诗格高旨远，若在天上物外，神仙会集，云行鹤驾，想见飘然之状。”李白性格爽朗，胸襟开阔，志气恢宏，在诗中表现出一种安逸闲适与不执着世情的心境。《山中问答》表现了这种超然物外的安逸心情：

问余何意栖碧山，笑而不答心自闲。
桃花流水窅然去，别有天地非人间。

诗里流露出飘飘出尘之想。李白的许多诗歌，都呈现出一种“别有天地非人间”的超脱凡俗的优美的艺术境界。《夜泊牛渚怀古》《赠孟浩然》《访戴天山道士不遇》《寻雍尊师隐居》《听蜀僧浚弹琴》《秋登宣城谢朓北楼》《清溪行》《春日醉起言志》《送友人入蜀》《月下独酌》等，这类诗闲逸洒脱，风格爽朗，神韵悠然，奇思络绎，妙语横生，表现出悠闲飘洒的情致。譬如《送友人入蜀》：

见说蚕丛道，崎岖不易行。山从人面起，云傍马头生。
芳树笼秦栈，春流绕蜀城。升沉应已定，不必问君平。

写沿途风物，并对行者以安慰，这是送行诗常见的格局，此诗不以构思精巧见称，而以飘逸取胜。妙在将极为艰险之旅程，写得轻松而优美，使行者不但不将蜀道视为畏途，而且如寻幽探胜，以勇往也。友人赴蜀，蜀道之艰难崎岖不可回避。“山从人面起，云傍马头生”，如此艰险的情景，写得却十分轻松。“芳树笼秦栈，春流绕蜀城”，“秦栈”“蜀城”之风景又如此可爱诱人。《唐宋诗醇》的编者评云：“此诗颔联承接次句，语意奇险，五六则秾纤矣。颔联极言蜀道之难，五六又见风景可乐，以慰征夫，此两意也。一结翻案，更饶胜致。”此诗虽写旅途之险峻，却能以轻快的笔调出之，气度从容，极尽潇洒飘逸之态。

又如《寻雍尊师隐居》：

群峭碧摩天，逍遥不记年。拨云寻古道，倚树听流泉。
花暖青牛卧，松高白鹤眠。语来江色暮，独自下寒烟。

此诗写重峦叠峰、摩天入云的深山老林中独有的恬静幽美的境界，神韵悠然。

有人以为此类诗“与襄阳相似”[12]，实孟浩然的诗风清切而冷峻，李白诗则写得逸态横生。仔细比较，大异其趣。《唐宋诗醇》的编者在评《白云歌送刘十六归山》诗时说：“吐语如转丸珠，又如白云卷舒，清风与归，画家逸品。”这一评语，移之上列诸诗，未尝不恰如其分。“白云卷舒，清风与归”，足以概括这类诗的艺术特点。李白送人、登览、怀古、访友之作，大都写得潇洒闲逸，自然天成，字字精警，句意俱炼而不留斧凿迹痕，似妙手偶得，毫不费力，却极见艺术功力。“能化尽笔墨之迹，迥出尘埃之外”[13]，可谓“羚羊挂角，无迹可求”[14]“不着一字，尽得风流”[15]。李白的五言近体诗、短篇乐府及部分七言绝句，都具有这种艺术特色。

李白的七言歌行乐府，感情奔放，胸襟开阔，直能驱策六合，陶钧万物。诗人那种扬眉吐气的气概，诗里那种流转自然的情调，那种鲜明的自我形象，呈现出浩荡放逸的浪漫主义色彩。这种有着奔逸或纵逸情调的诗篇，是李白诗中飘逸风格的另一种类型，它更具有天才的独创性。赵翼在《瓯北诗话》中说：“（太白）诗之不可及处在乎神识超迈，飘然而来，忽然而去，不屑屑于雕章琢句，亦不劳劳于镂心刻骨，自有天马行空，不可羁勒之势。”《蜀道难》《梦游天姥吟留别》《襄阳歌》《远别离》《醉后赠从甥高镇》《宣州谢朓楼饯别校书叔云》《梁园吟》《秋日鲁郡尧祠亭上宴别杜补阙范侍御》《庐山谣寄卢侍御虚舟》等，都是这类诗的代表。它或若天马行空，飘然而来，戛然而止，格调高逸，有如鹏翔未息，翩翩而自逝”[16]；或倏忽变化，“波澜开阖，如江海之波，一波未平，一波复起。又如兵家之阵，方以为正，又复为奇。方以为奇，以复是正。出入变化，不可纪极”[17]；“开阖轶荡，冠绝古今。……其襟期雄旷，辞旨慷慨，音节浏亮，无一不可”[18]。这类诗歌，语言横肆，意象跳跃，极有气势。诗人又往往以恍惚变幻和极度夸张的语言，表现豪迈、杳远的理想，显示了诗人飞跃的精神状态与落魄不羁的情怀。譬如写黄河就说：“黄河之水天上来，奔流到海不复回。”[19]写风雪就说：“燕山雪花大如席，片片吹落轩辕台。”[20]登庐山就说：“登高壮观天地间，大江茫茫去不还。黄云万里动风色，白波九道流雪山。”[21]写友情就说：“回山转海不作难，倾情倒意无所惜。”[22]写磊落胸怀就说：“抚长剑，一扬眉。清水白石何离离！”[23]写自己傲岸的性格就说：“揄扬九重万乘主，谑浪赤墀青琐贤！”[24]“黄金白璧买歌笑，一醉累月轻王侯。”[25]醉襄阳就说：“清风朗月不用一钱买，玉山自倒非人推。”[26]都写得纵逸而自然，夸张而又真实。

综上所述，李白诗歌飘逸风格的表现，或在情绪上有飘然出尘之想，或在诗人风度上有飘逸洒脱之态，或在诗的标格上骨秀气清，语言无粘皮带骨之病，无艰深滞涩之弊。大体而言，一为俊逸，其诗神韵悠然，有手挥五弦、目送归鸿之妙，此以五言近体及短诗为主；二为纵逸，其诗词意遒劲，其气势有如悬泉飞瀑，骏马注坡，此以七言歌行、乐府取胜。

与李白飘然的不执着世情的性格相应，其诗构思新颖，表现独特，不落窠臼俗套，在艺术表现上充分展示出天才的独创性。诸如题材的选择，主题的表现，诗歌的结构，感情的表达，语言的提炼，等等，无一不表现出特异的个性特征：既别具匠心，独创新意，又如从肺腑自然流出，妙语天成。这类诗有很高的审美价值，有很强的艺术生命力，在中国文学史上，占有极重要的地位。就以乐府诗而言，大部分沿用乐府旧题，然旧的题材并未能缚住他的手足，而仍然放射着创造的光华。有的诗虽本其乐府旧题而写得更为精彩飞扬。如《蜀道难》，仍状蜀道之艰难。由于诗人感情之深挚，诗歌形象之丰满，引起读者对祖国山河壮丽之深沉的热爱。《远别离》虽抒写别离之痛，而在抒情中含有更深广的内容。仔细抽绎，可作天宝末年史诗读。有的则自铸伟词，如《秦女休行》，感情慷慨壮烈，读之令人唏嘘。七言歌行，则以独特卓异的面貌，出现在当时的诗坛，生气勃勃。对此，他既有首创之功，又能推波助澜，使其蔚为大观，成为盛唐诗歌的一绝。这种歌行诗，题目包括两部分：歌行题和诗题。歌行题可以看作乐府题或看作广义的“即事命题”的新型乐府，诗题则系写诗的缘由。《西岳云台歌送丹邱子》《庐山谣寄卢侍御虚舟》即为此类。也有些诗只有歌行题或诗题。他的歌行以内容的广阔深博与形式的自由纵恣见长，过去和当代一些学者都把这部分诗看作李白的乐府，我以为是很有见地的。李白的七言歌行，在中国诗歌发展史上起了承前启后的作用，有很高的历史地位。文学史家对此没有给予足够的重视。对此笔者有专篇论述，此处不赘。即如赠别诗，本易成为酬应之工具，而李白的赠别诗，往往内容充实，感情真挚，引起读者强烈的共鸣。如《黄鹤楼送孟浩然之广陵》《闻王昌龄左迁龙标遥有此寄》《江夏别宋之悌》，都是千古传诵的名篇。《赠裴十四》《赠何七判官昌浩》《赠崔侍御》《梦游天姥吟留别》《金陵酒肆留别》《宣州谢朓楼饯别校书叔云》，这些诗篇在语言、章法、结构上都独具匠心。他的诗歌语言，不论乐府、古诗、近体，都极其朴素自然，具有情深词显、不言情而情深、不炼意而意味深长的特色。《春思》《秋思》《子夜吴歌》《长干行》《古朗月行》《出塞》，以及一些短诗、小律，都是感情真率、意味隽永、语言本色的诗篇。李白的歌行乐府诗，语言如行云流水，开郁宣滞。词源如山峡之倒倾，感情如海涛之汹涌，飞流直下，有一泻千里之势。且逸思横出，显出纵逸的本色。

由于选择精当，主题开掘很深，语言又极其自然本色，其诗歌飘逸风格的特点更为突出而明朗。

三

如上所述,李白诗歌中飘逸的风格是鲜明的、独特的、突出的。那么这种独具个性特色的艺术风格是怎样形成的呢?布封有句名言:“风格就是人。”文学的风格,必然有着作家自己的个性、人格等。因此,探讨诗歌风格形成的主观原因是十分必要的。

以李白的政治追求与处世态度来看,他是典型的浪漫主义诗人,而不是头脑清醒的政治家,他有着诗人的气质而缺乏政治家的胸怀与风度。

李白从青年时期起,就怀有“济苍生”“安社稷”的宏伟抱负,并为其实现而孜孜以求,锲而不舍;他追求鸿功伟烈,希望建立不世之功。他青年时期写《大鹏遇希有鸟赋》《上李邕》,临终赋《临路歌》,终其一生,他以大鹏自诩。他鄙视蓬间雀,没有庸夫俗子那种垂涎欲滴的权势欲。他性格豁达开朗,政治视野非常开阔。他经常以帝王师自期,欲登上宰辅地位,但又不想脚踏实地一步一个台阶登上塔之峰顶,却想平交王侯,一步凌云。所谓“一鸣惊人,一飞冲天”。在政治活动上,纵横家思想对他影响很深,他一生始终存在着侥幸成功的心理,希望一言定鼎,一举安邦。两入长安,从永王璘,甚而晚年欲从军追随李光弼出征,都是这种侥幸成功心理的反映。在处世上,道家思想则起着支配作用。自由自在,毫无拘检,无为而达。他在《王右军》中说:“书罢笼鹅去,何曾别主人。”赞扬王羲之爱鹅而不拘常礼的飘洒神态。他在诗中多次运用王子猷雪夜访戴逵的典故,表明他行为的任性。他缺乏那种脚踏实地执着追求的精神。所谓的“锲而不舍”,往往只停留在口头上。在政治上,他缺乏儒家那种求实的精神,往往把十分艰苦繁难的事情,看得轻而易举,一蹴而就。又由于受儒家传统思想较浅,兼之涉世不深,不了解人与人之间那种错综复杂幽深微妙的关系。他以诗人的眼光观察政治、人情、世态,有时目光如炬,异常锐敏地看出某些本质的东西。但总的看来,不免失之天真烂漫。这种超脱、飘洒、不执着世情的行为,形成飘然若仙的性格,与杜甫沉郁的性格,成了鲜明的对照。所谓“李青莲是快活人,当其得意斗酒百篇,无一语一字不是高华气象”[27]。“快活人”是他性格的核心,李白的思想、性格、行为,具有盛唐知识分子典型的浪漫主义特色,他的生活充满了超脱凡俗的浪漫主义情调:交游道侣,游历名山大川。所谓“周览四海名山大川,一泉之旁,一山之阻,神林鬼冢,魑魅之穴,猿狖所家,鱼龙所宫,往往游焉”[28]。聚朋畅饮,谈玄赋诗,是盛唐知识分子浪漫生活的重要内容之一。李白每每谈到自己的浪漫生活:

文以达大雅，道以通至精。卷舒天地之心，脱落神仙之境。

——《奉饯十七翁二十四翁寻桃花源序》

谈玄赋诗，连兴数月。醉尽花柳，赏穷江山。……乐虽寰中，趣逸天半。平生酣畅，未若此筵。至于清谈浩歌，雄笔丽藻，笑饮醁酒，醉挥素琴，余实不愧于古人也。

——《暮春江夏送张祖监丞之东都序》

穷朝暮以作宴，驱烟霞以辅赏。朗笑明月，时眠落花。

——《早春于江夏送蔡十还家云梦序》

《襄阳歌》写他纵酒放诞的生活。《忆旧游寄谯郡元参军》，也是了解他的生平、思想的重要作品。贺知章称他为“谪仙”，他多次以夸耀的口气说出，又自称“酒仙翁”，这足以看出他的生活态度。他生活极为洒脱、闲逸，飘飘然有神仙之姿。饮酒赋诗，啸傲终日。“至于酒情中酣，天机俊发，则谈笑满席，风云动天，非嵩丘腾精，何以及此”[29]。这种潇洒、闲逸的生活，形成他飘逸的一面。他偶或生活困窘，求人资助，也是理直气壮地乞讨，无慑懦状，无寒酸气。《上李邕》《与韩荆州书》，虽不免有大言欺世之嫌，却真气内充，感情豪迈，辞气劲遒，岂可与乞怜于富贵之门的寒儒同日而语哉？不执着世情，故不免飘然。生活上无窘迫感，总是自在自如，因此闲逸。曾巩说：“旧史称白有逸才，志气恢宏，飘然有超世之心，余以为实录。”[30]这段评语，是极为中肯的。

在艺术上，他继承了庄周、屈原以来的优秀的浪漫主义传统，以囊括宇宙、气吞洪荒的气概，以“惊风雨”“泣鬼神”的笔姿，表现恢弘的志气与飘洒的性格，极汪洋恣肆之能事。所谓“黄河落天走东海，万里写入胸怀间”[31]“啸起白云飞七泽，歌吟绿水动三湘”[32]“兴酣落笔摇五岳，诗成笑傲凌沧洲”[33]“名工绎思挥彩笔，驱山走石置眼前”[34]，这些诗句，能概括他的诗的艺术特点。

优秀的诗篇，都是诗人天才的艺术创造和真实的感情流露，李白流传至今的优秀诗篇，都不是为写诗而写诗的应酬之作，而是为了表达诗人当时思想感情的需要。他的诗句，几乎都是从肺腑里蹦出来的，跳跃着时代的脉搏。就是一些酬应的诗篇，也能排除虚伪的感情和庸俗的捧场，直抒胸臆，痛快淋漓。如《宣州谢朓楼饯别校书叔云》《梦游天姥吟留别》《醉后赠从甥高镇》《送友人入蜀》等，与其说是为了“饯别”“留别”“赠别”而写诗，毋宁说是为了抒发此时此地感情的需要。其中不仅没有应酬的痕迹，就是在感情的表达上，也唯情绪发展的轨迹是依。现以《宣州谢朓楼饯别校书叔云》为例：

弃我去者昨日之日不可留，乱我心者今日之日多烦忧。长风万里送秋雁，对此可以酣高楼。蓬莱文章建安骨，中间小谢又清发。俱怀逸兴壮思飞，欲上青天览明月。抽刀断水水更流，举杯消愁愁更愁。人生在世不称意，明朝散发弄扁舟。

此诗首二句承诗题“饯别”，言昨日团聚之欢乐已成过去，今日分别之烦忧就在当即。“长风”二句写饯别时畅饮抒怀，谓秋高气爽，正宜酣饮高楼，不必为“饯别”心烦意乱也。“蓬莱”二句是对自己和李云诗文的评价。“俱怀逸兴”两句言两人谈到文章之事，情投意合，兴致很高。最后四句又落到离愁别恨与不得志的牢骚。诗人忽喜忽悲，忽嗔忽笑，情绪倏忽变幻，意象激剧跳跃，真实地表现了诗人满腹牢骚与别愁离绪交织时的复杂感情。李白这类诗能从应酬的俗套中跳出来，写出感情真挚的诗篇。因此，得到选家的赞扬与推崇：“遥情飙竖，逸兴云飞，杜甫所谓‘飘然思不群’者此矣。千载而下，犹见酒间岸异之状，真仙才也。”[35]

李白的诗歌，极大地发挥了艺术的独创性。他反对六朝以来拘忌声病的形式主义，冲破诗歌格律上不必要的禁律。诗歌乃至一切文学艺术，都是天才的发挥与创造，是诗人独特个性的艺术展现。李白在诗歌艺术的创造上，突出地表现在对当时刚刚成熟的近体诗格律的运用方面，即既能基本上遵循格律诗声律的规定，又为了照顾思想内容的需要，有某些突破。格律诗的形成，是经过前辈许多诗人辛勤地摸索，在诗歌格式与声律方面，找到了一些规律性的东西，是诗歌上一种较好的表现形式，因此有着一定程度的规范作用。但它不是数学坐标，而有着诗人发挥创造的余裕。李白为了表达汹涌澎湃的感情，不受题目、篇幅、句式、韵律的限制。所谓“李白诗以自然为宗，不能以律束之。盖其才长，故一往之气，沛然莫之御。然飘逸之致亘千古而不没，非由工入微者比也”[36]。“太白神韵无方，迥乎不可尚，岂唯飘逸云乎哉”[37]，所谓“不能以律束之”和“神运无方”，就是指其突破诗歌格律的艺术创造。譬如《夜泊牛渚怀古》，就是冲破了五言律诗格律的某些限制，一气旋折，神龙无迹。不被诗的格律缚住艺术创造的手脚，进行大胆的独特的艺术创造，这是李白诗歌飘洒自如、韵味天成的成因之一。

四

人是社会关系的总和。作家的艺术风格，不能脱离社会，超越时代。风格是时代的产物，只强调诗人的主观因素，还不能揭示艺术风格形成的全部原因。必须从作家所处的社会时代找根据，才可能做出比较切合实际的答案。李白生活的时代，是一个充满了浪漫气息的时代，这种浪漫气氛是唐代开国以来逐步形成的。唐太宗李世民是封建社会一个最为杰出的皇帝,他的文治武功都堪称道。他以雄才大略,励精图治,使国家兴旺发达,形成堪载史册、永垂千秋的"贞观之治"。继李世民之后,经过李治、武则天诸朝,到开元年间,经济繁荣,国家强盛,使大唐帝国成为当时世界最文明昌盛的国家。由于国家大治,国力空前强盛,经济力量十分雄厚,遂孕育并形成一种乐观自信与青春向上的社会风尚。人们朝气蓬勃,有志之士更是精思殚虑,欲建千秋不朽之业。这种政治的、经济的以及与之相应的社会风尚,孕育了这个时代的诗人,出现了文学史上空前光辉灿烂的盛唐气象,形成了诗国高潮。于是诗坛上出现了百花齐放、争艳斗奇的局面。诗人以其独特的艺术风格登上诗坛,放射出耀眼奇特的光芒。田园山水诗派与边塞诗派各以其生活经历和艺术特长为诗坛增添了光彩。孟浩然的清切,王维的高浑,高适的直抒胸臆,岑参的奇峭,都有大家之风。以文学自身发展的规律而论,七言歌行与近体诗中的五律、五绝与七绝,经过数百年的酝酿、试验,已臻成熟,并以全新的面貌出现,七言律诗也已初露锋芒。当时,"玄宗好经术,群臣稍厌雕琢,索理智,崇雅黜浮,气益雄浑"[38]。天才的诗人李白,生逢盛世,必然要以自己的语言、风格,参加到时代的大合唱中。而以李白之个性、天才及深厚的文学素养,自然要拔出流俗,成为一个佼佼的领唱者。他的超人的天赋与坚忍不拔的毅力,终于使他成为盛唐最杰出的诗人。应当指出:道家思想的广泛流行与深刻影响,因为物质丰富而形成的享乐思想,对李白思想有很大的冲击,这对其诗歌飘逸风格的形成,也是不可排除的因素。

注　释

[1]见《苕溪渔隐丛话》,引自《李白集校注》。

[2][14]严羽《沧浪诗话》。

[3]晁公武《郡斋读书志》。

[4]李阳冰《草堂集序》。

[5]刘全白《唐故翰林学士李君碣记》。

[6]《黄山谷文集》,引自《李白集校注》。

[7][9]见《杨升庵外集》,引自《李白集校注》。

[8]引自《李白集校注》。

[10]《唐诗别裁》。

[11]李白《经乱离后天恩流夜郎忆旧游书怀赠江夏韦太守良宰》。

[12]吴昌祺语,引自《唐宋诗醇·寻雍尊师隐居》评。

[13]《唐宋诗醇·夜泊牛渚怀古》评。

[15]司空图《诗品》。

[16]《唐宋诗醇·秋日鲁郡尧祠亭上宴别杜补阙范侍御》评。
[17]杨载语,引自《唐宋诗醇·远别离》评。
[18]桂临川语,引自《唐宋诗醇·庐山谣寄卢侍御虚舟》评。
[19]李白《将进酒》。
[20]李白《北风行》。
[21]李白《庐山谣寄卢侍御虚舟》。
[22][25]李白《忆旧游寄谯郡元参军》。
[23]李白《扶风豪士歌》。
[24]李白《玉壶吟》。
[26]李白《襄阳歌》。
[27]江盈科《雪涛诗评》,引自《李白集校注》。
[28]孙觌《送删定侄归南安序》。
[29]李白《秋夜于安府送孟赞府兄还都序》。
[30]曾巩《李太白文集后序》。
[31]李白《赠裴十四》。
[32]李白《自汉阳病酒归寄王明府》。
[33]李白《江上吟》。
[34]李白《当涂赵炎少府粉图山水歌》。
[35]《唐宋诗醇·谢朓楼饯别校书叔云》评。
[36][37]应泗源《李诗纬》。
[38]《旧唐书·文苑传序》。

李白《梁甫吟》解

詹 锳

李白《梁甫吟》是一篇浪漫主义杰作，可是对于这首诗的理解，在某些地方有分歧；对于这首诗究竟作于何年，大家也有不同的看法。首先黄锡珪在《李太白年谱》中系此诗于天宝二年（743）暮秋，谓是在长安作。复旦大学《李白诗选》，上海师大《李白诗选注》，刘忆萱、王玉璋《李白诗选讲》基本上采纳其说，系于长安时期之末、出宫以后，或则与《梁园吟》并列。但王运熙、杨明在近年发表文章又主张此诗写于天宝五六载（746—747）以后，见《关于李白〈蜀道难〉〈将进酒〉〈梁甫吟〉〈远别离〉的写作年代》（《李白研究论丛》，1987）。

拙撰《李白诗文系年》系此诗于天宝九载（750），日人大野实之助《李白歌诗全解》里采纳此说，裴斐在他编排的《李白年谱简编》（见《李白诗歌赏析集》，1988）里也把此诗系于天宝九载。

瞿蜕园、朱金城《李白集校注》谓此诗以姜太公、郦食其为喻，是开元间李白未遇时之口吻。安旗、薛天纬《李白年谱》系此诗于开元十九年（731），他们在《李诗咀华》中又重申其说。郁贤皓、张启超在《谪仙诗豪李白》（1986）中谓此诗开元二十二年（734）李白游南阳时有感于诸葛亮《梁甫吟》而作。李从军在《梁甫吟辨》（见《李白考异录》，1986）中则主张此诗作于天宝十二载（753）李白三入长安以后。

为什么会发生这样的分歧？这和如何理解这首诗有关。兹将全诗录引于下：

长啸《梁甫吟》，何时见阳春？君不见，朝歌屠叟辞棘津，八十西来钓渭滨！宁羞白发照清水，逢时壮气思经纶。广张三千六百钓，风期暗与文王亲。大贤虎变愚不测，当年颇似寻常人。君不见，高阳酒徒起草中，长揖山东隆准公！入门不拜骋雄辩，两女辍洗来趋风。东下齐城七十二，指挥楚汉如旋蓬。狂客落魄尚如此，何况壮士当群雄！我欲攀龙见明主，雷公砰訇震天鼓。帝旁投壶多玉女。三时大笑开电光，倏烁晦冥起风雨。阊阖九门不可通，以额叩关阍者怒。白日不照吾精诚，杞国无事忧天倾。猰貐磨牙竞人肉，驺虞不折生草茎。手接飞猱搏彫虎，侧足焦原未言苦。智者可卷愚者豪，世人见我轻鸿毛。力排南山三壮士，齐相杀之费二桃。吴楚弄兵无剧孟，亚夫咍尔为徒劳。《梁甫吟》，声正悲。张公两龙剑，神物合有时。风云感会起屠钓，大人𡸣屼当安之。

其实对于这首诗，自宋朝以来，就有不同的理解。

北宋前期姚铉编《唐文粹》，收此诗入艰危类。宋杨遂《李太白故宅记》云："《梁甫吟》可以励有志之臣矣。"但语焉不详，不知其意何在。

宋葛立方《韵语阳秋》卷十一评李白诗云，"尝观其所作《梁父吟》，首言钓叟遇文王，又言酒徒遇高祖，卒自叹己之不遇，有云：'我欲攀龙见明主，雷公砰訇振天鼓。帝旁投壶多玉女，三时大笑开电光，倏烁晦冥起风雨。阊阖九门不可通，以额扣关阍者怒。'人间门户尚不可入，则太清倒景岂易凌蹑乎！太白忤杨妃而去国，所谓'玉女起风雨'者，乃怨怼妃子之词也。"

杨齐贤注："诸葛亮尝登邓州（南阳）独乐山，作《梁父吟》：步出齐城门，遥望荡阴里。里中有三坟，垒垒正相似。问是谁家坟？田疆古冶子。力能排南山，文能绝地纪。一朝被谗言，二桃杀三士。谁能为此谋？相国齐晏子。"

郭茂倩《乐府诗集》卷四十一相和歌辞楚调曲有诸葛亮《梁甫吟》。题解云："《古今乐录》曰：'王僧虔《技录》有《梁甫吟行》，今不歌。谢希逸《琴论》曰：诸葛亮作《梁甫吟》。《陈武别传》曰：武尝骑驴牧羊，诸家牧竖十数人，或有知歌谣者，武遂学《泰山梁甫吟》《幽州马客吟》及《行路难》之属。《蜀志》曰：诸葛亮好为《梁甫吟》（《亮传》）然则不起于亮矣。李勉《琴说》曰：《梁甫吟》，曾子撰……蔡邕《琴颂》曰：梁甫悲吟，周公越裳。'按梁甫，山名，在泰山下。《梁甫吟》盖言人死葬此山，亦葬歌也。又有《泰山梁甫吟》，与此颇同。"

宋姚宽《西溪丛语》卷上："《乐府解题》有《梁父吟》……不知名为《梁父吟》何义。张衡《四愁诗》云：'欲往从之梁父艰。'注云：泰山，东岳也。君有德，则封此山，愿辅佐君王致于有德，而为小人谗邪之所阻。梁父，泰山下小山名，诸葛亮好为《梁父吟》，恐取此义。"按《文选》张衡《四愁诗》："我所思兮在泰山，欲往从之梁父艰。"李善注："泰山以喻时君，梁甫以喻小人。"

由唐宋人的这些解释，可见《梁甫吟》是悲歌。梁甫比喻小人，全诗的主题则是"愿辅君王致于有德，而为小人谗邪之所阻"，"首言钓叟遇文王，又言酒徒遇高祖,卒自叹已之不遇”。而这首诗的写作是在太白“忤杨妃而去国”之后。姑无论“玉女起风雨”之“玉女”是否指杨贵妃,然综合葛立方、姚宽之言,结合《乐府诗集》引《乐府要录》关于《梁甫吟》乐歌性质的记载,这个大致轮廓是不错的。

根据宋人的这些启示,萧士赟《分类补注李太白诗》对此诗作了更细致的解释。他说:“此篇意思转折甚多,盖太白借此以言志也。‘长啸《梁甫吟》,何时见阳春’,喻有志之士何时而遇主也。‘君不见’两段,聊自慰解,谓太公之老,食其之狂,当时视为寻常落魄之人,犹遇合如此,则为士者终有遇合之时也。‘我欲攀龙见明主’,于时事有所见而欲告于君也。‘雷公砰訇震天鼓,帝旁投壶多玉女,三时大笑开电光,倏烁晦明起风雨’,喻权奸女谒用事,政令无常也。‘阊阖九门不可通,以额扣关阍者怒’,喻言路壅塞,下情不得以上达,而言者往往获罪于权近也。‘白日不照吾精诚,杞国无事忧天倾’,太白灼见当时贵妃、国忠、林甫、禄山窃弄权柄,祸已胎而未形,欲诛则言无证而不信,倘使君不鉴吾之诚,则正所谓杞人忧天之类耳。‘猰貐磨牙竞人肉,驺虞不折生草茎’,叹当时小人在位,为政害民,有如猰貐磨牙,竞食人肉,使有道之朝,则当仁如驺虞,虽生草不履,况肯以肉为食哉!况肯轻杀一士哉!‘手接飞猱搏彫虎,侧足焦原未言苦。智者可卷愚者豪,世人见我轻鸿毛。力排南山三壮士,齐相杀之废二桃。’白意谓当有道之朝,得君而佐之,为国出力,刺奸击邪,不惮勤劳,如接搏猱虎,虽侧足焦原,未足言苦。今时事若此,则当卷其智而为愚,乃为人豪,世不我知,谓为真愚,而轻我如鸿毛,我亦卒不改行者,思古之壮士勇力如此,一忤齐相,用计杀之,特费二桃,殊不劳力。白也倘不卷其智而怀之,适足使权近得以甘心焉耳。‘吴楚弄兵无剧孟,亚夫咍尔为徒劳’,又自慰解当国者终须得人为用,必有遇合之时也。‘《梁甫吟》,声正悲,张公两龙剑,神物合有时’,则夫大人君子遭时屯否,𣐊杌不安,且当安时以俟命司也。”

王琦注曰:“萧氏解驺虞数句,似与诗意不甚相合,当分别观之。”其实萧解前半部分还是大致不差的。我们所以说前半大致不差,即由于萧注在某些地方失之凿,如“广张三千六百钓”一句,萧注:“或谓‘三千六百钓’何谓也?予臆曰:三千六百钓,以指太公八十钓于渭,十年间事也。十年三千六百日,每日而钓。故曰三千六百钓。至九十乃遇文王,是十年矣。”清吴昌祺《删订唐诗解》卷七评曰:“注以太公垂钓解三千六百,似矣。然‘广’字何解?且各书或言七十有二,或言八十,或言九十,无钓十年之说。予思地有三千六百轴,言太公合天下而钓之也。”按此“钓”字喻义,并非实指钓鱼。李白《留别于十一兄逖裴十三游塞垣》诗说:“太公渭川水,李斯上蔡门。钓周猎秦安黎元,小鱼鵕兔何足言?”又《鞠歌行》:“虎变蟠溪中,一举钓六合。”可以为证。

明唐汝询《唐诗解》依葛立方、萧士赟之说而解全诗云:“此伤不遇时,赋以见志也。言我长啸而为此吟者,良时难值也。彼太公之隐屠钓,郦生之溷酒徒,当时人莫识。及一遇贤君,皆得奄其智勇。我岂不能效狂客所为耶?欲见明主而患其威灵不测,且有投壶之嬖妾在傍,能为电光风雨,是以遏贤路而不通。强欲求见,则为阍者所怒。此盖指杨妃力士也。因言君虽不鉴我之忠诚,然我不能无杞人之忧者,正以忠逆无分也。彼邪臣之肆虐,如猰貐之啖人;贤者之爱才,如骆虞之惜草。君苟能择用之,则我当剪除奸暴,不避险难,如接飞猱,搏雕虎,履焦原而不辞矣。如其君之不用耶?则姑韬藏其智为愚中之豪耳。世人见我行藏落落,遂真以为愚,因忽之如鸿毛而谋陷之。以二桃而杀三士,计亦巧矣。然独不念朝无贤人将何以为国?徒为亚夫所笑耳。于是吟哦而声益凄楚,则又自慰曰:龙剑尚有合,君臣岂无遇?观太公起屠钓而树勋,则我当安于困厄可也。”(卷二十,七言古诗)

沈德潜《唐诗别裁集》卷六注此诗云:“‘广张三千六百钓,风期暗与文王亲’,地有三千六百轴,太公合而天下钓之,得与文王相遇也。‘何况壮士当群雄’,自谓。‘吾欲攀龙见明主’至‘倏烁晦冥起风雨’一段,见朝之权贵、女子、小人拥遏主听,忠言不得上陈也。‘杞国无事忧天倾’句,知时之将乱。‘猰貐磨牙竞人肉’至‘世人见我轻鸿毛’,见君子小人并列,而人主不知我。欲起而除奸恶,犹‘接飞猱,搏雕虎’,不自言苦也。以愚自谓。‘力排南山三壮士,齐相杀之费二桃’,言众人害己之易。‘吴楚用兵无剧孟,亚夫咍尔为徒劳’,言朝无贤人可以为国,仍望世之用己也。‘风云感会起屠钓,大人峴屼当安之’,言己安于困厄以俟时。”下面总释全诗云:“始言吕尚之耄年,郦食其之狂士,犹乘时遇合,为壮士者正当自奋。然欲以忠言寤主,而权奸当道,言路壅塞,非不愿剪除之,而人主不听,恐为匪人戕害也。究之,论其常理,终当以贤辅国,唯安命以俟有为而已。后半拉杂使事,而不见其迹,以气胜也。若无太白本领,不易追逐。”

清道光间方东树著《昭昧詹言》云:“《梁父吟》此是大诗,意脉明白,而段落迷离莫辨。(首)二句冒起。‘朝歌’八句为一段,‘大贤’二句总太公。‘高阳’八句为一段,‘狂客’二句总郦生。‘我欲’句入己,以下奇横,用《骚》意。‘帝旁’句,指群邪也。‘三时’二句,言喜怒莫测。‘阊阖’句归宿,如屈子意,承上一束;‘以额’句奇气横肆,承上一束。‘白日’二句转。‘猰貐’句断,言性如此耳。‘驺虞’句再束上顿住,‘手接’句续。‘力排’二句,解上‘手接’二句。‘吴楚’二句,解上‘智者’二句。此上十九句为一大段。‘梁甫吟’以下为一段,自慰作收。”(卷十二第三十二条)《唐诗鉴赏辞典》中所收的本篇赏析也说:“这一段行文的显著特点是句子的排列突破了常规。如果要求意思连贯,那么‘手接飞猱’两句之后,应接写‘力排南山’两句,‘智者可卷’两句之后’应接写‘吴楚弄兵’两句。可是诗人却故意把它们作上下错落的排列,避免了平铺直叙。”其实这样的解析也和萧士赟、沈德潜一样并没有掌握到全诗的脉络。

关于这首诗的写作时间,近人主张主要可分为两大类:入翰林以前和被谗离京以后。《李白集校注》《李诗咀华》以及《谪仙诗豪李白》都主张此诗之作在入翰林以前。他们对这首诗的看法着重在头尾两段。例如《校注》说:“此诗有张公两龙剑之语,与《古风》第十六‘雌雄终不隔,神物会当逢’语意不能无关。似指志同道合而分道扬镳之至友而言。”可是编者没有说明谁和谁是志同道合而分道扬镳之至友,使人不解。按《古风》第十六首全诗云:“宝剑双蛟龙,雪花照芙蓉。精光射天地,雷腾不可冲。一去别金匣,飞沉失相从。风胡殁已久,所以潜其锋。吴水深万丈,楚山邈千重。雌雄终不隔,神物会当逢。”这和《梁甫吟》有什么关系呢?《校注》又说:“若已被召入京,即使遭谗被放,亦与未遇者不同。‘我欲攀龙见明主,以额叩关阍者怒’,疾权相之蔽贤也。”按李林甫于开元二十四年(736)十一月才掌中书令,如果《梁甫吟》作于李白未遇以前的开元十九年(731)或开元二十二年(734),那个蔽贤的权相是谁呢?显然这都是矛盾的。

根据自宋以来传统的解释,王运熙、杨明、李从军的研究,以及高步瀛《唐宋诗举要》、《唐诗鉴赏辞典》、《李白诗歌赏析集》所载,本诗应写于李白被谗去国之后,如《唐宋诗醇》对本篇解释说:“此诗当亦遭谗被放后作,与屈平踡踡楚国,同一精诚。”因此对于本诗的前半篇大家的解释基本上是一致的。只是到了后半篇,各家的解释就大有出入了。前引萧氏对后半篇的解释,各家都不满意,于是产生种种不同的看法。其极端否定本诗的,如明朱谏《李诗辩疑》甚至说:“按《梁甫吟》辞意错乱而无序,用事或涉于妖妄,如吕望、郦食其等事,方言贫贱而遇明主,即继以雷公天鼓,玉女投壶,非唯上下文义之不相蒙,而又鄙俗无稽之可笑。杞国、驺虞、齐相、吴楚,纷纭并见,意未有归,而又继之以张公之神剑,屠钓之大人,如不善于治馈者,徒夸饤饾之多,不调适口之味,甘苦或失其中,人亦不欲食之矣。易牙岂为之乎!……此等繁乱错杂之辞,稍知文理者将羞道之。白之雄才高论,宁有是乎?或又疑为李益尚书、李赤厕鬼之所作。曰:益非病狂,安得为是!是必厕鬼为之也。”其实是朱氏对本诗不得其解,索兴把全诗都否定了。吴昌祺在《删订唐诗解》卷七评本诗说:“此诗虽雄豪而不为佳。”又云:“此诗以梁甫起,而又以晏子剧孟并说,前以太公郦生并说,而又结以屠钓,皆不可为法。”也是由于用唐汝询的解释,而不能自圆其说,才对本诗产生反感。

乾隆间沈寅、朱昆补辑的无名氏《李诗直解》云:“此篇太白为《梁甫吟》屡借古人以言其志也。言‘长啸《梁甫吟》’,以叹三士之不可复生也。又喻有志之士,何时遇主而见阳春乎?君不见太公之老,食其之狂,当未遇时,众人视为寻常落魄之人,后犹遇合如此,则为士者,岂无得志时哉!今见时事可议,而欲攀龙以见唐主,奈权奸女谒用事,如雷公振鼓,玉女投壶,开电光,起风雨,以致政令之无常也。此时使言语得达,犹可救药,何天门不通,门者见怒,而言者往往获罪于权近矣。有识者,灼见贵妃、国忠、林甫、禄山窃弄国柄,祸胎已萌,我欲谏诤则无征不信,倘君不察吾之精诚,正所谓杞人忧天之类矣。况唐小人在位,剥民脂膏,有若猰貐磨牙,竞食人肉,使有道之朝,则当仁如驺虞,虽生草不履,乃肯食人肉而轻杀一人哉!使得君而佐之,为国击奸,不惮勤劳,如接搏猱虎,虽侧足焦原未云苦耳。今唐事如此,则当卷其智而为愚,即世不我知,而轻我如鸿毛。然我亦卒不改素行者,因思古来三壮士之功力不少,一忤齐相,用计杀之,时费二桃,不劳余力。白也倘以智自豪,适足使权近甘心焉,又何补哉!吴楚弄兵,不求剧孟,亚夫得之,嗤笑为徒劳者,见当国者须得人以为用也。今为《梁甫吟》而声正悲者,乃申言有志之士,终当如太公食其之感遇风云,犹神剑之会合有时也。维彼大人君子,遭时屯否,峣屼不安者,自当安时以俟命可矣。”这段解释虽然较萧注、《唐诗解》稍胜一筹,但仍然没有脱离萧注、唐解的窠臼。

王琦注对本诗下半篇也曾提出自己的见解。他说:“此节诗意,婉转曲折,若断若续,骤读之,几不知为何语。以意逆之,大抵谓君既不能照见我之精诚,我亦无容以国事为忧。何则?廷臣之中,贤奸不一,其倾险一流,如食人之恶兽,一犯其怒,立见死亡;其忠良一流,则专一保全善类,如驺虞之不肯有伤草木。我处贫穷疏贱之中,而确然践义以行,虽履险犯难,亦所不忌。然揣时度势,在智者唯有卷而怀之一著。若不顾利害,逞其豪气,直言峻节以蹈危机,则愚甚矣。世人见我处而不出,轻我如鸿毛,是岂知予之心哉!试观古来如公孙接等为时相所忌,致之死地,初不费力,我安可蹈其覆辙耶!若夫爱惜人才之大臣,知士之用与不用实有关于国家大计,而思得人为我用,如周亚夫得一剧孟而以为喜者,世固不乏也。我亦俟之而已。”这样解释更加使人不知所云。

对于二桃杀三士,吴昌祺提出他自己的解释说:“孔明咏三子,况曹瞒之杀人。太白则以晏子自比,言我诛三士,只须二桃,出一身可当七国。”

高步瀛解释“猰貐”二语云:“此二句言仁暴不同,因世治乱而见。”又解“手接飞猱”数语云:“接猱搏虎,尽力于国以击刺奸邪,虽侧足焦原,未足言苦,第恐谗言蔽君,致蹈三士之祸。智卷愚豪,时事颠倒,甘为俗人所轻。然当国家有事之时,亚夫得之如得一敌国,则待时而动,未必无遇合之期也。”较前说稍胜筹,但还是连贯不起来。

窃以为这首诗表现了一种愤激之情。李白不是一般地言志,不是一般地反对谗言,而是深深地感受到谗言所造成的危害,产生了一种危机感。这是与当时的形势分不开的。本诗从下半篇开始说:“白日不照吾精诚,杞国无事忧天倾。”这是说皇帝不了解他,还以为他所忧虑的朝政危机是杞人忧天。下文“猰貐磨牙竞人肉,驺虞不食生草茎”是朝廷当权人物剥民脂膏,都像猰貐那样凶残,而自己的理想则是想如驺虞那样以仁政治天下。下文“手接飞猱搏彫虎,侧足焦原未言苦”,按《文选》曹植《白马篇》:“仰手接飞猱。”李善注:“凡物迎前射之曰接猱,猨属也。”曹植写的是骑射的武功。孙星衍集校本《尸子》(见《百子全书》)卷下:“中黄伯曰:余左执太行之獶,而右搏雕虎。唯象之未与试,吾惑焉。有力者则又愿为牛,欲与象斗以自试。”在这里李白是自喻善射可以手接飞猱,并像中黄伯那样有勇力可以搏虎。《尸子》卷下又说:“莒国有石焦原者,广寻长五十步,临百仞之谿。莒国莫敢近也。有以勇见莒子者,犹却行剂踵焉,此所以服莒国也。”这是说自己不畏艰难,无论遇何危险都不叫苦。这都是李白自道,他从来不以文弱书生自居。但是以他这样智勇双全的“壮士”,而他当时的处境又如何呢?“智者可卷愚者豪,世人见我轻鸿毛。”杨齐贤注说:“《论语》:‘蘧伯玉邦有道则仕,邦无道则可卷而怀之。’故谓之智;下愚之人则矜其豪强,如飞廉恶来之徒。”吴昌祺批云:“言智者既卷,则愚者自以为豪而轻我也。”这样来理解这句话才是对的。正如李白《答王十二寒夜独酌有怀》诗说:“骅骝拳跼不能食,蹇驴得志鸣春风。”诗中自叹说:“吟诗作赋北窗里,万言不值一杯水。”又云:“白首为儒身被轻。”李白《酬张卿夜宿南陵见赠》:“宝刀隐玉匣,锈涩空莓苔。遂令世上愚,轻我土与灰。”也是《梁甫吟》这两句诗的佐证。对这两句诗的解释,萧注、王注以及各家分析皆失其义。徐仁甫近年发表《李太白诗别解》对这两句诗讲了一大段,他驳萧注、王注的地方是对的,但他别解后一句说:“谓愚者逞豪强而死,其死则轻于鸿毛,而为世人所共见笑,非谓世人轻我如鸿毛也。”又联系本诗上下文讲了一大片,我看都是曲解。(徐文见《李白研究论丛》,1987 年,291 页,请读者对照着看。)

下文“力排南山三壮士,齐相杀之费二桃”。从诸葛亮《梁甫吟》二桃杀三士的典故,可以看出谗言的巨大危害性。《答王十二寒夜独酌有怀》说:“一谈一笑失颜色,苍蝇贝锦喧谤声。曾参岂是杀人者?谗言三及慈母惊。……君不见，李北海，英风豪气今何在？君不见，裴尚书，土坟三尺蒿棘居。”以北海太守李邕的英名，卢藏用曾说他“如干将镆耶，难与争锋”（《新唐书·李邕传》）。可是奸相李林甫向唐玄宗进谗言，竟派人把他杖杀。还连累到刑部尚书裴敦复，也被杖杀。这不正如“力排南山三壮士，齐相杀之费二桃”吗？

一方面李林甫辈靠进谗言残酷地迫害异己，挫伤了大量的人才；另一方面，没有人才要想治国平天下，简直是徒劳无功。这就是“吴楚弄兵无剧孟，亚夫咍尔为徒劳”的含义。在人才被残害的形势之下，“《梁甫吟》，声正悲”。但是“张公两龙剑，神物合有时”，遇到“风云际会”来的时候，自己还会像姜太公那样兴起于屠钓之中，出来治天下。一时的“岘屼”不安，一时的危难，算不了什么，还是稍安勿躁吧！这种态度，不仅李白入翰林之前是如此，被谗去国以后，甚至流夜郎归来以后，还是如此。李白在《酬张卿夜宿南陵见赠》诗中说：“我昔辞林丘，云龙忽相见。客星动太微，朝去洛阳殿。”这显然是指待诏翰林时事。接着说：“傅说未梦时，终当起朝野。”目前虽然“宝刀隐玉匣，绣涩空莓苔。遂令世上愚，轻我土与灰。”但是“一朝攀龙去，蛙黾安在哉！”这不就是“张公两龙剑，神物合有时”吗？不就是“风云际会起屠钓”吗？

李白《冬夜醉宿龙门觉起言志》诗说：“哀哀歌苦寒，郁郁独惆怅。傅说版筑臣，李斯鹰犬人。飙起匡社稷，宁复长艰辛！而我胡为者，叹息龙门下。富贵未可期，殷忧向谁写？去去泪满衿，举声《梁甫吟》。”这和《酬张卿夜宿南陵见赠》诗所说“傅说未梦时，终当起朝野”含义是一致的。李白《留别于十一兄逖裴十三游塞垣》当然也是被谗去国以后之作，但诗中说：“太公渭川水，李斯上蔡门。钓周猎秦安黎元，小鸡兔何足言？”安见得傅说、姜尚、李斯、郦食其之喻，是说他未遇之时，而不是去朝以后穷愁潦倒之辞呢？

《答王十二寒夜独酌有怀》诗说：“君不能学哥舒，横行青海夜带刀，西屠石堡取紫袍。”哥舒翰之攻下石堡城而贵为御史大夫“取紫袍”，在天宝八载（749）以后，我们把这首诗系在天宝九载（750），是合乎事实的。而在天宝九载李白从庐山北上洛阳，《梁甫吟》所流露的情调，又和《答王十二寒夜独酌有怀》以及《冬夜醉宿龙门觉起言志》诗如此接近，《梁甫吟》和《答王十二寒夜独酌有怀》所反映的时势又如此切近。把三诗都当作前后之作是合乎情理的。

李从军的《梁甫吟辨》不失为一篇好文章，但把姜太公的“广张三千六百钓”喻为从天宝三载（744）到天宝十二载（753）的十年，以证成他的三入长安之说，就失之凿，显得论据不足了。

盛唐时期歌行的发展
——以李白的第一人称歌行为中心

[日]松原朗

(一)

李白歌行的性质是复杂的。从白发三千丈(《秋浦歌》之十五)出名的五绝,到由《鸣皋歌送岑征君》长短五十一句构成的古体诗,这些歌行,就规模及诗型而言,包含着各式各样的作品。单从这一点,就完全可以想象得出它的复杂性。不过,这些歌行的多样性,应该说是表现在许多方面的,不仅表现在这种明显的形式上,而且,更重要的是表现在表达方法(还有作为结果的作品的结构)的多元性上,即进一步在本质上规定作品性质的表达方法。也就是说,既有近似于传统乐府(古乐府及拟古乐府)[1],舍去作者自身体验的视点,用第三人称的写法作客观叙述的"新题乐府",也有与之并存的,用第一人称的写法直截了当地抒写作者自身体验的"狭义歌行"。因而李白的歌行是多样化的,呈现出丰富多彩的面貌。

关于这里所说的"新题乐府",从歌行史论的观点来看,没有特别值得提出来讨论的必要。这是因为上面所说的"新题乐府"的样式,从六朝后期一直到初唐的歌行中已经积累了许多作品,如果确信这是正确的,那么这个时期的歌行就大部分是"新题乐府",李白新增添的部分还没有那样大。而且,李白的"狭义歌行"几乎包括了《襄阳歌》及《梁园吟》《梦游天姥吟留别》等所有的杰作,而他的"新题乐府"中却找不到像这样具有代表性的作品,从这一点来说,自然是可以理解的。本文专门提出"狭义歌行"进行讨论,就是出于这个原因。

(二)

在李白的“狭义歌行”中,(1)客观地描写自然景物的部分与(2)叙述作者自己交游的体验及心情的部分是截然分开的,这可以看作具有特征性结构的作品群。

像这种结构的歌行,如果排除了与李白同样活跃的岑参,那么在盛唐时期几乎找不出类似的例子。特别是在到李白为止的歌行发展史上,可以说是一种空前的尝试。那么,这种歌行既不拘泥于这种新的形式,又在哪些地方与歌行传统有关联,并与歌行的样式一体化呢?下面试图以具体的作品为例进行探讨。

下面列出的是比较明显地表现出上文所说的特征的作品。〔记号“▲”是表示特别典型的例句,另外括号内的数码是表示在这篇作品中与(1)部分有关的句子〕

《豳歌行》20 句(第 1—4 句)

▲《西岳云台歌送丹丘子》22 句(第 1—12 句)

《扶风豪士歌》29 句(第 1—10 句)

《鸣皋歌送岑征君》51 句(第 1—15 句)

《鸣皋歌奉饯从翁清归五崖山居》17 句(第 1—8 句)

▲《金陵歌送别范宣》20 句(第 1—12 句及 18 句)

▲《赤壁歌送别》8 句(第 1—4 句)

▲《庐山谣寄卢侍御虚舟》29 句(第 7—15 句及第 1—19 句)

▲《梦游天姥吟留别》45 句(第 11—32 句及第 1—40 句)

作为典型的例子,可以举出《西岳云台歌送丹丘子》。(记号“△”是表示换韵,下同)

西岳峥嵘何壮哉!黄河如丝天际来。
黄河万里触山动,盘涡毂转秦地雷△。
荣光休气纷五彩,千年一清圣人在。
巨灵咆哮擘两山,洪波喷流射东海△。
三峰却立如欲摧,翠崖丹谷高掌开。
白帝金精运元气,石作莲花云作台△。
〔以上十二句与(1)有关〕
云台阁道连窈冥,中有不死丹丘生。

明星玉女备洒扫，麻姑搔背指爪轻。
我皇手把天地户，丹丘谈天与天语。
九重出入生光辉，东求蓬莱复西归。
玉浆傥惠故人饮，骑二茅龙上天飞。
〔以上十句与(2)有关〕

显而易见，这首诗明显地可以分为两部分，前半部分的12句完全是描写西岳华山的自然景色，同时把焦点紧紧对着一座被叫作"云台"的山峰。后半部分的10句则完全是歌咏一个叫元丹丘的道士。当然没有必要说前半部分描绘灵山之一的华山的形态，是作为后半部分歌咏元丹丘隐栖的伏线。然而即使把这一点考虑进去，也应该说，作为导入部分的前半部分也与整个作品不协调，而且占了大部分篇幅。另外，涉及这个元丹丘的言辞在那里一点也没有。同样，这不能不表示前半部分和后半部分之间横着一条鸿沟。一般来说，这种鲜明的特征性的结构，在最外在的部位（诗题、押韵等）也会自然而然地反映出来。这样，引人注目的不是别的，而是《西岳云台歌送丹丘子》这个诗题。现在先把这个诗题暂时从作品本体分离出来进行考察。假设诗题是"送丹丘子游西岳云台歌"，那么就意味着把送丹丘子游西岳云台作为与内容一体的"歌"，这样就很清楚了。可是在现在这种情况下，我们宁可认为诗题本身是由"歌"与"送"两个部分组成的。假如在两者之间沟通联系，那么就只能认为是用"西岳云台歌"来"送丹丘子"了。至少，不能说"西岳云台歌"与"送丹丘子"是一个浑融无间的整体吧！

如果把《西岳云台歌送丹丘子》这样的诗题，与描写西岳华山（云台）的前12句和叙述有关丹丘子的后10句组成的作品本身对照一下的话，那么在两者之间就呈现出紧密的对应关系。作品的前半部分就是诗题所说的"西岳云台歌"，而后半部分正好与"送丹丘子"相一致。这样一来，几乎就不存在任何隔阂了。

当然，在作品中，与此相呼应，诗题中的这样分离，也给押韵方式带来很深的影响。如果看一下与"西岳云台歌"相对应的前十二句的押韵，就会发现，平声的哉、来、雷，上声的彩、在、海，平声的摧、开、台，都是每四句一换韵。可是，如果把韵母的声调排除在外，那么就在都有"əi"这一点上完全一致[2]。这一点可以说正是为了使"西岳云台歌"的前12句成为作品整体的一部分的李白的良苦用心［顺便说一下，后半部分的押韵，是平声（冥、生、轻），上声（户、语），平声（辉、归、飞），和前半部分都有"əi"的情况不同］。这种押韵方法上的特点，把这篇作品分裂成歌咏西岳云台和歌咏丹丘生两个部分。而且诗题也与此相呼应，分离成“西岳云台歌”与“送丹丘子”，二者巧妙地达到了统一。完全可以说，这样的作品结构已并非偶然，应该说是反映了李白自觉的创作意图。

下面想从李白的歌行中再选出两篇有同样结构的作品来看一下。第一篇是《金陵歌 · 送别范宣》：

石头巉岩如虎踞，凌波欲过沧江去。
钟山龙盘走势来，秀色横分历阳树。
四十余帝三百秋，功名事迹随东流。
白马小儿谁家子，泰清之岁来关囚。
金陵昔时何壮哉，席卷英豪天下来。
冠盖散为烟雾尽，金舆玉座成寒灰。
扣剑悲吟空咄嗟，梁陈白骨乱如麻。
天子龙沉景阳井，谁歌玉树后庭花。
此地伤心不能道，目下离离长春草。
送尔长江万里行，他年来访南山路。

在这首诗中，涉及被送人范宣的只有最后4句，在此之前的16句，全部是写金陵及其自然风光的，同时费了许多笔墨随意歌咏被扩展开来的六朝历史。如果分析一下和前一首诗情况相同的诗题《金陵歌 · 送别范宣》，就可以清楚地看出开头的16句与“金陵歌”相对应，最后的4句与“送别范宣”相对应。下面列出的《赤壁歌 · 送别》，虽然是一篇很短小的作品，但引人注意的是也被清楚地划分为“歌”的部分和“送”的部分。

二龙争战决雌雄，赤壁楼船扫地空。
烈火张天照云海，周瑜于此破曹公。
君去沧江望澄碧，鲸鲵唐突留余迹。
一一书来报故人，我欲因之壮心魄。

前半部分的4句是专门歌咏赤壁故事的“赤壁歌”，后半部分的4句则是写“送别”，也各自对应。

在这里仍然是想考察一下在这样短小的作品中“歌”的部分与“送”的部分的分离。总之，是否采用这种结构，不是取决于作品篇幅的长短，而很明显是由于受到浓厚兴趣的启发，是作者自觉的艺术构思，乃至来源于作品的表达方法。

（三）

可是，在以上所考察的“狭义歌行”中——即使具备了歌行性的诗题（歌、行、吟等)及诗型(七言古诗、杂言古诗等)、修辞(蝉联体、当句对等)——在由内在本质规定的作品的表达方法(第一人称的写法)方面,与徒诗类作品的区别仍然很容易混淆不清。当然,这是能预料得到的。即使把歌行式的诗题及诗型、修辞等作为分别与歌行相适应的条件,也只能在这一点上与徒诗区别开来。这是因为还没有充分具备与所谓的歌行相适应的样式特征。初唐歌行不仅取决于歌行的诗题及诗型、修辞等,而且取决于是否具备了与徒诗不同的、特有的样式特征(例如初唐末期歌行中的咏物性)。如果综合这两点来考察歌行这一独立的样式是否成熟了[3],这就足够了。

那么,李白的这种"狭义歌行",果真在任何一点上都是歌行吗?下面考察一下作为典型例子的《西岳云台歌·送丹丘子》。

前面已经说过,这篇作品是由不同性质的两部分构成的,前半部分是描写西岳云台的自然景色,后半部分是叙述送友人丹丘生。这一点就是这篇歌行成为"狭义歌行",并同时具有了徒诗的特征(第一人称性)的理由,这意味着整个后半部分,是用第一人称的写法叙述与作者自己直接有关的体验的部分。换句话说,假设这篇歌行只到前半部分就结束了,那么,这就与把作者第一人称的视点淡化了的西岳云台作为对象的咏物歌行没有什么不同。

在上述的基础上,如果再思考一下这篇作品为什么能成为与徒诗不同的歌行,那么下面两个不能忽视的要点就会显露出来。

第一,它的前半部分把对象从自己的体验中分离出来作为客体,采用第三人称描写的手法。其实,这一点正是在初唐咏物歌行的延长线上。第二,从与诗题的关系来看,正是前半部分,而不是别的部分,与"西岳云台歌"对应。另外,关于后者,在这首诗中把歌咏西岳云台的部分取名为"歌",并不是偶然的,有必要明确这一点。就像前面已说过的那样,《金陵歌·送别范宣》《赤壁歌·送别》等,都分离成前半歌咏土地风光的部分与后半送别的部分。在表现出这种分离的复数歌行中,毫无例外地前半部分都取名为"歌",就证实了这一点。

而且,这两点在初唐以来以咏物为轴心的歌行领域中,始终处于一种样式(歌行)的名称(歌、行等)与性质(第三人称、咏物等)的对应关系之中,大概毋庸赘言了吧。

总之,这正说明了在《西岳云台歌·送丹丘子》等作品中,为什么歌咏土地风光的前半部分,与诗题相对应,无一例外地被称为"歌"。就是说,是因为把某一对象从自身的体验中分离出来用第三人称描写的手法,在到那时为止的诗歌传统中,必须由歌行来继承。而且在歌行传统中,这一部分必须用歌行式的诗题(歌、行等)来称呼。

(四)

第二节里提出了李白的有关诗作,在这些具有第一人称视点的“狭义歌行”中,也有迄今所能看到的,用第三人称的手法歌咏风土景物的“歌行”部分(前半部分)与以第一人称叙述对友人思念的部分(后半部分)没有截然分开的作品(《庐山谣·寄卢侍御虚舟》《梦游天姥吟·留别》)。进一步探讨一下像这样的不具有纯粹的“歌行”部分的作品,有什么样的结构,又为什么能成为歌行,可以说这是为更正确地理解李白歌行的性质所不可缺少的一环。

《庐山谣·寄卢侍御虚舟》

我本楚狂人,凤歌笑孔丘。
手持绿玉杖,朝别黄鹤楼。
五岳寻仙不辞远,一生好入名山游。
(以上6句是导入部分)
庐山秀出南斗旁,屏风九叠云锦张。
影落明湖青黛光,金阙前开二峰长。
银河倒挂三石梁,香炉瀑布遥相望。
回崖沓嶂凌苍苍,翠影红霞映朝日。
鸟飞不到吴天长。
(以上9句是“歌行”部分)
登高壮观天地间,大江茫茫去不还。
黄云万里动风色,白波九道流雪山。
(以上4句是移行部分)
好为庐山谣,兴因庐山发。
闲窥石镜清我心,谢公行处苍苔没。
早服还丹无世情,琴心三迭道初成。
遥见仙人彩云里,手把芙蓉朝玉京。
先期汗漫九垓上,愿接卢遨游太清。

从开头6句看,这篇歌行是李白从黄鹤楼顺长江寻访庐山时的作品。很显然,李白是以第一人称叙述自身体验开始的,也就是说并没有把用第三人称手法的歌行部分放在开头的位置上。在这一点上,这篇歌行与前面所说的一批歌行有明显的不同。

然而,如果仔细地读一下这篇作品,就会发现在似乎是始终贯穿着第一人称手法的作品中，“歌行”部分也夹杂其间。那就是“庐山秀出南斗旁”以下9句专门描写庐山景色的部分。

关于这9句所处的能与其他部分区别开来的特殊位置，只要指出下面两点就足够了。在这一部分中，(1)是每句用韵(这部分是由奇数句组成的，这与句句用韵法有表里关系)，(2)是采用作者自身体验淡化了的第三人称的描写手法。这里，在样式方面对这篇歌行进行探讨时更重要的是后者，但明显存在的特征却是前者。可以说它承担着使本质的东西不易显现出来的后者明显凸现出来的任务。

而且，与其说李白在这篇作品中，没有像前面说过的《西岳云台歌·送丹丘子》一样，促使“歌行”部分凸现出来，还不如说是体现了作者欲使之与其他部分融为一体的真实意图。这正是作者力图把歌行部分插入用第一人称手法的“导入部”和“移行部”之间，而使本体的第三人称性不太显眼的良苦用心。

首先，只要看一下“导入部”(1—6句)，就可以看出，由于在歌咏庐山风光的“歌行部”之前，设置“自己寻访名山，从黄鹤楼顺长江来到庐山”这一旨趣的第一人称的“导入部”，才把作为本体的第三人称的歌行部摄入作者第一人称的体验世界之中。另外，关于“移行部”，在“歌行”部分之后，虽然同样地描写庐山，却依靠接续的句子掺入了第一人称手法的4句——(我)“登高壮观天地间”云云——顺利地展开后半部第一人称的部分，这正是“歌行”部分所产生的巧妙作用。

上面所说的是凝集了作者良苦用心的一面，但是如果把“歌行”部分与其他部分融为一体，完全均质化了，那么很可能就失去了设置“歌行”部分(即创作歌行)的最初意义。可以想象得到，这样一来围绕“歌行”部分，这种消解(向非“歌行”部分融合)的趋向和与此相反的保持的趋向是同时并存的[4]。

在这一点上，下面的事也许是意味深长的。一般地说，在这篇作品中，如果把“歌行”部分理解为广义的，那么也许可以把包含导入部分和移行部分的前19句看作这种广义的歌行。在这种情况下，紧接着的第20句——“好为庐山谣”——就特别引人注目。这是因为这一诗句刚好与诗题《庐山谣·寄卢侍御虚舟》的“歌行”题部分相一致。

也就是说，在这篇作品中，插入第二十句“好为庐山谣”，以前半的第三人称的手法为基调描写庐山风光的部分与后半的用第一人称的手法叙述作者自身的隐栖愿望的部分，两个性质完全不同的部分隔句相对。而且前半部分用第三人称手法的咏物性是歌行式的，具备了与“庐山谣”的名称相对应的内容。这样看来，李白在写下“好为庐山谣”这一句时，在头脑里已有了前面的19句，这一点大概是毫无疑问的了。而且,关于"好为庐山谣"的句子本身,可以看成是打入前后相对的两部分的连接点的楔子,这是为了使这种对立更加明显的一种做法[5]。

那么,一面谋求"歌行"部分的消解(与别的部分融合),一面又想保持它,这种似乎矛盾的做法,在李白的歌行中到底意味着什么呢?

关于前者,《西岳云台歌·送丹丘子》等作品中存在着典型性的"歌行"部分与非"歌行"部分之间的对立(裂缝),应该把试图克服这种体裁上的不统一、不自然的做法放在应有的位置上进行评价。不用说,这种对立也确实给作品带来某种意义上的紧张感(例如后面说到的岑参的送别歌行就是运用了这种效果)。可是,如果考虑到这种紧张感及新奇感本身,实际上是依赖多数的不包含这种对立的通常形态的歌行而存在,那么包含这种对立的歌行就不能不说仍然是畸形的。

其次再看一下后者。可以说,保持"歌行"部分,正是适应了诗人要确保不受第一人称(体验)约束而自由地咏事咏物的要求。李白的文学作品,一般地说,与同时代的其他诗人相比,其特色之一就是不受内心体验的束缚,尽情地展示内在的心象。然而,即使是李白,在徒诗类作品中,不受自身体验的束缚而展开咏事咏物(土地风光的描写)的部分,超过数句以上的也很少。其中,可以举出有比较长的景色描写的《游泰山》(其一)、《望庐山瀑布》(其一)等。现在列出前者,是想证实一下与歌行中的咏物有何区别。

四月上泰山,石平御道开。六龙过万壑,涧谷随萦回。
马迹绕碧峰,于今满青苔。飞流洒绝巘,水急松声哀。
北眺崿嶂奇,倾崖向东摧。洞门闭石扇,地底兴云雷。
登高望蓬瀛,想象金银台。天门一长啸,万里清风来。
玉女四五人,飘飖下九垓。含笑引素手,遗我流霞杯。
稽首再拜之,自愧非仙才。旷然小宇宙,弃世何悠哉!

前半部分的16句,完全是描写泰山景色的。在这里如果仔细看一下,就明白在纯粹写景的部分,到处都可以看到隐蔽着的作者自己的身影(注意加"·"的句子)。也就是说,泰山作为被李白攀登的山,首先被提了出来(上泰山),向北眺望,耸立着泰山的崿嶂(北眺崿嶂奇),登上泰山的山顶,就能看到东海里的仙山(登高望蓬瀛),在这一具体的环境中,泰山始终是作为被李白感受到的山被描绘出来的。很明显,像这样的描写手法(第一人称)与今天所看到的歌行(第三人称)有很大的差别。

这样看来,围绕第三人称咏事咏物,正是歌行(扩大一下也包括传统乐府的歌辞文学）在补偿不具有这种特征的徒诗上发挥了作用，也正是这个缘故才具有了存在的价值。而且，如果这样考虑，那么李白不是在创作徒诗时，而是在按照歌行的样式创作歌行时，不放弃用第三人称手法的“歌行”部分的理由也就很清楚了。

（五）

李白还有几篇歌咏人物的“狭义歌行”[6]。这些作品，(1)与传统乐府及第三人称的歌行“新题乐府”相反，在不是歌咏闺怨的女性及出征的兵士等被典型化的人物，而是歌咏与李白有实际交往的特定人物这一点上，(2)与前面已说过的“狭义歌行”的一批作品相反，在不是歌咏土地风光，而是歌咏人物，而且不具有第一人称的非“歌行”部分这一点上，具有独自的特色。

其中首先来看一下《元丹丘歌》。

元丹丘，爱神仙。
朝饮颍川之清流，暮还嵩岑之紫烟。
三十六峰长周旋。
长周旋，蹑星虹。
身骑飞龙耳生风，横河跨海与天通。
我知尔游心无穷。

这首诗，不只是最后一句“我知尔游心无穷”，而是全篇都渗透着李白对道士元丹丘的敬爱之情。其意义是，《元丹丘歌》可以说是以李白与元丹丘的友谊为前提而创作的作品。

可是，值得注意的是这篇作品几乎没有反映两者之间特定的、具体的交往。不只是李白，其他的唐代诗人也留给后人许多歌咏友情的诗篇，但是这些作品大都是抓住具体的交往场面（送别、宴集、寄赠等）而创作的，如果考虑到这一点，那么《元丹丘歌》的这种特征就十分明显了。

而且，从舍弃和自己交往的各种具体表现的角度歌咏对方的这种表现手法，在被一致认定为歌咏除李白以外的人物的歌行时，可以说这一点实际上是其成为歌行的重要条件。

白毫子歌

淮南小山白毫子，乃在淮南小山里。
夜卧松下雪，朝飡石中髓。

小山连绵向江开，碧峰巉岩渌水回。
余配白毫子，独酌流霞杯。
拂花弄琴坐青苔，绿罗树下春风来。
南窗萧飒松风起，凭崖一听清心耳。
可得见，未得亲。
八公携手五云去，空余桂树愁杀人。

这首诗中说“余配白毫子，独酌流霞杯”，因此可以看到使李白与白毫子的交往陷于困境的一面。可是这里所叙述的两人交往的故事也太缺乏具体性了。当然，作者这样做的真实意图是为了突出白毫子超凡脱俗的情趣。

玉真仙人词

玉真之真人，时往太华峰。清晨鸣天鼓，飚欻腾双龙。
弄电不辍手，行云本无踪。几时入少室，王母应相逢。

在以上3篇中，《玉真仙人词》倾心于道教。从讴歌长安时期李白的援助者——玉真公主，到《元丹丘歌》歌咏作为友人的道士、《白毫子歌》歌咏当时的无名逸人，这些被歌咏的人物的身份、境遇以及与李白交往的亲疏等等各不相同。然而，并不是描写与这些人物交往的某种情形，而是把重点放在刻画整体形象（性格）上，在这一点上三者采用了共同的手法〔顺便说一下，这3首诗都是歌咏仙人、道士、僧侣一类宗教人物的，这件事有很深的意味。如果是世俗之人，那么世俗的行为（与别人的交往等）就是他的一切。因此，根据他所感兴趣的世俗行为，就可以把握住人物的性格特征。但是，因为宗教人物与世隔绝，所以用这种方法就不可能做到这一点。可以说，李白没有介入世俗交往的活动，而直接把宗教的境界作为对象，从而尝试在作品中描写这些人物〕。

可是，既然毫无例外地都具有这样的手法，那么为什么这些作品又成为歌行呢？李白的这种歌咏人物的歌行对思考这个问题是有启示作用的。而在徒诗类的作品中，即使是在宗教人物中选取题材也不例外，总是抓住送别、宴集、寄赠等具体的交游情形进行创作。从这一点来看，这个特征就更加突出了。

金陵江上遇蓬池隐者

心爱名山游，身随名山远。罗浮麻姑台，此去或未返。
遇君蓬池隐，就我石上饭。空言不成欢，强笑惜日晚。
绿水向雁关，黄云蔽龙山。欢息两客鸟，徘徊吴越间。
一语一执手，留连夜将久。解我紫绮裘，且换金陵酒。
酒来笑复歌，兴酣乐事多。水影弄月色，清光奈愁何？

明晨挂胡席，离恨满沧波。

这首诗在原注中有“时于落星石上，以紫绮裘换酒为欢”，似乎已作了明显的提示。与蓬池隐者的会面，从地点到取乐的方法，都具体地记载着。很明显，与至今所看到的歌行迥然不同（另外也可参看《寻高凤石门山中元丹丘》等）。

那么，为什么说用这种手法歌咏人物的作品不是徒诗而是歌行呢？

在思考这个问题时，如能回味一下李白的歌咏土地风光的歌行具备了怎样的特征是有益的。这是因为即使作为题材的自然与人物之间存在很大差异，但是在这里如果有共同的样式，那么两者也可以一起成为歌行。而且，如果是这样，那么题材的不同，由于分离出同类项，反而会变成有利的因素。

就是说，在李白的以土地风光为题材的歌行中，被看作特征的，不是从与作者自身的体验密切相关的第一人称的角度，而是从第三人称的角度来表现对象。例如歌咏山，不是自己眺望它，或者攀登它，而是在没有打上自身体验的烙印的样态方面歌咏它，就是如此。

应当指出，像这样在与第一人称性相对的第三人称性方面，同样可以抓住歌咏自然景物的歌行在手法上的特征，即使是对以人物为题材的歌行也一样。也就是说，如果根据是（第一人称）否（第三人称）抓住与自己有密切关系（交往）的某个人物来分类，那么《金陵江上遇蓬池隐者》等徒诗类的作品可以看作是第一人称的，而与此相对的《元丹丘歌》等歌行则很明显地可以看作是用第三人称手法的作品。

除了像这样从具有不同特点的两个歌行群中概括出的共同项（以第三人称歌咏对象）外，另外还有几个值得探讨的问题。一个能预料到的问题，就是怎样从根本上规定李白歌行的样式性。

（六）附论一

在进行讨论之前，还想稍微看一下李白歌行中的题画诗。

李白作了几首取材于绘画（特别是山水画）的诗歌。这些为后世开辟了所谓题画诗领域的作品群，在文学史上应该引起足够的重视[7]，特别是其中有两首歌行，不应被忽视。因为题画诗这一样式是由于李白的创作才形成的，所以毋庸赘言，在歌行中出现题画诗，当然是从李开始的。现在举出一首作参考。

同族弟金城尉叔卿烛照山水壁画歌

高堂粉壁图蓬瀛，烛前一见沧州清。

洪波汹涌山峥嵘，皎若丹丘隔海望赤城。

光中乍喜岚气灭，谓逢山阴晴后雪。
回溪碧流寂无喧，又如秦人月下窥花源。
了然不觉清心魂，只将迭嶂鸣秋猿。
与君对此欢未歇，放歌行吟达明发。
却顾海客扬云帆，便欲因之向溟渤。

这篇作品在结构上与《庐山谣·寄卢侍御虚舟》相近，虽然“歌行”部分与其他部分的界线不太明显，但是如果从广义的角度考察“歌行”部分，那么可以说前10句与此相当。

应当说，歌行与题画诗纠结在一起，这在考察歌行的样式特征上是有启发性的。对这一点，第一，在题材及手法方面，被传统的样式性束缚着的歌行与几乎不具有这种因素的徒诗不同，因此可以推想在题画诗这种歌行中，摄入全新的题材这件事本身，已经不是一件容易的事了。第二，不仅如此，把歌行与题画诗联系起来，是为了深入地揭示出被强化的状态。的确，如果仅限于李白，那么在题画诗中歌行所占的比例不会超过三分之一，可是，在他的影响下，留下了许多题画诗的杜甫，歌行的比例增加到近一半[8]，而且，他的题画诗成为歌行的主要支柱之一[9]。总之，这是两个互相矛盾的东西，从这一点可以看出，在盛唐时期，存在着歌行与题画诗相结合的必然性。而且可以说，这种必然性是导源于歌咏被对象化了的客体这一初唐以来在歌行中存在的咏物性。因为可以肯定地说，歌行在发展的过程中，一边使咏物的对象多元化，一边又与活跃的绘画领域发生联系，因此，从歌行发展而来的题画诗在这时诞生的可能性极大。

（七）

从以上的考察中，可以把李白“狭义歌行”的特征归纳为以下两点。一是在作品的某个部分中保持着第三人称的表达方式。另一点是这种第三人称的表达方式，主要是通过咏物的形式来表现的。但是，对两者中的任何一点都还有必要作若干补充说明。

关于前者。要是作品从头到尾都用第三人称表达，那么这就根本不是用第一人称表现作者体验的“狭义歌行”，而只不过是“新题乐府”。但是，作品如果以第一人称表达为基调，那么即使在其中的一部分里采用第三人称的表达方式，也能保持作为“狭义歌行”的特性。也就是说，“狭义歌行”能够包容采用第三人称表达的部分。李白的“狭义歌行”可以说是很好的例子。

可是，在像这样的李白的“狭义歌行”中，无论取出其中哪一方面进行强调都是可能的。如果站在强调第一人称的立场上，那么在以往被第三人称歌行“新题乐府”独占的歌行史中，就应该大力强调“狭义歌行”带来的划时代的意义。这正是歌行研究史中不可缺少的工作。可是在本文中，与此相反，只注意了作品潜在的第三人称性。而对前者，也只是在绪言中简略地触及了。这是因为在歌行史上具有划时代意义的“狭义歌行”，在某一方面牢牢地扎根于歌行的传统样式之中，结合实际作品就可以证实这一点。

歌行，不是形式概念，而是样式概念。下面说一下是形式概念的例子，例如五律，只要不改变它的形式就行，不管用哪一种手法，采用哪一种题材，总之，都是五律。与此不同，歌行离开了它特有的题材及手法（也就是样式性）就不能成为歌行。这意味着即使用最像歌行形式的七言古诗，如果一旦突破了歌行的样式性，就已经不是歌行，而必须称作徒诗了。因而，对歌行的考察，与其说是看它在歌行史上是否有划时代的意义，还不如说同时要不断地探索更符合歌行传统的样式性。

从这种观点看“狭义歌行”时，这种作品就依靠第一人称性而展示出与以往的歌行（新题乐府）不同的面貌。在其内部，即使是一部分，也确实能看到在歌行中仍然保持着传统的第三人称的表达方式。必须看到，这一点具有重要的意义。总之，由于李白的“狭义歌行”在某一方面确实与歌行传统有关，它自身就规定了与歌行样式的一致性，这一点是很明了的。

其次，关于第二点的咏物性，作为第三人称表达方式的一个具体的表现方法所能占据的位置。

第三人称的表达方式，除了咏物以外，还能采用各种形式来表现。下面列出的歌行《怨情》就是其中的一例。

美人卷珠帘，深坐颦蛾眉。但见泪痕湿，不知心恨谁？

“美人”当然不是李白。而且，一边注视美人的泪，一边猜测她的心理活动的人，也绝不会是李白。总之，这首诗，对于李白来说是通过第三人称的视点来观察的，因此不具有与李白自身的体验相联系的接触点。

那么，下面的这篇歌行《塞下曲六首》（其一）又是怎样的呢？

五月天上雪，无花只有寒。笛中闻折柳，春色未曾看。
晓战随金鼓，宵眠抱玉鞍。愿将腰下剑，直为斩楼兰。

这首诗是从出征的士兵渴望用挎在腰间的宝剑刺杀楼兰王以建大功这个角度去歌咏的。仅这一点，就与前面的《怨情》诗不同，也可以看成是采用士兵以第一人称叙事的手法的作品。可是，这种依靠模仿人物的第一人称的方式，当然与作者叙述自身体验的第一人称的方式似是而非的。对作者来说，这也仍然应该看作从第三人称的角度作客观叙述的作品。

像这样,也算作第三人称的表达方式,那么,它的表现形式就是多种多样的。从这种多样的第三人称的表达形式中,李白在"狭义歌行"里特地采用了咏物的手法,是有一定的理由的。

在考虑这一点时,不要忽视李白等盛唐诗人出现以前,是以武后一代特别流行的咏物为主体的歌行。因而对这种咏物歌行给予李白的影响,在两个方面作进一步的考察是很有必要的。

一、先从历史的角度来看。也就是说,李白接受的是初唐诗人完成的咏物歌行,他只是以此为出发点来探索自己的歌行道路。在这个过程中,几乎不可能摆脱这种咏物手法的影响。当然,像李白这样有才华的诗人,不愿因袭前代的咏物歌行是很自然的事。明白了这一点,那么咏物歌行与李白的歌行之间的承接关系就毋庸置疑了。不但如此,而且在李白的十几篇"狭义歌行"中,几乎毫无例外地都能看到采用第三人称的咏物手法的部分,这一点雄辩地说明了李白受到咏物歌行多么巨大的影响(即使是最后一句所说的咏物,其对象,与初唐的咏物歌行相比,盛唐的李白的歌行也更加丰富多彩。在初唐的咏物歌行中,主要选取的是宝剑等器物,或者是鹦鹉等小鸟,或者充其量是马一类的动物,可以说诗人的眼光是投向小巧玲珑的东西。可是到了李白的歌行,例如《西岳云台歌·送丹丘子》中的山岳,或者《金陵歌·送别范宣》中的历史上的都市,还有《元丹丘歌》中的人物,等等,诗人搜寻对象的视野,超出了物的范围,向更广大、更含蓄的方向自由地展开。假如把初唐的歌行叫作咏物的话,那么盛唐时李白的歌行与此相对,可以叫作咏事,显示出一定的深度。但是,一方面初唐的咏物与李白的咏事,在对象的特点上有上面所说的差异,另一方面在把对象从自己的体验中分离出来以第三人称的视点进行描写这一手法上,可以说是一脉相承的。两者之间的关系,正如一个事物的开端与发展。可以说这样理解是很恰当的)。

二、再从方法论的角度来看。李白的歌行不可避免地受到初唐咏物歌行的影响,可是,这种咏物的手法要是与李白正在摸索的"狭义歌行"的方向(即第一人称性)不相容,其结果,就不可能筑成丰饶的"狭义歌行"的园地。如果这样,那么咏物的手法促进了表达方式的第一人称化吗?至少没有妨碍它,大概还不只是如此。

即使说是同样的第三人称的手法,只要从与第一人称并存的观点看,那么这种咏物的手法,也与在传统乐府(或者是模仿它的歌行"新题乐府")中常见的闺怨及边塞等手法划清了界限。如上所说,把托言闺怨的女性及出征的士兵等人物的生活环境典型化地表现出来的传统乐府的手法，在人们公认的传统性方面，在作者体验的世界之外，建立起自我完善的世外桃源。在这里，把它原封不动地表现出来并与第一人称的部分（即与作者直接有关的体验）连接起来，毕竟是不容易的事。

与此相反，咏物的手法，(1)在自由地选取作为对象的事物这点上，(2)在被歌咏的事物是一般不具有与人事相关联的交接点的中立状态这点上，可以更容易地把这种咏物手法的第三人称的部分，与作者的第一人称的部分连接起来。例如送别赴华山的元丹丘，依靠选取与这首送别诗相对应的华山作咏物的对象，就能把第三人称的部分（前半部分）与第一人称的送别部分（后半部分）有机地连接起来。

总之，李白在初唐以来的咏物歌行的影响下，能毫无障碍地开拓具备了第一人称视点的"狭义歌行"，是由于咏物是一种能比较容易地与第一人称性并存的手法。可以说，李白在"狭义歌行"中设置第三人称的部分时，必须采用咏物的手法，无论在历史的发展上，还是在表达方法上，都有一定的必然性。

（八）附论二

可是，在李白的"狭义歌行"中，也存在着成为歌行的理由。也就是说，它具有第三人称咏物手法的"歌行"部分。因为现在不可能对全部作品进行探讨，所以想重点地举出有代表性的几篇证实它们之所以成为歌行的理由。

首先是关于《襄阳歌》与《玉壶吟》。这两篇是具备第一人称视点的"狭义歌行"，前者有"舒州杓，力士铛，李白与尔同死生"，后者尽管叙述自己的宫廷生活体验，但从"世人不识东方朔，大隐金门是谪仙"这一点看也是很明确的。那么，这样的作品是怎样成为歌行的呢？可以说其理由都在作品的开头部分。

落日欲没岘山西，倒著接䍦花下迷。
襄阳小儿齐拍手，拦街争唱白铜鞮。
傍人借问笑何事？笑杀山公醉似泥。
（《襄阳歌》）

烈士击玉壶，壮士惜暮年。
三杯拂剑舞秋月，忽然高咏涕泗涟。
（《玉壶吟》）

在这里，前者取材于山简（253—312）任襄阳都督时屡屡烂醉如泥的故事[10]，后者是取材于王敦（266—324）被皇帝疏远时过于愤懑而用如意棒打碎痰盂的故事[11]。在这里要注意两点。第一，由于作者自己假托成历史上有名的人物（山简、王敦）[12]，可以说是把自己在客体中对象化了。换句话说，就是李白这一现实生活中活生生的人物，通过这些故事，被典型化为人们共同想象成的嗜酒，或者鸣不平这样的人物形象。

徒诗是作者直截了当地表现自身，与此相反，在作为歌辞文学的一个组成部分的歌行中，作者正像一位观众从客席（个别性支配的世界）眺望高一层舞台上的情景（被典型化而更带普遍性的世界）一样，也可以说场面的客体化[13]倾向是支配性的。换言之，仅自己有可能体验到的或者像被自己体验之后才具有意义那样的被作品歌咏的世界，对他人来说并不是封闭的，恰恰相反，无论是谁，只要读或听这些都能共有的东西，那么对他们就都具有开放性，这是传统乐府及吸取这一流派的歌辞文学的基本倾向。而且这种倾向在传统乐府以及与此相似的被第三人称的视点贯穿的歌行（新题乐府）中，尤为显著，这是不言而喻的。这一点即使在第一人称的“狭义歌行”中——与徒诗的对比中就可以清楚——也能看到。就是说李白假托为山简及王敦时，其形象已不是传统乐府世界里的托词闺怨的女性及出征的士兵，如果与徒诗中所描绘的李白自身的形象对比一下，就可以清楚地看到是被典型化了。这就是这两篇作品与徒诗区别开来而成为歌行的第一个理由。

其次，山简、王敦的故事都与相关的歌辞有不可分割的关系这点，也不能被忽略过去。山简，烂醉如泥的形象，曾被襄阳儿童尽情地嘲笑过：“山公出何许？往至高阳池。日夕倒载归，酩酊无所知。时时能骑马，倒著白接䍦。举鞭向葛彊，何如并州儿？”另外，王敦一边打碎痰壶，一边歌咏曹操的乐府《步出夏门行》：“老骥伏枥，志在千里。烈士暮年，壮心不已。”而且，李白对于散见在自己作品中的这些前人歌行中的语句（加点部分）是决不会忘记的。

在最初是歌辞文学的歌行中，作品保留着与前人歌辞的联系这一点，正是笔者所特别期待的事[14]。李白由于直接引用包含歌辞的这两个故事及歌辞中的语句并放在作品的开头，从而实现了要使其成为歌行的愿望。这就是《襄阳歌》与《玉壶吟》之所以成为歌行的第二个理由。

那么，对至今还没有机会涉及的短诗型（绝句）的歌行，又能发现什么样的特征呢？

《横江词》六首，大概是李白在横江渡口被风波滞留时创作的。然而，尽管这样的推测从系列作品的整体来看是可能的，但读一下各篇作品，却很难看到李白自己鲜明的形象。

人道横江好，侬道横江恶。

一风三日吹倒山,白浪高于瓦官阁。(其一)

这首诗的“侬”这一第一人称是吴方言。这种模仿吴人的措辞,与李白直接称呼自己自然而然地划清了界限。另外,开头两句关于风的对话[15],也包含“侬”的使用在内,都是仿效民间歌谣的口吻。

在李白自身形象比较鲜明的第五首中,也用的是这种对话的手法(特别是想到在梁简文帝的乐府中有“郎今欲渡畏风波”)。

横江馆前津吏迎,向余东指海云生。

郎今欲渡缘何事?如此风波不可行。

作者设计了自己站在前头,“在横江馆前津吏出迎”这一场景。这方面,与自己是抒情主体,在原则上优于场景的徒诗作品不同,仍然可以看作是歌谣的手法[16]。总之,《横江词》六首,一面多半是以李白自己的体验为背景,一面也暂且从背离这一点的第三人称的视点出发,向歌谣世界扩展。

另外,《永王东巡歌》11 首及《上皇西巡南京歌》10 首,据说是李白代表永王璘的部将及士兵鼓舞士气,是集体的凯歌。因而,根据李白的经历可以推断是具有近似第三人称的歌行(新题乐府)的性质吧!

在短篇的歌行中,作者的第一人称的视点比较鲜明的是《秋浦歌》17 首。例如有名的“白发三千丈,缘愁似个长。不知明镜里,何处得秋霜”。在这里,当被明镜似的秋浦河的水面映出白发时[17],那种因衰老而引起的震惊与悲伤,是从第一人称的视点被率直地道出的。

那么,《秋浦歌》只不过是命题法上的混乱吗?在这里,必须注意的是这 17 首诗的大部分巧妙地加入了歌咏秋浦河及与其环境有关的事物。换句话说,《秋浦歌》尽管也掺入了“白发三千丈”等第一人称的作品,然而,作为整体,可以看作是以秋浦河的景物为题材的咏物性的作品。而且,如果站在这样的立场上就能发现,这篇《秋浦歌》作为短篇组诗虽然与长篇的体裁不同,例如与《西岳云台歌送丹丘子》等,但都是歌咏风土景物的歌行的组成部分。

结束语

在盛唐歌行史上最大的事件,莫过于上面所说的这种歌行的出现。它通过第一人称的视点,将作者自身的体验表达出来。而本文特意把它称为“狭义歌行”,是因为不是别人,而只是李白及岑参等的更符合歌行传统的歌行才属于这种歌行。

而且,这种歌行在歌行史上具有划时代的意义。这是因为以往的歌行,受到传统乐府的强大影响,在样式方面,其主流是采用第三人称的表达方式。而"狭义歌行"的确在这一点上,突破了传统歌行的样式性。那么,这种"狭义歌行"已经不是歌行了吗?如果是歌行,那又怎样保持歌行的传统的样式性呢?撰写本文的目的,就是为了解决这个问题。

以李白为中心来探讨"狭义歌行",从而使问题变得更明确了,就像已经反复陈述的那样。也就是说,盛唐时期的"狭义歌行"一面吸收了在初唐后期流行的咏物的样式,一面在事实上保持着依靠第三人称的视点咏物的部分。而且,诗题也与作品的各个部分一一对应,同时又被命名为"……歌(行、吟等)"。即使在作者的主观意识中,也不是别的,而正是第三人称的咏物部分,作为歌行的样式性最集中的部分被牢牢抓住。总之,从事实与意识两个方面,"狭义歌行"都不应说是非歌行性的。虽然具有第一人称性,但仍然能留在歌行中的理由,毫无疑问,就在于这个第三人称视点的咏物性。

而且如果再说得远一点的话,"狭义歌行"通过采用这个咏物形式的第三人称的表达方式作媒介,与实际上相距很远的传统乐府的系谱相连接,那么因此可以说它正处在歌辞文学末端的位置上。这一点也必须同时牢记。

然而,从盛唐末期开始,这一歌行的核心开始趋向第三人称的咏物性,呈现出颓败的征兆。这种倾向的先驱,是与李白一起代表盛唐歌行作家的杜甫。杜甫在失去核心而空洞化下去的歌行中,作为替换,尝试要用被歌辞文学遗忘了很久的讽喻的理念来填补。杜甫的歌行孕育的异常强烈的紧迫感,在至此是歌行核心的第三人称的咏物性即将被讽喻性所取代的一刹那,犹如物体摩擦时发出的剧烈的吱吱声。而一旦二者之间有了着落,讽喻歌行(新乐府)就会意想不到地沿着平坦大道,朝着中唐一直通向无尽的远方。

"狭义歌行"之所以这样变化下去。可以说有两个理由:一是在这一时期发生的安禄山叛乱,到那时为止,隐藏着的社会矛盾一下子表面化了。歌行一面适应其外部环境的变化,一面促使在歌辞文学中潜在的讽谕机能开始苏醒。二是"狭义歌行"的自坏作用从内部促进了它的衰亡。如果再深究一下的话,"狭义歌行"是在与徒诗式的第一人称性及歌辞式的第三人称性的危险的均衡上建筑起来的样式。在从第三人称性向第一人称性转移重心的歌行发展史的大趋势中,"狭义歌行"据以建立的那个均衡迟早会被破坏,这一点是很难避免的。而且这种自坏作用,明显的是采用第三人称咏物性的颓败的形式而暴露出来的。

在这样的两个理由交叉的盛唐末期,诗人摸索新的讽喻性的歌行(新乐府),已属于历史发展的必然。于是,在盛唐时期以'狭义歌行"为中心发展起来的歌行,在这时就要迎来又一次大变革。

注 释

[1]在本文中,把非“传统乐府(古乐府、拟古乐府)”称为广义的歌行。换句话说,(1)不用古乐府题。(2)没有乐器伴奏,也不能歌唱。(3)是具有歌辞的诗(歌、行、吟等),或者节奏(七言、杂言)、措辞(蝉联体、双拟对等)的作品。为了更加慎重起见,可以说“近代曲辞”(《乐府诗集》79—82)及“词(诗余)”都不是歌行,“新乐府辞”(《乐府诗集》90—100)是歌行。因此,在李白的作品集《分类补注本》中也是把“歌吟”除外进行分类的,在这个基准上可以看作歌行的(《塞上曲》《塞下曲》《怨情》等),就只有可数的几篇了,希望能注意这一点。另外,歌行包括:(A)与传统乐府相似,采用第三人称的表达方式的“新题乐府”,(B)着眼于讽喻性的“新乐府”,(C)结合作者的体验采用第一人称的表达方式的“狭义歌行”。应能对三者进行区别。详细的论述希望能参看松浦友久的《乐府·新乐府·歌行论——以表现机能的异同为中心》(《中国文学研究》第八期)及松原朗的《“歌行”的形成过程——以初唐为中心》(《中国文学研究》等九期)。另外关于初唐时期的歌行,在后者中有稍微详细的论述。

[2]这个中古音的推定音,是根据藤堂明保《(学研)汉和大字典》得出的。

[3]参看注[1]所举出的松原朗的论文。

[4]作为一个例子,像上面说的那样仅限于“歌行”部分的九句,为了强调这一点每句都用韵,等等。

[5]还可以举出别的例子,《鸣皋歌·送岑征君》中,在紧接着描写鸣皋的山状态的“歌行”部分之后,有“送君之归兮,动鸣皋之新作”。

[6]在本文中,把被怀疑是伪作的《僧伽歌》《历阳壮士勤将军名思齐歌》二篇从讨论对象中排除掉。

[7]关于李白及杜甫的题画诗,在和田利男的《杜甫与绘画》(《杜甫——生涯与文学》,标志社,1981年)及王伯敏《李白杜甫论画诗散记》(西泠印社,1983年,浙江省新华书店发行)中有详尽的论述。

[8]杜甫的题画诗二十题中,有九题是歌行。

[9]杜甫中的九首题画诗,包含着许多名作,如《奉先刘少府新画山水障歌》《戏题王宰画山水图歌》《丹青引》等,离开这些似乎不可能真正理解杜甫的歌行。

[10]见《晋书》卷43《山简传》(《山涛传》的附传)及《世说新语·任诞》。

[11]见《晋书》卷98《王敦传》及《世说新语·豪爽》。但在《世说新语》中,没有详细地说明被皇帝疏远而出现的这一行动的背景。在讨论李白这首诗时,应依据有背景材料的《晋书》。

[12]但被假托的人物并不是随便选择的,而是有意识地选择那些在某一点与自己有

对应关系的人物，通过这一点来表现自己，例如在山简嗜酒这一点上，在王敦被皇帝疏远而鸣不平这一点上。

[13]详见松浦友久《李白乐府论考》(《李白研究——抒情的结构》，三省堂)及注[1]所举出的松浦友久的论文。

[14]详见注[13]所举的两篇论文。

[15]指出把对话的插入作为歌谣(歌辞文学)的一个特征的，有吉川幸次郎的关于《兵车行》《哀王孙》的注释(《杜甫诗注》，筑摩书房)及田中谦二《乐府·散曲》(《中国诗文选》，筑摩书房)。

[16]在李白的乐府中，如《乌夜啼》，先让主人公"机中织锦秦川女"登场，然后设计了"黄云城边乌欲栖，归飞哑哑枝上啼"的场景(舞台)。这样的手法，所产生的问题(与比兴手法的关系等)姑置而不论，在机能方面，起到帮助在一般歌辞文学中可以看到的场景客体化的作用。

[17]在松浦友久《"白发三千丈"与〈秋浦歌〉——唐诗纪行》中有详尽的说明。

译者附记：该文原载于(日)"中国诗文研究会"编辑的《中国诗文论丛》1984年第三期。由于篇幅的限制，译出时删去了第九部分(关于王维、岑参的歌行与"狭义歌行"的关系)。

(张采民译)

李白《送贺监归四明应制》诗为伪作

陶　敏

李白集中有七律《送贺监归四明应制》、七绝《送贺宾客归越》各一首，王琦《李太白年谱》天宝三年(744)条云：

> 《送贺监归四明应制》诗、《送贺宾客归越》诗。《旧唐书》：天宝二年十二月乙酉，太子宾客贺知章请度为道士还乡，三载五月庚子，遣左右相以下祖别贺知章于长乐坡上，赋诗赠之。太白二诗，一乃应制，一私自送行而作者也。

后人均沿此说，认为天宝三载正月，李白在长安送贺知章归越，并应制作诗。这一结论是不能成立的，今考辨于次。

一、《送贺监归四明应制》为伪作

李白《送贺监归四明应制》诗云：

> 久辞荣禄遂初衣，曾向长生说息机。真诀自从茅氏得，恩波宁阻洞庭归。瑶台含雾星辰满，仙峤浮空岛屿微。借问欲栖珠树鹤，何年却向帝城飞。

人所共知，李白是“云中龙”“诗中仙”，素不愿受声韵格律的羁束，所以集中很少七言律诗。在集中寥寥数首七律中，这首诗又显得格外拙劣和平庸。和李白诗歌的风格很不协调。但是，由于李白和贺知章有着特殊的密切关系，天宝三载贺知章辞官前后李白尚在长安，李白天宝初在长安身为翰林供奉有可能而且应该应制作诗，而应制诗往往是平庸之作，这首诗的缺陷似乎得到了人们的谅解和容忍，没有人怀疑它的真实性。其实，它是一首伪诗。

《旧唐书·贺知章传》云:“天宝三载(744),知章因病恍惚,乃上疏请度为道士,求还乡里,仍舍本乡宅为观。上许之……御制诗以赠行,皇太子已下咸就执别。”所谓李白“应制”诗,自当指和唐玄宗送贺知章诗而言。但是,翻开《全唐诗》第三卷,唐玄宗的《送贺知章归四明》却赫然是一首五言律诗。天宝三载,李林甫任右相,《全唐诗》卷一二一有他一首《送贺监归四明应制》诗,但也是一首五言律诗。如果李白确曾在长乐坡送贺知章归越并应制作诗的话,那也只能是一首五言诗而不应该是七言诗,更不应该是李白素不喜作的七言律诗,所以此诗的真实性大可怀疑。

值得注意的是,《全唐诗》所收送贺知章诗共 5 首,除前述玄宗、李林甫、李白 4 首外,卷五五三姚鹄尚有一首《送贺知章入道》,提供了李白《送贺监归四明应制》为伪作的旁证。诗云:

若非尧运及垂衣,肯许巢由脱俗机。太液始同黄鹄下,仙乡已驾白云归。还披旧褐辞金殿,却捧玄珠向翠微。羁束惭无仙药分,随车空有梦魂飞。

姚鹄,晚唐人。《唐才子传》卷七云:“鹄字居云,会昌三年(743)礼部尚书王起下进士。”他这首诗与李白《送贺监归四明应制》同是七律,同以衣、机、归、微、飞为韵,绝不是偶然的巧合,说明了二诗是同时所作。《全唐诗》姚鹄诗题下注云:“一本题上有‘拟’字。”姚鹄生活的时代与贺知章相去一个世纪,题上有“拟”字合乎情理。李白这首诗应该是姚鹄同时人所作,题目也应该是《拟送贺知章入道》,后被改易题目,窜入李白集中。明了这一点再回头看这首诗,尽管我们仍觉得它空泛平庸,但和《拟送贺知章入道》这个题目还是切合的。

二、《贺监归乡诗集》作者考辨

唐人送贺知章归乡诗曾编为诗集一卷行世。郑樵《適志略》卷二二著录《贺监归乡诗集》一卷。胡震亨《唐音癸签》卷三十云:“饯送诗有……《贺监归乡诗集》一卷。”乐史《广卓异记》卷三“御制诗送贺宾客为道士还乡并宰相已下应制诗”条下,录有玄宗“御制送诗并序”及左丞相李适之、右丞相李林甫应制诗各一首,均为五律,又录门下侍郎王铎“应制”一首,却为七律。诗云:

诏许真人归旧隐,为言海上有孤峰。宸庭暂别期千载,野服飘然出九重。华表尚疑丁令鹤,竹陂犹认葛仙龙。自怜弱羽尘埃重,于此无由蹑去踪。

王铎,两《唐书》有传,会昌初进士,唐僖宗乾符二年(875)以门下侍郎同平章事。所以,他这首七律也决非“应制”之作。乐史注云:“其余应制诗,此不备录。”知《广卓异记》中四诗当是自《贺监归乡诗集》录出。考察这一卷诗的情况,有助于判定李白应制送贺知章诗的真伪。

《全唐诗》收送贺知章诗仅玄宗、李林甫、李白、姚鹄五首,就连《广卓异记》所录李适之、王铎二诗亦漏收(王铎诗仅据《吟窗杂录》收残句一联),显然,这是编者未见《送贺监归乡诗集》之故。其实,这一卷诗并未亡佚,现仍完整地保存在北宋神宗熙宁五年(1072)孔延之编《会稽掇英总集》卷二中。该卷共收诗45首。其中有《送贺秘监归会稽诗》37首,其后依次为卢象送贺知章歌1首、贺知章《回乡偶书》2首。朱放《经贺秘监鉴湖道士观》1首,李白《送贺宾客归越》1首、《对酒忆贺监》2首、《重忆》1首。值得注意的是:一、托名李白的《送贺监归四明应制》七律,未收入此卷诗中;二、卢象所作乃七言歌行,虽是在长安送行之诗,却非应制之作,李白七绝《送贺宾客归越》与朱放等诗置于贺知章《回乡偶书》之后,可见均非长安送行之作,在全卷中处于“附录”的地位,考察这一诗卷,注意力要放在前面37首诗上面。

王琦《李太白全集》卷十七《送贺监归四明应制》诗注云:“《诗纪》载知章之归越也……自李适以下作诗送之,今诗存三十七首,太白其一也。”误李适之为李适,又误以李白诗为37首送贺知章诗之一,知王琦实际上并未看到《会稽掇英总集》中《送贺监归乡诗集》。而《送贺监归乡诗集》中未收李白诗,更说明了这首诗的真实性大可怀疑。这一诗集所收录送贺知章诗37首中,五律26首,五言六韵排律6首,七言律诗5首。为了弄清李白诗是否为伪作,我们不妨分体裁考察一下这些诗的作者情况。

(一)五律26首。1.唐玄宗。2.李适之,时为左相,见《新唐书·宰相表》。3.李林甫,右相,同上。4.嗣许王瓘,唐高宗孙,开元十一年(723)为卫尉卿,累迁太子詹事,见《旧唐书》本传。5.褒信郡王璆,李瓘弟,天宝初拜宗正卿,六载(747)卒,见两《唐书》本传。6.宋鼎,天宝四载(745)官兵部侍郎,见《金石萃编》卷八七《石台孝经题名》。7.郭虚已,天宝四载官户部侍郎,同上。8.李岩,天宝四载官给事中,同上。9.韦斌,天宝四载宫中书舍人、集贤院学士,同上。10.韦坚,天宝元年(742)为陕郡太守,三载(744)正月加兼御史中丞,见《旧唐书》本传。11.齐潜,天宝元年为太子少詹事分司,见《新唐书》本传。12.崔璘,天宝中为冯翊郡太守兼采访使,见《新唐书.宰相世系表》二下博陵崔氏大房。13.梁涉,天宝五载(746)自中书舍人贬斥,见《新唐书。吉温传》。14.王浚,未详。15.王瑀,未详。16.康建,当即康珽,玄宗朝官监察、殿中御史,见《金石萃编》卷七四《御史台精舍碑》碑阴题名。17.朝宗,《四库全书》本作“韩宗”,当即韩朝宗,天宝初为京兆尹,见《旧唐书·韩思复传》。18. 郭慎微,玄宗时官至司勋郎中知制诰,见《元和姓纂》卷十,《宝刻丛编》卷八有《唐赠汝南太守郭慎微碑》,天宝中立。19. 于休烈,天宝中自郎中出为中部郡太守,见《旧唐书》本传。20. 齐光义,天宝中官至秘书少监,本姓是,改姓齐,见《元和姓纂》卷六,又官宣城郡长史,见李白《赵公西候新亭颂》。21. 韦述,天宝初历左右庶子,见《旧唐书》本传。22. 韩倩,天宝四载(745)官国子司业,见《金石萃编》卷八七《石台孝经题名》。23. 陆善经,开元中为集贤直学士,见《全唐文》卷三四五李林甫《进御刊定礼记月令表》。24. 魏盈,魏扶之祖,见《新唐书·宰相世系表》二中。25. 李彦和,未详。26. 张博望,未详。以上 26 人中,可考知为玄宗时人者 22 人,未详者 4 人,除玄宗诗外,其他 25 诗为长乐坡应制作可以无疑。

(二)五言六韵排律 6 首。1. 席预,天宝四载官检校礼部尚书,见《金石萃编》卷八七《石台孝经题名》。2. 李慎微,未详。3. 杜昆吾,官坊州刺史,见《和姓纂》卷六。《宝刻丛编》卷八有杜昆吾撰《左武卫大将军杜元恭墓志》,天宝五年(746)立。4. 张绰,未详。5. 胡嘉鄢,当即胡嘉隐。《全唐文》卷 402 收其《绳妓赋》一篇,小传云:"开元中卫士,献《绳妓赋》,擢拜金吾口曹参军。"6. 辛替否,开元中累转颍王府长史,天宝初卒,年八十余,见《旧唐书》本传。以上 6 人中,可考为玄宗时人者 4 人,余 2 人未详,但亦未能考为肃宗以后人,故这 6 首诗也应该是基本上可靠的。

(三)七言律诗 5 首。1. 姚鹄,唐武宗时进士,已见前。2. 王绛,《四库全书》本作王铎,会昌初进士,大中监察御史,后相僖宗、昭宗二朝,见两《唐书》本传。3. 何千里,玄宗时官监察、殿中御史,见《金石萃编》卷七四《御史台精舍碑》碑阴题名。4. 严向,至德中官至大理卿,见《旧唐书·刑法志》,乾元中为凤翔尹,广德二年(764)卒,年八十五,见《旧唐书·严善思传》。5. 严都,《郎官石柱题名》金部员外郎第十一行有严都,在赵隐后;司勋员外郎第十行有严都,在崔厚后。《旧唐书·赵隐传》:"大中三年(849)应进士登第,累迁郡守、尚书郎。"又《宣宗纪》:咸通十年(882)八月,"司勋郎中崔厚贬柳州司户"。知严都乃晚唐人,其官尚书郎当在懿宗朝。以上 5 人中,3 人为晚唐人,诗的体裁又不同于玄宗原作,所以这一组诗决非应制送贺知章诗。

严都诗云:

> 广成何必挂朝衣,已奉玄珠佐万机。还蹑旧衣凫舄去,
> 不将新赐鹤书归。暂凭风驭游清禁,终泛仙槎出紫微。
> 今日汉庭因少别,人间无限白云飞。

又是七言律诗,且与姚鹄诗及托名李白诗同以衣、机,归、微、飞为韵,这就

有力地证明托名李白的《送贺监归四明应制》,并非李白所作,而是晚唐人与姚鹄、严都等拟题限韵之作。至于何千里与严向虽为玄宗时人,但他们的诗也很可能是伪托。如严向诗云:"孤云去住本无机,却指苍梧下翠微。锡鼎为传仙族在,泛槎还入海烟归。客星一夜凌光武,华表千年送令威。闻道葛洪丹井畔,至今霜果有金衣。"内容、格调都和姚鹄、严都诸诗相似,亦用微韵,应当也是晚唐人的作品,如非伪托,即是有同姓名者。

三、李白未预长乐坡送贺知章之会

李白未曾应制作送贺知章归越诗,因为他根本没有参加长乐坡饯送贺知章的活动。李白另有七绝《送贺宾客归越》,诗云:

镜湖流水漾清波,狂客归舟逸兴多。
山阴道士如相见,应写黄庭换白鹅。

这首诗《文苑英华》卷二六九及敦煌唐写本唐诗残卷均已收录,当是李白作无疑。不过唐写本唐诗残卷题作《阴盘驿送贺监归越》,我以为这个题目较为接近事实。试想,如果贺知章归越时李白正在长安,以他翰林供奉及贺知章密友的身份是应当参加长乐坡饯送这一盛大活动并应制作诗的。前已考知,《送贺监归四明应制》为伪作,这就不能不使人怀疑其时李白是否在长安,而唐写本唐诗残卷就正好提供了李白的行踪。

阴盘驿在何处?考《水经注·渭水》云:"池水又经鸿门西,又经新丰县故城东。……汉灵帝建宁三年(170),封段颎为侯国,后立阴盘城。其水际城北出,世谓是水为阴盘水。"又云:"渭水又东,冷水入焉。水南出肺浮山……历阴盘、新丰两原之间,北流注于渭。"《太平寰宇记》卷二七雍州昭应县:"县即汉新丰之地。……后汉灵帝末移安定郡阴盘县寄理于此,今亦谓之阴盘城。后魏太和九年(235),自此移阴盘县于今昭应县东三十二里……"阴盘驿当在京兆府昭应县东,也就是汉代的新丰,其地有阴盘城、阴盘原、阴盘水。而昭应正是贺知章取道洛阳归越所必经之地。李白既在阴盘驿送别贺知章,知天宝三载(744)正月贺知章归越时他不在长安,未预长乐坡之会,亦可反证《送贺监归四明应制》非李白所作。

李白研究者一般将李白"赐金还山"定于天宝三载三月左右,这与上面所考并无矛盾。李白在朝中不过是"虽有其名,不职其事"(李肇《翰林志》)的翰林学士,又是一个"天子呼来不上船,自称臣是酒中仙"的特殊人物,行动自然较为自由。诗中没有提及自己的失意,也说明时李白尚未遭贬逐。郁贤皓同志考证李白是年春乃由商山大道离京(《李白丛考·李白两入长安及有关交游考辨》),那么,这次昭应之行当是他“赐金还山”前的一次短期出游,也许是去向他所钟爱的“新丰美酒”告别吧。

魏晋审美观与李白诗歌

陶新民

魏晋时代是文学的自觉时代，这个时期的文艺理论有着极大的发展。这是和当时的玄风盛行、清谈思辨、品藻人物等分不开的。如钟嵘《诗品》三品论诗就明显受九品论人的影响；当时文艺中的言外之意和略形重神命题，受到清谈中言意之辨的影响；名士们随情任性、欣赏人格之美影响到诗歌创作中对感情抒发的重视；他们以玄学的眼光看待山水，形成了对大自然的特殊审美观。

魏晋名士的审美观不仅影响了当时的文艺创作，而且对后世产生了深远的影响。李白在这方面所受的影响尤为突出。下面我们就来谈谈这个问题，分3个部分来论述。

一、意在言外与遗骸传神

言意之辨是魏晋玄学的重要课题之一，它讨论言辞和意念的关系。关于这个问题，有三种不同意见。“言不尽意论”“得意忘言论”和“言尽意论”。这里我们只谈“言不尽意论”和“得意忘言论”对文学创作的影响，尤其对李白诗歌的影响。

先谈“言不尽意论”。《周易》和《庄子》都提到过言不尽意问题[1]。魏晋时期，“言不尽意论”十分流行。欧阳建说：“世之论者以为言不尽意，由来尚矣。至乎通才达识，咸以为然。若夫蒋公之论眸子，锺傅之言才性，莫不引此为谈证。”[2]就谈到这种情况。荀粲更提出“意外”“象外”之说，认为意内、象内可尽言，意外、象外不可尽言[3]，进一步阐明了言不尽意的道理。

“言不尽意论”认为言可达意，但不能尽意，指出了言意之间的联系和差别，以及言辞在表达意念时的局限。文学作为语言的艺术，当然要涉及这个问题。陆机《文赋》中说："恒患意不称物，文不逮意，盖非知之难，能之难也。"所谓"意不称物"，是说主观的意念不能正确反映客观事物；"文不逮意"，是说言辞不能完全表达意念。很明显，这是言不尽意的另一种说法。

那么，怎样才能使文学作品最大限度地表情达意呢？总结创作实践的经验，最好的办法是：既诉诸言内，又寄诸言外，充分运用语言的启发性和暗示性，唤起读者的联想，让他们自己去咀嚼体味那字句之外隽永深长的情思和意趣，以达到言有尽而意无穷的效果。嵇康的《赠秀才入军》一诗写道：

息徒兰圃，秣马华山，流磻平皋，垂纶长川。目送归鸿，
手挥五弦，俯仰自得，游心太玄。嘉彼钓叟，得鱼忘筌，
郢人逝矣，谁与尽言！

诗人过着潇洒自在的隐居生活，深得其中乐趣，而感到难与众人说清。全诗含义丰富，让人回味无穷。王士祯评"手挥五弦，目送归鸿"两句"妙在象外"[4]，正体味出了此诗言外之味。

陶渊明也是受到玄学影响的诗人，他说自己"好读书，不求甚解，每有会意，便欣然忘食"[5]，他的《饮酒》诗说：

山气日夕佳，飞鸟相与还。此中有真意，欲辨已忘言。

什么真意？他感到很难说。其实也不必说，正好留待读者去思索。萧统《陶渊明传》说陶"不解音律，而蓄无弦琴一张，每酒适，辄抚弄以寄其意"。可见他很懂那弦外之音的妙处，而这正和文学上的言外之意相通。

后来刘勰《文心雕龙》、钟嵘《诗品》都对创作中言意关系问题作了阐述。特别《诗品》以"滋味"论诗，论赋比兴曰："使味之者无极，闻之者动心，是诗之至也。"要求创作要"文已尽而意有余"。

言外之意说提出后，便成为诗歌创作上一条重要的美学原则，盛唐诗人遵循这一原则，创作了大量含蓄蕴藉的作品，其中李白无疑最为突出。李白的长诗往往都淋漓痛快，直抒胸臆，但他的短诗却都写得味深意长。沈德潜说："七言绝句，以语近情遥，含吐不露为主，只眼前景口头语，而有弦外音味外味，使人神远，太白有焉。"[6]就提到李诗的这个特点。如李白的《怨情》：

美人卷珠帘，深坐颦蛾眉。但见泪痕湿，不知心恨谁？

美人为何"颦蛾眉"？为何"泪痕湿"？尤其妙在最后一个问句："不知心恨谁？"使读者不得不深深思考，去寻绎谜底。恰如一石激起千层浪，短短二十字激起读者心湖的无限涟漪。又如《黄鹤楼送孟浩然之广陵》：

故人西辞黄鹤楼，烟花三月下扬州。孤帆远影碧空尽，唯见长江天际流。

三、四两句着意描写友人走后舟行帆远、天际水流的情景。孤帆一片，载着诗人的挚友，渐渐地驶向遥远的水天相接之处，直至望不见了，诗人还久久地伫立在楼头，凝眸远望。此后如何？诗人也没说，只写道："唯见长江天际流。"把读者的视觉带到悠悠不尽的江水上，使读者的思绪顺着不尽的江水流啊流，真是隽味悠远。诚如前人所说："帆影尽则目力已极，江水长则离思无涯，怅望之情，俱在言外。"[7]

胡应麟《诗薮》说李白"独绝句超然自得，冠古绝今"[8]。"太白五七言绝，字字神境，篇篇神物"[9]。为何冠古绝今？为何是篇篇神物？究其实，很大程度上正是由于其言短意长，耐人咀嚼。

下面再谈"得意忘言论"。"得意忘言论"最早见于《庄子·外物》，王弼在《周易略例·明象》里，以老庄解《易》，进一步申述了得意忘言的论点。汤用彤先生在《魏晋玄学论稿·言意之辨》中说："言意之辨，不唯于玄理有关，而于名士立身行事亦有影响。按玄者玄远，宅心玄远，则重神理，而遗形骸。"由得意忘言，到重神忘形，是很自然的发展。《晋书·阮籍传》说："当其得意，忽忘形骸。"《嵇康传》说："有风仪，而土木形骸，不自藻饰，人以为龙章风姿。"其他人如刘伶之脱衣裸形，山简之倒著接䍦，毕卓之手持蟹螯，陶潜之葛巾漉酒，在当时都曾传为美谈。

由重神忘形，又引出形似、神似之说。特别在绘画和书法理论中，这类评述很多。

《世说新语·巧艺篇》载："顾长康画人，或数年不点目睛，人问其故？顾曰：'四体妍蚩，本无关于妙处；传神写照，正在阿堵中。'"唐李嗣真在评顾长康的画时，说它"思侔造化，得妙物于神会"[10]。张怀瓘说："像人之美，张（僧繇）得其肉，陆（探微）得其骨，顾得其神。神妙亡方，以顾为最。"[11]张彦远说顾："意存笔先，画尽意在，所以全神气也。"[12]在书法艺术中，这种表现更为突出。唐张怀瓘在《书议》中评王献之书云："子敬之法，非草非行，流便于行，草又处其中间。无籍因循，宁拘制则，挺然秀出，务于简易，情驰神纵，超逸优游，临事制宜，从意适便，有若风行雨散，润色开花，笔法体势之中，最为风流者也。逸少秉真行之要，子敬执行草之权，父子灵和，子之神俊，皆古今之独绝也。"[13]他这一段话道出了行草艺术的真精神。他们在评书法时都指出了书法的精神，也都同时指出了书写者的主观精神。我们说的神似，实际就是这主客观二者交融契合的体现。《列子》一书中曾载有九方皋相马的故事，很典型地反映了遗骸取神的观点。因此，形，是表面的；神，才是本质的。作为真正的艺术来讲，就必须通过形貌的摹写，揭示事物的精神实质，并且为了突出精神实质，不妨对形貌作适当的改变和忽略。

对于这一点，魏晋人在书法、绘画上取得了杰出成就，并影响到后世，但在诗歌方面表现不普遍，只有陶潜较突出。他写诗不追求华丽辞藻，而重在达意，“文体省净，殆无长语，笃意高古，辞兴婉惬”[14]。到了李白，才把求神遗貌这点在诗歌创作上发挥到了极致。冯班说李诗“谲辞云构，奇文郁起”[15]。赵翼说李诗“神识超迈，飘然而来，忽然而去，不屑屑于雕章琢句，亦不劳劳于铭心刻骨，自有天马行空，不可羁勒之势”[16]。袁宏道曾将李、杜作一比较，说：“青莲能虚，工部能实；青莲唯一于虚，故目前每有遗景；工部唯一于实，故其诗能人而不能天，能大能化而不能神。”[17]

比如李白写黄河：

黄河西来决昆仑，咆哮万里触龙门。（《公无渡河》）

君不见，黄河之水天上来，奔流到海不复回！（《将进酒》）

黄河落天走东海，万里写入胸怀间。（《赠裴十四》）

写得气势雄壮，谁看了这样的诗句都觉得写的是黄河，黄河就是这样的。诗人并没有去具体地写黄河的水色、波浪，也没有写它的九曲十八弯。诗人只是抓住黄河最大的特点——排山倒海的气势，一下就把黄河写活了。又如写长江：

一风三日吹倒山，白浪高于瓦官阁。（《横江词六首》其一）

海神来过恶风回，浪打天门石壁开。浙江八月何如此，涛似连山喷雪来。（《横江词六首》其四）

登高壮观天地间，大江茫茫去不还。黄云万里动风色，白波九道流雪山。（《庐山谣寄卢侍御虚舟》）

唯见长江天际流。（《黄鹤楼送孟浩然之广陵》）

黄河，强调它的气势；长江，则突出它的巨浪及浩荡悠长，从而写出了各自的风神。李白不仅善于写出自然景物的风神面貌，写人也同样如此。

如《采莲曲》写采莲女：

若耶溪旁采莲女，笑隔荷花共人语。日照新妆水底明，风飘香袂空中举。

岸上谁家游冶郎，三三五五映垂杨。紫骝嘶入落花去，见此踟蹰空断肠。

此诗没有正面铺陈描写采莲女的美丽，只是运用旖旎轻巧的笔触渲染描写波光水影、映日荷花和岸上游冶郎的神态，采莲女的形象便跃然纸上，呼之欲出。尤其一个“笑”字，最为传神，所以王夫之评此诗：“卸开一步，取情为景，诗文至此，只存一片神光，更无形迹矣。”[18]

总之，李白在表现物象的“神”上，不屑屑于精雕细刻，而是善从大处着墨，抓住事物的特点,用夸张、拟人等多种手法烘托渲染出事物的神韵。

二、一往情深

《宋书·谢灵运传论》说:“至于建安,曹氏基命,二祖陈王,咸蓄盛藻,甫乃以情纬文,以文被质。”

开一代文风的曹操以其充沛的感情、朴质的语言及雄健的气势,写出一些新鲜而富于感人力量的作品,如《短歌行》恳挚缠绵,一往情深;曹丕的诗也都情致凄恻、婉转动人,如其《燕歌行》;曹植早期的诗就流溢着哀怨之情,如《赠徐幹》《送应氏诗》。晚期他的诗更是充满沉痛之感,《赠白马王彪》可为其代表。至于王粲的《七哀诗》、陈琳《饮马长城窟行》、阮瑀《驾出北郭门行》,无不充满强烈感情,具有很强烈的感人力量。正始阮籍的《咏怀》更是“忧时愍乱,兴寄无端,而骏放之致,沉挚之词,诚足以睥睨八荒,牢笼万有”[19]。

身为作家与诗人的陆机,对建安以来这种感物兴情、抒情为诗有着切身体会。他在《思归赋》中说:“悲缘情以自诱,忧触物而生端。”[20]在《叹逝赋》中说:“乐陵心其如亡,哀缘情而来宅。”[21]因此,他总结了他人与自身创作经验,在《文赋》中提出“诗缘情而绮靡”的命题。其后刘勰和钟嵘都对“吟咏情性”这点作了深刻的论述。《文心雕龙·宗经》提出文的六义,把“情深而不诡”放在第一位。《情采》专论作品内容与形式的关系,也是标举“情”字。钟嵘则把“吟咏情性”作为他诗歌批评的理论基础,“情”是构成其审美批评标准的主要因素。《南齐书·文学传论》也说:“文章者,盖情性之风标,神明之律吕也。”

可见,强调文学表现情性的看法,反映了从建安时代开始,贯穿魏晋南北朝的文学创作的实际情况及审美观。

胡震亨《唐音癸签》引《诗谱》曰:“唐诗须分三节看:盛唐主辞情,中唐主辞意,晚唐主辞律。”[22]盛唐诗歌的主情正是直承了魏晋以来的传统,加之盛唐是封建社会发展的一个高峰,人们倾向于理想主义,写诗更喜欢任随情性,自由抒发。其中,李白诗歌的抒情性最为突出,他大多数诗都是任随情性,自由抒发的。

杜甫说李白“笔落惊风雨,诗成泣鬼神”[23]。杨慎说李白“公之诗歌泣鬼而冠今古矣”[24]。他们都说出了李白诗歌以情动人的一面。苏辙说:“李白诗类其为人,骏发豪放,华而不实,好事喜名,不知义理之所在也。”[25]李纲说:“太白之诗,文而无质。”[26]他们虽出于贬李,却说出了李诗主情而不主理的特点。许尹说:“李太白、王摩诘之诗,如乱云敷空,寒月照水,虽千变万化,而及物之工亦少。”[27]黄庭坚说:“余评李白诗,如黄帝张乐于洞庭之野,无首无尾,不主故常,非墨工槧人所可拟议。”[28]谢榛说:“李白斗酒百篇,岂先立许多意思而后措词哉?盖意随笔生,不假布置。”[29]他们都说出了李诗随情任性、自由抒发的特点。

李白是盛唐诗风的代表,是浪漫主义诗人。对于浪漫主义诗人来说,吟咏情性就是他诗歌的主要内容,激情就是他诗歌生命的脉搏。读他的诗,我们可以直觉到诗人情感脉搏的跳动和变化,可以直接感受到他那一颗袒露的赤子之心。喜怒哀乐、长吁短叹无不可见可感。他狂放起来就“兴酣落笔摇五岳,诗成笑傲凌沧洲”[30];消沉起来就“曲尽酒亦倾,北窗醉如泥”[31];得意起来就“仰天大笑出门去”[32];苦闷起来就“抽刀断水水更流,举杯消愁愁更愁”[33]。

无论爱情、友情、乡情、骨肉之情,还是爱国之情,李白皆有可叙,皆写得情真意切。如在《长干行》里,他以女子自述的口吻,抒写对远出经商的丈夫的怀念,缠绵婉转,步步深入。《唐宋诗醇》说这首诗写“儿女子情事,直从胸臆间流出,萦迂回折,一往情深”。[34]在《金陵酒肆留别》中,诗人借着和谐的音韵、轻快流畅的节奏以及毫不修饰的语言,写出分别时刻的真挚友情。沈德潜说此诗“语不必深,写情已足”[35]。又如《寄东鲁二稚子》抒发了感人至深的骨肉思念之情,《哭晁卿衡》表现了对日本友人晁衡的深切痛悼之情,《闻王昌龄左迁龙标遥有此寄》表达了对诗人王昌龄不幸遭遇的同情,皆真挚动人。安史之乱后,诗人受国家不幸、民族危亡、人民涂炭的悲怆气氛的影响,加之个人遭遇坎坷,使他忧心如焚,郁积于心,遂发为慷慨悲歌。如《北上行》通过对北上太行从军行役之苦的描写,具体地再现了安史叛军给人民带来的深重苦难。全诗写得悲凉苍劲。又如《经乱离后天恩流夜郎忆旧游书怀赠江夏韦太守良宰》,通过诗人自己从入京前后到流放遇赦这一段时期坎坷经历的叙述,表达了一生怀才不遇的郁愤以及难以排遣的忧国忧民之情,沉痛悲壮,催人泪下。

可以说,李诗在歌咏性情这一点上,达到了登峰造极的地步,不仅在盛唐诗坛,就是在整个古代诗坛上,也很少有几个诗人可与他并驾齐驱。

三、清真自然

魏晋人一反两汉时以学问为本,尚苦节,重章句,论世事,矜容饰,持典而乏通,拘礼而不达的风气;宗老庄,喜清谈,崇尚自然,师心放达,不饰仪表而贵在得神。嵇康《释私论》说:“大道无违,越名任心。”“越名教而任自然。”阮籍《达庄论》说:“天地生于自然,万物生于天地。自然者无外,故天地名焉;天地者有内,故万物生焉。”在这种哲学、社会思想影响下,魏晋人很重视自然清真之美。

魏晋人在品藻人物时,常用自然、天然、玄远、平淡等概念。他们还用清竦、清高、清新、清坚、清远、清贞、清真、清识、清妍等词来形容人的美好风度。同样,他们在评论文艺作品时,也把“自然”“清”作为高标准。如陆云的《与兄平原书》说:“云今意视文,乃好清省,欲无以尚,意之至此,乃出自然。”萧纲也在《与湘东王书》中提到“谢客吐言天拔,出于自然”。刘勰也强调“自然之趣”,指出“巧言切状,如印之印泥,不加雕削,而曲写毫芥”[36]和“夫岂外饰,盖自然耳”的道理。由此可见,自然清真之美在魏晋时已为人们所崇尚。

李白正继承了魏晋以来以清真自然为美的审美观点。他在诗里经常使用“清真”“清芬”等词来赞美美好的人及事物。如:“我家仙翁爱清真”[37]“裴子含清真”[38]“鲁连及柱史,可以蹑清芬”[39]“高山安可仰,徒此揖清芬”[40]等。

在对文艺作品的评价上,他也以清真、自然为标准。他在《古风》第一首里说:

自从建安来,绮丽不足珍。圣代复元古,垂衣贵清真。

这里,他反对”绮丽”,提倡“清真”。在《古风》第三十五首里他又说:

丑女来效颦,还家惊四邻。寿陵失却步,笑杀邯郸人。
一曲斐然子,雕虫丧天真。棘刺造沐猴,三年费精神。
功成无所用,楚楚且华身。大雅思文王,颂声久沉沦。
安得郢中质,一挥成风斤。

这里,他反对模仿,反对雕饰,提倡质朴自然,要求诗的整个形象呈现一种浑然一体、毫无斧凿痕迹的美。他评韦良宰的诗说:“览君荆山作,江鲍堪动色。清水出芙蓉,天然去雕饰。”[41]道出了他对诗歌的美学要求,即“清水芙蓉”之美。王安石说:“诗人各有所得,‘清水出芙蓉,天然去雕饰’,此李白所得也。”[42]可谓一语中的。

李白的诗歌创作正具体实践了这种美学要求。在李诗中,这种清水芙蓉之美首先表现为感情的真实,不假掩饰,不吞吞吐吐、无病呻吟,而是直抒胸臆,脱口而出。方回论李白诗,说他“要自有朴处”“最于赠答篇,肺腑露情愫。何至昌谷生,一一雕丽句。亦焉用玉溪,纂组失天趣!”[43]范文澜先生说李白诗“奇思涌溢,想人之所不能想,说人之所不敢说”“敢于冲破一切拘束,大胆写出自己要说的话,破浪直前,无丝毫畏缩态”[44]。都道出了这个特点。如他想做官,就直截了当地说:“一生欲报主,百代期荣亲。”[45]不像有些人吞吞吐吐,闪烁其词。当受到皇帝征召时,他毫不掩饰内心的高兴。“仰天大笑出门去,我辈岂是蓬蒿人!”[46]对朋友,他直来直去,忠言相告:“归时莫洗耳,为我洗其心。洗心得真情,洗耳徒买名。”[47]一般士大夫、文人皆讲究树立名节,流芳百世,而他却大胆地说:“当代不乐饮,虚名安用哉?”[48]“且乐生前一杯酒,何须身后千载名。”[49]

李白所追求的“清水芙蓉”之美还表现在他的诗歌语言上,如:

噫吁嚱,危乎高哉!蜀道之难难于上青天!(《蜀道难》)

清风朗月不用一钱买,玉山自倒非人推。(《襄阳歌》)

两人对酌山花开,一杯一杯复一杯。(《山中与幽人对酌》)

皆如家常话语,随口道来,仿佛毫不经意,但平易中见深意,浅显中见隽永,“言在口头,想出天外”[50],没有丝毫雕琢痕迹。即使格律谨严的律诗,李白写来,也挥洒自如,做到语言清新自然。如《听蜀僧濬弹琴》《夜泊牛渚怀古》,都完全达到了“大匠运斤,自成规矩”的境地。

历来论者大都强调李白诗歌的清真自然风格是受民间文学,诸如汉乐府及南北朝民歌的影响,而没有提及魏晋人这种审美观对李白的影响,这是不全面的。要知道,魏晋人这种审美观不仅对李白,而且对整个盛唐诗坛都有重大影响。盛唐诗人论诗皆爱以“清”作为高标准。如杜甫“清诗近道要,识子用心苦”[51]“诗罢地有余,篇终语清省”[52]“清新庾开府”[53]“清词丽句必为邻”[54]“复忆襄阳孟浩然,清诗句句尽堪传”[55],高适“故人清词合风骚”[56]“侍御执邦宪,清词焕春丛”[57],岑参“爱君词句皆清新”[58]“高价振台阁,清词出应徐”[59]等,都证明了这点。李白善于向民间文学学习,这是不错的,但他毕竟是个文人,他从古代文人那儿学习的东西无疑要更多一些。因此应该说,魏晋人的审美观是他清真自然风格形成的主要因素。

从上面的论述可以看到,魏晋人的审美观对李白诗歌的影响是非常大的。历来论家都注意到了建安风骨对李诗的影响,而玄学兴起后魏晋名士的审美观对李诗的影响却没有予以注意。因此,在论及李诗风格形成的原因时不能全面。

魏晋人的审美观对当时的文学艺术产生了极大影响,这在书法、绘画方面表现尤为明显。这点我们从二王的书法、顾恺之的绘画和敦煌壁画中皆可看到。而相对来说,当时诗坛上的表现要逊色些。谢灵运的诗虽说是如“清水芙蓉”,实际上仍嫌雕琢;谢朓的诗虽说“清”,但只限此一格;陶潜的成就突出些,但他的风格主要是自然平淡。因此都不能和后来的李白相比。李白作为盛唐大家,兼收并蓄,风格多样,魏晋人多种审美兴趣在他身上皆有体现,并且他在每种审美风格上皆创作出大量出类拔萃的作品。这种情况的出现,除了李白本身努力外,还在于文学自身发展的规律。魏晋虽是文学的自觉时代,士人普遍爱写诗,但这个时代毕竟是文学的觉醒、酝酿期,无论是理论还是实践都处于准备阶段。只有到了唐代,才真正到了文学尤其是诗歌的成熟期、黄金期。而李白正是学习前人并超出前人,才成为这成熟期、黄金期最杰出诗人的代表。

注 释

[1]见《周易·系辞上》和《庄子·天道》。

[2]欧阳建《言尽意论》,见《全晋文》卷109。

[3]见《三国志·魏志·荀彧传》。

[4]王士祯《古夫于亭杂录》卷2。

[5]陶潜《五柳先生传》。

[6]沈德潜《说诗晬语》卷上。

[7]唐汝询《唐诗解》卷25。

[8]胡应麟《诗薮》内编卷4。

[9]见《诗薮》内编卷6。

[10][11]见张彦远《历代名画记》卷5。

[12]见《历代名画记》卷2。

[13]见张彦远《法书要录》卷4。

[14]《诗品注》,钟嵘著,陈延杰注。

[15]冯班《钝吟杂录·论歌行与叶祖德》。

[16]赵翼《瓯北诗话》卷1。

[17]《袁中郎集》卷1《答梅客生开府》。

[18]王夫之《唐诗评选》。

[19]黄节《阮步兵咏怀诗注·诸宗元序》。

[20][21]见《全晋文》卷96。

[22]见《唐音癸签》卷11引。

[23]杜甫《寄李十二白二十韵》。

[24]《升庵集》卷三《李太白诗题辞》。

[25]《栾城集三集》卷8《诗病五事》。

[26]《梁谿集》卷126《书四家诗选后》。

[27]《山谷内集诗注》引《黄陈诗注原序》。

[28]《豫章黄先生文集》卷26《题李白诗草后》。

[29]《四溟诗话》卷1。

[30]李白《江上吟》。

[31]李白《夜泛洞庭寻裴侍御清酌》。

[32]李白《南陵别儿童入京》。

[33]李白《宣州谢朓楼饯别校书叔云》。
[34]《唐宋诗醇》卷3。
[35]沈德潜《唐诗别裁集》卷6。
[36]刘勰《文心雕龙·物色》。
[37]李白《鸣皋歌奉饯从翁清归五崖山居》。
[38]李白《送韩准裴政孔巢父还山》。
[39]李白《古风》其三十六。
[40]李白《赠孟浩然》。
[41]李白《经乱离后天恩流夜郎忆旧游书怀赠江夏韦太守良宰》。
[42]胡仔《苕溪渔隐丛话前集》卷5引。
[43]方回《杂书》,见《李白集校注》附录四引。
[44]范文澜《中国通史》第三编第二册。
[45]李白《赠张相镐》。
[46]李白《南陵别儿童入京》。
[47]李白《送裴十八图南归嵩山》。
[48]李白《月下独酌》其四。
[49]李白《行路难》其三。
[50]刘熙载《艺概》卷2。
[51]杜甫《贻阮隐居防》。
[52]杜甫《故右仆射相国张公九龄》。
[53]杜甫《春日忆李白》。
[54]杜甫《戏为六绝句》。
[55]杜甫《解闷十二首》。
[56]高适《同河南李少尹华员外宅夜饮时洛阳告捷遂作春酒歌》。
[57]高适《酬秘书弟兼寄幕下诸公》。
[58]岑参《送张献心充副使归河西杂句》。
[59]岑参《酬成少尹骆公行见呈》。

李白词辨证稿

吴企明

上海古籍出版社出版的张璋、黄畬编《全唐五代词》,载李白词18首。其中,《菩萨蛮》“平林漠漠烟如织”、《忆秦娥》“箫声咽”,《清平调》3首等5词,前代、近代学者(包括港台学者),对它们的真伪提出了许多看法,聚讼纷纭,本文姑置勿论,因取其余李白词之可议者,择要辩证如下,与学界同好共同鉴别、探讨这些李白词的真伪问题。

一、《桂殿秋》考辨

张、黄编《全唐五代词》录李白《桂殿秋》两首,据《全唐诗》附词,并云:“按二词原为李文饶《迎神》《送神》二首,将首句改为三字二句载入朱彝尊《词综》,恐非太白所作。因《全唐诗·附词》已收,兹录于此,待考。”虽疑其为伪作,然未有详明之考辨。

《桂殿秋》被当作李白词,最早见之于文献记载的,是吴曾的《能改斋漫录》,云:

> (仙女侍,董双成……)李太白词也。有得于石刻而无其腔,刘无言自倚其声歌之,音极清雅。《东皋杂录》又以为范德孺谪均州,偶游武当山石室极深处,有题此曲崖上。未知孰是。(卷十六乐府)

吴曾说有人得之于石刻,又说范德孺得之于武当山石室,说明《桂殿秋》一词之来历极不可靠。大家对吴氏的记载,亦不予承认。各种李白集,固然未有记载,各种重要的词总集,亦不见选录,如《尊前集》、黄升《唐宋诸贤绝妙词选》、宋《草堂诗余》、明陈耀文之《花草粹编》。直至清代,朱彝尊才将它们收入

《词综》，张宗橚《词林纪事》从之。《全唐诗》未加细辨，亦误以为李白词，且将二首合为一首。

《桂殿秋》词实乃李德裕的《步虚词》，许觊《彦周诗话》云："李卫公作《步虚词》，云云（从略），呜呼，人杰也哉！"胡仔《苕溪渔隐丛话·后集》卷十二："《桂花曲》云（从略），此曲许彦周《诗话》谓是李卫公作，《桐江诗话》（《全唐五代词》卷二引《词林纪事》，误作'湘江'）谓是均州武当山石壁上刻之，云神仙所作，未详孰是。"邵博《邵氏闻见后录》卷十九则云："仙女侍，董双成……（下略）李太尉文饶《迎神》《送神》二曲。予游秦，尚有能宛转度之者，或并为一曲，谓李太白作，非也。"许觊乃北宋宣和间人，邵博稍后，他们的记载，较为可信。沈雄《古今词话·词辨》上卷云："捣练子本无双调，《词综》列为李白《桂殿秋》二首。李集之考覈者多矣，不闻《菩萨蛮》《忆秦娥》而下，别有《桂殿秋》也。吴虎臣得于石刻而无其腔，刘无言倚其声歌之，唯未足信。刘禹锡作《潇湘神》，起即叠三字一句便是，亦即捣练子，但为迎神送神之词。"按李德裕《会昌一品集》未收《步虚词》，《全唐诗》亦未收录，张、黄《全唐五代词》卷二据许觊《彦周诗话》录李德裕《步虚词》二首，然未将此词与卷一之李白《桂殿秋》加以对比，阐明重出的原因，甄辨其真正的撰人。

万树《词律》卷一录向子諲《桂殿秋》，云："太白有此调二首。"杜文澜按语云："按此本唐李德裕送神迎神曲，有'桂殿夜凉吹玉笙'句，取为调名。"李德裕后于李白，杜说是也。

二、《连理枝》考辨

张璋、黄畬编《全唐五代词》录李白《连理枝》（双调）一首，据强村丛书本《尊前集》。

李白此词虽早见于宋之《尊前集》，但宋代诸家辑李白集，均未将此词收录入集。清编《全唐诗》方编之入卷八九〇，王琦辑注本《李太白文集》，以之入"诗文拾遗"卷，并将《尊前集》之双调《连理枝》裂为二首。诸家词选亦未见选录，如黄升《花庵词选》《草堂诗余》、陈耀文《花草粹编》、朱彝尊《词综》。为此，廖美玉推断李白《连理枝》为伪作，他在《李白——"百代词曲之祖"》（《东海学报》第二十一卷）文中云："此词他家未见著录，玩其词句，绝非太白所为。或晚唐五代以后，歌场所播，假太白之名以传之耳，固未可采信也。"惜乎未有论据。

沈雄《古今词话·词辨》卷下录江尚质语，云："按《尊前集》，李白《连理枝》十二首,黄钟宫曲也。词家止收二首,云:‘雪盖宫楼闭(下略)’‘浅画云垂帔(下略)’。”不知江尚质所据《尊前集》为何本?今本《尊前集》仅有李白双调《连理枝》一首,并没有12首之数。《词谱》亦录李白双调《连理枝》一首,并云:“此调以此词(指李白《连理枝》)为正格,旧谱分为两首者,非。”按唐词最初都无换头,为什么李白的《连理枝》竟有双调?万树在《词律》卷二单调《连理枝》下作这样的解释:“此唐调也,宋词俱有后叠。”沈雄《古今词话·词辨》下卷云:“唐词最初都无换头,今以太白两首,叠作双调者,何故?后晏殊亦为此调,始有换头。然在刘过为《小桃红》,尚亦稍异。”所以,李白《连理枝》一词在不同的典籍中,有不同的体制,如《全唐诗》、王琦辑注《李太白文集》,作单调,而《尊前集》、林大椿辑《唐五代词》合为一首。

怎样解说这种矛盾现象呢?

笔者以为唐五代时根本没有《连理枝》这个词调,这个论断是以现存的全部唐五代词作为根据的。后蜀赵崇祚编《花间集》,集中无一词人采用《连理枝》调。王重民辑《敦煌曲子词集》,书中也没有这个词牌名。近人林大椿辑《唐五代词》,“虽然选择不甚精,但搜罗颇广”(文学古籍刊行社编辑部《唐五代词出版说明》语),全集竟没有词人用过《连理枝》调。张璋、黄畬编《全唐五代词》,较之林辑《唐五代词》,搜辑尤为详尽,集中同样未见唐五代人采用过《连理枝》。一种词调出现后,必然流行于世,经多数人采用,体制逐渐完备,遂成定体。《连理枝》一调独独例外,李白偶尔采用,隔了数百年(李白死于唐代宗宝应元年[762],晏殊生于宋太宗淳化二年[991]),到晏殊时重又采用,岂有这种道理?唐五代时尚无《连理枝》(不论是单调,还是双调,均未发现过),这个事实恰好证明现存之李白《连理枝》词是后人伪托的。

就现有记载而言,晏殊时“始有换头”之双调《连理枝》,又名《小桃红》,见万树《词律》卷二《连理枝》词牌下注:“《虚舟集》名《小桃红》,《同叔集》名《连理枝》,其实一也。”所以,《尊前集》收录伪托的李白的《连理枝》亦是双调。后人不明此理,将双调拆分为二首单调,以此硬凑“唐词最初都无换头”的规律。《词谱》《词律》也据此而定李白《连理枝》单调为一体,还作出一些自圆其说的解释。

三、《清平乐》考辨

张、黄编《全唐五代词》录李白《清平乐》5首,据强村丛书本《尊前集》,张、黄两氏按云:“但查《花庵词选》仅选前二首,并注云:‘按唐吕鹏《遏云集》载应制词四首,以后二首无清逸气韵,疑非太白所作。'据此则后三首皆词语浅薄,恐系后人伪托李作。"他们以为前2首是李白作的,后3首是伪作。

李白有《清平乐词》,最早见于记载的是欧阳炯的《花间集序》,云:"在明皇朝则有李太白应制《清平乐》词四首。"欧阳炯并没有将这4首《清平乐》收录入《花间集》,人们无法见到原词的面貌。《尊前集》却载为5首,与欧阳炯的记载有出入。黄升《唐宋诸贤绝妙词选》载李白《清平乐》"禁庭春昼""禁帏秋月"两首,题下注"翰苑应制",并加按语云:"唐吕鹏《遏云集》载太白应制词四首,以后二首无清逸气韵,疑非太白作,故只存其二。"《遏云集》今已不存。黄升入选的两首,被改题为《清平乐令》,《词林纪事》因袭之。在《尊前集》,这二首为《清平乐》5首的前二首。杨慎《词品》卷一"太白清平乐辞"条云:

> 李太白应制《清平乐》词云:"禁庭春昼(下略)",其二云:"禁帏秋夜(下略)",此词见吕鹏《遏云集》,载四首。黄玉林以其二首无清逸气韵,止选二首。慎尝补作二首,其一云:"君王未起(下略)",其二云:"倾城艳质(下略)",永昌张愈光见而深爱之,以为远不忘谏,归命不怨,填词中有风雅也。荒浅敢望前人,然亦不孤愈光之赏尔。

杨慎这段话,说明他没有见过《遏云集》所载之另外两首《清平乐》词,也说明他根本不相信《尊前集》所载5首《清平乐》之后3首为李白作,所以自己补填二首,以足《遏云集》4首之数。而王世贞则连杨慎举出的李白二首应制《清平乐》,也不信以为真,他在《艺苑卮言》中说:"杨用修所载太白有《清平乐》二阕,识者以为非太白作,谓其卑浅也。按太白《清平乐》本三绝句而已,不应复有词。"明陈耀文《花草粹编》卷三录李白"禁帏秋色"一首,注云:"吕鹏《遏云集》载李词四首,按《松窗杂录》:'白进《清平调》词三首',《脞说》以为清平乐曲,此岂鹏羼入者耶?"胡应麟《少室山房笔丛·艺林学山》"上江虹"条云:"太白《清平乐》,盖五代人伪作。因李有《清平调》,故赝作此词传之。"他又在《少室山房笔丛·庄岳委谈》卷下云:"杨用修《词品》又有《清平乐》词二阕,尤浅俚,俱赝作也。"王世贞、陈耀文、胡应麟诸人从内容着眼,判断李白《清平乐》数首为伪作,言之成理。

吴曾《能改斋漫录》卷八"沿袭"门"回眸一笑百媚生"条云:

> 白乐天《长恨歌》云:"回眸一笑百媚生,六宫粉黛无颜色。"盖用李太白应制《清平乐》词云:"女伴莫话孤眠,六宫罗绮三千。一笑皆生百媚,宸游教在谁边。"

吴曾把问题说得颠倒了。应该是作伪者偷了白居易《长恨歌》的诗意,用蹩脚的语言,写成《清平乐》。白居易《长恨歌》云:"骊宫高处入青云,仙乐风飘处处闻。缓歌慢舞凝丝竹,尽日君王看不足。渔阳鼙鼓动地来,惊破霓裳羽衣曲。”绝妙的诗句,到了《清平乐》“禁庭春昼”里,却被敷衍成“日晚却理残妆,御前闲舞霓裳。谁道腰肢窈窕,折旋消得君王。”白居易《长恨歌》云:“回眸一笑百媚生,六宫粉黛无颜色。”“承欢侍宴无闲暇,春从春游夜专夜。后宫佳丽三千人,三千宠爱在一身。”众口传诵的佳句,到了《清平乐》“禁帏秋夜”里,却被反用诗意,写成“女伴莫话孤眠,六宫粉黛三千。一笑皆生百媚,宸游教在谁边”。这两首词内容庸俗,正是王世贞所谓“卑浅”、胡应麟所说“浅俚”的例证。

《碧鸡漫志》则从另一个角度,论证李白《清平乐》词之不可靠。王灼认为《清平调》是古乐,有别于《清平乐》词调,并指出后人不加深考,把《清平调》和《清平乐》混为一谈,因李白有《清平调》而附会李白也写过《清平乐》。万树也说:“(《清平乐》)与《清平调》无涉。”(《词律》卷四)

《清平乐》5 首,李白旧集固然不载,历代文人又有上述评骘,这些都有助于我们鉴别这些作品的真赝。近时台湾学者廖美玉先生亦已注意这个问题,他在《李白——“百代词曲之祖”?》文中说:“诸公固已力辩其非,可毋容置喙矣;而今所传者为五首,较宋黄升所见者又多出一首,尤足证其为伪。故王琦亦只列之诗文拾遗中,与《桂殿秋》《连理枝》等,而不入正集也,”其说可备参酌。

四、《秋风清》考辨

张、黄编《全唐五代词》录李白《秋风清》一首,据《词谱》。

这首作品,理当辩明者有二:首先这是一首诗,不是词;其次,它的撰人是郑世翼,不是李白。宋严羽《沧浪诗话·诗体》云:“有三五七言,自三言而终以七言,隋郑世翼有此诗:‘秋风清,秋月明。落叶聚还散,寒鸦栖复惊。相思相见知何日,此时此夜难为情。’”《臞仙诗谱》以“秋风清,秋月明”一诗为无名氏作。按,郑世翼为隋末唐初人,曾官扬州录事参军,贞观中,坐怨谤流嶲州,卒。他的作品,多所流失,今存于《全唐诗》者仅 5 首,均为五言古诗。六朝时代,诗人已喜用错杂排列的三五七言的体式写诗,如鲍照《梅花落》、陆厥《临江王节士歌》、陶弘景《寒夜怨》,但尚未形成两三、两五、两七言的体式,郑世翼始作三五七言体诗,正是继承和发展了这种诗体传统。严羽身处宋世,尚能见到流传的郑世翼三五七言诗,故有此记载。敖陶孙未见郑诗,太白集又尚未有三五七言诗,故定其为无名氏作。这些都可证明宋人所编的李白集,尚无“秋风清,秋月明”一诗。魏庆之《诗人玉屑》卷二“诗体”门,全录严羽《沧浪诗话·诗体》原文,然而,他却擅自删改原文多处,致使后代产生疑窦。如“三五七言”一体,仅录至“隋郑世翼有此诗”，将“秋风清”以下诗句，全部删去。此后，李白集增出“三五七言”诗，所以胡震亨在《唐音癸签》卷一《体凡》中说：“三五七言诗，始郑世翼，太白继作。”胡氏作如是解，遂使后人以为郑世翼另有一首三五七言诗，李白继作的才是“秋风清”一诗；而清人赵翼干脆直截了当地说：“三五七言诗，起于李太白‘秋风清，秋月明’（下略）。”（见《陔余丛考》卷二十三）郑世翼始作三五七言体“秋风清”诗，转而被误认为李白作“秋风清”诗，关捩处便是魏庆之删节严沧浪原文，我们认真考察一下“三五七言”“秋风清”一诗的流传过程，也就不难甄辩出这首诗的真正作者。

其次，这种“三五七言”诗体，又怎么变成词调了呢？《词谱》以为《江南春》调即《秋风清》调，列李白词；然万树《词律》却单列寇准《江南春》调，无《秋风清》调，可见万氏是有所抉择和取舍的。他在《江南春》调下注云：“两三两五两七，或曰此莱公自度曲，他无作者。余谓唐李青莲诗秋风清、秋月明，落叶聚还散，寒鸦栖复惊。相思相见知何日，此时此夜难为情，即此调之滥觞耳。”万氏以“秋风清”为诗，不列《秋风清》为词调，又以为寇准之《江南春》自度曲滥觞于三五七言体“秋风清”诗。这些都是很有识见的，但他以此诗为李青莲作，亦失于深考。

五、《菩萨蛮》（一、三）、《白鼻騧》、《结袜子》考辨

张、黄编《全唐五代词》录李白《菩萨蛮》3 首，其一为“游人尽道江南好”，其三为“举头忽见衡阳雁”，据强村丛书本《尊前集》。

张、黄两氏于《菩萨蛮》“游人尽道江南好”下，加按语曰：“按此词，显系以韦庄‘人人尽说江南好’及‘翠屏金屈曲’等词割裂点窜而成。观其措施，无高古作风，其艳丽却与韦词相近，不知《尊前集》何所据录入，当系伪作。”所评良是，然岂止是“点窜而成”“相近”而已！笔者对照、寻绎韦庄《菩萨蛮》“人人尽说江南好”和“如今却忆江南乐”二词，以为所谓的李白《菩萨蛮》“游人尽道江南好”词，不过是宋初人误记韦词而成，漫题李白作，因而被录入《尊前集》。首句“游人尽道江南好”，误记“游”“道”二字；“游人只合江南老”，全同，“未老莫还乡，还乡空断肠”，原是韦词结句，误移于此，并误记“空”字。过片处，“绣屏金屈曲，醉入花丛宿”，误将韦庄《菩萨蛮》“如今却忆江南乐”词中的换头二句，代替韦词“炉边人似月，皓腕凝如雪”。“春水碧于天，画船听雨眠”，文字全同，唯将韦词上片二句，误记为全词的结句。唐宋时代人诵记诗词作品，常常发生误记现象，后人不加细察，往往容易造成讹误，其例不胜枚举。韦庄词之被误记

为李白词,便是一例。

《菩萨蛮》“举头忽见衡阳雁”,张、黄两氏按云:“按此词据杨金本《草堂诗余》列为陈达叟所作。”况周颐《蕙风词话》卷二“陈以庄菩萨蛮”条云:“偶阅闽词钞,宋陈以庄《菩萨蛮》云:‘举头忽见衡阳雁(下略)。’”唐圭璋先生《词话丛编》于此条下附注:“按此非陈以庄词。”然未明言撰人为谁。这首词非李白作,甚明。

由上所证,可知《尊前集》驳杂讹乱,不足为据。宋人编李白集,因释文莹《湘山野录》卷上有李白作《菩萨蛮》“平林漠漠烟如织”之说,所以将此词编入集中,而《尊前集》所载之其他二首李白《菩萨蛮》词,南宋以及宋以后的刊刻、笺注李白集的诸家前贤,都没有将它们采入集中。清王琦辑注《李太白文集》,近人瞿蜕园、朱金城先生的《李白集校注》,也都没有以它们为放佚之作而采辑入集,显然,前代和近代学者都对《尊前集》之李白《菩萨蛮》词作过鉴辨。现在张、黄两氏将它们当作唐词,收入《全唐五代词》中,很不妥当。

张、黄编《全唐五代词》录李白《白鼻䯄》《结袜子》各一首,据《词名集解》。《白鼻䯄》《结袜子》都是乐府诗,确为李白作,收入郭茂倩《乐府诗集》,乐府诗的艺术特征十分明显,《词谱》《词律》均未将其列为词调,如果将这类作品都列为唐五代词,则将造成乐府诗与词的概念混乱,造成不同文学样式界限的模糊。况且,《词名集解》的说法,本身缺乏科学根据,未可征信,因而不宜将它们采入《全唐五代词》中。

论李白诗歌的美学特征

潘百齐

李白,一位似从天降的“诗仙”,以其开创者的天才和胆魄,昂首步入了一个全新的美学时代——盛唐。他挥动如椽巨笔写下的杰出诗篇,是其美学观念和审美理想的全面体现,展示了中国古典美学史册中最为辉煌灿烂的一章,具有极高的审美价值。笔者试图对李诗美学特征作全方位、广视角、多层面的论述,因篇幅所限,本文先议三题。

一

风骨美,是李白诗歌最重要的美学特征。

在我国古典美学理论中,风骨是一个具有历史继承性和变异性的美学要求。汉魏六朝时,风骨是用以品评人物精神和体貌的概念。刘勰在《文心雕龙·风骨》中将之移用于文学,要求文学作品具有充沛感人的思想感情和精纯要约的言辞体系,从而使作品劲健有力、清峻端直。时至初唐,诗坛“改革家”陈子昂更为明确地将“汉魏风骨”和“风雅兴寄”作为创作的榜样,这既是刘勰风骨说的进一步发展,同时亦反映了初唐部分诗人的美学追求。

然而,只有在盛唐诗歌中,风骨的实质才得到了最自觉、最深刻、最充分的体现,以至成为后代诗歌的楷模。这种风骨实质,具体表现为诗中高昂激越的感情基调,浓烈雄壮的气势力量,建功立业的远大理想。

在盛唐诸公中,最能体现这种风骨美的诗人首推李白。

李白的诗歌呈现出这样的精神风貌:奋发向上、积极进取、豪迈乐观、扬眉吐气,极度的自尊、自信、自豪、自立、自主、自强,对国格、族格、人格的自觉维护，参政、议政、治政、主政的抱负理想，对国家、民族、个人前途满怀着无限的憧憬和希冀。总之，融理想主义、英雄气概、豪壮感情、叛逆精神为一体的李白诗歌，迸发出诗人追求高远目标的全部本质力量，这既是盛唐气象的典型反映，又是盛唐气象的精华所在，它凝聚着盛唐诗歌的总体艺术风貌。以上所述，正是李诗风骨美的内涵。而这种风骨美，又正是李白美学思想的核心，是后代诗论家所赞誉的“盛唐风骨”的精髓和代表。其具体表现有六。

首先，表现理想抱负。国力的强盛，极大鼓舞了李白向往建功立业的勃勃雄心；政治的危机，又强烈激发了他拯物济世的宏大理想。在《代寿山答孟少府移文书》中，李白表露了心迹：“达则兼济天下，穷则独善一身。”“申管晏之谈，谋帝王之术，奋其智能，愿为辅弼，使寰区大定，海县清一。事君之道成，荣亲之义毕，然后与陶朱、留侯，浮五湖、戏沧洲，不足为难矣！”这种功成身退的理想准则，正是李诗风骨美的核心内涵和思想基础。

李白常在诗中借古代名人英雄来表达自己“济苍生”“安社稷”的远大抱负。如《梁甫吟》称羡姜尚，《古风五十九首》（其十）仰慕鲁仲连，《读诸葛武侯传书怀》盛赞诸葛亮。他在其他许多诗中还以范蠡、乐毅、朱亥、侯嬴、谢安、严子陵等人自许，热望济世安民、大展宏图。

李白自视极高。在《上李邕》和绝笔诗《临路歌》等多首诗中，他屡屡自比大鹏，借此体现自己不同凡庸的性格、气概和抱负。李白在诗中还常常吟咏宝剑：“抚剑夜吟啸，雄心日千里”（《赠张相镐》其二），“长剑一杯酒，男儿方寸心”（《赠崔侍御》），以剑言志，寓情于剑。

李白在其边塞诗中，赞颂了戍边将士不畏艰苦的乐观精神和慷慨报国的英雄气概。如“晓战随金鼓，宵眠抱玉鞍。愿将腰下剑，直为斩楼兰。”（《塞下曲六首》其一）辐射出大唐帝国的军威、国威，反映了诗人以身许国、英气逼人的壮志，是赫赫盛唐气象的生动写照。

李白少时就好任侠，重义气，故留下不少游侠诗。如《侠客行》歌咏救赵的英雄义士：“千秋二壮士，烜赫大梁城。纵死侠骨香，不惭世上英。”李白期望能救弱扶倾、反抗强暴、为国立功、为民除害，这种游侠精神是他政治理想的一个组成部分。

在李白诗中，直接抒发其壮志豪气的诗篇、诗句尤为感人：“天生我材必有用，千金散尽还复来。”（《将进酒》）“长风破浪会有时，直挂云帆济沧海。”（《行路难三首》其一）“俱怀逸兴壮思飞，欲上青天揽明月。”（《宣州谢朓楼饯别校书叔云》）“仰天大笑出门去，我辈岂是蓬蒿人。”（《南陵别儿童入京》）“风云感会起屠钓，大人岘屼当安之。”（《梁甫吟》）“东山高卧时起来，欲济苍生未应晚。”

(《梁园吟》)"平明空啸咤,思欲解世纷。心随长风去,吹散万里云。羞作济南生,九十诵古文。不然拂剑起,沙漠收奇勋。老死阡陌间,何因扬清芬!"(《赠何七判官昌浩》)"腰间玉具剑,竟许无遗诺。壮士不可轻,相期在云阁。"(《游敬亭寄崔侍御》)"钓周猎秦安黎元,小鱼䲢兔何足言?"(《留别于十一兄逖、裴十三游塞垣》)"歘起匡社稷,宁复长艰辛!……青云当自致,何必求知音?"(《冬夜醉宿龙门觉起言志》)主宰自我、主宰金钱、主宰未来、主宰一切,这就是李白的气魄、抱负、精神。

其次,感叹怀才不遇。个人理想与黑暗现实的尖锐矛盾,使李白常在诗中抒发自己怀才不遇、仕途坎坷、壮志难酬的痛苦和愤懑。然而,值得注意的是,在这类诗中虽有慨叹、失望、幻灭、愤怒,但更有追求、希冀、自信。诗篇大多写得气势磅礴,具有巨大的感情力量,其基调仍然是对理想的执着追求,只是这种追求的表现形式变化而已。如《行路难三首》、《古风五十九首》(其三十七)、《宣州谢朓楼饯别校书叔云》、《梁园吟》等诗,均是上述复杂感情的集中表现。

李白一生所写的大量饮酒诗,更是这种感情基调的有力诗证。《将进酒》是李白饮酒诗的杰出代表作,亦是他全部诗歌中第一流的典范之作。

在我国诗史上,许多大诗人留下了饮酒名篇:陶渊明《饮酒》(其一)表现人生衰荣无定,应达观处之;王维《少年行》(其一)畅抒游侠豪情;杜甫《曲江对酒》反映不满现实的愤懑和穷极无聊的愁怀;李白的《将进酒》通篇不离"酒",但诗人并非为写饮酒而作诗。写饮酒是为歌咏及时行乐的题旨,这本身是消极的,但此诗中这一思想另有其深刻的根源。当时李白感叹自己怀才不遇、壮志未酬,因而转从诗酒中寻求精神解脱,更着力地追求人生自由的精神理想。且不说这种追求比当时整个上流社会蝇营狗苟、同流合污的生活态度要高尚得多,就在诗人鼓吹及时行乐的同时,也并未忘记人生第一选择——"济世"理想。他对自己、对未来充满信心:"天生我材必有用,千金散尽还复来。"这是雄浑诗章中最激昂高亢的声音。由此看来,"及时行乐"完全产生于理想与现实的矛盾,决非"其识污下"(王安石语)。在人生若梦、及时行乐的外表下,奔涌着诗人郁勃的愤激之情,更跳动着诗人急欲用世之心。所以,此诗虽然写道:"人生得意须尽欢,莫使金樽空对月",虽然大喊:"但愿长醉不复醒""古来圣贤皆寂寞",却并不使人感到颓废消沉。相反,全诗显得感情激越狂放,声调昂扬高亢,结构大开大阖,酣畅淋漓地反映出李白浪漫不羁、执着追求理想的独特个性,读后令人振奋不已,具有一股巨大的激人奋进的力量。显然,此诗与上述同类作品相比,思想倾向和主题诗旨总体上是积极的。

第三,反映时代面貌。开元、天宝年间,大唐帝国处于鼎盛的峰巅,是我国历史上罕见的盛世。李自在《古风五十九首》(其四十六)中描写道:“一百四十年,国容何赫然。隐隐五凤楼,峨峨横三川。王侯像星月,宾客如云烟。”《古风五十九首》(其三)又从咏史的角度对盛唐景象作了赞颂:“秦王扫六合,虎视何雄哉!挥剑决浮云,诸侯尽西来。明断自天启,大略驾群才。”

第四,关怀国家命运。尽管李白政治上不得志,但他始终关心国家前途、民族命运、黎元疾苦。他反对分裂割据,希望国家强大统一,在《塞下曲六首》等诗中曾对戍边将士作过热情歌颂。安史之乱后,他的爱国思想更趋强烈。《永王东巡歌十一首》不满于这场战乱,为“三川北虏乱如麻,四海南奔似永嘉”的局面而深切忧虑,渴望消灭叛乱,维护社会安定。当永王部队被击溃,李自在南奔时还念念不忘处于祸乱之中的祖国,于《奔亡道中五首》(其四)中慨叹万千。后来他被捕流放,及至临终弥留之际,爱国之心一直未曾泯灭,“中夜四五叹,常为大国忧”(《经乱离后,天恩流夜郎,忆旧游书怀赠江夏韦太守良宰》)。这些诗篇向世人昭示:唐人志士的情感、信仰、追求和抱负,与祖国前途、民族命运,扣合相连。这不愧是一个匹夫忧天下、铁肩担道义的民族!

第五,抨击黑暗现实。唐代社会的矛盾,特别是玄宗晚年的腐朽政治、污浊现实,使李白忧虑、愤懑。他奋笔疾书,以其杰作佳构反映了安史之乱在酝酿过程中的一些重要征兆。《古风五十九首》写帝王的昏庸荒淫、宰相的专横、宦官的骄奢、武将的跋扈,揭露出表面升平、繁华背后的腐败、阴暗现象。必须申明的是,李白在这类诗作中,虽然揭露黑暗现实,但绝不是冷眼旁观,不是厌世绝望,其感情基调仍是高昂激越,这从一个特定的角度传达了盛唐风貌,亦是李白诗歌的可贵处、独特处。

第六,蔑视豪贵权臣。面对昏庸的佞臣权贵、皇亲国戚,李白不仅痛恨,更是睥视,报以轻蔑的嘲笑,表现出粪土权贵、浮云富贵、傲岸不屈的反抗精神,这正是李诗民主性精华所在。“黄金白璧买歌笑,一醉累月轻王侯”(《忆旧游寄谯郡元参军》);“钟鼓馔玉不足贵,但愿长醉不复醒”(《将进酒》);“安能摧眉折腰事权贵,使我不得开心颜”(《梦游天姥吟留别》);“乍向草中耿介死,不求黄金笼下生”(《设辟邪伎鼓吹稚子班曲辞》);李白的名诗《答王十二寒夜独酌有怀》,更是这方面的典范之作,诗中鞭挞不可一世的权贵,具有浩浩荡荡、一泻千里的非凡气势。

李诗的这种风骨美,既反映了那个时代,又植根于那个时代。唐代,尤其是盛唐时期的社会风貌,无疑是李诗风骨美的成因之一。因为那是一个空前繁荣强大的时代,是一个充满生机、活力和希望的时代,也是我国封建社会朝气蓬勃的青春时代、黄金时代、顶峰时代,更是一个永远值得每个炎黄子孙自豪的时代！那时，大唐国威、族威、军威显赫四震；"贞观之治""开元盛世"，经济繁荣、文化发达、外交频繁、思想解放、文禁松弛，李唐王朝终于从一系列改革进程中找到了一条开放而宽松的治世之道、振兴之途，从而造就了壮丽而辉煌的时代，并树立了一个蓬勃向上的精神风范。作为审美主体的李白，以其独特的审美观念、卓越的诗才、敏捷的文思，感受和凝聚了盛唐时代的独特风貌、精神，并在诗中转化、升华为美的艺术形象，从而产生了"兴酣落笔摇五岳，诗成笑傲凌沧洲"（李白《江上吟》）、"笔落惊风雨，诗成泣鬼神"（杜甫《寄李十二白二十韵》）的巨大美学力量。由此可见，李诗具有风骨美，既是诗人的气质使然，也是时代所赐，这是李白的双重优势，非其他时代的诗人或同时代的其他诗人可比。因此李白诗歌创作中风骨美的表现，是纯乎出于自觉的、有意识的，而且是在美学上的刻意追求，是其审美理想的自然表现。

殷璠在《河岳英灵集》中对"盛唐风骨"作了理论概括，并指出："自萧氏以还，尤增矫饰；武德初，微波尚在；贞观末，标格渐高；景云中，颇通远调；开元十五年(727)后，声律风骨始备矣。"另外，《河岳英灵集》亦以风骨为选诗的主要标准。盛唐诗坛崇尚风骨美，于此可得印证。而以风骨彻底取代齐梁诗风的唐诗革新，经陈子昂正式提出，至李白才在理论和实践上最后得以完成。故李阳冰曰："卢黄门云：'陈拾遗横制颓波，天下质文，翕然一变。'至今朝诗体，尚有梁陈宫掖之风，至公大变，扫地并尽。"（《草堂集序》）

最后应指出的是，李诗的风骨美是盛唐风骨的代表，而盛唐风骨与建安风骨是有区别的。前者扬弃了后者的苍凉情调、悲剧氛围。这是风骨这一美学范畴的两种不同表现形态，李诗的风骨美正充分反映了这种变化。

二

风格美，是李白诗歌另一重要美学特征。

诗歌风格作为一个美学范畴，是指诗人在创作中表现出来的思想与艺术的个性特征，是内容与形式密切统一中显示的作品特色。李白作为一个伟大的浪漫主义诗人，其诗风格多样，然其主导风格是豪放飘逸。因此，本文所论李诗风格美，即指其豪放风格之美。

豪放，即豪迈奔放，是一种重要的诗歌风格。司空图在《诗品》中对此描述道："观化匪禁，吞吐八荒。由道返气，处得以狂。天风浪浪，海山苍苍。真力弥满，万象在旁。前招之展，后引凤凰。晓策六鳌，濯足扶桑。"前四句，要求诗人有宽广的胸怀、充沛的激情；中间四句，指出作品应有宏大的气势；末四句，指超越现实的奇特而壮丽的想象。

在中国诗歌史上,李白不仅以豪放为其诗歌的主导风格,而且还是豪放风格的集大成者,是历代豪放诗人的最高楷模。白居易曾评曰:"诗之豪者,世称李白。"(《与元九书》)

李白豪放诗风的特点,分别表现在审美主体、审美客体以及审美主体对审美客体的表现等三个方面。就审美主体而言,李白具有远大的理想、开阔的胸襟、豪迈的气概、狂傲的性格、奔放的情感、奇特的想象;就审美客体而言,李白表现的对象大多是在面积、长度、体积、重量等方面具有"巨大"的特点,从而能引起人们宏阔、壮伟、崇高的感觉,如壮丽的山水、雄伟的建筑、宏大的场面、浩茫的景象;就审美主体对客体的表现而言,是主观的豪气与客观的巨物水乳交融于诗境中、奔进爆发的抒情方式、大开大阖的艺术结构、惊天动地的笔力气势、变化多样的表现技巧。

以李白名诗《日出入行》为例,首先,此诗以抒情说理为主,以写景叙事为辅。它并非表现杀敌报国的凌云壮志,也非表现狂饮烂醉、恣意欢谑的豪纵生活。它所表现的是,诗人对自然规律的认识以及适应这种规律的愿望。老庄与万物合而为一的思想,常常是持有者消极颓废的标志。唐代黄老之说盛行,李白受其影响颇深,一度迷于求仙访道,企图羽化登仙、长生不死。但他尚未迷醉到不能自拔的程度,有时甚至能清醒地认识到神仙怪异的诬谬不实。在这首诗中,诗人就很激烈地否定道:"羲和,羲和!汝奚汩没于荒淫之波?鲁阳何德,驻景挥戈?逆道违天,矫诬实多。"不仅否定,还予以辛辣的嘲讽。这表现出抛却谬误、拥抱真理的豪迈之情。事实上,当时有许多人是执迷不悟的,可李白觉醒了,并提出了大胆的怀疑和否定,他的思想闪耀着朴素唯物主义的光辉。对比之下,诗人是有理由在自相矛盾的讥贬中,表现出拥有真理的豪情。不过,诗人的豪情还绝不止于此。"吾将囊括大块,浩然与溟涬同科!"诗人要与自然融为一体,这表达了一种深刻的哲理,同时也显出诗人博大的胸襟、从容的气度,使此诗气魄宏大、势夺古今。

其次,摄入诗中的物象是壮美、瑰丽、神奇的,场面是宏阔的。这是形成此诗豪放风格的又一原因。"日出东方隈,似从地底来",描绘了一幅瑰美奇丽、光芒耀眼的日出图。"历天又复入西海,六龙所舍安在哉?"表现出伟大的运动与力度,这是何等的气魄与热力!"草不谢荣于春风,木不怨落于秋天",虽是议论性诗句,但能令人由此联想到芳草连天、香花遍地的无限春光和萧条冷落、万木凋零的无边秋意。贯穿于这些物象的无形线索,是空间的广阔和时间的永久,这是升华出豪放诗风的一切"巨物"的精神实质。

最后,豪放诗风还具有“才气大”的特点,这首诗所显示的审美主体对客体的表现,正反映了这一特征。诗人的结论是复归自然。由于他认识的明确、信念的忠诚、决心的坚定,故在表现这一结论时充满着无比的激情,完全体现了诗人的个性。行文流畅轻快,感情奔放而不失凝重,借神话来说明问题,环环相扣的论证方法,迸泻无余的抒情方式,精警有力的诗歌语言,或设问、或反问、或肯定的语气句式,不容置疑的逻辑力量,均是此诗在艺术表现上的显著特点,充分显示出诗人超凡的才气。

以上从审美主体、审美客体以及前者对后者的表现等三方面论述了李白豪放诗风的典范之作《日出入行》。类似这样的诗篇,在李诗中占有很大比例,无需一一列举。但是,在论述李诗风格美时,必须充分注意下述特点:李白豪放风格的诗作反映了许多重要的历史人物和历史事件,更反映了他所处的盛唐时代风貌,具有诗史的特点,从而使其豪放风格包孕着极大的思想深度与广度;他运用了几乎所有的艺术手段和表现方法,取得了高度的美学成就,展现出我国古典诗歌艺术的新天地;而李白豪放风格的诗作与其他豪放诗人的作品有着明显的区别,即具有自己的鲜明艺术个性,这就是包孕着一种飘洒闲逸之气,故后人常将李诗主导风格概括为:豪放飘逸。

三

自由美,也是李白诗歌的美学特征之一。

在美学理论中,自由是一个表现美的本质的重要范畴。它包含三个要素,第一是指人对客观必然规律的创造性掌握和运用。第二是指人对自己的活动和与自己生活有关的种种事物,不再仅仅看作维持肉体生存的手段,而且看作他的创造性的自由活动的表现。第三是指个人与社会的统一。即人感到社会的伦理道德、政治法律等要求是与自己作为感性存在的个性、爱好、欲望、需求、理想和意志等完全一致的,他感到他的自由只有在这些要求的实现中才能得到充分、圆满的肯定。这种自由是人生的最高境界,而当这种境界具体感性地呈现在人们眼前时,它就是一种至美的境界。

李白在诗中歌颂自由、追求自由,使其诗具有美学意义上的自由美,且包容了上述“自由”范畴的三个要素。当然,李诗中表现得最多的乃是后两个要素。

李白以傲岸狂放的生活态度,反对森严的封建礼法和庸俗的社会关系,急切企盼冲决束缚和压抑,追求自由和解脱。他在诗中屡屡自比大鹏:“大鹏一日同风起,扶摇直上九万里”(《上李邕》),渴望自由翱翔于宇宙空间。李白一生视自由如生命般珍贵，比较两首诗，即可见一斑。一首是诗人流放夜郎途中所作《长流夜郎寄内》，开篇便着一“怨”字，抒发了李白在失去自由后极端低落、愁苦、悲愤的心情。另一首是诗人遇赦东归途中所作《早发白帝城》，“早发”与“朝辞”、“白帝”与“江陵”、“千里”与“一日”、“还”与“过”、“两岸”与“轻舟”、“猿声啼”与“万重山”、“不住”与“已过”等两两相对的词语，将内心情感融于自然山水，畅抒了诗人重获自由的狂喜之情。

李白在现实中无法追求到自由，于是只得将自由的理想托之于自然山水、洞天仙界、醉乡梦境，并以写实与臆想结合的手法着意美化它，从而创造出一个与污浊现实相对立的美好理想境界，使自己飘然其中，求得精神上的麻醉和解放。他所写的大量游仙诗、山水诗和饮酒诗就是明证，其中最有代表性的是《梦游天姥吟留别》。这首诗反映了李白复杂的心迹：一是世事如梦似水，转瞬即逝；二是直欲骑鹿求仙，远离浊世；三是傲然卓立，不事权贵。这三点是一篇之主旨。诗人找不到出路，只得把理想襟抱寄托在洞天仙境中。因此，诗中的神仙世界和奇情幻景，实际上是他追求自由理想的艺术升华，是植根于现实土壤之中的。虽然诗中也表现了消极出世思想，但这是当诗人郁结孤愤、难以雄飞时所表现出的纵览古今、明察世事的超脱姿态。淋漓挥洒、心花怒放的诗笔，写出了诗人精神上的种种历险与追求，仿佛其痛苦的灵魂在梦中得到了真正的解脱和自由。“安能摧眉折腰事权贵，使我不得开心颜”的轩昂气概，正是全诗感情的凝聚点，是作者向往自由的思想基础。也就在这一点上，李白这首惊心动魄、众音繁会的游仙诗才获得了深刻、积极的思想意义。

李白诗歌所蕴含的自由性，是其飘逸诗风的精髓。合则留、不合则去的思想情调，正是这种自由性的反映。李白功成身退的理想，表明他所追求的不是富贵名位，因此他的思想和行为完全不受封建正统观念的束缚，处处显示出极大的随意性、自主性。如《宣州谢朓楼饯别校书叔云》中转折多变的思想感情，尤其是诗末“散发弄扁舟”的心迹，便是这种自由性的充分反映。

李白诗歌的自由美，还表现在他强烈追求个性的绝对解放和自由发展，因而特别强调志气兴会的精神力量。如《梁园吟》这首诗，最能震撼人心的就是诗人澎湃奔腾的感情激流、积厚突发的精神力量。从极度苦闷到开怀畅饮，从纵酒狂欢到唏嘘流泪，从感慨富贵无常到陡然振奋、托意未来，驱动这一系列诗境陡转的因素正是一种大气充盈的精神力量。

李白写了许多抨击社会黑暗面的诗作，如《古风五十九首》《答王十二寒夜独酌有怀》等。值得注意的是，他揭露、鞭挞的目的不是要推翻这个社会，相反是要求这个社会达到至善至美的境界——个人与社会的统一。凡是有碍于这种统一的人、事、物,在李白看来,都是丑恶的、与自由相对立的,必须予以抨击。从而使李白的这类诗作同样具有自由美。

清人龚自珍曰:“庄、屈实二,不可以并,并之以为心,自白始。儒、仙、侠实三,不可以合,合之以为气,又自白始也。”(《最录李白集》)这段论述表明:李白兼有儒、道、侠三家思想,并能将此统一融合,而不是独尊一家、摈弃其他。这种哲学思想上的并蓄性、创新性、求异性,既体现了盛唐气象,更反映了李白的自由个性,是李诗自由美乃至其美学思想形成的哲学基础。

李白诗歌的自由美,不仅表现在上述诗歌思想内容和哲学基础两方面,而且也充分体现在其诗歌的艺术形式上,这就是追求自然真率、主张挥洒自如、反对雕琢绮丽、力避模仿因袭,使其诗具有一种清水芙蓉式的自然美。这也代表了盛唐诗人们的共同美学追求。

在创作理论上,李白的两首诗和两句诗集中反映了他的这一美学主张,可看作是李白诗论和诗歌的总序:“大雅久不作,吾衰竟谁陈? 王风委蔓草,战国多荆榛。龙虎相啖食,兵戈逮狂秦。正声何微茫,哀怨起骚人。扬马激颓波,开流荡无垠。废兴虽万变,宪章亦已沦。自从建安来,绮丽不足珍。圣代复元古,垂衣贵清真。群才属休明,乘运共跃鳞。文质相炳焕,众星罗秋旻。我志在删述,垂辉映千春。希圣如有立,绝笔于获麟。”(《古风五十九首》其一)“丑女来效颦,还家惊四邻。寿陵失本步,笑杀邯郸人。一曲斐然子,雕虫丧天真。棘刺造沐猴,三年费精神。功成无所用,楚楚且华身。大雅思文王,颂声久崩沦。安得郢中质,一挥成斧斤。”(《古风五十九首》其三十五)“清水出芙蓉,天然去雕饰。”(《经乱离后,天恩流夜郎,忆旧游书怀赠江夏韦太守良宰》)

在创作实践上,李诗的自然之美,更是无人可与比拟。它主要体现在下述三方面。

首先是奔腾爆发的抒情方式。李白抒发自己的喜怒哀乐和其他感情,大多不是婉转曲折、含蓄缠绵,而是喷迸直出,一泻千里,从而袒露无遗地展示了自己的内心世界和性格特征,具有浓厚的自我表现的主观色彩。他被唐玄宗召赴长安,便狂喜万分:“仰天大笑出门去,我辈岂是蓬蒿人”(《南陵别儿童入京》);他欲纵酒长醉,便高声欢唱:“烹羊宰牛且为乐,会须一饮三百杯”(《将进酒》);他写愁,便直抒:“抽刀断水水更流,举杯销愁愁更愁”(《宣州谢朓楼饯别校书叔云》)“白发三千丈,缘愁似个长”(《秋浦歌十七首》其十五);他叙侠客然诺之重,便夸张道:“三杯吐然诺,五岳倒为轻”(《侠客行》)。这种抒情方式在其山水诗中同样表现突出:“黄河落天走东海,万里写入胸怀间”(《赠裴十四》);“庐山秀出南斗傍,屏风九叠云锦张”(《庐山谣寄卢侍御虚舟》);倾泻咆哮的江河，奇险挺拔的峰峦，都曲折地表现了李白冲决束缚、追求自由的巨大热情。

其次是清新自然、真率明快的诗歌语言。李白重视学习汉魏六朝乐府民歌，并努力继承前代诗人的优秀传统，从而在语言艺术上达到了极高的境界。他的许多诗篇几乎是不假思索，脱口而出，近于口语：“床前明月光，疑是地上霜。举头望明月，低头思故乡。”（《静夜思》）他的如《古朗月行》《赠汪伦》《子夜吴歌四首》《早发白帝城》《长干行》《巴女词》《山中与幽人对酌》《望天门山》等诗，无不如此。尤其值得注意的是，李白善于选择和提炼民歌语言，使语出自然而又意味隽永、神韵淡远，通俗口语于此得到艺术升华。李白还为了表达感情的需要，在语言上冲破格律的束缚，采用一些散文化的句式入诗：“清风朗月不用一钱买，玉山自倒非人推”（《襄阳歌》）；“我且为君捶碎黄鹤楼，君亦为我倒却鹦鹉洲”（《江夏赠韦南陵冰》）；“其险也若此，嗟尔远道之人，胡为乎来哉”（《蜀道难》）。

其三是擅长、多用与自己自由豪放性格相适应的诗体——七古和七绝。李白虽能自如地驾驭各种诗体，但他不愿使诗体格律束缚感情的自由表达。清人赵翼就指出：“（李白）才气豪迈，全以神运，自不屑束缚于格律对偶，与雕绘者争长。”（《瓯北诗话》）所以李白的律诗较少，五律有七十多首，七律仅有十多首，合之亦不过其诗总数的十分之一。而且，就是这些律诗也往往不拘对仗，如《夜泊牛渚怀古》《送友人》等。李白所要抒写的自由奔放的豪情和深广复杂的内容，使其必然选择形式自由舒展的五、七言古诗及句式长短错综的乐府歌行。他的乐府诗即有 149 首，约占全集六分之一。明人王世贞曾赞曰：“太白古乐府窈冥惝恍，纵横变幻，极才人之至”；“笔力造化，极于歌行”（《艺苑卮言》）。李白的五、七言绝句今存 156 首，占李诗总数六分之一强。李白是盛唐作绝句诗较多的一人，且成就极高，其五绝与王维的五绝，其七绝与王昌龄的七绝，堪称绝句典范，后人称誉颇多。总之，李白的许多代表作和名篇都是用古诗、乐府歌行、绝句创作的，且写得洒脱自如、壮浪纵恣，充分表现了李白诗歌的自由美。

关于李白《古风五十九首》中的讽喻表现
——以比喻论为中心

[日]寺尾刚

李白诗歌创作巧用比喻，在他的作品中比喻表现比比皆是。在本文中，笔者拟围绕李白代表诗群《古风五十九首》，力求阐明比喻手法的具体表现，且借此深入探求李白在此一艺术作品中所体现出的创作态度。

一、关于《古风》中的明喻表现

关于“比喻”的定义，古今中外，说法不一。在此我对“比喻”的定义、分类作较为明确的规定：如果两个相异的事物之间有某种类似性、关联性，且以此为纽带将甲方比作乙方，这一技法称为（狭义的）比喻，其代表有明喻、隐喻（以及讽喻等）。通观李白《古风五十九首》，可以发现比喻手法在其作品中有诸多表现。例如著名的“其一”，若从诗歌总体上看，可认为是用所谓的“六义”中的“赋”体形式。但细细揣摩一下，会发现很多的比喻表现。

①王风委蔓草，战国多荆榛。

②扬马激颓波，开流荡无垠。

⑧群才属休明，乘运共跃鳞。

④文质相炳焕，众星罗秋旻。

一般来讲，“喻体”和“被喻体”以及沟通两者类似性、关联性的“依据”为读者理解时，比喻表现才能成立。仅从字面上解释诗歌某种表现，句义的完整性就难以联系，前后文意亦常易相悖。因而，对比喻的认知，这确为欣赏诗歌的重要契机。例如①中的“蔓草”“荆榛”，若从字义上解释，明显与“王风”相冲突。因此读者有必要考虑将“蔓草”“荆榛”视为比喻表现。②中的“颓波”“流”是本来与水相关的词语,③中的“鳞”则为“鱼”的同类词语,这些也需作比喻性的解释。又④中的“众星罗秋旻”,如仅着眼于这一句,其句意也较完整,叙景也可成立,但如对照诗作整体,便可知晓此句明显的只是起到比喻作用。

在比喻表现中,比喻的某种“标志”(如“若”“如”等)较为明显的称作“明喻”。明喻在李白《古风》中经常出现。以前人们论及《古风》中的“比兴”,对明喻未予以充分认识,故笔者在此列举数例:

飒然若流星。(其七,比喻仙人的飞行)
哀哀泪如雨。(其十三)
弃我如尘埃。(其十四)
鞍马如飞龙。(其十六)
绿翠如芙蓉。(其十八)
倏如飘风度。(其二十,比喻时光的速度)
秋露白如玉。(其二十三)
人心若波澜。(其二十四)
容颜若飞电,时景如飘风。(其二十八)
羽檄如流星。(其三十四)
王侯像星月,宾客如云烟。(其四十六)

李白《古风》中的明喻表现,含“如”“若”的有以上12例。以前人们常将陈子昂的《感遇》诗与李白《古风》相比较,然在陈作中只有“多言死如麻”(其九)、“莫以心如玉”(其十五)二例。因而,《古风》的明喻之多还是值得注目的(阮籍的《咏怀》82首中发现9例,数量也不少,但从使用频率而言,还远不及李白)。

这种众多的明喻表现当然根源于李白多用比喻的文风。但笔者认为,这种明喻法也为诗作整体布局的重要方面。确实,在上述明喻表现中也可见出,李白在运用这一艺术手法方面也具有出众的胆量。例如将“泪”喻为“雨”,将“马”喻为“龙”,将“露”喻为“珠”,这些比喻,就中国古典诗词传统而言,近似落入常套的死喻,同他代表性的明喻表现,如“飞流直下三千尺,疑是银河落九天”(《望庐山瀑布》),“燕山雪花大如席,片片吹落轩辕台”(《北风行》),“遥看汉水鸭头绿,恰似葡萄初酦醅”(《襄阳歌》)相比,似差之甚远。但是,假如考虑到李白创作意在复兴古调,那么这种比喻表现在某种程度上倒容易给读者以古拙、朴素的印象。而且,如果认识到比喻表现在《古风》中旨在暗示读者有更重要的含义,则此一技法的重要性也就较为清楚了。

二、关于《古风》中的隐喻表现

我认为,隐喻的具体含义,可界定为没有"标志"(如"若""如")的比喻法之一。从大处分类,有以下两种。(1)一句话中(如主、谓语之间)意思相互冲突、矛盾,由此而形成的比喻(前一节中所举的①~③等)。(2)一句话中虽然保持其意思的完整性,但对照全诗前后文,却产生冲突、矛盾,由此相互参照而成为的比喻(前一节所举的④例)。

首先,按第一种类型检索《古风》中的隐喻表现,其例子不胜枚举:

豺狼尽冠缨。(其十七)

白日欺红颜。(其十九)

荣华东流水。(其三十九)

美人生南国,灼灼芙蓉姿。(其四十九)

从广义上讲,隐喻表现可认作是将一物比喻为另一不同物体的修辞技巧。因而,以上四例皆属于第一类的隐喻表现。将"侵略中原的异民族"比喻为"豺狼",将"生于南国的美人"比喻为"芙蓉",或将本来不应有欺诈行为的"白日"比喻为人,将"荣华"比喻为流逝的东西。如果将以上类似的例子从《古风》中逐一列举出来,这将是一个庞大的数字。但是这种隐喻表现,并非只明显出现于《古风》中,它是其他诗歌作品也广泛应用的修辞技法。故仍需说明的是李白《古风》中的隐喻表现与其他诸作品相比,不仅在量而且在质的方面有独到之处。对此,有必要进一步探讨(2)类型。

在本文中,笔者着重分析体现出《古风》隐喻表现最大特色的(2)类型,且将这种须依据前后文判断才能理解的隐喻表现称为"文脉隐喻"。前一节所举的④中,要把"众星"理解为"群才",必须完整地阅读以下四句:

群才属休明,乘运共跃鳞。

文质相炳焕,众星罗秋旻。(其一)

另外像下列的诗句:

困兽当猛虎,穷鱼饵奔鲸。(其三十四)

这也只有在考虑到诗的整体是咏叹被驱使去征伐异民族的兵卒们的疾苦时,才会注意到"困兽""穷鱼""猛虎""奔鲸"都比喻人,否则仅看这两句,还会错以为是在描写真实的动物。又如"明月出海底,一朝开光曜"(其九),此实则为咏叹鲁仲连英伟风度诗篇的一部分,"明月"指的是鲁仲连。又如"绮树青云端"(其二十七)中的"绮树"指燕、赵所生的美人,"直木忌兴伐,芳兰哀自焚"

(其三十六)中的“直木”“芳兰”,指有优秀才能的直谏士人。“浮云蔽紫闼,白日难回光”(其三十七)中的“浮云”,指妨碍天子善政的人,“白日”指天子本身。“众鸟集荣柯,穷鱼守空池”(其五十九)中的“众鸟”,指背叛朋友信赖的俗人们,“穷鱼”指被背叛而处于窘地的人们。

李白的其他五绝、七绝诗中,这种“文脉隐喻"却意外地少。若硬要举例的话,只能举“白鹭举一足,月明秋水寒。人惊远飞去,直向使君滩”(《赋得白鹭鸶送宋少府入三峡》,将宋少府比作白鹭。这一例倒可认为属于下一节要叙述的讽喻),“一枝红艳露凝香,云雨巫山枉断肠。借问汉宫谁得似,可怜飞燕倚新妆”(《清平调词·其二》,第一句是将杨贵妃比作花)等例子。这大概也足以说明《古风》隐喻表现的独特性。审定这一由文意内结构组织形成的隐喻表现,最重要的就是要与前面所言的(1)类型隐喻相区别。(1)类型诗句本身即能构成一个结构、意旨皆较完整的“世界”。而(2)类型的隐喻不能停留在将隐喻化的诗句只限定在一般词语水平上的认识,如将“众星罗秋旻”中的“众星”换成“群才”,那么以下的“罗秋旻”就必须引申出与之相符的含义。即这一句必须要从“人间世界”和“天空世界”两个空间充分想象,予以理解。明喻与(1)类型的隐喻只不过是词语水平上的比喻,与之相对,“文脉隐喻”则可以说是整句整段的大规模的比喻。

三、关于《古风》中的讽喻表现

前节称之为“文脉隐喻”的艺术表现,在《古风》中常以三句或更多句的形式连续出现。当然,这在一首诗中所起的作用就很大了。例如:

凤飞九千仞,五章备彩珍。
衔书且虚归,空入周与秦。
横绝历四海,所居未得邻。

这部分是《古风》(其四)的前六句,以下主要叙述了欲弃人间世俗、而与仙人们永恒相亲的升仙愿望。因此,可以认为这里所说的“凤”喻指迷惘于世俗人间的作者本人。

综观李白《古风五十九首》,也可看到极为特殊的例子,即一首诗整体只单一地叙景,吟咏、敷陈单一的题材。但如果改变一下读法,便能发现可将一首诗完整地从讽喻角度(请注意,这不是中国传统的“讽刺比喻”意义上的“讽喻”)予以理解。例如:

碧荷生幽泉,朝日艳且鲜。

秋花冒绿水，密叶罗青烟。
秀色空绝世，馨香谁为传。
坐看飞霜满，凋此红芳年。
结根未得所，愿托华池边。（其二十六）
孤兰生幽园，众草共芜没。
虽照阳春晖，复悲高秋月。
飞霜早淅沥，绿艳恐休歇。
若无清风吹，香气为谁发。（其三十八）

另外，其二十七（以燕、赵美女为题材）、其三十三（以巨鲸为题材）、其四十（以凤为题材）、其四十二（以白鸥为题材）、其四十九（以南方美女为题材）、其五十七（以啁啁鸟为题材）等，若将上举诗例表现题材解释为隐喻，以此为契机，则作品整体都可释为比喻。

用隶属同种类型的隐喻系列构成诗作一部分或整体的表现手法，在修辞学上常被称为“讽喻”。以下拟用“讽喻”这一术语考察一下李白《古风》的比喻风格。讽喻（或者寓喻、寓言、讽喻）这一修辞法按照西方历来的定义为“两个以上类似隐喻的结合”。如将“女性笑了”表现为“花开了”，虽然格式较小，但也可示例为讽喻（“笑”和“开”在意义上是相类似的）。故根据这一定义，也无必要去结合斯威夫特的《格列佛游记》、庄子韵寓言、《西游记》、《伊索童话》那样篇幅巨大的寓言故事予以说明了（确实，如陈望道《修辞学发凡》里所讲的定义“讽喻是造出一个故事来寄托讽刺教导意思的一种措辞法”，这似乎也可以，但具有多大的叙述规模可称为“故事”呢？没有“讽刺教导意思”就不能看作讽喻了吗？因为关系到这些问题，所以想暂用西方所沿袭的定义）。

讽喻是“两个以上相类隐喻的结合”，在考察李白《古风》作品群方面，这一定义是非常富有启发性的。这是因为根据这一定义，上一节所讲的“文脉隐喻”的隐喻表现能够被广义的讽喻表现所包含。例如“众星罗秋旻”“明月出海底”，虽说都只是一句话，但每句整体都为“类似性”的隐喻而联结，从这点上看，就构成了小规模的讽喻。再者，本节中所举的诸例可以认为是大规模的讽喻。因而可以见出，《古风》这一作品群在词语、文节、段落等诗体各个层次上比喻众多[明喻、隐喻（1）型、隐喻（2）型——小规模讽喻、大规模讽喻]，颇具特色。

那么，这些讽喻表现的特色又体现在哪些方面呢？在此我想先强调一下，讽喻是由众多的物象说明某类事物，借用佐藤信夫《修辞学认识》的话说，“所谓‘讽喻’其结果无非就是两个故事的平行”。即讽喻若成立，也就能在诗歌中构成两个世界(故事)。例如,本节所举的《古风》(二十六),若将此理解为表现诗人现在所处的状况和心境的讽喻,那么就必须依凭作品中所出现的“碧荷世界(故事)”及其背后的“诗人的现实世界"这两个平行的“世界(故事)”,驰骋想象,深入品味。另外,其二的“天空世界(太阳、月亮、虹等)”和“现实的宫廷内部世界”;其三十的“孤兰的世界(故事)”和“诗人所处的现实世界”;又其四十七,如将“桃花”理解为萧士赟所言的“偶然恩遇者”,那也必须设想诗歌中存在着“桃花世界(故事)”和“现实的人间世界”的两个世界。这种讽喻的最基本特性——即讽喻通常以两个世界(故事)为前提——正是考察李白《古风》表达思想的重要线索。

四、关于《古风》“诗歌主题”的构思

如上所示,在李白《古风》中,明喻、隐喻、讽喻这些具有相应共性(设想两个事物、物象、世界)的比喻表现皆以不同形式而被广泛运用。然而,李白何以在《古风》中集中采用如此众多形式的比喻表现呢?以下列举几种假说:

①为了继承《诗经》(特别是毛传)以来“比兴精神”的传统。

②为了委婉地讽谏、讽刺天子、权贵、佞臣、俗人等。

③通过言外之意,增加诗的深度、厚度。

④为了给读者以启发性,增加说服力。

⑤为了回避直言所引起的社会性、政治性的迫害。

以上诸论言之成理,确较有说服力,甚而据此也足可证明比喻表现形式变化多样,意蕴丰厚。只是这些假设(①另当别论),始终只是从比喻的功能、作用出发的,还未能触及比喻的本质特征。自古以来,人们大多依据中国古典诗歌传统的“美刺比兴”精神,具体评价李白《古风》的艺术特色。然而,“比兴”这一词语定义的难度也是众所周知的。诸多评论家谈到“比兴”时,总是将上述的③作为其命义的前提条件。例如,萧士赞的注释、陈沆的《诗比兴笺》等研究在评论《古风》时,有将中国古典诗歌传承下来的“美刺讽谏”的政治、社会机能与“比兴”的艺术表现硬性比附之嫌。然而,从已举的许多用例可见,有关《古风》中多种类型比喻表现的目的,只强调美刺讽谏的一面是有疑问的。而且既然皆为美刺讽谏,李白诗作为什么不像杜甫那样多用直叙即“赋体”呢?在本文中不采用中国传统术语“比兴”,而使用发端于西方修辞学的术语“比喻”,究其原因之一,就是想消除“比兴”所包含的美刺讽谏这一附带意义。事实上,评论《古风》时,仅用美刺讽谏是不足说明比喻表现的丰富性的。但从“比兴”的

美刺讽谏这一角度进行研究，对考察李白《古风》的创作构思动机也很富有启发性。在探讨李白《古风》诗群中众多比喻表现创作缘由之前，我想有必要先概述一下《古风》所表现的“内容”或主题。

朱偰著的《李白〈古风〉之研究》，对《古风五十九首》大体分类如下：

(1)论诗　3 首

(2)言志　12 首(主要为游仙愿望)

(3)感遇(有关时事的)

A 感时艰

(a)刺黩武　3 首

(b)悲伤乱　3 首

(c)讽权贵　4 首

(d)刺王室　3 首

B 伤人事

(a)哀怀才不遇　1 首

(b)愤世俗嫉贤　7 首

(c)伤时光流逝　3 首

(d)叹世人庸碌　3 首

(4)咏史　6 首

(5)寓言　10 首

(共 58 首，阙其三十三)

以上总分为五类，“评论诗歌的”“抒发个人愿望、志向的(主要采用‘神仙诗’那样的形式)”“感喟时事而作的(多数是对世俗、对权力者的批判、慨叹)”“咏历史故事的”“以寓言形式而表现的”。如再从诗人所关心的事这一侧面重新整理，则可分类如下：

①对诗(文艺)的关心

②对非世俗世界的关心

③对世俗世界的关心

④对历史、神话、传说的关心

⑤对非人类世界(草木鸟兽、天空气象等)的关心

但是这里想提请注意的是，若将《古风》的每一作品与之对照一下就可明白，实际上几乎所有的作品都是这五种类型某几方面的复合构成体。如④类作品实际上多数仍是现实的投影，与②③是密切关联的。例如，朱偰划定归为“咏史”类的其三、其四十八是借秦始皇、其五十八是借楚襄王而讥讽现世皇帝的；

而其九、其十一、其十二也可视为是作者将鲁仲连、严子陵、严平君自喻，抒发了自我企慕高风亮节人格的志愿。如此看来，前者与作者对现实世俗世界的关心③紧密相关，后者跟作者对反世俗、超世俗的关心②颇有联系。又，强烈表现⑤的作品。如前节所举的其四十七，通过“桃李”“南山松”，在批判仅凭幸运而发迹的小人的同时，也赞赏了禀有反俗精神的孤高之士。这也与②和③的作者“关心”联系较紧。

通过以上考察，重新阅读《古风五十九首》，又能发现以下两大特征。其一，④⑤类作品即“咏史”“寓言”风格较为突出的多数作品，在艺术表象背后皆可联想到一个实在的现实世界。换言之，即通过对过去世界、状况、人物或草木鸟兽、天空气象等世界状况、事物的描写，表现出作者所处人间世界的情况。

其二特征可以说涉及李白在这一作品群创作阶段时的动机、意图（以下简称“诗歌主题”）的问题。李白在这一作品群中尤为喜爱规定的格式是构想两个世界，从甲方世界、状况审观乙方。如“世俗世界（俗人）”对“非世俗世界（隐者、仙人）”、“现实世界”对“理想世界（如仙界）”、“不遇的状况”对“理想的状况（如天予韵恩宠）”，等等。在此，试就第二种特征着重分析。确实就②③而言，在诗体表层突出表现此方如“世俗世界”“非世俗世界”，而彼方却极为隐晦的作品似乎较多。然而深入探究就会发现，在“诗歌主题”这一层次上，要从双方的情况着手考虑的作品还是占了多数。例如，在对“非世俗世界”关心的多数作品中，像“人生非寒松，年貌岂长在”（其十）；“名利徒煎熬，安得闲余步”（其二十）；“古来圣贤人，一一谁成功。君子变猿鹤，小人为沙虫”（其二十八）等诗句皆触及“世俗世界”的状况。另外，有些作品如从作者审美观照的角度来看，作者始终是在“神仙世界”（非世俗世界）的外缘，憧憬、向往仙人而已。例如，“尚恐丹液迟，志愿不及申”’（其四）；“伊望不可及，苍然五情热”（其五）；“愿餐金光草，寿与天齐倾”（其七）；“我愿从之游，未去发已白”（其十五）；“含笑凌倒景，欣然愿相从”（其十八），等等。在这里，神仙世界都仅是作为愿望的对象而存在的。因此作为前提，作者是处在“非仙界”或“现实世界”一边的。唯一例外的其十七：“西上莲花山，迢迢见明星。素手把芙蓉，虚步蹑太清。霓裳曳广带，飘拂升天行。邀我登云台，高揖卫叔卿。恍恍与之去，驾鸿凌紫冥。俯视洛阳川，茫茫走胡兵。流血涂野草，豺狼尽冠缨。”此诗确实可视为作者是处于仙界的人，但后四句描写了下界的情形，因此这仍须将两个世界作为前提而予以认识。总之，这些类似“神仙诗”的作品，不仅体现出“非世俗世界”，同时也包含着另一极——“世俗世界”的意识。反之，当现实的“世俗世界”为表现中心时，作品大多也须构想出“非世俗世界”。如旨在批判世俗的人们、权贵、为政者、儒家的其十六、其二十五、其三十、其五十五等诗中,分别有“何如鸱夷子,散发棹扁舟”;“归来广成子,去入无穷门”;“苍苍三珠树,冥目焉能攀”;“安识紫霞客,瑶台鸣玉琴”(各为末尾两句)诗句,即勾画了相对的“非世俗世界”。

将以上归纳一下,则可将《古风》众多作品“诗歌主题”的基本特征概括为以下两点:

A. 一首诗中存有两个世界、两种状况。

B. 从其中一方视点吟咏另一方。

以上两种特色同李白《古风》的比喻表现有密切联系。

五、关于《古风》“诗歌主题”与“比喻”的关系

本节着重分析,为什么李白在《古风》中侧重于明喻、隐喻、讽喻等各种比喻形式的表现?李白在其三十五中写道:“一曲斐然子,雕虫丧天真。棘刺造沐猴,三年费精神。”他严厉批判了偏重修辞的文风,而把“文质相炳焕”的表现,即“内容”与“形式”,或“达意”与“修辞”相互辉映的文学视为理想的典范。然而,比喻表现在某种意义上,又是严格的修辞手法,其本身既可蕴含着真情实感,但同时又存在着使表现意图很隐晦的危险性。那么,李白为何偏偏采用这可谓之为“双刃之剑”的修辞技巧呢?

假如将文质相济视为理想化的表现形式的话,那么自然比喻这一修辞法自身也应该以积极的方式有力地突出“创作意图”。从比喻的本质属性来看,比喻的主要特征为,①以两种事物、世界为前提。②甲方(被比喻物)是经过乙方(比喻物)的过滤镜而显现的。如前举的“美人生南国,灼灼芙蓉姿”为例,这里有“美人”“芙蓉”两物存在,我们可以通过“芙蓉”的过滤镜而看到“美人”之像。将这种“比喻”特性与上一节考察得出的《古风》“诗歌主题”的特征相互重合起来观照时,可以发现形式上有某些共性。即不论是明喻、隐喻,或是讽喻,比喻表现都是以相异的两种事物、两个世界为前提的。如换一角度从“诗歌主题”来审视这《古风》作品时,同样会发现多数作品也是以相异的两个世界、两种状况为表现前提的。的确,是否以类似性、关联性为纽带,这两者是有差异的。但是在建构两个世界、两种状况这一点上两者又是相通的。将这一共性自觉地在诗中体现出来,应该说是可能的。如果因两种状况颇不相谐而难于在诗中表现时,作者为了使这种距离让读者在心理上能够接受,持续运用比喻这种表现两物(“被比喻物”“比喻物”)为前提的修辞技法(即使那是常套的比喻),

那么潜在地便能给读者以暗示的效果。如“黄河走东溟，白日落西海。逝川与流光，飘忽不相待。春容舍我去，秋发已衰改。人生非寒松，年貌岂长在。我当乘云螭，吸景驻光彩。”（其十）这部作品“诗歌主题”的艺术构思，是以“消亡世界”和“永恒世界”这两个空间为纽带的，假若作者是意欲突出两个世界的距离，而设置富有暗示意味的前四句的，那么会获致何种效果呢？当读者认识到“白日”“逝川”旨在比喻“时间”时，就会发现前四句中平行“被比喻的世界”和“比喻世界”这两个相异空间。即使读者未能深究作者采用这一手法的缘由所在，但通过对这相异空间形式比喻表现的认识、理解，也能在一定程度上得到某些领悟。因而，只有灵活运用这种伏线性的修辞技法，才可能使两个空间的距离围绕“诗歌主题”这一主线，有机地相互协调。

再以“咏史”类作品示例分析。如前所言，李白《古风》中的“咏史”作品，大都具有双重结构，即不只描写过去，而且通过表现过去指陈现实。例如：

齐有倜傥生，鲁连特高妙。
明月出海底，一朝开光曜。
却秦振英声，后世仰末照。
意轻千金赠，顾向平原笑。
吾亦澹荡人，拂衣可同调。（其九）

“咏史”此种描写过去而影射现实的创作，在一定程度上特别类似于“比喻”。所谓的“以古喻今”，即是将过去比作现在。因而，若将“以古喻今”也视为比喻手法之一，那么即能发现这一诗作有“鲁仲连的生活时代、世界”对“李白正在生活的时代、世界”和“鲁仲连”对“明月”的双重“比喻”结构。另外，具体考察这一诗作的“诗歌主题”不难见出，李白是倾慕鲁仲连的“功成身退”的人格情操的。这样，即可说明这种“诗歌主题”的两极构造形式，是通过比喻手法的运用而暗示、显现出来的。同样，前面所列举的其二十六、其三十八诗句，也可以看作大量运用比喻，建构两个空间形式的艺术作品。“碧荷”和“孤兰”本质上都不是人，属于非人间化的事物。作者身处“险恶”的状况，由此他祈求“华池”“清风”所比喻的美好境况。不遇与幸运（“诗歌主题”）、人类与非人类（“比喻表现”）的双重分裂，加强了诗的悲伤情调。而且在此类诗中，诗人对美好境况总是切盼不已，与此相应，比喻世界中的“碧荷”“孤兰”也始终为人格化（拟人化）的表现。其三十六的“为谁传”“坐着”“愿托”，其三十八的“孤”“悲”“恐”“为谁发”等这些词语，皆使客观物体着上人化色彩。此一特征如与陈子昂《感遇》（其二）相比较，则更为突出。陈子昂诗为：

兰若生春夏，芊蔚何青青。

幽独空林色，朱蕤冒紫茎。
迟迟白日晚，袅袅秋风生。
岁华尽叶落，芳意竟何成。

此诗假若去掉最后一句，或许可视之为写景诗（“芳意”可见出人格化倾向）。而前面所列李白的两首诗，则给人的感觉似乎对人格化的追求尤为迫切。兹将两首诗予以图式化：

“诗歌主题”标准的创造

不幸的状况（世界）——理想状况（世界）　（对恩遇的向往）

“比喻”标准的创造

非人间世界（植物世界）——人间世界　（对拟人化的追求）

这种“诗歌主题”与“比喻”的创造，确实是依据不同的标准。但如从人类思维方式的角度予以认识，则在“对比世界”的互相界定这一意义上，两者又具有较突出的共性。此类全篇都以“讽喻”表现为主的诗歌作品，几乎都可能见出以上对应关系，即不论在“诗歌主题”还是在“比喻”标准创造方面，皆设定了相异的世界、状况。

总而言之，在诗歌的讽喻中，“被比喻物”是不具形的，但也正因为如此，才更有利于调动读者的想象，去探觅表象内蕴的无形世界。通过这一对外部世界的体认与内在世界想象的欣赏创造活动的认识，大概也能更易感悟其他种类相异空间、状况的审美艺术表现。此也为本文所论李白《古风》讽喻表现的要旨所在。

从五言乐府诗看李白革新诗歌的实绩

张明非

在李白传于后世的诗歌中,最为人所称道的莫过于他的乐府诗。如《唐诗品汇》说:“李翰林天才纵逸,轶荡人群,上薄曹刘,下该沈鲍。其乐府古调能使储光羲、王昌龄失步,高适、岑参绝倒,况其下乎!”可谓推崇备至。其中,又以七言乐府更为引人注目。如胡震亨《唐音癸签》便是以《蜀道难》《远别离》等七言乐府为例,说明“乐府则太白擅奇古今”;严羽《沧浪诗话》在提出“李杜二公,正不当优劣”的著名见解时,亦以《远别离》等七言乐府为“太白有一、二妙处,子美不能道”的证明。由此可见,李白乐府诗中,五言体不如七言体更为人所推重。

李白继陈子昂之后完成唐诗革新的巨大功绩,自古已有公论。若论五言这一诗体在革新中的作用,后人则每多揄扬《古风》五十九首,将其与陈子昂《感遇》相提并论。如《后村诗话》说:“太白《古风》与陈子昂《感遇》之作笔力相上下,唐之诗人皆在下风。”《唐宋诗醇》也将其誉为“风雅之嗣音,诗人之冠冕”。显然,在他们看来,《古风》五十九首比五言乐府诗更能代表李白诗歌革新的实绩。

通览李白的五言乐府诗,再联系《本事诗》载李白论诗所云:“梁、陈以来,艳薄斯极,沈休文又尚以声律,将复古道,非我而谁与!”并尝言“兴寄深微,五言不如四言,七言又其靡也”,笔者认为李白的五言乐府诗在其诗歌革新中具有独特的意义。这是因为,它虽不像七言乐府那么富有个性和独创性,但对以复古为己任的李白来说,是更为鲜明地体现了他以复古为革新的诗歌主张;而另一方面,它较之《古风》,题材又更广泛,艺术上又更多创变,因而也更能体现出李白在解决诗歌复与变关系上的贡献。因此,就李白诗歌革新的实绩这一命题而言，五言乐府能够比七言乐府和《古风》提供更为充分也更令人信服的答案。

王琦《李太白全集》收李白乐府四卷，计一百四十九首，其中五言有八十多首，占总数的二分之一以上，这一统计并不完全，但不妨用来与前人作一比较。古代文人中以乐府名家的首推曹植与鲍照。据萧涤非先生《汉魏六朝乐府文学史》所述，曹植乐府有四十一篇，其中五言占四分之三；鲍照有八十多篇，五言约占一半。据此可知，李白写作乐府和五言乐府的数量均为前所未有。在八十多首五言乐府中，又以拟乐府古题为主，对此，《艺苑卮言》颇有微词，说："青莲拟古乐府，而以己意己才发之，尚沿六朝旧习，不如少陵以时事创新题也。"比较李白、杜甫乐府诗的高下，不属本文讨论的范畴，姑置勿论，但对李白之好拟古乐府，却不可不辨。且不说这部分诗成就如何，即从初盛唐诗歌新革的任务来看，李白大力拟作古乐府，正是有意继承汉魏诗歌的优良传统，以变革齐梁遗风。何况李白并非一味单纯模拟，而能"以己意己才发之"，与"六朝旧习"不可同日而语。

这样说，当然不是仅从拟古乐府这一外在形式着眼，而是我们透过李白的五言乐府确可清楚地看到他努力跨越齐梁、上接汉魏的企向，即对汉乐府"感于哀乐，缘事而发"和建安文人借乐府古题写时事的优良传统的继承。这一传统在晋宋以后的乐府诗中曾一度中断，到齐梁时期更蜕变为单纯表现男女两情相悦的恋歌，由此失去了批判现实的功能，而只是人们赏心悦目的工具。乐府的这一变迁，正与南朝诗歌的文升质降同步，也是后人批评齐梁诗风绮靡的一个方面。初唐政治家、史学家和文学家有感于文风与社稷兴亡的密切关系，痛陈改革绮靡诗风的必要，但由于积重难返，一时不易奏效。初唐乐府多为歌功颂德之词，很少反映现实生活。李白不满于"大雅久不作"，决心以复古振起诗道，遂成为唐代第一个在乐府诗中恢复现实主义传统的诗人，其承前启后之功实不可没。这对于一个浪漫主义诗人来说，尤其难能可贵。

李白继承和发扬乐府的现实主义精神，首先体现在借古题写时事，特别是借汉魏乐府古题以写时事方面。萧士赟说："太白之诗，其旨出于《国风》，往往寄兴深远。欲言时事，则借古喻今。"（《分类补注李太白集》，下同）如《北上行》乃拟曹操《苦寒行》之作，范晞文《对床夜语》将两诗加以对照，指出"特词语小异耳"。关于此诗本事，有三种不同的说法。萧士赟引杨齐贤注曰："此诗乃禄山初反时作也。"萧自己则认为："上行者，征行之曲，言行役者之苦也，太白此诗其作于至德之后乎！"胡震亨又说："似借咏禄山、思明之乱。"（《李诗通》，下同）三说虽有分歧，但都认为与安史之乱有关，诗中对北上行役艰苦备至的描写，以及结末所抒"叹此北上苦，停骖为之伤。何日王道平，开颜睹天光"，均流露出诗人对时局的深重忧虑和对士卒的深切同情。又如《出自蓟北门行》《乐府古题要解》曰："其词与《从军行》同，而兼言燕蓟风物，及突骑悍勇之状。"李白描写了富有特征的燕蓟风物和紧张激烈的征战场面，明显是对古题的继承，但诗中所表现的所向无敌的气势和乐观高亢的情绪却与古题的慷慨悲壮迥异，这样一种盛世之音，正源于诗人对唐朝前期强大国力的强烈自豪和高度自信。所以尽管此诗并无具体战争的描写，萧士赟仍可断其"必为开元、天宝之际，命将征伐吐谷浑、悉奴、吐蕃而作"。李白拟古乐府不仅表现为沿袭古题原意，还能在模拟的基础上做深入一步的开掘，使之更具有现实性。如《豫章行》乃乐府旧题，陆机、谢灵运都曾拟作，用以伤离别，叹寿短景驰，荣华不久，而李白《豫章行》所描绘的则完全是一幅现实生活的图画，真实而生动地再现了安史之乱后南方人民被征入伍讨伐叛军的情景："胡风吹代马，北拥鲁阳关。吴兵照海雪，西讨何时还。半渡上辽津，黄云惨无颜……楼船若鲸飞，波荡落星湾。此曲不可奏，三军鬓成斑。"其中"老母与子别，呼天野草间"虽与古题伤离别相关，但它所反映的乃是战争造成的骨肉离散，其悲剧性和现实性远非一般的离愁别绪可比。又如《门有车马客行》，据《乐府古题要解》："曹植等皆言问讯其客，或得故旧乡里，或驾自京师，备述市朝迁谢、亲戚凋丧之意也。"李白此诗沿袭古意，但于慨叹宗党"多为泉下人"之余控诉了战争的罪恶："生苦百战役，死托万鬼邻。北风扬胡沙，埋翳周与秦。"胡震亨说："胡沙霾翳周秦，亦咏其时事云。"今人詹锳先生进一步指出："史思明于是年九月临东京。'北风扬胡沙'二句，指史思明之乱。"(《李白诗文系年》，下同)

如果说借汉魏乐府古题写时事，不过是对建安文人的仿效，那么借南朝乐府民歌以写时事，则无疑是李白的创造了。《丁都护歌》是其中最杰出的一例。此诗描写南运河上纤夫冒着酷暑拖船运石的惨重劳役，落笔沉痛，感情真挚，表达了诗人对下层劳动者的深切同情。人们历来盛赞此诗的深刻现实意义和诗人伟大的人道主义精神。如《唐宋诗醇》便将其与杜诗相提并论，称为"李诗之近杜者"，却很少有人从李白改造南朝乐府的功绩着眼，而恰恰在这一点上更为鲜明地体现了李白对乐府现实主义传统的自觉继承和发扬，不妨将此诗与宋孝武帝刘骏的同题作相比较，刘作共六首，均为情歌。如其四云："闻欢去北征，相送直渎浦。只有泪可出，无复情可吐。"其五云："都护初征时，侬亦恶闻许。愿作石尤风，四面断行旅。"两相对照，除"其声哀切"外，二者已毫无相同之处，其思想价值的高下也不言而喻。《子夜吴歌》也是推陈出新的一例。南朝乐府《吴声歌曲》有《子夜歌》和《子夜四时歌》。前者多写女子对情人的思念，后者为四时行乐之词。李白此诗分写春、夏、秋、冬四时，但均与行乐无关。其中《秋歌》《冬歌》写女子相思却又非一般儿女之情，而是表现妇女对征夫的思念，这就具有了一定的社会意义。尤其是诗人由相思进而写到希冀罢征，这就在一定程度上表达了人民渴望和平与幸福的心声，达到了同类题材的最高境界。又如《幽州胡马客歌》，胡震亨说："梁鼓角横吹曲本词言剿儿苦贫，又言男女燕游，太白依题立义，叙边塞逐虏之事。"诗中不论是对西北少数民族容貌和生活习性惟妙惟肖的描写，还是对异族统治者凶残暴戾的侵略行径的控诉，抑或是对朝廷将帅无能的不满以及对和平生活的渴望，无不反映出诗人真切的现实体验，表达了他忧国忧民的感情。

揭露当朝统治者的荒淫腐败，也是李白五言乐府借古题写时事的一个重要主题。如《上之回》乃汉鼓吹铙歌曲，"其歌称帝游石关，望诸国，月支臣，匈奴服。皆美当时事也。"(《乐府古题要解》)李白此诗用夸张的手法极力铺陈皇帝的游宴求仙。其中，如"淫乐意何极？金舆向回中""但慕瑶池宴，归来乐无穷"，均为颂美语气。但如果联系李白反对迷信求仙的一贯思想和唐玄宗后期耽于声色、神仙的现实，可知此诗为讽谏之作，只不过与《古风》的同类题材相比，讽意更加含而不露、耐人寻味罢了。

比兴寄托，是由古代民歌所开创的传统的表现方式，也是汉魏乐府的基本特征之一，陈子昂倡导诗歌革新便以恢复"风雅兴寄"相号召。李白的五言乐府诗在这一点上也表现出明显的继承性。许学夷《诗源辩体》论李白五言诗，指出"李白以兴为主"；胡震亨也说李白乐府诗"连类引义，尤多讽兴，为近古所未有"。综观这部分诗中比兴手法的运用，可谓丰富多彩，灵活多变。即以比兴的作用而论，便有的单纯起兴，有的以比喻理。如《关山月》一诗开头写道："明月出天山，苍茫云海间。长风几万里，吹度玉门关。"即是用明月和长风兴起对戍边将士的歌咏，造成大气磅礴、雄浑高远的意境。《古朗月行》也是用月起兴："小时不识月，呼作白玉盘。又疑瑶台镜，飞在青云端。仙人垂两足，桂树何团团。白兔捣药成，问言与谁餐？"这可以说是李白众多咏月诗中最绝妙的一段描写。月作为一种兴象，描绘得如此生动美好，饶有情趣，固然反映了这位浪漫主义诗人丰富的想象和未泯的童心，也未始不是对比兴的一种发展。以比喻理，也不拘一格。有的与赋结合，如《妾薄命》在用赋的手法表现了汉武帝时陈皇后由得宠到被废的命运之后，连用了两个比喻："雨落不上天，水覆难再收。""昔日芙蓉花，今成断根草。"前者比喻男女恩情中断的决绝，后者揭示了女子被弃的原因乃在于色衰爱弛，都是在比喻中阐明事理。又如《豫章行》在拟古辞的基础上别出新意，"言相逢其人，仍不得相亲。恐失佳期，回环致望不已"(胡震亨语)。其中用"锦衾与罗帏，缠绵会有时。春风正澹荡，暮雨来何迟"比喻女子独守空闺的怨怅,也是赋与比兴结合之一例。有的则通篇运用比兴,即以托兴寓意的事物在诗中构成完整的形象。如《枯鱼过河泣》用龙化为鱼被渔者所猎,鲸鲵因涛落遭蝼蚁而噬说明天子应慎其出入的道理;《树中草》用“草木虽无情,因依尚可生”的自然现象讽刺皇室内部自相残杀的丑恶;《空城雀》用雀比喻孤介之士安于命义不肯依附权势,逾分贪求。这类诗通常都在结末略示感慨,启发读者思考之兴所寄的具体内容. 如:“万乘慎出入,柏人以为诫。”(《枯鱼过河泣》)“如何同枝叶,各自有枯荣?”(《树中草》)“天命有定端,守分绝所欲。”(《空城雀》)但有时又不发一句议论,通篇似作隐语,如《古朗月行》:“蟾蜍蚀圆影,大明夜已残。羿昔落九乌,天人清且安。阴精此沦惑,去去不足观。忧来其如何? 凄怆摧心肝。”从蟾蜍蚀月、大明夜残这类意象通常具有的比兴意义和诗中流露出来的沉重忧思,可知诗意与安史之乱有关,但对“蟾蜍”“阴精”“日”“月”这些比兴形象的确切寓意,却歧说纷纭,莫衷一是,这正如胡震亨所说是“妙在可解不可解之间”,使寓意更为深邃婉曲。

李白运用比兴手法,不止于继承,还在借鉴前人的基础上有所创造。《春思》是其中的一例,诗云:“燕草如碧丝,秦桑低绿枝。当君怀归日,是妾断肠时。春风不识字,何事入罗帏?”萧士赟评此诗比兴的妙用,阐发得十分透辟,指出:“燕北地寒,生草迟,当秦地柔桑低绿之时,燕草方生。兴其夫萌怀归之志,犹燕草之方生。妾则思君之久,犹秦桑之已低绿也。”这就打破了一般比兴中景与情的简单对应关系,不仅以两种景物兴起两地相思,而且深入揭示了夫妻之间的息息相通和思妇的一片痴情。其中还借鉴了南朝乐府民歌所特有的谐音双关手法,以“丝”谐“思”、“枝”谐“知”,使情味更其含蓄委婉。末两句亦用比兴,古乐府《子夜春歌》有“春风复多情、吹我罗裳开”之句,此反用其意,写思妇其心贞洁,非外物所能动,极为新颖贴切,也是李白在继承基础上的天才创造。

李白五言乐府中有一部分叙事诗,数量虽不多,但它的出现却颇可注意。这首先是因为由于受到传统的诗“言志”“缘情”说的影响,中国古代文人诗历来长于抒情、短于叙事,以重主观为特征的浪漫主义诗人尤其如此。其次是因为以乐府叙事的传统此前业已中断。叙事性本是汉乐府有别于《诗经》的一个特征,曾产生过《东门行》《孤儿行》《妇病行》《陌上桑》,尤其是《孔雀东南飞》这样的叙事杰作。建安文人继承这一传统,也写作了一部分反映现实的叙事诗,如王粲《七哀诗》、陈琳《饮马长城窟行》等。但晋宋以后,随着诗歌现实主义精神逐渐式微,也由于以叙事为主的乐府诗逐渐与以抒情为主的古诗合流,民间的或文人的叙事诗都越来越少,即或出现也是类似文字游戏式的拟作,不复具有“缘事而发”的特色。李白的乐府诗既产生于这样的背景之中,又集中出现在五言乐府里，其有意继承汉乐府传统的目的，是显而易见的。尤其难能可贵的是，李白在继承之中又有发展和创造。如《秦女休行》，本汉代左延年作，叙述燕王妇女休为宗报仇杀人都市，虽被囚系终以赦宥得宽刑戮一事。晋傅玄拟作，一名《庞氏有烈妇》，写汉末庞淯之母赵娥本事。拟作比原诗多十七句，九十六字，叙事也详尽得多。如叙述杀人经过，原诗只有两句："为宗行报仇""杀人都市中"，拟作却不惮辞费，写得生动具体、声情激昂："白日入都市，怨家如平常。匿剑藏白刃，一奋寻身僵。身首为之异处，伏尸列肆旁。肉与土合成泥，洒血溅飞梁。"相比之下，李白《秦女休行》篇幅最短，只有十八句，九十字，但不论是叙述事件或刻画人物都明显超过了前人。如古辞开头四句："步出上西门，遥望秦氏庐。秦氏有好女，自名为女休。"显然是对《陌上桑》发端的模仿。同样的内容，李白约为两句："西门秦氏女，秀色如琼花。"人物形象还比原诗鲜明生动。描写事件的经过，李白也舍弃了傅作中身首异处、血肉横飞的细节，着力突出人物的形象。"手挥白杨刃，清昼杀仇家。罗袖洒赤血，英声凌紫霞。"寥寥几笔，一个果敢刚烈、英姿飒爽的女侠形象便跃然纸上，而且表现了作者对此杀人复仇壮举的热情赞美和高度评价。胡震亨说："女休事奇烈，第重述一过，便堪击节。太白拟乐府有不与本辞为异，正复难及者，此类是也。"正是指李白拟古乐府在艺术上能够青出于蓝而胜于蓝。叙事简洁精妙，颇见功力的还可以引《东海有勇妇》，诗云："学剑越处子，超腾若流星。捐躯报夫仇，万死不顾生。白刃耀素雪，苍天感精诚。十步两躩跃，三呼一交兵。斩首掉国门，蹴踏五藏行。"此诗本事虽无从确考，但后人据其中有"北海李使君，飞章奏云庭"之句，而李邕天宝四载(745)又恰在北海太守任上，断为实有其事。宋长白《柳亭诗话》更疑此诗"似目击其事而赋之者"，显然与李白叙写生动，使人历历如见有关。但从以上两例也可以看出，同为叙事，李白已与汉魏乐府有所不同，既不注重情节的交代，也不着力于对话、细节，而是多用夸张和想象，突出人物特征，使其形神毕肖，并且具有强烈的主观色彩和浓郁的抒情意味。还有一个值得注意的现象，便是叙事诗的主人公多为女子，如宫女、侠女、思妇、勇妇、商人妇等。《老学庵笔记》曾不满于王安石的抑李，为李白辩解道："世言荆公四家诗后李白，以其十首九首说酒及妇人，恐非荆公之言。白诗乐府之外，及妇人者少。"无意中道出了一个事实，即李白的妇女诗多为乐府，尤其是五言乐府。这些诗非但不是李白的"污点"，而且是李白诗歌成就的一个重要方面，因为它表现了李白进步的妇女观。另一方面，他所塑造的那些或豪侠忠烈或温柔多情的栩栩如生的妇女形象，大大丰富了古典叙事诗的人物画廊，也是李白对叙事诗的一个贡献。文学史家论唐人叙事诗，每从杜甫说起，忽视了李白叙事诗的成就和开风气之先的作用,显然是不够公允的。

综上所述,继承汉魏乐府的优良传统,是李白致力唐诗革新的重要手段和有效途径之一。因此,评价李白的五言乐府诗,就不应像古代诗论家那样只着眼于它本身的成就,而尤其应该注意它在诗歌发展史上的作用和意义。李白的五言乐府之所以未得到应有的重视,追根溯源,似与元稹、白居易诗歌理论的偏颇及宋以后扬杜抑李思潮的影响有关。元白出于倡导新乐府运动的目的,大力褒扬杜甫乐府诗的“即事名篇,无复依傍”,而对拟古乐府则有所贬抑,如说:“近代唯诗人杜甫《悲陈陶》《哀江头》《兵车》《丽人》等,凡所歌行,率皆即事名篇,无复倚旁。予少时与友人乐天,李公垂辈谓是为当,遂不复拟赋古题。”(《乐府古题序》)一时的需要显然不能代替历史的评价,拨开历史的尘封,还其应有的地位,这是当代李白五言乐府诗研究的一个使命。

对于李白在拟古乐府中的创造,前人早已发现并有不少论述。如许学夷说:“五七言乐府,太白虽用古题,而自出机轴,故能超越诸子。”(《诗源辩体》)胡震亨具体指出:“太白于乐府最深,古题无一弗拟,或用其本意,或翻案另出新意,合而若离,离而实合,曲尽拟古之妙。”《杨升庵外集》用精彩的比喻阐述李白拟古乐府的创造:“因其拈用,而古乐府之意益显,其妙益见。如李光弼将子仪军,旗帜益精明;又如神僧拈佛祖语,信口无非妙道。”这些论述都以其见解精当得到后人认同,屡被征引。但它们也同对李白五言乐府的总体评价一样,着重从作品本身的内容和艺术着眼,如果我们变换一个观照角度,从李白革新诗歌的立场出发,便会发现他这部分五言乐府的创新意识集中表现在如下两方面:

一是鲜明的时代精神,在拟古中跃动着时代的脉搏,以两类诗表现最为突出。其一是边塞诗。边塞诗至盛唐而出现高峰,与这一题材最能反映以理想主义与英雄主义为特征的盛唐精神有关。李白五言乐府中边塞诗数量相当不少,而且对边塞生活任何一个方面的描写都洋溢着高昂乐观的情调。如组诗《塞下曲》,其中既写到激烈紧张的战斗生活:“晓战随金鼓,宵眠抱玉鞍”“边月随弓影,胡霜拂剑花。”也写到荒凉苦寒的自然环境:“五月天山雪,无花只有寒。笛中闻折柳,春色未曾看。”既展示了征人“握雪海上餐,拂沙陇头寝”的艰苦备尝的生活,也表现了思妇“那堪愁苦节,远忆边城儿”独守空闺的愁苦。尽管如此,人们仍然可以从中感受到一种豪迈激越之情,这不只是由于诗中有着诸如“愿将腰下剑,直为斩楼兰”“何当破月氏,然后方高枕”“横行负勇气,一战静妖氛”一类慷慨激昂的高唱,更由于诗人是以一种豪迈的感情和高度的自信来描写边塞生活,所以生存环境越是恶劣,越能衬托出将士昂扬乐观的精神风貌。

这种精神风貌，正是盛唐国力强盛，人们要求靖边过和平生活的时代精神的产物。由于同样的原因，李白边塞诗以歌颂军功者居多。如《出自蓟北门行》拟鲍照而作，同写燕蓟风光和征战场面，但鲍诗中“时危见臣节，世乱识忠良。投躯报明主，身死为国殇”的慷慨悲壮，到李白诗中已变为“收功报天子，行歌归咸阳”的豪壮明朗。考察这一变化的原因，与其说是由于诗人个性的差异，不如说是时代不同所致。其二是游侠诗。李白在游侠身上寄托了自己的人格理想，满腔热情地歌颂了他们的英雄行为和侠义性格。如《侠客行》借侯嬴、朱亥两位历史人物赞扬了侠士重义守信、为国急难的高尚品德，响亮地喊出：“纵死侠骨香，不惭世上英。”《结客少年场行》描写了少年游侠的勇敢剽悍和豪放不羁：“由来万夫勇，挟此生雄风。托交从剧孟，买醉入新丰。笑尽一杯酒，杀人都市中。”以任侠为英雄的标志和理想的人伦风范，正是唐代特别是李白所生活的时代高扬任侠精神在文学中的反映。胡仔《苕溪渔隐丛话》引《复斋漫录》云：“李白《侠客行》云：‘事了拂衣去，深藏身与名。’元微之《侠客行》云：‘侠客不怕死，怕死事不成，不肯藏姓名。’二公寓意不同。”《邵氏闻见后录》则反驳说：“予谓不然。太白咏侠不肯受报，如朱家终身不见季布是也。微之咏侠欲有闻于后世，如聂政姊之死，恐终灭吾弟之名也。”诚然，就歌咏侠义行为而言，二者并无不同，都突出了游侠轻生重义的特征。但对表现游侠的精神境界来说，不难看出，“深藏身与名”与“不肯藏姓名”确有高下之分。无疑，前者更慷慨无私，更倜傥潇洒，更具侠义之风，也更符合李白为代表的盛唐人“施恩不图报”“功成不受赏”的人格理想。这种鲜明的时代色彩，还散见于李白其他一些诗中，如《鼓吹入朝曲》。诗云：“金陵控海浦，绿水带吴京。铙歌列骑吹，飒沓引公卿。搥钟速严妆，伐鼓启重城。天子凭玉几，剑履若云行。日出照万户，簪裾烂明星。……”此诗诚如王琦《李太白全集》所说“盖拟六朝人之作”，但从诗中所写壮丽繁华景象和天子出行的威仪，不难窥见处于兴盛时期的大唐帝国的面影。又如《长歌行》，古辞以万物四季的盛衰变化说明“少壮不努力，老大徒伤悲”的道理，李白虽拟古意，却对古辞中仅仅用于说理的喻体大加发挥：“桃李得日开，荣华照当年。东风动百物，草木尽欲言。枯枝无丑叶，涸水吐清泉。大力运天地，羲和无停鞭。”在此诗人倾全力歌颂的生生不息、充满活力的春天，显然是盛唐社会的一种象征；诗中“功名不早著，竹帛将何宣”虽同样表现荣华不久当努力为乐的道理，但明确地将不应虚度年华化为乘时建功立业的强烈渴望，也是诗人所处盛世时代精神的折光。

二是艺术上融汉魏古调与齐梁新声于一体。胡应麟称李白“乐府奇伟，高出六朝，古拙不如两汉”（《诗薮》），虽具批评的意味，却道出了一个事实，即李白乐府诗既不同于两汉，又不同于六朝。具体说来，就是既继承了汉魏乐府的意境浑成，又吸取了齐梁民歌的凝练精巧；既保存了汉魏乐府的自然质朴，又不废齐梁民歌的声色之美。这样一种风骨和声色的融合，是李白对乐府的艺术创造，同时体现了李白革新诗歌的途径。《长干行》无疑是其中最杰出的实践之一。胡震亨评本篇及《江夏行》说："并为商人妇咏，而其源似出《西曲》。……虽其才思足以发之，而踵事以增华，自从《西曲》本辞得来，取材固有在也。"陈胤倩也说："西洲曲摇曳轻飏，六朝乐府之最艳者……夫艳，非词华之谓，声情宛转，语语动人。……太白尤亹亹于斯，每拟规似，《长干》之曲，竟作粉本。"（引自萧涤非《汉魏六朝乐府文学史》）都明确指出《长干行》直接渊源于《西洲曲》。的确，诗中用年龄序数叙事等手法，虽系模仿汉乐府著名长篇《孔雀东南飞》，但其主要艺术特征都明显受到《西洲曲》的影响。如对年轻商妇感情发展过程和因丈夫远行而产生的离别之苦极为细腻的心理刻画，用四季相思的格调通过季节变换表现人物情绪的变换，"多用珠联璧合或顶针续麻句法，上下钩联，回环宛转，恰好表现诗中主人公缠绵不断的情思"（《历代名篇赏析集成》），等等，都莫不是在借鉴《西洲曲》基础上的进一步创造。在语言风格方面，李白于南朝乐府民歌中吸取的滋养尤多。《大子夜歌》云："歌谣数百种，子夜最堪怜。慷慨吐清音，明转出天然。"李白在学习其清新自然、明快流转风格的同时，充分发挥个人的天才使之更精炼优美，更意味深长，从而达到了他所推崇的"清水出芙蓉，天然去雕饰"的理想境界。这一境界既不同于齐梁的艳而无骨、绮而无质，也不同于陈子昂的淘洗过洁，而是如《唐宋诗醇》所说："胡应麟谓白诗，人知其华藻，而不知其神骨之清。"吴乔《围炉诗话》称赞盛唐诗人的功绩在于"变汉魏之古体为唐体而能复其高雅，变六朝之绮丽为浑成而能复其挺秀"。李白无疑是其中最杰出的人物，从他这部分五言乐府诗中，不难窥见他为诗歌革新付出的努力和巨大的成就。

李白饮酒诗中的生命价值取向

梁　森

李白一生与酒的联系实在太密切了。有唐以降,历代描写歌咏李白的轶闻野史、诗文小说,大多以酒为题或与酒有关。世人称李白为"诗仙",又有"醉圣""酒仙"的盛名,其诗名是伴以酒名流芳百世的。"愁来饮酒二千石"(《江夏赠韦南陵冰》)、"会须一饮三百杯"(《将进酒》)、"百年三万六千日,一日须倾三百杯"(《襄阳歌》)云云,虽属夸张之辞,的确也说明了李白的豪饮。但人们对李白的景仰和热爱,关键还不在其豪饮,而在酒后超人的文思才智和非凡的气度品格。杜甫说:"李白一斗诗百篇,长安市上酒家眠"(《饮中八仙歌》),"敏捷诗千首,飘零酒一杯"(《不见》)。清人程大约咏李白亦云:"一代诗名谁与共?千秋酒态自堪怜。"(《采石阻风谒太白祠》)佯狂可哀,酒态堪怜,是与千秋诗名相连的。魏颢《李翰林集序》记述云:"上皇豫游,召白,白时为贵门邀饮。比至,半醉,令制出师诏,不草而成。"孟棨《本事诗》记李白于宫中扶醉填词,着力渲染"拜舞颓然"的醉态,但精彩处乃在"取笔抒思,略不停辍,十篇立就,文不加点"。五代王仁裕《开元天宝遗事》载:"李白嗜酒不拘小节,然沉醉中所撰文章,未尝错误。而与不醉之人相对议事,皆不出太白所见,时人号为'醉圣'。"从李白饮酒诗中,我们最容易感受到其鲜明突出的个性,它汇同人们关于诗人饮酒生活的传闻,形成了对后世影响深远的"太白遗风",作为一种独特的现象载入了中国酒文化的史册。已有论家从酒文化的角度对这一现象作了有益的研究。但李白毕竟是纯粹的诗人,对其饮酒诗所表现的独特个性及其生命价值取向,还需从审美的角度进一步探讨。

李白饮酒诗所表现的独特个性,自有其历史渊源和现实根据,我们不妨通过比较来考察。

李白在诗歌创作上接受了魏晋六朝的影响，而不像他自己所说的“自从建安来，绮丽不足珍”（《古风》其一）、“梁陈以来艳薄斯极，沈休文又尚以声律，将复古道，非我而谁？”“兴寄深微，五言不如四言，七言又其靡也，况使束于声调俳优哉！”（孟棨《本事诗》）李白的确对建安以后的诗风持批判态度，但并没有拒绝魏晋六朝的文学经验，而成为凌跨八代、直承《风》《骚》的复古代表。朱熹说：“李太白始终学《选》诗，所以好。”（《朱子语类》卷一百四十）认为李白直接脱胎于魏晋六朝，这是实事求是的公允之论。魏晋文人风貌对李白的影响则更为深刻。鲁迅称魏晋是“文学的自觉时代”，所谓文学的自觉，具体说来就是摆脱圣人思想束缚的个性的觉醒，也是摆脱功利束缚的审美意识的觉醒。这主要表现在玄学的兴盛，文人诗中生命苦短的喟叹，以及品评人物、服药饮酒、任诞不羁之风蔚为时尚。审美意识的觉醒是以个性的觉醒为前提的，魏晋玄学所追求的理想人格恰好是要突破儒学对个性的束缚。汤用彤先生十分透辟地阐述了汉魏社会思潮的转变过程：“汉代之齐家治国，期致太平，而复为魏晋之逍遥游牧，期风流得意也。故其时之思想中心不在社会而在个人，不在环境而在内心，不在形质而在精神。……从哲理上说，所在意欲探求玄远之世界，脱离尘世之苦海，探得生存之奥秘。”（《魏晋玄学与文学理论》）玄学具有的美学价值就在人格理想上，在自我精神上超越有限以达到无限；它与现实人生问题联系起来，思考个体生命的价值意义。这种思考反映在文学上便是延续了《古诗十九首》中人生无常、生命苦短的主题：

人生譬朝露，世交多百罗。苟必有终极，彭聃不足多。

（嵇康《五言诗》其一）

殷忧令志结，怵惕常若惊。逍遥未终晏，朱华忽西倾。

（阮籍《咏怀诗》）

天道信崇替，人生安得长。慷慨唯平生，俯仰独悲伤。

（陆机《门有车马客行》）

功业未得见，夕阳忽西流。时哉不我与，去乎若云浮。

（刘琨《重赠卢谌诗》）

反映在文人行为风貌上则是潇洒不群，笑傲礼法，放浪形骸：

山公曰：“嵇叔夜之为人也，岩岩若孤松之独立；其醉也，傀俄若玉山之将崩。”（《世说新语·容止篇》）

阮籍嫂尝还家，籍见与别，或讥之。籍曰：“礼俗岂为我辈设也。”阮步兵丧母，裴令公往吊之。阮方醉，散发坐床，箕踞不哭。（《世说新语·任

诞篇》）

张季鹰纵任不拘，时人号为江东步兵。或谓之曰："卿乃可纵适一时，独不为身后名邪？"答曰："使我有身后名，不如即时一杯酒。"（同上）

魏晋文人正是由于从圣人思想的束缚中解脱出来，获得了相对的独立和自由，因此愈是感到人生的无常，就愈想抓住或延长短暂的人生。这种对个体生命的珍视，也正体现着自我意识的觉醒。王瑶先生在《中古文人风貌》中对魏晋文人的服药与饮酒作了详尽精辟的阐述，为我们深入认识这一现象提供了重要依据。为"延续生命的长度"而服药的正始名士一流，他们企求长生的梦想逐渐被实践证明是行不通的；为"增加生命的密度"而纵酒的竹林名士一派，他们对生命悲观的程度超过了服药派。虽然同基于对死亡无可奈何的恐惧，竹林名士沉湎饮酒，放浪形骸以及对生死的达观，在标举个性，超越生命悲剧方面具有更重要的意义。刘伶在《酒德颂》中赞颂的那位大人先生，"挈榼提壶，唯酒是务"，与造化含为一体，傲岸放旷，无视礼法拘囿，于沉醉中忘却世间功利，不正是具有强烈的个性色彩和审美意识吗？魏晋六朝四百年间，是社会最痛苦，政治最混乱的时代，对文人来说也是十分恐怖的时期，稍与政治沾边就难免惹来杀身之祸，诗文中最为常见的人生无常、生命苦短的哀叹和及时行乐、放浪昏秽的狂歌，就不能简单地以消极避世和颓废没落论；相反，它所具有的个性解放和审美意识的觉醒对后代产生了深刻而积极的影响。

不少论家论及李白的自由精神每从庄子那里寻找根源，实际上李白狂傲放诞的个性不少是直接从魏晋风度而来（当然玄学在理论上与庄子哲学有血缘关系）。李白诗中多次提到魏晋名士，主要是对他们的气度品貌和遭际的欣赏和同情，并愿与之为伍："谁传《广陵散》，鸣琴更不开"（《自溧水道哭王炎》其三）、"三杯容小阮，醉后发清狂"（《陪侍郎叔游洞庭》其一）、"何时竹林下，更与步兵邻"（《对雪奉饯任城六父秩满归京》）、"慕蔺岂曩右，攀嵇是当年"（《赠饶阳张司户燧》）。鲁迅说："嵇康阮籍的纵酒，是也能做文章的，后来到东晋，空谈和纵酒的遗风尚存，而万言的大文如嵇阮之作，却没有了。"（《魏晋风度及文章与药及酒之关系》）但是在嵇阮那里，诗与酒是分开的，纵酒的气度和品貌并未直接反映到诗里。将诗与酒完全联系在一起的，则是另一位后继的显赫人物陶渊明。而陶渊明的饮酒又不似阮刘一派那样"大醉六十日""五斗解酲"，他"既醉之后，辄题数句以自娱"（《饮酒诗》序），将饮酒中对生命的感悟写进诗里。他对生死问题和人生无常仍极为关心，同样怀有对生命的热烈留恋，但其感怀却不像嵇阮那样悲恐沉重，而是平淡自然地化解在饮酒作诗中。昭明太子萧统云："有疑陶渊明诗篇篇有酒，吾观其意不在酒，亦寄酒为迹焉。"（《陶渊明集·序》)与阮籍一样,陶渊明的归耕饮酒、抚琴作诗也是对政治的退避,但阮的狂醉是不得已而为之,因此我们从中感受到黑暗政治的恐惧;而陶远离了政治旋涡,政治的黑暗已化解在诗酒中。到了李白这里,不仅有陶渊明式的"酒中有深味",竹林名士式的风貌在诗中也酣畅地表现出来:

忆昔洛阳董糟丘,为余天津桥南造酒楼。黄金白璧买歌笑,一醉累月轻王侯。(《忆旧游寄谯郡元参军》)

傍人借问笑何事?笑杀山公醉似泥!鸬鹚杓,鹦鹉杯,百年三万六千日,一日须倾三百杯!遥看汉水鸭头绿,恰似葡萄初发醅。此江若变作春酒,垒曲便筑糟丘台!(《襄阳歌》)

李白常常流露出对陶渊明生活态度的钦慕,但其饮酒的平和萧澹与李白个性相去甚远,倒是竹林名士的酒态更合李白的口味;不仅对其钦慕,还浩然以优超自居:"高阳小饮真琐琐,山公酩酊何如我?竹林七子去道赊,兰亭雄笔安足夸?"(《鲁郡尧祠送窦明府薄华还西京》)尽管李白所处的时代与魏晋名士不同,但他们的反叛精神和个性意识以及对个体生命的把握同样反映在李白饮酒诗中,并被赋予更为丰富的内涵。

人生若梦和及时行乐是李白饮酒诗中最常见、最动人的主题。首先是及时行乐的主题。初盛唐是封建社会发展的黄金时代,自由开放的社会文化氛围滋养了整个士大夫阶层享乐现实、建功立业、积极进取的理想主义精神,也滋养了李自傲岸不群、狂放任达的性格。任侠远游、纵酒狎妓之风在士大夫中蔚为时尚,在渴望建功立业,追求仕途上的非同凡响的同时,也要力图达到生存状态的与众不同,并且两者往往相得益彰,互为补进。盛唐边塞诗派笔下的纵酒高歌,更多地体现了一种豪侠的英武之气:"葡萄美酒夜光杯,欲饮琵琶马上催。醉卧沙场君莫笑,古来征战几人回?"(王翰《凉州词》)"东风沽酒饮我曹,心轻万事如鸿毛。醉卧不知白日暮,有时空望孤云高。"(李颀《送陈章甫》)"且喜百年见交态,未尝一日辞家贫。弹棋击筑白日晚,纵酒高歌杨柳春。"(高适《别韦参军》)"花门楼前见秋草,岂能贫贱相看老。一生大笑能几回?斗酒相逢须醉倒。"(岑参《凉州馆中与诸判官夜集》)《唐才子传》载王之涣云:"少有侠气,所从游皆五陵少年,击剑悲歌,从禽纵酒。"王维早期也有醉饮任侠的歌咏,但以王孟为代表的出世一派诗人寄情于山水田园的饮酒,则更多的是对盛世富庶平静生活的体验与把握。当饮乐之风伴以豪贵公子的斗鸡走马的时候,则失去了它原有的英武豪爽色彩和进取向上的精神力量,而成为一种单纯为寻欢作乐和醉生梦死的庸俗腐败之风了。李白处在盛唐庞大的饮酒纵乐行列中,无论是宴饮的欢乐场面,还是及时行乐的狂饮,都比任何诗人表现得更加淋漓尽致:

琴奏龙门之绿桐,玉壶美酒清若空。催弦拂柱与君饮,看朱成碧颜始红。胡姬貌如花,当垆笑春风。笑春风,舞罗衣,君今不醉将安归?(《前有樽酒行》其二)

明湖涨秋月,独泛巴陵西。遇憩裴逸人,岩居陵丹梯。抱琴出深竹,为我弹《鹍鸡》。曲尽酒亦倾,北窗醉如泥。人生且行乐,何必组与珪?(《夜泛洞庭寻裴侍御清酌》)

天若不爱酒,酒星不在天。地若不爱酒,地应无酒泉。天地既爱酒,爱酒不愧天。(《月下独酌》其二)

以上所举还只看到李白饮酒中天真豪爽和享乐现实的一面。其饮酒诗中及时行乐的主题,常常是与人生若梦的歌咏联系在一起的,所表现的就不仅仅是处在盛世的人们普遍存在的那种高涨的生活激情和享乐之风。我们再来看《月下独酌》其四:

穷愁千万端,美酒三百杯。愁多酒虽少,酒倾愁不来。所以知酒圣,酒酣心自开。辞粟卧首阳,屡空饥颜回。当代不乐饮,虚名安用哉?蟹螯即金液,糟丘是蓬莱。且须饮美酒,乘月醉高台。

这是李白独酌时的内心独白,但不是隐忍压抑而是在酒力作用下的感情宣泄。在借酒消愁的同时,又表达了自己的人生价值判断。对千古圣贤的大为不恭,认为他们以孤高自许不过徒邀虚名,这在其他诗中亦多次出现:"巢由洗耳有何益?夷齐饿死终无成!君爱身后名,我爱眼前酒"(《笑歌行》)、"持盐把酒但饮之,莫学夷齐事高洁"(《梁园吟》)、"归来商山下,泛若云天情。举觞酹巢由,洗耳何独清"(《山人劝酒》),均表示不愿步其后尘而遗世独立。对神仙的轻蔑同样也表明了这种态度。道教鼓吹长生不死又不排斥生活享乐,曾吸引过李白,但受过道箓,与吴筠、司马承祯等人亲密过从并不表明他对道教神仙境界始终痴迷虔诚,相反倒是常常提出质疑和否定:"松子栖金华,安期入蓬海。此人古之仙,羽化竟何在?"(《对酒行》)在李白看来,只有饮乐现世才是对生命价值的真正把握。

李白饮酒诗屡屡称愁,酒与愁似乎总是分不开:"愁来饮酒二千石,寒灰重暖生阳春"(《江夏赠韦南陵冰》)、"人生达命岂暇愁,且饮美酒登高楼"(《梁园吟》)、"涤荡千古愁,流连百壶饮"(《友人会宿》)。穷愁千万端主要无外两端:仕途功名追求中的坎坷不遇与生命短暂的内心悲苦。长安宫中的从政经历对李白来说无疑是个悲剧。在诋李宋人中有一种颇流行的观点,认为李白非济世之人,这不过是表明这群封建官吏的正统思想罢了。李白并非无济世之心,他一辈子都在申诉自己如何有"济世""济苍生"的志向和策略,一辈子都在做着自己的策士梦,却不可能成为那个时代的济世之人;他对上层社会的腐败具有敏锐而深刻的洞察力,却不能为自己设计一条符合实际而顺达的仕进之路;强烈的建功立业欲望使他不愿遗世独立,对现实的悲观又使他不愿诎于世。这一切使李白处于"宫仙两无从"的两难境地,于是便有了"我本不弃世,世人自弃我"的愤慨。李白的确缺乏一种在政治斗争中老谋深算、自由周旋的政治家才能,政治舞台上的李白只不过是个天真无知的孩童。于此他自己也发出"吾非济代人"的无可奈何的感叹。作为盛唐文化的杰出代表,李白身上集中了那一时代人们的精神风貌。盛唐文化滋养了李白自由狂放的个性,而高度完备的封建官僚体制又时时扼制着他个性的伸张。他所以能站在盛唐文化的最高峰,很重要的一点就是其个性的矛盾深刻地反映了那一时代的现实——社会正由繁盛开始走向衰落。李白既不愿做皓首穷经、亦步亦趋的谦谦儒士,也不愿做超然离世的仙鹤式人物,他要追求一鸣惊人、非同凡响的人生,同时也要牢牢把握生活现实的欢乐。他高喊要"济苍生""安社稷",一方面表明其执着于现实的人生态度;另一方面也是实践其自我价值,表现对自己才能和力量高度自信的一种直接途径。仕途追求的失败仅仅说明李白政治理想的幼稚,并不表明其人格力量的软弱;恰恰相反,个体人格的充分肯定使他从功名噩梦中觉醒。功名追求与个体人格的矛盾冲突表现在饮酒诗中则以"愁"字出之。

生命苦短,人生若梦之愁则不仅仅缘于功名追求与个体人格的矛盾,它包含着更为丰富的内涵。请看下面几首诗:

春风东来忽相过,金樽渌酒生微波。落花纷纷稍觉多,美人欲醉朱颜酡。青轩桃李能几何?流光欺人忽蹉跎。君起舞,日西夕。当年意气不肯倾,白发如丝叹何益。(《前有樽酒行》其一)

劝君莫拒杯,春风笑人来。桃李如旧识,倾花向我开。流莺啼碧树,明月窥金罍。昨日朱颜子,今日白发催。……君若不饮酒,昔人安在哉?(《对酒》)

处世若大梦,胡为劳其生。所以终日醉,颓然卧前楹。觉来盼庭前,一鸟花间鸣。借问此何时?春风语流莺。感之欲叹息,对酒还自倾。浩歌待明月,曲尽已忘情。(《春日醉起言志》)

"流光欺人忽蹉跎""昨日朱颜子,今日白发催"云云,均为时光飘忽、生命苦短的感怀,看不出有什么具体的社会政治色彩。生命短暂而造化长存原本是困扰人类的永恒矛盾,汉末魏晋人的感叹直接缘于朝不保夕的黑暗政治,如前所述,它作为一个时代的悲歌具有肯定个体生命价值的意义。实际上,无论是灾难频仍的乱世还是富足太平的盛世,这一永恒矛盾是始终无法解决的。李白在这里不过再次将其表现出来。值得注意的是他所采取的态度，不是惊恐畏惧、消极回避，而是坦然直视并以歌舞醉饮来化解。“当年意气不肯倾，白发如丝叹何益?”这是何等的从容大度！李白的醉饮不仅是竹林名士那种以期达到“增加生命的密度”，也不是真正得到了生命的延长，而是醉饮使他进入一种神奇的状态，使他具有一种特异的眼光，俯视并超越生命的悲剧，那就是审美的境界！“处世若大梦”显然不仅是泛泛而言，在我看来也并非完全来自庄子的虚无。联系到上述社会政治原因，主要还是来自对现实的悲观，来自其无法解决的内心矛盾。

《将进酒》在李白饮酒诗中要算是最辉煌的篇章，它将上述主题的表达推向了极致，并赋予惊心动魄的悲剧力量。“君不见黄河之水天上来，奔流到海不复回!”是对天地永恒的伟大赞礼，它作为比兴引出人生若梦、生命苦短的主题，岁月的急速流逝和生命的短暂在与天地的比照中也同样具有永恒的气势。这种非凡的气势和力量汇以及时行乐的醉饮狂歌亘贯全篇。钟鼓馔玉、功名贤达，世间一切的功利欲求在它的面前均显得黯然失色。无论是“人生得意须尽欢，莫使金樽空对月”“烹羊宰牛且为乐，会须一饮三百杯”的醉乐狂欢，还是“古来圣贤皆寂寞，唯有饮者留其名”“五花马、千金裘，呼儿将出换美酒”的颓唐放旷，处处都是生命本原力量的奔涌，处处都表现着人到了审美极致才能达到的主宰生命和宇宙的傲岸；个体生命与社会秩序的冲突，有限生命与永恒造化的两极矛盾均在酒力的激发中荡然无存。这才是真正对审美世界的狂拜。在沉醉中，仍然是为了否弃污浊现实，沉入自我给定的生命价值意义中。

李白饮酒诗人生若梦、及时行乐的歌咏常常表现为激情奔涌、狂傲放旷，但有时也表现为飘逸和对生命的冷静思考。再看下面两首诗：

花间一壶酒，独酌无相亲。举杯邀明月，对影成三人。月既不解饮，影徒随我身。暂伴月将影，行乐须及春。我歌月徘徊，我舞影零乱。醒时同交欢，醉后各分散。永结无情游，相期邈云汉。(《月下独酌》其一)

青天有月几时来？我今停杯一问之。人攀明月不可得，月行却与人相随。皎若飞镜临丹阙，绿烟灭尽青辉发。但见宵从海上来，宁知晓向云间没。白兔捣药秋复春，嫦娥孤栖与谁邻？今人不见古时月，今月曾经照古人。今人古人若流水，共看明月皆如此。唯愿当歌对酒时，月光常照金樽里。(《把酒问月》)

明月出现在李白饮酒诗中，常被作为至纯至美和无穷造化的象征。前首感情色彩不是激越而是飘逸，同样流露出深深的孤独感。其他饮酒诗亦多有这种感受，如：“独酌劝孤影，闲歌面芳林”（《独酌》）、“彼物皆有托，吾生独无依”

(《春日独酌》)、“去去泪满巾，举声《梁甫吟》。青云当自致，何必求知音”(《冬夜醉宿龙门觉起言志》)。在对明月的观照中，李白仕途失意、路无知音的孤独感已转化为有限生命与永恒自然两极对比而形成的孤独感。精彩处还在对此孤独感的化解：由月不解饮、影徒随身转而为暂伴月影、及春行乐。在审美的世界里，有限与无限的界限消失了(“我歌月徘徊，我舞影零乱”)，瞬间的超然感悟使诗人进入物我两忘的沉醉境界。后首则是一种纯诗化的哲理思考，在这里李白将有限生命纳入无限宇宙时空中去考察，亦即钱锺书先生所谓“自天运立言，不及人事兴亡”(见《谈艺录》十四)。在与明月的悟谈中，既真切感受到人与宇宙的巨大反差，又将自己作为宇宙的一分子，并感受到无穷造化的亲切俯视，而非“独酌无相亲”。月使他境界大开，获得对宇宙人生的全新感受；酒则使他意兴倍增，获得对个体生命的充分自信。在有限与无限的短暂相遇中，李白通过明月将自己与历史、未来巧妙地联结在一起，又将其浓缩于当歌对酒中，这不是人人都能接受的把握个体生命的绝妙方式吗？既然古人、今人和未来的人都要面对生死的矛盾，这共同的矛盾也就使世世代代的人彼此沟通，产生共鸣。李白饮酒诗抒发人生若梦、及时行乐的感怀所表现出的个性所以受人喜爱，关键还在醉饮时所获得的对人生大悲大苦的超越。

以上将李白饮酒诗的主题和表现出的个性放在历史和现实中分别作了考察辨析，下面再将其归纳并作出评价。

杜甫《寄李十二白二十韵》云：“剧谈怜野逸，嗜酒见天真。”这说明酒中的李白最能表现出其个性本色。龚自珍《最录李白集》又云：“庄屈实二，不可以并；并之以为心，自白始。”此论常为论家引以说明李白个性。实则李白似庄而非庄，似屈而非屈。他接受庄子的影响主要表现在时常做到鄙弃现实功利，敢于对现实采取玩世不恭的态度，充分肯定自我价值；庄子保命存真、彻底无我的态度，很容易引人逃避应该担当的社会和历史的忧患。而李白饮酒诗表现的超功利、超时空、超生死的审美心境，则主要缘于对现实的执着关注而产生的人生悲苦，在沉醉中，仍然潜藏着对社会现实的拳拳衷肠。李白与屈原的相似之处在于皆执着于现实人生，并对社会政治有敏锐的洞察力；而李白在政治失意之时能通过饮酒纵乐和寄情山水得到解脱，这又是屈原所没有的。李白的执着于现实并非停留在忠君报国、终身许之，而主要是在政治抱负的执着追求中表现自己的人格力量，实现自我价值。

审美的实现是以个体人格的独立为前提的，既要保持个体的独立又要实现功名追求在李白的时代万难做到；李白个性的高扬，正是从埋没自己个性的功名追求中解脱出来而实现的。李白《赠从弟南平太守之遥》有云：“常时饮酒逐风景，壮心遂与功名疏。”这是一种极为充分的审美自觉。饮酒逐风景（审美）通过扩大与功利欲求之间的距离，缩小了与对象之间纯精神交往的距离。李白在魏晋至盛唐的饮酒之风中所表现出来的酒态空前绝后，异常突出，他承续了魏晋文人的沉醉狂诞，并将其引向一种更为宏阔、更为纯净的境界，一种使个体生命突破理性束缚和社会压抑而重新获得解放的情感体验。这种体验将人与现实、人与历史、人与永恒自然之间的关系纳入一个神秘的世界，一个能使个体生命暂时超越自身局限的审美世界。它体现了一种审美化的生命价值取向。

因此，李白饮酒诗中人生若梦、及时行乐的歌咏并没有引导到对个体生命的否定，恰恰是通过对永恒的短暂把握而实现对个体生命的充分肯定。只有在醉饮的时候李白才能从功名噩梦中醒来，获得对社会和自身的清醒认识。其可贵之处还在于，没有魏晋文人普遍存在的以沉醉来实现对黑暗政治的退避，而是愈发执着地投入现实社会中。独特的人生经历和政治抱负追求中的独特感受，使李白在人与社会、人与自然的矛盾冲突中所具有的敏锐洞察力和悲剧感超出任何盛唐诗人，冲突中表现的悲剧力量就愈发宏大，同时又具有非凡的超越力。

“赠给妻子的诗”与“爱怜妻子的诗”
——论李白和杜甫诗中的妻子形象

[日]笕久美子

一

近二三十年来,应用“女性学”观点于文学研究中,已逐渐形成一个新的时代潮流。例如,在研究中有意识地采用下面的观点来认识问题:那近在身旁、朝夕相伴的夫妻关系,相互之间究竟是怎样一种存在?换言之,双方究竟处于一种什么样的感情之中?这对于以小说为主流的近现代文学研究具有重要意义。因为作家的日常生活最能暴露(说明)其精神、思想,所以在深入分析、理解他或她的文学作品方面,有不容忽视的价值。这种研究方法不仅在社会学、历史学等其他领域,而且在文学研究领域中亦已取得令人瞩目的成果。

遗憾的是,在我们的古典文学研究中,这种分析方法历来被等闲视之。我想是有各种原因的。例如,缺乏实证条件,或许是因为学者们还未将眼光投向其处,等等。下面就截至唐代为止试作一下分析。

(1)登上大雅之堂并被正统化的诗文常被作为“诗言志”的蓝本。而其大部分都是男人们以公职身份在宫廷或于欢宴上创作的。也就是说,文学创作活动大多与家庭生活相脱离。即使正史中留下的人物传记其内容也是以堂上记录文的方式加以制约、取舍选择的,往往有冠冕堂皇而无法窥视到作者内心的不足之处。

(2)多数男性本身也极为缺乏将其价值观置于日常生活中的意识。他们似乎没有将那些有关个人生活方面的事物记载下来的习惯,所以其妻子们记录下自己的心态变化的可能性更近乎于零。因此除了片断的杂谈逸话之类以外,足以信赖的史料几乎可以说没有。然而,正因为文学是人为的多面性表现,因此,在古典研究中引用“女性学”观点应该说是完全可能的。

二

李白(701—762)和杜甫(712—770)是盛唐诗人的代表,而且一直被世人誉为“诗仙”“诗圣”。倘若尝试用“女性学”观点来分析研究的话,我想,他们的文学特征一定会更加明显吧!

例如,李、杜二人都有描写自己妻子的诗作。“诗言志”,吟诵纯系个人生活的夫妇私情,在李白、杜甫所处的时代是十分罕见的。李白的诗热情奔放、富于想象,但关于其婚姻、家庭及妻子的详述不多。而比他小十一岁的杜甫仅从其诗篇中便可读知妻儿及家庭生活的景况。二者特点鲜明。若从“为人夫”这一点来论“唐代诗人与文学”,二者的诗篇都可以说是意味深长的。若想找到当时的诗人歌颂自己妻子的诗篇是相当困难的。我查找了与李、杜同时代的诗人的诗集索引,只找出被称为边塞诗人的岑参(715—770)写有四首,这也可谓鲜例吧。

1.“万里奉王事,一身无所求。也知塞垣苦,岂为妻子谋。”(《初过陇山途中呈宇文判官》)

2.“世事何反复,一身难可料。头白翻折腰,归家还自笑。所嗟无产业,妻子嫌不调。五斗米留人,东溪忆垂钓。”(《衙郡守边》)

3.“莫叹蹉跎白发新,应须守道勿羞贫。男儿何心恋妻子,莫向江村老却人。”(《送费子归武昌》)

4.“错料一生事,蹉跎今日头。纵横皆失计,妻子也堪羞。明主虽然案,丹心亦未休。愁来无去处,只在郡西楼。”(《题虢州西楼》)

读这些诗,我们可以看出,诗人岑参在描述自己坎坷失意的生活时,妻子仅仅被作为牵附性的存在(负担)而被一笔带过。至于他如何思念妻子的心境只字全无。显然,在诗中描写或流露对妻子的自然感情更难以想象吧。在这种时代风气中,李白和杜甫诗作中吟诵妻室诗篇之多令人耳目一新,更说明其不同凡响。

三

让我们先来看李白。李白为妻子而作,吟诵妻子的诗篇有十余首。在《李白集校注》(瞿蜕园、朱金城校注,上海古籍出版社 1980 年)卷二十五中按顺序收有《别内赴征三首》《秋浦寄内》《自代赠内》《秋浦感主人归燕寄内》《送内寻庐山女道士李腾空二首》《赠内》《在寻阳非所寄内》《南流夜郎寄内》。其中也有被视为伪作的,我个人则考虑这些仍然是出于李白之手。作品年代难以确认之处较多,除了《别内赴征三首》等之外,似乎都是近晚年之作。

这些诗里,首先引人注目的是"内"的称呼之使用。所谓"内",相当于日语的"家内"之称。这是在对外场合中指自己的妻子而言,是跨出夫妻二人的世界时所用的语言。因此,可以说这种诗是赠给妻子的同时,也可以想象到其他读者的作品。本来是否有这类题目尚不可知,但以"赠内"为题的诗至少在《文选》中没有。那么,这种夫妻情思的诗是何时登上公众之堂的呢?这尚需考证,但无疑李白、杜甫是属于这开时代先河之列中的。

在日本,我曾经以"赠送给妻子的诗"为题,将李、杜的诗篇介绍给参加市民文化讲座的听众。我看到以主妇为多的听众仅耳闻这个题目,便立即产生"多么浪漫而美好的夫妇关系啊"这一反应。她们十分羡慕、憧憬这样的夫妻关系——妻子能得到丈夫馈赠的诗篇;丈夫为妻子而创作诗句。在公之于世的诗作中,这类诗即使在当代也是极少见的。那么,李白的诗作是些什么内容呢?下面举例论之。

5."宝刀裁流水,无有断绝时。妾意逐君行,缠绵亦如之。妾似井底桃,开花向谁笑。君如天上月,不肯一回照。窥镜不自议,别多憔悴深。安得秦吉了,为人道寸心。"(《自代内赠》)

仅看开头与结尾似乎较难理解,但从整体来看,这首诗充满了他自我想象妻子如何日思夜念丈夫的情怀。也就是说,他是在代替妻子创作"恋夫诗",而且使人感到是一种自我陶醉的诗。站在妻子的角度来倾诉对于身为丈夫的自己的恋慕之情,这种表现手法以一般人的感受而论是无论如何也写不出来的。

6."翡翠为楼金作梯,谁人独宿倚门啼。夜坐寒灯连晓月,行行泪尽楚关西。"(《别内赴征三首》其三)

此诗中,并不是李白思念妻子焦渴难忍,而是妻子如何思念他甚至泪洒双襟。可以说,李白是一位将妻子的情感转化为自己的心理,并将它升华美化进行创作的诗人。

7."出门妻子强牵衣,问我西行几日归。归时傥佩黄金印,莫见苏秦不下机。"(《别内赴征三首》其二)

8."三百六十日,日日醉如泥。虽为李白妇,何异太常妻。"(《赠内》)

9."我今寻阳去,辞家千里余。结荷见水宿,却寄大雷书。虽不同辛

苦,怆离各自居。我自入秋浦,三年北信疏。”(《秋浦寄内》)

从5至9中的诗中可以看出,李白是在未与妻子共同生活时或同妻子小别时写出的诗。这本身就说明他在当时是一位相当特殊的丈夫。李白年轻时常常浪迹四方,而且缺乏常人父母所持的“筑巢”责任感,上述诗篇充分表现出他的这一倾向。

然而,尽管李白不曾忘记妻子,他在赋诗与妻子时,却从不表达如何思念妻子之情,而是热衷于浪漫地遐想妻子是如何思念爱慕他的。李白喜欢站在妻子的立场上“自代内赠”,咏诵对自己的恋情,这与热情讴歌男女恋情的民歌世界是何等相似啊!

另一方面,杜甫的诗作又是怎样的情形呢?在我仓促的调查中,他用妻、妻子、妻孥等词汇描写妻子的诗篇达二十余首。以《文选》为例,妻19例、妻子13例、妻孥3例,合计有35例。在一个诗人的创作生涯中,这方面的诗篇和词汇量如此之多,足以使人感受到其分量与真情。读杜诗时,那贤惠的“糟糠之妻”的生动形象宛若浮现在眼前。试举数例:

10.“老妻既异县,十口隔风雪。谁能久不顾,庶往共饥渴。入门闻号咷,幼子饥已卒。”(《自京赴奉先县咏怀五百字》)

11.“去年潼关破,妻子隔绝久。今夏草木长,脱身得西走。”(《述怀》)

12.“入门依旧四壁空,老妻见我颜色同。痴儿未知父子礼,叫怒索饭啼门东。”(《百忧愁行》)

13.“况我随胡尘,及归尽华发。经年至茅屋,妻子衣百结。衾裯稍罗列,瘦妻面复光。痴女头自栉,学母无不足。”(《北征》)

14.“顾唯鲁钝姿,岂识悔吝先。偶携老妻去,惨憺陵风烟。”(《寄题江外草堂》)

上述诗篇描绘的是一个与在凄风苦雨中相依为命的伴侣一词极其相称的、确确实实存在于杜甫精神世界中的、任何人无法替代的妻子形象。而且,他笔下的妻子衣着朴素、毫不造作、质朴自然,甚至使人感到她对丈夫在诗中如何描写自己似乎全然不知似的。

杜甫不善处世又常受疾病之侵,只是一味呕心沥血地创作诗篇。对于家庭,他仅是一位带来贫困的丈夫。然而,从妻子的角度而言,虽然一生勤勉操劳不已,但在某种意义上也可以说是十分幸福的,因为她也许认为世间的生活大都如此,况且她是伴随在视自己为一生中唯一的女性的丈夫身旁。

我认为,杜甫的这些诗篇之所以在今天仍能深深地打动我们,就在于他情感中将妻子所置的位置与人不同。我们透过其诗可自然感受到他们的夫妇关系是同支配与被支配的关系无缘的,其夫妻感情是真切而牢固的。这种从杜诗中反映出来的对其妻子的认识(价值观),与他诚实地做人及诚挚的一生相连,也是杜甫文学在今天仍不失其光辉的理由所在吧!

四

那么,让我们再回过头来看李白的夫妇关系,包括李白一生中有过再婚经历的生活史在内,又该怎样认识好呢?从上述诗中,我们可看出在对待妻子的态度上李白与杜甫是不同的。他并没有像杜甫那样情深意切地描写自己身后的妻子,而是采取一种与对方保持一定距离,平等相待的态度赠诗以妻子。李白在诗中是把妻子作为一个独立的客体而论的,并以其幽默的手法抒发自己的感情。这种超越时代的夫妻关系真是饶有趣味。

同时,也说明李白的妻子(如宗氏)是一位具有相当修养的女性。她对于李白赠给她诗中的幽默和自我陶醉予以了充分的理解。这一点可以说与她是曾任中央宫廷宰相一职的宗楚客的孙女,而且二人都持有道教信仰这样一种特殊关系有关,更不容忽视的是二人的结合是极为“自由”而“对等”的。如李白送妻子赴道教圣地庐山探访隐居该处的女道士李腾空(恶名于世的玄宗时代的宰相李林甫之女)时所赋的诗作可为一例,若持有低俗下流女性观的人是无论如何也不可能创作出来的。

15.“君寻腾空子,应到碧山家。水舂云母碓,风扫石楠花。若恋幽居好,相邀弄紫霞。”(《送内寻庐山女道士李腾空二首》之一)

从李白的诗中,我们自然而然地能感到他们当时是跨时代的,以对等关系相处的夫妻。李白这种自由而先进的夫妻关系,在他所生活的唐代作为一般常识不能理解与接受,完全是可以想见的。

众所周知,领先时代半步之时常常被称为伟大的进步人物,跨越时代百年之先则往往被斥为奇人、狂人是冷峻的历史教训。综上所述,我们可以进一步认识到李白所置的夫妻关系之位置、李白的人性是与其文学密切相关的!

如《李白纵横探》(陕西人民出版社 1980 年版)一书中安旗先生指出的那样,对于“描绘各种类型的女性”的李白诗篇,文学史上的评价往往是否定的,自宋代以来的所谓的正统文学观念中通常视其为“俗流”。尤其是以“诗言志”为旨的、自孔子以来的传统观念视歌咏“女性”为“俗流”更是毫不奇怪的,甚至可以说,正因为有这种褊狭而封闭的错误认识,所以中国正统的古典诗篇洋洋可观,却没有更多的诗人来讴歌男女爱情!李白诗中能描绘了各种女性也可称为是极有勇气的表现了。他非但没有被世间的所谓常识所束缚，而且显示出截然不同的价值观。然而，他绝不是刻意地去那么做的，他生来就具有的天真烂漫的资质，驱使他以自己独特的个性走过了太平与战火、奢侈与贫穷、华美与污浊纵横交错的玄宗统治下的时代，创造了他独具色彩、富有生命力的瑰丽的诗歌世界！

从情意模式角度看李白绝句的成就

施逢雨

李白的绝句在历史上曾受到极高的推崇[1]。举例来说,明初高棅的《唐诗品汇》在五绝方面就以李白、王维、崔国辅、孟浩然等四人为有唐一代"正宗",而以李、王二人为其中之翘楚;在七绝方面更直以李白为唐代之最,而与王昌龄并称"正宗"。清人沈德潜的《唐诗别裁》也给了李白绝句差不多同样的评价。近年刘拜山、富寿荪二人合力选注唐人绝句佳作成为《唐人绝句评注》一书[2]。书中虽未如高、沈二氏那样论列各诗人在绝句方面的成就,但在所选六百一十六首作品中,共包括了李白作品四十首,分量居全书各家之冠。由此看来,其对李白绝句之肯定在程度上应该不逊于高、沈二人。只是,前人虽多激赏李白绝句,对李白绝句的主要成就则似未曾深论过。本文的目的即在多多少少弥补这个缺憾。

笔者首先要做的是:考察一下绝句这个诗体在唐代登上历史舞台之后,诗人们有没有特别常把它应用在哪些题材(如山林景色、边塞生活)、情意模式(如刹那意趣、警策论断,说详下文)、或体式(如乐府、民歌)等的写作上,而获得丰硕的成果。

在逐首阅读刘、富选本,并尽量设法将各诗加以归纳分类之后,笔者发现,唐人特别常把绝句用于少数几个情意模式和体式的写作上,从而获致傲人的成果,笔者并可据此发现把唐代绝句大略分成四个重要类型。这四个类型是:

(一)写一斩截而尖新、警策之论断、体悟、讽寓、情境或景观等的诗。第三类拟乐府、民歌的作品往往也有此类诗特色,这些兼具二类诗特色的作品笔者就同时归入二类之中。

(二)写某一富有超然意趣的集中的、片刻的自然或人生境界的诗。第三类诗中偶有具此类诗特色者,即同时归入二类之中。

(三)模拟乐府或民歌的诗。以上三类是唐代绝句特别卓然有成的地方。

(四)只是四句,别无显著特色,又非模拟乐府或民歌的诗。这类诗其实只是唐代绝句去前三类作品后的结果。

了解了整个唐代绝句的情意模式后,我们便可以较顺利地来检视李白在绝句上的成就。依王琦注本,如果不问格律而做统计的话,则李白共有五言绝句七十九首,七言绝句八十首,合计一百五十九首,约占李白诗集总数一成五。在这些诗中,大略算来,只是四句别无明显特色的作品约有九十首,拟乐府民歌类作品约四十五首(其中民歌类约占四分之三),有警策论断等的作品约十首,写集中片刻意趣的作品有六首,另介于没有特色及有警策论断等之间的作品约十首。

从上面的统计数字看,李白各类绝句的多寡与前文所述唐代绝句的一般情况只有一个显著的差异,那就是警策论断型的作品比例偏低。但若单就出色作品来看的话,则两者差异就要复杂一点。在进一步讨论这点之前,笔者得先做个说明。由于李白绝句是本文探讨的重点,本文在论述李白出色绝句时将不局限于任何选本的观点,而将直接依据李白全部绝句独立来立论。自然,本文对作品高下的判断不会完全不受前人选本的启发,但不轻易受好于这些选本,总有比较大的弹性。至于本文的判断能否得到读者的广泛认可,那就无法强求了。任何牵涉众多作品高下判断的论点相信都会众说纷纭的。我们若拿李白绝句的出色作品与整个唐代绝句的出色作品作对比,当不难发现:李白警策论断型绝句的比例依旧偏低,拟乐府民歌型中的乐府类也一样,而片刻意趣型、普通四句型和民歌类的比例则都明显偏高。下文将在介绍各型绝句名作的同时印证这个论断。

先说,李白写集中、片刻超然意趣的绝句佳作比较明确的有《独坐敬亭山》《自遣》《白鹭鸶》《夏日山中》《静夜思》数首:

众鸟高飞尽,孤云独云闲。相看两不厌,只有敬亭山。

对酒不觉暝,落花盈我衣。醉起步溪月,鸟还人亦稀。

白鹭下秋水,孤飞如坠霜。心闲且未去,独立沙洲旁。

懒摇白羽扇,裸袒青林中。脱巾挂石壁,露顶洒松风。

床前看月光,疑是地上霜。举头望明月,低头思故乡。

此中《独坐敬亭山》是李白最脍炙人口的作品之一。由题目和后两句来看,诗人独坐山中的时间应该相当久。虽然如此,诗中并未由开始独坐山中的时刻起依序叙述其所经历的事件。相反地,诗中只紧扣住诗人独坐良久之后的某一个片刻的情境来写，并借此一片刻情境反衬出他整个独坐的感受。这个片刻乃是傍晚时分小鸟刚刚归巢的时候。在此片刻，原本在山中翱翔喧哗的小鸟都飞光了，连空中仅剩下的一片云彩也飘浮远去，只留下诗人与山。这仿佛在一个大自然各种生物、无生物共襄盛举的聚会上，当时光逐渐流逝，参与者一一告辞之后，只剩下最亲近的两个老友仍然意犹未尽地在体味相互的赏爱。写鸟飞、写云去，正可由原本之热闹中映衬出现时之静谧，由其他事物之不耐久中映衬出敬亭山之情意不尽。诗中用字如“闲”，如“相”、如“两”、如“厌”，都有把外物拟人化的意味。这些字眼显示，笔者上面那个“聚会”的联想是颇有诗内迹象为依据的。依此诠释，此诗所传达的实是一个人类在大自然中难得体验到的温暖自得的超然情境。

《自遣》所表现的也是人在大自然中的一个片刻的超然经验。诗的首句若匆忙读过，则很容易会误以为全诗写的是诗人一路喝酒直到夜晚的长时间经历。我们要仔细体会了末二句之后才会发现诗人是在“鸟还”“人稀”的夜初时分“醉起”，也就是在首句所说的“瞑”的时刻酒醒，在这之前，他是喝醉了的，并不是在“对酒”。明白了这点，我们即可看出，诗中集中描写的时刻是诗人酒醒后的夜初时分。“对酒”是酒醒后所回想起的醉前行止；诗人因为对酒多了，不知不觉中醉倒，所以天晚了也不知道。“落花盈衣”也是酒醒后才发现的，应是对酒与醉眠时发生的事。后二句所写则是酒醒后的新作为与新经历。全诗可以说由“醉起”二字整个扣住。醉前信口喝酒，既醉而不知，听任落花在盈衣的是一襟遗天地人间而自适之情怀。醉起后在溪边月下款步，任随它鸟还人稀，也是一襟遗天地人间而自适之情怀。

《白鹭鸶》一诗很容易使人联想起王维的《栾家濑》。白鹭由空中陡然飞下秋水，一时气定神闲，独立于沙洲之旁，这是宇宙生命现象的一晃即逝的自在展现，往往为人所忽略的，在此却被诗人妙手捕捉来永恒地呈现在文字中了。诗中的“闲”字和《独坐敬亭山》中“孤云独去闲”的“闲”字一样，有把自然事物与诗人自身之间的界限融化的作用。仿佛诗人深入白鹭心中，知道白鹭之“独立沙洲”是一时心无所骛，要在那里静静排遣一下似的。《白鹭鸶》与《栾家濑》虽同为描写片刻超然意趣之作，而且素材十分近似，却亦自难免有各种风味上的差异。前诗所写情境悠逸闲适，后诗则惊动跳脱，这一点相信不难看出。比较微妙的是前诗以己入物、妙体物情，而后诗则超脱物外、寂然静观。这种差异恐怕不是诗人着意经营的结果，而是他们心灵境界的无意投射吧？

《夏日山中》也是一首写人在自然中的集中的、片刻的体验的诗，而且那体验也是一种无拘无束、任性适意的体验。但是这首诗与《独坐敬亭山》和《自遣》味道十分不同,因为此诗的任性适意基本是一种从礼俗的束缚中得到自由,而不是泯除自我与外物之隔阂的那种比较高层次的任性适意。“裸袒”不能不令人想起一般人、一般时候的衣裳严整;“脱巾”“露顶”不能不令人想起一般人、一般时候的免冠而坐。所以,在本诗里,虽然诗人一样整个投入到大自然里去,整个情境所透露出的意趣却是大有区别的。

《静夜思》在李白集中收于乐府之列,《乐府诗集》卷九十也收录。笔者以其片刻意趣之特色极为显著,因而决定放在这里讨论。此诗文字各种李集版本并无歧异。然而在刘、富的选本里,此诗全文却作:

床前明月光,疑是地上霜。举头望明月,低头思故乡。

而这也是此诗目前通行的形式。瞿蜕园、朱金城的《李白集校注》指出,不仅在各种李集版本里,即使在《唐人万首绝句》里(按:卷七十六)“明月光”也作“看月光”,至王士祯《唐人万首绝句选》与沈德潜《唐诗别裁》则均作“明月光”,疑是王士祯所臆改。又说,萧士赟《分类补注李太白诗》(按:卷六)注此诗时引了《古诗十九首》诗句“明月何皎皎”及魏文帝诗句“仰看明月光”,似以“山月”为“明月”而在作注,唯其刊本不知何故仍作“山月”[3]。瞿、朱此说虽然难以确信,却多少为寻求通行版《静夜思》的源头提供了一点蛛丝马迹,自有其价值在。本来,一首诗的文字在李白全集的各种刊本里既然完全一致,本文通常即径予采用,不另讨论异文。这里所以要提《静夜思》目前的通行异文,并且还谈及该异文的可能源头,主要是因为笔者认为,此诗的李集原文艺术效果远不如通行异文好。笔者要评论的是通行版而不是李集原版。李集原版不理想之处有两端。先说“看月光”的“看”字有着意而为的味道,而既然是着意看月光,就不至于“疑”其为“地上霜”。其次,首句的“看月光”与第三句的“望山月”一方面既无法避免意义之重复,另一方面又无法像通行版的“明月光”与“望明月”那样,干脆叠用“明月”二字,以表现始而如何如何,继则如何如何的重复中有变化的微妙情意来。至于对通行版的评论,则笔者以为刘拜山下面这些话言简意赅,语语中的,已经足够:

瞥然见之,疑其是霜,遂有天寒客久之感;旋虽审其是月,而乡愁已动,仰望俯思,不能自已矣。捕捉诗心,传神刹那,故为高唱。

李白这类绝句佳作虽然仅举得出五首,若以刘、富选本六百余首佳作(其中李白占四十首)中只有三四十首这种诗的数目来推算的话,显然比例还是偏高的。

在拟乐府民歌型绝句方面,李白的成就显然以具有民间气息的作品为高。文人化的作品真正杰出的似乎仅举得出《玉阶怨》一首(《静夜思》若要算拟乐

府民歌型绝句的话,似乎也应该纳入具民间气息的一类)。下面来看《玉阶怨》:

玉阶生白露,夜久侵罗袜。却下水晶帘,玲珑望秋月。

此题为乐府相和歌辞楚调曲名,《乐府诗集》卷四十三收有谢朓、虞炎与李白诗各一首。富寿荪说:“汉班婕妤失宠退居长信宫,作《自悼赋》有‘华殿尘兮玉阶苔’之句,谢朓取作《玉阶怨》(李诗系拟谢作)。”[4]此说未知是否。然依谢朓诗中之“夕殿”和李白诗中之“玉阶”这些字眼看来,二人均以此题写宫怨诗,应该是不错的。李白此诗写的是女主角秋夜久待恩宠而不得的情态。在台阶上等待到露水滋生,侵湿罗袜,其期待之“久”实不可言喻。入屋下帘,本来仿佛是期待之结束了,却又透过帘幕而“望”着“玲珑”(明貌)的月亮,这不是仍为屋外动静所牵萦,仍在继续期待吗?崔国辅为一首题为《古意》的五绝说:

净扫黄金阶,飞霜皎如雪。下帘弹箜篌,不忍见秋月。

此诗与李诗在情致、手法、甚至具体意象上都大致略同,若说李诗曾受崔诗启发,想也不意外(崔氏生卒年不详,约生活于高宗仪凤中至玄宗天宝中)[5]。即使李诗纯系自创,我们也可以说二诗是心同理同。因此,引崔诗来作为诠释李诗的参考,多少有其意义。崔诗后二句说看见月亮会使主人翁内心不堪,因此她入屋放下帘子弹箜篌。为何看见月亮会使主人翁不堪呢?本来,同一个月亮,其所可能引起的联想和反应是千差万别的。要揣摩旁人见月的感受往往可能徒劳无功。不过,笔者发现,这里有一层感受与诗中其他部分有着紧密的内在逻辑联系,因而可以比较明确指认的,那就是:月亮的形状、色泽和方位有分辨时辰的功能。因此,对一个终夜等待恩宠的宫人而言,越晚的月亮可能越表示期待的落空。如果“不忍见秋月”句主要果真取义于此的话,则其中的月与某些诗词中所写到的漏声就有点类似。李诗的“玲珑望秋月”句虽是反崔诗的“不忍见秋月”句而言之,两者取义方向却可能并无不同。也就是说,李诗此句可能是说,主人翁仍在关心“夜如何其”(借用《诗经·小雅·庭燎》语),仍然希望时间并未太晚。这也就是笔者上面所设想的:主人翁仍在期待。

萧士赟说:“太白此篇无一字言怨,而隐然幽怨之意见于言外。”[6]笔者深深同意这个说法。先说,诗句表面所写的那绵延不断的期待,换个角度来看实在可以说就是女主角内心不断的落空与失望。因为正是一直没有结果,她才得一直等下去。这种落空与失望在第三句发展到高潮,因为入屋下帘几乎表示已经绝望了。富寿荪引《唐宋诗醇》所引蒋杲语云:“水晶帘下,望之息也。”[7]若在“息”字前加上“一时”二字,则是极见地的。除了这种不尽的、有时濒于绝望的落空感暗示幽怨之外,女主角等待时的处境也有类似的暗示。整首诗中除了女主角外别无人迹。伴随她久久等待的是“白露”和“玲珑”“秋月”这样寒凉的自然景物,以及“玉阶”(当指美好的石阶)、“水晶帘”和被润湿的“罗袜”这样华贵,然而却同样予人以寒凉之感的生活事物。这很细致地暗示了女主角的孤寂凄凉,也间接烘托了她的幽怨。此诗仅短短二十字,又无特别警动人的表现手法,却能蕴含如此丰富的幽微情致,我们大概只能以神来之笔来看待它了。

李白具有民间气息的拟乐府民歌型绝句要比文人化的多得多。不过,由于民歌式作品本有明白流畅的特性,所以这些绝句讨论起来可能反而较不费事。在这方面,《秋浦歌十七首》中的几首五言绝句是应该最先介绍的。秋浦是李白时的宣州(有一阵子称宣城郡)秋浦县,其地在安徽贵池。李白曾于天宝十三至十四载(754—755)安禄山叛乱前居住于此。这组诗有些是写秋浦风物,有些则是写李白的羁旅之感。其中有十四首五言绝句,除了第七、第十七两首外,民歌气息都极浓,而且艺术成就多半极高。例如:

愁作秋浦客,强看秋浦花。山川如剡县,风日似长沙。(其六)

绿水净素月,月明白鹭飞。郎听采菱女,一道夜歌归。(其十三)

诗句都朴素明快而真挚亲切,极讨人喜欢。以下要详细分析的是笔者认为写得最突出的三首。

首先是第十四首:

炉火照天地,红星乱紫烟。赧郎明月夜,歌曲动寒川。

诚如王琦所指出,杨齐贤以为“炉火”指炼丹之火;萧士赟以为“炉火”指渔人之火;胡震亨则说“炉火”是山川藏朱砂者夜间所发之火光[8]。然这些火或者不可能映照天地,或者根本与“红星”(火花)、“紫烟”无涉。故此三说当均非确解。王琦本人认为,依据《新唐书・地理志》,秋浦是产银、铜之地,所以“炉火”二句写的应是矿区冶铸的情景,而“郎”即指冶矿工人而言[9]。其说颇为合理,后来的重要注家多半也就没有异议。“赧”字亦作“赧”,即“羞赧”的“赧”,这一点可无疑问。但“赧郎”二字合在一起却颇费解。杨齐贤解释说:“犹言愧汝明月之夜歌曲之声振动寒川也。”萧士赟说:“或曰:赧郎,吴音也,歌者助语之辞。”[10]王琦说:“冶夫于用力作劳之时,歌声远播,响动寒川,令我闻之,不觉愧赧。盖其所歌之曲适有与心相感者故耳。”“赧”字当属己而言。又说:“旧注谓‘赧郎’为吴音歌者助语之词,或谓是土语呼其所欢之词,俱属强解。”今人则多认为二字指被炉火映红了脸,好像羞赧脸红一般的冶炼工人。以上这些说法中,杨、王二话虽然短长有别,含混其词、不近情理则一。今人的说法不但放到上下文里可以讲得通,而且看起来好像是个很生动的比喻,其易入人心是可以理解的。不过,富寿荪曾提出,元人杨维祯(诸暨人,其地今属浙江,古属吴越之地）的一首《竹枝词》（此为常见民歌题）里有“鹿头湖船唱赧郎”这么一句。据此，“赧郎”一语在元代吴越地区有可能是一个民间习语，其意义不会和上述的今人解释一样。它倒是比较接近被王琦斥为“强解”的那两个说法（其第一说无疑即萧士赟说，萧氏也是元代人；第二说则出处不详）。只是，元代如此，唐代是否也如此呢？又，如果是的话，这个习语又是什么意思呢？在没有更多的证据出现之前，这些疑问看来还颇难解答。倘若容许笔者暂且揣测一下的话，则笔者就要说，“赧郎”也许真是女子呼其所欢的俗语，诗是设身由女子角度来写，所以下呼“赧郎”。顺着来的讨论，笔者可以归结说，全诗写的是一个冶矿男儿当着天寒月明之夜，在“红星”“紫烟”交杂的炉火前工作，高声歌唱，振动川流。“寒川”透露了一股冰凉凝肃的气息，“明月”又或多或少增益了此一气息。在这两个寒凉意象的反衬之下，“炉火”的“乱”窜的“红星”和“紫烟”（注意“红”和“紫”这两个耀眼的色彩）以及主人翁高亢得使整个川流要“动”荡起来的歌声表现出十足的生命感和热力感来。而“赧郎”一语则似又为全诗加进了女子面对此一健康豪迈景象时的无限温馨情意。

其次我们来看第十五首：

白发三千丈，缘愁似个长。不知明镜里，何处得秋霜！

诗中“缘”字是“由于”的意思，应该没问题；“个”字则依张相《诗词曲语词汇释》是个指示词，犹现代汉语的“这”“那”；而“似个长”的“似个”犹云“如此”。富寿荪引黄叔燦《唐诗笺注》说此诗“因照镜而见白发，忽然生感，倒装说入，便如此突兀”。刘拜山说：“若先言照镜而睹秋霜，次释白发因愁多所致，便直致矣。”[11]俱为有得之见。不过，此诗的动人心弦处并不止于使用倒装法把诗中最突出的满头白发的景象先劈空讲了出来，而且还在于诗中写此景象时使用了极端夸大的口气。说“白发”“三千丈”，实是夸大得有点匪夷所思，恐怕不是一般诗人有勇气写出的。这样的写法极有李白所特有的那种浪漫得有点荒诞的味道，难怪这句诗会成为李白名句之一。

最后来看第三首：

秋浦锦驼鸟，人间天上稀。山鸡羞渌水，不敢照毛衣。

这首诗写锦驼鸟之美，先抽象地说它们人间天上少有，然后又用了一个具象化的对比来加强这层意思。这个对比很切当，而且有很丰富的联想余地。据《博物志》说：“山鸡有美毛，自爱其色，终日映水，目眩则溺死。”诗中显然用了这个典故，尤其是“目眩”以前的部分（《博物志》所言是否有事实根据，是个大问题。因此，李诗出自书面故实的可能性大，而出自实际见闻的可能性小。又，目眩溺死一节与形容锦驼之美的主旨无干，故诗人取义未必及此）。依此典故，山鸡是一种非常漂亮，而又自赏其漂亮到了极度自恋程度的鸟。连山鸡看了都会自惭形秽的鸟，其为世间极品，就不问可知了。用了这个典故，诗中就不需要事倍功半地去描写什么生活中实见的美鸟用来映衬锦驼鸟，而且还能把山鸡照水这一传说景象的浪漫情趣注入诗中，使整首诗很快生动起来。更难得的是，山鸡照水的意象虽然出自书面故实，看起来却相当生活化、乡野化，并没什么书卷气息。这使得全诗在用典之余仍然充满了民歌特有的乡土味。

李白集中值得一提的民歌式绝句还有《襄阳曲四首》和《越女词五首》。其中后者诸诗或清新亮丽、或热情幽默，大多颇有韵致，尤其不应错过。以下我们主要来看看第三首：

耶溪采莲女，见客棹歌回。笑入荷花去，佯羞不出来。

“耶溪”自王琦以后一般都同意系指若耶溪，在越州会稽县（今浙江绍兴）。“客”字在第二首中也出现。该首云：

吴儿多白晰，好为荡舟剧。卖眼掷春心，折花调行客。

结合二诗来看，这个“客”字应该不是一般常用的“宾客”“旅客”的“客”，因为如果这样解释的话，则在第三首里就不容易与“棹歌回”连得顺畅，且在第二首里就等于说吴地女孩（“吴儿”）随便与人调情，似乎稍嫌不堪。实际上，笔者在《汉语大字典》“客”字条多达十九个的用法中也查不到一个适用于这两首诗的。在没有找到进一步的资料之前，笔者暂时依据二诗前后揣测这个“客”字是男友的意思。此字若真如此解释，则全诗情致甚为明白，可以不必再多费笔墨。

李白的普通四句型绝句虽然和其他诗人情形一样，充满了草率的应酬作品，却也包含了相当多实至名归的佳作。像《黄鹤楼送孟浩然之广陵》《闻王昌龄左迁龙标遥有此寄》《望庐山瀑布》《早发白帝城》《山中问答》《山中与幽人对酌》《怨情》《秋浦歌》（其七）和《永王东巡歌》（其二、其十一）等就都是。这些诗里有一大部分笔者已在其他文章里讨论过，这里就不再重复。以下我们来看其余的几首。先是“怨情”：

美人卷珠帘，深坐颦蛾眉。但见泪痕湿，不知心恨谁。

“深”字有“时间久”的意思，这点《汉语大字典》举证甚详，应可无疑。而这在“深”字的众多意义中似乎最合本诗诗旨。除了“深”字，本诗就只有一个地方较难理解：卷帘与后面的颦眉流泪之间有何情意脉络？要讨论这一点，笔者可以举两首情意近似的诗来参照。其一是《古诗十九首》里的《青青河畔草》：

青青河畔草，郁郁园中柳。
盈盈楼上女，皎皎当窗牖。

婀娥红粉妆，纤纤出素手。

荡子行不归，空床难独守。

其二是王昌龄的《闺怨》：

闺中少妇不知愁，春日凝妆上翠楼。

忽见陌头杨柳色，悔教夫婿觅封侯。（刘、富选本31页）

在两首诗里，女主人翁都是独守空闺的妇女，也都因为见到屋外春光美盛（后诗是不经意见到，前诗较不明确），可能有了青春虚度的悲哀，因而动起强烈的怨嗟企盼之情。李诗中这卷帘的动作，不管是经意的还是不经意的，是否也使女主人翁接触到了引动她怨嗟企盼之情的景象，因此才导致她兴起颦眉等一连串反应呢？不管如何，女主人翁卷帘后的反应就在后三句中次第开展了出来。“深坐”、“颦[ ]眉”与“泪[ ]湿”三个景象本身都可以引起各种各样的情意联想。“深坐”可以让人想到倦怠、迷惘、沮丧、有所思等。“颦[ ]眉”可以让人想到烦闷、痛苦、遭遇疑难等。“泪[ ]湿”可以让人想到伤心、委屈、兴奋难抑等。但第四句一出，读者即可了然：这一连串景象都与个“恨”字有关，其所可能传达的情意都应由“恨”字出发去联想。而相继写了三个景象，虽未必明确显示出主人翁怨恨情态在时间之流中的变化，却显然含有恨意浅深的暗示。如是，后三句诗可说是在无声无息中逐渐逼出“恨”这一核心情意来。此诗与《青青河畔草》《闺怨》虽同为闺怨诗，表现手法却有相当突出的差异。这差异在于：此诗开头不写卷帘见到什么，末尾又不写恨之时对象为谁，全诗扫净一切周边情节，集中描述怨之情态，故于此一情态展现得格外细致、格外吸引人。这似乎是与大部分习见的闺怨诗都不一样的。

其次来看《早发白帝城》：

朝辞白帝彩云间，千里江陵一日还。

两岸猿声啼不住，轻舟已过万重山。

注疏家解此诗往往不忘引述《水经注·江水》这一段描写三峡景致的话：

自三峡七百里中，两岸连山，略无阙处。……有时朝发白帝，暮到江陵，其间千二百里，虽乘奔御风，不以疾也。……每至晴初霜旦，林寒涧肃，常有高猿长啸，属引凄异，空谷传响，哀转久绝。

李诗遣词造句多半源自此段文字，当无疑问。而诗中表现得最突出的一点则似乎是三峡行舟之速。沈德潜说：“（诗中）写出瞬息千里，若有神助”。[12]便是这个看法。但是，诚如袁行霈所说，此诗除了表面上那些源自《水经注》的情景外，还有更丰富的意思。这些意思必须透过对李白生平的了解来寻求。李白一生只有两次过三峡东下。一次是在玄宗开元十二年（724）左右初次离开家乡蜀地东游时；另一次则是在肃宗乾元二年(759)春天因永王事件流放夜郎途中遇赦东归时，这一次他是先溯长江前往夜郎，而后在过瞿塘峡(白帝城所在地)后不久折返的。据此，本诗第二句的“还”字很明显地点出诗不是写第一次出峡经历，而是写第二次。而诗所传达出来的轻快感也就不只是舟行“瞬息千里”的感觉而已，还是晚近很多学者所说的遇赦获释的心情。

接着来看《秋浦歌》第七首：

醉上山公马，寒歌宁戚牛。空吟白石烂，泪满黑貂裘。

“山公马”者，据《世说新语·任诞》记载，晋代山简镇守襄阳时，常常外出喝酒，大醉而回。当时歌谣有“日莫(按：即暮)倒载归，茗艼无所知，复能乘俊马，倒箸白接䍦”之句。“宁戚牛”“白石烂”者，《汉书·邹阳传》颜注引应劭说云：春秋时人宁戚起初生活很穷困，有一次在喂牛时叩着牛角悲歌：“南山矸(按：同岸)，白石烂，生不逢尧与舜禅。短布单衣适至骭(按：胫骨)，从昏饭牛薄夜半。长夜漫漫何时旦?”齐桓公听见了，便请他去做大夫。“黑貂裘”者，战国时苏秦向秦王游说，多次上书，不被信用，生活很困苦，身上的黑貂裘也破了。这首诗在短短四句中用了三个典故，用典之密在唐代一般诗人以及李白本人的绝句中都极罕见。不过虽然诗中用典多，此诗诗意并不难索解。笔者曾另文指出：李白个性浪漫不切实际，一生心仪谢安、鲁仲连、姜太公一流传奇性人物，希冀能潇潇洒洒地在旦夕之间由布衣直接变成卿相，去成就一番轰轰烈烈的事业。一旦有了政治挫折感，往往就以古来不得志或尚未得志的布衣卿相自比。此诗就是这种心态的一个典型表现。其中宁戚与苏秦故事取义所在无疑就在其犹未得志一点上，而山简故事则可能在其浪漫不羁上。这些典故在李集中都出现不只一次，取义也都大同小异。李白写这种感情写得最好的多半是洋洋洒洒的长篇，如《行路难》《梁甫吟》《答王十二寒夜独酌有怀》等，绝句就只有这首。此诗虽极短小，在连用三典之后却也颇有《行路难》等诗中那种落魄英雄“弹剑作歌”的悲切情调，这是颇为突出的。

最后让我们来看看《黄鹤楼送孟浩然之广陵》和《闻王昌龄左迁龙标遥有此寄》：

故人西辞黄鹤楼，烟花三月下扬州。
孤帆远影碧山尽，唯见长江天际流。

杨花落尽子规啼，闻道龙标过五溪。
我寄愁心与明月，随风直到夜郎西。

广陵为汉以来旧地名，开元时期称扬州，即今扬州市。新旧地名杂用，是李白诗中常态。黄鹤楼在鄂州(即今武昌)江边。“烟花”尽指繁花迷蒙景象,唐人常用。有人认为,此诗前两句只叙写离别的时地节候,后两句才着力描绘离别情意[13]。笔者则以为,“烟花三月”四字似有时节正好,本应大家一齐享受良辰美景的意味,可以反衬下句“孤帆”远去情境之可伤。如此解释,则全诗四句之情意发展即可紧密相扣,不至于有花费半首去点出离别时地节候的严重浪费情形,应该要理想一点。第三句的“山”字他本或作“空”。若单就此句而言,则说帆影尽于“碧空”似乎较说尽于“碧山”更有孤舟“远”逝的味道。但“空”字与下句的“天际”语意相重。因此,改“山”为“空”是否合宜就很难说了。另注家常引陆游《入蜀记》说:“太白登[黄鹤]楼送孟浩然诗云:孤帆远映碧山尽,唯见长江天际流。’盖帆樯映远山尤可观,非江行久不能知也。[14]”陆氏所引诗句中又出现了另一个异文“映”字。这个异文也见于某些李集版本。不过,易“影”为“映”的结果对诗意并无太大影响,因而此地可以不论。笔者所要特别提到的是陆氏根据这“映”字所发的“盖帆樯映远山”一段意见。这段话可以看作对诗意的一种解释。而依据这解释,诗的第三句好像有意特别突出“帆樯映远山”的“可观”景象。这种看法是相当误导人的。因为如果让读者把注意力放到那“可观”景象本身上去,便必然会干扰、破坏他对三、四句中行者孤帆远逝与送者伫立久望这一连贯情意的领会。刘拜山引唐汝询《唐诗解》说:“帆影尽则目力已极,江水长则离思无涯,怅望之情,俱在言外。”对三、四句而言是极切当的理解。

龙标在今湖南西部黔阳县。五溪即辰溪、酉溪、巫溪、武溪、沅溪,在今湖南西部、贵州东部。夜郎本古国名。其地主要在贵州北部及西部。唐玄宗天宝元年(742)改珍州置夜郎郡,治所在今贵州北部正安县西北。唐代另有位于今湖南芷江西南的夜郎县(邻近龙标),天宝元年二月改名峨山。由于这是个小地方,而且王昌龄贬龙标尉是天宝二三年以后的事,李诗所指不太可能是这个夜郎。沈祖棻说此诗:“首句写景兼点时令,而于景物独取漂泊无定的杨花,叫着‘不如归去’的子规,即含有飘零之感、离别之恨在内,切合当时情事,也就融情入景。”[15]此说甚有见地。不过笔者还可以补充两点。一是李白《宣城见杜鹃花》有云:“蜀国曾闻子规鸟,宣城还见杜鹃花。一叫一回肠一断,三春三月忆三巴。”李白是蜀人,因此,此诗中子规鸟所引起的感情系离乡之恨,应可无疑。再者,笔者从其他方面考察,知道中国人很早(极可能在李白以前)就以为子规啼声如“不如归去”。这些都可支持沈氏关于子规之暗示意义的说法。至于“杨花落尽”含有“飘零之感”一点,则本身即至为明确,可以不需辞费。第二点要补充的是:在此诗中,有“飘零之感”“离别之恨”的人应是王昌龄,而见闻“杨花落尽子规啼”的则应是李白。因此,首句等于表示李白对王昌龄的处境感同身受。次句中的“龙标”指王昌龄,这是以任所指称其人[16]。“五溪”本身虽是地名,放在诗里却不能只当个单纯的地名看。在当时(其实到现在都还大致一样),五溪已是边陲蛮荒之地。因此,“过五溪”不只是说王昌龄到了某一个地方,便说他直逼绝缴。末句的“夜郎”在诗中的作用与“五溪”差不多(“夜郎西”可能意谓“和夜郎一样西边的地方”,而非“夜郎之西”。李白虽然未必熟知湘黔地理,却也未必误认龙标在夜郎之西)。不过,“五溪”放在前两句中,着重的是被贬者王昌龄处境之可哀,“夜郎”放在后两句中,着重的则是怀想者李白友情之深挚。后两句设想新颖而情意悠远,确是佳句。近人多认为,这两句意象前有所承。例如曹植《七哀诗》的“愿为西南风,长逝入君怀”,《杂诗》(“西北有织妇”)的“愿为南流景,驰光见我君”;张若虚《春江花月夜》的“此时相望不相闻,愿逐月华流照君”(见《全唐诗》117);齐瀚(比李白稍早)《长门怨》的“将心托(一作寄)明月,流影入君怀”(见《全唐诗》94)都可能对李诗有所启发。这或许是事实。不过,尽管如此,李白诗仍自有其艺术地位在。因为我们即使不认为此诗熔铸前人意象青出于蓝,至少也得承认它长于取人之长以成己之美。

在李白绝句中,最具有警策论断型特色的作品莫过于《苏台览古》与《越中览古》:

旧怨荒台杨柳新,菱歌清唱不胜春。
只今唯有西江月,曾照吴王宫里人。

越王勾践破吴归,义士还家尽锦衣。
宫女如花满春殿,只今唯有鹧鸪飞。

这两首诗也都相当出名。但是,笔者认为,这两首诗情意都嫌陈俗,实在算不上是李白绝句的顶尖作品。因此,论及李白警策论断型绝句的佳作,笔者是跳过这两首而由《客中作》开始:

兰陵美酒郁金香,玉碗盛来琥珀光。
但使主人能醉客,不知何处是他乡。

兰陵,古郡县名,所在地历代不一,唐代似无此地名,这里可能指位于今山东枣庄的兰陵。李白一生曾客居今山东地区多年。“兰陵美酒”写的应该是在兰陵喝到当地美酒,而非只是喝到兰陵产的美酒。如此解释,作客他乡的诗旨会比较明确些。“郁金香”以下直承前文,极力渲染其酒之美。“琥珀光”写的是其色,“郁金香”写的是其香。琥珀是地质时代中植物树脂经过石化的产物,色蜡黄至红褐,质优的可用作装饰品。酒的价值风味与酒的琥珀色泽究竟有何关联,笔者不得而知。笔者只知道,唐人似乎是相当崇尚琥珀色的酒的。例如,张说《城南亭作》有一句说:“北堂珍重琥珀酒。”又李贺《将进酒》有两句说:“琉璃钟,琥珀浓。”或郁金是香草或香花应无疑问,但确指何种花草则没有定论。说古人用之以浸酒,浸后酒色金黄,也不知是否。不过,依“琥珀”之例来看,“郁金”是写酒香之可欲,则大致可以确定。在写完酒之美好后,此诗随即下了一个论断式的感想。这个部分诗旨相当清楚,这里就不须再多说了。

除了《客中作》之外,李白可以说再也没有一首值得细究的典型警策论断型绝句了。不过,他倒有两首介于有警策论断等与没有之间的作品,也十分杰出。其一是《劳劳亭》:

天下伤心处,劳劳送客亭。春风知别苦,不遣柳条青。

劳劳亭在金陵城南,是古代送别之处(见王注)。“春风”二句表面上明白易解,一细加追究,则又发现其意旨其实颇难掌握。富寿荪说:“古时有折柳送行习俗,作诗时柳条未青,因托意于春风耳。”[17]这些话对了解诗意颇有助益,可惜末了“托意于春风”语意又嫌暧昧一点。陈邦炎有一段解说恰可补富氏之不足:“诗人因送别时柳条未青,无枝可折而生奇想,想到这是春风故意不吹到柳条,故意不让它发青,而春风之所以不让柳条发青,是因为深知离别之苦,不忍看到人间折柳送别的场面。”陈氏并举出李商隐一首题材、手法都近似的七绝来映衬李白诗意,颇有相互发明之效。该诗是《离亭赋得折杨柳》其一:

暂凭樽酒送无憀,莫损愁眉与细腰。

人世死前唯有别,春风争拟惜长条。

诚如陈氏所说:“两诗……都把春风写得深知离别之苦,对人间的离别满怀同情。但两诗的出发点相同,而结论却完全相反:李白设想春风因不愿见到折柳送别的场面,而不让柳条发青;李商隐却设想春风为了让人们在临别之时从折柳相赠中表达一片情意,得到一点慰藉,而不惜柳条被人攀折。”除了设想上的差异外,李商隐诗的后二句论断之意至为明显,而李白诗则蕴藉不露。不过这几乎是个语言道断的现象,笔者但盼读者能透过揣摩去领会。

另一首诗是《哭宣城善酿纪叟》:

纪叟黄泉里,还应酿老春。夜台无晓日,沽酒与何人?

依《李白集校注》(25/1507),此诗有多个重要古本都说别题作《题戴老酒店》,诗云:

戴老黄泉下,还应酿大春。夜台无李白,沽酒与何人?

今天我们已没有什么依据可以判断究竟该怎么写才合李白原意。而若允许我们单就情味长短来作选择的话,则笔者觉得把前者的“晓日”二字换成后首的“李白”似乎是最妥帖的。原因之一是“晓日”二字侧重写坟中生活的黯淡,而“李白”二字则侧重写诗人与死者交情的诚挚,就悼念死者而言,后者要温暖贴切得多。其次是,第二首中的“大”字作为酒名虽无不可,但作为一个老酿酒师傅的拿手好酒来看,却不如第一首的“老”字来得合味一点。而第二句若选了“老”字,则为了避免重复,首句自以选择“纪叟”为妥。

下面笔者就照上段选择的结果来分析这首诗。宣城即今安徽宣城县,所谓老春者,王琦说:“唐人名酒多带春字”,并据此揣测说老春“是纪叟所酿酒名”。按《汉语大字典》“春”字条曾说:

《正字通·日部》:“春,唐人名酒为春。”唐李肇《唐国史补》卷下:“酒则有郢州之富水,乌程之若下,荥阳之土窟春,富平之石冻春,剑南之烧春。”司空图《诗品·典雅》:“玉壶买春,赏雨茆屋。”

可见王琦的说法是有实据的。至于“夜台”则王琦注引《文选》28 陆机《挽歌诗》“送子长夜台”句,李周翰注云:“坟墓一闭,无复见明,故云长夜台。”[19]接着又补充说:“后人称夜台,本此。沈约《伤美人赋》:‘忽沦躯于夜台。’卢照邻诗(按:篇目不详):‘夜台无晓箭,朝奠有虚尊。’”王说应可从。又富寿荪说在此诗中,夜台一语“引申为冥间之意”,也系有得之见[20]。

这首诗的后二句若只看作是写纪叟在黄泉之下再无像自己这样的往日好友,不知再卖酒给哪些人,则也许并无警策论断之意。但若解释为纪叟一旦沦落黄泉,则要何处去卖酒给像自己这般好酒的知心人呢,诗意便与王维《送元二使安西》的“西出阳关无故人”情味相仿,可以算得上个警辟的结尾了。

绝句由于体制短小,要在诗中使用太多刻意的技巧本来就很难,而且也没有必要。因此,李白之所以在绝句的创作上整体来说有特殊成就,应该与他在杂言体诗和《古诗十九首》体诗方面有杰出成就类似,在很大程度上是由于此种诗不像律诗那样具有严格的形式约束,比较适合他放犷不羁的才性。在此有人也许会问:绝句不是也有格律要求吗?这说来是不错。但是,比起律诗,绝句只一半句数要讲究平仄,而且又不需要对仗,其格律实在轻松多了。因此,绝句格律没有难倒像李白这样放犷不羁的人是不足为奇的事(上文讨论的李白绝句中仍有相当数量的出律句子。但这并不即表示李白无法克服格律障碍,因为诚如前文所说,到李白时为止绝句格律可能尚未完全规范化)。

在上文所指出的几类唐代较常见的绝句中,李白在某些类上成就特小,而在其他类上成就特大,这在很大程度上也可透过他的才性来解释。李白文人化的乐府类绝句佳作极少,这可能纯系偶然现象,至少到目前为止尚难以解释。

片刻意趣型的绝句多为人心幽微之处灵光一闪之下的产物，李白在这方面有好的表现，大概只表示他有难以理解的心灵境界，不能说是他才性上擅长写此类作品。但是，在另一方面，较具人工巧思的警策论断型作品（不管是平庸的还是杰出的）极少，而不具人工巧思，纯赖兴会或灵感的民歌类的普通四句型绝句（不管是平庸的还是杰出的）极多，这就很明显与李白才性上的放犷不羁、不善意匠经营有关了。绝句这一体式由六朝四句小诗开始，历经几百年的发展，至盛唐而发散出耀眼的光芒。李白身为百代雄豪，生当此诗坛百花齐放之际，自然也就没有放过在这体式上一展身手的机会。在本文所述的四类主要表现方式之中，他虽有畸轻畸重，却总算都作了尝试。而他的一般成就，就如笔者在文章开头时所说，是足以傲视千古的。唯由于才性的影响，他偏偏没有在唐人所普遍擅长的警策论断作品上有出色的表现。这应该算是文学史上的让人无可如何的事情之一吧。

注　释

[1]除下文即将提到的两个例子之外，尚可参看王琦《李太白全集》（北京：中华书局1977年版，以下简称《王本》）卷34，1549页，以下所录各家评语。

[2]香港中华书局1980。

[3]见刘、富选本50页，及《李白集校注》（上海：上海古籍出版社，1980）卷六，443～444页。

[4]见刘、富选本49页。另参看萧士赟《分类补注李太白诗》（1602年李自昌校订本）卷五，186页。

[5]见喻朝刚等编《中国古代诗歌辞典》（成都：四川人民出版社，1989），114～115页。

[6]《分类补注李太白诗》卷五，18页题下注。

[7]见刘、富本49页。“息”字富氏作“绝”不知何据。此处据《唐宋诗醇》卷四（题为清高宗御选，实出自沈德潜，选诗后有集评，台北：中华书局，1971影陈弘谋重刊本）。

[8]杨、萧二说均见《分类补注李太白诗》卷八，5页。胡说当出自《李诗通》；此书笔者多方寻觅而无缘得见，故仅能揣测而已。

[9]参看《新唐书》卷四一，1067页。

[10]二说见《分类补注李太白诗》卷八。

[11]二说俱见刘、富选本51页。黄书笔者未见。

[12]《唐诗别裁》，第四部分，119页本诗评语，诗题作《下江陵》。

[13]裴斐主编，《李白诗歌赏析集》，22页。

[14]见《知不足斋丛书》本《入蜀记》（台北：文海出版社影本）卷五，123页。

[15]《唐诗鉴赏辞典》286 页。

[16]此句多数注本多含糊带过,明白作此解释的只有《李白诗选注》(103～104 页)。刘学锴(《李白诗歌赏析集》,223 页)把“龙标”解释为地名,把“过”解释为“更超过”(依其文意判断)。笔者以为,从诗意来看,这个说法似乎不如《李白诗选注》。

[17]刘、富选本,50 页。

[18]《唐诗鉴赏辞典》,359 页。

[19]李注见六臣注《文选》卷二八,34 页。

[20]刘、富选本,52 页。

李白五律的艺术成就

孙琴安

李白的乐府歌行,如《蜀道难》《将进酒》《梁父吟》等,天下称奇,近体则称其五七言绝句。对于他的五七言律诗,论述并不太多,古代的诗话、评点中虽有一些,也颇有精譬处,但总觉琐碎了一些,且又多以为成就在杜甫之下,似成定论。

笔者以为,太白之长,固在乐府歌行和五七言绝句,七言律诗固不及少陵,然其五言律诗,却未必在少陵之下。这里拟对李白五言律诗在艺术上的成就作一番论述,以揭示出他在唐人五律中的位置。

一、一气挥洒,全以神行

中国古代对于每一种诗体,几乎都有一种专门的要求和规范。五言律诗作为律诗的一种,自然也不例外。它除了在格律、平仄、起承转合等方面有着一定的要求和限制以外,甚至在刻炼句子、选词用字等方面也都有着一定的讲究,如宋人刘绍禹曾说:"五言如四十个贤人,著一字屠沽辈不得。觅句者若掘得玉合,有盖必有底。但精心求之,必得其宝。"[1]后来,明人李梦阳、顾璘、胡应麟等又从声韵变化或章法结构等方面提出了一些标准和要求。

但这一切,对于李白的五律来说,却都难以套上。他的五律似乎从不受格律束缚,多是任意挥洒,一气流走,脱口而出,然笔墨过处,却又自成平仄,天然对仗,起承转合,样样俱备。试举《谢公亭》一律为例:

谢公离别处,风景每生愁。客散青天月,山空碧水流。池花春映日,窗竹夜鸣秋。今古一相接,长歌怀旧歌。

像此诗便是一首符合格律、通体完整的五言律诗，中二联的对仗也很工稳，可以说无懈可击，完全符合今人对五言律诗的要求。但李白却写得极其自由，似乎毫不受格律羁绊，就这样一意挥洒，随兴一气直下，无意于格律而自成格律，这是李白五律最为难得的地方，也是他五律最为鲜明的艺术特色之一。他的《广陵送别》《秋登宣城谢朓北楼》《秋思》等许多五律，基本上都具有这种风格。

当然，我们也不否认，由于律诗自唐初始盛，经陈子昂、沈佺期、宋之问、杜审言诸人手中才正式开始定型，李白的有些五律中也出现一些平仄不合或对仗不工的现象，这是能够为一般人所理解的，因为李白所处的年代，毕竟与陈、杜、沈、宋诸人相距不远，五律从五古中脱胎不久，还残留一些古诗的痕迹，本也属正常现象。与李白同时期的王维、孟浩然、储光羲等人的五律中，也多少存在着同样的毛病。如果我们仅从这些地方去摘瑕，吹毛求疵，那就未免有点顾小而失大了。

再退一步说，五言律诗的格律要求，似乎要比七言律诗稍宽一些。七言律诗的中二联非要对仗不可，但在开元、天宝年间，五言律诗却不必专以对仗苛求。像李白、孟浩然的诗集中之五律，就有通体八句皆不对者。前人的不少诗话或专论，也不得不承认，在唐人五律中有通体不对者。这种五律形式，可以李白、孟浩然最有代表。其他像王维、常建、刘昚虚等人的诗中也有一些。所以，有些唐诗选本把这类诗列入五律，也有些选本则列入五古。但自王士祯以后，特别是沈德潜的《唐诗别裁集》和姚鼐的《五七言今体抄》选定以后，这种五律形式便大致成立，为越来越多的人所认可。如沈德潜《唐诗别裁集》在李白的《夜泊牛渚怀古》一诗后评道："不用对偶，一气旋折，律诗中有此一格。"连论诗主格调、重体裁的老夫子沈德潜都予以承认，他人自更不必说了。

但是，五律中二联不用对仗，并不等于说此体易作，恰恰相反的是，这样却更增加了五律诗的难度。因为一旦废弃了对仗，势必就在其他方面要提出更高的要求，以此来弥补无对句之不足。而李白的这类五律非但无损于其五律的光辉，反更增加了他在这方面的神力，如《听蜀僧濬弹琴》：

蜀僧抱绿绮，西下峨眉峰。为我一挥手，如听万壑松。客心洗流水，余响入霜钟。不觉碧山暮，秋云暗几重？

像这首五律，虽不用对句，但一气直下，句断而意不断，如行云流水，通体一气呵成，较之贾岛及晚唐有些有句无篇、专谋字句的五律，不知要高明多少倍。当有人问王士祯何谓"不着一字，尽得风流"？王士祯立刻以李白的五律《夜泊牛渚怀古》为例答道："太白诗：'牛渚西江夜，青天无片云、登高望秋月，空忆谢将军。余亦能高咏,斯人不可闻。明朝挂帆去,枫叶落纷纷。'……诗至此,色相俱空,正如羚羊挂角,无迹可求。画家所谓逸品是也。"[2]王士祯举此为例(另一首为孟浩然的五律《晚泊浔阳望庐山》),绝不是偶然的,正是取其八句一气挥洒,全以神行。

实际上,就李白的大多数五律来说,不论合不合格律,有没有对句,像《听胡人吹笛》《过崔八丈水亭》《访戴天山道士不遇》《送张舍人之江东》《赠孟浩然》《送友人》《南阳送客》《江夏别宋之悌》《太原早秋》,乃至《塞下曲》六首、《金陵》三首等,都有一气挥洒,全以神行,句断意不断之妙。姚鼐曾说:"盛唐人禅也,太白则仙也。于律体中以飞动票姚之势,运旷远奇逸之思,此独成一境者。"[3]可谓有识之言。赵凡夫曾说:"诗有字字可赏而为低品,有不可加点而为高格。"[4]如果用这一标准来衡量李白的五律,那是最为恰当的,也最能够品味出太白五律的"高格"之处。

二、天然秾丽,唐人第一

不知是何原因,五律与七律虽然只有两字之差,七律容易着色,如沈、宋、苏(颋)、张(说)的宫廷应制七律,贾(至)、王(维)、岑(参)、杜(甫)的早期倡和七律,乃至李商隐之《无题》、韩偓之《香奁》,均有高华富丽或色彩流动的特点。但五律却不易着色。五律只有当它沿袭齐梁体的风格时,才显示出绚丽的色彩,在一般的情况下,它都以清逸淡泊为主。如张九龄、王维、孟浩然、常建、储光羲、祖咏、王昌龄、韦应物、张籍等五律名家,无不如此。即使被姚鼐誉为"四十字中包涵万象"[5]的杜甫,他能够写出"四更山吐月,残夜水明楼"[6]之清丽之句,也能够有"吴楚东南坼,乾坤日夜浮"[7]之雄状之句,但五律中却很少发现有秾缛之致的艳丽之句。

令人不可思议的是,口中大叫"自从建安来,绮丽不足珍"[8]的李白,他的五律中却往往涂饰上非常丰富艳丽的色彩。最明显的例子便是《宫中行乐词》八首。这八首五律,本是他奉唐玄宗的诏令而作,可以说每一首都是色泽鲜艳,光彩流动,如第二首云:

柳色黄金嫩,梨花白雪香。玉楼巢翡翠,金殿锁鸳鸯。选妓随雕辇,征歌出洞房。宫中谁第一?飞燕在昭阳。

像这样绚烂的句子,在张九龄、王维、孟浩然等人的五律中是决计找不到的,老杜五律多至五百十六首,也难以找到这样的句子,我们只有在李商隐的极个别的五律,如《无题》"照梁初有情"等作品中,才可能找到这样的艳句。连纪昀也不得不承认："此首纯用浓笔而风韵天然"[9]。尤其值得注意的是，这八首五律几乎都是由极其艳丽的句子组成，如"水绿南薰殿，花红北阙楼。莺歌闻太液，风吹绕瀛洲"（之八）、"小小生金屋，盈盈在紫微。山花抽宝髻，石竹绣罗衣"（之一）、"春风开紫殿，天乐下朱楼。艳舞全知巧，娇歌半欲羞"（之六）、"迟日明歌席，新花艳舞衣。晚来移彩仗，行乐泥光辉"（之七）、"绿树闻歌鸟，青楼见舞人。昭阳桃李月，罗绮自相亲"（之五）等句，在里面随处都可遇见。如果我们单独地来看这八首五律，也许一时不难以发现它们的特色；如果当我们把整个唐代的全部五律统统阅读以后，就会发现，它们或许可以说是唐代最为艳丽的五律诗篇了。尤其是八首一气组成的绚丽色彩，那更是唐代任何五律都无法攀比的。《全唐诗》所说的"宛丽精切"，沈德潜所谓的"原本齐、梁，缘情绮靡中不忘讽意"，[10]说明他们都已注意到了其中绮丽的成分。

然而，李白五律中的艳丽色彩，决不仅限于八首《宫中行乐词》之中，而是如同缤纷的花片碎叶，散布在他绝大部分的五律诗篇之中。如"两水夹明镜，双桥落彩虹"[11]"犬吠水声中，桃花带雨浓"[12]"野竹分青霭，飞泉挂碧峰"[13]等富有色彩的句子，可以说是比比皆是。有些句子的色彩可以说是异常的鲜明与和谐，如：

青山横北郭，白水绕东城。[14]
红颜弃轩冕，白首卧松云。[15]
天边看绿水，海上见青山。[16]
海上碧云断，单于秋色来。[17]

正因为李白五律的色彩比较鲜明和丰富，与王维、孟浩然、杜甫等人的五律气象不一样，因此，沈德潜每以"秾丽"称之。当然，王维也时有色彩丰富的五律诗句，如"柳暗百花明，春入五凤城"[18]"绿竹含新粉，红莲落故衣"[19]等，但他毕竟以清旷淡远为主，与李白五律的风格不同。

另需提及的是，李白五律中的绚丽色彩，并不是他有意涂抹上去的，常常是无意得之；即使有时他故意用上一些对比色，也见不出任何人工的痕迹，似乎都是自然流出，天然秀丽，与李商隐等人的刻意涂饰毕竟不同，这也是唐代任何诗人所难以企及的。

三、于律缚中驰想象

众所周知，李白的诗素以奇幻的想象、极度的夸张驰名中外，本世纪又冠以"浪漫主义"诗人的美称。平心而论，在近三千年有文字记载的古代中国，像李白这种禀赋极高的诗才，的确是极为罕见的。一般说来，乐府歌行的篇幅较长，形式也较自由，驰骋一些想象，似乎还较容易发挥一些，五言律诗规范较多，又有字数限制，若要在此中运用一些奇妙的句子，那显然要比歌行等难得多。因此，不少诗人在歌行、古体方面尽管能放浪恣肆，踔厉风发，不可一世，但到了五律的绳墨之下，不得不循规蹈矩，有所收敛。

而李白却泰然自若。在五律的诗国里，他照样挥洒笔墨，纵横驰骋；他照样鞭挞海岳，驱走风霆；他照样能极想象夸张之妙，写出许多落想天外、异常奇妙的诗句，如他写蜀地山川的崎岖不平：

山从人面起，云傍马头生。芳树笼秦栈，春流绕蜀城。[20]

如他写群山的高耸入云：

群峭碧摩天，逍遥不记年。拨云寻古道，倚楼听流泉。[21]

如他写荆门外送别友人时所见的奇丽景色：

山随平野尽，江入大荒流。月下飞天镜，云生结海楼。[22]

此外，像“檐飞宛溪水，窗落敬亭云”[23]“边月随弓影，胡霜拂剑花”[24]“楚水清若空，遥将碧海通”[25]“思归若汾水，无日不悠悠”[26]等一些极富想象的奇妙之句，在他的五律中也是横见侧出，随处可摘。

一般人都熟悉杜甫的《登岳阳楼》和孟浩然的《临洞庭上张丞相》两篇五律，他们已被誉为写岳阳楼和洞庭湖的不朽名作。让我们再来看看李白的同类五律，题目是《与夏十二登岳阳楼》，全诗如下：

楼观岳阳尽，川迥洞庭开。雁引愁心去，山衔好月来。云间连下榻，天上接行杯。醉后凉风起，吹人舞袖回。

由于李白的奇妙想象，此诗非但与杜甫、孟浩然的同题作品绝不雷同，而且能够别开生面，自成奇响，另成一趣。特别是其中的“云间连下榻，天上接行杯”二句，这种大胆的联想和极度的夸张，更是杜甫、孟浩然等一般诗人所难以想出的。但这却又是李白五律的特色之一。

四、能否推出压卷之作？

后人常喜对唐人诗篇推选压卷之作，这大多都集中在近体诗方面，如七绝、七律等。对五律也曾推选过压卷之作。如明胡应麟《诗薮》推杜审言“独有宦游人”一篇为初唐五律第一，杜甫“昔闻洞庭水”为盛唐五律第一，皇甫冉“巫山见巴东”为中唐五言律第一。许学夷《诗源辩体》“尝欲以高达夫‘行子对飞蓬’为盛唐五言律第一，而‘对飞蓬’三字殊气馁不称，欲改作‘去从戎’，庶为全作。”因此，他改变了主意，另选了岑参的“闻说轮台路”一篇为盛唐五律压卷。清人陈衍《石遗室诗话》则推杜甫的“国破山河在”一篇为唐人五律压卷。那么，人们很自然地要问：李白的五律是否能够推出压卷之作呢？

我们不妨来试加分析一下。

平心而论，李白五律的名篇很多，要选个二三十首佳作，可以不费半顿饭的工夫。若要推选一篇压卷之作，可就不那么容易了。笔者通过反复比较，感到《夜泊牛渚怀古》一篇似乎更为完善。因前面已引过，这里不再重引。此外，人们时常乐选的《塞下曲》三首，即“五月天山雪”“骏马似风飚”“塞虏乘秋下”也很有分量。可惜原共六首，此三首又不是连贯而下，只是其中的一、三、五篇，且“骏马似风飚”“塞虏乘秋下”二篇平仄又有所不合，相比较而言，“五月天山雪”一篇似乎更完善一些，全诗如下：

五月天山雪，无花只有寒。笛中闻折柳，春色未曾看。晓战随金鼓，宵眠抱玉鞍。愿将腰下剑，直为斩楼兰。

因此，在笔者看来，若要推李白的五律压卷与以上诸作比试，那便是“牛渚西江夜”或“五月天山雪”。

或许有人要说，胡应麟、许学夷诸人推选的压卷之作，都是符合五律的格律规范的，而李白的“牛渚西江夜”通篇无对偶，“五月天山雪”的末联似又太直露。何以当之？

那么，笔者不禁要问：严羽推崔颢《黄鹤楼》为唐人七律压卷，此诗的首联又何尝符合平仄？次联是否又能算是对偶呢？何景明、姚鼐推沈佺期“卢家少妇郁金香”为唐人七律压卷，其中次联以“寒砧”对“征戍”、“木叶”对“辽阳”，是否能算工稳完妥呢？至于说到“五月天山雪”中的“愿将腰下剑，直为斩楼兰”似太直露，那么杜甫的“昔闻洞庭水，今上岳阳楼”二句，又何尝不直露呢？

所以，推举唐人五律压卷之作，决不能拘泥于对偶、平仄之类，而当以神气风貌求之，借用沈德潜的话来说，即“气象虽殊，亦堪接武。”[27]笔者推举李白的这两首五律来与前人推举的压卷之作试加比较，也正是这个意思。

五、合理的位置

前人论唐人五律，往往“王、孟、李、杜”四家并称。的确，唐代五律高手尽管各个时期都曾涌现过一些，如初唐之王勃、骆宾王、杨炯、沈佺期、宋之问、陈子昂、杜审言，盛唐之张九龄、张说、岑参、高适、祖咏、储光羲，中唐之刘长卿、钱起、郎士元、韦应物、司空曙、韩翃、张籍、贾岛，晚唐之马戴、李商隐、温庭筠、韦庄等，都各具特色，成就斐然，自不可灭，然终唐之世，在五律上欲超过王维、孟浩然、李白、杜甫四家者，实非易事。他们四人的五律，可以说是代表了唐代五律的最高层次。但是，就此四家而言，他们的五律在艺术风格上的表现也是各不相同的。

李白不喜律缚，且不如少陵喜作律诗，此皆有目共睹。在这四家中，他的五律数量最少，仅七十余首，杜甫最多，约五百十六首[28]，王维、孟浩然数量相距不大，皆一百余首，而孟浩然稍多于王维。“王、孟”五律并称，实则有别：孟固一气流走，仍以清新为主；王气稍宽缓，有从容不迫之致，以清远淡逸为主。“李、杜”五律并称，实亦有别：少陵五律纵横变化，格律严密，汪洋恣肆，包涵万象，此太白所不及者；然太白五律一气挥洒，舒卷自如，自然秀丽，语意天成，如天马行空，独往独来，在唐人中另开一境，他人皆不能到，此又少陵所不及者。即以全唐论，唯孟浩然、岑参数篇气味相近，若以全体观，则又不及。他若《宫中行乐词》八首之秾丽，《塞下曲》六首之雄壮，《金陵》三首之苍凉，亦皆前无古人，后无来者。

所以，以此推论，李白五律似不应在杜甫之下，两人只有艺术风格的区别，而决无高低之分。若以王、孟与之相较，孟浩然的风格与李白较为接近，然李能包孟，而孟不能包李。故“王、孟、李、杜”四家中，孟浩然又似稍逊一格，王维、李白、杜甫鼎足而三，各占一席，千古以下，诗人以万千计，五律诗篇更是不可胜数，但都无法逾此三家。

注 释

[1]转引自胡震亨《唐音癸签》。

[2]王士祯《带经堂诗话》。

[3]姚鼐《五七言今体诗抄·序目》。

[4][5]转引自许学夷《诗源辩体》。

[6]杜甫《月》。

[7]杜甫《登岳阳楼》。

[8]李白《古风》之一。

[9]转引自高步瀛《唐宋诗举要》。

[10]沈德潜《唐诗别裁集》。

[11]李白《秋登宣城谢朓北楼》。

[12][13]李白《访戴天山道士不遇》。

[14]李白《送友人》。

[15]李白《赠孟浩然》。

[16]李白《广陵送别》。

[17]李白《秋思》。

[18]王维《早朝》。

[19]王维《山居即事》。

[20]李白《送友人入蜀》。

[21]李白《寻雍尊师隐居》。

[22]李白《渡荆门送别》。

[23]李白《过崔八丈水亭》。

[24]李白《塞下曲》六首之五。

[25]李白《江夏别宋之悌》。

[26]李白《太原早秋》。

[27]沈德潜《说诗晬语》。

[28]乔亿《剑溪说诗》以为杜甫五律为二百七十余篇,浦起龙《读杜心解》以为有五百余篇,今以浦氏之说为是。

李白献赋考

毛水清

一

我国文人早就有献赋的传统。

商周春秋之时，最初是献诗。《国语·周语》云："天子听政，使公卿至于列士献诗。"又《晋语·厉公》："在列者献诗。"公卿列士献诗的目的，一是歌功颂德，二是以观民风，三是有以讽谏。方法是将诗交给太师，太师命乐歌班子配乐演唱给天子听，而不是直接给天子阅读。献诗和采诗，成为后来编纂"诗三百"之主要来源。

汉代在辞赋基础上，产生了侈丽闳衍、铺张扬厉的大赋，而且一跃成为一代文学的代表。因此，献诗也就自然发展成献赋。班固说："若司马相如……之属，朝夕论思，日月献纳……或以抒下情而达讽谕，或以宣上德而尽忠孝，雍容揄扬。"[1]据《史记·司马相如列传》："上读《子虚赋》而善之……乃召问相如。相如曰：'……此乃诸侯之事，未足观也，请为《天子游猎赋》。'赋成，奏之。赋奏天子，以为郎。"可见司马相如是因为向汉武帝献《天子游猎赋》（即《上林赋》和《子虚赋》）而得任郎官的。《汉书·枚皋传》说："皋因赋殿中……善之，拜为郎。……以行至甘泉、雍、河东，东巡狩，封泰山……上有所感，辄使赋之。"枚皋也以献赋开始被皇帝看中，以此成为文学侍从之臣，专以赋为事。盛汉的另一著名赋家扬雄，是以《羽猎赋》得任郎官的，此后也时时以所见为赋，"极丽靡之辞，闳侈钜衍"，继续进献，欲以讽谏。晚年扬雄方知讽一劝百，甚至"劝而不止"[2]，深感"雕虫小技，壮夫不为"，于是他改弦易辙，乃作《法言》。但终汉之世，文人献赋求仕的习惯并没有根本改变。这时，所献之赋，由于篇幅大，文字华美艰深，当然无法播于乐章，大约只得由侍臣向天子高声讽诵，或由天子慢慢省视观赏而已。文人因赋得官，有的甚至还一度"权倾人主"呢。

到了唐代，献赋之风仍存。武则天统治时期，还专门铸造铜匦，悬于朝堂之侧为天下四方才士提供献赋之便。司马光《通鉴》记载说：

> （垂拱二年，686 年）三月，戊申，太后命铸铜为匦。其东曰延恩，献赋颂，求仕进者投之。南曰招谏，言朝政得失者投之。西曰申冤，有冤抑者投之。北曰通玄，言天象灾变及军机秘计者投之。命正谏（即谏议大夫）、补阙、拾遗一人掌之。先责识官，乃听投表疏。

这里告诉我们，唐代以垂拱二年开始，正式在朝堂的东侧设延恩匦，专门给人投献赋颂。投献的方法是先找熟识的官吏作保（即识官），然后自己将赋投入延恩匦，执掌此匦的官员按时取出后，交给皇帝（当时是武则天）阅看。这表明，献赋的活动得到官方的首肯，以此脱离了随意性，进入了规范化、具体化的阶段。

事实上，唐人在立匦前就多有献赋，著名的有虞世南、谢偃、杨炯、王勃等人。虞世南为陈隋旧臣，入唐后深得太宗器重，其德行、忠直、博学、文辞、书翰被称为五绝。太宗曾说："虞世南于我，犹一体也。拾遗补阙，无时暂忘，实为当代名臣，人伦准的""群臣皆若世南，天下何忧不理！"虞赋今存四篇，其中《狮子赋》，是贞观九年（635）四月，唐太宗因康国（古西域国名，今中亚吉利吉斯草原一带）献狮子，诏敕虞写成的。虽非主动献赋，但也是一种献。虞赋写成后编存于东观，成为典则。

谢偃为初唐一大赋家。《全唐文》今存其赋八篇。《旧唐书》本传说："偃尝为《尘》《影》二赋，甚工。太宗闻而召见，自制赋序言'区宇乂安，功德茂盛'，令其为赋。偃奉诏撰成，名曰《述圣赋》。偃又献《唯皇诫德赋》以申讽。"他曾为弘文馆直学士，拜魏王府功曹，与李百药齐名，时人称为"李诗谢赋"。

杨炯，初唐四杰之一。盛唐宰相张说称他"文思如悬河注水，酌用不竭"。今存赋七篇，如意元年（692）七月望日，宫中出盂兰盆，分送佛寺，武则天戴天冠，佩玉玺，驾临洛阳南门，与百僚同观佛教盛会。杨炯因献《盂兰盆赋》，赞扬武则天圣神皇帝"周命唯新""唯寂唯静，无营无欲，寿命如天，德音如玉"。

王勃，诗赋成就在四杰之首。今存赋十二篇，其《寒梧栖风赋》被后人称为唐人文集中最早的一篇律赋[3]。乾封元年（666），他曾诣阙献《宸游东岳颂》。东都乾元殿成，他又献《乾元殿颂》。总章元年（668）三月，献《九成宫颂》，冬十月，高宗祀南郊，他再献《南郊颂》。颂者，"美盛德之形容""傅写似赋……而异于规谏之域”[4]，足见其歌功颂德方面与赋相似，但没有讽谏之意。在王勃，虽作四颂，可能是有意将其与抒情叙志的小赋分为两途。

武则天正式建匦后，一段时间文士献赋颂的更多，可能成一热潮，但史书缺载，详情不得而知。今只知此后献赋颂的著名者有刘允济、富嘉谟、许景先、吕向、孟浩然、李白、杜甫等人。

刘允济，早年与王勃齐名。垂拱四年（688）二月，武则天下令毁东都乾元殿，于其地建明堂，堂成，“允济奏上《明堂赋》以讽。则天甚嘉叹之，手制褒美，拜著作郎”[5]。

富嘉谟，早年与王勃齐名。其诗文，世称吴富体。他曾作《双龙泉颂》《千蜀谷颂》，“词甚高雅，作者推重”，以内容分析，当亦为献颂，只是今已不传。今存的赋，有《丽色赋》。

许景先，曾诣阙献《大像阁赋》。神龙初年（705），东都洛阳建圣善寺报慈阁。此阁是唐中宗为纪念母亲武则天而建的。中宗即位后，武则天被迁居于上阳宫，十一月二十日因病去世。景先的赋是献中宗的，《旧唐书》本传说：“词甚美丽，擢拜左拾遗。”赋今已失传。后来许景先曾与张九龄同掌制诰。

吕向，工草隶，能一笔环百字，世称连锦书。开元十年（722 年），唐玄宗召入翰林，他有感于当时朝廷遣使采择天下美女充实后宫的丑恶现象，因献《美人赋》以讽。玄宗当时还能听得进意见，予以嘉纳，并擢他为左拾遗。后来，他还曾献诗，规讽玄宗校猎渭川。今《全唐文》存《美人赋》，还有《述圣颂》一篇。

孟浩然献赋，为新旧《唐书》本传所不载，《旧唐书》仅说：“年四十游京都，应进士不第。”四十岁时，即开元十六、七年间，他来长安应进士不举，不第后曾有《题长安主人壁》，诗云：“欲随平子去，犹未献甘泉。……九月当授衣，无褐当谁怜？”也就是诗人欲学东汉的张衡（张衡字平子，曾作《归田赋》），归隐田园，却又想献赋求仕。甘泉，即扬雄的《甘泉赋》，这里是借指。那么，孟后来真献赋了没有？今人陈贻焮认为，“可见当时真献过赋，只是仍无结果罢了”[6]，理由是诗人在《南阳北阻雪》中有“十上耻还家，徘徊守归路”句，既然像苏秦那样“书十上，而说不行”，那么肯定献过赋无疑了。要献，当然也是投延恩匦了。这应是他滞留长安，终至归晚于南阳阻雪的重要原因。但他的长安友人王维却在《送孟六归襄阳》诗中说：“好是一生事，无劳献《子虚》。”又似乎劝孟浩然不必多此一举，那么也许孟浩然虽有献赋的想法，也与朋友们谈过，但终究没有成为事实。王维此诗，是劝他彻底打消这个念头。

至于杜甫，天宝十年（751）在长安献三大礼赋，这是作者自己明言了的，已成为人所共知的事实了。

中晚唐献赋，历史记载甚少，原因待考，诗人杜牧今存赋三篇，《阿房宫赋》最为著名。该赋写于诗人二十三岁时，其《上知己文章启》云："宝历初(825)，大起宫室，广声色，故作《阿房宫赋》。"当时不知廷恩匦是否仍存，也未见有明显的献赋之举。但此赋流传广泛，为当时上层社会所赞赏。数年后成为他中进士的主要原因之一，实起了献赋求仕的同样作用。

唐人献赋当然不止上述之数，而且献赋的时间亦有仕前仕后的区别，其仕后献赋，则可起擢拔和固宠的目的。唐人不仅献赋颂，而且还有献诗、献书、献画、献宝箴的。因初举进士不调，而作《芳草赋》以见意的卢藏用，在《陈氏别传》中说："高宗大帝崩于洛阳宫，灵驾将西归，子昂乃献书阙下。"这就是陈子昂向武则天进献的《谏灵驾入京书》。《新唐书·郑虔传》说："尝自写其诗并画以献，帝(玄宗)大署其尾曰：郑虔三绝。"可见郑虔曾献诗画。元结《二风诗序》说："天宝丁亥(即天宝元年，742)中，元子以文辞待制阙下，著《皇谟》三篇，《二风诗》十篇，将欲求于司匦氏……"结果为奸相李林甫所阻。初唐张蕴古、韦承庆、李义府等都曾献过宝箴(张为《大宝箴》，韦为《谕善箴》，李为《承华箴》)，结果大受赏赐。可见，在唐代，献赋颂仍是最隆重最引人瞩目的。

二

风采最为后世仰慕的大诗人李白，也曾赴阙献赋，这是本文论述的重点。请看他自己的诗：

因学杨子云，献赋甘泉宫。天书美片善，清芬播无穷。归来入咸阳，谈笑皆王公。

——卷五《东武吟》

汉帝长杨苑，夸胡羽猎归。子云叨侍从，献赋有光辉。激赏摇天笔，承恩赐御衣。

——卷九《温泉侍从归逢故人》

此时行乐难再遇，西游因献《长杨赋》。北阙青云不可期，东山白首还归去。

——卷十三《忆旧游寄谯郡元参军》

这里，诗人明白宣示自己曾献赋，而且获御赐的殊荣。他在有的诗文中，虽未明言，但细读亦可窥知献赋的情景。如：

献纳少成事，归休辞建章。

——卷十五《留别曹南群官之江南》

文章献纳麒麟殿，歌舞淹留玳瑁筵。

——卷十一《流夜郎赠辛判官》

谬挥紫泥诏，献纳青云际。谗惑英主心，恩疏佞臣计。

——卷十九《答高山人兼呈权顾二侯》

上皇闻而悦之，召入禁掖，既润色于鸿业，或间草于王言。雍容揄扬，特见褒赏。

——卷十六《为宋中丞自荐表》

上述四例，都与献赋有关。献纳文章，主要就是赋。润色鸿业，历来也多用来指大赋的功用。班固《两都赋》序云："昔日成康没而颂声寝，三泽竭而诗不作。大汉初定，日不遑给。至于武宣之世，乃崇礼官，考文章，内设金马石渠之署，外兴乐府协律之事，以兴废继绝，润色鸿业，是以众庶悦豫，福应犹盛。……故言语侍从之臣若司马相如……之属，朝夕论思，日月献纳。"前引诗文，李白的用语均本此。

然而，诗人何时献赋，前人论之甚少。献赋必去长安，所幸十多年来学界对李白入长安的考证有了深入，创获颇丰。过去，人们一致肯定李白于天宝元年(742)曾待诏长安。现在稗山、郭沫若、郁贤皓等人又提出和论证了开元十八年(730)前后曾初入长安之说，李从军、安旗再提出了天宝十一二年(752－753)三入长安之说。由此，许多长期的疑难问题得到了冰释。数年前，谢力更提出了开元二十八九年间(740－741)李白还曾去长安的说法，这样说来，李白一生中，至少有四次长安之游了。我很赞赏谢说。他的说法，为本文李白献赋的考证提供了依据和方便。

前引李白诗文七例，诗人献赋虽已确无可疑，但细读之后却发现献赋的心情各篇是出入很大的。是否会有两次献赋？这就是问题。一九八三年，我在拙著《李白诗歌赏析·忆旧游寄谯郡元参军》的析文中[7]曾说过："值得注意的还有'西游因献《长扬赋》'一句，这是不是意味着他另有一次长安之行呢？这一次并不是应诏进京，而是主动献赋，请求北阙谒见的，显然与天宝元年的情况不同。"这就是当时的一种怀疑，一种设想。

谢力的《李白开元末年入京考》[8]可以说与我的想法不谋而合。他指出：

《忆旧游寄谯郡元参军》一诗，对献赋一事轻易带过。宜乎稗山先生云："如果把这里所说的西入长安理解为就是供奉翰林那一次，那么不难设想，他对这位知己总得说几句牢骚话，不会用'北阙青云不可期'轻易了结这段公案的，而'青云不可期'的意思正合于第一次的活动无成，而不切于第二次的遭谗被放，也是很显然的。"不过稗山认为这是一入长安事，则误。

一入长安在开元二十三年(735)前,而此次献赋在开元二十三年后。开元末在长安,与一入长安一样,也是无成而归,于献赋之后,是没有可说的了。

谢力这段话虽然从稗山的话中加以引发,但与我的"显然与天宝元年(742)进京的情况不同"也是相合的。我认为,李白一生中有两次献赋,一次是开元末,他入长安求仕,献赋投的是朝堂东侧的延恩匦,结果没有引起玄宗的重视,只得失望而归;一次是天宝元年冬,他扈从玄宗去新丰温泉宫(即华清宫),直接向玄宗献赋,玄宗拜读之后,受到褒赏。两次所献的赋也大不相同,我们必须把它们区别开来。

开元末的这次献赋活动及心情,诗人在一些诗中是有所表露的:

> 大道如青天,我独不得出。羞逐长安社中儿,赤鸡白狗赌梨栗。弹剑作歌奏苦声,曳裾王门不称情。……行路难,归去来。
>
> ——卷三《行路难》

我认为这是开元末诗人长安献赋失意而作。大道者,指入仕之路。当时文人入仕的大道,一是应举,中进士,按部就班,这为李白所不屑;二是献赋,妄图一举平步青云,结果却石沉大海。看别人走得容易,自己却阻塞难通,因叹命运之无情。初入长安,诗人雄心勃勃,虽有失望,亦不失自信,当不至于发"大道如青天,我独不得出"这样深沉的感慨。天宝初应诏入京,曾得意非凡,虽然后来被谗疏,"赐金还山",但到底还是出了的,与本诗旨相背,所以,只有开元末献赋才有这样的心情。

> 子云不晓事,晚献《长杨赋》。赋达身已老,草《玄》鬓若丝。投阁良可叹,但为此辈嗤。
>
> ——卷二《古风》其八

此诗旨意,历来纷纭。萧士赟云:"此时戚里骄纵逾制,动至高位,儒者沉困下僚,是诗必有所感讽而作。"王琦引唐仲言曰:"此刺戚里骄横,而以子云自况。"吴昌祺说:"言子云不能自守,则反为小人所嗤,谓以子云自况者非也。"其实三者都不得要领,当为诗人献赋失败后的自我解嘲。说扬雄不晓事,是感叹自己的头脑简单,过分相信献赋之举,诗人感到当时官场黑暗,献赋只是清明的摆设,并不能真正解决入仕问题。他怀疑皇帝根本就没有看到自己所献之赋,即使有朝一日看到,而自己却衰老了。开元末,诗人四十岁左右,叹老在古人是常事。最后,他告诫自己,不要像扬雄那样,因为献赋失败绝望自杀,因为那样做,只能被流俗小人所嗤笑而已。诗人多处以扬雄自况,此首对扬雄表面虽大不敬,实则借此发泄自己的牢骚,并非真的要嘲讽赋家扬雄。

> 学剑翻自哂,为文竟何成?剑非万人敌,文窃四海声。儿戏不足道,五

噫出西京。

——卷十一《经乱离后天恩流夜郎忆旧游书怀赠江夏韦太守良宰》

这是诗人后来被流放夜郎途中对这次献赋失败愤而离京的追忆。诗人以梁鸿自比,认为学剑为文只不过是儿戏。与前首一样,诗都是嘲讽和愤激语。“为文竟何成”,也就是“献纳少成事”(《留别江南群官之江南》)。靠为文献赋是难以奏效的,诗人是很失望的了。

至于天宝元年(742)的献赋,诗说得明白,其得意之色与前者真有天壤之别,他的庸俗之气,也不自觉地流露出来。不过,需要明白的是:第一,献赋的地点不在长安的延恩匦,而在新丰骊山脚下的温泉宫。第二,献赋的时间是天宝元年冬,即十月至十一月间。这时,李白得到玄宗的格外宠信。我们且看此年去温泉宫的历史记载——

《旧唐书·玄宗纪》:冬十月丁酉,幸温泉宫。辛丑,改骊山为会昌山……新成长生殿,名曰集灵台,以祀天神。十一月己巳,至自温泉宫。

《资治通鉴》(15):冬十月,丁酉,上幸骊山温泉,己巳,还宫。

《新唐书·玄宗纪》:十月丁酉,幸温泉宫。十一月己巳,至自温泉宫。

三书记载基本一致。李白为什么在天宝元年冬献赋?首先,因为当时初得玄宗宠信,得意中燃起强烈的希望,这才有献赋的可能。而第二年冬玄宗去温泉宫,他已经萌发辞宫归山的念头,没有这样好的心情了。其次,唐玄宗此时对诗人也有一种仰慕感、新鲜感,所以李白的献赋他才能格外恩宠,又是“摇天笔”,又是“赐御衣”,甚至要封官等等,而第二年冬,已经在听了驸马张垍等人的谗毁之后,冷淡了,疏远了,即使李白要献赋,也不可能得到这样热烈的回应。对此,李白在诗中是有交代的,我们只要略加推敲,就可领会到:

恭承凤凰诏,欻起云萝中。清切紫霄迥,优游丹禁通。君王赐颜色,声价凌烟虹。乘舆拥翠盖,扈从金城东。宝马丽绝景,锦衣入新丰。倚岩望松雪,对酒鸣丝桐。因学扬子云,献赋甘泉宫。

扈从献赋的时间,与应诏入京的时间紧紧相连。宝马,即天马、飞龙马;锦衣,即宫锦袍,都是玄宗所赐。甘泉宫,即代指玄宗下榻的温泉宫,也是诗人的献赋之地。

三

至于李白所献之赋,我在《李白诗歌赏析》一书中曾说:“这赋是什么呢?从今存作品看,极有可能是《明堂赋》和《大猎赋》。”这推测,我至今仍然认为没有错，不过，需要补充的是开元末所献之赋，我认为大约是《明堂赋》；而天宝初年所献之赋，大约则为《大猎赋》。

古代献赋，必以大赋，唐亦如是。李白今存赋八篇，其中《拟恨赋》《惜余春赋》《愁阳春赋》《悲清秋赋》《剑阁赋》五篇，都是抒情小赋，应首先排除在外。而《大鹏赋》，是诗人二十五岁离蜀出峡，在江陵遇司马承祯有感而作，原名《大鹏遇希有鸟赋》，是“少作”，因为“未穷宏达之旨，中年弃之”[9]，当然不可能拿来投献朝廷，所以，投献的也只有《明堂赋》和《大猎赋》两篇才可能。

《明堂赋》历述唐初帝王兴建修复明堂的过程，歌颂明堂的宏壮辉煌，描写今上（玄宗）以孝治天下，登堂祭祀享于神灵的情景，最后推出“弃末返本”的讽谏之意：

> 圣主犹夕惕若厉，惧人未安。乃目极于天，耳下于泉，飞聪驰明，无远不察。考鬼神之奥，推阴阳之荒。下明诏，班旧章。振穷乏，散敖仓。毁玉沉珠，卑宫颓墙。使山泽无间，往来相望。帝躬于天田，后亲于郊桑。弃末返本，人和时康。

他认为这才是“我大君登明堂之政化”，应该认可和予以施行的。赋的主旨和内容并不晦奥。问题是作赋的背景和写作时间。清王琦说：“太白此赋，尽在开元五年(717)末复改乾元殿以前所作者也。”其理由是：“考赋中所言，多称书传所载，古时规模制度与则天所造明堂或有不合，盖身在远方，闻其事而赋之。因未亲至东都，得之目见。”开元五年前，诗人仅十五六岁，他虽自称“十五观奇书，作赋凌相如”，然究有吹嘘成分，又远在巴蜀，即或有赋，亦难有此深沉旨意。今人詹锳以《通鉴》为据，指出开元十年(722)玄宗曾复以乾元殿为明堂，开元二十五年(737)，玄宗曾命将作大匠康訾素至东都毁明堂。訾素建议拆去上层为乾元殿，下层仍保留明堂，为玄宗所采纳。所以，他认为：“是开元十年以后，二十五年前，白亦有作《明堂赋》之可能。”詹说颇值得注意，我们不妨在此基础上予以研究。

明堂的几建几毁，都涉及“典制”问题。开元二十五年，毁去明堂的上层，减少九十五尺，当然不高了，也就不会“乖于典则”。李白的赋中对此持肯定和赞赏的态度，正暗含这个内容，所谓“毁玉沉珠，卑宫颓墙”，即有此意。又“岂比夫秦赵吴楚，争高竞奢”，认为不必与古代的阿房宫、章华台、姑苏台、丛台相比，这是和开元二十五年的情形相合的。开元二十七年(739)，玄宗又一次改变主意，下令拆去上层的乾元殿，恢复明堂。《通鉴》说：“冬十月，辛巳，改修东都明堂。”“十一月，甲辰明堂成。”虽然如此，明堂也只能以典制为准。太白有可能在开元二十七年冬后作此赋，其意旨是规讽玄宗不要越修越高，越修越华丽。

现在问题是赋序的两句话“臣白美颂,恭维述焉”,该如何解释。今人孟繁森据此认为是“天宝初年李白待诏翰林时作”[10]。然而,正如前面我们已经指出,李白天宝初年献赋是他扈从玄宗新丰温泉宫之时,那么,诗人为什么偏要以明堂为题呢?因为当时并没有修明堂啊。这显然是很突兀的,所以,鄙意认为该赋作于开元二十七年(739)明堂恢复之后,是作为第一次所献之赋投于朝堂东侧延恩匦内的,由于未能引起朝廷的注意,诗人怀疑玄宗并未亲自看到,所以待诏翰林时可能又补写了前头的小序(这时他有资格自称臣了),后来扈从骊山时将它与《大猎赋》一起再献上的。

那么,诗人第二次献赋,为什么有《大猎赋》呢?

其一,还是从《大猎赋》的内容着眼。诗人明确地将自己此次所献之赋比之于汉扬雄的《长杨赋》,除前面我们已举的《温泉侍从归逢故人》外,还有《秋夜独坐怀故山》:

> 天书访江海,东云卧起咸京。入侍瑶池宴,出陪玉辇行。夸胡新赋作,谏猎短书成。但奉紫霄顾,非邀青史名。

这里夸胡的“新赋”,也就是扬雄的《长杨赋》。我们且看扬雄写作《长扬赋》的具体情况,见于《汉书·扬雄传》:

> 明年,上(汉武帝)将大夸胡人以多禽献。秋,命右扶风发民入南山,西自褒斜,东至弘农,南歐汉中,张罗网罝罘,捕熊罴豪猪、虎豹、狖玃、狐兔、麋鹿,载以槛车,输长杨射熊馆,以网为周阹,纵禽兽其中,令胡人手搏之。自取其获,长亲临观焉。是时,农民不得收敛。雄从至射熊馆,还,上《长杨赋》,聊因笔墨之成文章,故藉翰林以为主人,子墨为客卿以风。

这说明扬雄的《长杨赋》是通过翰林主人和子墨客卿的对话以射猎为讽谏的,题材和写法都与李白的《大猎赋》极为相似。只是诗人主张赋“辞欲壮丽,义归博远”,要“示物周博”“大道匡君”,因而不满于扬雄以人兽相搏的残忍为乐。比较两赋,扬赋歌颂汉武帝此举,实在旨趣不高,而李为赋则指出:“斯驰骋以狂发,非至理之弘术。”建议天子要“饱人以淡泊之味”,张天外之大网,“猎贤俊以御极”,即搜罗重用天下的人才,达到大治的目的。这“大猎”双关之旨引发得巧妙而深刻,是远过《长杨赋》的。

其二,赋序指出:“以孟冬十月,大猎于秦。”与诗人在天宝元月十月扈从銮辇去温泉宫的时间和地点正好相合。温泉宫在骊山脚下无疑属于秦地。当然,这一年史书上并没有玄宗大猎的记载,但正如詹锳所说:“畋猎之事不见于正史者甚多”[11],似不应为怪。玄宗允文允武,狩猎于近郊,讲武于骊山,是常有的事。

其三,赋序又云:"臣白作颂,折中厥美。"点明了作者的身份。诗人在长安为臣仅在天宝一、二、三年间,而陪侍玄宗去温泉宫只有天宝一、二年才有可能,因为天宝三载(744)春他已离京了,而天宝一、二年,以其心境比较,则第一年可能性更大些,当然,也不能作绝对化的理解。

总之,我们认为,李白第二次献赋,大致是《大猎赋》,而《明堂赋》也有可能在补写赋序后再一次与《大猎赋》一起献给玄宗。献赋的目的,当然是希望得到更大的宠信,好实现诗人"济苍生""安社稷""使寰区大定,海县清一"的宏志。此次献赋,确曾起了相当的作用,"昔献长杨赋,天开云雨欢。当时待诏承明里,皆道扬雄才可观。敕赐飞龙二天马,黄金络头白玉鞍"(《答杜秀才五松山见赠》),但总归于失望。在诗人以后的岁月里,曾受宠的欢喜,只有留在梦境和脑海深处了。

注 释

[1]班固《两都赋序》。

[2]《汉书·扬雄传》。

[3]姜书阁《骈文史论·唐骈衰变》。

[4]转引自吴讷《文章辨体序说》,"美盛德之形容"为《诗大序》言,"傅写似赋"见《文心雕龙》。

[5]《旧唐书·刘允济传》。

[6]陈贻焮《杜甫评传(一)》第六章。

[7]《李白诗歌赏析》,广西人民出版社出版。语见该书第五十四页。

[8]上海三联书店《李白学刊》第一辑。

[9]李白《大鹏赋序》,《李白集》第一卷。

[10]《社会科学辑刊》一九八六年第三辑,孟文题为《明堂赋作于天宝初年》。

[11]詹锳《李白诗文系年》,语见该书第三十八页。

充满现实感的历史世界
——论李白的咏史怀古诗

孟修祥

一

历史是人类有形记忆的理性世界，诗歌是人类情感抒发的感性世界。但历史和诗歌一样，是我们自我认识的一种工具，是一种建立我们人类世界不可或缺的媒介。当历史从往古而来以存留于世的古迹遗址与史籍，带着满面尘灰，斑斑陈迹，在诗人笔下闯进诗歌的领地，“揽碎古今巨细，入其兴会”。[1]它便以一幅新的面貌出现在文学家族之中，成为诗人情感的投影，现实生活的折射。它带着理性的激情，历史的现实感，显现出诗人独具特色的心灵境界。从而，在文学家族之中，成为一种独特的文学样式，这就是我们通常说的咏史怀古之作。

然而，最早的咏史怀古之作并非这般模样，“不过美其事而咏叹之，隐括本传，不加藻饰”，如班固《咏史》、卢湛《览古诗》、虞羲《咏霍将军北伐》等，大多类乎人物志。所以，清人吴乔在《围炉诗话》卷三中说：“古人咏史，但叙事而不出己意，则史也，非诗也。”第一个把自己强烈的现实感和主观情绪融入咏史怀古诗中的是西晋诗人左思，明人胡应麟曾在《诗薮》外编卷二中说：“《咏史》之名，起自孟坚，但指一事。魏杜挚《赠毋丘俭》，叠用八古人名，堆垛寡变。太冲（左思）题实因班，体亦本杜，而造语奇伟，创格新特，错综震荡，逸气干云，遂为千古绝唱。”说明白点，就是左思继承咏史怀古的诗歌创作形式，借咏史怀古写自我怀抱和情感，他的《咏史八首》就是意在表现“良图莫骋，职由困于资地，托前代以鸣所不平”[2]的代表之作，自左思开借咏史怀古以“自摅胸臆”的先河，在新的层次上宣告了咏史怀古主题的本质意义后，又有表示对现实的怨愤，寄托自己怀抱的颜延之的《五君咏》,"君平独寂寞,身世两相弃"的鲍照的作品,等等,他们大多借历史人物如冯唐、荆轲、主父偃、朱买臣、陈平、司马相如等人的怀才不遇以自比,抒写受压抑知识分子的愤慨不平,突出表现不合理的门阀制度下的个体与占统治地位的世家大族间的矛盾冲突。后来初唐的陈子昂以伟大开拓者的孤独感和时代责任感以及时不我待的时间紧迫感,留下了如《乐生》《郭隗》《登幽州台歌》《燕昭王》等被称为时代的洪钟巨响的咏史之作。可以说自左思之后,这种形式的作品逐渐形成了一种相对稳定的艺术样式,即以咏史怀古来咏己之怀抱,抒己之情感,或"经古人之成败咏之",或"读史见古人成败,感而作之",[3]或如张九龄《登荆州城楼》之"垒垒见陈迹,寂寞想宏图"的壮怀激烈,或如陈子昂《登幽州台歌》之悲壮苍凉。总之,咏史怀古之作中的历史世界是一个独特的艺术世界,一个充满了强烈现实感的艺术世界。李白完全继承了自左思以后到陈子昂咏史怀古的文学传统,以他对社会与人生、历史与现实的独特感受和体验,构筑出自己笔下的历史世界,将自身投影到历史人物和事件中去,将身之所处的现实生活化作历史的存在,让生命似激流,涌起多彩的情感浪涛。透过李白诗中的历史世界,不仅能使我们看到诗人思想的多层面和情感的丰蕴性,同时也看到它明显超出以前的咏史怀古格局,而具有自身的独特性和丰富的内蕴。

二

当我们巡视李白诗中的历史世界,至少有这样几点比较突出的印象:

其一,诗人往往以特定的历史事件为描写对象,寄托对历史永恒悲剧的感怀,而古今之人同其千古之恨与悲。文艺复兴时的一位意大利学者指出:"诗人应当用真实的外衣来瞒过读者,不只使他们相信,他所叙述的故事是实有其事,而且使这些故事产生这样的效果,让读者觉得自己不是在阅读故事,而简直是亲身参与了故事写的事件,是亲眼所见,亲耳所闻。需要在读者的心灵里赢得这样的真实感;而借助历史的权威是容易做到这一点的。"[4]这里所说的真实感在李白诗中是由历史与现实的相似性构成的,从而使历史事件既感染读者,激发想象,又作为衡量现实的尺度。如李白的《远别离》本是写"尧幽囚、舜野死"的历史悲剧,而诗人着意渲染出云暗日惨、猩猩啼烟、鬼魅啸雨的凄寒与悲凉。历史是过去的现实,一去不返而无可变更,诗人深感"我纵言之将何补?"但历史的车轮在时间之路上毕竟留下了千古不灭的辙印,故诗人又生发出"君失臣兮龙为鱼,权归臣兮鼠变虎"的警诫之言,最后以"苍梧山崩湘水绝,竹上之泪乃可灭”的斩绝之语，言历史悲剧的无可改变，现实悲剧的重演又有着可能。由于其历史与现实往往有着惊人的相似之处，致使许多评诗者认为是李白晚年为玄宗被迫称为上皇，又被李辅国“劫而幽”之，“幽愤而作此诗”[5]。诸如此类之作，还有如《古风》其五十一写“殷后乱灭纪，楚怀亦已昏。夷羊满中野。菉葹盈高门。比干谏而死，屈原窜湘源。虎口何婉娈？女娑空婵娟。彭咸久沦没，此意与谁论?”《古风》其五十三亦有云：“战国何纷纷，兵戈乱浮云。赵倚两虎斗，晋为六卿分。奸臣欲窃立，树党自相群。果然田成子，一旦杀齐君!”有人认为，前者“叹明皇拒直谏之臣，张九龄、周子谅俱窜死也。”[6]后者“即《远别离》‘权归臣兮鼠变虎’之意。内倚权相，外宠骄将，卒之国忠、禄山两虎相斗，遂致渔阳之祸”[7]。历史欤？现实欤？是历史亦是现实，而绝不是像“古人咏史，但叙事而不出己意”[8]，欧阳修《五代史·伶官传序》云：“忧劳可以兴国，逸豫可以亡身，自然之理也。”李白诗中饱含着一种忧虑意识，一种在安史之乱前夕，整个上层社会中所潜伏的危机感。而诗人将往古悲剧的浓厚色彩涂染在现实的画布之上，赫然呈现在人们的面前，使见之者生其悲叹，而难以将诗人对历史与现实的感怀绝然分开。这种不可分开性就在于历史与现实的极其相似性，人们很容易从李白的这类咏史之作这面镜子中看到现实的镜像，从而唤起人们强烈的现实感，从中国人对历史与现实关系特别重视的传统看，如果说屈原是中国诗歌诗史上第一位利用历史对现实作裁判的人，那么，李白则扬弃斑驳陆离、瑰伟雄奇的神话外衣，使这种裁判更直接明了，表述更清晰。

其二，由人世代谢，时代变迁，睹故物，历旧迹而生喟叹，心底涌出一种朝代兴亡、往事如烟的空幻感，从而在永恒的自然与短暂的人生之强烈对比中，通过诗的典型意象，显现出一种丰富而深刻的内蕴。如《苏台览古》所写：“旧苑荒台杨柳新，菱歌清唱不胜春。只今唯有西江月，曾照吴王宫里人。”《越中览古》所写：“越王勾践破吴归，义士还家尽锦衣。宫女如花满春殿，只今唯有鹧鸪飞。”这是典型的怀古之作。怀古的核心是记忆，诗人在这里是复现经其筛选重塑的历史，然后将其与目前所见之景状比照，旧苑荒台，王宫春殿，这都是历史故物。吴越春秋，风云变幻，曾在这里演出过多少惊天动地的活剧，吴王的豪奢骄狂，越王的卧薪尝胆……诸多历史故事就是发生在这宫墙殿瓦之内，留给后人以无尽的感慨与思索。当时光将历史延伸到盛唐，往事已如梦如幻，旧时宫女如云、豪华至极的吴宫越殿，而今只有江月独照、鹧鸪扑飞。诗人的目光是敏锐的，他看透了自然的无情和令人恐怖的历史变迁与毁灭的结局，从而表现出千秋永在的自然高于短暂的人世豪华，泉石山川长于院落笙歌的意蕴。正如《古风》其九所谓“一体更变易，万事良悠悠。乃是蓬莱水，复作清浅流。青门种瓜人,旧日东陵侯。富贵故如此,营营何所求?"《古风》其二十三所谓"人生鸟过目,胡乃自结束。景公一何愚?牛山泪相续。物苦不知足,得陇又望蜀。"透过诗人的梦幻感,其中蕴含着一种哲理的了悟,从而显现出那些极力追求富贵行为的荒唐与可笑。李白《苏台览古》《越中怀古》之类怀古之作同刘禹锡《金陵五题》中写"朱雀桥边野草花,乌衣巷口夕阳斜。旧时王谢堂前燕,飞入寻常百姓家",以及许浑《咸阳城东楼》写"一上高城万里愁,蒹葭杨柳似汀洲。溪云初起日沉阁,山雨欲来风满楼。鸟下绿芜秦苑夕,蝉鸣黄叶汉宫秋。行人莫问当年事,故园东来渭水流"等咏史名作的意蕴是一致的。这意蕴中实际包含着一种反讽(irong),即对儒道兼顾的中国古代士人的自身嘲讽,作为道家与宇宙自然同一的个体之对于儒家价值社会的嘲讽。借用《庄子·盗跖》的话说:"……城之大者,莫大于天下矣。尧舜有天下,子孙无置锥之地,汤武立为天子,而后世绝灭,非以其利大故耶?""世之所谓忠臣也,然卒为天下笑。自上观之,至于子胥、比干,皆不足贵也。""天与地无穷,人死者有时,操有时之具而托于无穷之间,忽然无异骐骥之驰过隙电。"在人与自然宇宙的强烈对比中,其人生的卑微与有限是显明的,但李白与刘禹锡、许浑等许多诗人们并不因此而产生恐惧和焦虑,而是具有一种达观超然之感,在对历史存在作现实的反思之后,心理趋向宁静与淡然为怀,表现出喜剧式的自我肯定而非悲剧式的沉重心态。由于诗人在诗中创造了一种想象的空间,将思想情感变成了意象画面,让人去体味诗意和哲理,因而,它使儒家传统的面对时光的流逝而生的人生感叹获得更为高蹈的内容。

其三,叙述议论古人事迹,精神受其感染,于是,强烈的情感参与其间,于词气中流露出与古人同气相投之处,借古人事迹以写自我之人生感慨。如《梁园吟》由"昔人豪贵信陵君,今人耕种信陵坟""梁王宫阙今安在?枚马先归不相待"的历史变故而沉吟感慨,泪满衣襟,深感时不我待,激起拯世济民的雄心壮志:"东山高卧时起来,欲济苍生未应晚。"他的《赤壁歌送别》本是在三国古战场赤壁为送别朋友而作,触景生情,他禁不住想起"二龙争战决雌雄,赤壁楼船扫地空。烈火张天照云海,周瑜于此破曹公"。诗的最后达到激情奔涌,感慨万端而"我欲因之壮心魄"。可见诗人的情感是由怀古所激发,逐渐高涨起来,已而奋发飞扬,不可阻遏,直至诗的结束处已是咏怀而不全为怀古了。对此,前人已作过明确说明,如方东树云:"(李太白)因见梁园有阮公、信陵、梁王诸迹,今皆不见,足为凭吊感慨……所谓借他人酒杯浇自己块垒,死活仙凡全在如此。寻常俗士但知正衍故实,以为咏古炫博,或叙后人议论,炫才识,而不知此凡笔也。此却以自己为经,偶触此地之事,借作指点慨叹,以发泄我之怀抱,全不专为此地考古迹发议论起见。所谓以题为宾为纬，于是实者全虚，凭空御风，飞行绝迹，超超乎仙界矣。脱离一切凡夫心胸识见矣。”显然，诗人并不是循着时间的线索去叙述历史，而是根据自己情感的需要去剪裁、评说历史，强烈的情感参与，构成了诗歌冲击千古的气势。由于历史人物、故实等是一种既有相对恒定的内涵，又可以多方联想、赋予新意和个性意味的原型意象，故诗人将情感激发，在时空结合、历时性与共时性结合之时所产生的诗作，便具有了普遍的文化意义和审美效应。

其四，有感于现实的荒唐与生存的不协调与各式苦况，有意借古人史事讽刺和抨击现实政治，表现出强烈的现实感和抗争精神。如《古风》其三十六写“抱玉入楚国”的卞和，向三个楚王献玉而“良宝终见弃”的悲剧史事，意在抨击统治者不识良才致使贤能沉沦草野；《古风》其三十七借邹衍无辜被拘而恸，感天而五月飞霜，齐女冤而雷下击的故事，表白自己无辜被逐的心情，抨击封建统治者的昏庸腐朽；一曲《行路难》借古代贤臣名将的种种遭际来比照自我，将诗人对统治者的控诉、仕路难行的悲愤情绪推向了极点：“君不见淮阴市井笑韩信，汉朝公卿忌贾生。君不见，昔时燕家重郭隗，拥彗折节无嫌猜。剧辛乐毅感恩分，输肝剖胆效英才。昭王白骨萦蔓草，谁人更扫黄金台，行路难，归去来！”如果我们将诸类作品仅仅看作吟咏历史，显然是不符合诗人的原初创作动机与诗的艺术效果的。诗人着意指出尊贤礼士的燕昭王已成为蔓草覆盖下的朽骨，再也无人洒扫重用郭隗、乐毅等人的黄金台，意在说明士人要实现自己的人格理想的社会已不复存在，即使能如韩信，才如贾谊，亦遭市井无赖的嘲笑，朝廷公卿的妒忌。很显然，诗人已不仅仅是咏史，而是在咏叹历史人物的同时，表现自屈原以来传统的“士不遇”主题，从诗歌本身的艺术效果看，它已超越写怀才不遇的一己之悲，而揭示出中国古代知识分子人格理想本身的悲剧意味以及这种人格理想的现实命运的悲剧性，从而使人们不得不思考形成这一现象的社会历史原因。李白说：“哀怨起骚人。”他的咏史怀古之作多与屈原相类，“此人皆意有所郁结，不得通其道也，故述往事，思来者。”[10]诗人将过去、现在和未来总是联结在一起，这并非是顺时性的逻辑作用，而是想象的逻辑、情感的逻辑在起作用。正如有些人指出的，中国诗人大多有一种逆向思维的习惯，尤其是当他们对自己的现状感到迷惑时，他们便常常在追怀往事中，将现实中的失望转换成对历史的依恋，并在今昔对比的思索中寻觅着自身命运之所以然。当浸满殷切情意的古人古事等原型意象有意无意之中呈现在纸面上时，我们从中看到的不只是往古的故事、人物，而是撷史于笔端、吐露自我情怀的“心史”。

其五，李白诗中出现了众多的不同类型的历史人物，在这比较突出的现象中隐含着诗人对侠士、谋士、隐士等人物的崇拜,以及诗人投射到其中的复杂思想和情感的流变。

侠士崇拜是青年李白的主要思想之一。李白对游侠的崇拜主要是对历史游侠人物的崇拜。那么,李白咏史诗中的这些历史游侠人物,便成为了我们审视诗人心态的主要依据。现代人对古代侠士并不十分陌生,但恐怕很难想象到“十五好剑术”,常常是“腰间延陵剑,玉带明珠袍”(《叙旧赠江阳宰陆调》),“金羁络骏马,锦袍横龙泉”(《留别广陵诸公》)的李白对历史上游侠人物的特别热情和崇拜感。如他的《侠客行》中写道:“来过信陵饮,脱剑膝前横。将炙啖朱亥,持觞劝侯嬴。三杯吐然诺,五岳倒为轻。……千秋二壮士,烜赫大梁城。纵死侠骨香,不惭世上英。”他赞赏朱亥、侯嬴的侠肝义胆,认为他们纵死亦侠骨常香,英名永在,而那些白首穷经的腐儒则很难为人们记得。因此,易水悲歌,血染秦庭的荆轲,筑中置铅、扑杀秦王的高渐离,鱼中隐刀、刺杀吴王僚的专诸,“杀人如剪草”的大侠剧孟等侠士经常出现在李白诗中,成为他崇拜的对象。然而,李白的侠士崇拜颇类似唐·吉诃德的骑士精神,时至唐代,整个封建统治的政治、法律、道德等体系臻于完善,侠士已失去战国时代的广泛的社会基础,“痛饮狂歌空度日,飞扬跋扈为谁雄?”即或友好如杜甫,也对李白颇不以为然。因而,李白的侠士崇拜不过是一种精神寄托和理想化的表现而已。

李白在青年时代虽然好游侠,好神仙,但他更具有远大的政治理想和雄大抱负。在他二十五岁出蜀之后,强烈的事功思想越来越占据李白心中的位置,使他逐渐把那些功名远播后世的历史人物视为自己心中的英雄,管仲、诸葛、谢安诸人在李白诗中出现的频率越来越高,所谓“安石在东山,无心济天下。一起振横流,功成复潇洒。”(《赠常侍御》)“常高谢太傅,携妓东山门。楚舞醉碧云,吴歌断清猿。暂因苍生起,谈笑安黎元。”(《书情赠蔡舍人雄》),等等,在对历史伟人的崇拜中,表现出一种强烈的审美的事功思想,他将历史人物理想化、诗意化,故而,这些人物大多韬略满腹,英才盖世,处理纷繁复杂的军国大事,是那样潇洒自为,面临危急关头,竟然谈笑风生,安稳如山。就像他做诗,不费神思而至臻,挥洒自如而至美。他甚至牢记着乘驴上东平任太守的阮籍,曾“剖竹十日间,一朝风化清”的美谈,李白被他自己创造并为之盘桓俯仰、销魂荡神的历史世界所陶醉,往往将历史与现实、我与英雄的界限弄得含混不清。英雄崇拜的情感化、诗意化,仿佛一束生命之光、智慧之光靠近他,使他愉悦欢欣,又使他不能理智地冷静地审视自己是否有管、葛、谢安之政治才能,却使他一时兴会所触,诱发艺术表现的冲动,在他笔下出现了一系列鲜明生动的历史人物群像。

李白对现实世界的清醒认识是在他的政治理想被彻底粉碎之后。“世道日交丧，浇风散淳源。不采芳桂枝，反栖恶木根。所以桃李树，吐花竟不言。大运有兴没，群动争飞奔。归来广成子，去入无穷门。”（《古风》其二十五）诗人“疾末世而思古人，鄙荣利而怀道德”[11]，于是，早期的英雄崇拜思想由于受到现实的挫折转化为主要对隐士和仙人崇拜。“昭昭严子陵，垂钓沧波间。身将客星隐，心与浮云闲。去揖万乘君，还归富春山。”（《古风》其十二）因此，他对“清风洒六合，邈然不可攀”的严子陵充满敬仰之情。《古风》其十三赞颂弃世遁隐的严君平，既有“观变穷太易，探元化群生”的学问，又有“寂寞缀道论，空帘闭幽情”的道德修养，能以“卜筮贱业”而惠众人的严君平确实使李白不胜向往。故萧士赟云：“此篇虽咏史，其自负之意亦深矣，大意与咏严子陵诗意同。”本来李白的人生理想是先“功成”而后“身退”的，所谓“陶朱虽相越，本有五湖心。余亦南阳子，时为《梁甫吟》”（《留别王司马嵩》），“终与安社稷，功成去五湖”（《赠韦秘书子春》），就是其人生理想的表白，但他始终没能达到“功成”这一步，“一生欲报主，百代期荣亲。其事竟不就，哀哉难重陈。”（《赠张相镐二首》其一）所以李白只好带着满心遗憾与悲哀而“身退”了，退到学隐士，拜道士神仙的清虚天地，退到“石门流水遍桃花，我亦曾到秦人家。不知何处得鸡豕，就中仍见繁桑麻”（《下途归石门旧居》）这种“悠然远与世事间”的桃花源式的境界。于是，我们在李白笔下的历史世界中又经常与严子陵、广成子、严君平、陶渊明等人见面。实际上，他们不过是李白超越现实、追求自由理想的精神替身，借助这些虚幻的影子来聊以安慰理想幻灭后所带来的精神失落。

李白诗中的历史世界反映了李白思想的多层面，他融取儒、墨、道、释、纵横诸家，各种思想随着诗人境况的变化而呈现出消长变异。我们既不能因为李白崇拜游侠，就将其思想归于墨家，也不能因为他积极用世就认为他是儒家思想，将李白想当策士谋臣的英雄崇拜视为纵横家的思想也是一种简单化的看法，他有强烈的自我意识又有强烈的社会意识，这一点又与道家思想迥然有别。事实上，李白诗中的历史世界通过各式人物的描绘，展示出他思想的多面性、复杂性和矛盾性。例如：他曾怀着十分崇敬的心情赞颂孔子云：“仲尼，大圣人，宰中都而四方取则”（《武昌宰韩君去思颂碑》并序），所以他在诗中说：“君看我才能，何如鲁仲尼。”（《书怀赠南陵常赞府》），又说：“我志在删述，垂辉映千春。希圣如有立，绝笔于获麟。”（《古风》其一）不仅肯定了孔子的才能和成就，又自比孔子，以示追步效法。正因为孔子对他的影响之深，故而在他生命的最后一息，也不禁发出深沉浩叹：“大鹏飞兮振八裔，中天摧兮力不济。……后人得之传此，仲尼亡兮谁为出涕？”（《临路歌》）然而，同是李白，他又分明说过“我本楚狂人，凤歌笑孔丘”（《庐山谣寄卢侍御虚舟》）的大不敬的话。再如，李白十分推崇鲁仲连,并引以为同调,“齐有倜傥生,鲁连特高妙。明月出海底,一朝开光辉。却秦振英声,后世仰末照。意轻千金赠,顾向平原笑,吾亦澹荡人,拂衣可同调。”(《古风》其十)也同样是如此佩服鲁仲连,甚至“功成追鲁连”的李白,却在《鸣皋歌送岑征君》中说出对鲁仲连的大不以为然的话,“笑何苦而救楚,笑何夸而却秦!吾诚不能学二子沽名矫节以耀世兮,固将弃天地而遗身。”又如对高士贤人之如巢父、许由的看法,也明显表现出矛盾性。《代寿山答孟少府移文书》说自己“不屈己,不干人,巢由以来,一人而已。”《冬夜于随州紫阳先生餐霞楼送元演隐仙城山序》中自云:“出则以平交诸侯,遁则以俯视巢由。”《为宋中丞自荐表》中表白自己说:“怀经济之才,抗巢由之节。”李白在诗中也以巢由自比:“虽登洛阳殿(指严光),不屈巢由身。余亦谢明主,今称偃蹇臣。”(《送裴十八图南归嵩山》)但他又分明说过“归时莫洗耳,为我洗其心;洗心得真情,洗耳徒买名。”(《送裴十八图南归嵩山》其二)表示对巢由的非议。李白这种对前辈先贤之看法的二重性,还表现在对屈原、王羲之、陶渊明等人自相矛盾处。前人不理解这种现象之在李白的独特性而常常陷入理解的困境,甚至不少人将李白的有些作品疑为伪作,如朱谏、沈德潜、王琦等人就是如此。他们不仅忽视了李白诗中历史人物本身所具有的二重性,同时也忽视了李白在观照历史人物时的独特视角。李白是最不囿于传统,极富主观意志而敢于大胆创造的诗人,他有时可能比较理智而清醒地观照历史人物,区别取舍他们的思想行为,但更多的时候则是在现实环境变化的作用下,激情勃发,心神震荡时对历史人物的自由取舍,无论是推崇或同情,还是贬损或嘲笑,都不受什么固有的神圣观念和清规戒律的拘束。正是这种“卷舒固在我”的审视态度,造成了李白诗中特别的历史世界。正是在这种意义上,我们可以说,李白不仅仅是继承了左思“非呆衍史事,特借我事以咏己之怀抱”的咏史传统,以及石崇《王明君辞》,陶渊明咏三良、二疏、荆轲,王彪之《咏史诗》咏周昌、汲黯,直至颜延之《五君咏》、鲍照《蜀四贤咏》这种借历史人物事件寄寓自我情思的写法,也不仅仅是从数量和形象的生动性或涉及的人物、事件之多之广前无古人,更主要的是他独特的审视历史的视角使他的咏史怀古之作远远超出左思以降诸多咏史怀古诗的格局,扩展了这类诗歌的意义和价值。

三

纵观李白诗中的历史世界,我们可以得出这样一种结论:李白具有极强的历史意识。那么,怎样评价这种历史意识呢?首先,我们必须明确:“历史意识是一种心理机能。关于历史的知识、对于历史的敬重和依恋,对历史的仿效和对于历史的憎恨,如若没有这样一种愿意接受它们的心理机能,便无法产生。形成个人历史意识的这一心理机能,就像人的交际能力和理性一样,是人类精神活动的一个必然范畴。回忆和记忆是满足历史意识的活动。"[13]历史是一个整体,它包括人类过去生活的一切,不同的人必然对其保持着不同的记忆和回忆。但回忆在这里并不仅仅是心理学上证明的那种把过去的人物、事件、物体等"复现"在脑海中的能力。它是指回头对过去思考并赋予诗人现实主观情感与观念的东西。回忆既不是对历史的任意取舍,也不是对历史毫不走样的复现(即使是历史学家也不可能复现历史的原状),而是历史与现实的聚合。这种聚合效应往往表现为"突然回忆到过去和遥远的情景,就好像是一个失去的乐园又在我们面前飘过似的"[14],现实即痛苦,回忆则使人超越眼前的痛苦,而创造出一个似乎久已消逝的美的"乐园"(理想中的历史人物)来同现实对抗。这就是由于诗人无论是对现实或是对历史的感受远比一般人强烈,尤其是当诗人在自我生存、自我发展和自我实现的追求过程中,感到种种不合理与不协调时,往往禁不住回顾历史这面镜子的原因所在。向往过去的人和事以比较现在,在历史与现实的强烈对比中来突现现存世界的荒唐不公和敲打统治者麻木的神经或抒写自己的情感和针砭时弊等,所谓"经古人之成败咏之""读史见古人成败,感而作之"[15]是也。

由于咏史实际上是作者对历史的一种理解,而"对过去的每一种理解都包含着某种误解,因为我们并不是站在历史之外观察和评判历史的,我们对历史的看法本身就是历史的产物"[16]。这一观点无疑是深刻的,但是,诗人不是历史学家,他并非是理性的实事求是,而往往是情感式的先入为主,按照自己的意志去描述"心中的历史""乃一时兴会所触,不比山经地志,以详核为佳"[17],从这种意义上看,李白的历史意识中无疑饱含着强烈的现实精神和主观情感的渗透。此外,在李白的历史意识中,具有诗人的人格自觉转化为对历史人物的人格价值的现实肯定,它是诗人创作心态的一个基本特征,而不仅仅是一个艺术表现方式的选择,或者说,当历史人物或历史事件在李白诗中复现时,它不只是表现出诗人对往古的眷恋之情,而在历史时代就有了一种确定的基本模式,使诗人很容易为自己的心理世界找到生存的基本因子。因此,它表明:"对于我们的自我认识来说,没有任何现实比历史更为重要的了,它向我们显示人类最广阔的天地,给我们带来生活所依据的传统内容,指点我们用什么标准来衡量现世,解除我们受自己时代所加予的无意识的束缚,教导我们要从人的最崇高的潜力和不朽的创造力出发来看待人。"[18]李白不是哲学家,他不会像雅斯贝斯有这么一套历史哲学的总结,但诗人的智慧在于他以形象的世界暗示一个真理:“人是什么?只有他的历史才会说清楚。”[19]李白将自己的主观情感倾注于笔下的历史世界,或使其理想化、诗意化,或将复杂多变的历史事件一元化、因果化,等等,既以古鉴今,又自圆其说,在艺术表现上收到了辞约旨丰或意在言外或余味不尽的效果。展现在我们眼前的已不是纯然的历史真实,而是一种特殊的审美境界,因此,它不仅具有思想意义、哲学启示,而且具有十分突出的审美价值。

注　释

[1][8]王夫之《明诗评选》卷三:卷四,班固《咏史》评。

[2]何焯《义门读书记》,转引自陈延杰《诗品注》第18页,人民文学出版社,1958年。

[3][15]王利器校注:《文镜秘府论》第298页,中国社会科学出版社,1983年。

[4]《欧美古典作家论现实主义和浪漫主义》(一)第125页,中国社会科学出版社,1980年。

[5]王世懋《艺圃撷余》。

[6][7][11]陈沆《诗比兴笺》。

[9]方东树《昭昧詹言》。

[10]《史记·太史公自序》。

[12]张玉谷《古诗赏析》。

[13][美]E·希尔斯《论传统》第69页,中译本,上海人民出版社,1991年。

[14]叔本华《作为意志和表象的世界》第277页,中译本,商务印书馆,1984年。

[16](匈)豪泽尔《艺术社会学》第185页,中译本,学林出版社,1987年。

[17]袁枚《随园诗话》卷六,第187页,人民文学出版社,1962年。

[18]雅期贝斯语,转引自《当代西方史学流派文选》第36页,上海人民出版社,1982年。

[19]狄尔泰语,同上书,第19页。

李白的咏史诗及其审美价值

王友胜

诗中咏史，滥觞于先秦。《诗经》中五首史诗叙写周朝先祖开国的历史，《离骚》历数夏商两代人君败亡的事迹，都带有咏史的成分。不过完整的咏史诗当始于东汉班固的《咏史》，尽管此诗被后人评为“质木无文”，但首创“咏史”诗之名目，实在功不可没。班固以降，迄至隋代，咏史诗的创作好似稀疏之晨星，诗作寥寥，未成大观。《文选》立咏史一类，存诗亦不过二十一首。到了唐代，咏史诗的创作才展现出蓬勃的生命力[1]。经笔者粗略统计，李白诗集中完整而成熟的咏史诗便有七十多首（尚不包括部分章节咏史的诗作），超过先唐咏史诗数量之总和，可算是中国古代第一位大力写作咏史诗的杰出诗人。李白才气纵横，思维敏捷，具有对现实认识敏锐的超前性及对历史深邃的洞察力，其咏史之作往往借古伤今，表现诗人对现实政治的关注与人生遭际的悲慨，为推动咏史诗思想蕴含的加深，艺术手法的更新作出了极大的贡献。然而，学术界在李白研究上较多注意其生地卒年、家世家室及行踪交游的考辨，还有《蜀道难》主题及二首词[2]真伪的争议；至于山水诗、思妇诗、咏月咏酒诗更是人们乐道的热门话题。而对游仙诗、边塞诗尤其是咏史诗却研究得极少。为此，本文拟从主体批评的角度出发，对其咏史之作的思想蕴含及审美情趣作些粗浅的探索，以就教于专家学者。

一、李白咏史诗的几种类型

就其生成背景而言，李白咏史诗的产生有三种途径：一为阅读历史著作或古人的诗集文选，由文字意象直接引发议论或感怀；二为登览古迹遗址后，由历史凭吊物触发出的感慨与联想；三为因入世苦闷，直接在历史中寻求知音与类似物[3]。

这三种途径虽然诗人的创作契机有别,然都有一个共同点,即诗人都以特定的历史人物、历史事迹或历史变迁为吟咏对象,诗歌都表现了一个恒定的已成陈迹的历史世界。因此,对待历史的态度如何,处理历史题材的方法如何便成了判断咏史诗人成就高低的一个因素,成了区分咏史诗类型的重要依据。本文即以此为标准对李白咏史诗作出如下分类。

1. 史传型咏史诗

这类咏史诗大多只指一事,据事直书。诗中所咏对象都是特定的古人古事,且史实均有出处,因此诗歌叙述部分受到史实的局限,结尾赞颂部分往往是异口同声的评价。再者,由于诗中所叙写的人事经过史家的理性处理,故诗人对之往往持客观冷静的态度,较少个人情感的渗透,其写法有似史官替历史人物作传。这类诗歌多出现在李白以有史可鉴的史事为吟咏对象的咏史之作中,如《登金陵冶城西北谢安墩》一诗:

晋室昔横溃,永嘉遂南奔。沙尘何茫茫,龙虎斗朝昏。胡马风汉草,天骄蹙中原。哲匠感颓运,云鹏忽飞翻。组练照楚国,旌旗连海门。西秦百万众,戈甲如云屯。投鞭可填江,一扫不足论。皇运有返正,丑虏无遗魂。谈笑遏横流,苍生望斯存。[4]

诗中叙写异族统治者大举南侵,东晋王朝偏安一隅的历史局面,叙写谢安受命之际寡不敌众的危险处境及从容镇定、克敌制胜的大将风度,与《晋书·谢安传》的记载如出一辙。在完成史实的陈述后,诗人便转向对谢安的颂赞,"冶城访古迹,犹有谢安墩。凭览周地险,高标绝人喧。想象东山姿,缅怀右军言……功成拂衣去,归入武陵源。"此诗泛咏谢安其人其事,无甚新意,对历史人物未作主观的评价与议论,结尾的颂赞也只是重复了历史的定论,故此诗可认定为史传型咏史诗。李白诗集中,类似于此的咏史诗还有《苏武》、《王昭君》(二首)、《登瓦官阁》、《月夜金陵怀古》、《金陵歌送别范宣》及《古风》(其三、其四十八)[5],如同前诗,泛咏史实,不加主观评议是这些诗共同的思想旨趣与审美特征。

当然,我们说史传型咏史诗不加议论,不渗入个人情感只是相对而言的。作为一种最宜于抒情的文学体裁,诗歌创作没有主体情感的介入则是很难想象的。所以即使在史传型咏史诗中,李白有时也会情不自禁地发表历史见解,为被误解的历史人物拨乱反正,以恢复历史人物的本来面目。如《登广武古战场》一诗,前半部分表现刘邦深谋远虑,战胜项羽,一统天下的伟大业绩。后六句转而发表个人看法,"拨乱属豪圣,俗儒安可通。沉湎呼竖子,狂言非至公。抚掌黄河曲,嗤嗤阮嗣宗。"诗中批评阮籍对刘邦的轻蔑态度,肯定刘邦在历史上的功绩,维护了正统史书对刘邦的定论,故该诗仍属史传型咏史诗。

2. 史论型咏史诗

这类诗歌大多粘着一事,借题发挥,其重点在于借史立论。作者往往别出心裁,独具慧眼,见解敏锐深刻。就其写作目的而言,它已由史传型咏史诗客观地叙述史实转向呈现历史人物的精神面貌或评述历史事件的演变过程。也就是说,咏史的意义,已由再现历史史实转向借史兴叹,表露创作主体强烈的主观意识。从写作手法上讲,史论型咏史诗不再运用叙述的笔调大段的描绘,而是把握能够代表史事精神的东西,以简洁精切的文字呈示出来,然后着重生发自己的议论。因此,史论型咏史诗无论是思想的深刻抑或是艺术的精湛都比史传型咏史诗要好,这是李白对咏史诗的贡献。

李白的史论型咏史诗常常以讽喻政治的写作目的而表现出来,因而此类诗大多以历史上那些亲近奸佞、贪图女色的昏暴之君为吟咏对象。文以经邦,史为鉴世,诗人通过嘲讽、批判他们的贪婪残暴,荒淫失国,以此来垂戒当朝统治者。试看《古风》(其五十一):

> 殷后乱天纪,楚怀亦已昏。夷羊满中野,菉葹盈高门。比干谏而死,屈平窜湘源。虎口何婉娈?女媭空婵娟。彭咸久沦没,此意与谁论?

李白是个有着强烈济世之心的诗人,济苍生,安黎元,解世纷,静胡沙是他一生伟大的目标。因而诗人对现实政治极为关注,对唐王朝尤其是玄宗后期所表现出来的一系列矛盾,对暂时潜伏着而随时都有可能爆发的各种社会危机极为忧患。在这首诗中,诗人借咏殷纣王和楚怀王昏乱失德,排斥贤良,任用奸佞,招致国灭的史事之机,和极为敏锐的政治见解和极为深刻的批判精神向荒淫腐朽的唐王朝统治者提出了庄严的警告。该诗怀古之情极淡,伤今之意颇浓;吟咏史实是手段,借历史批判现实是目的;前半部分吟咏史诗,后半部分生发议论,是一首典型的史论型咏史诗。

李白青少年时代钻研历史典籍是花费了一番工夫的。他在给一位地方长官的书信中曾不无自负地说:"五岁诵六甲,十岁观百家。轩辕以来,颇得闻矣。"[6]因而诗人对中国历史非常熟悉,在其史论型咏史诗中,类似于商纣王、楚怀王的昏君还有很多,如周穆王、吴王夫差、楚顷襄王、秦始皇、汉武帝、陈后主等。诗人通过吟咏这些历史人物,以古论今,给唐王朝统治者提供一面明亮的镜子。除开昏君以外,中国历史上乱臣贼子结党营私,自相残杀,以致乱政误国的现象亦有很多。为此,诗人不仅批判昏君,而且还嘲讽佞臣,《古风》其五十三便是其中的杰作:"战国何纷纷,兵戈乱浮云。赵倚两虎斗,晋为六卿分。奸臣欲窃位,树党自相群。果然田成子,一旦杀齐君。"此诗借战国时期赵国将相失和，两虎相斗，晋国六卿自重，削弱公室以及春秋时齐国田成子弑君窃位的史实，发出个人对治国理政的独到见解：国家内部出现争权夺利的纠纷，必将给奸臣造成结党营私，谋权窃位的可乘之机。国家如不及时消除隐患，难免招致杀身之祸。关于此诗题旨，清代陈沆说："此即《远别离》篇'权归臣兮鼠变虎'之意，内倚权相，外宠骄将，卒之国忠禄山两虎相斗，遂致渔阳之祸。"⑦陈氏说诗，性喜牵强附会，然此处对李白咏史诗的评价，看出了诗中史料所寓示的深刻含义，却是非常有见地的。

从以上论述可见，在李白的史论型咏史诗中，诗人所要表现的主题已由对史事的吟咏让位于个人见解的阐发，历史成了诗人抒发感叹的媒介，对史事加以浓缩剪裁成了写作这类诗歌的重要技巧。这类诗由于抨击了唐朝统治者的种种弊政与丑恶现象，表现了诗人关心国家，干预时政的强烈的责任感和社会使命感，具有重大的现实意义与社会价值，因而成了李白咏史诗中思想性最高的一类。

3. 咏怀型咏史诗

这类诗歌在写作上与史论型咏史诗有相同之处，即历史史实在诗中已退化到次要地位，诗人的主观意识却上升到主导地位。但也有不同的地方，史论型咏史诗以古论今，表现诗人对现实政治的关注；咏怀型咏史诗是借古抒怀，抒发一己之怀抱与情感。唯其如此，诗人在写作咏怀型咏史诗时，总是以感性的（而不是理性的）态度赞咏历史史实，借此表达自我的钦慕与向往，叹惋与伤悼。这类诗到底是咏史诗抑或是咏怀诗，我们很难将它硬性区分开来。实际上，它是咏怀与咏史的融合统一，故名之为咏怀型咏史诗，如《读诸葛武侯传书怀赠长安崔少府封昆季》诗：

> 汉道昔云季，群雄方战争。霸图名未立，割据资豪英。赤伏起颓运，卧龙得孔明。当其南阳时，陇亩躬自耕。鱼水三顾合，风云四海生。武侯立岷蜀，壮志吞咸京。何人先见许，但有崔州平。余亦草间人，颇怀拯物情。晚途值子玉，华发同衰荣。托意在经济，结交为弟兄。无令管与鲍，千载独知名。

诗的前半部分叙写诸葛亮的史实，诗人以纵横的气势再现了当年英豪割据、龙虎争斗的时代背景，展示了诸葛亮与刘备君臣遇合，风云际会，以成霸业的历史图景，字里行间透露出了对他们鱼水相得、精诚一体亲密关系的无限向往与渴慕之情。后半部分对崔氏兄弟直接书怀述感，诗人巧用崔姓古人知贤荐能的典故，暗示崔氏兄弟对自己提携荐举，欲求像诸葛亮知遇刘备那样，大干一番轰轰烈烈的事业。类似于此的诗又如《感遇》其四："宋玉事楚王，立身本高洁。巫山赋彩云,郢路歌白雪。举国莫能和,巴人皆卷舌。一惑登徒言,恩情遂中绝。”此诗高度赞扬了宋玉傲然不羁的人格及杰出的文学才华,感叹宋玉才高受谤以致遭君王疏远、遗弃的痛苦遭遇。李白的人生经历与千年前的宋玉何其相似,故诗人对他的坎坷与不幸产生了强烈的共鸣,对自己遭受小人谗言而被皇帝赐金放还的辛酸往事产生了无限的伤悼。该诗既咏史又抒怀,亦属咏怀型咏史诗。

李白的一生是积极进取、努力追求的一生,也是坎坷不遇、穷愁潦倒的一生。他得意的时候少,失意的时候多,因此其咏怀型咏史诗,虽然诗人也曾对诸葛亮、张良、韩信、鲁仲连、傅说及管仲、晏婴等显赫人物发出由衷的赞美,但他投入感情最深的还是那些怀才不遇,赍志以没的悲剧人物,除开上文提到的宋玉,还有贾谊、苏武、扬雄、祢衡、严子陵、严君平、西施、卞和、陈皇后、王昭君等。从李白的全部咏史诗来看,这类咏悲剧人物的咏怀型咏史诗写得最多,艺术性也最好。如咏王昭君的《于阗采花》:“于阗采花人,自言花相似。明妃一朝西入胡,胡中美人多羞死。乃知汉地多明姝,胡中无花方可比。丹青能令丑者妍,无盐翻在深宫里。自古妒娥眉,胡沙埋皓齿。”诗人写昭君貌美而遭妒,正寓示自己才高而被谤。清代沈德潜云:“咏史诗不必专咏一人,专咏一事,已有怀抱,借古人事以抒写之,斯为千秋绝调。”[8]诗中咏史,诗中咏怀,在李白之前早已有之,然将二者结合起来,且结合得如此的圆融无碍,在中国咏史诗史上,李白还是第一人。

二、李白咏史诗的审美价值

作为一个杰出的咏史诗人,李白不仅继承、发展了班固《咏史》式的史传型咏史诗、左思《咏史》(八首)式的咏怀型咏史诗,而且还开创了史论型咏史诗的新例,中晚唐以史论世的史论型咏史诗大量出现,这与李白的先锋与榜样作用是分不开的。纵观李白的全部咏史之作,我们不难发现诗人的咏史诗不仅思想深刻,而且在艺术构思、审美情趣上也表现出与前人的不同之处,下面将细论之。

1. 史料取舍的主观性

咏史诗所咏之史事即诗人在诗中所运用的历史材料,就其形式而言,则处于相对静止的凝固状态;就其内容而言,却又处在不断由现实积淀成历史的流动过程。唯其形式是静止的,故诗人能根据情感表达的需要对史料进行任意取舍;又唯其内容是流动的,故诗人与古人远隔千载却可以找到精神的契合点、情绪的相通处。众所周知,李白一贯主张有为而作,风雅兴寄、包蕴深刻是他诗歌一以贯之的传统[9]。为此,在其咏史诗中,诗人往往根据自己抒发怀抱表达情感的需要，在不违反历史真实的基础上，对古人古事作出主观的组合，选取自己最需要的史事进行诠释与评议，挖掘最富现实意义与启示作用的内容撰构成篇。这一特征在李白的史论型咏史诗与咏怀型咏史诗中表现得尤为明显。

子房未虎啸，破产不为家。沧海得壮士，椎秦博浪沙。报韩虽不成，天地皆振动。潜匿游下邳，岂曰非智勇。我来圯桥上，怀古钦英风。唯见碧流水，曾无黄石公。叹息此人去，萧条徐室空。[10]

张良乃刘邦身边的一位重要谋臣，他经邦治国，运筹帷幄，为刘邦在群英纷争中夺取天下立下了汗马功劳，对此要写的事迹有很多，可诗人却撇开不论，只选取他刺秦扳韩、圯桥拜师两件事来表现其刚正勇武、坚定果断的豪侠精神及谦逊诚实、尊老敬贤的忍耐品格。李白豪侠过人，曾自言“十五学剑术”“杀人红尘里”，其仗义行侠，轻财好施的思想丝毫不输张良。诗人赞扬张良刺秦扳韩的壮举，是想借此自况，表现自己“但用东山谢安石，为君谈笑静胡沙”[11]的豪情；写张良圯桥巧遇名师，是为了抒发自己知音难遇，壮志未酬的思想苦闷。

由此可见，李白的咏史诗有着明显的创作意图，为达到自己抒怀论世的目的，他常常只剪取历史史实的某一侧面作重点的甚至夸张的描写。如咏姜尚只写他老谋深算、等待时机的执着精神；咏鲁仲连只写他淡泊名利、功成身退的伟大气节；咏诸葛亮只写他与刘备君臣遇合、鱼水相得的亲密关系；咏谢安只写他从容镇定、指挥若定的大将风度。以上历史人物的每一侧面都是诗人非常羡慕的，故李白对他们倾注了满腔赞美之情。诗人对悲剧人物的吟咏亦复如此，如咏宋玉重点写他才高受谤以致被君王疏远、遗弃的惨痛遭遇；咏祢衡重点写他性格刚烈最后惨遭杀害的可悲结局；咏王昭君重点写她貌美遭妒，远嫁胡人的凄凉身世。这些悲剧人物所遭受的苦难，李白都曾有过类似的体验，所以诗人在情感上与他们产生了强烈的共鸣。于是，李白在史料取舍上的主观性便导致了这样的情况，即其咏史诗中的历史史实已非客观的完整的面貌，而是带有诗人主观情感的片断的历史。这是李白对其前期所写的史传型咏史诗的反动，也是对咏史诗艺术技巧更新提高所做出的杰出贡献。

2. 咏史之中的抒情性

李白是个情感丰富的诗人，他的诗中往往有“我”的出现，且自我意识十分强烈，自我形象极其鲜明，因而其诗有着浓厚的抒情性。在其咏史诗中，李白所要表现的不是历史，而是由历史所触发的个人情感。唯其如此，李白并不像一般咏史诗人那样为咏史而咏史，将自我深深地掩埋于历史的帷幕后，而是借史以兴感，无所遮掩地袒露自己的情怀，毫不迂回地表达自己对现实政治的激愤。历史不过是一堆沉睡已久的遗存物，可经诗人心灵火花的点燃，便会如巨龙般腾跃起来。如

《古风》(其十四)开头四句:“燕昭延郭隗,遂筑黄金台。剧辛方赵至,邹衍复齐来。”诗人简要地勾勒了燕昭王礼贤下士的史实后,即搁置不顾,随之汹涌而来的则是诗人的无限感慨:“奈何青云士,弃我如尘埃。珠玉买歌笑,糟糠养贤才。方知黄鹤举,千里独徘徊。”这几句诗率真自然地表达了自己满腹才华而又不得为用的愤慨,抨击了当道者追欢买笑,弃掷贤才的丑恶行径,抒发了自己报国无门而又不甘飘然远举的矛盾心情。此诗尽管不太符合正规咏史诗的标准,可它感情真挚,蕴含深刻,具有一般咏史诗无可比拟的艺术魅力。

李白咏史诗中强烈的主观抒情性还表现在吟咏古人古事时,常常对他们表现出仰慕、赞赏、惋惜与同情,精神受其感染,情志受其振奋,字里行间流露出一种同声相应、同气相求的狂喜与默契。此类作品最可注意的是《梁园吟》,诗人先由梁孝王的梁园写起,接着将有关的历史人物一并说出,其中虽不免有访古所引起的忧思与悲伤,可是“酣驰晖,歌且谣,意方远。东山高卧时起来,欲济苍生应未晚”。在咏史怀古之后,随即又恢复雄放豪宕的性情,而欲效仿谢安的济世襟怀。诗人对历史上英雄豪杰由衷的赞扬,精神也与之并驰,其中所流露出来的是古今人物精神的辉映,心灵的默契,诗人那种狂放自喜的情感不是悠远的时空所阻隔得了的。唐代咏史诗大多采用格律诗的体裁,刘禹锡、杜牧、李商隐、温庭筠及许浑的咏史诗即是如此。而李白的咏史诗却大量地采用五言古诗或七言歌行的形式,其原因即在于这些体裁含量大,包容广,适宜于表现诗人丰富复杂、起伏变化的情感激流,抒发他因历史陈迹而触发的无限感伤。

3. 古迹遗址的感发性

前文已述,李白咏史诗有着多方面的生成背景,然而诗人因历史陈迹的感发而创作的咏史诗则占大多数,如《望鹦鹉洲怀祢衡》《月夜金陵怀古》《谢公亭》《陪宋中丞武昌夜饮怀古》《金陵三题》《经下邳圯桥怀张子房》《秋夜板桥浦泛月独酌怀谢朓》《越中览古》《苏台览古》《过四皓墓》等。在这些诗中,诗人常常以特定的地理位置或自然景物如城池、宫苑、亭台、楼阁及坟墓等为象征,寄托对历史上永恒悲剧的感怀。在这里,古迹遗址既是历史的参与者,又是历史的旁观者,更是含义深刻的象征物。因此,诗人对历史悲剧的伤悼将与这些遗址同其无穷,历史上一些带有普遍意义的悲剧情感也只有依附在这些历史陈迹之上,并加以升华,才能成为一种永恒的憾恨的象征。如《远别离》诗:

> 或云尧幽囚,舜野死。九疑连绵皆相似,重瞳孤坟竟何似?帝子泣兮绿云间,随风波兮去无还。恸哭兮远望,见苍梧之深山。苍梧崩兮湘水绝,竹上之泪乃可灭。

苍梧山,潇湘水,曾是当年舜之二妃悲剧发生的场所,因而也就成了具有特殊意义的象征。诗人面临其景，联想古事今情，浓厚的悲剧意识油然而生。

与此同时，李白在其登临怀古之作中，常常采用古今对比的手法，用昔日景物之繁华喧闹反衬当下之衰败凋残，以此来表现历史变迁与人事沧桑之感：

越王勾践破吴归，战士还家尽锦衣。宫女如花满春殿，只今唯有鹧鸪飞。（《越中览古》）

旧苑荒台杨柳新，菱歌清唱不胜春。只今唯有西江月，曾照吴王宫里人。（《苏台览古》）

越中是越王勾践报仇后尽封功臣、玩弄宫女的地方，姑苏是吴王夫差纵情声色、纸醉金迷的场所。这两个地方历史上都曾繁华美好，热闹欢乐，可经过千年历史风雨的冲刷，昔日的帝王宫殿、美女笙歌如今都已荡然无存。诗人登临览胜，以越中姑苏这些积淀着厚重历史内涵的凭吊物为媒介，悟出了人事变化迅速，历史兴衰无常的规律。

综上所述，在中国咏史诗史上，无论就其数量抑或质量而言，李白都是一位杰出的诗人。他的咏史诗除早期所写的史传型咏史诗外，大都借史兴叹，抒发自己的一腔情怀，表明自己敏锐的超前的政治见解。从艺术上说，诗人以史生论，借史抒怀，开中晚唐咏史诗的不二法门，对后世咏史诗人影响深远。

注　释

[1]据《陕西师大学报》1989年第3期《试论晚唐咏史诗的悲剧审美特征》一文统计：先唐咏史诗留存至今只有30位诗人的50多首作品。据《北京大学学报》1958年第2期《盛唐气象》一文统计：唐代共计有213人的1442首咏史诗。

[2]指《忆秦娥》《菩萨蛮》二首词。

[3]第一类如《读诸葛武侯传书怀》，第二类如《夜泊牛渚怀古》《苏台览古》等，第三类如《感遇》（其四）、《于阗采花》等。

[4]本文所引之诗均见王琦《李太白文集》（中华书局1977年版）。

[5]将《古风》（其三、其四十八）二诗认定为无甚寄托之作，可参见郁贤皓先生《李白（古风五十九首）刍议》一文（《中国文学研究》1989年第4期）。

[6]《上安州裴长史书》。

[7]《诗比兴笺》。

[8]《说诗晬语》卷下。

[9]可参见李白《古风》（其一、其三十五）二诗及《泽畔吟序》一文。

[10]《经下邳圯桥怀张子房》。

[11]《永王东巡歌》其二。

李白《贞义女碑》考辨[1]

朱玉麒

春秋时期伍子胥流亡吴国途中，曾经向濑水边浣纱女乞食；女授之壶浆，又投水自沉；后伍子胥伐楚归来，于女子自沉处投金相报。这一则“投金濑”的故事在史籍、方志、文人歌咏中频频出现，当代的民间也在广泛的地区之内口耳传承着这一传说。1975 年在宜兴境内出现的唐李白《贞义女碑》（李白文集中称《溧阳濑水贞义女碑铭并序》），更是在近年的书法、民俗学界引起普遍的关注。这篇作品在李白文集中本身的地位也很突出，它是唯一反映作者妇女观念的散文。但是，对于碑刻的来历至今说法不一，而碑文的内容也有待于深入的探究。本文即拟从碑刻源流、碑文主旨两个方面进行论证，力图澄清《贞义女碑》现有的混淆说法，从而作出准确的描述；并对碑文在传统文化背景中产生的文本变异及影响进行论述，分析李白民主意识在浣纱女本事上的表现。希望通过《贞义女碑》个案的考辨，有所裨益于学界对李白散文研究的开展。

一、碑刻源流考

近年的论著考证、引用《贞义女碑》者甚多，但在刻石的年代上观点颇不一致，综合起来有三种说法：

一是唐刻说。新编《宜兴县志》第五章第一节“文物保护单位”中著录《贞义女碑》为县级文物保护单位，其云：

> 贞义女碑　1973 年在芳庄乡渡口船头村西埂机站灌道处发现此碑，现搬迁文化馆庭园半亭中。碑系唐天宝十四年（755）著名诗人李白撰文、著名书法家李阳冰手书。[1]

又，宜兴文化馆碑林中，1983 年由县政府所立《贞义女碑》标志石亦刻作“（唐）贞义女碑”。

二是宋刻说。何静《史贞女搭救伍子胥的一些说法》一文持此说：

> 1973 年，在宜兴县芳庄公社出土了一块《水因寺贞义女碑》，此碑全文重刻了李白撰写的《溧阳濑水史贞义女碑铭并序》，碑一侧刻有“政和甲午夏季（笔者按：应作‘季夏’）六日中山□□□师颜陈秉成同观”，政和甲午年应是宋徽宗赵佶执政的政和四年（公元 1114 年）。可见，此碑是宋代重刻的。现在由宜兴县文化馆把它保存在宜兴公园内。

作者之《史贞义女庙及墓》一文亦仍持此说。

三是伪刻说。王壮弘《增补校碑随笔》第 673 页“附：伪刻（增）”一类中记载：

> 唐·贞义女碑，正书，天宝十五载之春（李白撰文，李阳冰书，传近年江苏宜兴出土）。

作者的《崇善楼笔记》“历代碑刻伪刻目”所记略同，但未见论据。朱关田《李阳冰散考》专章论其为伪作，所据以末题“前翰林内供奉学士陇西李白撰，李阳冰书”不合唐碑规制和明清著录[2]，推断云：“以其书款而言，则必在清季乾隆之后。”但也未能据实物及有关资料确证其作伪年代。

今存《贞义女碑》刻石年代的准确论述，吴恩甲《宜兴碑林（下）》对“史贞义女碑”的著录较为可信，其云：

> ……据溧阳县志载：宋夏侯戬以俸金将碑文重刻乐石，置于凤凰桥头祠亭内。南宋绍兴年间，溧阳县令周淙重立庙，徙碑还归。明符观又徙碑于凤凰桥贞烈祠。清同治十年，史、赵裔孙重建祠庙。后又移至宜溧交界处渡济桥水因寺内。由于长期被人拓录，以致字迹磨灭。民国初年，宜兴教师周科生、秦家斌等进行洗刻，字是由秦家斌摹写的，另在碑题前加刻“水因寺”三字。1975 年，宜兴县委派人将此碑徙置于宜兴文化馆的碑亭内。

由此可见，今所存碑并非唐、宋刊刻，而是民国初年周、秦二先生磨去了漫漶的宋代碑刻，重新刊刻而成[3]。又南京大学吴新雷先生于 1970 年、1994 年两次去溧阳伍子胥投金处实地考察，造访当地老农，所撰《李白诗文中的溧阳“投金濑”》一文，也对《贞义女碑》作了记载。其云：

> ……投金濑的确切地点就在中渡桥下。我到村里找到几位老农，向他们请教，得知桥的北岸是贞义女庙遗址。……老农们告诉我，坟和庙原来都是有的，直到抗日战争期间才遭难被毁。为了保护庙里的李白《贞义女

碑》(碑额为李阳冰篆书),有识之士在抗战爆发时就把它搬到溧城东乡的水因庵去了。水因庵是专祀史贞女和伍子胥的,位于溧阳与宜兴的交界处。沦陷时期,为了防止日军和伪军的劫掠,宜兴的储家又把这块名碑从水因庵里抬出来,隐藏在宜兴的乡下。据何家村一位老农(早年曾任桥工伙夫)讲,造桥的时候(笔者按:指中渡桥,民国 8 年即 1919 年重建),有鉴于庙里的原碑已剥蚀断裂,便请一位姓秦的高手依照原本重行摹刻,所以被储家抬到宜兴去的就是重行摹制的石碑,唐代的原碑则已不复存在。但不管怎样,这摹本《贞义女碑》,仍然是一件极为宝贵的文物珍品。经追踪调查,此碑尚在人间,现藏于宜兴市文化碑亭。

这里关于今存宜兴的《贞义女碑》刻石年代记载,与吴恩甲著录不约而同。这就不仅为“伪刻说”提供了可信的口述史料依据,而且也更详细地表明了重刻的年代:民国初年。

在我们解决了今存《贞义女碑》的刊刻年代后,可以发现有关此碑的源流,仍存在着分歧。传承的过程,以吴恩甲所述最详,但有关该碑明代以后由凤凰桥移至宜溧交界处的渡济桥,系年与事因均不详;而吴新雷文则以为是抗战爆发时才由中渡桥直接移往渡济桥的。另外,吴恩甲以为今碑是磨去宋刻重刊,吴新雷则认为是由剥蚀断裂的唐碑重行摹制。这些问题都涉及碑刻的流迁真相。

其实,《贞义女碑》由唐至今,并由溧至宜的过程是流传有绪的。据笔者查阅有关方志、金石志、拓本及碑刻实物,发现其流传可分为三个阶段:

一、唐碑阶段。最早在溧阳出现的《贞义女碑》于天宝末年由县令郑晏等首倡、李白撰文,立在浣纱女自沉、伍子胥投金的投金濑边。《贞义女碑》文云:

……惜其投金有泉,而刻石无主,哀哉!邑宰荥阳郑公名晏,家康成之学,世子产之才,琴清心闲,百里大化。有若主簿扶风窦嘉宾、县尉广平宋陟、南郡陈然、丹阳李济、清河张昭,皆有卿材霸略。同事相协,缅纪英淑,勒铭道周,虽陵颓海竭,文或不死。

由“惜其投金有濑,而刻石无主”句,可知前此未有人主持为浣纱女刻石颂赞,直到李白来溧阳,才由县令郑晏等“同事相协”,请白为碑铭而首建《贞义女碑》。

李白到溧阳的游踪,后人考证有二次、一次之不同,《贞义女碑》的写作时年,也有天宝十三载(754)、十五载(即至德元载,756)之异[4]。据目前的资料,尚难确定,但在天宝末年应是可以肯定的。

碑刻建立的地点,由北宋淳化五年(994)进士董衍叙可得:

太白斯文,遗集阙载,故世以石本为异观。寄遗殊域,竟悬屋壁,犹珍杂佩。昔置县之西北四十里子胥投金之濑,卑庳翳荟,访阅攸艰,卒无庇护,以至缺蚀。明府夏侯戬特以俸金重刊乐石,移置新建儒宫之右次。噫!非佳政好古旌贤,则典丽之言,贞义之迹,乌得重光惟永载![5]

据《溧阳县历史沿革》记载[6]:唐高祖武德三年(620),恢复溧阳县制,县治设在今旧县乡旧县村;昭宗天复三年(903),县治由旧县村迁至今溧城镇,以后历代一直未变。我们再根据吴新雷先生《李白诗文中的溧阳"投金濑"》之田野调查记载:"投金濑的具体地点位于旧县与南渡之间,在公路西面的田野里,离旧县5里,东距溧城镇40里。"所记投金濑方位、里数与董衍叙略同,唐代《贞义女碑》所在地点也便确切可知。

二、宋刻阶段。仍然根据上引的董衍叙文,我们得知立在投金濑的唐碑因为"卑庳翳荟,访阅攸艰,卒无庇护,以至缺蚀",所以溧阳县令夏侯戬用自己的俸金将李白的碑文重新刊刻,并树立在容易寻访的县城新建儒宫旁。根据宋刻拓片的款式,董衍叙文在刻碑之际是预留了空间的,因此"宋淳化之五载(994)十一月进士董衍叙"的题款时年也正是"重刊乐石"的时间。

这块宋碑在以后的岁月里并未原封不动,而是经历了三个过程的迁移:

(一)南宋高宗绍兴年间(1131—1162),县令周淙在投金濑重新立庙,将宋碑移往。宋周必大《泛舟游山录》记云:

去县四十里有贞义女庙。李太白记题云"《濑水上古贞义女碑铭并序》,前翰林院内供奉学士陇西李白述",末有进士董衍淳化五年跋语云……绍兴间,溧阳令周淙重立庙于此,徙碑还旧,此盖故县也。

周淙是在一种怀古复旧的观念指导下将宋碑迁回了唐碑曾处的旧县投金濑。

(二)明孝宗弘治十一年(1498),知县符观建贞烈祠于凤凰桥畔,将宋碑由投金濑移来。符观《贞烈祠记》云:

唐天宝中,郑晏来尹是邑,始得李翰林文,勒碑道旁,暴白于世,为风俗计也切矣!历岁久,融裂无存。宋淳化间,夏侯戬重刻于城西学右。后复徙故址,陆子適始祀以祠,又烬于火,遗碑尚存。皇明成化间,熊达乃覆以亭,诸君皆相继宰邑,崇节敦化,以是不泯。弘治甲寅秋,余出省诸郊,即其荒基,怅叹久之。时政未洽,欲治罔暇。又三年,建二河桥梁,徙邮治途边,江之北往来咸通。顾视两桥翅分,中渚爽垲,佥曰:贞女祠宜居之。遂倡众构祠作像,徙置淳化碑于亭。[7]

这一段文字对宋绍兴以后至明弘治以前,宋碑在投金濑的情况介绍颇详。

《嘉庆溧阳县志》卷四"舆地志·祠"于符观徙碑亦有记载：

贞义女祠在县西四十里黄山。……宋绍兴间知县周淙于此重为立庙，其后毁于兵燹。明弘治十一年，知县符观改建县北凤凰桥畔，移宋夏侯戬所刻李白碑置亭中。

这里的记载明确了徙碑的年代。又据同书卷二"舆地志·桥梁"载：

凤凰桥俗呼上桥，又名双桥，南北两座，距县一里，为溧阳上游诸水总汇之处。明弘治初知县符观建。嘉靖间，邑人吏部主事史际更新之。

据此，宋碑又从投金濑迁回到县城附近。

（三）明神宗万历年间（1573—1620），知县徐缙芳建贞女祠于渡济桥，将宋碑从凤凰桥畔移往。《江宁金石记》卷二《濑水上古贞义女碑铭并序》下跋云：

右碑在溧水，前翰林院内供奉学士陇西李白书。笔力遒婉，有矜壮严肃之象，无建立年月。张铉《金陵新志》云系宋淳熙五年重刻[8]，今碑末未署此语，而有前进士晋江徐缙芳跋云：太白此文，兴起千载。余既建贞女庙于伍庙之东，乃从双桥索得旧碑置于祠左。嗟乎！世间多少奇男子，何如平陵一女人。忠孝节侠之士，不能不以之增慨云。

徐缙芳的跋语据宋碑拓本，是以小字刻于原碑标题与正文间的空隙处，首题有"前进士晋江徐缙芳书"。徐缙芳所建的"伍庙"和"贞女庙"，据《嘉庆溧阳县志》卷四"舆地志·祠"记载，均在渡济桥。其云：

……此外，贞女祠一在嘉定桥北，江西木客捐建；一在渡济桥，明知县徐缙芳建。

伍相国祠，祀春秋伍员。一在伍牙山下，一在旧平陵城；其在渡济桥者，明知县徐缙芳建。

至于渡济桥的位置，同书卷二"舆地志·桥梁"载：

渡济桥距县十二里，本县粮艘由此东出。明万历中，知县徐缙芳建。

渡济桥在溧城东乡，东距县城 12 华里，历来便是溧阳、宜兴二县的界桥。因此，渡济桥附近的村庄，在历朝的勘界中，忽而属溧，忽而属宜；渡济桥今已不存，而其遗址及所跨河两岸现在均属宜兴芳庄乡境。建在桥边的贞女祠及迁来的《贞义女碑》，也正是在这种变化中，进入宜兴地界的。

三、今刻阶段。这个时期的《贞义女碑》变迁已如前述。周秦二人在民国初年对宋碑重行洗刻是在水因寺内，故重刻时将碑题改成了《水因寺史贞义女碑铭》。水因寺的地点，据《嘉庆溧阳县志》卷四"舆地志·寺观"载：

水因庵在渡济桥，万历间知县徐缙芳建。

又据《光绪溧阳县续志》卷二"舆地志·祠墓"记载：

水因庵在渡济桥，僧明方出资重建，侧屋八间，庵内旧有伍大夫庙、史贞女庙，今拟重建。

可见渡济桥、水因寺、伍相祠、贞女祠均在一地，而由徐缙芳倡建，后三项建筑更是三位一体；《贞义女碑》万历年间移到渡济桥后，到民国初年始终未有变动。1973 年吴恩甲偶然于渡济桥旁田埂上发现此碑，当是水因寺建筑群被毁后流落在草野之中的。

由此，我们也可以对二位吴先生的分歧作出裁断。

吴恩甲先生文中有"清同治十年(1871)，史、赵裔孙重建祠庙。后又移至宜溧交界处渡济桥水因寺内"。据此，似乎碑刻由凤凰桥移渡济桥在清同治以后。查《光绪溧阳县续志》卷二"舆地志·祠墓"载：

贞烈祠在凤凰桥，祀史贞女及赵氏二烈，毁于贼。同治十年，史、赵裔孙重建。

吴恩甲文中"清同治十年"云云本此。实则在史、赵裔孙重修凤凰桥贞烈祠前，《贞义女碑》已于万历年间移去渡济桥，这句话是多余的。

吴新雷先生文中以《贞义女碑》抗战时始移往水因庵，于方志记载不合。又以为沦陷期间《贞义女碑》被抬往宜兴乡下埋藏，亦与事实颇有出入；因为《贞义女碑》所在之水因庵已在乡村，而后来碑刻在田间发现亦仍在水因庵旧址附近。此外，以今刻乃直接重摹唐碑，中间也略去了宋刻的过程。

今刻《贞义女碑》的刻石仍是宋碑旧石，吴恩甲的著录文字已明确记载。还可以找到的力证是今刻右侧有题名二则，其云：

政和甲午季夏六日，中山□□□师颜陈秉成同观八年立春后十日刘谊毛泉李琦元

第一则"政和甲午(1114)"为北宋题名；第二则虽无年号，而其中刘谊史书见载。据《宋人传记资料索引》：

刘谊字宜父，一字直翁，长兴人。治平四年(1067)进士。熙宁时以论新政不便，废黜。隐茅山以终。

故第二则为北宋题名亦很明显。

但是，今刻的碑文是否也是完全按照宋刻重新摹写的呢？我们可以从今存的宋碑拓片中得出否定的回答。

北京图书馆藏拓片"顾 501"系《濑水上古贞义女碑铭》拓片，高 142 厘米，宽 96 厘米，首题下刻徐缙芳题记，尾刻董衍跋，并有"顾氏所收石墨""千里"等印，为清代著名校勘学家顾广圻(千里)所藏，后由丁惠康捐赠北图。在今天我们所见到的李白《贞义女碑》中，它是最早的版本之一。由董衍的叙跋可知，刻

石之际，传世的李白文集尚未收入此文；夏侯戬所以要重刊乐石，是因为当地的唐刻已缺蚀；而作为对原刻的补偿，无疑是要忠实于原作的。因此可以说，淳化宋刻最接近于李白唐刻原文面貌，其校勘学的意义也就不容忽视。

我们将淳化宋刻拓本与同是宋本的《文苑英华》、《唐文粹》、静嘉堂《李太白文集》中《贞义女碑》文字进行比较[9]，互异之处列表如下：

淳化五年宋刻本	《文苑英华》本	《唐文粹》本	静嘉堂文集本
濑水上古贞义女碑铭并序	溧阳濑水贞义女庙碑	溧阳濑水贞义女碑铭并序	溧阳濑水贞义女碑铭
镜万方	镜清万方	镜照万方	镜照万方
自太古及今	自太古及今	自古及今	自太古及今
采其名节尤章	采其名节尤章	采其史传名节尤章	采其名节尤章
埋冥古远	埋冥古远	埋名古远	埋冥古远
贞义女	贞义女者	贞义女者	贞义女者
弗移天于人	弗移天于人	不移其志	弗移天于人
身击漂以自业	身漂击以自业	身激漂以自业	身击漂以自业
平王虐忠力谗	平王虐忠助谗	王虐忠助谗	平王虐忠助谗
苛虎厥政	苛虐厥政	苛虐厥政	苛虐厥政
怨毒之于人	怨毒于人	怨毒于人	怨毒于人
东奔勾吴	来奔勾吴	东奔勾吴	东奔勾吴
全人自沉	金人自沉	全人自沉	全人自沉
彼或易耳	彼或易耳	彼或异尔	彼或易尔
虽云为之士	虽云为之士	虽云为忠孝之士	虽云为之士
亦焉能咆哮恒赫	亦焉能咆哮烜□	亦焉能咆哮烜爀	焉能咆哮烜爀
施于后世耶	施于后世耶	施于后世也	施予后世也
怆低回	怆然低回	怆然低回	怆然低回
惜其投金有泉	备其投金有泉	惜其投金有泉	惜其投金有泉
荥阳郑公	荧阳郑公	荥阳郑公	荥田郑公
南朝陈然丹阳李济	南朝陈然丹阳李济	丹阳李济南郡陈然	丹阳李济南朝陈然
卿才霸略	卿材霸略	卿材霸略	卿材霸略
其词曰	其词曰	其辞曰	其辞曰
击漂清源	击漂清源	激漂清源	激漂清源
萦波潺湲	萦波潺湲	萦彼潺湲	萦彼潺湲

四种刊本不同凡25处，互勘之后我们可以得出三个方面的结论：一、淳化宋碑有两处明显的脱讹："镜万方""怆低回"分别夺去第二字"清（照）""然"，系书手笔误所致。二、淳化宋碑与三本独异之处许多地方更为合理，如题目"濑水上古贞义女碑铭并序"，碑刻既在溧阳，题中无"溧阳"二字符合常理，其他三本有此二字应该是编集者后来改加；"苛虎厥政"一词，很容易以"虎"为"虐"字之讹，但碑文原句如据其他三本作"当楚平王时，平王虐忠助谗，苛虐厥政"，一句中出现二"虐"字，反而有重复之嫌，而"苛虎"一词系由"苛政猛于虎"（《礼记·檀弓下》引孔子语）而来，苛虎之为动词，后接"厥政"，也显出炼字之妙；"怨毒之于人"，着一"之"字，语气更为平缓[10]；他如"咆哮恒（炬）赫""卿才霸略"之"赫""才"，用字也更具古意。三、淳化宋碑与《文苑英华》独同之处也颇多，如"采其名节尤章""彼或易耳""施于后世耶""其词曰""萦波潺湲"等，用字都要比《唐文粹》、静嘉堂《李太白文集》本朴实；后者应当是作为稿本定下来时又作加工，而前者更得以见创作之初的本来面目。

我们再将四种宋本的《贞义女碑》与后来历朝的版本相较，可见四个系统的流传过程：

淳化五年宋刻	《文苑英华》	《唐文粹》	静嘉堂《李太白文集》
《江宁金石记》	《景定建康志》	《全唐文》	郭云鹏《李太白文集》
	《嘉庆溧阳县志》		王琦《李太白文集》
	民国刻石		

今刻石本（即民国刻石）与淳化宋刻没有版本上的继承关系是很明显的，第一个明证是：今刻石本出自《文苑英华》本系统的《嘉庆溧阳县志》，而县志的出处又当是南宋的《景定建康志》，《文苑英华》与二志不同处凡三"金人自沉""备昔投金有泉""荥阳郑公"，这些《文苑英华》的明显讹误，《景定建康志》显然已据他本作出改正；而今刻石本与县志则完全相同；四本一个系统的另一个标志是"岁祀罔缺""史阙书之"二句，"缺"作"𦈢"、"阙"作"闰"，[11]字形独特，三本均同；而淳化宋刻与《文苑英华》虽然接近，但不同达15处之多，所出不一甚为明了。第二个明证是款式不同：宋刻撰者题名在前，作"前翰林院内供奉学士陇西李白书"，而今刻本在后，作"唐天宝十五载之春前翰林内供奉学士陇西李白撰，李阳冰书"；宋刻正文共19行，行33字，而今刻正文19行，行32字。

之所以确定今刻是由《嘉庆溧阳县志》而来，而不是出自碑刻文字也完全相同、时年更早的《景定建康志》，是因为今刻不同于宋碑的题名、记年也是出

自《嘉庆溧阳县志》。该书卷三“舆地志·碑”:

瀨水贞义女碑　参据建康、金陵志:李白撰,李阳冰书。周必大《泛舟游山录》云:去县四十里有贞义女庙,李白记题云:《瀨水上古贞义女碑铭并序》,前翰林内供奉学士陇西李白述。……

今刻本的题名即由此而来,甚至县志在引周必大语时于“前翰林”后夺一“院”字,今刻本也一仍其旧。卷一三“人物志·流寓”:

李白字太白,天宝初南入会稽,被召供奉翰林,寻放还,游金陵、采石。禄山反,转侧宿松、匡庐间。坐永王璘群当诛,以郭子仪救,长流夜郎。赦还浔阳,复生事下狱,宋若思释之,辟为参谋。未几辞职。李阳冰为当涂令,白依之(据《旧唐书》本传)。十五载(756)之春,游溧阳,与张旭酒楼宴别(据《太白集》王注)。

今刻本记年之“唐天宝十五载之春”语,显然是由这一段记载而来。我们可以得出这样的结论;今刻之周、秦二人,为了使此碑的唐代背景更为清晰,而采用了《嘉庆溧阳县志》中碑刻作者、书手的记载,并据所记李白游溧时年而定碑刻时间,反而造成了金石学方面的混淆;今刻本的迻录县志记载,对于《贞义女碑》唐刻时年、书家的考订,同样也没有太多的参考意义。

二、碑文主旨辨

浣纱女自沉的本事,考之史传,出现时年颇早,在司马迁的《史记·伍子胥列传》中就可以发现其端倪:

伍胥未至吴而疾,止中道,乞食。至于吴,吴王僚方用事,公子光为将,伍胥乃因公子光以求见吴王。

“止中道,乞食”虽然是一个完整的句意,但也可以仅仅看作一个事件的叙述开端,属于时间的交代。因为在伍子胥由楚至吴途中,经宋、郑、昭关,均有事迹记载,“止中道”与上三处并列,也必在乞食之际有一故事类同于昭关遇险、渔父出救,方得神完意足。另外,《史记》在记述春秋战国时期的政治避难时,往往特别强调乞食遭遇给予流浪者的砥砺,我们在同是政治流亡的晋公子重耳乞食事件中可以得到提示:

(重耳)过五鹿,饥而从野人乞食,野人盛土器中进之。重耳怒。赵衰曰:“土者,有土也,君其拜受之。”(《史记·晋世家》)

所以,我们推断:伍子胥中道乞食,也有某一个事件曾被记载;但在司马迁定稿之际,出于某种考虑被删除,从而留下一个略显生硬的过渡。清代吴见思评《伍子胥列传》曰：

> 子胥事于《左传》《国策》《国语》及《越绝书》《吴越春秋》中看熟，觉姿致少诚。然一篇大传，兼总条贯，不得不删繁就雅，故以体裁胜，不以韵致胜。读此传过，再看吹箫吴市、投金濑女诸事，便近小说矣。不可不知也。(《史记论文》第五册，转引自《历代名家评史记》)

他的观点认为司马迁是出于文章详略的安排而作删剪[12]。唐代裴骃《史记集解》引晋张勃注曰："子胥乞食处在丹阳溧阳县。"可知晋代人已普遍知道一个子胥乞食溧阳的传说。

最早确凿记载浣纱女自沉（或曰伍子胥乞食）本事的，是东汉袁康、吴平《越绝书》和赵晔的《吴越春秋》。《越绝书》卷一：

> 子胥至溧阳界中，见一女子击絮于濑水之中。子胥曰："岂可得托食乎？"女子曰："诺。"子胥五步回顾，女子自纵于濑水之中而死。

《吴越春秋》卷上的记载更为详细：

> 子胥奔吴，疾于中道，乞食溧阳。适会女子击绵于濑水之上，筥中有饭。子胥谓曰："夫人，可得一餐乎？"女子曰："妾独与母居，三十未嫁，饭不可得。"子胥曰："夫人赈穷途少饭，亦何嫌哉？"女子知非恒人，遂许之。发其箪筥，饭其盎浆，长跪而与之。子胥再餐而止。女子曰："君有远行，何不饱而餐之？"子胥已餐而去，谓女子曰："掩夫人之壶浆，无令其露。"女子叹曰："嗟乎！妾独与母居三十年，自守贞明，不愿从适。何宜馈饭而与丈夫，越亏礼仪，妾不忍也。子行矣。"子胥行，反顾女子，已自投于濑水矣。呜呼？贞女执操，真丈夫女哉！

这段文字以"子胥奔吴，疾于中道，乞食溧阳"发端，结构颇同于《史记·伍子胥列传》，似为后者之补佚。

在以上两段记载中，浣纱女因伍子胥投河身死，明确无疑。投水的动机，《越绝书》未作交代，《吴越春秋》则以女子自言"越亏礼仪，妾不忍也"及作者赞扬"贞女执操"语，表明了女子是在封建礼教"男女授受不亲"的观念影响下，严守贞操，以死明志。

这种意见在以后的历朝一直为许多人认同，在濑江边击漂绵絮的女子便以"贞女"的形象出现在后人的叙述中。如唐写本《伍子胥变文》演其本事，一方面写女子主动哀怜落拓的子胥而进食，一方面又在子胥相戒勿使人知时，描述女子心理活动曰：

> "君子容仪顿憔悴，傥若在后被追收，必道女子相带累。三十不与丈夫言，与母同居住邻里，娇爱容光在目前，烈女忠贞浪虚弃。"唤言伍相勿怀

疑，遂即抱石投河死。

投河之动机主要在以“烈女忠贞”自期，以“三十不与丈夫言”自豪，一旦破戒，便在自忏的心理中以死殉志。在溧阳，为浣纱女设“贞女祠”以祀，自南宋陆子遹就开始了；后祠毁于火，到明代，知县符观又为之重建，并将遇难自杀的宋赵淮二妾配享，亲撰《贞烈祠记》评述浣纱女行为曰：

夫乍见哀穷，仁心也；已而耻馈，义心也。两端并见，出于天性。非有刀锯之威，危迫之祸，捐躯就义，不辱其亲。虽翳丹之心，亦必痛其死而嘉其贞也。若谓示信全人，俾图后功，则刺僚之谋、鞭平之惨，其于人也奚益？[13]

这里的记述显见作者是以严守封建礼教的贞操来为浣纱女之死作诠注的。“义心”“捐躯就义”的“义”即“男女授受不亲”之贞；以二烈女配享，定祠名为“贞烈”，同样表达了对浣纱女行为“重有关吾溧之风教”（史学《贞烈祠记跋》）的关注[14]。作者还在文中表达了对伍子胥鞭尸平王的不以为然，显然是以封建道统的“为尊者讳"观念作指导。他明确指出浣纱女非为伍子胥而死，也完全体现出对于树立起的礼教榜样“史贞女”之维护。

在《嘉庆溧阳县县》卷四“舆地志·祠”中汇集咏浣纱女的历代诗篇中，以“贞操自守”解释浣纱女之死者，也大有人在。如王朝佐《贞义女祠》：

……道逢困丈夫，行乞良可伤。一饭妇女仁，况有残壶浆。终焉感礼义，出词何慨慷。贞洁恐无知，清流见肝肠。……

蒋时中《贞义女祠》：

……有金投濑竟何为？当时岂为将军死。

倪岳《贞义女祠》：

濑水迢迢清复深，穹祠精爽尚阴森。壶浆聊慰将军渴，铁石应怜烈女心。慷慨半生轻九死，分明一节重千金。芳魂不逐东流去，贞烈名传亘古今。

顾璘《贞义女祠》：

……古称授受有嫌疑，贞心今遣将军知。……河桥香火镇风俗，烈女有灵心始足。

刘缜《贞烈祠》：

……卓哉史氏女，礼食别重轻。一饭愧有违，须臾捐其生。……

这种叙述观念的浣纱女故事，贯穿了东汉以来整个封建时代，我们可以称之为“贞女型”文本。

但是，我们惊异地发现，当这种封建正统的观念在浣纱女故事中定型之后，在唐代,却由李白在《贞义女碑》中提出了不同成见的“历史假定”,他认为浣纱女之死的动机是与“贞”相对的“义”。

作者受县令郑晏的委托,在浣纱女故事发生的溧阳将此事撰文刻石,使“陵颓海竭,文或不死”。县令的用意自然是要使浣纱女成为风教礼俗的典则。因此,李白的碑文,自也难免对大唐教化作出“幽明咸熙,天秩有礼。自太古及今,君君臣臣,烈士贞女,采其名节尤章,可激清颓俗者,皆扫地而祠之”的描绘。

临到对浣纱女故事作具体描述时,他的激赏却一反世俗“贞操自守”的观念,而倾向于对“侠肝义胆”品德的歌咏,作者重新叙述此事道:

> 子胥始东奔勾吴,月涉星遁。或七日不火,伤弓于飞。逼迫于昭关,匍匐于濑渚。舍车而徒,告穷此女。目色以臆,授之壶浆。全人自沉,形与口灭。激节必报之仇,雪诚无疑之地,难乎哉!

浣纱女的赴水动机便成为“女子知非恒人”(《吴越春秋》语,见上引),便以死来消除伍子胥的后顾之忧,激励他完成复仇的大志。这种激于大义而舍己救人的侠胆,与列入《列女传》或置之贞烈祠的封建道统准则是大相径庭的。

因此,李白《贞义女碑》不仅在本事上对浣纱女的姓氏、里贯作了最早定位(“贞义女者,溧阳黄山里史氏之女也”,黄山里在今溧阳大溪乡上吴村,此段记述前此未见),更重要的是由“贞女”而“贞义女”,一字之增,改变了人们对浣纱女自沉的看法。新的文本类型便由此产生,我们可以称之为“义女型”文本,或者按传统的记载,称为“贞义女型”文本;但这里的“贞义”二字,在实际的记述中已成为偏“义”复词,“贞”字的存在,只是反映了“贞女”文本早出而形成了一种心理定势的遗迹而已。

在这一“义女型”文本中,作者不以贞烈的标榜来束缚女子的行为,而是把浣纱女的见义勇为纳入了楚天风云变幻的历史创造中考察,肯定了她对于历史事件的影响(碑文云“卒使伍君开张阖闾,倾荡鄢郢。……张英风于古今,雪大愤于天地,微此女之力,虽云为之士,亦焉能咆哮烜赫于后世也”,可据)。这种改造将女子放入整个社会的环境之中,体现出作者反叛于封建礼教观念的民主意识和妇女平等观念。在李白之后,“贞女型”文本的依然流传,说明了中国封建社会的僵化和倒退,封建观念的根深蒂固乃至愈益腐败,也反证了李白民主观念在中国封建社会中的超前性与卓越性。这一点与李白大量诗歌中对于妇女形象的赞美是一致的[15]。

还必须一提的是,作者的封建叛逆思想,也反映在对于伍子胥复仇的态度上。《史记》之后,对于伍子胥形象贬大于褒,如南宋车若水《脚气集》云:“子胥鞭尸之事,是大逆无道。”明邵宝《日格子学史》云:“世称子胥有忠孝大节,忠能忘身而不能忘家，虽起谗以死，未足深累；孝知有亲而不知有国，卒之毒流宗社，不亦甚哉！”[16]前引符观《贞烈祠记》也同样以君臣纲常立论，对伍子胥持否定态度。李白的《贞义女碑》，却肯定了伍子胥行为的合理性，他批判楚平王“虐忠助谗，苛虎厥政。芟于尚，斩于奢，血流于朝，赤族伍氏”的残暴，正是在这样的情形下，促成伍子胥东奔勾吴，“开张阖闾，倾荡鄢郢”，并鞭尸楚国，完成“张英风于古今，雪大愤于天地”的业绩。对于浣纱女为之付出生命代价的对象，作者也以对封建君臣伦理进行冲击的勇气，给予了高度评价，这与司马迁的评语“弃小义，雪大耻，名垂于后世，悲夫！”（《伍子胥列传》“太史公曰”）是后先辉映的。

李白所建立的“义女型”文本，对后世的叙述观念也产生了极大影响。宋俞文豹《吹剑录》记溧阳贞义女庙祝词曰：

端平元年（1234），邑宰徐进斋新其庙，文豹为作奉安祝词曰：“惟此方之俗习，卒勇敢于杀身；岂贞义之遗烈，犹隐然而在民。”

以溧阳民风之崇尚侠义慷慨源推浣纱女，自然是将后者视若“义女”看待的。偰斯《贞义女词》亦咏此主旨：

偶因一饭馈将军，灭口沉渊信义存。谩说有金堪报德，却怜无地可招魂。……

特别是在民间传说中，“义女型”文本产生了更广泛的影响。如《宜兴民间文学大观》收集的吴建平口述、储杰整理《贞义女的传说》，记浣纱女故事在宜兴潘家坝，情节与史传所记相同；对于浣纱女赴水的动机，却受了李白影响：

……女的背着纱正当要走．伍子胥又讲：“大嫂，大嫂，你无论如何勿能指点他家方向啊！”女的讲：“噢噢噢，我晓得佬了。”她讲：“这位先生，那头有人追来了。”伍子胥回头一望么，勿曾有人追来，只听“扑通”一声，这个女人往河里一跳。这女的是要伍子胥放心：自家一死，再也呒人晓得伍子胥的去向了，再则也怕被追兵污辱。

《常州民间故事集》“人物传说”中有《伍子胥传说·路遇浣纱女》（欧阳采录）记其事在濑江边，述其赴水事云：

……伍子胥又上马行路没走几步，又回头再三叮嘱。姑娘想：这个人不是凡人，我活着，他不放心。于是等伍子胥走了不远，她就抱着一块石头，跳进濑江里自尽了。

同书“地方传说”中有《浣纱亭的传说》（朱曙声、夏雨搜集、整理），记其事在武进，关于浣纱女赴水事的记载云：

……伍子胥再次转身朝前走了三十步，一想，姑娘太幼稚，被追兵一盘问，难免露出马脚。于是又回头来到姑娘身边，对姑娘说：“倘若有人盘问你，你就是死也不能讲啊！”姑娘抬起头来，清澈的大眼睛凝视着伍子胥，说：“将军，小女子已答应将军，决不食言，将军只管放心去吧！”伍子胥这才放心地朝前走了。但没走多远，只听背后“扑通”一声，转身一看，原来是姑娘投水了。

以上三则传说将浣纱女自沉的动机表述为取信于伍子胥，与李白“形与口灭”的观点是相一致的，在上引第一则传说的开端，还有“宜城镇半边亭里有块贞义女碑，是唐朝李阳冰写的，讲的是潘家坝一位女子救伍子胥的事体”的引语，显见是受到了李白文本的直接影响。特别是三则民间传说，对于“男女授受不亲”观念的完全摒弃，体现了妇女平等思想的深入人心，从而也成为最完整意义的“义女型”文本。

综上所述，李白在《贞义女碑》中，以其一贯的对于不拘礼教之自由精神和民主思想的追求，反对封建伦理观念和“贞烈”思想对于妇女的束缚，改造并美化了传说中的浣纱女故事。他所确立的“义女型”文本，启迪了人们的思维意向，在唐代以后浣纱女故事的流传中，无论是对于文人的创作还是民间风俗观念的变迁，都起到了积极的作用。从某种程度上来说，李白的所有诗文中，妇女平等意识的影响于社会，以《贞义女碑》为最深远。

注　释

[1]核对宜兴今存该碑，题作“唐天宝十五载(756)之春”，此处作“天宝十四年(755)”，亦误。

[2]朱氏考证其不合规制处有三：一是“翰林”后夺一“院”字，二是衔前不当冠“前”字，三是李白一介布衣尚题前衔，身历数官之李阳冰不应无题衔。一、三所论允当，但以翰林非职守官而不能冠“前”字，不合实情；即以李白之文而言，就有此例，如《为宋中丞自荐表》：“臣某闻天地闭而贤人隐，云雷屯而君子用。臣伏见前翰林供奉李白年五十有七。天宝初，五府交辟，不求闻达。……”

[3]笔者1991年在宜兴调查，吴恩甲先生已作古。据文史办蒋云龙、文化馆谈鹤鸣先生言：此碑即由吴恩甲1973年踏勘发现，当时流落田头为溪梁，经吴反映，1975年由县文化馆用水泥板换回城中。吴生前曾任中学教师，“文革”期间曾在芳庄一带搞社教，故其所记当是较可信的实录。

[4]詹锳《李白诗文系年》以李白开元十四年(726)、至德元载(即天宝十五载，756)二次到溧，天宝十三载(754)作《贞义女碑》；王琦、黄锡珪及安旗、薛天纬等所著李白年谱均以李白天宝十五载(756)到溧并作此碑文。

[5]进士董衍叙，宋淳化刻《贞义女碑》拓本上志于正文之后，叙文后有题记“……宋

淳化之五载(1178)十一月进士董衍叙”。周必大《泛舟游山录》亦逢录。

[6]《溧阳县历史沿革(初稿)》,孙瑞麟整理,载《溧阳县志资料(第一辑)》。

[7][13][14][17]转引自《嘉庆溧阳县志》卷四“舆地志·祠”。

[8]元代张铉《至正金陵新志》卷十一上“祠祀志一·祠庙”载:“贞义女庙在溧阳州西北四十里濑水上。唐李白作碑,淳熙五年重刻。”但同书卷十二下“古迹志·碑”又载:“《溧阳濑水贞义女碑铭并序》,李白文、阳冰书,宋淳化五年再刻。”一书中记年亦自分歧,再核宋刻拓本,可知“淳熙”是编志者笔误致讹。“李阳冰书”后为《嘉庆溧阳县志》、今刻《贞义女碑》沿用,但不知其源更出何处。

[9]《文苑英华》1000卷,宋李昉等编,雍熙三年(986)成书,今所据为中华书局1966年版影明本;《唐文粹》100卷,宋姚铉编,大中祥符四年(1011)成书,今所据四部丛刊初集影明本;静嘉堂《李太白文集》30卷,北宋末南宋初覆刻北宋元丰三年(1080)本,今所据上海古籍出版社1989年版影印本。

[10]唐写本《伍子胥变文》中,有“梁国之臣,逆贼子胥,父事于君,不能忠谨,图谋社稷,暴虎贪残”句,“暴虎”一词与“苛虎”同构,恐是唐代习用语。《史记·伍子胥列传》之太史公曰有“怨毒之于人甚矣哉”句,李白撰文当是熟读《史记》而化用,故“怨毒之于人”优于“怨毒于人”不仅在语气上。

[11]“阙”字《文苑英华》作“闕”,与二志、今刻作“闕”略有不同。

[12]吴见思举例之吹箫吴市、投金濑女二事,今《伍子胥列传》均不见,但前者在《范雎蔡泽列传》的范雎语中尚可见其隐约:“伍子胥橐载而出昭关,夜行昼伏,至于陵水。无以餬其口,膝行蒲伏。稽首肉袒,鼓腹吹篪,乞食于吴市。卒兴吴国。”这也可作《伍子胥列传》删而未尽的一个旁证。

[15]李白有《游溧阳北湖亭望瓦屋山怀古赠同旅》诗,其赞浣纱女曰:“……闻有贞义女,振穷溧水湾。清光了在眼,白日如披颜。高坟五六墩,崒兀栖猛虎。遗迹翳九泉,芳名动千古。子胥昔乞食,此女倾壶浆。运开展宿愤,入楚鞭平王。凛冽天地间,闻名若怀霜。……”(王琦注《李太白文集》卷十)与《贞义女碑》观念相同。有关李白诗歌以平等的民主意识赞美妇女,安旗《和卑贱者共呼吸,同命运——李白关于妇女的诗歌》(《李白纵横探》,安旗著,陕西人民出版社1983年5月版)解析颇详,可参看。

[16]车若水语,转引自吴新雷《李白诗文中的溧阳“投金濑”》;邵宝语,转引自韩兆琦《史记选注汇评》。

[主要征引资料]

1.《李白诗文中的溧阳“投金濑”》,吴新雷,《古典文学知识》1994.4.

2.《史贞女搭救伍子胥的一些说法》,何静,《溧阳文史资料》第一辑(1983.1.)

3.《史贞义女庙及墓》,何静,《溧阳县志资料》第一辑(1984.6.)
4.《宜兴碑林·史贞义女碑》,吴恩甲,《宜兴文史资料》第五辑。
5.《增补校碑随笔》,王壮弘,上海书画出版社,1981.7.
6.《崇善楼笔记(20)》,王壮弘,《书法研究》1989.2.
7.《李阳冰散考》,朱关田,《书法研究》1991.2.
8.《景定建康志》50卷,(宋)马光祖修、周应合纂,中华书局,1990.5.影刊本.
9.《至正金陵新志》10卷,(元)张铉纂修,中华书局,1990.5.影刊本.
10.《嘉庆溧阳县志》16卷,(清)李景峄、陈鸿寿修,史炳、史津纂,江苏古籍出版社,1991.6.影刊本.
11.《光绪溧阳县续志》16卷,末1卷,(清)朱畯等修、冯煦等纂,江苏古籍出版社,1991.6.影刊本.
12. 新编《宜兴县志》,上海人民出版社,1990.5.
13.《江宁金石记》8卷,附待访目2卷,(清)严宽编,台湾新文丰出版公司,1977.
14.《北京图书馆藏中国历代石刻拓本汇编》第24册,北京图书馆金石组编,中州古籍出版社,1989.11.
15.《宜兴民间文学大观》,周梦江主编,南京出版社,1992.12.
16.《常州民间故事集》,常州民间文学集成编委会编,中国民间文艺出版社1989.5.

李白诗文理论和创作中对几种固定范式的承传

岳毅平

提起李白，人们总有种新奇感，特别是他拥有的“仙风道骨”，令历代人神驰。他的文思、文才、文绩，赢得了世代人们的赞许，诸如“斗酒诗百篇”（杜甫《饮中八仙歌》）、“仙笔驱造化”（释贯休《古意》）、“千载独步，惟公一人”（李阳冰《草堂集序》）、“泰山高兮高可夷，沧海深兮深可涸，惟有李白天才夺造化，世人孰得窥其作？我言李白古无双，至今采石生辉光”（方孝孺《吊李白》）。人们注重的是他的文思敏捷，才华横溢以及千载独步、自古无双的文学造诣，由此李白在世人的眼里自然是个极富创造性的革新人物。其实不然，不论从理论上看，还是从创作实践上考察，李白都是个复古倾向很浓的人，当然这样说并不意味着李白不创新，而是说李白并不像人们普遍感觉的那样极富创新，承传、复古在他的诗文理论和创作中也是随处可见的。对此，胡小石先生就已论证过，他通过对李白与杜甫的详细比较，明确指出：

> 李守着诗的范围，杜则抉破藩篱。李用古人成意，杜用当时现事。李虽间用复笔，而好处则在单笔；杜的好处，全在排偶。李之体有选择，故古多律少；杜诗无选择，只讲变化，故律体与排偶都多。李诗声调很谐美，杜则多用拗体。李诗重意，无奇字新句，杜诗则出语惊人。李尚守文学范围，杜则受散文化与历史化。从《古诗十九首》至太白作个结束，可谓成家；从子美开首，其作风一直影响至宋、明以后，可云开派。杜甫所走之路，似较李白为新阐，故历代的徒弟更多。总而言之，李白是唐代诗人复古的健将，杜甫是革命的先锋。[1]

考察李白的诗文理论和创作，发现他远承屈骚，近承二谢，更有甚者，将仅仅比自己早四十余年的陈子昂也作为承传的对象，可见其对承继传统的热心了。本文通过李白诗文理论和创作中对几种固定范式的承传的剖析，透视其浓重的复古倾向，展示李白研究中不容忽视的一面。

一、对尚建安反齐梁以复古范式的承传

唐朝建立后，统治者积极治国，用人制度上逐步打破了士庶界限，使朝廷重臣"咸能起自布衣，蔚为卿相"[2]，广大下层士人"拾青紫于俯仰，取公卿于朝夕"的功业欲大大膨胀。与此相应，初唐的有识文士也对不适应时代发展需要的齐梁遗风进行变革，力求建立一种与时代特点相吻合的新文学。诸如初唐四杰、陈子昂等都做出了自己的努力。初唐四杰主要致力于从旧文学体制中蜕变出一种新文学，陈子昂则大破大立，力争进行一场彻底的文学革命。那么，陈子昂选择了什么途径呢？他在自己诗歌理论的纲领性文献里，怒斥齐梁文学"采丽竞繁，而兴寄都绝"，高唱"建安风骨"，明确肯定了自《诗经》风雅以来有"兴寄"的文学，对"风雅不作""逶迤颓靡"的文风深感不安，并表示为改变之而努力。我们看到陈子昂的法宝有两件：风雅兴寄和建安风骨，他就是想以此去影响当时的文坛，去改变当时的齐梁遗风。可见陈子昂高举的是"复古"的旗帜，他由此确立了推崇建安风骨，反对齐梁文风的范式。这一范式影响至盛唐，直延续到中唐。盛唐李白承传了这一范式，亦标举"复古"，中唐韩愈、白居易分别在散文、诗歌领域发起古文运动、新乐府运动，仍是沿此方向的续展。且看李白的理论，其《古风五十九首》其一即云：

> 大雅久不作，吾衰竟谁陈。王风委蔓草，战国多荆榛。龙虎相啖食，兵戈逮狂秦。正声何微茫，哀怨起骚人。扬马激颓波，开流荡无垠。废兴虽万变，宪章亦已沦。自从建安来，绮丽不足珍。圣代复元古，垂衣贵清真。群才属休明，乘运共跃鳞。文质相炳焕，众星罗秋旻。我志在删述，垂辉映千春。希圣如有立，绝笔于获麟。

李白历述了战国以后王风委蔓，正声微茫，骚人哀怨，扬马颓波以至建安以后诗坛的绮丽不足珍，明确肯定当朝出现的"复元古""贵清真"的文学，并以振兴"大雅"之风为己任。此诗中李白批判了从骚人开始到建安以后所有不合乎大雅之声的文学，而他的创作中却从屈骚、建安文学、二谢山水诗中汲取了丰富的营养，他在《陪侍御叔华登楼歌》中称赞"蓬莱文章建安骨，中间小谢又清发"，对于这一矛盾论家多有歧义，葛晓音先生通过详细分析，统一了这些矛盾，得出结论："如果硬要统一李白诗论中的这些矛盾，那么我们只能说他既肯定屈原的高度成就，又认为他的哀怨不属于大雅正声；既提倡建安风骨，又反对自建

安导源的绮丽文风;既从总体上反对六朝文风,又肯定其中某些作家。这里既有对事物的两面认识,也包含着未经消化的传统偏见”[3]极有见地。李白在这首诗里,为了突出颂扬当朝陈子昂以来出现的“复元古”“贵清真”的文学,对屈骚以来的看似不符合所谓“大雅”“正声”的文学自然地提出批评,而为了强调前者,未免对后者的用笔过于严苛了些。这里,李白追念的“大雅”“正声”的文学传统,颂扬的“复元古”“贵清真”的文学思潮,不正与陈子昂的“复古”理论如出一辙吗?孟棨《本事诗》即云:“白才逸气高,与陈拾遗齐名,先后和德。其论诗云:梁陈以来,艳薄斯及,沈休文又尚以声律,将复古道,非我而谁欤?”这里既指出了李白与陈子昂“合德”,李白承传了陈子昂的“复古”理论,又指出了李白对恢复古道当仁不让的决心。他在《雪谗诗赠友人》中亦云:“天未丧文,其如予何?”同样表明了以复兴古道为己任的历史使命感。

理论上,李白对陈子昂确立的复古范型一脉相承,创作上又何尝不是?李阳冰《草堂集序》云:“卢黄门云:‘陈拾遗横制颓波,天下质文,翕然一变。’至今朝诗体,尚有梁陈宫掖之风。至公大变,扫地并尽。"指出了在以创作实践去扭转齐梁颓波的过程中,二人的“先后公德”。具体点说,李白的《古风》继承了陈子昂《感遇》诗中重兴寄反齐梁的传统。胡震亨《李诗通》云:“按太白《古风》,其篇富于子昂之《感遇》,俭于嗣宗之咏怀,其抒发性灵,寄托规讽,实相源流也。”从阮籍《咏怀》到陈子昂《感遇》,再到李白《古风》,呈现出唐人抵制齐梁颓波的理想范式。

二、对比兴寄托范式的承传

比兴寄托,源远流长。《诗经》即富此法,闻一多曾指出:“三百篇中以鸟起兴者,亦不可胜数。”(《古典新义》)仅以鸟起兴,就不可胜数,再加上其他以花草树木等起兴、比喻的,就更为可观了。屈原创造性地发展了《诗经》的比兴手法,对此,王逸《离骚经序》曰:“善鸟香草以配忠贞,恶禽臭物以比谗佞,灵修美人以媲于君,宓妃佚女以譬贤臣,虬龙鸾凤以托君子,飘风云霓以喻小人。”阮籍也以玄鹄自喻,寄托抱负,又以幽兰寄寓孤芳自赏的感触。陶渊明也深谙此道,以鸟喻壮志:“猛志逸四海,骞翮思远翥”(《杂诗》),又以鸟寓其返归自然的情趣:“羁鸟恋旧林,池鱼思故渊?”(《归园田居》其一)南北朝诗中此法消歇,正如陈子昂所批评的“采丽竞繁,而兴寄都绝”。初唐,陈子昂高举“风骨”“兴寄”两面旗帜进行文学革新,并在其《感遇》诗里使曾一度匿迹的比兴寄托得到恢复和发扬,他以青鸟、玄凤自比,以幽独的兰若喻自己卓荦不凡的高洁品格,以“岁华尽摇落”寄壮志难酬的深悲。李白更从理论和创作实践中发扬光大了此一法式。理论上，如前所述，李白是以振兴大雅、正声为己任的。诗文创作中，他更使这一范式大放光彩。清人陈沆《诗比兴笺》选李白比兴诗五十七首，尚不及近体，其实即使古体也还不止如此，可见李白对此的热切。诗中或托物寄兴，或托之饮酒求仙，或寄诸美人鸟兽，寄托了他的凌云壮志，讽刺了奸佞、残暴之徒，抒发了他对黑暗现实的幽愤。他一生以大鹏自许，在他笔上，大鹏"簸鸿蒙，扇雷霆。斗转而天动，山摇而海倾。怒无所搏，雄无所争""扶摇直上九万里，假令风歇时下来，犹能簸却沧溟水"（《大鹏赋》），这恰是李白追求自由，怀抱凌云壮志的象征。他还以凤鸟喻寄怀抱："凤飞九千仞，五章备彩珍。"（《古风五十九首》其四）这正是对庄子用大鹏、屈原取凤鸟以及阮籍比玄鹄、子昂喻青鸟的一脉相承。李白一生傲岸不屈，对奸佞小人深恶痛绝。其《夷则格上白鸠拂舞辞》中云："鹰鹯雕鹗，贪而好杀"，用凶鸟喻残暴之徒。《登金陵凤凰台》中云："总为浮云能蔽日，长安不见使人愁"，以浮云拟奸佞。其《梁甫吟》中云："我欲攀龙见明主，雷公砰訇震天鼓""阊阖九门不可通，以额叩关阍者怒"，以"雷公""阍者"喻奸佞，直接导源于屈赋。李白的一生，崇高的理想被黑暗的现实撞得粉碎，他在诗中借用梦境、仙境来发泄心中的悲愤。如清人陈沆在《诗比兴笺》中就说李白的《梦游天姥吟留别》"盖寄去国离都之思"，这里的"思"字用得虽不准确，但亦道出了这首诗有寄托寓意。这亦发源于屈骚，《离骚》开创了在仙境中寻求美好理想的先河。

李白在诗文中大大发扬了传统的比兴寄托范式，并且他的比兴寄托多具原型范式，这也是李白偏重复古的重要体现。

三、对歌咏历史人物以寄托理想范式的承传

李白一生自期不凡："申管晏之谈，谋帝王之术，奋其智能，愿为辅弼，使寰区大定，海县清一。"（《代寿山答孟少府移文书》）他在诗文中，屡申这种崇高的理想，表达的途径之一就是选用了借历史人物寄托理想的传统方式。据裴斐先生在《李白与历史人物》中统计，"李白诗文中出现的历史人物（唐代人不计）共有一百五十八位"，而且"这些人一般都不止出现一次"，可见李白诗文中涉及的历史人物之多。对此加以考察，发现李白歌咏历史人物，具有两个特征：

（一）受汉晋名士以圣贤张名士之风的影响，进而以圣贤自比。"白上探玄古，古观人世，下察交道，海内俊杰，相识如浮云。自谓德参夷颜，才亚孔墨，莫不名由口进，实从事退。"（《送戴十五归衡岳序》）"君看我才能，何似鲁仲尼，大圣犹不遇，小儒安足悲。"（《书怀赠南陵常赞府》）"我志在删述，垂辉映千春。

希圣如有立，绝笔如获麟。”（《古风》之一）李白敢以孔墨等圣人大贤自比，足见其志不在小，自负不浅，自期甚高，企望立德、立言、立功，名垂千古。[4]

（二）出于极力张扬个性的追求和从小所受纵横之术的教育，李白对因特殊机遇及由于献策而功成名就的谋臣策士深表称羡，常常引为自比。前者如《梁父吟》云：“朝歌屠叟辞棘津，八十西来钓渭滨。宁羞白发照清水，逢时壮气思经纶。广张三千六百钓，风期暗与文王亲。大贤虎变愚不测，当年颇似寻常人。”“高阳酒徒起草中，长揖山东隆准公。入门不拜骋雄辩，两女辍洗来趋风。东下齐城七十二，指挥楚汉如旋蓬。”对曾是屠夫的吕尚九十遇文王而建功立业，高阳酒徒郦食其轻易为刘邦取得七十二座城池的神功，大加渲染，热情颂扬，以此自期、自励，正如沈德潜所云：“言吕尚之耄年，郦食其之狂士，犹乘时遇合，为壮士者，正当自奋”[5]。在后一类历史人物中，李白最崇慕的是鲁仲连和谢安，据裴斐先生的统计，李白共有十九首诗文歌咏鲁仲连，二十四首诗文言及谢安。他们一为先秦策士，一为东晋谋臣，二人最为李白称赏的是鲁仲连“谈笑三军却”（《奔亡道中作》），谢安“谈笑安黎元”（《书情赠蔡舍人雄》），李白自己也表示要“谈笑静胡沙”（《永王东巡歌》），可见李白崇尚他们，正与自己要在谈笑间建立奇功殊勋的夙愿相吻合。李白仰慕二位，还有一个重要原因，就是他们既具有济事之才又有遁世之志，既建立了奇功又不为名利所累，这也正如李白所念念不忘的功成身退。

借古咏今，借历史上的圣贤俊杰自比、自期、自勉，乃是中国古代文学的常见之法，李白用来也是得心应手，恰如其当。

四、对咏叹时间以抒发壮志难酬范式的承传

在中国古典诗歌里，时间是个常吟无衰的题材，“逝者如斯夫，不舍昼夜”，时间川流不息，转瞬即逝。对此诗人们表现出特有的敏感，骚人屈原即云：“汩余若将不及兮，恐年岁之不吾与”（《离骚》），表现出内心的焦灼。《古诗十九首》更充满人生暂促的哀伤：“四时更变化，岁暮一何速”“人生寄一世，奄忽如飙尘”等。唐人亦有同感，刘希夷《代悲白头翁》就在今昔变易、盛衰对比中抒发了人生暂促、时不我待的叹息。李白也承传了这一亘古主题，他写道：

黄河走东溟，白日落西海。逝川与流光，飘忽不相待。春容舍我去，秋发以衰改。人生非寒松，年貌岂长在。吾当乘云螭，吸景驻光彩。（《古风五十九首》之十一）

君不见黄河之水天上来，奔流到海不复回。君不见高堂明镜悲白发，

朝如青丝暮成雪。(《将进酒》)

均从流逝不驻的自然运行规律生发出人生短促、时不我待的深层慨叹。对于时光的无情流逝,李白也同样表示出内心的悲哀,流露出“抵敌不过”的伤痛。其《日出入行》云:

日出东方隈,似从地底来。历天又入海,六龙所舍安在哉。其始与终古不息,人非元气,安得与之久徘徊。草不谢荣于春风,木不怨落于秋天。谁挥鞭策驱四运,万物兴歇皆自然。羲和羲和,汝奚汩没于荒淫之波;鲁阳何德,驻景挥戈。逆道违天,矫诬实多。吾将囊括大块,浩然与溟涬同科。

先写出了日之出入运行的无始无终与人生短暂的矛盾,并进而写到草木万物,春荣秋落乃自然本性,如同日出日落,均自然而然,无须像羲和鞭日、鲁阳驻景那样徒劳无益、逆道违天。我们看到,具有仙风道骨,飘然不凡的李白,经过深深的思考,踏踏实实地感到了暂促的人生在永恒的宇宙面前显得那样无奈,最终也只好与宇宙化合为一。这种主题一线下传,杜甫《哀江头》中云:“人生有情泪沾臆,江水江花岂终极”,刘禹锡《西塞山怀古》亦云:“人生几回伤往事,山形依旧枕寒流”,成为不衰的主题。

咏叹时光飞逝,往往伴随着壮志难酬的深悲,这也是自古以来的永恒主题,李白亦不加选择地承传下来。在短暂的人生面前,李白“雄心日千里”(《赠张相镐》),颇志于干一番“使海县清一,寰区大定”的事业,然而他被唐玄宗认为“非廊庙器”而放归山林,理想与现实发生了激烈的冲突,于是他感到“人生在世不称意”(《宣城谢朓楼饯别校书叔云》)、“古来圣贤皆寂寞”(《将进酒》)。由此,我们看到李白毫不迟疑地接过了前人的酒杯,以浇心中的块垒:“人生得意须尽欢,莫使金樽空对月(《将进酒》)、“百年三万六千日,日日须饮三百杯”(《襄阳歌》)。看来将百年人生都赌在了酒杯里,然而及时行乐的外衣掩盖不住时光流逝、壮志难酬的深痛。他在《陪侍御叔华登楼歌》中云:“弃我去者,昨日之日不可留。乱我心者,今日之日多烦忧。”深寓时不我予、理想幻灭之悲。

以上表明,李白一脉相传地承沿了屈原以来的时光飞逝、壮志未酬的模式,甚至连解决问题的方式也一并传下,方式有二:一则沿用庄子、陶渊明的途径,“纵浪大化中”,前文所引“吾将囊括大块,浩然与溟涬同科”正是此一途也;二则承传了古人的酒杯,清人应时在《李诗纬》中云:“唐李白嗜酒,人称之曰‘狂’。孔子曰‘狂者进取’‘夷考其形而不掩焉者也’。若白者,岂孔子所谓‘狂者’与?”[6]指出了李白不是孔子所说的那种进取的狂者,在理想与现实的激烈冲突下,他选择了“且乐生前一杯酒,何须身后千载名”的途径,这无疑有消极的因素,但更多的是无奈。

此外,李白对南朝二谢山水诗的成句、成章的袭用及“朝如何如何”“暮如何如何”写作范式的承传,[7]李白对名士传统的承继,[8]李白对侠式风范的承沿,[9]都已有专门论述,本文不一一繁举了。

由此可见,李白对前人,包括比他稍早的陈子昂,多方面地予以承传,其承传的范围之广,程度之深都是不多见的。由此也受到了后来评论家的批评,王安石曰:“白之诗歌,豪放飘逸,人固莫及,然格止于此,不知变也”。[10]王世贞亦云:“十首以前,少陵较难入,百首以后,青莲较易厌。”[11]批评的着重点都是针对李白诗歌因多革少,体格少变化而发的。因此,尽管李白以纵横飘逸之才力敌造化,超越前人,位尊中国古代诗歌的峰巅,但他只能如胡小石先生所说的成为总结前代的“成家”,却不能以一种可供垂范的法则与规范,成为后世的“开派”,这一历史的重任只能由另一伟大诗人杜甫承担了。

注　释

[1]转引自周勋初《诗仙李白之谜·侠士风概》,台湾商务印书馆1996年版,第126—127页。

[2]卢照邻《南阳公集序》。

[3]葛晓音《汉唐文学的嬗变》,北京大学出版社1990年版,第49页。

[4][8]参见贾晋华《李白与名士传统》,载1990年《中国李白研究》下。

[5]引自郁贤皓选注《李白选集》,上海古籍出版社1990年版。

[6]引自陶新民《试论李白的悲剧人生及其特点》,载《安徽大学学报》1996年第五期。

[7]莫砺锋《论李杜对二谢山水诗的因革》,载《唐代文学研究》第六辑。

[9]周勋初《诗仙李白之谜·侠士风概》,台湾商务印书馆1996年版。

[10]胡仔《苕溪鱼隐丛话》前集卷六引《遁斋闲览》。

[11]王世贞《艺苑卮言》。

李白诗中的“自然”意识

詹福瑞

一、“自然”的本义

在西方,对“自然"有两种解释。一种解释为:“与生物(有机)和非生物(无机)现象有关的、非人为地存在或发展着的一切,即各种形式的物质。”另一种解释为:“地球表面或没有人或很少有人居住、没有被人或极少被人改造过的一定区域内的植物、动物、水流和山岩的总和。”[1]第一种解释是把“自然”解作客观物质,即自然界,第二种则主要指自然物。

而在中国古代,所谓“自然”,本不指有形的具体存在的事物,主要指自然而然、无为、无施的意思。

在先秦道家老子的哲学里,“自然”是一个十分重要的概念,老子使用“自然”这个概念,主要用来解释“道”。他认为,自然是道的依归,道必须体法自然而行,《老子》二十五章云:

> 人法地,地法天,天法道,道法自然。

这里所说的“自然”,既不是指自然界、自然物,也不是指所谓的自然规律,而是指一种状态,一种非人力所为的自然而然的状态。道的本质即是这种自然无为的状态。“道之尊,德之贵,夫莫之命而常自然。”[2]道之所以受尊崇,就在于它不对万物加以干涉,而是一任万物在自然无为的状态中生长,“以辅万物之自然而不敢为。”[3]

魏晋南北朝时期,玄学家所说的“自然”,仍指自然而然、天然无为之意。王弼注《老子》二十五章云:

道不违自然，乃得全性。法自然者，在方而为方，在圆而法圆，于自然无所违也。自然者，无称之言，穷极之辞也。

又《老子》第五章注：

天地任自然，无为，无造。

《老子》第二十五章提出宇宙的“四大”，即人、地、天、道，而在“四大”之中，人取法地，地取法天，天取法道，道虽最高，仍要取法自然。自然是极点，是不可名称的。王弼认为：法自然，就是不违背自然，只有如此，才保全了道的本性。可见，自然是道的本体。正因为如此，魏晋人径言：“自然者，道也”[4]“故不通于自然者不足以言道。”[5]把“道”与“自然”合二为一。而所谓“自然”，就是在方为方，在圆为圆，无为，无造，即任自然而行，保存其天然的状态。诚如王弼注《老子》二十九章所云：“圣人达自然之至，畅万物之情，故因而不为，顺而不施。”顺其自然，不加以主观意志，不人为地去改变事物。

郭象注《庄子》，也常谈及“自然”，在他那里，“自然”仍指自然、无为的意思。其《庄子·逍遥游》注：

天地者，万物之总名也。天地以自然为体，而万物必以自然为正。自然者，不为而自然也。

又《庄子·齐物论》注：

物各自然，不知所以然而然。

郭象所说的“自然”，既有自然无为的意思，又有自然如此的意思。

东晋著名诗人陶渊明的《归园田居》有“久在樊笼里，复得返自然”句，今注对“自然”或不注，或解为“大自然”，然而，陶渊明此诗所说的“自然”，实为自然天性之意。闻人倓《古诗笺》注此句诗，引《老子》第二十五章“道法自然”解“自然”，是很有道理的。查初白《初白庵诗评》卷上云：“‘返自然’，道尽归田之乐，可知尘网牵率，事事俱违本性。”“本性"解“自然”，也符合诗的本义。

情况虽然如此，然而到魏晋南北朝时期，人们对“自然”的理解，又有了可注意的新内容。“自然”不仅限于一般的状态，开始指向具体的人与事物。

首先，“自然”用以指人的天性。陶渊明《归去来兮辞序》云：

彭泽去家百里，公田之利，足以为酒，故便求之。及少日，眷然有归与之情。何则，质性自然，非矫厉所得；饥冻虽切，违己交病。

因本性自然，不能造作勉强以违本性，因此，陶渊明宁弃彭泽令之职，忍饥受冻，以归田园。这里的“自然”显然是指人的本性。此例也足以证明“久在樊笼里，复得返自然”的“自然”，就是诗人重新获得的自然本性。

其实，把自然引向人性不始于陶渊明，魏晋的玄学家早就论及人性自然的问题。嵇康提出的著名的“越名教而任自然”的思想，所主张的就是任自然之性、任自然之心：

> 夫气静神虚者，心不存乎矜尚；体亮心达者，情不系于所欲。矜尚不存乎心，故能越名教而任自然；情不系于所欲，故能审贵贱而通物情。物情顺通，故大道无违；越名任心，故是非无措也。[6]

嵇康所说的“任自然”，就是指超越名教的束缚，摆脱情欲矜尚的牵累，使心性回到气静神虚的自然状态。所以很明显，“任自然”就是任自然之本性、自然之心态。

就人的自然之性来说，“自然”又可称为“真”或“本”，张湛《列子·黄帝篇》注：

> 至真至纯，即我之性分，非求之于外。

又《列子·仲尼篇》注：

> 夫心，寂然无想者也。若横生意虑，则失心之本矣。

前条注是说：人一生下来就赋得了至真至纯的本性。而后条注则由人的性分扩展到了人的思想性情。张湛认为：人心本来就是寂然无想的，因此，要保持这种本然之心，最好就是“顺心”，即保持心之本然状态。由此可见，这仍然是任自然思想的一种反映。

其次，“自然”与万物有了密切的联系。阮籍《达庄论》云：

> 天地生于自然，万物生于天地。自然者无外，故天地名焉。天地者有内，故万物生焉。

万物生于天地，天地生于自然，则天地、万物同在自然之内，处于自然而然的状态。由此可见，自然不是处于天地、万物之外，而是就在天地、万物之中的。郭象《庄子·逍遥游》注所说的“天地以万物为体，而万物必以自然为正”，也说的是同样的道理，即万物体现了自然，万物以自然为归依。自然就是万物的自然存在的状态。而这里所说的“万物”，则主要指自然界，当然也包括山水景物在内。

“自然者，道也。”“道即自然。”万物以自然为体的观念再往前发展一步，就必然会建立起自然(道)与山水景物的联系。因此，到了刘宋时期，宗炳在其《画山水序》中提出了“山水以形媚道”的理论，认为山水亦体现了自然之道。正因为如此，士人也就把纵情山水作为体道适性的最佳形式之一，“取欢仁智乐，寄畅山水阴。”[7]“嘉会欣时游，豁尔畅心神。”[8]“散怀山水，萧然忘羁。”[9]“山水怀分之所适。”[10]山水也就成为士人摆脱社会生活烦扰，寻找回自然本性，体任自然的生活方式。陶渊明“复得返自然”，寻找的是“园田”“丘山”之乐；谢灵运则杖策裹粮，肆意游遨山水，动逾旬朔，“寻山陟岭，必造幽峻，岩嶂千重，莫不备尽登蹑。”[11]以体验“恬如”之性。东晋以后，士人纵情山水成为一时风气。王羲之与东土人士尽山水之游；许询好泉石，隐于永兴西山；孙绰游放会稽山水十余年；谢鲲放情山水，不改其乐。士人不仅自己游山水，还要相邀同赏，晋穆帝永和九年（353）三月三日，有王羲之、谢安、支遁等四十二人的山阴兰亭之会；晋安帝隆安四年（400）仲春，又有僧门三十余人的石门之游。与此同时，山水进入诗、画，形成一种新的诗体与画材。

综上所述可知，唐前的“自然”概念，主要指自然无为、天然之意。而所谓“自然意识”，也应指人们对自然、无为的认识与体验。由于天地万物体法自然，自然意识当然关乎天地万物；又因为人有其自然本性，因此自然意识也关乎人性；当然，魏晋南北朝时期，山水成为士人体悟自然、畅神适性的重要生活方式，自然意识中也有了山水这一必不可缺的内容。对于中国古代士人而言，“自然”意识与西方所说的自然意识有同有异，总体看来其内容比西方更为丰富。在西方，自然是与人的主体相对立的客体；而中国古代，自然既为客体，又在主体之中，情况远比西方复杂。对李白的自然意识亦当作如是观。

二、李白诗中的“自然”

李白诗中有多处提到“自然”，从诗的上下文看，“自然”的含义仍是传统的，主要指非人为的、天然的意思，有时候，“自然”与“道”同义。从这些诗中可以看出，李白思想深受道家思想影响，并试图用老庄的自然之道来认识天地万物、指导人生。

《月下独酌》其二诗云：

天若不爱酒，酒星不在天。地若不爱酒，地应无酒泉。
天地既爱酒，爱酒不愧天。已闻清比圣，复道浊如贤。
贤圣既已饮，何必求神仙！三杯通大道，一斗合自然。
但得醉中趣，勿为醒者传。

诗中所说的“自然”与“天道”可互置。诗义谓：天上既有酒星，地下复有酒泉，是天地亦爱酒，故人之爱酒，与天地相通，饮酒既合于自然，又与道相通。李白《草创大还赠柳官迪》也出现了“自然”一词：“天地为橐籥，周流行太易。造化合元符，交构腾精魄。自然成妙用，孰知其指的？”此处所说的“自然”，即自然而然之意。这几句诗是说天地造化有它奇妙的功用，它是自然的，无目的的。上二例说明，李白使用“自然”一词时，仍用的是唐前“自然”的含义。

在李白使用“自然”的诗里,《日出入行》一诗最应引起我们的注意,此诗反映出李白十分重要的自然观。诗如下:

日出东方隈,似从地底来。历天又复入西海,六龙所舍安在哉?其始与终古不息,人非元气,安得与之久徘徊?草不谢荣于春风,木不怨落于秋天。谁挥鞭策驱四运?万物兴歇皆自然。羲和羲和,汝奚汨没于荒淫之波?鲁阳何德?驻景挥戈?逆道违天,矫诬实多。吾将囊括大块,浩然与溟涬同科。

此诗首言天地,次言万物,贯穿了天地万物以自然运的思想。古人对日出东方、西沉入海的天象有过种种解释。《淮南子·天文训》云:“爰止羲和,爰息六螭,是谓悬和。”高诱注:“日乘车,驾以六龙,羲和御之,日至此而薄于虞泉,羲和至此而回六螭。”此说亦见于屈原《离骚》:“吾令羲和弭节兮,望崦嵫而勿迫。”王逸注:“羲和,日御也。”可见羲和御日是古代关于太阳运行的较早的神话传说。《庄子》则认为,日月运行乃自然之道,《知北游篇》云:

天不得不高,地不得不广,日月不得不行,万物不得不昌,此其道也。

这种理论以自然之道否定了自然界外还有任何超自然的神力的存在。此诗深受庄子思想影响,在描绘了日出日落、终古不息的天象之后,对六龙载日的传说提出了质疑:所谓六龙载日的说法,不过是妄语而已,哪里有什么六龙停留的地方?诗的第二段由天体运行而及自然界的四时变化。“草不谢荣于春风,木不怨落于秋天”,是互文。此段意谓:花草树木,每当春风吹来,就会生长,就会繁荣;每逢秋天降临,就会凋落,就会枯萎。它们自生自衰,并非外力,既无须因新生而感谢春风,亦不应衰落而怨恨秋天。这是因为时序的变迁,草木的荣歇,非由某超自然的外力主宰,它们与天体运行一样,皆乃自然之道,即“万物兴歇皆自然”也。

李白此诗由天道而推及人道,主张人亦应顺应自然而行。《淮南子·览冥训》载:“鲁阳公与韩构战酣,日暮,挥戈而㧑之,日为之反三舍。”李白以近乎嘲弄的口吻诘问道:羲和呀羲和,你不是驾驭六龙载着太阳行驶于天空的神吗?却又为何沉没到浩瀚无涯的大海里了呢?楚国的鲁阳公,你又有何德何能?举戈一挥,竟想叫太阳停止运行呢?日月运行,四季轮转,草木荣枯,既然皆出于自然,那么,所谓天道,就是自然。只是顺应自然,才合于天道。鲁阳公的传说,就在于妄想改变天宇运行的自然之道,“逆道违天”,是妄言而不足以取信的。人的生命亦如此,既非化育万物的一元之气,也不能与太阳同寿,它自然而生,自然而死。人就是如此生生运转,以至无期。因此,人的最佳选择不是改变自然,而是顺应自然。正因为如此,李白在此诗的最后充满激情地高唱道:“吾将囊括大块，浩然与溟涬同科。”何谓“大块”？《庄子·齐物论》：“夫大块噫气，其名为风。”成玄英疏：“大块者，造物之名，自然之称也。”何谓“溟涬”？《庄子·在宥》：“大同乎涬溟。”司马彪注：“涬溟，自然元气也。”可见“大块”与“溟涬”均为自然。李白要囊括大块，与溟涬同科，不是要与宇宙同生死，也不是要掌握什么自然规律，意在与自然融为一体。

李白与自然为一的思想仍来自庄子。《庄子·齐物论》云：“天地与我并生，万物与我为一。”又《德充符》云：“与物为春。”庄子之意，并非真的与天地并生共存，而是主张从精神上打通人与宇宙有限与无限的分界，以人的自然，合于宇宙天地万物的自然，即以天合天的意思。李白高唱“囊括大块，浩然与溟涬同科”，与庄子意思相近，就是要使主体的精神与自然相合，即心任自然。

李白《日出入行》反映出的自然思想，论者多把其作为宇宙观看。这种认识固有道理，但似不全面。《日出入行》不仅反映出了李白的宇宙观，也表现出了他的人生观，亦可作为他的部分人生观来看。《日出入行》反映出的李白的人生观，就是任自然。任自然的实质是追求个人身心的最大自由，不受羁约，不受束缚，自由适意，保持个人的本性。李白早在出川后写的《代寿山答孟少府移文书》中，就这样描述自己：

> 近者逸人李白自峨眉而来，尔其天为容，道为貌，不屈己，不干人，巢、由以来，一人而已。

这段描述，实际上表达了李白早年就已经形成的自然为人的品格。他是天地自然的儿子，所以他秉承了自然的本性。在他以后的人生中，无论是追求功名，在长安供奉翰林，还是浪迹天下，“浮五湖，戏沧洲”，他都保持、坚守了自己的自然为人的品格。

三、“自然”与功名

李白极重功名，及早建功立业，清宁社稷，大济苍生，是他一生的奋斗目标，也是他的诗中反复出现的主题，不断咏叹的一个情结。而李白之求取功名，是其个体生命意识觉醒后为实现个人生命价值而生成的自然要求。李白《将进酒》云：“天生我材必有用。”生命之来，必有其用，功名即其用之一。取得了功名，就是实现了个人的生命意义和价值。因此，功名不是自身之外的力量强加的，功名也就成了个人的一种自然的需要，而非生命之外的什么尘累。

就此而言，功名和山林之志并无实质性的冲突，诚如李白《对雪奉饯任城六父秩满归京》诗写的那样：“独用天地心，浮云乃吾身。虽将簪组狎，若与烟霞亲。”他的心是天地自然之心,行迹亦如浮云,自由来去于功名与山林之间。求取功名是为了满足诗人实现生命价值的本然需要,栖隐山林也是为了生命的本然需要。正因为这样,求取功名和栖隐山林构成了李白人生理想的两个阶段。对这两个阶段,李白一生从不掩饰,并形成了功成身退这一一以贯之的生命理想模式:

申管晏之谈,谋帝王之术,奋其智能,愿为辅弼。使寰区大定,海县清一。事君之道成,荣亲之义毕,然后与陶朱留侯,浮五湖、戏沧州,不足为难矣。[12]

愿一佐明主,功成还旧林。[13]

功成谢人间,从此一投钓。[14]

功成身不居,舒卷在胸臆。[15]

本来儒家的出与处是与人生境遇有关的,“达则兼济天下,穷则独善其身”,出与处决定于遇与不遇。然而到了李白这里却改造成了人生实现个人生命价值的两个阶段,这两个阶段的出与处不在境遇,而在于个人的主观性情,“舒卷在胸臆”“卷舒固在我,何事空摧残”[16],舒卷出处决定于个人主观的需要与适意。这样,李白就用道家的自然观囊括并改造了儒家“兼济天下”与“独善其身”的政治理想,使其成为个人生命的自然需要。他用自然、适意泯灭了出与处的差异:

留侯将绮里,出处未去殊。终于安社稷,功成去五湖。[17]

吾不凝滞于物,与时推移,出则平交诸侯,遁则以俯视巢许。朱绂狎我,绿萝未归,恨不得同栖烟林,对坐松月。[18]

“物”指相对于诗人主观性情的入世与出世,“不凝滞于物,与时推移”,就是任自然。但是,这里所说的任自然不是指顺物之自然,而是顺性情之自然。顺性情之自然,就是“舒卷在胸臆”,即人们常说的任性与适意。李白认为,对于任性与适意而言,出世与入世本没有差异,只要合于性情的自然,出世亦可,入世亦可,因此不必拘执于出与处之间。

当然,这是从道理上来说,而事实上,一旦入世建功立业,就必然要与社会发生这样那样的关系。离不开君主,离不开大臣,离不开制度,也离不开世风。所以,功业理想不可能不与任自然的性情产生抵牾冲突。而一旦冲突,李白义无反顾地选择后者,抛弃前者。“功名富贵若长在,汉水亦应西北流。”[19]“安能摧眉折腰事权贵,使我不得开心颜!”[20]这也许就是李白辞京还山的主观原因吧。因此,长安放还后,李白写诗道:

松柏本孤直,难为桃李颜。昭昭严子陵,垂钓沧波间。身将客星隐,心与浮云闲。长揖万乘君，还归富春山。清风洒六合，邈然不可攀。使我长叹息，冥栖岩石间。[21]

严陵不从万乘游，归卧空山钓碧流。自是客星辞帝座，元非太白醉扬州。[22]

严光，字子陵，会稽余姚人。据《后汉书·严光传》：“少有高名，与光武同游学。及光武即位，乃变名姓，隐身不见。帝思其贤，乃令以物色访之。后齐国上言，有一男子，披羊裘，钓泽中。帝疑其光，乃备安车玄纁，遣使聘之。三反而后至。……车驾即幸其馆，光卧不起。……于是升舆叹息而去。复引光人，论道旧故，相对累日。……因共偃卧，光以足加帝腹上。明日，太史奏客星犯御座甚急。帝笑曰：‘朕故人严子陵共卧耳。’除为谏议大夫，不屈，乃耕于富春山。”以上二诗由衷赞叹严子陵事迹，且以严子陵自况，可见李白供奉翰林，原打算是以玄宗朋友身份自居的，他并不想改变自己孤直的本性，似桃李一样投人所好。当他一旦发现自己所期望的严子陵与汉光武帝的关系不过是自己的一相情愿时，他就长揖万乘之君，遗弃功名，离开长安，去寻找自己“心与浮云闲”的生活了。

正因为李白的功名思想带有很强的自然意识，所以，李白的求仕、人仕就走了一条与常人不相同的道路。

唐代以科举取士，科举是一般士子的晋身之阶，《唐摭言》卷九说：“三百年来，科举之设，草泽望之起家，簪绂望之继世。孤寒失之，其族馁矣；世禄失之，其族绝矣。”科举是庶族寒门士子取得政治地位的重要途径，也成为世袭士族保其门第的重要手段。故唐代士子趋之若鹜。唐代科举制的实行，是封建社会铨选官员制度的一大改革与进步，它结束了南北朝时期的门阀世袭统治，使士族与庶族寒门出身的士子有了平等竞争的机会，极大地解放了人才。但是，科举制也有其戕害士人心灵、扭曲其人格的弊端。据《通典·选举》：“开元以后，四海晏清，士无贤不肖，耻不以文章达。其应诏而举者，多则二千人，少犹不减千人，所收百才有一。”据傅璇琮先生《唐代科举与文学》介绍，“唐代进士科所取的人数，前后其有所不同，但大致在三十人。据唐宋人的统计，录取的名额约占考试人数的百分之二三。明经科较多，一百人到二百人之间。进士、明经加起来，也不过占考试者总人数的十分之一。可以想见，风尘仆仆奔波于长安道上的，绝大部分是落第者。”这些失意落第的士子尝尽了科举的苦辛与落第的悲哀。而对于那些一旦金榜题名，“春风得意马蹄疾，一日看遍长安花”的士人来说，亦潜隐着人所不知的辛酸和人性的扭曲与压抑。《唐摭言》卷一云：

进士科始于隋大业中，盛于贞观、永徽之际；缙绅虽位极人臣，不由进士者,终不为美,以至岁贡常不减八九百人。其推重谓之"白衣公卿",又曰"一品白衫";其艰难谓之"三十老明经,五十少进士"。其负倜傥之才,变通之术,苏、张之辩说,荆、聂之胆气,仲由之武勇,子房之筹画,弘羊之书计,方朔之诙谐,咸以是晦之。修养慎行,虽处子之不若;其有老死于文场者,亦所无恨。故有诗曰:"太宗皇帝真长策,赚得英雄尽白头!"

士人为金榜题名,不得不潜晦本性与文才武略,修养慎行赛过处子,科举使得多少英雄白发死于章句!更有一些人行比优伶,阿趋时好,"揣摩主司之好尚,迎合君上之意旨"[23],"工于语言,识形势,善候人主意,故天下靡靡,日入于衰坏"[24],许多士人为了科举丧失了"性情之真境"[25],严重地扭曲了人的本性。

对于应科举试这一普遍的入仕道路,李白是不屑择取的。李白不屑于科举,主要有两个原因。其一,他认为自己有超乎常人的才能,不屑于走常人的科举之路,他要像吕尚、张良、诸葛亮、谢安等历史名人一样,受帝王礼遇,起于东山,为帝王师佐,以建不朽的功业。其二,李白对科举戕害人性情的弊病有清醒的认识,他写有著名的《嘲鲁叟》一诗:

鲁叟谈五经,白发死章句。问以经济策,茫如坠烟雾。
足著远游履,首戴方山巾。缓步从直道,未行先起尘。
秦家丞相府,不重褒衣人。君非叔孙通,与我本殊伦。
时事且未达,归耕汶水滨。

此诗批评儒生刻薄尖锐,旧说多把其视为李白对待儒家的态度。其实,此诗所反映的恰恰是李白对待科举的认识。唐代科举,作为常贡之科有六科,即秀才、明经、进士、明法、明字、明算,但主要是明经和进士二科。"明经者,仕进之多数也。"[26]而明经考试的主要特点是要求应举士人精熟儒家经典,关键是要记诵经书及其注疏文字。因此才造成了应试经生只知经文,不通经义,更不知治国之术的迂腐。这样的人是与李白格格不入的,而造成这种迂腐之人的考试制度与李白的性格也是格格不入的。他不愿潜晦自己的辅弼之志、帝王之术,去"修养慎行,虽处子之不若";也不会似鲁生一样褒衣博带,循规蹈矩,徒务章句之学。总之,他不愿违背自己的自然之性,让科举束缚了个人的自由,或改变了本人的性情。

因此,李白虽是唐代人,却坚定不移地效法吕尚、诸葛亮、谢安等古代名臣贤相,走上一条很古老的入仕道路:蓄其高名,以达明主,通过征召,致身卿相。李白进身朝廷,正是走了这样一条非常之路。如李阳冰《草堂集序》所记:"天宝中,皇祖下诏,征就金马,降辇步迎,如风绮皓。以七宝床赐食,御手调羹以饭之。谓曰：‘卿是布衣，名为朕知，非素蓄道义，何以及此？’置于金銮殿，出入翰林中，问以国政，潜草诏诰，人无知者。”李白《代宋中丞自荐表》亦言：“天宝初，五府交辟，不求闻达，亦由子真谷口，名动京师。上皇闻而悦之，召入禁掖。既润色于鸿业，亦间草于王言。雍容揄扬，特见褒赏。”对于这样的入仕之经历，李白是十分得意的，离开长安前后，他还常常动情地回忆起这段不同寻常的经历，还要津津乐道于玄宗对他的礼遇。如《玉壶吟》、《走笔赠独孤驸马》、《赠崔司户文昆季》、《赠从弟南平太守之遥》其一等。对于这些诗，有些学者颇有微词，认为李白虽自视甚高，仍不免以长安之生活自我标榜。其实，李白之所以把这一段生活看得如此重要，自吹自擂，并不是李白的浅薄。一提起长安待诏，李白就不无得意，是因为李白如吕尚、诸葛亮一样，以高名而获皇帝的征召与恩遇。这是一种布衣之傲。他不屈己，不干人，既不曾屈就自己的傲性，又未曾改变或潜隐自己的天然之性，更不似一般士子那样“五十少进士，三十老明经”，就走进了朝中。他得意的是自己的入仕之路，得意的是舒卷在自己的主动与自由，说到底，还是李白的自然意识在起作用。

四、“自然”与山水

研究李白的自然意识，我们不能不把主要注意力集中到李白的山水诗。这不仅仅是因为李白“一生好入名山游”，对山水情有独钟，纵浪于山水之中，写下大量的名垂千古的山水诗，山水成为李白诗歌题材的重要组成部分；更为重要的是，李白的自然意识在他的山水诗中有比较集中的体现。

李白为什么热爱山水？为什么投身大自然，写下大量优秀的山水诗？今之论者有种种解释，概括起来，不外有四种：其一，李白生性热爱山水；其二，李白政治抱负不得实现，山水成为他挥斥幽愤的所在；其三，李白“云卧三十年，好闲复爱仙”[27]，“五岳寻仙不辞远，一生好入名山游”，李白游览山水，是为道教的神仙信仰所驱动；其四，笔者提出，山水是李白排遣生命苦闷，解脱和安顿灵魂的一种形式。此外，李白山水之游，亦来自他的自然意识。

李白自青少年时就喜登临，钟情山水。开元间在蜀中时，就写有《访戴天山道士不遇》《登锦城散花楼》《登峨眉山》等诗。出蜀途中，又写有《峨眉山月歌》《渡荆门送别》《秋下荆门》等脍炙人口的山水诗。出川后，李白漫游了洞庭、苍梧、金陵、会稽等地。此后寓居安陆，又以安陆为中心，漫游了嵩山、洛阳和太原等地。出川后，李白目不暇接的是与川内完全不同的俊秀山水，尤其是吴越之地素为风景奥区，更加激发了诗人纵览山川的豪兴，在饱览了祖国的壮丽河山后,李白写下了《望天门山》《金陵城西楼月下吟》《夜下征虏亭》《别储邕之剡中》《望庐山瀑布》等名篇。这些诗多实写山川风景,清新俊朗,表现出诗人对山林的热爱。李白天宝初入长安,此时他写下了《蜀道难》这篇著名的诗。此诗一改此前山水诗的写实笔法,运神思于山水,融神话、传说为一体,想象雄奇,气势磅礴,意气豪纵,开创了山水诗新的一体。长安放还后,李白又开始了他人生的第二次漫游,足及梁宋、齐鲁,然流连之处,仍在江南,集中在金陵、秋浦、宣城诸地。安史之乱中,李白因从永王璘而获罪流放夜郎,中途遇赦,回到江夏,后又重游宣城等地。《西岳云台歌送丹丘子》《梦游天姥吟留别》《秋登宣城谢朓北楼》《清溪行》《庐山谣寄卢侍御虚舟》等山水名篇即写于这两个时期。这些山水诗仍分二体:一类诗如《清溪行》《秋登宣城谢朓北楼》,仍为实写山水;一类诗则似《梦游天姥吟留别》《庐山谣寄卢侍御虚舟》《西岳云台歌送丹丘子》,体同《蜀道难》,并不拘泥于山水实境,而是虚实结合,大胆想象,创造山水诗境,别开山水生面。

李白漫游山水,主要是出自对山水的兴致,他的《夜下荆门》诗云:“此行不为鲈鱼脍,自爱名山入剡中。”《金陵江上遇蓬池隐者》亦云:“心爱名山游,身随名山远。”李白游赏山水,是出自他对山水的热爱。山水对李白有不可遏止的吸引力,使他一见山水便兴致勃勃,产生感发和冲动。他的山水诗中经常谈到“兴”和“兴趣”,《庐山谣寄卢侍御虚舟》云:“好为庐山谣,兴因庐山发。”《下寻阳城泛彭蠡寄黄判官》云:“名山发佳兴,清赏亦何穷”,等等。诗中所说的“兴”,实际上就是李白对待山水的一种审美的冲动。正是这种审美的冲动,使李白完全进入到审美的境界。而李白的这种审美态度产生的基础则是诗人审美主体与山水审美客体的契合,更具体些说,是李白尚自然的性情在山水中找到了对应,山水的自然之态因此而与李白的热爱自由的性情实现了同构与融合。

审美的境界实质上就是心灵的自由得到最大释放的生理和心理的体验。前文言及,李白的山水诗中,有一类是不拘于实境、飞驰艺术想象创造出的山水诗境。这样的山水诗境多为雄奇的诗境,而这种雄奇的诗境就是李白豪放超逸的自由天性的释放。请看《西岳云台歌送丹子》和《庐山谣寄卢侍御虚舟》中描写山水的诗句:

西岳峥嵘何壮哉!黄河如丝天际来。黄河万里触山动,盘涡毂转秦地雷。荣光体气纷五彩,千年一清圣人在。百灵咆哮擘两山,洪波喷流射东海。三峰却立发欲摧,翠崖丹谷高掌开。白帝金精运云气,石作莲花云作台。

庐山秀出南斗旁，屏风九叠云锦张，影落明湖青黛光。金阙前开三峰长，银河倒挂三百梁。香炉瀑布遥相望，回崖沓嶂凌苍苍。翠影红霞映朝日，鸟飞不到吴天长。登高壮观天地间，大江茫茫去不还。黄河万里动风色，白波九道流雪山。

华山和庐山自然高峻，但诗中突出的是二山的超拔和峥嵘，即华山和庐山不受天宇掩压的摧天凌云之势。自然界的黄河自有其汹涌流长的特点，但诗中强调的则是黄河擘山喷流、一泻万里，即黄河不受阻约的撼地之威。李白这样写华山、庐山和黄河，无论是潜意识还是显意识，都是要释放他不受束缚和约制的自由天性，华山、庐山和黄河等山川不为一切所迫压的自由之态和纵逸之势，使李白豪放纵任的天性找到了可以释放、可以表现、可以宣泄的自然物。《庐山谣寄卢侍御虚舟》写于李白流夜郎中途遇赦，返回江夏，重游庐山之时。这期间，李白过的是“独幽怨而沉迷”的生活，豪纵自由的天性受到了无情的压抑。因此，一旦来到了庐山，李白纵任狂放的性情遂被雄奇的山水所唤醒，并借描写山水得到了尽情的释放。同样，李白的另一雄奇的山水名篇《梦游天姥吟留别》也是李白自由的天性遭到屈曲而复得解放后所作。李白天宝初入长安，后得赐金放还，此诗即写于放还之后的天宝五载(746)。此诗穷极笔力，创造出奇山幻境：

海客谈瀛洲，烟涛微茫信难求。越人语天姥，云霞明灭或可睹。天姥连天向天横，势拔五岳掩赤城。天台四万八千丈，对此欲倒东南倾。我欲因之梦吴越，一夜飞度镜湖月。湖月照我影，送我至剡溪。谢公宿处今尚在，渌水荡漾清猿啼。脚著谢公屐，身登青云梯。半壁见海日，空中闻天鸡。千岩万转路不定，迷花倚石忽已暝。熊咆龙吟殷岩泉，慄深林兮惊层巅。云青青兮欲雨，水淡淡兮生烟。列缺霹雳，丘峦崩摧。洞天石扉，訇然中开。青冥浩荡不见底，日月照耀金银台。霓为衣兮风为马，云之君兮纷纷而来下。虎鼓瑟兮鸾回车，仙之人兮列如麻。忽魂悸以魄动，恍惊起而长嗟。惟觉时之枕席，失向来之烟霞。世间行乐亦如此，古来万事东流水。别君去兮何时还，且放白鹿青崖间，须行即骑访名山。安能摧眉折腰事权贵，使我不得开心颜。

梦中天姥，势拔五岳，压倒赤城与天台。因是借梦写山，实写不足，继之以仙，山林变幻奇景，仙境瑰丽神奇。而从诗人梦醒后长嗟的“安能摧眉折腰事权贵，使我不得开心颜”看，李白创造的超拔宏伟的天姥之境，是有意识的。他写天姥，正是要释放他曾经在长安遭到压抑的自由天性。天姥的横天之势，我们是否可以看作李白的目空一切、为所欲为性格的象征？而梦中见到的奇幻山水，遇到的飘然来去的仙人，全是与羁缚人的自由、屈曲人的天性的世间生活相对照的意象，依然是李白尚自然的性情与理想的一种形象反映。

李白尚自然的性情既有其豪放不羁的一面，又有自在天然的一面。李白的心态有时如西岳险峰凌凌然峥嵘崛起，冲破一切束缚；有时则似天际的白云飘飘然舒卷随意。追求精神的自由与追求心灵的自在构成李白尚自然性情的两个方面。与此相对应，李白的山水诗，除雄奇一类外，又有澄明清秀之境。这一类山水诗多为写实境实景的山水诗：

> 清溪清我心，水色异诸水。借问新安江，见底何如此。人行明镜中，鸟度屏风里。向晚猩猩啼，宿悲远游子。[28]

> 出门见南山，引领意无限。秀色难为名，苍翠日在眼。有时白云起，天际自舒卷。心中与之然，托兴每不浅。何当造幽人，灭迹栖绝巘。[29]

> 江城如画里，山晚望晴空。两水夹明镜，双桥落彩虹。人烟寒橘柚，秋色老梧桐。谁念北楼上，临风怀谢公。[30]

> 高阁横秀气，清幽并在君。檐飞宛溪水，窗落敬亭云。猿啸风中断，渔歌月里闻。闲随白鸥去，沙上自为群。[31]

白云舒卷，水明如镜，秀色满眼，诗境一片澄明，一片秀丽，一征清虚，大自然充满了自在与天机。我们可说这是自然界的自在，亦可说是李白的自在，"心中与之然"，山水中有李白心态的自在与天然，反映出李白性情的另一面。虽然这方面的心态，不是其主要方面。所以，可以这样说，无论是雄奇山水，还是清秀山水，都反映了李白尚自然的性情，不受羁约的豪纵狂放是任自然，心灵的自在无拘也是任自然，在对不同山水的审美观照中，李白任自然的天性得到了释放。

热爱山水，任自然的天性在山水诗中自然而然地得到了释放，这样山水诗仅是李白山水诗的一部分。在李白的大部分山水诗中，李白则明确表达了投身山林的动机：澡雪心灵，涤除机心，追寻并保持素心。如果说前一类山水诗中的自然意识，除《梦游天姥吟留别》等个别诗外，大部分还是一种非自觉的流露与释放的话，此类山水诗，则表现出鲜明的尚自然的自觉意识。为了说明这个问题，我们不妨再做一些赘引，首先看洗心的系列：

> 回作玉镜潭，澄明洗心魂。此中有佳境，可以绝嚣喧。[32]

> 吾亦洗心者，忘机从尔游。[33]

> 归时莫洗耳，为我洗其心。洗心得真情，洗耳徒买名。[34]

> 蹇余羡攀跻，因欲保闲逸。观奇遍诸岳，兹岭不可匹。洁心寄青松，永悟客情毕。[35]

再看心闲诗句：

目送去海云，心闲游川鱼。[36]

花将色不染，心与水俱闲。[37]

而我乐名山，对之心益闲。无论漱琼液，还得洗尘颜。且谐宿所好，永愿辞人间。[38]

灵神闭气昔登攀，恬然但觉心绪闲。[39]

最后看无心、真心、化心、素心：

久卧青山云，遂为青山客。山深云更好，赏弄终日夕。月衔楼间峰，泉漱阶下石。素心自此得，真趣非外借。[40]

时时或乘兴，往往云无心。[41]

终然无心云，海上同飞翻。[42]

日月秘灵洞，云霞辞世人。化心养精魄，隐机窗天真。[43]

月出石镜间，松鸣风琴里。得心自虚妙，外物空颓靡。身世如两忘，从君老烟水。[44]

杳与真心冥，遂谐静者玩。[45]

灭迹遗纷嚣，终言本峰壑。自矜林湍好，不羡市朝乐。偶与真意并，顿觉世情薄。[46]

洗心，就是涤除世俗之心、尘累之心。李白的入世与功业理想是建立在自然意识基础之上的。入世，但不能放弃自由；建功立业，但不应以违背本性为代价，他不愿用自己的自然性情去换取荣华富贵。而在世风硗薄的名利场中，心必然会迷失了本性，走失在喧嚣的利益之中。人疏离了自然，也丧失了自我。一旦如此，李白毅然走向山林草野，以保持他的自然本性，一方澄清的潭水，一片萧萧青松，一群沙上的白鸥，荡涤了人世的尘浊，找回了内心自由。在山林中，诗人甚至不仅忘掉了尘世，也忘掉了我之为我，我与物化为一体。荡涤尘累，去掉名利之心，是洗心；忘却了机心，忘却了是非，心由嚣喧之界重归自然，目送游鱼，心与水俱，自由自在，是心闲；人而心闲，不求外饰，回归到赤子状态，即回到了素心状态。素心，即真心。《庄子·渔父》：“真者，所以受于天也，自然不可易也。”又《庄子·秋水》：“无以人灭天，无以故灭命，无以得殉名，谨守而勿失，是谓反其真。”真心即人的自然本性。当然，如果心与物冥，身世两忘，不知自然之为我，我之为自然，那可能就达到了化心的境界了吧！山水可以洗心、闲心，亦可化心，山水成了心性回归自然的诗意的栖居之地了。

中国古代山水诗，自产生之日的东晋时起，就与士人的自然意识纠缠到了一起。中国古代人的所谓自然意识，不是把山水作为客体，纯粹地观照它的风景美。这样的诗不是没有，但数量不多，也不典型。而主要是指山水把人的思想、意识引向自由或适意，引向内心的自我解脱或愉悦。当然，山水同为士人心灵的栖居之地，带给人的心理活动又有所不同。以晋末宋初的两位田园山水诗人陶渊明、谢灵运来说，二人都与大自然相亲，以大自然为心灵的栖居之地，但心理、心态却有很大不同。陶渊明是把自然融入血肉气质之中的人，真正达到了心物一体、纵浪大化中的人生境界，“俯仰终宇宙，不乐复何如！”[47]他在与大自然的和谐共处中，真正感受到了陶然自得的欢乐。谢灵运则是既纵情山水、又萦怀禄位的人。“遗情舍尘物，贞观丘壑美”[48]，山水是他体悟玄理、排遣尘世情感苦闷的地方。他人虽披林钻深，心却未与自然合一。诗中处处见山水自然之态，而其要表达的自然思想却要靠玄言的尾巴说出，山水与自然思想两张皮。山水并未使谢灵运的心灵归于宁寂。所以，可以这样说，谢灵运的诗虽表达了自然思想，而其人却并未真正做到自然恬如。

唐代的田园山水诗人王维和孟浩然心尚自然，诗近陶渊明。当然，王维半官半隐，孟浩然隐不忘仕，与陶渊明的真隐相去甚远。但他们高卧林园，体验栖隐的闲适淡泊，真心地感受自然之乐，则是与陶渊明异代相通的。尤其是王维，深受禅宗思想影响，他的田园山水诗于空寂中表现出大自然的自在和个人心灵的静穆恬如，如《酬张少府》：

晚年惟好静，万事不关心。自顾无长策，空知返旧林。
松风吹解带，山月照弹琴。君问穷通理，渔歌入浦深。

松风自吹，山月自照，是大自然的自性与自在。而人之巾带任风吹解，人之弹琴随月来照，是人亦处于自性与自在之中，山水与诗人表现出了自然的境界。由此可见，王维、孟浩然的田园山水诗有着较强的自然意识，都表现了他们自然的人格理想。

对于孟浩然的自然人格，李白怀着深深的敬意，在《赠孟浩然》诗中写道：

吾爱孟夫子，风流天下闻。红颜弃轩冕，白首卧松云。
醉月频中圣，迷花不事君。高山安可仰，徒此揖清芬。

认为孟浩然的人格高山仰止。但是，李白的自然人格与王、孟二人不同，自然意识也有区别。王、孟以闲适恬淡为自然人格，而李白的性情并非真的人淡如菊，心如止水。不能排除他的性情中也有闲适的一面，但恐怕不是其主要的方面。李白的性情就是豪放，说白了就是酷爱自由，不喜约束，不愿屈曲这种本性。所以他所说的心闲，与王、孟的心闲不同，是指心灵挣脱了世俗的枷锁，回归自然本性的心闲，即心灵获得了自由的无拘无束的状态。王、孟栖止山林，追求的是心灵的宁静；李白虽也有短暂的栖隐，但大部分时间却是在浪游山林，在浪游山林中体验无拘无束的自由的快乐。追求自由,构成了李白自然意识的本质方面。而李白的山水诗,虽然实写的澄明清秀山水与运用想象创造的雄奇山水,都表现了李白的自然意识,但最能反映李白自然意识、且独树旗帜于山水之林的诗,则是后一种。

总之,李白的自然意识的实质是追求个人身心的最大自由,不受任何束缚,自由适意,保持个人的自然本性。这种意识,影响到他的功名思想,形成了他的功成身退、舒卷在我的思想;反映到他的山水诗,山水诗成为他释放豪纵天性、摆脱尘累、保持素心的所在。以上对李白自然意识的考察,或许有助于我们了解李白的心态及其创作。

注 释

[1]引自德国W·顾彬《中国文人的自然观》第5页。

[2]《老子》第五十一章。

[3]《老子》第六十四章。

[4]《列子·仲尼篇》张湛注引何晏《无名论》。

[5]阮籍《大人先生传》。

[6]嵇康《释私论》。

[7]王羲之《答许询诗》。

[8]王肃之《兰亭诗》。

[9]王徽之《兰亭诗》。

[10]谢灵运《游名山志》。

[11]《宋书·谢灵运传》。

[12]《代寿山答孟少府移文书》。

[13]《留别王司马嵩》。

[14]《翰林读书言怀呈集贤诸学士》。

[15]《商山四皓》。

[16]《秋日炼药院镊白发赠元六兄林宗》。

[17]《赠韦秘书子春》。

[18]《冬夜于随州紫阳先生餐霞楼送烟子元演隐仙城山序》。

[19]《江上吟》。

[20]《梦游天姥吟留别》。

[21]《古风五十九首》其十一。

[22]《酬崔侍御》。

[23]沈德潜《说诗晬语》下。

[24]韩愈《答吕璧山人书》。
[25]王世贞《艺苑卮言》。
[26]《权载之文集》卷四十一。
[27]《安陆白兆山桃花岩寄刘侍御绾》。
[28]《清溪行》。
[29]《终南山寄紫阁隐者》。
[30]《秋登宣城谢朓北楼》。
[31]《过崔八丈水亭》。
[32]《与周刚清溪玉镜潭宴别》。
[33]《古风五十九首》其四十二。
[34]《送裴十八图南归嵩山》。
[35]《望黄鹤山》。
[36]《游南阳白水登石激作》。
[37]《同族侄评事黯游昌禅师山池》其一。
[38]《望庐山瀑布》其二。
[39]《下途归石门旧居》。
[40]《日夕山中忽然有怀》。
[41]《送韩准裴政孔巢父还山》。
[42]《同王昌龄送族弟襄归桂阳》。
[43]《送李青归华阳川》。
[44]《金门答苏秀才》。
[45]《莹禅师房观山海图》。
[46]《题嵩山逸人元丹丘山居》。
[47]陶渊明《读山海经》其一。
[48]谢灵运《述祖德》其二。

李白赠孟浩然与黄鹤楼送孟诗的年序问题

杨承祖

一、引　言

盛唐诗人旅涉越中今存作品最多的,也许要数孟浩然与李白。孟大约有三十首,李有二十多篇,而《梦游天姥吟留别》绝唱名山,千古并峙,使李白对浙东贡献更大,影响尤深。实则两大诗人的不朽之作,都永远令人讽诵歆叹。孟诗留存较少,已无涉及李白的篇什,李集之中,则《赠孟浩然》与《黄鹤楼送孟浩然之广陵》两首[1],既脍炙人口,也是考证二人交游的主要材料。李白研究早成显学,近时孟浩然研究也成绩斐然,但这两首诗的写作年代,学者间颇有异辞,从而也影响到李孟行履的考定。若干年前,曾发表拙撰《孟浩然事迹系年》[2],当时即颇多疑难未能解决,殊不自慊。其中关于李白初访浩然订交及黄鹤楼送孟浩然下广陵时间的考证,都有疏舛失当之处。现请试就两诗作年的顺序提出讨论,就正于鸿博诸公;也希望将来能借李孟初会年代的确切考证为起点,重新改订旧文,借以补过。

二、李白《赠孟浩然》与《黄鹤楼送孟浩然之广陵》写作先后的问题

研讨李白和孟浩然的交往,须先考论《赠孟浩然》(以下或省作《赠孟》)与《黄鹤楼送孟浩然之广陵》(以下或省作《送孟浩然》,或省作《送孟》)两诗的写作年代由于牵涉两家行年及甚多相关人物的事历,颇为复杂。其中首应解决的

问题,则是两诗写作的先后顺序。

清乾隆间,王琦撰《李太白集辑注》,同时编制年谱,仅于开元二十八年(740)孟浩然卒加"附考",说《赠孟》《送孟》两诗皆"是年以前作",并未讨论孰先孰后。

清末黄锡珪重编《李太白年谱》,则定开元二十一年(733)李白"始识韩朝宗及孟浩然",以为《赠孟浩然》是白游襄阳与浩然始相识之作;又系《送孟浩然》于二十五年(736)(分见该二年)。无论诗的系年是否正确,总认为《赠孟》诗在前,而且是最初相会之时所作。

《黄谱》之后,詹锳先生作《李白诗文系年》,于一九五八年出版,对李白行履和作品系年研入甚深,影响亦大,以为《送孟浩然》"当是开元十六年(728)以前之作",《赠孟浩然》则作于开元二十七年(739)(分见该二年)。自然不认为《赠孟》是初会之作。詹锳先生的说法,颇获诸多学者的赞同,或小有修改,原则上总认为《赠孟》可以在《送孟》之后,直到近时刘文刚《孟浩然年谱》[3],仍大致从詹说,系《送孟》于开元十四年(726),又系《赠孟》于二十三年(735),但对二人初会,则叙于十三年(725)李白出蜀游襄汉之际(分见各该年)。

由于《赠孟浩然》有"红颜弃轩冕,白首卧松云。醉月频中圣,迷花不事君"的句子,颇有人认为应该在开元二十二三(724—725)年孟受韩朝宗荐举入京无遇返乡之后,情事方合;而詹锳先生也许感觉李白开元十八年(730)已憩安州,离襄阳不远,理当与孟浩然尽早结识,不致晚到四五年后方始纳交,因之便将两人初会的时间定在开元十三四年(725—726);而此际浩然年未四十,似乎也不能以"白首"相形容,于是便让《赠孟》诗与二人初会不生关系。

此外,《赠孟浩然》如果确实在《送孟浩然》之先,有了"白首卧松云"和"迷花不事君"的前提,则考定孟游扬州和李在江夏(今武昌)相送的时间便会受到很多的限制;设使这层限制不在,便可排定《赠孟》诗作于浩然此行东游扬州之后,如詹锳先生即系于开元二十七年;反之,若能析证《赠孟》诗确为初会之作,则对孟行履事迹的考证,都将产生影响。

黄锡珪先生和上举拙文,虽然都主张《赠孟浩然》是李白初次过访襄阳时作,但皆未举客观的证据;我只说:"观此诗体段口吻,必是初会无疑。"[4]这是诉诸经验,不免主观。假如能得到客观的验证,我们的说法便可能会被较多的学者接受。下面将用类比的方法来观察《赠孟浩然》是否为李白初次见孟的赠诗。

三、李白初会赠诗体例的类比论析

诗人初会即以篇什投赠，唐代以前似乎少见。《昭明文选》“诗”类之下有“赠答”目，收诗颇多，但几乎辨别不出有初见赠献之作。唐代以诗投谒或初会相赠，则甚为普遍，制题的形式，通常是：

赠×××

对方如果地位尊崇，便会改题“奉”“呈”“上”“献”等区别礼数的敬辞，而基本形式不变。至于“赠行”“赠别”之类，则是更有区隔。但是“赠×××”，并不都表初会，如杜甫的《赠卫处士》，就是故交久别重逢题赠的名篇；也有许多只题“赠×××”，实际则是“留别”“遥赠”或兼“陈情”“述怀”的。所以分辨初会的赠诗，要靠诗内情辞的解析体会，同时靠对这位作者行年事履的缜密考证。

以类比的方法检视《赠孟浩然》是不是李白初会孟氏的作品，最好是取李白自己的诗来比对。

李白的赠人诗，王琦辑注《李太白全集》几乎全都集中在第九卷至十二卷，粗计约有一〇五首；另外在第二十四卷有《上崔相百忧草》，第二十五卷有《陌上赠美人》《赠杜七娘》《赠内》，共计将近一百一十首。这些诗，又可以由篇中的文字看出有一部分，或为重逢题赠，或为言事陈情，或为亲朋致意，或为抒怀贻人，都不属于初会性质。极可能是初会，而又别无特殊情事的诗，可举的则有：

(1)《赠瑕丘王少府》：

皎皎鸾凤姿，飘飘神仙气，梅生亦何事，来作南昌尉。清风佐鸣琴，寂寞道为贵。一见过所闻，操持难与群，挥毫鲁邑讼，目送瀛洲云。我隐屠钓下，尔当玉石分，无由接高论，空此仰清芬。

按：由“一见”句可知为初会，结尾与《赠孟浩然》几乎雷同。

(2)《赠郭将军》：

将军少年出武威，入掌银台护紫微。平明拂剑朝天去，薄暮垂鞭醉酒归。爱子临风吹玉笛，美人向月舞罗衣。畴昔雄豪如梦里，相逢且欲醉春晖。（一作：今日相逢俱失路，何年灞上弄春晖。）

按：相逢可就俱离京邑作解，不必定为旧交；诗用四韵八句律体，颇示敬重，亦见交情未深，故此篇得为初会时作。

(3)《赠饶阳张司户燧》：

朔饮苍梧泉，夕栖碧海烟，宁知鸾凤意，远托椅桐前。慕兰岂襄古，攀嵇是当年；愧非黄石老，安识子房贤。功业嗟落日，容华弃徂川。……何当共携手，相与排冥筌。

按："慕兰""攀嵇"，正见是初会。"愧非"等句，颇自倚老。李白既历宸眷，又年辈相悬，故措辞如此，亦能如份。

(4)《赠郭季鹰》：

河东郭有道，于世若浮云；盛德无我位，清光独映君。耻将难并食，长与凤为群；一击九千仞，相期凌紫氛。

按：因姓氏援有道以相赞，其人无位，乃相期凌云，此外更无他意，当是初见时作；亦用四韵律体。

(5)《赠华州王司士》：

淮水不绝波澜高，盛德未泯生英髦；知君生负庙堂器，今日还须赠宝刀。

按：年辈相悬，绝句致意，亦复善自位置，须是初晤相赠方合，后此则不当。

(6)《赠张公洲革处士》：

列子居郑国，不将众庶分；革侯遁南浦，常恐楚人闻。……长揖二千石，远辞百里君；斯为真隐者，吾当慕清芬。

按：赞其高尚，不言交情。结语与《赠孟浩然》亦极近同。

(7)《赠升州王使君忠臣》：

六代帝王国，三吴佳丽城，贤人当重寄，天子寄高名。巨海一边静，长江万里清，应须救赵策，未肯弃侯嬴。

按：相颂之余，自陈相须，未免客套，可见为初会之作；亦是四韵律体。

(8)《赠宣州灵源寺仲濬公》：

敬亭白云气，秀色连苍梧。……此中积龙象，独许濬公殊，风韵逸江左，文章动海隅。……今日逢支遁，高谈出有无。

按：游寺见僧，喜其文章风韵而有赠，与专趋谒拜有间，要亦初会之作。赠佛子诗，取此一例。

以上是从上百首中，拣出不附其他作用的"赠人"诗，受赠者也未经由考证得知此前曾与李白有过交往，可谓最纯净而好比较的例子。稍加分析即可看出这些例证大致有几个共同点：

(一)都以极大比例的篇幅颂美所赠者的先德、行操、宦绩或才华等，最后以自己的期慕作结。

(二)对所赠者的颂美，几乎皆从篇首直起，仅例(3)由自己写入，谋篇也大为不同。

（三）择体、立意、遣辞，因所赠者不同而有差异，但系初会，大致皆谨正，尤其(2)、(4)、(7)皆用四韵律体。

（四）以"仰清芬"[(1)]"慕清芬"[(6)]为结语，在八例中二见。由以上四点，再看《赠孟浩然》诗：

吾爱孟夫子，风流天下闻。红颜弃轩冕，白首卧松云。醉月频中圣，迷花不事君。高山安可仰，徒此揖清芬。

其可比类者，正好同有上列几点：

（一）全首八句，皆颂美浩然，只有尾联，李白方才以崇敬者的姿态出现。比之别首，尤为过之。

（二）颂美之辞从篇首直贯全诗，已说明如上条。

（三）用律体正格，立意遣辞，皆精正而疏宕，论者或谓即用孟体。[5]

（四）结句"徒此揖清芬"与(1)、(6)相雷同。上举八例，加《赠孟》共九首，已居其三，比例不为不高。

据此四点，推论《赠孟浩然》合于初会赠诗的体例，应属甚为合理。

四、"夫子"与"故人"称谓对判别两诗先后的讨论

除了上节以赠诗的体例比论李白《赠孟浩然》应是初访所呈之外，还可讨论李白对孟的称谓，借以辨别两诗的先后。

《赠孟》诗称浩然为"夫子"，《送孟》诗称浩然为"故人"。既称"故人"之后，能否再称"夫子"？李诗用"夫子"处凡二十一处⑥，并未严格区隔其人的身份。最与此讨论有关的，是《酬殷佐明见赠五云裘歌》，其中先说："故人赠我我不违"，及至想象天地古今遨游一番，乃云："为君持此凌苍苍，上朝三十六玉皇。下窥夫子不可及，娇手相思空断肠。"此所谓"夫子"，即是"故人"殷佐明。如就此例以观，似乎《送孟》诗称"故人"之后，李白仍可称孟为"夫子"。但《酬殷》歌与《赠孟》诗，无论形式风格、情蕴兴象，都不能同日而语。前者奔放嬉戏，后者谦敬安详；前者呼"夫子"并无多少礼敬，后者必然不含嘲戏的成分。所以《赠孟》诗中的"夫子"，应该是表示礼数的，与"故人"的亲切，当有一段距离。

孟浩然长李白十一岁，又有高士之誉，清诗美句，天下传诵，李白过访谨于礼数，实情理所宜。及纳交后，惺惺相惜，江汉送别，便得径呼故人了。如果《送孟》诗在前，已是"故人"相称，后来反而拘拘然称"先生"，便似由亲转疏，绝非友道的常态。即令形迹渐远，交情愈淡，当其重逢，也不须如此。试看孟浩然的《送丁大

凤赴举呈张九龄》，其时曲江已拜相，而孟乃云“故人今在位”，不因贵贱云泥而自屈，然则以太白的豪放纵逸，又岂能故作退谨之状？即此而论，《赠孟》在先，《送孟》在后，应该是合理的。

五、结　语

由于李诗数量丰富，只由本集作品的内证，便能进行以上的研讨。所采的方法和实际的运作，难免没有尚待商榷之处，但整体而言，应该可以得出初步的结论：《赠孟浩然》是李白初次访孟的呈诗，在先；《黄鹤楼送孟浩然之广陵》则在后。

此一结论如果成立，关于李孟的行年考证，其影响所及，约有以下几点：

（一）李初会孟，不能早于开元十六年（728）孟浩然年四十应举。相关考证，均须回归旧说，重予肯定。

（二）李《赠孟》诗不能晚于孟自武昌下扬州李白有诗赠行之后。由是李孟曾否于开元季年重会，及其间二人各自的行止，可能都须更作改订。

（三）李初会孟，在开元十六年或稍后，抑在二十二或二十三年（734、735）韩朝宗偕孟入京间罢回乡之后，牵动二人行年甚大，须待深入的研讨。

（四）李孟初会的早晚，对盛唐大诗人之间实际交情的探蠡，诗界文坛风气的扇移，亦可能提供研究的线索。

总之，盛唐文学，尤其李、杜、王、孟等大家，是中国文化历史的宝山，是学术研究工作的无尽藏，力大者可以负山超海，识小者亦愿拣石补路，所及微浅，请贤者哂而教之。

注　释

[1]后诗诸本题目或异，今从王琦本。二诗之外，题李赠孟者尚二三篇，以与本文论旨不涉，或者且属伪入李集者，不具论。

[2]载《庆祝许诗英教授六十寿诞论文集》（亦题《汉学论文集》），淡江文理学院中国文学研究室，民国五十九年（1970），台北。

[3]人民出版社，1995年，北京。

[4]注2引书，页五九九。

[5]高步瀛《唐宋诗举要》卷四引吴氏说。见学海影印新排本，页四五六，民国六十四年（1975）。

[6]据花房英树《李白歌诗索引》，上海古籍中译本，1991年，上海。

论李白《大鹏赋》的主旨

——兼谈大鹏意象的演变

杨 明

一

李白《大鹏赋》早在诗人生前已广泛流传,获得人们的喜爱。魏颢《李翰林集序》云:“白久居峨眉,与丹丘因持盈法师达。白亦因之入翰林,名动京师。《大鹏赋》时家藏一本。故宾客贺公奇白风骨,呼为谪仙子,由是朝廷作歌数百篇。”体会魏颢此言,贺知章激赏李白,称为谪仙人,固然是由于李白的容姿、风度不凡,有飘逸超群之慨,而与其《大鹏赋》(或今日所见《大鹏赋》的前身《大鹏遇希有鸟赋》)的感染力也不无关系。魏颢在叙述诗人入京时不提别的作品而特意提到《大鹏赋》,表明在他看来,此赋是诗人当时最重要、也是与入京颇有关系的作品。

说起《大鹏赋》,我们自然就会想到诗人另外两篇写到大鹏的著名作品,即《上李邕》诗和《临路(当作终)歌》。《上李邕》云:“大鹏一日同风起,扶摇直上九万里,假令风歇时下来,犹能簸却沧溟水。……宣父犹能畏后生,丈夫未可轻年少。”据葛景春先生考证,此诗当是李白在蜀中时拜谒李邕(时任渝州刺史)所作。葛先生并猜测当时李白曾对李邕“放言高论,纵谈王霸”[1],揆之情理,这一猜测是合理的。那么可以说,《上李邕》中的大鹏形象,寄托着诗人积极入世、企图建立宏伟功业的雄心壮志。又《临路歌》云:“大鹏飞兮振八裔,中天摧兮力不济。……后人得之传此,仲尼亡兮谁为出涕?”孔子泣麟,是因为麟本是瑞兽,但出现得不是时候;自己也正如麟一样,不遇于时,其道不行。李白这里也正是悲叹自己的不遇,一生的壮志无法实现。王琦说:“喻己之不遇于时,而无人为之隐惜。”是得其诗意的。那么《临路歌》中的大鹏,同样也寄托了诗人意欲政治上有所作为的雄心。

《上李邕》《临路歌》的含义如此,那么《大鹏赋》又如何呢?

王琦在解释《临路歌》时,于上引“喻己之不遇于时,而无人为之隐惜”之后,接着便说:“太白尝作《大鹏赋》,实以自喻,故此歌复借大鹏以寓言耳。”这话说得比较随意,给人的印象,似乎《大鹏赋》也是抒发诗人想要大有作为的雄心的。窃以为这便值得商榷。《大鹏赋》的主旨究竟是什么?

其实《大鹏赋》所表现的,并非积极入世的思想情感,而是对自由自在、无拘无束境界的追求,对雄伟不凡事物的向往,其中更多的是道家、道教思想的影响。这可以从几个方面加以说明:

第一,从这篇赋的写作原由看

众所周知,《大鹏赋》的前身《大鹏遇希有鸟赋》为李白青年时代出蜀后在江陵见到著名道士司马承祯时所作。这位受到武后、睿宗、玄宗三朝礼遇和尊崇的著名道士,一见李白,便称他“有仙风道骨”,可以一起“神游八极之表”,即可一同修炼得道。对于本有学仙之志的李白来说,如此称许太令他兴奋了,于是便作赋以大鹏自比,而以稀有鸟比司马承祯。今天我们读到的《大鹏赋》,便是《大鹏遇希有鸟赋》的修改定稿。赋序说,得到司马承祯的称赏之后,著赋“以自广”,所谓“自广”即开拓自己的心胸、境界。这样的“自广”当然不可能是表现积极入世的思想,而只能是尽情抒发自己好道学仙、向往神仙境界的情怀。

第二,从《大鹏赋》内容看

李白是通过大鹏形象来抒写自己的情怀的。《大鹏赋》中的大鹏,具有浓厚的道家思想色彩,也与道教求仙有关系。

《庄子·逍遥游》已描写了大鹏的神奇,但不曾说到大鹏为什么如此神奇。《大鹏赋》则说:“盖乃造化之所为。”即其神奇是由不可究诘的神妙的“自然”所造成。这“自然”便是“道”。故赋中又说:“其动也神应,其行也道俱。”大鹏体道,与道合一,因此才那样伟大,那样神奇。又说大鹏“质凝胚浑”,意谓它是由宇宙处于胚胎状态时的混沌的元始之气生成的。先秦道家关于道的学说,被汉代学者解释为一种宇宙生成说。如张衡《灵宪》云:“道根既建,自无生有,太素始萌;萌而未兆,并气同色,浑沌不分。……盖乃道之干也。道干既育,有物成体。于是元气剖判……天成于外,地定于内。”道教典籍中也可见类似的说法。李白“质凝胚浑”之说,将鲲鹏之生推始于宇宙天地之初成,无疑使这一形象显得更加崇高神奇。

《逍遥游》不曾言及大鹏的性格、品质;《大鹏赋》则说它“怒无所搏,雄无所争”,“不矜大而暴猛,每顺时而行藏”。“怒”是奋发、气势猛烈的意思。《逍遥游》说大鹏“怒而飞”,李白由此加以引申。这样的品质,正符合道家柔弱守雌、安时处顺的思想,那是“道”的原则,“道”的性质。道是最伟大、最有力的,但又是和光同尘、与物无争的。今人论庄子,常常强调他独立不羁、不肯与统治者合作、甚至斥责批判统治者的一面。但庄子原来的意思,大约是既要保持独立自由,又并不与世冲突。因此《庄子·天下》概述庄子一派,说是既“纵恣而不傥”“独与天地精神往来”,但又“不敖倪于万物,不谴是非”。只有懂得这一点,才算是全面地了解庄子思想,了解道家。纵观李白一生,似并不能做到这样,但他在理论上是明白的。

《大鹏赋》中还有这样两句:“参玄根以比寿,饮元气以充肠。”这较明显地反映了道教的影响。玄根,即上引张衡《灵宪》所谓“道根”。李白之意,是说大鹏体道,与道一样长生久视。这儿表现出道教追求长生以至成仙的思想影响。“饮元气”一句则与道教服气、绝粒的修炼方法有关。道教徒认为“仙人服六气”(葛洪《抱朴子内篇·释滞》),因而把行气视为求仙的重要修炼手段。

《大鹏赋》中的大鹏,鲜明地体现了道家思想,也具有道教色彩。在今人看来,道家是一种哲学思想流派,道教则是迷信。其实在古人、在李白那里,未必如此泾渭分明。道教依托《老》《庄》,将老子、庄子奉为祖师,还将《老》《庄》的某些观点演化成道教的理论,将《老》《庄》书中的一些内容解释为论修炼服食。在李白心中,原本二者是互相交融、难分彼此的。[2]

第三,让我们再看一下李白同时、后世的读者对《大鹏赋》的理解

如本文开头已引的魏颢的话,李白当年之所以颇有声名,首先是因为他与道教的关系。“与丹丘因持盈法师达”,他与道士元丹丘都是因女道士持盈法师(即唐玄宗的妹子玉真公主)的关系而“达”,即具有名声的。其之所以被召入京也是靠了这位女道士的关系。贺知章“奇白风骨”,也就是像司马承祯一样觉得他长相、姿态不凡,有“仙风道骨”;称他“谪仙人”也不是什么比喻意义上的“谪仙”,而正是从本来意义上说他是仙人下凡。[3]魏颢在叙述这些事实时插入“《大鹏赋》时家藏一本”,说明在魏颢看来,《大鹏赋》写的就是道教的境界。不仅魏颢,当时人包括贺知章都该是这样看的。开元末、天宝初正是唐玄宗狂热地崇奉道教之时,贺知章本人也是道教徒,后来还做了道士。《大鹏赋》之所以受到热烈的赞赏,与这样的背景是有密切关系的。

不但李白同时人这样看《大鹏赋》,后人也是如此。下面举三位宋代作者的作品为证:

苏轼有《水龙吟》一首，其自序云：

(司马)子微著《坐忘论》七篇，《枢》一篇。年百余……乃蝉脱而去。其后李太白作《大鹏赋》云："尝见子微于江陵，谓余有仙风道骨，可与神游八极之表。"元丰七年冬，余过临淮，而湛然先生梁公在焉。童颜清彻，如二三十许人。然人亦有自少见之者。善吹铁笛，嘹然有穿云裂石之声。乃作《水龙吟》一首，记子微、太白之事。

词的下片云：

行尽九州四海，笑纷纷落花飞絮。临江一见，谪仙风采，无言心许。八表神游，浩然相对，酒酣箕踞。待垂天赋就，骑鲸路稳，约相将去。

东坡此词实有以司马承祯与李白比湛然先生与自己的意思。对于李白《大鹏赋》，毫无疑问他是理解为神仙家语的。苏轼还有《南歌子》云：

苒苒中秋过，萧萧两鬓华。寓身此世一尘沙，笑看潮来潮去了生涯。方士三山路，渔人一叶家。早知身世两聱牙，好伴骑鲸公子赋雄夸。

"骑鲸公子"即李白，"赋雄夸"即指《大鹏赋》。[4]这里东坡也以李白好道求仙自喻，以寄托自己的失意之感(李白作《大鹏赋》时并无失意之感，但东坡既然将它看作学道求仙语，那么就可以从中"读出"遁世之想来)。

南宋张辑有《贺新郎·代寿赵饶州》一首，其下片云：

赤城霞起连天姥。有丹经、亲曾密授，八篇奇语。道骨仙风骑鲸客，合侍红云帝所。且画戟、清香时度。散入邦人箫鼓里，恰春留、芍药从歌舞。还更诵、《大鹏赋》。

显然以李白比赵饶州，赵当是好道者。张辑以李白遇司马承祯比赵氏受道士的传授("八篇奇语"即苏轼《水龙吟》序所谓司马承祯《坐忘论》七篇、《枢》一篇)，又以李白入翰林比喻赵应侍于帝旁。[5]"还更诵、《大鹏赋》"，当是以《大鹏赋》比拟赵的游仙类作品，或者是说赵爱读《大鹏赋》，也就是说赵虽为知州[6]，仍不忘道。总之应也是视《大鹏赋》为神仙家语。

又刘克庄《贺新郎·六用韵，叙谪仙为宫教兄寿》之上片云：

《鹏赋》年犹少(原注：初为《大鹏遇希有鸟赋》，后悔少作，改为《大鹏赋》)。晚飘蓬、夜郎秋浦，渔歌猿啸。骏马名姬俱散去，参透《南华》微妙。敛万丈、光芒回照。妃子将军嗔个甚，老先生、拂袖金闺了。供玉齿，粲然笑。

全是隐逸求仙之语。其下片亦云李白"与贺监，其归同道。"总之全词都是说李白脱弃世情，飘然入道[7]。显然第一句"《鹏赋》年犹少"中的《鹏赋》，也是被理解为神仙语的。

总之,从上引苏轼、张辑、刘克庄的词作,可旁证《大鹏赋》的主旨,确是向往得道成仙。而《上李邕》之大言"丈夫未可轻年少",《临路歌》之哀歌"仲尼亡兮谁为出涕",却为展宏图、立功业而发,彼此并不一样。由宋人词作,也可知《大鹏赋》在后世的影响颇大。

综上所述,《大鹏赋》所体现的,主要是道家、道教思想,而不是那种积极入世、企求在人间建立宏伟功业的理想。但是,这篇赋体现道家、道教思想,是否就与积极入世相矛盾呢? 事实上并不矛盾。道家,特别是庄子思想,确很容易被企求隐逸、向往自由、高蹈出世者作为精神寄托,但它在积极入世者那里也可以成为一种理想的人生境界。魏晋玄学家就是特别反对把庄老之谈视为拱默山林的理论的,就是强调"圣人虽在庙堂之上,然其心无异于山林之中"的(见《庄子·逍遥游》郭象注)。道教虽有一种理论,说只有清心寡欲、远离尘嚣才能真正成仙,但历来红尘中人照样有许多迷恋道教的。唐代许多统治阶层中的人物便是如此。至于李白,在作《大鹏赋》时是绝无遁世之想的,那时他出蜀不久,正是为实现自己的社会政治方面的发展而积极努力的时候。政治上的发展与神仙自由境界都是他所向往的。与《大鹏遇希有鸟赋》大致作于同一时期的《代寿山答孟少府移文书》,便鲜明地体现了这一点:诗人既想要"浮四海,横八荒,出宇宙之寥廓,登云天之渺茫";又想要"奋其智能,愿为辅弼,使寰区大定,海县清一"。他为自己设计的生活道路是先建功立业,然后功成身退,遨游江湖,"为方丈蓬莱之人"。

还应该说明的是:求仙学道,在李白那里,不仅是求长生而已,更重要的是追求一种自由放旷、不受任何拘束的人生境界。道教理论的某些成分以及那许许多多的神仙故事,都可能引起人们对于辽阔境界的憧憬,对于超脱凡俗、不受拘束的向往,对于绝对自由境界的幻想。至于道教所依托的《老子》《庄子》,当然更具有超凡脱俗、追求精神自由的倾向(这在《庄子》书中特别明显),也就必然对某些道教崇奉者产生影响。李白在这方面表现得特别明显。因此,与其说《大鹏赋》的主旨是求神仙,不如说是通过神仙家语,体现了诗人那种追求自由不羁和向往雄伟不凡事物的情愫。

还有,《大鹏赋》虽不是表现政治上建功立业的壮志,但赋中所体现的那种向往自由和雄伟的精神,却在诗人企求政治方面发展的道路上也折射出来,那便是不愿循规蹈矩地走一般士子所走的科举之路,而总想一鸣惊人,一步登天。从这个意义上,可以说,《大鹏赋》不但不与他追求政治发展、建功立业相矛盾,而且还有曲折的、潜藏于深层的某种联系吧。

二

《大鹏赋》中的大鹏形象固然来自《庄子·逍遥游》，但与《逍遥游》的大鹏又有所不同。上文已经说过，李白笔下的大鹏寄寓着对生活理想境界的企望，而庄子的大鹏恐怕并非其理想的寄托。

《逍遥游》所体现的，是对于绝对自由境界的追求。那也可说是庄子的一种人生理想。李白的人生理想，正与庄子相通。但是庄子大约并不是将这理想寄托于大鹏形象之中的。因为篇中说大鹏高飞必须要有强有力的大风的支持才行，如果“风之积也不厚，则其负大翼也无力”。那么大鹏虽然雄伟，但还是“有所待”的。而庄子思想的逍遥，乃是无所待、不需要任何客观条件的。在《逍遥游》中，那“无已”“无功”“无名”的“至人”“神人”“圣人”（其实三者合而为一），那“旁薄万物以为一”的姑射山上的神人，才是无所待的，才是庄子理想之所寄。魏晋时的注家向秀、郭象、支遁都是这样理解的。向、郭认为大鹏之高飞九万里与尺鷃之腾跃数仞而下，虽有大小之殊，但都满足了自己的性分，因此同样逍遥。但它们都有所待才能逍遥。万物芸芸，莫不如此。唯有圣人与万物冥合，一切都顺乎自然，才是无所待而永远不受任何阻遏；不但如此，还顺从万物之性，使它们都不失去满足各自性分的条件，都能做到逍遥。因此只有这样的圣人才是更高层次的逍遥。向、郭义广为人知，而东晋支遁，又别出新解。他认为“满足性分便是逍遥”这种说法是不对的。大鹏飞得那么高那么远，太辛苦了，当然谈不上逍遥；尺鷃讥笑大鹏，有矜伐自傲之心，因此也不能算是逍遥。它们都有自己的欲望，当欲望满足时才能快乐。只有至人完全顺从自然，无欲无为，不为物所制，才是真正的逍遥。我们很容易看出，向、郭与支遁对《逍遥游》的解释尽管不同，但都认为庄子并没有将理想境界寄寓在大鹏形象之中。就这一点而言，该是符合庄子原意的。

向秀、郭象和支遁的言论都是玄学家为讨论《逍遥游》而发，至于魏晋以来文人将大鹏用作典故，寄托情怀，则又有种种情况。大致有两种：一是运用庄子齐物的思想，说大鹏与小鸟微虫等无区别。最著名的有西晋张华的《鷦鷯赋》。《庄子·逍遥游》有“鷦鷯巢于深林，不过一枝”的话。张华作赋，说鷦鷯形体微陋，无用于人，欲望简单，容易满足，故能全生远害。赋末云：“鷦螟（一种小虫）巢于蚊睫，大鹏弥乎天隅。将以上方不足，下比有余。普天壤以遐观，吾又安知其小大之所如！”张华之意，是一方面要像鷦鷯那样安于卑微，以求自身的安宁；一方面用大鹏、鷦鷯无别的思想自我安慰，求得心理平衡。此外如东晋孙绰《三月三日兰亭诗序》云:“于是和以醇醪,齐以达观。……焉复觉鹏、鷃之二物哉!”又南齐顾欢《临终诗》:“鲲鹏适大海,蜩鸠之桑柘。达生任去留,善死均日夜。委命安所乘,何方不可驾?”又梁刘孝标注陆机《演连珠》第三十八首云:“此欲令各当其所而无企羡之心,抑亦在鹏、鷃之义也。”又陶弘景《寻山志》:“虽鹏鷃之异类,托逍遥乎一方。”又陈沈炯《独酌谣》:“龙蠖非不屈,鹏鷃但逍遥。”又北周王褒《奉和赵王隐士》:“凫鹄均长短,鹏鷃共逍遥。”都属于这一类。“鹏鷃”几乎成为表示万物齐同的一个成语了,由此也可见向、郭义影响之大。第二种则是将大鹏作为雄伟事物的象征,作为理想、精神的寄托。上文说过,庄子原本并未将大鹏形象当作理想之所寄。不过,他并不曾直接点明此点;而那“背若泰山,翼若垂天之云”“怒而飞”“水击三千里,抟扶摇而上者九万里”的大鹏形象实在是太震撼人心了,其艺术吸引力远在“神人”之上,因此后世读者倒往往把大鹏当成了高远理想的寄托或雄伟不凡事物的代表。这里面又有种种情形:有的将大鹏作为精神自由、超脱尘俗的象征,如嵇康《卜疑》:“方将观大鹏于南溟,又何忧于人间之委曲!”又如李白《大鹏赋序》中提到的西晋阮修(阮籍从子)的《大鹏赞》,称大鹏“神化以生。……志存天地,不屑唐廷。[8]……超世高逝,莫知其情”。又如晋人贾彪不满于张华《鹪鹩赋》而作的《鹏赋》,称大鹏能“栖形遐远”,获得“自育之全”;说大鹏“摄元气之夸象,揭宇内之逼隘,遵四荒以泛荡”。有的则借大鹏形象称述宏伟的功业、远大的前程甚至高卓的文章,等等。这便只是取大鹏形象之雄伟作譬,与庄子原意已不相干,其例也不少,这里不必多举了。[9]

唐诗中使用鹏这一典故、意象者极多。有一值得注意的现象,即唐人以大鹏高举或鲲化为鹏来称说前程远大的诗句数量特多。这似乎与社会上众多文士力求发展的心态有些关系吧。其例甚多,不必枚举,只举李白诗而言:上文说到的《上李邕》《临路歌》,还有《赠宣城赵太守悦》所云“溟海不震荡,何由纵鹏鲲”,《经乱后将避地剡中留赠崔宣城》所云“我垂北溟翼,且学南山豹”,便都是用大鹏来指说自己的雄心大志。此外如他的《赠从孙义兴宰铭》:“蠖屈虽百里,鹏骞望三台。”《登金陵冶城西北谢公墩》:“哲匠感颓运,云鹏忽飞翻。”《江夏使君叔席上赠史郎中》:“希君生羽翼,一化北溟鱼。”则是用来称说他人(包括历史人物)。至如《草书歌行》中“墨池飞出北溟鱼”,则是用来形容书法作品的气势飞动,与南朝人用大鹏称颂文章高卓相类似。

上举魏晋以至唐人所作《大鹏赞》之类作品,还有用大鹏为典故的种种情形,都不曾对大鹏形象加以很好的描绘。只有到了李白的《大鹏赋》,方才以才气横溢的想象、大胆的夸张、丰富的语汇,将大鹏的形象描画得那样雄奇有力。

这也反映了向往雄伟不凡事物的美学趣味。从我国文学史上对大鹏形象的描绘而言,庄子的《逍遥游》确是一个天才的创造;而其后漫漫千百年之中,则大约只有李白能及其踵武。赋中的大鹏,既超凡脱俗,却又并不是消极的、蔑视人间的。那可说有"仙风道骨"的大鹏,令读者振奋,获得积极的美感享受。它充分体现了诗人年轻时候的心态,体现了李白所创造的那种特殊的豪放而又飘逸的美。

注　释

[1]参见《李白全集校注汇释集评》第3册,1366、1369页。

[2]古人中也有把《老》《庄》思想与道教加以分别的,那往往是站在批判道教的立场。

[3]孟棨《本事诗》云贺知章读李白《蜀道难》"未竟,称叹者数四,号为谪仙",给人的印象是因李白诗才出众而誉为谪仙。其实恐怕不是那样。

[4]龙榆生先生《东坡乐府笺》卷一注"骑鲸"二字:"杜甫诗:若逢李白骑鲸鱼,道甫问讯今何如。傅(干)注:骑鲸公子,谓李白。赋雄夸,则白所著《大鹏赋》是也。"

[5]由"道骨仙风骑鲸客,合侍红云帝所"二句可以体会,张辑也认为李白入翰林是由于他好道的关系。

[6]"且画戟、清香时度"用唐韦应物任苏州刺史时所作《郡斋雨中与诸文士燕集》的开头二句:"兵卫森画戟,燕寝凝清香。"宋之知州相当于唐之刺史、太守。

[7]"供玉齿、粲然笑"用晋郭璞《游仙》诗句:"灵妃顾我笑,粲然启玉齿。"刘克庄云李白拂袖金闺,与神仙游,故灵妃向他启齿而笑。

[8]唐庭,谓唐尧之庭。《庄子·逍遥游》云尧让天下于许由,许由不受。故阮修云"不屑唐庭"。

[9]只举以大鹏称赞文章高卓的两例:萧纲《与湘东王书》:"决羽谢生,岂三千之可及?"决羽,用《庄子.逍遥游》"蜩与学鸠……决起而飞"语;三千,用同篇鹏"水击三千里"语。萧纲意谓谢灵运诗"巧不可阶",效颦者与之相比,犹如蜩、学鸠之与大鹏。又《陈书·傅(縡)传》载(縡)所作《明道论》称颂《三论》云:斯故龙象之腾骧,鲲鹏之抟运。蹇乘决羽,岂能觖望其间哉!"意谓《三论》高卓不可及,犹如扶摇而上的大鹏,是决起而飞的蜩鸠不可能企及的。

命运与性格的对话方式
——李白诗中的牢骚

吴河清

牢骚，是指人们郁闷不满的情绪或言语，是对于人生命运的忧愁哀怨之词。将其入诗，始于屈原。司马迁《史记·屈原贾生列传》说："屈平疾王听之不聪也，谗谄之蔽明也，邪曲之害公也，方正之不容也，故忧愁幽思而作《离骚》。"李白与屈原，同为绝代高才，然命运坎坷与满腹牢骚，可谓异代同悲。李白一生渴望建立不世之功业，始终不渝的事功精神贯穿其一生。青年李白对自己的才能就非常自负："十五好剑术，遍干诸侯。三十成文章，历抵卿相。虽长不满七尺，而心雄万夫。"[1]他的政治理想是："申管晏之谈，谋帝王之术，奋其智能，愿为辅弼，使寰区大定，海县清一。"[2]直到晚年他仍以诸葛亮与谢安自许。李白不仅以天下国家为己任，而且始终深信自己能够承担这种责任。然而，在唐代风云变幻的历史浪潮面前，李白的这种自信感觉，的确有点近乎天真。于是，与屈原一样，他无奈地选择了牢骚这一"苦闷的象征"，作为命运与性格的对话方式，借此弥合其忧愤心灵的痛苦，求得些许的心理补偿。

李白之所以在他的诗歌里大发牢骚，是由于他只能部分地超越世俗观念对人的束缚而又不可避免地受到它的制约；是由于他要实现人生目标的追求，却又在现实面前无能为力。可以这样说，李白的痛苦以及由此产生的牢骚，与他的两次参政行为有着密不可分的关系。第一次是他在人生的顶峰阶段，即天宝元年奉诏入京，以布衣身份待诏翰林时期；第二次是他饱经磨难与挫折，处于情绪的低谷，却仍痴心不改，追随永王李璘东征时期。这两次参政，一在顶峰，一在低潮；一得意，一失意；一次是对未来充满期望，一次是为报国而盲目追随；一次是在理想无望的情况下，主动选择了"赐金放还"的体面结局，一次是在"站错了队"后，被迫接受了"流放夜郎"的悲惨处分。

天宝元年(742)李白的奉诏入京,是唐代诗人独此一家的荣耀。“仰天大笑出门去,我辈岂是蓬蒿人”的快语,表明他以为施展自己政治抱负的机会终于到来。唐明皇亲自召见,“皇祖下诏,征就金马;降辇步迎,如见绮皓。以七宝床赐食,御手调羹以饭之。谓曰:‘卿是布衣,名为朕知,非素蓄道义,何以及此!’置于金銮殿,出入翰林中,问以国政,潜草诏诰,人无知者”。[3]然而,在以布衣待诏翰林的三年里,李白并没有得到他所期许的管仲、晏婴那样的重臣地位,也当然不可能如上述二人那样去辅弼人主,一展宏图。经历了近三年的企盼与等待,他不得不以“赐金放还”的名义离开长安。

李白与杜甫一样志在经世,其诗句“日为苍生忧”即少陵“穷年忧黎元”之志也。故刘熙载在《艺概·诗概》中这样评价他:“太白诗虽若升天乘云,无所不之,然自不离其本位。故放言实是法言,非李赤之徒所能托也。”古来才与命相妨,离开长安的李白是痛苦的。这种距离理想只有一步之遥,却难以实现抱负所带给他的精神折磨,远比没有一丝希望时的境况,更让人难以忍受。李白又是明智的,他选择了放弃,也许心中还期待着明皇的幡然醒悟。现实击碎了他的经世梦。如果说唐玄宗对李白的召见是礼贤下士的举措,那么“赐金放还”,则又为其举贤厚士的面目贴了一层金。然而李白只能借诗酒来排解他的忧愤与孤独,发出一些不合时宜的牢骚。

> 好古笑流俗,素闻贤达风。方希佐明主,常揖辞成功。白日在青天,回光瞩微躬。恭承凤凰诏,歘起云萝中。清切紫霄迥,优游丹禁通。君王赐颜色,声价凌烟虹。乘舆拥翠盖,扈从金城东。宝马骤绝景,锦衣入新丰。倚岩望松雪,对酒鸣丝桐。方学扬子云,献赋甘泉宫。天书美片善,清芳播无穷。归来入咸阳,谈笑皆王公。一朝去金马,飘落忽成蓬。宾友日疏散,玉樽亦已空。长才犹可倚,不惭世上雄。闲来《东武吟》,曲尽情未终。书此谢知己,扁舟寻钓翁。
>
> (《还山留别金门知己》)

> 尔从咸阳来,问我何劳苦。沐猴而冠不足言,身骑土牛滞东鲁。……遥望长安日,不见长安人。长安宫阙九天上,此地曾经为近臣。一朝复一朝,发白心不改。屈平憔悴滞江潭,亭伯流离放辽海。折翮翻飞随转蓬,闻弦虚坠下霜空。圣朝久弃青云士,他日谁怜张长公?
>
> (《单父东楼秋夜送弟况之秦》)

上述两首诗都作于李白赐金还山之后。前一首概述了诗人自奉诏入京至还山的全过程,明人评以“超迈之意,等闲说出”今昔之感,篇首“方希佐明主,长揖辞成功”句,“是自信,非乞怜,亦慷慨,亦豪迈”,“是太白一生心迹”。第二首也是诗人自伤沦落的牢骚之词。明人唐汝询《唐诗解》云:“宫阙虽遥,惜尝近侍于此;年虽往,而心不移。爱君徒切,君终不我顾也。是以滞如屈原,放如亭伯,被谤之余惊魄未定,安能谋进乎?且朝廷既弃高洁之士,则我虽抱长安之操,谁复有怜之者,终于湮灭无闻,悲夫!”无论是纵情诗酒还是笑傲王侯,都平复不了李白内心的痛楚,化为牢骚倾泻而出,也许才能使其暂时摆脱世俗的纷扰,走向超脱现实的自由境界。

李白晚年的一个重大事件,是出于收复中原为国平叛的爱国热情,追随永王李璘东征。永王败后,“站错了队”的李白,以从璘附逆的罪名,遭到入狱并长流夜郎的处分。此时的李白,正处在钱钟书先生在《说回家》一文中所描述的这样一种生命状态:“人心遭遇困难而感觉不安,就用这种方法,消除困难的感觉以便回到心安理得。”作为诗人的李白,理所当然地选择了诗酒,来排解自己满腔的忧愤与牢骚。盛唐文化造就了李白奔放的个性与追求个人生命价值的原始张力,而封建主义全盛时期的官僚体制,又时时遏制住他的傲岸不羁。李白的才情造就了他的狂放,他的狂放又造就了他的悲壮。然而,只要个人价值观和国君本位价值观的社会冲突仍然存在,李白就不可能超越他的时代,而获得对社会和自身的清醒认识。正因为他始终不渝地坚持自我实现是人生追求的最高境界,进而以更积极的姿态投入到现实社会的斗争中。在他的牢骚里,仍然凸现出执着于理想、百折不回的政治热情。

秦欺赵氏璧,却入邯郸宫。本是楚家玉,还来荆山中。
符彩照沧溟,精辉凌白虹。青蝇一相点,流落此时同。

(《将过衡岳过汉阳双松亭留别族弟浮屠谈皓》)

窜逐勿复哀,惭君问寒灰。浮云本无意,吹落章华台。远别泪空尽,长愁心已摧。三年吟泽畔,憔悴几时回?

(《赠别郑判官》)

这里的牢骚,有冷静的自省,又有长歌当哭的况味。然而,历经磨难痴心不改,不平与牢骚无论如何也代替不了李白的使命感。上元二年(761),时年61岁的李白,闻知李光弼出征东南讨伐史朝义乱军,他奋然请缨,无奈半道病还。往依当涂县县令李阳冰,次年即病逝。

恨无左车略,多愧鲁连生。抚剑照严霜,雕戈鬘胡缨。愿雪会稽耻,将期报恩荣。半道谢病还,无因东南征。亚夫未见顾,剧孟阻先行。天夺壮士心,长吁别吴京。

(《闻李太尉大举秦兵百万出征东南懦夫请缨冀申一割之用半道病还留别金陵崔侍御》)

这是李白一生最后的牢骚，慷慨而悲凉，怨天公不佑，恨病老之躯。报国之心，苍天可鉴！

黑格尔说："特有的内容就是心灵本身。单纯的主体性格，重点不在当前的对象，而在发生情感的灵魂。"[4]"一生傲岸苦不谐"的李白，其痛苦的根源，不仅是过于理想化的人生设计与现实人生的矛盾，而且包含着世人对他的不理解以及他对世事不理解的双重痛苦。因此，李白的牢骚是孤独的。他只能跨越时空的阻隔，实现其与古时圣贤的精神对话。在他的诗歌里，李白曾经把自己比作大圣先师的孔子，君臣辅弼的管蔡，匡复社稷的傅李，东山再起的谢安，献身美政的屈原，运筹帷幄的张良以及贾谊、郭隗、邹衍、萧何、韩信等。这些人物虽各具风神，但其共性都是在有生之年，曾出将入相并为王者之师。对照前贤的生逢其时，李白的痛苦与郁闷更加难以解脱。这时，他的牢骚往往表现为非凡的气势与极度的超脱。他以从古到今、上天入地的心理联系方式，展现出一个强大而痛苦的灵魂，吟诵出千古不朽的诗篇："黄金白璧买歌笑，一醉累月轻王侯。"[5]"世人不识东方朔，大隐金门是谪仙。"[6]"抽刀断水水更流，举杯消愁愁更愁。人生在世不得意，明朝散发弄扁舟。"[7]"严陵高揖汉天子，何必长剑拄颐事玉阶。达亦不足贵，穷亦不足悲！"[8]"安能摧眉折腰事权贵，使我不得开心颜！"[9]

这是英雄的失意，虽悲愤满腔，却绝不颓唐，甚至表现出一种同时代人难以企及的自信与骄傲。"木秀于林，风必摧之"！李白的才华与自信给他带来过无上的荣耀和难得的机遇，而他狂傲不羁的书生意气又使他处处树敌。诗人李白总幻想着成为驰骋疆场的英雄，却从未正视过自己任侠仗义的豪杰本色。由于李白的英雄意识，带有强烈的浪漫主义诗人的心理因素与精神特质，因此往往缺乏冷静理智的现实思考。他总是沉浸在自己的精神世界与幻想世界之中，以其独有的主观方式与浪漫情怀，来实现与周围世界的对话，正好比"大道如青天，我独不得出"。[10]正因为这样，虽然他建功立业的理想一再破灭，他仍然能够在苦闷与彷徨的时候，一再吟唱出充满信心与豪情的生命绝唱："歌且谣，意方远，东山高卧时起来，欲济苍生未应晚。"[11]"行路难，行路难，多歧路，今安在？长风破浪会有时，直挂云帆济沧海。"[12]

由宣泄不平情绪的牢骚，将对人生与命运的困惑与质询升华为不朽的诗歌艺术。李白的牢骚，既有着世人皆醉我独醒的忧患与孤独，又有着天生我材必有用的豪放与自信，还有着对现实与人生的热烈与执着。正如裴斐先生在《李白个性论》一文中所说："他的人格意识和他所要实现的自我价值，永远是同强烈的社会使命紧紧连在一起的。"即使是牢骚满腹，即使是忧愤满怀，我们从中感受到的,仍然是诗人在自我奋斗过程中实现自我超越的独特人格魅力。

注　释:

[1]《与韩荆州书》。

[2]《代寿山答孟少府移文书》。

[3]李阳冰《草堂集序》。

[4]黑格尔《美学》。

[5]《忆旧游寄谯郡元参军》。

[6]《玉壶吟》。

[7]《宣州谢朓楼饯别校书叔云》。

[8]《答王十二寒夜独酌有怀》。

[9]《梦游天姥吟留别》。

[10]《行路难》三首其二。

[11]《梁园吟》。

[12]《行路难》三首其一。

李白《白头吟》考辨

吴明贤

今存各种版本的《李太白集》[1]及宋郭茂倩《乐府诗集》[2]皆有《白头吟》诗二首，两诗语意略同，句式亦颇相近，原因何在，黄庭坚《题李太白〈白头吟〉后》认为：

此篇皆太白作，而不同如此，编诗者不能决也。予以为二篇皆太白作无疑。盖醉时落笔成篇，人辄持去，他日士大夫求其稿，不能尽忆前篇，则又随手书成后篇耳。杜子美"巢父掉头不肯住"，一篇内数句，参错不齐，亦此类。盖可俱列，不当去取也。（《黄庭坚全集》1591 页）[3]

自此以后，人们大都认同此种说法，如元·萧士赟《分类补注李太白诗》："按此篇出入前篇，语意多同，或谓初本云。"《千一录》亦云："太白《白头吟》二首，颇有优劣，其一盖初本也。"（詹锳《李白全集校注汇释集评》第四卷 587～588 页）[4]，今人的各种李白诗歌选本，凡选有李白《白头吟》者一般二首均入选，并都依照黄说进行解释，如复旦大学中文系选注的《李白诗选》就说："李白的《白头吟》今存两首。另一首的语意与本篇大致相同，可能是本篇的初稿。"[5]詹锳先生虽然未曾明确表示二诗为初稿与记忆稿的关系，但他认为"二篇语意多同，盖一诗之两传者"。也承认传本的不同，与黄说基本上是一致的。

近来却有人对黄庭坚的说法提出了不同的看法，认为李白《白头吟》"这两首乐府诗，都是模仿相和歌中《白头吟》古辞而作，拟为新旧辞的相和组诗"。这是因为语意相同"是乐府相和歌中特有的一种现象"，"如魏武帝曹操之《短歌行》，前首标明'右一曲，晋乐所奏'，后一首标明'右一曲，本辞'。诗的前后两首诗句竟只有三四句不相同，只是句子的顺序略有差异"。特别是"与李白《白头吟》二首收于同一卷的古辞《白头吟》"二首除有四字不同外，"第二首则仅比第一首少若干句而已”。因而“更具有说服力”。此种现象在汉乐府古辞中尚多,可见这是“乐府相和歌的特殊样式”。这种样式的出现也“是因为配合不同乐曲的需要”而造成的。“今本《乐府诗集》中‘相和歌辞’有许多诗篇已非一题两篇形式,大致由于时代久远,亡佚的缘故”。可见,李白《白头吟》二首非一篇之两传者,“黄庭坚所云显系揣测之辞,不足凭信”。而同意黄说者亦“全属误解”(王步高《李白乐府诗〈白头吟〉考索》,见《文学遗产》1990.3)。

这种说法,新则新矣,但是否符合乐府诗歌的实际情况呢?黄庭坚对李白《白头吟》二首的解说及赞成黄说者是否就是“误解”或“臆测”呢?正误是非,不可不辨。

先考察汉代乐府古辞《白头吟》。现全录如下:

白头吟二首五解　　古辞

皑如山上雪,皎若云间月。闻君有两意,故来相决绝。一解
平生共城中,何尝斗酒会。今日斗酒会,明旦沟水头。
躞蹀御沟上,沟水东西流。二解郭东亦有樵,郭西亦有樵,
两樵相推与,无亲为谁骄。三解凄凄重凄凄,嫁聚亦不啼。
愿得一心人,白头不相离。四解竹竿何嫋嫋,鱼尾何离蓰。
男儿欲相知,何用钱刀为!舷如马瞰萁,川上高士嬉。
今日相对乐,延年万岁期。五解

右一曲,晋乐所奏

皑如山上雪,皎若云间月。闻君有两意,故来相决绝。
今日斗酒会,明旦沟水头,躞蹀御沟上,沟水东西流。
凄凄复凄凄,嫁娶不须啼。愿得一心人,白头不相离。
竹竿何嫋嫋,鱼尾何蓰蓰。男儿重意气,何用钱刀为!

右一曲,本辞

《白头吟》属汉乐府歌相和歌辞的楚调曲。《晋书·乐志》载:“相和,汉旧歌也。丝竹更相和,执节者歌。本一部,魏明帝分为二,更递夜宿。本十七曲,朱生、宋识、列和等复合之为十三曲。”又云:“但歌,四曲,出自汉世。无弦节,作伎最先唱,一人唱,三人和。”[6]这里的确讲得很清楚,所谓“相和歌”,是汉代的旧歌曲,由丝(弦乐器)竹(管乐器)互相唱和,执节(指敲击以控制乐曲节奏的乐器)的人演唱。但这里要特别指出的是,所谓“本一部,魏明帝分为二”,并不是“明帝之前的作品,本仅一首,乃后人人为地将其分开”,所以就成了一题两篇,相辅而行,文字上几乎没有多少区别,而是指演唱歌曲的原本只有一个乐队,魏明帝才将其分为两个乐队,原因在于“更递夜宿”,便于演员们轮流交替,

晚上值班住宿。“部”应指乐队。《晋书·桓温传》:“赐九旒鸾辂,黄屋左纛,辒辌车,挽歌二部,羽葆鼓吹、武贲班剑百人。”《梁书·武帝纪上》:“以高祖为征东将军,给鼓吹一部。”[7]这里的“二部”“一部”皆指乐队。若将“一部”解为“一首”诗歌或“一首乐曲”,不仅于史无征,毫无根据,而且与下文“更递夜宿”了不相涉,无法理解。《晋书》在这里还进一步指出了汉乐府相和歌辞,原本十七曲,后将“朱玉、宋识、列和”等歌曲“复合之”,这才成为了“十三曲”。相和歌辞在演唱时一般只歌四曲,如果“无弦节”即没有管弦乐器时,则由“作伎”即表演歌舞演奏音乐的人“最先唱”,一个人唱,三个人和。这就是相和歌辞演唱的大致情况。因此那种认为相和歌在“明帝之前的作品,本仅一首,乃后人人为地将其分开”,故文字“没有多少区别”的说法才真正是毫无根据的“臆测”和望文生义的“误解”,是“不足凭信”的。

至于一题两篇,语意相同的情况,这在乐府相和歌中的确是很多的,前后“不下十余例”,可以说真是乐府相和歌“特有的一种现象”了。但应当注意,这种现象多出现在汉魏时代的乐府古辞中,晋以后就没有了。正如《晋书·乐志》所载,相和歌,“魏武帝尤好之。……自晋以来不复传,遂绝。凡乐章古辞,今之存者,并汉世街陌谣讴,《江南可采莲》、《乌生十五子》、《白头吟》之属也。吴歌杂曲并出江南,东晋以来,稍有增广”。相和歌辞的曲调虽晋已亡佚,但“乐章古辞,今之存者”,有的古辞,如“汉世街陌谣讴,《江南可采莲》、《乌生十五子》、《白头吟》之属”,还是流传了下来。但在流传过程中,难免有些改变,正如《晋书·乐志》所言:“东晋以来,稍有增广。”在原有基础上,语句就有所增加,这就造成了同题而不完全同篇的状况。郭茂倩在选录这些作品时,往往特别标明“右一曲,晋乐所奏”,“右一曲,本辞”,目的就在于让读者明白地了解晋乐所演奏的汉乐府古辞虽题目未变,但诗篇句式有所改变。关于这一点,萧涤非先生在他的《〈东门行〉并不存在“校勘”问题》一文中说得十分清楚:

> 晋乐常常演奏汉代(也有曹魏)的歌词,但他们又不老实,往往不免对原词作某些改动或增加。如郭茂倩《乐府诗集》卷三十七,卷四十一,卷四十三所载晋乐所奏的《西门行》《东门行》《白头吟》和《满歌行》,对汉代的原作就都有所增改。有的增改多一些,有的少一些,但不管增改多少,都一概不能把它们和汉代原作看成同一的作品。理由很简单,因为它们是经过晋人有意识的加工,已非原物。沈约在他的《宋书·乐志》里把汉代无名氏的民歌和晋乐所奏的汉民歌,统统称为“古词”,郭茂倩为了把这两者区别开来,他一方面沿用了“古词”这个旧名称,一方面又添造了一个新名称“本词”。所谓“本词”,顾名思义,就是指的未经晋乐府加工过的汉代本来

的歌词。或者说是货真价实的“古词”。这种区别，很好，很有必要，保存了汉代民歌的本来的面目和纯洁性，避免了时代上的混淆。（萧涤非《乐府诗词论薮》17～18 页[8]）

这就将乐府相和歌中《白头吟》本词与晋乐所奏的改编的《白头吟》词为何“一题两篇，相辅而行”而又词意略同的原因说得晶莹剔透、再明白不过了。余冠英先生也持同样的看法，他在分析曹操《短歌行》一诗的“题解”中说：

《短歌行》，属《相和歌·平调曲》。……晋乐所奏删去八句，分为六解。这篇是本词。（余冠英《三曹诗选》7 页）[9]

这里明白地指出了曹操《短歌行》前后两首“竟只有三四句不相同”，句子的顺序也“略有差异”的原因。事实证明，乐府相和歌中“一题两篇”的情况并不是因为“拟为新旧词的相和组诗”，更不是“因为配合不同乐曲的需要”造成的，而是晋乐演奏时的故意增删所致。

再考察李白《白头吟》二首。现全录如下，其一云：

锦水东北流，波荡双鸳鸯。
雄巢汉宫树，雌弄秦草芳。
宁同万死碎绮翼，不忍云间两分张。
此时阿娇正娇妒，独坐长门愁日暮。
但愿君恩顾妾深，岂惜黄金买词赋？
相如作赋得黄金，丈夫好新多异心。
一朝将聘茂陵女，文君因赠《白头吟》。
东流不作西归水，落花辞条羞故林。
兔丝故无情，随风任倾倒。
谁使女萝枝，而来强萦抱。
两草犹一心，人心不如草。
莫卷龙须席，从他生网丝。
且留琥珀枕，或有梦来时。
覆水再收岂满杯？弃妾已去难重回。
古来得意不相负，只今惟见青陵台。

其二云：

锦水东流碧，波荡双鸳鸯。
雄巢汉宫树，雌弄青草芳。
相如去蜀谒武帝，赤车驷马生辉光。
一朝再览《大人》作，万乘忽欲凌云翔。

闻道阿娇失恩宠，千金买赋要君王。
相如不忆贫贱日，位高金多聘私室。
茂陵姝子皆见求，文君欢爱从此毕。
泪如双泉水，行堕紫罗襟。
五起鸡三唱，清晨《白头吟》。
长吁不整绿云鬟，仰诉青天哀怨深。
城崩杞梁妻。谁道士无心？
东流不作西归水，落花辞条羞故林。
头上玉燕钗，是妾嫁时物，
赠君表相思，罗袖幸时拂。
莫卷龙须席，从他生网丝。
且留琥珀枕，还有梦来时。
鹔鹴裘在锦屏上，自君一挂无由披。
妾有秦楼镜，照心胜照井。
愿持照新人，双对可怜影。
覆水却收不满杯，相如还谢文君回。
古来得意不相负，只今惟有青陵台。

诚然，李白这两首诗主题相同，措辞也极相似，“都是模仿相和歌中《白头吟》古辞而作”。但应注意的是李白两首《白头吟》选入《乐府诗集》时是连在一起的，并无“本辞”与后人演奏之词的记载，可见这两首诗只是根据前人《白头吟》诗的旨意进行拟作，从女子的角度来抒写自己对弃妇不幸遭遇的同情和对坚贞爱情的追求而已，至于是否入乐歌唱或“丝竹更相和”“一人唱，三人和”的表演则并不重要了。

事实上唐人的诗歌大都可以入乐，这是没有疑义的，“童子解吟《长恨曲》，胡儿能唱《琵琶篇》”（唐宣宗《吊白居易》，见《全唐诗》卷四49页）[10]，即使如白居易《长恨歌》《琵琶行》那样的长篇歌行也是可以入乐歌唱的。但究竟如何“吟”“唱”，北宋初年就已经说不清楚了。正如任半塘先生所说：“唐人歌诗真相如何，北宋时已晦昧，除苏、黄等数家外，虽‘通人’多不晓其事，艺人所执，向无文献可稽，未详究竟。”（任半塘《唐声诗》第四章《歌唱》161页）[11]《四库全书总目提要·词曲类》也说：“自古乐亡而乐府兴，后乐府之歌法至唐不传，其所歌者皆绝句也。”（《四库全书总目》卷一九九《钦定曲谱十四卷》，1828页）[12]宋·王灼《碧鸡漫志》说得更为详细：“晋以来，新曲颇众，隋初尽归清乐。至唐武后时，旧曲存者，如《白雪》《公莫舞》《巴渝》《白纻》《子夜》《团扇》

《懊侬》《石城》《莫愁》《杨叛儿》《乌夜啼》《玉树后庭花》等，止六十三曲。唐中叶，声词存者又止三十七，有声无辞者七，今不复见。唐歌曲比前世益多。声行于今，辞见于今者，皆十之三四。世代差近尔。”[13]这说明汉代时候的乐府旧曲大都亡佚不传了，一是晋以后为新曲所取代，二是时代久远，文献不载，故多亡佚。唐代的乐歌到宋时也仅存十之三四，那汉代乐歌(包括相和歌)流传于后的，就更是寥寥无几了，其演唱的情况就更是不得而知了。正如王灼所说：“辞存者，十之不得一；若其音，则无传，势使然也。”(刘安遇、胡传淮《王灼集校辑》15～16页)因此李白《白头吟》是如何演奏的，是否也像汉相和歌“丝竹更相和”，更是谁也说不明白的，只好存疑不论了。

其实，唐人诗歌的演唱，也有“迭句”相和的形式，如王维的《送元二使安西》一诗，据郭茂倩《乐府诗集·近代曲辞二》载：

《渭城》一曰《阳关》，王维之所作也。本《送人使安西诗》，后遂被于歌。刘禹锡《与歌者诗》云：“旧人唯有何戡在，更与殷勤唱《渭城》。”白居易《对酒诗》云：“相逢且莫推辞醉，听唱《阳关》第四声。”阳关第四声，即“劝君更进一杯酒，西出阳关无故人”也。《渭城》《阳关》之名，盖因辞云。

因诗中的“渭诚”“阳关”字，故将本题《送人(按：指元二)使安西》改为《渭城曲》和《阳关三迭》，可见唐人歌诗在演奏时也是有改动的现象的，但改题而不改篇，并未改动诗的原作。所谓“第四声”，白居易《对酒》诗自注云：“第四声，‘劝君更尽一杯酒，西出阳关无故人’。”则指第三句“劝君更尽一杯酒”为第四句进行迭唱。可见这首诗的确是“迭唱”相和的。所谓“迭”就是一句连续唱两遍；“‘无限迭’犹言无限遍、无限次”(任半塘《唐声诗》下编425页)的意思。《渭城曲》如何迭唱，苏轼《仇池笔记》卷上《阳关三迭》云：

旧传《阳关三迭》，然今世歌者，每句再迭而已。若通一首言之，又是四迭，皆非是。或每句三唱，以应三迭之说，则丛然无复节奏。余在密州，文勋长官以事至密，自云得古本《阳关》，其声宛转，不类向之所闻，每句皆再唱，而第一句不迭。乃知古本“三迭”盖如此。及在黄州，偶读乐天《对酒诗》云：“相逢且莫推辞醉，听唱阳关第四声。”注云：“第四声，‘劝君更进一杯酒’。”以此验之，若一句再迭，则此句为第五声，今为第四声，则第一句不迭，审矣。[14]

据苏轼的记载，所谓“古本”应是唐人或接近唐人演奏的唱法，除第一句不迭外，从第二句起每句皆唱两遍，即“再迭”。不难看出，宋元以后，很多人对《阳关三迭》也进行过改编。但改变演奏之法，却并未改变诗的原作。这种现象还见于《何满子》“一曲四词歌八迭”(白居易《听歌》其五)和《小秦王》《渔父》等诗中。由此可见,唐人歌诗,虽有迭唱相和的形式,也有改变原曲的情况,但改题而不改篇,迭句而不迭题,故有一诗两题,绝无一题两诗。因此李白《白头吟》二首"一题两篇",与众不同就绝不"是因为配合不同乐曲的需要"而出现的,而是另有其他原因了。

那么,李白《白头吟》二首"一题两篇,相辅而行",与其他唐人诗歌不同究竟是什么原因呢?我们再考察一下李白创作的实际情况,问题就十分清楚了。原来,李白本人就有初稿不如意便毁弃而重作的习惯。据王琦《李太白全集》引段成式《酉阳杂俎》载:

李白前后三拟《文选》,不如意辄焚之,惟留《恨》《别》赋。(见段成式《酉阳杂俎》前集卷十二《语资》)[15]

这里不论"三"是实数还是虚数,都说明李白曾不止一次地模拟《文选》中的文章进行创作,因为自己不满意,于是又常常烧毁自己先前的文章而重新写作,到后来就只留下了《恨赋》和《别赋》了。其实《拟恨斌》和《拟别赋》也是模拟江淹的《恨赋》《别赋》而作的。到现在我们就只能看到李白的《拟恨赋》了,至于《拟别赋》,到北宋时可能就已亡佚了,故曾巩编的《李太白文集》中就无记载了。更能说明这一问题的是李白的《大鹏赋并序》:

余昔于江陵见天台司马子微,谓余有仙风道骨,可与神游八极之表,因著《大鹏遇希有鸟赋》以自广。此赋已传于世,往往人间见之。悔其少作,未穷宏达之旨,中年弃之。及读《晋书》,睹阮宣子《大鹏赞》,鄙心陋之。遂更记忆,多将旧本不同。今复存手集,岂敢传诸作者,庶可示之子弟而已。

李白自己讲到他因司马子微的称赞,便写了《大鹏遇希鸟赋》,并已留传于世,人间常能见到。但因不满意于此赋"未穷宏达之旨",故中年弃之。后因读到《晋书》,见阮宣子的《大鹏赞》"遂更记忆",凭借自己的记忆,又重作了《大鹏赋》,故新作"与旧本不同"。这就明明白白地交代了《大鹏赋》的创作过程和它与已传于世的《大鹏遇希有鸟赋》同题而不同篇的原因。这与黄庭坚所说李白"醉时落笔成篇"作《白头吟》诗,"人辄持去",流传于世;后来"士大夫求其稿,不能尽忆前篇,则又随手书成后篇",不是颇为相似吗?李白《白头吟》二首"一题两篇,相辅而行"而语意多同不也是与李白创作习惯颇同的情理中事吗?不同的只是由于诗歌篇幅短小易记,因而《白头吟》的初稿后代流传下来了,今天尚能见到;而《大鹏赋》的初稿《大鹏遇希有鸟赋》因篇幅浩大难记,虽当时盛传,而后世却未能流传,故今日难见。值得庆幸的是,李白自己终究还是记下了《大鹏赋》这一写作的全过程,为我们今天澄清《白头吟》两首"一题两篇"现象提供了可靠的证据。

综上所述,我们认为李白《白头吟》二首"一题两篇,相辅而行"并不是因为"配合不同乐曲的需要"而"拟为新旧辞的组诗"。恰如黄庭坚所说,其一应为初稿,其二应是后来记忆重作,故主题一致,语意多同,应当是一篇两传的作品。

注　释:

[1]清·王琦注:《李太白全集》[M]北京:中华书局,1977.9。
[2]宋·郭茂倩:《乐府诗集》[M]北京:中华书局,1979.11。
[3]刘琳等校点:《黄庭坚全集》[M]成都:四川大学出版社,2001.5。
[4]詹锳:《李白全集校注汇释集评》[M]天津:百花文艺出版社,1996.12。
[5]复旦大学中文系:《李白诗选》[M]北京:人民文学出版社,1961.8。
[6]唐·房玄龄等:《晋书》[M]北京:中华书局,1974.11。
[7]唐·姚思廉:《梁书》[M]北京:中华书局 1973.5。
[8]萧涤非:《乐府诗词论薮》[M]济南:齐鲁书社,1985.5。
[9]余冠英:《三曹诗选》[M]北京:人民文学出版社,1956.8。
[10]清·彭定求等:《全唐诗》[M]北京:中华书局,1960.8。
[11]任半塘:《唐声诗》[M]上海:上海古籍出版社,1982.10。
[12]清·永瑢等:《四库全书总目》[M]北京:中华书局,1956.6。
[13]刘安遇、胡传淮校辑:《王灼集校辑》[M]成都:巴蜀书社,1996.9。
[14]宋·苏轼:《仇池笔记》[M]。
[15]唐·段成式:《酉阳杂俎》[M]北京:中华书局 1981.1。

李白拟古诗的诗学意义
——以李白“着题拟古诗”为例

萧丽华

一、前言

“拟代”文学是汉魏六朝大量涌现的文学风貌[1]，主要出现在诗赋文类上，过去在文学史上一直被漠视与忽略，直至近代学人才开始予以解释的空间[2]。现存六朝拟代的作品，估计总数不下五百首，以至萧统在《昭明文选》中需特立“杂拟”一部，收录十家拟作[3]，足见拟作在文学史上有不可忽视的意义。操觚之士，首重创新，为何这么多援笔赋诗的名家仍规模前贤，摹习旧事？其间是否反映了文学上、生命情感或社会上的某种意义？这点其实是值得研究六朝文学的学者进一步探索的。

本文的讨论焦点在李白诗，由于李白诗赋大量反映出对六朝诗赋的“因”袭与变“革”[4]，因此李白拟古诗也呈现追步六朝诗歌拟作的面貌。但由于研究拟作的诠释理论不够完足，学者对此一文学现象的认知态度也不一致，因此，本文着笔之初，仍需借重历代诗论，重构拟作的诗学意义，以作为评估李白拟古诗的理论依据，借以观察李白诗对六朝文风的因革及其意义，并借李白复古的主张，探测出李白拟古之实践与其复古论之间的关系。

然而，本文最终的意义是回归到诗学上的，因为笔者深信文学历史上的典范之作，是经过后世拟习过程而成为经典化(Canonization)。换言之，风、骚、古诗之典型是六朝文士反复摹拟习作的“典律”[5]；唐诗中，王、孟、李、杜之典型也是宋元以降诗人反复学习模拟的“典律”，其中指示一条古人学诗的门径——拟作，这正是诗学上不可忽视的地方。

二、拟作的诗学意义

陆机《文赋》云:“收百世之阙文,采千载之遗韵。谢朝华于已披,启夕秀于未振。”这句话正显示出文学上一条铁则:文学创作决定于创作者学古与创新的二元能力。已披之朝华,正是前代遗韵,有待后代作者收揽吐纳;后代未振之夕秀,正待前代典范的启发。因此,笔者认为拟作的意义在透过古人集体的精彩,升华自己的才性,以期创发出青出于蓝的新秀,正如《文心雕龙·体性》所云:“摹体以定习,因性以练才。”但又需如《文心雕龙·指瑕》所云:“制同他文,理宜删革。若掠人之美辞以为己力,宝玉大弓,终非其有。”所以,“拟作”是学文之阶梯,而非终点,是习诗之手段而非目的,必须既能入也能出,而后才能奏功。

归纳历代诗论的讨论,拟作学古有几种正面的诗学意义:

(一)从评赏角度言,可以有“品藻渊流”、辨明诗体的功用

《文心雕龙·明诗》云:

铺观列代,而情变之数可鉴;撮举同异,而纲领之要可明矣。

江淹《杂体诗三十首》为拟古名作,其序云:

夫楚风汉谣,既非一骨;魏制晋造,固亦二体。譬犹蓝朱成彩,杂错之变无穷;宫商为音,靡曼之态丕极。故蛾眉讵同貌,而俱动于魂。芳草宁共气,而皆悦于魄。其不然欤!然五言之兴,谅非复古。但关西邺下,既已罕同,河外江南,颇为异法。故玄黄经纬之辨,金碧沈浮之殊,仆以为亦各具美兼善而已。至于世之诸贤,各滞所迷。莫不论甘而忌辛,好丹则非素。岂所谓通方广恕,好远兼爱者哉?今做三十首诗,效其文体。虽不足品藻渊流,庶亦无乖于商榷云尔。

由以上可知,《文心雕龙·明诗》主张掌握诗体要先“铺观列代”,江淹的拟古动机,正是透过拟作中完成一种辨析骨体、错采、宫商、甘辛、丹素的商榷工作,整体过程不离“品藻渊流”。

(二)从创作角度言,意在“追风以入丽”“沿波而得奇”(《文心雕龙·辨骚》),以提升自己创作水平

《四溟诗话》卷一云:

严沧浪曰:“学其上,仅得其中,学其中,斯为下矣。岂有不法前贤,而法同时者?”

《而庵诗话》卷一云:

或问余曰:“诗如何作方得新?”余曰:“君不见古人之诗乎?千余年来,常在人目前而不厌。今人诗甫脱稿,便觉尘腐毕集。以古人学古,今人不学古,故欲新必须学古。”

《说诗晬语》卷上云:

诗不学古,谓之野体,然泥古而不能通变,尤犹学书者但讲临摹,分寸不失,而己之神理不存也。作者积久用力,不求助长,充养既久,变化自生,可以换却凡骨矣。[6]

前人认为“学其上者仅得其中”,而且“欲新必须学古”,学古才能“换却凡骨”。近代学人俞灏敏认为六朝的杂拟诗是对“文学本体的观照,对艺术创造的重视,表明文学的自觉达到一个更高的历史阶次”,“是为了提高创作水平”,“具有一种纯粹的目的性”,其“标明拟古以昭示观摹之意,其实正体现了这样一种自觉的意义,注重以实践的方式研习前人的范作,通过与之相较短长,促进创作水平的提高”[7]。

再者,拟作有依托正典的效用,或颠覆(误读[8])正典,或含藏正典出以自己的新貌,如巴赫金所说:“作者借他人语言说话,却赋予这个他人语言一种新的意向,并且同那人原来的意向完全相反,成为隐匿在他人语言中的第二个声音。”[9]以笔者多年习诗教诗的体验,也确信拟古对诗人创作水平的提升有很大的帮助,尤其是“美感经验”的移植与转化作用,添助作者驰骋翰墨之神力。

(三)从诗学美典的传统言,可以确立文学传统,形成文学典律

许学夷《诗源辩体》云:

汉魏五言,源于《国风》,而本乎情,故多托物兴寄,体制玲珑,为千古五言之宗。[10]

胡应麟《诗薮》云:

五言盛于汉,畅于魏,衰于晋宋,亡于齐梁。[11]

这类论点都显现出典律认同的问题,因此,《诗》、《骚》、汉魏古诗、乐府都是后人所应祖述的诗学传统[12]。蔡英俊指出:“拟古其实更具有对于过往历史人事经验的一种‘情感认同’,并且凭借着这种经验的借代与解释而形成古典作家之间互为主体的集体意识,也即是建立文学传统的一种历史意识。”蔡英俊引德国“接受美学”学派的耀斯(Hans Robett Jauss)之“审美经验”说,指出作者“可以把某种典式(the model or the exemplary)契入他个人的世界形成一种互为主体的模仿活动,其间在‘学习模拟’之外,其实更重要的是‘情感层面上对于仿真对象的生活与境遇所怀有的认同’”,借以唤起造就一种文化上的集体意识[13]。T. S. Eliot(艾略特)《传统与个人才略》也主张:“诗人不可避免地受到

过去的标准所判断……我们说:它看似适应前人的,或许他就是有个性的。”诗人不可避免地私下崇拜一两个作家来塑造自己[14]。

拟古虽然具有以上的诗学意义,但亦步亦趋,优孟衣冠,失却自我面貌,也非诗家所认同。《而庵诗话》云:“作诗须思透出一路去,古人各自成家,不肯与人雷同,而今人专事摹仿,所以唐无汉魏之迹而今人多汉魏之肤,以此惑一时则可,而遂欲传后世耶?”《一瓢诗话》亦云:“凡有志学诗,不必定取某人,终日刻画,只将古人诗游咏久之,动笔便合。……若印定钟张,板摹董巨,以期名世,愚哉。”[15]因此,成功的拟古应是尚友古人,脱化[16]出自己的精彩来。

梅家玲认为“作者的创作,实须透过读者对作品的阅读、参与,才算是真正完成”。而拟作之作者兼具读者身份,因此必须先完成“阅读活动之‘具体化’”,而后进入“创作活动中的‘神人’和‘赋形’”,是“即境即真”“以生命印证生命”的文学创作,才能通向文人“变代继作”的“创造性转化”[17]。Stephen Owen *Readings in Chinese Literary Thought* 指出,读者在解释文学法则和用术语描述作品的过程,其实正是和其他范畴的知识分子或社会生活产生共鸣的活动[18]。梅家玲和 Stephen Owen 的说法其实都涉及“互为主体性”与“共时性”[19],拟作的美感体验与实现就在此古与今的共时融合,典范作品的原作(他者)与拟作(自我)共鸣、回荡、转化中形成。因此,拟作不限于诗人与诗作的语言、表现手法、风格本身,甚而扩及拟意、命题、主体生命抒情言志的融塑与再创造。

三、拟古与李白复古论的关系

所谓拟古,据刘良注《昭明文选》“杂拟”部云:

杂,谓非一类;拟,比也,比古志以明今情。

“拟”本来是摹拟、模仿之意。刘良专从抒情“比古志以明今情”立论,可见摹古有“师法古人心志”的意义。但事实上,拟古诗作品经常呈现主题命意、体裁、规摹、文句袭用与风格蹈循等各种样态。蔡英俊《“拟古”与“用事”:试论六朝文学现象中“经验”的借代与解释》一文认为:“所谓‘拟古’,指的是诗人创作借用既有的题目或体式重新加以推衍。”“或者借用前代作家以虚拟创作的情境,并因此铺叙创作的内容。”[20]综言之,拟古实包括文化意识、情感主题、文学典范的借代与转化。

拟古的形成一般都认为与魏晋间文人集团倡和的“贵游文学”与“文学竞技游戏”[21]有关。其实社会因素固然可蔚成集团竞技的风尚,但文学传统的同情共感,文学典范的熏染感召,也是不可忽视的。再者,唐前或有集团竞技的社会原因,但唐以降乃至明清、现代,文学传统的认同、文学典范的感召与文学复古的主张应是主要因素。况且,模仿本是一门古老的艺术表现手法,亚里士多德在他的名著《诗学》里指出:“一般来说,诗的起源仿佛有两个原因,都是出于人的天性。人从孩提的时候就有摹仿的本能,人和禽兽的分别之一,就在于人最善于摹仿,他们最初的知识就是从摹仿得来的。”因此,亚里士多德认为,文艺起源于摹仿,文艺是摹仿的产物[22]。

以李白的生命情态来看,李白拟古的主导思想其实是文学复古的主张。

中国文学观念的演进史上始终环绕着“贵古贱今”的复古观,刘绍瑾《复古与复元古》说:“我国古典诗学中对艺术的审美特征的深刻理解,似乎更习惯于以复古的方式提出。”[23]钟嵘《诗品序》云:“若乃经国文符,应资博古;撰德驳奏,宜穷往烈。”《文心雕龙·宗经》:“三极彝训,道深稽古,致化归一,分教斯五。”这种“稽古”“博古”的复古文论,显然对诗人援笔师古起了催化作用。因此《文心雕龙》论制文之道,常提供一种“师古折中”[24]的办法,例如《体性》篇云:“童子雕琢,必先雅制,沿根讨叶,思转自圆。……故宜摩体以定习,因性练才,文之司南,因此道也。”《通变》篇云:“暨楚之骚文,矩式周人,汉之赋颂,影写楚世;魏之策制,顾慕汉风,晋之辞章,瞻望魏采。……故练青濯绛,必归蓝蒨,矫讹翻浅,还宗经诰。”《定势》篇云:“是以模经为式者,自入典雅之懿;效骚命篇者,必归艳逸之华。”《文心》指出沿根讨叶、摹体定习、练青归蓝、模经为式、效骚命篇等,明明是指出一条拟古的道路。

李白诗论中也有明显的复古主张,孟棨《本事诗·高逸篇》载李白论诗云:“梁陈以来,艳薄斯极,沈休文又尚以声律,将复古道,非我而谁欤?”李阳冰《草堂集序》也把李白和“横制颓波”的陈子昂相提并论,并说:“至今朝诗体,尚有梁陈宫掖之风。至公大变,扫地以尽。”这些话联系到李白“自从建安来,绮丽不足珍”一语,可以说李白在批判六朝绮丽、艳薄文风,主张恢复《诗经》、汉魏传统的复古思想上,与陈子昂没有异样。

李白《古风》第一首云:“圣代复元古,垂衣贵清真。”“元古”即王国维所谓“远古”[25]。《周易·系辞上》云:“黄帝垂衣裳而天下治。”“垂衣”即自然无为的意义,因此李白复古的文学主张与其贵清真自然的美学风格应是主导着他的文学走向的。

很多人以为李白诗神出鬼没,无迹可寻,遂认为李白复古的主张与其创作之自由、自然相悖[26]。但葛晓音则强调“李白大量创作古乐府,主要是出自将复古道,非我而谁的强烈使命感”[27]。不仅古乐府,以五言为主的古诗或李白擅长的歌行等,无不是受此“复元古”的信念所驱动。因此,清·翁方纲《石洲诗话》卷一云:“子昂、太白,盖皆疾梁、陈之艳薄而思复古道者。然子昂以精深复古,太白以豪放复古。必如此乃能复古耳。”[28]从当代文本互涉的角度来说:“文学的主要参照的范畴是文学本身,文本在此一范畴内互动……文学把文学看成是自己临摹的对象。”[29]哈罗德·布鲁姆(Harold B1oom)也说:“倘若没有模仿,你就不可能写,不可能教,也不可能思,甚至不可能读。而你所模仿的就是另一个人所作的,即那个人的或写或教或思或读。你同那个人的东西所获的信息的关系就是传统,因为传统延伸到过去一代的影响,一种影响的超载。……在辞源学上是一种递交或给予,一种传递,一种让与,同样,甚至是一种投降或背叛。”[30]

四、李白拟古诗的类型

李白诗体之源,历来论者指陈历历。从唐代开始,杜甫即以“李侯有佳句,往往似阴铿”(《与李十二同寻范十隐居》),“清新庾开府,俊逸鲍参军”(《春日忆李白》)目之。杜甫显然认为李白诗有阴铿、庾信、鲍照的风格与神采。我们罗列宋元以降的诗评,或可得其梗概:

宋·方回《桐江集》卷五《刘元辉〈问田夫〉诗评(节录)》云:

李白初学《选》体,第一卷《古风》是也。第二卷古乐府以后及诸五言,有建安,有嵇、阮,有陶,有谢,神出鬼没,不可捕捉。

明·胡震亨《李诗通》卷一引陈绎曾云:

李白诗,祖《风》《骚》,宗汉魏,下至鲍照、徐、庾,亦时用之。善掉弄,造出奇怪,惊动心目,忽然撇出,妙入无声:其诗家之仙者乎!格高于杜,变化不及。

明·王世贞《艺苑卮言》卷四云:

青莲拟古乐府,以己意己才发之,尚沿六朝旧习,不如少陵以时事创新题也。

明·胡应麟《诗薮》内编卷四:

李白五言沿洄魏晋,乐府出入齐梁,近体周旋开宝;独绝句超然自得,冠古绝今。

明·许学夷《诗源辩体》卷十五云:

太白五言古多转韵体,其声调仿于刘孝绰、薛道衡诸子。

清·冯班《钝吟杂录》云:

歌行之名，本之乐章……太白多效三祖及鲍明远，其语尤近古耳。

清·赵士麟《读书堂彩衣全集》卷八云：

李太白宗《风》《骚》及建安七子，其格高，其变化若神龙不可羁。

清·应时《李杜诗纬》卷一云：

李白《选》体，清新尽之矣，盖苞三谢之英而有之，又以灏瀚之气相与挥斥焉，故前无古人也。

清·吴乔《围炉诗话》卷二云：

太白祖述《骚》《雅》，下逮齐梁七言，无所不包，奇之又奇，而字字有本。

清·胡寿之《东目馆诗见》卷一云：

唐人多学六朝，惟李、杜力追建安，有风调格力。故言子美宗《选》体，太白时作齐、梁间体段。

清·潘德舆《李杜诗话》卷 云.

疑所谓复古者复《选》体之古焉耳。太白胸次高阔，直将汉魏六朝一气铸出，自成一家，拔出建安以来，仰承三百之绪，所谓“志在删述”、“垂辉千春”者也，岂专主《选》体哉？予韪渔洋能揭明李诗五言之复古而恐其以《选》体当之，犹非了义也，故录而辩之。……故谓太白学古兼学《文选》可，谓其复古为复《选》体则不可，谓其拟古屡拟《文选》则尤不可。

卷十又云：

太白五绝虽亦从六朝清商小乐府而来，而天机浩荡，二十字如千万言。……按太白复古之功不独在乐府歌行，于五律亦可见；《李诗纬》所谓“太白五律犹为古诗之遗，特于《风》、《骚》为近”是也。

清·施补华《岘佣说诗》云：

太白五言古，犹是魏晋遗则；惟天才超妙，逸气横生，遂有尺寸未合处。

又云：

太白七古，体兼乐府，变化无方。[31]

从以上胪列的历代评论中可知，前人论李白诗体之源，以时代言之，有源自先秦、汉魏、晋宋、齐梁；以体格言之，有祖《风》、《雅》、《骚》、《选》体、乐府、清商；以前代名家言之，有宗曹氏三祖、建安七子、嵇、阮、陶、三谢、鲍、徐、庾、阴、刘、薛之韵；以体类言之，遍古诗、歌行、乐府、绝句、五律。

从这些古人的评论中又可知，前人所谓“拟古”“学古”“效古”“复古”是广义的拟古，包括以前代诗人、诗体、诗风、诗句为模效学习对象，但重在出入自得，变化己意己才，不求体制、音韵、句法、章法之长短合趋，尺寸合度，而求神出鬼没之高格。以此标准来检视李白诗，则李白诗作十有六七殆为拟古之作。而且，李白集中偏古体少律体。明·仇俊卿云："青莲有志复古，故七言律少。"（《管天笔记·外编》卷下）这也构成李白诗体的主要风貌。清·乔亿《剑溪说诗》卷上云"太白乐府，五言约六百口十余篇，体势多端，要不失《风》《骚》指趣"，正是指向李白这种复古拟古的风貌。

以《文选》"杂拟"一部来看，胡大雷《文选诗研究》指出《文选》"杂拟"类共录诗六十三首，"或拟某诗而作，或拟某人而作，或笼统言拟。拟某诗而作，或乐府之拟，或古诗之拟，或某人某作之拟"[32]。换言之，从拟作题目本身可以看出有已经确切标明"拟某诗"或"某人"的，也有未确切标明而只笼统言拟的。例如陆机《拟古诗》，指明拟《古诗十九首》，而且十二首均题为《拟行行重行行》《拟今日良宴会》《拟迢迢牵牛星》等；又张载《拟四愁诗》、袁淑《效曹子建乐府白马篇》、鲍照《代君子有所思》，此类均为题目上已标注拟作的原作者或诗名体类，甚至兼诗人与诗作并称。另一类如谢灵运《拟魏太子邺中集诗》、鲍照《学刘公干体》等，则以诗人一家或多家风格为整体的学习仿真对象。最困难的是没有明确标名仿真对象的，如陶渊明《拟古》、袁淑《效古》、王僧达《和琅邪王依古》、鲍照《拟古》等，此古，"其实是以所谓古意来抒发情感"[33]，泛写古人荣乐不常、征行之苦、显达与沉沦、建功立业等古诗人之意。因此，泛言拟古是拟作中最难辨析体貌源头的一类。

再以现存先秦汉魏南北朝诗来看，拟作有着题与未着题的情况，着题有如前述《文选》"杂拟"类所辑，未着题者只能凭读者自己辨认其肖似与否。即以着题一类，在笔者的整理中就有着"拟""效""学""依""代""当""绍""赋得""同"等，或直接取用"古诗题"及"乐府题"，或用古诗、乐府中"一句"、或径着诗人、或云"古""古意"等[34]。至于"拟""效""学""依""代"等用字（术语）是否有不同作用，因体类浩繁，我暂时无法处理[35]。

从以上的鸟瞰来审视李白诗，则拟古一类可作广狭二义，广义的拟古包括着题（意即在题、序上标名拟作）与不着题者；狭义的拟古则指着题与用题（指蹈袭古诗、乐府旧题）者。循此，则李白诗拟古的广狭二义综合起来，可先粗分为三：

（一）着题拟古者，如《古风五十九首》《古意》《拟古》《拟古十二首》《效古二首》《学古思边》。

（二）蹈袭古诗、乐府旧题者，如《远别离》《公无渡河》《行路难》《蜀道难》《将进酒》《玉阶怨》《关山月》等。

（三）未着题用题，而有拟习沿用之实者，如：《春日醉起言志》《百忧》《鸣皋歌》《春思》《静夜思》《北山独酌寄韦六》《独酌》《梦游天姥吟留别》《幽涧泉》《宣州谢朓楼饯别校书叔云》等[36]。

五、李白“着题拟古诗”析论

依上节拟作类型的探讨，李白集中着题拟古的作品大致上有《古风五十九首》《古意》《拟古》《拟古十二首》《效古二首》《学古思边》。

（一）关于《古风五十九首》

以《古风》五十九首来说，可以说是李白拟古之宣言，其体式、手法与采古意命篇，都是前有所本。明·朱谏《李诗选注》卷一云：“古风者，效古风人之体而为之辞者也。夫十三国之诗为《国风》，谓之风者，如物因风之动而有声，而其声又足以动物也。删后无诗，风变为骚，汉有五言继骚而作，以其近古，故曰古风。……李诗所谓古风者止五十九章，美刺褒贬，感发惩创，得古风人之意。章皆五言，从古体也。”[37]可见《古风》取“效古风人”之意且以五言为体式。

又《永乐大典》卷八百二十三引《编类》云：“唐诗人拟古名家者，陈子昂、李太白为称首。子昂之《感遇》，太白之《古风》，皆自《文选》中来，往往有逼真貌。”[38]这说明陈子昂之《感遇》与太白之《古风》是一脉相承的，而且是从汉魏中来。宋·严沧浪评《李太白集》则云：“咏史出太冲，游仙出郭景纯，余者皆效阮嗣宗《咏怀》。”[39]清·宋荦《漫堂说诗》也说：“阮嗣宗《咏怀》、陈子昂《感遇》、李太白《古风》、韦苏州《拟古》，皆得《十九首》遗意。”清·沈德潜《说诗晬语》卷上云：“陈伯玉力扫俳优，仰追曩哲，读《感遇》等章，何啻黄初、正始间也。张曲江、李供奉继起，风裁各异，原本阮公。唐体中能复古者，以三家为最。”[40]这又将太白《古风》上拟左思《咏史》与《十九首》。

由前人种种品鉴中，或以为李白《古风》是“效古风人之体”，重美刺褒贬；或以为拟《选》体，以古诗百花为酿；或以为从阮籍、陈子昂来；或以为存古道，或以为得《十九首》遗意。《古风》定位在规谏讽喻的表现手法[41]与五言古体是所谓风雅古道，“得古风人之意”。这类对《古风》的诠释，其时是与前引明·朱谏“效古风人之体”说之遗绪。但综观李白《古风》，论诗独崇正声，是有远承《风》《雅》之意；咏怀直追阮籍，确实也与陈子昂《感遇》接响；至于咏史远迈太冲，游仙仿佛景纯，都属情志主题的判断。大抵《古风》各首，实兼汉魏以来各家诗的部分风貌，但其变化纷呈，也很难说明确指，因此我们也只能将古“风”统指古“意”。

今人有唐钺《李太白模仿前人》一文，指出李白《古风》其十一很像阮籍《咏怀》之一、《古风》其二十八像《咏怀》“天马出西北”一章、《古风》其五像郭璞“青溪千余仞”一首[42]。唐氏只是并列其作或偶作摘句比对，大抵都从诗“意”及辞语的部分相似而得。施逢雨有《以“古风”为中心看李白对六朝“绮丽”诗歌传统的反应》一文认为：“‘古风’的字面意可能是：‘古诗’（古诗十九首）那类诗之风格的作品。”施氏因此将李白《古风》一类扩大为除原有的五十九首，再加上《拟古》十二首、《感兴》八首、《感遇》四首，共八十首，而进一步说：“李白成为《十九首》这一传统的最后一个主要作家”[43]。吕正惠《发端于“拟古”的诗艺——〈古风〉在李白诗中的意义》一文基本上也是将“拟古”“古风”之“古”字，直接指涉《古诗十九首》，但文中进行分析时，则又说：“综合观察《古风》《拟古》及其类似作品，就可以看到，李白这一类诗作的模拟范围非常广泛，包括古诗、古乐府、曹植、阮籍、左思、郭璞、陶渊明、鲍照、陈子昂。”因此吕氏将李白《感兴》八首之六比曹植《美女篇》《杂诗 · 南国有佳人》《古风五十九首》之二十六比陈子昂《感遇》其二，《古风》十六比鲍照《赠固人马子乔》，《古风》十七比陈子昂《感遇》其三、其三十七，《古风》之十比左思《咏史》，《古风》其五比郭璞《游仙诗》之二[44]。

为了便于观察比对，谨将唐、吕诸人及历来评论指陈的相似作品制表如下：

李白《古风》诗作	可能模拟的原作
燕赵有秀色。绮楼青云端。眉目艳皎月。一笑倾城欢。常恐碧草晚。坐泣秋风寒。纤手怨玉琴。清晨起长叹。焉得偶君子。共乘双飞鸾。 （《古风》其二十七）	东城高且长，逶迤自相属。回风动地起，秋草萋已绿。四时更变化，岁暮一何速！晨风怀苦心，蟋蟀伤局促。荡涤放情志，何为自结束！燕赵多佳人，美者颜如玉。被服罗裳衣，当户理清曲。音响一何悲！弦急知柱促。驰情整巾带，沉吟聊踯躅。思为双飞燕，衔泥巢君屋。 （《古诗十九首》其十二）
太白何苍苍，星辰上森列。去天三百里，邈尔与世绝。中有绿发翁，披云卧松雪。不笑亦不语，冥栖在岩穴。我来逢真人，长跪问宝诀。粲然启玉齿（一作“忽自哂”），授以炼药说。铭骨传其语，竦身已电灭。仰望不可及，苍然五情热。吾将营丹砂，永与世人别。 （《古风》其五）	青溪千余仞，中有一道士。云生梁栋间，风出窗户里。借问此何谁，云是鬼谷子。翘迹企颍阳，临河思洗耳。阊阖西南来，潜波涣鳞起。灵妃顾我笑，粲然启玉齿。蹇修时不存，要之将谁使。 （郭璞《游仙》）

李白《古风》诗作	可能模拟的原作
黄河走东溟，白日落西海。逝川与流光，飘忽不相待。春容舍我去，秋发已衰改。人生非寒松，年貌岂长在。吾当乘云螭，吸景驻光彩（一作“谁能学天飞，三秀与君采”）。 （《古风》其十一）	夜中不能寐，起坐弹鸣琴。薄帷鉴明月，清风吹我襟。孤鸿号外野，翔鸟鸣北林。徘徊将何见？忧思独伤心。 （阮籍《咏怀》其一）
齐有倜傥生，鲁连特高妙。明月出海底，一朝开光曜。却秦振英声，后世仰末照。意轻千金赠，顾向平原笑。吾亦澹荡人，拂衣可同调。 （《古风》其十）	吾希段干木，偃息藩魏君。吾慕鲁仲连，谈笑却秦军。当世贵不羁，遭难能解纷。功成耻受赏，高节卓不群。临组不肯绁，对珪宁肯分。连玺曜前庭，比之犹浮云。 （左思《咏史》其三）
大车扬飞尘，亭午暗阡陌。中贵多黄金，连云开甲宅。路逢斗鸡者，冠盖何辉赫。鼻息干虹蜺，行人皆怵惕。世无洗耳翁，谁知尧与跖。 （《古风》其二十四） 一百四十年，国容何赫然。隐隐五凤楼，峨峨横三川。王侯象星月，宾客如云烟（以上六句一作“帝京信佳丽，国容何赫然。剑戟拥九关，歌钟沸三川。蓬莱象天构，珠翠夸云仙”）。斗鸡金宫里，蹴踊瑶台边。举动摇白日，指挥回青天。当涂何翕忽，失路长弃捐。独有扬执戟，闭关草太玄。 （《古风》其四十六）	济济京城内，赫赫王侯居。冠盖荫四术，朱轮竟长衢。朝集金张馆，暮宿许史庐。南邻击钟磬，北里吹笙竽。寂寂杨子宅，门无卿相舆。寥寥空宇中，所讲在玄虚。言论准宣尼，辞赋拟相如。悠悠百世后，英名擅八区。 （左思《咏史》其四）
碧荷生幽泉，朝日艳且鲜。秋花冒绿水，密叶罗青烟。秀色空绝世，馨香竟谁传。坐看飞霜满，凋此红芳年。结根未得所，愿托华池边。 （《古风》其二十六）	苍苍丁零塞，今古缅荒途。亭堠何摧兀，暴骨无全躯。黄沙幕南起，白日隐西隅。汉甲三十万，曾以事匈奴。但见沙场死，谁怜塞上（一作“下”）孤。 （陈子昂《感遇》其二）

李白《古风》诗作	可能模拟的原作
蟾蜍薄太清,蚀此瑶台月。圆光亏中天,金魄遂沦没。蝃蝀入紫微,大明夷朝晖。浮云隔两曜,万象昏阴霏。萧萧长门宫,昔是今已非。桂蠹花不实,天霜下严威。沉叹终永夕,感我涕沾衣。 (《古风》其二)	寒灰灭更燃,夕华晨更鲜。春冰虽暂解,冬水复还坚。佳人舍我去,赏爱长绝缘。欢至不留日,感物辄伤年。 (鲍照《赠故人马子乔》)
金华牧羊儿,乃是紫烟客。我愿从之游,未去发已白。不知繁华子,扰扰何所迫。昆山采琼蕊(一作"蕤"),可以炼精魄。 (《古风》其十七)	乐羊为魏将,食子殉军功。骨肉且(一作"尚")相薄,他人安得忠。吾闻中山相,乃属放麑翁。孤兽犹(一作"且")不忍,况(一作"矧")以奉君终。 (陈子昂《感遇》其三) 朝人云中郡,北望单于台。胡秦何密迩,沙朔气雄哉。藉藉天骄子,猖狂已复来。塞垣无名将,亭堠空崔嵬。咄嗟吾何叹,边人涂草莱。 (陈子昂《感遇》其三十七)
容颜若飞电,时景如飘风。草绿霜已白,日西月复东。华鬓(一作"发")不耐秋,飒然成衰蓬。古来贤圣人,一一谁成功。君子变猿鹤,小人为沙虫。不及广成子,乘云驾轻鸿。 (《古风》其二十八)	天马出西北,由来从东道。春秋非有托,富贵焉常保?清露被皋兰,凝霜沾野草。朝为媚少年,夕暮成丑老。自非王子晋,谁能常美好? (阮籍《咏怀》其四)
美人出南国,灼灼芙蓉姿。皓齿终不发,芳心空自持。由来紫宫女,共妒青蛾眉。归去潇湘沚,沉吟何足悲。 (《古风》其四十九)	南国有佳人,容华若桃李。朝游江北岸,夕宿潇湘沚。时俗薄朱颜,谁为发皓齿。俛仰岁将暮,荣曜难久恃。 (曹植《杂诗》七首其四)
君平既弃世,世亦弃君平。观变穷太易,探元化群生。寂寞缀道论,空帘闭幽情。驺虞不虚来,鸑鷟有时鸣。安知天汉上,白日悬高名。海客去已久,谁人测沉冥。 (《古风》其十三)	日晚荒城上,苍茫余落晖。都护楼兰返,将军疏勒归。马有风尘气,人多关塞衣。陈云平不动,秋蓬卷欲飞。闻道楼船战,今年不解围。 (庾信《咏怀》其十七) 索居犹(一作"独")几日,炎夏忽然衰。阳彩皆阴翳,亲友尽睽违。登山望不见,涕泣久涟洏。宿梦(一作"昔")感颜色,若与白云期。马上(一作"世中")骄豪子,驱逐正蚩蚩。蜀山与楚水,携手在何时。 (陈子昂《感遇》其三十二)

李白《古风》诗作	可能模拟的原作
恻恻泣路岐，哀哀悲素丝。路岐有南北，素丝易变移。万事固如此，人生无定期。田窦相倾夺，宾客互盈亏。世途多翻覆（一作“谷风刺轻薄”），交道方崄巇。斗酒强然诺，寸心终自疑。张陈竞火灭，萧朱亦星离。众鸟集荣柯，穷鱼守枯池。嗟嗟失权（一作“欢”）客，勤问何所规（一作“悲”）。（《古风》其五十九）	杨朱泣歧路，墨子悲染丝。揖让长离别，飘飘难与期。岂徒燕婉情，存亡诚有之。萧索人所悲，祸衅不可辞。赵女媚中山，谦柔愈见欺。嗟嗟涂上士，何用自保持。（阮籍《咏怀》其二十）
庄周梦胡蝶，胡蝶为庄周。一体更变易，万事良悠悠。乃知蓬莱水，复作清浅流。青门种瓜人，旧日东陵侯。富贵故（一作“固”）如此，营营何所求。（《古风》其九）	昔闻东陵瓜，近在青门外。连畛距阡陌，子母相钩带。五色曜朝日，嘉宾四面会。膏火自煎熬，多财为患害。布衣可终身，宠禄岂足赖。（阮籍《咏怀》其六）
秋露白如玉，团团下庭绿。我行忽见之，寒早悲岁促。人生鸟过目，胡乃自结束。景公一何愚，牛山泪相续。物苦不知足，得陇又望蜀。人心若波澜，世路有屈曲。三万六千日，夜夜当秉烛。（《古风》其二十三）	朝阳不再盛，白日忽西幽。去此若俯仰，如何似九秋。人生若尘露，天道邈悠悠。齐景升丘山，涕泗纷交流。孔圣临长川，惜逝忽若浮。去者余不及，来者吾不留。愿登太华山，上与松子游。渔父知世患，乘流泛轻舟。（阮籍《咏怀》其三十二）
凤饥不啄粟，所食唯琅玕。焉能与群鸡，刺蹙（一作“蹙促”）争一餐。朝鸣昆丘树，夕饮砥柱湍。归飞海路远，独宿天霜寒。幸遇王子晋，结交青云端。怀恩未得报，感别空长叹。（《古风》其四十）	鸿鹄相随飞，飞飞适荒裔。双翮临长风，须臾万里逝。朝餐琅歼实，夕宿丹山际。抗身青云中，纲罗孰能制。岂与乡曲士，携手共言誓。（阮籍《咏怀》其四十三）
八荒驰惊飙，万物尽凋落。浮云蔽颓阳，洪波振大壑。龙凤脱罔罟，飘飖将安托。去去乘白驹，空山咏场藿。（《古风》其四十五）	惊风振四野，回云荫堂隅。床帷为谁设，几杖为谁扶。虽非明君子，岂暗桑与榆。世有此聋聩，芒芒将焉如。翩翩从风飞，悠悠去故居。离麾玉山下，遗弃毁与誉。（阮籍《咏怀》其五十七）

吕正惠与唐铖文中都曾对拟作与原诗之间比对分析。特别是吕文，或分析其句数短长有否扩充；或分析其内涵是否句句相应，是否敷演变化；或指出其中

有同韵脚而内容完全自由变化，或辨识有由主题相同的数首自由融合成一；有全诗结构相似；比喻方式的承袭而比喻内涵改变；有字句的承袭宛然可辨而意思则重塑而成；另有不少无承袭前人痕迹似纯属“创造”等，最后吕氏结论说“整组《古风》是李白自我认同的一种追求方式，而《大雅久不作》则是‘恰如其分’的‘序诗’”[45]。

另有些学者直接认为李白《古风》是阮籍《咏怀》的拟作，如陶新民《从阮籍的“咏怀”到李白的“古风”》一文说，阮籍《咏怀诗》的“内容与表现手法都为后人树立了典范，自此之后，历代都有类似咏怀组诗或者拟作”，“有些直接标明是模拟，如庾信《拟咏怀》；有些则以别的名称，如左思《咏史》、李白《古风》等”。“两者在意境、意象、语句诸方面相似者极多”[46]。郁贤皓《论李白“古风五十九首”》说：“《古诗十九首》是我国最早的五言咏怀组诗，虽然它不是一人所作，却形成了一种篇幅和风格相似的体制。后来阮籍的《咏怀》、左思的《咏史》、郭璞的《游仙》、陈子昂的《感遇》，实际上都是继承《古诗十九首》这一体制的五言咏怀组诗。而李白的《古风五十九首》无论从体制、内容、风格等各个方面看，正是汉魏晋到初唐五言咏怀古诗的集大成者。从此以后，古风正式作为与古诗同义的诗体名，一直流传了下来。”[47]

由于《古风》论者已多，笔者无意再投入抽象的风格比对或琐细的字句对照，因为再怎样分析，其结论已难出古人之右，但在此借重上述前人既有的析论，来呈现《古风》在李白诗作上的意义。《古风》其一云：

大雅久不作，吾衰竟谁陈。王风委蔓草，战国多荆榛。
龙虎相啖食，兵戈逮狂秦。正声何微茫，哀怨起骚人。
扬马激颓波，开流荡无垠。废兴虽万变，宪章亦已沦。
自从建安来，绮丽不足珍。圣代复元古，垂衣贵清真。
群才属休明，乘运共跃鳞。文质相炳焕，众星罗秋旻。
我志在删述，垂辉映千春。希圣如有立，绝笔于获麟。

整首诗正是李白对诗歌艺术的宣言，诗道贵在“复古”，贵在“正声”，贵在“清真”，李白志在续孔志删诗垂后，以实践诗国古风为己任的豪情溢于言表。《古风》其三十五云：

丑女来效颦，还家惊四邻。寿陵失本步，笑杀邯郸人。
一曲斐然子，雕虫丧天真。棘刺造沐猴；三年费精神。
功成无所用，楚楚且华身。大雅思文王，颂声久崩沦。
安得郢中质，一挥成斧斤。

此诗沈德潜《唐诗别裁》云：“讥世之文章无补风教，而因追思大雅也。”[48]

也看得出李白对“颂声”崩沦，雅诗不作，古风不存的讽刺。因此，以《古风》来看，拟古其实是一种综合的判认，重在古体的精神风貌，或语文之神似，或艺术手法之袭用，或古意之敷衍、转化、扩充，但最重要的，恐怕是李白对艺术美学典范的追求与自我认同。李白心中的艺术美学典范是综合诗体语言风格与表现手法的，正如贾晋华所论：“古风一词，本用来指古代风尚或古人风度，在唐代律诗格律定格之后，它又确曾被用来指古体诗。另外，它还被用来指古诗的朴质风格。……李白组诗题目的‘古风’一词，却不仅限于上述任一种含义，而是具有综合的和崭新的意义。它实际上是被作为一种特殊诗型的名称，具有诗体、题材和风格的三重含义。这种诗型一般为五言古诗，以单篇或组诗的形式出现；它往往以‘志士失意’为中心主题，涉及多种不定场合的相关题材，多用比兴，允许虚构，不对直现实景作细致刻画，语言古朴，保留汉魏风格，体现自觉的拟古和复古意味。”“除了主题内容的集大成外，李白‘古风’诗在艺术上也沿袭总结了历代‘古风’型诗的表现手法和语言风格。”换言之，李白“坚持了直抒胸臆和比兴寄托这两种基本的、古老的表现手法，停留在心灵的、表现的世界，拒绝从‘巧构形似’到情景交融的‘现代’手法，远离现实直观的世界”。在语言上，“将求对偶、声律、精致、圆美的‘现代’诗歌语言拒之门外，极力保留汉魏诗歌的古朴自然风味，一方面采用了许多‘古风’型诗代代沿承的朴质词语，另一方面也创造了不少太白式的不假雕饰、飘逸天然的语言”[49]。

（二）关于其他着题拟古诗

再以李白《古意》[50]《拟古十二首》《效古二首》《学古思边》等诗来看。詹锳《李白全集校注汇释集评》题解《古意》时，认为李白是拟《古诗十九首》“冉冉孤生竹”[51]。明·唐汝询《唐诗解》卷三选李白《拟古》三首云：“按：首章拟‘行行重行行’，次章拟‘西北有高楼’，三章拟‘涉江采芙蓉’，皆借古诗以发己意。而文辞清丽，终是鲍、谢中来，非《十九首》风格。”《唐宋诗醇》评《效古二首》云：“凡效古拟古之作，皆非空言，必中有所感，藉以寄意。故质言之不得，则以寓言明之；正言之不可，则反其辞以见意。白之高旷，岂沾沾以早达自喜，夸蛾眉而嗤丑女者哉！刺之深，讽之微也，真得古乐府之遗。”[52]严羽评点李白《效古二首》认为“其一”：“大约步骤子建《名都篇》，尽峭劲有神。”至于《拟古十二首》，“青天何历历”一首，严评本中明人批云：“前半似拟《迢迢牵牛星》，后半则入别调。”批《高楼入青天》一首云：“此拟《西北有高楼》。”批《长绳难系日》一首云：“拟《生年不满百》。”批《清都绿玉树》一首云：“拟《庭中有奇树》。”批《今日风月好》一首云：“拟《今日良宴会》。”[58]这种种说法大抵将此类拟古视为《十九首》之遗。但也有疑似“古‘乐府’之遗”，譬如《拟古》其十“仙人骑彩凤”一首，明人批为：“不知何拟，句似《长歌行》。”有时，纵使评家咸认为出自《十九首》，但比对的诗，仍有出入。如其八《月色不可扫》一首，明批认为拟《驱车上东门》，吕正惠则认为更像拟《回车驾言迈》。至于《学古思边》一首，詹锳则解题：“此诗是李白仿效古诗思妇怀念边塞征夫题材的作品。”

谨此再将前人已辨认为拟作与原作之关系表次如下：

李白拟作	原　　作
君为女萝草，妾作兔丝花。轻条不自引，为逐春风斜。百丈托远松，缠绵成一家。谁言会面（一作“合”）易，各在青山崖。女萝发馨香，兔丝断人肠。枝枝相纠结，叶叶竞飘扬。生子不知根，因谁共芬芳。中巢双翡翠，上宿紫鸳鸯。若识二草心，海潮亦可量。（《古意》）	冉冉孤生竹，结根泰山阿。与君为新婚，菟丝附女萝。菟丝生有时，夫妇会有宜。千里远结婚，悠悠隔山陂。思君令人老，轩车来何迟！伤彼蕙兰花，含英扬光辉。过时而不采，将随秋草萎。君亮执高节，贱妾亦何为！
青天何历历，明星如白石（一作“白如石”）。黄姑与织女，相去不盈尺。银河无鹊桥，非时将安适。闺人理纨素，游子悲行役。瓶冰知冬寒，霜露欺远客。客似秋叶飞，飘飖不言归。别后罗带长，愁宽去时衣。乘月托宵梦，因之寄金徽。（《拟古》其一）	迢迢牵牛星，皎皎河汉女。纤纤擢素手，札札弄机杼。终日不成章，泣涕零如雨。河汉清且浅，相去复几许。盈盈一水间，脉脉不得语。
高楼入青天，下有白玉堂。明月看欲堕，当窗悬清光。遥夜一美人，罗衣沾秋霜。含情弄柔瑟，弹作陌上桑。弦声何激烈，风卷绕飞梁。行人皆踯躅，栖鸟起回翔。但写妾意苦，莫辞此曲伤。愿逢同心者，飞作紫鸳鸯。（《拟古》其二）	西北有高楼，上与浮云齐。交疏结绮窗，阿阁三重阶。上有弦歌声，音响一何悲！谁能为此曲，无乃杞梁妻。清商随风发，中曲正徘徊。一弹再三叹，慷慨有余哀。不惜歌者苦，但伤知音稀。愿为双鸿鹄，奋翅起高飞。
长绳难系日，自古共悲辛。黄金高北斗，不惜买阳春。石火无留光，还如世中人。即事已如梦，后来我谁身。提壶莫辞贫，取酒会四邻。仙人殊恍惚，未若醉中真。（《拟古》其三）	生年不满百，常怀千岁忧。昼短苦夜长，何不秉烛游！为乐当及时，何能待来兹？愚者爱惜费，但为后世嗤。仙人王子乔，难可与等期。

李白拟作	原　　作
清都绿玉树，灼烁瑶台春。攀花弄秀色，远赠天仙人。香风送紫蕊，直到扶桑津。取掇世上艳，所贵心之珍。相思传一笑，聊欲示情亲。（《拟古》其四）	庭中有奇树，绿叶发华滋。攀条折其荣，将以遗所思。馨香盈怀袖，路远莫致之。此物何足贵，但感别经时。
今日风日好，明日恐不如。春风笑于人，何乃愁自居。吹箫舞彩凤，酌醴绘神鱼。千金买一醉，取乐不求余。达士遗天地，东门有二疏。愚夫同瓦石，有才知卷舒。无事坐悲苦，块然涸辙（一作"鲋"）鱼。（《拟古》其五）	今日良宴会，欢乐难具陈。弹筝奋逸响，新声妙入神。令德唱高言，识曲听其真。齐心同所愿，含意俱未申。人生寄一世，奄忽若飙尘。何不策高足，先据要路津。无为守贫贱，坎轲长苦辛。
运速天地闭，胡风结飞霜。百草死冬月，六龙颓西荒。太白出东方，彗星扬精光。鸳鸯非越鸟，何为眷南翔。惟昔鹰将犬，今为侯与王。得水成蛟龙，争池夺凤凰。北斗不酌酒，南箕空簸扬。（《拟古》其六）	明月皎夜光，促织鸣东壁。玉衡指孟冬，众星何历历。白露沾野草，时节忽复易。秋蝉鸣树间，玄鸟逝安适。昔我同门友，高举振六翮。不念携手好，弃我如遗迹。南箕北有斗，牵牛不负轭。良无盘石固，虚名复何益？
世路今太行，回车竟何托。万族皆凋枯，遂无少可乐。旷野多白骨，幽魂共销铄。荣贵当及时，春华宜照灼。人非昆山玉，安得长璀错。身没期不朽，荣名在麟阁。（《拟古》其七）	回车驾言迈，悠悠涉长道。四顾何茫茫，东风摇百草。所遇无故物，焉得不速老。盛衰各有时，立身苦不早。人生非金石，岂能长寿考？奄忽随物化，荣名以为宝。
月色不可扫，客愁不可道。玉露生秋衣，流萤飞百草。日月终销毁，天地同枯槁。蟪蛄啼青松，安见此树老。金丹宁误俗，昧者难精讨。尔非千岁翁，多恨去世早。饮酒入玉壶，藏身以为宝。（《拟古》其八）	驱车上东门，遥望郭北墓。白杨何萧萧，松柏夹广路。下有陈死人，杳杳即长暮。潜寐黄泉下，千载永不寤。浩浩阴阳移，年命如朝露。人生忽如寄，寿无金石固。万岁更相送，贤圣莫能度。服食求神仙，多为药所误。不如饮美酒，被服纨与素。
生者为过客，死者为归人。天地一逆旅，同悲万古尘。月兔空捣药，扶桑已成薪。白骨寂无言，青松岂知春。前后更叹息，浮荣安足珍。（《拟古》其九）	去者日以疏，生者日已亲。出郭门直视，但见丘与坟。古墓犁为田，松柏摧为薪。白杨多悲风，萧萧愁杀人！思还故里闾，欲归道无因。

李白拟作	原　　作
仙人骑彩凤，昨下阆风岑。海水三清浅，桃源一见寻。遗我绿玉杯，兼之紫琼琴。杯以倾美酒，琴以闲素心。二物非世有，何论珠与金。琴弹松里风，杯劝天上月。风月长相知，世人何倏忽。 （《拟古》其十）	青青园中葵，朝露待日晞。阳春布德泽，万物生光辉。常恐秋节至，焜黄华叶衰。百川东到海，何时复西归？少壮不努力，老大徒伤悲！ （《长歌行》）
涉江弄秋水，爱此荷花鲜。攀荷弄其珠，荡漾不成圆。佳人彩云里，欲赠隔远天。相思无由见，怅望凉风前。（又《折荷有赠》云：涉江玩秋水，爱此红蕖鲜。攀荷弄其珠，荡漾不成圆。佳期彩云重，欲赠隔远天。相思无由见，惆怅凉风前。） （《拟古》其十一）	涉江采芙蓉，兰泽多芳草。采之欲遗谁，所思在远道。还顾望旧乡，长路漫浩浩。同心而离居，忧伤以终老。
去去复去去，辞君还忆君。汉水既殊流，楚山亦此分。人生难称意，岂得长为群。越燕喜海日，燕鸿思朔云。别久容华晚，琅玕不能饭。日落知天昏，梦长觉道远。望夫登高山，化石竟不返。 （《拟古》其十二）	行行重行行，与君生别离。相去万余里，各在天一涯。道路阻且长，会面安可知。胡马依北风，越鸟巢南枝。相去日已远，衣带日已缓。浮云蔽白日，游子不顾返。思君令人老，岁月忽已晚。弃捐勿复道，努力加餐饭。

六、李白拟古的艺术评价

拟古在诗歌史上一直是毁誉参半的，即以李白的作品来说，也不乏贬言。例如，明方以智《通雅》云："太白得古诗之奇放，专效之者，久则索然。"清胡寿之《东目馆诗见》："拟古仍古题，依样葫芦，令人蜡视，虽太白亦然。习俗沿之，以不必新意，假铜面具慑人较易耳，不值一笑。"[54]显然李白如此大量的拟古已使读者生厌，甚而认为这是"假铜面具"，用来慑人的。清冷士嵋《江泠阁集》续编卷下云："拟古之业当求其真，设身处地，黯然深思，凝领之久，神境自合。非然，可无拟也。若夫假其题而臆其说，恣意放言，无复顾问，吁！本旨悉乖，尚何取焉。他无论，即以太白之才往往坐是。遂至众声习讹，莫考厥旨，独于名目取观，不已陋乎。"[55]李白虽声言拟古，但变化多端，无迹可考，也令读者厌陋。

但是历来肯定李白拟古成就者仍多，顾炎武《日知录》卷二十一云："诗文之所以变，有不得不变者。一代之文沿袭已久，不容人人皆道此语。今且千数百年矣,而犹取古人之陈言一一而摹仿之,以是为诗可乎?故不似则失其所以为诗,似则失其所以为我。李、杜之诗所以独高于唐人者,以其未尝不似而未尝似也。知此者可语诗也已矣。"《唐宋诗醇》云:"陆机、江淹拟古善矣,论者谓如搏猛虎捉生龙,急与之较而力不暇,诚为气格悉敌。白之诸作,体虽仿古,意乃自运,其才无所不有,故辞意出入魏晋,而大致直媲西京,正不必拘拘句比字拟以求之。又其辞多有寄托,当以意会,更不必处处牵合,如旧注所云也。"清·延君寿《老生常谈》云:"试看太白《古风》一卷,有一句一字依傍古人否?学古在神不在迹,譬如优孟装关帝,焉能真是关帝?"[56]拟古难在似与不似之间,仿古而又能新意自运,出人之妙,不在句比字拟,也就是"学古在神不在迹",这是李白高妙处。

七、结　论

金·赵秉文《闲闲老人滏水文集》卷十九《答李天英书》云:"足下之言措意不蹈袭前人一语,此最诗人妙处,然亦从古人中人。譬如弹琴不师谱,称物不师衡,上匠不师绳墨,独自师心,虽终身无成可也。故为文当师六经、左丘明、庄周、太史公、贾谊、刘向、扬雄、韩愈;为诗当师三百篇、《离骚》、《文选》、《古诗十九首》,下及李、杜……尽得诸人所长,然后卓然自成一家,非有意于专师古人也。"这段话肯定拟作师古的诗学意义,但也提示不能"专师古人",要能"尽得诸人所长,然后卓然自成一家"。明·陈谟《海桑集》卷一《与王君伯允诗稿》也说:"学诗必自拟古始,虽李杜亦然。"[57]学诗初步,自拟古始,这是古人金针度人,所提供的妙法,只是难在如何摹拟得似不似而已,我们从评注《昭明文选》的前贤之论可以窥豹一斑[58]。站在诗学传统的意义上,笔者是肯定拟古这条门径,尤其是其中所完成的文学美感经验的借代、激发、移植与转化。拟古不纯粹是诗艺的问题,在拟古的同时,也正表现出诗人以生命印证生命,以生命认同传统[59]典范的执着。

李白的生命风度与诗学主张,处处向风雅诗骚与汉魏六朝认同,这是生命意趣与文学艺术的复古,其大量拟古是必然的。本文只先处理其"着题拟古"的部分,其他如其蹈袭古诗、乐府旧题者,未着题用题,而有拟习沿用之实者,只有敬待来者。至于李白拟古之评价,虽然毁誉参半,但我不能完全同意元·傅若金《诗法正论》所云:"太白天才放逸,故其诗自为一体。子美学优才赡,故其诗兼备众体,而述纲常系风化为多,三百篇以后之诗,子美集大成也。"[60]从李白尽得古体之风致来看,"集大成"之说不应为杜甫专美。倒是陈廷焯《白雨斋词话》卷七评论得公允,陈氏云:

诗至杜陵而圣，亦诗至杜陵而变，顾其力量充满，意境沉郁，嗣后为诗者举不能出其范围，而古调不复弹矣。故余谓自《风》《骚》以迄太白，诗之正也，诗之古也；杜陵而后，诗之变也。[61]

依陈氏之见，李白才是规摹前代诗体之正典，也是真正的“诗之古也”，杜甫之后，后人学诗多宗杜，因此反倒成为“诗之变”，而不复骚雅之风。

李白没有像杜甫那样直接说出“别裁伪体亲风雅，转益多师是汝师”（《戏为六绝句》）的话，也因为他狂放不羁，天才超迈的性格，使人容易忽略他的学力，通过李白拟古诗的探讨，我们可以看出李白诗艺出入古人，以复古脱化出自己的高格，同时也看到李白对艺术典律与雅体的执着，这样一位“好古笑流俗”（李白《东武吟》）的诗人，在“古调虽自爱，今人多不弹”（刘长卿《听弹琴》）的唐代，其艺术执着的寂寞是可以想见的。

注　释

[1]一般以为拟古诗起于陆机《拟古诗十九首》，唐海涛《鲍照模拟诗的成就》一文认为当以傅玄《拟四愁诗》为首（见《“国立中央图书馆”馆刊》20卷2期）。据笔者观察，拟作起源甚早，早在屈原《天问》，台静农先生便鉴定它是拟袭苗人民间开天辟地歌之作。（见《屈原〈天问〉篇体制别解》）至于拟古题材应在建安时期首开风气。胡应麟《诗薮》外编卷一云：“建安以还，人好拟古，自三百、十九、乐府、铙歌，靡不嗣述，几于汗牛充栋。”自汉代较贾马扬以辞赋追摹宋相如之后，建安五言腾涌，诗歌创作、品评自然取代辞赋也走上模拟溯古的道路。曹植《杂诗》，胡应麟评为“全诗十九首意象”（《诗薮》内篇卷二），毛先舒评为“犹存拟古之机”（《诗辨坻》卷一），可见诗人在情调、风格和语句上脱化于古诗之一斑，曹丕、曹植集中以“拟”“代”“学”“效”“当”为题的作品也不在少数。

[2]有关拟作的研究，笔者注意到的有王瑶《拟古与作伪》，《中古文学史论》，台北：长安出版社1982年版；林文月《陆机的拟古诗》，《中古文学论丛》，台北：大安出版社1982年版；唐海涛《鲍照模拟诗的成就》，《“国立中央图书馆”馆刊》20卷2期；俞灏敏《文学的模拟与文学自觉》，《学术月刊》1997年2期；郑滋斌《从六朝诗人模拟公干诗作论刘桢诗风》，《大陆杂志》95卷1期；李鲜熙《两汉民间乐府及后人拟作之研究》，师大国文研究所1982年硕士论文；《龚鹏程论李商隐的樱桃诗——假拟、代言戏谑诗体与抒情传统间的纠葛》，《文学批评的视野》，台北：大安出版社，1990年版等。但这些研究中尚未提出文学理论的建构。到梅家玲《汉魏六朝文学新论——拟代与赠答篇》（台北：里仁书局1997年版）、蔡英俊《“拟古”与“用事”：试论六朝文学现象中“经验”的借代与解释》（“中央研究院”“第三届国际汉学会议”论文，2000年6月29日）与颜昆阳《论“典范模袭”在文

学史建构上"涟漪效用"与"链接效用"》(收入《建构与反思》,台北:学生书局,2002 年)等三文,始提出文学原理的解释系统。此外,在 2000 年一年中,关注拟作文学的研究者突然增多。例如大陆南开大学 2000 年 7 月 28 ~ 30 日举行的"汉魏南北朝文学与文化国际学术研讨会",有关汉魏拟古研究的论文就有:洪顺隆《论六朝"杂拟诗"的题材类型》、郑滋斌《六朝模拟曹植诗作研究》、周勋初《晋南北朝时文坛上的模拟之风》、曹旭《论"古诗十九首"之拟作》、倪豪士《陶渊明拟"古诗十九首"初探》。至于关李白拟古的研究,最重要有:吕正惠《发端于"拟古"的诗艺——"古风"在李白诗中的意义》,中央研究院"第三届国际汉学会议"唐五代文学组论文,2000 年 6 月 29 日和彭燕贺《以李白"古风"五十九首为中心论其对六朝"咏怀"组诗传统的继承与创新》,辅大《中研所学刊》第十辑,2000 年 9 月。2000 年以后,哈罗德。布鲁姆(Harold Bloom)的《西方正典》与《影响的焦虑》和克丽丝蒂娃(Julia Kristeva)的文本互涉理论(Intertextuality)在台湾大为流行,此类正典与拟作之研究迭出新作,不胜枚举。

[3]见于光华编《评注昭明文选》卷七,台北:学海出版社 1977 年版,页 583 ~ 6lZ。

[4]李白诗对六朝诗的因革主要在学习《选》诗,段成式《酉阳杂俎》云:"李白前后三拟《文选》,不如意,悉焚之,惟留《恨赋》、《别赋》。"(台北:源流出版社,1982 年 12 月初版,1983 年 9 月再版)朱熹说:"李太白终始学《选》诗,所以为好。"(《晦庵说诗》)明·杨慎也认为李白学《选》诗。(《升庵合集》卷十三)近人赵昌平《李白与选题及玉台体》一文(收录于《六朝隋唐学术研讨会论文集》,台北:文史哲出版社,2004 年),也有清楚的论述。至于李白乐府诗的拟古,请参看王运熙《汉魏六朝乐府诗对李白的影响》(收录于俞平伯《李白诗论丛》页 80 ~ 100,香港:文苑书屋,1967 年 7 月再版)、葛晓音《论李白乐府的复与变》(《文学评论》1995 年第 2 期)。至于赋的部分,请参看许东海《论李白赋对六朝文风的因革》一文(收于《诗情赋笔话谪仙》,台北:文津出版社 2000 年版,页 266)。

[5]"典律"一词借自蔡瑜《晚明诗学对典律建构的反思》,台大中文系第二七三次学术讨论会讲稿,2001 年 1 月 16 日。蔡氏引陈文新《明代诗学》说:"格调诗说的基本精神是以每种诗体极盛时期的代表作品的风格为本色……再以这些作品为典范加以进行仿效。"又说:"阅读过去潜存着形塑当代的目的,在中国诗学史上与典律争议相伴随的总是创作典范的搜寻与建立。"蔡氏此一观点与本文立论的视点不谋而合。又郑毓瑜《文学典律与文化论述》一文也用此语,见《汉学研究》18 卷 2 期。

[6]以上诗话见台静农编《百种诗话类编》(台北:艺文印书馆,1974 年 5 月),页 1385、1410、1423。

[7]俞灏敏《文学的模拟与文学自觉》,《学术月刊》1997 年 2 期。

[8]此处采哈洛·卜伦(Harold Bloom)的观点,Harold Bloom《影响的焦虑》中指出:

"诗的影响并非一定会影响诗人的独创力;相反,诗的影响往往使诗人更加富有独创精神——虽然这不等于使诗人更加杰出。"(台北:久大文化股份有限公司,1990年12月,页6)而诗人杰出的表现往往来自对前代"正典"的"误读"。

[9]"他人"或"他者"是与"自我"相对而言的,在巴赫金看来"自我"之外的语言都是他人语言或他者语言。见巴赫金《诗学与访谈》,河北教育出版社,1998年,页256。

[10]许学夷《诗源辩体》,页72。

[11]胡应麟《诗薮》,页22。

[12]胡应麟《诗薮》云"宪章祖述汉魏六朝",胡震亨《唐音癸签》云"宪章汉魏,融冶六朝"等。

[13]蔡英俊《"拟古"与"用事":试论六朝文学现象中"经验"的借代与解释》(中央研究院"第三届国际汉学会议"论文,2000年6月29日)。

[14]《文学批评理论》,页412。

[15]见台静农编《百种诗话类编》(台北:艺文印书馆,1974年5月),页1410、1432。

[16]王夫之《姜斋诗话》卷下云:"作诗之道有三:日寄趣,曰体裁,曰脱化。"见台静农编《百种诗话类编》页1408。

[17]梅家玲《论谢灵运〈拟魏太子邺中集诗八首并序〉的美学特质》一文,收于《汉魏六朝文学新论——拟代与赠答篇》(台北:里仁书局1997年版)页1~92。

[18]Stephen Owen, *Readings in Chinese Literary Thought*, Besident and Fellows of Ilarvard College Printed in the U. S. A,1992。

[19]前引蔡英俊文提到"拟古作家试图把时间上的'过去'拉向'现在',使得'过去'能与作家当下所属的'现在'具有一种同'同时代性'(contemporaneousrtess)",并说这是一种"互为主体的集体意识",同注13。

[20]蔡英俊《"拟古"与"用事":试论六朝文学现象中"经验"的借代与解释》(中央研究院"第三届国际汉学会议"论文,2000年6月29日)

[21]王瑶《拟古与作伪》一文从学者属文与尝试与前人一较长短的角度解释拟作,《中古文学史论》(台北:长安出版社1982年版),页116~134;林文月《陆机的拟古诗》一文也侧重游戏性或挑战性转机,《中古文学论丛》(台北:大安出版社1982年版)。

[22]亚里士多德著,罗念生译《诗学》,(北京:人民出版社,1984年版),页3。

[23]刘绍瑾《复古与复元古》(北京:中国社会科学院,2001年版),页3。

[24]廖蔚卿《六朝文论》(台北:联经出版社1978年版),页182。

[25]王国维《屈子文学之精神》,《中国历代文论选》第四册,页382。

[26]罗宗强就感到李白复古不好解释,而主张从其诗歌创作实践中寻找答案,并认为:"不说李白以复古为革新,而说他反对绮丽,提倡清真,更符合他的思想实

际,而且和他的创作实践也就统一起来了。”见罗宗强《隋唐五代文学思想史》(上海:上海古籍出版社,2001 年版),页 115 ~ 117。

[27]葛晓音《论李白乐府的复与变》,《文学评论》1995 年第 2 期。

[28]《李白资料汇编》(北京:中华书局,1994 年版),页 956。

[29][法]蒂费纳·萨莫瓦约著、邵炜译:《互文性研究》(天津:天津人民出版社,2003 年 1 月),页 65。

[30][美]哈罗德·布鲁姆(Harold Bloom)著、朱立元等译:《误读图示》。(天津:天津人民出版社,2008 年 1 月),页 31。

[31]以上资料引自《李白资料汇编》(北京:中华书局,1994 年版),页 29、103、360、403、451、610,648、694,818,1076、1143、1145、1144,1268。

[32]胡大雷《文选诗研究》(广西:广西师范大学出版社,2000 年版),页 399。

[33]同上,前引书,页 419。

[34]如刘孝绰《夜听妓赋得乌夜啼》(P1824)、《班婕妤怨》(P1824)、《古意送沈宏诗》(P1837)、《赋得遗所思诗》(P1841)、《侍宴同刘公干》(P1839)、《拟古诗》(P1844)、刘缓《江南可采莲》(P1847)、刘孝威《公无渡河》(P1866)、《结客少年场行》(P1869)、《拟古应教》(P1872)、《古体杂意诗》(P1883)、萧纲《拟沈隐侯夜夜曲》(P1916)、《代乐府三首》(P1917)、王筠《行路难》(P2011)、《陌上桑》(P2010)、萧绎《赋得涉江采芙蓉诗》(P2046)、沈君攸《同陆廷尉惊早蝉诗》(P2111)、袁阳源《效古诗》曹操《薤露》、《蒿里行》(P347)、曹丕《陌上桑》(P395)、曹丕《当来日大难》(P437)、何偃《冉冉孤生行》(P1239)、王僧达《和琅邪王依古》(P1240)、江淹《左记室诗》(P1547)、《陶征君潜》(P1577)、《效阮公诗十五首》(P1581)、鲍照《学古》(P1298)、《学刘公干体五首》(P1299)、《绍古辞》(P1297)、《扶风歌》(P1267)、《吴歌三首》(P1270)……以上诗例与页码见逯钦立《先秦汉魏南北朝诗》(台北:木铎出版社,1983 年版)。

[35]唐海涛《鲍照模拟诗的成就》一文曾考察“学”“拟”“代”“绍”等应有不同云:“凡称‘学’者,表示鲍照对原作者之敬佩,自以为不及,故谦称‘学’之。……凡称“拟”者,有堪与比并之义。拟,比也,相似也。……凡言‘绍’者,与言‘拟’相似。意谓可以承其绪业,一脉相传。‘绍’者‘继’也,由时间之相续言,与‘拟’之就空间相并而言者小异。凡言‘代’者,则鲍照自以为其成就已超越古人,可以取而代之也。”见《“国立中央图书馆”馆刊》新 20 卷 2 期。唐氏此说未必可信,但透露出“拟”“代”“学”“效”“绍”用语之不同或有某种潜在法则。

[36]这些诗都是历代诗评家反复辨认其神似某某者,例如:《春日醉起言志》,元·范梈《范德机诗集》卷四以为“诸五沿皆有晋风”。明·朱谏《李诗选注》卷十三云:“按此诗说者以为拟陶之作。”《百忧》《鸣皋歌》,明·胡应麟《诗薮》内编卷二云:“太白以《百忧》等篇拟《风》《雅》,《鸣皋》等作拟《离骚》”;《静夜思》《玉

阶怨》，明·胡应麟《诗薮》内编卷四云：“亦齐梁格”；《春思》，清·爱新觉罗·弘历《御选唐宋诗醇》卷四云：“古意，却带秀色，体近齐梁。”《北山独酌寄韦六》，清·弘历《御选唐宋诗醇》卷四云：“鲍、谢集中高作。”《独酌》，弘历《御选唐宋诗醇》卷八云：“闲适诸篇，大概与陶近似。”《梦游天姥吟留别》《幽涧泉》《宣州谢朓楼饯别校书叔云》《蜀道难》诸作，清·贺贻孙《诗筏》云：“《骚》之苗裔。”以上资料见《李白资料汇编》页65、238、399、409、901、907、914、575。

[37]见《李白资料汇编》页105。元·刘履《李诗选注》卷一亦云：“李白……工为古诗歌，言多讽刺。……所著五十九首者，特以《古风》名题。”见《李白资料汇编》页113。

[38]见《李白资料汇编》页151。类似之见尚有明·高棅《唐诗品汇》“五言古诗叙目”云：“其(太白)《古风》两卷，皆自陈子昂《感遇》中来。”明·胡震亨《李诗通》卷六云：“按太白《古风》，其篇富于子昂之《感遇》，俭于阮嗣宗之《咏怀》，其抒发性灵，寄托规讽，实相源流也。”明·陆时雍《诗镜总论》云：“太白《古风》八十二首，发源于汉魏，而托体于阮公。”以上见《李白资料汇编》页221、447、465。

[39]詹锳《李白全集校注汇释集评》(天津：百花文艺出版社，1996年版)，页262。

[40]见《李白资料汇编》页656、799。

[41]朱偰《李白“古风”之研究》，大抵将古风的主题分为论诗3首，言志12首，感遇13首(包括讽刺王室、权贵、伤乱、黩武)，伤人事14首，咏史6首，寓言10首(凡58首，阙其三十三)，可以看出古风的主体在讽刺(见《李太白研究》，里仁书局1985年，页265)，因此日人寺尾纲有《关于李白“古风五十九首”中的讽喻表现》之作则特别强化讽喻论(见《中国李白研究》1990年集下，江苏：古籍出版社，1991年版，页137)。

[42]《李太白研究》页276～271。

[43]施逢雨《李白诗的艺术成就》(台北：大安出版社，1992年版)，页146～148、157。

[44]吕正惠《发端于“拟古”的诗艺——〈古风〉在李白诗中的意义》(中研院第十三届国际汉学会议论文，2000年6月29日至7月1日)。

[45]吕正惠《发端于“拟古”的诗艺——〈古风〉在李白诗中的意义》(中研院第十三届国际汉学会议论文，2000年6月29日至7月1日)。

[46]陶新民《李白与魏晋风度》(北京：中国广播电视出版社，1996年版)，页106～227。

[47]郁贤皓《天上谪仙人的秘密——李白考论集》(台北：商务印书馆，1977年版)，页318。

[48]王琦《李白集校注》页157。

[49]参考贾晋华《李白“古风”新论》(见《中国李白研究》(1991年集)，南京：江苏古籍出版社)，页131～136。

[50]本文据瞿蜕园《李白集校注》之编次为篇题,如依宋成淳刊本《李翰林集》则《古意》编入《拟古》十三首。

[51]詹锳《李白全集校注汇释集评》(天津:百花文艺出版社,1996年版),页1045。

[52]《李白资料汇编》,页507、915。

[53]詹锳《李白全集校注汇释集评》(天津:百花文艺出版社,1996年版),页3386、3400~3433。

[54]见《李白资料汇编》页595、1078。

[55]见《李白资料汇编》页643。

[56]见《李白资料汇编》页604、915、1061。

[57]以上资料二条引文见《李白资料汇编》,页3、131。

[58]孙月峰评《昭明文选》陆士衡《拟古诗十二首》云:“拟古自士衡始句仿字效,如临帖然。然又戒太似,所以用心最苦,大抵贵得其神,若拟古诗则诗道自游。”何义门评谢灵运《拟魏太子邺中集诗八首》云:“或似或不似门,正不在规或见脱棸,此又拟古之变体。”孙月峰也评《拟魏太子邺中集》曰:“此诸作非若士衡之句字皆拟,只是代为之词,兼微效其体耳。”何义评江淹《杂体诗三十首》云:“所拟既众,才力高下时有不齐,意制体源,罔轶尺寸,爰自椎轮。”针对江淹拟左思又云:“其拟咏史又在明远之下,太冲本诗虽用事错杂,而指趣了然,此则徒效其体,不能文从字顺矣。”对江淹拟陶则云:“拟陶能得其自然。”针对拟谢,则云:“模范之妙,工细无匹。”方伯海评江淹《杂体》也说:“按右所拟三十篇,皆由各人旧有是篇而拟之,其所采用之句,不必皆出本篇,多割他篇,以为点窜。刻骨镂心,可为摹古者法。”以上资料见《评注昭明文选》(台北:学海出版社,1977年版),页583、588、598、604、608、612。

[59]如前引蔡英俊文所说的,所谓的“拟古”与“用事”其实都反映了鉴赏判断中所提示的“典范”问题,不同的是“用事”指向了作家对于过往已定的事例的一种借代与解释,并且着重在作家对于过往经验的理解与认同。至于“拟古”更包含两个不同的面向,其一是就实际创作的层面而来的对于作品表现形式上的“学习摹拟”,另一则是在情感层面上对于摹拟对象的生活与境遇所怀有的“认同”,更为重要的是,透过认同作用所伴随的对于过往经验的借代与解释,唤起造就一种文化上的集体意识。(中央研究院“第三届国际汉学会议”论文,2000年6月29日)

[60]见《李白资料汇编》,页101。

[61]见《李白资料汇编》,页1285。

论李白的诗序

吴振华

“序”是一种古老的文体。因整理文献、编辑文集而产生，经历了文集序、赋序到诗序的演变过程[1]。唐人对“序”体情有独钟，除在诗、赋前冠以“序”之外，还创造出了诗化特征鲜明的宴序、赠序。据统计，《全唐诗》收录盛唐时代19位诗人的诗序共99篇，如果加上《全唐文》中收录的部分，有150余篇，其中李白的诗序有31篇，占五分之一。尽管盛唐的诗序作为散文文体，其发展还没有像盛唐诗歌那样趋于完全成熟，但是诗序中展现大唐全盛时期和平安详、繁荣昌盛的整体氛围，表现诗人英特越逸的精神状态，充满壮阔的想象，绝妙的夸饰，沸腾的情思，在李白的诗序中都有生动的表现。李白诗歌是“雄壮浑厚”盛唐气象的典型代表，具有“情来、兴来、气来”的艺术特征，被认为是“青春的盛唐”的象征[2]。20世纪的李白研究取得了重大的进展，但很少有人从诗文交融的角度来考察李白的“诗序”，可以说李白的诗序和诗歌一样具有独特的魅力，取得了很高的艺术成就。

一、李白诗序的类别特点

1.李白善于在宴会诗序中描绘兴会空前酣畅淋漓的场面。如《春夜宴从弟桃花园序》：

夫天地者，万物之逆旅；光阴者，百代之过客。而浮生若梦，为欢几何？古人秉烛夜游，良有以也。况阳春召我以烟景，大块假我以文章，会桃李之芳园，序天伦之乐事。群季俊秀，皆为惠连；吾人咏歌，独惭康乐。幽赏未已，高谈转清。开琼筵以坐花，飞羽觞而醉月，不有佳作，何伸雅怀？如诗不成,罚依金谷酒数。

这篇诗序作于40岁前的"酒隐安陆"时期,此时正是开元盛世,但李白有"浮生若梦,为欢几何"的感慨,显然有一些功名未就的忧郁,不过遇上良宵好景、美酒佳肴时,他的情绪会突然发生逆转。开篇引典抒慨,因此需要学习古人"秉烛夜游",这实际上是为今夜的欢会寻找文化渊源和依据,往往某种悠久的传统弥漫着一种召唤的力量,一种追寻的幽趣,一种重温历史的浪漫情怀。何况"阳春召我以烟景,大块假我以文章",春暖花开的朦胧烟景在摇荡心灵,编织着锦绣图案的芬芳大地在孕育诗意,在这美妙的季节,再加上桃园夜宴,共享天伦之乐,兄弟们都如当年谢惠连那样清灵俊秀,才华特出,文思泉涌。从笔调中不难体味出这是一次文雅高唱的家宴。李白以清新自然的笔墨描写了一幅桃园宴饮赏幽、清谈赋诗的美妙图画,抒发了热爱自然、珍爱春天的情怀,将议论、叙事、抒情结合在一起,征引典故与当下情境紧密融合,语言流畅朗畅,极具诗情画意,洋溢着一种祥和安康的盛世氛围。这是一篇比较典型的诗化序文。

又如《饯副大使李藏用移军广陵序》,这篇诗序写于上元二年秋七月,《资治通鉴》载此年以试少府监李藏用为浙西节度副使,十月江淮都统崔圆署李藏用为楚州刺史,领二城而居盱眙。李白是在金陵饯别李藏用的,从文中"组练照雪,楼船乘风,箫鼓沸而三山动,旌旗扬而九天转"可知。序中有一股对叛贼刘展痛恨切骨之气,而对李藏用的遭遇非常同情,"社稷虽定于刘章,封侯未施于李广"[3],而李白对李藏用移军广陵又极力渲染其声威,意在激励他建立奇勋。"我副使李公,勇冠三军,众无一旅。横倚天之剑,挥驻日之戈,吟啸四顾,熊罴雨集。蒙轮扛鼎之士,杖干将而星罗,上可以决天云,下可以绝地维。翕振虎旅,赫张王师,退如山立,进若电逝,转战百胜,僵尸盈川,水膏于沧溟,陆血于原野。一扫瓦解,洗清全吴,可谓万里长城,横断楚塞。"读后使人情绪激昂,水军出发之前的临席赋诗则更显李白的本色:"良牧出祖,列将登筵,歌酣易水之风,气振武安之瓦。海日夜色,云帆中流,席阑赋诗,以壮三军之士。"此时的李白已经62岁,笔力依然雄壮,充满豪气,运用工整的语言,表现出波澜壮阔的景象。

2. 李白的赠别诗序最擅长描摹景色、刻画人物形象,情感起伏跌宕,并表现自己的志向。如《暮春于江夏送张祖监丞之东都序》比较有代表性。李白天宝三载离开长安之后,到江夏闷居过一段时间,在这里赠送友人诗歌及序特别多,他的14篇赠别诗序中就有4篇作于江夏。此序用《蜀道难》一样的叹词"吁咄哉"开篇,倾泻内心苦闷:"仆书室坐愁,亦已久矣。每思欲遐登蓬莱,极目四海,手弄白日,顶摩青穹,挥斥幽愤,不可得也。"其中原因不详,言"愁"虽为李白常语,但说"幽愤"则只能是被逐出京城之后。接着说:"金骨未变,玉颜已缁，何常不扪松伤心、抚鹤叹息。”这是修道不果而年华已逝之叹，更有甚者：“误学书剑，薄游人间。紫禁九重，碧山万里；有才无命，甘于后时。”追求仕进一无所成是他一生最大的挫折。但是事情总会出现突然的转机，就像贺循当年在舟中巧遇知已张翰，李白在江夏遇到了张祖监：“统泛舟之役，在清川之湄。谈元赋诗，连兴数月，醉尽花柳，赏穷江山。”可谓极尽诗酒之乐，李白的诗文与其人一样，情感起伏跌宕，转换迅捷，常常显出大开大阖的结构特点，正在兴高采烈时，突然说：“王命有程，告以于迈。”张祖监要离开江夏回洛阳，于是托景言别，借酒抒情：“烟景晚色，惨为愁容。系飞帆于半天，泛渌水于遥海。欲去不去，更开芳樽，乐虽寰中，趣逸天外。”酒助逸兴，诗人情绪又飞翥高涨起来：“平生酣畅，未若此时。至于清谈浩歌，雄笔丽藻，笑饮醁酒，醉挥素琴，余实不愧于古人也。”心中充满了无比的自信，使他的文也具有了诗的豪兴，只要与《将进酒》《行路难》等诗歌对读，不难体会这种诗、文的相通。最后是慰别相思：“扬袂远别，何时归来？想洛阳之秋风，将鲙鱼以相待，诗可赠远，无乃阙乎？”诗歌总是在友人离别前最后的赠品，具有韵味隽永的感染力。据考证，此诗收在《李白集》卷十八，作《江夏送张丞》：“欲别心不忍，临行情更亲。酒倾无限月，客醉几重春？藕草依流水，攀花赠远人。送君从此去，回首泣迷津。”从序与诗来看，时节、人物、情事均合，唯诗之情长，序之境阔，诗歌未见浑浩之象，而序则兴象飞腾，诗歌平实朴素，而序则跌宕起伏，似乎不够统一，仿佛不作于同时，也许由于这种风格方面的差异，而诗、序分录，不过由此可见李白的笔调是丰富多彩的。

李白的赠别诗序擅长刻画人物形象。如《冬日于龙门送从弟京兆参军令问之淮南觐省序》：

> 紫云仙季，有英风焉，吾家见之，若众星之有月。贵则天王之令弟，宝则海岳之奇精。游者所谓风生玉林，清明萧洒，真不虚也。常醉目吾曰：“兄心肝五脏，皆锦绣耶！不然，何开口成文，挥翰雾散？”因抚掌大笑，扬眉当之。使王澄再闻，亦复绝倒。观夫笔走群象，思通神明，龙章炳然，可得而见。岁十二月，拜省于淮南，思白华之长吟，眺黄云之晚色。目断心尽，情悬高堂，倾兰醑而送行，赫金鞍而照地，错毂蹲野，朝英满筵。非才名动时，何以及此？日落酒罢，前山阴烟，殷勤惠言，吾道东坐。想洛桥春色，先到淮城，见千条之绿柳，折一枝以相赠，则华萼情在，吾无恨焉。群公赋诗，以光荣饯。

这篇诗序当作于天宝盛世，笔墨淋漓顿挫，虽然是严寒的冬季，却依然生机无限。一开头就刻画从弟如月丽众星，风生玉林，清明潇洒的秀骨英姿，然后通过从弟的醉语描写自己形象：“兄心肝五脏，皆锦绣耶！不然，何开口成文，挥翰雾散?"这是一个真正的表里通透、锦心绣口的李白。接着李白又描写从弟:"笔走群象,思通神明,龙章炳然,可得而见。"这样将两者的形象写足,再转入觐省,最后是送别。可能只有李白才会在冬天里想象春天,这样的情意足以融化所有的严寒。李白诗序用春天来取代当下的严寒,让行者、留者都沉浸在一种温馨幸福的想象中了。在冬天里想象春天成为李白的一种惯性思维。李白的许多赠别诗大多产生于这样一种奔放激越的精神状态,虽充满夸饰,却并不缺乏真诚,都是天地之间纯真自然、神奇诗化的文字。

3. 李白的赠别诗序还常写自己的遭遇或想象友人经历。如《与诸公送陈郎将归衡阳并序》是晚年贬谪遇赦归来后的作品,序中叙述自己的遭际,以仲尼、文王的"苟非其时,圣贤低眉"作比较,说自己是"不肖者,而迁逐枯槁,固非其宜"。心中的幽愤深广,致使"朝心不开,暮发尽白",加上"登高送远,使人增愁",情绪低迷已极,忽然一转写"陈郎将义风凛然,英思逸发。来下曹城之榻,去邀才子之诗。动清兴于中流,泛素波而径去"。情绪变得轻松了一些,于是"诸公仰望不及,连章祖之"。序只叙写心情及作诗情事,而诗则写景抒发别情。诗曰:"衡山苍苍入紫冥,下看南极老人星。回飚吹散五峰雪,往往飞花落洞庭。气清岳秀有如此,郎将一家拖金紫。门前食客乱浮云,世人皆比孟尝君。江上送行无白璧,临歧惆怅若为分?"诗与序都具有李白式的夸张浪漫格调。再如《送王屋山人魏万还王屋并序》:

> 王屋山人魏万云:自嵩宋沿吴相访,数千里不遇,乘兴游台越,经永嘉,观谢公石门,后于广陵相见。美其爱文好古,浪迹方外,因述其行而赠是诗。(一作"见王屋山人魏万云:自嵩历兖游梁入吴,计程三千里相访不遇,因下江东寻诸名山,往复百越,后于广陵一面,遂乘兴共过金陵,此公爱奇好古,独往物表,因述其行李,遂有此作")

这篇诗序记录了唐代诗人魏万在天宝十二载数千里相访而不遇李白,因乘兴游台越,最终在扬州与李白相见,然后两人又同游金陵。这可能是中国古代独一无二的诗坛友谊佳话,为了表达感激之情,加上赞赏魏万"爱文好古,浪迹方外"的志趣,李白作长达600字的五古"述其行而赠是诗"。诗序就是全诗的一个导引,让人既对这个故事感兴趣,更对游历产生遐想与期待,赠诗述他人的旅行恐怕这是首创。李白这首诗虽然是述魏万的游历,实际上是他自己曾经游历台越名山胜景的一次集中追忆,其描写景物主要与历史典故相结合,线索清晰,有以文为诗的倾向,且多赋笔。作为一首赠别诗,虽只在结尾略表相思,而整篇诗的纪实性游赏则是别后相思的绝佳资料,读后方知其妙,由此可见李白对长篇五古的驾驭艺术高超。

4. 李白的赠酬诗序往往表露他对道教的信仰或抒发苍茫感慨。李白一生好漫游隐居、交朋结友，由于没有真正担任过任何官职，故四处漂泊，其诗集中酬赠友人之作占了一半以上，但真正作序并诗的只有七篇，这大约因为李白的酬赠之作题目往往将作意交代清楚了，故无须再加“序”。从李白现存的七首酬赠诗序来看，除《历阳壮士勤将军名思齐歌并序》可能是伪作（按：萧士赟以为是伪作）外，其他六篇中有三篇是赠给道友的。如《赠嵩山焦炼师并序》就表现了他对得道成仙的浓厚兴趣，那位据说生于齐梁时期的神人，样子看上去只有五六十岁，“常胎息绝谷，居少室庐，游行若飞，倏忽万里。世或传其入东海，登蓬莱，竟莫能测其往也”，所以李白游少室时，虽然未遇，却还要“闻风有寄，洒翰遥赠”。另外两篇酬赠元丹丘，表达对他隐居“连峰嵩丘，南瞻鹿台，极目汝海，云岩映郁”佳致的欣赏和“适会本意，当冀长往不返，欲便举家就之”的追慕，表现了李白归隐自然、浩然与溟涬同科的人生意趣。这些序当作于安史之乱以前，而乱后之诗序则多见愁苦历程和壮声英慨交织的情形。如《送张秀才谒高中丞并序》：“余时系浔阳狱中，正读《留侯传》。秀才张孟熊蕴灭胡之策，将之广陵谒高中丞。余嘉子房之风，感激于斯人，因作是诗以送之。”这篇诗序与李白晚年的长题诗《闻李太尉大举秦兵百万出征东南，懦夫请缨，冀申一割之用，半道病还，留别金陵崔侍御十九韵》等，体现出李白诗歌感慨苍茫、豪情激荡、不可阻遏的特征，虽不同于杜甫百感交集的沉郁顿挫，实质上也是时代风云激荡冲突在李白心灵的反映。李白许多感慨雄浑的诗序多作于晚年是值得重视的。

李白的酬赠诗序中有一篇比较特别，即《泽畔吟序》：

《泽畔吟》者，逐臣崔公之所作也。公代业文宗，早茂才秀。起家校书蓬山，再尉关辅，中佐于宪车，因贬湘阴。从宦二十有八载，而官未登于郎署，何遇时而不偶耶？所谓大名难居，硕果不食。流离乎沅湘，摧悴于草莽。同时得罪者数十人，或才长命夭，覆巢荡室。崔公忠愤义烈，形于清辞，恸哭泽畔，哀形于翰墨。犹《风》《雅》之什，闻之无罪，睹之者作镜。书所感遇，总二十章，名之曰《泽畔吟》。惧奸臣之猜，常韬之于竹简；酷吏将至，则藏之于名山。前后数四，蠹伤卷轴。观其逸气顿挫，英风激扬，横波遗流，腾薄万古。至于微而彰，婉而丽，悲不自我，兴成他人，岂不云怨者之流乎？余览之，怆然掩卷，挥涕为之序云。

为友人的组诗作序，当然具有赠酬性质。给他人的诗赋作序，可追溯到皇甫谧序左思的《三都赋》，那是借名人之笔为作品扩大影响；而李白的这篇诗序，则不是名人效应，而是因为“余览之，怆然掩卷，挥涕为之序”。序中说“同时得罪者数十人,或才长命夭,覆巢荡室”,可见当时被贬逐者的遭际是惨烈的,而崔成甫更是“忠愤义烈,形于清辞,恸哭泽畔,哀形于翰墨。犹风雅之什,闻之无罪,睹之者作镜”。可见成甫此诗是抒写悲愤的,同时又惧怕迫害。李白对这些诗评价很高,认为“逸气顿挫,英风激扬,横波遗流,腾薄万古”,显然崔氏的遭遇及诗歌与李白的情感发生了共鸣,由此可以看到李白诗序所具有的表现愤激情怀的特征。

二、李白诗序的艺术成就

李白诗序记录了他漂流四方的经历,也表现了盛唐时代的雄浑气象,与他的诗歌一样,取得了很高的艺术成就。主要表现在以下几个方面。

1. 李白诗序笔力雄壮,气势磅礴。如《秋日于太原南栅饯阳曲王赞公贾少公石艾尹少公应举赴上都序》,这是李白游太原时送数人入京应举的诗序,颇能见出李白散文中那种雄壮的笔力和独特的凌霄气势。开篇写北都太原是“襟四塞之要冲,控五原之都邑”的雄藩剧镇,带有一股苍莽雄劲之气,接着描写饯别宴会及其四周景象:“黕翠幕,筵虹梁,琼羞霞开,羽觞电举,然后抗目远览,凭轩高吟。汾河镜开,涨蓝都之气色;晋山屏列,横朔塞之郊原。屏俗事于烦襟,结浮欢于落景。俄而皓月生海,来窥醉容;黄云出关,半起秋色。”情景相生,境界壮阔,将人们兴酣情态与飞动的景物交织起来,给人身临其境之感,从景象的雄浑浩荡中,也见出李白与友人们的胸襟气度,怀揣着这样豪情四溢的赠别诗与序,应举者心中那“望丹阙而非远”、取高第如拾地芥的意气也肯定会空前标举。李白的序与诗一样充满鼓舞人心的精神力量,来自于他心中永不枯竭的浩然之气。[4]李白诗序中的这股豪气与他的高度自信有关。如他的《秋夜于安府送孟赞府兄还都序》这样刻画孟赞府:“虽长不满七尺,而心雄万夫。至于酒情中酣,天机俊发,则谈笑满席,风云动天。”是一个爽朗豪迈的伟岸形象,这实际上也是李白的自画像。与这样的“饰危冠,佩长剑,扬眉吐诺、激昂青云”形象相照应,陪衬的景物也非常雄奇:“时林风吹霜,散下秋草;海雁嘶月,孤鹤翔云。”即使离别也是巨人式的悲伤:“惊魂动骨,戛瑟落涕,抗手缅迈,伤如之何!”李白的赠别诗序和诗歌往往都是这样的跌宕起伏、悲欢交织的心灵浩歌,因融入了他的独特人格而格外具有艺术感染力。

2. 李白诗序的另一个特征是充满真挚的情谊。如《早春于江夏送蔡十还家云梦序》,这位“蔡十”是个奇人,李白与他一见如故,因为“冥心道存”,故而“穷朝晚以作宴,驱烟霞以辅赏。朗笑明月,时眠落花”,令人想起他和杜甫当年游梁宋时“醉眠秋共被，携手日同行”的情景，李白的天真和真淳是他诗歌的灵魂，当蔡十突然要回家时，李白除悬想一路烟景外，还特别相约“秋七月，结游镜湖，无愆我期，先子而往。敬慎好去，终当早来”，未尽之兴溢于言表。与他诗歌中的名句“桃花潭水深千尺，不及汪伦送我情”一样，李白心中最看重的就是一个“情”字。李白诗文的力量源泉也就是他的情感真诚。再如《对酒忆贺监二首序》：“太子宾客贺公，于长安紫极宫一见余，呼余为谪仙人，因解金龟换酒为乐。殁后对酒，怅然有怀，而作是诗。”李白也与唐代其他诗人一样，在历经挫折磨难之后的晚年，面对世事沧桑，亲故凋零，年华流逝，功业无成，因此也多有追怀往事、忆昔念旧、感慨苍凉之作。但这方面的诗序却并不多，许多类似的诗作均未写序，唯一对贺知章是例外。据序，李白与贺知章最早相遇的地方是长安紫极宫，当时贺知章任太子宾客，已经 85 岁高龄，但一见李白，便呼为“谪仙人”，并解金龟换酒为乐。尽管“金龟换酒”为后人所怀疑，但这个故事却深入人心，成为李白与贺知章交往的佳话。诗共两首，第一首：“四明有狂客，风流贺季真。长安一相见，呼我谪仙人。昔好杯中物，翻为松下尘。金龟换酒处，却忆泪沾巾。”是对诗序的重述，结尾点明追忆。李白是有游江东意向的，可能因为贺知章已殁，没有成行，故又作《重忆一首》：“欲向江东去，定将谁举杯？稽山无贺老，却棹酒船回。”这篇追忆的短小诗序及诗歌，为我们记录了李白生命历程中的一段为人称道的故事，体现出一种真挚的追忆之美，是李白情感世界的一颗珍珠，也是唐诗中的珍品。

3. 李白诗序具有诗歌的意境美。李白的诗序具有与诗相通的品质。如《秋于敬亭送从侄耑游庐山序》，作于晚年寄寓宣城时，情感跌宕起伏。开头叙述自己的人生遭际：“余少时，大人令诵《子虚赋》，私心慕之。及长，南游云梦，览七泽之壮观。酒隐安陆，蹉跎十年。”这是文学史家常常引用的李白早年经历，文气先扬后抑，感慨良深，忽然一转，当年还是稚子的从侄李耑，如今已经“郁负秀气”，与自己的衰老形成对比，因而“见尔慰心，申悲道旧，破涕为笑”。承接这个“笑”字，情绪突然高扬，转到对李耑将要游历的庐山的描写：“长山横蹙，九江却转，瀑布天落，半与银河争流，腾虹奔电，众射万壑，此宇宙之奇诡也。”这段精彩的描述很容易让人将其与《庐山瀑布二首》联系起来，显然诗与序内在意境是统一的，即序文具有诗歌的韵味，想象与夸张手法也同诗歌一样。这在李白的诗序中不是个别现象，如《春于姑熟送赵四流炎方序》别绪与情景这样结合：“天与水远，云连山长。惜光景于顷刻，开壶觞于洲渚。黄鹤晓别，愁闻命子之声；青枫暝色，尽是伤心之树。”运用情景交融的手法表达惜别的感伤，而对友人的前途慰以美好的期待：“白日回照，丹心可明；巴陵半道，坐见还吴之棹。令雪解而松柏振色,气和而兰蕙开芳。仆西登天门,望子于沧江之上。吾贤可流水其道,浮云其身,通方大适,何往不可。”于此可以见出李白诗歌常用的结尾艺术:“孤帆远影碧空尽,唯见长江天际流。”李白的诗与文原来是如此的相通。再如《江夏送林公上人游衡岳序》:“江南之仙山,黄鹤之爽气,偶得英粹,后生俊人。……白月在天,朗然独出。闲云无心,与化偕往,欲将振五楼之金策,浮三湘之碧波。登祝融之峰峦,望长沙之烟火。……紫霞摇心,青枫夹岸,目断川上,送君此行。群公临流,赋诗以赠。”序中写林公上人游衡岳的临风豪迈,具有诗歌一样超绝人寰的气概,结尾的“临流赋诗”在“紫霞摇心,青枫夹岸”的背景下,也具有令人神往的意境美。

此外,还有写登楼远眺的景象和兴致:

留宝马于门外,步金梯于阁上。渐出轩户,遐瞻云天,晴山翠远而四合,暮江碧流而一色。屈指乡路,还疑梦中;开襟危栏,宛若空外。

——《夏日诸从弟登汝州龙兴阁序》

写桃源胜景:

卷舒天地之心,脱落神仙之境,武陵遗迹,可得而窥焉。问津利往,水引渔者;花藏仙溪,春风不知。从来落英,何许流出?石洞来入,晨光尽开。有良田名池,竹果森列,三十六洞,别为一天耶?

——《奉饯十七翁二十四翁寻桃花源序》

送友人离别时的秋景:

时岁律寒色,天风枯声,云帆涉汉,冏若绝电。举目四顾,霜天峥嵘。

——《金陵与诸贤送权十一昭夷序》

诸子衔酒惜别,沾巾赠分,沈醉烟夕,惆怅凉月。天南回以变夏,火西飞而献秋。汀葭飒然,海草微落,夫子行迈,我心若何!

——《送黄钟之鄱阳谒张使君序》

送友人离别时的夏景:

会言高乐,晚饯金门,洗德弦觞,怡颜朱明。草木已盛,且江嶂若画,赏盈前途,自然屏间坐游,镜里行到,霞月千里,足供文章之用哉!

——《早夏于将军叔宅与诸昆季送傅八之江南序》

这些离别情境的诗意描述都表现了李白诗序确实具有诗性品质。诗与序相互映照的当推《泛沔州城南郎官湖并序》:

乾元岁秋八月,白迁于夜郎,遇故人尚书郎张谓出使夏口,沔州牧杜公、汉阳宰王公觞于江城之南湖,乐天下之再平也。方夜,水月如练,清光可掇。张公殊有胜概,四望超然,乃顾白曰:“此湖古来贤豪游者非一,而枉践佳景,寂寥无闻。夫子可为我标之嘉名,以传不朽。"白因举酒酹水,号之曰"郎官湖",亦犹郑圃之有"仆射陂"也。席上文士辅翼、岑静以为知言,乃命赋诗纪事,刻石湖侧,将与大别山共相磨灭焉。

诗与序作于乾元元年(758)秋八月,李白流放夜郎,在江夏遇到故人张谓以尚书郎出使夏口[5]。沔州刺史杜公、汉阳县令王公宴请张谓于南湖,"方夜,水月如练,清光可掇",张谓"殊有胜概,四望超然",对李白说:"此湖古来贤豪游者非一,而枉践佳景,寂寥无闻。夫子可为我标之嘉名,以传不朽。"这显然是当年羊祜游岘山的同一寓意,因此李白"赋诗纪事,刻石湖侧,将与大别山共相磨灭"。这是李白一生中独特的经历,但诗、文中均未见流放时悲苦心境的痕迹,足见李白与湖山胜境、朋友、美酒相遇后可以达到一种忘我的境界,诗歌说"当时秋月好,不减武昌都。四坐醉清光,为欢古来无",与诗序是意境相通的,可以看到李白的洁净心胸和乐观精神。

盛唐诗序在文体上表现出鲜明的过渡性特征,一方面像王维等地位高的文人,长期处于文化中心的地位,自然带有朝廷的气象,王维的诗序几乎全部是骈体,追求高壮华美,所以主流的趋尚影响诗序的总体格调,在张说、张九龄、孙逖等人的作品中都有表现,这种时代的风气也影响李白的诗序,诗序没有在盛唐时代朝陈子昂晚年的散文化方向推进,主要原因在于文坛中心人物的风格左右整个时代的风格;另一方面,以李白为代表的流寓四方的诗人群体的崛起,继承了王勃的文人风格,改造了板滞的骈文格调,开始沿着骈散交杂的方向前进。李白的诗序根据不同的情事和人物,能够灵活用笔,各具风采,也表现出一些比较鲜明的共性:善于写景造境,景物一般都具有雄浑壮丽或清丽秀美的特点;情与景相互映衬,表现开合自然、跌宕起伏的情绪,使他的诗序具有诗的抒情结构;喜欢刻画人物形象,注意展现人物兀傲特出的独立个性和冰清玉洁的精神世界;具有诗歌的精神内核,继承了初唐四杰的写景成就,既工整流畅,又形象鲜明真切,但摒弃了堆叠典故的作风,而是随物赋形,显得清新自然;李白诗序具有鼓舞人心的精神力量,有一种天马行空的飘逸感,在"踏实"方面略为逊色。故《四六法海》说:"太白文萧散流丽,乃诗之馀。然有一种腔调,易启人厌,如阳春、大块等语,殆令人闻之欲吐矣。"[6]评价较恰当,其中指出李白诗序"乃诗之馀",确实是颇有眼力的真知灼见。

注 释

[1]参拙文《序体溯源及先唐诗序的流变历程》,载《学术月刊》,2008年第1期。

[2]李泽厚《美的历程》第七部分"盛唐之音"第一节就是"青春、李白",认为"盛唐之音在诗歌

上的顶峰当然应推李白,无论从内容或形式,都是如此"。合肥:安徽文艺出版社,1999 年 1 月,第 133 页。

[3]按:刘展之乱,是上元元年江南地区最大的叛乱,本来就是朝廷用计不慎造成的,在剿灭刘展的过程中,"李峘、邓景山移檄州县言展反,展亦移檄言峘反,州县莫之所从",后来刘展被击败,又将李藏用等功臣当作反贼杀掉,足见当时"大乱之后,刑赏之谬"。李藏用的悲惨结局发生在李白此序之后。

[4]按:据诗序中"先鸣翰林""天王三京,北都居一"等语,有人认为是天宝元年之后的作品。但李白在天宝元年到三载之间不可能有太原之游,若为天宝三载之后所作,又与其失落悲愤的心态不合。因此,具体作年,颇难断定。

[5]按:张谓天宝二年进士及第,当时李白供奉翰林,二人应该在此时相识,此后情谊不衰。

[6]转引自瞿蜕园、朱金城著《李白集校注》(下)"评笺"部分,上海:上海古籍出版社,1980 年 12 月,第 1591 页。

论李白乐府诗的创作思想、体制与方法

钱志熙

李白的乐府诗创作，是代表了唐诗艺术非凡高度的创造品之一，具有一种奇迹性的特点。对它进行深入的研究，是我们理解唐诗艺术的成因、解开唐诗发展的根本奥秘所必须做的工作。从整体上看，李白乐府诗是他自觉追求以复古为创新的诗学发展道路的实践成果，同时也是他的诗学思想与创作个性达到高度契合所获得的成果。本文打算从上述思考出发，对其乐府诗创作的基本思想、体制与方法做比较系统的论述。同时也由此展示李白乐府诗与汉魏六朝乐府诗复杂、多层的关系，并试图解答李白是如何通过复古的方式达到与诗歌艺术创造规律高度契合的境界的。

一

李白的乐府诗创作，是他复古诗学的重要构成之一。除了《古风》类的写作之外，古乐府写作也是李白终生追求的事业，《唐诗纪事》有这样一个记载：

> 韦渠牟，韦述之从子也，少警悟，工为诗，李白异之，授以古乐府。权载之叙其文曰："初，君年十一，尝赋《铜雀台》绝句，右拾遗李白见而大骇，因授以古乐府之学。"[1]

由"授以古乐府之学"可见，李白的古乐府写作内部包含着有成熟的诗学系统。从魏晋到盛唐，文人诗创作的复古、拟古作风经历了一个曲折的发展过程。在魏晋时代，由于文人创作的五言诗与乐府诗所使用的体制、曲调多来自汉代，并且早期文人诗的写作方法也还不太成熟，所以在创作上比较自然地趋向于摹拟前人，形成了在篇制甚至题材内容上转相沿袭的作风。尤其是在傅玄、张华、陆机等人的写作中，拟古成了重要的方法。此后刘宋甚至齐梁的部分诗人、诗篇，仍采用这种魏晋式的拟古方法。但从齐梁以后，这种拟古方法日益陷入陈陈相因、缺乏新意的困境中。而在另一方面，刘宋以来的诗歌发展以新变为主要趋势，体物、写景、缘情的因素不断增加，声律艺术也开始出现，诗歌开始转入以景与境为主要因素的发展方向，以叙事、言志、比兴为主要特点的汉魏艺术传统开始衰落。但在这种齐梁以降整体趋新的风气中，一部分的诗人和诗歌作品开始自觉或不自觉地模拟汉魏诗歌，沿承晋宋旧体。他们可以说是唐代复古诗学的先声。[2]但这时期的复古诗学，还没有完全明确，一直处于摸索之中。我们看魏征主编的《隋书・文学传论》，在指示新王朝的文学创作方向时，仍然只提到将“江左之清绮”与“河朔之贞刚”相结合的方法，也就是走融合南朝文学与北朝文学的发展道路。这其实是隋代的一些诗人已经初步探讨过的。在文学史观方面，仍属于齐梁文学观的范畴，还没有发现复古方法的重要性。只有到陈子昂提出“汉魏风骨”的概念，复古诗学才真正得以确立。到了李白登上诗坛的时代，则复古诗学已经占了主流的地位。不仅作为唐人复古体制的古风和五、七言古体已经确立，而且源自齐梁的近体诗，在语言与风格方面也受到了复古诗风的影响，形成了声律、风骨与兴象比较圆满地结合的作风。

上述魏晋南北朝的拟古、复古创作风气，以及初唐陈子昂以来的复古诗学，共同构成了李白复古诗学的基本渊源。但是李白的复古诗学并非是对上述传统的简单继承，而是对初唐以来复古诗学的一个深化。或者说，在盛唐诗坛绍复汉魏与沿承齐梁两派已经取得比较好的融合、古体与近体两种体裁都得到比较平衡的发展的时候，李白再次提出复古的问题，仍然以齐梁宫掖之风为革新的对象，这对盛唐诗坛无疑是一个突破。而且我们还发现，虽然陈子昂、张九龄等人是唐代复古诗风的开创者，但明确提出“复古”这个概念的，很可能是李白。唐孟棨《本事诗・高逸第三》云：

> 白才逸气高，与陈拾遗齐名，先后合德，其论诗云：“梁陈以来，艳薄斯极，沈休文又尚以声律，将复古道，非我而谁与！”故陈李二集律诗殊少。[3]

又李阳冰《草堂集序》：

> 卢黄门云：“陈拾遗横制颓波，天下质文翕然一变。”至今朝诗体，尚有梁、陈宫掖之风，至公大变，扫地并尽。

这两条材料，第一条是李白自述其诗学宗旨；第二条是他同时代的卢藏用对他的评价，都着眼于李白的复古诗学，都强调他继陈子昂之后进一步提倡复古，并且以当时诗坛上尚存的齐梁宫掖之风为革除对象。这不能不视为李白全部诗学的出发点。与李白同时，但在诗坛发生影响比他更早一些的王维，他的创作,在体制、题材与风格上,也有不少的创新,但并没有形成像李白这样明确的进一步复古的思想。所以王维的诗风,是对汉魏六朝至初唐的诗风比较自由的取舍与综合。后于李白的杜甫,则是自然地继承当时诗坛上流行的古体、近体及歌行体,将主要精力放在发展这些体制的创作艺术,在表现与再现的强度上突破古人,同时在题材与风格上对诗歌史作出全面的继承与发展,从而取得"集大成"的艺术成就。如果说王维、杜甫与诗歌史及当时的诗坛风气的关系,是顺流而下、因势利导的关系,那么李白与诗歌史及当时诗坛的关系,可以说是一种逆流而上的发展方向。他要彻底扫除齐梁以来因声律、隶事、偶对诸项因素而造成的程式化作风,要完全克服齐梁以来诗歌艺术中因循、递相祖述的惰性,走完全独立的复古与创新之路。表面上看,他在古风、古乐府的创作中采用了当时看来已经比较落后的拟古、代言的写作方法,但他的真正目的并不是简单地复古,而是要通过个人创作,来重新书写李白个人的诗歌史。这无疑是一种富有英雄主义色彩的创造行为。正是因为这样,李白的这种逆流而上、彻底复古同时也重新书写诗歌史的创作道路,只能是他个人的天才行为,不具备可取法性。从为诗歌史确立一种写作范式来看,希望通过自己的创作全面复兴古道从而使齐梁宫掖之风扫地并尽的李白式的复古方法,其实是失败的。因此,我们还可以说,在盛唐诗国中,李白是一个悲剧的英雄。要解释这个悲剧发生的历史与个人的原因,显然是很困难的。

李白的复古诗学,如果寻找它内部的体系,最核心的是古风与古乐府。古风又派生出的一般的五言古诗;其中的一些山水纪游之作,源于陶渊明与大、小谢,也部分地带有复古的色彩。古乐府的系统又派生一般的七言与杂言的歌行体,可以说是乐府体的一个扩大。除此之外,李白日常吟咏情性、流连风物的五律体、五七言绝句等近体诗,也在风格上程度不同地受到上述古体、古乐府体的影响。虽然从李白自身的认识来看,五言尊于七言,古风尊于古乐府。但以他实际的创作成就来说,是七言高于五言,古乐府高于古风。由此可见古乐府在李白的诗歌创作中,实为重要的一部分。而上面所说的李白诗歌创作逆流而上、试图以个人创作重新书写诗歌史的特点,在他的古乐府创作中体现得最为明显。

从李白的《古风》其一我们看到,他的观念中最为崇高的诗体为大雅,其次是《国风》,他的《古风》五十九首,就是试图由汉魏言志比兴的古诗上溯到国风。[4]风与雅的区别,是在表现的对象上,风是主要通过个人的情事来反映国俗的兴衰,雅则是直接地表现国俗与国政。《毛诗序》对此有很好的阐述:"是以一国之事,系一人之本,谓之风;言天下之事,形四方之风,谓之雅。雅者,正也,言王政之由废兴也。政有大小,故有大雅焉,有小雅焉。"这样的思想,李白当然很熟悉,他的《古风》五十九首,就是按照这种诗歌思想来写作的,其中有正面地"写天下之事,形四方之风"的雅的成分,但更多是通过具体的个人的情事来反映古今政治与风俗之兴衰。汉魏六朝的乐府诗,是典型的"饥者歌其食,劳者歌其事"(何休《公羊传解诂》)的里巷歌谣,而经过文人儒者的阐述,其中含有政情与国俗的兴衰,与《国风》的性质正好相近。所以,在李白等唐代诗人的观念中,风雅之后,最重要的诗歌就是汉魏六朝的乐府,尤其是原生的汉乐府与南北朝乐府民歌,其次才是魏晋南北朝的文人诗。这个风雅之后,接以乐府,而以文人拟作乐府为等而次之的排列次序,在元稹的《乐府古题序》中表达得很清楚:

> 自风雅至于乐流,莫不讽兴当时之事,以贻后代之人。沿袭古题,唱和重复,于文或有短长,于义咸为赘剩。尚不如寓意古题,刺美见事,犹有诗人引古以讽之义焉。[5]

李白之所以大量创作古题乐府,正是由"风雅至于乐流"这样的诗歌史观念出发。乐流成了仅次于风雅的诗歌经典,反映到李白的创作中,则是在写作《古风五十九首》之外,又创作了大量的古题乐府,包括他的模仿歌曲形式的歌行体,也属于乐流范畴。可见其对乐流的重视。可见由元稹概括出来的"乐流"这一概念,实是支配着唐代复古诗学的重要思想。而唐人对"乐流"重视,最典型地反映在李白古乐府、歌行,元白新乐府、李贺的歌诗这几宗重要的创作成果上。

要了解"乐流"在唐代诗人那里何以有如此重要的地位,就要对诗歌史由乐章到徒诗的发展规律有所认识。从诗歌史的发展来看,乐歌是文人徒诗的母体,而"乐"则是诗歌原生的、本质的精神。文人持久的拟乐府创作,正是对这个母体的回顾,并且体现了以"乐"为诗歌的原生精神的艺术思想。这当然也是李白乐府诗创作的基本思想。但除此之外,李白的个性最接近乐诗的精神,也是将其导向大量的乐府创作的主观条件。汉魏六朝乐府诗歌是在充分的音乐文化环境中产生的,与文人诗歌尤其是齐梁以降的文人诗歌相比,体现了更为自由、原始的诗歌创作精神,这一点与李白奔放不羁的个性与非凡的想象力等主观素质正好契合,由此造成了以汉魏六朝乐府诗为母体的李白的古乐府与歌行的写作。所以,在李白的诗学观念中,音乐本体的思想是很突出的。当然,对于一位古代的诗人来说,如果重视风雅颂,重视乐流,最理想的做法,当然就是为其当代王朝制作各种实际入乐的雅俗乐章,李白是否有这样理想,这一点我们不得而知。但我们知道,他创作过《宫中行乐词》《清平乐三首》这样的乐章歌词,这说明他与当代乐章的写作并非完全绝缘。但是,这种当代乐章的写作,不可能全部容受李白的创作热情。因为李白的诗歌艺术,本质上还是植根于汉魏六朝以来高度发达的文人徒诗系统之中。与作为歌者的李白相比,作为徒诗作者的李白是更为根本的。[6]这是他采用了拟古乐府的拟乐章创作形式,而不选择当代乐章写作为主要形式的原因。还有一点,唐代的雅颂乐章,并非像李白这样的布衣诗人所能擅作。而作为俗乐的燕乐歌词,从音乐体制来说,则源于南北朝后期开始流行的以娱乐性为主要特点的燕乐,与其相应的诗歌体制正是齐梁艳俗之体,即李白所指斥的“梁陈宫掖之风”。上述两点决定了富有音乐精神、崇尚乐流传统的李白,只能选择汉魏以来的乐府诗为其模拟对象。

除了“乐流”这个重要的概念外,“讽兴”也是李白乐府创作中核心性的概念。据上引元稹《乐府古题序》“自风雅至乐流,莫不讽兴当时之事”可知,讽兴是唐人对古风、古乐府的基本创作精神的概括。在唐代诗人看来,有无讽兴是源于风骚汉魏的古风、古乐府与沿自齐梁的近体诗的基本区别。元稹《叙诗寄乐天》论到他自己的诗歌创作时说:“其中有旨意可观,而词近往古者,为古讽。意亦有可观,而流乐府者,为乐讽。”《毛诗序》概括诗歌创作的精神时说:“风,风也,教也。风以动之,教以化之。”又在论六义之“风”时说:“上以风化下,下以风刺上。主文而谲谏,言之者无罪,闻之者足以戒,故曰风。”唐人的“讽兴”之说,即来自《毛诗序》的这些理论。这些理论那当然也是李白古风、古乐府写作基本的指导思想。而后人在论述李白乐府诗时,也强调其讽兴的特点。如胡震亨《李诗通》云:

> 太白诗宗风骚,薄声律,开口成文,挥翰雾散,似天仙之词。而乐府连类引义,尤多讽兴,为近古所未有。[7]

胡氏以“连类引义,尤多讽兴”评李白乐府诗,可谓深中肯綮。其中“连类引义”为方法,“讽兴”则为旨趣。又应泗源《李诗纬》还指出李白的一些写男女之情的作品,也有君臣遇合的政治性寄托在内:

> 太白愠于群小,乃放还山,而纵酒以浪游,岂得已哉。故于乐府多清怨,盖不敢忘君也。夫怨生于情,而情每于儿女间为切切焉。读者勿以辞害意可矣。[8]

应氏所说的,正是胡氏所说的“连类引义”的一种表现。屈原的《离骚》《九章》《九歌》等作品,开创以香草美人喻君子、以男女离合喻君臣之际的传统,其寄托的精神与方法自然也被汉魏晋诗人所继承,李白的古乐府创作,正是对这一传统的发展。汉魏六朝的乐府诗,原本为一种娱乐的艺术,多出于民间里巷歌谣,劳者歌其事,饥者歌其食,又多写男女相爱及其别离的种种情事。李白多依古题古义，所以其乐府也多写儿女之事，有些是仅仅实写男女之情；有的则是有君臣之际、朋友之际遇合仳离之意，人生失意之感的寄托；但总的看来，都是寄托着李白对人生、社会的感喟，都是具有讽兴宗旨的。乐府自晋宋以下，转为模拟，但陆机、谢灵运等人之作，多重于意，常在旧篇寄托作者的主观感情。鲍照的拟乐府，更是借古题直接地写现实生活中的种种矛盾，曲折地表达个人的生活遭遇，抒发个人的情志。但齐梁以下，乐府中赋题咏物之风盛行，远离了汉魏的叙事言志传统："《落梅》《芳树》，共体千篇；《陇水》《巫山》，殊名一意。"[9]李白的乐府诗，与鲍照的渊源关系很深，深受鲍照以古题来写现实生活、抒发个人情志的启发，言志的特点十分突出。所以，他的乐府诗，所采用基本方法，为汉魏的言志讽兴之体。古今学者在研究李白乐府作品时，也多有指揭：如《梁甫吟》一首，萧士赟评云："此篇意思转折甚多，盖太白借此以言志也。"唐汝询《唐诗解》卷十二："此伤不遇时，赋以见志也。"沈寅等《李诗直解》评曰："此篇太白为《梁甫吟》，屡借古人以言其志也。"《唐宋诗醇》评曰："此诗当亦遭谗被放后作，与屈平睠睠楚国，同一精诚。"[10]又如《将进酒》，《唐诗解》评云："此怀才不遇，托于酒而自放也。"《李诗解》亦评云："此篇虽任放达，而抱才不遇，亦自慰解之词。"[11]应该说，上述言志与抒发怀才不遇之感，是李白好多乐府诗的共同主题。讽喻同样也是李白写作乐府的基本出发点，集中如《乌夜啼》讽君主之荒淫，《上留田》讽风俗之衰薄，《白头吟》《妾薄命》讽人情之薄倖、男女之仳离。讽喻之外，颂美也是古诗的一种原则，李白乐府诗中，属于颂美的篇章也有不少。如《临江王节士歌》《司马将军歌》《东海有勇妇》《秦女休行》，都是以古今烈士、节妇为对象的颂美之作，同样表现了李白个人的人生理想。整体上看，李白乐府诗创作正是上述言志、讽兴为基本的写作原则的一种有宗旨的写作，体现了力求恢复风雅乐流传统的创作理想。

上面我们从复古诗学的基本概念出发，论述了李白乐府诗创作的基本思想，同时也揭示出，在拟古乐府整体衰落的诗坛背景中，李白大量创作古题乐府并且做出巨大的艺术发展的原因。

二

乐府古题以拟古为基本方法，唐人已经对它进行了一些概括。早于李白的卢照邻，在《乐府杂诗序》中就描述过两晋以下以模拟为尚的文人乐府诗的写作情况：

> 《落梅》《芳树》，共体千篇；《陇水》《巫山》，殊名一意。亦犹负日于珍

狐之下，沈萤于烛龙之前。辛苦逐影，更似悲狂；罕见凿空，曾未先觉。潘陆颜谢，蹈迷津而不归；任沈江刘，来乱辙而弥远。其有发挥新题，孤飞百代之前，开凿古人，独步九流之上，自我作古，粤在兹乎？[12]

卢照邻是为中山郎徐令将贾言忠咏九成宫的新题乐府及许圉师等人的和作汇编成的《乐府杂诗》作序时发表这一番议论的，对晋宋以来拟乐府的写作方法提出了批评，并最早提出新题乐府的写作方法。但是这个时期的新题乐府，其实与隋唐之际的新声乐曲属于同一体系，是带有为新声乐曲提供歌词的性质。其基本的体制，实属齐梁之体。卢照邻指出“共体千篇”“殊名一意”，正是文人拟乐府所遭遇的困境。正是这一困境，使初唐拟乐府创作趋于衰微，而且出现了像贾言忠这样的尝试用新体作新题乐府的创作现象。但是，用新体作新题乐府，或许能为当代乐章写作创出新路，但拟乐府系统也将因此而结束。李白的乐府诗写作，虽然也有类似于贾言忠等人《乐府杂诗》的写法，如《宫中行乐词八首》《清平调词》即属此类，从体制上看实为“梁陈宫掖遗风”，李白的复古思想，决定他不可能主要选择这一方向来改革乐府诗风。他所选择的是已经开始被当时诗坛放弃的晋宋、齐梁文人拟古乐府的传统，并通过自己的创作激活这一传统。值得注意的是，卢照邻批评历代文人拟乐因袭前人，作为无谓的文字上的竞争，是“辛苦逐影，更似悲狂”。他说的“罕见凿空，曾未先觉”，是批评历代文人拟乐府缺乏独辟新径的创新思想与方法。其实后者正是李白乐府诗写作的基本方法。所谓“罕见凿空”，即从缘题立意出发，在写作上独辟蹊径，通过对题意的深入挖掘，多层演绎，再加上奇特的构思，以求超越古辞与前人旧作，正是李白古题乐府出奇制胜之法。“凿空”二字，原是司马迁用来形容张骞开辟通往西域的道路：“然骞凿空，诸后使往者皆称博望侯。”苏林曰：“凿，开；空，通也。骞开通西域道。”《索隐》曰：“案：谓西域险厄，本无道路，今凿空而通之也。”[13]卢照邻这里所说的“辛苦逐影，更似悲狂；罕见凿空，曾未先觉”，正是自晋宋至初唐拟乐府诗陷入的困境，正是这种困境使得初唐以来的诗人，逐渐放弃拟乐府的创作，开始转向新题乐府、新歌曲的创作。但是这样做，等于放弃了汉魏以来的乐流传统，所以李白选择的创作道路与时人相反，继续选择古乐府体，但在创作方法做新的创造。但是，李白的这一创作方法，在唐代并非主流化，尤其是在初唐至盛唐的乐府诗及乐章歌诗的创作流脉中，他是带有反潮流的倾向的。所以，虽然李白古乐府写作取得巨大成就，突破了“共体千篇”的困境，后人甚至赞叹：“太白于乐府歌行，不许唐人分半席。”[14]但是，唐人在评述乐府诗歌的历史时，李白的这种突破似乎没有被充分地注意到，更没有将李白这种高度个性化的“罕见凿空”的拟写方法作为普遍的经验来推广。甚至在古乐府写作方法上实际受到李白影响的元稹,也并没有对李白的创作经验作出充分的肯定。元稹所批评的"沿袭古题,唱和重复,于文或有短长,于义咸为赘剩"的古乐府写作,其中也包括了李白的古乐府写作。尽管接着这句话说的"尚不如寓意古题,刺美见事,犹有诗人引古以讽之义焉",算是对古乐府写作的部分肯定,而且这里主要还是概括李白的经验;但元白真正肯定的,还是发源于杜甫的"即事名篇,无复依傍"的新题乐府的写作。只是此时的新题乐府,与初唐的新声乐曲与新题乐府之沿用齐梁体制不同,完全采用古诗、古歌行的体制,并且恢复汉魏写时事的方法,不同于初唐之缘情咏物,并且体兼雅颂。白居易所肯定的也是新题乐府的传统,其《与元九书》论李白时说:"李之作才矣,奇矣,人不逮矣!索其风雅比兴,十无一焉。"[15]从这里可以看到,唐代文人乐府的两个系统,一为初唐以来的新乐府的传统,一为李白重新激活的古乐府传统,后者显然受到时人及稍后元白等人的足够重视。

其实,我们说拟古是晋宋齐梁以来古题乐府的基本写作方法,是一个比较笼统的说法。事实上,在文人拟乐府的内部,因为侧重于曲调、旧篇与旧题等不同的倾向,形成各种不同的写作方法。以比较大的视野来分类,有拟调、拟篇与赋题三大类,并且这三种方法也标志着文人乐府的三个发展阶段。汉魏文人的乐府诗,多依旧调制新词,属于拟调之法。这个时期乐府诗多用旧题旧调,受到古辞题材内容的影响,古题对新作的取材范围有一些影响,但基本属于元稹所说的"自风雅至乐流,莫不讽兴当时之事"的一种,拟篇的作法还没有明显出现。至傅玄、陆机的一部分旧题乐府,采用了拟篇的作法,沿流至东晋、刘宋。而此期的五言徒诗中也出现拟古的作风,两者构成晋宋时期拟古诗学的全部。至齐梁时代,诗风由以拟古为主转入以革新为主流。在乐府诗创作方面,为了突破拟篇法的因袭,由赋鼓吹曲辞、横吹曲辞的曲名开端,形成缘题立义、专写题面的赋题法。赋题法其实已经不是严格意义上的拟古,但因为毕竟继承了汉魏乐府的旧曲名,而这个曲名对作者的取材与赋写仍然有一种制约的作用,所以广义来说,仍属拟古乐府的范围。李白的乐府诗创作,可以说是对上述魏晋至齐梁各种写作方法的全面继承,并以其特有的"罕见凿空"的非凡想象力与表现力,对前人的写作方法作出了个性极为突出的新发展。

晋宋的拟古诗和拟乐府,好多都是"规范囊篇,调辞务似"[16],在内容与文词上不同程度地模拟旧篇。这种拟篇的方法,在李白的作品也有所表现。太白对自己创作乐府的思想与方法,很少交代。唯有《秦女休行》题下原注:"古词魏朝协律都尉左延年所作,今拟之。"此当为李白自注,也是李白唯一自陈其拟古之法的一条材料。李白的《秦女休行》即是典型的拟篇之作:

左延年《秦女休行》：

始出上西门，遥望秦氏庐。秦氏有好女，自名为女休。休年十四五，为宗行报仇。左执白杨刃，右据宛鲁矛。仇家便东南，仆僵秦女休。女休西上山，上山四五里。关吏呵问女休，女休前置辞：平生为燕王妇，于今为诏狱囚。平生衣参差，当今无领襦。明知杀人当死，兄言怏怏，弟言无道忧，女休坚辞为宗报仇。死不疑！杀人都市中，徼我都巷西。丞卿罗东向坐，女休凄凄曳梏前。两徒夹我持刀，刀五尺馀。刀未下，朣胧击鼓赦书下。

李白《秦女休行》：

西门秦氏女，秀色如琼花。手挥白杨刃，清昼杀仇家。罗袖洒赤血，英声凌紫霞。直上西山去，关吏相邀遮。婿为燕国王，身被诏狱加。犯刑若履虎，不畏落爪牙。素颈未及断，摧眉伏泥沙。金鸡忽放赦，大辟得宽赊。何惭聂政姐，万古共惊嗟。

李白这一首，人物、情节结构全遵原作，可以说是一种改写旧作的方法。左延年的《秦女休行》看似语词参错，但正是用带有说唱故事特点的汉代相和曲的体制，有些模仿《陌上桑》。这是因为其曲调或演艺的方式，与《陌上桑》属于同一类。所以左作富有原生乐府古辞的质朴生动的趣味，场景与动作都很突出，富于戏剧叙事的特点。到了李白这里，则成了一个纯粹的文人叙事诗，人物形象写得更加集中鲜明，叙述结构更加紧凑，并更加注重形容。可见李白虽是模拟旧篇，但以改写为主，并不像陆机《拟古诗》那样“调辞务似”，“神理无殊，文体必合”[17]。

李白的乐府，即使是严格地“规范曩篇”，或者说改写旧篇，也都是采用脱胎换骨之法，自铸伟词，别出窠臼。如《独漉篇》原是晋宋乐府演唱的拂舞歌词，讲为父报仇的故事。李白将其改写成为国报仇，以寄托时事之感。对此萧士赟已经指出：“《独漉篇》即拂舞歌五曲之《独禄篇》也。特《太白集》中禄字作漉字，其间命意造词亦模仿规拟，特古词为父报仇，李白则为国雪耻。”[18]原作叙述情节带有一种迷离的特点，可能与其原为舞词有关系。因其歌词原是与舞蹈及相关布景配合，不同于普通的案头读物。李白的拟作则完全是文士言志之作，但他在“命词造意”上仍然模仿规拟，并且着意再现原作情景迷离、词旨闪烁的特点：

独漉水中泥，水浊不见月。不见月尚可，水深行人没。

越鸟从南来，胡雁亦北度。我欲弯弓向天射，惜其中道失归路。

落叶别树，飘零随风。客无所托，悲与此同。

罗帏舒卷，似有人开，明月直入，无心可猜。

雄剑挂壁，时时龙鸣。不断犀象，绣涩苔生。国耻未雪，何由成名？神鹰梦泽，不顾鸱鸢。为君一击，鹏抟九天。

从这里，我们可以看法，李白不仅学习旧作的情节与词气，而且对于古乐府“分解”的作法，也有所模拟。可见李白是很重视他的拟作与乐府古辞的血脉关系的。但即使是这样，李白通过自铸伟词，别出窠臼，形成比原作更为奇创的风格。虽然不能说是覆盖旧作，但也获得了与旧篇各具千秋的地位。这一点，是其他唐人的拟古乐府所无法比肩的。我们要知道，李白以一人之力，对垒汉魏以下众多无名氏与有名氏的古乐府、拟乐府，并且是采用当时看来已经落后了拟篇法，真可谓化腐朽为神奇，其凌轹千秋的雄心，至少在古乐府的创作方面，是冠绝古今的。李白乐府诗也有隐括前人的作品，带有明显的改写性质。如《越女词》其四：“东阳素足女，会稽素舸郎。相看月未堕，白地断肝肠。”王琦《李太白全集》注：“按谢灵运有《东阳溪中赠答》二诗，其一曰：可怜谁家妇，缘流洗素足。明月在云间，迢迢不可得。其一曰：可怜谁家郎，缘流乘素舸。但问情若何，月就云间堕。此诗自二作点化而出。”[19]这种隐括，也可以说是带有笔墨游戏的性质，体现了李白对乐府民歌娱乐趣味的领会。

从晋宋以降，拟古中出现尊重古意的一派。所谓“古意”，也可以说是一些传统的、经典性的主题。重视古题、古意，也可以说一种拟篇的方法，但是它主要是发挥古意，在具体的情节、情境上则可以做自由的发展。李白的古乐府，有许多都是采用这种方法创作的。如李白《长歌行》《短歌行》都是沿承古意之作。《长歌行》的本意是歌声之长短，所以汉魏时人所作长歌，并没有特别的立意。古诗《长歌行》有三首，“青青园中葵”首言人命短暂，当及时努力，实为格言之体。“仙人骑白鹿”首则写游仙。“岧岧山上亭”首则为游子恋念父母之歌。而魏明帝“静夜不能寐”一首感慨夜中不寐，殷忧丛积，傅玄“利害同根源”一首写报国立功之思。都是各有立意，其立意未见明显的依拟痕迹。但晋宋人陆机的《长歌行》都是写感春物芳菲，人生易逝，是对古辞“青青园中葵”的主题的沿承。于是感慨生命短暂，需要及时努力就成了拟乐府《长歌行》的传统主题。郭茂倩说：“若陆机‘逝矣经天日，悲哉带地川’，复言人运短促，当乘间长歌，与古文合。”[20]后来谢灵运、沈约的《长歌行》，都是拟陆机之作。其基本的结构，是先写时流迁逝之速，后感年时易过，功名难成，或为叹息，或为振作之词，或为及时行乐以消忧。在写法上，陆机只是直接写时流之速：“逝矣经天日，悲哉带地川。寸阴无停晷，尺波徒自旋。年往迅劲矢，时来亮急弦。”谢灵运也是这样写，只不过意象有更易。沈约之作，稍及时物荣衰：“春貌既移红，秋林岂停倩。”李白的《长歌行》正是祖述古辞“青青园中葵”的古意，同时也旁承陆机、谢灵运、沈约诸家的同题作品：

桃李待[21]日开，荣华照当年。东风动百物，草木尽欲言。枯枝无丑叶，涸水吐清泉。大力运天地，羲和无停鞭。功名不早著，竹帛将何宣。(陆《长歌行》："但恨功名薄，竹帛无所宣。")桃李务青春，谁能贯白日。富贵与神仙，蹉跎成两失。金石犹销铄，风霜无久质。畏落日月后，强欢歌与酒。秋霜不惜人，倏忽侵蒲柳。

我们可以看到，李白此篇纯用古意，并且体制、结构一仍旧作。在修辞上也是采用陆机开创的用其意而易其语，但是造语奇卓过于前人。李白的《短歌行》与《长歌行》一样，也是用魏晋古意。郭茂倩云："崔豹《古今注》：'长歌，短歌，言人寿命长短，各有定份，不可妄求。'按《古诗》云'长歌正激烈'，魏文帝《燕歌行》云'短歌微吟不能长'，晋傅玄《艳歌行》云地热异常作。'咄来长歌续短歌'。然则歌声有长短，非言寿命也[22]。"郭氏之说是对的，短歌长歌，原指歌声长短。现存最早的《短歌行》为曹操的"对酒当歌"，实际上是一首酒歌，叙宾主相得以见求贤若渴之意。曹丕《短歌行》为哀悼其父曹操，是因为曹操曾作《短歌行》。傅玄《短歌行》，似写男女从绸缪到仳离的情变之事，大概也是自出其意。但自陆机《短歌行》开始，虽然其体仍用四言，但专取曹操感叹"人生几何"一意，衍为全篇，感叹人生之短暂。此后凡作《短歌行》都是言生命之短暂。如梁代张率《短歌行》，仍然是四言体，写人生苦短，及时行乐之意。可见崔豹所说短歌、长歌言人寿长短，虽不合其原始的意义，但却是符合两晋时期《长歌行》《短歌行》的立意的。李白《短歌行》也是沿承"言人寿命长短"这一主题的：

白日何短短，百年苦易满。苍穹浩茫茫，万劫太极长。麻姑垂两鬓，一半已成霜。天公见玉女，大笑亿千场。吾欲揽六龙，回车挂扶桑。北斗酌美酒，劝龙各一觞。富贵非所愿，为人驻颓光。

此诗所用的是袭其意而易其词的方法。但其感情更为奔放激越，想象力强，意象之奇特生动，远远超过于晋宋梁人的旧作。这是李白乐府诗出奇制胜的方法。

李白拟篇乐府的模拟对象，不仅是汉魏旧题，对于南朝的文人乐府，也常有模拟。如《夜坐吟》为拟鲍照同题之作，其命意、造词、体制规仿模拟的特点都很明显。但鲍照是正面地写听歌者的情深意悦，李白则最后一句云："一语不入意，从君万曲梁尘飞。"写女子因一语失宠，纵有万曲亦不能挽回，其实寄托人生遇合相知之难。但这种对情感进行质疑的笔调，其实也是出于鲍照一些作品。《乌夜啼》是南朝流行的新曲，现存有庾信、萧纲等人作品，体有五言与七言两种。李白《乌夜啼》：

黄云城边乌欲栖，归飞哑哑枝上啼。机中织锦秦川女，碧纱如烟隔窗语。停梭怅然忆远人，独宿空房泪如雨。

胡震亨注："《乌夜啼》，宋临川王义庆妓妾所作。庾信有《乌夜啼》云：'御史府中何处宿，洛阳城头那得栖。弹琴蜀郡卓家女，织锦秦川窦氏妻。讵不自惊长泪落，到头啼乌恒夜啼。'白诗似本此。"[23]按胡氏说李白此诗用庾信诗意是有道理的。但在写法上，庾信是典型的齐梁赋题法，重在赋乌啼二字，其具体写法，先是形容事物，然后以用丽典。最后两句，稍有情节。李白则以乌啼为背景，专取丽典，塑造织锦女这个人物，加以叙事化的形容。在艺术上是用汉魏的叙事来取代齐梁的赋题。李白《乌栖曲》也改造齐梁赋题为汉魏叙事：

姑苏台上乌栖时，吴王宫里醉西施。吴歌楚舞欢未毕，青山犹衔半边日。银箭金壶漏水多，起看秋月坠江波，东方渐高奈乐何！

胡震亨注："梁人辞云：'芳树归飞聚俦匹，犹有残光半山日。金壶夜水岂能多？莫持奢用比悬河。'又徐陵云：'绣帐罗帏隐灯烛，一夜千年犹不足。唯憎无赖汝南鸡，天河未落犹争啼。'皆白诗所本也。"[24]按李白这首诗的处理方法与《乌夜啼》首相近，用徐陵之作以男女欢会嫌夜短的主题，但创造性地将其与吴王沉溺西施女色相联系，将徐作一般性地写男女之欢悦改变为吴王宫中耽乐之事，由此使这个本是齐梁艳体的题目，改变成有讽刺意义的作品。在这里我们可以看到，李白的古乐府，在模拟南北朝旧篇时，常常用汉魏叙事之法，并且将原本只是一个赋写事物的题目，改造成具有讽喻寄托之意的新作。这也是李白对乐府旧作的一种发展。李白的《白头吟》《妾薄命》《怨歌行》《秦女卷衣》，皆为模拟旧篇，写女子宠衰爱歇，以寓人生失意之感，或君臣遇合之艰。从思想传统来讲，是继承屈骚的以男女之事寓君臣遇合的传统。

三

齐梁是诗歌革新的时代。这一革新的结果是复杂的，一方面通过体制与写作方法的革新，走出晋宋以来模拟汉魏的困境，使诗学由主要通过经典学习的方式来演生，改变为主要通过一种可遵依的体制来演生，并且初步确立法度的意识。这对诗学无疑是一个解放。但在另一方面，这一革新又是抛弃汉魏传统，并且解构汉魏以来以比兴言志为核心的诗歌审美理想为代价的。通过这次革新，诗歌艺术得到了普及，但汉魏诗歌那种原生的诗性精神也被淡释了。而初盛唐的复古派诗人，所作就是将被解构了汉魏诗歌审美理想重新恢复，将被淡释的诗性精神再度凝聚。但是,这种复古行为,在很大的程度上是属于天才的个体行为,只有通过天才的创造力,才能神话般地恢复原生的诗性精神,并且跃入更为成熟的创造。李白的复古实践就是体现了这种精神。在乐府方面,李白正是通过复活业已过时的拟古法,将淡释了的诗性精神重新凝聚,并且创造出全新的乐府歌行风格。但是,在创作方法上,李白并非简单地恢复晋宋的拟古法,而是作出创造性的发展。这一创造性发展的渊源,其实来源于李白对齐梁文人拟乐府诗赋题法的继承。

本来魏晋以来的乐府写作,就有一定的缘题的倾向。到了齐梁时代,沈约、谢朓等人开创了赋曲名的写作方法,经过梁代宫体诗人的发展,成为乐府写作的主要方法。这一方法的确立,使拟乐府创作由重视旧篇、旧事、旧词转化为单纯重视旧题。将古题、旧曲名从原生的乐府古辞中单提出来,呼应齐梁时期重题、咏物的风气,形成了一种赋题法。就诗歌创作方法来讲,实是一次意义深远的革新行为。它的影响不仅局限在乐府方面,而且是影响整个诗学的。它使诗歌创作从以无题为主,走向以有题为主。题由此而成为诗歌创作最重要的因素。但是,仅就乐府诗系统的发展来说,这种赋题法的使用是有利有弊的。如它多采用齐梁声律体来赋古题,使乐府诗在体裁上失去了独立性。而在题材上,由于过于重题,使原本以叙事为主的乐府诗,退化为一种缺乏兴寄精神的单纯的咏物诗。所谓"《落梅》《芳树》,共体千篇;《陇水》《巫山》,殊名一意",就是当时人对这种写作方法的弊端的体会。而吴兢的《乐府古题要解》的写作,主要动机即来自对齐梁以来乐府写作多失旧题之意不满。而这正是赋题法流行之后出现的情况。[25]

李白拟乐府的写作方法,如果我们采取由近向远回溯的方式观察,可以发现,除了晋宋的拟调法与拟篇法外,齐梁赋题法也是他乐府诗创作的重要起点。他早年所作的《宫中行乐词八首》,正是沿承齐梁乐章的风格与体制的。只是诗人非凡的创造力,使其摆脱单纯绮靡的作风,创造出齐梁诗人所缺乏的生动的艺术形象。在旧题乐府方面,他的一部分作品,仍是使用初唐流行的以近体赋曲名的作法:

紫骝行且嘶,双翻碧玉蹄。临流不肯渡,似惜锦障泥。白雪关山远,黄云海树迷。挥鞭万里去,安得念春闺。(《紫骝马》)

垂杨拂绿水,摇艳东风年。花明玉关雪,叶暖金窗烟。美人结长恨,相对心凄然。攀条折春色,远寄龙庭前。(《折杨柳》)

白玉谁家郎,回车渡天津。看花东陌上,惊动洛阳人。(《洛阳道》)

从军玉门道,逐虏金微山。笛奏梅花曲,刀开明月环。鼓声鸣海上,兵

气摧云间。愿斩单于首,长驱静铁关。(《从军行》其一)

百战沙场碎铁衣,城南已合数重围。突营射杀呼延将,独领残兵千骑归。(《从军行》其二)

塞虏乘秋下,天兵出汉家。将军分虎竹,战士卧龙沙。边月随弓影,胡霜拂剑花。玉关殊未入,少妇莫长嗟。(《塞下曲》其五)

烽火动沙漠,连照甘泉云。汉皇按剑起,还召李将军。兵气天上合,鼓声陇底闻。横行负勇气,一战静妖氛。(《塞下曲》其六)

齐梁赋题乐府,多咏物之体,内容多写征夫思妇之事,从上面的这些诗可以看到,李白对这个传统的沿承是很明显的。如《紫骝马》一题,今存李白之前的有梁简文、梁元帝、陈后主、李燮、徐陵、张正见、陈暄、祖孙登、独孤嗣宗、江总、卢照邻之作。李白之后,有李益、秦韬玉之作。大体或是咏马而兼及骑士,或咏骑士以见马,但多与思妇、艳妇相连,或征夫而及思妇,或游冶而及艳妇。李白的《紫骝马》,正是继承齐梁这一传统,但突出骑士壮侠之气,并以"挥鞭万里去,安得念春闺"作结。全篇为咏紫骝马,但征夫形象自在其中,最后又逗出思妇这一形象。其他《折杨柳》《洛阳道》《从军行》《塞下曲》数首也是一样,基本上采用赋题之法,但由于他对汉魏诗歌生动地叙事、塑造人物形象的写作方法很熟悉,所以能超越齐梁式的平面咏物、堆垛辞藻的写法,转入人物形象的塑造,在效果上高于齐梁体。这说明李白是在采用齐梁拟乐府体制与方法的基础上作出了艺术上的新发展。

齐梁赋题,多束缚于题面,至初唐犹然。李白乐府诗多由齐梁赋题法入手,但突破了束缚题面的作法。比如《战城南》,梁代吴均"躞蹀青骊马,往战城南畿"一首,陈张正见"蓟北驰胡马,城南接短兵"一首,唐卢照邻"将军出紫塞,冒顿在乌贪。笳喧雁门北,阵翼龙城南"一首,非但用声律新体拟古辞,而且严格地按"战城南"三字赋写。李白之作,既不规范汉篇,又能突破狭窄的赋题方法。他取原作反战的主题,写成一个更具有典型意义的反战诗。其中"野战格斗死,败马号鸣向天悲。乌鸢啄人肠,衔飞上挂枯树枝"是对《战城南》语意的创造性改变,也是李白乐府诗取得与汉魏六朝原作联系的一个方式。《将进酒》也是这样,梁陈人所作,束缚在题面,李白的《将进酒》,采用赋题之法,但纵横开阖,把《将进酒》之题发挥到淋漓尽致的地步。在这些地方,我们可以看出李白是将晋宋的拟篇法与齐梁的赋题法相结合,即重视古意与古乐府体制的再现,又吸收了齐梁善于赋题的作法。这方面的作品也可以举出一些,如《有所思》为铙歌曲一种,有汉古辞存在。但齐梁诗人多用赋题之法,并且不用汉古调的体制。李白的《有所思》,在写作方法上仍然用齐梁赋题,但是在体制上取杂言歌行，在立意上则兼取张衡《四愁诗》，恢复汉词的体制：

我思仙人，乃在碧海之东隅。海寒多天风，白波连山倒蓬壶，长鲸喷涌不可涉，抚心茫茫泪如珠。西来青鸟东飞去，愿寄一书谢麻姑。

铙歌《有所思》写一情变故事，齐梁人用赋题法作《有所思》则专就题面发挥。李白将之改成游仙之词，也可以说对古意的一个发展。《君马黄》一题也是这样，古辞言君马臣马相对之意，其实是主宾相得之意。梁陈人用赋题法，写成咏马之词，如陈代蔡君知一首："君马出西极，臣马出东方。足策浮云影，珂连明月光。水冻恒伤骨，蹄寒为践霜。踌躇嗟伏枥，空想欲从良。"张正见两首也是这样。不但失去了古意，并且在体制上弃原词杂言之体，改用齐梁五言八句的声律体。李白《君马黄》放弃梁陈近体，恢复古辞的体制：

君马黄，我马白。马色虽不同，人心本无隔。共作游冶盘，双行洛阳陌。长剑既照曜，高冠何赩赫。各有千金裘，俱为五侯客。猛虎落陷阱，壮夫时屈厄。相知在急难，独好亦何益。

李白部分作品采用赋题的方法，但恢复古辞的立意，在体制上也恢复汉词的杂言体制。变齐梁无寄托之咏物为有寄托之体。另外，与齐梁呆板的赋题不同，李白之赋题常常是窥入题意，深入形容。如《野田黄雀行》：

游莫逐炎洲翠，栖莫近吴宫燕。吴宫火起焚巢窠，炎洲逐翠遭网罗。萧条两翅蓬蒿下，纵有鹰鹯奈尔何！

此诗实为野田黄雀自幸之语，是就"野田黄雀"这个题意来赋写的。但不但刻板咏物，而是全用反衬之法。黄雀自语不逐炎洲翠游玩，不近吴宫燕栖息。是因为宫燕易被焚巢，洲翠易遭网罗。而今我深栖野田中蓬蒿之下，可以藏身远害，纵有鹰鹯奈若何！此实亦赋题法，而巧妙如此。又如《北上行》原出于曹操《苦寒行》，因诗首句为"北上太行山"，故李白拟作篇名取《北上行》，其全诗自"北上何所苦，北上缘太行"始，至"叹此北上苦，停骖为之伤。何日王道平，开颜睹天光"，实是借此旧题写自身北上目睹安史反情的惊险情节。所以这一首诗中，综合运用发挥古意、赋题与以古题寓今事三种方法，可见李白对传统拟乐府方法的创造性发展。

"依题立义"的方法，也是李白对赋题法的一种发展。王琦对《幽州胡马客歌》一首做解题时指出这种方法：

《乐府诗集》：梁鼓角横吹曲有《幽州马客吟》，即此也。胡震亨曰：梁鼓角横吹本词言剿儿苦贫，又言男女燕游。太白则依题立义，叙边塞逐虏之事。[26]

乐府诗歌、汉代古辞都是讽兴当时之事，主题思想包含在具体的事件叙述中。建安三曹之作，也仍然是以事为主的，但多寄托主观的思想感情。其后嵇康、陆机、谢灵运、鲍照等人，无不以言志寄托为拟乐府的基本方法，它是晋宋拟乐府重义与齐梁乐府重题的结合，逐渐形成文人拟乐府重义的传统。到了齐梁之作，辞与物突出，事与义则沉晦不彰。李白的“依题立义”，正是晋宋重义传统与齐梁重辞传统的重新结合，是对赋题法的有效发展。我们看王琦所举的《幽州胡马客歌》一篇：

幽州胡马客，绿眼虎皮冠。笑拂两支箭，万人不可干。弯弓若转月，白雁落云端。双双掉鞭行，游猎向楼兰。出门不顾后，报国死何难。天骄五单于，狼戾好凶残。牛马散北海，割鲜若虎餐。虽居燕支山，不道朔雪寒。妇女马上笑，颜如赪玉盘。翻飞射鸟兽，花月醉雕鞍。旄头四光芒，争战若蜂攒。白刃洒赤血，流沙为之丹。名将古谁是？疲兵良可叹。何时天狼灭，父子得安闲。

《幽州马客吟》的原作，是写剿儿之事，原为马客的歌谣。李白抛开原来的事义，专就“幽州胡马”一题着眼，将其塑造成一个壮侠之士边塞逐虏、沙场报国的形象。这种“依题立义”的写作方法，正是李白得以摆脱单纯的模拟旧篇与刻板的赋写题面的局限，在思想感情的抒发与艺术形象的塑造上开拓出一个极为自由的空间。拟汉古辞的《公无渡河》一篇，也是典型的“依题立义”之法：

黄河西来决昆仑，咆哮万里触龙门。波滔天，尧咨嗟。大禹理百川，儿啼不窥家。杀湍堙洪水，九州始蚕麻。其害乃去，茫然风沙。披发之叟狂而痴，清晨径流欲奚为？旁人不惜妻止之，公无渡河苦渡之。虎可搏，河难凭，公果溺死流海湄。有长鲸白齿若雪山，公乎公乎挂罥于其间，箜篌所悲竟不还。

古辞《公无渡河》是写一个狂夫渡河，其妻欲止而不及，最后坠河而死的单纯的悲哀故事，因为其声情之悲而动人。李白则一方面发挥赋题之长，先专就“河”字演绎，极写黄河风波之险，自古已然。最后写狂夫不知利害，强欲渡河，坠河而死。作者究竟寄托何事，我们不得而知。但其对人生和世事有所象征，是可以肯定的。

拟乐府的创作，无论晋宋拟篇还是齐梁赋题，其重要的动机就在于诗艺较量的。元稹说前人写作古乐府“唱和重复”，“于文或有短长，于义咸为赘剩”，这的确击中了拟乐府的要害。在旧篇存在的情况下，模拟写作即是对原作的尊重与模仿，同时也是对原作的挑战。在文人诗修辞艺术不断发展的情况下，文人作者觉得自己能够对修辞质朴的原生乐府歌诗有所超越。而当拟作的行为出现后，不同拟作之间自然形成一种竞赛的行为，拟乐府的历史也就成了一个跨越时空的古今诗人的艺术竞赛。元稹所说的“于文或有短长”,的确是拟乐府创作得以存在的理由,也是支撑拟乐府诗歌发展的基本动力。在这自魏晋至三唐的众多竞赛者中,李白无疑是最强有实力的。而李白本人,也可以说最富于这种竞赛意识的。赋题法在体现同题竞赛这一点上显得更加的突出,虽然前人陈陈相因的赋题,陷入“落梅芳树,共体千篇”的困境,但李白复活了汉魏诗歌原生的自由创造的精神,在赋写题意上达到后人无以复加的程度。尤其是他的《公无渡河》《远别离》《蜀道难》《将进酒》《天马歌》《长相思》等作品,真正可说是“罕见凿空”,是对齐梁赋题法空前绝后的新发展。殷璠赞叹:“至于《蜀道难》等篇,可谓奇之又奇。然自骚人以还,鲜有此体调也。”[27]李白能取得这种成功的原因,除了复活骚的体调之外,对赋题法的创造性发展也是一个因素。我们不妨以《蜀道难》为例。郭茂倩引《乐府解题》云:“《蜀道难》备言铜梁玉垒之险。”[28]可见是一个主题性很明确的题目。《蜀道难》古辞已佚,其原来的内容不得而知。李白之前,现存《蜀道难》拟篇如萧纲、刘孝威、阴铿、张文琮诸人之作,都是以竭力形容蜀道之难行为能事。其中刘孝威、张文琮所作最为出色,刘作云:“玉垒高无极,铜梁不可攀。双流逆巇道,九坂涩阳关。邓侯束马去,王生敛辔还。惧身充叱驭,奉玉若犹悭。”张作云:“梁山镇地险,积石阻云端。深谷下寥廓,层岩上郁盘。飞梁架绝岭,栈道接危峦。揽辔独长息,方知斯路难。”[29]这两首诗都是典型的赋题之作,使用隶事、形容的手法,将《蜀道难》这个主题比较成功地表现出来了,但将它们与李白《蜀道难》相比,其对主题的挖掘可以说还停留在很浅表的程度。李白之作,采用带有骚体风格的杂言歌行,极尽曲折描写、唱叹引情之能事。诗一开始,“噫吁嚱,危乎高哉,蜀道之难,难于上青天”,以一种惊呼式的感叹来破题。其后“蚕丛及鱼凫”,想象遥远的古代蜀地与外界隔绝的情况,传说中的帝王增添了蜀地的神秘感,为下面正式写蜀道之难作了很好的铺垫。其后“西当太白有鸟道,可以横绝峨眉巅”两句横空而出,写蜀道之前更有蜀道,其惊险更百倍于后来“天梯、石栈相勾连”之蜀道也。下面“地崩山摧壮士死”极写蜀道开凿之艰难奇异,实非寻常人力所成。蜀道开凿神话的引入,又是一层铺垫。此下是以“黄鹤之飞尚不过,猿猱欲渡愁攀援”这样的夸张方法作进一步形容。有了上面几层铺垫后,才是人物的出现。这也是李白赋题的特点。李白的乐府赋题,总要塑造比较鲜明的人物形象与生动的行动场景,不同于齐梁的平面赋写。在大段的蜀道之行艰险情状的描写后,方才曲终奏雅,在出奇的形容之后,说出作者形容蜀道之难的真正意图,在于讽喻朝廷:“所守或匪亲,化为狼与豺。”这是李白写作的思想归宿。他虽然在文辞上与古人竞赛,但真正的目的是要恢复诗歌的讽喻精神。从上面的分析可见，李白这首诗，是典型的李白式的赋题法，诗中三次出现“蜀道之难，难于上青天”，使主题得到尽情地宣叙。我们分析他的其他带有赋题特点的作品，也都是这样以“罕见凿空”来出奇制胜。

李白乐府诗重在赋题的特点，还表现在他的一些乐府诗，选择了一些见载于古代文献但失去了原有歌诗的乐曲名，如见于《汉书・艺文志》的《中山孺子妾歌》《临江王节士歌》，出于《隋书・音乐志》“梁三朝设乐歌词”中的《夷则格上白鸠拂舞辞》《设辟邪伎鼓吹雉子斑曲辞》，这些冷僻的、并且失去古辞与本事记载的旧曲名，正是对作者赋题能力的考验。从这里我们也可以看出李白写作乐府诗“因难以见巧”的特点。而这种搜寻佚辞旧曲名的作法，正是齐梁诗人开创的。

本文尝试对李白乐府的创作思想、体制与方法做上述系统的分析。在初盛唐之际诗坛复汉魏之风与承齐梁之体两者已经达到相对的平衡，玄宗朝揄扬风雅，诗界已臻文质彬彬之盛的情况下，李白以其天才的伟力与超越时流的诗歌审美理想，再次提倡复古。并且令人感到意外的，是从当时已经陷于困境的拟乐府创作入手，采用表面看来已经落后的拟古方法，试图全面恢复风雅汉魏的艺术精神。这不能不说是盛唐诗国中最为雄伟壮观的一次远征。从李白在乐府诗及一般的歌行体方面创造出的非凡成就来看，我们不能不承认，李白那种全面复古、也全面地覆盖诗歌史的意图，可以说已经成功。之所以能达到这样的成就，一方面当然是因为李白个人的天才，另一方面是因为陈子昂、李白他们的复古思想，是一种深刻的、植根于崇高的审美理想之上的复古思想，所以能够激发巨大的活力。尽管李白的拟乐府、古风等复古诗学的实践，是一种天才的个人行为，在方法上不具有普遍性。但是其创造的诗歌境界，作为古典诗歌艺术所达到最高的维度之一，对后来的诗歌史的影响是深远的。其次，即以李白所复活的拟调、拟篇，及其作出巨大发展的齐梁赋题等方法而言，对此后的古乐府系统的写作，也是有直接的影响的。就唐代而言，李贺的歌行写作，在体制、方法与精神上就深受李白的影响，可以说是李白之后，唐代歌诗创作的又一奇葩。我们也可以说，正是由于李白复古诗学实践的卓越成果的取得，有力地启示了中唐韩孟、元白两派的复古诗学。从这个意义上说，李白可以说是唐代复古诗学、甚至唐宋复古诗学的核心。至于其具体的创作方法，尽管我们说过，李白的拟古法是天才的个性化行为，但是他所激活的拟篇法，一直为后来的元、明、清数代诗人所效仿。总之，关于李白乐府诗创作的这些问题，都还有深刻探讨的必要。

注 释

[1]王琦:《李太白全集》卷三十五《年谱》,北京:中华书局1977年,第1610页。

[2]此问题参见钱志熙《论齐梁陈隋时期诗坛的古今分流现象》一文中的相关论述,《河南师范大学学报(哲学社会科学版)》2011年第1期。

[3]丁福保辑:《历代诗话续编》上册,北京:中华书局1983年版,第14页。

[4]参看钱志熙:《论李白古风五十九首的整体性》一文有关论述,载《文学遗产》2010年第1期。

[5]冀勤点校:《元稹集》卷二十三,北京:中华书局,1982年,第255页。

[6]乐章和徒诗的分际,参看钱志熙《歌谣、乐章、徒诗——论诗歌史的三大分野》一文中的有关论述,《中山大学学报(哲学社会科学版)》2011年第1期。

[7][8]转引自詹锳:《李白诗文系年·李白乐府集说》,北京:人民文学出版社,1984年,第165页。

[9][12]卢照邻:《乐府杂诗序》,徐明霞点校《卢照邻集》,北京:中华书局,1980年,第74页。

[10][11]以上各条,俱见《李白全集校注汇释集评》,第333~336、365页。

[13]司马迁著,裴骃集解,司马贞索隐,张守节正义:《史记》卷一百二十三《大宛列传》,北京:中华书局1959年点校本,第3169页。

[14]王夫之著,王学太点校:《唐诗评选》卷一,北京:文化艺术出版社,1997年,第20页。

[15]顾学颉点校:《白居易集》卷四十五《与元九书》,北京:中华书局,1979年,第961页。

[16]郝立权:《陆士衡诗注·自序》,北京:人民文学出版社1958年,第1页。

[17]《陆士衡诗注·自序》。

[18][23][24]转引自《李白全集校注汇释集评》,第501、337、342页。

[19]王琦注:《李太白全集》卷二十五,北京:中华书局1977年,第1195页。

[20]郭茂倩:《乐府诗集》卷三十,北京:中华书局1979年版,第442页。

[21]郭茂倩:《乐府诗集》卷三十(第445页)作"得"。

[22]按郑樵已有此说。见《通志·乐略》。

[25]参看钱志熙:《齐梁拟乐府诗赋题法初探——兼论乐府诗写作方法之流变》,《北京大学学报(哲学社会科版)》1995年第4期。

[26]王琦校注:《李太白全集》卷四,北京:中华书局,1977年,第268页。

[27]《河岳英灵集》,《唐人选唐诗(十种)》本,上海:上海古籍出版社,1978年,第53页。

[28][29]郭茂倩:《乐府诗集》卷四十,第590、591页。

解读李白的一扇窗口
——试论李白作品中的谋臣策士形象

尹楚兵

袁行霈曾在《李杜诗歌的风格与意象》中指出："诗的意象带有强烈的个性特点，最能见出诗人的风格。诗人有没有独特的风格，在很大程度上取决于是否建立了他个人的意象群。一个意象成功地创造出来以后，虽然可以被别的诗人沿用，但往往只在一个或几个诗人笔下才最有生命力，以至这种意象便和这一个或几个诗人联系在一起，甚至成为诗人的化身。"[1]李白作为中国古代杰出的诗人，在其作品中创造出了一系列独具个性特色的意象，除袁先生在文中列举的大鹏意象，奇特不凡的自然山水意象，仙、酒、侠、剑意象，明月意象等之外，李白笔下的历史人物意象同样打上了作者浓厚的个人烙印。对李白作品中的历史人物包括谋臣策士，裴斐先生在《李白与历史人物》[2]一文中曾择取其中一些代表人物作过精彩的个案分析。但对谋臣策士意象，至今却少有人从群体的角度予以关注，本文试图通过对李白作品中这一形象群体的分析，透过这扇特殊的窗口来进一步解读李白，认识李白。

李白一生有着浓厚的谋臣策士情结，这种情结的形成与巴蜀地域文化传统的影响有着密切的联系。李白五岁时随父母自西域迁居蜀中，至二十四岁"仗剑去国，辞亲远游"，在蜀地生活了将近二十年，因此自小深受自秦汉以来纵横家风尚较为浓厚的巴蜀地域文化的熏陶。特别是他与隐士赵蕤的交往，从赵蕤那里系统学习和接受了纵横家思想[3]。蜀地纵横术的传统直接培育了李白的谋臣策士意识和游士性格，从而形成了他一生浓厚的谋臣策士情结。刘全白《唐故翰林学士李君碣记》称李白"性倜傥，好纵横术"[4]，在《代寿山答孟少府移文书》中，李白自述其理想是成为春秋时管仲、晏婴之类的帝王谋士。李白也因此常以古代的谋臣策士自居，如《五月东鲁行答汶上翁》自比鲁仲连："我以一箭书,能取聊城功。"《秋日炼药院镊白发赠元六兄林宗》自比乐毅、苏秦:"乐毅方适赵,苏秦初说韩。"《驾去温泉宫后赠杨山人》"自言管葛竟谁许",自比管仲、诸葛亮。李白也喜欢以谋臣策士许人,如《赵公西侯新亭颂》称宣城太守赵悦"郁王霸之奇略",《当涂李宰君画赞》誉当涂县令李阳冰"吐奇献策,敷闻王庭"。李白笔下出现的古代谋臣策士有三十多位,几近其诗文中出现的一百五十八位历史人物之四分之一。由此可见谋臣策士形象在李白作品意象中的特殊地位。如果我们能对这一形象系列做出较为全面深入的分析,显然不失为更好地了解、认知李白的一扇窗口。

二

中国历史上谋臣策士形形色色,品性操守、人生际遇各不相同。综观李白笔下的谋臣策士形象,却大致具有如下共同特点:

(一)起于草野或屡经困厄,平步青云的成功方式

李白笔下的策士大多起于草野,或屡经困厄。"傅说板筑臣,李斯鹰犬人"(《冬夜醉宿龙门觉起言志》),诸葛亮"当其南阳时,垄田躬自耕"(《读诸葛武侯传书怀赠长安崔少府叔封昆季》),管仲"穷与鲍生贾"(《秋日炼药院镊白发赠元六兄林宗》),还有"朝歌屠叟辞棘津,八十西来钓渭滨"(《梁甫吟》)的吕尚,身为厨子的伊尹,喂牛的宁戚,沦为阶下囚的百里奚。但这些人后来都凭借特殊的机遇和自己的才能平步青云。傅说因武丁夜梦圣人而从筑城工匠中被发现,"舍筑作相"(《代寿山答孟少府移文书》),"鱼与龙同池,龙去鱼不测。当时版筑辈,岂知傅说情"(《纪南陵题五松山》);李斯后从荀子学帝王之术,入秦说秦王,"欻起匡社稷"(《冬夜醉宿龙门觉起言志》);诸葛亮"鱼水三顾合,风云四海生。武侯立岷蜀,壮志吞咸京"(《读诸葛武侯传书怀赠长安崔少府叔封昆季》);管仲"鲍生荐夷吾,一举致齐相"(《陈情赠友人》);百里奚、吕尚"秦穆五羊皮,买死百里奚。洗拂青云上,当时贱如泥。朝歌鼓刀叟,虎变蟠溪中。一举钓六合,遂荒营丘东"(《鞠歌行》);伊尹负鼎俎,以滋味说汤,"一朝和殷羹,光气为列星。伊尹生空桑,捐庖佐皇极"(《纪南陵题五松山》);"听曲知宁戚,夷吾因小妻"(《鞠歌行》),宁戚以一曲饭牛歌而见知于管仲,荐于齐桓公,被任为大夫,与管仲同参国政。

(二)风云际会、鱼水遇合的君臣关系

也许与自己见疏于君王的际遇有关,李白特别羡慕历史上那些风云际会、

鱼水遇合的谋臣策士，如傅说、吕尚、郭隗、剧辛、邹衍、乐毅、诸葛亮等人，以至于在诗文中津津乐道。

《代寿山答孟少府移文书》云："昔太公大贤，傅说明德，栖渭川之水，藏虞虢之岩，卒能形诸兆朕，感乎梦想。此则天道暗合，岂劳乎搜访哉？果投竿诣麾，舍筑作相，佐周文，赞武丁。"《赠钱征君少阳》："如逢渭川猎，犹可帝王师。"《梁甫吟》："君不见朝歌屠叟辞棘津，八十西来钓渭滨。……广张三千六百钓，风期暗与文王亲。"这几篇都是写姜太公吕尚与周文王、傅说与商王武丁之间奇异的遇合。《史记》卷三《殷本纪》："武丁夜梦得圣人，名曰说。以梦所见视群臣百吏，皆非也。于是乃使百工营求之野，得说于傅险中。是时说为胥靡，筑于傅险。见于武丁，武丁曰是也。得而与之语，果圣人，举以为相，殷国大治。"《史记》卷三二《齐太公世家》："吕尚盖尝穷困，年老矣，以渔钓奸周西伯。西伯将出猎，卜之，曰：'所获非龙非彲，非虎非罴；所获霸王之辅。'于是周西伯猎，果遇太公于渭之阳，与语大说，曰：'自吾先君太公曰："当有圣人适周，周以兴。"子真是邪？吾太公望子久矣。'故号之曰'太公望'，载与俱归，立为师。"

战国时燕昭王对郭隗、剧辛、邹衍、乐毅等人的知遇之恩，尤令李白艳羡不已。《古风五十九首》（其十五）："燕昭延郭隗，遂筑黄金台。剧辛方赵至，邹衍复齐来。"《行路难三首》（其二）："昔时燕家重郭隗，拥篲折节无嫌猜。剧辛乐毅感恩分，输肝剖胆效英才。"

诸葛亮和刘备之间的关系，李白则直接用"鱼水"来形容。如《君道曲》云"刘葛鱼水本无二"，直述刘备和诸葛亮君臣遇合的关系举世无双。《读诸葛武侯传书怀赠长安崔少府叔封昆季》亦云："赤伏起颓运，卧龙得孔明。当其南阳时，垄田躬自耕。鱼水三顾合，风云四海生。"表现了诗人对刘、葛关系的无比向往。

（三）匡济天下的非凡抱负，吐奇献策、扶危持倾的惊世才能

李白笔下的谋臣策士往往抱负非凡，如《留别于十二兄逖、裴十三游塞垣》写道："太公渭川水，李斯上蔡门。钓周猎秦安黎元，小鱼鵔兔何足言。"姜太公渭川垂钓，意在"钓周"：佐周灭商；李斯上蔡门外狩猎，志在"猎秦"：辅佐秦王并吞天下。这些谋士不仅志向非凡，而且都具有吐奇献策、扶危持倾的惊世才能，建奇功，立伟业。如"小白鸿翼于夷吾"（《君道曲》），是赞叹管仲（名夷吾）辅佐齐桓公（即姜小白）的雄才大略，《史记》卷六二《管晏列传》："管仲既用，任政于齐，齐桓公以霸，九合诸侯，一匡天下，管仲之谋也。"张良"佐汉解鸿门"（《赠张相镐二首》其一），为刘邦解鸿门宴之危，立下奇功。"东下齐城七十二，指挥楚汉如旋蓬"（《梁甫吟》），则是写郦食其凭借自己的滔滔雄辩说服齐王田

广主动放弃防御，使汉王刘邦得以乘机奄有齐地。

这些谋士们匡济天下、扶危持倾的奇功伟业，在李白笔下写来，似乎不费吹灰之力，轻而易举。如：商山四皓以客卿身份入宫辅护太子刘盈，“调笑可以安储皇”（《赠潘侍御论钱少阳》），谈笑之间使本来欲被废弃的刘盈的地位得以稳固；鲁仲连一番义不帝秦的言论，“谈笑三军却”（《奔亡道中五首》其三），使围赵的秦军主动为之后撤五十里；仲连“以一箭书”“取聊城功”（《五月东鲁行答汶上翁》），使被燕将攻占、死伤无数仍无法收复的聊城数日内得以收复；东晋谢安也是“谈笑安黎元”（《书情赠蔡舍人雄》）、“谈笑遏横流”（《登金陵冶城西北谢安墩》），笑谈间击败苻坚百万大军。

（四）不恋富贵、敝屣功名的淡定和睿智

李白笔下的谋臣策士不仅功名显赫，更可贵的是大都不贪恋富贵，或功成名就后，飘然引退，或虽居朝堂，而有隐逸之心。

商山四皓“功成身不居，舒卷在胸臆”（《商山四皓》）；谢安“安石在东山，无心济天下。一起振横流，功成复潇洒”（《赠常侍御》），《晋书》卷七十九《谢安传》：“安虽受朝寄，然东山之志始末不渝，每形于言色。”张良也是一位不留恋功名富贵的谋士，《史记》卷五十五《留侯世家》载：“留侯乃称曰：‘家世相韩，及韩灭，不爱万金之资，为韩报仇强秦，天下振动。今以三寸舌为帝者师，封万户，位列侯，此布衣之极，于良足矣。愿弃人间事，欲从赤松子游耳。’乃学辟谷，道引轻身。”李白在《代寿山答孟少府移文书》中自述己志时曾明确表示在建立一番功业后要效法范蠡、张良浮游江湖：“事君之道成，荣亲之义毕，然后与陶朱、留侯浮五湖，戏沧州，不足为难矣！”

在不慕富贵、功成身退的谋臣策士中，李白用笔最多也最为仰慕的是鲁仲连、范蠡两人。李白多次称赞鲁仲连“却秦不受赏”（《赠从兄襄阳少府皓》），“蹈海宁受赏”（《送岑征君归鸣皋山》），“鲁连逃千金，珪组岂可酬”（《赠崔郎中宗之》），“鲁连卖谈笑，岂是顾千金”（《留别王司马嵩》），并表示自己要“心齐鲁连子”（《送王屋山人魏万还王屋》）。李白关于范蠡的诗歌也大多与退隐有关，范蠡可谓李白诗中功成身退的典范。《留别王司马嵩》称“陶朱虽相越，本有五湖心”，《悲歌行》则直接称赞范蠡功成身退的睿智之举：“范子何曾爱五湖，功成名遂身自退。”

当然，李白笔下的谋士中也有个别贪图名利、功成不退因而招致杀身之祸的反例，与前述不恋富贵、敝屣功名的谋士相比，这是作者所否定的对象。比如李斯原为“且逐东门兔”（《赠溧阳宋少府陟》）的上蔡布衣，后官至秦相，一时富贵盛极，然终因未能及时退隐，招致腰斩之祸。临刑前，李斯追忆当初携儿牵黄犬出上蔡东门逐狡兔的悠闲自得的生活而不复可得,追悔莫及。李白诗歌中多次提及李斯功成不退的悲剧,如《悲歌行》:“悲来乎！悲来乎！秦家李斯早追悔,虚名拨向身之外。”《行路难三首》(其三):“吾观自古贤达人,功成不退皆殒身。……陆机才多岂自保,李斯税驾苦不早。华亭鹤唳岂可闻,上蔡苍鹰何足道。”《古风五十九首》(其十八):“功成身不退,自古多愆尤。黄犬空叹息,绿珠成衅雠。”

(五)平交王侯、长揖万乘的不羁个性

李白笔下的谋臣策士,其中一些人平交王侯、长揖万乘的独立意识和不羁个性,也是诗人极为称道的,代表人物有郦食其。

《史记》卷九七《郦生陆贾列传》载:“沛公至高阳传舍,使人召郦生。郦生至,入谒,沛公方倨床使两女子洗足,而见郦生。郦生入,则长揖不拜,曰:‘足下欲助秦攻诸侯乎？且欲率诸侯破秦也?’沛公骂曰:‘竖儒！夫天下同苦秦久矣,故诸侯相率而攻秦,何谓助秦攻诸侯乎?’郦生曰:‘必聚徒合义兵诛无道秦,不宜倨见长者。’于是沛公辍洗,起摄衣,延郦生上坐,谢之。”对郦食其这种傲视王侯、自尊自重的个性,李白在《梁甫吟》中大加称许:“君不见高阳酒徒起草中,长揖山东隆准公。入门不拜骋雄辩,两女辍洗来趋风。”

二

意象是融入了创作主体主观情意的客观物象,“物象是客观的,它不依赖人的存在而存在,也不因人的喜怒哀乐而发生变化。但是物象一旦进入诗人的构思,就带上了诗人主观的色彩。这时它要受到两方面的加工:一方面,经过诗人审美经验的淘洗与筛选,以符合诗人的美学理想和美学趣味;另一方面,又经过诗人思想感情的化合与点染,渗入诗人的人格和情趣。经过这两方面加工的物象进入诗中就是意象。”[5]李白笔下的谋臣策士形象也不例外,而且其主观化色彩尤为明显。前面我们说过,蜀地纵横术的传统形成了李白一生浓厚的谋臣策士情结,培育了他的谋臣策士意识和游士性格,李白将这一切都寄托在他作品中的谋臣策士形象身上,借他们以自况、自许或明志,这些谋臣策士形象成了作者个性的折射和自我的化身,是另一个“我”。正因为如此,这些谋臣策士形象对于我们解读李白也就具有了更大的认识价值,成为了我们观照李白的一扇窗口和镜子。

李白“喜谈纵横术,好语王霸略”,他一生始终在做着策士梦。刘全白《唐故翰林学士李君碣记》称他“不求小官,以当世之务为负”。在《代寿山答孟少

府移文书》里，李白这样描述着他的策士梦想："申管、晏之谈，谋帝王之术。奋其智能，愿为辅弼，使寰区大定，海县清一。事君之道成，荣亲之义毕，然后与陶朱、留侯，浮五湖，戏沧洲，不足为难矣。"他要像管仲、晏婴那样"奋其智能"，成为帝王辅弼，匡济天下，建立一番功业后，然后效法范蠡、张良，功成身退，纵情于江湖。在"四海南奔似永嘉"的安史之乱中，李白加入永王李璘幕府，也以"谈笑静胡沙"的谢安自许："但用东山谢安石，为君谈笑静胡沙。"（《永王东巡歌十一首》其二）

李白不仅有着他笔下谋臣策士安邦定国、匡济天下的理想，也像他们一样，个性张扬自信，大言夸诞。他在《南陵别儿童入京》中高呼："仰天大笑出门去，我辈岂是蓬蒿人！"在《驾去温泉宫后赠杨山人》中，自比管仲、诸葛亮。《为宋中丞自荐表》称自己"怀经济之才，抗巢由之节。文可以变风俗，学可以究天人"。李白的大言夸诞也常常招致时人的不理解和嘲笑："时人见我恒殊调，闻余大言皆冷笑。"（《上李邕》）"苦笑我夸诞，知音安在哉？"（《赠王判官时余归隐庐山屏风叠》）

在李白身上，我们也可以看到他笔下谋臣策士兀傲不群、平交王侯、长揖万乘的不羁个性。任华《寄李白》称李白："平生傲岸，其志不可测。数十年为客，未尝一日低颜色。"[6]李白也屡屡自称"不屈己，不干人"（《代寿山答孟少府移文书》），"出则以平交王侯，遁则以俯视巢许"（《送烟子元演隐仙城山序》），"安能摧眉折腰事权贵，使我不得开心颜"（《梦游天姥吟留别》）。

在李白作品的自白中，我们还可以看到他身上同样有着他笔下谋臣策士不恋富贵、敝屣功名的一面。在《江上吟》中，李白不无嘲弄地写道："功名富贵若长在，汉水亦应西北流。"他还反复剖明心迹，表示将来功成名就后要及时隐退："待吾尽节报明主，然后相携卧白云"（《驾去温泉宫后赠杨山人》），"功成拂衣去，摇曳沧洲旁"（《玉真公主别馆苦雨赠卫尉张卿》），"功成拂衣去，归入武陵源"（《登金陵冶城西北谢安墩》），并引功成身退的鲁仲连、范蠡为同调："鲁连及夷齐，可以蹑轻芬"（《感兴八首》其七），"我于鸱夷子，想去千馀岁。运阔英达稀，同风摇执袂"（《答高山人兼呈权顾二侯》）。

李白笔下古代策士那种凭借个人才能游说万乘，由布衣直取卿相的从政方式尤其给他留下了深刻影响，并深深吸引着李白。在读书人普遍走科举入仕道路的唐代，李白却给自己设计了一条异于常人的入仕途径。他不屑于参加正常的科举考试，企求古代策士那种"不飞则已，一飞冲天；不鸣则已，一鸣惊人"的入仕方式。范传正《唐左拾遗翰林学士李公新墓碑并序》称他："常欲一鸣惊人，一飞冲天，彼渐陆迁乔，皆不能也。"[7]因此李白走上了游说干谒求仕的道路:“十五好剑术,遍干诸侯;三十成文章,历抵卿相。”(《与韩荆州书》)直到以布衣身份为玄宗召见,还感慨“游说万乘苦不早”(《南陵别儿童入京》)。李白以一介布衣被玄宗征召入朝,供奉翰林,这际遇本身也与他笔下策士的经历颇为相似。

总之,从李白笔下的谋臣策士形象身上我们不难看到李白自身的影子。当然,李白最终并没有如其所愿成为一名谋臣策士,这既有其所处时代环境等外部的原因,也与李白自身缺乏政治才干有关,诚如王运熙先生评价的那样:“他不是一个有才能的政治家,而是一个富有政治热情和抱负的诗人。”[8]

注 释

[1]袁行霈:《中国诗歌艺术研究》(增订本)下编,北京:北京大学出版社,1996年,第213~214页。

[2]裴斐:《李白与历史人物》,《文学遗产》,1990年第3~4期。

[3]余恕诚:《李白与长江》,《文学评论》,2002年第1期。

[4][7](唐)李白:《李太白文集》卷一,成都:巴蜀书社,1986年,第3、4页。

[5]袁行霈:《中国诗歌艺术研究》(增订本)上编《中国古典诗歌的意象》,北京:北京大学出版社,1996年,第52页。

[6](清)曹寅等:《全唐诗》卷二六一,上海:上海古籍出版社,1986年,第651页。

[8]王运熙:《〈李白集校注〉前言》,上海:上海古籍出版社,1980年,第8页。

李白古乐府学内涵探

吴相洲

李白是古乐府创作大家，李白创立了“古乐府学”，其古乐府创作与古乐府学建立，是两件事情，还是一件事情的两个侧面呢？这一问题看似简单，其实难以回答。近年来有学人开始探讨李白古乐府学内涵，笔者认为其仍然有继续探讨的空间。

一

为了弄清李白古乐府学内涵，有必要引入“乐府学史”这一概念。

李白对古乐府有专门研究，他系统模拟古乐府，建立起古乐府之学，并将这一学问传授给他人。唐权德舆《右谏议大夫韦君集序》云：“初，君（韦渠牟）年十一，尝赋《铜雀台》绝句，右拾遗李白见而大骇，因授以古乐府之学。”[1] 乐府属于朝廷礼乐文化核心组成部分，所以自从其产生之日起就备受关注。秦代有关乐府活动的文献留存有限，其乐府学情况难以说清。汉代记述乐府活动、收录乐府歌辞、研究乐府理论文献有大量留存。《史记》《汉书》都曾记录乐府活动、乐府歌辞以及乐府研究情况。记录和研究乐府活动早已成为一门学问。但清楚地使用“乐府学”这一概念，目前所见就是权德舆这篇文章。那么李白“古乐府学”具体内涵是什么呢？李白没有太多表述，后人没有清楚揭示。而这是需要弄清的大问题：

首先，从李白研究本身来看，乐府寄托着李白创作理想，弄清“古乐府学”内涵，有助于深刻理解其创作。李白文学理想是“大雅正声”，其古乐府创作是否在追求这一理想呢？“大雅正声”出自《诗经》，李白作古乐府如何能实现这一理想呢？其“古乐府学”与“大雅正声”是什么关系呢？显然需要深入探讨。

其次，从乐府学史看，李白“古乐府学”是乐府诗学史上重要一环，弄清其内涵有助于完整描述出乐府学史。乐府是唐诗中的精品，许多诗人在创作乐府时也在反思乐府，从而形成了唐人的乐府诗学。唐代乐府诗学主要围绕“古乐府”“补乐府”“新乐府”几个核心概念展开。弄清李白古乐府学内涵是描述唐代乐府诗学的重要一环。

然而从李白现有诗文中未见对其古乐府学内涵的集中表述，只能将其有关表述“串联”起来，看能否呈现出清晰的思想链条。而这种“串联”还要引入“乐府学史”这一概念，只有从乐府学史发展链条中才能清楚地看到李白古乐府学内涵。

二

在乐府学当中，乐府诗学建立较晚，给乐府定位则更晚。《文心雕龙》设“乐府”篇，可以视为乐府诗学开端。但刘勰对乐府定位不够高。他虽然据《尚书·尧典》“声依永，律和声”一番道理来谈乐府起源，但并不认为乐府是《诗经》正宗继承者，在谈及汉乐府时多有微词。如云：“自雅声浸微，溺音腾沸，秦燔《乐经》，汉初绍复，制氏纪其铿锵，叔孙定其容典，于是《武德》兴乎高祖，《四时》广于孝文，虽摹《韶》《夏》，而颇袭秦旧，中和之响，阒其不还。暨武帝崇礼，始立乐府，总赵代之音，撮齐楚之气，延年以曼声协律，朱马以骚体制歌，《桂华》杂曲，丽而不经，《赤雁》群篇，靡而非典，河间荐雅而罕御，故汲黯致讥于《天马》也。至宣帝雅颂，诗效《鹿鸣》，迩及元成，稍广淫乐，正音乖俗，其难也如此。暨后汉郊庙，惟杂雅章，辞虽典文，而律非夔旷。”[2]在他眼中，魏晋乐府虽然各有长短，但也不能与《诗经》相提并论。

到隋代王通，乐府地位有了巨大变化。王通效圣人事业，据六经而作《续书》《续诗》《礼论》《乐论》《赞易》《元经》，与六经一一对应。《中说·礼乐篇》载：“程元问六经之致。子曰：‘吾续《书》以存汉、晋之实，续《诗》以辩六代之俗，修《元经》以断南北之疑，赞《易》道以申先师之旨，正《礼》《乐》以旌后王之失。如斯而已矣。’”[3]《中说·魏相篇》又载：“董常曰：‘夫子以《续诗》《续书》为朝廷，《礼论》《乐论》为政化，《赞易》为司命，《元经》为赏罚。此夫子所以生也。’”[4]其中《续诗》就是以乐府接续《诗经》。

《续诗》今不存，从相关文献中知道是选三百篇乐府以续《诗经》。杨炯《王勃集序》说文中子曾“甄正乐府，取其雅奥，为三百篇以续《诗》”。[5]而杜淹《文中子世家》则说《续诗》有三百六十篇:“《续诗》三百六十篇,列为十卷。”(《中说·附录》)这三百篇或三百六十篇乐府是哪些时代作品?《中说》卷一“王道篇”载:“薛收曰:‘敢问《续诗》之备六代,何也?’子曰:‘其以仲尼《三百》始终于周乎?’收曰:‘然。’子曰:‘余安敢望仲尼!然至兴衰之际,未尝不再三焉。故具六代始终,所以告也。’”[6]可见所选乐府包含六代,不只是汉代作品。

从《中说》相关议论文字中可以看到,王通把《续诗》看得和《诗经》一样重要。《中说·天地篇》载:“子曰:‘王道之驳久矣,礼乐可以不正乎?大义之芜甚矣,《诗》《书》可以不续乎?’”[7]他认为《续诗》和孔子整理《诗三百》是一样的。他表示:“《续诗》可以讽,可以达,可以荡,可以独处;出则悌,入则孝;多见治乱之情。”[8]与孔子说《诗》可以兴、观、群、怨很相似。《中说·事君篇》又载:“薛收问《续诗》。子曰:‘有四名焉,有五志焉。何谓四名?一曰化,天子所以风天下也;二曰政,蕃臣所以移其俗也;三曰颂,以成功告于神明也;四曰叹,以陈诲立诫于家也。凡此四者,或美焉,或勉焉,或伤焉,或恶焉,或诫焉,是谓五志。’”[9]与《毛诗序》说“先王以是经夫妇,成孝敬,厚人伦,美教化,移风俗”意思类似。《中说·事君篇》又载:“子谓:《续诗》之有化,其犹先王之有雅乎?《续诗》之有政,其犹列国之有风乎?”[10]把《续诗》看作《诗》之雅颂。在解释这些诗作时他努力发掘诗中深义。如《中说·周公篇》载:“子曰:‘《大风》安不忘危,其霸心之存乎?《秋风》乐极哀来,其悔志之萌乎?’”[11]与汉儒解释《诗经》做法相似。

王通是思想家,他无意建构乐府诗学,但他以乐府比附《诗经》,以序诗之法解释乐府,无意中给了乐府以新的定位,影响极其深远。

例如宋代郑樵《通志二十略·乐略》也把乐府看作《诗经》嗣响。《通志·总序》云:“乐以诗为本,诗以声为用。风土之音曰风,朝廷之音曰雅,宗庙之音曰颂。仲尼编诗,为正乐也……自《鹿鸣》不传,后世不复闻诗。然诗者,人心之乐也,不以世之兴衰而存亡,继风、雅之作者,乐府也。史家不明仲尼之意,弃乐府不收,乃取工伎之作以为志。臣旧作《系声乐府》,以集汉魏之辞,正为此也。今取篇目以为次,曰《乐府正声》者,所以明风、雅;曰《祀享正声》者,所以明颂;又以琴操明丝竹,以遗声准逸《诗》。”[12]这一思想在《乐略》中一再重申。如《乐府总序》云:“继三代之作者,乐府也。乐府之作,宛同风雅,但其声散佚无所纪系,所以不得嗣续风雅而为流通也。”[13]他按照《诗经》分类方法给乐府分类,将“短箫铙歌”等14类251调“系之正声,即风雅之声也”;将“郊祀歌”等4类48曲“系之正声,即颂声也”;将“汉三侯之诗”等7类91曲“系之别声,而非正乐之用也”。而“正声之余则有琴,琴五十七曲,别声之余则有舞,舞二十三曲。”

元代左克明也把乐府看作《诗经》正宗继承者。其《序》云：“汉武帝立乐府采诗，以四方之声合八音之调，用之甘泉圜丘，此乐府之名所由始也……上追三代，下逮六朝，作者迭兴，仿效继出。虽世降不同，而时变可考。纷纷沿袭，古意略存。或因意命题，或学古叙事，尚能原闺门衽席之遗，而达于朝廷宗庙之上。方三百篇之诗为近，而下视后世词章流连光景有间矣。”[14]虽然没有郑樵评价那么高，但地位也不低。

在明人诗话中也经常看到类似表述。如徐祯卿《谈艺录》云：“汉祚鸿朗，文章作新，《安世》、楚声，温纯厚雅，孝武乐府，壮丽宏奇。缙绅先生，咸从附作。虽规迹古风，各怀剞劂。美哉歌咏，汉德雍扬，可为《雅》《颂》之嗣也。及夫兴怀触感，民各有情。贤人逸士，呻吟于下里，弃妻思妇，歌咏于中闺。鼓吹奏乎军曲，童谣发于闾巷，亦十五《国风》之次也。东京继轨，大演五言，而歌诗之声微矣。至于含气布词，质而不采，七情杂遣，并自悠圆。或间有微疵，终难掩玉。两京诗法，譬之伯仲埙篪，所以相成其音调也。”[15]明确指出了汉乐府是《诗经》嗣响。

清人朱嘉征《乐府广序》完全按照《诗经》给乐府分类，并按照解经之法解释乐府。书前有许三礼序和黄宗羲序。许序云：“诗与乐相为表里者也。六义存则诗存，六义亡则诗亡……予以政事之暇，观止溪先生之广序，而爽然于诗乐之源流也。其以相和三调为风，鼓吹横吹为雅，郊祀庙飨为颂，断断无可议者。复取其声辞而细绎之，颇仿卜序以广其义焉。”[16]黄序云：“原诗之起，皆因于乐，是故《三百篇》即《乐经》也……海昌朱止溪先生有慨于此，取汉魏六朝有唐之乐府及诗分为三集。其相和、清商五调杂曲、新曲为风，其燕射、鼓吹、横吹、舞曲为雅，其郊祀、庙祀、明堂、封禅、雩蜡为颂，诗附其后，而以赋比兴三者纬之。上下千年，俨然《三百篇》之余，以比文中子续经之作，盖庶几焉。”[17]作者《题辞》也说所编“一文一质，总不越风人六义之遗。”[18]

当然汉儒解经已有误区，把所有乐府都当作经来解读更难免陷入误区。《四库全书总目》就批评说：“国朝朱嘉征……仿《诗序》之例，每篇各为小序以明其意。盖刻意续经，惟恐一毫之不似。然三代乐制，至汉尽亡。乐府之于三百篇，犹阡陌之于井田，郡县之于封建也。端绪亦有时相属，而不相属者十之九。嘉征必摹拟刻画，一一以风、雅、颂分配之，牵强支离，固其所矣。”[19]

总之，王通《续诗》影响极其深远，近代黄节作《汉魏乐府风笺》，也把相和歌等当作国风。

三

回顾古乐府被经典化过程，就不难发现李白古乐府学涵义了。李白和王通一样，都是要做孔子那样的文化总结者、传承者，区别在于王通“述而不作”，李白“作而不述”。

李白和王通一样，都想做圣人，都有“删述”之志。《古风五十九首》其一云：“大雅久不作，吾衰竟谁陈。王风委蔓草，战国多荆榛。龙虎相啖食，兵戈逮狂秦。正声何微茫，哀怨起骚人。扬马激颓波，开流荡无垠。废兴虽万变，宪章亦已沦。自从建安来，绮丽不足珍。圣代复元古，垂衣贵清真。群才属休明，乘运共跃鳞。文质相炳焕，众星罗秋旻。我志在删述，垂辉映千春。希圣如有立，绝笔于获麟。”[20]在李白看来，大雅不作，王风委地，正声微茫，宪章沦缺，所以他要像孔子那样，志在删述，恢复元古。

然而同样“续经”[21]，王通和李白做法不同。王通是思想家，其“删述”之志体现在编写一系列著作。李白是诗人，其“删述”之志体现在创作古乐府上。王通解释古乐府诗以彰显诗教，李白创作古乐府以传达诗教。

发掘乐府本事及其寓意，是乐府学一项重要内容，在王通之前和王通之后，相关著述屡见于世。东汉蔡邕《琴操》，晋代崔豹《古今注》，《晋书》《宋书》《隋书》乐志，都含有乐府解题内容。唐代更出现一批乐府解题著作。据《旧唐书·经籍志》《新唐书·艺文志》《宋史·艺文志》著录，有吴兢《乐府古题要解》、郗昂《乐府古今题解》三卷（一作王昌龄）、刘餗《乐府古题解》一卷、王昌龄《续乐府古解题》一卷等。吴兢《乐府古题要解》今存。序云：“乐府之兴，肇于汉魏。历代文士，篇咏实繁。或不睹于本章，便断题取义。赠夫利涉，则述《公无渡河》；庆彼载诞，乃引《乌生八九子》；赋雉斑者，但美绣锦臆；歌天马者，唯叙骄驰乱蹋。类皆若兹，不可胜载。递相祖习，积用为常，欲令后生，何以取正？余顷因涉阅传记，用诸家文集，每有所得，辄疏记之。岁月积深，以成卷轴，向编次之，目为《古题要解》云尔。”[22]可见吴兢有感于长期以来诗人们不究古题本事，不研读古辞，只是根据题目望文生义进行写作，以至于严重偏离本事。因此根据自己所学对这些古题本事、本义加以说明。在探寻本事本意时，他特别强调古辞作用。如《江南曲》解题云：“右《江南曲》古词云：‘江南可采莲，莲叶何田田。’又云：‘鱼戏莲叶东，鱼戏莲叶西，鱼戏莲叶南，鱼戏莲叶北。’盖美其芳晨丽景，嬉游得时。若梁简文‘桂楫晚应旋’，唯歌游戏也。又有《采菱曲》等，疑皆出于此。”[23]再如《乌生八九子》解题云：“右古词：‘乌生八九子，端坐秦氏桂树间。'言乌母生子,本在南山岩石间,而来为秦氏丸所杀;白鹿在苑中,人得以脯;黄鹄摩天,鲤鱼在深渊,人可得而烹煮之。则寿命各有定分,死生驻前后也。若梁刘孝威'城上乌,一年生九雏',但咏乌而已,不言本事。"[24]都是根据古辞推断本事。

盛唐集中出现一批解题著作,说明时人很重视古乐府传统,李白古乐府学正是在这一背景下产生的。如果说那些解题著作是通过学术研究来维护古乐府传统的话,那么李白则是通过自己的古乐府创作来维护古乐府传统的。乐府诗包含题名、本事、曲调、体式、风格五个要素,这些要素对维护其自身传统起着重要作用。其中本事作用最大,要想使人们创作古乐府时严格遵循本事,就成了维护古乐府传统的关键。李白有计划写作古乐府,并把恢复古乐府本事本义当作重要追求。

汉魏以来,人们作古题乐府往往加入自己情感,在继续保持原有题材和主题的同时,增加或衍生出新的主题。李白在创作中往往拨开后人增加或衍生的主题,努力恢复原始主题。如《梁甫吟》,诸葛亮所作意在怀古言志,歌咏晏婴二桃杀三士的故事。后来晋陆机、梁沈约、陈陆琼所作,都偏离了本事,只有李白回归到这一本事:"力排南山三壮士,齐相杀之费二桃。"并列举了姜尚、郦食其、剧孟等人的故事,抒发了怀才不遇心情,与诸葛亮用意一致。

在无古辞借鉴时,李白努力按照该题本事去写。如《公无渡河》:"黄河西来决昆仑,咆哮万里触龙门。波滔天,尧咨嗟,大禹理百川,儿啼不窥家。杀湍湮洪水,九州始蚕麻。其害乃去,茫然风沙。被发之叟狂而痴,清晨径流欲奚为?旁人不惜妻止之,公无渡河苦渡之。虎可搏,河难凭,公果溺死流海湄。有长鲸白齿若雪山,公乎公乎挂罥于其间。箜篌所悲竟不还。"郭茂倩《乐府诗集》《箜篌引》解题云:"一曰《公无渡河》。"又引崔豹《古今注》曰:"《箜篌引》者,朝鲜津卒霍里子高妻丽玉所作也。子高晨起刺船,有一白首狂夫,被发提壶,乱流而渡,其妻随而止之,不及,遂堕河而死。于是援箜篌而歌曰:'公无渡河,公竟渡河,堕河而死,将奈公何!'声甚凄怆,曲终亦投河而死。子高还,以语丽玉。丽玉伤之,乃引箜篌而写其声,闻者莫不堕泪饮泣。丽玉以其曲传邻女丽容,名曰《箜篌引》。"[25]梁刘孝威、陈张正见两首《公无渡河》,都是极言川险不可涉,只有李白所作最接近本事,详细描写狂夫投河、其妻无力劝阻的情节。

维护古乐府本事本义在于维护这些诗作所传达出来的诗教精神,李白古乐府创作特别强调了诗教意义的传达。正如宋释契嵩《书李翰林集后》云:"余读李翰林集,见其乐府诗百余篇,其意尊国家,正人伦,卓然有周诗之风,非徒吟咏情性,咄呕苟自适而已。"[26]葛立方《韵语阳秋》说得更加具体:"李白乐府三卷,于三纲五常之道,数致意焉。虑君臣之义不笃也,则有《君道曲》之篇,所谓‘风后爪牙常先太山稽,如心之使臂。小白鸿翼于夷吾,刘葛鱼水本无二。’虑父子之义不笃也,则有《东海勇妇》之篇,所谓‘淳于免诏狱,汉主为缇萦。津妾一棹歌,脱父于严刑。十子若不肖,不如一女英。’虑兄弟之义不笃也,则有《上留田》之篇,所谓‘田氏仓卒骨肉分,青天白日摧紫荆。交柯之木本同形,东枝憔悴西枝荣。无心之物尚如此,参商胡乃寻天兵!’虑朋友之义不笃也,则有《箜篌谣》之篇,所谓‘贵贱结交心不移,惟有严陵及光武。’‘轻言讬朋友,对面九疑峰。’‘管鲍久已死,何人继其踪?’虑夫妇之情不笃也,则有《双燕离》之篇,所谓‘双燕复双燕,双飞令人羡。玉楼珠阁不独栖,金窗绣户长相见。’”[27]李白古乐府创作充分发挥了维护纲常的作用,与王通《续诗》“以辨风俗”有异曲同工之妙。

与此相关李白对近体诗看法也与王通相似。孟棨《本事诗·高逸第三》:“白才逸气高,与陈拾遗齐名,先后合德。其论诗云:‘梁陈以来,艳薄斯极。沈休文又尚以声律,将复古道,非我而谁与?’”[28]《中说·天地篇》载:“李伯药见子而论诗。子不答。伯药退谓薛收曰:‘吾上陈应、刘,下述沈、谢,分四声八病,刚柔清浊,各有端序,音若埙篪。而夫子不应我,其未达欤?’薛收曰:‘吾尝闻夫子之论诗矣:上明三纲,下达五常。于是征存亡,辩得失。故小人歌之以贡其俗,君子赋之以见其志,圣人采之以观其变。今子营营驰骋乎末流,是夫子之所痛也,不答则有由矣。’”[29]这一故事正可以作为李白鄙薄声律,“将复古道”的注解。

李白《鸣皋歌送岑征君》诗云:“扫梁园之群英,振大雅于东洛。”李白正以古乐府创作维护了古乐府传统,恢复古乐府本事,发挥古乐府本义,是其古乐府学基本内涵。其古乐府创作和古乐府学一体两面,正是其删述之志的具体体现。

注 释

[1](清)董诰《全唐文》,卷四九〇,北京:中华书局,1983年版,第5000页。

[2]范文澜《文心雕龙注》,卷二,北京:人民文学出版社,1958年版,第101页。

[3]张沛《中说译注》,卷六,上海:上海古籍出版社,2011年版,第160页。

[4]张沛《中说译注》,卷八,上海:上海古籍出版社,2011年版,第198页。

[5](清)董诰《全唐文》,卷一九一,北京:中华书局,1983年版,第1932页。

[6]张沛《中说译注》,卷一,上海:上海古籍出版社,2011年版,第8页。

[7]张沛《中说译注》,卷二,上海:上海古籍出版社,2011年版,第51页。

[8]张沛《中说译注》,卷二,上海:上海古籍出版社,2011年版,第59页。

[9]张沛《中说译注》,卷三,上海:上海古籍出版社,2011年版,第79页。

[10]张沛《中说译注》,卷三,上海:上海古籍出版社,2011 年版,第 80 页。
[11]张沛《中说译注》,卷四,上海:上海古籍出版社,2011 年版,第 106 页。
[12](宋)郑樵《通志二十略》,北京:中华书局,1995 年版,第 8 页。
[13](宋)郑樵《通志二十略》,北京:中华书局,1995 年版,第 884 ~ 885 页。
[14](元)左克明《古乐府》,卷一,元至正刻明修本,中华再造善本,北京:北京图书馆出版社,2004 年版,第 40 册,第 3 页。
[15](明)徐祯卿《谈艺录》,(清)何文焕《历代诗话》,北京:中华书局,1981 年版,第 674 页。
[16](清)朱嘉征《乐府广序》,文渊阁四库全书本,第 385 册,第 673 页。
[17](清)朱嘉征《乐府广序》,文渊阁四库全书本,第 385 册,第 675-676 页。
[18](清)朱嘉征《乐府广序》,文渊阁四库全书本,第 385 册,第 677-678 页。
[19](清)纪昀等《四库全书总目》,卷一九四,北京:中华书局,1997 年版,第 2719 页。
[20](清)王琦《李太白全集》,卷二,北京:中华书局,1977 年版,第 87 页。
[21](宋)阮逸《〈文中子中说〉序》:"周公,圣人之治者也,后王不能举,则仲尼述之,而周公之道明。仲尼,圣人之备者也,后儒不能达,则孟轲尊之,而仲尼之道明。文中子,圣人之修者也,孟轲之徒欤,非诸子流矣。盖万章、公孙丑不能极师之奥,尽录其言,故孟氏章句略而多阙。房、杜诸公不能臻师之美,大宣其教,故王氏'续经'抑而不振。"(《中说译注》,第 272 页)
[22]丁福保《历代诗话续编》,北京:中华书局,1983 年版,第 24 页。
[23]丁福保《历代诗话续编》,北京:中华书局,1983 年版,第 24 页。
[24]丁福保《历代诗话续编》,北京:中华书局,1983 年版,第 26 页。
[25](宋)郭茂倩《乐府诗集》,卷二十六,北京:中华书局,1979 年版,第 377 页。
[26](宋)释契嵩《镡津集》,卷十六,文渊阁四库全书本,第 1091 册,第 566 页。
[27](宋)葛立方《韵语阳秋》,卷十,见(清)何文焕《历代诗话》,北京:中华书局,1981 年版,第 557 页。
[28](清)丁福保《历代诗话续编》,北京:中华书局,1983 年版,第 14 页。
[29]张沛《中说译注》,卷二,上海:上海古籍出版社,2011 年版,第 37 页。

论酒在李白诗中表现的生命形象与情调

杨国娟

一、绪　论

李白在他的诗文学表现上，即是一个用酒挥洒才华与多情的诗人，所以在诗的形象上，显示出了一位天生与独特的潇洒与气象。因此他在诗中写着“人生得意须尽欢，莫使金樽空对月”[1]，还写着“烹羊宰牛且为乐，会须一饮三百杯”，兴高采烈地在生命中引吭高歌。但是他也是一个寂寞、孤独的诗人，知道人生难得知音，更是感到人生苦短和人生苦闷的伤悲。故而他虽在诗中写着自己的雄心壮志“俱怀逸兴壮思飞，欲上青天揽明月”，结果却是“抽刀断水水更流，举杯消愁愁更愁”[2]，更使得他在《将进酒》诗中说出了“主人何为言少钱，径须沽取对君酌。五花马，千金裘，呼儿将出换美酒，与尔同销万古愁”[3]。

李白的《拟古十二首》其三云：“长绳难系日，自古共悲辛。黄金高北斗，不惜买阳春。石火无留光，还如世中人。即事已如梦，后来我谁身。提壶莫辞贫，取酒会四邻。仙人殊恍惚，未若醉中真。[4]”此诗是说明人生短暂，应当及时行乐，从酒中去寻求逍遥。“长绳”两句，是李白巧思中的妄想，说明谁也没有神奇的长绳将太阳系住，让时光不转移。人生在太阳匆匆奔驰中逝去，这是从古以来的人生悲剧。那正是李白在《将进酒》中所说的：“君不见黄河之水天上来，奔流到海不复回。君不见高堂明镜悲白发，朝如青丝暮成雪。”[5]人生短暂，时光匆匆，又怎不是生命的悲楚？“黄金”两句，纵有黄金高如北斗，仍难买春光。“石火”两句，则是说人生有如石中火光，刹那就消失了光亮。而“即事”两句，十分悲怆，说明人生在时光中流转，才刚刚的事立刻就成为了过去的梦，再也无影无踪。而未来的“我”又会成为什么呢？故而要珍惜当下。“提壶”两句，是说要及时行乐，与四邻朋友提壶取酒共欢生命，也就是《将进酒》中的“人生得意须尽欢，莫使金樽空对月。天生我材必有用，千金散尽还复来。烹羊宰牛且为乐，会须一饮三百杯”[6]。不要怨叹，不要小气，人生应当珍惜当下。而其结句“仙人殊恍惚”，说仙人渺茫难得。“未若醉中真”，说明只有酒中逍遥真实了。

而李白在《襄阳歌》中，更歌咏出饮酒的消愁与快乐。诗云：“落日欲没岘山西，倒著接䍦花下迷。襄阳小儿齐拍手，拦街争唱白铜鞮。傍人借问笑何事，笑杀山公醉似泥。鸬鹚杓，鹦鹉杯。百年三万六千日，一日须倾三百杯。遥看汉水鸭头绿，恰似葡萄初酦醅。此江若变作春酒，垒麴便筑糟丘台。千金骏马换小妾，笑坐雕鞍歌落梅。车旁侧挂一壶酒，凤笙龙管行相催。咸阳市中叹黄犬，何如月下倾金罍？君不见！晋朝羊公一片石，龟头剥落生莓苔。泪亦不能为之堕，心亦不能为之哀。清风朗月不用一钱买，玉山自倒非人推。舒州杓，力士铛。李白与尔同死生。襄王云雨今安在？江水东流猿夜声。”[7]此诗是李白深知人生如寄，从人生省悟处见到生命的逍遥。看汉水的鸭头绿，恰似葡萄初酦醅，是诗意的浪漫，而产生了“此江若变作春酒，垒麴便筑糟丘台”之感。这是何等的玄思与幻想，而更进入了酒趣诗意的浪漫人生中，有着夸张、想象驰骋之梦。“百年三万六千日”，是说人生百年，也不过是三万六千个日子。既然人生短暂，更当及时行乐。酒之美物，又怎能不“一日须倾三百杯”呢？

此诗起始从“落日欲没岘山西”到“笑杀山公醉似泥”，为八齐一韵，叙说从前山简在襄阳的故事，他无为而治，社会安定，为官治民者闲静无事，故能在下班以后，饮酒宴乐，与民同乐。而从“鸬鹚杓”到“玉山自倒非人推”，另为十灰一韵，是李白现在生活中的想象与感慨。“鸬鹚杓”两句，是李白陶然在饮酒中的兴高采烈。以杓酌酒，以杯饮酒，一杯一杯，酣然开怀，于是在醉眼蒙眬、酒意醉意迷蒙中，有一种视觉里的幻想与美感。“遥看汉水鸭头绿，恰似葡萄初酦醅”，诗人将江水的奔流，浪涛汹涌，江水的碧绿，色彩中水波荡漾，看成了一江葡萄酦醅的美酒制酿。于是诗人不觉地发出了赞叹，在他的幻想中飞扬，如果汉水是春酒，那又将是如何的趣味与美呢？“此江若变作春酒，垒麴便筑糟丘台”，江水为酒，那么酒糟就形成高台了。李白接着在他的幻想里做梦：“千金骏马换小妾，笑坐雕鞍歌落梅”。车旁侧挂一壶酒，“凤笙龙管行相催”。如果李白拥有这一江的春酒，他想着他就要买一匹珍贵超过小妾的千金骏马[8]，那么他就可以醉坐雕鞍上，随意地歌唱着落梅花的歌曲。那时后面的随车上侧挂一壶酒，可以随时饮酌，有一支乐队吹奏凤笙龙管来陪伴。

这时的李白,又从历史中想起了故事。李白为李斯感伤:“咸阳市中叹黄犬,何如月下倾金罍。”[9]费尽心思,追逐名利,到头一切成空,为什么人生就不能珍惜自有的快乐呢?月下举着金樽饮酒,那是多么的诗意与逍遥呀!李白也为羊祜感伤,羊祜纵然为官爱民,留碑遗爱千古,但在时光中一切都会过去,所谓:“君不见晋朝羊公一片石,龟头剥落生莓苔。泪亦不能为之堕,心亦不能为之哀。”于是李白甩开故事和历史,挥别过去,描写起人生贵得自乐的喜悦与满足,说明天地间的人生乐事,“清风朗月不用一钱买”。清风徐来,朗月高照,多美的景色,人生美丽如此,有何怨叹?只可惜如没有诗人雅怀心境,清风明月,俗人又岂能欣赏。“玉山自倒非人推”,在月光下,醉了倒下,自醉自倒,自乐自赏,除了诗人,何人能有此世界有此境界!

李白他知道人生匆匆,生命短暂,可他是极端的享受与珍惜生命的人。他知道“百年三万六千日”,既然如此,那么就更要珍惜拥有的每一个日子。“一日须倾三百杯”,这是李白的诗句、李白的主张,也是李白的生命旗帜与追求。

此诗从“舒州杓”到“猿夜声”为结,转换八庚韵,呈现出李白生命的呐喊。“舒州杓”与“力士铛”都是酒器。李白高声地说着“李白与尔同死生”。酒是李白生命的追求。“襄王”一句,是千古风流韵事,亦在时光匆逝中无影无踪。“江水东流”一句总结人生。江水东流,岁月如流,人生如流,奈何!

李白在《江上吟》中,也显现出了酒在他生命中的形象与情调,表现了一种人生的追求与方向。诗云:“木兰之枻沙棠舟,玉箫金管作两头。美酒樽中置千斛,载妓随波任去留。仙人有待乘黄鹤,海客无心随白鸥。屈平辞赋悬日月,楚王台榭空山丘。兴酣落笔摇五岳,诗成笑傲凌沧洲。功名富贵若长在,汉水亦应西北流。”[10]此诗前四句表现的是一种浪漫人生。首两句是水上船行的美趣,与音乐悠扬的陪伴;后两句则是美酒佳人,在景色中徘徊荡漾。唐代之妓多歌艺解语,美酒千斛,佳人为伴,人生快意,莫此为甚。

“仙人有待乘黄鹤”,是仍有所待。黄鹤不来,仙人仍是无法遨游,引用了庄子《逍遥游》中的故事。所谓:“夫列子御风而行,冷然善也。旬有五日而后反,彼于致福者,未数数然也。此虽免乎行,犹有所待者也。”[11]一方面说明神仙渺茫,难以证实,另一方面又说明神仙仍在等待,仍在作秀,为等待所困,待风而行,而不得自由与逍遥。故其云“海客无心随白鸥”,表露自己内心的自由无为,原无意于白鸥,白鸥来与不来,“我”仍是天真之心。人无意于名利,白鸥来如此,白鸥不来亦如此,故李白此诗,更超脱于杜甫的“飘飘何所似,天地一沙鸥”[12]。

而“屈平”两句,是对历史社会的评价与怒吼。屈平虽是臣子,但忠君爱国,何况又是文学天才,才华盖世,故其《离骚》著作,有如日月,流传千古。但那作威作福、不可一世、昏庸不智的楚王,往日的华台丽榭,如今却俱已成空,难以留下什么。李白在凭吊之中,表现了文人的狂傲与自信。有如此才气,当有如此骄傲与如此狂诞。“兴酣落笔摇五岳,诗成笑傲凌沧洲”,才子孤傲,端在胸内的才华盖世。封建时代,一切讲求门第权势,自是气愤难平。曹丕《典论·论文》说“盖文章经国之大业,不朽之盛事”[13],自为才子诗人一平心中愤慨,李白自有其生命难言之苦闷。故而他在结语中,不禁大声呐喊:“功名富贵若长在,汉水亦应西北流。”权贵之后生来就有封建特权么?难道有才华的人、才华盖世的人、才大如天的人,就注定一生黯然神伤,默默无闻乎?

此诗题《江上吟》乃是文士无可奈何的哀鸣。人生如何,只有多饮美酒,待美人来怜悯了,而且在“兴酣”与“诗成”之间,自可见诗酒风流在文人生命中的重要性与鼓舞的原动力。

又如李白的《山中与幽人对酌》:“两人对酌山花开,一杯一杯复一杯。我醉欲眠卿且去,明朝有意抱琴来。”[14]此诗即显示出了酒在诗人生命中的那种意态与享受,同时更呈现出一种独乐与共乐的圆融境界和两人对酌的生命趣味。“对酌”即相契于心,“山花开”即天地万物一齐。花开得热闹,花开得自在,人对酌得自在,人对酌得快乐。人有人的独乐境界,人也有天地同乐的境界。花有花的世界,花也有对人摇曳微笑的自得世界。“一杯一杯复一杯”,是时间的过去,也是生命享受的喜悦、生活美趣自在的获得。人生在此得到了最大程度的逍遥与快乐,是一幅画,是一首歌。相契于心的诗人、幽人什么也不必说,默然相对,也自然明白。生命的美好,天地的自在与自得,莫此为甚。饮酒之乐在心,所以诗人要叮咛说:“明朝有意抱琴来。”

又如李白的《春日醉起言志》:“处世若大梦,胡为劳其生。所以终日醉,颓然卧前楹。觉来盼庭前,一鸟花间鸣。借问此何时,春风语流莺。感之欲叹息,对酒还自倾。浩歌待明月,曲尽已忘情。”[15]此诗“处世”四句是庄子之意,感慨人生。而“觉来”四句,却又是多情无限,何等诗意。天地景色如画,“一鸟花间鸣”,是鸟与花的恋爱。花儿千娇百媚,鸟鸣宛转有情。“春风语流莺”,是春风与流莺的恋爱,在动态的舞步中,有着静态的图案,“春风”的吹动,“流莺”的飞动,偏用了一个形容动词的“语”字,捕捉到春风吹过,与流莺温柔低语的画面,而表现出的春日世间之美,何等风流自然。后四句是叙说自己志趣中的醉乐人生,最后两句,颇有陶潜“此中有真意,欲辨已忘言”的趣味[16]。

另李白的《陪族叔刑部侍郎晔及中书贾舍人至游洞庭》五首其二云:“南湖秋水夜无烟,耐可乘流直上天。且就洞庭赊月色,将船买酒白云边。”[17]诗中显现出诗人的幻想和赏美景须饮酒的观念。此诗中李白竟认为南湖秋水可直上天，而要向洞庭赊一些月色，可以去到白云边买些酒喝。而他的《陪侍郎淑游洞庭醉后》三首其三云："划却君山好，平铺湘水流。巴陵无限酒，醉杀洞庭秋。"[18]此诗中李白写出了他醉后的视觉世界和想法。李白认为如果能铲平了洞庭湖中的君山，那么就可以一眼望过去，观赏到湘水平铺而流一泻千里的壮观了。接着李白又想，如果这巴陵流过的江水都成为了酒的话，那该是多么美好的世界和人生。他就可以泛舟江上，可以酌美酒而饮，就可以在洞庭湖上醉乐，可以观赏、享受这洞庭湖上的整个美丽秋天了。这些诗中，可见李白的率真和多情，以及充满幻想与浪漫的性格。他能欣赏自然与山水，他能贴近自然与山水。他的生命有了酒，就可以焕发出无穷的趣味与浪漫，就可以拥有天地与世界。

二、酒在李白诗中表现的种类与写作艺术

酒是李白生命中的追求快乐，也是李白用来表达不同感情的方法与工具。杜甫诗云"痛饮狂歌空度日，飞扬跋扈为谁雄"[19]，说的是李白他的孤傲，酒意中的顾盼自雄。杜甫诗云"敏捷诗千首，飘零酒一杯"[20]。诗千首是李白的才华，酒一杯则是李白的飘零身影与人生。杜甫的《饮中八仙歌》又云："李白一斗诗百篇，长安市上酒家眠，天子呼来不上船，自称臣是酒中仙。"[21]也可见李白的爱酒与风流及孤傲了。

酒是李白的热情，酒是李白的豪气。酒是李白的幻想，酒也是李白的憧憬。酒是李白的忧愁，酒是李白的恋恋不舍，酒也是李白的苦闷。酒是李白的歌，酒是李白的泪，酒也是李白豁达的逍遥与潇洒。也因此，李白用诗句将这些热情与温柔、理想与憧憬、流连与爱恋、哀伤与忧愁，借着酒来表白与宣达。综观酒在李白诗中表现的种类，可分为下列几项：

（一）酒是兴高采烈的热情

李白兴高采烈的热情，也多是表现在他的诗酒风流上，表现在他的意气风发上。如：

昔在长安醉花柳，五侯七贵同杯酒。气岸遥凌豪士前，风流肯落他人后。（《流夜郎赠辛判官》）

忆昔洛阳董糟邱，为余天津桥南造酒楼。黄金白璧买歌笑，一醉累月轻王侯。（《忆旧游寄谯郡元参军》）

大笑同一醉，取乐平生年。（《叙旧赠江阳宰陆调》）

呼童烹鸡酌白酒，儿女嬉笑牵人衣。高歌取醉欲自慰，起舞落日争光辉。(《南陵别儿童入京》)

作诗调我惊逸兴，白云绕筝窗前飞。待取明朝酒醒罢，与君烂漫寻春晖。(《醉后答丁十八以诗讥予搥碎黄鹤楼》)

扫石待归月，开池涨寒流。酒酣益爽气，为乐不知秋。(《过汪氏别业》二首其一)

时寻汉阳令，取醉月中归。(《醉题王汉阳厅》)

对酒不觉暝，落花盈我衣。醉起步溪月，鸟还人亦稀。(《自遣》)

从李白《自遣》诗中，可见李白的诗人性格。酒中自乐，落花盈衣，而与景色自然圆融一气。李白醉中醒来，仍是兴味不减，步溪月以徘徊，于静趣中别有情怀。

(二)酒是浪漫风流的潇洒

李白的浪漫风流，挥洒在他酒趣上。而李白的潇洒自得，有时也以酒来表现。如：

彼物皆有托，吾生独无依。对此石上月，长醉歌芳菲。(《春日独酌二首》其一)

且对一杯酒，淡然万事闲。横琴倚高松，把酒望远山。(《春日独酌二首》其二)

欢言得所憩，美酒聊共挥。长歌吟松风，曲尽河星稀。(《下终南山过斛斯山人宿置酒》)

情人道来竟不来，何人共醉新丰酒。(《春日独坐寄郑明府》)

琴奏龙门之绿桐，玉壶美酒清若空。催弦拂柱与君饮，看朱成碧颜始红。(《前有樽江行二首》其二)

忆昨去家此为客，荷花初红柳条碧。中宵出饮三百杯，明朝归揖二千石。(《豳歌行上新平长史兄粲》)

桃李如旧识，倾花向我开。流莺啼碧树，明月窥金罍。(《对酒》)

李白《对酒》诗中，桃李倾己而开，流莺碧树，春光何其美好。明月在天，又是何其浪漫。如此人生，又怎可不对酒共饮？而李白的《山中与幽人对酌》"两人对酌山花开，一杯一杯复一杯"句，更是名士的风流情趣了。

(三)酒是自我豪气的飞扬

李白的豪气，乃是他原本的自然天性。他能见人所未见境界，诗人所未所见层次，而道出自我豪情壮志中的一股逸兴。如：

天生我材必有用,千金散尽还复来。烹羊宰牛且为乐,会须一饮三百杯。(《将进酒》)

李白《将进酒》的诗句,是多么的豪气逸兴。“天生我材必有用”,虽是凄凉地感叹未遇,但那一股豪气,对自我的肯定与坚持,何其雄壮。“千金散尽还复来”,人生的格局,总因为计算与小气而庸庸碌碌,将格局做小,局限在侏儒的世界,李白此句是如何的气势!他虽是没钱,也不把金钱看得天大。因此人生中意有所得,自然要“会须一饮三百杯”。

百年三万六千日,一日须倾三百杯。(《襄阳歌》)

李白认为纵然人生一世,不过百年,而百年换算日子,也不过是三万六千个日子。但人生在世,仍要高兴、快乐,所以要在每一天里喝他个三百杯。

人生飘忽百年内,且须酣畅万古情。(《答王十二寒夜独酌有怀》)

兴酣落笔摇五岳,诗成笑傲凌沧洲。(《江上吟》)

古人今人若流水,共看明月皆如此。唯愿当歌对酒时,月光长照金樽里。(《把酒问月》)

扬袂挥四座,酩酊安所知。齐歌送清觞,起舞乱参差。(《九日登山》)

(四)酒是人生哲理的醒悟

人生之中有许多无可奈何的事,无法去求公平,也无法去明白究竟,有时只有在酒中去寻找答案。也许人生原本就是糊涂难言的,李白的诗中,有着如此的省悟。如:

三杯通大道,一斗合自然。但得酒中趣,勿为醒者传。(《月下独酌四首》其二)

穷通与修短,造化夙所禀。一樽齐死生,万事固难审。醉后失天地,兀然就孤枕。不知有吾身,此乐最为甚。(《月下独酌四首》其三)

人生达命岂暇愁,且饮美酒登高楼。(《梁园吟》)

辞粟卧首阳,屡空饥颜回。当代不乐饮,虚名安用哉。(《月下独酌四首》其四)

主人何为言少钱,径须沽取对君酌。五花马,千金裘,呼儿将出换美酒,与尔同销万古愁。……钟鼓馔玉不足贵,但愿长醉不用醒。古来圣贤皆寂寞,惟有饮者留其名。(《将进酒》)

诗人高瞻远瞩,对人生有更多的了解与体会,而聪明的人、率性的人总免不了受人排挤,为人不喜。怀才不遇,免不了痛苦。所以李白对他的朋友们说,不必羡慕那在上位者的华宴与山珍海味,因为那充满了虚伪、客套。只有这朋友间的真情饮宴,才应该开怀酣饮,长醉不醒。所以朋友相聚,要乐饮开怀,不必计较金钱。“我”要倾己所有去换酒，要和你们喝个痛快，是因为相聚不易，“我们”要饮酒同来消除这人生中许多不平与忧愁呀！

（五）酒是苦闷生命的象征

人生固然有许多喜乐，但人生也有许多苦闷，而且在生命的许多追求的理想与欲求里，也有许多得不到的苦恼与惆怅。当然人生苦短、红颜衰老，都是敏感诗人的忧伤，于是酒也就成为了苦闷生命的象征。如：

人闷还心闷，苦辛常苦辛。愁来饮酒三千石，寒灰重暖生阳春。（《江夏赠韦南陵冰》）

穷愁千万端，美酒三百杯。愁多酒虽少，酒倾愁不来。（《月下独酌四首》其四）

东风吹愁来，白发坐相侵。独酌劝孤影，闲歌面芳林。（《独酌》）

涤荡千古愁，留连百壶饮。（《友人会宿》）

富贵百年能几何，死生一度人皆有。孤猿坐啼坟上月，且须一尽杯中酒。（《悲歌行》）

称是秦时避世人，劝酒相欢不知老。（《山人劝酒》）

东风吹山花，安可不尽杯。六帝没幽草，深宫冥绿苔。置酒勿复道，歌钟但相催。（《金陵凤凰台置酒》）

白发对绿酒，强歌心已摧。君不见梁王池上月，昔照梁王樽酒中。（《携妓登梁王栖霞山孟氏桃园中》）

弃我去者，昨日之日不可留，乱我心者，今日之日多烦忧。长风万里送秋雁，对此可以酣高楼。（《宣州谢朓楼饯别校书叔云》）

李白在《宣州谢朓楼饯别校书叔云》中写出了怀才不遇的寂寞与孤独。秋雁在万里长风中单飞，当下此情此景，又如何能不在高楼上喝他个酩酊大醉？

（六）酒是孤傲人生的安慰

孤傲的人生常是独自守着寂寞与孤独，能向谁说？孤傲的人生也不乞求人的怜悯与同情，只有在自我的坚毅中挺立，高举着自我生命的鲜明旗帜。李白的生命中，孤傲是他的特色。而酒，是他孤傲生命的安慰。故而在他诗中，有许多此类诗句。如：

花间一壶酒，独酌无相亲。举杯邀明月，对影成三人。（《月下独酌四首》其一）

李白的诗，是他生命人格的写照。“独酌无相亲”，自是孤独寂寞。但李白能推开寂寞与孤独，为自己开创了另一个广大的逍遥的，而且是超俗的诗意的世界。“举杯邀明月”，这是何等孤傲的潇洒风流的举动，应该是超过了竹林七贤名士的壮举吧！这一句诗开创了一个世界，说明虽是孤独并不孤单，虽是寂寞仍有朋友。而那“对影成三人”的句子，又何等感动世人。自己为自己鼓掌喝彩，自己仍然活得热闹精彩。

我歌月徘徊，我舞影零乱。醒时同交欢，醉后各分散。永结无情游，相期邈云汉。（《月下独酌四首》其一）

李白此诗全是庄子的影子，人何必固执地认为人才是朋友呢？难道人以外明月不是朋友，难道你自己的影子不是朋友？你放弃明月，放弃影子的朋友，而只在伤心痛苦你没有朋友，你孤独寂寞，那不就正如《庄子·逍遥游》篇中的惠施只执着于有用之用，而不知无用之用的大用吗？

君不见吴中张翰称达生，秋风忽忆江东行[22]。且乐生前一杯酒，何须身后千载名。（《行路难三首》其三）

笑矣乎，笑矣乎。赵有豫让楚屈平，卖身买得千年名。巢由洗耳有何益，夷齐饿死终无成。君爱身后名，我爱眼前酒。饮酒眼前乐，虚名何处有。（《笑歌行》）

悲来乎，悲来乎。主人有酒且莫斟，听我一曲悲来吟。悲来不吟还不笑，天下无人知我心。君有数斗酒，我有三尺琴。琴鸣酒乐两相得，一杯不啻千钧金。（《悲歌行》）

平原君安在，科斗生古池。座客三千人，于今知有谁。我辈不作乐，但为后代悲。（《邯郸南亭观妓》）

《邯郸南亭观妓》是说人生当然应该树德建功，成就不朽。但观看至此，平原君不见，以前的名园，如今也只有荒芜的古池中有些蝌蚪。而助平原君成就功业的三千食客，如今也没有几个人能知道他们的事迹。何况平凡的我们，既不是平原君，也没有人赏识而能为三千食客。时光匆匆，苦闷难言，还是珍惜当下，饮酒作乐以终一生罢。

（七）酒是乡愁离恨的诉说

乡愁离恨是人生中难以避免的忧伤与惆怅，诗人多情，自然就有更多的感触。如：

兰陵美酒郁金香，玉碗盛来琥珀光。但使主人能醉客，不知何处是他乡。（《客中行》）

君为长沙客，我独之夜郎。劝此一杯酒，岂唯道路长。（《留别贾舍人至二首》其二）

今晨鲁东门，帐饮与君别。云崖滑去马，萝径迷归人。相思若烟草，历

乱无冬春。(《送韩准裴政孔巢父还山》)

何处可为别,长安青绮门。胡姬招素手,延客醉金樽。(《送裴十八图南归嵩山二首》其一)

秦地见碧草,楚谣对清樽。把酒尔何思,鹧鸪啼南园。(《同王昌龄送族弟襄归桂阳》)

流水无情去,征帆逐吹开。相看不忍别,更进手中杯。(《送殷淑三首》其二)

昔好杯中物,今为松下尘。金龟换酒处,却忆泪沾巾。(《对酒忆贺监二首》其一)

远别隔两河,云山杳千重。何处更杯酒,再得论心胸。(《魏郡别苏明府西北游》)

三、结　论

儿岛献吉郎《中国文学通论》中说:“李白是天才诗人,神识超迈。逃于酒而为酒仙,发于诗而为诗仙。天子呼来不上船,一斗百篇,举杯则生春,援笔则开花,可谓千载独步。”[23]又云:“李白以才胜,奇想逸兴以神运之,发其飘逸之趣,故为诗坛中的太白星。”[24]而徐嘉瑞《颓废派之文人李白》一文,认为李白是天才,也是一夸大者,所以他作品自由、飘逸,并且是以夸大和幻想来做他的唯一武器。《中国文学通论》[25]说“李白是厌世的乐天观,和有酒精之崇拜”[26]。唐文德的《试论李白的诗才与酒情》一文中也说:“文人多半是喜爱酒的,最大的原因应该是因为酒不但可以帮助诗人在文思上构组灵感,追寻和捕捉到诗魂,而且可以给予人一种快乐与安慰。”[27]又说:“酒的伟大,是可以给人一双横绝世界的翅膀,可以使我们自由翱翔,而可以到达任何我们想到的地方。而在唐代的诗人中,李白对于酒的感情最深,他不但号称为诗仙,而且也自称为酒中仙。”[28]

李白诗中所写的美酒有兰陵美酒,诗云“兰陵美酒郁金香”。有金陵春,诗云“瓮中百斛金陵春”,“潮沽金陵酒”,“且换金陵酒”。有新丰酒,诗云“美酒沽新丰”,“南国新丰酒”,“妾劝新丰酒”,“何人共醉新丰酒”。有鲁酒,诗云“鲁酒白玉壶”,“鲁酒若琥珀”,“鲁酒不可醉”。有葡萄酒,诗云“葡萄酒,金叵罗,吴姬十五细马驮”。有春酒,诗云“此江若变作春酒”,“东山春酒绿”。有白酒,诗云“呼童烹鸡酌白酒”。有桂酒,诗云“送行奠桂酒”。写酒之芳香,则有“兰陵美酒郁金香”,“野酌劝芳酒”。写美酒之色彩,则有“玉碗盛来琥珀光”,

“鲁酒若琥珀”，“千杯绿酒何辞醉”，“金樽渌酒生微波”，“东山春酒绿”，“相邀共醉杯中绿”。再有《答湖州迦叶司马问白是何人》，诗云“青莲居士谪仙人，酒肆藏名三十春”[29]。均可见李白对酒的喜爱，与对酒的熟悉与欣赏。

李白的酒诗，在技巧运用上是很灵活的，如“白玉一杯酒，绿杨三月时”[30]，将春风三月的绿杨，与白玉酒杯相应合，表现了时间与心情。又如他的“人分千里外，兴在一杯中”[31]，一“兴”字有多少内涵，长别离的恼恨，是友情的缠绵，是生命的慷慨，还是有多少心曲衷情的兴味？“月光长照金樽里”，是人生满足的自怜；“莫使金樽空对月”，是生命珍惜的省悟；“举杯邀明月”，更表达了一种潇洒风流的自我逍遥，更不用说他的夸张与豪迈，“烹羊宰牛且为乐，会须一饮三百杯”，在夸张中表现出情意的缠绵，唯愿宴席不散，朋友永相聚首。所以三百杯不只是数量之多，喝酒之豪，也是时间之久，再喝一杯，再聊一会。“愁来饮酒二千石”[32]，自是浇心中块垒。“为尔倾千觞”[33]，“同欢万斛酒”[34]，何处不见他的豪气与多情。

李白的奇想逸兴，在他的酒诗中，也许开始只是一个生活上的意外举动，却在此一意外的举动中，又开启了人们在反省与悟得中的许多情趣。如“举杯邀明月”[35]，就此一个图案，就是名士风流的图画，是多么的潇洒与自在。只是在“举杯邀明月”与“对影成三人”中，也有不同的情调与趣味。“举杯邀明月”，是对夜空中的明月，是对上的仰望，显现出了脱俗的豪气与独特；而“对影成三人”，却是低下头来与自己的影子相亲，是一种温柔的情意，在感情上是多么细腻与多情。人总容易重远而忽近，而李白的这两句诗句，完全说明了人生圆融境界的多情与温柔。其实从某种境界来说，人只是在人群中去寻找知音，只是在名利中去追逐求胜，何尝曾有一时一刻注意一下自己生活环境中的美景、陪伴自己一生始终不二的影子呢？李白终于能脱离世俗的认识，而与明月、影子为友，相期邈云汉，由此也就可见李白其内心的境界深远了。

又李白的《山中与幽人对酌》，上一首是《独酌》，这一首是对酌，都是在相对默契中得到了最大的快乐。“两人对酌山花开，一杯一杯复一杯”，真是诗中有画，画中有诗，是怎样的诗意美景与美境。而生命的情意，就在那淡淡的相恋而又不相牵的两句：“我醉欲眠卿且去，明朝有意抱琴来。”李白的酒诗，能给人许多省思与许多遐想。

注 释

[1][3]见瞿蜕园等校注：《李白集校注·将进酒》，台北：里仁书局，1981年3月版，第225页。

[2]见瞿蜕园等校注:《李白集校注·将进酒》,台北:里仁书局,见《宣州谢朓楼饯别校书叔云》,第1077页。

[4]见瞿蜕园等校注:《李白集校注·将进酒》,台北:里仁书局,1981年3月版,第1375页。

[5][6]见瞿蜕园等校注:《李白集校注·将进酒》,台北:里仁书局,1981年3月版,第225页。

[7]见瞿蜕园等校注:《李白集校注·将进酒》,台北:里仁书局,1981年3月版,第473页。

[8]王琦注引《独异志》云:"后魏曹彰性倜傥,偶逢骏马爱之,其主所惜也。彰曰:'予有美妾可换,惟君所选。'马主因一娼一妓,彰遂换之。"

[9]《史记·李斯列传》:"二世二年,具李斯五形,论腰斩咸阳市。斯出狱,与其中子俱执,顾谓其中子曰:'吾欲与若复牵黄犬出上蔡东门逐狡兔,岂可得手?'遂父子相哭而夷三族。"

[10]见瞿蜕园等校注:《李白集校注·将进酒》,台北:里仁书局,1981年3月版,第480页。

[11]见陈鼓应著:《庄子今注今译》,台北:台湾商务印书馆,1975年12月版,第16页。

[12](唐)杜甫著,(清)仇兆鳌注:《杜诗详注》,台北:里仁书局,1980年7月版,第1229页,见《旅夜书怀》。

[13](梁)萧统编,(唐)李善注:《文选》,台北:文津出版社,1987年7月版,第2271页。

[14][15]见瞿蜕园等校注:《李白集校注·将进酒》,台北:里仁书局,1981年3月版,第1348页。

[16](梁)萧统编,(唐)李善注:《文选》,台北:文津出版社,见陶渊明《杂诗》二首之一,第1391页。

[17]见瞿蜕园等校注:《李白集校注·将进酒》,台北:里仁书局,1981年3月版,第1195页。

[18]见瞿蜕园等校注:《李白集校注·将进酒》,台北:里仁书局,1981年3月版,第1192页。

[19](唐)杜甫著,(清)仇兆鳌注:《杜诗详注》,台北:里仁书局,见《赠李白》,第42页。

[20](唐)杜甫著,(清)仇兆鳌注:《杜诗详注》,台北:里仁书局,1980年7月版,第1229页,见《不见》,第858页。

[21](唐)杜甫著,(清)仇兆鳌注:《杜诗详注》,台北:里仁书局,1980年7月版,第83页。

[22]《世说新语》任诞第二十三云:“张秀鹰(翰)纵任不拘,时人号为江东步兵或谓之曰:‘卿乃可纵适一时,独不为身后名邪?’答曰:‘使我有身后名,不如即时一杯酒’。”

[23]儿岛献吉郎著:《中国文学通论》,台北:台湾商务印书馆,1972年10月版,第176页。

[24]同前注,第178页。

[25]见《中国文学研究》,台北:日本株式会社中文出版社,1971年6月版,第224页。

[26]同前注,第226页。

[27]唐文德注:《中国古典文学论集》,台北:国彰出版社,1976年12月版,第89页。

[28]同前注。

[29]见瞿蜕园等校注:《李白集校注·将进酒》,台北:里仁书局,1981年3月版,第1098页。

[30]见瞿蜕园等校注:《李白集校注·将进酒》,台北:里仁书局,见《赠钱征君少阳》,第803页。

[31]见瞿蜕园等校注:《李白集校注·将进酒》,台北:里仁书局,见《江夏别宋之悌》,第950页。

[32]见瞿蜕园等校注:《李白集校注·将进酒》,台北:里仁书局,见《江夏赠韦南陵冰》,第745页。

[33]见瞿蜕园等校注:《李白集校注·将进酒》,台北:里仁书局,见《夜别张五》,第911页。

[34]见瞿蜕园等校注:《李白集校注·将进酒》,台北:里仁书局,见《宣城送刘副使入秦》,第1080页。

[35]见瞿蜕园等校注:《李白集校注·将进酒》,台北:里仁书局,见《月下独酌》四首其一,第1331页。

从《古风》五十九首看李白诗歌的“穿越”之“思”

陈建森

杜甫在《春日忆李白》诗中认为:“白也诗无敌,飘然思不群。”然太白之“思”如何“飘”?“不群”显现在何处?老杜在诗中未能具体阐释。刘勰在《文心雕龙·神思》中指出:“文之思也,其神远矣。故寂然凝虑,思接千载,悄焉动容,视通万里;吟咏之间,吐纳珠玉之声;眉睫之前,卷舒风云之色:其思理之致乎?……此盖驭文之首术,谋篇之大端。”如果太白只是遵循刘勰所说的规律去展开神思,恐难令“读者但觉杜可学而李不敢学,则天才不可及也”[1]。在《古风》五十九首中,太白之“思”,贵在“穿越”,或逆向穿越到古代,或幻想穿越到神话传说时代,或异化为物穿越到异质时空,变幻莫测,“飘然”“不群”,青出于蓝而胜于蓝。

一

在《古风》五十九首中,太白长于逆向穿越,由“今”入“古”,自由出入古今,站在宇宙之巅评说古今。

如《古风》其一:

大雅久不作,吾衰竟谁陈?王风委蔓草,战国多荆榛。龙虎相啖食,兵戈逮狂秦。正声何微茫,哀怨起骚人。扬马激颓波,开流荡无垠。废兴虽万变,宪章亦已沦。自从建安来,绮丽不足珍。圣代复元古,垂衣贵清真。群才属休明,乘运共跃鳞。文质相炳焕,众星罗秋旻。我志在删述,垂辉映千春。希圣如有立,绝笔于获麟。

诗一开端太白即站在古今时空之巅“统论前古诗源,志在删诗垂后,以此发端,自负不浅”[2];从“王风委蔓草”到“绮丽不足珍”,顺“古”而下,论千载诗道之不传;接着由“古”入“今”,申述“圣代复元古”之情状;“我志在删述,垂辉映千春。希圣如有立,绝笔于获麟”,再次由“今”入“古”,抒写继往开来的志趣。赵翼《瓯北诗话》卷一认为:“青莲一生本领,即在五十九首《古风》之第一首,开口便说《大雅》不作,骚人斯起,然词多哀怨,已非正声;至扬、马益流宕,建安以后,更绮丽不足为法;迨有唐文运肇兴,而已适当其时,将以删述继获麟之后。是其眼光所注,早已前无古人,后无来者,直欲于千载后上接《风》《雅》。盖自信其才分之高,趋向之正,足以起八代之衰,而以身任之,非徒大言欺人也。”正因为太白能超越古今事相去评说古今,故能生出“大雅久不作,吾衰竟谁陈”如此不同凡响的自负;亦因为其“思”自由出入古今,如天马行空,不可羁勒,故其神思“飘然”“不群”而“无敌”于天下。

太白之“思”不仅自由出入古今,更进而泯合古今。如《古风》其十三:

君平既弃世,世亦弃君平。观变穷太易,探元化群生。寂寞缀道论,空帘闭幽情。驺虞不虚来,鸑鷟有时鸣。安知天汉上,白日悬高名。海客去已久,谁人测沉冥。

诗前六句即由“今”入汉,评说严君平弃世亦被世所弃之因果悖论。“驺虞不虚来”,复由汉逆穿至先秦。《国语·周语上》:“周之兴也,鸑鷟鸣于岐山。”韦昭注:“三君云:鸑鷟,凤之别名也。鸑鷟是五凤之一。凤象者五,五色而赤多者,朱雀;黄多者,鹓鸰;紫多者,鸑鷟;青多者,青鸾;白多者,鸿鹄。”“鸑鷟”是古代汉族民间传说中的五凤之一,其“思”又幻穿到没有历史记录的传说时代。“安知天汉上,白日悬高名”用海客乘槎天河,严君平卜为客星犯牵牛渚之事,其“思”由先秦回到汉代。末二句为诗人感叹,其“思”则由古返“今”。徐祯卿云:“此篇白自托于君平之词也。”[3]此诗表面上说的是“君平既弃世,世亦弃君平”,骨子里要说的是“太白既弃世,世亦弃太白”,可见其“思”自由出入古今,进而泯合古今,说“古”即是说“今”。

太白还将古今时空大挪移,站在宇宙之巅审视世道人生。如《古风》其九:

庄周梦胡蝶,胡蝶为庄周。一体更变易,万事良悠悠。乃知蓬莱水,复作清浅流。青门种瓜人,旧日东陵侯。富贵故如此,营营何所求。

萧士赟云:“此诗达生者之辞也,然意却有三节。谓忽然为人,化为异物,忽为异物,化而为人,一体变易尚未能知,悠悠万事岂能尽知乎?况又何能知桑田沧海之变乎?故侯种瓜,富贵者固如是也。既烛破此理,则尚何所求,而蝇营狗苟以劳吾生哉?”[4]此诗前四句逆穿入古,用庄周梦蝶写“一体更变易”;接着以沧海桑田之宇宙巨变和故侯种瓜之时空大挪移写“万事良悠悠”，极力突显宇宙人生“更变”之难测。末二句站在宇宙之巅审视世道人生，而有“富贵故如此，营营何所求”之深刻体悟。

太白以逆向穿越展开神思，思接千载，视通万里，进而自由出入古今，进而泯合古今，进而挪移宇宙，超越古今事相评说古今，站在宇宙之巅去体悟世道人心，飘然而来，忽然而去。如果说“飘然”为太白“思”之形貌，那么“不群”则为太白“思”之独特体悟。

二

赵翼指出太白“然又慕功名，所企羡者，鲁仲连、侯嬴、郦食其、张良、韩信、东方朔等。总欲有所建立，垂名于世，然后拂衣还山，学仙以求长生”[5]。太白想建功立业，垂名于世不假，然“学仙以求长生”恐非实情。

游仙诗的共同特点在于抒情主体通过主观幻想穿越到无历史记录的民间神话传说中的仙境。先秦游仙诗多写求仙长生、高蹈轻举、服食采药之趣。晋宋以降，郭璞游仙诗多坎壈咏怀，借遗世高蹈发泄对现实社会的不满；阮籍《咏怀》借仙隐自处抒写在现实中没有找到归宿的苦闷。在《古风》五十九首中，太白常幻想自己穿越到神话传说中的仙境，平交仙人。如《古风》其七：

客有鹤上仙，飞飞凌太清。扬言碧云里，自道安期名。两两白玉童，双吹紫鸾笙。去影忽不见，回风送天声。举首远望之，飘然若流星。愿餐金光草，寿与天齐倾。

此诗两宋本、缪本俱注云：“一作五鹤西北来，飞飞凌太清。仙人绿云上，自道安期名。两两白玉童，双吹紫鸾笙。飘然下倒景，倏忽无留形。遗我金光草，服之四体轻。将随赤松去，对博坐蓬瀛。”[6]据《史记·封禅书》载，安期生乃传说中的蓬莱仙客，合则见人，不合则隐。《史记·留侯世家》：“愿弃人间事，欲从赤松子游耳。”司马贞《索隐》引《列仙传》云，赤松子“神农时雨师也，能入火自烧，昆仑山上随风雨上下也”。太白幻想穿越到神话传说中的仙境，平交仙人，安期生送给他“金光草”，“服之四体轻”，“飘然下倒景，倏忽无留形”，远离令其郁郁不得志的尘世，又与赤松子蓬瀛对博，遗世忘机。

又如《古风》其四十一：

朝弄紫泥海，夕披丹霞裳。挥手折若木，拂此西日光。云卧游八极，玉颜已千霜。飘飘入无倪，稽首祈上皇。呼我游太素，玉杯赐琼浆。一餐历万岁，何用还故乡。永随长风去，天外恣飘扬。

太白幻想自己穿入仙境，折若木，游八极，入无倪，祈上皇，游太素，获赐琼浆，“一餐历万岁”，完全摆脱了尘世时空的限制和社会秩序对心灵的约束，仙境成为其诗意地栖居的精神家园。再看《古风》其五：

太白何苍苍，星辰上森列。去天三百里，邈尔与世绝。中有绿发翁，披云卧松雪。不笑亦不语，冥栖在岩穴。我来逢真人，长跪问宝诀。粲然启玉齿，授以炼药说。铭骨传其语，竦身已电灭。仰望不可及，苍然五情热。吾将营丹砂，永与世人别。

太白仙境中的真人“绿发翁”，竦身电灭，来去无踪，“仰望不可及”，而“吾将营丹砂，永与世人别”，“盖士之不得志于时者，姑寄其意于此耳”[7]。

再看《古风》其十七：

金华牧羊儿，乃是紫烟客。我愿从之游，未去发已白。不知繁华子，扰扰何所迫。昆山采琼蕊，可以炼精魄。

太白幻穿到神话传说中的仙境，所遇多为遗世独立、超尘脱俗之高仙。葛立方《韵语阳秋》云：“李太白《古风》两卷近七十篇，身欲为神仙者殆十三四。或欲把芙蓉而蹑太清，或欲挟两龙而凌倒景，或欲留玉儿上蓬山，或欲折若木而游八极，或欲结交王子晋，或欲高揖卫叔卿，或欲借白鹿于赤松子，或欲餐金光于安期生，岂非贺季真有谪仙之目，而因为是以信其说耶？抑身不用郁郁不得志而思高举远引耶？”[8]“我愿从之游，未去发已白”，可见，太白言营丹砂，采琼蕊，炼精魄，求仙采药，不过是其在现实中郁郁不得志而生发的愤激之语，实非其本心。

太白在现实中难以寻到出路和归宿，非幻穿到超尘脱俗之仙境不足以排解其内心的矛盾和苦闷，非神遇遗世独立之高仙不足以倾诉其不同凡俗的人生志趣，非平交高仙不足以满足其恃才自傲的心性。仙境不过是太白托仙放怀，诗意地栖居的精神家园而已。

三

在《古风》五十九首中，太白还常将自己化为异物，穿越到异质时空，与物异质同构，神与物游，其形为象，其义合征。如《古风》其三十八：

孤兰生幽园，众草共芜没。虽照阳春晖，复悲高秋月。飞霜早淅沥，绿艳恐休歇。若无清风吹，香气为谁发。

萧士赟云：“首两句谓君子在野，未能自拔于众人之中。三句至六句谓虽蒙主知，而小人之谗谮者已至，孤寒之士亦如是而已矣。末句则谓若非在位之人，引类拔萃而荐用之,虽有馨香,何以自见哉?"[9]陈沆《诗比兴笺》云:"在野不能自拔,虽蒙主知,已被众忌,若无当位之人,披拂而吹嘘之,虽有德馨,何由自达哉!此自伤遇主被谗,孤立莫援也。"[10]按萧士赟、陈沆的"比兴"对号解说,此诗中的孤兰喻君子在野,"虽照阳春晖"喻"虽蒙主知","飞霜早淅沥"喻"已被众忌","清风吹"喻"在位之人引类拔萃而荐用之"。然只要梳理其逻辑脉络便可知,既然孤兰"虽照阳春晖"喻已"蒙主知",即使"无清风吹",其香气早已被君闻知,不需要再问"香气为谁发"了。可见,比兴比附,常陷于牵强附会。就诗本身而言,全诗完全按照兰草的生活习性来写其生存境况,写生在幽园的孤兰被众草淹没,虽沐春晖,复遇霜摧,恐绿艳难久,若无清风吹送,则不知香为谁发。而太白自负奇才,怀才不遇,若无伯乐推荐,则不知满腹经纶为谁所用。孤兰与太白一为物一为人,然二者的生存状况有内在的相似性,换句话说,孤兰与太白之间构成一种异质同构的关系。因而,诗人通过异质同构展开神思,人异化为孤兰,写孤兰的生存状况即象征太白生存状况。

又如《古风》其二十六:

> 碧荷生幽泉,朝日艳且鲜。秋花冒绿水,密叶罗青烟。秀色空绝世,馨香为谁传。坐看飞霜满,凋此红芳年。结根未得所,愿托华池边。

秀色绝世的碧荷,有三大憾事:一是生于幽泉,不为人知;二是"结根未得所";三是飞霜凋芳年。萧士赟云此诗"谓君子有绝世之行,处于僻野而不为世所知,当恐老之将至,而所抱不见于所用,安得托身丁朝廷之上而用世哉?是亦太白自伤之意也欤"[11]?碧荷与太白的际遇亦构成异质同构的象征关系。

又如《古风》其三十三:

> 北溟有巨鱼,身长数千里。仰喷三山雪,横吞百川水。凭陵随海运,燀赫因风起。吾观摩天飞,九万方未已。

"此假庄生之言以自况也。"[12]庄生所言之北溟巨鱼,其生存习性与太白志存高远的志趣亦构成异质同构的象征关系。

宋代严羽在《沧浪诗话·诗辩》中曾指出:"子美不能为太白之飘逸,太白不能为子美之沉郁。"陈廷焯认为"世人论诗,多以太白之纵横超逸为变,而以杜陵之整齐严肃为正。此第论形骸,不知本原也","大约自风骚以迄太白,皆一线相承……故余谓自风骚以迄太白,诗之正也,诗之古也"[13]。从以上三首诗看来,太白异化为物,以象征展开神思,神与物游,既随物以宛转,亦与心而徘徊[14],将风骚开创的赋比兴传统发挥得淋漓尽致。

陈廷焯还认为"太白一生大本领,全在《古风》五十九首。今读其诗,何等朴拙,何等忠厚。至如《蜀道难》《行路难》《天姥吟》《鸣皋行》等篇,粗而不精,枝而不理，绝非太白高作”[15]。他认为“精”“理”是“太白一生大本领”，而《古风》组诗则是“太白一生大本领”的集中体现。清代赵翼认为“（太白）诗之不可及处在乎神识超迈，飘然而来，忽然而去，不屑于雕章琢句，亦不劳劳于镂心刻骨，自有天马行空，不可羁勒之势”[16]。其实，李白“志在删述”，主张“复元古”，总欲有所建立，垂名于世，然后拂衣还山，这些“神识”，在其所处的时代并不见得有多么“超迈”。

从《古风》五十九首观之，李白善用穿越展开神思，具体体现在如下三个方面：一是他喜欢“逆穿”到古代，与其仰慕的历史上的英雄豪杰鲁仲连、侯嬴、郦食其、张良、韩信、东方朔等出入古今，腾挪宇宙，并站在历史时空之巅评古论今。这使其诗具有席卷天下，包举宇内，囊括四海，并吞八荒的豪放气象。二是他喜欢“幻穿”到神话传说中的仙境，平交安期生、赤松子、王子晋、卫叔卿等高仙，蹑太清，凌倒景，饮浆对博，寻找诗意栖居的精神家园。这使其诗具有自由放任、超尘脱俗的飘逸气度。三是他喜欢“化穿”到异质时空，神与物游，随物宛转，与心徘徊。这使其诗写气图貌具有“神用象通，情变所孕”[17]的“精”“理”风神。“逆穿”“幻穿”和“化穿”的使用，即使太白诗歌意象的选择和组织别出一格，又使其神思的理路、情感逻辑的表达“飘然”“不群”，足以惊天地而泣鬼神。太白神思的独运正是其“诗之不可及处”，或者说是“太白一生大本领”。我们同时亦发现，太白的意识形态并没有超越他的时代，他的诗歌几乎没有“超穿”到未来，缺乏对未来世界的思索和展望，这当与其“志在删述”的文化价值取向以及主张“复元古”的审美追求息息相关。

注　释

[1]赵翼《瓯北诗话》卷二，南京：凤凰出版社，2009 年版。

[2]《李白集校注》（一）第 92 页引胡震亨语，上海：上海古籍出版社，1980 年版。

[3]同上第 117 页引徐祯卿语。

[4]同上第 111 页引萧士赟语。

[5]赵翼《瓯北诗话》卷一。

[6]见《李白集校注》（一）第 106 页。

[7]《李白集校注》（一）第 103 页引《唐宋诗醇》语。

[8]同上第 107 页引葛立方语。

[9]同上第 160 页引萧士赟语。

[10]同上第 161 页引陈沆语。

[11]同上第 142～143 页引萧士赟语。

[12]同上第 153 页引徐祯卿语。

[13]陈廷焯《白雨斋词话》卷七。

[14]刘勰《文心雕龙·物色》。

[15]陈廷焯《白雨斋词话》卷七。

[16]赵翼《瓯北诗话》卷一。

[17]刘勰《文心雕龙·神思》。

浅议李白诗歌中的自我称谓

崔际银

李白属于“主观之诗人”。在其诗歌作品中,大量而直接地记录其言行、描述其行为、表达其思想、塑造其形象等,均属这一特征的鲜明表现。同时,李白诗中通过多用第一人称的“我”“吾”等语词自称,进一步强化了其人为“主观诗人”、其诗为“主观诗歌”之特征。本文拟以李诗中用以自称的第一人称用语为对象(为求简明,可概言之曰“我”),作一简略分析。

一、李白诗中有关“我”的称谓用语

(一)自我称谓的主要语词

李白诗歌中用以指称自我的语词,大致有十种左右。在这些自称语词中,出现次数最多的是“我”字,共计380处左右。如:“我思仙人,乃在碧海之东隅”(《有所思》)[1],“桃李如旧识,倾花向我开”(《对酒二首》其二),“春风复无情,吹我梦魂散”(《大堤曲》),“我欲弯弓向天射,惜其中道失归路”(《独漉篇》),“我见楼船壮心目,颇似龙骧下三蜀”(《司马将军歌》),“感物动我心,缅然含归情”(《古风》其二十二),“我纵言之将何补,皇穹窃恐不照余之忠诚”(《远别离》),“我有吴越曲,无人知此音”(《赠薛校书》),“我去黄牛峡,遥愁白帝猿”(《留别龚处士》)等[2]。

出现次数仅次于“我”字的是“吾”,约有90处。如:“吾将囊括大块,浩然与溟涬同科”(《日出行》),“吾观摩天飞,九万方未已”(《古风》其三十三),“吾欲揽六龙,回车挂扶桑”(《短歌行》),“五色粉图安足珍,真仙可以全吾身”(《当涂赵炎少府粉图山水歌》),“吾师醉后倚绳床,须臾扫尽数千张”(《草书歌行》),“清秋何以慰,白酒盈吾杯”(《玉真公主别馆苦雨赠卫尉张卿二首》其一),“独用天地心,浮云乃吾身”(《对雪奉饯任城六父秩满归京》)等[3]。

数量居于第三位的是“余”字,数量接近60处。如:“古老向余言,言是上留田”(《上留田》),“横江馆前津吏迎,向余东指海云生”(《横江词六首》其五),“余亦去金马,藤萝同所欢”(《赠参寥子》),“别后若见之,为余一攀翻”(《金陵白下亭留别》),“余亦能高咏,斯人不可闻”(《夜泊牛渚怀古》)等[4]。

“予”字,在李诗中出现了16处。如:“嗟予落魄江淮久,罕遇真僧说空有”(《僧伽歌》),“君乃輶轩佐,予叨翰墨林”(《赠崔侍郎》),“且寄一书札,令予解愁颜”(《自梁园至敬亭山见会公谈陵阳山水兼期同游因有此赠》),“暝投永华寺,宾散予独醉”(《流夜郎永华寺寄寻阳群官》),“予若洞庭叶,随波送逐臣”(《送郄昂谪巴中》)等[5]。

出现次数较少者是“仆”“侬”等字。“仆”字作为第一人称代词,出现在三首诗之中(《走笔赠独孤驸马》《经乱离后天恩流夜郎忆旧游书怀赠江夏韦太守良宰》《闻丹丘子于城北营石门幽居中有高凤遗迹仆离群远怀亦有栖遁之志因叙旧以寄之》)。“侬”字代指作者,在李白诗歌中出现了两次:“人道横江好,侬道横江恶”(《横江词六首》其一),“寄言向江水,汝意忆侬不(否)”(《秋浦歌十七首》其一)[6]。

除了上述的第一人称代词之外,李白的姓名、别号,也出现在其诗歌之中。直呼“李白”者,有2处:一写李白意欲终生与酒为伴之愿望:“舒州杓,力士铛,李白与尔同死生”(《襄阳歌》);一写李白对友人的感激之情:“李白乘舟将欲行,忽闻岸上踏歌声”(《赠汪伦》)[7]。李白以其名“白”字自称,在其诗歌正文中未曾使用,但出现在《答湖州迦叶司马问白是何人》《白微时募县小吏人令卧内尝驱牛经堂下令妻怒将加诘责白亟以诗谢云》两首诗歌的标题之中,而且后一诗题中出现了两次。李白的别号“青莲居士”“谪仙人”等,也出现在其诗作之中:“青莲居士谪仙人,酒肆藏名三十春”(《答湖州迦叶司马问白是何人》)。并且,他还在《对酒忆贺监二首》(其一)诗中,对“谪仙人”这一称呼的缘起作了说明:“四明有狂客,风流贺季真。长安一相见,呼我谪仙人。”[8]可见,此称由贺知章提出,获得了李白的认同。另外,李白在其诗中还曾用“山人”等称呼自己,此处不再一一细述。

(二)自我称谓语词的使用方式

李白诗歌用于自我称呼语词的使用方式,大致可分为三种情况:

第一,作品中单独出现某一语词且只出现一次。这种情况,在李白拥有第一人称语词的诗歌中,占有的比例最大。在上文引述的例句中,大多属于此类,为避免繁琐而不再列举。

第二,某一自我称谓语词多次出现在某一作品之中。例如“我”:“主人有酒且莫斟,听我一曲悲来吟。悲来不吟还不笑,天下无人知我心。君有数斗酒,我有三尺琴。琴鸣酒乐两相得,一杯不啻千钧金。”再如“吾”:“拂彼白石,弹吾素琴。幽涧愀兮流泉深,善手明徽高张清。……吾但写声发情于妙指,殊不知此曲之古今。幽涧泉,鸣深林。”[9]这种在同一首诗作中多次重复使用自我称谓语的方法,具有增强主观情感、强化自我介入之作用。

第三,不同语词出现在同一作品之中。例如,“我”与“吾”合用:“我欲攀龙见明主,雷公砰訇震天鼓,帝旁投壶多玉女。三时大笑开电光,倏烁晦冥起风雨。阊阖九门不可通,以额叩关阍者怒。白日不照吾精诚,杞国无事忧天倾。”[10]“我”与“侬”合用:“寄言向江水,汝意忆侬不(否)。遥传一掬泪,为我达扬州。”[11]“我”与“予”合用:“黄鹤东南来,寄书写心曲。倚松开其缄,忆我肠断续。……对酒忽思我,长啸临清飙。蹇予未相知,茫茫绿云垂。……忆君我远来,我欢方速至。开颜酌美酒,乐极忽成醉。我情既不浅,君意方亦深。”[12]“予”“余”“我”之合用:“嗟予沉迷,猖獗已久。五十知非,古人尝有。立言补过,庶存不朽。……拾尘掇蜂,疑圣猜贤。哀哉悲夫,谁察予之贞坚。……人生实难,逢此织罗。积毁销金,沉忧作歌。天未丧文,其如余何。……子野善听,离娄至明。神靡遁响,鬼无逃形。不我遐弃,庶昭忠诚。”[13]这种不同第一人称语词同入一诗的情况,既是强调了作者的主观介入,同时也使行文具有“变化”之特征。

二、李白诗中“我”的主要作用

(一)提供直接观照视角

在文学创作过程中,切入“视角”(其中包括运用“人称”),是作者必须认真考虑的问题。因为“社会是由人构成的,而人的遭际是各不相同的。文学关心的永远是某个(或某些个)个人的生活,而并非某种(或某些种)社会生活。从某种到某个是哲学和社会学的方法;从某个到某种才是文学的方法。用后一方法看问题,则文学的对象是人生,各色各样的人生;每个人都是一个独立的主体,都有自己独特的思想感情和命运”[14]。李白的诗歌,正是从“个人”(自己)生活出发,从“某个”(本人)的视角切入的。与此同时,采用第一人称、由内视角切入的方法,可以更加直观地描述事实、抒发情感,为受众提供直接的参照。

“我”(包括“吾”“予”等)属于第一人称,此类语词在李白诗歌中得以大量运用,使我们对李白的认识更加直接:“待吾尽节报明主,然后相携卧白云”、“齐有倜傥生,鲁连特高妙。……意轻千金赠,顾向平原笑。吾亦澹荡人,拂衣可同调”[15],明确提出自己的人生目标是“功成身退”、学习的榜样是鲁仲连;“燕昭延郭隗,遂筑黄金台。剧辛方赵至,邹衍复齐来。奈何青云士,弃我如尘埃。珠玉买歌笑,糟糠养贤才”“而我竟何辜,远身金殿傍。浮云蔽紫闼,白日难回光”[16],意在通过自己受谗被弃的不幸遭遇,讽刺奸佞当道、贤哲获遣的黑暗现实;“仙人浩歌望我来,应攀玉树长相待。尧舜之事不足惊,自馀嚣嚣直可轻。巨鳌莫戴三山去,我欲蓬莱顶上行”“邀我登云台,高揖卫叔卿。恍恍与之去,驾鸿凌紫冥”“吾欲揽六龙,回车挂扶桑。北斗酌美酒,劝龙各一觞。富贵非所愿,与人驻颜光”[17],反映出作者浓重的求仙学道、企盼长生不老之思想;“吾爱孟夫子,风流天下闻。……高山安可仰,徒此揖清芬”“我来竟何事,高卧沙丘城。……思君若汶水,浩荡寄南征”“我寄愁心与明月,随风直到夜郎西”[18],展示了与友人的深厚友谊;“出门妻子强牵衣,问我西行几日归。归时倘佩黄金印,莫学苏秦不下机”“娇女字平阳,折花倚桃边。折花不见我,泪下如流泉。小儿名伯禽,与姊亦齐肩。双行桃树下,抚背复谁怜。念此失次第,肝肠日忧煎”[19],表现出与妻子儿女浓浓的挚爱亲情。

此外,李白诗歌还有不少以第一人称方式描述登临名胜、游览山水、参加宴饮等情景的作品。这些通过以“我”亲身介入形式的表达,为读者提供了更加直接的视角,大大增强了作品及所述内容的真实性。

(二)彰显本人性情

诗歌具有鲜明的“言志”“抒情”之功能,这种“志”与“情”,本应属于作者本人的真情实感的记录与表达。但是,不少诗歌作者,或站在道德高点上着意于爱国忧民(如杜甫)、或运用委婉含蓄之方法抒情表意(如李商隐)。此类诗人诗作,自有其存在价值。不过,若以勇于展示自我品性而论,则无有堪与李白比肩者。概而言之,李白诗歌大量使用第一人称语词,鲜明地表现出其纯真、自信与进取的品格特征。

纯真之情:关于李白的纯情诗,人们极易想起“小时不识月,呼作白玉盘。又疑瑶台镜,飞在青云端”和“床前看月光,疑是地上霜。举头望山月,低头思故乡”之类的诗句[20]。这些诗句,确实表现出李白的纯真情感。但是,以下加入第一人称称谓的诗句,所表现的情感则更为确切真实:《把酒问月》所谓“青天有月来几时,我今停杯一问之。人攀明月不可得,月行却与人相随。皎如飞镜临丹阙,绿烟灭尽清辉发。……今人不见古时月,今月曾经照古人。古人今人若流水,共看明月皆如此。唯愿当歌对酒时,月光长照金樽里”[21],既可视之为宇宙意识的体现(探讨月之成因),又具有现实意义(探讨人与月之关系),同时也是李白纯真情感的具体表现;《山中与幽人对酌》所云“两人对酌山花开,一杯一杯复一杯。我醉欲眠卿且去,明朝有意抱琴来”[22],描述了作者置身繁花盛开的山中与人豪饮、沉醉尽欢之真实情态;《送萧三十一之鲁中兼问稚子伯禽》之“我家寄在沙丘傍,三年不归空断肠。君行既识伯禽子,应驾小车骑白羊”[23],表现出作者久不还家、想念娇儿之状,足见其父子之情深;而《宿五松山下荀媪家》中“我宿五松下,寂寥无所欢。田家秋作苦,邻女夜春寒。跪进雕胡饭,月光明素盘。令人惭漂母,三谢不能餐”的讲述[24],让人体会到李白发自内心的同情百姓、自感羞惭之真情。

自信之心:李白的自信,是尽人皆知的。而其自信的表达,大多是依靠有“我”的诗句承载与展示的。他认为自己的命运,可以交由自我把握,不可自暴自弃:“卷舒固在我,何事空摧残。”[25]他自命先知先觉的智者(通达彻悟之人),深知物理与人性、实现了物我同一:“茫茫大梦中,惟我独先觉。……彼我俱若丧,云山岂殊调。”[26]他甚至以仙佛自居:“青莲居士谪仙人,酒肆藏名三十春。湖州司马何须问,金粟如来是后身。”[27]正是基于如此的自我认知与定位,使他敢于挑战世俗的圣贤:“我本楚狂人,凤歌笑孔丘。”[28]当然,对于普通人的不理解、甚至全社会对自己的抛弃,他也能够以潇洒的态度予以承受:“我本不弃世,世人自弃我。一乘无倪舟,八极纵远舵。”[29]凡此种种的表述,足以证明李白非凡之自信。

进取之志:李白具有强烈的建功立业思想,“立功”乃是其一生的最大追求。他的一生,可称之为奋斗的一生、进取的一生。他从不认为自己是只能舞文弄墨的书生,而是以“壮士”自居,坚守重义轻利的原则:“予为楚壮士,不是鲁诸生。有德必报之,千金耻为轻。”[30]为了报答君王的知遇之恩,他宁愿违背远游归隐的誓言:“余欲罗浮隐,犹怀明主恩。踌躇紫宫恋,孤负沧洲言。”[31]他为自己设定的目标是:“申管晏之谈,谋帝王之术,奋其智能,愿为辅弼,使寰区大定,海县清一。事君之道成,荣亲之义毕,然后与陶朱留侯,浮五湖,戏沧洲。”[32]他期待着获得诸葛亮式的机遇、像鲁仲连那样“功成身退”:“鲁连卖谈笑,岂是顾千金。陶朱虽相越,本有五湖心。余亦南阳子,时为梁甫吟。苍山容偃蹇,白日惜颓侵。愿一佐明主,功成还旧林。”[33]不过,现实是残酷的,“乱我心”的“多烦忧”,是他长期相处的境况。面对“大道如青天,我独不得出”的困穷局面,李白从来未曾退缩,而是坚信“天生我材必有用”“长风破浪会有时,直挂云帆济沧海”[34]。可以毫不夸张地讲,李白的一生,就是奋斗的一生、积极进取的一生。他的这种人生理念与行为,都在其诗作中得到直观真切的展示。

（三）增强感染力

王国维先生在其《人间词话》中有言："客观之诗人不可不多阅世，阅世愈深则材料愈丰富愈变化……主观之诗人不必多阅世，阅世愈浅则性情愈真。"王先生将作品构筑的境界分为"无我之境"和"有我之境"，其中的"有我之境，以我观物，故物皆着我之色彩"[35]。王先生所谓"主观之诗人不必多阅世"的观点，实有商榷之必要；但认为主观诗人以抒发主观感受、表达人生理想、展示纯真性灵为主，则是很有见地的。同时，李白是公认的"主观之诗人"，在他的诗歌作品中，都带有浓重的个人色彩，而第一人称"我"在诗句中的大量加入，更是进一步增强了作品的感染力。每当读到"承恩初入银台门，著书独在金銮殿。龙钩雕镫白玉鞍，象床绮席黄金盘。当时笑我微贱者，却来请谒为交欢。一朝谢病游江海，畴昔相知几人在。前门长揖后门关，今日结交明日改"的时候[36]，怎能不对政治的黑暗与世态炎凉而浩叹；每当读到"大道如青天，我独不得出"[37]，"叹我万里游，飘飘三十春。空谈帝王略，紫绶不挂身"[38]的时候，怎能不为其生存困境而伤感；每当读到"花间一壶酒，独酌无相亲。举杯邀明月，对影成三人。月既不解饮，影徒随我身。暂伴月将影，行乐须及春。我歌月裴回，我舞影零乱。醒时同交欢，醉后各分散。永结无情游，相期邈云汉"[39]，"孤云还空山，众鸟各已归。彼物皆有托，吾生独无依"的时候[40]，怎能不对其孤独寂寞而深表同情；而每当读到"仰天大笑出门去，我辈岂是蓬蒿人""安能摧眉折腰事权贵，使我不得开心颜"的时候，又是何等的振奋人心、增人勇力！

充分创作优秀诗歌作品感染读者的诗人，历代不乏其例。但是，能够如同李白一样全方位、高强度、最直白地利用诗歌展现个人感受、理想、品性者，迄今未见。李白诗歌的冲击力、穿透力与感染力，是无与伦比的。这其中，李白尽多地加入"我"的成分，发挥着重要的作用，取得了良好的效果。

三、李白着意写"我"的形成因缘

（一）多重知识的支撑

李白是真正的"读万卷书"且"行万里路"之人。就知识构成而言，他不仅接受了儒家教育，而且对诸子百家多有涉猎，其中受道家、纵横家影响甚巨。这为其树立远大理想、追求个性自由奠定了基础。身为文士，李白对文学创作有着清醒而深刻的体认："大雅久不作，吾衰竟谁陈。王风委蔓草，战国多荆榛。龙虎相啖食，兵戈逮狂秦。正声何微茫，哀怨起骚人。扬马激颓波，开流荡无垠。废兴虽万变，宪章亦已沦。自从建安来，绮丽不足珍。圣代复元古，垂衣贵清真。群才属休明，乘运共跃鳞。文质相炳焕，众星罗秋旻。我志在删述，垂辉映千春。希圣如有立，绝笔于获麟。”[41]在这首诗中，作者回顾了自先秦以来的文学发展的基本状况，对《诗经》、《楚辞》、汉魏六朝及唐代文学创作进行了评价，明确表达了对《诗经》及两汉（以建安为界）文学的重视，批评了六朝文学的“绮丽”之风，并且自己“志在删述”，企求“垂辉映千春”的志向。同时，他的击剑任侠、交友访道、观览河山、置身官场，又大大开阔了眼界，印证并增进了学识。由于有如此多重知识的支撑（遭受打击也可归入知识与经验范围），使之有能力、有信心、有勇气充分展示自我。

（二）外向性格的决定

性格，是由先天的禀赋与后天的影响而成的。性格的类别，通常分为“外向”与“内向”两种类型。依照这一标准，李白显然属于外向性格。李白的随性、真纯、勇于展示自我，都是这种性格的表现。李白性格的主要表征：在理想追求上，表现为“挫而不折”；在个人定位上，表现为“张扬自我”；在行为方式上，表现为“嗜酒豪饮”。

李白的“挫而不折”，主要体现在对“功成身退”人生目标的追求方面。李白终其一生未能“功成”，但他一生都在追求“功成”。李白虽然不时讲出“散发弄扁舟”（《宣州谢朓楼饯别校书叔云》）之类的出世之语，但他从未付诸实施。因为，在其人生第一目标（功成）未曾实现时，他是不肯前往第二目标（身退）的。李白是一位对人生十分认真的人，他的“本质是生命与生活”[42]。他的全部快乐来自于树立并执着追求理想，他的最大痛苦则来自于理想的无法实现。其实，人们设定人生理想的意义，很大程度上并非在于其真正实现，而在于点亮一盏引领人生、催人奋进的明灯。试问，中华古今的文人士子，哪个不是以“治国平天下”为己任、为目标的？又有多少人能够真正实现这种目标呢？李白的与众不同之处在于：他终生都在追求着“成功”、遇到任何困难（挫）都决不退缩（折）。这与及早“身退”“独善其身”的白居易，避入空门化解“伤心事”的王维等人是很不相同的。李白的“挫而不折”，常常被人所讥笑，其实这是一般人特别欠缺的优良品质，这也是他最值得敬佩之处。

李白的“张扬自我”，在其诗歌作品中得到了多方位的展示，当然也包括本文所关注的多用“我”“吾”之类的语词。诸如“天生我材必有用”“我辈岂是蓬蒿人”等诗句，决非他人所能道。这些豪言壮语，成为彰显李白勇于展示自我品性的最佳注脚。

李白的“嗜酒豪饮”，既是他的一种生活嗜好，也与其创作风格的形成大有关系:“李白性嗜酒,志不拘检,常林栖十数载。故其为文章,率皆纵逸。至如《蜀道难》等篇。可谓奇之又奇。然自骚人以还,鲜有此体调也。”[43]此外,嗜酒也可视之为发表观点、张扬个性的一种载体、道具或曰策略。因为只有在酒力的帮助(掩盖)之下,李白才可以放开胆量大声疾呼不平、勇敢揭露批判。

李白是一位“受气有本性,不为外物迁”的人物[44]。苏轼曾说:“士以气为主。方高力士用事,公卿大夫争事之,而太白使脱靴殿上,固已气盖天下矣。使之得志,必不肯附权幸以取容,其肯从君于昏乎?”[45]正是这一点,使得李白其人有气质、气骨、气势、气派,其诗有奇气、逸气、壮气、豪气。在他的一生中,以上述方面为表征的外在性格,为他带来了巨大快乐,由此也付出了高昂的代价。所谓“性格决定命运”,在李白身上得到了真实的验证。

(三)宽松社会环境的包容

李唐王朝(特别是盛唐时期)政治相对开明,推行三教(儒释道)并行之策,对国民思想及言行钳制较少,整体社会环境较为宽松。唐朝作为大一统的王朝,注重南北文化、中外文化的相互交流。李白生长于四川,青年时代出川,以荆州之安陆为中心长期游历。此后虽然到达冀、鲁等地,但其更多接受的是巴蜀、荆楚等南方文化之影响。与以中原文化为代表的北方文化崇敬儒学、循规守礼不同,南方文化中带有更为浓重的信奉神道、崇尚自由浪漫之色彩。这种南方文化的印记,在李白其人其诗中得到很好的体现(例如《蜀道难》《梦游天姥吟留别》诗中的神话传说、高山大川)。此外,李白也受到外来文化的影响。这种外来文化,一方面来自家庭(如果其家由碎叶城迁往四川江油之事属实),另一方面则归之于他的外出交游、特别是任职京师朝堂的经历。置身于这样的社会之中,人们的生存空间得以延拓,个性得以张扬,自我意愿易于得到表达。这为李白一类人物及作品的出现,提供了良好的平台。

总之,李白身为唐代乃至中国古代影响最大的诗人,其影响力极为鲜明地体现在对自我的描述(思想情感、实际生活等)。李白之所以能够成为李白,从主观上讲,与其对“我”的倾心关注具有特别重要的关系;而从客观角度而言,则是盛唐社会成就了李白。当然,从某种意义上讲,也是因为李白,成就了唐诗与盛唐时代。

注　释

[1]《全唐诗》卷十七,第172页,北京:中华书局,1960年版。又:为节省篇幅,以下凡引用《全唐诗》的诗歌,仅列出书名、页码,或予以集中注释。

[2]以上所引诗句,见《全唐诗》第208页、275页、286页、421页、1674页、1680页、

1735 页、1785 页。

[3]以上所引诗句，见《全唐诗》第 210 页、1675 页、1705 页、1724 页、1729 页、1733 页、1792 页。

[4]以上所引诗句，见《全唐诗》第 242 页、1720 页、1737 页、1784 页、1849 页。

[5]以上所引诗句，见《全唐诗》第 1721 页、1739 页、1761 页、1774 页、1808 页。

[6]以上两首诗，见《全唐诗》第 1720、1723 页。

[7]《襄阳歌》《赠汪伦》二诗，《全唐诗》第 422 页、1765 页。

[8]《答湖州迦叶司马问白是何人》、《对酒忆贺监二首》(其一)二诗，见《全唐诗》第 1813 页、1859 页。

[9]《悲歌行》《幽涧泉》二诗，见《全唐诗》第 312 页、306 页。

[10]《梁甫吟》，《全唐诗》第 250 页。

[11]《秋浦歌十七首》(其一)，《全唐诗》第 1723 页。

[12]《酬岑勋见寻就元丹丘对酒相待以诗见招》，《全唐诗》第 1815 页。

[13]《雪谗诗赠友人》，《全唐诗》第 1736 页。

[14]《裴斐文集》第一卷第 65 页，北京：人民文学出版社，2013 年版。

[15]《驾去温泉后赠杨山人》《古风五十九首》(其十)，《全唐诗》第 1736 页、1672 页。

[16]《古风五十九首》(其十五)(其三十七)，《全唐诗》第 1673 页、1676 页。

[17]《怀仙歌》、《古风五十九首》(其十九)、《短歌行》，《全唐诗》第 1727 页、1673 页、1705 页。

[18]《赠孟浩然》《沙丘城下寄杜甫》《闻王昌龄左迁龙标遥有此寄》，《全唐诗》第 1731 页、1768 页、1769 页。

[19]《别内赴征三首》(其二)、《寄东鲁二稚子》，《全唐诗》第 1883 页、1772 页。

[20]《朗月行》《静夜思》，《全唐诗》第 320 页、1709 页。

[21]《把酒问月》，《全唐诗》第 1827 页。

[22]《山中与幽人对酌》，《全唐诗》第 1856 页。

[23]《送萧三十一之鲁中兼问稚子伯禽》，《全唐诗》第 1802 页。

[24]《宿五松山下荀媪家》，《全唐诗》第 1844 页。

[25]《秋日炼药院镊白发赠元六兄林宗》，《全唐诗》第 1741 页。

[26]《与元丹丘方城寺谈玄作》，《全唐诗》第 1852 页。

[27]《答湖州迦叶司马问白是何人》，《全唐诗》第 1813 页。

[28]《庐山谣寄卢侍御虚舟》，《全唐诗》第 1773 页。

[29]《送蔡山人》，《全唐诗》第 1801 页。

[30]《淮阴书怀寄王宗成》，《全唐诗》第 1769 页。

[31]《同王昌龄送族弟襄归桂阳二首》(其一)，《全唐诗》第 1798 页。

[32]《代寿山答孟少府移文书》,《李翰林集》第675页,合肥:黄山书社,2004年版。
[33]《留别王司马嵩》,见《全唐诗》第1781页。
[34]“大道如青天”(《行路难三首》其二),“天生我材必有用”(《将进酒》),“长风破浪会有时,直挂云帆济沧海”(《行路难三首》其一),分别见《全唐诗》第1684页、1682页、1684页。
[35]龚兆吉编《历代词论新编》第78页、124页,北京,北京:师范大学出版社,1984年版。
[36]《赠从弟南平太守之遥二首》(其一),《全唐诗》第1755页。
[37]《行路难三首》(其二),《全唐诗》第1684页。
[38]《门有车马客行》,《全唐诗》第1698页。
[39]《月下独酌四首》(其一),《全唐诗》第1853页。
[40]《春日独酌二首》(其一),《全唐诗》第1855页。
[41]《古风五十九首》(其一),《全唐诗》第1670页。
[42]李长之《道教徒的诗人李白及其痛苦》第3页,沈阳:辽宁教育出版社,1998年版。
[43]唐·殷璠《河岳英灵集》,《唐人选唐诗新编》第120页,西安:陕西教育出版社,1996年版。
[44]《赠宣城宇文太守兼呈崔侍御》,《全唐诗》第1759页。
[45]宋·苏轼《李太白碑阴记》,《影印文渊阁四库全书》本《东坡全集》卷三七。

《中国李白研究》集萃

中国李白研究会秘书处
马鞍山李白研究所　编

（下）

全国百佳图书出版单位
时代出版传媒股份有限公司
黄山书社

目　录

（下）

李白的文学批评

王运熙

李白是盛唐时代的伟大诗人。他的诗感情热烈激荡，气势豪迈奔放，语言清新自然，富有积极浪漫主义特征。他的文学批评散见于其诗篇，分量不多，且大抵较零碎，但值得重视。它们不但表现了李白本人的创作主张和创作倾向，而且反映了盛唐时代不少诗人共通的审美趣味和审美标准。

一、提倡清真自然，重视风骨和兴寄

李白对于诗歌创作，意见最突出的是强调诗歌的语言和风貌应当清新真率，出之自然，反对雕琢和涂饰。这在他的《古风·第三五》中有鲜明的表述：

丑女来效颦，还家惊四邻。寿陵失本步，笑杀邯郸人。一曲斐然子，雕虫丧天真。棘刺造沐猴，三年费精神。功成无所用，楚楚且华身。大雅思文王，颂声久崩沦。安得郢中质，一挥成风斤。

李白认为诗歌应当写得天真自然，像西施的美貌那样，出自本色。丑女效颦，寿陵学步，虚伪地模拟他人，矫揉造作，是可笑而不足取的。那种像在棘刺上雕刻沐猴的文风（犹如杨炯在《王勃集序》中所指责的“争构纤微，竞为雕刻”的现象），只是为了迎合时尚，取得个人的荣华，从诗歌创作的业绩说，实在是徒费精神。因而，他追慕西周前期雅颂那种淳朴自然的诗风。最后，李白希望能有像匠石那样的杰出人物出现在诗坛上，运斤成风，彻底改变诗歌创作的风貌。在期望中寓有隐然自负之意，以匠石的技巧比喻自己的高超诗才。孟棨《本事诗·高逸》载李白论诗曾说：“将复古道，非我而谁？”也是这个意思。

李白崇尚清真自然的主张，在他的作品和有关记载中可谓屡见不鲜。《古风·第一》认为建安以来的诗歌“绮丽不足珍”，把绮丽作为清真自然的对立面，从而批判了建安以来的诗风。《赠江夏韦太守良宰》诗赞美韦太守诗有如“清水出芙蓉，天然去雕饰”，意思就更为明显了。对前代诗歌，除了《诗经》外，他也常爱其清新自然的一面。例如他很企羡谢灵运，特别欣赏其《登池上楼》中的“池塘生春草”那一浑然天成的佳句，有诗云：“梦得池塘生春草，使我长价登楼诗”（《赠从弟南平太守之遥》其一）；“他日相思一梦君，应得池塘生春草”（《送舍弟》），等等。当然，李白经常称道谢灵运的“池塘生春草”佳句，除爱其清新自然外，还为了以谢灵运、谢惠连两人的从兄弟关系来比拟自己和赠诗对象的关系。又如他非常欣赏谢朓诗的清新俊美，有“中间小谢又清发”（《宣州谢朓楼饯别校书叔云》）、“诗传谢朓清”（《送储邕之武昌》）等诗句。李白很重视汉魏六朝乐府中的无名氏作品（其中包含许多民歌），并努力向它们学习。乐府民歌清新自然的语言和风格特征，深深滋润了李白的诗篇。《唐诗纪事》（卷四八）记载，李白欣赏少年诗人韦渠牟的才气，“因授以古乐府之学”。李白虽然没有留下直接评论古乐府的意见，但从他的创作和这种记载看，他显然是非常重视它们的。

在唐代，由于帝皇和统治阶级的提倡，道家思想和道教信仰都受到重视，颇为流行。李白少年时代即诵读道书，接受老庄思想和道教经典的影响，求仙访道的活动几乎贯穿了他的一生。他的思想，无论宇宙、人生、政治、社会等方面，都表现出崇尚自然、崇尚清静无为的特色。这里略举一二例子。他的《日出入行》有云：“谁挥鞭策驱四运，万物兴歇皆自然。……鲁阳何德，驻景挥戈。逆道违天，矫诬实多。吾将囊括大块，浩然与溟涬同科。”他认为四季的运行变化，万物的兴隆衰歇，都出于自然；鲁阳企图挥戈驻日，是违反天道和自然的法则的。因此，隶属于万物的诗人自己，也只能与天地元气混而为一，顺从自然而生存。这就是他的宇宙观和人生观。他的《赠清漳明府侄聿》诗赞美清漳县令李聿的政绩有云：“弦歌咏唐尧，脱落隐簪组。心和得天真，风俗犹太古。牛羊散阡陌，夜寝不扃户。问此何以然？贤人宰吾土。……讼息鸟下阶，高卧披道帙。蒲鞭挂檐枝，示耻无扑抶。”他理想中的地方官吏应当是观照道书，政简刑息，使社会风俗淳朴，人民过着安逸宁静的生活。他这种政治理想主要地是来自老庄思想。当然，不能说崇尚自然和清静无为支配了李白思想的一切方面。李白思想的成分是比较复杂的，除道家思想外，他还吸收了儒家、纵横家的思想，有积极入世、企图建功立业的一面。但无可置疑，崇尚自然和清静无为的意见，的确在他的思想中占据着相当重要的地位。

李白提倡清真自然的文学主张，除了与儒家重视古雅淳厚的主张相合外，同他在宇宙、人生等方面崇尚自然思想有着密切的联系，都是受到道家思想的影响。上引《古风·第三五》中运用的丑女效颦、寿陵学步、匠石运斤几个典故，都出自《庄子》，也可以看出这一主张与老庄思想的关系。在反对南朝以迄唐初浮靡文风的时候，李白运用老庄崇尚天真自然、要求归真返朴的言论作为思想武器，也是很自然的。但是，道家在诗歌创作方面没有留下可资楷模的范本，因此他只能抬出儒家经典《诗经》来作为旗帜。正像在人生、政治上不能完全清静无为、还要建功立业一样，李白在文学上除提倡清真自然外，还有重视文采的一面。这一点下文再作分析。

李白很重视诗歌要有风骨。《宣州谢朓楼饯别校书叔云》有句云，“蓬莱文章建安骨”，虽只简单一语，却说明他对建安诗歌以风骨擅长这一点是很推崇的，同时他自己的诗歌创作也富有风骨。根据《文心雕龙》中的《风骨》《通变》两篇的论述，可知具有风骨的作品，其特色是思想感情表现得鲜明爽朗，语言刚健有力，所谓“风清骨峻”，使作品产生较强大的艺术感染力。风骨在语言风貌上偏重质朴刚健，《文心雕龙·风骨》主张风骨与文采相配合，是要求文章做到文质彬彬，不偏于某一面。钟嵘《诗品序》主张风力与丹采结合，也是这个意思。由此可见，风清骨峻与清真自然二者的内涵是互相沟通的，它们都要求作品具有比较朴素自然的风貌。在唐代以前的诗歌中，《诗经》、楚辞以后，以五言诗为主要样式，其中汉魏古诗和建安文人诗风貌最为明朗刚健（故后人称为汉魏风骨、建安风骨），同时也比较质朴自然，和西晋以来诗歌着重藻饰有所不同，（着重藻饰，曹植已开其端，但在建安诗人中毕竟是个别的）。因此，我们有理由认为，李白推崇建安风骨和他提倡清真自然的思想是相互联系、互相沟通的。

推崇建安风骨，以建安诗歌为学习榜样，是盛唐不少诗人共同具有的倾向。高适有“感激建安时”（《宋中别周梁李三子》）、“纵横建安作”（《淇上酬薛三据兼寄郭少府》）等诗句。杜确《岑嘉州集序》说开元年间“作者凡数十辈”，其诗篇“近建安之遗范”。皮日休《郢州孟亭记》也说：“明皇世章句大得建安体，论者推李翰林、杜工部为之尤。”殷璠的《河岳英灵集》专门评选盛唐诗歌，更是经常标举风骨，这里不赘。可以说，提倡清真自然，重视建安风骨，不仅是李白个人的主张，实际反映了盛唐不少诗人共同的创作倾向。

提倡清真自然，重视风骨，主要都是从艺术风格的要求说的。李白对诗歌思想内容的要求，虽然说得不明显，但也是有主张的。首先，他提倡清真自然，这里面也包含着诗篇所表现的思想感情应当真率自然、而不是虚假造作的意思。这从他的大量作品可以得到旁证。其次，他大力推崇《诗经》，实际包含着诗歌应当继承《诗经》美刺比兴的传统,关心政治现实这层意思。《古风·第三五》中“大雅思文王,颂声久崩沦”句,追慕周初雅颂赞美周文王的诗篇,就有这层意思。《古风·第一》云:“《大雅》久不作,吾衰竟谁陈。”运用《礼记·王制》“命太师陈诗以观民风”的典故,也表现出对政治社会现实的关心。李白《古风》组诗中较多述及唐王朝国事民生,有所刺讥的篇章,他把《大雅久不作》篇放在这组诗的开头,看来正是具有开宗明义的意思。《本事诗·高逸》载李白曾说“寄兴深微,五言不如四言”,其精神也在于继承《诗经》的美刺比兴传统。李白诗歌内容重视寄兴,唐人早已指出。李白族叔李阳冰《草堂集序》称李白“凡所著述,言多讽兴”。晚唐诗人吴融《禅月集序》也说:“国朝能为歌诗者不少,独李太白为称首,盖气骨高举,不失颂咏讽刺之道。”李白这种重视关心政治、言多讽兴的创作倾向,同他在理论上大力推崇《诗经》是一致的。

二、对历代诗歌的评价

李白在《古风·第一》中对先秦以至唐朝历代诗歌和一部分辞赋作了概括的评价,诗云:

> 大雅久不作,吾衰意谁陈?《王风》委蔓草,战国多荆榛。龙虎相啖食,兵戈逮狂秦。正声何微茫,哀怨起骚人。扬马激颓波,开流荡无垠。废兴虽万变,宪章亦已沦。自从建安来,绮丽不足珍。圣代复元古,垂衣贵清真。群才属休明,乘运共跃鳞。文质相炳焕,众星罗秋旻。我志在删述,重辉映千春。希圣如有立,绝笔于获麟。

此诗从开头到“绮丽不足珍”句评述《诗经》到六朝的诗赋。他沿袭前代儒生的见解,把《诗经》(特别是西周前期的《周颂》和所谓“正风”“正雅”)称为正声。《诗经》以降,屈原、宋玉的辞赋,特多哀怨,与正声已有一些距离。到汉代司马相如、扬雄的赋,着重铺采摛文,夸张帝王苑囿宫殿之盛况,犹如激起一股浊流,一发而不可收。此后文风屡经变化,但《诗经》的宪章制度,沦替而不能复。建安以来的诗赋,大抵追求文辞的绮丽,不足珍视。在李白看来,战国以来,诗赋的发展背离了《诗经》正声的传统,每况愈下。孟棨《本事诗·高逸》也有关于李白推崇《诗经》四言体,轻视后代诗体的言论:

> 白才逸气高,与陈拾遗齐名,先后合德。其论诗云:“梁陈以来,艳薄斯极,沈休文又尚以声律,将复古道,非我而谁与?”故陈、李二集,律诗殊少。尝言:“兴寄深微,五言不如四言,七言又其靡也,况使束于声调俳优哉?”

在这里,李白以兴寄深微为评标价准,认为《诗经》四言体最好,建安时代开始繁盛的五言诗要差一些；南朝开始流行的七言歌行更差一些；至于南朝后期的永明体、宫体，就更是等而下之，所谓“束于声调俳优”，“艳薄斯极”。这种认为诗歌发展愈来愈走下坡路的看法，与《古风·第一》的表述是一致的。《本事诗》虽是小说家言，但记载尚较严谨，其自序称：“其有出诸异传怪录、疑非事实者，则略之。拙俗鄙俚，亦所不取。”上面这段记载与《古风·第一》内容相合，当属可信。

《古风·第一》“圣代复元古”以下为下半篇，着力歌颂唐王朝。指出唐朝政治清明，统治者在文化学术包括文学方面提倡淳朴的文风，重视清真自然，力图扭转南朝以来的浮靡之风。于是人才辈出，诗歌创作成绩辉煌，犹如群星耀天。最后李白表示要效法孔子删诗，编成一个唐诗选本，重范后世。

《古风·第一》竭力推崇《诗经》，颂扬唐代文学，同时笼统地贬抑楚辞、汉赋，否定建安以来诗赋，这种夸张的笔墨带来人们的疑窦。事实上李白对《诗经》以后不少诗人的评价还是很高的。对屈原，他曾称“屈平词赋悬日月”（《江上吟》）。对南朝诗人，除上述谢灵运、谢朓外，他对鲍照、江淹的评价也颇高（见下文）。他的诗歌创作，广泛地吸取了屈原、曹植、阮籍、左思以至南朝不少诗人的养料。他写过几首四言诗，不但数量很少，而且成就也不高。这些情况，稍涉猎李白诗歌者都是了解的。那么，怎样理解这一看上去自相矛盾的现象呢？

我们知道，李白气质、性格狂放，说话往往很夸张。他曾自称：“时人见我恒殊调，见余大言皆冷笑。”（《上李邕》）在作品中，他有时为了强调和突出某一种事物，就压低另外一些事物，表现出明显的片面夸张。他为了反对南朝以来浮靡轻艳的创作风气，要求恢复清真自然的古诗风貌，就大力推崇《诗经》，同时贬抑楚辞以后的文学，形成明显的片面夸张。上面提到，李白《古风》组诗，内容比较重视反映国事民生，有所讽兴，就更有必要抬出《诗经》这面大旗来号召，以表明他重视美刺比兴传统的意思。这一点和白居易《与元九书》中的议论颇为相像。在《与元九书》中，白居易为了强调写作讽喻诗，推崇《诗经》的“六义”为极则，因而对楚辞以后的历代诗歌，在不同程度上加以贬抑。其意见也显得很偏颇，且与白居易其他场合的言论和创作实践发生矛盾。值得注意的是唐代前中期的文学界，存在着一股推尊《五经》、贬抑后代文学的复古思潮，试看：

王勃《上吏部裴侍郎启》：“自微言既绝，斯文不振，屈、宋导浇源于前，枚、马扬淫风于后。”

杨炯《王勃集序》：“贾、马蔚兴，已亏于雅颂，曹、王杰起，更失于风骚。”

李华《赠礼部尚书清河孝公崔沔集序》：“屈平、宋玉，哀而伤，靡而不返，《六经》之道遁矣。”

贾至《工部侍郎李公集序》：“仲尼删《诗》述《易》作《春秋》而叙帝王之书，三代文章，炳然可观。洎骚人怨靡，扬、马诡丽，班、张、崔、蔡、曹、王、潘、陆，扬波扇飚，大变风雅。宋、齐、梁、隋，荡而不返。”

独孤及《唐故殿中侍御史赠考功员外郎中萧府君文集录序》：“尝谓扬、马言大而迂，屈、宋词侈而怨。沿其流者，或文质交丧，雅郑相夺，盍为之中道乎？”

这些文人，王勃、杨炯在李白之前，李华、贾至、独孤及则与李白同时。他们一致推尊《诗经》或《五经》，贬低后代文学，除杨炯外，其他诸家对楚骚也表不满。李白《古风·第一》“哀怨起骚人”句对楚骚贬低之意表现得尚不明显，而王勃、李华诸人对它的贬低之意就颇鲜明了。这股思潮的形成是由于不少文人不满意南朝以迄唐初长期流行的浮靡文风，有激而然。如果把《古风·第一》的夸张言论放在这一历史背景中去考察，就会愈加领会其精神实质所在。

《古风·第一》说“自从建安来，绮丽不足珍”。“绮丽不足珍”的评语，是否包括建安文学在内？对此前人即有不同解释。如宋杨齐贤《分类补注李太白诗》认为包括有“建安诸子夸尚绮靡”等语。清沈德潜《唐诗别裁集》则认为不包括，他举李白推崇建安诗的“蓬莱文章建安骨”句为证，说不足珍仅指建安以后。细加考察，当以包括说为是。建安诗固然以风清骨峻、风貌爽朗刚健著称，但又具有绮丽的一面。《宋书·谢灵运传论》说曹操、曹丕、曹植作品“咸蓄盛藻，甫乃以情纬文，以文被质”；钟嵘《诗品》谓曹植诗“词采华茂”，谓王粲诗“文秀”：都指出建安重要作家富有文采。曹丕《典论论文》提出“诗赋欲丽”的要求，可说即是总结了当时诗赋的创作经验。所以李谔《上隋高帝书》挞伐浮华文风，追根到曹魏。再从诗篇上半内容来看，包括说比较顺理成章。诗篇上半内容总的看法是《诗经》以后，诗赋创作脱离了正声轨道。前抑楚辞、汉赋，后贬六朝，如果中间单独对建安诗歌加以肯定那是很难解释得通的。如果我们再把它放在上述文学思潮的历史背景下去考察，那问题就看得更清楚了。

实际上，李白在其他场合不但肯定建安风骨，而且还很赞美南朝的一些诗人。除上举对谢灵运、谢朓的一些吟咏外，如他的《赠僧行融》诗有云：“梁有汤惠休，常从鲍照游；峨眉史怀一，独映陈公出。卓绝二道人，结交凤与麟。”把鲍照、陈子昂两人喻为凤与麟，可见其对鲍照评价之高。他的《赠江夏韦太守良宰》有云：“览君荆山作，江鲍堪动色。”说明他对江淹的评价也是颇高的。李白诗中对谢朓的赞美和向往，更是出现得较多，除上举两例外，他如：

解道澄江静如练，令人长忆谢玄晖。

（《金陵城西楼月下吟》）

我吟谢朓诗上语，朔风飒飒吹飞雨。

（《酬殷明佐见赠五云裘歌》）

我家敬亭下，辄继谢公作。相去数百年，风期宛如昨。

（《游敬亭寄崔侍御》）

独酌板桥浦，古人谁可征？玄晖难再得，洒酒气填膺。

（《秋夜板桥浦泛月独酌怀谢跳》）

李白诗中所表现的对前代诗人的怀念和赞美，论次数之多，的确没有第二人堪与谢朓相比拟，故清代王士稹《论诗绝句》有"一生低首谢宣城"之句。李白诗中经常提到谢朓，除掉他特别欣赏谢朓诗的清新风貌外，还由于李白生平经常往来的金陵、宣城两地，多保存谢朓遗迹，或其山水为谢朓所歌咏。李白游踪所及，触景生情，就很容易想起谢朓。从李白诗歌看，他在南朝诗人中受鲍照、谢朓两人影响都较深。他的一部分五言诗（特别五言短篇）清新俊美似谢朓，他的不少七言歌行奔放明快则似鲍照。建安以来其他著名诗人，像曹植、阮籍、左思以至何逊等，李白创作均曾吸取其营养。因为没有表现于评论，这里不再论述。唐代继汉魏六朝之后，是我国五七言诗歌繁荣昌盛的黄金时代。五七言古体诗在汉魏六朝古体诗基础上发展提高，取得出色的新成就；五七言近体诗则在齐梁新体诗和六朝乐府民歌的基础上加工变化，创造完美的新型格律诗。这是诗歌创作的历史趋势。诗人们对于建安以来的诗歌，只能采取批判继承态度，而不可能加以摒弃。李白正是顺应了这一趋势进行创作，并取得了卓越的成就，在七言歌行和绝句方面尤为突出。如果他墨守《诗经》陈规，只写四言诗而不写五七言诗，就绝不可能成为一个伟大的诗人。他的鄙薄建安以来诗歌，轻视五七言诗的言论，只能认为是在特定场合下，为了扭转南朝以迄唐初的浮靡文风，恢复《诗经》风雅比兴的传统和淳朴自然的风貌，有激而然，因此显得片面夸张。

唐代文人批判南朝浮靡文风，并上溯到楚辞、汉赋的言论，南朝评论家实为之先驱。裴子野《雕虫论》批评楚辞、汉赋追求辞藻富丽，影响所及"随声逐影之俦，弃指归而无执"。他慨叹"圣人不作，雅郑谁分"。裴子野是一位史学家，强调文学要为政治教化服务，轻视其艺术特征，立论片面。唐代古文运动的一些先驱者李华、贾至、独孤及等持论实与之相近。另外，刘勰《文心雕龙》的意见也值得注意。刘勰不满南朝新巧浮艳的文风，认为它导源于楚辞、汉赋，慨叹

“楚艳汉侈,流弊不还”(《宗经》篇)。他大力提倡宗经,主张作文应以《五经》为楷模;同时酌取楚辞的文采,做到“倚雅颂,驭楚篇”(《辨骚》篇)。对汉魏六朝逐步发展的骈体文学,他基本持肯定态度,对这时期许多作家作品加以赞美。他主张作文应“斟酌乎质文之间,而檃括乎雅俗之际”(《通变》篇),不排斥时俗崇尚的文采。刘勰提倡宗经,实际是企图以《五经》比较质朴雅正的文风来调剂一下南朝过于华艳的文风,使之文质兼备。这种见解比较合理。唐代的文学革新运动,可说是继承了刘勰的这种见解,并贯彻到创作实践中去。盛唐诗人一方面注意继承《诗经》、汉魏古诗比较质朴刚健的风貌,同时又注意吸取晋宋以来诗歌的华丽辞藻,因而使唐诗进入了一个文质彬彬的新境界。所以殷璠《河岳英灵集·集论》评盛唐诗人有云:“文质半取,风骚两挟。言气骨则建安为俦,论宫商则太康不逮。”杜确《岑嘉州集序》评开元诗风也说:“其时作者凡十数辈,颇能以雅参丽,以古杂今,彬彬然、粲粲然,近建安之遗范矣。”杜确所谓雅古,指《诗经》、汉魏古诗的规范;所谓丽今,则主要指南朝以至唐初诗歌的辞藻、声律之美。从诗歌创作看,从全部文学批判言论看,李白也是主张以雅参丽,以古杂今的;他的《古风》第一、第三五,则是片面强调了古雅的一面。李白竭力推崇《诗经》,性质与刘勰提倡宗经相当接近。

《古风·第一》下半篇对唐代诗歌给予很高赞美,认为人才济济,文质炳焕,成就突出。这不是门面话,而是对唐代取得优异成绩的诗人的衷心赞美。对诗歌革新的先驱者陈子昂,他誉为凤与麟(见上引《赠僧行融》诗)。他称孟浩然为“风流天下闻”(《赠孟浩然》),其中包含了对孟浩然诗歌的倾慕。对王昌龄、高适、杜甫诸人,李白虽然没有在诗作中直接评论其作品,但从流露出来的真挚浓厚的感情看,他肯定是推重他们的诗才的,面对成绩辉煌的唐诗,李白甚至想编选一部唐诗选本,可惜此愿没有实现。

《古风·第一》说“圣代复元古,垂衣贵清真”,指出唐代诗文风气的转变,是由于统治者提倡古朴清真之风,这也有具体的历史背景。它主要是指唐玄宗的一些政治措施。玄宗一登位,就很注意提倡儒学,压抑浮华。他曾下诏反对浮华,敦重古质。他重视并任用儒雅之士,一系列的政治措施对文风转变起了不小的作用。所以殷璠《河岳英灵集序》说开元后期诗风大变,“实由主上(指唐玄宗)恶华好朴,去伪存真,使海内词场,翕然尊古”。《新唐书·文艺传》也说:“玄宗好经术,群臣稍有雕琢,索理致,崇雅黜浮,气益雄浑。”比照这些材料,《古风·第一》所说的历史背景就清楚了。当然,盛唐诗风大变,其原因也是多方面的,不能片面地归功于帝王的政治措施,虽然政治措施也是一个重要原因。

总的说来，像对宇宙、人生、政治的看法那样，李白的文学观也是受儒、道两家影响为深。他接受老、庄思想影响，强调诗歌应当写得清真自然；同时又继承儒家积极入世、关心现实的传统，主张诗歌要有兴寄，触及时事。对于前代遗产，他主张多方面地广泛吸取其有用成分，使创作达到文质彬彬的境界。面对楚辞以后逐步发展起来的片面追求形式美的诗风，为了改变风气，他参与了当时文坛的复古思潮，在某些言论中强调要恢复《诗经》古雅的传统，对《诗经》以后的作品存在笼统贬抑的偏激倾向。但在更多场合却不是这样。他不但对屈赋、建安风骨给予极高评价，而且还对南朝一些杰出诗人发出由衷的赞美。李白没有写过有系统的文学评论，他的文学批评意见，大抵在某一场合即兴而发，显得零碎，加上他性格狂放，说话夸张等因素，有时甚至显得自相矛盾，使人难以理解。因此，必须对其有关言论进行全面的考察和审慎的分析，才能获得较为确切的认识。

李白个性论

裴 斐

关于李白思想，或曰道，或曰儒，或曰儒道互补、儒释道结合、以儒为主而兼采众家：所有这些说法都正确，都能举出具有充分说服力的证据。然而，令人起疑的是，这些说法要用在别的许多作家身上，不也行吗？再者，如果我们说李白既非道，亦非儒，亦非释……不也同样可以举出足够的证据吗？事实上，绝大多数中国古代作家，谁也脱离不了以儒为主而兼容各家这个文化大背景，不过是各自取舍和侧重有所不同罢了。李白自然也不例外，但他在这个背景上却显得异常突出。前人评李白，无论褒贬，皆好用一个“奇”字，“非凡的天才，非凡的性格，非凡的经历”，实为历代人对李白的共识[1]，如将李白思想仅归结为某家或某几家，便无法解释为什么他会引起同一文化背景的人们那样广泛而强烈的震惊。

要说明李白这一个，固然离不开上述文化背景，但不能满足于指出其如何符合，倒是应当更多地采取相反的视角。并且要把视野放开一些，比如说，其积极入世的人生态度固属于儒家，思想性格却又显然与儒家标榜的“中庸”扞格不入；如果由这个角度了解李白之有别于儒家，比起仅举出他不考科举、反对白首穷经和“我本楚狂人，凤歌笑孔丘”的诗句来[2]，视野就开阔多了。

有人说：“我们民族的文化思想，很讲究‘中庸’之道，跟西方人的容易冲动，好走极端大不一样。”[3]然则中庸就是不偏不倚，无过无不及了。这固然是传统的解释，但并没有抓住实质。《礼记·中庸》有云：“喜怒哀乐之未发谓之中，发而皆中节谓之和。”中节，也就是荀子所说“以道制欲”，也就是《大序》作者所说“发乎情，止乎礼义”，也就是程、朱等人所鼓吹的“存天理，灭人欲”；所谓“道”固然是圣人之道，所谓“礼义”“天理”（仁义礼智）亦无非放之四海皆准的圣人思想;个人的情感欲望经过圣人思想的节、制、止、灭,这才变得不偏不倚、无过无不及的。可见,中庸的实质,就是要把因人而异的感情纳入一种社会公认的思维模式,其结果必然是人的自我的丧失。“子绝四”,关键就在“毋我”:“处群萃而不自异,唯道是从,故不有其身。”孟子则“言必称尧舜”,“我非尧舜之道不敢以陈于王前”,我不过是宣传圣人的思想,自己决不敢有所发明。孔孟尚且如此,况他人乎!

按照孔子的说法,和中庸相对的品格便是狂狷。李白属于狂狷自不待言,并且和孔子自诩的“毋我”相反,他具有最强烈的自我意识。请看其自叙状:

尔其天为容,道为貌,不屈己,不干人。(《代寿山答孟少府移文书》)

虽身不满七尺,而心雄万夫。(《与韩荆州书》)

倚剑慷慨,气干虹霓。(《上安州裴长史书》)

怀经济之才,抗巢由之节,文可以变风俗,学可以究天人。(《为宋中丞自荐表》)

如此这般的自我标榜,在其诗文中时时处处可见。自荐或求人荐举时自我吹嘘,原为当时风气,可是谁能表现出他这样的气概呢?孔子尝云“予欲无言”,曰“天何言哉?四时行焉,百物生焉。”当李白自我标榜时是想到这点的,但他反驳道:“白闻天不言而四时行,地不语而万物生。白,人也!非天地,安得不言而知乎?”[4]你说这说法属于儒家还是道家?我说什么也不属于,不过是出于自我实现的强烈愿望罢了。有人从《代寿山答孟少府移文书》中看出李白“一整套人生观”乃是“儒家与道家思想的混合”[5],不能说没有根据,入世出世(包括功成身退),总不出儒道两家嘛!可是,所说“倚剑天外,挂弓扶桑,浮四海,横八荒,出宇宙之寥廓,登云天之渺茫”及“申管晏之谈,谋帝王之术,奋其智能,愿为辅弼,使寰区大定,海县清一”云云,其所显示的英雄气概却分明是属于李白自己的。

这种强烈的自我意识,不仅表现在言论上的自命不凡,同时也表现在行为上的与众不同。比如说,他一生热衷于政治,却始终不考科举,不求小官,而是期望以谋臣策士身份出仕,这就与众不同。其所称许并每以自比的历史人物,如吕望、管仲、苏秦、张仪、范蠡、鲁仲连、冯煖、侯嬴、毛遂、张良、诸葛亮、谢安等,都是由于特殊机缘得以施展才干,或献奇策立奇功,其中多数人都曾位登宰辅。这样的从政道路,在先秦曾经是现实的,在张良、诸葛亮、谢安的时代也还是现实的,到了天下早已统一,封建官僚体制(包括科举制)也早已牢固的唐帝国,就变得很不现实了。李白的政治抱负却始终和这样一条不现实的道路纠缠在一起,总是诉说“欲献济世策”[6],“报国有长策”[7],直到临死仍念念不忘于鲁仲连,所以我说他一辈子是做不醒的策士梦！然则，为什么？不错，从历史根源上说可以举出赵蕤《长短经》的影响，但就其自身已形成的性格而言，根本原因还在于谋臣策士在统治者面前可以不失其自尊啊！苏轼尝引前人称东方朔的话"戏万乘若僚友"以赞李白，未免夸大，但如果说李白心目中的君臣关系不是主奴而是主客关系，则合乎事实。他曾多次将自己与唐玄宗的关系比作严子陵与汉光武的关系，就是最好的证明。"严陵不从万乘游，归卧空山钓碧流。自是客星辞帝座，元非太白醉扬州。"[8]再如"彼希客星隐，弱植不足援"[9]，此仍以严子陵自比，而认为玄宗不如光武。究竟他是"辞帝座"还是被遣逐，这就说不清楚了。总之他在皇帝面前是以客自居的。

在上述引以自比的策士谋臣当中，提到次数最多的是鲁仲连（十七次）和谢安（二十一次），这又有进一层的原因。李白在入宫之前的漫游中说"我以一箭书，能取聊城功"[10]，辞宫之后说"鲁连逃千金，珪组岂可酬"[11]，在永王水军中说"所冀旄头灭，功成追鲁连"[12]，永王兵败在逃亡道中还说"仍留一枝箭，未射鲁连书"[13]，流放释归后又对朋友说"君草陈琳檄，我书鲁连箭"[14]，翌年请缨半道病还仍说是"多愧鲁连生"[15]，甚至临终前不久仍未忘"鲁连善谈笑"[16]。谢安也是他终生景慕的人物，诗文中对谢之"卧白云于东山"和"为苍生终一起"[17]及"一起振横流，功成复潇洒"[18]，均推崇备至，并屡以自比。在朝受谗遭疏时"屡称东山"[19]，在野时又以"东山高卧时起来，欲济苍生未应晚"[20]强自宽解；到了永王军中高唱"但用东山谢安石，为君谈笑静胡沙"[21]，流放归来则云"所愿归东山，寸心于此足"[22]。鲁仲连与谢安，一个先秦策士，一个东晋谋臣，都曾以杰出才干在危难时刻建奇功，这固然是李白十分赞赏的；尤令其倾倒的，还在他们不同世俗的人品风范。鲁连功成之后辞爵谢金，拂衣而去，迥异于苏秦、张仪辈；谢安久卧东山，建立殊勋之后位居宰辅，而初志不渝，亦有别于同列。李白谓鲁连"谈笑三军却"[23]，谓谢安"谈笑安黎元"[24]，他自己也想"谈笑静胡沙"，在人为奇功殊勋，在己不过谈笑间为之！李白所以特别欣赏这种澹荡潇洒的风范，不能仅由鄙薄功名利禄解释，而是有多方面原因的。要言之，它表明这样一种处世态度，用鲁仲连的话讲，便是"轻世肆志"[25]，既要济世为何又轻世？因为不愿"诎于人"，若用现代人的话讲，就是要保持人格的独立。

"大道如青天，我独不得出"[26]，就因为要保持人格的独立，所以找不到出路。不但找不到出路，而且始终不被理解，那些"冷笑"[27]"欲杀"[28]者不必说，便是杜甫的好心规劝[29]和任华的赞叹[30]，亦同样表明不理解。"苦笑我夸诞，知音安在哉？"[31]他感到非常孤独。这种孤独感，其实也是一种骄傲感，所以才会说出“我本不弃世,世人自弃我”[32]这样惊世骇俗的话来。他经常把“我”与整个社会对立,表现出不可一世的豪迈气概,然而与道家的遗世独立又很不相同,因为豪迈背后总是隐藏着极深的悲哀。李白个性的独特,就在于既不肯诎于世而又无法遗世,两方面都是同样的固执。“仲尼欲浮海,吾祖之流沙”[33],圣人不见用于世也只好遗世(当然这在孔子只不过是牢骚话),出路本来就只有这么两条,因此他在失意中三番五次地宣称要远济沧海,高飞蓬瀛;其所谓高飞远举,用他自己的话讲,不过是“挥斥幽愤”[34]罢了。其巢云松、受道箓以及广交隐者道流,也并不说明他真想羽化登仙或隐遁。“仙人殊恍惚,未若醉中真”[35],“蟹螯即金液,糟丘是蓬莱”[36],一个真相信神仙的道徒便说不出这种话来。“虽登洛阳殿,不屈巢由身”[37],此以巢、由比严光并自比,表示自己虽经登朝仍未失人格之独立;“鲁连及夷齐,可以蹑清芬”[38],对夷、齐及鲁连并致倾慕,亦无非显示其骄傲而已。在大多数情况下,他对于巢、由、夷、齐是颇不以为然的,“洗耳何独清”[39],“洗耳徒买名”[40],“有耳莫洗颍川水,有口莫食首阳蕨”[41],“巢由洗耳有何益,夷齐饿死终无成”[42],“夷齐是何人,独守西山饿”[43],“莫学夷齐事高洁”[44]。这种对“古之贤人”的非难,从孔、孟、庄子以及后世文人的议论中都是见不到的,可说是李白的创举。其原因,则可用他批评西汉隐者郑子真的话来解释:“苟无济代心,独善亦何益!”[45]这不仅表明其积极用世的人生态度,同时也表明他的这种态度与儒家“有道则见(现),无道则隐”和“穷则独善一身”的主张不合。

既想见用于世又不愿丧失人格的独立,既要保持人格独立又不肯真的弃世归隐,因此一生始终处于既非仕亦非隐的特殊地位。为什么说特殊?中国历代诗人,或仕或隐,或先仕后隐,或先隐后仕,或仕隐交错,或亦仕亦隐,总不出这么几种情况,每种情况都能举出若干例证。可是,像李白这样始终念念不忘于仕,又不忘于隐,实则既非仕亦非隐的诗人,恐怕再举不出第二位了。处境之尴尬,他自己不是没有意识到:

仙宫两无从,人间久摧藏。(《留别曹南群官之江南》)

在他辞别朝廷十年之后讲的这两句肺腑话,实可视为其一生经历的概括。不是入世与出世的矛盾,而是入世出世都没有出路。他是那样高傲自负,“安能摧眉折腰事权贵,使我不得开心颜”[46],故不为世所容;而热烈用世之心又使他难甘寂寞,“迹谢云台阁,心随天马辕”[47],世外桃源或仙山琼阁毕竟都不是栖身之所,这种由主客观双重矛盾所引起的痛苦,既贯穿他的整个一生,也就成了他诗歌中反复咏唱的基本主题。从去朝之初所唱“大道如青天,我独不得出”[48],到流放归来所唱“我且为君捶碎黄鹤楼,君亦为我倒却鹦鹉洲”[49],其所抒发的都不是单纯的怀才不遇，而是“仙宫两无从”的双重痛苦。李白悲剧的深刻性正在于此，以此他才显得与众不同。双重的矛盾、双重的痛苦、双重的力量——既超尘拔俗，又热烈执着，从而使其作品在艺术上也呈现出卓荦超伦的鲜明个性。

李白艺术个性之独特及其具有的非凡气魄，若按前人说法，总不离豪放与飘逸，但我觉得不够圆满，原因就在说者多将李白个性特色仅归结于艺术天才，即便联系思想也缺乏全面深入的了解。比如王安石说“白之歌诗，豪放飘逸，人固莫及”，同时又认为“白识见污下，十首九说妇人与酒”[50]，固然是对李白很不了解；南宋人张戒认为“李白喜任侠，喜神仙，故其诗豪而逸”[51]，这种了解也是既片面又比较肤浅的。近人高步瀛评《望鹦鹉洲怀祢衡》有云：“沉痛语以骏快出之，自是太白本色”[52]，虽未加阐明，但他从“骏快”背后看出“沉痛”，实际上触及到诗人思想上的矛盾痛苦，这就比前人大大深入了一步。我则发挥高氏之说曰：“悲感至极而以豪语出之，此太白本色。”[53]为论证此一判断，兹从名篇中摘句若干：

君不见、黄河之水天上来，奔流到海不复回？君不见、高堂明镜悲白发，朝如青丝暮成雪？人生得意须尽欢，莫使金樽空对月！（《将进酒》）

长风破浪会有时，直挂云帆济沧海！（《行路难》其一）

大道如青天，我独不得出。（同上其二）

日惨惨兮云冥冥，猩猩啼烟兮鬼啸雨。（《远别离》）

白日不照吾精诚，杞国无事忧天倾。（《梁甫吟》）

君不见李北海，英风豪气今何在？君不见裴尚书，土坟三尺蒿棘居？少年早欲五湖去，见此弥将钟鼎疏！（《答王十二寒夜独酌有怀》）

且放白鹿青崖间，须行即骑访名山；安能摧眉折腰事权贵，使我不得开心颜！（《梦游天姥吟留别》）

……俱怀逸兴壮思飞，欲上青天揽明月。抽刀断水水更流，举杯消愁愁更愁！人生在世不称意，明朝散发弄扁舟。（《宣州谢朓楼饯别校书叔云》）

我且为君捶碎黄鹤楼，君亦为我倒却鹦鹉洲！赤壁争战如梦里，且须歌舞宽离忧。（《江夏赠韦南陵冰》）

感情色调或豪纵或奔逸，这是谁读了都能感受到的，然则其所表达的感情实质如何？是“少年的解放精神”吗？是“青春、自由和欢乐”吗？还是“对前途充满信心”的“乐观情绪”？我说都不是，而是极为深沉的悲感！李白渴望自由，“明朝拂衣去，永与海鸥群”[54]，就因为在现实中感到很不自由；他追求欢乐，“人生达命岂暇愁,且饮美酒登高楼"[55],就因为觉得非常痛苦,饮酒作乐也并不能消除这种痛苦;他始终坚持济世的理想,"欲献济世策,此心谁见明"[56],正说明其对现实的失望。自由、欢乐、理想均属主观的愿望;不自由、痛苦、失望才是对现实的真切感受。李白的豪逸言辞,绝非单纯表达主观的愿望,更不是"歌唱这个现实",而是"挥斥幽愤",抒发其由于主客观激烈冲突所产生的深沉悲感。可以说,李白诗中凡属壮美范畴的作品,无不具有豪中见悲这个基本的特征,就连一些寓意不明的作品亦莫不如此。即如《蜀道难》,虽然我们已无法确知其本事——谁都可以猜,谁也无法确证;但即便猜测,大概也不会有人将其说为生活赞歌或欢乐颂之类罢?从那超忽变幻、惝恍莫测的意境和一唱三叹中,我们所能觉察出的是激烈的内心冲突、愤懑、不平和悲哀;令人惊奇的是,诗人竟能将其哀感表现得那样淋漓酣恣而气势凌厉,读之令人心醉神迷又感到振奋。所以说,豪中见悲,亦是悲中见豪。要之,了解李白个性必须既见其豪,亦见其悲,而不能见豪不见悲。豪,出于上文所说强烈的自我意识和人格力量;悲,则由上文所说主客观双重矛盾引起的痛苦决定。

风格即人,个性也就是风格。李白作品风格不是只有一种,而是有多种,诸如前人所说雄浑、劲健、沉深、高古、清新、绮丽、闲雅等,在李白都有,都可举出作品加以论证。可是,如果真的这样论证,结果不但不能说明李白这一个,反会使其面目变得模糊。因为同类风格的作品在别的作家也有。凡是大家,都兼有多种风格,又可以归纳出一两种能与别人相区别的主导风格。本文以上所说都是探讨李白的主导风格,为避免与前人所说风格类型相混,行文中通常采取"个性"一词。既曰个性,就不好说一个人有几种,最好说一种之中有若干面。李白思想复杂,作品风格亦丰富多彩,但就其主导而言不外乎两个方面。我们从前人评论中拈出豪放与飘逸,又结合作品揭示出其所表达的深沉悲感,并由思想存在的双重矛盾加以解释:凡此皆为阐明李白个性的一个方面。除此还有另一方面。

对于朱熹所说"李太白诗不专是豪放,亦有雍容和缓底"[57],我一向推崇,原因就在它揭示了李白诗中的两大审美范畴:壮美与柔美。其实,任华言其"清人心神,惊人魂魄"[58],惊人魂魄者壮美也,清人心神者柔美也,也是觉察出了李白诗中的两大范畴。若将审美与思想相联系,则又大致可以归纳出这样一个规律:主客观的冲突产生壮美,主客观的和谐产生柔美。悲感至极而以豪逸出之,自然是主客观激烈冲突的表现,故呈现为壮美,已如上述。这里需要加以补充说明的是,我把前人所说飘逸也归入这一范畴,系针对《梦游天姥吟留别》《庐山谣》《宣州谢朓楼饯别校书叔云》这类作品而言,其所咏虽不是侧重于执着而是偏于超脱，但从中仍不难觉出内心的不平，表面旷达背后实隐藏着悲愤，故其意境亦呈现为壮美，只不过感情色调比起《将进酒》《行路难》《远别离》等作来淡一些罢了。可是，属于飘逸风格的作品，有时亦呈现为柔美，兹举两首绝句为例：

问余何事栖碧山，笑而不答心自闲。桃花流水杳然去，别有天地非人间。（《山中问答》）

众鸟高飞尽，孤云独去闲。相看两不厌，只有敬亭山。（《独坐敬亭山》）

超尘脱俗，逸然自得，闲适之外还流露出一种卷舒在我的傲气，但此时此境毕竟是心清平和，看不出什么矛盾冲突。一般说来，李白诗中凡属柔美范畴的作品，无论风格类型如何，都不具有特定的社会历史内容，而要为表达其在日常生活、在大自然怀抱和在同下层社会接触时所产生的情趣和获得的审美感受。此类作品脍炙人口的名篇极多，题材范围颇广，如歌咏羁旅乡思（《静夜思》《春夜洛城闻笛》《宣城见杜鹃花》），江上旅怀（《峨眉山月歌》《渡荆门送别》《客中作》《望天门山》《夜泊牛渚怀古》），离情别绪与思念（《黄鹤楼送孟浩然之广陵》《江夏别宋之悌》《哭晁卿衡》《闻王昌龄左迁龙标遥有此寄》），与僧、道、隐者交游（《访戴天山道士不遇》《寻雍尊师隐居》《山中与幽人对酌》《听蜀僧濬弹琴》），与普通百姓交往（《金陵酒肆留别》《赠汪伦》《哭宣城善酿纪叟》《宿五松山下荀媪家》），以及歌咏思妇（《春思》《秋思》《子夜吴歌》）、工匠、农夫、农女（《秋浦歌》《越女词》《采莲曲》）、商人（《估客行》）和宫女（《玉阶怨》），也还有关于人生的哲理性沉思（《把酒问月》《日出入行》《拟古》）。以上所举作品虽然题材各异，却都是远离上层，没有或很少社会政治色彩，而要为表达对自然美、人在自然美景中所能产生的各种奇情异趣的洞悉，对故土、朋友以至古人的怀恋，对劳动、爱情（两地相思）和女性美的欣赏，等等。其所抒发的感情既为人所常有，抒情方式亦雅俗共赏，人人都能接受，“我寄愁心与明月，随君直到夜郎西”，“夜台无李白，沽酒与何人”，虽出人意料，仍在人意中。其所显示的诗人性格，既非佯狂放诞，亦非飘飘欲仙，而是天真平易、热爱生活并特别富于人生情趣。又，这类作品多为律、绝及乐府歌行中的短小篇章，语言清新明丽、朴素自然，虽亦不乏奇想，却极少夸张，几乎从不用典：凡此也都极容易与属于壮美范畴的作品相区别。

如上所述，无论从题材、体裁、语言风格、感情色调看来，李白作品都大致可以分为壮美和柔美两大类。两类作品显示出诗人性格的两面：“狂人”的李白和普通人的李白。我在过去的论文中曾说：“正因为狂人的李白是那样骄傲狂放、目空一切,我们才更加喜爱他在自然界、日常生活和同下层社会接触中表现出来的平民性格;同样道理,正因为普通人的李白是那样温和平易、热爱生活并富于情趣,我们就更加同情他在上层社会表现出来的叛逆性格。"[59]已经把两方面相互辉映的关系说清楚了。现在需要进一步辨析的是,李白思想和艺术个性尽管复杂,毕竟又是一个统一体,所说两方面除了彼此辉映,还应存在内在的联系。这种联系,从艺术上说就是一个"奇"字,从思想上说就是一个"气"字。李白诗歌,无论属于豪纵奔逸的壮美,还是舒卷自如的柔美,都每有出人意料的奇想,《蜀道难》固然"奇之又奇",《独坐敬亭山》之"想落天外,妙绝古今",也还是奇。前人评李白,除好用一个"奇"字,又好用一个"气"字,如"气骨高举"(吴融),"高气盖世"(苏轼),"斯文之雄,实为气充"(方孝孺),"太白以气为主……子美以意为主"(王世贞),等等[60],类此说法,不可悉数。太白之奇,盖自气生也!其所谓气,就是傲世独立的人格力量,岂有他哉!李白所以惊动千古者,固不在此乎?这种人格力量,从壮美作品中固然可以看出,从柔美作品中同样可以看出,前者是从诗人既不愿同流合污又不愿独善一身的双重矛盾、双重痛苦及由此产生的激情中看出,后者是从他不合流俗、不主故常的审美追求中看出。前一方面上文已经说得较为充分,后一方面则尚需进一步加以论证。

不妨先从自然审美中对月的偏好说起。李白世间物中独好酒,自然物中最爱月,诗中咏月篇句比咏酒还要多(大约多一倍),他用多不胜计的名篇名句构织出一个属于自己的世界、一个远离尘世喧嚣的月光世界。这个世界,或迷漾幽冷,或清丽明媚,千姿百态,却又有着某种足可显示诗人独特审美追求的统一色调。但有迷离恍惚之境,却无虚无缥缈之说,一切都既神奇而又真实。月如玉盘、如飞镜、如玉钩,月色似霜、似雪、似水……总是那样柔和,那样透明!山、水、花、木,还有白猿、白鹭、白鸥……景物都是逼真的,沐浴在月光中却又如梦似幻,显得那样静谧而皎洁!在这个世界里诗人从不谈政治,也极少发牢骚,虽说孤独但却悠然自在。月光不但引起对童年、故土、朋友以至古人的怀念,他还经常独自泛月(月夜泛舟)、醉月(月下饮)、步月(月下散步),有时还问月、邀月对饮,甚至认为明月可揽、可乘,也可以赊,可以寄……奇情异趣传达出童稚般的天真。这个世界里除了诗人自己,偶尔也有别的人物,不是官吏,也不是隐者,而是船工、农女、采菱女、冶炼工、浣衣妇、渔父、樵夫、农媪等,这是很值得注意的。例如:

东阳素足女,会稽素舸郎。相看月未堕,白地断肝肠。(《越女词》其四)

镜湖水如月,耶溪女如雪。新妆荡新波,光景两奇绝。(同上其五)

渌水净素月,月明白鹭飞。郎听采菱女,一道夜歌归。(《秋浦歌》其

十三)

炉火照天地,红星乱紫烟。赧郎明月夜,歌曲动寒川。(同上其十四)

这些月夜活动的农村少女和少男(包括工匠),多么活泼欢快,又多么淳朴啊!有劳动,有爱情,有歌声,似乎还有笑声。历来文人笔下的劳动人民,总是受苦受难,李白也有这样的作品,但不止于此。与众不同之处在于,他对他们不是居高临下的同情,而是能发生感情上的交流,因此除了同情之外还能从他们的日常生活中觉察出真正的美,这在那个时代是极难得的。谓予不信,请再读《宿五松山荀媪家》一首,"跪进雕胡饭,月光明素盘",难道你不感觉到,李白和那农媪感情的交融,正如这美好的月光一样吗?要之,在李白笔下的月光世界里,无论月色、景物、人的活动以及人与人间的关系,均使人产生一种达到透明程度的纯洁感,这不能仅由这个世界的自然存在解释,而是与诗人独特的审美追求有关。李白特别喜欢白色,特别喜欢透明体,并不限于上述对月的偏好。在他诗中出现次数最多的形容词便是"白":白云、白雪、白马、白鸥之类不必说,还有白虹、白雨、白波、白鸡、白狗、白鸠等,就连猿、鹿、龟也经常是白色。又好用"素",如称女子"素足""素手",亦言其白也。再如对谢朓"澄江净如练",不特激赏,还另自有云:"水如一匹练,此地即平天"[61],"万里舒霜合,一条江练横"[62],同样表明对白色的偏爱。关于透明,则可举出其形容水之清澈好用一个"空"字,如"楚水清若空"[63]"江月照还空"[64]"水色倒空清"[65]"玉壶美酒清若空"[66],也都是名句。"清若空",纯净到透明的程度,此与诗人的人生追求、与他所向往的人间秩序有没有关系呢?如果没有一点关系,为什么他自己名白,儿子则一唤明月奴,一唤颇黎(玻璃)?至少儿子起名是由他决定的。关于这个问题,虽不敢妄说,但可以思索一下的。要言之,纯洁、朴素、透明,李白在自然界、日常生活以及在和下层社会接触时所表现出的这种审美偏好,与他在上层社会活动时的骄傲自负、喜欢夸张、好出狂言似乎形成了鲜明对照,实则两个方面同样表明诗人对现存社会秩序的不满以及他对光明、自由的渴望,同样可以看出其不肯苟同于世的皎洁人格。正是这种傲世独立的人格,使李白的个性具有无可置疑的统一性。

本文所谓个性,既指诗人思想个性,亦指作品艺术个性。大体上先谈思想,后谈艺术,亦时有交错。无论谈思想谈艺术,都是想说明李白**这一个**。为廓清条理,下面再概述其颠末:

一、关于李白思想,历来既有儒、道及纵横家之分,近来又有儒道互补、儒释道结合及以儒为主而兼采众家之说。窃谓诸说都有根据,又都不足以说明李白。李白就是李白,他的思想固然深受古代文化——尤其是儒、道、纵横三家——影响，但又不能将其归结为某家或某几家的糅合。这当然不是说李白有自己的思想体系，别说思想体系，就连明确的政治主张亦未必有啊！李白拥有最纯粹的诗人气质，不擅长思辨而擅长直感，对于他的思想主要应从其言行所显示的性格去了解。

二、从言行所显示的性格看，李白思想最鲜明的特点就是反中庸。中庸的要害在“毋我”，他却处处突出自我，言论上自命不凡，行动上亦与众不同，言与行均表现出最强烈的自我意识。或曰儒家重社会、道家重自我，然则李白属道家了？也不！道家遗世而独立，要害在“遗世”，而李白最大的悲哀就在他既想超脱却又无法遗世，其一生言行（包括对巢由夷齐等人的批判）都表现出最执着的济世热忱。喜谈王霸略，想当谋臣策士，固然受了纵横家影响。但在先秦策士当中最佩服的不是苏秦、张仪，而是鲁仲连，为什么？关键不在鲁连之济世，而在其“轻世肆志”。对谢安的欣赏亦如此。既要济世又要轻世肆志，即不因为济世而丧失自身人格的独立。李白所景慕并追蹑的这种人品风范，显然不是一般朝秦暮楚的纵横家所具有的。

三、李白思想上存在的矛盾不是入世与出世的矛盾，而是入世出世“两无从”的双重矛盾。入世无从是因为不愿“诎于世”，出世无从则因为不愿遗世。既不愿诎于世（同流合污），又不愿遗世（独善一身）；既要保持人格独立，又要坚持济世的理想；始终不忘于仕，又始终不忘于隐（实则既非仕亦非隐）。这种无法克服的双重矛盾和双重痛苦，既是他一生不幸的根源，也是他创作激情的主要源泉。如果说强烈的自我意识和要保持人格独立是李白思想的核心，则上述双重矛盾便是他思想的基本构架。这样的概括虽嫌笼统，但无疑符合其一生言行实际，并且已足以显示其有别于各家的独特个性。

四、上述思想个性表现在创作上，便是既有超尘拔俗的一面，又有热烈执着的一面，两方面都不可忽视。前人每以豪放与飘逸说李白，今人亦多从此说，不为无见，却不能止于此。豪与逸有差异，但豪逸并举便都是突出其超尘拔俗的一面，若止于此就忽略了诗人对现实人生的热烈执着。本文摘引了若干世所公认最能体现李白个性的名篇，以论证其豪纵奔逸总是同深沉的悲感分不开，或豪中见悲，或悲中见豪，典型的李白个性总是包含着豪与悲两方面。豪，出于强烈的自我意识和傲世独立的人格力量；悲，出于对现实的深刻不满以及由此产生的双重矛盾、双重痛苦。李白的艺术个性主要是由他的思想个性决定的。

五、思想与艺术的关系，还可以从更高层次加以概括：主客观的冲突产生壮美，主客观的和谐产生柔美。李白豪中见悲、悲中见豪的个性，固然是由主客观激烈冲突所决定，故呈现为壮美。但李白另有大量脍炙人口的短小篇章，社会政治色彩十分淡薄,要为表达各种带永恒性的人生情趣,其流传之广决不在前一类作品之下。附带说一句,外国读者所喜爱的李白作品大多属于这一类。这类作品,无论从题材、体裁、语言风格、感情色调及其所显示的诗人性格看,均迥然有别于前类作品,而最大的差别就在其所表现的不是主客观的冲突,而是主客观的和谐,故在艺术上呈现柔美而非壮美。所谓和谐,当然不是对"盛世"的歌唱,而是表达其在自然界、日常生活和在同下层社会接触时所产生的奇情异趣和获得的审美感受。

六、两类作品似相反实相成,彼此辉映才充分显示出李白个性的全部魅力和光辉。然则二者间联系何在?曰:艺术上在"奇",思想上在"气","奇"由"气"决定。所谓"气",也就是前边所说强烈的自我意识和傲世独立的人格力量。这在前一类作品中固然很明显,其实从属于柔美范畴的作品也能看出。为论证这点,我又举出李白诗中那个梦幻般迷人的月光世界,并着重指出诗人在自然审美中所表现出的对于白色和透明体的偏好。我敢说,李白笔下的这个纯洁到透明程度的世界,在任何别的古代作家作品中都难以见到。这种审美追求除表明诗人在尘世被压抑着或被扭曲了的真纯人性外,他那不同凡俗、曲高和寡、孤傲而皎洁的人格,不也可以从中看出的吗?要之,李白以"气"胜,无论哪类作品,亦无论个性的哪一面,无不以"气"贯之,无不表现出一种敢于与整个社会(世)对立的人格力量。当然,我们对他之所以倍感亲切,还在于他始终未能忘世。

李白个性的大致轮廓便是如此。下边再简要地对他做出评价。

在近年展开的古典文学宏观研究中,针对颇流行的情理中和之说,我鼓吹方的品格和狂狷精神,认为我国古典文学精华所在绝非中和即中庸,而是与之相反的狂狷。论文中有这样一段话:

> 与西方不同的是,中国诗人之狂并非"神的依附",也不是什么"野性""原始情欲冲动",而是一种不合流俗的人生态度,无论狂狷,均与社会感受有关。所以老杜谓李白"佯狂真可哀",不是真狂而是佯狂,这种人不但怀有极深的愤激,而且往往比一般人更清醒更敏感。历来以狂著称的作家,在不同程度上都是自己时代的先觉者。[67]

李白无疑是这类作家当中最辉煌的代表。他既是最狂放的诗人,也是社会感受最敏锐的诗人,事实上,在安史之乱发生之前,唐帝国盛极而衰的必然命运只能从李白诗歌中觉察出,关于这点我在过去的论文中已多次谈到。这里想进一步指出,如果不是从唐代历史,而是从整个古代文化背景上看,李白亦无愧为先觉者。我指的是人的自我和个体人格的觉醒。人之区别于蚂蚁和蜜蜂,就在人有自我意识,人是因人而异的,但在封建专制文化——其基本特点就在强调思想统一,崇尚社会伦理而抹杀个体人格价值——的禁锢下,长期以来我们都是一个个体人格意识十分淡薄的民族。正是在这个文化背景上,李白的出现犹如漫漫长夜升起的一盏明灯、一颗巨星。他是那样高傲狂放,目空一切,深知不为世所容,却又全不把世人放在眼里!他的人生抱负和经历、思想上始终存在的双重矛盾和痛苦、超尘拔俗的品格、混游渔商的作风、高举远遁的遐想以至艺术上或如天马行空不可羁勒、或如芙蓉出水咳吐天然的神奇想象……处处显得不同凡响,处处表现出冲破桎梏摆弃拘束的强大力量;而所有一切,又贯穿一个核心,那就是要实现自我价值的热切愿望。这种个体人格意识在历史上虽不是绝无仅有,但似乎谁也没有达到李白那样的高度,表现得像他那样完美。我首先想到魏晋名士,又想起若干晚明作家,其中有的人在思想上更激进,行为上更放肆。但是,我总觉得,李白同他的先行者和后继者相比,显得更高大,或者说更健康。原因可以举出很多,比如说他除了超脱还有执着,除了傲世独立还有热情、天真和恳挚,既不满现实而又热爱人生,等等。最重要之点还在于,他的人格意识和他所要实现的自我价值,永远是同强烈的社会使命感紧紧连在一起的。唯其如此,我们才可以说,李白不仅是历史上个性最鲜明的诗人,而且他的个性是和我们最亲近的。

至于李白个性形成的社会历史原因,本不打算在这里说,但有两点意见想提一下。我曾在一篇论文中说:“除了天生资质和特殊的时代环境外,李白无与伦比的天才,正是全面继承了民族的历史文化遗产的结果。”[68]所谓特殊的时代环境,指的就是唐代社会的盛极而衰,即既非盛世,亦非衰世,而恰好是盛衰交替的时期,此其一。再者,关于对历史的继承,则既要重视先秦各家,更要重视魏晋六朝,我的那篇论文就是论证其与魏晋六朝的密切联系,但偏重于艺术,实则思想上的联系同样密切;当然,无论思想与艺术,李白都不仅继承而且大大超越了前人。上述两点,都是需要专题研讨的大题目,且俟来日。

注　释

[1]参阅拙著《李白十论·历代李白评价述评》。

[2]《庐山谣》中这两句诗,用的戏谑口吻,其所表达的是一种复杂心情,嘲孔实亦为自嘲。

[3]陈伯海《论中国文学的民族性格》,载《文学遗产》1986年第三期。

[4]《上安州裴长史书》。

[5]郭沫若《李白与杜甫》。

[6] [56]《邺中赠王大》。
[7]《赠从弟冽》。
[8]《酬崔侍御》。
[9][24][47]《书情赠蔡舍人雄》。
[10]《五月东鲁行答汶上翁》。
[11]《赠崔郎中宗之》。
[12]《在水军宴赠幕府诸侍御》。
[13][23]《奔亡道中作》其三。
[14]《江夏赠汉阳辅录事》。
[15]《闻李太尉大举秦兵出征东南》。
[16]《献从叔当涂宰阳冰》。
[17]《江夏送倩公归汉东序》。
[18]《赠常侍御》。
[19]李阳冰《草堂集序》。
[20][44][55]《梁园吟》。
[21]《永王东巡歌》其二。
[22]《春滞沅湘有怀山中》。
[25]《史记·鲁仲连列传》:"吾与富贵而诎于人,宁贫贱而轻世肆志焉。"
[26][41]《行路难》其三。
[27]《上李邕》:"世人见我恒殊调,闻余大言皆冷笑。"
[28]杜甫《不见》:"世人皆欲杀,吾意独怜才。"
[29]杜甫《赠李白》:"痛饮狂歌空度日,飞扬跋扈为谁雄。"
[30]任华《杂言寄李白》:"平生傲岸其志不可测。"
[31][54]《赠王判官时余归隐庐山屏风叠》。
[32]《送蔡山人》。
[33]《古风》其二十九。
[34]见《暮春江夏送张祖监丞之东都序》。
[35]《拟古》其三。
[36]《月下独酌》其四。
[37]《送岑征君归鸣皋山》。
[38]《感兴》其七。
[39]《山人劝酒》。
[40]《送裴十八图南归嵩山》。
[42]《笑歌行》。
[43]《少年子》。

[45]《赠韦秘书子春》。
[46]《梦游天姥吟留别》。
[48]《行路难》其二。
[49]《江夏赠韦南陵冰》。
[50]见《苕溪渔隐丛话》前集卷六。
[51]《岁寒堂诗话》卷七。
[52]《唐宋诗举要》卷一。
[53]拙文《"盛唐气象"再质疑》(载1982年11月23日《光明日报》)中误将此语亦说为高氏原话,实为读高氏语时记下之心得。顺此更正。
[57]《朱子语类》卷一百四十。
[58]任华《杂言寄李白》。
[59]拙著《诗缘情辨·李白与月》。
[60]以上四条均转引自王琦《李太白全集》附录。
[61]《秋浦歌》其十二。
[62]《雨后望月》。
[63]《江夏别宋之悌》。
[64]《望庐山瀑布》其一。
[65]《早过漆林渡寄万巨》。
[66]《前有樽酒行》其二。
[67]拙文《论古典作家品格和个性的实现》,载《文学评论》1987年第四期。
[68]拙文《李白与魏晋南北朝诗人》,载《文学遗产》1986年第一期。

李白的宇宙境界

袁行霈

向之论李白者,或目之为诗仙,或称颂其浪漫,庶几近之。然而诗仙之称并非准确的文学批评,近代西欧的浪漫主义本有其产生的背景与相对稳定的涵义,用之于中国古代文学,如不予以严格的界定和说明也不能十分恰切。在这篇文章里我想换一个角度,就李白的境界做一番探讨,以期得到一些新的认识。

一

李白诗歌的境界,前人有所论及,可以作为深入研究的出发点。中唐张碧说:

> 及览李太白辞,天与俱高,青且无际,鲲触巨海,澜涛怒翻……[1]

晚唐皮日休说:

> 言出天地外,思出鬼神表,读之则神驰八极,测之则心怀四溟,磊磊落落,真非世间语者,有李太白。[2]

以上两段话都形象地描写了李白诗歌的境界,这境界高大雄伟,超出人世,足以引导读者进入一个无比寥廓的想象世界,这就是宇宙境界。试看以下诗例:

> 吾将囊括大块,浩然与溟涬同科。(《日出入行》)
>
> 大鹏一日同风起,抟摇直上九万里。假令风歇时下来,犹能簸却东溟水。(《上李邕》)
>
> 黄河落天走东海,万里写入胸怀间。(《赠裴十四》)
>
> 太白与我语,为我开天关。(《登太白峰》)

相看两不厌,只有敬亭山。(《独坐敬亭山》)

月出峨眉照沧海,与人万里长相随。(《峨眉山月歌送蜀僧晏入京》)

李白与宇宙处于平等的地位,他是它的朋友。也可以说李白心里装着整个宇宙,并以这种气魄看待社会与人生。他仿佛有一种神秘的感觉,觉得自己不是世间的凡人,这种感觉又因贺知章对他的称呼(谪仙人)而强化了。这种气魄和感觉,以及由此形成的境界是前人的诗里从未有过的。当屈原以其《九歌》对诸神顶礼膜拜的时候,或者当他激愤呼号以"问天"的时候,他不过是匍匐于地上的一个微小的生灵。当曹操"东临碣石",歌咏那吞吐日月之大海时,他不过是宇宙的礼赞者,顶多不过是借着大海抒发了自己的怀抱。至于南朝以山水诗著称的"二谢",他们笔下就只有山容水态而已。隋唐以来诗中的山水描写逐渐增多,乃至出现了王维、孟浩然这样著名的山水田园诗人,但他们的境界不过是清远静谧。只有李白才开拓出一种全新的境界,即宇宙境界。

李白的宇宙境界有以下几个特点:

首先,他往往是从大处把握对象,得其神气,略其形色,"诗以神行,使人得其意于言之外,若远若近,若无若有……心得而会之,口不得而言之……昔之擅其妙者,在唐有太白一人……"[3]李嗣真说顾恺之"思侔造化,得妙物于神会"[4]。这两句话也可借来评论李白。李白似乎常常是站在高处鸟瞰世界,能看到大景观,得到大气象。其《庐山谣赠卢侍御虚舟》所谓"登高壮观天地间,大江茫茫去不还。黄云万里动风色,白波九道流雪山",就正好说明了他自己常取的视角。又如"山随平野尽,江入大荒流"[5]"秋色无远近,出门尽寒山"[6]"三山半落青天外,一水中分白鹭洲"[7]"天门中断楚江开,碧水东流至此回"[8]。这些诗句都是因宏观的视角而形成宏伟的境界。如果以杜甫、孟浩然与李白比较,李白的这个特点就更显然了。杜甫以体贴入微、笔触细腻而见长,他能刻画别人看不到的景物内层的涟漪,表现自己内心深处情感的细微波动。其"微风燕子斜"[9]"细麦落轻花"[10]"笋根雉子无人见,沙上凫雏傍母眠"[11]便是这一类诗之代表(当然不只这一类)。孟浩然的特点是淡。他的心情是淡的,他的笔墨也是淡的,"淡得看不见诗了,才是真正孟浩然的诗。"[12]他没有李白那种炽热的感情和雄伟的气魄,也没有杜甫那种推己及物的心肠和细致入微的笔触,他的诗如一杯清茶、一缕青烟、一片月光、一丝云影。对他们我不想有所轩轾,只是想指出,孟浩然的境界是世外境界,杜甫的境界是人生境界,而李白的境界则是宇宙境界。

其次,李白处理人事的态度往往是极其洒脱的,对其所爱的人他有火一般热烈的感情,也许因为这火太旺了反而难以持久;更可能是因为他以宇宙之眼光看待人事,反而把常人看重的种种关系看得无关紧要了。家庭、妻子、儿女、父母、兄弟,在他的诗里几乎没有地位。李白看重友谊,他写过许多热情洋溢的赠友诗,其中有的诗句足以永远暖人心房,诸如:“我寄愁心与明月,随君直到夜郎西。”[13]“狂风吹我心,西挂咸阳树。”[14]但他的诗集里很少有两首以上同赠一人的。杜甫有十一首诗赠他或怀念他,但他只有一首调侃诗给杜甫。他比杜甫年长十一岁,杜甫近乎他的后辈,这也许有点关系,可是更主要的原因在于他那洒脱的气质。对于一个自视可与宇宙等量的人,这情形并不奇怪。

第三,最重要的是李白既然感到自己与宇宙等量,遂亦能保持自己独立的人格,我就是我,既不必为某种现实的目的而取媚于人,也不必因某种外界的压力而改变自己。李白既然可与宇宙等量,当然也就可与帝王齐观,而视权贵如草芥了。李白虽欲跻身于庙堂,但并不肯为此而折腰。他虽曾因玄宗的幸遇而自鸣得意,也曾偶尔写过几首干谒之作,但总的看来他是坚持了“安能摧眉折腰事权贵”[15]的态度。李白对自己之降临人世有一种使命感,“天生我材必有用”[16],未必限于“千金散尽还复来”[17],他原以为自己是栋梁之才,负有“济苍生”[18]的使命,只可惜没有机会罢了。李白目无权贵,但对苍生百姓却是亲切的。且看《宿五松山下荀媪家》:

我宿五松下,寂寥无所欢。田家秋作苦,邻女夜舂寒。

跪进雕胡饭,月光明素盘。令人惭漂母,三谢不能餐。

对五松山下这位荀老太太,李白是何等谦逊、何等体贴。而这与笑傲王侯的那个人正是同一个李白!李白的伟大与可爱于此可见。这首诗的境界看似平凡,其实是极其宏伟的。倘若没有一个宽广的胸襟,怎能写出这样的诗歌?这首诗从另一方面展现了李白的不凡境界。

二

李白的宇宙境界是以其宇宙意识为基础的。所谓宇宙意识是指对宇宙以及人在宇宙中之地位的认识。《尸子》云:“上下四方曰宇,往古今来曰宙。”《庄子》云:“有实而无乎处者宇也,有长而无乎本剽者宙也。”[19]宇是整个空间,宙是整个时间,宇宙二字合起来就是整个时空及其包含的一切[20]。集中表现了李白宇宙意识的作品是《日出入行》:

日出东方隈,似从地底来。历天又入海,六龙所舍安在哉?其始与终古不息,人非元气,安得与之久徘徊!草不谢荣于春风,木不怨落于秋天,谁挥鞭策驱四运,万物兴歇皆自然。羲和羲和,汝奚汩没于荒淫之波?鲁阳何德，驻景挥戈，逆道违天，矫诬实多。吾将囊括大块，浩然于溟涬同科。

胡震亨云："汉郊祀歌《日出入》言：日出入无穷，人命独短，愿乘六龙仙而升天。太白反其意，言人安能如日月不息，不当违天矫诬，贵放心自然，与溟涬同科也。"[21]所言极是。然而细细分析，此诗的含义还不止于此。此诗虽然写的是日，但李白对日的看法表现了他对整个宇宙的看法。前七句，写日之出没运行无始无终，永不休息，它的生命是永恒的。而人非元气，不能和它一样长生。"人非元气"四字，暗示日乃是元气之一部分。元气是中国哲学史上特有的一个概念，《淮南子·天文训》云："天地未形，冯冯翼翼，洞洞漏漏，故曰太昭。道始于虚廓，虚廓生宇宙，宇宙生元气。"[22]太昭、虚廓都是宇宙生成之前的状态，宇宙生成遂有空间与时间，亦即生出元气。而天地日月都是由元气生成的，它们也和元气一样具有永恒的品格。值得注意的是，元气论者都把人视为元气所化生，而李白却强调人不是元气，不具有永恒的品格，而这正是使李白深感困惑与苦恼的。那么，人能否与元气合一呢？李白没有紧跟着回答这个问题。第八句到第十三句，表现自然之义：春风虽使草木兴荣，但草木并不感谢春风；寒秋虽使草木衰落，但草木并不怨恨寒秋。万物的兴和歇都出于自然，是其自然而然的本性。春秋并无意于草木之兴衰，春之来秋之来亦不过是其自然而然的本性而已。春夏秋冬四季的往复和万物的兴歇，并没有外力的推动，都是他们自身的运动；就连日之出日之入，也是自然而然，无须羲和鞭策。羲和又何必"汩没于荒淫之波"，为此徒劳之举呢？在李白看来，宇宙元气的运行变化有其自身的规律，谁也不能强加于它的。第十四句到第十七句进一步申发这个意思。《淮南子》载："鲁阳公与韩构难，战酣日暮，援戈而挥之，日为之反三舍。"[23]李白认为这个故事违背了宇宙元气运行的自然规律，有许多谬误，是不可信的。日之出入，既无须羲和的运载，也不会被鲁阳所阻止。人和宇宙之不同，就在于人不能主宰自己的命运，而必有所待。怎样才能获得自由？答案就是诗的最后两句："吾将囊括大块，浩然与溟涬同科。"《庄子》云："大块载我以形。"[24]又云："夫大块噫气，其名为风。"成玄英疏："大块者，造物之名，亦自然之称也。"[25]又《庄子》云："大同乎涬溟。"司马彪曰："涬溟，自然元气也。"[26]涬溟即溟涬，也就是宇宙。李白欲囊括大块，与宇宙合一，浩浩然得到空间与时间之无限。论者皆以此诗为求长生者，恐未得其大旨。此诗固然有求长生之意，但其深层含有对宇宙、人生的哲学思考。这种哲学思考正是其宇宙境界的基础。

我们还可以取其《大鹏赋》加以验证并进一步申说之。据序文可知，这篇赋是写以"自广"的，所谓自广就是扩展自己的境界，实际上也就是寄托自己的理想。它以庄子的《逍遥游》为契机，铺陈大鹏的无拘无束的飞翔，它无所待，也无所求，既不受空间的限制，也不受时间的限制。它一举翅便可使斗转天动、山摇海倾，“怒无所搏，雄无所争”。它“不矜大而暴猛，每顺时而行藏。参玄根以比寿，饮元气以充肠”。何谓“玄根”？张衡《玄图》曰：“玄者，无形之类，自然之根，作于太始，莫之与先。”[27]实即宇宙中之至极至竟者。李白既跟玄根同寿，饮元气充肠，则是与宇宙同体的。大鹏的境界就是李白理想的境界。

其他表现李白宇宙意识的例句还有一些，如：“吁咄哉，仆书室坐愁亦已久矣。每思欲遐登蓬莱，极目四海，手弄白日，顶摩青穹，挥斥幽愤，不可得也。”[28]他常常想登山远望，与天日齐高，也就是取得与宇宙同等的地位。我们读他的一些游仙诗，透过表层的意思也可看到这种意识，如：“青冥浩荡不见底，日月照耀金银台。”[29]“仙人借彩凤，志在穷遐荒。”[30]“愿随夫子天坛上，闲与仙人扫落花。”[31]

三

李白诗歌的宇宙境界的形成，跟诗中运用的意象有很大的关系。李白常常用自然意象，特别是宏伟的自然意象。试看下面的统计：

巫山	15 次
雪	76 次
雪山（崖、峰）	10 次
天	119 次
天地	35 次
天山（台、崖、河、津、梯、姥、关、门、镜、维）	61 次
天风（云、霜、声、籁、光）	24 次
百川	11 次
雷（雷霆等）	21 次
江（江水）	60 次
河（黄河）	41 次
波（波涛、波澜等）	74 次
溟（溟渤、溟涬、溟海）	20 次
海（沧海、沧溟）	64 次
海日（水、月、云、雪）	50 次
青天（冥）	49 次

青山	21 次
明月（秋月）	74 次
云（白云）	141 次
云霄（天、雷、霜、空、汉、月）	33 次
云山（海、林、松）	20 次
峰	43 次
白日	50 次

以上意象可以分为天象类、地理类。在天象类里，天、日、月、云、雪，五种意象运用的次数最多。在地理类里，江、河、海、山、峰，五种意象运用的次数最多。现在选出几种作一具体的分析：

白日　李白今存诗大约一千首，平均每二十首出现白日这个意象一次。杜甫今存诗一千四百多首，比李白多大约四百首，但他运用白日这个意象仅二十九次，比李白少二十一次，平均五十首出现一次。孟浩然今存诗二百六十三首，比李白少大约七百首，他运用白日这个意象仅两次，平均一百三十一首出现一次。杜甫和孟浩然是和李白同时的盛唐诗人，再看初唐的沈佺期和宋之问。沈存诗一百五十九首，运用白日八次，平均约二十首一次。宋存诗二百一十首，运用白日仅一次。再看中唐的张籍，他存诗四百八十首，运用白日十次，平均四十八首一次。李贺存诗二百四十三首，运用白日六次，平均四十首一次。晚唐温庭筠存诗三百八十八首，一次白日也没用。李商隐今存诗六百零五首，运用白日七次，平均约九十首一次。从以上粗略的统计可以看出，李白运用白日的频率远远超过别人，他对白日这个意象有特殊的爱好。下面列举一些例句，看看李白对白日的具体运用。《古风》其十一："黄河走东溟，白日落西海。逝川与流光，飘忽不相待。"李白为了表现时光的流逝，取黄河与白日为喻，以黄河之东流与白日之西落构成一个包含了大地与天空的广阔境界。他正是从这样一个境界出发看待短暂的人生的。《古风》其十三写严君平弃世探道，得名于天上曰："安知天汉上，白日悬高名。"以白日比喻严君平的高名，取境亦不凡。《登峨眉山》写他登山希望遇仙的心情："倘逢骑羊子，携手凌白日。"这是一首游仙诗，其想象之奇伟颇不寻常。

李白常常把两个宏伟的自然意象重叠起来，造成更加宏伟的效果，如海日、云海。《古风》其六："惊沙乱海日，飞雪迷胡天。"《梦游天姥吟留别》："半壁见海日，空中闻天鸡。"《送范山人归太山》："高高至天门，海日近可攀。"李诗中海日凡四见，但在孟浩然和杜甫的诗中却一次也不见。又如《关山月》："明月出天山，苍茫云海间。"《送王屋山人魏万还王屋》："仙人东方生，浩荡弄云海。"

《送祝八之江东赋得浣纱石》:“西施越溪女,明艳光云海。”《过彭蠡湖》:“云海方助兴,波涛何足论。”李诗中云海凡四见,孟、杜诗中亦均不见。

黄河　李白笔下的黄河也许是最壮观的了,黄河的意象几乎处处精彩。以下是黄河的所有的用例:“黄河走东溟”,“一向黄河飞”,“黄河西来决昆仑”,“欲渡黄河冰塞川”,“黄河捧土尚可塞”,“奔鲸夹黄河”,“黄河如丝天上来”,“黄河万里触山动”,“我浮黄河去京关”,“黄河落天走东海”,“黄河三尺鲤”,“黄河当中流”,“鸣鞭走马凌黄河”,“黄河饮马歇”,“黄河若不断”,“黄河从西来”,“春草生黄河”,“斩胡血变黄河水”,“黄河之水天上来”。[32]

四

李白宇宙境界的形成和他所使用的语言风格有很大关系。李白的语言自然、豪放,擅长夸张,富于想象,不拘于格律,不雕琢字句,当感情达到高潮的时候,往往写出一些散文化的诗句。这些特点已经是公认的了。现在需要进一步分析其语言的感情内涵及其语境,在这方面没有可以参考的文献,只能做一些极其粗浅的探索而已。

我所谓感情内涵是指以诗歌语言为载体的感情意趣的组合,诗歌语言与其要表达的感情意趣之间的关系,以及埋藏在诗歌语言下面的种种纷纭复杂的历史、文化因素。诗歌语言作为一种复杂的符号系统,它所传达的感情往往并不是单一的,可能有几种感情纠结在一起,即使只有一种感情也会有波澜起伏,也可能表层的语言和深层的感情看上去并不一致。不同的诗人有不同的情况,遂有不同的风格。另外,诗歌语言作为一种复杂的符号系统,它并不只是声音、词汇、语法的组合,也是种种历史、文化因素的积累和沉淀。不同的诗人,积累和沉淀的因素与多寡有所不同,这也影响着其诗歌的风格。这种历史、文化因素可以看作一种大的语境。

李白的语言是大容量的。此所谓大容量,不是含蓄的意思,他的语言并不含蓄;大容量是指能容纳宏伟的带有强烈色彩和力度的感情。一般说来,语言愈雕饰,则愈细腻愈精致,但细腻和精致是以损失容量为代价的。而粗犷的语言,如同大斧臣擘,倒是有巨大的容量。李白的诗歌语言正是如此。汉魏文人学习乐府,促使五、七言诗的兴起。从汉魏到六朝、到初唐,诗歌语言走的是一条细腻精致的路,语言的律化就是一个重要标志。为什么在初唐诗歌里较少看到宏伟的境界呢?不能说与当时诗人的语言追求没有关系。初唐后期的陈子昂已经发现了这一点,他所倡导的诗歌复古就包括诗歌语言这个方面。盛唐诗人在语言方面走两条路：一是继续律化，但不一味追求细腻精致，而更注重含蓄沉着，杜甫为其代表；一是走陈子昂倡导的路，但又吸取南朝以来积累的语言技巧，开出一条奔放洒脱的新路，李白是其代表。这两条路都是成功的。李白那种大容量的语言符号与其充塞六合的宏伟感情正相一致，而其感情本身则如江河之大波，带着一股冲击力，奔突驰骋，翻腾不息。试看《将进酒》，此诗倾泻着一种万古之愁。所谓万古愁是一种古往今来的永恒的感情，也是人类无法解决的矛盾。这就是如何在短促的一生中最大地实现自身的价值，从而使生命取得永恒的意义。诗从黄河之水天上来开端，时间之流逝如同河水，一去不回，而人的生命又何其短促！如何解决这个矛盾？诗人似乎是说应当及时行乐，沉溺于酒中，他写了一大段饮酒之乐，但其真意却在于感叹圣贤的寂寞。那种愤慨不平之情溢于言表。“天生我材必有用”，这一声呼喊，何其高昂！然而接着一句“千金散尽还复来”，目标又何其平庸。这一高一低的波峰与波谷，对比多么鲜明。此诗的语言节奏伴随着感情的旋律，一泻千里，最后归结到万古愁上来，使人读了不免回肠荡气。《行路难》三首似乎是《将进酒》的展开，它们的感情基调是一样的，体裁也是一样的。李白处在人生的歧路上，不知何去何从。从政吧，不甘曳裾王门，何况自古有多少贤达获罪于仕途；隐居吧，又不甘埋没自己的才华；最后只有一醉了之。进与退这两种旋律交替出现，互相纠结着，构成内在的诗歌节奏。

李白的诗歌语言里沉淀着战国时代纵横家的热情与气质，纵横家的雄辩转化为诗人的呼号，诗人的灵感回荡着纵横家的激情。李白的时代当然已不是战国时代，但他向往着战国的局面，特别是战国时代所提供的各种使人施展才能的机会。当然他也向往那个时代的侠义人物。他特别推崇鲁仲连，在诗里多次写到他。李白的《侠客行》《扶风豪士歌》《白马篇》《行行且游猎篇》《古风》其十“齐有倜傥生”这类明显地表现侠义热情的作品不必细论，我想讨论的是那些并未明显表现侠义热情却带有纵横家色彩的作品。试看《梁甫吟》：

长啸梁甫吟，何时见阳春？君不见朝歌屠叟辞棘津，八十西来钓渭滨。宁羞白发照清水，逢时壮气思经纶。广张三千六百钓，风期暗与文王亲。大贤虎变愚不测，当年颇似寻常人。君不见高阳酒徒起草中，长揖山东隆准公。入门不拜骋雄辩，两女辍洗来趋风。东下齐城七十二，指挥楚汉如旋蓬。狂客落魄尚如此，何况壮士当群雄。我欲攀龙见明主，雷公砰訇震天鼓，帝旁投壶多玉女。三时大笑开天光，倏烁晦冥起风雨。阊阖九门不可通，以首叩关阍者怒。白日不照吾精诚，杞国无事忧天倾。猰貐磨牙竞人肉，驺虞不折生草茎。手接飞猱搏雕虎，侧足焦原未言苦。智者可卷愚者豪，世人见我轻鸿毛。力排南山三壮士，齐相杀之费二桃。吴楚弄兵无剧孟，亚父咍尔为徒劳。梁甫吟，声正悲。张公两龙剑，神物合有时。风云感会起同调，大人蚬屼当安之。

此诗显然是从诸葛亮的《梁甫吟》引发出来的。首句“长啸梁甫吟”就是歌吟诸葛亮的诗歌。诸葛亮是一位遭遇明主而能风云际会的人物，当然也是李白所向往的。诸葛亮感叹谗言害贤，引起李白的共鸣，遂发出这一篇悲愤的呼号。但诗里仍然洋溢着渴求明主一展雄才的愿望，吕尚之于周文王，郦食其之于汉高祖，都是李白所津津乐道的。诗的末尾以两只神剑的复合比喻君臣的际会，表示相信这一天一定会到来，情绪又高昂起来了。整首诗的口吻，那滔滔不绝的诉说、雄辩、激情、自信与纵论天下大事的气魄，都使我们想到战国时代的纵横家们。

李白的诗歌语言里还沉淀着道家和方士的气质和言辞，也可以说是一些仙气。道家喜言宇宙自然，探讨世界的本原；方士好大言，求神仙，讲长生。老、庄的著作，以及记载方士之言的汉魏晋南北朝小说，都常常化为李白的诗语。所以李白诗里多的是出人意表的大言，冯虚凌空的神仙，虚无缥缈的仙境。大自然的日月星辰、山川草木、动物植物，都可以与李白对话，或供李白驱遣。在李白的诗里常常出现的以下词语，构成李白诗歌特有的世界，诸如：方壶、麻姑、玄珠、六龙、玉帝、玉童、玉皇、玉女、王子晋、王母、元化、元气、天鼓、天书、天关、云台、羽化、羽客、瑶池、乘鸾、白玉童、虚舟、仙人、白虎、瀛洲、造化、神仙、大运、赤松、真人、真骨、蓬瀛、青鸟、黄石公、骑龙、金鼎。

综上所述，李白诗歌语言的内涵和语境是深而又广的，它的土壤不是小楼曲径、花间月下，而是现实的奋争、历史的传统，以及对宇宙自然的探索、对人生意义的追求。李白诗歌的境界之所以如此宏伟，其语言的作用是不可低估的。

注　释

[1]《唐诗纪事》卷四十五，《四部丛刊》影明嘉靖刊本。

[2]《刘枣强碑》，《皮子文薮》卷四，上海古籍出版社，1981年第一版，第38页。

[3]屈绍隆《粤游杂咏序》，王琦注《李太白全集》，卷三十四引。

[4]见《历代名画记》卷五，《画史丛书》本，上海人民美术出版社，1982年第二版。

[5]《渡荆门送别》，王琦注《李太自全集》卷十五。

[6]《赠卢司户》，同上卷十一。

[7]《登金陵凤凰台》，同上卷二十一。

[8]《望天门山》，同上卷二十一。

[9]《水槛遣心》其一,仇兆鳌《杜少陵集详注》卷十。
[10]《为农》,同上卷九。
[11]《绝句漫兴》其七,同上卷九。
[12]闻一多《孟浩然》,见《唐诗杂论》,中华书局,1956年第一版,第35页。
[13]《闻王昌龄左迁龙标遥有此寄》,王琦注《李太白全集》卷十三。
[14]《金乡送韦八之西京》,同上卷十六。
[15][29]《梦游天姥吟留别》,同上卷十五。
[16][17]《将进酒》,同上卷三。
[18]《梁园吟》,同上卷七。
[19]《庚桑楚》第二十三,《诸子集成》第三册。
[20]参看张岱年《中国哲学大纲》。
[21]王琦注《李太自全集》引。
[22]《淮南子》卷三,《诸子集成》第七册。
[23]《览冥训》,《诸子集成》第七册。
[24]《大宗师》,《诸子集成》第三册。
[25]《齐物论》,《诸子集成》第三册。
[26]《在宥》,《诸子集成》第三册。
[27]《全后汉文》卷五十五。
[28]《暮春江夏送张祖监丞之东都序》,王琦注《李太白全集》卷二十七。
[30]《留别曹南群官之江南》,同上卷十五。
[31]《寄王屋山人孟大融》,同上卷十三。
[32]以上统计据花房英树《李白诗歌索引》,松冈荣志《沈佺期诗索引》《宋之同诗索引》,青山宏校阅、中国学术考究会编《孟浩然诗索引》,洪业等《杜诗索引》,平山武夫校阅、丸山茂编《张籍诗歌索引》,唐文等编《李贺诗索引》,青山宏校阅、岩间启二编《温庭筠歌诗索引》,稻田耕一郎等编《李商隐诗索引》。

论李白的主体意识
——兼论历代对李白的评价

王定璋

李白是我国古代作家中个性最突出、创作特征最鲜明的诗人。他的作品完全打破了传统模式和艺术创作方法。与李白同时代的著名选评家殷璠在《河岳英灵集》里称他:“性嗜酒,志不拘检。常林栖十数载。”可见他的生活方式和好尚也是十分独异的。在论及李白的文学作品时,殷璠又说:“故其为文章,率皆纵逸。至如《蜀道难》等篇,可谓奇之又奇,然自骚人以还,鲜有此体调也。”殷与太白同时,他称太白的文章为“纵逸”当为知言。所谓“纵逸”,实指其特立独行,摆去约束,纯然按照诗人自己对生活的认识、体验与理解,以诗人的审美情趣进行创作,而不受传统的理论和诗教所囿。今观殷璠所选李白之诗,虽多系乐府古调,然皆自铸伟词,独出新意,且句式长短随意,参差错落,气势流畅,确可当“自骚人以还,鲜有此体调”之誉。此适可证李白独特而鲜明的创作个性。后世的评论家,由于受各自才性、气质、禀赋、好恶及他们在社会中所处的地位等因素的影响,对李白的评论褒贬不一,毁誉皆有。但他们对李白奇异的个性,自由狂放的行迹,希冀超越自我、超越时代的追求等所谓不安分的举动又有一致的结论。这种一致,实有其本质的合理性,即他们都从不同角度,不同程度地接触到了李白的主体意识问题,只是由于种种原因,他们并未对此进行深入探讨和理性辨析。本文拟就笔者近年来研读太白集所得,对此问题作一剖析,以就教于方家。

所谓主体意识,乃是自我意识的重要组成部分,就其实质而言,是人类自身作为主体在主、客体关系中对自己的地位、能力、作用等的反映和认知。作为文学家、诗人的李白,他的主体意识是什么呢?我以为主要是诗人在一生中热切追求的清明政治、个性解放、人身自由和蔑视权贵、憎厌黑暗、希望施展自己抱负的理想社会环境过程中展现出来的自由意识、主宰意识、平等意识和超越意识。众所周知,李白生活的主要时代(指安史之乱前)是唐王朝的鼎盛时期,即所谓“盛唐”。唐朝开国以来,实行了一系列有利于发展生产的进步措施,生产力得到较大的发展,社会稳定,经济繁荣,政治上也较清明。在思想领域内,统治者较为开明,允许儒、释、道等各种思想并存,任其发展。因此,各种思想均较活跃。这样的时代给学士才人展示了颇为美好的前景,提供了较多的从政机会。可以说那是一个充满幻想、产生激情、憧憬未来、发展个性等相对说来较为理想的社会环境。事实上当时只要身怀经纶、有一技之长者,皆可由草野直入朝廷而谋到职位,如太宗时的马周,与太白同时的司马承祯等即是。这是一个呼唤天才而又产生了天才的时代,盛唐时期以李白、杜甫、王维、高适、岑参等为首的才华横溢的诗人群体陆续登上诗坛即证明此点。李白适逢其时,他在诗中曾舒心地唱道:“仰天大笑出门去,我辈岂是蓬蒿人?”(《南陵别儿童入京》)李白正是在思想解放的时代中,在他所崇奉的老庄思想的熏陶下,逐渐形成了他的主体意识。当然,李白的家庭影响也是非常重要的。他生在一个流徙色彩很浓的家庭,这从他的诗文和李阳冰、魏万、范传正等人关于李白的资料中即可明了。这样的家庭与土生土长于中原、关中等地的士族官宦人家显然有别。首先,传统的儒家观念就较淡薄一些。据李白在《秋于敬亭送从侄耑游庐山序》中说:“余小时,大人令诵《子虚赋》,私心慕之。”就与关中阀阅、中原士族等正统官宦人家教导子弟专精儒术大不相同。重要的是李白对诗赋是“慕之”,可见他已表现出对文学方面的敏感。李白自谓:“十五学剑术,遍干诸侯。”(《与韩荆州书》)“五岁诵六甲,十岁观百家。轩辕以来,颇得闻矣!”(《上安州裴长史书》)“十五观奇书,作赋凌相如。”(《赠张相镐》)……李白可以读儒家以外的各种书籍,这既表明他的父辈思想开明,又可看出李白胸襟拓展、眼界开阔是其博采百家精髓所致。这样的家庭对李白个性的发展是很有利的环境,没有受到强行制约,对李白自由意识、自主意识、平等意识等的形成,无疑非常重要。

李白的主体意识可以从两个方面来认识和理解:即我们可以从他的社会活动和文学作品来把握。

李白早在蜀中之时,最突出而又能充分展现其自由、自主、平等等主体意识的是他见益州长史苏颋这件事。开元八年(720),礼部尚书苏颋出刺益州,年甫20岁的李白“于路中投刺,(苏)待以布衣之礼。因谓群僚曰:‘此子天才英丽,下笔不休,虽风力未成,且见专车之骨。若广之以学,可以相如比肩也。’”(《上安州裴长史书》)从此事件中一方面可以看出唐代政治的清明,位高的大吏可以很容易地接近,且对布衣晚辈勉励有加;另一方面是李白对自己的才能有充分的自信,对自身的布衣地位毫不自卑,反倒很自豪,自我肯定,才敢在当时享有大手笔声誉的苏颋面前不卑不亢,显示其学识与才华及自身的价值,这是李白积极进取精神和浓厚的参与意识在政治上的闪现。李白这样做确也在当时为自己赢得了声誉,这件事在中国封建时代是十分难能可贵的,就在今天看来,仍觉熠熠生辉,具有一定的现实意义。

当然,在李白一生的行迹中,最能体现其主体意识的无过于天宝初年被唐明皇亲自召见这件事:“天宝中,皇祖下诏,征就金马;降辇步迎,如见绮皓。以七宝床赐食,御手调羹以饭之。谓曰:‘卿是布衣,名为朕知,非素蓄道义,何以及此!’置于金銮殿,出入翰林中,问以国政。"(李阳冰《草堂集序》)此事还见于魏颢、范传正等人所撰关于李白的资料中,唐段成式在《酉阳杂俎》中记述更为具体:“李白名播海内,玄宗于便殿召见。神气高朗,轩轩然若霞举。上不觉忘万乘之尊,因命纳屦。白遂展足与高力士曰:‘去靴!’力士失势,遽为脱之。”这更是富有传奇色彩的场面了。李白既不通过考试进入仕途,也不上书献赋去接近皇帝,而是由皇帝亲自下诏来实现自己的愿望。按通常惯例,一般臣子要见皇帝是很不容易的,就是王公大臣也不是随便可以觐见皇帝的。若是受到皇帝召见,且不说繁琐的跪拜之仪,诚惶诚恐得连大气都不敢出,哪里还有个人的尊严!可李白却不然,他能使万乘之尊“降辇步迎”,如见大贤绮皓,且“御手调羹以饭之”。据段的记载,李白轩昂的举止和气宇、高朗的风度竟使至尊皇帝也恍然若失。他这种平交王侯,在皇帝面前不失布衣尊严的举动,显然受孟子“养浩然之气”及“说大人,则藐之”之类思想影响,更主要是李白独行独来的性格和无求于皇帝的思想支配着他,是李白的自由意识、自主意识、平等意识等支撑着他,使他有粪土王侯、被褐珠玉的气概。这实际上是李白对自己在现实世界中的布衣地位的自豪,也是诗人对自身价值的充分肯定与自信,显示了李白的独立性、自主性和不可支配性。这在李白之前是绝对没有的,在李白之后的一千多年中也罕有匹伦,足见其超越意义之巨大。当然,李白与韩准、孔巢父等人结“竹溪六逸”之游,天宝六载(747)“著宫锦袍坐舟中,旁若无人”等行迹,也表现出相当的超越流俗、我行我素的主宰意识与自主意识,为省篇幅,兹不细列。

如果认为李白的行为及其实践中的主体意识还不够具体的话,那么,在他的文学作品中则有更明确的表露。首先,李白在政治上追求自由、平等,在人格上要求独立、自主的意念极浓。他尝谓:“府县尽为门下客,王侯皆是平交人。男儿百年且乐命,何须徇书受贫病?”(《少年行》)“出则以平交王侯,遁则以俯视巢许。”(《冬夜于随州……送烟子元演隐仙城山序》)“长揖万乘君,归卧富春山。”(《古风》)“严陵不从万乘游,归卧空山钓碧流。自是客星辞帝座,原非太白醉扬州。”(《赠崔侍御》)……这种要求与王公大人,甚至与皇帝平等的思想,在我国历史上恐怕是绝无仅有的。他为争得“王公大人借颜色,金章紫绶来相趋”(《驾去温泉宫后赠杨山人》)而自豪,这实在是来自社会底层的诗人认识到自己地位、作用的改变而自信、陶醉,这种自鸣得意中固然有几分庸俗,可这实在是大有深意的事,却遭到后人,甚至连陆游这样的诗人的责难。李白在《赠从弟南平太守之遥》中感慨地说:“当时笑我微贱者,却来请谒为交欢。”陆游讥之曰:“以布衣得翰林供奉,此何足道遂云‘当时笑我……’宜其终身坎凛也。”陆游显然误会了李白诗意。李白之意除了讪笑趋炎附势之可鄙外,更重要的是一个“少年落魄楚汉间,风尘萧瑟多苦颜”的潦倒诗人步入朝廷,为皇帝看重,公卿百官争与交往,是诗人在世俗社会中经过一番奋斗、挣扎后寻找到了体现自身价值的机会,自己的地位(虽然很虚幻)、能力、作用得到了承认,是诗人自由意识和主人意识的骄傲吐露,是其主体意识的重要体现,应当说是可贵的。苏轼对李白的这种要求自主、平等的意识似乎还能约略理解到。他在《李太白碑阴记》里虽然因其正统思想作祟而影响了他对李白的正确评价,可他对李白的主体意识却有中肯的论述:“士以气为主。方高力士用事,公卿大夫争事之,而太白使脱靴殿上,固已气盖天下矣。使之得志,必不肯附权幸以取容,其肯从君于昏乎?夏侯湛赞东方生云:‘开济明豁,包含弘大。陵轹卿相,嘲哂豪杰……戏万乘若僚友,视俦列如草芥……’吾于太白亦云。”李白这种独立意识和要求平等的意识,在奴性化十足,基本上泯灭了人性和人权的中国封建社会中是最为光辉、最可宝贵的。对李白的自立、自主、自信精神和力图超越时代的主体意识应当给予高度评价,这绝不是狂放不羁之类的笼统评论所能概括的。黑格尔说中国人从来都“把自己看作是最卑贱的,自信生下来是专给皇帝拉车的”(《历史哲学》),对照一下韩愈遭贬之后还说“臣罪当诛,天王圣明”和历代文人在皇帝、权臣面前的可怜相,我们难道不应该为李白大书一笔吗?李白敢在极端专制独裁的东方封建社会里主张个人自由、平等,其精神是伟大的。李白不仅这样说了,也这样做了。当李白被召入宫,供奉于翰林时,虽曾有“潜草诏诰”“制出师诏”“专掌密令……多陪侍从之游”和献《清平调》《宫中行乐词》之举,但仍未丧失个人的尊严和节概,保持着独立而自由的人格。皇帝有时游乐要李白献歌诗,“白时为贵门邀饮,比至半醉”,我行我素,保持着纵酒优游的素好。与崔宗之、贺知章等人结为“酒中八仙”,据他的好友杜甫说:“李白一斗诗百篇,长安市上酒家眠。天子呼来不上船,自称臣是酒中仙。”(《饮中八仙歌》)应当说,这是很真实地记载当时的情况。李白这样做除了表现了他对玄宗昏庸政治的不满外,也是他认清了在那个时代他不可能有多大作为的挑战行为。他并没有拜倒在皇权足下，也不向封建专制主义低头邀宠，更不会扭曲心灵以媚权势。因此，他在离京后的作品中不时唱着："安能摧眉折腰事权贵，使我不得开心颜。"(《梦游天姥吟留别》)"一生傲岸苦不谐，恩疏媒劳志多乖。严陵高揖汉天子，何必长剑拄颐事玉阶。"(《答王十二寒夜独酌有怀》)……这些蔑视权贵、刚肠嫉恶的诗句，表现了诗人的自尊与自信和自我把握命运、自我肯定操守的主体意识，确有其超越时代的意义。

其次，李白在政治上胸怀远大，认为自己具有安邦定国的才能(他是否真有这方面的能力是另一回事)，非常希望成为辅弼帝王的风云人物。因此，他对历史上曾展现过政治才能的英雄人物如傅说、吕尚、管仲、范蠡、乐毅、鲁仲连、张良、韩信、诸葛亮等推崇备至，屡加称颂。对这些历史上有卓异才能、主宰时代命运的历史人物更是赞不绝口："傅说板筑臣，李斯鹰犬人。欻起匡社稷，宁复长艰辛。"(《冬夜醉宿龙门觉起言志》)"鲁连卖谈笑，岂是顾千金？陶朱虽相越，本有五湖心。余亦南阳子，对为《梁甫吟》。"(《留别王司马嵩》)"武侯立岷蜀，壮志吞咸京。……余亦草间人，颇怀拯物情。"(《读诸葛武侯传书怀赠长安崔少府叔封昆季》)肯定他们的功绩，也极思效法，希望把握有利时机以建荣名："功名不早著，竹帛将何宣。"(《长歌行》)"羞作济南生，九十诵古文。不然拂剑起，沙漠收奇勋。老死阡陌间，何因扬清芬。"(《赠何七判官昌浩》)李白认为自己与先贤一样，怀经世济时之志，有满腹经纶，未来一定是美好的。他在《大鹏赋》序中说："余昔于江陵，见天台司马子微，谓余有仙风道骨……"所谓仙风道骨，并非什么真的神仙体段，而是说李白有不凡的才性、气质。李白在序文中转引此语，也无非为了增强其自信、自尊。他对自身的前程满怀乐观与自我肯定："大贤虎变愚不测，当年颇似寻常人。"(《梁甫吟》)尽管屡遭挫折，却毫不气馁："长风破浪会有时，直挂云帆济沧海。"(《行路难》)李白在事业上的进取和追求，表现出一种自主和自立的意识，不愿依傍他人，耻笑因人成事："耻笑琅琊人，龙蟠事躬耕。富贵吾自取，建功及春荣。"(《邺中赠王大劝入高凤石门山幽居》)他以先贤的坎坷曲折为之自勉自励："乐毅方适赵，苏秦初说韩。卷舒固在我，何事空摧残。"(《秋日炼药院镊自发赠元六林宗》)即使屡遭蹭蹬，仍坚定而自信，充分肯定自身价值："才力犹可倚，不惭世上雄。"(《东武吟》)"天生我材必有用，千金散尽还复来。"(《将进酒》)"惟昔不自媒，担簦西入秦。"(《赠崔司户文昆季》)"天书访江海，云卧起咸京。入侍瑶池宴，出陪玉辇行。"(《秋夜独坐怀故山》)"青云当自致，何必求知音。"(《觉起言志》)……所有这一切都表明了李白对自己在社会上的地位、作用和自我价值的认知，体现了他在追求建功立业中的主人的身份，充分突出了个人的才能和个人奋斗的积极作用，比起那些说到皇帝必称圣明，言及万乘就感激涕零之辈不知高明多少倍！

李白的主体意识，还表现在对压抑人才的封建制度和阻碍其理想实现的腐朽势力的无情抨击和讽刺上。李白在追求个人事业和发展自身个性时，不可避免地会受到黑暗而腐朽的势力的压制，他那独往独来的为人、我行我素的个性也绝不会见容于封建时代。因此，我们时常看到追求理想者碰壁而愤懑的形象，听见求索者深沉的呼喊："我欲攀龙见明主，雷公砰訇震天鼓，帝旁投壶多玉女。"（《梁甫吟》）"玉不自言如桃李，鱼目笑之卞和耻。楚国青蝇何太多？连城白璧遭谗毁。"（《鞠歌行》）直斥进谗诽谤者为青蝇，对之毫不客气。而在《雪谗诗赠友人》中更是无情抨击诟谤谣诼者，体现出李白敢言、敢怒、敢于为自己的尊严和独立人格而开罪权贵，毫不畏惧。他早在《设辟邪肢鼓吹雉子班曲辞》中说："乍向草中耿介死，不求黄金笼下生。……所贵旷士怀，朗然合太清。"塑造了一个不向恶浊势力妥协的自我形象。"松柏本孤直，难为桃李颜。昭昭严子陵，垂钓沧波间。"（《古风》十二）可想而知，李白要想在政治上有所建树，事业上有所成就，是困难重重的。但他仍然选择了个人奋斗的人生道路。事实上他一生都在为实现其所谓的"匡济"而执着地追求着。这从待诏翰林、入永王璘幕，直至61岁仍欲从军等经历中不难得到答案。唯其如此，他始终不断地为实现和发展自己的自由本性，寻求人生价值而求索着、奋斗着。只不过有时积极，有时消极。他为了实现其抱负而发奋，"自上探玄古，下察交道"（《送戴十五归衡岳序》），"颇尝览千载，观百家"（《上安州李长史书》），系浔阳狱中仍在读《留侯传》（见《送张秀才谒高中丞》诗序）。如此发奋学习既是为了不断超越自身，完善自我，也有明显的建功立业之功利目的，自觉地承担起对社会的责任。这种使命感在承平年代表现得还较模糊，而在战乱之际却表现得十分明显。安史之乱爆发之后，国家蒙难，人民受苦，民族矛盾异常尖锐，李白的使命感则表现得非常突出："胡沙惊北海，电扫洛阳川。……宁知草间人，腰下有龙泉。浮云在一块，誓欲清幽燕。……齐心戴朝恩，不惜微躯捐。"（《在水军宴赠幕府诸侍御》）誓死报国，甚至捐躯在所不惜，其献身精神是感人的。而在《永王东巡歌》里也咏吟着要为国靖乱的决心和信心："三川北虏乱如麻，四海南奔似永嘉。但用东山谢安石，为君谈笑静胡沙。""试借君王玉马鞭，指挥戎虏坐琼筵。南风一扫胡尘静，西入长安到日边。"为国平乱、以身赴国的精神并非心血来潮时的亢奋之言，而是蓄积多年的政治宏愿在特定形势下的闪现。他曾多次表白过自己的愿望："早怀经济策"（《赠溧阳宋少府陟》），"报国有壮心"（《江夏寄汉阳辅录事》），"早达胜晚遇，羞比垂钓翁。"（《效古二首》）足见其政治襟抱和人生道路的抉择使他把安邦定国作为自己努力奋斗的目标。这样，我们就不会惊诧于诗人61岁时还有请缨之举,以申一割之用的动机了。这正是诗人在使命感的支配下,不断完善自身,以寻求更高的人生价值的体现。

李白诗中的坦诚胸怀和纯真感情是他个性和主体意识的重要表露。李白诗歌真切、直率和大胆倾泻内心底蕴、毫不掩饰真情是其个性和主体意识的艺术再现。他并非不知道黑暗势力之可怖,也不是不懂得说真话会招致危害。他在《泽畔吟序》中说:“惧奸臣之猜,常韬之于竹筒;酷吏将至,则藏之于名山。”可见他对形势的认识是冷静而清醒的。可由于诗人的自由意识和主人意识已经贯注在一生的为人处世之中,他觉得不能压抑自己的个性以迎世俗,也不愿扭曲心灵去媚权贵。他所追求的是设法完善个性,发展自己。他敢言内心所欲言。当他看透了在宫廷不可能有所作为,无法实现其自身价值时,也将内心深曲吐露无遗:“晨趋紫禁中,夕待金门诏。观书散遗帙,探古穷至妙。片言苟会心,掩卷忽而笑。青蝇易相点,白雪难同调。本是疏散人,屡贻褊促诮。云天属清朗,林壑忆游眺。或时清风来,闲倚檐下啸。严光桐庐溪,谢客临海峤。功成谢人间,从此一投钓。”(《翰林读书言怀呈集贤诸学士》)“徒希客星隐,弱植不足援。”《(书情赠蔡舍人雄》)显然,李白已厌倦了宫廷御用文人的生活,“彷徨庭阙下,叹息光阴逝。”(《答高山人兼呈权顾二侯》)于是决计离开朝廷,毫不恋栈。而太白需要纵酒放歌时也大谈饮酒乐趣,根本不顾忌他人的议论:“烹羊宰牛且为乐,会须一饮三百杯。……钟鼓馔玉不足贵,但愿长醉不用醒。古来圣贤皆寂寞,惟有饮者留其名。陈王昔时宴平乐,斗酒十千恣欢谑。……五花马,千金裘,呼儿将出换美酒,与尔同销万古愁。”(《将进酒》)“处世若大梦,胡为劳其生?所以终日醉,颓然卧前楹。”(《春日醉起言志》)“圣贤既已饮,何必求神仙。三杯通大道,一斗合自然。”(《月下独酌》)“人生达命岂暇愁,且饮美酒登高楼。”(《梁园吟》)而自己想做官,欲在仕途上有所追求时就自比管、葛,鄙视隐沦:“耻学琅琊人,龙蟠事躬耕。”(见前)“莫学东山卧,参差老谢安。”(《送梁四归东平》)李白在纵情欢乐时又表现出几分童真:“雕盘绮食会众客,吴歌赵舞香风吹。……抚长剑,一扬眉,清水白石何离离!脱吾帽,向君笑,为君吟。”(《扶风豪士歌》)其时太白正避难于吴中,一旦高兴起来,又陶醉于欢乐之中。无怪胡震亨评此诗曰:“洛阳光景作快活语,在杜甫不会,在李白不可。”桂天祥亦谓:“流离中有如此风韵,如此调荡。……抚长剑以下,是太白真处。末句尤调笑入神,不可及。”(《李诗选》)这里不是说李白流离避乱中还寻欢作乐是应该的,只是表明李白这个人很真诚,他有什么感受是不隐讳的。

李白在现实中坎坷潦倒,意欲在神仙世界中去寻求解脱时,又着意渲染山野林泉的美丽清幽和仙隐乐趣:“问余何意栖碧山,笑而不答心自闲。桃花流水窅然去，别有天地非人间。”(《山中问答》)“山花异人间，五月雪中白。”(《游泰山》)言及男欢女爱，诗人也不回避。当然也因此而招致后世一些评论者的非难，其中尤以宋人为多。如王安石就批评李白“其识污下，诗词十句九句言妇人、酒耳。”(见《冷斋夜话》)当然李白诗中关于妇女的描写也确有少数糟粕，但就总体而言，还是较健康的，是人性、个性的流露。所谓“男女饮食，人之大欲”，就是标榜“存天理，灭人欲”的道学家也不能排除男女之事。只是太白没有掩饰自己对异性的描写罢了，这既是诗人蔑视封建礼教，又是他主体意识的自然表白。中国封建时代，妇女地位低下，在以男性为中心的社会里，妇女被视为玩物。皇帝可以堂堂正正地拥有三宫六苑，佳丽三千，各级官僚和豪绅地主也可占有三妻四妾。他们玩弄的妇女多是出于被迫，根本谈不上什么感情。可他们一方面干着玩弄妇女的勾当，另一方面还要抬出封建礼教来吓人，其虚伪性和欺骗性是显而易见的，可就是没有谁敢反抗。而李白诗中的妇女形象，往往是他的歌颂对象，如《越女词五首》，是对她们美丽的外貌和勤劳的赞美；《长门怨》是对弃妇的同情；而《塞下曲》则是闺怨。当然在李白诗集中什么“携妓”“观妓”“狎妓”之作也有一些，这既是时代风气，也是李白的消极之处，是不足取的。如他在《示金陵子》中有：“金陵城东谁家子，窃听琴声碧窗里。落花一片天上来，随人直渡西江水。楚歌吴语娇不成，似能未能最有情。谢公正要东山妓，携手林泉处处行。”就以狎妓为得意，当然也是应遭人诟病的。不过，李白在诗中把它真实地表露出来，还是比较坦率的。李白并非超凡入圣，他也是食五谷杂粮的诗人，他不可能那么完美。恩格斯在《路德维希·费尔巴哈德国古典哲学的终结》里引用德国谚语：“人是什么？一半是天使，一半是野兽。”狄德罗说到人时也有“说人是一种力量与软弱、光明与盲目、渺小与伟大的复合物，这并不是责难人，而是为人下定义”。

在李白以前的许多文学作品中，都较多地表现了人的“天使”和“伟大”的一面，而将另一面深藏起来。在李白的作品中，他似乎无意掩饰其“野兽”与“渺小”的一面，我并不是说这就一定很好，可我却觉得李白如此坦率地暴露他的另一面，这既是人性的流露，主体意识的显现，又似乎觉得李白的作品更真纯可爱了。以往的研究者常对李这种流露人的本性很不理解，而且更令人困扰的是李白最好的作品如《江上吟》《行路难》《饯别校书叔云》等在精彩之余，总要拖上一点消极的尾巴，其实这正是李白的真实感情。

我们在李白大量的诗文中常常看到诗人在寻求其人生价值的过程中思绪万千，矛盾重重，也不乏自审与自责。这种自谴自责的情绪里又时常杂以自我怀疑与自我否定。如他说：“我本不弃世，世人自弃我。”(《送蔡山人》)即表明诗人隐沦寻仙是出于不得已之举，也不乏自责。他在《书怀赠南陵常赞府》诗中云："君看我才能，何似鲁仲尼？大圣犹不遇，小儒安足悲。"自审中又对自己被夸大的才能有冷静的反思。在其长诗《经乱离……赠江夏韦大守良宰》中曾追忆天宝十一载(752)北历塞垣时所见："十月到幽州，戈鋋若罗星。君王弃北海，扫地借长鲸。呼吸走北川，燕然可摧倾。心知不得语，却欲栖蓬瀛。"眼见野心家疯狂备战，国家人民随时有可能罹难，自己却毫无作为而痛心万分。"心知"两句，自责自省是强烈的，有一种沉重之感。而在《猛虎词》里："朝作猛虎行，暮作猛虎吟。肠断非关陇头水，泪下不为雍门琴。旌旗缤纷两河道，战鼓惊山欲倾倒。……有策不敢犯龙鳞，窜身南国避胡尘。"豪放的诗人对陷国家人民于水火的安史之乱而肠断落泪，更为自己报国无门而忧心，这种反省和自责也是极感人的。

综上所述，李白的主体意识主要融贯于他的一生行事和文学创作中。而其表现形式是以追求个人自由、个性完善与寻求自己在社会中的应有地位、应发挥的作用以体现其人生价值为基本内容而展开的。同时，由于诗人建功立业之念颇浓，因而在其主体意识中又包含着为实现其抱负而奋斗所不可或缺的使命感。这样，就需不断充实自身，完善自我，以实现对自我、对时代的超越。于是在李白的主体意识里又常杂以自省、自责与自我忏悔。不过，在李白的主体意识中体现得最鲜明、突出的是独立意识、自主意识和平等意识。

在中国长达两千多年的封建统治之下，人的基本权利和最起码的要求都得不到承认，人的尊严、人的价值遭到蔑视和践踏，有谁敢在封建礼教和最高统治者面前显示一点个性和人的尊严？

似乎只有这个"星外来人"李白了。李白的作品至今受到珍视，原因固然很多，明显的主体意识应是其主要原因。人们从他的作品中不仅可以获得美感享受，更能增加勇气、获取力量和完善自我尊严的信心。李白的人生态度就其总倾向而言是积极而上进的(隐沦和纵酒是另一表现形式)，他的作品有着鲜明而独特的个性，这些作品以诗人自身的活动为中心，以自己的思维为脉络，以个人的感情为线索，以他的主体意识为准绳而展开。他的作品与传统思维模式和诗文章法全然不同，也与"温柔敦厚""主文而谲谏""发乎情，止乎礼义"之类诗教相悖。他敢言人所不敢言，敢言心中之所欲言，敢于突破先贤圣哲的清规戒律，对自己的感受毫不压抑，也不扭曲自己以媚时俗。因之，其作品具有磅礴的气势和不可遏止的力量，读之令人心舒，吟之令人气爽，有着浑朴隽永的艺术魅力。叶燮在比较了李、杜作品之后，对李诗之气势有深切的感受："历观千古诗人，有大名者，舍白之外，孰能有是气者乎？"(《原诗》外篇下)

李白独异的创作个性、诗文风格和明确的主体意识为历代正统思想较重的研究者带来了麻烦，他们几乎无法准确把握其作品内涵和特异的风貌。这种理解上的困难导致了评论上的错位，这就是历来对李白评价不高、失之偏颇的主要原因。此外，中国向来以求实文化为主流的传统，一直贬低甚至排斥浪漫文化，对神奇、梦幻之类作品不能理解，也是李白受冷落的又一原因。中国古诗中的最高极虽《诗》《骚》并尊，可《骚》的地位远不如《诗》。汉儒以对待经学的态度来研究文学作品，把抒发个人牢骚的屈原就贬得很低，认为其作品背离“温柔敦厚”宗旨，而且“露才扬己”“显露君过”。比起屈原，李白的牢骚就更大了，他平交王侯，戏万乘若僚友，那还了得！这是李白不被重视的又一原因。再说，李白作品中讴歌个性解放，肯定人的基本追求，倡言平等自立，这更是专制统治最不感兴趣的。李白在他的诗中时常为人的自由与尊严而呼喊，却应者寥寥，不免有曲高和寡和知音难觅之叹。“长啸倚孤剑，目极心悠悠。”(《赠崔郎中宗之》)“我有结绿珍，久藏浊水泥。时人弃此物，乃与燕石齐。"(《赠范金乡》)“我有吴越曲，无人知此音。”(《赠薛校书》)“苦笑我夸诞，知音安在哉！”(《赠王判官时余隐居庐山屏风叠》)，“自孤剑谁托，悲歌自怜。”(《上安州李长史书》)“时人见我恒殊调，见余大言皆冷笑。”(《上李邕》)……从这些诗文中不难体味李白的孤独、寂寞和不被理解的隐痛。他的孤独与痛苦，是先知者的痛苦，是求索者的孤独，是汲汲于利禄者所无法理解的。

李白的主体意识和他对人性、个人的尊严与人身自由的呼唤还是非常模糊、十分朦胧、层次较低的，是在追求个性解放、向往摆去羁绊的生活时无意识接触到的，因此就谈不上对人性等问题的理性认识。此外，他的主体意识中也还掺杂不少消极因素，譬如他的自由意识和自主、自立等意识，也仅仅是在为获取个人自由和改善自我生存的条件时表现出来。而且他把完善自我和实现自身价值、建功立业等完全倚赖于明主、圣皇的眷顾与赏识上，缺乏真正的自主意识和主人意识。所谓“明主傥见收，烟霞路非遥。”(《早秋赠裴十七仲堪》)“徒有献芹心，终流泣玉啼。”(《赠范金乡》)“我欲攀龙见明主。”(《梁甫吟》)“方希佐明主，长揖辞成功。”(《还山留别金门知己》)等等即为显例。在他的作品中也有一些扭曲个性的弊病，如他对某些欲求其援手的官吏也说过违背心愿、不够真实的话：“白闻天下谈士相聚而言曰：‘生不用封万户侯，但愿一识韩荆州。’何令人之景慕，一至于此耶！”(《与韩荆州书》)而在《上安州裴长史书》中更为求得裴某原宥而近于乞求，洪迈认为“时有伸屈，正自不得不尔。”(《容斋四笔》)诚然我们不能苛求李白，李白敢在距今1200余年前争自由，要个人的尊严是极其难能可贵的。他只能部分地超越了时代又不可避免地受到他生活时代的限制，他的主体意识只是相对于他那个时代和那个时代众多的诗人、作家而提出的。要实现真正完善的人性和人生价值以及对时代、自我的超越，李白是无能为力的。

庄屈思想与李白性格

张瑞君

庄子是中国古代杰出的思想家,屈原是中国古代杰出的文学家。尽管他们对人生的态度和思想倾向有明显差异,但他们的思想和著作对后代的影响都是十分深远的。

李白是唐代诗坛的巨星。不管当时被呼为"谪仙人",还是后人称其为"仙才",总之他是一位具有个性的人。形成李白独特的性格的原因是多方面的,本文只研究庄屈思想对他的影响。

众所周知,庄子出世,屈子入世。庄子消极,屈子积极。庄子恬静,屈子刚烈。庄子养生,屈子自沉。然而李白却将庄屈并融于心,形成了自己独特的性格。龚自珍在《最录李白集》中说:"庄屈实二,不可以并,并之以为心,自白始。"探讨庄屈思想与李白性格的关系,无疑是一个饶有妙趣的课题。

庄子提倡自然,反对伪饰。庄子说:"既雕既琢,复归于朴。"(《山木》)他强调要"以天合天"(《达生》)。文艺评论家们把这说成庄子的美学观固然不错,但庄子首先是讲为人。他要求人们要顺应天性,对人性的被摧残极为愤慨。李白性格受庄子思想的影响,他直率任情,真诚豪迈,不因命运而改变自己的天性,也不因环境而伪饰自身的性格。千百年来,他的人格精神影响了一代又一代的文人。李白性格的重要特征之一就是真。言语行动都实实在在地出于自己的本性。诗人李白十分憎恶伪善和雕饰:"西施宜笑复宜颇,丑女效之徒累身"(《玉壶吟》),"古来万事贵天生"(《草书歌行》)。近千首李白的诗歌,就是他任真洒脱的个性的生动再现。青年时代的杜甫对李白是如此描绘的:"李白一斗诗百篇,长安市上酒家眠。天子呼来不上船,自称臣是酒中仙"(《饮中八仙歌》)。如果说此时的杜甫曾对李白的个性气质不太理解而进行过规劝:"痛饮狂歌空度日，飞扬跋扈为谁雄”(《赠李白》)，到杜甫晚年，则对李白的性格心领神会，他在《寄李十二白二十韵》中说：“昔年有狂客，号尔谪仙人。笔落惊风雨，诗成泣鬼神”，“剧谈怜野逸，嗜酒见天真”。把李白直率任真的性格描绘得淋漓尽致。

人生来是自由的，但无往而不在束缚之中。庄子在其著作中突出表现了自己的个性解放思想。他力图从宗法制度和礼教文化的束缚中把人们解放出来。庄子主张人应该有“独志”(《天地》)，成为“独有之人”(《在宥》)。所谓“独志”，就是不同凡俗的独特之志；所谓“独有之人”，就是能够独立于天地之间的人，也就是能摆脱宗法礼教和时俗观念束缚的人。庄子深切地感受到：人们本来是向往自由的，可是他们又经常地陷在人为和自为的种种束缚之中。一方面外在的规范层层束缚着人们，另一方面人们也自觉不自觉地投身到追逐功名利禄的圈套中去。这样，便造成了人与外界的扞格，主体与客体的阻塞，形成自我的封闭系统，从而限制了自我精神的自由活动。庄子塑造了他的一系列理想人物，所谓“至人”“神人”，借以冲破束缚人的重重罗网，打通人与外在世界的隔离，自由地发挥人的天性。李白对庄子的人格理想领悟深刻，他毕生都在追求自由，追求自我人格的完美。同时，自由精神也贯穿在李白诗歌之中，使他的诗独具风采而富有深厚的感染力。他桀骜不驯，刚正不阿，威武不能屈，富贵不能淫，“为草当作兰，为木当作松。兰秋香风远，松寒不改容。”(《于五松山赠南陵常赞府》)在对兰松的赞誉中，表现了诗人崇高的人格追求。他认为一个人的人格不应该由于外物的变化而有所改变，应保持自我的本性，“受气有本性，不为外物牵。”“过此无一事，静谈秋水篇。”(《赠宣城宇文太守兼呈崔侍御》)可以看出他与庄子心灵的默契。他一生重然诺，讲义气。“人生感分义，贵欲呈丹素。”(《赠溧阳宋少府陟》)他一生最爱明月，他的诗中有三百多首提及月亮。明月可以看作李白坦荡真诚、高洁独立的性格象征。他特别喜欢用明月比喻那些胸怀坦荡的朋友和他所仰慕的人物。他称赞鲁仲连：“明月出海底，一朝开光耀。”(《古风》其五)他喻高五：“贤甥即明月。”(《赠别从甥高五》)喻裴司马：“若无云间月，谁可比光辉。”(《赠裴司马》)李白狂傲正直，不随波逐流。他天真任性，不投机钻营，趋炎附势，“羞逐长安社中儿，赤鸡白狗赌梨栗”(《行路难》其二)，“安能摧眉折腰事权贵，使我不得开心颜”(《梦游天姥吟留别》)，是他一生不屈的自白。“松柏虽寒苦，羞逐桃李春”(《颍阳别元丹丘之淮阳》)，是他追求人格美的誓言。“一生傲岸苦不谐”(《答王十二寒夜独酌有怀》)，是性格和命运的总结。李白贵真诚，重信用，“多君重然诺，意气遥相托。”(《博平郑太守自庐山千里相寻入江夏北市门见访却之武陵立马赠别》)他对人世间的世态炎凉悲慨万分,对真诚的朋友赞扬备至,"一朝谢病游江海,畴昔相知几人在。前门长揖后门关,今日结交明日改。爱君山岳心不移,随君云雾迷所为"(《赠从弟南平太守之遥二首》),"扶风豪士天下奇,意气相倾山可移"(《扶风豪士歌》)。其摆脱流俗、高洁正直的人格倾倒了时人,同时也影响着后人。

李白豪迈奔放、自由通脱的性格特征与庄子思想的鼓舞是分不开的。李白自比大鹏,志向高远。在《大鹏赋》中,诗人刻画了一个无与伦比的神鸟——大鹏,在大鹏的形象上,诗人倾注了自己的性格力量。它借《庄子·逍遥游》中所描绘的那个"其翼若垂天之云""抟扶摇而上者九万里"的神鸟,展开了非凡的想象。这只神鸟具有惊天动地、摇山倾海的无比神力,它具有"跨蹶地洛,周旋天网"的四海之志,它"上摩苍苍,下覆漫漫","右翼掩乎西极,左翼蔽乎东荒",不受任何外物的束缚。这大鹏,李白在诗歌中也对它投注了无比的热情,"北溟有巨龟,身长数千里。仰喷三尺雪,横吞百川水。凭陵随海运,燀赫因风起。吾观摩天飞,九万方未已。"(《古风》其三十三)可以看出,李白笔下的大鹏完全是从庄子笔下演化来的。它气势非凡,超群独立,"大鹏一日同风起,抟摇直上九万里。假令风歇时下来,犹能簸却沧溟水。世人见我恒殊调,闻余大言皆冷笑。宣父犹能畏后生,丈夫未可轻年少。"(《上李邕》)不管世人如何不理解,如何冷嘲热讽,李白一生总是自比大鹏,直到在"大鹏飞兮振八裔,中天摧兮力不济"(《临路歌》)的感叹中结束了自己的一生。庄子在《天下》篇中所说的"独与天地精神往来"的理想性格,在李白身上得到生动的体现。

庄子反权威主义、反偶像崇拜的思想对李白的性格方面影响更加明显。儒家神圣化的历史人物——自尧舜以降,在庄子笔下都被平淡化了。"是其尘垢秕糠将犹陶铸尧舜也"(《逍遥游》),任何权威人物,到了庄子的世界里,都好像到了桃花源中,权威、等级、偶像,统统被消解了。李白接受了庄子蔑视一切的精神,他自视甚高,自比孔丘,儒学的一整套礼教都被其冲破,"君看我才能,何似鲁仲尼?"(《书怀赠南陵常赞府》)自比大贤:"大贤有卷舒。"(《赠刘都使》)不管世人的白眼,不怕人生的磨难,崇高的自信鼓舞着李白的一生。"大贤虎变愚不测,当年颇似寻常人","智者可卷愚者豪,世人见我轻鸿毛"(《梁甫吟》);"会稽愚妇轻买臣,余亦辞家西入秦。仰天大笑出门去,我辈岂是蓬蒿人!"(《南陵别儿童入京》)"长风破浪会有时,直挂云帆济沧海"(《行路难》三首其一);"天生我才必有用"(《将进酒》)是李白一生信奉的准则。

庄子认为天地万物本是同体并生,人类妄自分离割裂,使自己心灵萎缩而矮小。庄子打开了一个无穷的时空境界,在时间上作无限绵延,在空间上作无限扩展。目的在于突破现象间的层层界限,在无垠的宇宙大规模上,打通我与外界的隔阂,来扩展精神世界。旨在取消天地万物与我的对立,达到主客一体,万物与我齐一的理想境界。庄子在其著作中,对这种境界作了崇高的礼赞,“天地与我并生,而万物与我为一”(《齐物论》);“乘云气,御飞龙,而游乎四海之外”(《逍遥游》);“乘天地之正,而御六气之辩,以游无穷”(《逍遥游》)。在人与外界是否能相融交感方面,庄子不是作为哲学家而是作为一个艺术家用审美的态度去观赏外物,他将自我的情感投射过去,与外物相互会通交感,而入于凝神的境界之中,物我的界限消解而融和,于是浑然一体。庄子《齐物论》云:“昔者,庄周梦为蝴蝶,栩栩然蝴蝶也,自喻适志与,不知周也。俄然觉,则蘧蘧然周也。不知周之梦为蝴蝶与,蝴蝶之梦为周与?周与蝴蝶,则必有分矣。此之谓物化。”庄子在此泯除了物我的隔离,使人与外在的自然界和谐地融合在一起。李白深刻领悟庄子物我同一的思想真谛。他将这种人生的感悟贯注到他的性格气质之中,使他一生中不断地开掘大自然的无限神奇,使他在失意时保持心灵的开放意识,去大自然中寻求精神的慰藉。大自然的奇妙力量充实了他的精神境界,孕育了他汹涌的诗情。“名山发佳兴,清赏亦何穷”(《下寻阳城泛彭蠡湖寄黄判官》),李白的个性气质与大自然的精神境界相交融,达到真正心领神会的地步。天可借给他明月,“天借一明月,飞来碧云端”(《游秋浦白笥波二首》)。洞庭湖与东山可赊给他月色,“且就洞庭赊月色”(《陪族叔刑部侍郎晔及中书贾舍人至游洞庭五首》),“暂就东山赊月色”(《送韩侍御之广德》)。李白笔下的万物是如此多情而富有灵性,“天下伤心处,劳劳送客亭。春风知别苦,不遣柳条新”(《劳劳亭》);“好鸟迎春歌后院,飞花送酒舞前檐”(《题东溪公幽居》)。当诗人备受创伤的心灵投入大自然的怀抱时,大自然的一山一水、一草一木都殷勤地拥抱它的骄子,温暖李白的心灵,“山花向我笑,正好衔杯时”(《待酒不至》),“雁引愁心去,山衔好月来"(《与夏十二登岳阳楼》)。在庄子哲学中,大自然的美具有特别崇高的意义。它在人世的苦难之外,展开了一个充满魅力的崭新世界。人世间充满虚伪、丑恶、灾难,日趋沉沦,这个世界却生机勃勃,丰富神奇,大自然的美召唤着人们通过一个新的经验方式走向这个潜在的世界。这个过程就是个体生命的回归自然。在大自然的怀抱中,个体生命获得精神自由的最高形式。人世间的纷嚣烦恼显得多么微不足道。

如上所述,庄子为李白提供了一个理想的精神反抗形式,李白在追寻自然的无限中消除着痛苦,同时又在大自然中吸取精神力量。李白一直在努力冲破自我与大自然的界限,同时对自我与外物相交通的人十分仰慕。他在《赠黄山胡公求白鹇并序》中云:“闻黄山胡公有双白鹇,盖是家鸡所伏。自小驯狎,了无惊猜。以其名呼之,皆就掌取食。然此鸟耿介,尤难畜之。余平生酷好,竟莫能致,而胡公辍赠于我。唯求一诗,闻之欣然。适会宿意,因援笔三叫,文不加点以赠之。"李白对大自然的确一往情深,"却话山海事,宛然林壑存"(《朝下过卢郎中叙旧游》);"黄河落天走东海,万里写入胸怀间"(《赠裴十四》)。他要与大自然融为一体,"吾将囊括大块,浩然与溟涬同科"(《日出入行》)。当他的创作灵感迸发时,他更是以山川为宾客,招之即来,挥之即去。"兴酣落笔摇五岳,诗成笑傲凌沧洲"(《江上吟》);"啸起白云飞九泽,歌吟渌水动三湘"(《自汉阳病酒归寄王明府》);"俱怀逸兴壮思飞,欲上青天揽明月"(《陪侍御叔华登楼歌》)。而大自然也以博大的胸怀温暖它的娇子。太白峰与诗人谈心,"太白与我语,为我开天关"(《登太白峰》);东风听候诗人的调遣,"东风兮东风,为我吹行云使西来"(《久别离》);春风可为诗人传意,"春风传我意,草木度前支"(《望汉阳柳邑寄王宰》)。山花、山鸟、山月,都是诗人的佳朋良友,"暮从碧山下,山月随人来"(《下终南山过斛斯山人宿置酒》);"遥看鹊山转,却似送人来"(《陪从祖济南太守泛鹊山湖三首》);"花枝拂人来,山鸟向我鸣"(《游谢氏山亭》)。多情的月儿可为诗人传情致意,"白鹭洲前月,天明送客回"(《送殷淑三首》),"我寄愁心与明月,随风直到夜郎西"(《闻王昌龄左迁龙标遥有此寄》)。李白的心灵常常与大自然交流,他在大自然中找到了感情的寄托,使他能够乐观地正视人生的磨难,他因此而富有松柏气度、山水精神。"我本不弃世,世人自弃我","故山有松月,迟尔玩清晖"(《送蔡山人》);"时哉苟不会,草木为我俦"(《赠崔郎中宗之》)。大自然的山川草木,日月星辰,在李白诚挚的心灵感召下,与诗人心心相印,难舍难分,"众鸟高飞尽,孤云独去闲。相看两不厌,只有敬亭山"(《独坐敬亭山》)。人世间知音难觅,人情淡薄,"兄弟尚路人,吾心安所从。他人方寸间,山海几万重。轻言托朋友,对面九疑峰"(《箜篌谣》)。而大自然的一切是如此多情,如此真诚,没有一丝势利和狡诈。当他的精神世界与大自然交通相感时,他能够抛弃了名位、利禄、权势、毁誉的烦恼,从精神上获得无限自由和愉悦,"旷然小宇宙,弃世何悠哉"(《游泰山六首》其一)。他真正体味到大自然的精神真髓,以至皮日休《七爱诗》中说他:"五岳为辞锋,四海作胸臆。"他的豪迈气概、飘逸风度、浪漫精神、幻想才能,无疑与大自然对他的无私奉献有关。浩浩的长江,崎岖的蜀道,雄伟的泰山,苍茫的巨浪,冰封艰险的太行,浩瀚汪洋的洞庭,大自然的无数神奇之景,诗人李白都用热情的心灵去感知,山河的气势贯注到他的精神气质之中。张碧说他:"天与俱高,青且无际,鹏触巨海,澜涛怒翻"(《唐诗纪事》卷四十五)。范传正说:"脱屣轩冕,释羁缰锁。因肆情性,大放宇宙间"(《唐左拾遗翰林学士李公新墓碑》)。皮日休说:"言出天地外,思出鬼神表。读之则神驰八极,测之则心怀四溟,磊磊落落，真非世间语者”（《刘枣强碑文》）。以上诸家所言，皆为有识之见。

庄子对人与社会、自然的关系采取一种顺应自然的态度。“死生，命也。”（《大宗师》）“不知吾所以然而然，命也。”（《达生》）庄子无论是对于生死问题、贫富问题，还是穷达问题，都采取安然接受的态度。在《人间世》中，庄子描述了一个处于政治极端恶劣环境下，无可奈何而安之若命的人，对此很赞赏。庄子要求人们，“不乐寿，不哀夭。不荣通，不丑穷”（《天地》）。要泯物我，同死生，超利害，一寿夭。这一种达观的人生观，对于坎坷人生历程中的李白无疑是很好的麻醉剂。李白受庄子人生观的影响，蔑视功名利禄，对富贵荣华不是斤斤计较，念念不忘，而有一种豁达深刻的认识。在李白心中，富贵荣华不过是过眼烟云，“功名富贵若长在，汉水亦应西北流”（《江上吟》）。他能够领悟庄子的生命意识，在广阔的历史时空中思考和领悟人生，“人生达命岂暇愁，且饮美酒登高楼”；“昔人豪贵信陵君，今人耕种信陵坟”“梁王宫阙今安在，枚马先归不相待”（《梁园吟》）。庄子的达命人生观，影响了李白性格之中的纵酒狂欢、及时行乐的一面。然而从另一面看，这又使他饱尝人生的不幸而没有消沉。当人生不幸时，他会淡化磨难，寻求解脱。“处世若大梦，胡为劳其生。所以终日群，颓然卧前楹”（《春日醉起言志》）；“即事已如梦，后来我谁身”（《拟古十二首》其三）；“我辈不作乐，但为后代悲”（《邯郸南亭观妓》）；“三杯通大道，一斗合天然。但得酒中趣，勿为醒者传”（《月下独酌》其二）；“一杯齐死生”（《月下独酌》其三）。酒作为李白人生的伴侣，往往是诗人拓展自我心灵世界的兴奋剂，是他幻想飞扬的媒介。“青莲居士谪仙人，酒肆藏名三十春”（《答湖州迦叶司马问白是何人》）。酣饮沉醉是李白保持自我本性的良方，“何由返初服，田野醉芳樽”（《朝下过卢郎中叙旧游》）。李白咏酒的诗篇中，最充分地体现了他的人格气质，《将进酒》诗中最丰富深沉地表现了诗人的生命意识，他感叹人生短暂，既对人生自我价值的实现充满信心，又怀才不遇，他佯狂而内心充满痛苦，他蔑视功名富贵，而又要建功立业，种种复杂的矛盾找不到解决的途径，只有用酒来消除“万古愁”。李白能够从庄子的人生观中寻求解脱，超越心灵的痛苦，摆脱愁闷的氛围。“今人不见古时月，今月曾经照古人。古人今人若流水，共看明月皆如此。唯愿当歌对酒时，月光常照金樽里”（《把酒问月》）。他领悟到江山永恒，人生的短暂。他要用幻想、美酒来化解苦难。在《月下独酌》（其一）中诗人想落天外，“举杯邀明月，对影成三人”，“我歌月徘徊，我舞影零乱。醒时同交欢，醉后各分散。永结无情游，相期邈云汉”。诗人独立不迁的性格在人世备受挫折。于是诗人突破了物我的界限，与明月、影子相伴相约，脱离人世的尘纷，去浩渺的云汉遨游。李白旷达通脱的处世态度，是以轻松化解悲哀，在人生的历程中,有着作为内心调节机制的作用,在指出某些方面的消极意义时,不应简单地加以全面否定。

李白一生对屈原十分崇敬。屈原强烈的爱国情操和坚贞不屈的人格精神对李白的精神气质无疑有巨大的鼓舞作用。坚持人格的完美,保持人的美好天性,不降志从俗,不汩泥扬波,是屈赋的主旋律。李白诗言:“屈平词赋悬日月,楚王台榭空山丘”(《江上吟》),既是对屈赋的赞美,也包括对屈赋中体现的坚贞不渝的人格贞操的倾倒。屈原在他的作品中,通过“芳草”“美人”“好修”“信洁”等,对人格的完美作了淋漓尽致的抒写。“亦余心之所善兮,虽九死其犹未悔”(《离骚》)。无论是刘安、贾谊,还是司马迁、王充、王逸,都对屈原高洁的人格赞美不绝。而坚持人格的完美是屈原自沉的主要原因。王逸《离骚章句序》说屈原“不忍以清白久居浊世,遂赴汩渊,自沉而死”。当然李白是效法他的生,而不是效法他的死。效法他生命不受屈辱而活得更有意义。无论是庄子捍卫人的自然本性,还是屈原用生命捍卫“内美”“清白”,都是坚持对人格美的追求。庄子“以天下为沈浊,不可与庄语”(《天下篇》);屈原感叹“世溷浊而不分兮,好蔽美而嫉妒”(《离骚》)。庄子当是中国历史上第一个反对人性被摧残的思想家,屈原则是第一个反对人性被摧残的文学家。如果说儒学多从社会的角度看待人生,庄屈则多从个体人生的角度看待社会。儒家注重调和个人与集体的关系,要个人屈从社会;庄屈则要求在社会罪恶面前保持个人的“内美”“本性”,以免遭社会罪恶的污染。然而,庄子消极出世,他对理想的人性美停留在精神上的追求,通过“坐忘”,回归自然,达到自我满足,把生活的苦酒酿成精神的甘泉。屈原则不同,他的高洁人格要付诸社会实践,要实现自己的“美政”,从政而不辱志,不愿因个人在政治仕途上的成功而使人格损伤。李白受屈原的影响,不为仕途辱志。他供奉翰林,不逢迎权势;他平交达官,不卑躬屈膝。屈原坚持人性美不肯对时俗妥协的态度,深深地影响着李白。任华《杂言寄李白》云:“平生傲岸,其志不可测,数十年为客,未尝一日低颜色。……绿水青山知有君,白云明月偏相识。”他粪土权门,蔑视富贵,“黄金白璧买歌笑,一醉累月轻王侯”(《忆旧游寄谯郡元参军》)。他自比凤鸟,不与鸡同群,“凤饥不啄粟,所食唯琅玕。焉能与鸡群,刺蹙争一餐”(《古风》其四十)。他要任己之性,自由地说话,自由地行动,追求属于自己的权利。

李白要保持个体人格的尊严,但他不是要消极地避世。如同屈原一样,他要积极入世,要在纷扰的社会生活中出污泥而不染,同时,他也要建功立业。“壮士怀远略,志存解世纷”(《送张秀才从军》);“苟无济代心,独善亦何益”(《赠韦秘书子春》)。他并庄屈为心,要“功成身退”,既要实现人生的自我价值,一展其才,又要保持自我生命的自由。李白并不留恋于荣华富贵,“富贵非所愿,与人驻颜光”(《短歌行》);他向往大自然,但必须实现抱负以后才退隐,这就是为什么自始至终在不断追求入仕的原因。李白仰慕历史上的英雄,诸如傅说、姜太公、管仲、晏婴、诸葛亮、谢安等,他最大的理想是要“安社稷”“济苍生”,做一个使“寰区大定,海县清一”(《代寿山答孟少府移文书》)的辅弼大臣。然而,这只是幻想,他在《任城县厅壁记》中所设计的那个天国理想世界,平生一直也没有看到。“暂因苍生起,谈笑安黎元”(《书情赠蔡舍人雄》);“去割慈亲恋,行忧报国心”(《杭州送裴大泽赴庐州长史》)。李白与屈原一样,他们高洁正直的人格与社会政治形成了尖锐的矛盾。他们刚烈的性格、诗人的气质,使他们在政治上屡遭失败。他第一次供奉翰林的入仕失败后,被赐金还山时,有“屈原憔悴滞江潭”(《单父东楼秋夜送族弟沈之秦》)之叹。在安史之乱中的悲叹自身不幸之作,与屈赋具有同样震撼人心的力量。这是人格遭到摧残迸发的愤慨,带着血泪,李白抚今追昔,联想屈原,深切慨叹正直文人的不幸,“空将泽畔吟,寄尔江南管”(《流夜郎至西塞驿寄裴隐》),“二年泽畔吟,憔悴几时回”(《留别郑判官》)。屈原、李白作为悲剧主体,他们高洁不屈的人格与命运和社会的搏斗的确产生了伟大崇高的感召力。他们诗篇中表现的那种深沉的孤独和悲凉,是他们性格的悲剧。孤独是他们觉醒的前提,为他们提供了观察社会人生的最佳角度,然而孤独是原因也是结果,觉醒又给他们带来更深的孤独和悲凉。

屈原在楚国危亡的时候,坚持抗秦主张,表现了对自己国家的深厚爱国情操。他的作品更是表现出一腔爱国热诚。这种精神对李白的影响也是很深的。李白强烈的爱国情操最充分地体现在安史之乱时期。他在《古风》(西上莲花山)中表达的心境与《远游》多么相似。国家残破、生灵涂炭的惨烈景象深深地触动着李白的心。“俯视洛阳川,茫茫走胡兵。流血涂野草,豺狼尽冠缨”(《古风》其十九)。李白希望拯救苍生,“谈笑遏横流”(《登金陵冶城西北谢安墩》),他入永王幕也是为了平叛报国。为了国家,他不惜以身殉国,“宁知草间人,腰下有龙泉。浮云在一决,誓欲清幽燕”,“齐心戴朝恩,不惜微躯捐。所冀旄头灭,功成追鲁连”(《在水军宴赠幕府诸侍御》)。然而李白凭着一腔热诚参与平叛,缺乏政治家的审时度势。从永王之举,把他推向灾难的深渊。他高洁不屈的人格遭到极大的摧残,他尖锐地指斥世道黑暗、黑白不分,为自己蒙冤受屈而鸣不平,“无人贵骏骨,騄耳空腾骧。乐毅倘再生,于今亦奔亡”(《经乱离后天恩流夜郎忆旧游书怀赠江夏韦太守良宰》);“报国有壮心,龙颜不回春”(《江夏寄汉阳辅录事》)。他痛斥奸佞陷害忠良:“楚邦有壮士,鄢郢翻扫荡。

申包哭秦庭,泣血将安仰。鞭尸辱已及,堂上罗宿莽。颇似今之人,蟊贼陷忠党"(《酬裴侍御对雨感时见赠》),这是他的高洁人格被当时的统治者折磨后喊出的最强音。

经过长流夜郎的磨难后,诗人李白仍渴望为国立功,他指责隐居避世的消极人生观,"酣歌激壮士,可以摧妖氛。龌龊东篱下,渊明不足群"(《九日登巴陵置酒望洞庭水军》);他自叙壮志,"安得倚天剑,跨海斩长鲸"(《临江王节士歌》);他不服年老,壮志弥天,"岂怯战斗死,为君扫凶顽"(《豫章行》),"应须救赵策,未肯弃侯嬴"(《赠升州王使君忠臣》);他忧心如焚,"中夜四五叹,常为大国忧"(《经乱后天恩流夜郎忆旧游书怀赠江夏韦太守良宰》)。拳拳报国之心触处皆是。

李白的一生是坚持自己人格完美的一生,是坚持不懈追求建功立业的一生,同时也是高洁的性格与社会时俗尖锐矛盾而悲剧的一生。黑格尔说抒情诗"特有的内容就是心灵本身,单纯的主体性格,重点不在当前的对象,而在发生情感的灵魂"(《美学》第三卷下册 191—192 页)。只有认真研究李白的性格特征,才能深入研究李白诗歌的独特风格。

李白与名士传统

贾晋华

论者探讨李白思想渊源，往往上溯至先秦诸子，言儒家则直称孔孟，述道家则径指老庄，而对于儒、道等思想在秦汉之后的承传流变及以其为核心所形成的文化传统，则未给予充分的重视。美国当代文化心理学派强调从文化传统的持续、传递和整合、变异的角度，探讨个体人格构成的心理过程。本文即尝试从先唐大文化传统中撷取一个亚传统——名士传统，探讨这一传统所体现的文化精神对李白的思想、人格的影响，或换言之，李白对这一传统的承袭与超越。

名士传统

提起名士传统，读者可能随即想到魏晋风度。魏晋风度确为名士传统之核心，然名士传统既不始于魏晋，亦不止于魏晋，而是形成于汉晋之际又风靡南朝的一个亚文化传统。名士本是习见于东汉的一种称号。顾炎武《日知录》卷十三“名教”条云：“汉人以名为治，故人材盛。”赵翼《廿二史札记》卷五“东汉尚名节”条云：“驯至东汉，其风益盛。盖当时荐举征辟，必采名誉，故凡可以得名者必全力赴之。”至东汉后期，在大一统皇权分崩离析、儒家经学思潮日益衰微的背景下，名士逐渐从士大夫中分化出来，形成一个特殊的阶层[1]。范晔《后汉书》将汉季名士大致分为方术名士、独行名士与党人名士三类。《方术传论》曰：“汉世之所谓名士，其风流可知矣。虽弛张趣舍，时有未纯，于刻情修容，依倚道艺，以就其声价，非所能通物方、弘对务也。”《独行传序》曰：“中世偏行一介之夫，能成名立方者，盖亦众也。”《党锢传序》曰：“逮恒、灵之间，主荒政缪，国命委于阉寺，士子羞与为伍。故匹夫抗愤，处士横议，遂乃激扬名声，互相题拂,品核会卿,裁量执政,婞直之风,于斯行矣。”至党锢之祸起,“正直废放,邪枉炽结,海内希风之流,遂共相标榜,指天下名士,为之称号。上曰‘三君’,次曰‘八俊’,次曰‘八顾’,次曰‘八及’,次曰‘八厨’。”此三类名士的兴起,标志着中国中古时期士的新自觉的正式开始。后来的魏晋名士高风所标榜的新价值体系,大多从东汉名士已开始萌芽滥觞[2]。

到了魏晋时期,名士阶层逐渐获得统治阶级——门阀士族的承认(魏晋名士大多出自士族,但也有非士族出身者),地位提高,队伍扩大,成为政治、哲学、宗教、文艺诸领域的一代风流。东晋袁宏撰《名士传》,将魏至西晋名士分为正始名士、竹林名士与中朝名士(《世说新语·文学》注)。近人汤用彤《读〈人物志〉》则将魏晋名士分为正始名士、元康名士、永嘉名士、东晋名士。其中以魏晋之际的正始竹林名士为一代高风的建立者,为其后的六朝士大夫所祖述企慕不已。顾炎武《日知录》卷十三“正始”条云:“一时名士风流,盛于洛下。乃其弃经典而尚老庄,蔑礼法而崇放达,视其主之颠危,若路人然,即此诸贤为之倡也。”“弃经典而尚老庄,蔑礼法而崇放达”二句,十分精要地道出了名士传统的核心内容:对于儒家传统标准和信仰价值的叛逆,以及以老庄为基础的新的精神风貌、思维方式和价值取向的建立。顾氏紧接着又曰:“自此以后,竞相祖述。如《晋书》言:王敦见卫瑜,谓长史谢鲲曰:‘不意永嘉之末,复闻正始之音’;沙门支遁,以清谈著名于时,莫不崇敬,以为造微之功,足参诸正始。《宋书》言:羊元保二子,太祖赐名,曰‘咸’,曰‘粲’,谓元保曰:‘欲令卿二子,有林下正始余风’;王微与何偃书曰:‘卿少陶玄风,淹雅修畅,自是正始中人。’《南齐书》言:袁粲言于帝曰:‘臣观张绪,有正始遗风。’《南史》言:何尚之谓王球:‘正始之风尚在。’其为后人企慕如此。”除顾氏所列举者外,此处尚可补充数条:《世说新语·文学》注引东晋孙绰《道贤论》,以支遁等七沙门比竹林七贤。又《言语》:“周仆射(颛)雍容好仪形,诣王公(导)……既坐,傲然啸咏。王公曰:‘卿欲求嵇、阮邪?’”又《任诞》“竹林七贤”条注引《晋阳秋》:“于时风誉扇于海内,至于今咏之。”《隋书·经籍志》等载,正始名士的玄学著作在宋以后立为学官。宋颜延年撰《五君咏》,颂扬七贤中之阮籍、嵇康、阮咸、刘伶、向秀。梁沈约复撰《七贤论》,对七贤倍加赞赏。甚至在南朝民间墓室画砖中,也绘上了七贤的风姿。由此足见名士传统在南朝的一脉相承,绵延不绝。

随着唐代大一统帝国重新崛起,科举制度建立,门阀制度打破,名士阶层也失去了其所赖以存在的社会政治背景。但名士传统并未随着名士阶层的消失而消失。一方面文化传统本身具有一定的独立性,能够在不同的社会条件下发挥功能不一的社会效应;另一方面唐代社会也为名士传统提供了适于延传的思想政治气候。儒学自汉末开始衰微,至唐代虽有所恢复,但在理论思维上仍未有大的突破。在宋儒吸取佛老精理弘扬性命之学之前,士大夫的正心修身在很大程度上仍依赖于佛老二家。唐代统治者虽然崇奉儒学,但同时亦推尊道、释二教。特别是自唐初至盛唐,统治者采取了一系列崇道措施:认老子为远祖,奉道教为国教,列《老子》《庄子》《列子》等为经典,将道教与老庄玄学合为一流。所以在初盛唐,以"弃经典而尚老庄,蔑礼法而崇放达"为标志的名士传统,仍继续内化、渗透于士大夫的心理深处,影响着他们的思维、情感与生活、行为方式。直至经历安史之乱的巨创,中唐士大夫才开始对名士传统进行反思和批判,最典型者如牛僧孺撰《养生论》,痛斥嵇康蔑弃礼法,理应受诛,以及韩愈为代表的古文家排斥佛老,复兴儒道。但总的来说,这种批判仍很不彻底,故中晚唐士大夫深受名士传统影响者亦复不少。

李白是唐代文士中受名士传统影响最著者之一。翻开太白文集,对于汉晋南朝名士的企慕、颂扬、比类、模拟俯拾皆是。李白诗文中曾提到的名士有:陈蕃、徐稚、李膺、郭泰、祢衡、诸葛亮、曹植、徐邈、刘松、竹林七贤、陆机、张翰、贺循、孙季舒、裴楷、山简、顾恺之、殷浩、谢安、谢尚、庾亮、袁宏、兰亭名士、王恭、王澄、卫玠、陶潜、颜延之、谢灵运、谢朓,等等。而时人亦多以魏晋名士目李白。魏颢《李翰林集序》曰:"间携昭阳、金陵之妓,迹类谢康乐(按康乐疑为安石之笔误),世号为'李东山'。""议者奈何以白有叔夜之短,傥黄祖过祢,晋帝罪阮,古无其贤。"范传正《唐左拾遗翰林学士李公新墓碑》曰:"受五行之气,叔夜心高。""晋有七贤,唐称八仙。"李白思想以道家、道教为主,此说已为不少研究者所认可。而李白对老庄哲学的认识,正涵化于他对名士高风的景仰体认之中;汉晋名士多有养生服食、奉道求仙者,加上唐代道教与道家的合流,故道教对李白的影响亦与名士传统相渗透。名士传统虽然以老庄为思想基础,所谓"聃周当路,与尼父争途"(《文心雕龙·论说》),但汉晋名士大多并未离弃儒学,其中儒道兼综、礼玄双修者正复不少。故儒家思想对李白的影响,也在一定程度上与名士传统结合在一起。甚至连纵横家、游侠、佛学等影响,也都和名士传统相关:汉季名士颇多纵横家、游侠的行径,东晋名僧则与名士无别。总之,名士传统体现了丰富而复杂的人文主义精神,对于李白的世界观、价值体系和人格的形成,有着不可低估的影响。而处于封建大一统社会发展高峰的不世出天才李白,在承袭名士传统的同时又超越了这一传统。

求名·济世

名士的首要特征是“重名”。东汉士大夫好名之风由选举制度促成,已见前引《廿二史札记》[3]。汉代取士,大都为地方察举、公府征辟,其取舍标准本主要为德行经术,所谓“经明行修”,然自东汉以降,却日益重独行异操,才性风貌。《后汉书·独行传序》曰:“中世偏行一介之夫,能成名立方者,盖亦众矣。……情迹殊杂,难为条品,片辞特趣,不足区别。措之则事或有遗,载之则贯序无统。以其名体虽殊,而操行俱绝,故总为独行篇焉。”独行之风起于西汉、东汉之际,至东汉后期而盛行。士人们竭智尽虑,好为苟难,务欲绝出流辈,成卓特之行,以扬名养誉。《独行传》所载,有轻生报主之士,如缪肜,“仕县为主簿。时县令被章见考,吏皆畏惧自诬,而肜独证据其事,掠考苦毒,至乃体生虫蛆。因复传换五狱,逾涉四年,令卒以自免。”有存交重义之士,如戴封,“同学石敬平温病卒,封养视殡敛,以所赍粮市小棺,送丧到家。家更敛,见敬平行时书物皆在棺中,乃大异之。”有轻财好施之士,如刘翊,“家世丰产,常能周施而不有其惠。”有激诡养誉之士,如向栩,“少为书生,性卓诡不伦。恒读老子,状如学道。又似狂生,好被发,著绛绡头。……郡礼请辟,举孝廉、贤良方正、有道、公府辟,皆不到。又与彭城姜肱、京兆韦著并征,栩不应。后特征,到,拜赵相。”除了独行名士外,方术名士亦多有隐居修道弘扬名誉、累征不就直待特征者,所谓“刻情修容,依倚道艺,以就其声价”(《方术传论》),与向栩行迹颇相似,实际上亦为独行之一类。如樊英,“隐于壶山之阳,受业者四方而至。州郡前后礼请不应,公卿举贤良方正、有道,皆不行。……(顺帝永建)四年三月,天子乃为英设坛席,令公车令导,尚书奉引,赐几杖,待从师傅之礼,延问得失,……拜五官中郎将。”党人名士中亦多独行之辈,如“八厨”之“以财救人”,魏朗、何颙之任侠仗义,宗慈、檀敷之隐居养誉(《党锢传》),皆与独行名士相类。而太学诸生游学京师,“激扬名声,互相题拂,品核公卿,裁量执政”(《党锢传序》),则颇有战国游士纵横之习,亦可视为独行之一种。此外,《逸民传》与《文苑传》亦载有一些独行名士,如戴良之任诞越礼:“少诞节,母喜驴鸣,良常学之以娱乐焉。及母卒,兄伯鸾居庐啜粥,非礼不行。良独食肉饮酒,哀至乃哭。而二人俱有毁容。”(《逸民传》)赵壹之游说公卿:“元和元年举郡上计,到京师。是时司徒袁逢受计,计吏数百人皆拜伏庭中,莫敢仰视,壹独长揖而已。逢望而异之,令左右往让之曰:‘下郡计吏而揖三公,何也。’对曰:‘昔郦食其长揖汉王,今揖三公,何遽怪哉。’逢则敛衽下堂,执其手延置上坐,因问西方事,大悦。……既出,往造河南尹羊陟,不得见。壹以公卿中非陟无足以托名者,乃日往到门。陟自强许通,尚卧未起,壹径入上堂,遂前临之,曰:'窃伏西州,承高风旧矣,乃今方遇而忽然,奈何命也。'因举声哭,门下惊,皆奔入满侧。陟知其非常人,乃起,延与语,大奇之。……陟乃与袁逢共称荐之,名动京师,士大夫想望其风采。"

李白亦以好事喜名而著称。苏辙讥曰:"李太白诗类其为人,骏发豪放,华而不实,好事喜名而不知义理之所在也。语用兵,则先登陷阵,不以为难;语游侠,则白昼杀人,不以为非,此岂其诚能也哉。"(《诗病五事》)苏辙从宋儒眼光看太白,对其好勇任侠的言行大为反感。殊不知太白之好事喜名本渊源有自,大抵李白在成名之前,多以东汉独行名士的行为为模式,好行特异之事以博取声誉。《上安州裴长史书》云:"曩昔东游维扬,不逾一年,散金三十余万,有落魄公子,悉皆济之。此则白之轻财好施也。又昔与蜀中友人吴指南同游于楚,指南死于洞庭之上,白禫服恸哭,若丧天伦,炎月伏尸,泣尽而继之以血。行路闻者,悉皆伤心。猛虎前临,坚守不动。遂权殡于湖侧,便之金陵。数年来观,筋肉尚在。白雪泣持刃,躬身洗削,裹足徒步,负之而趋,寝兴携持,无辍身手。遂丐贷营葬于鄂城之东。故乡路遥,魂魄无主,礼以迁窆,式昭朋情。此则是白存交重义也。又昔与逸人东岩子隐于岷山之阳,白巢居数年,不迹城市,养奇禽千计,呼皆就掌取食,了无惊猜。广汉太守闻而异之,诣庐亲睹。因举二人以有道,并不起。此则白养高忘机不屈之迹也。又前礼部尚书苏公出为益州长史,白于路中投刺,待以布衣之礼,因谓群僚曰:'此子天才英丽,下笔不休,虽风力未成,且见专车之骨,若广之以学,可以相如比肩也。'四海明识,具知此谈。前此郡督马公,朝野豪彦,一见尽礼,许为奇才。"《与韩荆州书》云:"白陇西布衣,流落楚汉。十五好剑术,遍干诸侯。三十成文章,历抵卿相。……今天下以君侯为文章之司命,人物之权衡,一经品题,便作佳士。而君侯何惜阶前盈尺之地,不使白扬眉吐气,激昂青云耶?"太白年轻时种种行为:轻财好施,存交重义,任侠好勇;隐居养高,屡征不就,直待特征;游说公卿,自求品题,激扬名声。此皆与前述东汉名士的独行特操何其相似。李白的任侠和好纵横术,尚有其思想和社会的渊源,但东汉名士的影响无疑是其中重要的一环。

按东汉士大夫重生前与身后之名,是个性意识在一定程度上觉醒的标志。而名士之竭智尽虑,标新立异,正是出于发扬个性、表现自我的需要[4]。李白倾心于东汉名士的行为模式,正是在自我意识这一点上与其相通。太白于学习、仿效独行名士的过程中,不仅确然造成了极高的名声,而且更为重要的是培养和发展了自己的丰富个性和独立人格。

又东汉士人之求名本为求仕,故名士多怀有济世之志。党人领袖李膺"欲以天下风教是非为己任”（《世说新语·德行》注），陈蕃与范滂皆“登车揽辔，有澄清天下之志”（《世说新语·德行》《后汉书·党锢传》）。而时人亦往往以圣人大贤目名士。《后汉书·方术传》记方术名士屡被称为“才兼四科，行包九德”，“有周、召之风”，“为九伯之冠”，此以名士与圣人比类。《后汉书·杨震传》时人称震为“关西孔子杨伯起”。《后汉书·孔融传》引路粹奏，祢衡称孔融“仲尼不死，”孔融称祢衡“颜回复生”，此以圣贤相许。此风至魏晋南朝尚存，如《抱朴子·正郭》记嵇康评郭泰为“亚圣之器”[5]。李白十分钦仰陈蕃、李膺、郭泰等人的高风亮节与崇高声誉。《寄崔侍御》云：“高人屡解陈蕃榻。”《陪族叔刑部侍郎晔及中书贾舍人至游洞庭》云：“元礼同舟月下仙。”《赠宣城宇文太守兼呈崔侍御》云：“思同郭泰船。”太白一方面常自述清天下之志：“申管晏之谈，谋帝王之术，奋其智能，愿为辅弼，使寰区大定，海县清一。”（《代寿山答孟少府移文书》）另一方面又常以圣人大贤自比：“白上探玄古，中观人世，下察交道，海内俊杰，相识如浮云。自谓德参夷颜，才亚孔墨，莫不名由口进，实从事退。”（《送戴十五归衡岳序》）“君看我才能，何似鲁仲尼。大圣犹不遇，小儒安足悲。”（《书怀赠南陵常赞府》）“我志在删述，垂辉映千春。希圣如有立，绝笔于获麟。”（《古风》之一）“仲尼亡兮谁为出涕。”（《临路歌》）这种高远的志向和轩昂的气概，是对东汉名士以天下为己任的志节及汉季以来以圣贤目名士之风的新发扬。汉晋名士大多还未敢自命圣人，太白的荦荦大言，显示了对自我才能和价值的充分肯定，对建功立业、垂名后世的殷切渴望，这正是个性观念进一步觉醒和成熟的表现。

玄谈·放达

汉末儒学衰微，老庄兴起，至魏正始时演化为玄学。《魏志·王肃传》注引《魏略·儒家传序》曰：“从初平之元，至建安之末，天下分崩，人怀苟且。纲纪既衰，儒道尤盛。”《晋书·王衍传》曰：“魏正始中，何晏、王弼等祖述老庄，立论以为天地万物皆以无为本。”袁宏《名士传》列正始名士三人：夏侯玄、何晏、王弼。正始名士奠定玄学本体论基础，并以其精深的思辨态度，美妙的言辞音调，开两晋玄学清谈之风，号称正始之音[6]。《世说新语·文学》：“何晏为吏部尚书，有位望，时谈客盈坐，王弼未弱冠往见之。晏闻弼名，因条向者胜理语弼曰：‘此理仆以为极，可得复难不？’弼便作难，一坐人便以为屈。于是弼自为客主数番，皆一坐不及。”其后清谈成为名士的一个重要特征，两晋名士大多为清谈家。元康（中朝）名士王衍、乐广等，擅长清谈，祖述玄虚，宅心事外，号称王乐风流(《晋书·王衍传》《乐广传》)。东晋玄风南渡,名士复与名僧结合,共承正始余音。《世说新语·文学》:"《庄子·逍遥》篇,旧是难处,诸名贤所可钻味,而不能拔理于郭、向之外。支道林在白马寺中,将冯太常共语,因及《逍遥》。支卓然标新理于二家之表,立异义于众贤之外,皆是诸名贤寻味之所不得。后遂用支理。"其流风余响,直贯南朝。至初盛唐仍不绝如缕。李白即善玄谈。崔宗之《赠李十二》云:"清论既抵掌,玄谈又绝倒。"太白《暮春江夏送张祖监丞之东都序》云:"谈玄赋诗,连兴数月。""至于清谈浩歌,雄笔丽藻,笑饮渌酒,醉挥古琴,余实不愧于古人。"《与韩荆州书》云:"必若接之以高宴,纵之以清谈,请日试万言,倚马可待。"《赠宣城宇文太守兼呈崔侍御》云:"过此无一事,静谈《秋水》篇。""崔生何傲岸,纵酒复谈玄。"唐代士大夫与僧人交往谈佛成风,李白也不例外。但李白与僧人过往,更感兴趣的是仿效东晋名僧与名士的玄谈风流,其对佛理的理解,亦往往与老庄玄学相混。《赠宣州灵源寺仲濬公》云:"今日逢支遁,高谈出有无。"《将游衡岳过汉阳双松亭留别族弟浮屠谈皓》云:"卓绝道门秀,谈玄乃支公。"《别山僧》云:"谑浪肯居支遁下,风流还与远公齐。"《与元丹丘方城寺谈玄作》云:"茫茫大梦中,唯我独先觉。……幸逢禅居人,酌玉坐相召。彼我俱若丧,云山岂殊调。清风生虚空,明月见谈笑。怡然青莲宫,永愿恣游眺。"总之,李白乃具体之诗人,非思辨之哲人。他之所以承袭名士玄谈余风,固然出于对老庄的爱好,但更兴趣的还是清谈的举动本身,借此养成一种宅心事外、脱俗飘逸的风度。

正始名士奠定了玄学清谈的基础,竹林名士则树立起"蔑礼法而崇放达"的人生态度与行为模式。汉季名士已开始突破儒家的礼法限制,如戴良之任诞越礼,向栩之被发啸傲,张升之任情不羁,祢衡之恃才倨傲(并见《后汉书·文苑传》)。曹氏父子又进一步破坏了重名教节操的传统价值标准。至魏晋禅代之际,政治日益黑暗,礼教日益虚伪。以阮籍、嵇康为代表的竹林七贤从老庄哲学中吸取自然任真的思想,提出"越名教而任自然"的口号,肯定自然人性、自我价值,追求人格独立、精神自由。体现在生活方式上,则有越礼放情、纵酒任真、轻时傲世的种种放达行为。阮籍"嗜酒荒放,露头散发,裸袒箕踞"(《世说新语·德行》注引王隐《晋书》)。居丧废礼,饮酒食肉,而有毁容。违礼与嫂通问,"或讥之,籍曰:'礼岂为我辈设也。'"又"能为青白眼,见礼俗之士,以白眼对之"(《晋书·阮籍传》)。嵇康"有奇才,远迈不群","弹琴咏诗,自足于怀。""尝采药游山泽,会其得,忽焉忘反"(《晋书·嵇康传》)。刘伶"放情肆志,常以细宇宙齐万物为心""常乘鹿车,携一壶酒,使人荷锸而随之,谓曰:'死便埋我。'"(《晋书·刘伶传》)阮咸"任达不拘,与叔父籍为竹林之游,当世礼法者讥其所为”“居母丧,纵情越礼”“妙解音律,善弹琵琶。虽处世不交人事,惟共亲知弦歌酣宴而已”(《晋书·阮咸传》)。竹林名士的人格风神与行为方式,在两晋南朝成为士大夫的楷模,品评名士的标准。然其影响所及,源流各别。元康名士王衍、谢鲲等,流于矜高浮诞,享乐纵欲。东晋名士谢安、王羲之等,流于旷达迈世,文艺风流。而非高门巨族出身的名士左思、陶潜等,则发展为蔑视权势富贵、不为五斗米折腰的独立人格。

李白亦深受竹林风范的熏陶。《赠饶阳张司户燧》云:“攀嵇是当年。”《献从叔当涂宰阳冰》云:“山阳五百年,绿竹忽再荣。高歌振林木,大笑喧雷霆。”《对雪奉饯任城六父秩满归京》云:“何时竹林下,更与步兵邻?”太白与竹林七贤一样,肆意酣饮,名列饮中八仙,而时人亦以七贤比八仙。但阮籍等人的沉醉,有逃避与对抗黑暗现实的一份意义。《晋书·阮籍传》:“籍本有济世志,属魏晋之际,天下多故,名士少有全者,籍由是不与世事,遂酣饮为常。”李白的沉醉,主要在于陶潜的“酒中有深味”(《饮酒》),“渐近自然”(《孟府君传》)。故太白在酣饮之际,每每称引,仿效陶潜的率性任真:“陶公日日醉,不知五柳春。素琴本无弦,漉酒用葛巾。清风北窗下,自谓羲皇人。何时到栗里,一见平生亲。”(《戏赠郑溧阳》)“颜公二十万,尽付酒家钱。兴发每取之,聊向醉中仙。”[7](《赠宣城宇文太守兼呈崔侍御》)又常常以山简(山涛之子)作比,欣赏自己醉后忘形得真的形象:“临醉谢葛强,山公欲倒鞭。”(《留别广陵诸公》)“落日欲没岘山西,倒著接䍦花下迷。襄阳小儿齐拍手,拦街争唱白铜鞮。旁人借问笑何事,笑杀山公醉似泥。”[8](《襄阳曲》)除了饮酒外,魏晋名士的种种放达举动如长啸、散发、裸袒、扪虱等,也都为李白所希羡:“天山一长啸,万里清风来。”(《游太山》)“懒摇白羽扇,裸袒青林中,脱巾挂石壁,露顶洒松风。”(《夏日山中》)“披云睹青天,扪虱话良图。”(《赠韦秘书子春》)

更为重要的是,李白完美地高标了魏晋名士自阮籍、嵇康至左思、陶潜逐步发展的独立人格与自由精神。太白蔑视权贵,凌越纲常,个性倔强,傲骨挺拔。“黄金白璧买歌笑,一醉累月轻王侯。”(《忆旧游寄谯郡元参军》)“严陵高揖汉天子,何必长剑拄颐事玉阶。”(《答王十二寒夜独酌有怀》)“不屈己,不干人。”(《代寿山答孟少府移文》)“出则以平交王侯,遁则以俯视巢许。”(《冬夜于随州紫阳先生餐霞楼送烟子元演隐仙城山序》)太白撰有《大鹏赋》《上李邕》《临路歌》三首诗文,讴歌自由独立、气势宏阔的大鹏精神。此固然是对庄子的遥承,但我们不要忘记,在李白之前,阮籍的《大人先生传》已歌颂过这种逍遥恢廓的精神:“夫大人者,乃与造物同体,天地并生。逍遥浮世,与道俱成。变化散聚,不常其形。”阮籍从子阮脩,更撰有《大鹏赞》:“苍苍大鹏,诞自北溟。假精灵鳞,神化以生。如云之翼，如山之形。海运水击，扶摇上征。翕然层举，背负太清。志存天地，不屑唐庭。莺鸠仰笑，尺鷃所轻。超世高逝，莫知其情。”又太白一生景仰鲁仲连的功成身退，粪土荣华，此固然是对先秦游士的遥承，但我们不要忘记，在李白之前，左思已经热烈歌颂过这种高尚的人格：“吾希段干木，偃息藩魏君。吾慕鲁仲连，谈笑却秦军。当世贵不羁，遭难能解纷。功成耻受赏，高节卓不群。临组不肯绁，对珪宁肯分。连玺曜前庭，比之犹浮云。”（《咏史诗》）先秦诸子对李白的影响，往往渗透于名士传统的发展之中，这正是文化精神整合演变的特征。

当然，不必讳言，李白也受到元康名士享乐纵欲、甚至颓废浮诞的风气的影响。《晋书·毕卓传》载卓语：“得酒满数百斛船，四时甘味置两头，右手持酒杯，左手持蟹螯，拍浮酒船中，便足了一生矣。”《晋书·五行志》曰：“惠帝元康中，贵游子弟相与为散发倮身之饮，对弄婢妾。”《晋书·光逸传》载：“（胡毋）辅之与谢鲲、阮放、毕卓、羊曼、桓彝、阮孚散发裸袒，闭室酣饮已累日。逸将排门入，守者不听，逸便于户外脱衣露头于狗窦中窥之而大叫。辅之惊曰：‘他人决不能尔，必我孟祖也。’遽呼入，遂与饮，不舍昼夜。时人谓之八达。”《列子》一书就是元康名士人生观的理论写照。其中的《杨朱篇》极力宣扬适意与纵欲：“为欲尽一生之观，穷当年之乐，唯患腹溢而不得咨口之饮，力疲而不得肆情于色。”值得注意的是，《列子》一书在盛唐被封为《冲虚真经》，与《南华真经》（《庄子》）等并列为经典，立学官，置科举。故包括李白在内的盛唐文士必然都熟读《列子》，再加上盛唐社会的繁荣、富足、安定，李白受元康名士的影响是十分自然的。翻开太白文集，及时行乐与狎妓纵欲的描写常可见到：“木兰之枻沙棠舟，玉箫金管坐两头。美酒樽中置千斛，载妓随波任去留。”（《江上吟》）“人生得意须尽欢，莫使金樽空对月。”（《将进酒》）“浮生若梦，为欢几何？古人秉烛夜游，良有以也。”（《春夜宴从弟桃李园序》）“谢公自有东山妓，金屏笑坐如花人。”（《携妓登梁王栖霞山孟氏桃园中》）元康名士的“作达”，本有承竹林名士而来的破坏传统道德观念和价值观念、追求个性自由的一面，不可完全否定。李白又对其加以理性的净化，去掉其“露丑恶，同禽兽”（《世说新语·德行》）的荒诞作风，从而体现了更多的积极意义。

魏晋名士的个性解放为历史条件所限制，有着显著的不彻底性。阮籍、嵇康虽然高呼“越名教而任自然”，却始终未能越出名教。实际上他们并不反对真正的名教，而仅是反对司马氏集团所宣扬的虚伪名教。他们那些激烈的言行表面上是自然与名教的对立，实际上却是理想与现实的对立[9]。故他们表面放达而内心激愤、痛苦、抑郁、恐惧；故嗣宗不许其子仿效自己“作达”（《世说新语·任诞》），叔夜亦于临刑前托孤山涛（《晋书·山涛传》）。李白所生活的盛唐时代，国力强盛、四海清晏，政治较为开明，名教并不似魏晋时代那样弊端百出，荒谬丑恶。故太白的放达，是真正意义上的个性解放，是自然向名教的实际挑战，在一定程度上否定和超越了名教。这种挑战和超越触及了封建统治的根基，故太白生前备受诋毁，坎坷终身，身后亦屡遭道学先生的指责。

求仙·山水

求仙为延长个体生命，而对于个体生命的珍视亦是自我意识觉醒的一个重要标志。东汉名士已提倡贵生、养生。《后汉书·马融传》引融语云："古人有言，左手据天下之图，右手刎其喉，愚生不为，所以然者，生贵于天下也。"《后汉书·仲长统传》引长统《乐志论》云："安神闺房，思老氏之玄虚；呼吸精和，求至人之仿佛。"[10]养生说与老庄哲学相关，汉代黄老之学即为道教的思想渊源之一。汉晋名士正是在个性觉醒、老庄盛行及道教兴起的背景下，经历了从贵生养生到求仙修道的发展历程。曹氏父子皆不信神仙方术而重养生。至嵇康已经既重养生，又信神仙，并在对神仙世界的向往中，追求一种与自然本体合一的自由永恒的精神境界："顺天和以自然，以道德为师友，玩阴阳之变化，得长生之永久，任自然以托身，并天地而不朽。"（《答难养生论》）阮籍也表现了类似的观念："逍遥浮世，与道俱成。""养性延寿，与自然齐光。"（《大人先生传》）自正始名士何晏首倡服五石散，两晋名士相沿成风。服食不但希求长寿，而且可增进姿容仪表，于是服药又与名士风度相关[11]。爰至东晋，名士中信奉天师道（五斗米道）者已多。如《晋书·王羲之传》载："王氏世事张氏五斗米道。""羲之雅好服食养性，不乐在京师，初渡浙江，便有终焉之志。……与道士许迈共修服食，采药石不远千里，遍游东中诸郡，穷诸名山，泛沧海，叹曰：'我卒当以乐死。'"《晋书·郗愔传》载："与姊夫王羲之、高士许询并有迈世之风，俱栖心绝谷，修黄老之术。"求仙访道与高蹈迈世结合在一起，成为名士放达的一种新风范。

李白虔诚信奉道教，以得道成仙作为人生理想之一，此点研究者论述已多[12]。此处所要强调的是李白的求仙与名士传统在精神上的渊源关系。首先是沿袭汉季以来由士的自觉而引发的对个体生命的珍惜，企图摆脱时间限制，延长自我生命。《古风》之十一云："黄河走东溟，白日落西海。逝川与流光，飘忽不相待。春容舍我去，秋发已衰改。人生非寒松，年貌岂长在。吾将乘云螭，吸景驻光彩。"其次是如同阮籍、嵇康那样，希求冲决世俗罗网，为自我构筑一个精神生存空间，并进而追求人格与人身的双重自由。《梦游天姥吟留别》云："且放白鹿青崖间，须行即骑访名山。安能摧眉折腰事权贵，使我不得开心颜。"其三是如同王羲之等东晋名士，将求仙访道与高蹈出世、放情丘壑结合起来。《送王屋山人魏万还王屋》云："此中久延伫，入剡寻王许。"《游太山六首》之一云："登高望蓬瀛，想象金银台。天门一长啸，万里清风来。玉女四五人，飘摇下九垓。含笑引素手，遗我流霞杯。稽首再拜之，自愧非仙才。旷然小宇宙，弃世何悠哉。"

上述最后一点，已涉及名士传统的又一内容——领略山水、老庄哲学本是崇尚自然的哲学。汉季名士在个体自觉的同时，也开始发现自然。仲长统在《乐志论》中，已将"蹰躇畦苑，游戏平林，濯清水，追凉风"与"思老氏之玄虚"联系了起来(《后汉书·仲长统传》)，开魏晋名士领略山水、会心玄远之先河。竹林名士对山水风景亦深有会意。《晋书·阮籍传》载："或登临山水，终日忘归。"《晋书·嵇康传》载："尝采药游山泽，会其得意，忽焉忘反。"逮东晋南渡，江南的美丽风景与名士的玄远心境相契合，于是徜徉山水、放情丘壑成为名士风流的又一重要特征。《晋书·王羲之传》载："会稽有佳山水，名士多居之，谢安未仕时亦居焉。孙绰、李充、许询、支遁等皆以文义冠世，并筑室东土，与羲之同好。尝与同志宴集于会稽山阴之兰亭，羲之自为之序以申其志。"《世说新语·言语》载："简文入华林园，顾谓左右曰：'会心处不必在远。翳然林水，便自有濠濮间想也。觉鸟兽禽鱼，自来亲人。'"

李白一生酷爱自然山水，此亦受到名士传统的影响。一方面，太白深得汉晋名士契合自然的意趣，在漫游和欣赏山水中保持一种亲近自然、会心得意的态度。《清溪行》云："清溪清我心，水色异诸水。"《峨眉山月歌送蜀僧晏入中京》："我在巴东三峡时，西看明月忆峨眉。月出峨眉照沧海，与人万里长相随。"《独坐敬亭山》："众鸟高飞尽，孤云独去闲。相看两不厌，只有敬亭山。"所以太白特别赏识王徽之雪夜访戴、得意即归的洒脱风度，在诗中不厌其烦地反复称引："秋月照白壁，皓如山阴雪。"(《自金陵溯流过白壁山玩月达天门寄句容王主簿》)"历阳何异山阴时，白雪飞花乱人目。"(《对雪醉后赠王历阳》)"昨夜吴中雪，子猷佳兴发。"(《答王十二寒夜独酌有怀》)另一方面，李白又常将游赏山水与饮酒、清谈、啸咏、求仙等种种放达风流、高迈脱俗的行为结合起来，从中体现出超逸的人格。《早春寄王汉阳》云："预拂青山一片石，与君连日醉壶觞。"《暮春江夏送张祖监丞之东都序》云："谈玄赋诗，连兴数月，醉尽花柳，赏穷江山。"《与南陵常赞府游五松山》云："安石泛溟渤，独啸长风还。"

李阳冰《草堂集序》云："咏歌之际，屡称东山。"的确，汉晋南朝名士中，李白称引最多的是谢安："尝高谢太傅，携妓东山门。楚舞醉碧云，吴歌断清猿。暂因苍生起，谈笑安黎元。余亦爱此人，丹霄冀飞翻。"(《书情赠蔡舍人雄》)"安石在东山，无心济天下。一起振横流，功成复潇洒。"(《赠常侍御》)"谈笑遏横流，苍生望斯存。冶城访古迹，犹有谢安墩。凭览周地险，高标绝人喧。想象东山姿，缅怀右军言。……我来酌清波，于此树名园。功成拂衣去，归入武陵源。”（《登金陵冶城西北谢安墩》）按谢安一生立身行事，兼有才貌、济世、清谈、放达、隐逸、丘壑、文艺、妓乐等，实乃汉晋南朝名士风流之集大成者。李白以谢安为理想人物，追慕不已，正足以见出他对名士传统的希企承袭。然繁盛强大的盛唐既非动乱衰微的魏晋南朝可相比拟，锐意进取的布衣李白亦非养尊处优的士族精英可相比拟。太白已自觉到了自己的优越性：“高阳小饮真琐琐，山公酩酊何如我。竹林七子去道赊，兰亭雄笔安足夸。”（《鲁郡尧祠送窦明府薄华还西京》）太白全面地吸取了名士传统的精髓而又加以升华，从而将求名济世与自由人格完美地结合了起来。苏轼称李白“气盖天下”（《李太白碑阴记》）。王世贞说李白“以气为主，以自然为宗，以俊逸高畅为贵”（《艺苑卮言》）。“气”的核心正是个性意识的高度成熟。太白对名士传统的继承与超越，标志着汉季以来人的觉醒的最后完成，士的独立人格的完美实现。

注　释

［1］唐长孺《东汉末年的大姓名士》，将名士与大姓并称，已将其看成独立的阶层。王瑶《中古文学史论集》中亦多标举名士一词。王葆玹《正始玄学》对名士阶层有更清楚的表述。

［2］参余英时《汉晋之际士之新自觉与新思潮》。详见下文所述。

［3］又参唐长孺《东汉末年的大姓名士》、汤用彤《读〈人物志〉》。

［4］参余英时《汉晋之际士之新自觉与新思潮》。

［5］参王葆玹《正始玄学》。

［6］玄学清谈源于东汉清议、清谈，至正始中，始玄学化。参王葆玹《正始玄学》。

［7］《宋书·陶潜传》：“先是颜延之为刘柳后军功曹，在寻阳与潜情款。后为始安郡经过；日日造潜，每往必酣饮致醉。临去留二万钱与潜，潜悉送酒家，稍就取酒。”

［8］《晋书·山简传》：简出镇襄阳，“优游卒岁，唯酒是耽。诸习氏，荆土豪族，有佳园池，简每出嬉游，多之池上，置酒辄醉，名之曰高阳池。时有童儿歌曰：‘山公出何许，往至高阳池。日夕倒载归，酩酊无所知。时时能骑马，倒著白接䍦。举鞭向葛疆，何如并州儿。’疆在并州，简爱将也。”

［9］参任继愈主编《中国哲学发展史》魏晋南北朝卷。

［10］参余英时《汉晋之际士之新自觉与新思潮》。

［11］参王瑶《中国文学史论集·文人与药》。

［12］见李长之《道教徒的诗人李白及其痛苦》、乔象钟《李白论》、罗宗强《李杜论略》等。

李白的神仙道教信仰

罗宗强

李白在诗文中,常常提到他的神仙道教信仰,如受道箓、炼丹服药、幻想成仙等,但是,也仅此而已。至于其中详情,例如,他属于道教的哪个派系?炼丹炼成了没有?是不是已经服食过自己炼制的丹药?等等,则就没有提供任何具体的材料,我们至今也仍然不甚了了。而这不甚了了,又影响到我们对他的神仙道教信仰的了解的深度。对这个问题,研究起来是相当困难的。本文拟作一点推测,提出一点不成熟的看法。

一

有学者认为,李白沉迷于道教很深。这一说法只在李白一生的某些段落是对的,并非终生如此。范传正《李公新墓碑》说他"好神仙非慕其轻举,将不可求之事求之,欲耗壮心、遣余年也"。这是说他后来的求神仙,是一种排遣而已。范传正的解释当然不一定确切,李白对神仙道教的信仰,不完全是为了排遣。但其中某些时间段落,他对神仙道教的信仰产生了动摇,却是事实。"仙人殊恍惚,未若醉中真。"[1]"富贵与神仙,蹉跎成两失。"[2]在他的一生里,有时候执着地追求神仙,有时候却持比较淡漠的态度。

李白入道问题,人们似乎一直未尝弄清过。《感兴》八首之五说:"十五游神仙,仙游未曾歇。"以往只是把这理解为他十五岁开始追慕神仙方术。这样理解可能不是唯一的一种解释,可能还有另一种解释,是他在十五岁的时候,就正式入道了。孙夷中《三洞修道仪》叙初入道仪,谓:"其童男女,秉持至十五岁,方与诣师请求出家,秉承戒律,稍精,方求入道,誓戒三师,称智慧十戒弟子。”[3]就是说,十五岁是一个年龄界线,从十五岁开始,才算正式入道了。他在《凤笙篇》中说“仙人十五爱吹笙,学得昆丘采凤鸣”[4],也蕴含着对十五岁始可正式入道,进入求仙之途的理解。当然,李白不一定出家,但是他在十五岁时曾受戒于三师,举行过最初的入道仪式,或者是可能的。而且,此后他还曾不止一次地行过受道箓的仪式,这从他在齐州紫极宫请高如贵授道箓可以得到证明。据《三洞修道仪》,道士的最高一级是大洞部道士,称上清大洞三景弟子无上三洞法师东岳真人道德先生,“识功券飞步诸法、金丹大诀。自此以毕法相,相次传与世之学道者,一次传一人”。传授是很隆重的,要登黄坛,告九天,歃血分券断契,以金鱼、玉龙、赤玉珪、圆瑶告誓万灵。传授之后,与弟子告别,有所谓回车之道,“从此思一向金阙后圣飞升之道”。李白《奉饯高尊师如贵道士传道箓毕归北海》中说的“吾师四万劫,历世递相传”,就隐含有对高如贵道行高妙的赞仰之意。又说“别杖留青竹,行歌蹑紫烟。离心无远近,长在玉京悬”。这是说,高如贵传道之后,功行圆满,去修他的仙道去了;而李白今后对他的怀念,情系玉京仙境。这诗没有具体的指说,找不到任何一处具体的物事,当然也就可以作其他的解释,却不排除作上述解释的可能性。

既然李白在齐州紫极宫所受的道箓已是相当高的层次,那么自他少年入道至天宝四载(745)在齐州紫极宫受道箓,这中间一定还有过授道箓的事,只是没有留下来材料而已。修于初唐的《洞玄灵宝三洞奉道科戒营始》,对授道箓有明确的记载,不同的等级传授不同的经箓,依次渐进,“参受经戒法箓,须依此次第名位,不得叨谬”[5]。传授者如果不按被传授者的次第而错传,是有罪的。高如贵传授给李白道箓,一定了解他自“十五游神仙”“结发受长生”以来所授的种种道箓的情形。

李白还有一首《访道安陵,遇盖寰,为予造真箓,临别留赠》,也牵涉到道箓问题。郭沫若的《李白与杜甫》认为盖寰为李白造的真箓,就是高如贵在齐州紫极宫授给李白的道箓。我在一篇小文章中提到此事,以为是另一次的道箓传授[6]。现在看来,这一理解是不准确的。这不是一次道箓传授,而是一次符箓的书赠。道箓当然也可称真箓,《洞玄灵宝三洞奉道科戒营始》卷五“灵宝中盟经目”就著录有《上清太上中元检仙真箓》。但是从诗的内容看,却并不是经箓的传授,而是指符箓。《灵宝无量度人上经大法》卷五十五,“普度符诰品,太上生天宝箓”记有“盟真玉匮度魂韩君真箓”,那是超度亡魂的;[7]《无上玄元三天玉堂大法》卷二十有长生箓式:“生身受度,劫劫长存。太岁某年某月某日、时,告下元始符命,预度某人,改移地府,注上仙曹,永度苦难,名列三天。……右长生灵符,已依式书奏三天门下,合同照应,给付某人收执佩持,将来应运灭度,不经地府,迳上朱宫,九炼成真,形神俱妙。[8]”李白所接受的盖寰造的真箓,可能就是长生箓。因此他在诗中说道:“为我草真箓,天人惭妙工。七元洞豁落,八角辉星虹。三灾荡璿玑,蛟龙翼微躬。举手谢天地,虚无齐始终。”是说盖寰书造的真箓神力无穷,可以消灾解厄,而达到长生不老,与天地齐寿的目的。

以上是要说明,李白是正式入道,举行过多次入道仪式了的,他也相信符箓。不过他虽正式入道,却似乎并没有接受道教的戒律,而只接受经文。这点我们后面还将涉及。

除了受道箓之外,李白的神仙道教信仰的另一重要表现,就是炼丹服药,这方面的诗文,可以分四组:

第一组:

吾希风广成,荡漾浮世,素受宝诀,为三十六帝之外臣。……而尝采姹女于江华,收河车于清溪,与天水权昭夷服勤炉火之业久矣。[9]

我有锦囊诀,可以持君身。当餐黄金药,去为紫阳宾。[10]

闭剑琉璃匣,炼丹紫翠房。身佩豁落图,腰垂虎盘囊。[11]

炼丹费火石,采药穷山川。[12]

第二组:

《草创大还赠柳官迪》。

第三组:

愿随子明去,炼火烧金丹。[13]

无以墨绶苦,来求丹砂要。[14]

终当遇安期,于此炼金液。[15]

时命若不会,归应炼丹砂。[16]

提携访神仙,从此炼金药。[17]

愿游名山去,学道飞丹砂。[18]

第四组:

攀条摘朱实,服药炼金骨。[19]

我来采菖蒲,服食可延年。[20]

尔去掇仙草,菖蒲花紫茸。[21]

第三组可以不讨论,它涉及的只是炼丹的愿望,并未实行。从开元末年的齐鲁之行到安史之乱起之后,他都存在着这一强烈愿望。与这一组有些相似,是《流夜郎,半道承恩放还,兼欣克复之美,书怀示息秀才》中说的“弃剑学丹砂,临炉双玉童”。这是愿望?还是实行了的?诗中没有明确的指说。但从全诗语气看,似更近于表示一种愿望,因为其时李白还没有在一个地方稳定下来,尚未有炼丹的条件。第四组中关于采菖蒲的两例,都是说的他人,不是自己。但从诗中可以看到,他是相信服食菖蒲可以延年的。除了《神仙传》的影响之外,他可能受了《上清经》的影响,《上清经》中专门谈到菖蒲的功效。《神仙服食灵草菖蒲丸方》据《上清经》论服食菖蒲的益处,说:"服经十日,能消食;两月,除冷疾;三月,百病痊;而至四年,精神有余;五年,骨髓充满;六年,颜色光泽,状如童子;七年,发白再黑;八年,齿落重生;九年,皮肤滑腻;十年,面如桃花;十一年,骨轻;十二年,永是真人,长生度世,颜如芙蓉,役使万灵,精邪不近,祸患永消。"[22]菖蒲服食,显然也是李白服药以求神仙的一个重要方面。朱实,未明为何种药物,有人以为是灵芝,然亦无据。总之,第四组涉及的,是服食植物类的仙药。

必须重点讨论的是第一、二组,即提到炼丹的这两组。李白都炼过些什么丹?炼成了没有?这些都有待于研究解决。首先,可以确切知道的是他曾经接受过炼丹秘诀的传授,他自己说的"素受秘诀""我有锦囊诀",就是证明。唐代服食炼丹之风甚盛,有不同的派别,不同的方法,当时可以见到的炼丹经书是很多的。唐人梅彪《石药尔雅》著录有服食书目 98 种。这些著作中包括有内丹、外丹和其他服食书,由于多数今已散佚,无法确知其中有多少外丹书,但数量不会少。梅彪在《序》中说:"少好道艺,性攻丹术,自弱至于知命,穷究经方,曾览数百家。"[23]可见他著录的只是其中的一部分。他是蜀人,又可知唐时蜀地可以见到的炼丹书籍数量甚大,李白青少年时期就阅读到炼丹经诀,是极有可能的。但是,炼丹的承传带有浓厚的神秘色彩,经书上所记的配方与冶炼方法多用隐语,难以索解。梅彪《序》就说:"论功者,如同指掌,用药皆是隐名,就于隐名之中,又有多本,若不备见,犹画饼梦桃,遇其经方与不遇无别。"隐名之不易确解,实为炼丹神秘色彩最集中之体现。他在卷上"飞炼要诀"中解释了诸种药物的隐名,我们便可以从中看到这一点。例如"锡精",他列举的别名就有:黄精、玄黄、飞精、金公华、黄牙、伏丹、制丹、黄轻、黄犨、紫粉、黄华、黄龙、黄池、河车、太阴、金精、金公河车、素丹自豪、假公黄等。其实,对这些别名也仍存在不同的理解,如,其中的黄牙,就有着不同的解释。《石药尔雅》成书于唐元和元年(806),在李白死后四十余年。李白所遇到的也是同样的问题,只有经书而没有师之面授,是无法炼丹的。而师之面授,就是秘密之所在。何况,一些极为重要的秘密,是不写在经书上而师之面授,而是口口相传的,没有师之面授,炼丹显然不可能。李白经过师之面授,只是不知受之于何时何人。"我有锦囊诀"句,当写于李白与元丹丘往随州访胡紫阳之前,可说明不是胡紫阳传授的;而且从"可以持君身"的句意看,李白知道的炼丹秘诀,元丹丘尚不知道。那么传自谁呢?李白初出峡时,在江陵遇司马承祯。司马承祯说白有"仙风道骨",会不会是司马承祯的传授?从现存司马承祯的著作看,他主张养生,属内丹一流,而并不主张炼外丹。唐玄宗《赐司马承祯敕》说"司马炼师以吐纳余暇,琴书自娱",也可证其炼内丹。但在方志里,却保存有司马承祯炼丹的记载。方志上记载的古迹常常是靠不住的,司马承祯炼丹的可能性有多大,不得而知,因之李白的炼丹秘诀是否由他传授,也就难以论定。总之,李白于何时从何人受炼丹秘诀,仍然是一个有待研究的问题。目前能够说的,是这种传授至迟应在开元二十三年(735)之前。

不管从何人于何时受秘诀,从第一组所引诗文看,他确实是炼丹了,"采姹女于江华,收河车于清溪","炼丹紫翠房"。姹女是水银,河车是铅,[24]都是炼丹的基本材料。但是炼什么丹呢?并不清楚。第三组所引诗文中提到金丹、金药、玉液、金液,也都是一般的丹名,并不能说他具体炼哪一派的丹。而且,他炼丹似乎也没有炼成过。作于晚年的《江上望皖公山》说:"待吾还丹成,投迹归此地。"外丹有小还丹、大还丹,但还丹也可指一般的炼丹过程,由丹砂炼烧抽取水银,又由水银炼烧还归丹砂。李白晚年还说还丹没有炼成,可见,他一生始终未曾炼成金丹,这是事实。有研究者认为《早望海霞边》中"一餐咽琼液,五内发金沙",是他服过金丹的证明。这种说法是值得讨论的。《早望海霞边》作于李白入长安之前,作于同时的还有《天台晓望》。《天台晓望》说:"天台邻四明,华顶高百越。门标赤城霞,楼栖沧岛月。冯高远登览,直下见溟渤。……观奇迹无倪,好道心不歇。攀条摘朱实,服药炼金骨。"《早望海霞边》中说:"四明三千里,朝起赤城霞。……一餐咽琼液,五内发金沙。举手何所待,青龙白虎车。"写的是同一件事,登天台山而渴望成仙。他在天台山游览的时间不长,不可能从事大丹的烧炼工作,而采植物类的仙药却是可能的。这里说的"咽琼液"与"发金沙",只是一种想象,登天台而想到如此美好之境界,定是仙人之所居,于是设想服金丹成仙之情状,如此而已。

李白没有炼成金丹,但服丹砂却是可能的。《代寿山答孟少府移文书》中说"嗽之以琼液,饵之以金砂",就是指的服丹砂。服用经过简单处理而未经烧炼的丹砂,也是一种服食方法。《神仙服饵丹石行药法》就载有服用未经烧炼的丹砂的方子:

黄帝一物饵丹法,只服丹砂;

神仙饵丹法,服丹砂、谷实二物;

轻身益气三物饵丹法,服丹砂、大枣、醇清酒;

神仙三物饵丹法,以丹砂、铅、谷汁捣碎,蒸服;

神仙四物饵丹法,服丹砂、蜜、楮实、清酒;

又饵丹法,服丹砂、醇苦酒、淳漆;

又饵丹法，服丹砂、大黄。[26]

服丹砂是一种比较容易办到的方法，只是不知道李白在安陆服的是丹砂一味，还是配以他药的复方。

现在就要来接触到最麻烦的第四组了。李白的诗中，留下来一首最完整的炼丹的诗，就是《草创大还赠柳官迪》。这是一首描写炼大还丹的诗。问题在于，这是描写炼外丹还是描写炼内丹？其中提到用水银（姹女）、铅（河车）、丹砂（朱鸟）、礜石（白虎），描写了这几种药在烧炼过程中的作用变化（张炎威、守本宅，相煎成苦老，消烁凝津液，等等），看来似是炼外丹的。但是接着问题便来了，比李白略早的孙思邈，撰《太清丹经要诀》，列出神仙出世大丹异名十三种，说："诸大丹等非世人所能知之，今复标题其名，记斯篇目，而终始不可速值也，是以其间营构方法，并不陈附此，其有好事者，但知其大略也。"[27]孙思邈是读到各种丹经之后，写出上述这番话的，"以其间营构方法，并不陈附此"，是说他读时就未见详细的营构方法，而不是说他读到了而不愿说，所以才说"好事者但知其大略"。在他列出的大丹异名十三种中，就有大还丹。就是说，在孙思邈的时代，大还丹的具体烧炼方法是不清楚的。大还丹是一种很高层次的丹，李白恐怕也未必比在这方面有权威知识的孙思邈知道得更多。

更重要的是诗中的描写，大量引用《周易参同契》的句意。与李白同时的刘知古，撰《日月玄枢论》，谓《参同契》为内丹之书。[28]陈国符先生已指出，至唐代，推崇《周易参同契》为内丹之要籍。陈先生又指出："又外丹内丹所用名词，完全相同，而意义迥别。故某书所述为外丹或内丹欲加识别，非为易事，但务须详考而辨别之，否则将混淆外丹内丹。"[29]事实上，内丹用外丹名词，而所指往往意义混杂，存在多种解释。这就给理解内丹带来更多的困难。李白这首诗也一样，存在着解读的困难。《上阳子金丹大要》说："从古到今，上圣列仙，留下丹经，不肯明示药物一件。其间所指金、木、水、火、铅、汞、砂、银，此皆比喻，而凡属直以煅炼为事，却将凡铅、水银、砂硫为其药物，以盲引盲，可胜怜悯。"[30]以隐语表述外丹药物，已经为解读带来困难；此药物又并非真药物，而是暗指人体的某一部分，解读就更为困难。据《修真太极混元指玄图》，姹女指心液。[31]据《大丹直指》，肾气中暗含肺气，过尾闾，曰河车。[32]《上阳子金丹大要》卷五说："心液下降，肾气上升，至于黄房，氤氲不散，则丹聚矣。"[33]《大丹直指》也说："子时以肺之精华之气并在肾中号曰金精。金精者，金水未分，肺肾之气合而为一。当时用法，自尾闾穴下关搬至夹脊中关，自中关搬至玉京上关，节次开关，已后一撞三关，直入泥丸。"这就是三田返复肘后飞金精之义。李白所说的"姹女乘河车，黄金充辕轭"，可能就是指心液下降，而含肺气之肾气自尾闾上升。《大丹直指》以三田返复为大还丹。在三田返复的过程中,心气运行,就是烧炼的真火,掌握心火的多少是非常重要的,金精自玉京下降,"如淋灰相似,每日下火一两,诚恐火多火少,火气多则头痛,火少则金精不飞,须行加减。如行火大猛,遍身壮热,不可再进火,恐火炎熏烧头目,太阳作痛,口舌烧破。"[34]李白诗中"朱鸟张炎威,自虎守本宅,相煎成苦老,消乐凝津液"说的似乎就是精气在三田返复的过程中,心火烧煅,而火候要掌握得恰到好处,使含有肺气之精华(白虎)的肾气(即金精、精气)始终稳定周流。《大丹直指》又说:"金精入顶,紧闭两耳,使肾气不出,并入天宫,造化金精下降,如淋灰相似。"这大概就是李白在诗中所说的"仿佛明窗尘,死灰同至寂"。此后便是丹的炼成,"捣冶入赤色,十二周律历。赫然称大还,与道本无隔。"这是说,三田返复修炼大还丹,是与天地四时之运行一致的。《大还丹秘契图》也是内丹书,它把大还丹的炼法分为十二章,就是用以象十二月。[35]所以李白此处说大还丹的修炼"与道本无隔"。

《大丹直指》是元人丘处机所作,其中讲的大还丹的修炼过程,或者与唐代有些差异。内丹在唐代还处于发展的初期,宋元以后才发展至高峰,到了丘处机手里,当有不少改进。但是,用《大丹直指》解读李白的《草创大还赠柳官迪》,大抵仍可解通。我们可以把这首诗看作是李白曾经学炼内丹的证据。草创,就是初炼、粗炼,即是刚刚学炼的意思。

那么,这首诗作于何时呢?李白《汉东紫阳先生碑铭》说胡紫阳"因遇诸真人,受赤丹阳真石景水母,故常吸飞根,吞日魂,密而修之"。是说胡紫阳是炼内丹的。在《冬夜于随州紫阳先生餐霞楼送烟子元演隐仙城山序》中又说:"胡公身揭日月,心飞蓬莱。起餐霞之孤楼,炼吸景之精气。延我数子,高谈混元。金书玉诀,尽在此矣。"[36]说明李白曾经向胡紫阳学习内丹。胡紫阳师事李含光,李含光师事司马承祯,司马承祯师事潘师正,潘师正师事王远知,王远知师事陶弘景。是则李白之内丹修炼,来自茅山上清派。李白与胡紫阳"高谈混元",受玉诀金书,在开元二十三年(735)之前,是则白之学炼内丹,当在此时之后。

上述种种,似可说明李白神仙道教信仰的大致轮廓,即他曾行过入道仪式,且早在少年时期,一生中不止一次;他曾受过炼外丹的秘诀,并且多次亲自炼过丹药,但都没有成功,对于炼丹的兴趣,直至晚年也仍然不衰退。而由于材料不足,难以断定他的外丹烧炼属于哪一派,也不清楚他炼的是哪一种丹。他没有服食过他自已炼的丹药,但服食过经过简单处理的丹砂。他还曾炼过内丹,似是属于茅山上清派。

二

按照道教的要求,无论是入道还是炼丹,都应该远绝人间,才会有所成就,应该淡泊功名,才能达到高的境界。但是,李白并不这样,他的功名心极其强烈。他既入道、炼丹,又追求功业。不唯李白如此,唐代的许多重要诗人都如此,例如,岑参就是一位炼丹的热心者。这种现象的存在,与此时道教的基本观念的变化似有关系。

这时的重要道教理论家,都多少带有更加人间化的色彩。司马承祯与吴筠,就主张神仙可学论,把神仙的神秘色彩冲淡了,把它人间化了。这在很大程度上是把道教的迷信色彩雅化,使它为更广大的士大夫阶层所接受。托名天隐子而实为司马承祯所撰的《天隐子》,开章明义解释"神仙":

人生时禀得灵气,精神通悟,学无滞塞,则谓之神宅。神宅于内,遗照于外,自然异于俗人,则谓之神仙。故神仙亦人也。在于修我灵气,勿为世俗所沦污;遂我自然,勿为邪见所凝滞,则成功矣。

欲成神仙,须禀自然之灵气,即他所赞赏李白的那种"仙风道骨"。在禀受灵气的基础上,再行修炼。他提出的修炼的途径,是斋戒、安处、存想、坐忘、神解,大体是一套气功的方法,所以他在《后序口诀》中说,这个途径的各个环节中,关键是存想。而存想,实际上就是气功的修炼。他详细介绍了这套气功的修炼方法,其中提到:

凡五日为一候,当焚香于静室中存想,自身从首至足,又自足至丹田,上脊膂,入于泥丸,想其气如云,直贯泥丸。想毕,复漱燕,乃以两手掩两耳,搭其脑,为鼓声三七下,伸两足,端足俛首,极力直颈,两手握固,又于两肋下接腰胯骨傍,乃左右耸两肩甲,闭息顷刻,候气盈面赤即止。凡行七遍,气从脊膂上彻泥丸,此修养之大纲也。然更有要妙,在乎与天地真气冥契同运,能识气来之时,又辩气息之所,若是,则与天地齐其长久,谓之神仙矣。[37]

如果把司马承祯的这些论述对照后来丘处机的《大丹直指》,我们就可以发现有许多相似之处,这实际上是内丹学发展过程中的一个重要环节。拿它与李白的《草创大还赠柳官迪》比较,不难看到其中的联系。

吴筠甚至写了一篇《神仙可学论》。在《元纲论》里,他还论述了如何成仙的方法,实际上也是一套炼气的方法,运气以达到至静的境界,与道冥一:

故生我者道也,灭我者情也,情亡则性全,性全则形全,形全则气全,气全则神全,神全则道全,道全则神王,神王则气灵,气灵则神超,神超则性彻，性彻则反复通流，与道为一，可使有为无，实为虚，与造物者为俦矣。……惟炼凡至于仙，炼仙至于真，炼真合于妙，合妙同乎神，神与道合，即道为我身，所以升玉京，游金阙，能有能无，不终不没矣。[38]

吴筠也主张炼外丹，但从《元纲论》和《神仙可学论》看，他主要的还是重内丹。他所说的神仙，是一种与道为一的境界。

司马承祯和吴筠的神仙可学的思想，消除尽神仙迷信的神秘色彩，更带着哲学的意味，更带着人间气息。这种思想，或者与李白的神仙信仰不无关系。

更重要的是，吴筠的著作里，我们还可以找到功成身退然后学神仙的有关论述。《神仙可学论》中提出七种可以达到仙道的条件，其中的第五种，就是功成身退：

禀颖明之姿，怀秀拔之节，奋忘机之旅，当锐巧之师，所攻无敌，一战而胜，然后静以安身，和以保神，精以致真，近于仙道五也。

在《元纲论·专精至道章》中，他更为明确地论述了入世建立功业与学神仙并不相悖：

曰："然则理世者绝望于神仙乎？"

曰："不然。若特禀精气，大庇群生者，则无妨于理世，又何损焉！"

这就为事功与修道一体提供了理论上的依据。这种观点，当是唐代道教学者的一种共识。这种思想对士人有广泛的影响，许多的著名士人既具强烈的功名心，又有执着的神仙道教信仰，就是最好的佐证。李白只不过是其中的一个例了。在李白留下来的诗文里，有大量的功成退的表述，此为研究李白者所共知，无烦赘引。

在李白的道教信仰里，还有着佛教信仰的痕迹，这与唐代道教理论的特点也存在不可分的关系，从成玄英到司马承祯再到吴筠，特别是王玄览，这些道教学者的著作里，都有着佛教的深刻影响，王玄览的《玄珠录》是一个很典型的例子。此一问题关联甚广，笔者将另有所论，此处略而不叙。

注　释

[1]《李太白全集》卷24，《拟古十二首》之三。

[2]卷6，《长歌行》。

[3]《三洞修道仪》(《道藏》第989册)，孙夷中集于北宋真宗咸平六年(1003)，当系根据唐代古本而来。

[4]《李太白全集》卷5，《草创大还赠柳官迪》。

[5]卷五，"法次仪"，《道藏》第760册。

[6]《李白与道教》，《文史知识》1987年5期。

[7]《道藏》第95册。
[8]《道藏》第102册。
[9]《李太白全集》卷27,《金陵与诸贤送权十一序》。
[10]卷15,《颍阳别元丹丘之淮阳》。
[11]卷15,《留别曹南群官之江南》。
[12]卷15,《留别广陵诸公》。
[13]卷12,《登敬亭山南望怀古,赠窦主簿》。
[14]卷12,《经乱后将避地剡中,留赠崔宣城》。
[15]卷20,《游泰山六首》之五。
[16]卷9,《早秋赠十七仲堪》。
[17]卷25,《题嵩山逸人元丹丘山居》。
[18]卷23,《落日忆山中》。
[19]卷21,《天台晓望》。
[20]卷25,《嵩山采菖蒲者》。
[21]卷17,《送杨山人归嵩山》。
[22]《道藏》第573册。
[23]《道藏》第588册。
[24]金正大四年(1227)李俊民《重修阳台万寿宫记》提到王屋山有司马炼师藏丹室;修于至正四年(1343)的《天坛山兴国大阳台万寿台重修玉皇殿记》提王屋山天坛峰有司马承祯炼丹炉。
[25]对河车有各种解释,内丹派指元阳、精气,外丹派也有指胞衣的,此处从梅彪说,见《石药尔雅》。
[26]《道藏》第192册。
[27]《云笈七签》卷71,《道藏要籍选刊》本。
[28]参见陈国符《说周易参同契与内丹外丹》,《道藏源流考》,中华书局1963年。
[29]《中国外丹黄白术考论略稿》,同上书。
[30]《道藏》第736册。
[31]《道藏》第68册。
[32]《道藏》第115册。
[33]《道藏》第736册。
[34]《道藏》第115册。
[35]《云笈七签》卷72,《道藏要籍选刊》本。
[36]《李太白全集》卷27。
[37]《天隐子》,《丛书集成初编》本。
[38]《全唐文》卷926。

李白诗中对自我的仙化倾向

阮堂明

人们每每好以“仙”来称呼李白，比如称他为“谪仙”“酒中仙”“诗仙”等，这种称誉一直延续至今。如此统一地以“仙”来称呼李白，在古代的诗人中是绝无仅有的。这就启示我们，此种称誉之中体现了对李白人格品貌的本质认识与理解。值得注意的是，李白对此深以为然并引以为豪。探讨李白何以自得于此种称誉，以及李白赋予其中的寓意，是一件很有趣也很有意义的问题，对于加深认识、理解李白及其诗歌，也具有重要意义。正是有感于此，本文将就此加以讨论，不足之处希望得到方家的指正。

一

李白初出巴蜀，于江陵遇著名道士司马承祯时，就曾受到他“有仙风道骨，可与神游八极之表”的赞誉。天宝初年李白入长安，谒见贺知章，及至贺知章读其《蜀道难》时，又以“谪仙人”称许之。杜甫《饮中八仙歌》写李白“天子呼来不上船，自称臣是酒中仙”，把李白说成是“酒中仙”。在《寄李十二白二十韵》诗中，杜甫又写道：“昔年有狂客，号尔谪仙人。”顺承了贺知章“谪仙人”的称呼。崔成甫《赠李十二》亦云：“天外常求太白老，金陵捉得酒仙人。”又把李白说成是“酒仙人”。任华《杂言寄李白》中写李白曾经“访道沧海上，丁令、王乔时往还。蓬莱经是曾到来，方丈岂惟方一丈。”虽未直写李白是“谪仙”，但写他在仙界与仙人往还，却又是把李白当作仙来写的。与李白有过从、并受托编辑李白诗文的王屋山人魏颢有《金陵酬翰林谪仙子》一诗，诗题径以“谪仙子”称呼李白，诗中且有“谪仙游梁园，爱子在邹鲁”的诗句。以上以“谪仙人”“谪仙子”“酒中仙”“酒仙人”等称誉李白，都是把李白描写成为仙人，对此，无须深究即可看出，含有对李白仙化的倾向。这种仙化倾向到了后世，更得到了进一步的发展。后世有李白骑鲸升天的传说，这在有关李白的诗歌中时常可见。此种传说甚至被引入绘画中，就连暑日纳凉的扇子的扇面上也绘上了李白骑鲸的画面[1]。李白当然不知道后世人对他的仙化，但他却知道他的同时代人对他的仙化，而我们也可以从中了解他的态度，并由此探寻它对李白其人其诗的影响。细加留意即可发现，李白对时人对他的仙化是深以为然的。自得了“谪仙人”称呼之后，李白往往在诗文中得意地引述这种称许并引以为自豪。他的《留别西河刘少府》诗云：“闲倾鲁壶酒，笑对刘公荣。谓我是方朔，人间落岁星。”李白对刘公荣以“人间落岁星”称己，特在诗中指出，可见是自得于此的。《对酒忆贺监二首》诗回忆贺知章“长安一相见，呼我谪仙人”，也是念念不忘贺知章的此一称呼，诗中故而充满了对他的知遇之恩的感念。不仅如此，李白有时更直接地以“谪仙人”自居，自视为“谪仙”。《玉壶吟》诗云：“世人不识东方朔，大隐金门是谪仙。”自比东方朔，把自己说成是“谪仙”。《答湖州迦叶司马问白是何人》诗也云：“青莲居士谪仙人，酒肆藏名三十春。”明确地以“谪仙”自称。在《金陵与诸贤送权十一序》文中，李白又说：“吾希风广成，荡漾浮世。素受宝诀，为三十六帝之外臣。即四明逸老贺知章呼余为谪仙人，盖实录耳。”这里李白明确地自称是“三十六帝之外臣”，并把贺知章的称许说成是“实录”，而且在此文末尾李白又以“酒仙翁”自称。由上可见，李白不仅对时人的称许深以为然，而且他也有一种自我仙化的意识与倾向。日本汉学家松浦友久先生即曾说，“谪仙人”的称号唤醒了李白不同凡响的“谪仙”意识。松浦先生由此还指出，由于这种“谪仙”意识的觉醒，李白的诗文与行为后来一直自觉地沿着“谪仙人”的方向发展[2]。此论可说是对李白入朝、去朝之后思想意识与诗歌创作倾向的准确把握。李白在朝期间即曾“赋谪仙之歌，凡数百首”[3]，今天尽管无法窥其朝列赋诗之全貌，但我们可以说其中一定含有很多的仙化内容，而这些内容又当是他“谪仙”意识下的有意识的描绘。实际上，李白去朝后于齐州紫极宫请北海高天师授道箓而入道籍，也正是在“谪仙”意识指导下所做的，目的也在于强化自己“谪仙人”的形象。李白仙化自我的倾向，不仅体现在他认同别人对自己的称呼并时常自称以“谪仙人”，还体现在他立身仙界、由上俯下的观察角度上。其《送蔡山人》诗云：“我本不弃世，世人自弃我。一乘无倪车，八极纵游桅。”前两句学界历来引以说明李白执着现实的精神，这原本是不错的，但我们换个角度说，人生于世，自然无法弃世；而云“弃世”者，又自然非世上人，因而从这两句诗看，诗人是以家在仙界的口吻来说的；明乎此，我们才能顺理成章地领会“一乘无倪车，八极纵游桅”两句诗。李白常常站在仙界的角度立言，故而他在诗中又常以“客星”自称[4]。其《古风》第五首诗云：“吾将营丹砂，永世与人别。”《酬王补阙惠翼庄庙宋丞泚赠别》诗亦云：“世迫且离别，心在期隐沦。”这里诗人云“与人别”、云“离别”，从中我们可以知道诗人是立身仙界而言的。他的《赠饶阳张司户燧》云：“朝饮苍梧泉，夕栖碧海烟。宁知鸾凤意，远托椅桐前。……蹉跎人间世，寥落壶中天。”诗中诗人明写自己原居仙界，因不自知而落入人间，故而受此磨难。《经乱离后天恩流夜郎忆旧游书怀赠江夏韦太守良宰》诗又云：“天上白玉京，十二楼五层。仙人托我顶，结发受长生。误逐世间乐，颇穷理乱情。”这里诗人也是写自己原居仙界，只因“误逐世间乐”才来到人世的。诗人的这种立言角度其实正暗含了他的仙人出身。对于诗人来说，人世乃逆旅，只是暂时寓居其中而已。他有以仙界为故乡的，如“谓从丹霄落，乃是故乡亲”[5]，这也体现了诗人的仙人出身。李白对自我的仙化更鲜明地体现在他描绘自己遨游仙界或在仙界与仙人相与往还、相从以游上（本文的下一部分将具体论及），这主要体现在他的游仙诗中。或许有人会说，游仙诗原本即是描绘、歌咏仙界成仙人的漫游之情，而描写与仙往还也正是游仙诗素来之内容，但如果我们结合李白的“谪仙”意识，以及由此而来他的思想行为与诗歌所受的影响，我们即可清楚地知道，李白游仙诗所描绘的仙界生活或与仙相往还，正是他“谪仙”意识下对自我有意识的仙化。总之，“谪仙人”的称呼唤醒、诱发了李白的“谪仙”意识，正是在这种意识的指导下，才使他在诗歌创作中塑造自我形象时通过仙化的途径来进行。

二

李白诗中对自我形象的仙化倾向是在他形成了“谪仙”意识之后而自觉化的。但李白对自我的仙化，并不始于他赢得“谪仙人”的称呼之后。作为诗人一生贯之始终的行为，自我仙化有它的萌芽、形成发展和定型期。在诗人生命的不同阶段，它有着不同的表现。结合李白的诗歌，我们可以把李白的自我仙化从考察他的诗中涉及的自我—仙的关系发展、变化的角度划分成如下的三个阶段。

（一）仙—我相隔。李白对自我的仙化其实早在未遇贺知章之前就有了。他自小生活在道风浓郁的蜀地，深受道教影响。他的《感兴》其五云：“十五学神仙，仙游未曾歇。”《题嵩山逸人元丹丘山居》诗亦云：“家本紫云山，道风未沦落。”从中可见在蜀生活时期李白即与道教建立起了紧密关系。不仅如此，他还曾与逸人东严子隐于岷山之阳,巢居数年而不迹城市。这样其间创作的诗歌也便含有道教神仙意蕴,具有仙化自我的萌芽。如他的《登峨眉山》诗云:“云间吟琼箫,石上弄宝瑟。平生有微尚,欢笑自此毕。……傥逢骑羊子,携手凌白云。”是诗作于蜀中时,体现了诗人对仙界的向往,也含有仙化自我的倾向。但是,这种对仙界的向往,更多的还只是一种少年式的憧憬与幻想,而远不是自觉的、有意识的。此一阶段诗人关注更多的是现实中山川形胜、风貌以及由此引发的诗人情怀。诗人对自我形象的塑造,更多地体现为对于飘然不群、风流自任的精神气度与人格风貌的追求。其《王右军》诗云:“右军本清真,潇洒在风尘。”诗人对王羲之的欣赏,正在于他的“清真”与“潇洒”,这也体现了诗人对自己人格理想的预设与追求。像“翳君树桃李,岁晚托深期”(《赠徐安宜》)、“与君拂衣去,万里同翱翔”(《游溧阳北湖亭望瓦屋山怀古赠同旅》)、“易哉沧洲心,岁晚庶不夺。幽赏颇自得,兴远与谁豁”(《江上寄元六林宗》)、“终当游五湖,濯足沧浪泉”(《郢门秋怀》)、“抱子弄白云,琴歌发清声”(《邺中赠王大劝入高凤石门山幽居》)、“吾亦澹荡人,拂衣可同调”(《古风》其十)、“他年若相访,知我在磻溪”(《赠从弟冽》)等诗,诗人注重的是体现自己高风绝尘的高标,而非远隔尘世之仙界。体现诗人现实情怀,更明显地表现在他《代寿山答孟少府移文书》一文中,文中这样写道:“吾与尔达则兼济天下,穷则独善一身。安能餐君紫霞,荫君青松,乘君鸾鹤,驾君虬龙,一朝飞腾,为方丈、蓬莱之人耳?”这里强调自己要“达则兼济天下,穷则独善一身”,不管“达”或“穷”,皆是立足现实,而不愿意餐紫霞,乘鸾鹤,驾虬龙,成为蓬莱之仙人。这里对求仙作了明确的否定,从中体现的便是诗人更多地关注于现实以及自身的现实出路,对于人世之外的仙界还未及关注。前引《登峨眉山》诗中“傥逢骑羊子,携手弄白云”二句,其实也是以虚拟、假设的语气道出了仙界与尘世的隔绝。此间所受到的司马承祯的赞誉,当时并未引起李白过多的留意,最多也只是对此颇感得意而已[6]。总之,此一阶段,仙界在李白心目中不占有什么位置,仙与我完全处在隔绝的状态。其所以如此,在于诗人还未意识到“仙”对于他的人生与人格理想追求所具有的意义。

(二)仙—我相接。随着生活阅历的不断丰富,诗人开始意识到,要树立自己高蹈脱俗、飘然俊逸的人格形象,还可以通过借助于言仙的方式。实际上,在一个视道教几同于国教的朝代,在全国上下皆弥漫着崇道如仙的氛围中,借助于仙而自高,乃是很自然的事情。这样,我们便看到了李白走出了仙—我隔绝的状态,而把目光转向于仙了。我们首先看到的是诗人对仙界的怀想。《天台晓望》诗云:“门标赤城霞,楼栖沧岛月。”以仙界景观描写天台山,而我们从其中“凭高远登览,直下见溟渤”二句看,诗人是立身仙界朝下俯视,这体现了诗人对仙界的遐想。《早望海霞边》云:“举手何所待,青龙白虎东。”表达了希望遇仙而得以飞天的渴望。《春日独酌》其二中“我有紫霞想,缅怀沧洲间”二句,也是直接表达欲以升天之志。诗人走出仙—我相隔状态而与仙建立联系的更明显标志在于诗人自我与仙的相交相接上。这尤其以《游泰山六首》诗等为代表。六首其一云:“玉女四五人,飘摇下九垓。含笑引素手,遗我流霞杯。稽首再拜之,自愧非仙才。”这里,诗人亲眼目睹了一群仙女飘然而下,尤其是这些仙女竟然含笑而引手,遗流霞杯给自己。其二云:“清晓骑白鹿,直上天门山。山际逢羽人,方瞳如容颜。扪萝欲就语,却掩青云关。遗我鸟迹书,飘然落岩间。”这里也是路遇仙人并且得其所遗之书。其三诗虽是仙人笑话自己学仙过晚,但也说明仙人与自我已相就语。其四则写自己吟诵道经而有所得,所以“众神卫我形”。其六写诗人遥见“仙人游碧峰,处处笙歌发”,自己因“举手弄清浅”而误入仙境,攀得织女纺布之机。六首全写仙人与自我的相接,表达对仙界向往、期待与渴望之情。然而,《游泰山六首》虽然描写了诗人与自我由相隔到相接,但就诗中所体现的仙与自我的关系看,二者依然存在着很深的隔膜而未能相融,诗人自我与仙依然存在着人—仙之别。六首其一写面对“遗我流霞杯”的玉女,自己是“稽首再拜之,自愧非仙才”。这里即显示了二者之间难以跨越的鸿沟。其二虽然路遇仙人,但“扪萝欲就语,却掩青云关”,原打算前去与仙相语,仙却关以青云而拒绝,而且仙人所遗之“鸟迹书”,也是“读之了不闲”,不知所云。其三写虽遇见仙童,并相就语,但所言却是仙童嘲笑自己学仙过晚,而且仙童说完便“踌躇忽不见,浩荡难追攀”。这些皆表明诗人自我与仙之间有着不可克服的凡—仙之别。李白《古风》中也有一些描绘诗人自我与仙相接的诗。比如《古风》其五,诗在描绘仙人“冥栖在岩穴”之后云:“我来逢真人,长跪问宝诀。粲然启玉齿,授以炼药说。铭骨传其语,竦身电已灭。仰望不可及,苍然五情热。”《古风》其七亦云:“客有鹤上仙,飞飞凌太清。扬言碧云里,白道安期名。两两白玉童,双吹紫鸾笙。去影忽不见,回风送天声。举首远望之,飘然若流星。”这里诗人写遥见安期生于碧云中带着两仙童作乐,然后远去。这两首诗也体现了诗人自我与仙人之间的差别。前者仙人虽向诗人传授炼药之法,却是在诗人“长跪”之下而得到的,而且此后仙人又“竦身已电灭,仰望不可及”。后者虽然仙人在碧云间向诗人自道姓名,但并未与诗人对话,仿佛是在向诗人炫耀似的,而且仙人也是“去影忽不见,回风送天声”。由上可见,在诗人自我与仙的关系中,二者不是平等的。二者关系中占主角的是仙人,诗人只是配角,对于仙人,诗人只能长跪以问,稽首再拜,恭恭敬敬,自惭形秽,而不能与之作平等的交流。仙人也未把诗人引为同列，体现出一种居高临下、不屑为伍之姿态。这样诗人对自我形象的塑造便体现为由凡向仙的过渡性。一方面打破了前一阶段仙—我相隔的状态，仙与我已开始相交相接，从而体现诗人由凡向仙、渐具仙质的转化。另一方面，仙与我虽已相接，但相互之间并不具有平等的关系，二者依然存在着不可克服的差别。其所以如此，在于诗人对仙—我关系的把握，还是立足于现实，立足于自己的人的本质，我们从他"自愧非仙才"的表述中即可知道，他在与仙相交时甚至相交以前，已把自己定位在人的角度，这种定位本身构成了仙—我关系不平等性的关键，决定了仙人与自我间的仙—凡之别。然而诗人自己是不能先自言为仙的，仙—我关系现有的这种格局还有赖于他人来为李白打破。这样，李白意欲建立新型的仙—我关系，对自我加以仙化，便只等外界条件的促成而呼之欲出了。

（三）仙—我相游。贺知章的"谪仙"之称一下子消除了李白在自我形象塑造上不能突破凡—仙界限的困窘。以"谪仙"称呼李白，既肯定了李白的仙人资质，又合理地解释了李白生活于尘世之中的现实，避免了仅说李白为仙人所带来的他何以生活于现实中的矛盾，因而可以说，"谪仙"这一称呼正合于李白的心意，故而在此之后，李白急切地把自己描绘成仙人。他时常注意以"谪仙"的口吻来写自己。前引《经乱离后天恩流夜郎……》诗中"误逐世间乐"一句，即是依据"谪仙"的口吻来写的。他的《寄王屋山人孟大融》诗云："我昔东海上，劳山餐紫霞。亲见安期公，食枣大如瓜。"这里诗人写自己"餐紫霞"，而且"亲见安期公"，就是以仙人的口吻写的，是对自我的仙化，而且这种仙化从"我昔东海上"一句来看，正是紧扣他的"谪仙"身份的。总之，到了这里，李白已跨越仙—我关系中仙—凡之别的界限，由人而仙，成为众仙中的一员了。与此相应，他便注重自己的仙质、描绘自己遨游仙界，与仙同游了：

> 西上莲花山，迢迢见明星。素手把芙蓉，虚步蹑太清。霓裳曳广带，飘拂升天行。邀我登云台，高揖卫叔卿。恍恍与之去，驾鸿凌碧霄。（《古风》其十九）
>
> 昔我游齐都，登华不注峰。兹山何峻秀，绿翠如芙蓉。萧飒古仙人，了知是赤松。借予一白鹿，自挟两青龙。含笑凌倒景，欣然愿相从。（《古风》其二十）
>
> 朝弄紫泥海，夕披丹霞裳。挥手折若木，拂此西日光。云卧游八极，玉颜已千霜。飘飘入无倪，稽首祈上皇。呼我游太素，玉杯赐琼浆。一餐历万岁，何用还故乡？永随长风去，天外恣飘扬。（《古风》其四十一）
>
> 一鹤东飞过沧海，放心散漫知何在？仙人浩歌望我来，应攀玉树长相

待。(《怀仙歌》)

上引诸诗都是诗人直写自己纵游仙界的仙人形象,诗人把自己作为众仙中的一员,与其他仙人相与往还,相从以游。《古风》其十九描写众仙人邀自己登云台,自己见卫叔卿而"高揖",一来一往都自然随意,绝无一点勉强的成分。诗中的一个"邀"字也可见出仙人对诗人自我的和蔼与亲切。《古风》其二十则写自己仙游时路遇赤松子,便向他借白鹿,二人欣然相从以游。《古风》其四十一则又写自己的仙界生活以及玉皇赐仙液以饮。《怀仙歌》中诗人竟然写仙人为迎接自己而在玉树之上等待了很久。由此可以想见诗人自我在众仙中的地位了。总之,这些诗中所体现的仙—我关系,已经没有了先前在仙人面前的自愧自惭,也没有向仙人的乞求之状。仙人也没有了初始相接时的神秘色彩,二者完全是平等的关系,仙—我关系已完全融洽、谐和与自然了。总之,到了这里,诗人自我已经完全地仙化了。需要强调的是,诗人的由人而仙,与仙相游,已是他"谪仙"意识的自觉体现,是他有意而为的。

三

我们当然不能把李白对自我的仙化仅仅看作诗人得意于"谪仙人"之称呼,是为了演绎自己的"谪仙"意识。实际上,李白之深深自得于此一称呼,正在于它切合了他的人格理想与内在精神追求。明人胡震亨曾云:"白之自谓可仙,亦借以行其旷思,岂真谓世有神仙哉!"[7]《唐宋诗醇》卷七评《游泰山六首》时亦云:"白性本高逸,遇复偃蹇,其胸中磊砢,一于诗乎发之(按,'乎发之'疑当作'发乎之'——引者注)。泰山观日,天下之奇,故足以舒其旷渺而写其块垒不平之意。……若其体近游仙,则其寄兴云尔。"由此我们可知李白自我仙化中寄寓了他的思想感情,从中我们探求所隐含的意义。

首先,诗人对自我的仙化,体现了对超尘拔俗的追求。李白一生志向高远,心仪古人而游心万仞。青少年时期即曾遍游蜀中名山,从而养成峻拔超俗的个性特征。他向以高节自期、自许。在《代寿山答孟少府移文书》中,他说自己"天为容、道为貌,不屈己,不干人,巢由以来,一人而已",极力表现自己高蹈风神。他一生好游,自言"五岳寻仙不辞远,一生好入名山游"(《庐山谣寄卢侍御虚舟》),又言"心爱名山游,身随名山远"(《金陵江上遇蓬池隐者》)。他所以好游,也正是为了标举自己的高致。他的诗中常表达隐逸之志,这虽未必符合他的人生理想,却可以真实体现他追求高标远致与超尘脱俗之想。他常常心仪古人,对于有高节的古人表示由衷的钦赏。他甚至连古时著名隐士巢由都不放在眼里，大言“遁则以俯视巢由”[8]。他所说的“含光混世贵无名，何用孤高比明月”（《行路难》其三），正以否定的形式向我们道出了他的“孤高”追求。正因为标举脱俗远引，所以李白不屑与世人为伍，并常把自己否定的人比作“鸡”，却自比鸾凤。诗人追求高蹈远引，脱略世俗，仙化自我便是实现这种追求的最佳途径。仙化自我，自言为仙，即意味着具有仙人的资质，这就从根本上规定了、肯定了诗人的超俗性。通过自我仙化，就自然地具备、获得超尘脱俗的品格。松浦友久先生就曾把“超俗性”作为李白“谪仙人”称呼的主要属性之一[9]。李白自我仙化的目的之一便是为了获得这种超俗性。他的“吾求仙弃俗”（《草创大还赠柳官迪》）一句诗便明确地告诉了我们。

其次，李白自我仙化与他的自由追求是分不开的。李白一生视自由如同生命。蜀中隐居与出蜀后的漫游生涯养成他傲岸不屈、卓然特立的伟岸气质与瓮盎乾坤、秕糠万物的豪迈气概。他的诗文中常描写大鹏翱翔天宇，这实际是诗人追求自由精神的象征。大鹏的高飞天宇，正是诗人灵魂寻求超越、摆脱一切事物束缚的体现。《答王十二寒夜独酌有怀》云：“严陵高揖汉天子，何必长剑拄颐事玉阶。”即是表明不愿听命于皇上而失去自由。《梦游天姥吟》中“安能摧眉折腰事权贵，使我不得开心颜”二句，更表现了诗人不为求得仕途之一得而放弃自由的精神追求。李白甚至决然地说，宁肯“乍向草中耿介死”，而“不求黄金笼下生”（《设辟邪伎鼓吹雉子班曲辞》）。这正是所谓：富贵诚可贵，生命价更高。若为自由故，二者皆可抛。他孤高自傲，睥睨权贵，自言“一生傲岸苦不谐”（《答王十二寒夜独酌有怀》）。我们拈出“一生傲岸”来概括他对自由的追求，是再恰当不过了。正是对自由的崇尚与追求，使他能够蔑视礼法，嘲儒笑孔，放诞任情、随性适意地生活，进而纵酒山林，携妓取乐。他的《江上吟》诗中所谓“美酒樽中置千斛，载妓随波任去留”，即是他放诞任情生活态度的写照。总之，追求自由是李白不能舍弃的生命理想，而这种追求也可以通过自我仙化寻求实现。通过自我仙化，一方面可以使李白摆脱世间的羁绊与束缚，在仙界通过与仙相游，而达到随性任情的自由目的；另一方面，又可使他在世间不承担责任，从而在礼法观念的规范之外肆意地纵酒寻乐，放浪形骸。

第三，李白的自我仙化中也包含了他意欲克服生命易逝的局限性的寄托。李白有着强烈的生命意识，对于时光易逝、人生易老怀有特殊的敏感，他的诗中常常体现出功业未就而人生已老的焦虑。我们从《将进酒》中“君不见高堂明镜悲白发，朝如青丝暮成雪”那里可以分明地感到。李白体悟人生易老、生命易逝的可贵之处在于，他常以自然之永恒来反衬人生之短暂，把个体生命放在永恒的时间之流中，在二者的对比中，凸显生命之短暂。他的《把酒问月》诗云：

“青天有月来几时，我今停杯一问之。人攀明月不可得，月行却与人相随。……今人不见古时月，今月曾经照古人，古人今人若流水，共看明月皆如此。”这里诗人由月之照耀今古而感叹人世之代谢，便是以自然之永恒反衬人生之短暂。正是对生命易逝之深切体悟，诗人才要借助于仙化自我而获取不朽之生命。试看以下两首诗：

> 黄河走东溟，白日落西海。逝川与流光，飘忽不相待。春容舍我去，秋发已衰改。人生非寒松，年貌岂长在。吾当乘云螭，吸景驻光彩。(《古风》其十一)

> 容颜若飞电，时景如飘风。草绿霜已白，日西月复东。华发不耐秋，飒然成衰蓬。古来贤圣人，一一谁成功。君子变猿鹤，小人为沙虫。不及广成子，乘云驾轻鸿。(《古风》其二十八)

这里，诗人或意欲“乘云螭”而升天，或羡慕广成子升天为仙，皆是有感于时光飞逝、生命易老。而这样一种人世间难以克服的局限性，正可以借助于自我仙化而解决，通过自我仙化，就可以克服时空的局限性，使生命超越于时间流程之外而达于不朽之境。总之，诗人仙化自我，目的之一便是为了克服生命易逝的遗憾。

第四，自我仙化又是李白的入仕手段以及失意后的自我抚慰。“济苍生”“安社稷”是李白一生崇高的追求。他志向远大，却又不屑走应试进举之途，而要以“平交王侯”[10]的姿态一致而位抵卿相。这样，隐居求仙就成了他自然的选择，李白意欲借助于此而自高身价。实际上，李白出蜀前隐逸学仙时即已有了以隐求仕的打算了[11]。李白曾交往过司马承祯、胡紫阳、元丹丘、吴筠等道教中人，这些人都曾应诏入过宫，对李白有知遇之恩的贺知章也是由道入仕，而且司马承祯还曾有“终南捷径”之说，这对李白自然会有影响。李白有《凤笙歌》诗，据考定该诗是送道人应诏入京而作，诗中对所送人物怀有一种钦羡之情。李白自我仙化即是为显示自己不入流俗，有仙标之致。他的“素以烟霞亲”(《颍阳别元丹丘之淮阳》)、“时命若不会，归应炼丹砂”(《早秋赠裴十七仲堪》)、“终愿惠金液，提携凌太清”(《题随州紫阳先生壁》)等都是一种标榜之辞。而且从结果上看，李白之得以入朝，与他的自我仙化也是分不开的。玄宗见李白时所谓“卿是布衣，名为朕知，非素蓄道义何以及此”[12]，便是他仙化自我的具体成果。

自我仙化同时又是诗人政治失意后自我抚慰的方式。《酬王补阙惠翼庄庙宋丞泚赠别》诗云：“轩盖宛若梦，云松长相亲。……喜结海上契，自为天外宾。”作为对自我的仙化，便是诗人失意后的自托之辞。《赠别舍人弟台卿之江南》在表达年老而志未酬之感慨后云："客遇王子乔，口传不死方。人洞过天地，登真朝玉皇。"这实际也是诗人为化解失意痛苦，求得心理平衡而言的，故《唐宋诗醇》卷一评《古风》其五时，认为此类诗是"士之不得志于时者，姑寄其意于此耳。"宋人葛立方也曾言："李太白《古风》两卷近七十篇（按，今存五十九首——引者注），身欲为神仙者殆十三四。……抑身不用，郁郁不得志，而思高举远引耶？"[13]这都指出了诗人政治失意后借自我仙化以舒散其愤。

总之，李白的自我仙化包含了诗人丰富的寄托。只有明乎此，我们才能切实理解李白何以会对自我加以仙化。

注　释

[1]明人程敏政《篁墩集》卷六十七、丁养浩《效唐集》卷四有《太白骑鲸图》诗，章纶《章恭毅公集》卷六有《李白骑鲸扇面》诗。

[2][9]松浦友久《有关"谪仙人"称呼的几个问题》，《中日李白研究论文集》，中国展望出版社1986年版。

[3][12]李阳冰《草堂集序》。

[4]《酬崔侍御》："自是客星辞帝座，元非太白醉扬州。"《书怀赠南陵常赞府》云："岁星入汉年，方朔见明主。"《赠崔司户昆季》："攀龙九天上，忝列岁星臣。"

[5]《门有车马客行》。

[6]李白提起这种称誉是在重写《大鹏赋》之时，据郁贤皓先生《李白选集》，此文改写时在天宝元年（742）之后，这与我认为李白想起这一称誉是在受了贺知章"谪仙"之称后形成了"谪仙"意识的情况下是相一致的。

[7]胡震亨《李诗通》卷六。

[8][10]《冬夜于随州紫阳先生餐霞楼送烟子元演隐仙城山序》。

[11]李白蜀中时随东严子赵蕤隐居学仙，赵所著《长短经》是言王霸大略的仕进指南一类书，该书对李白影响深厚，对此，学界已达成共识。

[13]《韵语阳秋》卷十一。

李白诗歌理论二题

姜光斗

李白是一位思想相当复杂、艺术风格极为丰富多彩的大诗人，再加上他留下来的直接阐述诗歌理论的文字并不多，更没有专门的诗歌理论著作，因此，探讨他的诗歌理论，必须注意以下两点：一是既要研究他直接以理论形式阐述的看法，更要侧重于研究他通过诗歌作品所显现出来的观念；二是要全面地掌握李白的诗歌理论，深入探究它诸多矛盾方面的对立统一，例如，在理论与实践上，复古理论与创作实践的矛盾统一；在艺术手法上，兴寄深微与直抒胸臆的矛盾统一；在诗歌风格上，蕴藉含蓄与任情率真的矛盾统一，自然飘逸与雄健豪迈的矛盾统一，阳刚之美与阴柔之美的矛盾统一；在诗歌理论的哲学基础上，儒家经世济时的入世思想与道家隐逸求仙、佛家法相皆空的出世思想的矛盾统一，等等。

以上每一个问题，都可以做出一篇大文章。笔者在本文中，仅是择取其中两题扼要地、提纲式地作一点阐述，以就正于方家学者。

一、复古诗歌理论与创作实践的矛盾统一

李白的诗歌理论，主要集中在两首《古风》和孟棨《本事诗·高逸》篇一段记载中。此外，还有一些零星的言论。

《古风五十九首》之一是一篇纲领性的作品：

大雅久不作，吾衰竟谁陈？王风委蔓草，战国多荆榛。龙虎相啖食，兵戈逮狂秦。正声何微茫，哀怨起骚人。扬马激颓波，开流荡无垠。废兴虽万变，宪章亦已沦。自从建安来，绮丽不足珍。圣代复元古，垂衣贵清真。

群才属休明，乘运共跃鳞。文质相炳焕，众星罗秋旻。我志在删述，垂辉映千春。希圣如有立，绝笔于获麟。

这简直就是由先秦至盛唐的一篇诗歌发展简史。李白以“大雅”“王风”来指代《诗经》的优良传统。这个优良传统到了战国时期以至秦代由于战乱的关系，已完全凋零衰竭。即使孔子再世，也无法使其重振。在战国时期，以哀怨为基础的骚体兴起，取代了《诗经》的传统。到了汉代，以司马相如、扬雄为代表的赋体兴起，铺陈排比，兴寄全无，更加激扬了诗道颓坏的趋势，使其荡然无存（在这里，李白指责汉大赋的兴盛，破坏了《诗经》的优良传统，是从诗歌发展的角度来立论的。至于他在别的场合，从文章发展的角度来立论，又肯定汉赋，那是另外的问题，又当别论）。从先秦至两汉，由诗经体变而为骚体，由骚体变而为赋体，其间之废兴变化多端，而愈变愈下，《诗经》的优良传统终于沦丧。至于建安以后，诗风更加靡丽萎弱，所以就更不值得珍惜了。到了唐代，恢复了古时的政治局面，圣君垂衣，无为而治，政治清明，世风质朴。诗人们遭逢如此盛世，便应运而起，似鱼跃龙腾，各逞其才。所以唐朝的诗歌内容与形式俱佳，文质彪炳，人才济济，如繁星丽天。李白自称，要效法孔子，删诗述作，为文学事业作出巨大贡献，使其光辉永垂史册。他要努力达到圣人的境界，像孔子著《春秋》那样取得辉煌成就。

这里有两个问题必须解决。一个是此诗的作年问题。安旗先生主编的《李白全集编年注释》将此诗系于天宝九载(750)李白五十岁时，一般也都认为它是李白晚年的作品。笔者则认为它是李白早年壮志凌云、意气风发时的作品。关键在于对诗中“吾衰竟谁陈”这一句如何理解。这句毫无疑问是用《论语·述而》中“子曰：甚矣吾衰也”的典故，但这里并不是李白借孔子以自喻，而是说在战国时即使孔子再世，也无法重振诗经的优良传统。王琦认为这句“是太白自叹吾之年力已衰，竟无能陈其诗于朝廷之下也”。殊不知此诗最后四句“我志在删述，垂辉映千春。希圣如有立，绝笔于获麟”的口气那么坚决、自信、充满“舍我其谁”的气概，怎么会在此诗一开头又说出那么丧气的话呢？再看李白在这首诗中对于唐代清明的政治局面和人才鱼跃龙腾、各尽其用的赞美之辞，完全不是在政治上受到挫折后的口气，就更能证明它是早年的作品。

二是李白论诗是否主张复古的问题。这在学术界是有争论的，如《李白全集编年注释》的编者认为：“李白论诗虽标榜复古，且对建安以来诗歌持批判态度，然其创作实践却开有唐一代新风，且于六朝诗人如陶渊明、谢灵运、鲍照、谢朓等多所推重效法。杜甫尝云：‘白也诗无敌，飘然思不群。清新庾开府，俊逸鲍参军。’（《春日忆李白》）‘李侯有佳句，往往似阴铿。’（《与李十二白同寻范十隐居》)因知李白乃以复古倡革新,其受六朝诗歌之沾溉亦良多矣。”(941页)有的学者是不同意“复古”之说的,如俞平伯先生在《论诗词曲杂著》中说:“这诗的主题是借了文学的变迁来说出作者对政治批判的企图,并非主张文学之复古。”罗宗强先生在《李杜论略》中说:“除孟棨外,终有唐一代,论及李白,都没有认为李白在诗歌领域提倡复古。”甚至有人认为“太白、昌黎亦自六朝出,此云云者英雄欺人语耳。”(见周中孚《郑堂札记》)

其实,双方都看到了李白诗歌理论与创作实践上的矛盾,关键是如何解释这个矛盾。前者认为“李白乃以复古倡革新”,他在理论上虽提复古口号,实质却是创新,因此,李白的理论主张和创作实践是一致的。后者根本否认了李白在诗歌理论上真有复古主张,或者认为他仅是为了达到政治批判的目的,或者认为他实质上是“反对绮丽、提倡清真”,或者认为他是门面话,是英雄欺人之语,也就是说,这些学者是从否定李白有复古主张方面来强调他的理论主张和创作实践的一致性的。有趣的是双方争论得如此激烈,在对问题的根本看法上又是如此惊人的一致。

笔者则认为,无法否认李白在诗歌理论上的不一致处,更无法否认李白的理论主张与创作实践的相互矛盾处。关键是这个不一致处,这个矛盾处,都不是绝对的,形而上学的,而是含有辩证的因素,是矛盾对立的统一。首先,必须承认李白确有复古思想,在《古风》其一中,他唯一强调的是诗经的传统,对楚骚已有微词,对秦汉的诗风更为不满,对建安以后更是大力批判了。而孟棨《本事诗·高逸》中所记“白才逸气高,与陈拾遗齐名,先后合德。其论诗云:‘梁陈以来,艳薄斯极,沈休文又尚以声律,将复古道,非我而谁与!’故陈、李二集律诗殊少。尝言兴寄深微,五言不如四言,七言又其靡也,况使束于声调俳优哉?”笔者认为,这段记载是有事实根据的,绝不是小说家虚构之言。陈、李齐名是事实,陈、李共同提倡复古,菲薄梁陈,反对声律束缚是事实,陈、李二集律诗殊少也是事实。至于强调“兴寄深微,五言不如四言,七言又其靡也”,仅是从文学史上的事实(如《诗经》以四言为主)出发,专指兴寄深微这一类型的作品而言,也有一定的道理。比如五古、七古长篇(不包括五七言近体律绝)的确更宜于直抒胸臆,表现奔放的感情。一般都把这段专指性的论述普泛化了,认为李白提倡写四言诗,反对写五、七言诗,这样理解,当然不符合李白的创作实际,而是首先偏离了李白的原意。至于反对严格的声律束缚,不仅是陈、李的独家看法,实际上是当时的一种普遍看法。如殷璠在《河岳英灵集·集论》中说:“夫能文者,匪谓四声尽要流美,八病咸须避之,纵不拈缀,未为深缺。故词有刚柔,调有高下,但令词与调合,首尾相调,中间不败,便是知音。”皎然在《诗式·明四声》

中也说:“近自削颙、刘绘流出,宫商畅于诗体,轻重低昂之节,韵合情高,此未损文格。沈休文酷裁八病,碎用四声,故风雅殆尽。后之才子,天机不高,为沈生弊法所媚,懵然随流,溺而不返。”李白与殷璠、皎然一样,反对的是沈约四声八病过于严酷的声律束缚,至于音调的和谐,节奏的轻重低昂,他也并不全都反对,这从李白诗歌的语调流畅、节奏鲜明、声韵铿锵可以得到充分的证明。其实,钟嵘早就在《诗品序》中说过:“余谓文制,本须讽读,不可蹇碍,但令清浊通流,口吻调利,斯为足矣。至平上去入,则余病未能。”可见李白、殷璠、皎然关于声律的看法,不仅反映了盛、中唐之际诗人在创作中的实际体会,是当时创作经验的总结,而且还有前代文献根据,是对前代优秀诗歌理论的继承和发挥。无可否认,李白诗歌理论中复古的倾向的确很明显,强调继承最古老的《诗经》传统,鄙薄、批判六朝诗歌,认为从先秦到六朝诗歌的发展方向愈趋愈下;在诗歌体裁方面,认为讽喻寄托类的作品,五言不如四言,七言又不如五言。但即使这样,李白绝不是泥古不化论者,更不是厚古薄今论者。他强调“自从建安来,绮丽不足珍”,但并没有进而否定他所生活的唐代(亦即李白当代)的诗歌,相反,他用“文质相炳焕,众星罗秋旻”予以高度赞扬。他否定六朝诗歌,这是从六朝总的倾向上来立论的。总的说来,六朝诗歌的确萎弱绮靡,不够健康,但对于六朝少数优秀诗人,如陶渊明、谢灵运、谢朓、庾信、鲍照,他又是充分肯定,并虚心向他们学习的。看来矛盾,实际上是更符合辩证法的对立统一。至于诗体方面,五言不如四言,七言又不如五言的说法,如果孤立起来看,如果不顾其专指性而将其普泛化,的确是一种违背诗歌发展规律的倒退的复古理论。但李白的原意是专指比兴寄托类作品。他也确实在某种具有难言之隐的场合作过这方面的尝试。如《雪谗诗赠友人》和《上崔相百忧章》都是四言诗,通篇均用比兴手法。在五言古风中,亦有少量通篇比兴之作,但比起陈子昂《感遇》和阮籍的《咏怀》来,却是小巫见大巫,大大不如了。因为李白个性豪放不拘,感情热烈奔放,更善于直抒胸臆式的滔滔不绝的挥洒,更适合他的是七古,所以从创作实际来看,似乎他违背了自己的理论,其实,这也是辩证的对立统一。

其次,从李白诗论本身来看,似乎也有矛盾。他既标榜复古,又极力反对模拟,倡言创新,《古风》五十九首之三十五就是这方面的代表作:

> 丑女来效颦,还家惊四邻。寿陵失本步,笑杀邯郸人。一曲斐然子,雕虫丧天真。棘刺造沐猴,三年费精神。功成无所用,楚楚且华身。大雅思文王,颂声久崩沦。安得郢中质,一挥成风斤?

此诗旨在批判模拟雕琢的诗风,倡导写诗应富有创造,挥洒自如,天然真朴,并有补于世。标榜风雅,批判六朝,当然是复古;反对模拟,强调创新,显然属通变。复古与通变在李白诗歌美学理论中是对立统一的。皎然在《诗式》中论述“复古通变体”的一段精彩言论正可看作对于李白这一诗歌理论的最好的注脚：

> 作者须知复变之道，反古曰复，不滞曰变。若惟复不变，则陷于相似之格，其状如驽骥同厩，非造父不能辨。能知复、变之手，亦诗人之造父也。……又复、变二门，复忌太过，诗人呼为膏肓之疾，安可治也？如释氏顿教，学者有沉性之失，殊不知性起之法，万象皆真（按：皎然之意是说，诗人一味复古、仿古、泥古不化，正如释家不顾学佛者根性的利钝，对钝根者也认为他具有顿悟之利根，一开始就真说大法，适足使其真性沉迷。殊不知只有采用释家“性起之法”——即从内部从诗人的真性中去寻求诗情诗境诗法，而不勉强从外部去模仿古人，方可使万象俱真）。夫变若造微，不忌太过，苟不失正，变何咎哉？如陈子昂复多而变少，沈、宋复少而变多，今代作者不能尽举。吾始知复、变之道岂唯文章乎？在儒为权，在文为变，在道为方便（按：“道”指佛家之道，“方便”是佛家专用语，与“般若”相对。达于真如之智为般若，通于权变之智为方便）。后辈若乏天机，强效复古，反令思扰神沮，何则？夫不工剑术，而欲弹抚干将太阿之铗，必有伤手之患，宜其戒之哉。

当时尽管李白与陈子昂齐名，先后合德，其强调恢复古代诗歌优良传统亦有相同处，但他们的诗歌理论主张亦有极大的相异处，皎然批评陈子昂复多而变少，表扬沈、宋复少而变多，又强调复忌太过而变不忌太过，这是有远见卓识的。虽然皎然没有点到李白的名，未能直接对他的诗歌作出评判，但无论是从李白的理论还是从李白的创作实践来看，无疑是应当属于复少而变多这一派的。

文学当然不能割断与遗产之间的联系、继承关系，但它的顽强生命力更主要的是表现在革新和创造上。李白是古今中外第一流的大诗人，在认识复古与通变的关系上，他达到了时代的最高水平，这与他在诗歌创作方面所达到的时代最高水平是完全一致的。

二、兴寄深微与直抒胸臆的矛盾统一

赋、比、兴是从《诗经》以来我国古代诗人沿用不衰的传统表现手法。这三种表现手法历来分成两类，赋指直接叙事、描绘、抒情，特点是直截了当，直抒胸臆时常常用之，比兴指托喻和起兴，特点是言在此而意在彼，寄托遥深者往往用之。钟嵘在《诗品·总论》中有精到的论述："宏斯三义，酌而用之，干之以风力，润之以丹采，使味之者无极，闻之者动心，是诗之至也。若专用比兴，患在意深，意深则词踬；若但用赋体，患在意浮，意浮则文散，嬉成流移，文无止泊，有芜漫之累矣。"钟嵘的话当然是对的，但在实际创作中，由于诗人的个性和艺术倾向性不同，偏重于某种手法甚至专用某种手法者也常有之。如阮籍《咏怀》八十二首就专用比兴，李善说："嗣宗身仕乱朝，恐罹谤遇，因兹发咏，每有忧生之嗟。虽志在刺讥，而文多隐避，百代下难以情测。"《晋书》本传说："籍发言玄远，口不臧否人物，斯则《咏怀》之作所由来也。"（俱转引自黄节《阮步兵咏怀诗注》）阮诗的特点是寄托遥深，缺点是词旨隐晦，百代下难以情测。

李白个性与阮籍不同，坦诚直率，豪放不拘，所以他的诗歌更倾向于直抒胸臆，多用赋的手法。但他也极善于运用比兴手法，通篇全用比兴的诗也不少，仅清代陈沆的《诗比兴笺》就选了五十七首，《古风五十九首》组诗就选了一半。陈沆对李白兴寄类作品评价很高，他说："夫才役乎情者，其色耀而不浮；气帅乎志者，其声肆而不荡。不浮故感得深焉，不荡故趣得永焉。世诵李诗，唯取迈逸，才耀则情竭，气慓则志流，指事浅而易窥，摅臆径以伤尽，致使性情之比兴，尽掩于游仙之陈词，实末学之少别裁，非独武库之有利钝也。"陈沆论诗有偏见，独喜比兴类词旨隐晦、寄托幽深的作品，鄙薄直抒胸臆、感情奔泻之作。其实，多用赋体，直抒胸臆才是李诗的主要特色。古代很多评论家侧重赞扬了李白的这个特色。曾巩称扬李诗"大巧自然，人力何施？又如长河，浩浩奔放，万里一泻，末势犹壮。大聘厥辞，至于如此！"（《代人祭李白文》）沈德潜在《说诗晬语》中也赞扬说："太白想落天外，局自变生，大江无风，涛浪自涌，白云卷舒，从风变灭，此殆天授，非人力也。"

李白集中固然有一些通篇运用比兴手法、主旨隐晦、难以实指的作品，如《古风五十九首》中"蟾蜍薄太清""殷后乱天纪""蓐收肃金气""代马不思越""碧荷生幽泉""孤兰生幽园""羽族禀万化""凤饥不啄粟""绿萝纷葳蕤""青春流惊湍""桃李开东园""登高望四海""玄风变太古"诸篇，以及乐府诗中《君道曲》《春日行》《上留田行》《上之回》《远别离》《蜀道难》《公无渡河》《来日大难》《独漉篇》《日出入行》诸篇。但即使这类作品，也不像阮籍《咏怀》那样使"百代下难以情测"。以上李白这些诗篇，经过历代研究者的努力，结合李白的时代与身世，如今已基本上弄清了它的主旨。明代陆时雍《诗境总论》中说："太白《古风》八十二首，发源于汉、魏，而托体于阮公。然寄托犹若不深，而作用间尚未尽委蛇盘礴之妙。要之雅道时存。"其实，陆时雍所不满的，正是李诗的特色。李白个性豪爽，磊落坦荡，不像阮籍那样"发言玄远，口不臧否人物"，所以即使通篇运用比兴手法的作品，真意也时有所露，易于为读者所把握。就是他有意学习《诗经》比兴传统所作的四言诗《雪谗赠友人》《上崔相百忧章》，其主旨也是颇为明确的。

尽管李白更倾向于采用直抒胸臆的表述方式，但在他的诗集中，纯粹采用赋体手法的作品并不多，他更喜欢在以采用赋体手法为主的作品中不时插入一些比兴的句子，以增强感情的浓度和深度，增强诗歌的形象性和生动性。这样做，一方面取决于诗人豪纵的个性和极为丰富的想象力，一方面也是为了避免钟嵘所说的“意浮”“文散”与“芜漫之累”。这个特点，除了在五律、七律中表现得稍差外，在其余各体中均很鲜明，尤其在五古、七古长篇中，表现得更加出色。

五古长篇名作有《叙旧赠江阳宰陆调》《书情赠蔡舍人雄》《送王屋山人魏万还王屋》《迳泾川送族弟錞》《书怀赠南陵常赞府》《南奔书怀》《赠张相镐二首》《经乱离后天恩流夜郎忆旧游书怀赠江夏韦太守良宰》《闻李太尉大举秦兵百万出征东南懦夫请缨冀申一割之用半道病还留别金陵崔侍御十九韵》《献从叔当涂宰阳冰》等，都是在直抒胸臆的赋体为主的手法中间用比兴，形成两者对立的统一。如《赠张相镐》第二首，开篇即从李白自认的远祖、汉代名将飞将军李广的不幸遭遇讲起，接着叙述自己年轻时如何才华超群，中年时曾受到玄宗宠信，而全篇重点则在于诉说晚年时的蒙冤受屈。通篇为直抒胸臆式的倾诉，多用赋体，但也插入了一些比兴的句子，例如以晋末的五胡乱华比喻安史叛乱，以誓斩鲸鲵、润泽万物喻示自己平叛救民的雄心壮志等。这样写，既避免了钟嵘所说的“意深”“词踬”的毛病，也避免了“意浮”“文散”的缺点。

又如《经乱离后天恩流夜郎忆旧游书怀赠江夏韦太守良宰》是李白诗集中最长的一首诗，共166句，多达830字，比杜甫《北征》还多130字。此诗历叙诗人生平经历大概以及和韦良宰交往的情景，正如《唐宋诗醇》所说：“通篇以交情时势互为经纬，汪洋灏瀚，如百川之灌河，如长江之赴海，卓乎大篇，可与《北征》并峙。”全诗以赋体为主，直抒胸臆，一气奔注，又时有回流，耐人寻味。如描写诗人于天宝十一载（752）十月幽州之行那一段：

> 十月到幽州，戈铤若罗星。君王弃北海，扫地借长鲸。呼吸走百川，燕然可摧倾。心知不得语，却欲栖蓬瀛。弯弧惧天狼，挟矢不敢张。揽涕黄金台，呼天哭昭王。无人贵骏骨，绿耳空腾骧。乐毅倘再生，于今亦奔亡！

此段写北方安禄山反势已显露，诗人欲向玄宗进言而不能，又无力阻止叛乱的发生，痛斥帝王的昏庸，痛诉怀才不遇的苦恼。诗中感情激烈，喷涌奔泻，不呆阻遏。而用“长鲸”“天狼”比喻安禄山，用痛哭燕昭王、乐毅亦奔亡、无人贵骏马等来指斥唐玄宗，虽属运用比兴而意甚显豁，毫不隐晦，只是增强了它的形象性和生动性，这就是李诗的长处。

七古名篇就更多了，如《梁园吟》《将进酒》《鸣皋歌送岑征君》《行路难》《蜀道难》《梦游天姥吟留别》《醉后赠从甥高镇》《答王十二寒夜独酌有怀》《猛虎行》《忆旧游寄谯郡元参军》《陪侍御叔华登楼歌》《庐山谣寄卢侍御虚舟》等，都是一气奔注、滔滔喷涌、直抒胸臆式的名作，最能体现李白的特色，在写作手法上也都是兴寄深微与直抒胸臆的对立统一。如《陪侍御叔华登楼歌》，王夫之《唐诗评选》赞扬此诗“兴比超忽”。其实，此诗的主体部分（共八句，占三分之二）为直接议论、叙述、描绘的赋体手法，充分表现了李白与李华怀才不遇的满腔愤慨之情，属直抒胸臆式的手法，中间点入“蓬莱文章建安骨”“欲上青天揽明月”“抽刀断水水更流”“明朝散发弄扁舟”四个比兴句，分别喻指二人刚健的文风、豪壮的文思、浓烈的愁思和遁世的决心，其意毫不隐晦，只是加强了诗歌豪迈奔涌的气势和生动鲜明的形象而已。

又如《将进酒》，这种特色更加明显，严羽评点李集云：“一往豪情，使人不能句字赏摘。盖他人作诗用笔想，太白但用胸口一喷即是，此其所长。”（转引自郁贤皓选注《李白选集》124 页）此诗除开头四句为比兴句外，其余全为直抒胸臆式的赋笔，痛快淋漓，意气凌云，于极度轻视功名富贵、主张及时行乐的消极发泄中，寓豪迈不拘、一往无前、乐观自信之气概。而诗篇开头两组比喻，采用了极度夸张的写法，以形容时间如奔流之水，一去不返，人生如蟪蛄朝露，转瞬衰老，其声情，其气势，对全诗起了奠基作用。总之，在李白诗歌中，赋、比、兴手法的配合运用，已完全达到了炉火纯青的地步，但他以赋体为主的笔法，又是非常突出的。这与他在理论上否定汉赋写法对诗歌传统的影响又是矛盾对立的统一。

论李白的功成身退思想

蓝 旭

李白诗文中多次提到功成身退。有些研究者据此认为这是李白的一整套人生观,是李白一生处世的指导原则,这一"人生观"基本上是儒家与道家思想的混合。至于其对李白生活道路的影响,或曰使他始终保持着鄙视功名富贵的清醒认识,或曰在多数情况下只是一种远身避害、明哲保身的遁词。这些判断是否准确?根据对其诗文中所出现的各例"功成身退"之用法与意义的考察,未尝没有重新评价的余地。比如,李白在谈到功成身退时屡次称美的鲁仲连,就不属道家。那种"却秦不受赏"(《赠从兄襄阳少府皓》)的高风亮节,与道家所追求的逍遥自适恐怕不是一回事。李白之推崇鲁仲连,毋宁说与他在《侠客行》中高唱的"事了拂衣去,深藏身与名"都显然源自任侠传统的影响。可见功成身退思想的渊源,有非儒道互补所可尽言者。再如,李白作品中正面肯定功成身退的有29例,这29例并不是都在认真地表达自己的人生理想,有的只是甫出宫时的愤激之辞,有的是以此突出其不谐流俗的作风,反衬怀才不遇的现实处境,更有甚者,只是作为借口表示对隐逸的推托……此外还有一例明确对功成身退予以否定[1]。固然在李白诗中出现这样虚虚实实、出尔反尔的情况并不值得奇怪,但最少提醒我们:诗文中的各例功成身退有必要区别对待。功成身退在李白思想中占有多大分量?对他的一生产生过怎样的影响?看来并不是不言而喻的。

一

李白的功成身退思想受道家影响,此无疑义。但关键是,他所接受的是道家思想的哪些内涵仍须具体分析。如《老子》一书中曾多次论及功成弗居、功成身退,但《老子》的这一思想对李白产生了多大影响,却值得怀疑。兹择其要而彰者摘引如下:

是以圣人处无为之事,行不言之教;万物作而弗始,生而弗有,为而弗恃,功成而弗居。夫唯弗居,是以不去。(二章)

持而盈之,不如其已;揣而锐之,不可长保。金玉满堂,莫之能守;富贵而骄,自遣其咎。功遂身退,天之道也。(九章)

大道氾兮,其可左右。万物恃之以生而不辞,功成而不有。(三十四章)

此外还有一些对"不自矜""不自伐"表示赞赏的[2],实亦功成弗居之意。要均由体悟天道不言、无为之运化而倡导一种自然、谦卑的态度,要人虚怀若谷、清醒冷静,不可自我膨胀(上引第二例同时含有不慕荣华富贵与远祸全身之意,这两点拟放到后文去谈)。而向来为论者所乐道的李白的《代寿山答孟少府移文书》(以下简称《移文》),其姿态与此不啻南辕北辙:

近者逸人李白自峨眉来,尔其天为容,道为貌,不屈己,不干人,巢、由以来,一人而已。乃虬蟠龟息,遁乎此山。仆尝弄之以绿绮,卧之以碧云,嗽之以琼液,饵之以金砂。既而童颜益春,真气愈茂,将欲倚剑天外,挂弓扶桑。浮四海,横八荒,出宇宙之寥廓,登云天之渺茫。俄而李公仰天长吁,谓其友人曰:吾来可去也。吾与尔,达则兼济天下,穷则独善一身。安能餐君紫霞,荫君青松,乘君鸾鹤,驾君虬龙,一朝飞腾,为方丈、蓬莱之人耳,此则未可也。乃相与卷其丹书,匣其瑶瑟,申管、晏之谈,谋帝王之术。奋其智能,愿为辅弼,使寰区大定,海县清一。事君之道成,荣亲之义毕,然后与陶朱、留侯,浮五湖,戏沧洲,不足为难矣。

这是李白作品中被公认为阐述功成身退思想最完整的一段文字,但同老子之所倡导,却又多么不同!贯穿全文的那种自命不凡、纵横捭阖的气势,与《老子》之谦逊冷峻,相去几何!其行文的恢廓辽远,倒容易让人联想起《庄子》,甚至某些遣词亦明显袭自《庄子》[3]。《庄子》一书中也曾谈过功成弗居的意思,然均祖述《老子》,并无新意[4]。李白所受影响主要不在此,而在那种超尘拔俗的自我形象。文中弄绿绮、卧碧云、嗽琼液云云,同庄子所描写的"藐姑射"之神人,实相去无几;倚剑天外、挂弓扶桑、浮海横荒……也正是《逍遥游》所揭橥的境界;"不屈己、不干人"的傲岸人格,固亦近乎庄子之对楚王与魏王。不过,即使仅从《移文》来看,李白与庄子的区别也是明显的。主要在于文中阐发的"申管晏之谈,谋帝王之术"的人世情怀与庄子的出世理想的殊途,此毋庸赘言。值得注意的是这段描写与前后文虽有内容的区别,情调却完全合拍:在自命不凡这点上是一致的。这不免让人疑心李白在《移文》中大谈功成身退便是要给自己塑造一幅傲世因而不同凡响的形象。参照其他作品或可有所启发。如李白咏大鹏的三首诗赋(《大鹏赋》《上李邕》《临路歌》),都是以大鹏形象自喻豪情壮志、奇才无匹,并不完全等同于《逍遥游》。从这里可以看出他对庄子类似的去取。他汲取了庄子恢宏辽阔的气魄、藐视世俗的傲骨,其旨趣却不在追求庄子那种逍遥超脱的人生境界。

《移文》中李白对自己人生"三部曲"的描述("遁乎此山"——"愿为辅弼"——"浮五湖,戏沧洲")容易让人想起"谪仙"的称号。据松浦友久先生的分析,"谪仙"形象的主要属性可归纳为三点:(1)才能超群(超俗性)。(2)社会关系的客体化(客寓性)。(3)言行放纵(非拘束性)[5]。以此揆诸《移文》,略无不合。正如"谪仙"为李白本人津津乐道,《移文》中功成身退的表白,其本意亦在自树矫抗之迹。正是在这一点上可以看出庄子傲世态度的影响。

这样,他在称述功成身退时屡屡誉美鲁仲连也容易理解。《古风》其十称:"齐有倜傥生,鲁连特高妙……意轻千金赠,顾向平原笑。吾亦澹荡人,拂衣可同调。"《五月东鲁行答汶上翁》:"我以一箭书,能取聊城功。终然不受赏,羞与时人同。"《赠从兄襄阳少府皓》:"却秦不受赏,击晋宁为功。"究竟鲁仲连在功成不居的行为中表现出怎样的品格而让李自如此服膺?《史记》本传中记载他的两段话:"所贵于天下之士者,为人排患释难解纷乱而无所取也。即有取者,是商贾之事也,而连不忍为也。""吾与富贵而诎于人,宁贫贱而轻世肆志焉。"也是不贪慕爵禄,不希求富贵,但其所闪现的道德光芒、自拔于流俗之上的侠士作风却与老子主要由体悟天道而得出的理性认识有显著区别,倒是那种"轻世肆志"的傲骨与庄子性格有某种相似之处。而他的还愿意出来做一番却秦去燕的事业,却又有别于庄子对事功根本不以为然的态度。李白正是在这种双重意义上来推崇鲁仲连的。侠与道,本是各自独立的传统,但在李白这里,却并不显得扞格不入,反倒得以完美的结合和统一。在李白看来,它们的共通点就是不谐流俗、倔傲夭矫的人格范式。

李白在《移文》中虽也援引儒家"达则兼济,穷则独善"的成说,但在文中的地位却显得无足轻重。严格地说,它和文章所阐明的功成身退的主旨其实是矛盾的。儒家的"独善"并不是主动选择的结果,而是身处困境别无选择,退而修身自守,这同有朝一日显达之后,以沧洲五湖为人生的归宿当然不是一回事。细玩之,李白在此援引"达则兼济天下,穷则独善一身",只是为了作文意的转折,重心在"兼济"——仅仅在这一点上,它与下文所说的"事君之道""荣亲之义”是明显来自儒家的东西。

因此,仅指出李白的功成身退思想是儒道互补的产物就还过于笼统——既忽略了任侠传统对李白的重要影响,也无助于精微地解析李白对儒道两家的分别去取。李白思想确实不限于某一家,他善于根据自己的需要将各家思想熔铸锻造于一炉,形成别具一格的思想风貌。仅是功成身退这一条,也可以看出来。

二

说李白大谈功成身退,意在自树矫抗之迹,这不只是《移文》所给予我们的印象,类似情调还见于其他许多作品,以下将结合这些作品进一步考察他自命清高的用心。

显见的事实是:功成身退的标榜常出现于李白的干谒之作。如上文所举《赠从兄襄阳少府皓》便显然有功利目的。是诗以鲁仲连、朱亥功成弗居自况,接下来即自述穷愁之状,最后说:“吾兄青云士,然诺闻诸公。所以陈片言,片言贵情通。棣华倘不接,甘与秋草同。”是典型的陈情述德的格式。我们不知道他所求于襄阳少府的是何事[6],但有求于对方是无疑的。从这样的写作背景看来,“却秦不受赏,出晋宁为功”的自喻显然会有自高身价以获取同情的目的。至德二载(757)十月,李白卧病宿松,时相张镐适途经此地,白即上《赠张相镐》二首以求汲引。诗中自述奇才可恃而晚途遭谗之身世与“一生欲报主,百代期荣亲”的抱负,希望张镐援手以成就大业,第二首结以“灭虏不言功,飘然陟方壶。唯有安期舄,留之沧海隅”。言下之意是白之所以请求汲引,渴望投入平叛战争,只是一番报主之忱,并无个人利益的考虑,功成之后,唯有远引高举而已,决不邀功图赏。清高自诩,信誓旦旦,意在博得张镐赏识而实现其风云际会的梦想。翌年于长流夜郎途中所作《赠常侍御》亦略同于此,都是借“功成身退”以自高标,企望获得关键人物的赞赏来改善目前处境。裴斐先生指出:李白“表示功成身退的决心是为抬高自己的从政身份”[7]。确是中肯之论。

以“功成身退”自高身价,有时不一定有明确的功利目的,只是以此来使怀才不遇的现实处境显得更加鲜明。如《赠从弟冽》:“羌戎事未息,君子悲途泥。报国有长策,成功羞执珪。元由谒明主,杖策还蓬藜。”其时正沦落到连躬耕都不能的地步(“顾余乏尺土,东作谁相携”),谈得上什么藐视富贵呢?实则“成功羞执珪”正所以补足“报国有长策”,谓己德才兼备,以反衬羁危困窘之现状,增加抒情的力度。如果参照上文:“楚人不识凤,重价求山鸡。献主昔云是,今来方觉迷。”则可品味出其中亦不乏自嘲之意。类似用法,还可见于《还山留别金门知己》一诗。

这些作品中的“功成身退”，其性质与李白一向自诩的文足经邦、武能戡乱的奇才并没有什么两样，都是他借以表示自己与众不同的工具，很难作为认真的人生理想来看待。

“功成身退”之于李白，有时甚至只是一个借口，以表示“暂缓”归隐的决心。供奉翰林时有《驾去温泉宫后赠杨山人》，自陈身世，固不免早年未遇的愁苦之辞；“幸陪鸾辇出鸿都，身骑飞龙天马驹”云云，则又流露出对恩宠优渥的现状沾沾自得之色。结语说：“待吾尽节报明主，然后相携卧白云。”意思很清楚，就是要抓紧有利时机大展宏图。归隐的事，只好留待以后再说。对一个隐士要不这么讲，恐怕就显得不太客气了。实际上正可看出他用世心切。同为宫中所作的《赠韦秘书子春》，也谈到功成身退，言外之意却颇复杂。为省篇幅，仅将结语四句摘录如下：

留侯将绮里，出处未云殊。终与安社稷，功成去五湖。

据《求阙斋读书录》的分析：此诗“首八句论贤者宜济世，不宜高隐。‘唯君’八句言韦门第甚盛，不宜久于秘书。‘且复’八句叙韦暂归山中。末八句叙两人交谊……韦秘书此时当暂归山中，行将复出也。”（卷七）韦是否有意复出，仅据诗中数语尚难断言，但这样的背景应是清楚的：白其时正供奉翰林而子春行将归隐。所以诗中隐以张良自况，以隐士绮里季喻韦，并说彼此出处实无分别，终当安邦定国，功成身退，殊途同归。一个身份显赫的人，对他的处境欠佳的朋友，说出这番话是很自然的：一方面表示宽慰或鼓励，另一方面也鲜明地展示自己的济世立场。只要联系上文“苟无济代心，独善亦何益”和他的自喻留侯，对此便不会有什么疑问。

此外，《赠别从甥高五》和《闻丹丘子于城北山营石门幽居，中有高凤遗迹，仆离群远怀，亦有栖遁之志，因叙旧以寄之》等作品中，也出现过类似的情况。或曰“云龙若相从，明主会见收。成功解相访，溪水桃花流”，或曰“久欲入名山，婚娶殊未毕”。前者是于困窘之际犹存一线希望，故云成功则当相访于桃源，以此为延缓归隐的遁词。后者用向子平俟子女娶嫁毕乃游五岳典，意谓尘事未了，故尚不得肆意遂志。所谓婚娶未毕，其实也就是他在别处所说的“欲寻商山皓，犹恋汉皇恩”（《别韦少府》）的意思，都是以“功成身退”对栖隐之举表示延宕。

这些作品中所道及的功成身退，窃以为更不宜认真对待，实际上这只是李白惯用的一个幌子。白既好以清高自诩，又每自陈隐逸之志，所以在谈到功名抱负时——特别是对有隐逸倾向的朋友——稍事掩饰，或推托，或客套，都并不奇怪，对他的这类障眼法却应持有几分警惕。事实是，上述作品中的“功成身退”，均侧重在“功成”一面，略无动摇退却之意，倒是一番留恋尘世的热肠。

三

李白一生，从未“功成”过，因而，功成身退思想对其一生的影响，往往要从这一事实出发才能理解。

有人认为，功成身退的理想支持了李白不慕荣爵的性格。从他在诗文中所表现出来的对功成身退的理想来看，确实可以肯定这是李白的思想倾向。但同样也可以在其作品中找到相反的例证。如《悲歌行》中一方面有慨于“富贵百年能几何，死生一度人皆有”而欣赏范蠡“功成名遂身自退”，另一方面却又显得坐卧不安：“还须黑头取方伯，莫谩白首为儒生。”其他如：“男儿百年且荣身，何须徇节甘风尘……看取富贵眼前者，何用悠悠身后名。”（《少年行》）“功名不早著，竹帛将何宣。”（《长歌行》）“荣贵当及时，春华宜照灼……身没期不朽，荣名在麟阁。”（《拟古十二首》其七）类似吟咏在李白诗中屡见不鲜，都反映了他对谋求功名利禄的急切心情。又如李白出宫后曾多次回忆起在宫中所受的优渥待遇，字里行间，也不免颇有自得之色[8]。而李白在宫中的表现，也并不完全是历来传说的那样桀骜不驯，相反，“无论奉诏作词，侍从游宴或是书怀酬赠，都显得异常拘谨。”[9]这都提醒我们注意李白性格中系情于爵禄的一面。这里关键不在判断二者孰为主、孰为次，而在于功成身退所昭示的藐视功名富贵的内涵，并未成为李白一生的约束原则。这可能会让人觉得煞风景，但也似乎不必苛责——尤其是当他这么不加掩饰地脱口而出，总会让人觉得有几分可爱吧？

李白一方面好以逍遥超脱、傲骨嶙峋自许，另一方面却又无比执着地追求他的用世理想和功名前程，这种看似矛盾的现象固然有许多复杂的因素，但其丝毫不以为忤的态度，却可以从他未尝实现过“功成”的梦想这一事实出发来理解。既然以“身退”来展现藐视富贵的品格是“功成”之后的事，那么，未达之际向往功成而流露出对功名爵禄的在意，就不足为奇了。但这么一来却令人不得不怀疑“身退”作为理想的真实性。因为不慕荣禄的品格固然是在未来的引退行为中表现出来，但理想却往往决定着现实行为的性质。就我们所讨论的问题而言，功成身退的理想照理应该使现实的入世追求不带个人利益的考虑（如李白在其干谒诗中所许诺的那样），但在这一点上是不必为李白讳言的。指出这点不仅无损于李白形象，倒有助于了解“身退”口号的工具性——它只服务于功成的理想。正是因为打出了“身退”的旗号但又把它悬置于“功成”之后，李白在其入世追求中便可以较少包袱，不必因顾虑陷入名利羁绊而对积极进取的人生道路产生怀疑。李白诗中确实罕见这类主题，他的作品虽也经常表现对隐逸的企盼，却是以愤世嫉俗的情绪和不肯取容当世的傲骨著称的，“我本不弃世，世人自弃我”（《送蔡山人》），“安能摧眉折腰事权贵，使我不得开心颜”（《梦游天姥吟留别》），等等，都是指向社会的尖锐批判，实不足以说明李白的人生态度发生动摇，他并没有像陶渊明那样因不愿为五斗米折腰而走向彻底的隐逸，甚至也少有杜甫式的痛苦的内省和叩问[10]。这同诗人的性格有关系，但部分地也来自功成身退思想所产生的积极影响。

所以，一方面固然应该重视李白“藐视爵禄的反抗精神”，但另一方面也应注意功成身退思想所支持的义无反顾、执着入世的态度。功成身退思想之所以能对李白产生这样的积极影响，正是因为“身退”口号的工具性使“藐视功名富贵”保持在一定限度内。从这一角度看，李白没有完全做到“不屈己，不干人”，不仅完全可以理解，而且值得同情。在黑暗的社会环境中，这倒可能是鲁迅所说的“韧性的战斗”的一种表现。在我看来，这也是李白迄今令人倍感亲切的原因之一。

功成身退传统的另一内涵是远祸全身。《老子》所说“揣而锐之，不可长保”似即有见于此。李白诗中也曾表达过类似的意思，这是一些论家断定功成身退系李白明哲保身的处世方略的根据。事实是否如此，仍须就作品的写作背景了解其用意，并联系李白的生平事迹做具体分析。为避免断章取义，兹先费些篇幅将李白以远祸全身立意的两首诗或摘抄，或全文引录如下：

> ……衣冠照云日，朝下散皇州。鞍马如飞龙，黄金络马头。行人皆辟易，志气横嵩丘。入门上高堂，列鼎错珍羞。香风引赵舞，清管随齐讴。七十紫鸳鸯，双双戏庭幽。行乐争昼夜，自言度千秋。功成身不退，自古多愆尤。黄犬空叹息，绿珠成衅仇。何如鸱夷子，散发棹扁舟。（《古风》其十八）

> 有耳莫洗颍川水，有口莫食首阳蕨。含光混世贵无名，何用孤高比云月。吾观自古贤达人，功成不退皆殒身：子胥既弃吴江上，屈原终投湘水滨，陆机雄才岂自保，李斯税驾苦不早，华亭鹤唳讵可闻，上蔡苍鹰何足道。君不见吴中张翰称达生，秋风忽忆江东行，且乐生前一杯酒，何须身后千载名。（《行路难》其三）

从表面上看，似乎均从历史的经验教训得出功成便应身退，以明哲自保的结论。但只要联系全诗来理解，就可以发现诗人的作意并不如此简单。先说第一首。此诗前半，对当时权贵侈靡淫乐之举极尽铺陈，最后方点出功成不退多无善果之意，并引李斯、石崇、范蠡等正反经验为证。《唐宋诗醇》曰："此刺当时贵幸之徒，怙侈骄纵而不恤其后也。"（卷一）得之。徐祯卿更指出："'黄犬'句应前贵宠之言，'绿珠'句应前歌舞之言，'鸱夷'句应前功成身退之言。"（王注引）可见其针对性是很鲜明的。李白在此标举功成身退，用心原在警世，希望"贵幸之徒"引以为戒，并无躬身笃行之意。

再看第二首。作此诗时白方去朝远游。白之出宫，或以为遭谗被逐，或以为"恳求还山"，总之不是功成后的主动告退。但诗中却引伍员、屈原、陆机、李斯、张翰等历史人物来说明功成身退的必要性，这就有点令人费解了。细绎之，伍员、屈原、李斯，获罪前都有一番作为；陆机则不然，虽身莅高位，其"志匡世难"之抱负却未尝有微末实绩（见《晋书》本传），将其遇难归过于功成而身不退，其实是讲不通的；而张翰也并非功成身退的典范，他的行为中引起李白兴趣的，主要还是那种率性肆意、脱弃羁绊的潇洒风范。就言内意而论，此诗主旨在宣扬"贵无名"的思想，故不仅否定伍屈李陆等人的功名，而且认为夷齐巢由之流是以栖遁博取清誉，对此深不以为然。这样，为什么李白在倒霉时却大谈功成身退，为什么与功成身退命意无关的张翰、陆机也被分别列入正、反两面的例证就都容易理解了——既然只是推崇"无名"，则是否"功成"才"身退"，便显得无关紧要。要在以"含光混世贵无名"自解郁结，断绝功名仕进之念。当然这只是就言内意作些梳理，更重要的却是其间愤激不平之气，此可于言外味之。

联系写作背景看，也许可以说，李白因在宫中遭受谗毁，恐蹈祸机而产生避祸的念头。问题是他要明哲保身并不是只有引退一条路可走，如果他能识时务一些，甘心做一个御用词臣，在宫中待下去仍不成问题。李白的辞宫，也许有避祸全身的考虑，但主要还是因为他所自诩的政治才能未受重视，而他又不愿同流合污。他在援引历史经验时，字里行间所透露的愤慨难平，也说明了这一点。其中值得注意的，并不是"明哲保身的处世方略"，而是因有见于自古贤达之士运命多奇而发出的对黑暗政治的抗议。《答王十二寒夜独酌有怀》中说："君不见李北海，英风豪气今何在？君不见裴尚书，土坟三尺蒿棘居！少年早欲五湖去，见此弥将钟鼎疏！"因见李邕和裴敦复的不幸遭遇而表示疏远"钟鼎"的决心。是为了避祸而不敢，还是因为洞见了政治的黑暗而不屑？味其辞气之激烈，再联系上文对斗鸡之徒、哥舒翰之流的轻蔑和"董龙更是何鸡狗"的怒斥，恐怕还是后一种理解更接近诗人的本意吧？

总之，李白在谈到功成身退时，虽也涉及避祸全身的内涵，表现出对历史经验的重视，但并没有明哲自保的意思，要不是借以批评当权者的侈靡荒淫，便是以一介士人的良心对从古至今的黑暗政治予以尖锐批判。李白不屑于明哲保身,这一点,只要看看他在安史之乱中由隐居而从军、入狱、流放,直到临死前一年还抱病从军的经历,就可以很清楚了。

如果在不慕爵禄和远害避祸这两点上李白都并不十分恪守古训,那么功成身退在李白思想中的地位就很可怀疑了。其实也很简单,既然二者都是功成之后的事,那么李白对此态度冷漠又有什么奇怪呢?如果说功成身退的思想对李白有什么影响的话,那倒在于使他更加积极地追求自己的人生理想而无所顾虑。于是"身退"也就形同虚设了。

事实也正是如此。在很多地方,李白谈到功成身退,并不如有些人所说的那样"打退堂鼓",恰恰相反,只是表明了他的踌躇满志。《代寿山答孟少府移文书》和众多的干谒诗、延缓归隐的遁词不必说,仅是《玉真公主别馆苦雨赠卫尉张卿》(其二)便很能说明问题,诗中有云:"丹徒布衣者,慷慨未可量。何时黄金盘,一斛荐槟榔。功成拂衣去,摇曳沧洲旁。"用刘穆之一朝显达以金盘荐槟榔典,幻想日后飞黄腾达,大宴宾客。穷愁潦倒,却仍自信前途无量,"功成拂衣去"云云,不过是扬眉吐气的一种表现罢了。直到入永王水军后还高唱"浮云在一决,誓欲清幽燕……所冀旄头灭,功成追鲁连"(《在水军宴赠幕府诸侍御》),显见其对平叛战争跃跃欲试的神情。这里何尝有一点"急流勇退"的意思呢?

以上从三个方面讨论李白的功成身退思想,兹再将文中主要观点归纳如下:

(一)李白诗文中论及功成身退,确有道家影响的痕迹,但所吸取的不是老子的谦逊冷峻,而是庄子的傲世放达,而且与庄子也有区别——略无自求解脱之意,只是自矜名节,自树矫抗之迹。儒家的人生态度,李白也只对"达则兼济"感兴趣,对"穷则独善"则是冷漠的。正因如此,任侠传统亦被容纳进来,形成李白功成身退思想的独特风貌。

(二)这一独特风貌具体表现在李白对"功成身退"的两种用法中。一是借以自高身价,表明其不同流俗的身份和品格,或为获取关键人物赞赏以加速步入仕途,或为反衬怀才不遇处境以加强抒情力度。这一用法可概括为"功成就身退"。其次是"功成才身退"的用法,李白借此展现其鲜明的入世立场,以示对隐逸的延宕。

(三)传统功成身退思想的两大内涵:不慕爵禄和避祸全身并未形成对李白的约束,原因就在李白从未实现其政治抱负。由此反而产生了积极的影响,表现为两方面:一是身退被悬置于功成之后,使他义无反顾地追求其用世理想,较少因名缰利锁的顾虑而对功名进取的人生道路产生动摇;二是因为有见于古往今来贤达之士，唯功成身退方能自保而使其对黑暗政治的批判富于历史感和现实意义。

以上三点，都说明李白的功成身退思想中，功成的理想是主要方面，这不仅是从功成被置于身退之前这一意义上立论，而且也考虑到身退的提法，总是为功成服务。语词的意义就在于它的用法，从这一角度看，有理由说李白赋予“功成身退”以全新的意义。如果不是从这种全新的意义上来认识，那么，“功成身退是李白的一整套人生观”这一结论，就显得模糊而笼统，需要予以澄清了。

注 释

[1]《当涂赵炎少府粉图山水歌》：“若待功成拂衣去，武陵桃花笑杀人。”

[2]见《老子》十、十七、二十二、二十四、三十、五十、七十七各章。

[3]王琦注已指出，“尔其天为容，道为貌”出自《庄子·德充符》：“道与之貌，天与之形。”

[4]《庄子》中较明确论及功成弗居之意的有三处。一是《应帝王》：“老聃曰：‘明王之治，功盖天下而似不自己，化贷万物而民弗恃。”此假老子之口而言，也确是老子本意。二是《达生》：“是谓为而不恃，长而不宰。”此为《老子》十、五十一章语。三是《山木》：“自伐者无功。”见于《老子》二十四章。

[5][日]松浦友久《有关“谪仙”称呼的几个问题》，载《中日李白研究论文集》（中国展望出版社，1986年版）。

[6]詹锳认为是“告贷于皓”，可备一说。见《李白诗文系年》（人民文学出版社，1984年版）。

[7]裴斐《论李白的隐逸》，载《李白十论》（四川人民出版社，1982年版）。

[8]参见《还山留别金门知己》《秋夜独坐怀故山》《玉壶吟》《答杜秀才五松山见赠》《赠从弟南平太守之遥二首》（其一）等。

[9]参见裴斐《李白的传奇与史实》，载《文学遗产》1993年第3期。

[10]诸如“细推物理须行乐，何用浮名绊此身”？（《曲江二首》其一）“兵戈犹在眼，儒术岂谋身？苦被微官缚，低头愧野人。”（《独酌成诗》）“吏情更觉沧洲远，老大徒伤未拂衣。”（《曲江对酒》）等。详见拙文《论杜甫诗中的自适主题》，载《文学遗产》1995年第5期。

李白乱后心态矛盾性的文化解析

吴增辉

李白安史乱后的诸多诗作呈现出极为复杂的形态，既有战乱景象，也有饮乐生活；既有隐约的救世冲动，更有明确的隐逸理想，这些相互背离的内容往往并置杂陈于一首诗中，折射出诗人在安史乱后情感的惶惑及其价值取向的矛盾与混乱，其中所潜藏的文化意蕴大可深究。虽有相关研究成果涉及对李白乱后心态的探讨，但对李白乱后诗作所呈现的心理矛盾及其深层的文化原因尚未进行全方位的剖析，而这种剖析不仅有助于更准确地把握李白乱后的人生轨迹及文化心态，而且可以借以洞窥安史乱后中国士人人格的发展历程乃至中国文化演变的某些侧面。笔者认为，李白乱后诗作的矛盾性本质上是其超越性的盛世心态与战乱之间的尖锐冲突，这种盛世心态与李白纵横任侠的人世追求及老庄道家自由自然的价值观具有内在的一致性，从而实际上成为战乱与李白以独立自由为核心的整体文化人格之间的矛盾冲突。而文化的调整与演变往往滞后于历史事件的快速推进，于是惯性作用下的盛世文化依然滞留在变乱的现实中，并在与战乱的碰撞中逐渐断裂成碎片，反映到诗作中便形成李白感情的惶惑无依与价值的相互背离的复杂形态。

一

在盛唐四海升平的时代条件下，士人的精神渴求空前强烈，他们不再满足于既有的物质化的生存状态，而是竭力突破自然、社会及整个物质的局限而追求精神的超越，诗歌、音乐、舞蹈、绘画、书法等各类艺术形式争妍斗艳，乱花迷眼。唐人张彦远在《历代名画记》中写道:“圣唐至今二百三十年,奇艺者骈罗,耳目相接,开元、天宝其人最多。”[2]艺术的繁荣反映出唐人丰富的心灵世界,是国力强盛、物质富足的必然的精神伸张。“艺术审美活动作为人类实践的精神超越层面,是一种创造性的、自由生成的活动。”“艺术是自由的集中体现,它以创造性使人从自然存在中超拔出来,而与未来之境先行接通”。[3]盛唐士人并且壮游天下,立功边塞,以凌云壮志和豪健风骨书写出瑰丽多姿的华彩人生,有力地表现了盛唐士人丰富的精神世界及不甘平庸的超越追求。“会当凌绝顶,一览众山小”“欲穷千里目,更上一层楼”正是盛唐士人志在超越的生动写照。因此,盛唐文化精神实则宽松的政治文化环境所激发出的人的蓬勃的生命激情的外在展现,它使个体倾向于个性的强烈伸张及精神自由的无限延伸。唐人孙过庭在《书谱》中说,作书应“达其性情,形其哀乐”“随其性欲,便以为姿”[4],指出艺术创造应充分表达人的自由精神。在这种自由精神的引导下,盛唐人无论入世立功、隐逸求仙,还是艺术创造,都带有一种超离凡俗的升腾意味。敦煌飘逸的飞天,张旭狂放的草书,公孙大娘神鬼莫测的剑器舞,以及仙意氤氲的霓裳羽衣曲,无不以艺术的形式表达着盛唐文化的超越追求,与之相应,求仙与漫游成为李白的生命常态,李白诗云:“五岳寻仙不辞远,一生好人名山游。”成为对其生命形态的简明准确的概括。对李白来说,道家思想的核心统领地位使他并不满足于儒家“立德、立功、立言”,而是以更为超绝的姿态追求更为终极性的价值,即以求仙的方式超离凡俗以追求永恒。李白之求仙活动可谓从一而终,至老不衰,而求仙又与其遍访名山的漫游行为联系在一起,于是,漫游、隐逸、求仙几乎具有了同等的精神价值。因而,李白的生活是一种超离世俗的精神性活动。尽管他也有拜谒求官的功利行为,但综观其一生行迹,漫游、求仙更是其生活常态。

这种精神性活动必须依托于强大的国力、富足的生活、清明的政治及强健的时代精神,安史之乱的爆发破坏了李白求仙的社会基础,其超越性的盛世心态无法面对与适应喧嚣乱世,并与乱世景象形成极其强烈的冲突,造成诗人价值取向的矛盾与混乱,表现在诗中便是动乱与和平、杀戮与享乐、报国之心与归隐之志的并置杂陈。以《猛虎行》为例,该诗前面描述安史乱起的景象:“旌旗缤纷两河道,战鼓惊山欲倾倒。秦人半作燕地囚,胡马翻衔洛阳草。”而后叙述自己“有策不敢犯龙鳞”的遭际及“窜身南国避胡尘”的行踪。诗人究竟有怎样的救国奇策竟然不为所用不得而知,而问题是诗人值此国势危殆、生死存亡的关键时刻仍然如乱前一样感叹“贤哲栖栖古如此,今时亦弃青云士”,并以“有时六博快壮心,绕床三匝呼一掷”的消极享乐疏解忧闷,最终表示要遁迹东海,

"我从此去钓东海,得鱼笑寄情相亲"。战乱似乎并没有改变诗人的感情状态,他一如乱前一样感怀不遇,痛饮狂歌,避世隐逸,但这种表白并不能仅仅视为乱前类似情感的翻版。

战乱彻底打破了盛世景象,诗人超越性的生活方式及其文化意蕴在野蛮的杀戮和成片的死亡面前似乎突然失去了意义,紧紧抓住往昔的生活成为诗人的本能反应。因此,诗人窜身南国、遁迹东海不仅出于生命安全的考虑,更是一种文化性的逃避,诗人的盛世心态无力面对喧嚣乱世,只能以对往昔盛世生活的接续重新抓住生命支点,以维持心灵的平衡。《经乱后将避地剡中,留赠崔宣城》的感情流程亦复如此。诗人首先描写了叛军荼毒中原的血腥场面,"中原走豺虎,烈火焚宗庙""苍生疑落叶,白骨空相吊",见出诗人的惊惧不安。面对来势汹汹的叛军,诗人一时惊慌失措,对能否破敌充满疑惑,"连兵似雪山,破敌谁能料?"进而表达了遁世隐居的念头,"我垂北溟翼,且学南山豹"。诗人无法面对盛世与战乱的急骤对接,即便与宣城太守宴饮作乐似乎也不能平复心灵的慌乱,于是又沉醉于对隐居生活的诗意想象:

忽思剡溪去,水石远清妙。雪昼天地明,风开湖山貌。闷为洛生咏,醉发吴越调。赤霞动金光,日足森海峤。独散万古意,闲垂一溪钓。猿近天上啼,人移月边棹。

诗人似乎忘却了北方的战火,也忘记了当年"使寰区大定,海县清一"的英雄誓言,并在末尾再次表达了隐逸求仙的愿望,"无以墨绶苦,来求丹砂要。华发长折腰,将贻陶公诮"。即便在蒙冤流放、中道放还痛定思痛所作的《经乱离后天恩流夜郎忆旧游书怀赠江夏韦太守良宰》一诗中,诗人仍然没有忘记楔入他所熟悉的宴饮作乐的生活,"吴娃与越艳,窈窕夸铅红。呼来上云梯,含笑出帘栊。对客《小垂手》,罗衣舞春风"。这种作乐场面与动乱的时局显然极不协调,无怪乎宋人对此大为不满,批评说:"李太白当王室多难、海宇横溃之日,作为歌诗,不过豪侠使气,狂醉于花月之间耳。社稷苍生,曾不系其心膂。"[5]平心而论,李白并非只顾个人寻欢作乐的苟且之徒,由其参加永王幕府以平定叛乱即可看出他对社稷的关切之情,且在本诗末尾李白还表示"中夜四五叹,常为大国忧",并渴望"安得羿善射,一箭落旄头"。因而,宋人的批评未免偏激。原因在于,盛世心理依然在李白身上顽强存在并发挥作用,所谓李白"十句九句言妇人酒耳"[6]恰是盛世常态,这种常态夹杂于血腥战乱中在后人看来便成为一种变态,它实际上反映出唐王朝由治而乱的急骤变化与诗人盛世心理之间的严重错位及诗人的无所适从,这在《扶风豪士歌》中表现得更为显豁,全诗如下:

洛阳三月飞胡沙,洛阳城中人怨嗟。天津流水波赤血,白骨相撑如乱麻。我亦东奔向吴国，浮云四塞道路赊。东方日出啼早鸦，城门人开扫落花。梧桐杨柳拂金井，来醉扶风豪士家。扶风豪士天下奇，意气相倾山可移。作人不倚将军势，饮酒岂顾尚书期？雕盘绮食会众客，吴歌赵舞香风吹。原尝春陵六国时，开心写意君所知。堂中各有三千士，明日报恩知是谁？抚长剑，一扬眉。清水白石何离离！脱吾帽，向君笑。饮君酒，为君吟。张良未逐赤松去，桥边黄石知我心。

本诗可分三部分内容，前四句描述安史之乱的现实，最后两句含蓄表达用世之志。主体则是第二部分，描述南国城市的宁静祥和及自己与所谓的“扶风豪士”宴饮游乐的生活。在主体部分中，诗人极力恭维扶风豪士的奇士风采，诸如倾动山岳的意气，鄙弃权势的傲岸，宴饮宾客的慷慨，都使李白深为赞许，并表示来日要报答扶风豪士的知遇之恩。这类内容是典型的盛世文化，与眼前的战乱简直是风马牛不相及。全诗并没有紧承开始的战乱展开，而是在粗略概述洛阳战乱之后便迫不及待地转入了对扶风豪士家的描述，明显表现出李白对战乱的逃避心理。只有在扶风豪士家这种熟悉的氛围中，李白才能重新找到因战乱而失落的自我，并以对盛世的重温修复心理创伤。不难看出，所谓的扶风豪士与李白的性情气质具有极大的相似性，对扶风豪士形象的塑造一定意义上也是对自我形象的刻画，寄寓着诗人豪迈飘逸的个性气质，也流露出对盛世文化的眷恋与回味，然而在战乱汹涌、盛世塌陷的背景下，这种对旧梦的重温难以掩饰其悲剧意味。

上述诸诗几乎具有相同的感情脉络与价值取向，几乎都以战乱开始，以逃避结束。它表明，李白的盛世心理无法真正面对和承载血腥的战乱，他所习惯的痛饮狂歌、隐逸求仙的盛世生活具有超尘出世的精神性，虚诞玄远，显然无力解决现实问题。盛世所培育出来的文化人格已无法适应战乱形势，逃避便似乎成为唯一的选择。李白在《流夜郎赠辛判官》中曾回忆说：“夫子红颜我少年，章台走马著金鞭。文章献纳麒麟殿，歌舞淹留玳瑁筵。与君自谓长如此，宁知草动风尘起。”最后两句可谓含蕴无穷，正因为“自谓长如此”，所以才无法面对突然的“草动风尘起”，才会茫然、无奈、痛愤与挣扎。李白年青时所谓“使寰区大定，海县清一”，不过是盛世背景下的普泛性的英雄主义宣言，更具精神指向而少实践意义，只有饮酒赋诗、隐逸求仙这类精神性活动才真正吻合盛唐文化精神的超越品格。因而，战乱来临，那种时代精神激荡下的英雄大言立刻暴露出虚幻的本相，南奔避难即为明证。虽然诗人在《扶风豪士歌》末尾以张良的典故暗示了报国的壮心，但相对于年轻时的豪情胜慨未免过于有气无力了。由此可见，上述诸诗最为核心的内容乃在于饮酒作乐与隐逸山林，这才是李白所代表的盛唐文化精神的本质。

李白的自由人格与大唐盛世相荡相摩，盛世的戛然而止不可能同时中止盛世心态的惯性滑行，李白依然企图延续盛世的自由人格和精神情趣。然而乱世毕竟是乱世，诗人不可能完全自闭于与世隔绝的世外桃源。尽管在扶风豪士家醉酒狂歌，但目睹“天津流水波赤血，白骨相撑如乱麻”的惨烈景象，李白不可能再保持心灵的宁静，《古风·西上莲花山》即透露了他的心理变化：

西上莲花山，迢迢见明星。素手把芙蓉，虚步蹑太清。霓裳曳广带，飘拂升天行。邀我登云台，高揖卫叔卿。恍恍与之去，驾鸿凌紫冥。俯视洛阳川，茫茫走胡兵。流血涂野草，豺狼尽冠缨。

这首诗既有求仙的逍遥，也有兵燹的血腥，二者如此奇特地杂糅于一首诗中，正映照出唐王朝由治而乱的急骤变化，及诗人在幻想与现实的撕扯中错愕无奈的矛盾心态。李白窜身南国的举动似正说明他无法面对这种突如其来的巨大灾难，只能以逃避来勉强维持心灵的平衡。因而，《古风·西上莲花山》中的矛盾与《扶风豪士歌》中的矛盾可谓正反相应，如果说前者是诗人从盛世的游仙之梦中惊醒，那么后者则表明诗人仍然企图延续盛世之梦。李白的自由人格已远远超出了现实的地面，但他毕竟立足于现实的大地，随着地基的下沉，理想的大厦必然随之陷落。李白难以立即实现由盛而衰的心态转换，只能在盛世大幕徐徐落下的舞台上茫然四顾，追寻盛世荣华的幻影，由此必然造成此期李白诗歌复杂矛盾的状况。宋人罗大经批评说：“其视杜少陵之忧国忧民，岂可同年而语哉！”[7]其实这正是李白与杜甫的分野，浪漫与现实的分野，道家与儒家的分野，也是盛唐与中唐的分野，以杜甫为标准来衡量李白乃至苛责李白，否定李白，不仅是审美的偏见，更是历史的无知。

二

李白早年即怀有“使寰区大定，海县清一”的壮志，而在安史之乱爆发后的危难时刻却南奔避祸，并屡屡表示要隐逸山林，表现出令人困惑的矛盾性。李白对战乱的淡漠态度既与其盛世心理有关，亦源于纵横家思想及道家独立自由的价值观，具有深刻的历史文化内涵。

刘全白说李白“性倜傥，好纵横术”，[8]《唐诗纪事》引杨天惠《彰明逸事》说白从蕤学年余，而赵蕤所著《长短经》所谈正是纵横之术。虽然与战国纵横之术已有不同，但基本思想仍然一脉相承。赵蕤自序其书说：“大旨在乎宁固根蒂，革易时弊。兴亡治乱，具载诸篇。”[9]《四库全书总目提要》指出，“此书辨析事势，其源盖出于纵横家”[10]。李白一生好言王霸之略，纵横之术，且李白所推崇的许多纵横家大都出现于《长短经》，由此不难看出赵蕤《长短经》中的纵横思想对李白的深刻影响。

苏秦、张仪纵横之徒的重要特征是追求功利，虽同是入世立功，却缺乏儒家那种以天下为己任的责任感。苏秦自称是“进取之臣”，贬斥儒家的孝、廉、信不过是明哲保身的“自覆之术”[11]。纵横家的进取，就国家而言，是谋求争霸称雄；对个人而言，则是博取功名富贵。实际上纵横家的所谓王霸之略也主要是用以图取个人富贵的手段。苏秦早年曾以连横之策游说秦王，遭到冷遇后又转而向六国兜售合纵之策，终于为赵所用，“封为武安君，受相印，革车百乘，锦绣千纯，白璧百双，黄金万溢，以随其后”[12]。可谓富贵利达之至。从根本上说，纵横家追求的是个体利益，对个体利益的追求远超过对天下形势的关注，无论是哪国君主，只要待若上宾，则会倾其所能；如果不为所用，则投身敌国，操戈相向。就其个人价值选择而言，此路不通则另谋他术，只要其术能为君主所采纳，则无所不用其极。总之，他们既没有固定的效忠对象，也没有一成不变的超越功利的价值准则，完全以自我为核心，以功利为旨归，带有强烈的投机色彩，同儒家“不义而富且贵，于我如浮云”[13]的高尚人格，“知其不可而为之”[14]的勇毅气质，及“道不行，乘桴浮于海”[15]的卫道精神截然不同。可以说，纵横家原本并没有超功利的具有形而上色彩的“道”，因而也就没有儒家那种面对礼崩乐坏的痛心疾首及天下滔滔而欲力挽狂澜的救世冲动。如果说儒家之入世在于“卫道”，那么纵横家之入世则在于“谋利”；前者的价值追求指向群体，后者则指向个体。

与苏、张之流同时而又不同的有另一类侠义之士，如鲁仲连、颜周、虞卿、侯嬴、朱亥之徒，“他们与苏、张之流纵横家的主要不同有二：由于秦国恃强肆虐，侵凌吞食六国，所以他们只济弱扶倾，合纵抗秦，而不像苏、张之流朝秦暮楚、翻云覆雨，依违于连横合纵之间，此其一；他们急功好‘义’，重然诺，尚气节，贱富贵，轻生死，以侠行义举著称于世，而不像苏、张之流急功好利，不择手段”[16]。尽管他们扶危济困、重义轻生，但同样不像儒家那样具有以道自任的责任感及胸怀天下、统揽全局的眼光，他们的直接目标是要解决当下的困难和危机，而非如儒家一样追求拯困济溺、解民倒悬的终极价值。

可以说，无论苏秦、张仪之流，还是鲁仲连、荆轲之徒，他们的人生活动都是以自我为中心进行的，只不过苏、张所求者是赤裸裸的物质功利，鲁仲连所求者则是不朽的功名，本质上都是追求自我价值。

纵横之术与任侠精神之所以能够深刻影响到李白，在于它们与李白思想的主体——老庄思想存在深刻的一致性。老庄尤其是庄子思想的核心即是自由，庄子哲学排斥一切束缚个体本性的外在因素，毫无条件地保持自我人格的独立与自由，无论权力还是名利概为庄子所鄙弃。当楚王邀请庄子为相时，“庄子持竿不顾”，表示宁肯“曳尾于涂中”，也不肯“死为留骨而贵”[17]，表现出追求个体自由的坚定立场。纵横家与游侠虽然因追逐名利而与庄子不同，但在保持人格的独立与自由方面仍然与庄子思想相重叠，因而才能够楔入李白的价值系统。儒家思想虽然也追求建功立业，但其所求者并非个体价值，而是群体性的社会价值。随着秦汉大一统政权的建立及儒学上升为意识形态，个体价值的实现往往要以个体人格的丧失为代价，这在根本上就与李白的自由人格发生了冲突，因而李白始终对儒家思想敬而远之。纵横、游侠的入世追求契合了盛唐积极进取的时代精神，而其对独立人格的执守又契合了李白在老庄浸染下的自由思想，于是，既保持独立人格，又追求建功立业便成为李白的人格形态，这一人格形态所追求者便不是儒家的群体价值，而是个体价值，带有强烈的自我实现特征。因而，李白所崇拜者必然是一朝得志、立功扬名的纵横游侠之徒：

洛阳苏季子，剑戟森词锋。六印虽未佩，轩车若飞龙。

——《魏郡别苏明府，因北游》

乐毅方适赵，苏秦初说韩。卷舒固在我，何事空摧残？

——《秋日炼药院镊白发赠元六兄林宗》

甚至在干谒失败，走投无路时也以苏秦自比，“一朝狐裘敝，百镒黄金空。弹剑徒激昂，出门悲路穷”（《赠从兄襄阳少府皓》）。李白尤其崇拜鲁仲连功成之后“意轻千金赠，顾向平原笑”的潇洒风度，称赏说：“独立天地间，清风洒兰雪。”（《留别鲁颂》）由此可以看到李白对纵横家及游侠的高度认同，包含着对其功业与独立人格的双重肯定。

纵横游侠功业追求的内在动力是其自我价值的实现，而非儒家以天下为己任的卫道精神，这种价值观无疑削弱了李白的社会责任感，使他更习惯于以“自我”为中心进行价值判断。如果说“安得广厦千万间，大庇天下寒士俱欢颜”表现了杜甫的情怀，那么“安能摧眉折腰事权贵，使我不得开心颜”则吐露了李白的心声，前者关注的对象是“天下寒士”，而后者关注的对象则是“我”，见出二者文化观念及价值指向的深刻歧异。在李白的价值构成中，自我的独立人格是核心要素，建功立业服从于独立人格，功业无成必然滑向对独立人格的执守。李白安史乱后由“使寰区大定，海县清一”的英雄宣言转向“我垂北溟翼，且学南山豹”的黯然退隐正是这种价值逻辑的展开。李白长期生活于太平盛世，并没有如张仪、苏秦一样在杀人盈野、险象环生的乱世历练出纵横捭阖、折冲樽俎的本领,“连兵似雪山,破敌谁能料?”正暴露了李白长期盛世荫蔽下的虚弱,所谓“使寰区大定,海县清一”的英雄宣言并不能兑现为实际行动,于是,纵横家卫道精神的缺失与李白盛世心理的遇合造成了诗人对汹汹乱世近乎本能的逃避。

尽管李白后来加入永王幕府,似乎表现出强烈的立功愿望,但从其入幕期间所作《与贾少公书》来看,诗人入幕并非主动追随,而是迫不得已。李白在这封信中称自己“才微识浅,无足济时。虽中原横溃,将何以救之?”[18]倒也并非全属自谦。面对突然变乱的时局,李白并没有足够的信心如谢安一样一展宏图,因此相比殷浩、谢安二人,李白自称“实有惭德。徒尘忝幕府,终无能为”。而加入永王幕主要是“辟书三至,人轻礼重。严其迫切,难以固辞”,即便入幕,也心怀犹豫之计而“前观进退”。而李白怀着可能建功立业的侥幸心理入幕,也主要源于纵横家立功扬名的价值追求,所谓“试涉霸王略,将期轩冕荣”,而非出于君辱臣死的儒家观念。二者的本质区别在于,前者并不寻求对正统的捍卫与效忠,而主要追求个体价值的实现,后者则将对正统的忠诚作为第一原则,这也正是萧颖士、孔巢父等“明达”之士拒绝永王聘用的根本原因,也是其与李白的根本区别。李白犹豫再三最终加入永王幕,与其说是缺少政治的清醒与先见,不如说缺乏正统的儒家观念。李白原本对君礼臣忠、尊卑有序的儒文化深怀蔑视,对皓首穷经、不通世务的儒生屡有嘲讽,他没有建立起正统的儒家价值体系,因而对政治形势的观察、判断必然偏离儒家原则的规定性。在《箜篌谣》一诗中,李白写道:“周公称大圣,管、蔡宁相容?汉谣一斗粟,不与淮南舂。兄弟尚路人,吾心安所从?”李白将周公与管、蔡,汉文帝与淮南王同等看待,实则以历史影射现实,将肃宗与永王相提并论。周勋初先生认为:“他对肃宗其人,至少是不一定认为必须由他登大宝之位;而对永王磷其人,则是认为也有资格在江东立国的。”[19]这与儒家正统观念显然是背道而驰的。

李白以自我为核心的功业追求及其放纵不羁的自由人格总体上与盛世精神并行不悖,尤其李白笑傲王侯的狂妄得到了盛世宽松的政治环境最大限度的容忍,然而乱世背景下对王权与秩序的强调不允许李白这种自由人格的无限膨胀,即便靖乱报国的功业追求也必须以对正统王权的皈依为前提。被盛世宽松的文化表象所掩盖的秩序性此时凸显出来,长期遭到冷落的儒家思想悄然崛起,担当起重建王道秩序的重任,儒家的秩序内核开始严厉压缩宽松的政治文化空间,李白对此浑然不觉,依然故我地沿着盛世的轨道滑行,终于以入狱浔阳、长流夜郎为这种文化精神的转型作了一种悲剧性的注脚。

三

李白在四海鼎沸的危难时刻倾向于隐遁避世而非勤王报国，这并非发生于李白身上的特有文化现象，而是带有一定的群体性。从中国士人人格发展的角度而言，则是先秦魏晋六朝士人独立人格传统合乎逻辑的发展。

赵翼在《陔余丛考》中说，“六朝忠臣无殉节者”“则知习俗相沿，已非一朝一夕之故。延及李唐，犹不以为怪。颜常山、张睢阳、段太尉辈，一代不过数人也。直至有宋，士大夫始以节义为重。实由儒学昌明，人皆相维于礼义而不忍背，则诗书有功于世教，匪浅鲜矣！”[20]魏晋以至六朝，篡乱相替，杀伐不断，儒学设定的君尊臣卑的等级秩序扫地以尽，士人忠君观念随之而荡然瓦解，见风使舵、卖主求荣者比比皆是。赵翼认为这种“习俗”一直延续至中唐，至宋才有彻底改观，而处于盛衰转捩之际的李白自然也应被置于缺乏“节义”之列。赵翼以正宗儒学观评判唐人固然不无道理，却又显示出未能深察唐代具体文化环境而形成的历史偏颇。查屏球认为，唐儒“既有信儒好古的特点，又强调个体价值，他们的儒学信仰是以名士的个体意识表现出来的，而较少后来的‘愚忠’意识”[21]。所论极是，但需要补充的是，唐儒尤其是盛唐儒士具有相对独立的人格和宽广的文化胸怀，对儒学的接受是在更为宏大的文化视野之下的接受，并不以排斥佛道为前提，且其更以文化眼光看待儒学，而非出于自觉维护君主专制的政治动机。士人即便秉持儒学，亦是以文化立身，而非异化为王权专制的工具。因而，儒非愚儒，忠非愚忠。深受儒学浸染的杜甫尚且抨击时政，甚且不顾王命挂冠而去，一向鄙视儒学的李白自然更加谈不上有多少对君主与朝廷至死不渝的忠贞了，这正是中国士人独立人格自先秦至魏晋递嬗发展的必然结果。

盛唐士人虽似忠君不够，但与六朝士人之寡廉鲜耻自不可同日而语。六朝士人之立场不坚主要源于政权的篡变无常，而盛唐士人之“不忠”，则源于对自我人格与价值的肯定。这种价值取向违逆了儒家道德，却又在一定意义上解放了士人；虽然造成了一定的消极后果，却又不乏积极的文化内涵。宋以后虽然节义至上，却再没有盛唐文化包容一切的宏大气魄，也缺乏唐代士人那种饱满张扬的个性，效忠朝廷与人格独立之间从而形成发人深省的历史悖论。

李白安史乱后的隐逸理想折射出盛唐文化精神高扬人格独立的内在特质，然而与其他士人不同的是，李白对朝廷安危之淡然超然在深层意义上又表现出道文化以自然自由为核心的哲学观对儒文化以秩序为核心的政治伦理观的严重消解，及由此而形成的李白对儒教道德秩序及君主专制的政治秩序的背离。

对秩序的强调几乎成为中国文化的情结，葛兆光认为，“古代中国的一个相当普遍的观念是，人类有一个最终合理的‘秩序’，而对于这个秩序又有一种非常圆满的解释系统。古代中国的主流思想世界的中心，就是在论证和建构这种解释的系统：它需要说明，天地的空间和时间格局，帝王与帝国的政治结构，人间的社会伦理道德，自然的万事万物，是如何完美地被纳入这一秩序中的。”[22]儒文化的核心即是对秩序的建构。汉代大儒董仲舒将阴阳五行学说与儒学结合起来，扩展了儒学的应用范围，确立了“天人合一”的基本理论框架。它将一切存在赋予了秩序性，并强调秩序的天然合理性。它本质上服务于君主专制的等级制度，同时取消了人的独立与自由。与之相反，道家思想只承认先在的自然秩序而不承认任何人为设定的秩序，所谓“人法地，地法天，天法道，道法自然”[23]，道家思想实际是对儒学及整个现存社会秩序的解构。李白深受道家思想影响，对一切“秩序”怀有几乎本能的反感，无论是不屑科举，蔑视权贵，还是偏好自由奔放的歌行体，都表现出鄙弃秩序、酷爱自由的精神气质。李白并不认同儒文化的“秩序”，更未将自己纳入儒文化价值系统而成为儒文化的卫道士，相反每每对孔子及儒生加以嘲讽。可以说，李白在精神上始终游离于儒道及现实政治秩序之外，自然也会对这种秩序的破坏并不格外痛心。

与之相反，随着盛世的落潮，以儒立身的杜甫日渐褪去了盛世精神光照下“裘马颇清狂”（《壮游》）的浪漫色彩，露出其以道自任、忧患天下的儒家面目。同样面对仕途挫折，杜甫并非仅仅感叹自身的不遇，而是由此形成对政治黑暗的深切忧虑。长安求仕期间的《丽人行》已寓含了严肃的批判精神，作于此后的《咏怀五百字》更是对统治者的寻欢作乐忧心忡忡。随着战乱的爆发，深受儒学熏陶的杜甫所关注者就不仅仅是人民的苦难，更有政权的安危。叛乱初起，杜甫因不知玄宗下落而惶惶不可终日，“行在仅闻信”（《避地》），及至得知肃宗即位灵武便急切投奔，其间陷贼而忠心不渝，辗转逃出，再次冒死奔赴行在，“麻鞋见天子，衣袖露两肘”（《述怀》），其效力朝廷的忠心昭然可见。即便在挂冠而去、漂泊西南期间，杜甫也时刻心向朝廷：得知两京收复的消息，便“漫卷诗书喜欲狂”；归家无望、报国无门时依然“每依北斗望京华”（《秋兴八首》其二）。“一餐不忘君”因而成为杜甫儒文化人格的生动写照。也正因为这样，杜甫对安史之乱表现出远比李白强烈的切齿痛恨之情，杜甫在诗中屡屡痛骂安史叛军为“胡”，“胡羯仍构患”（《彭衙行》）；为“贼”，“忆昔避贼初”（同前）；为“豺狼”，“豺狼沸相噬”（《送樊二十三侍御赴汉中判官》）；为“遗孽”，“遗孽尚纵横”（《奉送郭中丞兼太仆卿充陇右节度使三十韵》），并以激烈的语言表达锄灭叛贼的愿望,“三月师逾整,群胡势就烹”(同前),“谁云遗毒螫,已是沃腥臊”(《喜闻官军已临贼境二十韵》)。可谓咬牙切齿,恨入骨髓,这在根本上是因为叛乱是对杜甫所恪守的并以之安身立命的儒文化价值原则的彻底否定。

相比杜甫,李白常常不是从犯上作乱、破坏纲常的政治伦理角度斥责安史叛军,却更多以楚汉相争进行历史性的比拟,如:

颇似楚汉时,反覆无定止。

——《猛虎行》

欃枪扫河洛,直割鸿沟半。

——《南奔书怀》

大盗割鸿沟,如风扫秋叶。

——《赠王判官时余隐居庐山屏风叠》

宇宙初倒悬,鸿沟势将分。

——《送张秀才谒高中丞》

李白与杜甫对叛军与朝廷间矛盾斗争的不同态度不仅出于二人对儒家道德秩序及现实政治秩序的不同立场,而且彰显出道文化形而上的哲学视野与儒文化形而下的政治视野的本质不同。道家思想在根本上是一种哲学而非儒家一样的政治伦理学,它以更加本体化的角度观照世间万象,以回归自然作为消除人世纷争的手段,从而彻底解决人类面临的现实困境。由此出发,庄子否定人与人的差别,反对以各类名号对人群加以区分,以彻底回复自然状态,而自然状态的人是平等的人,从这个意义上说,庄子的自然观实际上是一种平等观。庄子说:“以道观之,物无贵贱。以物观之,自贵而相贱。以俗观之,贵贱不在己。”[24]所谓贵贱不过是据高位者站在世俗立场以自己的地位优势和话语权对社会成员进行的单方面的强行划分罢了,并不具有哲学本体意义上的合理性和合法性。人类在哲学意义上是平等的,在形而下的伦理层面区分人类的差别与是非没有意义,因为在庄子看来,伦理道德本身就是没有意义的,“因是因非,因非因是”“是亦彼也,彼亦是也。彼亦一是非,此亦一是非。果且有彼是乎哉?果且无彼是乎哉?”[25]庄子泯和了是非的界限,同时消解了世俗斗争的意义。李白在《代寿山答孟少府移文书》中说,“且达人庄生,常有余论,以为尺鷃不羡于鹏鸟,秋毫可并于泰山。由斯而谈,何小大之殊也?”[26]秋毫泰山之喻出于《齐物论》,亦见于《秋水》,李白诗云“过此无一事,静读《秋水》篇”,表明李白熟悉并深为赞同庄子“万物齐一”的哲学观,这也应是李白将李唐王朝与安史叛军比拟为“楚汉相争”的深刻的哲学渊源,由此似乎不难理解李白对双方争夺的淡漠与超然,以及叛乱初起后表示要隐逸山林的思想根源。庄子否定人为的等级划分，实际上就否定了人世间的各种权威，也自然不会承认任何世俗政权的正统性。道家自然观深刻消解了儒家正统观念的影响，李白虽然不可能将朝廷与叛军相提并论，但也不大可能像杜甫一样对李唐朝廷有那样根深蒂固的精神皈依，因而也不会像杜甫一样对犯上作乱的行为那样痛愤慷慨。李白虽然后来在永王的一再促请下“迫胁上楼船”，其所关注者始终是“自我”价值的实现，所谓“但用东山谢安石，为君谈笑静胡沙”，与杜甫“煌煌太宗业，树立甚宏达”（《北征》）的政治理想相去甚远。

陈寅恪在《论韩愈》中说：“唐代之史可分前后两期，前期结束南北朝相承之旧局面，后期开启赵宋以降之新局面。关于政治社会经济者如此，关于文化学术者莫不如此。”[27]前后期的分界点即是安史之乱，而李、杜则是这一历史转捩期不同文化的代表人物。此后杜诗大行其道，对后世士人的创作及价值观产生了深远影响。李、杜二人在文学史上角色和地位的转换在深刻意义上象征了中国文化精神由浪漫向现实的衰变趋势。

注　释：

[1]富有深度的论文主要是查屏球：《江左名士文化与李白晚年悲剧》，原载《中国文化》第十四、十五合辑；《裂变时代的颤音——论李白晚年诗风的一些变化》，原载《中国李白研究2000年集》，现收入其专著《从游士到儒士》（上海：复旦大学出版社，2005年）。

[2]张彦远：《历代名画记》，《景印文渊阁四库全书》本，第812册，第283页。

[3]王岳川：《艺术本体论》，北京：中国社会科学出版社，2005年，第39页。

[4]孙过庭：《书谱》，《景印文渊阁四库全书》本，第812册，第32～35页。

[5][7]罗大经：《鹤林玉露》，北京：中华书局，1983年，第341页。

[6]陈善：《扪虱新话》卷八，《津逮秘书》（汲古阁本），第102～103册。

[8][18][26]王琦注：《李太白全集》，北京：中华书局，1977年，第1460、1234、1220页。

[9]赵蕤：《长短经序》，《景印文渊阁四库全书》本，第849册，第4页。

[10]《四库全书总目》卷一百一十七，北京：中华书局，1965年，第1011页。

[11][12]《战国策·燕策一》，上海：上海古籍出版社，1985年，第1047、87页。

[13][14][15]《论语》，朱熹：《四书章句集注》，北京：中华书局，1983年，第97、158、77页。

[16]林邦钧：《李白的纵横家思想与风格》，《北京师范大学学报》1986年第1期。

[17][24][25]郭庆藩：《庄子集释》，北京：中华书局，2004年，第604、577、66页。

[19]周勋初：《李白评传》，南京：南京大学出版社，2005年，第142页。

[20]赵翼:《陔余丛考》,石家庄:河北人民出版社,1990年,第310页。
[21]查屏球:《从游士到儒士》,上海:复旦大学出版社,2005年,第378页。
[22]葛兆光:《中国思想史》(第一卷),上海:复旦大学出版社,2005年,第5页。
[23]冯达甫:《老子译注》,上海:上海古籍出版社,1991年,第60页。
[27]陈寅恪:《金明馆丛稿初编》,上海:上海古籍出版社,1980年,第296页。

论作为玄宗诗坛之批评家的李白

刘青海

钱志熙先生曾撰文指出,《古风》五十九首是盛唐诗学深化的重要成果,也有可能是李白整个复古诗学的开端与奠基。[1]在这一宏大的组诗中,李白明确表达了自己“志在删述”、想要通过复兴《诗经》的风雅“正声”来实现文学革新的宏伟抱负。《古风》五十九首历来被视为李白全部诗学的总纲,具有极其丰厚的诗学内涵。它不但对从《诗经》时代到玄宗诗坛的整个文学发展的流变予以论断——以《诗经》的风雅颂为“正声”,以楚骚和汉赋为变;和《诗经》时代的“兴”盛相比,则楚骚为衰“微”等等——而且还对文质彬彬、人才辈出的当代诗坛进行了准确的概括:“群才属休明,乘运共跃鳞。文质相炳焕,众星罗秋旻。”(《古风》其一)而他的复古立场,他对文学传统的回溯,尤其是他对当代诗坛的批评无一不启示我们,李白不仅是玄宗诗坛最活跃的作者之一,而且还是玄宗诗坛最重要的批评家。就作为批评家的李白而言,我们说他的批评活动,主要是由对诗史的批评与对当代诗坛的批评两部分构成的。虽然两部分之间有联系,但历来注意得比较多的是他对诗史的批评,而对当代诗坛的批评则较少受到关注。本文拟从李白整体的诗学观出发,凸现其作为玄宗诗坛之批评家的地位,着重讨论他对玄宗诗坛的总的批评,他对孟浩然、杜甫、贺知章、李华、韦良宰、崔成甫等同时代诗人的批评,以及他对自身创作的批评三个方面,并以此就教于方家。

一

李白对玄宗诗坛的总的批评,是以正面的肯定为主的,最集中的表述见于《古风》其一:“大雅久不作,吾衰竟谁陈?王风委蔓草,战国多荆榛。龙虎相啖食,兵戈逮狂秦。正声何微茫,哀怨起骚人。扬马激颓波,开流荡无垠。废兴虽万变,宪章亦已沦。自从建安来,绮丽不足珍。圣代复元古,垂衣贵清真。群才属修明,乘运共跃鳞。文质相炳焕,众星罗秋旻。我志在删述,垂辉映千春。希圣如有立,绝笔于获麟。”“圣代复元古”六句，指出玄宗诗坛以复古为革新所取得的巨大成绩：值此政尚无为、文贵清真的升平盛世，群才乘运奋发，形成了文质彬彬、众星璀璨的兴盛局面。李白这里对玄宗诗坛的描述，是符合当时的实际的，也因此与殷璠《河岳英灵集》卷首对玄宗诗坛的描述呈现出很高的一致性：

> 贞观末标格渐高，景云中颇通远调，开元十五年后，声律风骨始备矣。实由主上恶华好朴，去伪从真，使海内词场，翕然尊古，《南风》《周雅》，称阐今日。尝窃好事，愿删略群才，赞圣朝之美，爰因退迹，得遂宿心。粤若王维、王昌龄、储光羲等二十四人，皆河岳英灵也。[2]

李白与殷璠观点的一致性突出体现在以下三方面：(一)都称美玄宗诗坛人才辈出，诗歌创作达到了彬彬之盛。李白诗中“乘运共跃鳞”、有如“众星罗秋旻”的“群才”，即殷璠笔下以王维、王昌龄、储光羲等为首的“河岳英灵”。(二)都视政治清明、文学复古为玄宗诗坛人才辈出、成就斐然的重要原因。李白认为，正是因为生逢“圣代复元古，垂衣归清真”的“休明”之世，“群才”才能够“乘运共跃鳞”，创作出“文质相炳焕”的佳作来。殷璠说“主上恶华好朴，去伪从真，使海内词场，翕然尊古，《南风》《周雅》，称阐今日”，也强调玄宗朝复古尚朴的文化与文学思想对诗坛的积极影响。(三)复古的具体内容一致：都奉风雅为正声，殷璠赞叹“《南风》《周雅》，称阐今日”，李白向慕“大雅”、“王风”；李白所说的“贵清真”，即殷璠所谓“恶华好朴，去伪从真”；殷璠之“声律风骨始备矣”，意思近于殷璠《集论》所言之“文质半取”[3]，和李白诗中所云“文质相炳焕”亦相类。两人的观点之所以呈现出这种高度的相似，当然是因为他们的复古思想，都是对初唐陈子昂以汉魏风骨革新齐梁绮靡思想的发展。同时也表明，玄宗时期的诗坛，复古的风气还是比较浓厚的，应该是当时比较主流的诗学思想。当时倡言复古的，应该也不限于李白和殷璠两家。

在对诗史和当代诗坛进行上述概要论述之后，李白自陈：“我志在删述，垂辉映千春。希圣如有立，绝笔于获麟。”表示自己躬逢盛世，企慕圣人删定诗书的千秋功业，希望他日能在“删述”方面有所成就。此处的“删述”，究竟何指？历来注家鲜有标出者。[4]联系殷璠《集叙》“删略群才，赞圣朝之美”的表述，我们觉得，李白的“删述”，近于殷璠之“删略”。也就是说，在写作《古风》时，他也想过要删略群才而裒为一集的，尽管我们找不到任何可以佐证的材料。下面对此观点作一简要论述。

李白的《古风》其一是纵论从古代到其同时代的整个诗史的一个批评文本。我们不妨回顾一下李白之前的批评家，一般是在什么样的场合进行类似的宏观诗史构建的呢？[5]在李白之前，初盛唐诗人凡论及文学传统的，往往都有很明确的目的,可归纳为以下数种:史传之论文,如魏征《隋书·文学传论》、令狐德棻《周书·王褒庾信传论》等;为他人文集作序,如杨炯《王勃集序》、卢藏用《右拾遗陈子昂文集序》、卢照邻《南阳公集序》等;为总集作序,如卢照邻《乐府杂诗序》、殷璠《河岳英灵集序》等;因评价特定作品而兼及整个文学史,如骆宾王《和闺情诗启》、陈子昂《与东方左史虬修竹篇序》等等。显然,《古风》其一的性质与总集序最为接近,将《古风》其一与殷璠《河岳英灵集序》全文对照,会发现两者虽然一诗一文,且简繁有别,但都阐明了复古诗学的内涵、审美标准和对文学史和当代诗坛的总的看法。所以,我们不排除这样的可能:李白因为要有所删述而对从古至今的诗史作了一个宏观的建构,他的《古风》其一也颇如总集之前的一序。

殷璠以前,唐人选诗的情况,由于文献阙失,我们所知甚少。但从这些有限的材料中,我们看到,和李白一样标举“风雅”(包括“三百篇”之类的表述)、“正声”,正是初盛唐选本的普遍做法。尽管各家所谓的风雅,具体内涵可能是不太一样的。如太宗贞观十五年左右,慧净纂集自梁至唐初一百五十四人诗五百四十八首,为《续古今诗苑英华》十卷,自言“作之非难,鉴之为贵。吾所搜拣,亦诗三百篇之次矣”(《大唐新语》卷九);又唐中宗景龙三年(公元709年),时沈如筠有《正声集》,诗三百首,卢藏用常讽诵之,此集当亦是选本;玄宗开元十七年,孙翊编有《正声集》三卷,以刘希夷为集中之最,又选陈子昂诗十首,王升、陈贞节均有诗入选。当然,时人序别集,也有标举风雅的,如张说《唐昭容上官氏文集序》即言“雅颂之盛,与三代同风”[6]。但李白所删述的既然是“群才”之作,更可能是总集之序。而上述初盛唐诗人在序总集、别集时普遍以风雅为正声的做法表明,李白奉风雅为正声的诗学思想,在玄宗诗坛是有它的时代基础的。

根据“群才属休明,乘运共跃鳞”中流露出来的时代感,《古风》其一当作于安史之乱未起之前。诗中“绝笔于获麟”句中的“获麟”一词,是可以用来指称诗人最后的创作的,如唐玄宗开元四年二月,李乂自新丰扈从还,作《扈从诗》十韵示苏颋,寻卒。苏颋作《故刑部尚书中山李公诗法纪》,云:“诗成而寝,奄忽成灾,此即夫子获麟之卒章也。”[7]但李白此诗从“我志在删述”开始,都是抒写对未来的展望,虚拟的口吻很明显,当是他日“绝笔于获麟”的意思,指从开始一直到离世所从事的事业。类似的用法,可参看杨炯《王勃集序》:“文中子之居龙门也,睹隋室之将散,知吾道之未行;循叹凤之远图,宗获麟之遗制。裁成大典,以赞孔门。讨论汉魏,迄于晋代,删其诏命为百篇以续《书》;甄正乐府,取其雅奥为三百篇以续《诗》。又自晋太始元年,至隋开皇九年平陈之岁,褒贬行事,述《元经》以法《春秋》。”[8]要“删其诏命为百篇以续《书》”,“取其雅奥为三百篇以续《诗》”,“述《元经》以法《春秋》”,绝非一日之功。

从上面的论述,我们可以知道,李白《古风》其一不仅是其复古诗学的总纲,而且极有可能是其志欲删述当世诗歌之意图的表现。不管怎么说,这首诗都已显示出李白对玄宗诗坛复古诗风的深入而广泛的了解,即此我们就已能确立李白作为玄宗诗坛批评家的地位。

二

上面我们所论述的李白《古风》其一对玄宗诗坛的批评,主要是肯定性的。但事实上,从李白自身的创作以及当时人对他的评价来看,他对当代诗坛也是存在否定性的批评观点的。孟棨《本事诗》引述到他对当时流行诗体的批评:“梁陈以来,艳薄斯极。沈休文又尚以声律,将复古道,非我而谁与!”[9]即是这种倾向的突出表现。李阳冰《草堂集序》云:“凡所著称,言多讽兴。自三代已来,风骚之后,驰驱屈、宋,鞭挞扬、马,千载独步,唯公一人。故王公趋风,列岳结轨;群贤翕习,如鸟归凤。卢黄门云:‘陈拾遗横制颓波,天下质文翕然一变。’至今朝诗体,尚有梁、陈宫掖之风。至公大变,扫地并尽。今古文集,遏而不行;唯公文章,横被六合,可谓力敌造化欤。”[10]李序联系从梁陈到初盛唐的文学发展流变来认识李白诗歌的价值,指出李白的诗歌创作洗尽了梁陈宫掖诗风,是为陈子昂之后唐代文学的一大变,是很有见地的。而李白之所以能够“大变”“今朝诗体”,当然主要是因为他用自己具体的创作实绩革新了诗坛风气;而这种创作实绩的取得,是与他在陈子昂之后自觉地标举风雅之道、并且对风雅进行重新阐释的批评意识密不可分的。

作为批评家,李白不仅有其鲜明的诗学主张与宏观的诗史构建,而且有他自己的一系列批评范畴。他对当代诗坛的批评,也是在诸如复古、风雅、正声、怨刺等范畴中展开的。前面说过,初盛唐文人选诗,往往标榜以诗三百为正声,如前举太宗时慧净所纂《续古今诗苑英华》、中宗景龙时沈如筠《正声集》皆是。唐人较早明确地标举风雅的,则是初唐的陈子昂。他在《与东方左史虬修竹篇序》中说:“文章道弊五百年矣。汉、魏风骨,晋、宋莫传,然而文献有可征者。仆尝暇时观齐、梁间诗,彩丽竞繁,而兴寄都绝,每以永叹,思古人,常恐逶迤颓靡,风雅不作,以耿耿也。”[11]显然,和之前泛泛地标榜诗三百不同,陈子昂此处的风雅之道具有明确的诗学内涵,即取法汉魏诗歌的风骨和兴寄,以此来革除齐梁的颓靡诗风。此后唐人的诗歌创作,基本上是沿着陈子昂所指明的这一道路向前发展的。而在陈子昂之后,再一次明确标举风雅的,则是作为批评家的李白。他不但以其具体的创作实绩,将梁陈宫体扫地并尽,确立了盛唐文学的典范,而且还是初盛唐诗人中论述风雅最集中的诗人,在陈子昂之后进一步革新了风雅的内涵,提出了以“风雅”“清真”为核心的新的复古文学观。

将前引李阳冰《草堂集序》与卢藏用《右拾遗陈子昂文集序》这两个重要的批评文本并读,可以比较清楚地看到李白复古诗学对陈子昂的发展。卢序云:

> 昔孔宣父以天纵之才,自卫返鲁,乃删诗书,述易道,而作《春秋》。数千百年,文章粲然可观者也。孔子殁,二百岁而骚人作,于是婉丽浮侈之法行焉。汉兴二百年,贾谊、马迁为之杰,宪章礼乐,有老成之风。长卿、子云之俦,瑰诡万变,亦奇特之士也。惜其王公大人之言,溺于流辞而不顾。其后班、张、崔、蔡、曹、刘、潘、陆,随波而作,虽大雅不足,其遗风余烈,尚有典型。宋齐之末,盖憔悴矣。逶迤陵颓,流靡忘返,至于徐庾,天之将丧斯文也。后进之士若上官仪者继踵而生,于是风雅之道扫地并尽矣。[12]

李白《古风》其一对从诗骚到汉赋的文学传统的论述,以及他想要复归风雅、成就删述之千秋大业的理想,应该说都受到陈子昂的影响。这一点亦为历来学者所明见。陈子昂革新齐梁的功绩,为初盛唐诗人的共识。卢藏用序和陈子昂《修竹篇序》一样,是了解陈子昂诗学思想的最重要的文献,初盛唐诗人应该是普遍熟悉的,李白这样锐志复古的诗人更当是耳熟能详。从上述加着重号的引文我们可以看出,李白《古风》其一之“我志在删述,垂辉映千春”、“废兴虽万变,宪章亦已沦”等句,就措辞造语来看,也明显地受到卢藏用序的影响。李阳冰显然也是熟悉此序的,《草堂集序》指出李白将陈子昂时尚有的“梁陈宫掖之风”“扫地并尽”,正是呼应卢藏用序中“后进之士若上官仪者”继踵而生,让“风雅之道扫地并尽”。也正因为将梁陈宫体扫荡并尽,李白才能够大变今朝诗体,更进一步深化了陈子昂的复古诗学。

“风雅”“大雅”是陈子昂复古诗学中既有的概念。卢藏用序所谓“大雅”“风雅之道”,即陈子昂《修竹篇序》中的“文章道”。卢序认为班、张、崔、蔡、曹、刘、潘、陆,“大雅不足”;又说陈子昂自己创作的“国殇之文,大雅之怨也”,说明这里的大雅,包括雅和怨两个方面。李白沿用了这两个概念,不但对自己的诗歌以“风雅”、“大雅”相标榜,如“大雅久不作,吾衰竟谁陈”(《古风》其一)、“大雅思文王,颂声久崩沦”(《古风》其三十五)、“将欲继风雅,岂徒清心魂”(《入彭蠡经松门观石镜缅怀谢康乐题诗书游览之志》)等,而且用“风雅”、“大雅”对崔成甫、岑征君、十七翁、二十四翁等同代人的创作进行了批评,如肯定崔成甫的《泽畔吟》二十章“犹风雅之什”(《泽畔吟序》),韦少府所赠之“微言”中包含有"风雅"之"道"(《别韦少府》),赞美岑征君的创作"扫梁园之群英,振大雅于东洛"(《鸣皋歌送岑征君》),十七翁、二十四翁的创作乃"文以述大雅"(《奉饯十七翁二十四翁寻桃花源序》)等等,足见"继风雅"、"述大雅"乃是李白诗学批评的理想境界。

尤其可贵的是,李白并不是一般地标举大雅,他对大雅的理解是相当全面的,认为其中不仅有美颂的一面,更有怨刺的一面。这就推出李白诗学批评中的另一些范畴,例如"哀""愤"。他序崔成甫《泽畔吟》,言崔诗之哀愤,"犹《风》《雅》之什,闻之者无罪,睹之者作镜",隐括《诗大序》"上以风化下,下以风刺上,主文而谲谏,言之者无罪,闻之者足以戒",强调"风雅"中怨刺的一面。把它和"大雅思文王,颂声久崩沦"(《古风》其三十五)合看,适可见出李白对《诗经》风雅精神的认识是全面的。虽然怨刺是风雅传统中固有的内容,但李白是盛唐诗人在诗歌批评中比较明确地肯定怨刺的,大约半个世纪以后,白居易才在其《与元九书》中再次倡言"言者无罪,闻者足戒"的诗教观。但白居易只主怨刺,对风雅的理解显然比李白要狭隘得多;而李白是比较辩证地将"怨刺"与"颂声"结合起来的。正是从这种一偏的风雅观出发,白居易批评李白的诗歌创作"风雅比兴,十无一焉"[13]。但即便如此,在追溯本朝的风雅传统时,他还是不得不将李白与陈子昂、鲍魴和杜甫同列。这正是因为,李白不但在其创作中贯穿了风雅精神,而且他还是陈子昂之后最重要的倡言复古的文学家,在白居易之前,早已自觉地用风雅、怨刺的标准来批评时人的创作了。

除了上述与其他批评家共同使用的概念如复古、风雅、正声、怨刺之外,李白诗学批评最有特色的地方,是创造了一系列李白独有的或只有李白才赋予它独到意义的范畴,例如清真、天真、天然、风流、逸兴等,由此构成他独到的诗歌审美理想。"清真"一词,唐人诗中罕见,一般用来形容心地为人纯真朴素,例如陈子昂之"惠风吹宝瑟,微月忆清真"(《喜遇冀侍御珪崔司议泰之二使》);李白诗中的"清真",也有类似的用法,如"俄成万里别,立德贵清真"(《南陵五松山别荀七》)、"韩生信英彦,裴子含清真"(《送韩准、裴政、孔巢父还山》)。但李白更多地将"清真""天真"与"远古""太古"之世的淳朴风俗联系起来,带有一种理想化的色彩:

> 心和得天真,风俗犹太古。(《赠清漳明府侄聿》)
>
> 圣代复元古,垂衣贵清真。群才属休明,乘运共跃鳞。(《古风》其一)

"天真"、"清真"是李白诗学的重要范畴,其具体的内涵,在《古风》其三十五有集中的阐述,就是天然纯真,不东施效颦,不邯郸学步,不刻意雕琢:

> 丑女来效颦,还家惊四邻。寿陵失本步,笑杀邯郸人。一曲斐然子,雕

虫丧天真。棘刺造沐猴，三年费精神。功成无所用，楚楚且华身。

显然，“清真”一词，在李白这里，是兼指为人心地与艺术风格两个方面的。我们常说风格即人，人品即文品，李白在用“清真”一词来进行艺术批评时，二者往往浑然一体，不作明确的区分。下面是他对古代书法家王羲之和当代书法家李清的批评，适用的都是“清真”这一艺术标准：

右军本清真，潇洒出风尘。（《王右军》）

我家仙翁爱清真，才雄草圣凌古人，欲卧鸣皋绝世尘。（《鸣皋歌奉饯从翁清归五崖山居》）

和“清真”“天真”相类似的文学概念是“天然”，李白用它来批评同时代诗人韦良宰的创作：

览君荆山作，江鲍堪动色。清水出芙蓉，天然去雕饰。（《经乱离后天恩流夜郎忆旧游书怀赠江夏韦太守良宰》）

有意思的是，根据《南史·颜延之传》载：“延之尝问鲍照己与灵运优劣，照曰：‘谢五言如初发芙蓉，自然可爱。……’”这里，李白不但对韦良宰的诗歌创作予以精彩的点评，而且显然是以历史上曾对颜谢诗歌优劣作出精彩批评的鲍照自比，显示出他作为批评家的自觉。

“风流”也是李白诗学中的重要概念之一。他用“风流”来批评当代诗人时，往往同时包括人物和辞彩两个方面：

吾爱孟夫子，风流天下闻。（《赠孟浩然》）

四明有狂客，风流贺季真。（《对酒忆贺监》二首其一）

张翰黄花句，风流五百年。谁人今继作，夫子世称贤。（《金陵送张十一再游东吴》）

夫子工文绝世奇，五松新作天下推。吾非谢尚邀彦伯，异代风流各一时。（《答杜秀才五松山见赠》）

孟浩然和贺知章都是李白佩服的诗坛前辈，在玄宗时期的诗坛上享有盛名。李白对其“风流”的向慕，显然在人物的风雅潇洒之外，也兼指二人诗风的超逸出群。而对张十一（其诗句可与“张翰黄花句”并美）、杜秀才（其人“工文”，“五松新作天下推”）“风流”的赞美，更是直接肯定其诗文的辞彩不群。

和“风流”相联系的“逸兴”一词，是李白创作论的重要概念。李白认识到，“逸兴”作为创作者主观的心理状态，往往是文艺活动（如王羲之“写黄庭换白鹅”）的前奏，与诗歌创作的关系十分密切，往往是写出“新诗”佳作的重要契机：

镜湖流水漾清波，狂客归舟逸兴多。山阴道士如相见，应写黄庭换白

鹅。(《送贺宾客归越》)

三山动逸兴,五马同遨游。……诗成傲云月,佳趣满吴洲。(《与从侄杭州刺史良游天竺寺》)

是时霜飙寒,逸兴临华池。……因得穷欢情,赠我以新诗。(《酬崔五郎中》)

紫绶欢情洽,黄花逸兴催。……遥美重阳作,应过戏马台。(《宣州九日闻崔四侍御与宇文太守游敬亭,余时登响山不同此赏醉后寄崔侍御二首》其二)

显然,李白认为,无论是杭州刺史李良"傲云月"的诗作、崔五郎中的"新诗",还是崔侍御可与谢灵运《九日从宋公戏马台集送孔令诗》相媲美的"重阳作",都与"逸兴"的"催""动"有关。而催动或说引发"逸兴"的触媒不仅是山水,也包括好诗佳句,这一点,在他对李华、韦良宰和丁十八诗作的批评中体现出来,应该说是李白创作论中很个性化的内容,前人似乎鲜有注目于此者:

览君荆山作,江鲍堪动色。清水出芙蓉,天然去雕饰。逸兴横素襟,无时不招寻。(《经乱离后,天恩流夜郎,忆旧游书怀赠江夏韦太守良宰》)

作诗调我惊逸兴,白云绕笔窗前飞。(《醉后答丁十八以诗讥余捶碎黄鹤楼》)

蓬莱文章建安骨,中间小谢又清发。俱怀逸兴壮思飞,欲上青天揽明月。(《宣州谢脁楼饯别校书叔云》)

作为一个具有明确的诗歌主张及丰富的批评范畴的诗人批评家,李白的批评活动,当然不止如现存文本所呈现出的样子。我们甚至可以说,他实际的批评活动,应该是像他的创作活动一样丰富多样的。这种灵活多样的批评,有时还会以生动幽默的方式展开,不是那么正式的。一个典型的例子即他对杜甫诗歌创作的批评,由此展现出一个诗人批评家特有的风趣。其《戏赠杜甫》云:"饭颗山头逢杜甫,头戴笠子日卓午。借问别来太瘦生,总为从前作诗苦。"[14]苦思、讲究锤炼是杜甫诗歌创作的一个特点,李白这里用打趣的方式将这一特点形象地表现出来,具有很强的艺术感染力。值得注意的是,李白对杜甫诗歌创作的批评是通过七绝这一诗体展开的,而且是"戏"论。后来杜甫《戏为六绝句》组诗的创作,很可能受到其影响。

总之,李白对玄宗时期活跃的诗歌创作以及创作背后的诗学趋向,是有着敏锐的体认和深刻的认识的,并且试图用他自己的批评实践,对当前的创作加以规范和引导,由此体现出他作为一位批评家的自觉。

三

李白是玄宗诗坛最重要的批评家，有着敏锐的批评意识、多样的批评范畴和丰富的批评实践。这不仅表现在他对玄宗诗坛的总体批评以及对同时诗家的许多具体的批评之中，而且体现于他对自身创作的观照与批评中。

李白对自身创作的观照与批评，是他全部批评实践中的一个重要层面，这种批评有时是通过借用同时人对李白的批评而展开的。例如开元九年（公元721年），李白在成都谒见有“大手笔”之称的益州长史苏颋，苏颋说他“天才英丽，下笔不休。虽风力未成，且见专车之骨。若广之以学，可以相如比肩也”（《上安州裴长史书》）。这里的“风力”，具体的批评对象应该是辞赋，[15]例如早年所拟之《恨赋》《别赋》之类。当时李白的创作个性虽然已有所展露，但尚未成熟，在“结言端直”、“意气骏爽”方面，其赋作尚未至骨成风清之境；然而才气发露，加以锤炼，他日当可比肩司马相如。这段话虽然是苏颋对李白辞赋的评价，但为李白所引述，亦可视为他对自己早年诗赋的一种体认，带有反思的意味。像这样引述他人对自己诗歌创作的评价，由此得以更加清晰地体认自身的创作，这也是李白对自身创作的观照与批评的一个特点。值得注意的是，苏颋评价李白诗歌所持的是风骨与辞彩兼备的标准，这也正是盛唐文学发展的方向，这表明作为批评家的李白也是在同时代人的批评风气中成长起来的。

开元十七年（公元729年），李白上书安州长史李京之，投诗三首。都督马公见之云：“诸人之文，犹山无烟霞，春无草树。李白之文，清雄奔放，名章俊语，络绎间起，光明洞澈，句句动人。”（《上安州裴长史书》）所谓“清雄”，即指太白的诗歌兼有清丽的辞藻之美和雄健的风格美，也就是后来杜甫《戏为六绝句》中所说的“清词丽句必为邻”和“掣鲸鱼碧海中”。李白显然是认可这一评价的，他自己也有这方面的明确表述：

> 至于清谈浩歌，雄笔丽藻，笑饮醁酒，醉挥素琴，余实不愧于古人也。（《暮春江夏送张祖监丞之东都序》）
>
> 问我何事来，卢敖结幽期。蓬山振雄笔，绣服挥清词。（《泾川送族弟錞》）

显然，这里的“雄笔丽藻”与“雄笔”“清词”，亦即都督马公所言之“清雄”。这里我们看到，他人对李白的评价与李白的自我评价之间，表现出惊人的一致。这种一致性表明，李白的自我批评是具有相当的客观性的；同时也表明，李白的诗学思想与诗歌创造，作为玄宗诗坛的一部分，某种程度上也受到时人批评的影响。

由都督马公的评价可知，在开元诗坛上，“清雄”还是一种比较罕见而且可贵的艺术品格；而“犹山无烟霞，春无草树”的“诸人之文”，则代表了当时一般的风格。盛唐诗风革新齐梁绮靡的一个重要表现，就是在清词丽句之外，还追求一种雄健之美。这种对雄健美的追求，在李白、杜甫、高适、岑参等人那里，还形成了具体的诗歌批评范畴，如李白标举的“雄笔”，岑参赞美的“雄辞健笔”、高适崇尚的“雄词”、杜甫所论的“健笔”，虽然措辞不全然相同，其具体的审美内涵应该说基本一样：

君不见三峰直上五千仞，见君文章亦如此。如君兄弟天下稀，雄辞健笔皆若飞。（岑参《送魏升卿擢第归东都，因怀魏校书、陆浑、乔潭》）

盛烈播南史，雄词豁东溟。（高适《奉酬北海李太守丈人夏日平阴亭》）

晚节踪曩贤，雄词冠当世。（高适《赠别王十七管记》）

雄笔映千古，见贤心靡他。（杜甫《别唐十五诫，因寄礼部贾侍郎》）

健笔凌鹦鹉，铦锋莹鸊鹈。（杜甫《奉赠太常张卿垍二十韵》）

忆昔李公存，词林有根柢。声华当健笔，洒落富清制。（杜甫《八哀诗·赠秘书监江夏李公邕》）

庾信文章老更成，凌云健笔意纵横。（杜甫《戏为六绝句》）

这种以雄健为美的审美意识形之于创作，则是在艺术上都普遍地追求一种比较阔大的壮美风格，因而迥异于当时一般的诗风，给人一种造奇之感。因此，对于上述以雄健为美的李白、高适和岑参的风格，殷璠《河岳英灵集》都用了一个“奇”字来描述。这表明直到天宝时期的诗坛，诗歌中的雄健之美，仍旧是一种比较罕见的新风格：

白性嗜酒，志不拘检。常林栖数十载。故其为文章，率皆纵逸。至如《蜀道难》等篇，可谓奇之又奇，然自骚人以还，鲜有此调也。

然适诗多胸臆语，兼有气骨，故朝野通赏其文。至如《燕歌行》等篇，甚有奇句。且余所最深爱者：“未知肝胆向谁是，令人却忆平原君。”吟讽不厌矣。

参诗语奇体峻，意亦奇造。[16]

而由前引都督马公之语可知，李白的诗歌在开元年间，就已经具备这种新风格了。之所以能得此风气之先，应该说和作为批评家的李白对“雄笔”的自觉体认和追求是分不开的。

开元十三年（公元725年）李白出峡之后，在江陵见司马承祯，被誉为“有仙风道骨，可与神游八极之表”，他因此作《大鹏遇希有鸟赋》[17]，称美庄子《逍遥游》“吐峥嵘之高论，开浩荡之奇言”，流露出对艺术创作所呈现出的“天机”之美的由衷赞叹。这表明李白认识到艺术世界是作者创造力和想象力的呈现的同时，也意识到艺术世界本身具有一定的神秘性，并不完全由作者控制：“吾亦不测其神怪之若此，盖亦造化之所为。”（《大鹏遇希有鸟赋》）其诗歌艺术，也有“变化不测而入于神”[18]的一种。或许正因为如此，李白在创作批评中，更多地强调“兴”（一种自发的创作冲动）的作用，除前文所举的“逸兴”（类似的还有“诗兴”“佳兴”“清兴”等）之外，还有“托兴”“发佳兴”“起”“兴”等创作论的范畴。所以其作品也属于不刻意锤炼的一类，往往具有“不自知其所至”的特点。因此，其诗歌艺术呈现出一种“清水出芙蓉，天然去雕饰”的本色美。

而最能体现李白个性、被后世目为“天仙之词”[19]的，正是这类“殆天授，非人力”[20]的作品。这一点，与李白同时代的诗人贺知章已经有所认识，其之所以发“谪仙人”之叹，即是有感于此：“太子宾客贺公于长安紫极宫一见余，呼余为谪仙人，因解金龟换酒为乐。”（《对酒忆贺监二首》序）“谪仙人”之称，李白自己是完全认可的，所以才会在小序中特别点出来。杜甫认为，贺知章之所以称李白为“谪仙人”，是因为他写出了惊风雨、泣鬼神的诗作，并由此名动天下：“昔年有狂客，号尔谪仙人。笔落惊风雨，诗成泣鬼神。声名从此大，汩没一朝伸。文彩承殊渥，流传必绝伦。”（杜甫《寄李十二白二十韵》）“文彩承殊渥”，是说其诗歌体现出的超凡的艺术特质是上天格外的恩赐，具有某种非学力可致的天才性，与一般的诗人相比，可谓有仙凡之别。晚唐孟棨《本事诗》的记载，也持类似的看法：

> 李太白初自蜀至京师，舍于逆旅。贺监知章闻其名，首访之。既奇其姿，复请所为文。出《蜀道难》以示之。读未竟，称叹者数四，号为“谪仙”，解金貂换酒，与倾尽醉。期不间日，自是声誉光赫。贺又见其《乌栖曲》，叹赏苦吟曰：“此诗可以泣鬼神矣。”故杜子美赠诗及焉。[21]

李白对自己创作的批评，也可以视为其对自己创作的最高期待。他不仅以复古、大雅自任，而且对自己的创作有极高的期许。中国古代重视立德、立功、立言，对文学创作的认识也不仅只游戏、自悦、悦人之类，而是以不朽为目标，具有鲜明的伦理价值取向。李白对自身创作的期待之高，集中反映在“制作”一词中。

按“制作”一词，在李白的作品中有两种不同的用法：一是指代朝廷的礼乐制度，如《大猎赋》中的“文章森乎七曜兮，制作参乎两仪”，称美玄宗朝的礼乐制度是以自然为法的；二是指称著述、创作，源出《孔子家语·本姓解》：“（孔子）祖述尧舜，宪章文武，删《诗》述《书》，定《礼》理《乐》，制作《春秋》。”李白用它来指称可以和《春秋》媲美的伟大著述。在李白的诗文批评中，后一种用法是主要的：

> 常横经籍书，制作不倦，迄于今三十春矣。（《上安州裴长史书》）

至于制作，积成卷轴，则欲尘秽视听，恐雕虫小技，不合大人。（《与韩荆州书》）

闻见前翰林供奉李白，年五十有七。天宝初，五府交辟，不求闻达，亦由子真谷口。名动京师。上皇闻而悦之，召入禁掖。既润色于鸿业，或间草于王言，雍容揄扬，特见褒赏。为贱臣诈诡，遂放归山。闲居制作，言盈数万。逆胡暴乱，避地庐山。……臣所管李白，实审无辜，怀经济之才，抗巢由之节。文可以变风俗，学可以究天人……（《为宋中丞自荐表》）

按李白的乐府诗，或多作于长安"放归"之后的"闲居"制作时期。李白称为"制作"，则非寻常吟咏、流连风物之诗，而为像《古风五十九首》、拟乐府等有本有源、宗旨具备的创作。盖"制作"二字甚庄重，李白赞扬韩荆州"君侯制作侔神明"（《与韩荆州书》），又称崔五"制作参造化，托讽含神祇"（《酬崔五郎中》），皆以造化神明相期，和毛诗序"动天地、感鬼神，莫近于诗"的提法相似。王琦注引何承天《达性论》："妙思穷幽赜，制作侔造化。"[22]其实李白和何承天之语，都出于崔瑗《河间相张平子碑》："数术穷天地，制作侔造化。"[23]在《为宋中丞自荐表》中，李白以"制作"自命的同时，又自称其"文可以变风俗，学可以究天人"。"文可以变风俗"，即出于《毛诗序》"先王以是经夫妇，成孝敬，厚人伦，美教化，移风俗"；"学可以究天人"，用的是司马迁"究天人之际，通古今之变，成一家之言"（《报任安书》）。将这段话贯通来看，最可以见出李白"制作"一词背后所体现的著述理想：接续孔子的删述之志，建构出"究天人之际"、具有深刻思想的宏大理论体系，创造出具有鲜明的伦理价值、革新一代诗风乃至于社会风气的诗歌艺术。用个人的创作来革新诗坛的风气，乃至于改易整个社会的风俗，也就是毛诗序所说的"以一国之事，系一人之本"，这才是李白复古诗学的最终指向，也是李白标举风雅的初衷。由此我们也可以获得对"希圣如有立，绝笔于获麟"的另一层的理解，即企慕圣人的删述大业，如自己的创作真能改易风俗，将一直著述不辍，直至人生的最后一刻。

总而言之，李白《古风》其一中对玄宗诗坛的总的论述，表现出作为批评家的李白对于当代诗坛的宏观把握与整体肯定；他对孟浩然、贺知章等同时代诗人的批评实践，不但贯穿了他在《古风》其一中所提出的"清真""风雅"等审美标准，而且还提出了"风流""逸兴"等属于风格论和创作论的诗学范畴，极大地丰富了我们对李白批评的认识；他对自身创作的观照与批评，其中尤其是他对"清雄"风格的自觉体认与追求，在对"谪仙人"称号的认可背后所体现的对天才性的认识，以及对自身创作的"制作"期许，更体现出作为批评家的李白在创作中的高度自觉。由此我们说，李白不仅是盛唐最伟大的诗人，而且还是一位有着高度自觉的诗人批评家。这种批评家的自觉对于他的诗歌创作发生了怎样的影响,尚需另撰专论才能回答。

注 释

[1]钱志熙:《论李白〈古风〉五十九首的整体性》,《文学遗产》2010年第1期。

[2][3]《唐人选唐诗(十种)》,北京:中华书局1958年,第40页、41页。

[4]如王琦注本即阙而不注。瞿蜕园、朱金城:《李白集校注》(上海:上海古籍出版社,1980年版)亦然。其集诸家评语,也未见这方面的讨论。

[5]唐人的"诗史构建",可参看钱志熙:《中国古代的文学史构建及其特点》,《文学遗产》2003年第6期。

[6][7][8][10](清)董诰等修:《全唐文》卷二二五、二五六、一九一、四三七,上海:上海古籍出版社1990年版,第2275、2593、1932、4460页。

[9][21](唐)孟棨:《本事诗·高逸第三》,(近代)丁福保辑:《历代诗话续编》,北京:中华书局1983年版,第14页。

[11](唐)陈子昂:《陈伯玉文集》卷一,《四部丛刊》影印明刊本。

[12](唐)卢藏用:《右拾遗陈子昂文集序》,《全唐文》卷二三八,第2402页。

[13](唐)白居易:《与元九书》,顾学颉校点《白居易集》卷四十五,北京:中华书局,1979年,第961页。

[14]此诗最早的记载见于晚唐孟棨《本事诗·高逸第三》,又见五代王定保《唐摭言》,王琦《李太白全集》卷三十"诗文拾遗"载录。

[15](梁)刘勰:《文心雕龙·风骨》:"相如赋仙,气号凌云,蔚为辞宗,乃其风力遒也。"范文澜:《文心雕龙注》,北京:人民文学出版社,1958年,第513页。

[16](唐)殷璠:《河岳英灵集》卷上,《唐人选唐诗十种》第53页。

[17]此赋后来在文辞上有所修订,但主旨不变,见李白《大鹏遇希有鸟赋·序》,王琦《李太白全集》卷一。本文所引太白诗文一依该本。

[18]许学夷:《诗源辨体》卷十八,北京:人民文学出版社,1998年,第189页。

[19](宋)张戒:《岁寒堂诗话》卷上,《历代诗话续编》,第453页。严羽《沧浪诗话·诗评》亦称。

[20](明)陆时雍:《诗镜总龟》评太白七古语,《历代诗话续编》第1414页。

[22](清)王琦:《李太白全集》卷二十六,第1241页。

[23](清)严可均辑:《全后汉文》卷四十五,《全上古三代秦汉三国六朝文》,北京:中华书局,1958年,第719页。

李白诗对温庭筠五律的影响

阮廷瑜

李白的诗对同是开宝、天元时的诗人，似乎没有什么影响，除去好友酬赠唱和以外几乎连赏识的人也不多，像《乌夜啼》，仅是贺知章叹赏苦吟，曰：可泣鬼神矣。[1]《蜀道难》，也只博得贺监金龟一醉。[2]文章知己，岂可易得！所以唐人选唐诗，仅《河岳英灵集》、《才调集》、《又玄集》、敦煌诗选或残卷选上他的几首。但唐人选唐诗未取，也并非就是当时的月旦。盖唐诗人之扬名，很多是在身没以后，李杜也是如此。考大历时杨凭诗云："直用天才众却嗔，应欺李杜久为尘。"[3]李杜始算连称，直至韩公乃大定矣。[4]

从另一角度来看，诗至贞元、长庆，是古今一大变，李杜之诗极受重视。从此，有的法杜，有的学李，有的兼学。冯班与瞿邻凫书云：

> 元相时有学太白处，韩门诸君兼学李杜。……李玉溪全法杜，文字血脉，却与齐梁人相接；温全学太白，五言律多名句，亦李法也。[5]

于此先辨温李齐名，目为西昆，而为何一法杜，一学李。考西昆之名，唐诗实无，当时李义山与温飞卿、段少卿号"三十六体"，三人皆行第十六也。王应奎曰：

> 宋祥符天禧中，杨大年、刘子仪、钱师圣同官于朝，以诗唱和，其诗悉效温李，号西昆体，西昆二字，义取玉山册府之名，见大年《西昆酬唱集序》，实前此所未有也。而《冷斋夜话》、《沧浪诗话》、《李屏山西岩集序》、元遗山《论诗绝句》，率指义山为昆体。玉溪不挂朝籍，飞卿沦于一尉，安得厕迹册府耶！其亦不之考矣。[6]

这是说杨钱刘等唱和之作，体法温李，不能说温李体即西昆体，且温李也自有异同。其最大相同处，乃在绮丽；其相异处，则是一学李，一法杜。尤西堂有一段文字说诗人与词人之相兼与不相兼，举的就义山与杜甫、庭筠与李白的例子。他说：

词者，诗之余也，乃诗人与词人不相兼者，如李杜皆诗人也，然太白《忆秦娥》《菩萨蛮》为词开山，而子美无之也。温李皆诗人也，然飞卿《玉楼春》《更漏子》为词擅场，而义山无之也。[7]

由此亦可知义山与子美性格上有点接近，庭筠与太白才气上有些相似。李之颒面四绝，温之义手八韵，俱是敏与工兼，才斯称异。顾璘云：

李[白]尚国风而虚其虚，其蔽也浮。温庭筠以及马子才诸君是也。[8]

虽是论太白与庭筠之诗俱蔽在浮虚，亦足以知二人有共通处。的确，太白诗句，甚多为庭筠所用，兹简列于下。

李太白诗	温庭筠诗
《将进酒》：君不见黄河之水天上来。	《公无渡河》：黄河怒浪连天来。
《公无渡河》：长鲸白齿若雪山。	《公无渡河》：裂帆截棹磨双齿。
《白头吟》：且留琥珀枕，或有梦来时。	《春野行》：月到枕前春梦长。
《襄阳歌》：恰似葡萄初酦醅。	《醉歌》：锦袍公子陈杯觞，拨醅百瓮春酒香。
《采莲曲》：岸上谁家游冶郎。	《江南曲》：岸傍骑马郎。
《秦女卷衣》：妾侍卷衣裳。	《惜春词》：秦女含颦向烟月。
《把酒问月》：白兔捣药秋复春。	《春愁曲》：玉兔煴香柳如梦。
《白纻词》其二：美人一笑千黄金。	《懊恼曲》：青楼一笑轻千金。
《别储邕之剡中》：荷花镜里香。	《芙蓉》：美人清镜中。
《宫中行乐词》其二：梨花白雪香。	《太子西池》：梨花雪压枝。
《赋得白鹭鸶送宋少府入三峡》：白鹭拳一足。	《偶题林亭》：鹭鸶拳足雪离披。
《金陵酒肆留别》：风吹柳花满店香。	《春日野行》：陌上无风飘柳花。
《咏邻女东窗海石榴》：引领望金扉。	《投翰林萧舍人》：独恨金扉直几重。

但这些温庭筠的诗，都不是五言律，下则专就影响温的五律而论。

温的五律，篇数不多，却颇多警句，与义山相较，互有高下，虽遭顾东桥极口诋讪[9]，仍不失其接翅开元之誉。兹分七方面来探讨太白诗影响温庭筠之五律。

（一）结句

太白五律结句佳妙者甚多，却不一定直接影响温诗的五律。而温诗五律结句受太白诗影响，可以窥见者如下：

（1）李之《夜泊牛渚怀古》结云："明朝挂帆席，枫叶落纷纷。"温之《处士卢岵山居（一作"题卢处士居"）》结云："日暮鸟飞散，满山荞麦花。"李因夜泊，故云明朝；时序属秋，故用枫叶。温得樵客指点而遥识山居，故曰满山，而乌麦开花，亦点时序。

（2）李之《过崔八丈水亭》结云："闲随白鸥去，沙上自为群。"温之《清旦题采药翁草堂》结云："林外晨光动，山昏鸟满天。"李过水亭，故结以沙上；温题为清旦，故结以晨光。崔丈水亭临河，故云白鸥为群；采药翁草堂在山中，故云山鸟满天。李言听凭鸥鸟之去而自相为群，温言晨光一动，飞鸟满天而山色尚昏。俱以不结而结。

（3）李之《金陵》（其二）结云："空余后湖月，波上对瀛洲。"又《送别诗》结云："看君颍上去，新月应到圆。"温之《题陈处士幽居》结云："若待前溪月，谁人伴钓鱼。"俱推开一层，以月作结。

（4）李之《寄王汉阳》结云："别后空愁我，相思一水遥。"温之《送人南游》结云："唯以一杯酒，相思高楚天。"俱以相思结，并各点寄游之地：一水点汉阳，楚天点南游。

（5）李之《寄宣州长史昭》结云："相思不可见，叹息损朱颜。"温之《渚宫晚春寄秦地友人》结云："今日思归客，愁容满镜前。"俱以朱颜已改，愁容满面结寄意。

（6）李之《题宛溪馆》结云："却笑严湍上，于今独擅名。"温之《送并州郭书记》结云："唯有严家濑，回环径草微。"李结以严湍，自兴欲隐；温结以严濑，明送行还归之地。一以人收，一以地收。

（7）李之《赠崔秋浦》（其三）结云："应念金门客，投沙吊楚臣。"又《愁思》结云："征客无归日，空悲蕙草摧。"温之《渚宫晚春寄秦地友人》结云："今日思归客，愁容满镜前。"又《题竹谷神祠》结云："应共白蓬客，空看蒋帝碑。"又《赠越僧岳云》结云："应共白莲客，相期松桂前。"各诗俱以客结。且李云投沙，温云蒋帝碑，用事切题，亦清新不黏。

（8）李之《渡荆门送别》结云："仍怜故乡水，万里送行舟。"又《送王孝廉觐省》结云："相思无昼夜，东注似长川。"又《太原早秋》结云："思归若汾水，无日不悠悠。"又《金陵》（其三）结云："并随人事灭，东逝与沧波。"又《沙丘城下寄杜甫》结云："思君若汶水，浩荡寄南征。"温之《初秋寄友人》结云："凭将离别恨，江水问同游。"又《赠越僧岳云》（其二）结云："不及新春雁，年年镜水波。"其结尽以水引喻愁情，脱尽黏滞。

（二）起结句

严沧浪云："对句好可得，结句好难得，发句好尤难得。[10]"试观太白、庭筠之起结句。

李之《广陵赠别》起云："玉瓶沽美酒，万里送君还。"温之《送人东游》起云："荒戍落黄叶，浩然离故关。"一以黄叶兴起，一以美酒兴起，起兴自佳。李之结云："兴罢各分袂，何须醉别颜。"温之结云："何当重相见，尊酒慰离颜。"李云兴罢分手，目前之事，温云何日相见，悬想他日。李反言以结，故云别何须醉颜；温正面作结，故云酒可慰颜。俱见洒脱。

（三）层次清晰

太白之诗，层次都很清晰，如《下终南山过斛斯山人宿置酒》诗，诗题直似公文的案由，旨意极明；诗亦照题一层一层顺写，整而有度。不过这是一首古诗，下面且举五律以证。

《寄王汉阳诗》首言当日之月下相邀，中四句言邀饮之事，末云："别后空愁我"，一语写怀，简而情深，诗之所以寄也。有原有委，丝黍不紊，豪放人正复守度如此。庭筠《送洛南主簿》诗，首言李主簿之所往，颔联写途经及抵任之景，联想官事及生活，末云"余亦还愚谷"，洛南别意遂出，诗之所以寄也。序次井然，洒脱人亦有条理。

（四）作意相同

太白《沙丘城下寄杜甫诗》与庭筠《送洛南李主簿诗》对照，李首言已高卧沙丘，温则结云已还愚俗。李结云思杜，温首云想李主簿。三四两句，李叙古树秋声，温写槲叶枳花。[11]五六两句，李以鲁酒齐歌谓己之生活，温以禄优官散言李主簿。两诗起结颠倒，体调自同。

（五）用事

太白诗中用事，时有用同一类典实，详拙著《李白诗论》第二章。兹举《淮海对雪赠傅霭》诗为例，诗云："海树成阳春，江沙皓月明。兴从剡溪起，思绕梁园发。寄君郢中歌，曲罢心断绝。"剡溪、梁园、郢中曲，三用雪事。庭筠《巫山神女庙》诗云："晓峰眉上色，春水脸前波。"全诗虽句句切神女庙，但用事仅此一处。[12]其受影响，似仍有蹊径可寻。

（六）联中无动词

太白《送友人》诗云："浮云游子意，落日故人情。"《送别》诗云："梨花千树雪，杨叶万条烟。"《金陵》（其三）："古殿吴花草，深宫晋绮罗。"联中无一动词，仅是呈现几种单象,就凭这几种单象的配合,而组成一幅综合美的境界。庭筠此类联句更多,如《商山早行》云:"鸡声茅店月,人迹板桥霜。"《途中有怀》云:"亭皋汝阳道,风雪穆陵关。"《送人东游》云:"高风汉阳渡,初日郢门山。"《中书令裴公挽歌》云:"丹阳布衣客,莲渚白头人。"《秘书刘尚书挽歌辞》(其二)云:"京口贵公子,襄阳诸女儿。"《过西堡塞北》云:"白马犀匕首,黑裘金佩刀。"《渚宫晚春寄秦地友人》云:"凫雁野塘水,牛羊春草烟。"《赠越僧岳云》云:"一室故山月,满瓶秋涧泉。"《春日寄岳州从事李员外》(其二)云:"红粉座中客,彩游江上城。"《和段少常柯古》云:"野梅江上晚,堤柳雨中春。"《送淮阴孙令之官》云:"鱼盐桥上市,灯火雨中船。"《宿辉公精舍》云:"林彩水烟里,涧声山月中。"如此形容景物,却不讲究诗眼,而二人之诗多能妙绝千古。

(七)联中着色

五律联中不着色彩,天然高贵者,右丞、苏州也。其他诗人时以色彩相对,用色艳丽;太白庭均,自亦如是。太白遣用颜色,对比性较弱,亦较柔和;庭筠遣用颜色,对比性强,更觉秾艳。这也是盛唐、晚唐之所以分也。先举两人相同的红与白对:

太白云:"红颜弃轩冕,白首卧松云。"(《赠孟浩然》)

庭筠云:"白蘋安石渚,红叶子云台。"(《题丰安里王相林亭》)

又云:"江馆白蘋夜,水关红叶秋。"(《和友人磐石寺逢旧友》)

再举青与白对:

太白云:"对舞青楼妓,双鬟白玉童。"(《在水军宴韦司马楼船观妓》)

又云:"屈磐戏白马,大笑上青山。"(《登敬亭北二小山》)

又云:"花暖青牛卧,松高白鹤眠。"(《寻雍尊师隐居》)

又云:"如何青草里,亦有白头翁。"(《见野草中有名白头翁者》)

庭筠云:"白社已萧索,青楼空艳阳。"(《经李处士杜城别业》)

此外,太白用青对绿,或青对碧,对比性弱,如:

"天边看绿水,海上见青山。"(《广陵赠别》)

"片石寒青锦,疏杨挂绿丝。"(《同族侄评事黯游昌禅归山池》其二)

"绿水藏春日,青轩秘晚霜。"(《宴陶家亭子》)

"绿树闻歌鸟,青楼见舞人。"(《宫中行乐词》其五)

"客散青天月,山空碧水流。"(《谢公亭》)

"野竹分青霭,飞泉挂碧峰。"(《访戴天山道士不遇》)

庭筠则是青对红、青对赤、红对碧、红对绿趋于秾艳。如:

“青苔竟埋骨，红粉自伤神。”（《邯郸郭公祠》）

“独鸟青天暮，惊磨赤烧残。”（《西游书怀》）

“红叶下荒井，碧梧侵古槎。”（《赠郑处士》）

“叶乱裁笺绿，花宜插鬓红。”（《海榴》）

再看太白用黄与白、白与绿对，如黄牛白帝[13]，白雪黄云[14]，白沙绿竹[15]。庭筠用朱与黄、白与黑，如朱户黄门[16]、白马黑裘[17]，都足以证温五律联句之受李诗影响，而着色更趋秾艳矣。

总之，因太白时以古行律，故有些五言诗或谓五律，却也有坚认为五古。本文题为太白诗，而不标太白五律，就是特意避开五古与五律之争论。而庭筠五律近雅，确在姚武功之上[18]，惜篇数不多，其受太白诗之影响处亦不得论释过繁，以免着相。

注 释

[1][2]孟棨《本事诗·高逸第三》。

[3]《唐音癸签》卷二十八。

[4]韩愈《调张籍》诗：“李杜文章在，光焰万丈长。”《醉留东野》诗：“昔年因读李白杜甫诗。”

[5]《钝吟杂录》卷七。

[6]《柳南随笔》卷一。

[7]《梅村词序》。

[8]顾璘《论诗书》。

[9]《围炉诗话》卷三。

[10]《沧浪诗话·诗法》。

[11]温喜用槲叶、枳花对，其《商山早行》云：“槲叶落山路，枳花明驿墙。”太白则用梨花、杨叶对，其《送别》诗云：“梨花千树雪，杨叶万条烟。”

[12]《温飞卿诗集》卷七《巫山神女庙》：“黯黯闭宫殿，霏霏荫薜萝。晓峰眉上色，春水脸前波。古树芳菲尽，扁舟离恨多。一丛斑竹夜，环佩乡如何。”宋玉《神女赋》：“望余帷而延视兮，若流波之将澜。”

[13]《留别龚处士》诗。

[14]《紫骝马》诗。

[15]《题宛溪馆》诗。

[16]《题丰安里王相林亭》诗。

[17]《过西堡塞北》诗。

[18]翁方纲《石洲诗话》卷二。

李杜诗歌比较评述

郐国平

"李声价重生前,杜誉望降身后。"(《诗薮》外编卷四)这是胡应麟对李白、杜甫诗歌价值的历史浮动情况作出的概括。首先需要明确一点,李、杜作为唐诗最高成就的代表,他们的诗歌经常是人们推崇的对象,在与唐代其他诗人乃至历朝诗人的比较中,李、杜的地位大都是非常突出的,所谓价值浮动主要是指在李、杜二人比较关系中出现的一种评价起落情况。就此而言,胡应麟的概括大致反映了唐、宋二代评价李、杜的变化曲线,而在明代,李白"声价"转呈上扬,杜甫"誉望"略有回落,在新的基础上李、杜接近于被人并尊。

一

"声价重生前"是李白实录,以下数端颇能说明问题。(一)李白自蜀至长安,秘书监贺知章慕名去拜访,读《蜀道难》未毕,"称叹者数四,号为'谪仙'"。"又见其《乌栖曲》,叹赏苦吟曰:'此诗可以泣鬼神矣。'"已有相当知名度的李白再得贺知章评赞,更加"称誉光赫"(孟棨《本事诗》"高逸第三")。(二)杜甫极称李白诗歌成就,"白也诗无敌,飘然思不群。清新庾开府,俊逸鲍参军"(《春日忆李白》)。"笔落惊风雨,诗成泣鬼神"(《寄李十二白二十韵》)。虽然宋人有杜甫以庾信、鲍照作为比喻是"鄙李白"的说法,那是服务于其扬杜抑李目的的一种曲解,不足以改变杜甫尊李的本意。(三)李白怀抱"誓欲清幽燕"(《在水军宴赠幕府诸侍御》)宏愿入幕永王李璘,但是李璘聘李白为幕僚,绝不是看中他有什么定鼎的谋算和才干,主要是倚重他的诗名以扩大自己影响和势力。这也从一个侧面说明李白生前诗名已是如何卓著。

杜甫生前也有一些朋友推崇他的作品，称他“大名诗独步”（韦迢《谭州留别杜员外院长》），“曹、刘俯仰惭大敌，沈、谢逡巡称小儿”（任华《杂言寄杜拾遗》）。可是像这样的推崇还未被普遍认可。李白“借问别来太瘦生，总为从前作诗苦”（《戏赠杜甫》）。以略带开玩笑的口吻指出杜甫写诗过于拘束费力。高适《赠杜二拾遗》：“传道招提客，诗书自讨论。”也部分反映出杜诗在当时知音还不多。所以后人感慨道：“杜甫雄鸣于至德、大历间，而诗人或不尚之。呜呼！子美之诗，可谓无声无息者矣。”（王赞《玄英先生诗集序》）“无声无息”属夸大之词，但是杜甫生前其诗歌“誉望”不怎么隆显，甚至有些淹抑则是可信的，他在这方面与李白蜚声诗坛的令誉难相媲美。

李白、杜甫死后，一方面出现了李、杜并提并尊，说明杜甫的地位有所提高；另一方面又存在冷落李、杜的倾向。杨凭《赠窦牟》：“直用天才众却嗔，应欺李、杜久为尘。”窦牟《奉酬杨侍郎十兄见赠之作》：“翠羽雕虫日日新，翰林、工部欲何神？”二人虽是借李、杜誉友和自况，并尊李、杜之意又十分明显；同时，诗句又透露出，在诗坛“翠羽雕虫日日新”的风气之下，相当一部分诗人受趋新心理支配，对李、杜抱着淡漠甚或轻视的态度。

元稹、白居易、韩愈对轻视李、杜均致不满，虽然三人对李、杜诗歌本身的看法并不完全一致。

元稹早年作诗云：“李杜诗篇敌。”（《代曲江老人百韵》）他对杜甫评价尤高，称杜诗“浩荡津涯，处处臻到”（“叙诗寄乐天书》）。《唐故工部员外郎杜君墓系铭并序》在高度称赞杜甫之后，又对李、杜诗歌进行了具体比较：

> 时山东人李白，亦以奇文取称，时人谓之李、杜。予观其壮浪纵恣，摆去拘束，摹写物象，及乐府歌诗，诚亦差肩于子美矣。至若铺陈终始，排比声韵，大或千言，次犹数百，词气豪迈，而风调清深，属对律切，而脱弃凡近，则李尚不能历其藩翰，况堂奥乎？

“差肩”意谓差不多，指李白诗歌在“壮浪纵恣，摆去拘束，摹写物象”的艺术造诣和乐府诗成就方面，几乎可与杜甫并称。李白不及杜甫的地方，则是在“铺陈终始，排比声韵”的五言长篇排律。可见元稹是在比较有限的范围内调整李、杜的并列关系的。

白居易也甚钦佩李、杜诗歌才华。《读李杜诗集因题卷后》曰：“吟咏留千古，声名动四夷。”另外，他又从倡导“为君、为臣、为事而作”的新乐府立场出发，轩轻李、杜，并指出他们的作品与他的创作要求之间存在的距离：

> 又诗之豪者，世称李、杜。李之作，才矣奇矣，人不逮矣，索其风雅比兴，十无一焉。杜诗最多，可传者千余首，至于贯穿今古，（覼）缕格律，尽

> 工尽善,又过于李。然撮其《新安吏》《石壕吏》《潼关吏》《塞芦子》《留花门》之章,"朱门酒肉臭,路有冻死骨"之句,亦不过三四十首。杜尚如此,况不逮杜者乎!(《与元九书》)

与元稹的评论不同,白居易《与元九书》将李、杜诗歌思想成就的距离拉得较开,而且,他从思想政治标准出发,对即使被他推为诗坛豪中之豪的杜甫也部分提出了苛责。

韩愈是唐代并尊李、杜最力的一个人,《石鼓歌》《荐士》《醉留东野》《感春》《酬司门卢四兄云夫院长望秋作》诸诗均并提李、杜,表示企仰。《调张籍》诗尤将此意讲得透彻:

> 李杜文章在,光焰万丈长。不知群儿愚,那用故谤伤?蚍蜉撼大树,可笑不自量。伊我生其后,举颈遥相望。夜梦多见之,昼思反微茫。徒观斧凿痕,不瞩治水航。想当施手时,巨刃磨天扬。垠崖划崩豁,乾坤摆雷硠。

对元稹、白居易、韩愈上述评语需作几点说明:(一)刘昫以为元稹之说是"论李、杜之优劣"(《旧唐书·杜甫传》),这种看法为不少宋代以后的批评家所沿袭,魏泰《临溪隐居诗话》、周紫芝《竹坡老人诗话》均是其例;也有认为扬杜抑李是元、白评语的共同内容(如胡应麟《诗薮》内编卷四)。持这些意见的人忽视或抹杀了一个重要事实,即元、白是在高度尊重李、杜的前提下对二人诗歌成就作低昂评估的(相对来说,元稹对李、杜高低的区别在范围及落差方面要小一些),而失去该前提,将他们对李、杜作先后区别这一点夸大和孤立起来,就会给人造成尊杜贬李的错觉,这与元、白原意相距甚远。(二)元稹、白居易比较李、杜的侧重点不同,元稹偏重于比较二人排律诗艺术功力的强弱高低,白居易则着重从"风雅比兴"即讽喻性内容多寡论其上下。宋人尊杜抑李往往喜引元稹评语,那是对他的评语作了片面和宽泛的理解,其实他们的主要理由与白居易批评的一部分内容更为接近,所不同者,白居易在高赞杜甫的同时对他又流露出某种不满,绝大多数宋人则奉杜甫为完美的"诗圣"。(三)由于不顾及元稹比较李、杜的前提,误会了他对李、杜的基本态度,便连锁引起对韩愈《调张籍》抨击对象的错误推断。魏泰以为韩愈此诗针对元稹(见《临溪隐居诗话》),此说为不少宋人所信奉。针对这种说法,周紫芝驳诘道:"指稹为'愚儿',岂退之之意乎?"(《竹坡老人诗话》卷三)持论甚合情理。韩愈这首诗本身有两点可以证明其矛头不是指向元稹:首先,韩愈抨击的对象是既"谤伤"李白也"谤伤"杜甫者(宋毕仲游《上苑尧夫龙图书》:"至韩愈时,人或谤甫之诗,愈为作诗讼之。"认为韩愈此诗针对谤杜者而发,虽不够全面,但指出谤杜者是此诗抨击对象,则是对的)。且不说元稹尊杜尚李,即以他在文章中先杜后李的一段话来说,其极力推崇杜诗与韩愈批判矛头的指向就已很不一致。其次,“群儿”一词说明韩愈攻击的对象是一个复数,而不是单个人。

因此,只有联系当时诗坛“翠羽雕虫日日新”,不少诗人淡漠、轻视乃至“谤伤”李、杜的背景,并且全面检讨元、白、韩对李白、杜甫的评述,才能明白他们三人都是否定李、杜之否定者,在肯定李白、杜甫诗歌成就和维护其在诗坛应有的地位方面其实质并无区别。所不同的只是,白居易从提倡新乐府,元稹从排律诗的艺术角度出发,在李、杜之间更偏尚杜甫,韩愈则并尊李、杜,无所倾欹,对二人诗歌“垠崖划崩豁,乾坤摆雷硠”雄伟阔大的笔力和气势无限神往,而对“谤伤”李、杜的“群儿”的抨击也更趋激烈。

在晚唐,李、杜一方面仍是一部分人并尊的对象,“李杜才海翻”(皇甫湜《题浯溪石》),“命代风骚将,谁登李杜坛?少陵鲸海功,翰苑鹤天寒”(杜牧《雪晴访赵嘏街西所居三韵》),“李杜操持事略齐”(李商隐《漫成五章》其二),“明皇世章句之风,大得建安体,论者推李翰林、杜工部为尤”(皮日休《郢州孟亭记》),“宏思于李杜极矣”(司空图《与王驾评诗》)。有的于李、杜之间又有所偏倚,如皮日休称杜甫“风雅主”(《陆鲁望昨以五百言见贻过有褒美内揣庸陋弥增愧悚因成一千言上述吾唐文物之盛次叙相得之欢亦迭和之微旨也》),吴融则说:“国朝能为歌诗者不少,独李太白为称首。”(《禅月集序》)但是另一方面,晚唐诗风突出的倾向是转向镵刻苦瘦,幽细婉美,绮艳风流,宁静淡泊,贾岛、姚合、李商隐、温庭筠、韩偓、司空图的作品和诗学观点更受诗人普遍青睐,何况晚唐诗坛的好尚在实际上比这更为纷繁:“百家嚣浮说,诸子率寓篇。……各持天地维,率意东西牵。竞抵元化首,争扼真宰咽。”(同前引皮日休诗)不承认有普遍的诗歌典范,各人都以自己为中心。在这种情势下,李、杜诗歌的高声亮响、恢宏气象较难契入晚唐诗人的心灵,所以其实际影响也比较有限。欧阳修:“唐之晚年,诗人无复李、杜豪放之格,然亦务以精意相高。”(《六一诗话》)蔡启谓晚唐诗人大抵皆宗贾岛,“与李、杜特不少假借”,甚而有以李诗为“调笑格”,杜诗为“病格”(《蔡宽夫诗话》)。就李、杜比较有限的影响而言,杜诗以其雄奇的风格和严整的叙述技巧对晚唐一部分诗人如杜牧、李商隐等人的创作发生较明显作用,而李白恣肆纵横、飘逸飞举的诗风对晚唐的实际影响比杜甫更小。

综上所述,李白豪纵飘逸的风度和诗歌面貌为时人仰仗,名高于生前,杜甫后来逐渐升值,与李白名望相埒,特别是经过新乐府提倡者元稹、白居易在同尊李、杜的前提下对二人作比较评议,杜诗以其排律体制宏大精严和某些诗篇更加突出的讽喻时事、察政补过的内容受到更多称颂,初步确定了后来先杜后李的名次排列,因此可以说,杜甫名声在唐代超轶李白,后来居上,很大程度上是与新乐府运动的影响相联系着。韩愈论文重道义的表达,论诗主张“不平则鸣”,也重视诗的政治作用,但是他对诗的讽喻功能又不像白居易那样疾声呼吁,将其看得高于一切,而是更加注重追求雄奇纵肆的诗风和宏壮阔大的诗境,在这些方面,李、杜诗歌共同满足了他的审美要求,所以他与元、白着眼点不同,并颂李、杜,毫不轩轾。晚唐以后,诗风趋转涩、婉、淡、艳,气格逐渐弱小,离开元稹、白居易和韩愈所推尊的李、杜诗风越来越远,因此,李、杜虽然仍受少数诗人真诚地尊重,其实际影响(尤其是李白)并不显著。诗歌风尚的衍变和批评者个人观赏趣味的差异,决定了这一时期李白、杜甫身价浮动及其影响效果强弱的更迭移转。

二

宋朝是一个尚义理、崇道学的时代,反映在文学批评中,道义精神和政治功利性受到更加普遍的关注;宋朝也是一个鼓励读书,注重学问的时代,诗歌创作和批评显示出学问化倾向;宋朝诗人又极其讲究诗法,将学习诗法作为揣摩古人作品的重要内容。在这种思想学术、文学风气之下,宋人对李白、杜甫的评价,与唐人相比,在总体上出现了高幅度倾斜。

左右宋初诗坛主要是三个诗派:白乐天体、晚唐派(或称“贾岛体”,包括九僧诗)和西昆体。在这些诗派风行的数十年间,或尚平易通顺,或刻意清寒,或追求丽藻奥典,他们大多与李、杜诗风是隔膜的。虽然尚白乐天体的主要代表王禹偁曾表示过尊李、杜尤其是尊杜之意,“子美集开诗世界”(《日长简仲咸》),“谁怜所好还同我,韩、柳文章李、杜诗”(《赠朱岩》),其他好李、杜的声音在宋初也偶有所闻,但是当时人们普遍的创作和审美视界还滞留在三派风尚上面,他们的期待视野尚未延及诗歌的现实性、道义性和宽宏高美的境界,至少多数诗人和读者还没有意识到这些内蕴对诗歌创作和鉴赏构成必要。所以王禹偁等一些肯定和赞美李、杜的声音,在宋初只是空谷足音,反响寥寥。

随着主要由欧阳修领导的与弘扬儒道紧密相连的古文运动的发生和发展,李、杜渐为宋人普遍推重,杜甫增值尤其迅速。《蔡宽夫诗话》对此有过一段说明:“景祐、庆历后,天下知尚古文,于是李太白、韦苏州诸人始杂见于世。杜子美最晚出,三十年来学诗者,非子美不道,虽武夫女子皆知尊异之,李太白而下殆莫与抗。文章隐显,固自有时哉!”古文运动的兴起,是由于一部分官员和文人出于对危困现实的忧患和对时尚文风的不满,希冀寻求社会富强,学术和文学新生的道路。然而，他们信仰的儒道本身不仅带有狭隘性，而且包含不少落后成分；他们追求急近的功利性，又往往引起对文学其他特性或多或少的忽略。因此，随“天下知尚古文”而出现的李、杜增值现象，以及逐渐形成以杜抑李的思维定势，既有其突出诗歌创作的思想内蕴，吁求诗人接近现实生活，开拓诗境的积极意义，又带有过于浓稠地凝聚于儒家伦理道德规范的倾向，从而在两位伟大诗人之间作出了不恰当的扬抑轩轾。

宋人李、杜优劣的比较首先是对两人作品道义理致的比较，其衡量是非优劣的标准是儒家传统的伦理观和价值观，而比较的本身以及由此生发的议论又侧重于二人的差殊点，所引用的例子和概括的结论都旨在强调杜优于李。王安石对李白诗歌的艺术性颇有好评，却又批评李白“识见污下，十首九首说妇人与酒”，不满其作品“近俗”“无深意”（《钟山语录》）。他盛赞杜甫身虽潦倒，作诗“不废朝廷忧”，“宁令吾庐独破受冻死，不忍四海赤子寒飕飕”（《杜甫画像》），又称杜诗“悲欢穷泰，发敛抑扬，疾徐纵横，无施不可”，“光掩前人而后来无继”（《遯斋闲览》）。他编选《四家诗》，杜甫居首，李白居末，实际上体现了上述观点。与王安石相比，苏轼对李白的好评又有所提高，也更见具体，他称李白、杜甫“以英玮绝世之姿，凌跨百代”（《书黄子思诗集后》）。然而，当涉及伦理性思考时，他又肯定杜甫为众诗人之首，“古今诗人众矣，而杜子美为首，岂非以其流落饥寒，终身不用，而一饭未尝忘君也欤？”（《王定国诗叙》）王、苏比较李、杜的结论说明，就诗歌的艺术性而言，李、杜作品在天平两端大致接近平衡，而比较二人诗歌的社稷意识、君臣观念、民生思虑这些思想内蕴时，天平即刻出现倾斜，李白处在了劣势。

事实上，大多数宋人都偏尚对李、杜作品思想蕴含作比较，从而使杜优李劣成为难移的定案。引录几段有代表性的评语：

> 李白诗类其人，骏发豪放，华而不实，好事喜名，不知义理之所在也。……唐诗人李、杜称首，今其诗皆在。杜甫有好义之心，白所不及也。（苏辙《诗病五事》）
>
> 李太白、王摩诘之诗，如乱云敷空，寒月照水，虽千变万化，而及物之功亦少。……惟杜少陵之诗，出入古今，衣被天下，蔼然有忠义之气，后之作者，未有加焉。（许尹《黄陈诗注原序》）
>
> 至李、杜，号诗人之雄，而白之诗，多在于风月草木之间，神仙虚无之说，亦何补于教化哉！惟杜陵野老，负王佐之才，有意当世，而肮脏不偶，胸中所蕴，一切写之以诗。（赵次公《杜工部草堂记》）
>
> 李太白当王室多难，海宇横溃之日，作为歌诗，不过豪侠使气，狂醉于

花月之间耳。社稷苍生,曾不系其心膂。其视杜少陵之忧国忧民,岂可同年语哉!(罗大经《鹤林玉露》卷十八)

这些都说明,正是在"义理""及物之功""教化""忧国忧民"等方面,他们将李白、杜甫诗歌进行了反差强烈的对比,构成他们扬杜抑李的主要理由。黄彻从"心术事业可施廊庙","忠义之气"(《碧溪诗话》卷二、卷一),刘莘从"尊君敬上"(《漫塘语录》)的角度推崇杜甫或轩轾李、杜,也是这种批评倾向的反映。张戒《岁寒堂诗话》卷上称黄庭坚"太白诗与汉魏乐府争衡"是"真知太白者",并以《诗经》"说妇人者过半"为理由诘驳王安石对李白"识见污下"的论断,认为韩愈并推李、杜,不显优劣是"公论"。这似乎意味着张戒改变了多数宋人比较李、杜的思维习惯,其实不然。《岁寒堂诗话》卷下称元稹评李、杜是鄙论,"铺陈排比,曷足以为李、杜之优劣。"他搬出《论语》"兴观群怨""事父""事君"和《诗大序》"经夫妇,成孝敬,厚人伦,美教化,移风俗""化下""风上""主文谲谏"等堂而皇之的垂训,告诉人们杜诗的价值在此,李、杜的优劣也在此,"杜子美、李太白,才气虽不相上下,而子美独得圣人删诗之本旨,与《三百零五篇》无异,此则太白所无也"。这非常典型地反映了宋人比较李、杜的重点所在。张戒终于还是迁就了宋人对李、杜诗所抱的根深蒂固的观念而没能改弦易辙,说明批评家要超越自己所处时代的文学批评标准和风尚何其困难!有时他或许会产生一些摆脱其羁縻的自觉,有时则又会或隐或显地与之合流,从而造成自相矛盾。

其实,李白诗歌何尝没有关心社稷苍生的内容?"《大雅》久不作,吾衰竟谁陈"(《古风》第一)这种自觉的创作使命感和一些描写、批判社会问题的诗篇(尤其是组诗《古风》),都足以证明李白在以瑰玮浓烈的浪漫精神为主体的诗歌世界中,仍然留下了一方空间以供绘述人间实在的世相,在不少方面体现了美刺比兴传统。李阳冰评他"凡所著述,言多讽兴"(《草堂集序》)。宋朝也有人注意到了这一点,葛立方说:"李之所得在《雅》。"(《韵语阳秋》卷二)"李白乐府三卷,于三纲五常之道,数致意焉。"(同上卷十)这与宋人对杜诗内容的赞赏是相一致的。然而葛立方又说,考究李白行事,与"君臣""夫妇"之义实有违反,所以不是"醇儒"(同上)。朱熹说:"李白见永王璘反,便从臾之,诗人没头脑至于如此。杜子美以稷、契自许,未知做得与否?然子美却高,其救房琯亦正。"(自《鹤林玉露》卷十八)从行为方面比较"诗圣"与"驳儒"的差别,是宋人优劣李、杜的一个重要构成,其实这也是宋朝文学批评(此指作家论方面)尚义理、崇道学的反映。在这种眼光观照下,他们对李白某些与杜诗立意内蕴相仿佛的作品只进行了低调的评价,甚而将其搁置一旁,不加论及。

可注意的是,苏轼一方面着眼于伦理方面首推杜甫(见前述),另外,他又高度赞美李白傲睨权贵的高尚雄迈的品操,《李太白碑阴记》说:

士以气为主。方高力士用事,公卿大夫争事之,而太白使脱靴殿上,固已气盖天下矣。使之得志,必不肯附权幸以取容,其肯从君于昏乎?夏侯湛《赞东方生》云:"开济明豁,包含洪大。凌轹卿相,嘲哂豪杰,笼罩靡前,蹈藉贵势。出不休显,贱不忧戚。戏万乘若僚友,视俦列如草芥。雄节迈伦,高气盖世。可谓拔乎其萃,游方之外者也。"吾于太白亦云。

这已探寻到了李白独立人格的重要内蕴,他的许多闪放奇彩异光的诗篇正是这种人格精神的艺术结晶。如果沿着这条思路去发掘李白诗歌的价值和意义,本来是可以而且应该给他在诗歌史上以更高评价的。然而,宋朝能够高度评赏李白高傲个性和以此为内质的那部分诗章的人毕竟太少,人们更关心诗歌符合传统规范的义理、人伦性内容而不是兀傲不驯的个性。因此,苏轼上述对李白的赞美词并没有改变宋人尊杜贬李的观念,其实,苏轼本人也并不认为李、杜诗歌具有等同的思想价值。

重学问的倾向和注重诗法的风气,也助长了宋朝扬杜抑李的倾欹之势。宋代文人生活条件比较优厚,读书成才为人所羡慕,而印刷术的进步使刻印图书的品种和数量都有较大增长,使许多典籍广为流传,为读者提供了方便。在这种条件下,当时士人们嗜好读书蔚为风气。其反映在诗歌创作和批评中,形成偏重学问的倾向。欧阳修肯定西昆体诗人"雄文博学,笔力有余,故无施而不可"(《六一诗话》)。王安石论诗中用典,"若能自出己意,借事以相发明,情态毕出,则用事虽多,亦何所妨"(《蔡宽夫诗话》)。黄庭坚对学问更是作了突出的强调,他说:"词意高深要从学问中来。"(《论诗帖》)他评友人诗"未能从容中玉珮之音,左准绳,右规矩",原因在于"读书未破万卷,观古人之文章未能尽得其规摹"(《跋书柳子厚诗》)。他要求诗人落笔着语"无一字无来历"(《答洪驹父书》)。葛立方说:"欲下笔,当自读书始。"否则,学问源流不长远,写诗必然"变态少",缺乏"汪洋浩渺"之妙(《韵语阳秋》卷一、卷四)。宋人诗话多有总结诗歌用事使典方法技巧的内容,这也是重学问的一种反映。宋人往往将杜甫视为诗人而重学问的典范,他的"读书破万卷,下笔如有神"名句一再被黄庭坚引用,成为他提倡学问的口号(见《答徐甥师川》)。宋神宗比较李白、苏轼才学的一段话,反映了宋人对李白学问不够深厚的基本看法:

又上一日与近臣论人材,因曰:"轼方古人孰比?"近臣曰:"唐李白文才颇同。"上曰:"不然,白有轼之才,无轼之学。"(陈岩肖《庚溪诗话》卷上)

因此,杜甫、李白学问深浅,在宋人眼里原是有着明显差别的。对于二人的诗歌，宋人也认为杜甫以学力胜，李白以天分胜。吴沆《环溪诗话》卷上："杜甫长于学"，"李白长于才"。刘克庄《后村诗话》前集："放翁，学力也，似杜甫；诚斋，天分也，似李白。"在宋代普遍崇尚学问的风气之下，杜甫的地位高于李白是必然的。

宋人作诗注重诗法，揣摩古人诗歌的形式技巧是他们学古的一项重要内容，因此，重诗法与重学问又有着内在的联系。此风至江西诗派而大畅。黄庭坚以"点铁成金""夺胎换骨"作为教人作诗的门路。在他影响下，江西派诗人都注重炼字炼句的功夫，讲求诗歌规矩、法度。黄庭坚特别指示人们要"熟观"杜甫夔州后写的"古律诗"，这主要也是着眼其善于遣使奇字硬句，运用险韵拗体，"句法简易，而大巧出焉"的艺术方面的原因（见《与王复观书第二首》）。他评李白诗"如黄帝张乐于洞庭之野，无首无尾，不主故常，非墨工椠人所可拟议"（《题李白诗草后》）。杜诗有法度脉理可以依循，因此学杜有着力之处；李诗"无首无尾，不主故常"，即使想拟议，也难以入手。黄庭坚对二者都加以肯定，可是作为效仿的对象，他无疑倾侧于杜甫诗歌。无论是他自己作诗，还是教诲他人创作，都以追企杜甫诗法为目标。后人推杜甫为江西诗派之"祖"，主要也是着眼于他们诗法方面的渊源关系。吕本中发展了江西派的诗法理论，提倡"规矩备具而能出于规矩之外，变化不测而亦不背于规矩"的"活法"（《夏均父集序》）。与此相适应，他除了要求学习杜甫、黄庭坚诗歌的"法度"之外，还要求学习李白、苏轼的作品，作为写诗"一助"（《与曾吉甫论诗第一帖》）。这其实也是说明，学诗应当以杜、黄诗法为主，李、苏作品则是在辅助的意义上才成为人们学习的对象，它们之间仍存在主次的区别。所以，就诗法的典范性而言，在江西诗派眼中，李白的作品逊于杜诗。

这样，从义理、学问、诗法三方面比较李、杜诗歌，宋人均认为杜优于李，杜诗更具有实际的示范意义，李、杜诗歌成就不能等量齐观。与元稹以五言排律的造诣和白居易以讽喻诗多寡先杜后李相比，宋人优劣李、杜的角度多且内容广，在总体上对二人评价的落差也比较大，这样，李、杜优劣论才算是真正确立下来。

然而，以上仅足以说明宋人为何认为李白作品不如杜诗，却不足以解释宋人普遍承认李白诗歌的成就在除杜甫之外的众诗人之上。事实上，除少数意见以为韩愈、白居易、欧阳修、苏轼、黄庭坚等诗人的诗歌成就高出李白之外，大多数宋人相信李白在唐宋诗人中的地位居于一人（杜甫）之下，众人之上（也有认为李白成就高于杜甫，持这种看法的人很少）。所以优劣李、杜实际上是李、杜诗歌范围内的一种比较，超出这一范围，说李白诗"劣"就失去了意义。宋初古文运动先驱田锡，从文与道的关系着眼，认为"经纬大道"之文既可以是"常态”，也应该有“变”态。他从“文之变”的角度高度评价李白诗歌，“若豪气抑扬，逸词飞动，声律不能拘于步骤，鬼神不能秘其幽深，放为狂歌，目为古风，此所谓文之变也。李太白天付俊才，豪侠吾道，观其乐府，得非专变于文欤！”（《贻陈季和书》）田锡说的“常”“变”，意思接近“正”“变”。古人早就用“正”与“变”这一对范畴评说文学，肯定以“正”为主，以“变”为辅，“变风”“变雅”的地位很高，也说明人们对“变”的文学的重视。田锡以“文之变”论李白诗并加以推崇，是继承了这种文学批评的传统的。吴可以杜诗为“正经”，李白等人诗歌为“兼经”（见《藏海诗话》），说明了杜诗为主干、李诗为辅翼的关系，人们学习李、杜，可以区别主次，却不应该偏废。苏轼、苏辙除了从义理方面扬杜抑李外，其他时候又并提或高赞李、杜。这些都反映了李白受尊敬的情况。

宋人赏爱李白诗歌的哪些特点？从他们一些摘句式的赏评和与杜诗的比较中可以了解大端。欧阳修极赏“清风明月不用一钱买，玉山自倒非人推”两句诗，评其“惊动千古”，并认为这类诗表明李白“天才自放，非甫可到”（《李白杜甫诗优劣说》）。[1]王安石说：“诗人各有所得。‘清水出芙蓉，天然去雕饰’，此李白所得也；‘或看翡翠兰苕上，未掣鲸鱼碧海中’，此老杜所得也。”黄庭坚以为李白诗的“妙处”在“请君试问东流水，别意与之谁短长”一类诗。吕本中举李白“晓月出天山，苍茫云海间。长风一万里，吹度玉门关”等诗，评其“气盖一世”（以上均见《苕溪渔隐丛话》前集卷五）。张戒赏爱李白《庐山谣》，谓“此乃真太白诗矣”（《岁寒堂诗话》卷上）。杨万里称“问余何意栖碧山，笑而不答心自闲。桃花流水杳然去，别有天地非人间”等句为“李太白诗体”；称“白摧朽骨龙虎死，黑入太阴雷雨垂”“指挥能事回天地，训练强兵动鬼神”等句为“杜子美诗体”（《诚斋诗话》）。大约他们喜爱的太白体，是指李白诗歌想象丰富，境界开阔，富有宽宏疏朗的时空跨度，语言瑰玮奔放而又流畅飘逸，比喻新奇别致又都平易自然。这些特点与杜甫诗歌精深沉郁、凝练奇健的风格很不相同。葛立方说：“杜诗思苦而语奇，李诗思疾而语豪。”（《韵语阳秋》卷一）区别二家诗风简而得要。作为诗歌鉴赏，宋人从李白作品中得到了很大的审美愉悦。刘攽解释欧阳修“甚赏爱”李白诗的原因，是因为李诗“超越飞扬，易为感动”（《贡父诗话》）。这也是大多数宋人赏爱李诗的原因，而这种很高的审美愉快是读杜诗所不易获得的。李白的作品以其极高的艺术成就补足了杜诗的不备，满足了宋人多方面的审美需要，这大约是在大多数宋人眼里李白地位次于杜甫而高于其他诗人的原因。宋人所欣赏的“太白体”特点，其实也为历代读者所喜爱。这说明，不同时代的读者接受同样的文学作品，既有其差异性，也有其一致性。

对优劣李、杜之说，宋人也有提出异议的。叶集之曰：“硕儒巨公，各有适极处,不可比量高下。”(吴可《藏海诗话》)严羽又将这种观点作了发展。《沧浪诗话》反对“以文字为诗,以才学为诗,以议论为诗”,这几乎推翻了宋人优劣李、杜的主要理由。而他自己则着重肯定李、杜各自作出的不同的艺术贡献:“李、杜二公,正不当优劣。太白有一二妙处,子美不能道;子美有一二妙处,太白不能作。”“子美不能为太白之飘逸,太白不能为子美之沈郁。”“太白《梦游天姥吟》《远别离》等,子美不能道;子美《北征》《兵车行》《垂老别》等,太白不能作。论诗以李、杜为准,挟天子以令诸侯也。”因此他希望人们“以李、杜二集枕藉观之,如今人之治经”。这进一步发展了宋人业已存在的爱好李白诗歌的一方面意向,同时其意义更在于表示随着对江西诗派风气和宋人过尚诗歌义理的批评标准的反拨出现在李、杜评价中的一种新变化,意味着李白经过居于杜甫之下二百多年的屈抑期后,身价开始回升。这种侧重于艺术比较和并尊李、杜的意见,启开了后来明人评价李、杜新的思路。

三

李、杜“二公齐名并价,莫可轩轾”,李东阳《麓堂诗话》中的这一结论,基本上代表了明人普遍的看法。有时人们品评李、杜也会出现微妙的起伏波动,却不足以变更这一基本评估。这与多数宋人的意见形成鲜明对照。

由宋人评李、杜分上下优劣,到明人基本上视二人“齐名并价”,这反映了宋明二朝文学批评风气的某种转移,以及开展李、杜比较的角度较大转换。

一、宋人侧重于李、杜诗歌创作的题材内容、思想纯驳、社会效果即写什么和为什么而写的比较,这与他们坚持的思想政治标准相结合,确定了杜甫独尊的地位;明人侧重于二人艺术构思、写作手法、体裁擅长、其诗歌的风神格调气象等艺术方面即怎样写的比较。而在这些方面,即使不少宋人也承认李白的成就极为突出,明人则进而将这些艺术上的特点作为李、杜比较的主要内容和对象,如明代几部有影响的诗话《怀麓堂诗话》《升庵诗话》《艺苑卮言》《诗薮》《诗源辨体》等,书中涉及李、杜比较的内容,都是偏重二人作品的艺术性。从艺术性的角度看问题,杜甫独尊的结论显然是非常勉强或者说难以成立的。

二、宋代江西诗派虽然也强调从艺术上宗杜,那主要是出于“无一字无来历”和字法、句法、句眼方面的考虑,在这些方面,杜诗无疑比李白作品更有脉理可循。明代诗派中阵容和影响最大的格调派(前后七子为代表)也注重从艺术上学杜,却走着一条与江西诗派不同的道路,主要规摹杜诗高格亮调,浑壮气象。王夫之讥“王、李”作诗喜用“万里”“千山”“雄风”“浩气”“中原”“白雪”

“黄金”“紫气”等字(见《明诗评选》卷六袁宏道《和萃芳馆主人鲁印山韵》评语),这虽论为肤浅,但反映了他们对杜诗格调气象的向往,与好求句眼的江西诗派区别甚明。这表现在明人对李、杜诗歌艺术的比较中,主要是一种广泛的、整体的艺术风貌的比较,从这一宽阔的艺术视野观赏李、杜诗歌,一般只能说二家各有特点,很难作高低上下的品第。

明人比较李、杜侧重于诗歌艺术性而不是思想内容,侧重于艺术中的整体风貌而不是字法、句法的具体技巧,从而将李白、杜甫并视为诗坛二位巨星,这与严羽着重肯定李、杜各自作出的不同的艺术贡献,反对扬此抑彼是一脉相承的。高棅、王世贞、胡应麟等人都推崇严羽《沧浪诗话》,所以两者之间存在上述的一致本不足奇。

三、明人对宋人评价诗歌的思想标准有所调整,这也影响到他们对李、杜的比较的结论。宋人尚义理、道学,将杜甫看作忠君爱国、思想纯正的诗圣,他的诗歌被当成最能体现《诗经》传统的典范作品,乃至出现千家注杜的空前情况。正是这种过尚伦常、理致的文学批评标准从根本上导致了杜甫在宋代独尊地位的确立。而恰恰在这一点上,明人与宋人表现出很大区别,并对宋人优劣李杜的理由提出怀疑和反感。宋濂《杜诗举隅序》激烈批评杜诗注释者们,“务穿凿者,谓一字皆有所出,泛引经史,巧为附会,楦酿而丛脞;骋新奇者,称其一饭不忘君,发为言辞,无非忠国爱君之意,至于率尔咏怀之作,亦必迁就而为之说。说者虽多,不出于彼,则入于此,子美之诗不白于世者五百年矣!”李梦阳批评“宋人主理不主调”,好“作理语”,以此“师法杜甫”,诗乏生动(见《缶音序》)。本来,从伦理纲常的内容去深求杜诗,和从性气理致方面去追摹杜甫,在许多宋人看来是正常不过的事情,可是在明人眼里,这却成了问题。宋人赖以优劣李、杜的最重要的理由,明人也认为并不是无可辩驳的。“右杜者则曰:‘李诗不出妇人杯酒,杜诗句句忧国爱君。’此晚宋人语,当时想亦偶有所见,人遂以为的论。假令村中学究,句句说忠君爱国,便可夸谪仙……可发一笑。”(孙绪《无用闲谈》)“宋人抑太白而尊少陵,谓是道学作用,如此将置风人于何地?”(陆时雍《诗镜总论》)显然,在李、杜优劣说出现消解的背后,反映出明人对片面夸大诗歌“忠君爱国”“道学作用”等因素的批评标准在一定范围内的修正。当然,明人诗歌批评仍然将物理道义的思想评判摆在重要位置,杜甫诗歌的这方面内容仍受到高度赞美,然而一般来说,他们并不像宋人那样由此简单得出杜优于李的结论。李东阳在《琼台吟稿序》和《题赵子昂书茅屋秋风诗后》二文中,大力肯定杜诗“悉人情,该物理,以极乎政事风俗之大,无所不备”,“为天下苍生计”诸如此类的思想内容,但他并不因此就认为杜诗高出李诗,更有价值,而是将李、杜诗歌同置于“最优”的“宫声”一档中，莫分上下（见《怀麓堂诗话》）。由于对诗歌政治和伦理内容期望的适当降低，因此明人即使偏重对李、杜作品思想性进行比较，也往往将二人相提并论。朱大启《李杜诗通叙》：“尝论李、杜两公，自开元、天宝之隆，迄于至德、大历，亲罹兵火丧乱之世。太白流离撼轲，浪迹纵酒，游览行役，怀古之什为多，然百忧万愤，略见升沉之感；子美怀忠仗节，羁旅间关，奔诣行在，慷慨悲惋，一寓于诗。”“李、杜大篇，寄意深婉。”（《李杜诗通》卷首）这些颇能反映明人与宋人比较李、杜的不同特点。

前面谈到苏轼盛赞李白傲睨权贵，“气盖天下”的品操精神，宋人对此很少产生共鸣。然而苏轼的话在一部分明人中很有反响。袁宏道称李白“天才英特”，在其“狂迹”之下，透射出卓越的“识趣”，并引苏轼评语以赞美李白其人（见《策第五问》）许学夷说：“太白人品与诗，惟东坡识之。”（《诗源辨体》卷十八）田艺蘅指出李白在强烈的个性方面胜过杜甫，“太白宁放弃而不作眷恋之态，宁狂荡而不作规矩之语，子美不能不让此两着”（见同上引）。对李白诗中言饮酒和声色娱乐的内容，人们也不再像张戒那样援引《诗经》比兴传统替他辩护，而是直接肯定它们是“丈夫”志，难逞雄心的一种寄托。李东阳《跋张汝弼书蒋玉山既醉轩诗卷》称李白“但得醉中趣，勿为醒者传”诗句是“有托”而作。袁中道《殷生当歌集小序》：“丈夫心力强盛时，既无所短长于世，不得已逃之游冶，以消磊块不平之气。古之文人皆然。……谢安石、李太白辈，岂即同酒食店中沉湎恶客，与鬻田宅迷花楼之浪子等哉？云月是同，溪山各异，不可不辨也。”李白自由不拘、纵性任情的心襟和生活态度受到明人尤其是晚明文人赏识，他们从强烈的个性方面比较李、杜，赞美李白，这与多数宋人从“忠君爱国”立场推崇杜甫，或微议李白不符“醇儒”标准，二者相距何其遥远，反映了两个不同历史时期文化背景和文人心态的差异。

一方面，“忠君爱国”“道学作用”不再是评价诗人及作品至高无上的标准；另一方面，个性因素受到较高重视，随着这些展开比较的条件发生改变，宋人视李白、杜甫优劣的一些依据，在许多明人看来变得不再有多少实际的意义。李、杜优劣论趋于消解，显然与明人这种对文学批评标准中的思想内容标准的一定调整有相应的关系。

随着明人并尊李、杜观念的基本确立，兼学李、杜的主张也成为明代大多数诗人一种共识。

明初，尊李和并重李、杜的声音在诗坛响起。张以宁《钓鱼轩诗集序》对“近代诸名人类宗杜氏而学焉，学李者何其甚鲜”的状况甚表不满。文中“近代”指宋、元各朝。这意味明人对前人优劣李、杜进行反驳的开始。练子宁《黄体方诗序》评李白诗“《风》《骚》之后，卓然鲜丽……自唐及宋，罕有继者”。他在众多诗人中“嗜太白诗”,并将学李付诸自己创作实践。稍后,高棅编成《唐诗品汇》,揭开了明代“楷式”盛唐诗歌(林鸿语,该书凡例引)的一页。《唐诗品汇》以诗歌体裁为类别,李白诗歌在各类中均为“正宗”,杜诗多为“大家”,少数为“羽翼”。“正宗”和“大家”是该书对“神秀声律,粲然大备”(林鸿语,同上)艺术上最成熟完美的诗歌作品的品评术语。两者区别是,“正宗”含纯正的盛唐风调之意,“大家”指含有较多变调的因素。该书卷首引历代名公叙论有云:“唐陈子昂、李太白、韦应物之诗,犹正者多而变者少,杜子美则正变相半。”高棅列杜甫为五、七律大家,他在五律叙目中说:“杜公律法变化尤高……余于欲离欲近而取之。”“欲离欲近”是相对于五律的正常格式而言。七律叙目说:“少陵七言律法,独异诸家。”从中可以体味“正宗”“大家”的含义,略同于传统的“正”与“变”(“正变”除了用于区别艺术风貌外,还经常指作品思想内容的不同,“正宗”“大家”不含后者意思)。以上说明高棅基本上同尊李、杜,而又以李白诗歌的“神秀声律”冲融、自然为更加纯正的盛唐诗歌风范,这是考虑到杜诗变调影响中、晚唐尤其是宋代诗风的缘故对李、杜作出的略寓上下的区分。尽管如此,高棅并宗李、杜的倾向是很清楚的。

李梦阳、何景明鼓吹“诗必盛唐”,尤尚杜诗。唐元荐:“至李、何二子一出,变而学杜。”(《升庵诗话》卷七)这与高棅同中有异。但何景明又批评杜甫七言歌行“调失流转”,“博涉世故,出于夫妇者常少;致兼雅颂,而风人之义或缺”(《明月篇序》)。不满杜诗比兴、风调尚有缺失。李梦阳论诗也重“比兴杂错,假物而神变”(《缶音序》)。而李白诗歌在这些方面胜过杜甫。李梦阳以阮籍为魏诗之冠,又以李白《古风》“祖籍词”(见《刻阮嗣宗诗序》),含有称美之意。他又并称曹植、李白诗“流光耀千古,不与日星陨”(《世不讲曹李诗尚矣内弟会余河上能章章道也惊有此赠》),对李白推崇备至。从李、何对诗的要求和对杜甫的批评来看,李白诗的艺术长处适足弥补杜诗弱点,因此受到推崇。说明他们也是主张学杜而兼学李白的。

以后,并重和兼学李、杜的看法更加普遍。李攀龙创作方面更多取法杜甫,《古今诗删》唐诗部分李、杜诗入选最多,选杜诗85首,李诗58首,说明他更尚杜甫,但是他盛赞李白“五、七言绝句,实唐三百年一人”(《选唐诗序》)。谢榛说:“暨观太白、少陵长篇,气充格胜,然飘逸、沉郁不同,遂合之为一,入乎浑论,各塑其像,神存两妙,此亦摄精夺髓之法也。”(自《艺苑卮言》卷七引)他以兼取李、杜之长为诗歌创作的目标。王世贞讥笑谢榛“高自称许”,名不副实,这主要针对谢榛实际创作水平离其目标甚远的事实而言,言下之意,对合李、杜之美为一的艺术境界本身持肯定态度。胡应麟《诗薮》:“李才高气逸而调雄,杜体大思精而格浑。超出唐人而不离唐人者,李也;不尽唐调而兼得唐调者,杜也。”

“盛唐一味秀丽雄浑。杜则精粗、巨细、巧拙、新陈、险易、浅深、浓淡、肥瘦，靡不毕具，参其格调，实与盛唐大别。其能荟萃前人在此，滥觞后世亦在此。”（内编卷四）认为李白诗歌属于盛唐正调，杜诗参有较多唐音别唱，这与高棅意见一致。他又说，杜之“沈郁”，李之“逸宕”，“有能总统为一，实宇宙之极观”（内编卷三）。胡应麟明白，这实际上不可能达到，但是，他认为以李、杜为楷模，兼学二人所长，这是人们应当有的认识。许学夷《诗源辨体》：“太白以天才胜，子美以人力胜。……今人学子美或相类，而学太白多不相类者，盖人力可强，而天才未易及也。”（卷十八）这是唐宋以来人们普遍的看法和诗界创作的情况，尽管如此，许学夷仍认为“李、杜兼法，乃为善学”，要求天才、人力尽量“相济”（同上），否定了一些前人天才难及而废李白不学的宿命观。

明人并宗兼学李、杜是对宋人优劣李、杜的拨转，在认识上无疑是一次进步。但是，明人诗歌创作的质量因其摹拟过甚而受到较大限制。清代人在李、杜评价问题上保持了明人的一些基本观点，多数人认为兼师李、杜，和济为美是必要的，他们的学习方法和态度比较灵活，创作成就比明人高，如果追根溯源的话，明人的李、杜比较论对清人诗论和诗歌创作显然产生了一定的积极影响。

注　释

[1]四部丛刊景元本《欧阳文忠公集》卷一百二十九该文作：“‘落日欲没岘山西，倒着接䍦花下迷。襄阳小儿齐拍手，大家争唱白铜鞮。’此常言也。至于‘清风明月不用一钱买，玉山自倒非人推’，然后见其横放。其所以惊动千古者，固不在此也？杜甫于自得其一节而精强过之，至于天才自放，非甫可到也。”文中“固不在此也”句，华文轩编《杜甫卷》资料（中华书局）标点为句号，与整篇文意不符。“也”在古汉语中可作疑问词，同“耶”，故此句应为疑问句，表示肯定语气。《苕溪渔隐丛话》前集卷五引作“所以惊动千古者，固不在此乎?”可以证明其确为疑问句。明安磐《颐山诗话》引作“所以惊动千古者，固在此也”，改其句型而得其意。

李白与李商隐
——兼论“三李”并称

余恕诚

清代诗人兼学者翁方纲曾写过一篇《三李堂记》(见《复初斋文集》卷六),针对同时代诗人金学莲喜爱“三李”,且将自己的书堂取名“三李堂”,提出异议。翁氏云:

> 金子子青(学莲)瓣香太白、长吉、义山诗,而以“三李”名堂。噫,渊乎奥哉!……义山孰可与并耶?曰:义山杜之嫡嗣也。……夫唐人气体之近杜者莫若昌黎,而昌谷韩徒也。昌谷之从韩出,实以天机笔力行之,则杜法何远焉。自古诗人并称者皆同格调耳,惟少陵与太白不同调,则义山有曰:“李杜操持事略齐,三才万象共端倪”,此其不似而似者乎?此三李之义岂子青臆说乎?吾固愿子青深思善养得三家之所以然,而勿袭其貌也。则此堂何名“三李”,仍即共此苏斋之师杜而已。……

翁氏的议论,有些地方所表现的偏颇比较明显。不需深辨,比如李贺的想入非非,与杜甫追求真实地反映现实生活之间,即存在着深刻的差别。翁氏仅据韩愈学杜,而“昌谷韩徒”,推论出李贺去“杜法”不远,就未免过于简单,而可以姑置勿论。但他指斥“三李”并称为“臆说”,又称李商隐为“杜之嫡嗣”,实际上借以否认李商隐和李白之间的联系,却是需要认真加以研究和回答的问题。

一

“三李”并提,涉及李白、李贺、李商隐三人之间的多角关系。李白与李贺、李贺与李商隐的相连、相近之点,通过对照阅读他们的作品,是不难看出的。在文学史上,他们也早已且经常被并提或并称。但“三李”中的首尾“二李”即李白和李商隐的关系,近现代学术界很少有人论述。两人之间是否有联系,或曾否有过并提,又关系到“三李”的并提能否成立的问题。

细检李白、李商隐的诗文,会发现“二李”之间的联系本属客观存在。李商隐带有自叙生平性质的《漫成五章》其二云:“李杜操持事略齐,三才万象共端倪。集仙殿与金銮殿,可是苍蝇惑曙鸡。”这一章借咏李、杜寄寓自己才高见妒,遭受谗毁摈斥之慨,把自己与李白、杜甫联系起来。“可是苍蝇惑曙鸡”之叹,也与李白“一谈一笑失颜色,苍蝇贝锦喧谤声”(《答王十二寒夜独酌有怀》)的诗句有联系。李商隐著有《李贺小传》,说李贺“才而奇”,虽时人“多排摈毁斥之”,却被天帝召去为刚落成的白玉楼写记。杜撰这种神话,不仅为了慰奠李贺,可能亦寓有自慰的意思。而神话的来源,又可能与受李白的传奇故事启发有关。怀才不遇,幻想能在天上有所遇,表现了“三李”具有共同性的孤独感与超越人世的追求。

李商隐与李白在诗歌创作上的联系,体现于两个方面:一是共同对前代某一重要作家或某一时期的诗歌有所继承,如两人皆受屈原影响,李白是汉代以后继承屈原传统最重要、最有成就的一位诗人,李商隐也明确宣称自己的创作是“为芳草以怨王孙,借美人以喻君子”(《谢河东公和诗启》),继承了屈原的写法。再就是李商隐诗歌中某些语言、意境、内容直接受李白影响。一种是比较单纯的语言上的联系,如李白《将进酒》首句“黄河之水天上来”,李商隐《河阳诗》首句“黄河摇溶天上来”,中间只易两字。李白《庐山谣》“手把芙蓉朝玉京”,李商隐《李肱所遗画松诗书两纸得四十一韵》“手把金芙蓉”,两人都用学仙语,李商隐易七言为五言。另一种则除了语言上的联系外,还有在意念上乃至身世感受上的深刻联系。如李白《宣州谢朓楼饯别校书叔云》开头:“弃我去者昨日之日不可留,乱我心者今日之日多烦忧。”把长时间来眼看流光如逝而功业无成的感慨与烦忧,作了尽情的抒发。而李商隐的《昨日》诗开头则云:“昨日紫姑神去也,今朝青鸟使来赊。”借紫姑神之已去和青鸟之不来,寄慨自己希望和理想的落空。后者可能即受前者启发。再有一种是两位诗人似乎比较接近的感受,在李白那里用传统的方式直抒,而李商隐则化为具有独创性的意境和情思。如李白《相逢行》云:“相见情已深,未语可知心。”类似的意思,在李商隐笔下化为极富有形象性和感发性的名句:“身无彩凤双飞翼,心有灵犀一点通。”同样,《相逢行》中“愿因三青鸟,更报长相思。光景不待人,须臾发成丝”四句,非常接近李商隐《无题》(相见时难别亦难)的后半:“晓镜但愁云鬓改,夜吟应觉月光寒。蓬山此去无多路,青鸟殷勤为探看。”一为五言古体,一为七言律体。在叙述顺序上,两家前两句和后两句交叉对应;在艺术表现上,李商隐诗的句与句、联与联之间更富有跳跃性与张力，咏叹意味与象征意味也更强。李白爱情诗，用赋法直叙的固然较李商隐为多，但也有用比兴手法，甚至通体具有比兴象征意味的篇章。如《长相思》：

长相思，在长安。络纬秋啼金井阑。微霜凄凄簟色寒。孤灯不明思欲绝，卷帷望月空长叹。美人如花隔云端。上有青冥之高天，下有渌水之波澜。天长路远魂飞苦，梦魂不到关山难。长相思，摧心肝。

这类诗所抒写的执着的思念，可望而不可即的烦怨，深长的阻隔之叹，与李商隐的"无题"诗接近。写法上的比兴象征意味，较之曹植《美女篇》等诗那种直接单纯的比体，也更接近"无题"。"美人如花隔云端"等句的描写，与李商隐《无题》（紫府仙人号宝灯）写美人可望而不可即："如何雪月交光夜，更在瑶台十二层。"在意境和情思上是那样息息相通。对照之下，不难看出，李白的爱情题材之作，对李商隐创作"无题"一类诗歌的影响。

二

在依据李白、李商隐诗文原著粗浅地研究了两位诗人的联系之后，兹再进一步检查分析历代学者在诗歌评论和编辑诗歌选本时将李白和李商隐联系并列或将"三李"并提的情况。

五代人韦縠编《才调集》，选李白诗二十八首、李商隐诗四十首，置于一卷，且次序紧紧相连。清初学者冯班，对《才调集》进行过研究和评点。冯氏于李白题下注云："此书多以一家压卷，此卷太白后又有李玉溪。此有微意，读者参之。"又于李商隐题下注云："选玉溪次谪仙后，乃是重他，非以太白压之也。"韦縠是否有冯班所说的用意，无法考知。但《才调集》"以风调为宗"，它不选杜甫的诗，而大量选录李白、李商隐的诗，至少给人以"二李"才调相近，编者对"二李"同样给予重视的印象。

金代李纯甫，在赠友人李冶的诗中将李白和李商隐并提，诗云："仁卿（李冶字）不是人间物，太白精神义山骨。"（《中州集》卷四）认为李冶的人与诗兼有"二李"的骨骼与精神风貌。稍后，元代方回在《秋晚杂书三十首》其二十中云："人言太白豪，其诗丽以富。乐府信皆尔，一扫梁隋腐。余编细读之，要自有朴处。最于赠答篇，肺腑露情愫。何至昌谷生，一一雕丽句？亦焉用玉溪，纂组失天趣！沈宋非不工，子建（昂）独高步。画肉不画骨，乃以帝闲故。"此诗肯定李白，贬抑李贺、李商隐，揭示他们之间的差别。但三人既然放到一起比较，就不能互不相干，没有相联系的一面。应该说辨"三李"之异，即基于"三李"有世人认为相近、可比的一面，诗中点出李白“丽以富”、李贺“雕丽句”、李商隐“纂组”，即以承认三家富有文采为前提，而在“丽”中辨其经常强调的所谓“朴”与“诡”之别。方回宗江西诗派，对宋末江湖诗派学晚唐以及金代一些人学李贺不满，故将“三李”加以比较辨析。

清代学者“三李”并提或将李白、李商隐联系到一起的论述，远较前代为多。上面已提到冯班和金学莲。尽管金学莲以“三李”名堂遭到翁方纲的反对，而同时代人阮元却予以认可。阮元《金子青诗集序》云：“子青子诗惊采绝艳，宛委沉郁，慕唐之三李而得其神理。”从阮元的评论中，可以见出他认为“三李”的“神理”可以相通相兼。此后，舒位和张金镛也将“三李”并提。张金镛有组诗《读三李诗集各书一首》（《躬厚堂诗初录》卷四）明确将“三李”并称。舒位的组诗题为《读三李二杜集竟岁暮祭之各题一首》，虽好像仅以姓氏分五位诗人，但还是寓有“三李”“二杜”各成一组的用意。如祭杜牧诗开头：“司勋晚出具风裁”，即认为杜牧继承了杜甫“别裁伪体亲风雅”的传统，体现了“二杜”相连。在祭“三李”诗中，李白、李贺的有关神话传说均被采入，李商隐虽无神话可采，但赞李贺“天上宫楼征著作”，用的是李商隐编造的神话；祭李白：“星精月魄关来去，如此神仙谪未休。”又从李商隐诗句“长刀悬月魄，快马骇星精”（《送千牛李将军赴阙》）中摘用了“月魄”“星精”两个词，分别指李白为天上星精谪降人间，终又捉月归去，这种写法，在强化“三李”之间联系方面，亦具用意。

三

以上，根据李白、李商隐作品本身的表现和历代对于“三李”的一些评论。说明“二李”（李白、李商隐）或“三李”并提，在诗歌批评史上早已有之，而且符合诗人创作实际，但尚偏重于从艺术渊源和具体创作方面进行考虑，而“三李”之间的联系，还有更为本质的一面，即从主体上看，“三李”都强烈要求伸张个性，追求身心自由。李白以大鹏自比，宣称“大鹏一日同风起，随风直上九万里”，自信“天生我材必有用”，强调“不屈己，不干人”，他厌恨权势，向往真诚平等的友谊，向往可以让人自由呼吸的大自然。“且放白鹿青崖间，须行即骑访名山，安能摧眉折腰事权贵，使我不得开心颜！”其精神的解放，个性的发扬，向为人所熟知。李贺诗歌，集中表现了一种冲破压抑的精神要求。“我要迷魂招不得，雄鸡一声天下白”“天眼何时开，古剑庸一吼”，渴望精神的解放与心志的伸展。他宣称“笔补造化天无功”，肯定人的才力。又说：“吾不识青天高，黄地厚。……神君何在,太一安有!”显示出对于封建时代尊卑秩序的叛逆态度。李商隐《上崔华州书》云:“始闻长老言:‘学道必求古,为文必有师法。’常悒悒不快,退自思曰:夫所谓道,岂古所谓周公,孔子者独能邪? 盖愚与周、孔俱身之耳。以是有行道不系今古,直挥笔为文,不爱攘取经史,讳忌时世。百经万书,异品殊流,又岂能意分出其下哉!”认为自己和周公、孔子都体现着道,为道为文都需自主,不甘居古人之下。又在《容州经略使元结文集后序》中高度赞扬元结的文学成就,最后说:“论者徒曰:‘次山不师孔氏为非。’呜呼? 孔氏于道德仁义外有何物? 百千万年,圣贤相随于途中耳。……孔氏固圣矣,次山安在其必师之耶?”这段议论,与《上崔华州书》一致,反对盲目迷信圣贤,强调每个人自身的价值与独创能力。可见“三李”的思想都是相当大胆而解放,要求独立自主与身心的自由发展。

“三李”诗歌在主体上的伸张,反映在写法上都有重主观、重表现的特色。客观社会生活往往不是通过再现的方式直接反映在读者眼前,而是通过主体感受,化为心灵的、情绪的反映,注入诗中。诗的中心是“我”。李白诗中,“我”“余”“李白”之类的自称,直接出现在大部分篇章里。李贺、李商隐则把心灵作为表现对象。无论天上境界、幽冥境界、闺阁境界,都是为了借以展开心灵活动;咏物诗中的花木鸟兽蜂蝶往往是自我的化身;“无题”诗中事件过程无清晰明确的叙述,突出的是主体神秘寄奥的心灵活动、情感变化。

“三李”在抒情上,往往能表现出本始、原生的状态或意味。李白的《将进酒》《宣州谢朓楼饯别校书叔云》《行路难三首》等诗,一任情感的自由倾泻,将其起伏变化生动逼真地呈现在读者眼前。李贺的境界,常常是心灵的漫游。王世贞说:“长吉师心,故尔作怪。”(《艺苑卮言》卷四)他凭借心灵的幻想,展开奇幻的境界,其诗境即其心境、心态的表现。李商隐醉心典故辞藻,但不是用美丽的外壳把心灵包装起来,制造出一层隔膜,而是通过繁复的意象组合,展现心灵景观,较李贺更进一层把心象、把情感的本原状态更逼真地显现出来。“身无彩凤双飞翼,心有灵犀一点通”,客观世界并没有这种景观,诗人不是再现外界人生,而是表现一种心隔情通的内心体验或景观,跟诗人心灵的本原状态与感受非常贴近。

由于重视精神的自由舒展,“三李”颇能无讳忌地抒写自己的情感。一往情深,而较少受封建礼教的节制。范传正说李白:“脱屣轩冕,释羁缰锁,因肆情性,大放宇宙间。”(《李公新墓碑序》)皮日休《七爱诗·李翰林》序云:“负逸气者必有真放,以李翰林为真放焉。”所谓“真放”,也就是范传正讲的“肆性情,大放宇宙间”。李白的诗,如他自己说:“精神四飞扬,如出天地间。”(《游泰山六首》其三）一任情感之呈露、倾泻，达真放之极致。李白如此，李贺则说“天若有情天亦老”，李商隐亦云“人禀五行之秀，备七情之动，必有咏叹，以通心灵”（《献相国京兆公启》），对人的情感都是给予肯定和重视。李贺、李商隐在情感表达上，不像李白那样倾泻奔涌，而是以浓郁凝重或缠绵深厚为特色。《金铜仙人辞汉歌》、《锦瑟》、“无题”一类作品可为代表。情感特征与表达方式与李白有很大差别，但重情、任情与李白一致。

由于在情感表现领域较少约束和顾忌，“三李”把封建时代控制最严密的男女之情大量写进诗中。这些诗，意旨可能有多种，有的可能有托寓，但题材则为闺情男女。恩格斯说：“痛苦中最高尚的、最强烈的和最个人的——乃是爱情的痛苦。”（《马克思恩格斯全集》中译本第二卷）“三李”写爱情男女，正是重视发扬个性，不愿在情感领域受禁锢的表现。这也是唐代较为开放的社会风尚有以使之然。

总之，抓住“三李”重视精神自由、个性独立的特点，不仅可以揭示“三李”最本质的倾向与共同处，而且对“三李”艺术表现和题材等方面特点，也可以进一步作出合理的解释。将“三李”在艺术渊源上的联系以及在精神个性上的共同特征加以合看，可见“三李”并称，并非是像翁方纲所斥的“臆说”，而是有其具体内容和充分依据。“三李”是历代读者在接受三位诗人作品过程中，基于感受和认识的逐步深化，把他们联系到一起的，随着思想解放的推进和个性的充分发扬，人们对“三李”作品将会有更大的兴趣，对其共同趋向，也必将会有更深的认识。

唐人选唐诗与李白诗

胡可先

唐人选唐诗是研究唐代诗歌传承与唐代文学思想的重要资料。据明人胡震亨《唐音癸签》卷三一《集录》所载，共有五十余种，流传于今者尚有十余种。考察唐人选唐诗中的李白诗，有助于了解李白在唐代诗坛上的地位与影响，同时也可以看出，因为各个时期文化氛围的不同，唐人的选诗标准也不一样，所选李白诗的侧重点也就不同。流传于今的唐人选唐诗，选录李白诗的有殷璠的《河岳英灵集》、韦庄的《又玄集》、韦縠的《才调集》及《唐写本唐人选唐诗》等四种，散佚的唐人选唐诗中，可以考知选李白诗者尚有顾陶的《唐诗类选》。考察这些选本，对于研究李白诗歌的传播情况、唐人对李白诗歌的看法及李白诗集的校勘与考订等，都有重要的意义。

一、《河岳英灵集》

（一）殷璠和《河岳英灵集》

《河岳英灵集》是产生于盛唐时期的一部著名的唐诗选本，全书共二卷[1]，收录殷璠同时的诗人二十四人，诗作二百三十四首。自序称："粤若王维、昌龄、储光羲等二十四人，皆河岳英灵也，此集便以《河岳英灵》为号。诗二百三十四首，分为上下卷，起甲寅，终癸巳。"甲寅为开元二年（744），癸巳当为天宝十二载（753）。[2]

《河岳英灵集》的编选者为"唐丹阳进士殷璠"。殷璠，丹阳（今江苏丹阳）人。其生平事迹可考者不多。《嘉定镇江志》卷十八、《至顺镇江志》卷十九都说:“殷璠,丹阳人,处士,有诗名。”晚唐诗人吴融《过丹阳》一诗,有“藻鉴难逢耻后生”句,自注:“殷文学于此集《英灵》。”[3]所谓“文学”是一种职位极低的官职,据《新唐书·百官志》,东宫崇文馆及西都、东都、北都、都督府均设文学,上州亦设文学一人,从八品下。唐时润州为上州,则殷璠可能曾任润州文学[4]。

殷璠选诗,注重风骨,其《河岳英灵集叙》中说:“自萧氏以还,尤增矫饰。武德初,微波尚在;贞观末,标格渐高;景云中,颇通远调;开元十五年后,声律风骨始备矣。”殷璠选诗,起开元二年,止于天宝十二载,正是开元十五年前后的约四十年间“声律风骨始备”的作品。在开元、天宝的诗坛上,常建、李白、王维、王昌龄、高适等人地位最高,选诗也最多。常建十五首,李白十三首,王维十五首,高适十三首。

(二)殷璠对李白的评价

《河岳英灵集》所选李白的十三首诗依次为《战城南》《远别离》《野田黄雀行》《蜀道难》《行路难》《梦游天姥山别东鲁诸公》《忆旧游寄谯郡元参军》《咏怀》《酬东都小吏以斗酒双鳞见赠》《答俗人问》《古意》《将进酒》《乌栖曲》。

殷璠所选李白的十三首诗有一个明显的特点,即全是古体,无一律诗。而从上文所引《集叙》可知,殷璠的选诗标准是“声律风骨”皆备的作品。《集论》中说集中所选诗歌:“既闲新声,复晓古体。文质半取,风骚两挟。言气骨则建安为传,论宫商则太康不逮。”集中所选不少诗人的诗作,都是古体、律诗参半。而选李白诗却全是古体,可见其选录李白诗的特殊性,颇能抓住李白诗的本质特征。因为这十三首诗都是表现李白“纵逸”风格的作品,是奇之又奇之作。殷璠对李白诗的总评说:

> 白性嗜酒,志不拘检,常林栖十数载,故其为文章,率皆纵逸。至于《蜀道难》等篇,可谓奇之又奇,自骚人以还,鲜有此体调也。

这是对李白诗评述而又见诸记载的最早的文字,也是对李白诗的特色及渊源最精当的概括。虽寥寥数语,却说明了三个方面的问题。

一是李白诗“纵逸”。纵即狂放,逸指飘逸。所谓纵逸,就是不受常理所绳削,而是神游物外,飘逸不群。这种特点与李白的性格有密切的关系。李白“性嗜酒,志不拘检,尝林栖十数载”,他的身世,他的爱好,他的志向融在一起,养成了他那纵逸的性格,加以林栖十数载,神游物外,不受人世尘杂的困扰,形之于诗,当然是飘逸不群了。细味殷璠的这段评语,乃是从道家思想出发来评价李白诗的。因为他一方面强调李白林栖的经历,另一方面概括李白诗“纵逸”的特征,也是与其受道家思想相关的。李白的这种特点,是讲究规范的近体诗所无法束缚的,故发之于诗,当然以古体为主。纵逸是李白诗的重要特征,宋人严羽在《沧浪诗话》中说:“子美不能为太白之飘逸,太白不能为子美之沉郁。”明人胡应麟在《诗薮》外编卷四中说:“千古词场称逸者,吾于文得一人,曰庄周,于诗得一人,曰李白。知二子之为逸,则逸与神信难优劣论矣。”清人方东树在《昭昧詹言》卷十二中说:“太白当希其发想超旷,落笔天纵,章法承接,变化无端,不可以寻常胸臆探测,如列子御风而行,如龙跳天门,虎卧风阁。”即是对纵逸境界最形象的描绘。

二是“奇”。殷璠评诗,非常重“奇”。如评王维诗:“一字一句,皆出常境。”评刘昚虚诗:“情幽兴远,思苦语奇。忽有所得,便惊众听。”评王季友诗:“爱奇务险,远出常情之外。”评高适诗:“甚有奇句。”评岑参诗:“语奇体峻,意亦造奇。至如‘长风吟白草,罢火烧枯桑’,可谓逸才。”而李白诗则“奇之又奇”,可见殷璠将其推向了极致。奇与常不同,奇即迥出常境,奇警不凡,气魄宏大,使读者惊心骇目。因而李白诗的奇,也是纵逸的一种表现。李白诗歌的奇,显示了超凡的创造力,他在诗歌中所描绘的形象,常常是不可思议的,同时又使人叹服。晚唐皮日休说:“言出天地外,思出鬼神表,读之则神驰八极,测之则心怀四溟,飘飘落落,真非世间语者,有李太白。”[5]

三是李白诗渊源于楚骚。殷璠选诗,“文质半取,风骚两挟”[6],故所选之诗,不像元结的《箧中集》那样矫枉过正,而是圆融贯通,一重于雅,一重于变。重雅者,如评王维诗:“词秀调雅。”评孟浩然诗:“半遵雅调,全削凡体。”评储光羲诗:“挟风雅之迹,浩然之气。”重于变者即推尊奇特精警之作,以李白为代表,“自骚人以还,鲜有此体调”。李白之变雅,即犹屈原之变雅。然屈原之变雅,盛唐人却常表示不满。如贾至《工部侍郎李公集序》:“仲尼删《诗》述《易》作《春秋》,而叙帝王之书,三代文章,炳然可观。洎骚人怨靡,扬马诡丽,班张崔蔡,曹王潘陆,扬波扇飚,大变风雅。”李华《崔沔集序》:“屈平宋玉哀而伤,靡而不返,《六经》之道遁矣。”李白《古风》第一也说:“《大雅》久不作,吾衰竟谁陈。《王风》委蔓草,战国多荆榛。……正声何微茫,哀怨起骚人。扬马激颓波,开流荡无垠。废兴虽万变,宪章亦已沦。自从建安来,绮丽不足珍。”从此可以看出,李白所最重视的是《诗经》正声的传统,以为屈原改变这一传统而成哀怨,开辟了后代绮艳的一路。但李白在诗歌中曾宣称:“屈平词赋悬日月,楚王台榭空山丘。”[7]同时也有不少地方对屈原有所非议。如《书情赠蔡舍人雄》云:“投汨笑古人,临濠得天和。”《春滞沅湘有怀山中》云:“予非怀沙客,但美采菱曲。”从李白对屈原的赞美与非议来看,似乎颇有矛盾,其实并不尽然。仔细玩味,方知他所赞扬者,是屈原的辞赋,而他所非议者,是屈原的人生态度。屈原虽以自沉汨罗博得后人崇高的敬意，但他毕竟太固执，不知自谋其身。如果把处世态度与辞赋诗歌分开来探讨，李白的诗歌渊源于屈原还是显而易见的。李白对屈原的评价又比扬、马以下要高得多。殷璠则明确指出其以《蜀道难》为代表的诗歌渊源于楚骚，而没有言及风雅，在盛唐的评论家中可谓独具慧眼。

李白在理论上说屈原的作品不是正声，而在创作实践中却受屈原极大的影响，这就是以诗表现“哀怨”。李白诗的渊源，骚要在雅上。屈原作楚辞，是要“发愤以抒情”，“愿陈志而无路”[8]，李白则慨叹“永埋骨于渌水，怨怀王之不收”[9]，“屈原终投湘水滨”[10]，因此，他时而与屈原神交，并感伤“屈宋长逝，无堪与言”[11]，还常以自己的遭遇与屈原相比：“屈平憔悴滞江潭。”[12]

殷璠提出李白之诗渊源于骚人，对后世颇有影响。中唐时李阳冰为李白《草堂集》作序，就说李白的诗歌具有“驱驰屈宋”的特点。宋人朱熹在《楚辞后语》中说李白的《鸣皋歌》：“近楚辞。”明人胡震亨在《李诗通》中说：“太白诗宗风骚。”清人屈大均在《采石题李白祠》中说：“乐府篇篇是楚辞。”清人龚自珍《最录李白集》说：“庄屈实二，不可以并，并之以为心，自白始。”清刘熙载《艺概·诗概》说：“太白诗以庄骚为大源。”近人刘师培《南北文学不同论》也说李白“乐府则出于楚辞”。

（三）何焯评李白诗

清人何焯曾对《河岳英灵集》作过批语，北京图书馆藏傅增湘校本《唐人选唐诗八种》，即载何焯评，为傅增湘临写。李珍华、傅璇琮《河岳英灵集研究》则将此批语抄为附录《汲古阁刻本河岳英灵集批语》，其中关于李白的批语共有七条：

李白总批　　气骨固尔奇古，然体调不似骚人。

李白《战城南》　　太白歌行，梁陈以来所未有也。殷氏独以此称之，最有见。（篇末批）才豪味短。太白诗有深厚者，以貌取则狭矣。

李白《野田黄雀行》（篇末批）　　亦稍仿依明远《空城雀》。

李白《咏怀》　　独摘此篇，吾所未喻。

李白《酬中都小吏斗酒双鳞见赠》　　“情素”下有十字云：“酒来我饮之，蛤作别离处。”最见笔妙，删去则通篇索然，后半亦殊嫌泛滥矣。

李白《将进酒》　　是供奉率尔游戏之作，不为豪也。

李白《乌栖曲》　　亦是梁陈风调。

七条之外，《河岳英灵集》总批亦涉及李白：

此集所取不越齐梁诗格，但稍汰其靡丽者耳。唐天宝以前诗人能窥建安门径者，惟陈拾遗、杜拾遗、李供奉、元容州，诸人集中独取供奉，又持择未当;他如常建、王维则古诗仅能法谢玄晖,近体仅能法何仲容,殊不足以传建安风骨也。此书多取警秀之句,缘情言志,理或未当。

何焯,初字润千,后字屺瞻,晚字茶仙,学者称义门先生,江苏苏州人。生于顺治十八年(1661),卒于康熙六十一年(1722)。何焯学问渊博,其于经学、史学、诗文都有精深的造诣。"蓄书数万卷,凡经传、子史、诗文集、杂记、小学,多参稽互证,以得指归,于其真伪、是非、密疏、隐显、工拙、源流,皆各有提识,如别黑白。"[13]

然而,何焯批点《河岳英灵集》则未达殷璠之旨。盖其总评讥其"不越齐梁诗格",与殷璠《集叙》称"开元十五年后,声律风骨始备"适相矛盾。又称"诸人集中独取李白,又持择未当",责其未取陈子昂、杜甫、元结,实则殷璠未取此三人,各有原因,今分述于下。

先看杜甫,明人胡应麟说:"《河岳英灵集》不取拾遗,《间气》《极玄》,兼遗供奉,宋人谓必有意,非也。《英灵》集于天宝,杜诗或未盛行。……总之,当时议论未定,如庄生道术不及仲尼,尊与?贬与?未可测也。"[14]其未取杜诗,杨明先生曾有《河岳英灵集与杜甫》[15]专文论述,大要有五个方面:一、天宝四年前,杜甫还是个"肥马轻裘"的青年,诗名未显。二、天宝四年前,杜甫远离京师。由于古代交通不便,即使写了好诗,也一时难以传遍长安,更难以传到殷璠之手。三、杜甫年轻时,几次科场失利,因而名气不响,为他宣传的人就少了。年轻的诗人缺乏宣传,选家又不熟悉,因此没有选入《英灵集》,也在情理之中。四、唐代的书籍,全靠手抄保存与流传。当时即使偶有杜诗传到京师和丹阳,由于手抄本数量太少,殷璠也未必就能见到。五、唐诗的流传,也常依赖歌伎之流的歌唱。当时伎女以唱李白诗为荣,这也促使白诗的流传。而杜诗不便歌唱,在传播范围及速度上就受到限制。身在丹阳的殷璠,没有看到杜诗,自属可能。"总之,《英灵集》没有选杜诗,这是历史原因造成的,与殷璠的选诗标准无关。"

再看陈子昂,殷璠称其选诗的时间界限是"起甲寅,终癸巳"。甲寅是开元二年,癸巳是天宝十二载。陈子昂卒于武后久视元年(700),离开元二年还有十四年,殷璠当然不可能将他的诗选入。何焯没有弄清殷璠选诗的时代范围,即信口评说,误人不浅。

至于元结,其生年比杜甫还晚七年,在殷璠选诗时,诗名未显,自无可疑。虽元结作诗,都是古体,又上承风雅,颇具有风骨,与殷璠选诗标准吻合,但因其时代参差,故不见于《英灵集》。

至于何焯对李白具体诗作的评述,或曰"体调不似骚人",或曰"稍仿依明远《空城雀》",或曰"亦是梁陈风调",都说殷璠所选李白诗不越齐梁诗格。实际上,我们看殷璠所选的《将进酒》《蜀道难》《梦游天姥吟留别》等作,都是李白的代表作品,是渊源于风骚,兼有声律风骨二者之长的。李珍华、傅璇琮《河岳英灵集研究》说:“殷璠选李白诗十三首,大部分是古今传诵的名篇,足可代表他前期诗的最高水平。”持论较为公允。

二、《唐诗类选》

《唐诗类选》是晚唐人顾陶所编,其书早已散佚。《新唐书》卷六十《艺文志》称:“顾陶《唐诗类选》二十卷,大中校书郎。”但顾陶所作的《唐诗类选序》及《后序》还完整地保存在《文苑英华》中。据其自序,此书编成于大中十年(856),其时顾陶七十有四,推知其生于建中四年(783)。又据宋陈振孙《直斋书录解题》卷十五《总集类》:“《唐诗类选》二十卷,唐太子校书郎顾陶集。凡一千二百三十二首,自为序,大中丙子岁也。陶,会昌四年进士。”

顾陶《唐诗类选序》说:

> 国朝以来,人多反古,德泽广被,诗之作者继出,则有杜、李挺生于时,群才莫得而并。其亚则昌龄、伯玉、云卿、千运、应物、益、适、况、鹄、当、光羲、郊、愈、籍,合十数子,挺然颓波间,得苏、李、刘、谢之风骨,多为清德所讽览,乃能抑退浮伪流艳之辞,宜矣。

与殷璠相比,顾陶更重视儒家的诗教说,他主张通过诗歌“以察风俗之雅正,以审王化之兴废”,“苟不亏六艺之要,安能间之哉!”因为顾陶特别重视骚雅一类的诗篇,因而在《唐诗类选》中,不仅最推重杜甫与李白,而且将杜甫置于李白之上。《唐诗类选序》说:“在昔乐官采诗而陈于国者,以察风俗之雅正,以审王化之兴废,得蒭荛而上达,萌治乱而先觉,诗之义也,大矣远矣。肇自宗周,降及汉魏,莫不由政治以通讽喻,系国家之盛衰,作之者有犯而无讳,闻之者伤惧而鉴诫,宁同嘲戏风月,取悦流浴而已哉!”中唐以后的诗坛风气使得教化说统治诗坛,选诗标准的变化使得顾陶选诗的侧重点与殷璠有所不同,殷璠选诗时声名未显的杜甫,到顾陶时已经置于全书之冠了。又根据“杜、李挺生于时,群材莫得而并”语推测,李白诗则置于杜甫之后,排列第二。

《唐诗类选》选录李白诗,究竟有多少首,现在难以考清,但根据唐宋史料,还是可以考证出所选的诗作的。宋曾季貍《艇斋诗话》即载其所选《长干行》:

> 唐诗人《小长干行》,全篇皆佳。其首云“忆昔深闺里,烟尘不曾识。嫁与长干人,沙头候风色”是也。与前一首同载一处,皆作李太白作。惟顾陶《唐诗选》并载而分两处。“妾发初覆额”一篇,李白作;“忆昔深闺里”一

篇，张潮作。二者未知孰是，然顾陶选恐得其实也。又二诗所载各不同，“妾发初覆额”一篇内“十五始展眉，顾与尘同灰”，《才调集》又有二句云：“常存抱柱信，岂上望夫台。”方至“十六君远行，瞿塘滟滪堆”，顾陶《诗选》即无台字一韵。又“忆昔深闺里”篇内“淼淼暗无边，行人在何处”下有四句云：“好乘浮云骢，佳期兰渚东。鸳鸯绿浦上，悲翠锦屏中。”《才调集》却云：“北客真王公，朱衣满汀中。日暮来投宿，数朝不肯东。”与顾陶不同。以予观，前 一篇《才调集》有台字一韵，不如顾陶删去，后一篇顾陶四句不如《才调集》四句。

惜可考者仅此一首，尚难窥见顾陶所选李白诗的全貌。

三、《又玄集》

《又玄集》是晚唐韦庄所编。韦庄（836—901），字端己，京兆杜陵（今陕西西安）人。昭宗乾宁元年（894）进士及第，授校书郎。后入蜀为王建掌书记。王建建立前蜀，拜庄左散骑常侍，判中书门下省事，官至吏部侍郎同平章事。

《又玄集序》末署“光化三年七月二日，前左补阙韦庄述”，光化三年是他登进士第后六年，次年即天复元年（901）。是年春，韦庄就入蜀任王建常书记。知《又玄集》是韦庄入蜀前在长安时所编。据其题款，已在《唐诗类选》后四十五年。韦庄称《又玄集》乃是补姚合《极玄集》未备之作，在序中说：“昔姚合撰《极玄集》一卷，传于当代，已尽精微，今更采其玄者，勒成《又玄集》三卷。”但其选诗标准与姚合并不相同。姚选除王维、祖咏二人外，其余都是大历时期的诗人，而《又玄集》则并不局限某一时期的诗人诗作。该集共三卷，序称选诗人一百五十人，诗三百首。编排将杜甫置于卷首，李白次之，再次王维，盛唐三大家作为《又玄集》压卷，可见编选者的卓识。韦庄编选时虽未分类，但将杜甫、李白置于首，并置杜甫于李白之上，则明显受顾陶《唐诗类选》的影响，更可以看出晚唐文人对李、杜地位的认同。又据《又玄集序》说：“自国朝大手名人，以至今之作者，或百篇之内，时记一章，或全集之中，唯征数首。但撮其清词丽句，录在西斋；莫穷其巨派洪澜，任归东海。”可知其选录的标准是清词丽句。杜甫《戏为六绝句》之五说：“不薄今人爱古人，清词丽句必为邻。窃攀屈宋宜方驾，恐与齐梁作后尘。”“清词丽句”即本此。韦庄极为推崇杜甫诗，以为是清词丽句的代表作，故选录最多，共有七首，且都是近体。可他说的“清词丽句”与我们现在理解的内涵并不一致。而是今古融合，方驾屈宋的作品。从这方面理解，他的选诗标准与《河岳英灵集》《唐诗类选》也有一致之处。但他所选的作品,以近体诗为主,这反映了唐代由盛至晚的诗风变化过程。姚合的《极玄集》,所选都是近体诗,韦庄《又玄集》又以近体诗占绝大多数,这与晚唐诗人的创作倾向有关。晚唐诗人才短,作古体缺乏气魄,尤其是很少作长篇古风。即如韦庄之作,除早年所作《秦妇吟》长篇外,其余均为近体。从顾陶到韦庄,可以看出晚唐时期重视近体诗的时代风气,也是诸集区别于《河岳英灵集》选诗标准的关键所在。

《又玄集》选取李白诗四首:《蜀道难》《古意》《长相思》《金陵西楼月下吟》。这四首诗都是古体,韦庄在对李白诗的选取标准上似乎较为特殊。这有两方面原因。一是李白以写古体诗见长,他的代表作都是古体诗。韦庄将杜甫、李白、王维三人置于前,显然是按诗坛地位的影响排列的,他既然重视选取李白诗,则必须选古体诗。二是李白这几首诗,除了《蜀道难》是奇之又奇之作外,其余三首堪称清词丽句,与韦庄的选诗标准是吻合的。这四首诗中,与殷璠所选的十三首相比,只有《蜀道难》一首重复,其余都是韦庄新选的,这也体现出韦庄选李白诗时,作为一个诗选家的个性特征。

四、《才调集》

《才调集》是后蜀韦縠所编。韦縠的生平资料,我们所知甚少,只有《十国春秋》卷五六稍有记载:“少有文藻,梦中得软罗缬巾,由是才思益进。仕高祖父子,累迁监察御史,已又升□部尚书。”《才调集》题“蜀监察御史韦縠集”,据知编于韦縠仕后蜀时。集共十卷,每卷选唐人诗百首,全书共千首,书首有叙,略述选编之旨,文字不多,抄录于下:

> 余少博群言,常所得志,虽秋萤之照不远,而雕虫之见自佳。古人云:自听之谓聪,内视之谓明也。又安可受诮于愚卤,取讥于书厨者哉!暇日因阅李杜集、元白诗,其间天海混茫,风流挺特,遂采摭奥妙,并诸贤达章句。不可备录,各有编次。或闲窗展卷,或月榭行吟,韵高而桂魄争光,词丽而春色斗美。但贵自乐所好,岂敢垂诸后昆。今纂诸家歌诗,总一千首,一百首成卷,分之为十目,曰《才调集》。庶几来者,不诮多言,他代有人,无嗤薄鉴云尔。

韦縠在编选时,曾阅读李白、杜甫、元稹、白居易等大家的集子,并重视“韵高”“词丽”之作。其叙之旨不可谓不高。第览其所选诗作则又不尽然。盖其所选大要有以下几个方面:第一,从诗体言,所选以律诗为主。当然这也是晚唐以后的风气使然。亦兼采古体、近体及杂歌诗。第二,从时代言,所选以中晚唐诗占绝大多数。盛唐以前仅有李白、岑参、高适、沈佺期等数人。第三,从数量言,在现存的唐人选唐诗中,是选诗最多选本。选诗超过二十首的作家有李白、元稹、白居易、温庭筠、李商隐、曹唐、许浑、韦庄,仍以中晚唐占绝大多数。第四,从体例言,全书并不按照作家的时代先后排列,也不按照诗体排列。明人胡震亨说此书是编者"随手成编,无伦次"[16]之作。第五,从风格言,此书所选绝大多数是抒写日常生活情景之作,尤多描写男女之情与妇女生活的艳情诗、艳体诗等。第六,叙中称道杜甫而集中并不选杜诗。清人冯班在评《才调集》时说:"卷中无杜诗,非不取也。盖是崇重杜老,不欲芟择耳。"四库馆臣则说:"实以杜诗高古,与其书例不同,故不采录。"都是推测之词。至于为何不选杜诗,是一个较为复杂的问题,很值得进一步探讨。

《才调集》选李白诗二十八首,即《长干行二首》《古风三首》《长相思》《乌夜啼》《白头吟》《赠汉阳辅录事》《捣衣篇》《大堤曲》《青山独酌》《久别离》《紫骝马》《宫中行乐三首》《愁阳春赋》《寒女吟》《相逢行》《紫宫乐五首》《会别离》《江夏行》《相逢行》。

《才调集》所选李白诗,与以前选本具有很大的不同,《河岳英灵集》与《又玄集》都选录的《蜀道难》,韦縠一概舍弃了。二十八首诗中,并没有一首豪放纵逸的歌行,而是选取了《长干行》《长相思》《乌夜啼》《白头吟》《捣衣篇》《大堤曲》《久别离》《宫中行乐三首》《江夏行》《相逢行》等诗篇。这些诗篇大多描写妇女的生活和怨情。《长相思》是思妇有怀远方丈夫的:"昔日横波目,今作流泪泉。不信妾肠断,归来看取明镜前。"《乌夜啼》是秦地妇女怀念丈夫的:"停梭怅然忆远人,独宿空房泪如雨。"《捣衣篇》是思妇怀念远戍边塞的丈夫的:"有使凭将金剪刀,为君留下相思枕。""明年更若征边塞,愿作阳台一段云。"《江夏行》是写商妇怨情的:"悔作商人妇,青春长别离。"《白头吟》是写弃妇不幸遭遇的:"妾有秦楼镜,照心胜照井。愿持照新人,双对可怜影。"至于《宫中行乐词》虽不是李白的代表作,但音韵和谐,语言秋丽,特别是描写宫廷生活,尤得韦縠喜爱。即使是李白的《古风》,《才调集》所选的也不是"秦王扫六合"等气势雄浑之作,而是与妇人密切相关的。如:"燕赵有秀色,绮楼青云端。眉目艳皎月,一笑倾城欢。常恐碧草晚,坐泣秋风寒。纤手怨玉琴,清晨起长叹。焉得偶君子,共乘双飞鸾。"其他一些内容非关妇女生活的诗篇,也必然有只字单句与相思有关者,才能入选。如《赠汉阳辅录事》诗有"令传尺素报情人""只是相思秋复春"语;《紫宫乐》诗有"挥鞭万里去,安得念春闺"语;《愁阳春赋》诗有"吾欲赠天涯之佳人"语。

上面对《才调集》所选的李白诗作了大略的考察,即明显看出韦縠选诗的标准,与此前的唐人选唐诗有很大的不同。韦縠的诗学思想,与他身处蜀地有关。而在现存的唐人选唐诗十余种中,只有韦庄是后蜀人。选《又玄集》的韦庄,虽为蜀相,但《又玄集》是在他人蜀前一年编成,自当别论。蜀地的文化氛围,与中原不同,尤其是五代十国时期,中原战乱,而蜀地偏安,文人士大夫以追逐放纵享乐为能事,整个社会趋于对女性美的内在的追求与外在的欣赏。特别是适应于这种氛围的词体文学,畸形地成长起来了。文学家如韦庄,早年奔波中原,写出了《秦妇吟》等现实意义极深的诗作,但入蜀后,虽官至宰相,而文学创作,则由感慨深沉一变为浅斟低唱。在这种氛围之下,文学选本也必然与中原不同,赵崇祚所选的《花间集》,与《才调集》相比,一诗一词,适相表里。唐诗至中晚唐已向近体转化,尤其是晚唐时期,文人爱用近体诗吟咏艳情,并以此显示自己的才调。黄滔《答陈磻隐论诗书》说:"咸通、乾符之际,斯道隙明,郑卫之声鼎沸,号之曰今体才调歌。"韦縠将其书称为《才调集》,亦即此意。这种风气到前后蜀更盛,蜀后主王衍曾选唐诗为《烟花集》,"集艳诗二百篇,五卷"[17],就是很好的例证。在这种情况下,选李白诗只好削足适履,舍弃其纵逸豪放的代表作品,而专选其表现妇女怨情的诗作了。至于杜甫,表现思妇怨情之作实在极为罕见,艳诗更是一首没有,当然也就不能选录了。

五、《唐写本唐人选唐诗》

《唐写本唐人选唐诗》是诗选残卷,从敦煌写本中录出,中华书局上海编辑所收入《唐人选唐诗十种》中,并置于首。此集编选之人不可考,后世也没有流传。直至本世纪初,敦煌秘籍露诸人世,人们才从中发现。该集选诗凡六家:李昂、王昌龄、邱为、陶翰、李白、高适。其大致情况,罗振玉《鸣沙石室佚书目录提要》[18]有所说明:"都计完者七十一篇,残者二篇,今以诸家集本传世者校之。李昂诗《全唐诗》载一篇,而佚其二;王龙标诗,卷中十七篇,见集本者仅三篇,邱为诗六篇,陶翰诗三篇,今载于《全唐诗》者各一篇,太白诗三十四篇,又《古意》以下九篇误羼入陶翰诗后,共得四十三篇,则悉载集中,高常侍诗二篇,则今本一存一佚。"

该集为诗选残卷,没有前序及后跋,至于所选诗,残缺多少,亦不得而知,据《鸣沙石室佚书目录提要》,"此卷作者,均开、天间人,更在元、芮所集之前,以卷中避讳诸字考之,尚为唐中叶写本。"傅璇琮先生以为此集"似为抄录,而非编选",故其《唐人选唐诗新编》未予收入。到底是抄本,还是选本,还需深入研究,目前,我们仍根据《唐人选唐诗十种》作为选本看待。据罗振玉的考证,这个选本的编定时间至少在天宝十一载前，早于《河岳英灵集》。毛水清先生作《唐诗写本残卷校考札记》[19]，专门有一部分为《唐诗写本残卷编选年代探讨》，通过所选诗人的做官时间、所选作品本身的分析及唐时避讳情况等方面，考定这一选本的年代在“天宝十年左右，安史之乱前”，结论较为可信。因此集全貌难以窥见，故今仅就所选李白诗加以讨论。

该集所选李白诗四十三首，开头为《宫中三章》，题“皇帝侍文李白”，四十三首诗题：《宫中三章》《山中答俗人问》《阴盘驿送贺监归越》《黄鹤楼送孟浩然下惟扬》《初下荆门》《千里思》《月下对影独酌》《古乐府战城南》《白鼻䯄》《乌夜啼》《行行游猎篇》《临江王节士哥》《乌栖曲》《长相思》《古有所思》《阳春哥》《白纻词三首》《飞龙引二首》《前有樽酒行》《古蜀道难》《出自蓟北门行》《陌上桑》《紫骝马》《独不见》《怨哥行》《惜樽空》《从驾温泉宫醉后赠杨山人》《古意》《江上之山藏秋作》《送族弟琯赴安西作》《鲁中都有小吏逢七朗以斗酒双鱼赠余于逆旅因脍鱼饮酒留诗而去》《梁园醉哥》《送程刘二侍御及独孤判官赴安西》。

该集对于李白研究至少具有三个方面的价值，其一，在唐人选唐诗中，是选李白诗最多的，足见编者对于李白诗的重视。在所选的诗中，古体、近体、杂言都有，堪称众体皆备。这与《河岳英灵集》《又玄集》《才调集》等偏重一体者不同。尤其是将古乐府编为一类，共有二十四首。可以推测，这个选本不一定出自文人，而是像敦煌曲子词一样，出自民间。因为乐府接近口语，尤其得到大众的喜爱，以至于辗转传抄而藏于敦煌。从中也可以推测出李白乐府诗在唐代影响广泛而深远。在这一选本中，诸人的逸诗很多，如王昌龄的逸诗达十一首，邱为的逸诗五首，而李白的诗选得最多，却一首佚诗没有，又可看出在李白生前，诗歌传播就极为广泛，唐人对李白诗的爱好，可见一斑。

其二，从所选李白的四十三首诗中，可以推知唐人对诗歌体裁的分类情况。写本选李白诗共有三十七题，其中有九首羼入陶翰之下，大概是误钞所致。即以李白名下的二十八题看，编者按体裁分类是很明显的。先是《宫中三章》三首五言律诗，接着是《山中答俗人问》七言绝句共四首，随后是《千里思》五绝一首。再就是《月下对影独酌》五言古诗一首。最后将二十题古乐府选录在一起，王昌龄诗，先是《邯郸少年行》等乐府二首，接着又《送单十三晁五归》等七言绝句四首，再就是《题净眼师房》杂言一首。后为《夜泊庐江闻故人在东林寺以诗寄之》等五言律诗及排律、绝句。分体虽不像选李白诗那样明晰，但也清楚地看出在总体上是按体排列的。从所选的李白诗，就可以看出盛唐诗选诗评家，对于诗歌体裁是非常重视的，体裁分辨明晰，更是近体诗成熟的标志。至于为何将李白的九首诗抄入陶翰名下,就很难推断其原因。但至少有下面几种可能:一是该选本是一个抄本,并不是第一次手稿本,可能就一选本传抄,在传抄过程中,将二人诗抄混。二是李白名下的李白诗与陶翰名下的李白诗,来源不一样。李白名下的李白诗,可抄自当时流传的《李白集》本,其将二十题古乐府抄在一处就是明显的例证。而陶翰名下的李白诗,则可能抄自别处。至于为何抄入陶翰名下,陶翰名下还误入常建之诗,仍值得进一步探讨。

其三,是该集所选诗歌,具有极大的校勘价值。《鸣沙石室佚书目录提要》以此卷与《李白集》校勘,并云:"太白《胡无人》篇,卷本无末三句;《临江王节士歌》《陌上桑》《鲁中都有小吏逢七朗以斗酒双鱼赠余于逆旅因脍鱼饮酒留诗而去》三篇中,卷本亦较集本各少二句。《古意》篇(今集题作《望庐山瀑布》),则卷、集全异者四句;《题赵四》篇,集本八句,卷本则四句,而四句之第三句亦全异,第四句与校注中之一本合。《独不见》篇,则除末二句但异一字外,其余均不同;《高常侍信安王出塞》篇,以卷本校集本,则后半先后错列者四句。《太白集》在生前已家家有之,或传写异同,或中间改订,卷集互歧,理所应有。"

关于敦煌写本李白诗四十三首的校勘,学者颇为重视,台湾学者黄永武先生有《敦煌所见李白诗四十三首的价值》,载于台北洪范书局 1987 年版《敦煌的唐诗》中;朱守尧、朱子由、张应松先生有《敦煌写本残卷中李白诗歌校记》,载于巴蜀书社《李白研究论丛》第二辑[20];徐俊先生有《敦煌写本唐人歌诗存佚互见综考》,载于《敦煌吐鲁番研究》第一卷,以上诸文都较为精审。其总结该集在校勘上的价值大致为:"今本缺如,写本可补;今本误,写本可匡正;今本异文异解,可据写本勘定;今本写本俱通,多以写本为胜。"

唐写本李白诗的校勘价值主要有以下三个方面:一是订正今本的讹误。如《行行游猎篇》,"征战人",今本作"游侠人",据荀悦《汉纪》:"结私交者以立强于者,谓之游侠。"可证今本非是。二是与今本比较,写本为优。这种例证很多。如《瀑布水》,"爱此肠欲断,不能归人间",今本作"集谱宿所好,永不归人间",显然今本不如写本。三是写本和今本异文颇多,可以相互校勘。如《古蜀道难》中,与今本异文达二十余处,《瀑布水》有十四处,《宫中三章》有九处等。其中虽不少异文难以判断优劣,但对我们校勘原诗也是很有帮助的。

六、结语

唐人选唐诗流传于今者共有十余种,其中《河岳英灵集》选李白诗十三首,《又玄集》选李白诗四首,《才调集》选李白诗二十八首,《唐写本唐人选唐诗》选李白诗四十三首。唐人选唐诗大多数今天已经散佚,在散佚的选本中,可以考知的尚有顾陶《唐诗类选》选李白诗。这五个选本所选李白诗,对于今天的李白研究,具有重要的价值。

(一)用来校勘考证现存的李白诗集

李白诗集,虽编成于唐朝,但至宋代,已经不存,今存白集最早者,乃是宋蜀刻本。此本刻于宋末,距唐时已有数百年,故常出现许多异文及错讹。而唐人选唐诗是唐人所选,是校勘、考订唐诗的原始资料,尤其是《唐写本唐人选唐诗》,选李白诗四十三首,出自隐没千年的敦煌宝藏,并以此校勘李白集,确为珍贵不过的资料。如《蜀道难》诗,《河岳英灵集》《又玄集》《唐写本唐人选唐诗》都加以选录,其中重要的异文即有数处。

题目　　唐写本作“古蜀道难”。

猿猱欲度愁攀援　　“援”,唐写本、《又玄》作“牵”,《英灵》作“缘”。

以手抚膺坐长叹　　“抚膺”,唐写本作“抚心”,《又玄》作“拊膺”。

连峰去天不盈尺　　唐写本作“连峰入烟几千尺”,《又玄》作“连峰入云几千尺”。

又如《胡无人》诗,唐写本选录,然宋蜀刻本《李太白文集》卷三载此诗较写本多三句。元萧士赟《分类补注李太白集》卷三云:“诗至‘汉道昌’,一篇之意已足。……一本无此三句者是也。”所言与写本合,足证写本为佳。

《李白集》有《长干行》二首,其中“忆昔深闺里”一首,一作李益诗,又作张潮诗。宋曾季貍《艇斋诗话》称:“惟顾陶《唐诗选》并载而分为两处,‘妾发初覆额’一篇,李白作;‘忆昔深闺里’一篇,张潮作。两者未知孰是,然顾陶选恐得其实。”这是考订李白诗真伪之例。这首诗确定为张潮作,陈尚君先生辑《玉台后集》录张潮《江风行》诗即此,注云:“《后村诗话》续集卷一据《玉台后集》录‘那作商人妇,愁水复愁风’二句,云出‘张晁《江风行》’,‘晁’为‘潮’之误。”另《唐诗纪事》卷二七(题作《小长干行》)、《艇斋诗话》引顾陶《唐诗类选》皆作张潮诗,《才调集》卷六、《文苑英华》卷二一一、景宋蜀刻本《李太白文集》卷四作李白诗,题均作《长干行》,《全唐诗》卷二八三则作李益诗。作李白、李益诗皆误。

(二)唐人选唐诗对于探讨李白诗在唐代的传播具有重要作用

诗歌的流传过程,也是逐渐被传播,被接受的过程。一个文学家,就在这一过程中形成自己的历史地位。我们以唐人选唐诗为例,将李白与杜甫比较,就可以看出二人在诗歌的流传过程中,命运并不相同。流传至今的十余种唐人选唐诗中,有四种选李白诗,而最多达四十三首。《河岳英灵集》《唐写本唐人选唐诗》又编成于李白的生前,可知李白在盛唐时影响就很大,他的诗歌脍炙人口,故诗选家都乐意选录,唐写本选四十三首,《英灵》选十三首。

而杜甫的诗歌其生前的传播并不广泛。唐人樊晃在《杜工部小集序》中说:"《文集》十卷,行于江汉之南。常蓄东游之志,竟不就。属时方用武,斯文将坠,故不为东人所知。"杜甫死后,《文集》尚不为东人所知,则在当时的影响不能与李白抗衡,这大概也与诗歌风格有关。李白诗适合大众的口味,歌妓争相传唱,以致广泛流传于社会,而杜甫诗千锤百炼,虽忧国忧民,沉郁顿挫,但在盛唐的时代氛围下,曲高和寡。加以杜甫诗以律体见长,当时律体刚刚成熟,大众的接受程度并没有古体广泛,这也是杜诗在盛唐影响不如李诗的一个方面。随着时代精神的变化,安史之乱打破了唐朝百年繁盛的局面,尤其到了中唐,希望中兴和自救成为时代思潮,杜甫诗的忧国忧民的精神则越来越震撼士人的心灵,倾向于表现自我的李白诗则逐渐与时代疏离,加以中晚唐文人有追求律体的倾向,而杜甫则逐渐受到重视并凌驾于李白之上了。这在唐人选唐诗中也得到证明。顾陶《唐诗类选》、韦庄《又玄集》,将杜甫置于李白之前,就反映了这个时代风气。

到了五代的后蜀时期,李白、杜甫诗歌的影响虽然都很广泛,但由于此时中原战乱,蜀地偏安,文人士大夫追逐放纵享乐,整个社会趋于对女性美的内在追求与外在欣赏,人们欣赏诗歌的趣味也与盛唐迥异,与中晚唐也有所不同。韦縠的《才调集》就是明显的反映,他称赞杜甫而不选杜诗,就是因为杜诗中涉及女性者极少之故,不符合他们的审美趣味,选李白诗,却不选他的代表作,而专选其表现女性美及哀怨情调的诗篇。

(三)唐人选唐诗提供了唐人对于李白的评价资料

唐人选唐诗的每一集,卷首往往有集序或集论,这是编者从选家的视角对所选诗集与诗人作出的分析,与诗论家的观点往往会有所不同。他们在阅读大量的作品的基础上,经过鉴裁,而生发出自己对诗歌的看法,往往比诗评家一时兴发的评论更切合实际。

殷璠《河岳英灵集》对李白诗进行评述,称"其为文章,率皆纵逸。至如《蜀道难》等篇,可谓奇之又奇,然自骚人以还,鲜有此体调",论述了李白诗的风格、个性及渊源,成为后世评李白诗的准的。

顾陶《唐诗类选序》评李白诗说:"国朝以来,人多反古,德泽广被,诗之作者继出,则有杜、李挺生于时,群才莫得而并。其亚则昌龄、伯玉……合十数子,挺然颓波间。"从比较分析中,确定李白诗在唐代诗史上的地位。他将杜甫置于李白诗前,反映了晚唐诗坛的时代精神及理论导向。

韦縠的《才调集叙》说:"暇日因阅李、杜集,元、白诗,其间天海茫茫,风流挺特，遂采摘奥妙，并诸贤达章句。”又说：“韵高而桂魄争光，词丽而春色斗美。”则选诗标准为“韵高”“词丽”之作。以此叙与所选李白诗相参证，知韦縠所谓“采摭奥妙”，即选取与女性哀怨相关的诗作，而杜甫则摒弃于诗选之外。

注 释

[1]《河岳英灵集》的卷数，有二卷与三卷两种说法。今从傅璇琮先生《唐人选唐诗新编》本作二卷。

[2]有关《河岳英灵集》编选的下限，颇有异说。(文苑英华)卷七一二所载《河岳英灵集叙》作“终乙酉”，乙酉即天宝四载(745)，而宋曾彦和跋《国秀集》则称：“殷璠所撰《河岳英灵集》作于天宝十一载。”王运熙、杨明先生作《河岳英灵集的编集年代和选录标准》(载《唐代文学论丛》1982 年第 1 期)考订了集中李颀《听董大弹胡茄声兼语弄寄房给事》、高适《封丘作》、李白《梦游天姥山别东鲁诸公》、《忆旧游寄谯郡元参军》等诗，从而考定这些诗作于天宝四载之后。李珍华、傅璇琮先生《河岳英灵集研究》等皆从此说，认为结集于天宝十二载。

[3]《全唐诗》卷四六八。

[4]参阅李珍华、傅璇琮先生《河岳英灵集研究 · 殷璠生平及河岳英灵集版本考》。

[5]《皮子文薮》卷四《刘枣强碑》。

[6]《河岳英灵集 · 集论》。

[7]《江上吟》。

[8]《九章 · 惜诵》。

[9]《拟恨赋》。

[10]《行路难》其三。

[11]《夏日诸从弟登海州龙兴阁序》。

[12]《单父东楼秋夜送族弟沈之秦》。

[13]沈彬《义门何先生行状》。

[14]《诗薮》外编卷三。

[15]《草堂》1983 年第 1 期。

[16]《唐音癸签》卷三一。

[17]《唐音癸签》卷三。

[18]今载《唐人选唐诗十种》卷首及王重民《敦煌古籍叙录》引录。

[19]《南宁师院学报》1983 年第 1、2 期。

[20]朱守尧、朱子由、张应松有《敦煌写本残卷中李白诗歌校记》，载巴蜀书社《李白研究论丛》第二辑。

李白对郭祥正诗歌创作的影响

殷春梅

在江南众多的山中,当涂的青山应该说是十分有幸的。南齐著名诗人谢朓曾筑室于山南,留有谢公宅、谢公池等遗迹。到了唐代,一代诗仙李白因仰慕谢朓,生前就有遗愿要与其结为异代芳邻。元和十二年(817),宣歙观察使范传正将李白墓由龙山迁往青山,使得这位千载独步的诗人最终长眠于此。到北宋仁宗景祐年间,青山又孕育了一位横空出世的诗人,这便是北宋名家郭祥正。

一、郭祥正对李白的追慕

郭祥正,字功父(功甫、公甫),北宋当涂人。父郭维,字仲逸,真宗大中祥符进士。相传郭母梦李白而生祥正。姑且不管这种说法是否可靠,青山的人杰地灵,谢朓、李白的诗风遗韵以及其本人的诗歌天赋确实令他少年成名。皇祐五年(1053),19岁的郭祥正至京师应礼部试中进士,为秘阁校理,后又为星子主簿。至和元年(1054),弃官归,寓宣城昭亭。恰好当时诗坛名将梅尧臣丁母忧正居住在故乡宣城。于是,郭祥正便骑了一匹瘦马去拜访这位诗坛前辈,并为其朗诵了欧阳修的新作《庐山高》,令梅留下深刻印象。梅曾有诗"一诵《庐山高》,万景不得藏"记述当时情景。在看了郭所作的诗篇后,梅尧臣由衷赞道:"天才如此,真太白后身也。"此外,郑獬(字毅夫)亦有诗"怪得溪山不寂寞,江南又有谪仙人"赠郭,潘兴嗣(字延之)诗"尽怪阿戎从此异,人疑太白是重生"以及章望之、章衡叔侄皆称其为李白后身。郭亦颇以此自负,在"欲披锦袍槌鼓过,世无贺老谁相知"[1]"愿如贺监怜李白,莫作曹公嗔祢衡"[2]"亦如贺监在东吴,醉下山阴弄镜湖。月色莲香迷近远,且要李白骑鲸鱼"[3]等诗句中,他都希望对方对自己能像贺知章对李白那样怜惜其才，加以提携。

郭祥正生活的年代，距李白生活的7世纪已有了300年之久。尽管如此，他却仿佛与李白神交已久。在《同陈公彦推官登蛾眉亭》一诗中，郭即有“神交无古今，清风来飘忽”之句；《怀平云阁兼简明惠大师仙公》中亦有“神交自冥合，仿佛眉睫间”之语。对300年前李白的一诗一句，一言一行，郭祥正均不胜关切。李白足迹所到之处，如金陵凤凰台、白鹭洲，庐山东林寺、五老峰，宣城敬亭山、清溪、谢朓楼，南陵五松山，当涂天门山、牛渚矶、临歊台、清风亭，贵池秋浦，青阳九华山，湖南岳阳楼，沔州郎官湖等，郭祥正均曾前往并赋诗留念。几乎每到一处，见到李白曾经吟咏过的风景，想起李白曾经感怀过的历史人物，他都要触景生情，感慨万千。如“还歌太白篇，事往良可哀”[4]是诵读李白篇章引发的感慨；“谪仙送客处，魂断白日低”[5]是登临李白游踪所到之处带来的神往；“愿公归作老姚崇，莫作江东穷李白”[6]是对李白晚年落魄江东不幸遭遇的怜惜与不平；“遥怜李太白，曾忆谢将军”[7]是对李白追慕的谢尚的怀念及怀才不遇心声的共鸣。他的《留题西林寺揽秀亭》一诗，题下即自注“李公择学士命名，云李白有‘九江秀色可揽结，吾将此地巢云松’”之句，表明他对李白内心深处怀有一种特殊的情感。又如沔州郎官湖，本是李白因尚书郎张渭爱此湖而特地为之取名，李白原诗中有“四座醉清光，为欢古来无。郎官爱此水，因号郎官湖”[8]之句以述其事。300年后，郭祥正来此，面对山色湖光，遥想太白当日风流，不胜感慨系之。他所作的《郎官湖》一诗，题下亦注明“即李白以张谓爱此湖而名之”，诗中亦有“廖廖三百年，逢秋愈清泚。……缅怀昔贤期，林表清风起”之句。在《追和李白郎官湖寄汉阳太守刘宜父》一诗中，更有“此景古来好，此人今则无。空馀秋夜月，素影湛平湖”之叹，对良辰美景依旧，而一代诗仙已难觅踪迹不胜惋惜。

对李白一生的多舛遭遇，郭祥正多次扼腕叹息。《西山谣寄潘延之先生》中，他写道：“君不见李太白，朝为酒家仙，暮作金銮客。醉里题诗宫妾扶，自谓遇君今古无。一朝谗言入君耳，夜郎远谪吟魂孤。”认为李白得遇明主的感觉其实是假的，甚至是幼稚的，一旦谗言挑拨，终难免远谪夜郎，可见君心之无常。《怀青山草堂》一诗则说“石崩废井谢公宅，龟仆断碣长庚坟。斯人白骨已化土，英气往往成烟云”，对李白生命虽已逝去，英名长存不朽不胜向往。《题毕文简公撰李太白碑阴》在叹息李白“出林秀木众欲杀，纳官赎命何其危。画船载酒酌明月，不著渔蓑披锦衣”的遭遇后，更明确指出：“知太白，文简公。不夸能诗与饮酒，惜其浩气突兀藏心胸。”认为对方不像一般人那样，仅称颂李白的能诗酒，而知道他胸怀大志，才是李白真正的知音。换言之，郭祥正是将自己也视为李白的异代知音，他对李白的追慕也要远远超过一般后代诗人。

二、李白对郭祥正诗歌创作的影响

郭祥正在他的《送徐长官仲元》一诗中，有“李翰林、杜工部，格新句老无今古。我驱弱力谩继之，发词寄兴良辛苦”之句，表明他的诗继承李杜。尤其是李白，由于以上所说原因，对郭祥正诗歌创作的影响是有目共睹的，也是其他任何诗人所不可替代的。

1. 选题与诗韵

通过对比郭祥正《青山集》与李白《李太白文集》可以发现，李白诗歌的选题、用韵以及命题方式对郭祥正均有着十分深刻的影响。李白一生爱好诗酒及登临游览，且“遍干诸侯，历抵卿相”，交游十分广泛。独酌、对酌、邀客、独坐、感怀、登临、泛舟、弄月、送别、酬答、狎妓、唱和、招饮、闺情、哀怨等是李白诗歌中常见的选题。如光是“独酌”“对酌”题材的诗作，就有《北山独酌寄韦六》《独酌清溪江石上寄权昭夷》《答王十二寒夜独酌有怀》《秋夜板桥浦泛月独酌怀谢朓》《月下独酌四首》《独酌》《春日独酌》《山中与幽人对酌》等。像“人生得意须尽欢，莫使金樽空对月”“五花马、千金裘，呼儿将出换美酒，与尔同销万古愁”[9]表现的是千金换酒、一醉方休的豪情；“琴奏龙门之绿桐，玉壶美酒清若空。摧弦拂柱与君饮，看朱成碧颜始红”[10]描写了宴饮欢乐场面及醉眼朦胧蒙眬之态；“花间一壶酒，独酌无相亲。举杯邀明月，对影成三人”[11]则写尽了独饮于花前月下的孤独感受；“天若不爱酒，酒星不在天；地若不爱酒，地应无酒泉。天地既爱酒，爱酒不愧天”[12]更是借天上有酒星、地上有酒泉表达了爱酒不愧天地的天真豪爽的内心世界。李白对酒的喜爱已完全融入其生命之中，“太白遗风”更是成为文人与酒相结合的典范。“穷愁千万端，美酒三百杯。愁多酒虽少，酒倾愁不来”[13]说的是借酒消愁；“劝君莫拒杯，春风笑人来……昨日朱颜子，今日白发催”[14]叹的是人生短暂；“当年意气不肯倾，白发如丝叹何益”[15]则既有对岁月流逝的无奈，也有对人生失意的从容。与李白一样，郭祥正同样爱好诗酒与交游，他也写了《春日独酌一十首》《月下独酌二首》等李白曾经写过的题材，与朋友小酌的诗作亦有《邀敦复小酌为别》《携酒就陈安国隐居小酌》《招陈守倪倅小酌》等。在《浪士歌并序》中，更有“郭子弃官合肥，归隐姑孰，一吟一酌，婆娑溪上，自号醉吟先生”的自述。李白的诗酒人生，郭祥正是深深推许的，其个人的宦海沉浮亦使他深感人世无常，富贵难觅。正是与李白一样的壮志难酬的失意，使得他更加沉迷于诗酒。“低头感事复太息，汲汲功名又何益。不如饮酒临春风,溪水绿净山花红"[16]"径须沽取就花饮,暂时烂醉陶天真"[17]等诗便是他内心的真实写照。

李白的咏史怀古诗,多次提到谢安、谢尚、鲁仲连等成就功业的历史人物,对他们能够功成名就不胜向往。他还对王嫱虽有天香国色却一身傲骨,以至遭小人暗害,不为君王所知,亦如自己为玄宗所疏的遭遇寄以深深的惋惜。其他如商山四皓、王羲之、陶渊明、严子陵等世外高人闲云野鹤式的生活亦令李白神往。在《望鹦鹉洲悲祢衡》一诗中,李白对其"吴江赋鹦鹉,落笔超群英。铿锵振金玉,句句欲飞鸣"的才华十分赞赏,又对其恃才傲物,最终不幸被杀的悲惨结局十分伤感,诗尾更有"至今芳洲上,兰蕙不忍生"之叹。对李白曾经吟咏过的历史人物再加以吟咏,同样构成了郭祥正诗歌创作的重要题材。如郭的《鹦鹉洲行》在称赞祢衡才华横溢的基础上,亦有"君不见武昌之国鹦鹉洲,至今芳草含春愁"之叹,表达了与李白相同的感受。这种感受之中,怀才不遇、知音难觅、壮志未酬的自况情感也是相同的。对李白特别仰慕的南齐诗人谢朓,郭祥正更是多次有诗怀念。如"谢公赛雨诗,千秋泻潺潺"[18]"谢玄晖、李太白,一生好作江南客。至今遗恨人不知,孤云尚锁青山宅。请公沥酒一吊之,听我长吟壮灵魄"[19]"晋时谢守曾赛雨,至今石上镌遗吟。五言雅重参二典,琅琅一诵铿镠琳"[20],等等。

李白一些诗歌的用韵也为郭祥正所喜爱。他不仅喜用李白元韵作诗,而且喜欢在题目中即注明所用为李白哪一首诗韵。《青山集》中,用李白诗韵所作的诗篇有《舟次新林先寄府尹安中尚书用李白寄杨江宁韵二首》《舟次白鹭洲再寄安中尚书用李白寄杨江宁韵二首》《奉同安中尚书用李白留别王嵩韵送毛正仲大夫移浙漕》《将游宣城先寄贾太守侍御用李白寄崔侍御韵》《留别陈元舆待制用李白赠友人韵》《留别宣守贾侍御用李白赠赵悦韵》《盛仲举秀才归自九华极谈胜赏亟取李白九华联句元韵作二首志之》《题化城寺新公清风亭用李白元韵》《太守陈侯见要登黄山送马东玉遂用李白登黄山送族弟济赴华阴韵》等等。对李白的一些传诵千古的名篇,郭祥正不仅烂熟于心,而且每喜追和。他所作的追和李白名篇的诗作有《追和李白姑孰十咏》《追和李白秋浦歌十七首》《追和李白宣州清溪》《追和李白郎官湖寄汉阳太守刘宜父》《追和李白金陵月下怀古》《追和李白登金陵凤凰台二首》等30余首。据《娱书堂诗话》记载,治平四年(1067),王安石知江宁府,"郭功甫尝与王荆公登金陵凤凰台,追次李白韵,援笔立成,一座尽倾"。可见郭有"太白后身"之称并不是浪得虚名。郭全部诗作有1400余首,其中直接或间接提到李白的将近有100首,所占的分量还是相当重的,因而显得十分突出。这一点,在李白之后的诗人中,还是不多见的。

2. 遣词与用语

众所周知,李白对于诗歌创作,意见最突出的是强调语言和风貌要清新自然,反对雕琢和涂饰。他的《古风》第一(大雅久不作)对先秦至唐代的诗歌及辞赋艺术进行了概括的评价,推崇《诗经》为文学正统,批评了建安以来尤其是南朝的绮丽诗风,借"圣代复元古,垂衣贵清真"表达了他崇尚"清真"的观点。《古风》三十五(丑女来效颦)则借东施效颦、邯郸学步的典故,反对效仿他人,亦步亦趋,以"一曲斐然子,雕虫丧天真"表达了对刻意雕琢的否定,对天真自然的崇尚。刘熙载称:"太白诗以《庄》《骚》为大源,而于嗣宗之渊放,景纯之俦上,明远之驱迈,玄晖之奇秀,亦各有所取,无遗美焉。"李白诗歌所取得的巨大艺术成就,正是在兼收并蓄各家之长的基础上,形成了自己独特的风格。李诗的语言,创造性地继承和发展了乐府民歌简朴自然、情真意挚的优点,同时注入屈原、庄子散文、辞赋中那种江洋恣肆、飞扬灵动的文采,形成了他特有的清真自然、气势磅礴的语言风格。如《巴女词》只有四句"巴水急如箭,巴船去若飞。十月三千里,郎行几岁归。"整个语言、口吻就像一位痴情的女子在说话,但却转折自然,发意幽深;"妾发初覆额,折花门前剧。郎骑竹马来,绕床弄青梅。同居长干里,两小无嫌猜。"[21]亦如口语自白,却写尽了小儿女青梅竹马、两小无猜的缠绵。"小时不识月,呼作白玉盘。又疑瑶台镜,飞在青云端。"[22]用语质朴,一如天真无邪的孩童,但却别有韵味。凡此种种,不可胜数。李诗这种质朴自然的语言风格,对郭祥正影响很大,他也主张诗歌创作要语言平淡,意境超俗。在《赠陈思道判官》中,他说:"自从梅老死,诗言失平淡。我欲回众航,力弱不可览。栖迟二十年,时时漫孤啖。"表达了他对梅尧臣之后北宋诗坛日益失去语言平淡之风的不满以及自己的主张得不到大家赞同的孤独之感。他的许多诗句,像"山翁酒熟不出门,残花满地无行迹"[23]"人生快意莫如此,腰束黄金多横死。君不见日暮途穷逆行客,一饷荣华速诛殛。又不见都市朝衣就剑人,谁道忠言能杀身。休休休,归去来。芝田石室云长在,瑶草琪花春不回。"[24]等都是语言流畅而不失平淡,气势磅礴,直似李白。

郭祥正的许多诗作,还喜欢化用李白诗意、诗句,甚至直接以李白原句入诗。如《留题西林寺揽秀亭》诗中"秀色可揽结,正对香炉峰。李白爱之不忍去,便欲此地巢云松"是直接化用李白《望庐山五老峰》诗意;《松门阻风望庐山有怀李白》中"飞流直下三千尺,风吹银汉落人间"更是直接用了李白《望庐山瀑布》中的原句;"长吟李白蜀道难,蜀道之难难于上青天。"[25]"古云蜀道难,蜀道之难难于上青天"[26]两次几乎原封不动地引用了李白《蜀道难》中的原句;

“我归矣，江之南，一蓑一钓桃花潭。桃花潭水深千丈，金鳞尾尾密如蚕”[27]中，“桃花潭水”一句旁即自注“李白句”；“信道相看两不厌，古来只有敬亭山”[28]亦系化用李白“相看两不厌，只有敬亭山”[29]之句。郭祥正的诗作气势磅礴，但语言力求平淡，有时不免欠工整，失于无味，以至于当时即有人称其“造语无刻励之功”[30]。胡仔《苕溪渔隐丛话》后集卷三三《张芸叟》引《复斋漫录》说：“芸叟尝评诗云：梅圣俞之诗，如深山道人，草衣葛屦，王公见之，不觉屈膝。郭功甫诗，如大排筵席，二十四味，终日揖逊，求其适口者少矣。世以为知言。”郭祥正后来对自己诗歌的这一不足还是有所认识的，像“自恨心肝拙，题诗愈不工”[31]“自怜诗句拙，空伴使君归”[32]“胸中强搜抉，旧学久荒馁。欲追天马踪，蹇蹶竟难逮”[33]等都表达了才力不逮之叹。对于自己和李白的距离，郭更是有着清醒的认识。在《游陵阳谒王左丞代先书寄献和父》中，他说“玄晖比公故不足，我攀李白实非才”；《明叔置酒叠嶂楼》中又说“谢公风味君能似，李白篇章我到难”；《奉和蔡希蘧鹄奔亭留别》中再次称赞对方“又如李白才清新，无数篇章思不群”，说自己“我于诗学非无意，黄芦不共琅玕翠”等等。总之，郭祥正认为后人学诗，要想达到谢朓的高度不难，而要想达到李白的高度则几乎是不可能的。

3. 诗歌风格

李白在《上安州裴长史书》中，转引了安州郡督马公之言：“诸人之文，犹山无烟霞，春无草树。李白之文，清雄奔放，名章俊语，络绎间起，光明洞澈，句句动人。”可见，李白对马公对自己文章“清雄奔放”的评价十分满意。他在《泽畔吟序》中称其好友崔成甫之诗“逸气顿挫，英风激荡，横波遗流，腾薄万古”，可见他对顿挫激扬、有逸气英风的诗歌是十分推崇的。后人评价李白诗歌，亦多称其清新、飘逸。如杜甫“白也诗无敌，飘然思不群。清新庾开府，俊逸鲍参军”，认为李白的诗歌立志高远，卓尔不群，兼融了庾诗清新之风格及鲍诗俊逸之特长，有“兼美”之妙；殷璠《河岳英灵集》：“白性嗜酒，志不拘检，常林栖十数载。故其为文章，率皆纵逸。至如蜀道难等篇，可谓奇之又奇，然自骚人以还，鲜有此体调也。”任华《杂言寄李白》：“古来文章有奔逸气，高耸高格，清人心神，惊人魂魄，我闻当今有李白。”李白这种清新自然、飘逸奔放的诗歌风格对郭祥正影响很大。他在《观怡亭序铭》中写道：“吾宋垂百年，教化固非浅。人人善文翰，比唐殊媚软。作诗聊自警，中道尚可勉。”表明了他对北宋较唐媚软的文风的不满。在诗中，郭多次提到李白的诗风，并以此称颂一些前辈及朋友。如以“卓然风格出天造，冰盘洗露银蝉秋”[34]称颂郑獬；以“又如李白才清新，无数篇章思不群”[35]称赞蔡希蘧；以“俊逸自追天马健，奔腾还与海涛深”[36]称赞蔡温。郭祥正对李白豪放诗风的继承是较为成功的，这也是许多人称他为“李白后身”的主要原因。在《谢刘察推莘老丞相》一诗中，郭亦有“十年学诗自谓豪”的自我评价，《临汀志》说王安石称其诗“豪迈精绝”，《康熙太平府志》亦说“王安石称其诗豪迈出于天才，非力学所能逮”。释契嵩《送郭功甫朝奉诗序》说：“然郭子俊爽，天才逸发，少年则能作歌声，累睹千百言，其气不衰而体平淡，韵致高古，格力优赡，多多愈功。含万象于笔端，动乎则辞句惊出而无穷。”曹庭栋《宋百家诗存郭祥正评传》评郭：“其古体诗沉雄俊伟，如波涛万里，一拥而至，莫可控御，不特句调仿佛太白，其气味竟自逼真。”遗憾的是，郭少年成名，颇以此自负，加之宦海沉浮，漂流不定，又有很多时间与精力消耗到一些无聊的交往与应酬之中，其个人性格又狷狂不羁，因而遭致当时一些人的反感，有人甚至借苏轼之口说他不懂作诗，借黄庭坚之口说他不懂作词。所以后人对郭的评价也有不同意见。但明杨慎《升庵诗话》对其《追和李白秋浦歌》第九《水车岭》“万丈水车岭，悬空九叠屏。北风来不断，六月亦生冰……”的评价很高，认为可与唐诗匹体。胡应麟《诗薮》亦认为郭的《金山行》为“七言古翘楚，不可全以宋诗目之”。清纪昀《四库全书总目提要》对郭的评价是“其诗好用仙佛语，或偶伤拉杂而才气纵横，吐言天拔，史称其母梦李白而生。陆游《入蜀记》亦称祥正少时诗句俊逸，前辈或许为太白后身；又称青山太白祠以祥正侑食。盖因其诗格相近，从而附会，然亦足见其文章警迈，时近青莲，故当时有此品目也”。他除了肯定郭诗豪迈俊逸近似李白外，也指出了其诗的缺点即“偶伤拉杂”。这也是郭诗最后的成就不及小他一岁的苏轼及小他十岁的黄庭坚的原因，正如道光九年刊《青山集》卷首朱珪序中所说，郭祥正“平生枕胙青莲，亦可谓尚友百世之师者。……以之侑食青山祠，列之北宋名家，亦不负其晞骥千里之愿也”。

注 释

[1]郭祥正《左蠡亭重九夕同东美玩月劝酒》。

[2]郭祥正《留别金陵府尹黄安中尚书》。

[3]郭祥正《合肥李天贶朝请招钟离公序中散吴渊卿长官洎余同饮家园怀蔬阁》。

[4]郭祥正《题化城寺新公清风亭用李白元韵》。

[5]郭祥正《太守陈侯见要登黄山送马东玉遂用李白登黄山送族弟济赴华阴韵》。

[6]郭祥正《朝汉台寄呈蒋帅待制》。

[7]郭祥正《望牛渚有感三首》。

[8]李白《泛沔州城南郎官湖并序》。

[9]李白《将进酒》。

[10]李白《前有樽酒行》其二。

[11]李白《月下独酌》其一。
[12]李白《月下独酌》其二。
[13]李白《月下独酌》其四。
[14]李白《对酒》。
[15]李白《前有樽酒行》其一。
[16]郭祥正《留别宣城李节推献父》。
[17]郭祥正《仲春樱桃下同许损之小饮因以赠之》。
[18]郭祥正《怀平云阁兼简明惠大师仙公》。
[19]郭祥正《姑孰堂歌赠朱太守》。
[20]郭祥正《忆敬亭山作》。
[21]李白《长干行》其一。
[22]李白《古朗月行》。
[23]郭祥正《访隐者》。
[24]郭祥正《将归行》。
[25]郭祥正《蜀道难篇送别府尹龙图仲庶》。
[26]郭祥正《怡轩吟赠番阳张孝子介》。
[27]郭祥正《我归矣》。
[28]郭祥正《忆敬亭山作》。
[29]李白《独坐敬亭山》。
[30]《宋诗话辑佚》卷上《潘子真诗话》第二十则《潘清逸论郭功甫诗》。
[31]郭祥正《自恨》。
[32]郭祥正《和朱行中龙图游澄惠寺》。
[33]郭祥正《谢泾川宋宰惠近诗》。
[34]郭祥正《寄献荆州郑紫微毅夫》。
[35]郭祥正《奉和蔡希鹄奔亭留别》。
[36]郭祥正《酬蔡温老秀才见寄》。

咸淳本《李翰林集》源流概述

郁贤皓

最近，马鞍山李白研究所委托黄山书社影印出版了贵池刘世珩玉海堂“景宋丛书”之六“景宋咸淳本《李翰林集》三十卷”。这是因为南宋咸淳本《李翰林集》源出于宋当涂本《太白集》。当涂是李白终老之乡，李白墓就在当涂县的青山。当涂现在属于安徽省马鞍山市，此处不但有李白纪念馆，还有李白研究所和国际李白资料中心，而且是中国李白研究会的驻地，秘书处和会刊《中国李白研究》编辑部都设在此处。因此，影印源于当涂本《太白集》的“咸淳本《李翰林集》”，不但是责无旁贷，而且具有历史纪念意义。

必须说明的是，玉海堂“景宋咸淳本《李翰林集》三十卷”实际上并不是真正的“景宋咸淳本”，而是“景明仿宋咸淳本”。刘世珩在清光绪三十四年(1908)将一部明仿宋咸淳本《李翰林集》交付黄岗陶子麟，至宣统元年(1909)刊刻竣工。在此之前，我们知道还有光绪三十二年西泠印社吴隐所刻“影宋咸淳本”，所谓“影宋咸淳本”，实际上也是影明仿宋刻本。因为真正的南宋咸淳年间刊本的《李翰林集》早就亡佚了。

那么为什么吴隐和刘世珩都把明刻本说成“宋咸淳本”呢？这是因为清代的几位著名藏书家都误认明刻本《李翰林集》为“宋咸淳本《李翰林集》”。如丁丙的《八千卷楼善本书室藏书志》卷二十四曰：“《李翰林集》三十卷，宋咸淳刊本。前二十卷诗，后十卷文。”陆心源《皕宋楼藏书志》卷六八亦著录《李翰林集》三十卷，曰：“此南宋刊本，每叶二十行，每行二十字，每卷有目，连属正文。”缪荃孙《艺风藏书记》卷六亦曰：“《李翰林集》三十卷，宋刊本。”其实，这些《藏书志》的记载都是错误的。他们所谓的“咸淳本《李翰林集》三十卷”，并不是南宋咸淳年间的刊本，而都是明人翻刻本。正是由于这些《藏书志》记载的错误，使刘世珩和吴隐也误把明刻本当作了宋刻本。其实现在我们能见到的都只能说是属于咸淳本《李翰林集》系统的流——明清影刻咸淳本《李翰林集》。

明刻本《李翰林集》三十卷,各大图书馆多有收藏。丁丙认为是宋咸淳刊本的《李翰林集》三十卷,今藏南京图书馆古籍部,缺前六卷,南京图书馆的书目卡片上已经明确地称其为明刻本,不把它当作宋咸淳刻本了。陆心源《皕宋楼藏书志》认为是南宋刊本的《李翰林集》三十卷,现藏日本静嘉堂文库,此本缺江万里《序》,《静嘉堂秘籍志》也明确地定此本为明刻本。据花房英树《李白歌诗索引·总说》,藏于日本图书寮的一部《李翰林集》,《汉籍图书目》也明确地将它定为明刻本,认为是"隆庆、万历间重刊咸淳本"。缪荃孙《艺风藏书记》所说的"宋刊本""《李翰林集》三十卷",就是光绪三十二年西泠印社吴隐据以影刻的本子,也是明刻本。上海图书馆藏有明代鲍松编的正德八年刊本《李杜全集》,其中《李翰林集》三十卷,就是影刻宋咸淳本,有江万里的《序》和戴觉民的《跋》。《李杜全集》末有"大明正德八年岁次癸酉仲秋朔日古歙后学棠樾鲍松谨识"的跋语。此本字体仿宋刻本很精工,较好地保存了宋咸淳本《李翰林集》的面貌。其他各本都没有鲍松的跋语,于是丁丙、陆心源、缪荃孙、刘世珩等都误以为此即宋刻咸淳本《李翰林集》了。

现在我们向前探索一下咸淳本《李翰林集》的来源。

当涂历来有编刻李白诗文集的传统。李白卒于当涂(今属安徽省马鞍山市),临终前曾将所有手稿交付族叔当涂县令李阳冰,请他编集。今存李阳冰《草堂集序》曰:"临当挂冠,公又疾亟,草稿万卷,手集未修,枕上授简,俾予为序。论《关雎》之义,始愧卜商;明《春秋》之辞,终惭杜预。自中原有事,公避地八年,当时著述,十丧其九,今所存者,皆得之他人焉。时宝应元年十一月乙酉也。"李阳冰的这篇《草堂集序》,历代都附于各本《李白集》。唐宪宗元和七年至十一年(812—816),范传正为宣歙池等州观察使,其间至当涂巡视,召见李白的两位孙女,得知李白生前"志在青山,遗言宅兆",于是将李白墓从龙山迁葬青山,并在元和十二年(817)写了《唐左拾遗翰林学士李公新墓碑并序》,其中提到:"文集二十卷,或得之于时之文士,或得之于宗族,编辑断简,以行于代。"此"文集二十卷",似为范传正新编。这范传正新编的二十卷本李白文集,是否刻印于当涂,未见记载。据宋代乐史《李翰林别集序》称:"李翰林歌诗,李阳冰纂为《草堂集》十卷。史又别收歌诗十卷,与《草堂集》互有得失,因校勘排为二十卷,号曰《李翰林集》。"由此可知乐史所看到的《草堂集》是十卷本。但《新唐书·艺文志四》著录"《李白草堂集》二十卷,李阳冰录"。于是有人认为《新志》所说的二十卷本是经过范传正补充过的《草堂集》。这种说法也只是推测,没有确实的证据。

但宋代确实有当涂刻本《太白集》。周必大《二老堂诗话·记舒州司空山李太白诗》曰:"司空山……有太白《瀑布》诗云:'断岩如削瓜,岚光破崖绿。天河从中来,白云涨山谷。玉案赤文字,落落不可读。摄衣凌清霄,松风吹我足。'予见子中守舒日,得此于宗室公霞。今胡仔《渔隐丛话》载蔡絛《西清诗话》不言此山,但云太白仙去,后人有见其诗……既误以'断岩'为'断崖',与第二句相重;'赤文'作'敕文','落落'作'世眼','摄衣'作'摄身',皆浅近,与前句大相远。当涂《太白集》本原无此诗,因子中录寄,郡守遂刻于后。然皆从蔡絛误本,子中争之不从,仅能改'敕'为'赤'而已。"周必大(1126—1204)是南宋大臣,淳熙末曾为左丞相,他在此处明说当时有"当涂本《太白集》"。而今传明刻仿宋咸淳本《李翰林集》末也作为附录收有此诗,也是误作"断崖""赤文""世眼",而且书末还引赵汝愚题曰:"右李太白《题司空山瀑布诗》,得之东里周子中,附于卷末。绍熙元年七月开封赵汝愚题。"与周必大所说完全相同。由此证知,此"咸淳本《李翰林集》"当是依当涂本《太白集》翻刻的。

此外,据南宋陈振孙《直斋书录解题》卷十六记载:"《李翰林集》三十卷。……家所藏本不知何处本,前二十卷为诗,后十卷为杂著。首载阳冰、乐史及魏颢、曾巩四序,李华、刘全白、范传正、裴敬碑志,卷末又载《新史》本传,而《姑孰十咏》,《笑矣》《悲来》《草书》三歌行亦附焉,复著东坡辨证之语,其本最为完善。"按陈振孙所叙"家所藏本不知何处本"的版式与编排次序,与今所见明清影刻"咸淳本《李翰林集》"完全相同。而陈振孙卒于咸淳前,因此陈振孙家所藏本不可能是咸淳本,只能说明咸淳本是根据陈振孙家所藏本翻刻的。而陈振孙家所藏本极有可能就是周必大说的当涂本。

由此可知,宋咸淳本的源当即出于宋代的当涂本。今玉海堂本"景宋咸淳本《李翰林集》",前有手书体称"咸淳己巳三月上瀚日江万里书"一文,文中提及"当涂独以李白故见称,学有祠,墓有祭文……而白集不见刻,岂非恨也……盖予将去,甫及此,广文戴觉民又能以馀力趣成之,予犹及见其成而去。"书末又有咸淳己巳三月望天台戴觉民希尹书曰:"予一日与同舍刘辰翁会孟评诗,至李白,会孟曰:'且止。当涂称太白,太白,且其诗安在?'予于是晓然愧于其言。盖旧刻之不存,雷电取将久矣。予为学官,修复经始,每每不暇给,抑岂不可后顾将去,此独不能为太白一日之役,以藏不朽?孰有如予之汨且陋乎?明日,以告古心公。公喟然曰:'岁晚矣!奈何?吾成子之志,亟为之。'……集成,而公亦召矣。……是集多赵同舍崇鉴养大所校正。"由此证知咸淳本《李翰林集》亦当编刻于当涂,故学界有人认为咸淳本亦可称之为"当涂本"。还必须说明一下，今玉海堂本在书的最后还附有"光绪戊申四月贵池刘世珩记"，以及其所著《李翰林集札记》。这是其他各仿宋咸淳本所没有的。其《记》曰："近时李集止缪刻蜀本为当世所重，不知此本有胜缪刻处，具详《札记》中。且为当涂本。予，池人也，亟影刊之，以增吾皖南一故事云。"可见刘世珩是径将咸淳本看作当涂本的。

唐代大诗人李白的诗文集，现在能见到的最早刊本，是南宋初的蜀刻本《李太白文集》三十卷。今藏日本静嘉堂文库（全）和北京图书馆（缺卷十五至二十四）各一部。这是今存唯一的宋本。这个本子名为《李太白全集》三十卷。是宋代宋敏求在乐史所编的《李翰林集》的基础上，又从王溥家藏本及唐代魏万编的《李翰林集》中得到乐史本所无的二百四十四首，他还从《唐类诗》诸编及石刻、别集中辑得七十七首，合计收诗一千零一首，文六十五篇。宋敏求编成后，又经曾巩在每卷中考次写作先后编排，每诗题下多注有李白游踪地名；然后由苏州太守晏知止付印，世称"苏本"。但苏本今已不存。今所见者即宋蜀刻本，乃据苏本翻刻的。而源于南宋当涂本《太白集》的咸淳本《李翰林集》，与蜀刻本所收李白诗文的分类编次不同。丁丙《跋》云："晏知止本（按：实际上指清康熙年间缪日芑翻刻宋蜀本，丁丙误以为是宋苏州刻本）歌吟在六七两卷，此则在第十七卷，馀亦前后参差。曾巩《序》首数句与《元丰类稿》合，与晏殊（按：当为'萧士赟'）元刊补注本异。或此为南丰本，彼为次道本欤？"按：称咸淳本《李翰林集》为"南丰本"，大误。咸淳本与蜀刻本不同处，尚有蜀刻本将目录全部放在书的最前面，咸淳本则将目录放在每卷正文之前，紧连正文；蜀刻本将李阳冰、魏颢、乐史三《序》和李华、刘全白、范传正、裴敬四《墓志》、《墓碑》编为第一卷，而咸淳本则把这些放在书前，不入卷。蜀刻本将《古风五十九首》编为一卷，置于第二卷，咸淳本则把"古风"分为第一、第二两卷；咸淳本分李白诗为十四类，即古风、乐府、赠、寄赠、饯送、酬答、留别、杂拟、怀、登览、歌吟、游宴、杂咏、闺情十四类，而蜀刻本则分为二十类；咸淳本与蜀刻本每类诗的编排次序古风和乐府大体一致，但其他各卷则相差很大。题目和字句不同的也有不少。蜀刻本每类诗题下曾巩所注李白游踪地名，咸淳本多被删却，仅有极少数保留，其编排次序似未经曾巩考订先后，故无规律可循；唯有卷二十《笑歌行》题下注"天宝年中作"，却是各本都没有的。咸淳本把曾巩的《序》与李阳冰《序》、魏颢《序》一起放在书前，而蜀刻本则将曾巩《序》作为《后序》，与宋敏求《后序》一起放在书末。咸淳本将宋代乐史的《李翰林别集序》置于唐代魏颢的《李翰林集序》之前，按时代顺序看是错误的。咸淳本还比蜀刻本少《杂言用投丹阳知己兼奉宣慰判官》《南陵五松山别荀七》《观鱼潭》《自广平乘醉走马六十里至邯郸登城楼览古抒怀》《月夜金陵怀古》《金陵新亭》《庭前晚开花》《宣城长史弟昭赠余琴溪中双舞鹤诗以见志》《暖酒》及《江夏送倩公归汉东》等十首诗，由于诗篇比蜀刻本少，所以蜀刻本曾巩《后序》中的"七百七十六篇"，咸淳本曾巩《序》作"七百若干篇"，蜀刻本曾巩《后序》中的"千有一篇"，咸淳本曾巩《序》作"九百若干篇"。由此可知咸淳本与蜀刻本不是一个系统，它并不是从苏州晏知止刻本翻刻的，而是从最早的当涂刻本翻刻来的。

特别值得注意的是，咸淳本《李翰林集》比蜀刻本《李太白文集》多出《菩萨蛮》《忆秦娥》二词。此二词是否它的底本即当涂本就有？现在已经无法考知。但它现在首见于咸淳本《李翰林集》，则是可以肯定的。这两首词使李白成为"百代词曲之祖"，乃咸淳本《李翰林集》的重要贡献。但这两首词是否为李白所作，从宋代起至今都众说纷纭。元代萧士赟《分类补注李太白诗》即认为是伪作，羼入李集，所以把此二词一并放到第五卷的末尾。关于这个问题，因不在本文的讨论范围，兹不赘。

总之，宋代咸淳本《李翰林集》源出宋代当涂本《太白集》，现在宋咸淳刻本《李翰林集》已经亡逸，今所存明正德八年刊本《李翰林集》三十卷，其面貌比较接近宋代咸淳本《李翰林集》，明、清影刻的仿宋咸淳本《李翰林集》，也都较好地保存了宋咸淳本《李翰林集》的原貌。这就是咸淳本《李翰林集》源流的大致情况。

宋代题画诗词中的李白形象

[新加坡]衣若芬

一、前言

所谓"形象",既是一个人的外貌形态,也是由内在涵养、行事作为所呈现的精神风格。唐代诗人李白(701—762)以其不世出的横溢天才光耀文坛,李白作品与名声之流布,除了凭借着文字出版与口耳相传,绘画也是重要的管道之一。画家笔下的李白,显示他为后人所捕捉的侧面,题咏李白题材的图像,则又强调与深化了人们对于李白的认识。

唐代已有李白图绘,贯休(832—912)有《观李翰林真二首》,其诗云:

> 日角浮紫气,凛然尘外清。虽称李太白,知是那星精。
> 御宴千钟饮,蕃书一笔成。宜哉杜工部,不错道骑鲸。
> 谁氏子丹青,毫端曲有灵。屹如山忽堕,爽似酒初醒。
> 天马难拢勒,仙房久闭扃。若非如此辈,何以傲彤庭。[1]

由诗题可知这是一幅肖像画,贯休形容画家以神妙之笔传达了李白豪放不羁的神采。其中"虽称李太白,知是那星精"句,用了五代王定保(870—940)《唐摭言》的记载:

> 李太白始自西蜀至京,名未甚振,因以所业贽谒贺知章。知章览《蜀道难》一篇,扬眉谓之曰:"公非人世之人,可不是太白星精耶?"[2]

北宋徽宗内府御藏有唐代画家韩干的两幅《李白封官图》[3]。李白一生未尝正式为官,贯休称之为"李翰林",此"翰林"并非位处机要,与皇帝共谋政治,起草诏书的"翰林学士",而是陪同殿下游赏娱乐的文学侍从"翰林供奉"或"翰林待诏”。《李白封官图》的内容,据陈钧先生研究,画的是李白临终前封官的事迹[4]。刘全白《唐故翰林学士李君碣记》(作于791年)云:“代宗登极时,广拔淹瘁,时君亦拜拾遗,闻命之后,君亦逝矣。”[5]事在代宗宝应元年(762)。范传正《唐左拾遗翰林学士李公新墓碑并序》(作于817年)则谓李白官拜左拾遗。

南宋周必大(1126—1204)观赏过秘阁所藏的“小本李白写真,崔令钦题”[6]。按崔令钦于开元中(713—741)始官左金吾、仓曹参军,天宝中(742—755)迁著作佐郎,转礼部员外郎;肃宗时,始改仓部郎中,而后入蜀,刺万州,游绵州,最后之官职为国子司业,著有《教坊记》(762年)。崔令钦与李白时代相当,假若南宋秘阁所藏此幅李白画像果为崔令钦所题,即是存世最早的李白画像记录。

到了宋代,以李白为题材的绘画增多,蔡絛《西清诗话》云:

> 李太白历见司马子微、谢自然、贺知章,或以为可与神游八极之外,或以为谪仙人,其风神超迈英爽可知。后世词人状者多矣,亦间于丹青见之,俱不若少陵云:“落月满屋梁,犹疑照颜色。”熟味之,百世之下,想见风采,此与李太白传神诗也。[7]

蔡絛认为诗人与画家为李白写照,皆不如杜甫传神,我们不知道蔡絛欣赏过的李白图绘是何面貌,由其言下之意至少能确定当时的李白图绘并不罕见。

本文探讨宋代文人对李白图像的题咏,分析经由绘画呈现的李白形象,进而思考李白在宋代的历史地位。

二、宋代题咏李白图像诗词概观

笔者检索唐圭璋先生编《全宋词》与北京大学古文献研究所编《全宋诗》等著作,得知宋代题咏李白图像之诗词大致如下:

序号	作者	诗(词)题
1	王禹偁	李太白真赞
2	苏轼	书丹元子所示李太白真
3	李之仪	李太白画像赞
4	李之仪	李太白赞
5	陈师道	题画李白真
6	饶节	李太白画歌

序号	作者	诗(词)题
7	韩驹	题李白画像
8	周紫芝	李太白画像二首
9	陈棣	题李杜画像
10	李洪	题谪仙回舟卧披锦袍图
11	王质	题李白笠钓图
12	楼钥	题贺监李谪仙二像
13	韩淲	太白襄阳歌图
14	韩淲	李白泛舟图
15	洪咨夔	题李杜苏黄像
16	释善珍	题六画·太白
17	叶茵	李白诗百篇图
18	释绍昙	李白醉骑驴图
19	家铉翁	保定士人以所藏太白像见示笔意甚奇为题此李去非好吟太白之裔欤书一本送之
20	郑思肖	李太白砚靴图
21	丘葵	题心泉所赠李白画像
22	宋无	太白扁舟图
23	李纲	水调歌头·李太白画像
24	张炎	临江仙·太白挂巾手卷
25	刘克庄	洞仙歌·癸亥生朝和居厚弟韵,题谪仙像

由宋代题画诗词之题目判断,宋代的李白图绘大致可以分为三种形式:

1. 肖像画:有李白个人的画像,也有与杜甫合图、与贺知章合图,以及与杜甫、苏轼、黄庭坚共四人合图的作品。

2. 故事画:前述韩干《封官图》即属绘制李白传说故事的作品,这一类画作在宋代数量大盛前朝,画家热衷描写太白泛舟捉月、高力士为李白脱靴的逸闻,加重了李白性格的放逸任真色彩。

3. 诗意图[8]:宋代始创,画李白的作品,例如《襄阳歌图》;又如画杜甫《饮中八仙歌》"李白一斗诗百篇"句为《李白诗百篇图》。

仅就《全宋诗》所收录的题咏李白图像而言,共得 21 题,23 首;稍逊于题咏杜甫图像的 25 题,26 首。一般讨论李白的历史地位和文学评价,皆认为宋人在推崇杜甫的时代风潮下有贬抑李白的趋向[9],书写李白图绘的题画诗数量虽然略少于书写杜甫图绘的题画诗,但是未必可以借之说明李白在宋人心目中的印象。

与批评李白“识污下”[10],“不知义理”[11],“心术事业”无以“施于廊庙”[12],“不能为醇儒”[13]等话语相较,宋代题画诗词中的李白不但形象正面,而且透露出后世文人对李白的倾慕。无论是谪仙、醉客,抑或侠士、隐者,画上的李白比杜甫更接近人们渴求自由的内心向往,也更具有传奇性了。

三、具现传奇:宋代李白图绘题咏的特色

绘画李白的传奇故事,是以笔墨呈现故事的片段;题咏李白图像,则是深化及落实了李白轶事的内容。由于《旧唐书》和《新唐书》搜罗辑录了晚唐五代一些笔记丛谈中的李白传闻,使得这些传闻被视为可信的史料,加上绘画通俗的传播功能,文人的题写仿佛为之推波助澜,即使后世学者纷纷著书立说,试图厘清传闻之误谬,宋代绘画以及宋代之后的小说戏曲津津乐道李白传奇,已经有如根深柢固,凝塑了难以磨灭的李白形象。究其源头与成因,自然不可轻忽宋代画家和文人的集体意识与力量。

苏轼(1037—1101)《书丹元子所示李太白真》是宋代题李白图像诗词中最具代表性的作品,诗中概括了宋人经常运用的李白典故和传闻,先看全诗:

天人几何同一沤,谪仙非谪乃其游。
麾斥八极隘九州,化为两鸟鸣相酬,
一鸣一止三千秋。开元有道为少留,
縻之不可矧肯求。西望太白横峨岷,
眼高四海空无人。大儿汾阳中令君,
小儿天台坐忘身。平生不识高将军,
手污吾足乃敢瞋。作诗一笑君应闻。[14]

“天人几何同一沤”源出《楞严经》,文殊师利菩萨云:

觉海性澄圆,圆澄觉元妙。元明照生所,所立照性亡。
迷妄有虚空,依空立世界。想澄成国土,知觉乃众生。
空生大觉中,如海一沤发。有漏微尘国,皆从空所生。
沤灭空本无,况复诸三有。归元性无二,方便有多门。[15]

意谓一切世相皆如泡沫,本皆空无。苏轼认为李白“谪仙非谪乃其游”,将贺知章(659—744)称李白如“谪仙”的赞誉,化为庄子“逍遥游”的“游”。“谪仙”之“谪”,有不能容于天上,降落凡尘的无奈,而“逍遥游”的“游”,下启“化为两鸟相鸣酬”句,引述李白《大鹏赋》之自况,并且更具有积极自主的势态。

李白知遇贺知章，经学者考证大约在天宝二年（743）以后[16]，即李白第二度入长安之时。据孟棨《本事诗》：

李太白初自蜀至京师，舍于逆旅，贺监知章闻其名，首访之。既奇其姿，复请所为文，出《蜀道难》以示之，读未尽，称叹者数四，号为“谪仙”。解金龟换酒，与倾尽醉。期不间日，由是称誉光赫。[17]

李白在其诗文中至少四次提及“谪仙”的雅号，如“世人不识东方朔，大隐金门是谪仙”[18]，“四明逸老贺知章呼余为谪仙人”[19]，“青莲居士谪仙人”[20]，在《对酒忆贺监》诗前小序亦云：

太子宾客贺公，于长安紫极宫一见余，呼余为谪仙人。因解金龟换酒为乐。怅然有怀，而作是诗。

诗云：

狂客归四明，山阴道士迎。敕赐镜湖水，为君台沼荣。
人亡余故宅，空有荷花生。念此杳如梦，凄然伤我情。[24]

可知李白对贺知章的感念与“谪仙”之名是密不可分的。“谪仙”成为李白的代名词，王禹偁（954—1001）在其《李太白真赞》序文里自称“恨不得生于天宝间，与谪仙挈书秉毫，私愿毕矣”[22]；李洪（1129—?）的《题谪仙回舟卧披锦袍图》、刘克庄（1187—1269）的《洞仙歌·癸亥生朝和居厚弟韵，题谪仙像》[23]都以“谪仙”代指李白，楼钥观览贺知章和李白的合像，作《题贺监李谪仙二像》二首，其一为：

不有风流贺季真，更谁能识谪仙人。
金龟换酒今何在，相对画图如有神。[24]

便是全部得自《本事诗》的记叙。

苏轼不直接沿袭“谪仙”的典故，他反其道而行，认为“谪仙非谪”，李白不是人人熟知的“谪仙”，而是胸怀大志，翱翔八荒的大鹏。李白于其《大鹏赋》云：“余昔于江陵见天台司马子微，谓余有仙风道骨，可与神游八极之表，因著《大鹏遇希有鸟赋》以自广。”[25]“大鹏”与“希有鸟”，一为李白，一为司马子微，即苏轼诗中所谓的“化为两鸟”。

即使适逢有道君主玄宗赏识，李白还是目空一切，昂扬不屈，能够被他视为同道者，唯有郭子仪（697—781）和司马子微（647—735）——“大儿汾阳中令君，小儿天台坐忘身”，“大儿”与“小儿”意指值得称赏的男子汉，取的是东汉祢衡（173—198）称许孔融（153—208）与杨修（175—219）的典故：

祢衡字正平，平原般人也。少有才辩，而尚气刚傲，好矫时慢物。兴平中，避难荆州。建安初，来游许下。始达颍川，乃阴怀一刺，既而无所之适，至于刺字漫灭。是时许都新建，贤士大夫四方来集。或问衡曰："盍从陈长文、司马伯达乎?"对曰："吾焉能从屠沽儿耶!"又问："荀文若、赵稚长云何?"衡曰："文若可借面吊丧，稚长可使监厨请客。"唯善鲁国孔融及弘农杨修。常称曰："大儿孔文举，小儿杨德祖。余子碌碌，莫足数也。"融亦深爱其才。[26]

"小儿天台坐忘身"，即指司马子微。司马子微名承祯，字子微，法号道隐，又号白云子。河内温(今河南温县)人。自少笃学好道，无心仕宦之途，师事嵩山道士潘师正，得受上清经法及符箓、导引、服饵诸术。后来遍游天下名山，隐居于天台山玉霄峰，自号"天台白云子"，著有《坐忘论》，故而苏轼云"天台坐忘身"。

"大儿汾阳中令君"，写的是李白与郭子仪互救，惺惺相惜的传说。此说首见于晚唐裴敬(? —781)《翰林学士李公墓碑》(作于843年)："……又尝有知鉴，客并州，识郭汾阳于行伍间，为免脱其刑责而奖重之。后汾阳以功成官爵请赎翰林，上许之，因免诛。其报也。"[27]其后乐史《李翰林别集序》沿用之，《新唐书》李白本传也有记载。詹锳先生指出："郭子仪当在开元四年左右应举，时李白尚未出夔门，不可能发生解救郭子仪于行伍之事。"[28]

"平生不识高将军，手污吾足乃敢嗔"，说的是高力士为李白脱靴的传说，此事最早见于李肇《国史补》：

李白在翰林，多沈饮。玄宗令撰乐辞，醉不可待，以水沃之，白稍能动，索笔一挥十数章，文不加点。后对御，引足令高力士脱靴，上命小阉排出之。[29]

其后段成式(? —863)《酉阳杂俎》、李濬(? —720)《松窗杂录》也都记载了这个故事。天宝初年，宦官高力士深得玄宗宠幸，被封为冠军大将军、右监门卫大将军，晋爵渤海郡公，后来又被封为左监门卫大将军，为正三品，权倾朝野。李白能以布衣得天子提拔，已是光彩荣耀，在堂堂高将军面前能恣意妄为，更显示其藐视权贵、浪荡不拘的性格。这是后人极为认同的李白形象，因此也最常被引为话题，图画和题咏此事的作品在宋代有关李白的题画诗词中为数最多，例如：

龙不可收，虎不可缚。矫矫世路，彼自清浊。
醉遣脱靴，孰贵孰贱。[30]

平生潦倒饱丘园，禁省不识将军尊。
袖手犹怀脱靴气，岂是从来骨相屯。[31]

欲与天仙论等差，短长何止但词华。

谁人解屈将军手，为脱乌皮六缝靴。[32]

采石矶头捉月仙，脱靴意气尚飘然。[33]

龙子梅妆钓笠前，脱靴豪气总萧然。[34]

谁识隐然为计国，沈香亭畔脱靴时。[35]

脱靴殿上醉阳狂，触拔春风睡海棠。[36]

睥睨连帅奴将军，英风义气高薄云。[37]

郑思肖还题咏过《李太白砚靴图》：

斗酒未干诗百篇，篇篇奇气走云烟。

自从捧砚脱靴后，笑看唐家万里天。[38]

“砚靴图”画的是“力士脱靴”“贵妃捧砚”，“贵妃捧砚”事见宋人笔记，谢维新《古今合璧事类备要》云：

李白游华阴，县令开门方决事，白乘醉跨驴过门。宰怒，引至庭下：“汝何人？辄敢无礼！”白乞供状，曰：“无姓名。曾用龙巾拭吐，御手调羹，力士脱靴，贵妃捧砚。”[39]

宋代刘斧《青琐高议》也有类似的内容：

唐李白，字太白。离翰苑，适远游华山，过华阴。县宰方门判案决事，太白乘醉跨驴入县内，宰时不知，遂怒命吏引来。太白至厅亦不言，宰曰：“尔是何人，安敢无礼？”太白曰：“乞供状。”宰命供，太白不书姓名，只云：“曾得龙巾拭唾，御手调羹，力士抹靴，贵妃授砚。天子门前尚容吾走马，华阴县内不与我骑驴。”宰见大惊，起，愧谢揖曰：“不知翰林至此。”宰欲留，太白不顾，复跨驴而去。[40]

这也就是释绍昙所题《李白醉骑驴图》之由来，其题画诗云：

酒渴思鲸饮，金銮早退朝。醉身扶不起，压折老驴腰。

今有明代张路《李白骑驴图》（日本个人收藏）存世。

和“李白与郭子仪互救”的传说一样，“力士脱靴”“贵妃捧砚”等也都属空穴来风[41]，然而《旧唐书》和《新唐书》都特别收录了“力士脱靴”的故事，甚且以之为李白得罪小人，被斥出朝廷的祸根，如《新唐书》云：

白尝侍帝，醉，使高力士脱靴。力士素贵，耻之，擿其诗以激杨贵妃，帝欲官白，妃辄沮止。白自知不为亲近所容，益骜放不自修。[42]

苏轼的这首《书丹元子所示李太白真》是宋代题画李白诗词作品中最富影响力者，不但率先援引被史书辑选的轶事传闻，使得李白的传奇有了现实的依凭，诗中的文句也被袭用，例如家铉翁的诗“他年若遇天台坐忘真，便应骖鸾御鹤朝神清”[43]，就是来自“小儿天台坐忘身”句。而李纲（1083—1140）的《水调歌头·李太白画像》："大儿中令，神契兼有坐忘人。不识将军高贵，醉里指污吾足，乃敢尚衣嗔。"[44]更是与东坡的题诗若合符节。

四、神仙中人，风尘外物

"力士脱靴""李白与郭子仪互救"固然子虚乌有，宋人又将"李白骑鲸"与"捉月溺水"的传说组合成"骑鲸捉月"的典故。

"李白骑鲸"见于杜甫《送孔巢父谢病归游江东兼呈李白》诗："仙人玉女回云车，指点虚无引归路。若逢李白骑鲸鱼，道甫问信今何如。"[45]此诗又作"南寻禹穴见李白，道甫问信今何如"，前述贯休《观李翰林真二首》之一，便有"宜哉杜工部，不错道骑鲸"之句。"骑鲸"比喻隐遁或游仙，扬雄《羽猎赋》云："入洞穴，出苍梧。乘巨鳞，骑鲸鱼。"李善注："京鱼，大鱼也，字或为鲸。鲸亦大鱼也。"[46]今有明代徐良所绘的《李白骑鲸图》（淮安市博物馆藏）存世。

"捉月溺水"事则见于五代王定保《唐摭言》："（李白）着宫锦袍游采石江中，傲然自得，旁若无人，因醉入水捉月而死。"[47]梅尧臣（1002—1060）有赠送给"李白后身"之称的郭祥正诗："采石月下闻谪仙，夜披锦袍坐钓船。醉中爱月江底悬，以手弄月身翻然。不应暴落饥蛟涎，便当骑鲸上青天。"[48]后来辛文房《唐才子传》等稗说野史流传此事不衰。南宋邓椿《画继》记载画家乔仲常有《李白捉月图》。

"骑鲸捉月"在题画诗词里是为美谈，烘托了李白的超然脱俗：

> 弄月沧波，万顷一钱。图画如好，虽日糟粕。对之超然，鲸尾欲捉。[49]
>
> 太白仙人紫绮裳，千年遗像尚风流。
> 狂来踏月共吟咏，醉后呼天与唱酬。
> 唐室已无一抔土，浔阳今见几回秋。
> 后身定是青霞老，何日分骑鲸背游。[50]
>
> 等闲挥醉笔，咳唾千篇，长兴诗家窃膏馥。身是酒星文星，刚被诗人，唤做禁中颇牧。便散发、骑鲸去何妨，从我者谁欤，安期徐福。[51]

在王禹偁《李太白真赞》更是直称李白为"仙"，在赞辞前的序文中，作者形容画上的李白：

> 观乎谪仙之形，态秀姿清，融融春露，晓濯金茎；谪仙之格，骨寒气直，泠泠碧江，下浸秋石。仙眸半瞑，醉魄初爽，海底骊龙，眠涛枕浪。仙袂狂亸，霓裳任斜，松巅皓鹤，宿月栖霞。龙竹自携，乌纱不整，异貌无匹，华姿

若生。真所谓神仙中人,风尘外物者也。

其赞辞云:

仙之来兮峨眉扃,曳素衣兮游紫庭。
仙之去兮骑长鲸,拂霞袖兮归沧溟。
云涛雪浪围蓬瀛,是谁仙笔留其形?
国风缺败谁继声,空有鹤态高亭亭。[52]

颇有贯休《观李翰林真二首》之二"天马难拢勒,仙房久闭扃"的意味。被神仙化的李白是如何形诸画面的?题画诗词的作者几乎很少提及画上李白的模样,我们在据说是晚唐周防所画的李白画像题诗中得见其衣着:"乌纱之巾白纻袍。"饶节《李太白画歌》云:

先生之气盖天下,当时流辈退百舍。
醉中咳唾落珠玑,身后声名满夷夏。
青山木拱三百年,今晨乃拜先生画。
乌纱之巾白纻袍,岸巾攘臂方出遨。
神游八极气自稳,冰壶玉斗霜风高。
呜呼先生泰绝伦,仙风道骨语甚真。
肃然可望不可亲,悬知野鹤非鸡群。
天宝之初天子逸,先生醉去不肯屈。
采石江头明月出,鼓枻酣歌志愿毕。
只今遗像粉墨间,尚有英风爽毛骨。
宣州长史粉黛工,谁令写此人中龙。
细看笔意有俯仰,妙处果在阿堵中。
人云此画世莫比,吴侯得之喜不寐。
意侯所爱岂徒尔,亦惜真才死泥滓。
先生朽骨如可起,谁为猎之奉天子。
作为文章文圣世,千秋万古诵盛美。
再拜先生泪如洗,振衣濯足吾往矣。[53]

诗中所称的"吴侯"是这幅李白画像的收藏者,《能改斋漫录》记陈师道(1053—1101)《题画李白真》说:"盖谓建中靖国间饶节德操首咏吴少卿家所藏周防画李白也。"[54]可知吴侯即指吴少卿。陈师道《题画李白真》又题《和饶节咏周防画李白真》,诗曰:

君不见浣花老翁醉骑驴,熊儿捉辔骥子扶。
金华仙伯哦七字,好事不复千金模。

青莲居士亦其亚，斗酒百篇天所借。
英姿秀骨尚可似，逸气高怀那得画。
周郎韵胜笔有神，解衣磅礴未必真。
一朝写此英妙质，似悔只识如花人。
醉色欲尽玉色起，分明尚带金井水。
乌纱白纻真天人，不用更着山岩里。
平生潦倒饱丘园，禁省不识将军尊。
袖手犹怀脱靴气，岂是从来骨相屯。
仰视云空鸿鹄举，跟前纷纷那得顾。
是非荣辱不到处，只恐朝来有新句。
勿言身后不要名，尚得吴侯费百金。
江西胜士与长吟，后来不忧身陆沉。[55]

陈师道本诗首先从写杜甫的题画诗谈起，“熊儿”与“骥子”是杜甫的两个儿子，金华仙伯黄庭坚（1045—1105）有《老杜浣花溪图引》[56]，以七言诗的形式描述绘画杜甫的《浣花溪图》。吴少卿收藏的这幅周防的李白画像，头戴“乌纱”，身着“白纻”，这种装扮其实源自李白诗，李白有《答友人赠乌纱帽》：领得乌纱帽，全胜白接䍦。山人不照镜，稚子道相宜。[57]又有《玩月金陵城西孙楚酒楼达曙歌吹日晚乘醉着紫绮裘乌纱巾与酒客数人棹歌秦淮往石头访崔四侍御》诗。李白所戴的“乌纱”并非官帽，而是隐者之巾，其《夏日山中》诗云：

懒摇白羽扇，裸体青林中。脱巾挂石壁，露顶洒松风。[58]

张炎（1248—1320）有词《临江仙·太白挂巾手卷》，便是以李白挂巾图绘传达其洒脱：

忆得沈香歌断后，深宫客梦迢遥。砚池残墨溅花妖。青山人独自，早不侣渔樵。

石壁苍寒巾尚挂，松风顶上飘飘。神仙那肯混尘嚣。诗魂元在此，空向水中招。[59]

至于李白所穿的“白纻袍”，也见于杨万里的诗：“锦袍宫烛云霄上，白纻乌纱江海间。”[60]陆游《入蜀记》称其所见青山太白祠中李白像为“乌巾白衣锦袍”，“白纻袍”的形象可能和李白著有三首描写江南歌舞的《白纻辞》有关。

存世较早的李白画像是现藏东京国立博物馆的梁楷《李白行吟图》，“行吟”一词源自楚辞《渔父》：“屈原放逐，行吟泽畔。”即使《李白行吟图》并非本画之定称，为此图取名者当意识到李白对屈骚精神之承继。梁楷为南宋画家，流传至今题名为梁楷的画作风格殊异，有精密细致的山水画，也有如《李白行吟图》一般逸笔草草的“减笔”之作，传说梁楷也是性格放旷、嗜酒使气之人，有“梁风子”之称。《李白行吟图》以快速的笔触，兼用书法的飞白[61]，自然流畅的浓淡墨色，画出了“乌纱之巾白纻袍，岸巾攘臂方出邀”，傲岸昂首的李白风神。

和另外一幅传为梁楷所绘的《泼墨仙人图》（台北故宫博物院藏）相较，《李白行吟图》和《泼墨仙人图》笔法相当接近，坦腹醺然的“散仙”醉态，其气息又和《李白行吟图》不相上下。道教徒式的隐者李白，在宋代塑造的“诗仙”形象，经由画笔传达了无拘无束的境界。

苏轼于《李太白碑阴记》中称李白为“狂士”，又说：“士以气为主”，李白之雄立百代，正是浩然的“士气”与飘逸的“仙气”相融。宋人自“士气”一端讥李白之不醇，又自“仙气”之一端羡李白之不羁。随着关于李白的笔记稗说汇入了正史，强化了其真实性，在宋代的题画诗词中，李白的形象正朝向世俗化的神仙发展，所谓的“天上谪仙人”，毕竟还是在凡尘中书写情志，在人世间承受污名与美声。

注释

[1]贯休：《禅月集》（台北：明文书局，1981年《禅门逸书初编》，第2册），卷7，页2～3。

[2]王定保：《唐摭言》（北京：中华书局，1985年《丛书集成初编》本，第2740册），卷7，页67。

[3]《宣和画谱》（北京：中华书局，1985年《丛书集成初编》本，第1653册），卷13，页364。

[4]陈钧：《图画中的李白》，《中国典籍与文化》1996年第4期，页30～36。

[5]见《钦定全唐文》（台北：大通书局，1979年），卷619，页3～4。

[6]周必大：《记观秘阁御书》，《二老堂杂志》（北京：中华书局，1985年《丛书集成初编》本，第2767册），卷2，页31。

[7]蔡絛：《西清诗话》（北京：北京图书馆出版社，2004年《中国诗话珍本丛书》本，第1册），页296。

[8]所谓“诗意图”，又称“诗画”或“诗图”，是以诗文为题材，表达诗文内涵的绘画。笔者有专文论述，详参衣若芬：《宋代题“诗意图”诗析论——以题“归去来图”、“憩寂图”、“阳关图”为例》，收于《观看·敘述·审美——唐宋题画文学论集》（台北：“中央研究院中国文哲研究所”，2004年）。

[9]裴斐：《历代李白评价述评》，《李白十论》（成都：四川人民出版社，1981年），页1～27。刘忆萱、管士光：《历代对李白及其作品的评价》，《李白新论》（太原：山

西人民出版社,1987 年),页 275~291。邱美琼、叶克俭:《宋代诗学批评视野中的李白论》,《江西教育科学院学报》24 卷 1 期(2003 年 2 月),页 85~89。袁晓薇:《宋人对李白的评价与时代典范的抉择》,《安徽教育学院学报》22 卷 1 期(2004 年 1 月),页 56~60。王友胜:《唐宋诗史论》(上海:上海古籍出版社,2006 年)。

[10]王安石云:"太白词语迅快,无疏脱处,然其识污下,诗词十句九句言妇人、酒耳。"见释惠洪:《冷斋夜话》(北京:中华书局,1985 年《丛书集成初编》本,第 2549 册),卷 5,页 23。胡仔《苕溪渔隐丛话》亦有类似记载。此说后来陆游于其《老学庵笔记》有所辩驳,认为非王安石所言。

[11]苏辙:《栾城集·三集》(台北:世界书局,1987 年《景印摛藻堂四库全书荟要》本,第 383 册),卷 8,页 8a。

[12]黄彻:《䂬溪诗话》(北京:中华书局,1985 年《丛书集成初编》本,第 2557 册),卷 2,页 7。

[13]葛立方:《韵语阳秋》(北京:中华书局,1985 年《丛书集成初编》本,第 2554 册),卷 10,页 73。

[14]北京大学古文献研究所编:《全宋诗》(北京:北京大学出版社,1991 年),册 14,卷 820,页 9489。

[15]《楞严经》(台北:台湾印经处,l958 年),卷 6,页 113。

[16][日]松浦友久著,刘维治、尚永亮、刘崇德译:《李白的客寓意识及其诗思》(北京:中华书局,2001 年),页 129~137。

[17]孟棨:《本事诗》(北京:中华书局,1985 年《丛书集成初编》本,第 2546 册),高逸类,页 9。

[18]李白:《玉壶吟》,瞿蜕园、朱金城校注:《李白集校注》(上海:上海古籍出版社,1980 年。下文李白诗皆据此本,不另标版本)卷 7,页 484。

[19]《金陵与诸贤送权十一序》,卷 27,页 1563。

[20]《答湖州迦叶司马问白是何人》,卷 17,页 1098。

[21]《对酒忆贺监》之二,卷 23,页 1364。

[22]王禹偁:《小畜集·外集》(台北:台湾商务印书馆,1979 年《四部丛刊正编》本,第 39 册),卷 10,页 6a。

[23]刘克庄:《后村先生大全集》(台北:台湾商务印书馆,1979 年《四部丛刊正编》本,第 63 册),卷 190,页 16a。

[24]楼钥:《攻媿集》(台北:台湾商务印书馆,1983 年《景印文渊阁四库全书》本,第 1152 册),卷 10,页 3a。

[25]《大鹏赋》,卷 1,页 1。

[26]《文苑列传下·祢衡》,《新校本后汉书》(台北:鼎文书局,1987 年),卷 80 下,页

2652～2653。

[27]见《钦定全唐文》,卷764,页16。

[28]詹锳:《李白诗文系年》(北京:作家出版社,1958年),页4。

[29]李肇:《国史补》(台北:新兴书局,1987年《笔记小说大观·廿一编》,第2册),卷上第19卷,页lb。

[30]李之仪:《李太白赞》,《全宋诗》,册17,卷975,页l 1292。

[31]陈师道:《题画李白真》,《全宋诗》,册19,卷1199,页12738。

[32]周紫芝:《李太白画像二首》,《全宋诗》,册26,卷1528,页17364。

[33]韩淲:《李白泛舟图》,《全宋诗》,册52,卷2796,页32743。

[34]王质:《题李白笠钓图》,《全宋诗》,册46,卷2496,页28859。

[35]叶茵:《李白诗百篇图》,《全宋诗》,册61,卷3186,页38220。

[36]释善珍:《题六画·太白》,《全宋诗》,册60,卷3150,页37797。

[37]陈棣:《题李杜画像》,《全宋诗》,册35,卷1966,页22018。

[38]郑思肖:《所南翁一百二十图诗集》(北京:中华书局,1985年《丛书集成初编》本,第2263册),页13。

[39]谢维新:《古今合璧事类备要》。

[40]刘斧:《青琐高议·后集》(郑州:大象出版社,2006年《全宋笔记·第二编》,第2册),卷2,页120。

[41]详参郁贤皓:《〈旧唐书·李白传〉订误》,《天上谪仙人的秘密——李白考论集》(台北:台湾商务印书馆,1997年),页91～102。

[42]欧阳修、宋祁撰,杨家骆主编:《文艺列传中·李白》,《新校本新唐书》(台北:鼎文书局,1989年),卷202,页5762。

[43]《保定士人以所藏太白像见示笔意甚奇为题此李去非好吟太白之裔欤书一本送之》,《全宋诗》,册64,卷3343. 页39943。

[44]唐圭璋编辑:《水调歌头·李太白画像》,《全宋词》(台北:明伦出版社,1970年),页905。

[45]《送孔巢父谢病归游江东兼呈李白》,《全唐诗》(北京:中华书局,1960年),卷216,页2259。

[46]萧统编,李善注:《羽猎赋》,《文选》,卷8,页397。

[47]此说据清代王琦《李太白年谱》,卷35,今本《唐摭言》未见。详参[日]松浦友久:《关于李白"捉月"的传说——兼及临终传说的传记意义》,页297～317。

[48]《采石月赠郭功甫》,《青山集》(台北:台湾商务印书馆,1983年《景印文渊阁四库全书》本,第1099册),卷43,页lb。

[49]同注30。

[50]丘葵:《题心泉所赠李白画像》,《全宋诗》,册69,卷3655,页43898。

[51]同注23。

[52]同注22。

[53]饶节:《李太白画歌》,《全宋诗》,册22,卷1286,页14539~14540。

[54]吴曾:《咏题画李白真》,《能改斋漫录》(台北:新文丰出版社,1985年《丛书集成新编》本,第11册),卷11,页280。

[55]陈师道:《题画李白真》,《全宋诗》,册19,卷1119,页12738。

[56]《全宋诗》,册17,卷1014,页11575。

[57]《答友人赠乌纱帽》,卷19,页1096~1097。

[58]《夏日山中》,卷23,页347。

[59]张炎:《临江仙·太白挂巾手卷》,《山中白云词》(台北:台湾商务印书馆,1983年《景印文渊阁四库全书》本,第1488册),卷6,页3a。

[60]杨万里:《登牛渚蛾眉亭在采石广济寺》,《诚斋集》(台北:世界书局,1986年《景印摛藻堂四库全书荟要》本,第393册),卷33,页11b。

[61]根津美术馆编:《"南宋绘画——才情雅致の世界"展因录》(东京:根津美术馆,2004年),页157。

从宋人的模仿与次韵看李白词的传播与影响

刘尊明

李白是中国词史上出现较早的一个重要词人，这既有历代文献的记载可以显示，也有历代词集的著录可以依凭，还有不少词论家的评点和词人的追和模仿之作可以为证。但是自从明代有人提出李白词为伪作赝品之后，长期以来学术界和词学研究领域一直争论不休，迄无定论[1]。回顾这段学术史，我们注意到，尽管有关李白词真伪辨证的焦点主要集中于《菩萨蛮》《忆秦娥》二词之上；尽管古今学者中完全否定李白有词的创作及其传存词作真实性的只是极少数人；尽管明清以来仍有多种词集选录李白的作品，20 世纪编纂的几种唐五代词的大型总集也都收录了李白的词作；尽管这场旷日持久的真伪之争到了 20 世纪后期已经偃旗息鼓——但是我们不得不承认，它的影响是非常深远的。从大的方面讲，影响主要有两点：其一，影响到 20 世纪以来的词学研究对早期词史的完整描述和真实反映，学者们多把李白词的创作视为一种个别特例或偶发现象，因而多采取轻描淡写的方式，甚至回避不谈；其二，也影响到学术界和词学研究者们对李白词的创作成就和词史地位的深入考察和客观评价，李白词的研究也因而成为李白研究中的一个薄弱环节。

当然，我们也注意到，从 20 世纪后期尤其是新世纪以来，李白研究界和词学研究领域不仅已经开始对李白词真伪之争这段学术史进行更冷静更客观的回顾与反思，而且对李白词的研究也被纳入到整个李白艺术创造活动和整个唐宋词史演进的宏观系统中来加以观照，出现了不少新视角和新层面的考察和探讨。正是基于这样的研究背景和学术实践，笔者在对李白曲子词与乐府诗创作的相互关系进行考察的基础之上，对李白词的创作现象及其真伪之争提供一种新思路之后[2]，又对李白词的传播和影响这个问题产生了很浓厚的兴趣。笔者注意到,明代以来有关李白词的真伪之争主要局限在学术界和理论界,那么唐宋时代乃至宋以后的词坛和词人对李白词是怎样的态度呢?换言之,李白词在历代词坛和词人中是怎样传播的呢,对历代词人的创作又产生了怎样的影响呢?这是一个历时很长且涉及面也很广的问题,限于能力、时间和篇幅,笔者自然难以在一篇文章中对此论题进行全面考察和回答,故本文先选取宋代词人对李白词的追和次韵与模仿创作这个层面来进行观照和探讨,期望能获得一点新的体认与启示。

一、宋代词人对李白《清平乐》"应制"词的模仿

在由五代后蜀人赵崇祚编选、成书于后蜀广政三年(940)的我国今存第一部文人词总集《花间集》中,并没有选录李白的作品,这是由《花间集》主要编选晚唐五代西蜀词人之作的宗旨所决定的。但是,在由"花间词人"之一的欧阳炯所撰《花间集序》中,却明确提到了李白作词的事实和传词的线索。这是欧阳炯在回顾唐五代词发展史的时候所做的描述。我们可以将这段文字摘录如下:

> 有唐以降,率土之滨,家家之香径春风,宁寻越艳;处处之红楼夜月,自锁嫦娥。在明皇朝,则有李太白应制《清平乐》词四首。近代温飞卿复有《金筌集》。迩来作者,无愧前人。[3]

在这里,欧阳炯在对唐五代词史做简要勾勒时,主要突出了三个时段:即"明皇朝"(指盛唐)—"近代"(指晚唐)—"迩来"(指五代西蜀时期),而分别以李太白、温庭筠和"花间词人"(即所谓"迩来作者")为代表。应该说,欧阳炯对早期词史的观照眼光是非常敏锐而准确的。我们很难说欧阳炯所见到的唐人词一定以李白之作为最早,但他似乎有意以李白词为唐五代"诗客曲子词"的开端,他对李白词给予的高度重视却是前所未有的第一次。同时,我们也完全有理由相信,欧阳炯有关"在明皇朝则有李太白应制《清平乐》词四首"的记载是真实可信的。"应制",是指其创作方式为应皇帝之旨意而写作;《清平乐》,是指歌词创作所依凭的音乐曲调;"词",是指作品的性质为歌词、曲子词;"四首",则是指作词的篇数。这样明确而详细的记载,说明欧阳炯并非得之传闻,而必有文献文本之依据,即欧阳炯很可能亲眼见到了当时流传的李白《清平乐》词的作品。事实上,李白的《清平乐》词依赖唐宋人编辑的几种词集选本而传存到今天的共有五首[4],其中除最后一首存在疑问之外[5],其余四首皆写宫情与闺怨题材,正与欧阳炯的记载相符相应。

宋代词人对李白词的模仿创作,即是从李白的应制《清平乐》一调开始的。《全宋词》录王观《清平乐·拟太白应制》一词,词云:

宜春小苑,处处花开满。学得红妆红要浅,催上金车要看。　君王曲宴瑶池,小舟掠水如飞。夺得锦标归去,匆匆不惜罗衣。[6]

王观字通叟,如皋(今属江苏省)人。其生卒年不详,于仁宗嘉祐二年(1057)进士及第,推知其生年约在仁宗朝初期。神宗元丰年间(1078—1085)迁大理寺丞,知江都县。曾官为翰林学士,后被罢职放逐,故世有"王逐客"之号[7]。王观擅长诗词,其词集名《冠柳集》。《冠柳集》今已不传,《全宋词》据赵万里辑本《冠柳集》录其词16首,《全宋词补辑》据《诗渊》补录12首[8],共存词28首。王观词风近柳永,尤以应制词而闻名,并因此而遭放逐。最早记录此事的是南宋初期吴曾的《能改斋漫录》"王观应制词"条:

王观学士尝应制撰《清平乐》词云:"黄金殿里,烛影双龙戏。劝得官家真个醉,进酒犹呼万岁。折旋舞彻伊州,君恩与整搔头。一夜御前宣住,六宫多少人愁。"高太后以为蝶渎神宗,翌日罢职,故世有逐客之号。今集本乃以为拟李太白应制,非也。[9]

吴曾记载和引录的王观的这首《清平乐》词,亦为"应制"而作,从内容看,无非写皇帝与宫女或妃嫔在宫中的戏乐情景,与唐代诗人"宫词"、宫怨一类的诗歌题材相同,只不过情调有些欢娱和轻佻,故而触怒高太后。据此记载可知,故事发生在神宗朝,具体是熙宁年间(1068—1077)还是之后的元丰年间,已不得其详。值得我们注意的是,吴曾在这个记载的末尾辨别说,此词在"今集本"中题作"拟李太白应制",而吴曾不以为然,认为只是"应制"之作,即应神宗之旨而作。所谓"今集本",可能是指南宋初期尚在流传的王观的《冠柳集》。如果是这样,则此词在王观本集中原是题作"拟李太白应制"的。那么,吴曾何以判为"非也"呢? 这大概与他所记载的此词的创作本事有关。这个本事应该是真实可信的,但即使如此,王观应神宗之旨而作与"拟李太白应制"也并无矛盾,即"应制"而"拟李太白"。笔者认为,本来的情形应该就是"拟李太白应制",除了吴曾所提供的"今集本"中的题序这个证据之外,我们还可以找到另一个例证,即南宋后期黄升《花庵词选·唐宋诸贤绝妙词选》卷五,所录"王通叟"《清平乐》二词,皆题作"拟太白应制"。黄升必有所据,据其在作者名下注云"王通叟名观,有《冠柳集》,序者称其高于柳词,故曰《冠柳》"[10],可见他既看到了当时仍在流传的王观的《冠柳集》,还看到了集前的序言,其所录王观词,采自本集,当无可疑。

所谓"拟",即模拟、仿效,虽与追和次韵不同,但也要受到原作内容题材或体式的影响,同样是一种追摹、学习的创作现象。既然如此,也就有痕迹可寻。上录王观二词,皆写君王与宫女在后宫或禁苑的游乐嬉戏生活,这是一般宫中应制诗词常写的内容题材,与李白的应制之作属于同类。当然,仅此一点,我们还不能断为“拟”作,但我们还能找到其他迹象。如王观的“折旋舞彻伊州,君恩与整搔头。一夜御前宣住,六宫多少人愁”四句,与李白“日晚却理残妆,御前闲舞霓裳。谁道腰支窈窕,折旋消得君王”“女伴莫话孤眠,六宫罗绮三千。一笑皆生百媚,宸游教在谁边”,不仅都写到御前歌舞、媚君邀宠的情景,而且连“折旋”“御前”“六宫”等语词意象都是相同的,模仿的痕迹实在昭然可见。

王观之后,南宋的王灼亦有《清平乐·填太白应制词》一首,也属于模拟之作,兹不赘述。

宋人对李白词的学习和追摹是从《清平乐》一调“应制”的宫情词发端的,而且有二人共三首作品出现,这是我们所始料不及的。从今传李白的几首《清平乐》“应制”词来看,艺术表现实属一般;即使就黄升所选录的前二首来看,也并非杰出之作。但我们要指出的是,李白在盛唐之际文人词创作风气未畅的背景下,能以依调填词的方式写出一组《清平乐》来,已属难能可贵,何况他还开启了用流行歌曲来表现宫情、宫怨的先河,这是对传统的闺情、宫怨类诗歌的开拓和创新。这大概也正是李白对后世词坛之所以产生深远影响的一个不可忽视的因素。

二、宋代词人对李白《菩萨蛮》的模仿

与次韵与王观同时或稍后,北宋词坛上著名的女词人之一、曾布之妻——魏夫人亦有对李白词的模拟之作。只不过魏夫人模仿的不是李白的《清平乐》应制词,而是那首著名的曾引起明代以来真伪之争的《菩萨蛮》。

我们先看僧文莹《湘山野录》的记载:

> “平林漠漠烟如织,寒山一带伤心碧。暝色入高楼,有人楼上愁。玉梯空伫立,宿鸟归飞急。何处是归程,长亭连短亭。”此词不知何人写在鼎州沧水驿楼,复不知何人所撰。魏道辅泰见而爱之。后至长沙,得古集于子宣内翰家,乃知李白所作。[11]

魏泰,即魏夫人之弟,曾布之妻弟。魏泰在鼎州沧水驿楼上见到了这首题写在楼壁上的《菩萨蛮》词,很是赏爱,但不知为何人所作。后来魏泰在姐夫曾布家见到了李白之“古集”,方知为李白所作。《湘山野录》约成书于神宗熙宁年间(1068—1077)[12]。这个记载,出自于与曾布、魏泰同时且与二人有交的僧

文莹，本属可信，可自明人发难之后，长期以来聚讼纷纭。至20世纪后期以来，已有学者找到了曾载有李白《菩萨蛮》《忆秦娥》二词的那个“古集”本——宋咸淳本《李翰林集》，为释疑去伪提供了一个有力的证据。”[13]实际上，在文莹的记载之前，各本《尊前集》都已收录了李白的《菩萨蛮》等词，可能文莹等人当时未见到《尊前集》，故“不知何人所撰”。此外，宋高承《事物纪原》卷二引杨绘《本事曲》云：“近传一阕，云李白制，即今《菩萨蛮》，其词非白不能及，信其自白始也。”[14]《事物纪原》约成书于神宗元丰三年（1080），所引杨绘（1027—1088）撰《本事曲》一书，当成书更早[15]，可见李白《菩萨蛮》词已于此前传世有时矣。

暂且撇开以上这些文献的著录和记载，让我们来看看魏夫人所作的三首《菩萨蛮》词，兹引录其第二首如下：

东风已绿瀛洲草，画楼帘卷清霜晓。清绝比湖梅，花开未满枝。长天音信断，又见南归雁。何处是离愁，长安明月楼。

魏夫人，生卒年不详，但据其夫曾布的生卒年（1036—1107）来看，其年岁当略为晚些。《全宋词》收魏夫人词共14首，其中《菩萨蛮》词凡3首。这三首词并无“拟太白”一类的题序，故一向不易引起人们的注意。但是在未找到载有李白《菩萨蛮》《忆秦娥》二词的“古集”本这个证据之前，葛景春先生还是注意到了魏夫人的这三首《菩萨蛮》词：“这三首词的意境、风格、语词、句式都与李白《菩萨蛮》词有些地方很相似。尤其是魏词的第二首的下阕‘长天音信断，又见南归雁。何处是离愁，长安明月楼’，简直是李词下阕‘玉阶空伫立，宿鸟归飞急。何处是归程，长亭连短亭’的翻版。”他经过分析得出结论说：“由此三首《菩萨蛮》词可证，魏夫人确实是见过李白那首《菩萨蛮》词的，并深受其熏陶和影响。……由此也可以说明，魏泰在曾布家见过署名为李白的《菩萨蛮》词，确有其事。”[16]葛先生超越于前人有关李白词真伪之争的狭隘空间，转而注意到魏夫人这三首《菩萨蛮》词的创作有模仿李白词的迹象，以此作为李白作《菩萨蛮》词的一个“新证”，确实独具慧眼，发前人所未发。

需要指出的是，宋代词人对李白《菩萨蛮》词的追摹、仿效，除了现存最早的魏夫人的三首作品之外，我们还能找到更多的例证。在《全宋词》计算机检索系统中，通过输入李白原作中几个重要的韵字，我们便找到了不少运用相同韵字的词作，经过判读，便可以看出其中一部分作品带有或多或少模仿李白词的痕迹。兹依《全宋词》的著录顺序，摘录如下：

蔡伸《菩萨蛮·广陵盛事》：“水光山影浮空碧。柳丝摇曳春无力。柳岸系行舟，吹箫忆旧游。”（1014页）

韩元吉《菩萨蛮·叶丞相园赏木犀，次韵子师》：“梧桐叶上秋萧瑟，画

阑桂树攒金碧。花底最风流，相逢不上楼。”（1392 页）

侯真《菩萨蛮·饯田莘老》：“江风漠漠寒山碧，孤鸿声里霜花白。画舸且停桡，有人魂欲销。”（1431 页）

姚宽《菩萨蛮·春愁》：“斜阳山下明金碧，画楼返照融春色。”换头：“无言空伫立，花落东风急。”（1482 页）

沈端节《菩萨蛮》：“春山千里供行色，客愁浓似春山碧。”（1681 页）

沈端节《菩萨蛮》：“楚山千叠伤心碧，伤心只有遥相忆。”（1681 页）

张孝祥《菩萨蛮·登浮玉亭》：“江山佳处留行客，醉余老眼迷空碧。独倚最高楼，乾坤日夜浮。”（1706 页）

张孝祥《菩萨蛮·林柳州生朝》：“史君家枕吴波碧，朱门铺手摇双戟。也到岭边州，真成汗漫游。”（1714 页）

吕胜己《菩萨蛮》：“遥山几叠天边碧，故教遮断天涯客。楼倚暮云端，春风罗袖寒。”（1764 页）

吕胜己《菩萨蛮·题莲花庵》：“岭猿啸罢千山碧，小庵虚室团团白。庵在小山头，从来少客游。”（1764 页）

赵长卿《菩萨蛮·霜天旅思》：“霜风飒飒溪山碧，寒波一望伤行色。”（1804 页）

辛弃疾《菩萨蛮》：“西风都是行人恨，马头渐喜归期近。试上小红楼，飞鸿字字愁。阑干闲倚处，一带山无数。不似远山横，秋波相共明。”（1966 页）

赵师侠《菩萨蛮》：“晚风断送归帆急，重城回首天连碧。犹有小楼情，西山如旧青。故园今渐近，应卜灯花信。一喜一牵萦，平分两处心。”（2084 页）

严仁《菩萨蛮·双溪亭》：“征鸿点破空云碧，丹霞染出新秋色。返照落平洲，半江红锦流。”（2550 页）

仇远《菩萨蛮》上片后二句：“徙倚最高楼，秋波春望愁。”（3411 页）

以上所引 12 人共 15 例，除蔡伸为北宋末南渡初人（1088—1156）之外，其他全为南宋词人之作。其中，我们引录了辛弃疾和赵师侠两首完整的《菩萨蛮》，从内容题材来看，皆写羁旅行役之况，思乡怀人之情，与李白原作基本相同；从语词、意象、用韵、句式来看，辛词中的“红楼”“飞鸿”“远山”“一带”“归期”等，赵词中的“晚风”“归帆”“重城”“天连碧”“小楼”“西山”“故园”等，都与李白原词有对应或相近之处，而辛词“试上小红楼，飞鸿字字愁”二句所在位置及所用韵字与李白原作完全相同，赵词首二句所用“急”“碧”两个叶韵字，也正是李白原作中的两个韵字,而且"碧"字的用韵位置完全相同。从这些迹象看来,辛、赵二词的创作应该受到了李白词的影响。此外,在其他词人的同调之作中,模仿李白词的地方也是显而易见的。如姚宽的"无言空伫立,花落东风急",张孝祥的"独倚最高楼,乾坤日夜浮",仇远的"徙倚最高楼,秋波春望愁",句式及其所在位置以及所用韵字,也与原作相同(仅张孝祥词中的"浮"字非原作韵字,但属同部韵字),尤其是"无言空伫立,花落东风急"二句,应该就是从李白"玉阶空伫立,宿鸟归飞急"套用来的。另外,在上片三四句的地方,写到"楼"的意象,或用到与李白原作同韵部的字做韵脚的,也还有好几例。尤其值得注意的是,上引15例中除辛弃疾和仇远二例外,共有13例用到"碧"字,而且都是用作韵字,其位置也都是在第二句或第一句。这种惊人的一致性和相似性,也很有力地说明他们的创作都是来自于对李白词的学习和模仿。李白原作固然以整体的浑成意境而取胜,但若就炼字炼句而论,首二句尤为精彩。对此,古今论者已有相同的体认和评赏:"入首二句,意兴苍凉壮阔。"[17]"一起写平林寒山境界,苍茫悲壮。"[18]应该说,这种意境和风格的构成,与"烟如织"和"伤心碧"这两个意象的创造是不无关系的。因此,首二句尤其是"寒山一带伤心碧"也就成为了李白此词的名句,而"碧"字作为韵字也就成了全词中最引人注目的一个"词眼"了。上引13例对"碧"字的运用,大多与"山"意象联结在一起,而且多带感伤的色彩和情调,正与李白原作的精髓神韵相通。尤其是"江风漠漠寒山碧""客愁浓似春山碧""楚山千叠伤心碧""遥山几叠天边碧""岭猿啸罢千山碧""霜风飒飒溪山碧"等句,对李白词句的模仿和化用的痕迹特别明显,其中沈端节"楚山千叠伤心碧"一句,"伤心碧"三字与李白原作完全相同,更能说明问题。

由以上分析可见,李白《菩萨蛮》词在南宋时期的传播更为广泛了,因而对当时词坛的影响也更为普遍了,所以才有更多的词人来进行模拟性的创作。

下面,我们再来看南宋韩淲(1159—1224)的一首《菩萨蛮·花溪碧》,词云:

> 丝丝柳色清愁织,山城望断花溪碧。回首仲宣楼,登临无计愁。
> 雨声吹海立,流转韶光急。九万有鹏程,沉香天上亭。
>
> (《全宋词》第2257页)

此词题作"花溪碧",也并无"拟太白""和太白"一类的题序,故前人无有注意者。但笔者通过电脑检索和阅读发现,此词实际上是一首标准的"次韵""和韵"之作,即严格依李白原作的韵字、韵序而作。尽管受到了原作韵字、韵序的制约,但这首和韵词在艺术表现上还是相当不错的,尤其是开头两句,"织"

“碧”这两个韵字的运用,便体现了作者对李白原作“烟如织”“伤心碧”这两个重要意象的细腻体悟和准确把握。末句“沉香天上亭”,也隐指李白天宝初年在宫中时期于沉香亭前应制而写《清平调》词的故事。由此我们完全可以肯定,韩淲一定是在读到了李白的《菩萨蛮》词之后才依韵追和的。虽然这是我们今天所能见到的宋代词人严格追和李白《菩萨蛮》词韵的唯一之作,但它的意义却是不容忽略的,它既说明了李白词在南宋词坛传播的进一步明晰化,也表现了李白词对南宋词人的创作所产生的影响已超越了一般的模拟水平而达到了一个更高的层次。

三、宋代词人对李白《忆秦娥》的次韵与模仿

相比于《清平乐》《菩萨蛮》二调,李白《忆秦娥》一词的传存情况则要稍微复杂一些。不知是何原因,各本《尊前集》皆没有载录李白此词。人们在很长时期内皆以为,李白此词始见于南宋初期邵博的《邵氏闻见后录》。该书在完整著录此词后记载说:

> 李太白词也。予尝秋日饯客咸阳宝钗楼上,汉诸陵在晚照中,有歌此词者,一坐凄然而罢。[19]

邵博为邵伯温(1057—1134)之子,生年不详,卒于南宋高宗绍兴二十八年(1158)。据其自序,《后录》一书乃续其父《邵氏闻见录》而作,成书于绍兴二十七年(1157)。从其记载来看,此词是他某年秋日在咸阳宝钗楼上“饯客”时听人所歌,地点既是在咸阳,又是以回忆的笔调出之,当是北宋末、南渡前作者尚在年轻时候的事情。这个记载,比之唐宋人记载李白《清平乐》《菩萨蛮》词的时间自然要晚了些,但从中我们却可以看出,李白此词在北宋末期的古都咸阳已有相当广泛的歌唱和传播。如果我们再证之于北宋僧文莹所记、今人所考魏泰在曾布家所见李白“古集”本中已有此词的事实(参见上文),则更可见此词来源有自,流传已久,则明代以来对此词的疑伪之说,自当消释。

我们现在所要考察的是,从宋代词人的创作中,我们是否也能找到李白此词传播和影响的现象和事例呢?答案当然是肯定的。首先,我们来看李之仪的《忆秦娥·用太白韵》:

> 清溪咽,霜风洗出山头月。山头月,迎得云归,还送云别。　不知今是何时节,凌歊望断音尘绝。音尘绝,帆来帆去,天际双阙。(343 页)

李之仪(1048—1118)为北宋后期词人[20],其年岁稍晚于上述曾模仿李白《清平乐》和《菩萨蛮》的王观、魏夫人。但是,值得注意的是,李之仪乃是我们

今天所能见到的追和次韵李白词的第一人。李之仪既有诗文词合集的《姑溪居士文集》,又有单行本的词别集《姑溪词》,皆见于宋陈振孙《直斋书录解题》的著录。他的这首"用太白韵"的《忆秦娥》,在其合集本和词别集中都收录了,《全宋词》所收即据其合集本。李之仪既明确题为"用太白韵",则必然是见到了传为或署名李白的《忆秦娥》原作。至于李之仪所见到的李白原作的出处,究竟是李白"古集"本诗文集,还是唐宋人所编选的词总集或词选本,如传为唐吕鹏所编、收有李白《清平乐》应制词四首的《遏云集》,还是当时乐工歌妓辈的传唱,已不得其详。比较李之仪的和韵词与李白的原唱,可见李之仪乃是比较严格地按照李白原唱的格律音韵来创作的。原唱分上、下两阕,每阕各 5 句;上阕每句皆押韵,共叶 5 韵;下阕叶 4 韵,第 4 句不用韵;上、下阕第 3 句,皆为前一句末尾三字的重叠。李之仪的次韵词,除了上阕第 4 句不用韵外,其他韵字、韵序皆依原唱,字声平仄也皆与原唱相合,只有上下阕的末二句略有变化。尤其重要的是,此词写清冷之境,抒离别之情,在意境和风格上也颇似原作。

也许是受李之仪这首次韵词的影响,也许是李白原唱的进一步传播,从北宋末至南渡后模仿李白《忆秦娥》词的创作逐渐多了起来。通过对韵字的检索和分析,我们共发现了多达 17 例的作品具有较明显的模仿李白词的痕迹。这 17 首作品出自 13 位词人,兹依《全宋词》的顺序列出他们的姓名:王庭珪、房舜卿、仲并、曾觌、朱熹、张孝祥、王炎、石孝友、刘克庄、何梦桂、刘辰翁、陈德武、汪元量。其中,刘克庄 2 首、刘辰翁 4 首,其他人各一首。为节省篇幅,兹选录 7 例如下:

梅花发,夜寒吹笛千山月。千山月,此时愁听,龙吟幽咽。　数枝飞尽南枝雪,风光又作年时别。年时别,江头心绪,乱丝千结。

——王庭珪(817 页)

梅花发,寒梢挂著瑶台月。瑶台月,和羹心事,履霜时节。　野桥流水声呜咽,行人立马空愁绝。空愁绝,为谁凝伫,为谁攀折。

——朱熹(1676 页)

修禊节,晋人风味终然别。终然别,当时宾主,至今清绝。　等闲写就兰亭帖,岂知留与人闲说。人闲说,永和之岁,暮春之月。

——刘克庄(2644 页)

伤离别,江南雁断音书绝。音书绝,两行珠泪,寸肠千结。　伤心长记中秋节,今年还似前年月。前年月,那知今夜,月圆人缺。

——何梦桂(3148 页)

收灯节,霖铃又似鳌山雪。鳌山雪,今宵清绝,今宵愁绝。　老人似少终然别，痴痴更望春三月。春三月，花如人面，自羞余发。

——刘辰翁（3195页）

疏帘揭，云端仰见娟娟月。娟娟月，不应何恨，照人离别。　闭门独睡空愁绝，姮娥梦里低低说。低低说，悲欢离合，阴晴圆缺。

——陈德武（3462页）

如何说，人生自古多离别。多离别，年年辜负，海棠时节。　娇娇独坐成愁绝，胡笳吹落关山月。关山月，春来秋去，几番圆缺。

——汪元量（《全宋词补辑》87页）

这些作品虽然都没有标明“拟太白”“和太白”等字样，但从押韵看，都与李白原作属同部韵，而且绝大部分韵字如“月”“别”“节”“绝”“咽”等，皆与原作相同，只是韵字的位置略有变化。其他未引录出来的各首作品，情况也大多如此。此外，从题材内容、意境风格等方面来考察，也多与李白词相类或相近。

另外，还有两首南宋词人的《忆秦娥》词，虽然与李白《忆秦娥》用韵不同，但是却明显表现出受李白《菩萨蛮》词影响的迹象。兹引录二词如下：

云破碧，作霜天气西风急。西风急，一行征雁，数声横笛。　挑灯试问今何夕，柔肠底事愁如织。愁如织，紫苔庭院，悄无人迹。

——王千秋（1468页）

暮云碧，佳人不见愁如织。愁如织，两行征雁，数声羌笛。　锦书难寄西飞翼，无言只是空相忆。空相忆，纱窗人梦，梦双人只。

——无名氏（3746页）

这两首作品，从语词、意象、意境、风格乃至用韵来看，明显受到了李白《菩萨蛮》词的影响。单从用词、用韵方面来看，王千秋词中的“云破碧”“西风急”“愁如织”三组语词，无名氏词中的“暮云碧”“愁如织”两组语词，很显然是从李白《菩萨蛮》“平林漠漠烟如织，寒山一带伤心碧”等句化用而来，而“碧”“织”“急”三字，也正是李白《菩萨蛮》词中所用三个重要的韵字。作《忆秦娥》词，却受到李白《菩萨蛮》词的影响，这个现象和信息很容易让我们产生如此的推想：一是这两位作者对李白《菩萨蛮》《忆秦娥》二词都很熟悉，故在创作时能产生联想和化用；二是在他们所见到和听到的李白词中，《菩萨蛮》《忆秦娥》二词很可能是同时出现或前后相续的。

四、小结：对宋人模仿次韵李白词的意义评估

以上，我们分词调、按时序，对宋代词人模仿及次韵李白词的情况做了一个

初步的考察和分析。最后，我们想在此基础上，略作总结与评估。

首先，我们将宋代词人模仿及次韵李白词的作品列表如下：

宋代词人模仿及次韵李白词作品一览表

李白原作	宋代词人次韵或模仿之作		出处	备注
	作　者	题序/首句		
清平乐	王　观	拟太白应制/宜春小苑	P261	作品出处，均据《全宋词》
		应制/黄金殿里	P261	《花庵词选》题作“拟太白应制”
	王　灼	填太白应制词	P1034	
菩萨蛮	魏夫人	无题序/溪山掩映斜阳里	P268	
		无题序/东风已绿瀛洲草	P268	
		无题序/红楼斜倚连溪曲	P269	
	蔡　伸	广陵盛事/水光山影浮空碧	P1014	
	韩元吉	有题序(略)/梧桐叶上秋萧瑟	P1392	
	侯　寘	饯田莘老/江风漠漠寒山碧	P1413	
	姚　宽	春愁/斜阳山下明金碧	P1482	
	沈端节	无题序/春山千里供行色	P1681	
		无题序/楚山千叠伤心碧	P1681	
	张孝祥	登浮玉亭－江山佳处留行客	P1706	
		林柳州生朝/史君家枕吴波碧	P1714	
	吕胜己	无题序/遥山几叠天边碧	P1764	
		题莲花庵/岭猿啸罢千山碧	P1764	
	赵长卿	霜在旅思/霜风飒飒溪山碧	P1804	
	辛弃疾	无题序/西风都是行人恨	P1966	
	赵师侠	无题序/晚风断送归帆急	P2084	
	韩　淲	花溪碧/丝丝柳色清愁织	P2257	次李白原韵
	严　仁	双溪亭/征鸿点破空云碧	P2550	
	仇　远	无题序/翠鸾不隔巫山路	P3411	

<table>
<tr><th rowspan="2">李白原作</th><th colspan="2">宋代词人次韵或模仿之作</th><th rowspan="2">出处</th><th rowspan="2">备注</th></tr>
<tr><th>作　者</th><th>题序/首句</th></tr>
<tr><td rowspan="20">忆秦娥</td><td>李之仪</td><td>用太白韵/清溪咽</td><td>P343</td><td>次李白原韵</td></tr>
<tr><td>王庭珪</td><td>无题序/梅花发</td><td>P817</td><td></td></tr>
<tr><td>房舜卿</td><td>无题序/与君别</td><td>P997</td><td></td></tr>
<tr><td>仲　并</td><td>木樨/限岩侧</td><td>P1287</td><td></td></tr>
<tr><td>曾　觌</td><td>无题序/西风节</td><td>P1320</td><td></td></tr>
<tr><td>王千秋</td><td>无题序/云破碧</td><td>P1468</td><td>此首用《菩萨蛮》语词韵字等</td></tr>
<tr><td>朱　熹</td><td>无题序/梅花发</td><td>P1676</td><td>首《花庵词选》作张孝祥词</td></tr>
<tr><td>张孝祥</td><td>元夕/元宵节</td><td>P1713</td><td></td></tr>
<tr><td>王　炎</td><td>无题序/头如雪</td><td>P1859</td><td>此王炎,字晦叔,号双溪</td></tr>
<tr><td>石孝友</td><td>无题序/秦楼月</td><td>P2042</td><td></td></tr>
<tr><td rowspan="2">刘克庄</td><td>暮春/游人绝</td><td>P2644</td><td></td></tr>
<tr><td>上巳/修禊节</td><td>P2644</td><td></td></tr>
<tr><td>何梦桂</td><td>无题序/伤离别</td><td>P3148</td><td></td></tr>
<tr><td rowspan="4">刘辰翁</td><td>有序(略)/烧灯节</td><td>P3194</td><td>刘辰翁 4 首用韵全同</td></tr>
<tr><td>有序(略)/惊雷节</td><td>P3194</td><td></td></tr>
<tr><td>无题序/梅花节</td><td>P3194</td><td></td></tr>
<tr><td>无题序/收灯节</td><td>P3195</td><td></td></tr>
<tr><td>陈德武</td><td>无题序/疏帘揭</td><td>P3462</td><td></td></tr>
<tr><td>汪元量</td><td>无题序/如何说</td><td>P87</td><td>据《全宋词补辑》</td></tr>
<tr><td>无名氏</td><td>忆别/暮云碧</td><td>P3746</td><td>此首用《菩萨蛮》语词韵字等</td></tr>
</table>

其次,我们再对有关数据和现象做点定量分析和意义评估的工作。

(一)由检索统计数据可见,两宋词人受到李白词的影响,进行或次韵或模仿性的创作,共涉及 32 人凡 42 首作品,这个数字应该说还是相当可观的,它说明李白词在宋代词坛的传播是非常广泛的,宋人对李白词的学习和模仿创作也具有了一定的普遍性,而并非个别的偶发的现象。

(二)由宋人的次韵及模仿作品来看,主要涉及李白的《清平乐》《菩萨蛮》《忆秦娥》这三调作品,各有 3 首、19 首、20 首模仿或次韵之作,而这三调之词正是传存至今的李白词中的代表作,这不仅说明了李白词在宋代词坛的传播主要以这三调代表作为主体，而且也反映了李白这三调之作对宋代词人的创作所产生的影响为最大。

（三）在我们检索和统计的42首词作中，明确标明“拟太白”“用太白韵”的作品共4首，严格按李白原作原韵来追和次韵的只有李之仪《忆秦娥》、韩淲《菩萨蛮》各一首，其他皆为模拟仿效之作。虽然有明确题记的作品只占少数，但这类题记的出现却不容忽视，它们既表明宋人所据以模仿和次韵的原作在宋代传为李白作或署名李白作的事实，也反映了宋代词人对这些李白词的认同、学习和追摹的态度。其他大多数没有题记的作品，我们通过分析也可以看出明显的受李白词影响的痕迹或模仿李白词的迹象，如韩淲的《菩萨蛮》一首没有题序，却是一首严格的次韵之作，即具有一定的代表性。就《忆秦娥》一调来看，虽然只有李之仪一首标明“用太白韵”，但其他19首在用韵上几乎都与李白词属同部韵，也算得上是非严格的追和创作。当然，我们也不能完全排除其中的巧合因素或非自觉现象，但是从总体上来看，我们却不能全盘否定这些作品的创作与李白原作毫无关系。

（四）尽管宋人这些有题序或无题序的模仿次韵李白之作，都没有显示他们是从何处看到和接受李白原作的信息，但我们完全可以结合相关的宋代词学文献资料做出合理的推断，大致有这样几种途径：一是如邵博所记，从当时歌妓的传唱中接受李白词的；二是如魏泰、魏夫人那样，从李白诗文集的“古集”本中接触到李白词的；三是如黄升那样，从唐宋人编刻的歌词总集或选本如《遏云集》《尊前集》《花庵词选》中读到李白词的。

（五）我们需要特别指出的是，过去对李白词的真伪之争，学者们多关注的是李白词传存的文献出处上的真实性，作品的艺术水准与词史演进的不同步性等问题，而很少将眼光投射到宋代词坛和词人的创作实践中。通过对宋人模仿次韵李白词的考察和分析，我们获得了这样的认识和启示：在古代文学文献的传播链条出现脱落或断裂的情况下，在有关作家作品的真伪问题存在争议难以确定的情况下，从当时或后世的文学创作活动中去寻找资料或证据，也许不失为一种可行的途径和方法；我们固然需要从文献文本的角度考证作品的真伪，但也不可忽视创作领域中的接受现象和认同事实。就李白词而言，其诗文集的“古集”本中原是收录了《菩萨蛮》《忆秦娥》等词的，可经过宋人整理后的文本中却没有了，而在很长时间内人们所见到的李白的诗文集主要是经过宋人整理后的本子，而那个未经整理的“古集”本却到了很晚的时候才又得以发现。又比如据黄升记载，他在编选《花庵词选·唐宋诸贤绝妙词选》时，据“唐吕鹏《遏云集》”，选录了其中所载李白《清平乐》应制词四首中的两首，而遗弃了“无清逸气韵”的另外两首,这说明唐吕鹏所编《遏云集》至少在南宋后期还在流传,该集中除了载有李白《清平乐》四首外,是否还有李白的其他词作呢?因此集今已不传,我们已不得其详,但据黄升《花庵词选》来看,共选录李白《菩萨蛮》、《忆秦娥》、《清平乐》(2首)、《清平调》(3首),凡4调7首,其选词态度和审美标准既严于吕鹏,则吕鹏所录李白词作或许不止此数,至少也可能都包括这些作品在内。我们举这两个例子是想说明,古代文学文献在传播途中出现散佚或其他复杂情况,原是很普遍的事情,文学疑案的产生也就在所难免了。但是当我们转向文坛领域和创作活动的时候,我们或许会有新的发现。就李白词而言,既然宋代词人有这么多模仿次韵之作,也就从一个侧面对唐宋时代有关文献的记载做出了印证;既然宋代词人标明或表现的是对李白词的次韵或模仿,则他们在意识中和实践上接受的就是李白词的影响,对于这个创作现象和历史事实我们是应该给予承认和肯定的。黄升选录李白《菩萨蛮》《忆秦娥》二词,作为《花庵词选·唐宋诸贤绝妙词选》的开篇之作,并高度评价说:“二词为百代词曲之祖。”这是他对李白词史地位的评估,应该与他对唐宋词人创作实践中模仿学习李白现象的体认和总结有关(《花庵词选》中即收录了王观《清平乐·拟太白应制》二首等作),这对我们重估李白的词史地位,也许有所启益。

本文对宋人模仿次韵李白词的考察,尚处于尝试阶段,所得体认与见解,或有未妥之处,还请大方之家不吝指教。对李白词的模仿及追和,在元明清各代有更突出的表现,有关情况,当另文撰述。

注 释

[1]参见葛景春:《近六十年来李白词真伪讨论综述》,载《文学评论丛刊》第三十一辑,1989年版;收入葛景春著:《李白思想艺术探骊》,郑州:中州古籍出版社,1991年。

[2]参见刘尊明:《试论李白乐府诗与曲子词创作之关系》,《文学遗产》2007年第6期。

[3](五代)欧阳炯:《花间集叙》,据李一氓:《花间集校》,北京:人民文学出版社,1981年,第1页。

[4](南宋)黄升:《花庵词选·唐宋诸贤绝妙词选》卷1选录李白《清平乐》“禁庭春昼”、“禁闱秋夜”二首,题作“翰林应制”,注云:“唐吕鹏《遏云集》载应制词四首,以后二首无清逸气韵,疑非太白所作。”(沈阳:辽宁教育出版社,1997年,第1页)《遏云集》从名称看,当属歌词选本,惜已佚失不传;吕鹏亦不详,然既云“唐”,当属唐末或五代时人。又,《尊前集》载李白《清平乐》词五首(据朱祖谋:《彊村丛书》本,上海:上海书店、江苏广陵古籍刻印社1989年影印本),此集编

者已佚其名，宋人多称引此集，或云为唐人所编，然据今人考证，当为宋初人所辑。

[5]《清平乐》“画堂晨起”一首，《尊前集》录为李白词，然(宋)曾糙《乐府雅词》卷上录作无名氏词。今人或疑为“北宋人作，托名于李白”。参见曾昭岷、曹济平、王兆鹏、刘尊明编:《全唐五代词》所附“考辨”，北京:中华书局，1999年，第12页。

[6]唐圭璋编:《全宋词》，北京:中华书局，1986年，第261页。以下引录宋词作品，除特别注出者外，皆依《全宋词》本，只在作品后括注页码。

[7]参见曾枣庄主编:《中国文学家大辞典·宋代卷》“王观”条，北京:中华书局，2004年，第35页。

[8]孔凡礼辑:《全宋词补辑》，北京:中华书局，1981年，第5页。

[9](南宋)吴曾:《能改斋漫录》卷17，上海:上海古籍出版社，1984年，第489页。

[10](南宋)黄升:《花庵词选·唐宋诸贤绝妙词选》卷5，第79页。

[11](宋)僧文莹:《湘山野录》卷上，北京:中华书局1984年，第15页。

[12](宋)晁公武:《郡斋读书志》卷三下:“《湘山野录》四卷，右皇朝熙宁中僧文莹撰，记国朝故事。”文渊阁《四库全书》本。

[13]参见葛景春:《宋咸淳本〈李翰林集〉中有〈菩萨蛮〉〈忆秦娥〉词——李白〈菩萨蛮〉词补证》，原载《中国首届唐宋诗词国际学术讨论会论文集》，南京:江苏教育出版社，1994年;收入葛景春著:《李白研究管窥》，保定:河北大学出版社，2002年，第62~65页。

[14](宋)高承:《事物纪原》卷二，文渊阁《四库全书》本。

[15]参见吴熊和:《唐宋词通论》第五章《词论》，北京:商务印书馆，2003年，第279页。另参朱崇才:《词话史》第二章《北宋:词话的成立》，北京:中华书局，2006年，第34~35页。

[16]葛景春:《李白〈菩萨蛮〉词新证》，原载《李白研究》1990年第2期，收入葛景春著:《李白研究管窥》，第60页。

[17](清)黄苏:《蓼园词选》，据程千帆主编:《清人选评词集三种》本，济南:齐鲁书社，1988年，第16页。

[18]唐圭璋:《唐宋词简释》，上海:上海古籍出版社，1981年，第1页。

[19](南宋)邵博:《邵氏闻见后录》卷19，北京:中华书局，1983年，第151页。

[20]李之仪的生卒年，据曾枣庄主编:《中国文学家大辞典·宋代卷》，作“1048—1128?”，第300页;据王兆鹏、刘尊明主编:《宋词大辞典》，作“1048—1127”，南京:凤凰出版社，2003年，第450页。此据王兆鹏等:《两宋词人丛考》，作“1048—1118”，南京:凤凰出版社，2007年，第220页。

李白的独酌与后世文人的独酌情怀

潘殊闲

李白享有“诗仙”“酒仙”“醉圣”等美名，给人的印象似乎是那样的豪放飘逸、洒脱不羁，其实，这仅仅是李白的一面，李白还有孤独、悲戚、忧愁的另一面，其诗中的“独酌”，正是这种孤独愁怨的文字记录。李白诗歌中共出现13次“独酌”，“独酌”俨然已成为李白的形象标志。宋代名画家李伯时的《太白独酌图》影响就十分深远，对此，元好问、王恽等人都有赋诗。

在李白之前，文人在作品中很少使用“独酌”一词，可以说李白是第一位大量使用这一词语的作家。其在“独酌”中的孤影，已成为后世文人心中挥之不去的美丽剪影。李白之后，白居易、苏轼、李纲、杨万里和陆游等人都对“独酌”情有独钟。那么，为什么李白喜欢“独酌”？“独酌”反映了李白怎样的心境和诉求？李白的独酌在文学史上都有哪些回响？对于这些问题，惜乎学界尚无人予以关注。本文拟作一初探。

一、热闹背后的孤独

李白在他所生活的时代，是一个知名度很高的公众人物，简直就是一个当红明星，换成今天的话说，有很多追星族，有很多粉丝——上至天子，下至普通百姓。直到今天，喜欢李白及其诗歌的海内外读者仍是不可胜数。袁行霈先生在《李白诗歌与盛唐文化》一文中曾这样描述：“就一个作家在其当时所引起的轰动而论，中国文学史上没有谁可以和李白匹敌。李白简直像一股狂飙、一阵雷霆，带着惊天动地的神威，以一种震慑的力量征服了同时代的读者。”[1]这段概述应该说是相当到位的，几乎没有人会怀疑李白在当时无与伦比的影响。但是，当研读李白诗文的时候，在那些豪爽、豪迈、豪气、豪侠、豪饮的背后，却有一种异样的感觉。通过文献检索，可以发现，李白对“独”是如此的感兴趣，整个文集出现“独”字139次。将这些带“独”的词语统计出来，着实令人瞠目结舌——李白的“独”实在是太多太多，不妨来看看他的“独”姿“独”态：独宿、独有、独立、独往、独漉、独栖、独坐、独好、独守、独去、独梦、独酌、独处、独上、独自、独步、独善、独见、独映、独拂、独出、独朗、独在、独亲、独许、独散、独与、独此、独尽、独醉、独怜、独用、独愁、独鹤、独抱、独送、独泛、独啸、独笑、独伤、独游、独随、独忆、独访、独领、独弃、独苦、独照、独绝、独挂、独潜、独孤、独惭、独转、独行、独死、我独、尔独、何独、岂独、幽独、独擅名、独扬名、独知名、独徘徊、独惆怅、独无依、独不见、百里独。简直让人眼花缭乱。在这些“独”语中使用最多的则是“独酌”，共计13次，约占十分之一。

如此对“独”字感兴趣，发生在一个被人前呼后拥的“明星”身上，还真让人有点不敢相信。李白不是有很多追随者，有很多朋友吗，他难道还“抑郁”，还会孤独？这里，通过对他使用最多的“独酌”诗的解剖，来看看他自己的说法。

《月下独酌》作于天宝三载（744）春[2]，当时李白供奉翰林，但现实却与他想象和期盼的大相径庭，这组诗真实地再现了那位孤独失意的诗人在花间月下的心境：

> 花间一壶酒，独酌无相亲。举杯邀明月，对影成三人。月既不解饮，影徒随我身。暂伴月将影，行乐须及春。我歌月徘徊，我舞影零乱。醒时同交欢，醉后各分散。永结无情游，相期邈云汉。
>
> （其一）
>
> 天若不爱酒，酒星不在天。地若不爱酒，地应无酒泉。天地既爱酒，爱酒不愧天。已闻清比圣，复道浊如贤。贤圣既已饮，何必求神仙。三杯通大道，一斗合自然。但得酒中趣，勿为醒者传。
>
> （其二）
>
> 三月咸阳城，千花昼如锦。谁能春独愁，对此径须饮。穷通与修短，造化夙所禀。一樽齐死生，万事固难审。醉后失天地，兀然就孤枕。不知有吾身，此乐最为甚。
>
> （其三）
>
> 穷愁千万端，美酒三百杯。愁多酒虽少，酒倾愁不来。所以知酒圣，酒酣心自开。辞粟卧首阳，屡空饥颜回。当代不乐饮，虚名安用哉。蟹螯即金液，糟丘是蓬莱。且须饮美酒，乘月醉高台。
>
> （其四）[3]

这四首诗如果要加关键词的话，至少有这样一些：愁、孤独、酒、醉、超脱。而这些关键词中的关键词无疑是“孤独”。因为孤独，因为“固难审”的“万事”，搅得他心烦，所以要喝酒，一个人自斟自酌，且必须喝得烂醉。这样，愁不来了，“天地”消失，“死生”等同，“我”也仿佛不存在，李白的感觉是“此乐最为甚”。这种境界和佳趣，只有醉者才能体味，醒者不知道，给他说了也等于白说。李白强调“勿为醒者传”，看来有点说“酒话”。有意思的是，在这孤独的夜晚，唯一做伴的是明月。李白对明月有一种特殊的情感，有学者概括为“明月情怀”。在万籁俱寂的夜晚，在愁绪难伸的孤独时分，月连同自己的影子，在酒的催化下，相亲相伴。表面看，这似乎给“独酌无相亲”的诗人增添了一种欢趣，似乎扫除了孤独的阴霾，其实，发现“对影成三人”的李白，这时显得更加孤独。李白心里清楚，虽然“醒时同交欢”，但毕竟是“醉后各分散”；虽然发誓“永结无情游”，但实在是“相期邈云汉”。

李白集中有不少与朋友一块儿饮酒作乐的诗，但独自一人自斟自饮，在集中又成为另一种风景。这种独酌，有的在题目中就能看到，如《月下独酌》《春日独酌》等，有的在诗中直言“独酌”，如《白毫子歌》《春归终南山松龙旧隐》，有的虽无“独酌”二字，但细味诗意，也能感觉到“独酌”的背景，如《把酒问月》、《自遣》等。这些诗，让我们看到外表飘逸豪纵的李白，内心深处却有着深沉的独愁孤绪。宋人对李白多有误解，有云：“白识见污下，十首九说妇人与酒。”[4]这种说法实在是皮相之论，没有真正读懂李白。李白在喧闹的世界，有着难以排遣的孤独与苦闷，这不是与朋友酣歌对饮就能消解的，不少时候需要自己一人把酒静思，与自然对话，与自己的心灵对话。写于晚年的《独酌》是这样的：

春草如有意，罗生玉堂阴。东风吹愁来，白发坐相侵。独酌劝孤影，闲歌面芳林。长松尔何知，萧瑟为谁吟？手舞石上月，膝横花间琴。过此一壶外，悠悠非我心。

面对春草春风，诗人似乎已经漠然。“东风吹愁来，白发坐相侵”，颇有杜甫“白头搔更短，浑欲不胜簪”（《春望》）[5]的况味，虽然杜甫主要有感于时事，李白主要有感于人生，但时序是一致的，都是春天，且时事与人生又怎能截然分开。所不同的是，李白更超脱，杜甫更执着。所以，李白在春草、东风、白发、孤影、芳林、石上月、花间琴这些意象中，最在意的还是手中的那壶酒，因为这是忘忧之物，是消弭独愁孤绪的良药，所以由衷感叹道：“过此一壶外，悠悠非我心。”

二、孤独的心境

作为一个当红明星，作为一个时代的偶像，李白应该是不寂寞的。李杜并称与相较是中国文学史上的一大奇观，历久不衰。他们本身是好朋友。人们普遍认为，李白性格外向，杜甫内敛。但性格外向的李白，仍不容易被人理解，不是吗？像杜甫这样的好朋友都有“痛饮狂歌空度日，飞扬跋扈为谁雄”（《赠李白》）的困惑，任华在《杂言寄李白》中也云：“平生傲岸，其志不可测。”[6]明为赞叹，实则不理解。更何况那些等而下之有点盲目跟风的追星族。“苦笑我夸诞，知音安在哉”（《赠王判官时余归隐居庐山屏风叠》），看来，李白确实是孤独的，这种孤独，不是没有朋友，而是这些朋友都不能直达其心灵，领悟其内心真实的痛楚。所以，他对“独”特别敏感，他钟情于“独酌”，此正所谓“高处不胜寒”。套用今天的话说，那就是做名人真难！

析而论之，李白的孤独大约有以下数端：

第一，自视甚高的期许与天真的从政理念和行为，使其理想与现实相差甚远，屡屡碰壁，屡屡痛苦。

李白是一个具有强烈个体意识的人，他自视甚高，申言“天生我材必有用”（《将进酒》），自谓“虽长不满七尺，而心雄万夫”（《与韩荆州书》），他形容自己“自峨眉而来，尔其天为容，道为貌，不屈己，不干人，巢由以来，一人而已”（《代寿山答孟少府移文书》），其所立原则是“出则以平交王侯，遁则以俯视巢许”（《冬夜于随州紫阳先生餐霞楼送烟子元演隐仙城山序》）。

李白的从政理想是“奋其智能，愿为辅弼”（《代寿山答孟少府移文书》），自诩“青云当自致，何必求知音”（《冬夜醉宿龙门觉起言志》），而范传正的概括是：“常欲一鸣惊人，一飞冲天，彼渐陆迁乔，皆不能也。由是慷慨自负，不拘常调，器度宏大，声闻于天。”[7]

李白不愿走寻常仕人之路，拒绝参加科考，便是明证。迄今为止，尚无史料说明李白有过应举的迹象，集中仅有几首送朋友应举的作品，也没有发现他有羡慕之情。李白既不去应常科的进士、明经考试，也不去应天子特诏的制科试。

李白的机会终于来了。天宝元年（742）秋，李白奉诏入京，待诏翰林，但至天宝三载春即被赐金还山，在宫中仅待了一年半。李白充任翰林学士，虽然过着“入门紫鸳鸯，金井双梧桐。清歌弦古曲，美酒沽新丰。快意且为乐，列筵坐群公”（《效古二首》之一）的生活，但布衣的身份始终是一道难以逾越的坎。李白《赠从弟南平太守之遥二首》曾这样感叹：“当时笑我微贱者，却来请谒为交欢。”微贱的身份成为诟病李白的一大话头，也成为李白的一块“心病”，总觉得不爽。

后来的从璘事件以及欲参加李光弼军队事件，都十分清楚地反映了他强烈的从政热情与天真的从政理念和行为所形成的强烈反差。他的热心为他换来的是一次又一次的祸患，客观地说，李白缺乏作为封建社会一个成功政治家的素质。对于政治，李白不是凭成熟的观察思考，而只是凭感受，凭意气做出反应。李白之所以较盛唐才士在人生与政治途中更为幼稚乃至天真，与其出身经历和素养资质有关。李白出生在西域，生长在西南，较之中原才士，他多一份狂野之气而缺少对仕途官场的实际了解，其政治上的悲剧注定是不可避免的。这些打击给他的刺激和痛苦是巨大的，借酒浇愁，醉酒疏放，成了他的必然选择和快乐选择。

李白脱离唐代社会现实的价值判断在带给他超越时代的艺术魅力和永恒的生命力的同时，也给了他怆痛的人生经历。李白作品中这种孤独而高傲的自我形象可谓俯拾皆是。因为“羞与时人同”(《五月东鲁行答汶上翁》)，故“一生傲岸苦不谐”(《答王十二寒夜独酌有怀》)。这种空前的孤傲既有世人对他的不理解，又有他对世人的不理解，这种双重的痛苦来源于他的价值观与现实的剧烈冲突，来源于他对价值理想执拗的追求而始终不肯屈服：“耻将鸡并食，长与凤为群。”(《赠郭季鹰》)但是“凤”在哪里呢？无奈之下，只有悲愤地表白：“我本不弃世，世人自弃我。”(《送蔡山人》)好友杜甫在诗中多次提到他不被理解：“冠盖满京华，斯人独憔悴”(《梦李白二首》之二)，“世人皆欲杀，吾意独怜才”(《不见》)，可以为证。

第二，仕与隐的矛盾，纠缠其一生，使他在出仕与出世两端备受煎熬。

仕与隐的矛盾是中国传统士大夫的共同“心病”，但像李白那样“始终念念不忘于仕，又不忘于隐，实则既非仕亦非隐的诗人，恐怕再举不出第二位了”[8]。处境的尴尬，在李白辞别朝廷十年之后所说的“仙宫两无从，人间久摧藏”(《留别曹南群官之江南》)中完全可以感知到。他傲世独立的品性与强烈的济世理想，他的不甘寂寞与不拘一格的性格，使他陷入“两无从”的双重矛盾之中不能自拔，客观上也成为他创作激情的主要来源。

李白随时都在准备功成身退，但功成与身退对李白来说都是那样的难。《独酌清溪江石上寄权昭夷》是这样的：

> 我携一樽酒，独上江祖石。自从天地开，更长几千尺。举杯向天笑，天回日西照。永愿坐此石，长垂严陵钓。寄谢山中人，可与尔同调。

“永愿坐此石，长垂严陵钓”，态度是如此坚决，但这仅是一时之念，那些渴

求功名、希冀眷顾的诗作,对李白来说,还是那样的容易脱口而出:

遥望长安日,不见长安人。长安宫阙九天上,此地曾经为近臣。一朝复一朝,发白心不改。屈平憔悴滞江潭,亭伯流离放辽海。折翮翻飞随转蓬,闻弦虚坠下霜空。圣朝久弃青云士,他日谁怜张长公。(《单父东楼秋夜送族弟沈之秦》)

该诗为去朝后游东鲁所作。诗中流露出自己复杂的心情,既眷念长安,又无奈长安,这便是两难的李白。

第三,诡异的身世,异于常人的外表和行为举止,种种传奇的经历,让他在喧闹的人群中增添了一种陌生感和孤寂感。

关于李白的出生地和家世问题,历来众说纷纭,莫衷一是。连带而来的就是他迷离的先祖和姓氏以及难以探寻的西域事迹,等等,引起人们的种种好奇、猜测和考证。

李白一家流落西域,有关的文字记载闪烁其词,回蜀的情况,记载也很简单,似乎想用神异的笔法掩盖真相。

关于李白的外形,前人多有关注。魏颢说他"眸子炯然,哆如饿虎。或时束带,风流蕴藉"[9]。类似的说法还很多,如孟棨的《本事诗》记贺知章在逆旅初见李白时便"奇其姿"[10];崔宗之说李白"袖有匕首剑,怀中茂陵书。双眸光照人,词赋凌子虚"[11];裴敬则云"异于常之人"[12]。

而李白的立身行事、思想爱好,确实有许多不同于常人的地方。如:不应科举,与唐代的正统思想有距离,喜好胡人的音乐与美酒。周勋初先生从李白的名字、学习、婚姻、夷夏观念、政治趋向等多方面考察,认为李白是一个"胡化"很深的汉人[13],而之前,有人认为李白就是西域胡人[14],或是一个突厥化的汉人[15],或汉化的突厥人[16]。

李白在岷山之阳和东岩子一起巢居数年,"养奇禽千计,呼皆就掌取食,了无惊猜"(《上安州裴长史书》),与蜀中友人吴指南同游于楚,指南死于洞庭之上,李白"雪泣持刃,躬申洗削,裹骨徒步,负之而趋"(《上安州裴长史书》)。这些被他张扬的行为的确有异于一般的儒生。

李白嗜酒,常醉倒在酒肆。《新唐书·李白传》说他"与饮徒醉于市"[17],《旧唐书·李白传》说他"日与饮徒醉于酒肆"[18]。"酒徒"之谓,说明这些人不是一般的士大夫,而是社会上烂酒的酒鬼。所以,李白去朝之后,高适说他"方寸且无间"[19],说得较为委婉。而杜甫则直言"天子呼来不上船"(《饮中八仙歌》)。这样看来,孟棨《本事诗·高逸》说李白"常出入宫中,恩礼殊厚。竟以疏纵乞归。上亦以非廊庙器,优诏罢遣之"[20],是有根据的。所谓"疏纵",即不拘礼节，疏忽放纵。李白也坦言自己本来就是“疏散”之人，在《翰林读书言怀呈集贤院内诸学士》中说：“本是疏散人，屡贻褊促诮。”自己自由自在的性格，放浪不羁的言行，难以被那些心胸狭隘的人所容忍，遭受责骂也就不足为奇了。李白的疏纵，不仅仅在醉酒上，他在宫中常常自视才高而贬低同僚，讽刺朝廷且宣揭后宫秘事，所有这些都犯了天子近臣的大忌，这也客观上给那些谗言小人提供了非常有说服力的素材[21]。李白虽然愤然感叹“青蝇易相点，白雪难同调”，但毫无意义。这种状况发展下去，竟然是“举国莫能和”（《感遇四首》之四）。这表明，他在宫中已无知音，孤独之感自不待言。这时，一向高傲不羁的李白，居然一再以贱妾自喻，感叹道：“君子恩已毕，贱妾将何为?”（《古风》四十四）又说：“雨落不上天，水覆难再收。君情与妾意，各自东西流。昔日芙蓉花，今成断根草。以色事他人，能得几时好。”（《妾薄命》）这不仅是孤独，甚至有点可怜了。

在中国古人中，没有谁有李白那么多令人艳羡的传奇经历，但对李白而言，这些经历相当多的是一种痛苦的回忆。“谬攀青琐贤，延我于此堂。君为长沙客，我独之夜郎”（《留别贾舍人至二首》之二），后悔之情，自不待言。

第四，居无定所以及长期漫游的生活方式，让他有一种漂泊不定的空虚感和负疚感。

李白25岁时，便“仗剑去国，辞亲远游”（《上安州裴长史书》），从此再没有回过故乡。以后虽然在安陆、东鲁、梁园等地安过家，但那些“家”对李白而言都只能算是其漫游生涯的一个据点，用他自己的话说，“去国长如不系舟”（《寄崔侍御》）。离家之后便是无尽的漂流，一直到生命的尽头——客死在当涂李阳冰处。李白的游踪即便按照今天的标准衡量，也相当惊人，南穷苍梧，东涉溟海，北抵燕赵，西涉岐邠，至于宛洛、吴越，数次重游，天下名山胜地，罔不登临，所谓“偶乘扁舟，一日千里；或遇胜境，终年不移”[22]。李白所到之处，总会刮起一股旋风，即如狂士魏万、任华，也要不辞数千里相寻，以求一晤，还有一中都小吏，携斗酒双鱼迎李白于逆旅，可见李白的魅力难挡，这跟今天的大腕明星所享受的待遇何其相似。但这仅是其光鲜的一面。

在漫游生活中，李白主要倚靠时人对他的优礼和敬爱，但有时也会感到生活拮据窘迫，“欲邀击筑悲歌饮，正值倾家无酒钱”（《醉后赠从甥高镇》），这是乱离中遇从甥高镇时所作诗。在流夜郎时《赠刘都使》云：“归家酒债多，门客粲成行。……所求竟无绪，裘马欲摧藏。”诗人的窘困，于此洞见。

据魏颢《李翰林集序》所载，李白身边先后有4位女人，分别是许氏、刘氏、鲁一妇人、宗氏，其中与许氏、宗氏算是正式的婚配关系，而刘氏与鲁一妇人则仅是“合”的关系。与许氏、宗氏成婚,李白的身份是赘婿,这让李白多少有点尴尬,特别是与宗氏成婚后,李白不便把许氏所生子女接到宗府,而是寄养在鲁地。作为父亲,李白心中颇感内疚。《送杨燕之东鲁》云:“二子鲁门东,别来已经年。一因君此中去,不觉泪如泉。”还有《寄东鲁二稚子》《送萧三十一之鲁中兼问稚子伯禽》等诗,都表达了他对子女的挂念、担心和愧疚。所以,李白与宗氏结婚不久又外出浪游,谋求机会再营新居,改变就婚宗府的尴尬局面[23]。

詹福瑞先生说:“读李白的诗,常常在豪放、乐观、洒脱的感受之余,品味到一种孑然特立、漂泊无依、四顾茫然的孤独的悲哀。李白的诗有时看似乐观、洒脱,实则在诗仙那潇洒的一笑中,飘曳的紫霞仙裳下掩藏着一种孤独痛苦的心态。”又说:“孤独感伴随着李白的一生,到其去世都不曾摆脱掉。”[24]这是识微之论。

三、独与天地精神相往来

孟棨《本事诗·高逸》云:“李太白初自蜀至京师,舍于逆旅,贺监知章闻其名,首访之,既奇其姿,复请所为文,出《蜀道难》以示之,读未竟,称叹者数四,号为谪仙。解金龟换酒,与倾尽醉,期不间日,由是称誉光赫。”[25]而李白自己的诗中也这样说:“四明有狂客,风流贺季真。长安一相见,呼我‘谪仙人’。”(《对酒忆贺监二首并序》)杜甫也说:“昔年有狂客,号尔谪仙人。”(《寄李十二白二十韵》)

应该看到,“谪仙”的光环,让李白自觉不自觉滋生了一种莫可名状的宇宙情怀。他玄想自己“倚剑天外,挂弓扶桑。浮四海,横八荒,出宇宙之寥廓,登云天之渺茫”(《代寿山答孟少府移文书》)。

事实上,李白的一生似乎与星月真的结下了不解之缘。李阳冰《草堂集序》说他是因母亲梦长庚入怀所生,故名白字太白[26],不仅如此,他的家人及子女多与明月有关系。他有妹妹名月圆,他有一子曰明月奴,一子曰颇黎。颇黎即今“玻璃”。玻璃与明月都具有明亮的性质。李白最后的死,传说最为生动久远的是“跳江捉月”或“骑鲸捉月”。另外,据日本松浦友久研究,李白诗中特有的绚丽而又带某种张力的感触,其最基本的因素是“对透明的具有光辉的事物的憧憬”。他认为,李白的资质或生理本身就存在对透明的具有光辉事物的憧憬,而月亮是最明显地具备这要素的事物,也就自然成为诗人无条件赞美的对象。[27]

可见,李白对星月之类的亮色充满激情,具有一种挥之不去的情愫。同时,李白对大地的花草树木也颇多情趣。花间月下,几乎成为李白最值得玩味的场景:“对此石上月,长醉歌芳菲”(《春日独酌二首》之一),“手舞石上月,膝横花间琴”(《独酌》),“花间一壶酒,独酌无相亲”(《月下独酌四首》之一),这些诗句已道出他心中的玄机。《周易》言天、地、人为“三才”。对于脚踩大地,仰望苍穹的人来说,天地还真“于我心有戚戚焉”[28]。天、地、人三才构成了一个浑圆的宇宙,李白不也有这样一种宇宙情怀吗?在喧闹的人生旅程中,李白常常对遥远的星月、孤零的芳菲表现出一种难舍难分的情感。在李白看来,喧闹的世界有时是那样的无奈,那样的充满困惑,那样的难以理喻,那样的令人伤心,那样的摧折情意,而这些遥远的、若即若离甚至有点清冷的伴侣,却在有形无形中给自己一种特有的精神慰藉。此时,被这种宇宙情怀充盈包裹着的诗人需要排除滚滚红尘的干扰,独自一人沉浸在幽寂的苍茫大地,静静地品味着那份属于自己的快慰!这时的李白找到了打通天地的最好触媒——酒。借助于酒精的芳香熏染,他通天入地,在叩问苍天大地的过程中,在花间月下的醉影里,找到了自己心灵的安栖之地:

对酒不觉瞑,落花盈我衣。醉起步溪月,鸟还人亦稀。

(《自遣》)

这首诗虽无“独酌”二字,但透过“不觉瞑”的对酒和“盈我衣”的落花,李白独自饮酒花间的形象已跃然纸上。醉眼迷蒙中独步溪月,在人鸟两稀的环境里,一种禅机意趣在作者心中升腾。

翻检李白的那些“独酌”诗篇,可以发现,他捕捉的意象多是明月、落月、孤月、落日、浮云、孤云、青天、河汉、云汉、北斗、长庚、白玉绳、酒星、孤影、芳林、长松等,而他的行为则是邀月、独酌、醉舞、啸歌、伫望、醉卧……“茫茫大梦中,惟我独先觉”(《与元丹丘方城寺谈玄作》),这大约可以算作李白独立苍茫、遗世孤孑的真实表白。

四、孤独的背影与文人的共鸣

“独酌”一词的使用,现在很难考定始于何时,在李白之前的文人的确很少使用,翻检文集,只有鲍照、江淹、王绩、王勃、卢照邻等人文集中有少量出现。陶渊明没有用“独酌”一词,但有表示自斟自酌的诗句,如:“春秫作美酒,酒熟吾自斟”[29](《和郭主簿二首》之一),“欲言无予和,挥杯劝孤影”(《杂诗八首》之二),“一觞虽独进,杯尽壶自倾”(《饮酒二十首》之七)。另外,在南朝时曾有乐府歌辞名曰《独酌谣》,陈后主、陆瑜、沈炯等人都有作品。[30]但这一乐府歌辞与李白“独酌”诗所表现出来的人文精神相差甚远(且李白没有作过一首《独酌谣》),后世文人虽不乏踵继创作《独酌谣》的,但更多的还是沿着李白所开启的“独酌”诗路演绎着那份特殊的诗酒情怀。应该看到,虽然有《独酌谣》乐府歌辞在前,且鲍照、江淹、王勃、卢照邻等人在文集中也少量使用过“独酌”一词,王绩甚至有以“独酌”为题的诗,但只有到了李白,经过他极富个性的渲染,文人才开始出现对“独酌”的偏爱。

在唐代,李白之后,文集中出现“独酌”一词较多的主要是杜甫、白居易。有意思的是,批评李白诗歌“风雅比兴,十无一焉”[31](《与元九书》)的白居易,竟步李白后尘,集中也出现13次“独酌”,与李白同样多。不妨来看看他的“独酌”诗:

独酌花前醉忆君,与君春别又逢君。惆怅银杯来处重,不曾盛酒劝闲人。

(《独酌忆微之时对所赠盏》)

独酌无多兴,闲吟有所思。一杯新岁酒,两句故人诗。杨柳初黄日,髭须半白时。蹉跎春气味,彼此老心知。

(《小岁日对酒吟钱湖州所寄诗》)

由上面所引大体可以看出,白居易徒有李白“独酌”的外形,而无其独立苍茫升天入地的宇宙情怀。即使是杜甫(有两首冠名“独酌”的诗,诗中另出现3次“独酌”),其“独酌”诗的品位和神韵,也较李白差之甚远。

宋以后,文人使用“独酌”则较为普遍。有趣的是,宋人普遍抑李扬杜,但是对曾为李白大量使用的“独酌”一词,对李白在“独酌”中表现出的独特情怀,却较为感兴趣,相当多的文人都在使用“独酌”一词,都在有意无意中模效、咏叹李白,如魏野的《独酌吟》:“独酌独吟谁与共,天为知己月为朋。水边醉卧无人见,席有烟莎枕有肱。”[32]梅尧臣《尝正仲所遗酸醅》:“迩来独酌邀明月,唯有青山李谪仙。”[33]李之仪《谒李太白祠》开篇即云“爱君独酌板桥句”[34]。而谢薖《题顾恺之醉道士图》则云:“上有醉墨书者谁,翰林手题独酌诗。题诗真识醉时味,画图如写诗中意。珍藏不换一斛珠,李诗顾笔今世无。”[35]李纲《中秋望月次玉局翁韵二首》之二有云:“独酌一壶酒,对此千里明。人生但自适,何必四者并。醉眼视万物,扰扰如浮萍。得丧何须道,譬犹阴与晴。节义太山重,富贵鸿毛轻。我心与明月,照见万古情。”[36]陈与义《秋夜独酌》亦云:“自歌新词酒如空,天星下饮舣船中。忽思李白不可见,夜半乔木摇西风。”[37]

综观宋人对“独酌”二字的偏爱,要数苏轼、李纲、杨万里、陆游等人为甚,其中苏轼可谓得其神似。苏轼和李白一样都有“谪仙人”的美誉,人们呼东坡为“坡仙”。应该说苏轼远比其弟苏辙对李白的了解为深,甚至可以说,苏轼就是李白的知音。苏轼有《和李太白诗》,中云:“静坐观众妙,浩然媚幽独。”又云:“世道如弈棋,变化不容覆。”[38]苏轼还有《李白谪仙诗》:

我居青空里,君隐黄埃中。声形不相吊,心事难形容。欲乘明月光,访君开素怀。天杯饮清露,展翼登蓬莱。佳人持玉尺,度君多少才。玉尺不可尽,君才无时休。对面一笑语,共蹑金鳌头。绛宫楼阙百千仞,霞衣谁与云烟浮。

可以看出,苏轼对李白充满景仰,苏轼对谪仙人李白充满好奇,有趣的是苏轼自己也自比为“谪仙人”,《水调歌头》《念奴娇》等词都有“乘风归去”“翻然归去”等话,说明苏轼自认为自己是天上来的人,要归去。且“举杯邀月,对影成三客”直接用李白《月下独酌》诗句。另外,苏轼还有一首《临江仙》词,首句即“尊酒何人怀李白,草堂遥指江东”,借杜甫怀念李白,言自己对李白的崇敬。李白在“独酌”中找到一种人生的快慰、消弭痛楚的钥匙和创作的灵感,而苏轼则直言酒为“扫愁帚”和“钓诗钩”,两者何其相似。难怪明代的杨慎认为宋代东坡似太白,而山谷似少陵[39]。

金元好问[40]和元王恽[41]都曾为《太白独酌图》赋诗,对李白诗酒人生充满景仰。

元人黄阶《月下独酌似谢季初叔久兄弟》颇有意思:“太白真仙人,俗客匪其偶。孤斟不成欢,引影作三友。我今笑问影,颇亦解事否?既能随我身,胡不开尔口。倾杯月入怀,停杯月在手。此月岂真月,不饮复何有。”[42]与之同趣的还有明孙承恩《吸月亭》:“独酌明月下,流光正徘徊。长歌邀明月,落我樽中醅。掀髯和月倒,一吸空樽罍。谪仙如可作,此地应追陪。”[42]

明人徐有贞的《雪舫斋记》云:“及夜分雪霁,月出中天,流辉上下,皎然清映,又若坐予冰玉壶中。因命仆暖酒独酌,以箸扣舷,诵惠连《雪赋》,歌太白问月之诗,悠然其乐,浩乎自得。方是时,盖不知天地之为大,而吾身之为小也。”[44]泯灭天地,混同你我,难分大小,真可谓李白的知音。

宋元明清时期,有相当多的文人倾倒于李白的《月下独酌》,以之为题赋诗者大有人在,如元张宏范的《月下独酌》:“山风吹雨去,海月上天来。雅兴高千古,狂歌复一杯。何当呼李白,同醉凤凰台。”[45]其他用“独酌”“花下(花前)独酌”“灯下(夜灯)独酌”“对月独酌”“泉上独酌”“亭上独酌”“客夜独酌”“岩下独酌”“月夕独酌”“对雨(雨中)独酌”“湖上独酌”“生日独酌”“雪中独酌”“楼上独酌”“舟中独酌”等为诗题、诗句的就更数不胜数。他们憧憬李白在“独酌”中与天地精神相往来的境界,他们向往李白在“独酌”中销熔孤愁、涌动灵感的神奇,尝试着李白在“独酌”中所氤氲的粪土权贵、超越生死的英迈之气。可以这样说,李白的“独酌”,特别是他“独酌”时的孤影,已成为后世文人心中挥之不去的美丽剪影。

朱易安先生说:“李白的创作,在当时是诗人本人寻求心理补偿的需要;而后人通过他的诗歌,同样也获得了补偿。这就是李白诗歌长期以来普遍受到士阶层青睐的重要原因。”[46]诚哉斯言!

注　释

[1]袁行霈:《李白诗歌与盛唐文化》,《文学遗产》,1986年第1期。

[2]詹锳:《李白诗文系年》,北京:人民文学出版社,1984年,第44页。

[3]本文所引李白诗文系据(清)王琦注:《李太白全集》,北京:中华书局,1977年版。以下所引只在文中标注篇名。

[4]胡仔:《苕溪渔隐丛话前集》,北京:人民文学出版社,1984年,第37页。

[5]本文所引杜甫诗歌系据(清)仇兆鳌注:《杜诗详注》,中华书局,1979年版。以下所引只在文中标注篇名。

[6]任华:《杂言寄李白》,王琦注《李太白全集》,北京:中华书局,1977年,第1492页。

[7][22]范传正:《唐左拾遗翰林学士李公新墓碑并序》,王琦注:《李太白全集》,北京:中华书局,1977年,第1463、1465页。

[8]裴斐:《李白个性论》,《20世纪李白研究论文精选集》,西安:太白文艺出版社,2000年,第556页。

[9]魏颢:《李翰林集序》,王琦注:《李太白全集》,北京:中华书局,1977年,第1450页。

[10][20][25]孟棨:《本事诗》,丁福保:《历代诗话续编》,北京:中华书局,1983年,第14、15、14页。

[11]崔宗之:《赠李十二》,王琦注:《李太白全集》,北京:中华书局,1977年,第879页。

[12]裴敬:《翰林学士李公墓碑》,王琦注:《李太白全集》,北京:中华书局,1977年,第1470页。

[13]周勋初:《诗仙李白之谜》,台北:商务印书馆,1996年。

[14]陈寅恪:《李太白氏族之疑问》,《20世纪李白研究论文精选集》,西安:太白文艺出版社,2000年,第1~4页。

[15]胡怀琛:《李太白的国籍问题》,《逸经》,1936年3月第3期。

[16]幽谷:《李太白中国人乎?突厥人乎?》,《逸经》,1936年11月第17期。

[17]欧阳修、宋祁:《新唐书》卷二百二,北京:中华书局,1999年。
[18]刘昫:《旧唐书》卷一百九十下,北京:中华书局,1999年。
[19]高适:《宋中别周梁李三子》,刘开扬:《高适诗集编年笺注》,北京:中华书局,1981年,第130页。
[21]李子龙:《李白待诏翰林失败原因刍议》,《唐代文学研究(第五辑)》,桂林:广西师大出版社,1994年,第188~207页。
[23]周勋初:《李白两次就婚相府所铸成的家庭悲剧》,周勋初编:《李白研究》,武汉:湖北教育出版社,2003年,第311页。
[24]詹福瑞:《试论李白的孤独意识——李白心理探索之一》,《唐代文学研究(第五辑)》,桂林:广西师大出版社,1999年,第176~177页。
[26]李阳冰:《草堂集序》,王琦注:《李太白全集》,北京:中华书局,1977年,第1443页。
[27]曹化根:《李白的明月世界》,《中国李白研究2001—2002年集》,合肥:黄山书社,2002年,第319页。
[28]《孟子·梁惠王上》,杨伯峻:《孟子译注》,北京:中华书局,1960年,第15页。
[29]本文所引陶渊明诗歌系据王瑶编注:《陶渊明集》,北京:人民文学出版社,1956年版。以下所引只在文中标注篇名。
[30]郭茂倩:《乐府诗集》卷八十七,北京:中华书局,1979年,第1227~1228页。
[31]本文所引白居易诗歌系据顾学颉点校:《白居易集》,北京:中华书局,1979年版。
[32][33][34][35][36][37]傅璇琮等主编:《全宋诗》,北京:北京大学出版社,1998年,第950、3100、11151、15770、17596、19566页。
[38]本文所引苏轼诗歌系据(清)王文诰辑注:《苏轼诗集》,北京:中华书局,1982年版。以下所引只在文中标注篇名。
[39]王琦注:《李太白全集·丛说》,北京:中华书局,1977年,第1543页。
[40]《太白独酌图》,元好问:《遗山先生文集》卷三,《四部丛刊初编》本。
[41]《太白独酌图》,王恽:《秋涧先生大全文集》卷三十二,《四部丛刊初编》本。
[42]钱熙彦:《元诗选补遗》,北京:中华书局,2002年,第196页。
[43]孙承恩:《文简集》卷十二,《文渊阁四库全书》本。
[44]徐有贞:《武功集》卷四,《文渊阁四库全书》本。
[45]张宏范:《淮阳集》,《文渊阁四库全书》本。
[46]朱易安:《李白的价值重估——兼论李白的文化意义》,《20世纪李白研究论文精选集》,西安:太白文艺出版社,2000年,第493页。

《文苑英华》之录李白诗文所本寻踪

杨栩生　沈曙东

《文苑英华》是宋太祖雍熙三年(986)成书的一部官修诗文总集,保存了许多唐前及唐时的诗文资料,其中有些作家的作品已经散佚,因此这部书在校勘、辑佚、考订等方面有着很高的学术价值。《文苑英华》收录李白作品259篇(诗243首,文16篇),这在宋代李白全集尚未编成之前当是一个不小的数量。因为《文苑英华》成书早出乐史、宋敏求、曾巩编成的《李太白文集》七八十年,故这对于我们研究李白是很可宝贵的原始资料。然而,其所源自却至今不曾探及。从乐史的《李翰林集序》、宋敏求的《李太白文集后序》来看,其所本显然与乐史、宋敏求、曾巩所编之《李太白文集》各是一途,那么《文苑英华》之收录李白诗文所本于何呢?今且试以肤浅之见,寻绎其踪。

中华书局在《文苑英华》(1966年版)的"出版说明"中说:"《文苑英华》中还有不少'集作某''某史作某'的小注,这个'集'和'某史'当然是宋本,这样的小注正是以宋本校宋本的校勘记。"李白文集在宋代的编纂始于乐史(咸平元年,即998年)[1],继之宋敏求(治平元年至熙宁元年,即1064—1068年)[2],终于曾巩[3],刻于晏处善(元丰元年,即1078年)[4]。《文苑英华》之编,始于太平兴国七年(982),成于雍熙三年十二月(987年1月)[5],其后经过多次校勘。一是宋真宗景德四年(1007)和大中祥符一、二年(1008—1009)的两次校勘。据徐松依《永乐大典》辑出的《宋会要辑稿》第五十五册"勘书"条载:"(景德)四年八月,诏令三馆秘阁直馆校理分校《文苑英华》、李善《文选》,摹印颁行。《文苑英华》以前所编次未精,遂令文臣择古贤文章,重加编录,芟繁补阙,换易之,卷数如旧。又令……校之。"一是在宋孝宗朝,周必大《文苑英华跋》:"臣事孝宗皇帝,间闻圣谕欲刻江钿《文海》,臣奏其去取差谬,不足观。帝乃召馆职裒集《皇朝文鉴》,臣因及《英华》,虽秘阁有本,然舛误不可读。俄闻传旨取人,遂经乙览。时于御前置校正书籍一二十员。"[6]但因"校正书籍"者皆"稍通文墨者","往往妄加涂注"[7],以致周必大在"退老丘园"[8]后又与彭叔夏、胡柯等再作一次校勘,才于嘉泰元年(1201)春至四年(1204)秋雕刻刊行[9]。这次校勘的结果是"详注逐篇之下"[10],"分别用小字夹注或篇末黑地大字的形式一一标明"[11],并成《文苑英华辩证》十卷[12]。《文苑英华》校勘注中有"文粹作某"这样的文字。按,"文粹"即《唐文粹》,初名《文粹》,南宋时重刻始加"唐"字。《文粹》成书于宋大中祥符四年(1011),而《文苑英华》在真宗朝的校勘是景德四年(1007)和大中祥符一、二年(1008—1009),这两次校勘当然不会出现"文粹作某"的文字;而孝宗朝(1163—1189)的校勘又是"往往妄加涂注"。因此,《文苑英华》校勘注中的"集作某""文粹作某"等,则应是周必大、彭叔夏、胡柯等"详注逐篇之下"的校勘结果,其"集"则当是在乐史《李翰林集》二十卷和《李翰林别集》十卷基础上经宋敏求增补而成,再经曾巩"考其先后而次第之",由晏处善授之毛渐元丰三年(1078)镂版的《李太白文集》。《文苑英华》之李白诗文的校勘注中有数处"集作某"这样的文字,这说明《文苑英华》与《李太白文集》所本各是一途。

《李太白文集》之所本,乐史《李翰林别集序》和宋敏求《李太白文集后序》说得非常明白,乐史说:"李翰林歌诗,李阳冰纂为《草堂集》十卷,史又别收歌诗十卷,与《草堂集》互有得失,因校勘排为二十卷,号曰《李翰林集》。今于三馆中得李白赋、序、表、赞、书、颂等,亦排为十卷,号曰《李翰林别集》。"宋敏求说:"唐李阳冰序李白《草堂集》十卷,云:'当时著述,十丧其九。'咸平中,乐史别得白歌诗十卷,合为《李翰林集》二十卷,凡七百七十六篇,史又纂杂著为别集十卷。治平元年,得王文献公溥家藏白诗集上、中二帙,凡广二百四篇,惜遗其下帙。熙宁元年,得唐魏万所纂白诗集二卷,凡广四十四篇,因裒唐类诗诸编洎刻石所传别集所载者,又得七十七篇,无虑千篇。凡赋、书、碑、记、赞六十五篇,合为三十卷。"于此可知,《李太白文集》的编纂,一是源于包括唐人魏颢所编《李翰林集》、李阳冰所编《草堂集》等朝廷馆藏,二是对私家收藏和世间流传诗文的收集整理,三是对唐类诗等所载的收集。《文苑英华》乃奉皇帝诏命编修的典籍,周必大《文苑英华跋》称"太宗皇帝丁时太平,以文化成天下,既得诸国图籍,聚名士于朝,诏修三大书曰《太平御览》《册府元龟》《文苑英华》,各一千卷",其编修者不可能像后来《李太白文集》的编修者那样广采博收,何况卷帙浩繁,也不可能从容于世间的收集,而只可能采自现成的朝廷馆藏文集,即"既得诸国图籍"。

李白文集，在宋代《文苑英华》及乐史《李翰林集》《李翰林别集》修成前，并无编修者，而在唐代也仅三家：一是李白“枕上授简，俾予为序”[13]的李阳冰《草堂集》；一是李白“尽出其文，命颢为集……白未绝笔，吾其再刊”[14]的魏颢（颢名万，后更名颢）的《李翰林集》；再就是元和年间范传正“或得之于文士，或得之于宗族，编辑断简，以行于代”的“文集二十卷”[15]。魏颢所编的《李翰林集》、李阳冰所编的《草堂集》为乐史、宋敏求等编纂整理的《李太白文集》所采用，《文苑英华》所录李白诗文三此又别是一途，而唐人之后到《文苑英华》之前，李白文集又无其他编修本，因此可以认为《文苑英华》收录李白诗文所采用的正是范传正所编的“文集二十卷”。

在《文苑英华》的收文中，涉及李白生平经历、思想及创作评价等有关传记性的文章最早的是刘全白于唐贞元六年（790）所作的《唐故翰林学士李君碣记》，稍后是范传正于唐元和年间（806—820）所作的《唐左拾遗翰林学士李公新墓碑并序》。刘《碣》颇简略，范《碑》周详，既叙其家世、生平、经历等，又及于身后，并叙文集之编修，谓“文集二十卷，或得之于时之文士，或得之于宗族，编辑断简，以行于代”，其体制与魏颢《李翰林集序》、李阳冰《草堂集序》颇同，相当于文集之序，于范传正所编的李白“文集二十卷”，其实就是一篇序。《文苑英华》收录唐人文集、诗集之序78篇（文集序52篇，诗集序26篇），几乎囊括了唐人诗、文集序的全部，连并不甚知名的孔季诩、杨极、周朴、颜茂圣等人文集、诗集的序（《孔补阙集序》《杨骑曹集序》《周朴诗集序》《颜上人集序》）都被录入，但却没有魏颢的《李翰林集序》和李阳冰的《草堂集序》。即使是以“文以人传”而论，李阳冰的《草堂集序》也不应该被弃而不录，因为李阳冰在唐代也是声名颇著者，《宣和书谱》称“官至将作少监，善词章，留心小篆迨三十年，又尝立说……作刊定说文三十卷以纪其事，人指以为仓颉后身。方时颜真卿以书名世，真卿碑必得阳冰题额，欲以擅联璧之美。……论有唐三百年以篆称者，唯阳冰独步”[16]。而《文苑英华》却收录了像林嵩这样并不甚知名者为并不甚知名者周朴的诗集所作的序（《周朴诗集序》）。应该说，李阳冰的《草堂集序》无论以何种收文标准都是不容遗弃的。更何况，李阳冰、魏颢与李白关系非同一般。李阳冰《草堂集序》说：“阳冰试弦歌于当涂，心非所好，公遐不弃我，乘扁舟而相顾。临当挂冠，公又疾亟。草稿万卷，手集未修，枕上授简，俾予为序。”而魏颢与李白则是“自嵩宋沿吴相访数千里”，“东浮汴河水，访我三千里”[17]，“相见泯合”[18]，“一长复一少，相看如兄弟”[19]的关系，因而李白以编集重托，“尽出其文，命颢为集”[20]（魏颢《李翰林集序》）。可见李阳冰、魏颢是李白最亲密、最信任者。唯其如此，其《草堂集序》《李翰林集序》所记才最为真实可靠，最有价值,也就更没有理由被《文苑英华》弃而不录。

《文苑英华》不收录《草堂集序》《李翰林集序》这一现象,一方面说明《文苑英华》所录李白诗文不本于李阳冰《草堂集》与魏颢的《李翰林集》,但似亦可作为《文苑英华》所录李白诗文本之于范传正之编李白"文集二十卷"的反证。

清人王琦注《李太白全集·诗文拾遗》中收有《文苑英华》所载之《初月》《雨后望月》《对雨》《晓晴》《望夫石》《冬日归旧山》《邹衍谷》《入清溪行山中》《日出东南隅行》《代佳人寄翁参枢先辈》《送客归吴》《送友生游峡中》《送袁明府任长江》《送史司马赴崔相公幕》《战城南》《胡无人行》《鞠歌行》诗十七首,并注引《沧浪诗话》:"《文苑英华》有太白《代寄翁参枢先辈》七言律一首,乃晚唐之下者。又有五言律三首,其一《送客归吴》,其二《送友生游峡中》,其三《送袁明府任长江》,集本皆无之,其家数正在大历、贞元间,亦非太白之作。又有五言《雨后望月》一首,《对雨》一首,《望夫石》一首,《冬日归旧山》一首,皆晚唐之语。"严羽之说言而无据,固不足信。但这十七首,却既可证明《文苑英华》之录李白诗文与乐史、宋敏求等编纂的《李太白文集》所本别是一途,且亦符合范传正所编李白文集"或得之于时之文士,或得之于宗族"的来源较复杂的情况,以至于十七首中,有蜀中青少年时所作[21](或习作),甚至可能是真赝掺杂。此可为《文苑英华》收录李白诗文本之于范传正编李白"文集二十卷"之一旁证。

唐李阳冰、魏颢、范传正三家之编李白集,宋人乐史、宋敏求等编纂《李太白文集》只采用李、魏两家,而不曾涉及范传正之编李白"文集二十卷",这就是说范传正之编李太白文集已不行于乐史之编《李翰林集》《李翰林别集》之时。值得注意的是,乐史、宋敏求等编成《李太白文集》后,李阳冰所编《草堂集》、魏颢所编《李翰林集》也不行于世。《文苑英华》之于范传正之编李白"文集二十卷",是否也同于此呢?虽无证据表明,但却不能不令人大生疑窦。此或可为《文苑英华》李白诗文本之于范本的又一旁证。《文苑英华》先于乐史、宋敏求等之编《李太白文集》而成书,但据周必大《文苑英华跋》之谓《文苑英华》士大夫家绝无而仅有,"卷帙浩繁,人力难及,其不行于世则宜","虽秘阁有本"云云,可见《文苑英华》编成之后并未行于世,而只是藏之秘阁,直到南宋宁宗时周必大、彭叔夏、胡柯等校勘后才于嘉泰元年至四年雕刻刊行[22]。乐史、宋敏求等之编《李太白文集》无缘见到《文苑英华》,故而范本李白文集终未被收入《李太白文集》,而《初月》等十七首为《文苑英华》之所有,为《李太白文集》之无,也正缘于此。

但是,《文苑英华》之收录李白诗文何以不本于李阳冰的《草堂集》和魏颢所编之《李翰林集》,而却要以范传正所编"李白文集二十卷"为本呢?我们以为,《文苑英华》编成其时,当属赵宋王朝立国未久,仅得二十余年,如果算上其时南唐的割据,赵宋王朝真正意义上的统一只不到十年。五代十国的战乱,无可避免地要使一些文献典籍受到破坏,因而赵宋朝廷对唐时馆藏文献典籍不可能像和平接收那样完整。而立国之初,战乱止息未久,朝廷尚无暇或来不及对文献典籍完全的收集、清理、收藏,这就可能造成部分文献典籍一时的缺失。而《文苑英华》编纂之时,李阳冰所编《草堂集》、魏颢所编《李翰林集》尚未收集到或清理出,故而无法为编修者所本。再过了十一二年,赵宋朝廷对典籍文献的收集整理有了增进,于是乐史编《李白文集》时(998)有了李阳冰所编之《草堂集》十卷。又过了将近二十年,宋敏求增补乐史所编《李白文集》时(1068)又有了魏颢所编之《李翰林集》。从《草堂集》《李翰林集》先后为乐史、宋敏求收入《李白文集》的情况看,宋朝廷经五代十国的分裂战乱后对文献典籍的收集、清理等确实有一个时间过程,这或许就是《文苑英华》之收录李白诗文不本于《草堂集》《李翰林集》而本于范本的原因(亦是《文苑英华》不将《草堂集序》和《李翰林集序》编入其中的原因)。

周必大《文苑英华跋》谓《文苑英华》“修书官于宗元、权德舆、李商隐、顾云、罗隐辈或全卷收入”[23],虽未说到李白之诗文是否在全卷收入之列,但按李白在唐时宋代的声名地位而论,其诗文即使不被“全卷收入”,也不应落下很多,而《文苑英华》却只录了259篇。虽然古人编集,其卷数于字数、版面并无定数,但259篇与范传正所编的“文集二十卷”还是相去甚远,这是怎么回事呢?今检阅《唐文粹》所录李白之诗文尚有《古风十一首》等50篇为《文苑英华》所无。《唐文粹》是宋真宗朝姚铉就《文苑英华》“铨择十一”[24]而成。既然如此,而《唐文粹》所有又为《文苑英华》之所无却是为何呢?《文苑英华》在景德四年(1007)经过一次大的校勘和修整,“(景德)四年八月,诏令三馆秘阁直馆校理分校《文苑英华》、李善《文选》,摹印颁行。《文苑英华》以前所编次未精,遂令文臣择古贤文章,重加编录,芟虆补阙,换易之”。而且此后大中祥符初年《文苑英华》亦仍在校勘中(见前引《宋会要辑稿》)。虽然《唐文粹》成书于宋大中祥符四年(1011),但要“铨择”《文苑英华》一千卷成一百卷,恐非短时之功可毕,其成于大中祥符四年,但却未必就始于大中祥符四年。如此,《唐文粹》编选之时,《文苑英华》“重加编录”、校勘当未毕功,即是说《唐文粹》所依据的《文苑英华》是尚未经景德四年和大中祥符初年“重加编录”、校勘的原始本,故而《唐文粹》中有的,《文苑英华》反倒无。那么,《文苑英华》收录李白诗文259篇,再加上《唐文粹》多出《文苑英华》的50篇,大抵应是初成之《文苑英华》收录李白诗文的大概。如果再考虑到《唐文粹》仅是《文苑英华》所录量的十之一二,那么未经"重加编录"的《文苑英华》收录李白诗文的量还应该更大些。这样,与范传正所编之李白文集二十卷便相差不多。

当然,《文苑英华》收录李白诗文之本于范传正所编李白"文集二十卷"并无直接的证明,但如果有确凿的证据可依,也就无须我辈作如此探寻了。

王琦在宋敏求《李太白文集后序》的注中说:"论太白诗集之繁富,又归功于宋,然其紊杂亦实由于宋。盖李阳冰之所序《草堂集》十卷,出自李白之手授,乃其真实而无疑者也。次则魏万所纂太白诗集二卷,亦当不甚谬误。乐史所得之十卷,真赝便不可辨。若其他以讹传讹,尤难考订。使宋当日先后集次之时,以阳冰所序者为正,乐史所得者为续,杂采于诸家之二百五十五篇附于后,而明题其右自某篇以下四十四首得自魏万所纂,某篇以下一百四首得之王文献家所藏,自某篇以下若干首得之唐类诗,自某篇以下得之某地某刻,自某篇以下若干首得之别集,使后之览者信其所可信而疑其所可疑,不致有鱼目混珠,珷玞乱玉之恨,岂不甚善。乃见不及此,而分析诸诗,以类相从,遂尔真伪杂陈,渭泾不辨,功虽勤也,过亦在焉,不重可惜乎!"[25]所论极是,批评得极有见地。探寻《文苑英华》收录李白诗文之所本,虽于补宋人之失相去甚远,但于"信其所可信而疑其所可疑"似亦非全为无用之为。

注 释

[1](宋)乐史:《李翰林别集序》,(清)王琦注:《李太白全集》附录一,上海:上海书店出版社,1988年,第710页。

[2](宋)宋敏求:《李太白文集后序》,(清)王琦注:《李太白全集》附录一,上海:上海书店出版社,1988年,第726页。

[3](宋)曾巩:《李太白文集后序》,(清)王琦注:《李太白全集》附录一,上海:上海书店出版社,1988年,第727页。

[4](宋)毛渐:《李太白文集跋》,(清)王琦注:《李太白全集》附录一,上海:上海书店出版社,1988年,第728页。

[5]《文苑英华·纂修文苑英华事始》,北京:中华书局,1966年,第8页。

[6][7][9][10][22][23][24](宋)周必大:《文苑英华跋》,《文苑英华》,北京:中华书局,1966年,第8页。

[8][12](宋)彭叔夏:《文苑英华辨证序》,《文苑英华》,北京:中华书局,1966年,第5255页。

[11]《文苑英华出版说明》,《文苑英华》,北京:中华书局,1966年,第1页。

[13](唐)李阳冰:《草堂集序》,(清)王琦注:《李太白全集》附录一,上海:上海书店

出版社,1988 年,第 705 页。
[14][18][20](唐)魏颢:《李翰林集序》,(清)王琦注:《李太白全集》附录一,上海:上海书店出版社,1988 年,第 707 页。
[15](唐)范传正:《唐左拾遗翰林学士李公新墓碑并序》,(清)王琦注:《李太白全集》附录一,上海:上海书店出版社,1988 年,第 715 页。
[16]李白《献从叔当涂宰阳冰》注引,(清)王琦注:《李太白全集》附录一,上海:上海书店出版社,1988 年,第 310 页。
[17]李白《送王屋山人魏万还王屋》,(清)王琦注:《李太白全集》附录一,上海:上海书店出版社,1988 年,第 363 页。
[19](唐)魏颢:《金陵酬翰林谪仙子》,(清)王琦注:《李太白全集》附录一,上海:上海书店出版社,1988 年,第 363 页。
[21]陈广福等:《李白蜀中诗掇述》,《李白研究论丛》第一辑,成都:巴蜀书社,1987 年,第 196 页。
[25](清)王琦注:《李太白全集》卷三十一,上海:上海书店出版社,1988 年,第 726 ~727 页。

苏轼论李白浅述

朱秋德

唐人崇拜李白，赞之者无数。今撮要述之如次：李阳冰《草堂集序》云："自三代以来，《风》《骚》之后，驰驱屈宋，鞭挞扬、马，千载独步，唯公一人。"魏颢《李翰林集序》云："七子至白，中有兰芳，情理宛约，词句妍丽，白与古人争长，三字九言，鬼出神入，瞠若乎后耳。"刘全白《唐故翰林学士李君碣记》云："善赋诗，才调逸近，往往兴会属词，恐古人之善诗者亦不逮，尤工古歌。"裴敬《翰林学士李公墓碑》云："故为诗格高旨远，若在天上物外，神仙会集，云行鹤驾，想见飘然之状。"孟棨《本事诗》曰："李太白初自蜀至京师，舍于逆旅。贺监知章闻其名，首访之。既奇其姿，复请所为文。出《蜀道难》以示之。读未竟，称叹者数四，号为'谪仙'，解金龟换酒，与倾尽醉；期不间日，由是称誉光赫。贺又见其《乌栖曲》，叹赏苦吟，曰：'此诗可以泣鬼神矣。'"吴融《禅月集序》曰："国朝能为歌诗者不少，独李太白为称首。盖气骨高举，不失《颂》咏、《风》刺之道。"皮日休《刘枣强碑文》曰："吾唐来有业是者，言出天地外，思出鬼神表，读之则神驰八极，测之则心怀四溟，磊磊落落，真非世间语者，有李太白。"[1]

"至宋朝诸公，始知推尊少陵"[2]。宋人推崇杜甫，以至贬低李白。《韵语阳秋》曰："则杜甫诗，唐朝已来一人而已，岂白所能望耶？"赵次公《杜工部草堂记》曰："李、杜号诗人之雄，而白之诗多在于风月草木之间、神仙虚无之说，亦何补于教化哉！"罗大经《鹤林玉露》云："李太白当王室多难，海宇横溃之日，作为歌诗，不过豪侠使气，狂醉于花月之间耳。社稷苍生，曾不系其心膂，其视杜少陵之忧国忧民，岂可同年语哉……朱文公曰：'李白见永王璘反，便从恿之，诗人没头脑至于如此。'"苏辙《栾城集》亦云："李白诗类其为人，骏发豪放，华而不实，好事喜名，而不知义理之所在也。"陆游《老学庵笔记》云："盖白识度甚浅,观其诗中如‘中宵出饮三百杯,明朝归揖二千石”……浅陋有索客之风。集中此等语至多,世但以其辞豪俊动人,故不深考耳。又如以布衣得一翰林供奉,此何足道,遂云:‘当时笑我微贱者,却来请谒为交欢。’宜其终生坎凛也。”《冷斋夜话》《扪虱新话》《钟山语录》皆记王安石之言曰:“李白诗词迅快,无疏脱处,然其识污下,十句九句言妇人、酒耳。”胡仔《苕溪渔隐丛话》中引《遁斋闲览》云:“或问王荆公云:‘编四家诗,以杜甫为第一,太白为第四,岂白之才格词致不逮甫耶?’公曰:‘白之歌诗豪放飘逸,人固莫及。然其格止于此而已,不知变也……此甫之所以光掩前人,而后来无继也……’或者又曰:‘评诗谓甫期白太过,反为白所诮。’公曰:‘不然。子美赠白诗则曰:清新庾开府,俊逸鲍参军。但比之庾信、鲍照而已。又曰:李侯有佳句,往往似阴铿。铿之诗又在庾、鲍下矣。饭颗之嘲,虽一时戏剧之谈,然二人名既相逼,亦不能无相忌也。’”[3]

在抑李扬杜成为诗坛主流话语之语境下,苏轼对李白的持平之论就显得难能可贵了。《与黄子思诗集后》云:“而李太白、杜子美以英玮绝世之姿,凌跨百代,古今诗人尽废。”苏轼对李白的人生充满了赞美和维护之意,表现最突出的是《李太白碑阴记》。兹引全文如下:

> 李太白,狂士也,又尝失节于永王璘,此岂济世之人哉?而毕文简公以王佐期之,不亦过乎?曰:士固有大言而无实,虚名不适于用者,然不可以此料天下士。士以气为主。方高力士用事,公卿大夫争事之,而太白使脱靴殿上,固已气盖天下矣。使之得志,必不肯附权幸以取容,其肯从君于昏乎?夏侯湛赞东方生云:“开济明豁,包含宏大,凌轹卿相,嘲哂豪杰,笼罩靡前,跆籍贵势,出不休显,贱不忧戚。戏万乘若僚友,视俦列如草芥。雄节迈伦,高气盖世,可谓拔乎其萃,游方之外者也。”吾于太白亦云。太白之从永王璘,当由迫胁。不然,璘之狂肆寝陋,虽庸人知其必败也。太白识郭子仪之为人杰,而不能知璘之无成,此理之必不然者也。吾不可以不辩。[4]

文中苏轼面对世俗之见替李白辩白的主要是二点:一曰“狂士”。苏轼认为李白的狂是针对“高力士用事,公卿大人争事之”的现实政治的昏暗而发出的挑战,是“不肯附权幸以取容,其肯从君于昏乎”的正义感和挺挺大节的表现,这是前人从未说过,后人也难以企及的对李白思想道德和人格情操的高度评价。二曰“失节于李璘”。苏轼认为“太白之从永王璘,当由迫胁”。由于有了前面第一点的铺垫,并非庸人的李白自有政治远见,不会甘心附逆。加上有识人(郭子仪)之明,自然得出上述结论。鄙意以为李白从璘客观上有胁迫的因素。李白《与贾少公书》云:“王命崇重,大总元戎。辟书三至”,“严期迫切”,玄宗入蜀途中诏命永王璘为江陵府都督,充山南东路及岭南、黔中、江南西路四道节度使；是配合太子李亨主持唐帝国整个南方军政大计的最高领导人，也可称为南方军总司令，是谓“王命崇重，大总元戎”。李璘效法刘备三请诸葛亮来罗致李白，非达目的不肯罢休，正当战时，李白没有讨价还价的余地，是谓“辟书三至”，“严期迫切”。王琦认为《与贾少公书》是李白入李璘幕当时之作，我们应当充分尊重当事人（李白）自己的说法。事后李白在《为宋中丞自荐表》中亦说：“属逆胡暴乱，避地庐山，遇永王东巡胁行，中道奔走，却至彭泽。”又有《忆旧游书怀》诗详述此事：“仆卧香炉顶，餐霞漱瑶泉。门开九江转，枕下五湖连。半夜水军来，浔阳满旌旃。空名适自误，迫胁上楼船。徒赐五百金，弃之若浮烟。辞官不受赏，翻谪夜郎天。”可见李白对此事的说法和态度是前后一致的。诗中对自己被迫从璘因而长流夜郎充满了愤激之情。王琦云：“太白入其幕中，世颇非之，然考天宝末年，宗室诸王若吴王祇、虢王巨等受命将兵，文人才士岂无入其幕者？太白之受辟于永王璘，何以异是？后之擅领师东下，命将交兵，其始岂遽料至此乎？《新唐书》载季广琛谓诸将之言曰：‘吾与公等从王，岂欲反耶？上皇播迁，道路不通，而诸子无贤于王者。如总江淮锐兵，长驱雍洛，大功可成。今乃不然，使吾等名挂叛逆，如后世何？’太白初见，要亦类此。太白本传谓：‘永王璘辟白为府僚佐。及璘起兵，白逃还彭泽。’是广琛奔走广陵之日，即太白逃亡彭泽之日也。乃广琛以拥众归降，位至节度；太白以只身逃遁，不免窜流。固遇之幸不幸也。”王琦虽语不涉胁迫，但对李白从璘所受冤屈指责打抱不平，是与李白“辞官不受赏，翻谪夜郎天”的态度认识与情感完全一致的。苏轼的“胁迫”说是有据可依的。后人则据李白《永王东巡歌》等作品推测其行为，颇多臆说。造成此种情况是由于多数人未能读懂理解《永王东巡歌》乃“讽喻之诗，谲谏之章也”[5]。

鄙意还以为李白从璘与其“申管晏之谈，谋帝王之术。奋其智能，愿为辅弼，使寰区大定，海县清一”的人生理想与设计有关，是其一生期待建功立业、有所作为的自然结果。王琦引蔡宽夫谓：“太白岂从人为乱者？盖其学本出纵横，以气侠自任，当中原扰攘时，欲藉之以立功名耳。故其《东巡歌》有‘但用东山谢安石，为君谈笑静胡沙’之句。至其卒章乃云‘南风一扫胡尘静，西入长安到日边’，亦可见其志矣。大抵才高意广如孔北海之徒，固未必有成功，而知人料事，尤其所难。议者或责以璘之猖獗，而欲仰以立事，不能如孔巢父、萧颖士察于未萌，斯可矣，若其志亦可哀矣。”蔡宽夫也注意到了李白“藉之以立功名”的一面。本人对李白从璘作出的推测是：当初“逆胡暴乱，避地庐山”，李白是不准备出山的；经不住永王李璘派“韦子春三上庐山，前后为时三月，李白始决定应聘”[6]。这其中的不情愿，即李白自道、苏轼强调的“迫胁”；最后成行，即蔡宽夫所谓“欲藉之以立功名耳”。可见李白从璘是李白《赠韦子春》“苟无济代心，独善亦何益”中“济代”与“独善”矛盾斗争的结果。最后“济代”之心占了上风，乃有“齐心戴朝恩，不惜微躯捐……浮云在一决，誓欲清幽燕”（李白《在水军宴赠幕府诸侍御》）的誓言。然而在永王幕府无所作为，失望后悔之情溢于言表。其当时所作《与贾少公书》之末有云：“徒尘忝幕府，终无能为。唯当报国荐贤，持以自免，斯言若谬，天实殛之。”观其语气，郁闷惶惑，对现实无能为力，欲脱身又无良策，只希望今后能全身“自免”。岂知覆巢之下，焉有完卵。亦如魏颢《李翰林集序》所言“宗室有潭者，白陷焉”。李白最终还是落了个附逆作乱的罪名，长流夜郎，并被王安石、朱熹之流所深责，悲夫！

除《李太白碑阴记》外，苏轼对李白的评价的文章还有《书李白〈十咏〉》《书太白〈广武战场诗〉》《书〈李白集〉》《记太白诗》《书学太白诗》等。这些文字都较简略，主要是针对李白的一些作品被人仿冒、篡改而发出的议论，其中充满了对李白的尊崇之意，兹不赘述。

苏轼诗词中提及李白约十处，它们是《和李太白并叙》《书丹丘子所示李太白真》《李白谪仙诗》《南歌子》《满江红》《水龙吟并叙》《西江月·宝云真觉院赏瑞香》《浣溪沙并叙》《临江仙·夜到扬州席上作》《念奴娇》等。这些诗词所言各有侧重，但贯穿其中的共同之点是频用“谪仙”一词。如《和李太白并叙》中的“谪仙固远矣，此士亦难复”，《李太白真》中的“天地几何同一沤，谪仙非谪乃其游”，《李白谪仙诗》之诗题，《满江红》中的“愿使君还赋谪仙诗，追黄鹤”，《水龙吟》中的“谪仙风采，无言心许”，《西江月》中的“领巾飘下瑞香风，惊起谪仙春梦”，《浣溪沙》中的“罗袜空飞洛浦尘，锦袍不见谪仙人”。苏轼对李白为何偏爱“谪仙”一词，妄揣其意，不外两点：其一是“仙”字，两人同属天才型诗人。贺知章称李白是“谪仙”“太白星精”，《天宝遗事》中称李白“天才俊逸”，《文献通考》中称“李白仙才”，《沧浪诗话》称“太白天仙之词”，《海录碎事》称“李白为天才绝”，如此等等，不一而足。而苏轼也曾被称为“谪仙人”，如《渑水燕谈·东坡事类》说：“又王辟之云：子瞻文章议论，独出当世，风格高迈，真谪仙人也。”也有人称苏轼为“坡仙”。苏轼自己就认为自己是天界人物。《水调歌头》中的“不知天上宫阙，今夕是何年。我欲乘风归去……”，《念奴娇》词中的“便欲乘风，翻然归去……”，都表明苏轼本为天仙，谪居人间，自当回归天界的自觉意识。因此，苏轼对李白有惺惺相惜之意。同时由于才高因而气盛，两人皆“眼高四海空无人”。其二是“谪”字，两人皆因才高名大而饱经坎坷，不得其用。李白 25 岁出游，42 岁才得玄宗诏令进京，三年待诏翰林终不见用，无法实现自己“奋其智能，愿为辅弼，使寰区大定，海县清一”的理想，以“疏纵”乞归,竟以"非廊庙器"赐金放还。55岁时人永王李璘幕竟落得附逆作乱的罪名长流夜郎,最后在孤苦老衰中哀吟"大鹏飞兮振八裔,中天催兮力不济"(《临路歌》)病逝当涂。苏轼一生更多起伏。他21岁考进士得高第,名动京师。24岁考制科入三等,成为北宋开国百年唯一获此殊荣的文士(此前有一吴育入三等次),天下知名。仁宗皇帝曾对其皇后说:"吾为子孙得两宰相矣。"熙宁间因与新党政见不一,被人罗织罪名而成"乌台诗案",差点被杀,后贬谪黄州;元祐时旧党得势,其在仕途上连升数级,差点拜相,但也多次外放;哲宗亲政,新党上台,将他从最北方贬到广东惠州,四年后又贬到海南岛的儋州。在儋州,六十余岁的他过着"食无肉、病无药、居无室、岁无友、冬无炭、夏无寒泉"的贫困生活,直到65岁遇赦北归,第二年病逝于归途中的常州。"谪仙"是李白、苏轼共同的特征,因而苏轼不吝频繁使用"谪仙"一词,以显示诗人间"同声相应,同气相求"的情怀。

苏轼评价李白偏爱"谪仙"一词,还表明了两人共同的思想基础和精神追求。两人思想俱复杂,儒、道、释兼容共有。其中崇尚个性,张扬自我,追求自由,旷达超越,主要受道家思想的影响。两人皆生长于四川这一道学、道教氛围很浓的地区,耳濡目染,浸润甚深。李白《大鹏赋》序云:"余昔于江陵见天台司马子微,谓余有仙风道骨,可与神游八极之表,因著《大鹏遇希有鸟赋》以自广。"全赋演绎发挥《庄子·逍遥游》而成篇,显示出李白的道家思想渊源。李白一生求仙访道,诗中多有涉及,如《古风五十九首》之五:"我来逢真人,长跪问宝诀。粲然启玉齿,授以炼药说。"李白与许多道士保持着终身的友谊,如《将进酒》中的"丹丘生"元丹丘。其《冬夜于随州紫阳先生餐霞楼送烟子元演隐仙城山序》云:"吾与霞子元丹、烟子元演,气激道合,结神仙交。殊身同心,誓老云海,不可夺也。"李白天宝三载"赐金放还"离开长安后,"旋即赴德州(平原郡)安陵县访道,请道士盖寰为造符箓;旋又请青州(北海郡)高天师授道箓于齐州(济南郡)紫极宫,遂正式入道籍"[7],成了一名注册道士。对于李白的道教信仰,罗宗强先生的《李白的神仙道教信仰》、薛天纬先生的《道教与李白的自由精神》等论文有较深入的论述。苏轼与李白有同好。年少时"既而读《庄子》,喟然叹息曰:'吾昔有见于中,口未能言;今见《庄子》,得吾心矣。'"[8]晚年南贬时依然津津乐"道":"轼龆龀好道,本不欲婚宦,为父兄所强,一落世网,不能自逭,然未尝一念忘此心也。"(《与刘宜翁使君书》)苏轼终生与道人交游,多服外丹,休养身心,其诗文中多有所记。其为人的洒脱与为文的清旷多拜道学之赐。

综上所述,在北宋众口一词推尊杜甫的语境之中,苏轼对李白充满了由衷的崇敬之意。这是具有相同的地缘因素和共通的思想文化基础的一个天才对另一个天才的惺惺相惜,千百年之下犹令人感动不已。

注 释

[1][2][3](唐)李白:《李太白全集》(下册),北京:中华书局,1977 年。
[4](宋)苏轼:《苏轼文集》(上),长沙:岳麓书社,2000 年。
[5][6][7]安旗:《李太白别传》,西安:西北大学出版社,2005 年。
[8](宋)苏辙:《栾城集》,上海:上海古籍出版社,1987 年。

20 世纪以来李杜比较研究评述

胡永杰

李白和杜甫是中国文学史上最伟大的两位诗人,两人同一时代,之间有着深厚的友谊,但他们的思想个性和诗歌风貌有着显著的差异。因此自中唐开始,一千多年来人们一直乐于将两人进行比较研究。20 世纪初中国学术研究发生了从古典到现代的转型,一百年来学界对两者进行比较的热情也一直不减,并取得了丰硕的新的成果。20 世纪以来的李杜比较研究大致可分为三个阶段:一是 20 世纪初至 1949 年,二是 1949 年中华人民共和国成立至 1976 年"文革"结束,三是 1977 年至今。下面就中国大陆范围内这三个阶段的情况分别略作评述,台湾等地区这方面的研究成果,因为资料所限,暂付之阙如。

一

1924 年发表的胡小石先生的演讲稿《李杜诗之比较》[1]一文,是所知 20 世纪最早的李杜比较文章。此文侧重从诗歌艺术上的表现去比较李杜诗歌的不同,他认为两人之诗在用字、内容、声调上都明显不同。李诗重意,无奇字新句,杜诗则出语惊人。杜甫之前人们作诗的内容不外叙情、描写山水、玄谈等几种,而以诗描写时事的则不多,诗中加入议论尤为少见,"以诗描写时事的受历史化,以诗输入议论的受散文化,善于描写时事而融化散文的风格的,不能不推子美为第一人"。李白虽兼用复笔,但好处则在单笔;杜的好处,全在排偶。李白的诗体有选择,故古多律少;杜诗无选择,只讲变化,故律体与排偶都多。李诗声调很谐美,杜则多用拗体。因此,文中认为,李白守着诗的范围,杜甫则抉破藩篱。从《古诗十九首》至太白做个结束,可谓成家;从子美开首,其作风一直影响至宋明以后,可云开派。李白是唐代诗人复古的健将,杜甫是革命的先锋。胡小石先生此文,虽非对李、杜两者的不同作全面的比较,但在诗歌艺术方面,他的比较涉及各个方面,已经粗具体系。尤为值得注意的是,他认为李白是诗歌史上复古的健将、杜甫是革命的先锋;李白诗是从《古诗十九首》至盛唐诗歌艺术的总结和结束,杜甫的诗“真是无所不学,但同时又能无所不弃,也不愧为元和以后诗风之开山师祖。”[2]把李杜诗歌的差异上升到中国诗歌前后期的转变的高度去审视,眼光极为宏阔而深刻。这个问题,后来胡适先生出版的《白话文学史》[3]中又有所论述,在学界产生了很大的影响,成为20世纪很受学者关注的一个重要课题。

《白话文学史》中指出,8世纪下半叶的唐代文学与8世纪上半叶截然不同了,“开元天宝是盛世,是太平盛世,故这个时代的文学只是歌舞升平的文学,内容是浪漫的,意境是做作的。8世纪中叶以后的社会是个乱离的社会,故这个时代的文学是呼号愁苦的文学,是痛定思痛的文学,内容是写实的,意境是真实的。”[4]李白属于盛唐的盛世浪漫文学,杜甫则是安史之乱后新的时代文学的开派者和最杰出的代表。胡适先生的这一观点在上世纪三四十年代得到了很多治唐代文学的学者的响应,当时学者撰写的重要文学史或唐代文学论文、论著,如陆侃如、冯沅君先生的《中国诗史》[5]、苏雪林先生的《唐诗概论》[6]、郑振铎先生的《插图本中国文学史》[7]、黄泽浦先生的《七五五年在唐诗上之意义》[8]、李嘉言先生的《唐诗分期问题》[9]等,虽然关于唐代文学的分期见解不一,但大多数都把李白和杜甫划归于安史之乱之前和之后两个不同的文学发展时期。这些著作和论文虽没有专门比较李杜的异同,但却从唐代文学以至中国文学整体发展历史的高度去审视李杜,发现了两者差异中所代表的唐代文学的根本性转变,拓展了李杜比较研究的深度和广度,为学界提出了一个重要的课题。

20世纪20年代后期,出现了傅东华先生的《李白与杜甫》[10](1927年)和汪静之先生的《李杜研究》[11](1928年)两部专著,使李杜的比较研究走上深入。傅著共分十章,“来自批评家的李杜比较论”一章对前人关于李杜比较的观点进行了回顾,批评了抑李扬杜和抑杜扬李两派的观点,对于李杜并重,不加轩轾的观点,他认为虽然值得尊重,但“可惜他既知其异而又必指出‘忠爱之志’‘笃于君上’一点,认为‘同归’之处,那就不免有些牵强附会了,而且他两人的异点虽亦未尝不有些道着,却仍旧只是一方面的观察而又没有说出所以然来”。所以主张:“我们若要精密比较李杜的异同就须从各方面——例如他们的气质、境遇、遭际等等——加以观察。”可见他是力求用新的批评标准,从各个方面全面比较两人的异同,并用科学的方法分析出两人差异的“所以然”来。全书十章,他用了“遗传的影响和少年的时代”“‘归来桃花岩’和‘快意八九年’”“居长安的经验不同”“晚年的不幸相仿佛”“两诗人的共同命运——客死”六章的篇幅探究李杜家庭身世的遗传因素、青少年、中晚年的经历遭际的异同,足见他确实极为注重李杜差异的原因的探究。“人生观的根本差异”一章，认为李白的人生观非儒非老非杨非墨，大致可称为一个超世主义者；而杜甫则是一个真正的儒教信徒。“同时代的不同反映”一章认为对于玄宗后半期的荒怠侈放和安史之乱的时代背景，反映于杜甫诗中比反映于李白诗中较为真切。“从纯艺术的观点一瞥”一章则认为李杜在大的方面可区分为“主观的诗人”和“客观的诗人”；李白诗主要用主观描写法，杜诗则主要用客观描写法；修辞上杜甫力求近于自然、李诗力求超脱自然；李白是复古的、模拟的，所以多袭用古乐府的题目，律诗较少，杜甫是创新的、从今的，集中绝少拟古之作，其律诗为千古绝唱。总体而言，本书较为全面地涉及了李杜异同的主要方面，确实初步做到了“从各方面观察”李杜的异同。

汪静之先生的《李杜研究》共分七章，第一章“李杜比较论”专门就李杜的异同进行了细致的比较。文中首先回顾了李杜的友谊，对历史上崇李崇杜两派的偏颇观点表示了批评。对尊杜派对杜诗的评论，和傅东华一样汪氏也表示了不满，认为“他们爱用治国平天下的眼光去批评诗人，把诗与忠孝节义并为一谈”，把杜诗称为“周公制作”“孔子大成”，“简直不把子美当作诗人，真是唐突子美”。因此作者主张从两人思想、作品、性格、境遇、行为、嗜好、身体各个方面进行比较。汪著从境遇、行为、嗜好、身体诸方面考察李杜的差异，和傅东华先生相似，都是从外部研究的角度进行比较，但汪先生的视野更广泛细致。在思想与性格方面，汪著认为李白悲观、个人主义，为肉所占但未到极端，杜甫乐观、利他主义，为灵所统治，但亦未至极端；李白离经叛道，杜甫拘守礼教；李白社稷苍生从未系其心，杜甫以民生疾苦为念；李白对战事不闻不问，杜甫非战，忧世忧时；李白不反对贵族，杜甫憎恶贵族；李白是出世的，杜甫是入世的；李白性格浪漫，杜甫性格敦厚。虽然这些看法有些不够准确，但笔触的全面深细确实非常精彩。汪著中最为着力的则是在作品方面对李杜不同的分析。他认为总体上李白是贵族的文学，是浪漫派、唯美派，杜甫是平民的文学，是人生派、写实派。并引用周作人《贵族的平民的》一文中的说法对两者作了界定：“平民的精神可以说是叔本华所说的求生的意志，贵族的精神便是尼采所说的求胜的意志。前者是要求有限的、平凡的存在，后者是要求无限的超越的发展。”汪氏并表明平民的、贵族的并不专属于某一阶级，两者是一物的两面，并无高下之分。文中认为，李白多抒情诗，杜甫多叙描诗；李诗中无事物可寻，全是情感，杜诗中处处有事物，全是经历。李多抒发个人颓废的心情，杜常描写社会实际状况；李诗中多女、酒二字，杜诗中多饥、饿、肉、饭、饱五字。这些主要是对李杜诗歌内容特点的比较。李白诗纵横驰骋、如瀑布之奔泻，杜甫诗苦意安排，如大江之缓流；李写诗时信笔直书，一气呵成，杜写诗时惨淡经营、一丝不苟。这些是对两者构思、创作时才思特点的比较。李白诗偏于南方文学的缠绵委婉，杜甫诗偏于北方文学的慷慨悲壮；李诗极豪爽轻快、悲哀颓丧、自然缥缈，杜诗极工整劲健、沉郁严肃、慷慨激烈。这是对两人诗歌风格的比较。李诗七言律诗一共八首,杜绝句亦有对偶,李以文言为诗,用方言极少,杜以方言俗语入诗处甚多,这是对二人诗体、语言的偏向的比较。可见汪著对李杜诗歌的比较比傅东华之作更为全面,更具体系。

可以看出,傅东华、汪静之先生的两部著作全面吸收了新时代的文学观念和研究方法,以之去审视李杜的差异,代表着 20 世纪前期李杜比较研究的最高水平。他们一方面吸收新的文学观念,摆脱了封建时代文学为经学、政治附庸的旧观念,不再以忠君爱国、有益风教为评价文学价值的唯一和最高标准,因此能够比较正确客观地评价李杜的不同,既对李白诗歌价值给予了应有的肯定,也把杜甫从"诗圣"的枷锁下解放出来,发现其诗歌多方面的价值,因此他们都持有了李杜并重,不必强加轩轾的观点。另一方面,他们吸收西方社会学、心理学、美学等学科的理论和方法,开阔了研究视野,对影响李杜诗歌风貌的外部原因,即家庭、时代、经历、境遇、性格等的不同给予了重视,进行了较为深入的比较。同时对于李杜诗歌自身的比较,也更加深入、翔实、全面和系统。

20 世纪三四十年代也出现了几篇专门比较李杜异同的文章,如王兆元的《李白与杜甫》[12]、黄眉玉的《李白与杜甫》[13]、履泽的《略谈李杜的比较》[14]、王亚平的《杜甫与李白》[15]。这些文章对李杜的比较大致借鉴汪静之《李杜研究》的观点,发明之处不多,但可以看出这时期李杜比较研究热情不减的情况。其中王亚平先生之文对一些论者认为"杜甫是启后的,李白是承先的","把李白描写成一个颓废浪漫,不管天地的狂放诗人,把杜甫画成一位忠厚的儒道君子"的观点表示不能苟同。他主要从李杜的生活、思想、友谊、作品的主要倾向、风格、创作思想、创作手法、表现技巧等方面进行比较。而在这些比较之前,作者对产生两位大诗人的时代政治、文化环境作了论述,这方面的论述是之前李杜比较研究者较少涉及的。

重杜轻李的声音的重新抬头是三四十年代李杜比较研究中的一个较为突出现象。早在 20 世纪 20 年代,胡适先生的《白话文学史》中就表现出在李杜之间偏好于杜甫的倾向,他在"第二编第十二章"中说,李白的态度"与人间生活相距太远了,所以我们读他的诗,总觉得他好像在天空中遨游自得,与我们不发生交涉","我们终觉得杜甫能了解我们,我们也能了解杜甫。杜甫是我们的诗人,而李白则终于是'天上谪仙人'而已"[16]。三四十年代的研究者心态受内忧外患交织的时代环境的影响,普遍和杜甫有着相通和共鸣,因而更多地表现出重杜轻李的倾向。僧墨《杜工部的社会思想》[17]一文中认为:"李是庄周、屈原一流人,杜是孔丘、墨翟一流人;庄屈在文艺上固有其极高的价值,然不若孔墨的切合实际生活,从现实主义的立场说实有取于杜甫。"李广田先生的《杜甫的创作态度》[18]认为,人们关于李杜之间无所轩轾的观点,"大都只就风格立论,若以思想内容而论,则高下自可以判然","以诗的纯风格言,李或有胜杜处;以诗之思想内容言,杜实胜李百倍;因为任何作品，都不能只凭其风格而伟大。何况所谓风格优劣云云，实在也还是一般的偏见，因为归根结蒂，风格仍为思想所决定”。傅庚生先生的《评李杜诗》[19]一文，更是有意“把李杜二人的诗，选择它方面相近而方向相殊的，比较着探讨一翻，然后衡定一个甲乙”。他认为，李白的天才自放，任谁都要退避三舍，但杜甫在文学情思上的成就，却是“非白可到也”。并说，文章创作以感情为君，思想为臣，想象为佐，形式为使；君臣佐使各如其分，真善美浑同如一，算是创作的极诣。若以此一种客观的标准去衡量李杜二人的诗歌，“我们会发现杜甫有八九分的光景了，李白要逊似二三分”。文中傅先生对李杜诗情感的各个方面，作了细致地比较分析，并处处表现出抑李扬杜的态度。

二

1949年新中国成立至1976年“文革”结束是李杜比较研究的第二个时期。这一时期苏仲翔先生的《李杜诗选》“导言”[20]中对李杜的异同作了分析；郭沫若先生在杜甫诞生1250年纪念大会上的发言《诗歌史上的双子星座》[21]把李杜并称为中国诗歌史上的双子星座。其他，中国大陆范围内，对李、杜进行具体比较的文章和著作不多，但值得注意的是这时先后出现了重杜轻李和扬李抑杜两种或隐或显的倾向。

1949年至“文革”前，虽然并没有出现明确的扬此抑彼的声音，但学界对杜甫的重视却是大于对李白的重视的。其原因一方面是由于这时思想性、人民性、爱国主义等是评价文学的主要标准，杜甫比李白更符合这些标准。就如燕白先生所指出的那样：“硬性把李白和杜甫作对比的‘优劣论’是少见了，但诗坛上推崇杜甫的究竟还是大多数。主要是从杜甫的人民性、爱国主义和反对侵略战争、要求和平这三方面着眼的。”[22]另一方面，也由于在当时的时代环境中，学者们的思想情趣更易于接近杜甫的缘故。例如萧涤非先生就曾坦诚地指出：“过去，我自己也未能摒除这一积习，存在着抑李扬杜的倾向。”[23]“文革”期间，则又出现了非正常的扬李抑杜倾向。先是1972年出版的郭沫若先生的《李白与杜甫》一书中表现出极力扬李抑杜的态度。郭老扬李抑杜有其审美偏好的原因，早在五六十年代他就说过：“至于唐代的几个诗人，我比较喜欢李白。这是我的口味，不能拿别人的嘴巴来代替我的嘴巴……对杜甫我就不大喜欢，特别讨厌韩愈；喜欢李白、王维，柳宗元也胜于韩愈，他们更接近于诗的本质。”[24]作为一个浪漫主义诗人，郭老更喜欢李白是可以理解的；但他背离文学的实际扬李抑杜，甚至用曲解李、杜诗歌的方式去拔高李白、贬低杜甫，这种做法显然是应该受到批判的。正如萧涤非先生所指出：“像郭老这样‘爱之欲其生，恶之欲其死’的绝对化的抑扬法，还是前所未有的，也是有害的。”[25]后来又出现了梁效的《杜甫的再评论——批判杜甫研究中的尊儒思潮》[26]和刘大杰先生的《中国文学发展史》(1976 年版),它们完全是当时反儒尊法政治运动的产物,把李白看作法家诗人、把杜甫主要划归儒家诗人。这种做法已经不是文学研究领域中的扬李抑杜了。

1977 年“文革”结束后,中国内地的学术研究进入了新时期,李杜的比较研究也快速发展,取得了新的、更为丰富的成果。“文革”结束以来的李杜比较研究的成果大致体现在以下方面:一是批判了“文革”时期郭沫若《李白与杜甫》中及儒法斗争路线下通过诋毁、曲解杜甫以扬李抑杜的错误观点,统一了李杜并重,各有特色,不必区分高下的认识。二是对李杜各方面的差异作了更加深细的挖掘。三是出现了几部更加深入全面探讨李杜异同和李杜之变的专著。四是对李杜优劣、李杜并重等问题的历史作了一定的梳理和总结。

“文革”结束不久,学界对郭沫若《李白与杜甫》一书中扬李抑杜的论点进行了批评和反思,各类对《李白与杜甫》中贬低、曲解、误解杜甫的观点进行批评或商榷的文章达二三十篇之多。这方面萧涤非先生的意见较有代表性。他的《关于〈李白与杜甫〉》[27]一文对《李白与杜甫》中存在的“扬李抑杜”等四个方面的问题提出了商榷,并对如何对待李杜两位大诗人的问题(即李杜优劣的问题)谈了自己的意见。他认为在如何对待李杜二人的问题上,韩愈、苏轼的二者并重的观点是可取的。李杜二人“一个是浪漫主义,一个是现实主义。他们是分道扬镳,而又各有千秋。李白不能包括杜甫,杜甫也不能包括李白。我们既需要杜甫,也需要李白”。他还指出:“尽管‘比较’原是一种很好的研究方法,但我以为在评论李杜二人时,最好是各评各的,不要把他们拉在一起,扭作一团,非比个你好我歹不可,让他们对立起来。”萧先生的意见基本上可以代表新时期李杜比较研究者的共同观点,这时期的李杜比较论著绝大多数都以比较二者的异同为主,而不再去分别他们的高下优劣。当然需要指出的是,区别李杜优劣的声音这时也并没有完全消失。裴斐先生在《历代李白评价述评》[28]一文中表达自己对历史上李杜优劣争论的看法时就说:“在总体评价上,我同意韩愈,即认为李杜都是光焰千古的伟大诗人;在艺术评价方面我同意严羽、王世贞、胡应麟等人关于李杜各有特色、各有所长的观点,只是觉得他们没有把问题讲透;在思想评价方面我和宋代诋李者相反,认为不是杜优李劣,而是李优杜劣。”至于认为思想方面李优杜劣的原因,则是在他看来杜甫既是一个杰出的、写出过“一代国史”的大诗人,又是个最平凡不过的、“奉儒守职”的小官吏。他那些伤心忧时和鞭挞弊政的诗篇对统治阶级每有“美刺”和“讽谏”,但一般并不超出封建地主阶级“温柔敦厚”和“干预教化”的诗教,至于他为历代人最称道的“忠君忧国”“忠义气节”“孤忠”和名句“每饭不忘君”等,则更与封建伦理相符。而李白的思想则超出了以儒为宗的封建士大夫所能接受的范围。裴斐先生的观点可能源自他思想性情和李白更加相通之故,是正常范围内的个人偏好,无可厚非。

新时期李杜比较研究第二方面的成果是,不少文章专就李杜诗歌的某一个或某几个方面进行比较,向深处细处挖掘,取得了很大的成绩。例如袁行霈先生的《论李杜诗歌的风格与意象》[29]一文,是从意象的构成、组合、表现等方面对李杜飘逸、沉郁的不同风格进行探讨,以期对李杜诗歌艺术获得一种新的认识。他认为李白和杜甫诗中的意象各具鲜明的个性特点。在意象的表现上,李白多虚处用力,虚中见实;杜甫则实处用力,实中有虚。在意象的组合方式上,李白诗中的意象组合比较疏朗,很好地体现了他的飘逸之风,杜诗的意象组合则比较紧密,往往把几个意象压缩在一句诗中,显得凝重、老成、深沉。苏为群先生《李杜山水诗的特色及其异同》[30]一文则对李杜山水诗的异同进行了深入的比较。他认为,从六朝至唐,山水诗发展从繁细的景物刻画到简约的大笔勾勒,从客观的描述到融情于景的印象山水,是一条可见的发展线索;同时,从谢灵运以来的在叙述过程中精细地描摹景物的传统也并未中断。李白的著名山水诗篇沿前一条线索发展而来,涵括了王维山水诗的特色和成就,注重神韵和理想美;杜甫的纪行诗中对山水的描绘继承并发展了谢灵运等人在游历行程中对景致的细致具体的描摹,注重写实和现实美,这是两位诗人最本质的区别。薛天纬先生《李杜歌行论》[31]一文对李、杜歌行进行了全面梳理和论说,认为两人是盛唐时代成就最高、最有代表性的歌行作家,李白古题乐府与杜甫新题乐府共同具有的歌行化倾向,代表了中国古代抒情诗发展的一种内在规律与实际走势。两人站在各自的立足点上,从不同方向强化着古题与新题乐府的抒情功能,推动着它们向抒情自由度最大的歌行靠拢、演进。两位伟大诗人殊途而同归,在乐府诗的发展史上,他们联手作出了创造性的贡献。另外,刘明华、杨理论先生《李杜诗歌中的女性题材及抒情特征三论——李杜诗歌女性观念的比较》[32]、杨理论《论李杜的贵妇和妓女题材诗歌——李杜诗歌女性观念的再比较》[33]两文专就李杜的女性观进行比较;沈志权先生的《李杜咏月诗论略》[34]专就李杜咏月诗的异同作了分析;康怀远先生的《李杜〈忆旧书怀〉〈北征〉二诗的比较研究》[35]一文则对李白《经乱离后天恩流夜郎忆旧游书怀赠江夏韦太守良宰》和杜甫的《北征》两诗作了比较分析,从中透视两位风格迥异的天才诗人在某些方面的相通之处,即"在伟大的艺术家们身上,现实主义和浪漫主义时常好像是结合在一起的";王辉斌先生的《李杜关系新探》[36]、冯小禄先生的《李杜友情新析》[37]对李杜的交往与友谊作了新的探究;王定璋先生的《盛唐气象与青春追求——略论李杜青年时代的诗歌》[38]中指出了李、杜前期诗歌在盛唐气象的熏染下都呈现出欢乐浪漫、雄伟豪放、富于理想和追求的面貌的共通之处;徐希平先生的《李杜思想与创作受道教文化影响之表现及其意义》[39]中对李杜思想创作中所受道教的积极影响之处作了分析;于年湖博士的《杜诗语言艺术研究》[40]一书中《李杜诗歌语言风格及其形成因素之比较》一节则专对李杜诗歌的语言风格进行了比较,并对形成原因作了探索。

这时期关于李杜的诗学、美学观念异同的比较,也出现了多篇文章。金启华先生的《李杜诗论的比较》[41]一文认为,李杜诗论有相同之处,也有不同之点。其共同之处,都主张吸收风雅骚赋,对建安以前各家之作,都取精用宏,对唐代当时诗人都不是轻视的。两人的不同之点,主要表现在对声律的看法上分道扬镳,各行其是,成就了他们各自不同的特色。高起学先生的《李杜诗歌主张异同漫议》[42]是从李杜对诗歌的社会作用的态度、对待齐梁文风的态度、学习古代和如何学习古代的看法、两人所继承的艺术传统和采取的艺术创作方法四个方面翔实而深入地比较了两人诗歌主张的异同。萧瑞锋先生的《李杜诗论异同辨》[43]中则指出,李杜诗论的差异之处主要是:其一,李白更多地注重"逸兴",杜甫则更多地强调"诗律";其二,李白更多地注重"批判",杜甫则更多地强调"继承";其三,李白更多地注重"创造",杜甫则更多地强调"学习"。其相同之处则是:其一,李白和杜甫都重视诗歌的社会作用,主张继承现实主义诗歌传统;其次,李白和杜甫都主情辞相副、文质兼胜,即诗歌的内容形式达到和谐的统一;其三,李白和杜甫都倡导清新、质朴的诗风,反对镂玉雕琼,属辞绮丽。并对李杜诗论异同的原因作了分析。陈应鸾先生的《论李杜的清丽观》[44]一文则专就李杜的清丽观进行比较,认为李、杜二人对清、丽的态度有同有异。其相同处在于,二人都重清,并不同程度地主张清、丽结合。其相异处在于,对六朝(尤其是齐、梁、陈)文学的绮丽,李持否定的态度,杜持高度肯定的态度。并就两人对"丽"的态度所以有异的原因作了探讨。

新时期李杜比较研究第三方面的重要收获是,出现了罗宗强先生《李杜论略》[45]、燕白先生《简论李白与杜甫》[46]、葛景春先生《李杜之变与唐代文化转型》[47]等几部重要的专著,对李杜的异同进行了更为系统、深入的研究和新的开拓。

罗宗强先生的《李杜论略》共分七章:李杜优劣论之历史回顾、李白与杜甫政治思想之比较、李白与杜甫生活理想之比较、李白与杜甫文学思想之比较、李白与杜甫创作方法之比较、李白与杜甫艺术风格之比较、李白与杜甫艺术表现手法之比较。此著可以说是 20 世纪李杜比较的论著中最具严谨的体系的一部。20 年代出版的傅东华的《李白与杜甫》和汪静之的《李杜研究》的"李杜比较论"部分是之前这方面较有完整体系的系统比较之作,但两者只能说是粗具体系,其体系在严谨、均衡、清晰上还有很大的不足。傅著全书十章,仅李杜的家世、生平经历就用了六章,诗歌艺术的比较却仅在"从纯艺术的观点一瞥"一部分粗略交代。汪著"李杜比较"一章从思想、作品、性格、境遇、行为、嗜好、身体七个方面比较,则显得繁杂。且傅、汪二著对诗歌艺术的比较都放于一章,虽也大致涉及了创作方法、艺术风格、艺术表现手法等方面,但显然是显得笼统的。罗先生的《李杜论略》把李杜的思想分为政治思想和生活理想,把诗歌艺术分为创作方法、艺术风格、表现手法,又加上了文学思想一部分,其体系更为科学,显得分明而严谨。在具体的比较论述中,罗著的观点也大都翔实、深刻,提出了不少自己的精彩见解。

燕白先生的《简论李白与杜甫》一书也较为全面地比较了李杜之间的异同。第二章《如何评价李白与杜甫》中对于前人抑李扬杜或抑杜扬李的观点,作者认为:“恰如其分地‘扬’,是对的;但扬过了头,就不正确了。为了扬此而抑彼,或为了扬彼而抑此,都是缺乏实事求是精神的,都是不应该的。”第三章则对郭沫若先生《李白与杜甫》中及“文革”期间儒法斗争浪潮下的背离客观实际的扬李抑杜的言论进行了批判。第五章就李杜的世界观和艺术观进行了比较。认为李白的世界观在赐金还山前是纵横家兼儒家的思想占主导地位,赐金还山之后则是道家老庄思想占主导地位;杜甫的思想范畴基本上是属于儒家的,但由于他的亲身经历和感受,使他更接近于民间下层,因此,他的思想又不尽属于儒家,而是有所突破。艺术观上,创作方法方面李白是十足的浪漫主义,杜甫是典型的现实主义。对待艺术的看法,两人相同的地方是他们都尊重前辈诗人的艺术创作,对齐梁以来只重完美的形式、不重内容的文风不赞成。不同的是李白的思想更激进些,他对六朝的文学,基本上采取否定的态度而强调必须复古,因此他就更重作古诗和乐府,而极少作律诗。杜甫虽然也反对六朝的绚丽文风,但不反对雕琢之句,讲求声律,他是既重内容也重形式的。第七章比较了李杜诗歌的特点,认为李白和杜甫,一个作为浪漫主义的诗人,一个作为现实主义的诗人,所运用的创作方法是根本不同的,因此,他们的诗歌也有着很多不同的特点。主要表现在:一重虚,一重实;一重夸张和比兴,一重白描和细节刻画;一重情,追求理想境界,一重理,面对现实生活;一似写意画,用大笔烘托渲染,一似工笔画,用细毫细描慢刻。同时,还表现在他们对诗歌形式喜好的不同,李白喜欢写古诗和乐府诗,律诗很少,因为他不愿受格律的限制;杜甫的古诗写得也很好,但同时也善作律诗。另外两人他们在选取诗的题材上,也是各不相同的。

葛景春先生的《李杜之变与唐代文化转型》是新时期李杜比较研究论著中最晚出的一种,书中考察重点在李杜差异和唐代诗歌主潮及唐代文化潮流的发展变化的关系之上,是从唐代乃至整个中国古代诗歌和文化范围,以发展演变史的眼光去审视李杜之间的差异。关于这个问题,如前文所述,20 世纪 20 年代胡小石先生曾最早指出:“从《古诗十九首》至太白作个结束,可谓成家;从子美开首,其作风一直影响至宋明以后,可云开派。”后来胡适先生《白话文学史》中又把李杜分别划归安史之乱之前和之后两个不同的文学时期,在文学史界产生了很大的影响。20 世纪 80 年代以来,又有一批学者对这一问题给予了关注。罗宗强先生的《唐诗小史》[48]《隋唐五代文学思想史》[49]、陈伯海先生的《唐诗学引论》[50]、袁行霈先生总主编的《中国文学史》[51]中都把李杜分别划归于盛唐和中唐（或转折期）两个不同的时期。

葛著则专门对这一问题作了翔实深入的考察。全书共分三编。上编四章，分别对李杜的五古、七古、律诗、绝句的异同进行比较考察，每体之内又从渊源、题材、风格、手法、声律、结构，以及异同的原因等方面作细致深入地探究。中编则具体研究了李杜诗风之变和唐诗主潮之变之间的关系。葛先生认为，唐代社会基本上可以划分为两个大的时期，从开国到安史之乱发生是其上升期，从安史之乱到唐代亡国是它的衰变期。上升期的士人心态，怀着朝气蓬勃的理想主义精神，表现在诗歌上，就是理想主义的浪漫诗潮。李白正是这种诗潮最杰出的代表，而杜甫的思想倾向、诗歌风貌则属于另一个时代，即唐代走下坡路的中晚唐时期，李杜诗风之变是代表着唐诗主潮的转变的。书的下编则进一步把视野拓展，从整个唐代文化乃至中国文化发展嬗变的层面去审视李杜之变。葛先生认为，初盛唐时期在社会阶层上仍是士族势力占优势的时代（虽然已有大量寒士走上政治舞台），影响到文学上，是这时期盛行的仍旧是传统的骈文和诗赋，仍旧保存着士族雅文化的色彩。而中晚唐时期寒士阶层的势力愈加壮大，通过与士族的斗争最终战胜了士族势力。因此在文学上，以雅文化为特征的士族文学也逐渐向以传奇小说、变文等为形式的俗文学转变。在士人主体方面，隋唐之际是以凭自己杰出才能和远见卓识成为帝王师友的“策士”型士人为主，而高宗以后的初盛唐时期，所重视的是以科举出身的“文士”型士人，盛唐文士普遍带有魏晋南北朝名士的“风流倜傥”之气，盛中唐之际的士人则表现出尊经重儒、救时劝俗的儒士精神。唐代士人经历了唐初策士、初唐文士、盛唐名士、大历至中唐儒士的多次变化。在文化环境方面，初盛唐儒、释、道、侠多元交融，对外来宗教、音乐、歌舞、绘画等采取开放的政策，具有多元相辅相成，和谐共存，融会古今，汇合南北，贯通中外的开放性文化心态和环境。安史之乱后，社会政治形势使文化思潮由多元并行逐渐向强化儒家思潮的方向发展。李白身上虽有鲜明的庶族地主的平民之气，但是他却濡染了南朝士族名士的个性解放和人格独立的意识，而杜甫身上更多则是儒士的色彩，他们分别受到了两个时代不同的文化精神的影响。在文化价值取向上，李白处于盛唐开放多元的文化环境中，可以自由地选择吸取儒、道、释、侠及外来文化等不同的文化因素，沾染了士族文化的独立意识和人格风采，先秦平民之士的平交王侯、为王者师友的理想，侠士扶危济困、然诺重交的义气，道教追求个体自由的精神，儒家安社稷、济苍生的使命感和责任感，佛教众生平等的意识，多样的文化因素在他身上奇妙地结合。而杜甫在安史之乱后的文化环境中，只能选择儒学，吸收的主要是儒家的大一统、夷夏之辨、伦理纲常、仁民爱物等思想观念。这些论述和分析非常深刻而有力地证明了唐代文化转型和李杜之变的因果关系。

另外，傅庚生、傅光先生合著的《杜甫论集》[52]中也汇集了二人多篇李杜比较的文章，包括《评李杜诗》（傅庚生）、《万卷斋李杜诗话》（傅光）、《李杜诗论》（傅庚生）、《简论李杜诗》（傅庚生、傅光）、《李杜诗风各异与社会交变之关系说略》（傅光）、《李杜的承前与启后说略》（傅光）。这些文章完成于不同时期，虽不是系统全面的比较，但对李杜之间多方面的问题作了探讨。

新时期李杜比较研究的成果，还需要注意的是，出现了不少总结、梳理李杜优劣论、李杜并称等问题产生、发展的历史的文章，这里不再具体分析。

总之，20世纪以来的百余年间，李杜比较研究成果是极为丰硕的。研究形式上，从古代零散的评点、言谈发展为系统、翔实的专著和论文；研究方法从古代印象式的感受发展为深入严谨的论证分析；研究视野从古代的只重思想艺术的比较拓展到身世、经历、性格、时代政治背景、文化环境、思想、艺术等全方位的考察。这确实是飞跃性的进步。因而，在研究成果的数量和质量上，这时期较古代有了长足的进步。

注　释

[1]见《国学丛刊》第2卷第3期（1924年9月），后收入《杜甫研究论文集》一辑，北京：中华书局，1962年。

[2]引文出自胡小石《中国文学史讲稿》，稿中有“李白与杜甫”一部分，内容与《李杜诗之比较》大致相同。此稿原刊于1928年，后经整理收入《胡小石论文集续编》，上海：上海古籍出版社，1987年。

[3]上海：新月书店，1928年初版。

[4]见胡适《白话文学史》第十四章“杜甫”，天津：百花文艺出版社，2002年。

[5]上海：大江书铺，上册、中册1931年初版，下册1932年初版，此据济南：山东大学出版社，1996年。

[6]上海：商务印书馆，1934年。

[7]北平：北平朴社出版部，1932年。

[8]文载《厦大周刊》第13卷第1～5期（1933年）。

[9]文载《文哲月刊》第1卷第1期（1935年）。

[10]上海：商务印书馆，1927年10月初版。

[11]上海：商务印书馆，1927年10月初版。

[12]发表于《河北大名师范期刊》第二期，后《文化周刊》1934年第4期转载。

[13]《南昌女中》1937年5～6期。

[14]《华侨文阵》1942年第1期。

[15]《文学修养》1943年第2卷。

[16]天津：百花文艺出版社，2002年，第181页。

[17]文载《文友》第三卷第六期，1944年。

[18]文载《国文月刊》第51期（1947年1月），后收入《杜甫研究论文集》一辑，北京：中华书局，1962年。

[19]《国文月刊》第 75、76 期(1949 年 1 月、2 月),后收入《杜甫研究论文集》一辑,北京:中华书局,1962 年。

[20]春明出版社,1955 年。

[21]发表于《光明日报》1962 年 6 月 9 日,后收入《杜甫研究论文集》一辑,北京:中华书局,1962 年。

[22]燕白《简论李白与杜甫》,成都:四川人民出版社,1981 年,第 18 页。

[23]见萧涤非《杜甫诗选注》后记,此文又收入《杜甫研究》(修订本),济南:齐鲁书社,1980 年。

[24]《郭沫若谈诗》,《羊城晚报》1962 年 3 月 15 日;《文汇报》1962 年 3 月 2 日。

[25]见萧涤非《关于〈李白与杜甫〉》,文载《文史哲》1979 年第 3 期,后收入《杜甫研究》(修订本)。

[26]《北京大学学报》1975 年第 2 期。

[27]发表于《文史哲》1979 年第 3 期,后收入《杜甫研究》(修订本),济南:齐鲁书社,1980 年。

[28]发表于《文学评论丛刊》第五辑,中国社会科学出版社,1980 年 3 月;后收入《李白十论》,成都:四川人民出版社,1981 年。

[29]《社会科学战线》,1981 年第 4 期。

[30]《北京大学学报》(哲学社会科学版),1989 年第 4 期。

[31]《文学遗产》,1999 年第 6 期。

[32]《社会科学研究》,2001 年第 2 期。

[33]《社会科学研究》,2006 年第 1 期。

[34]《浙江社会科学》,2006 年第 3 期。

[35]《宝鸡师院学报》(哲学社会科学版),1990 年第 2 期。

[36]《荆门大学学报》,1992 年第 4 期。

[37]《杜甫研究学刊》,2003 年第 4 期。

[38]《社会科学研究》,1993 年第 1 期。

[39]《杜甫研究学刊》,2007 年第 2 期。

[40]济南:齐鲁书社,2007 年 5 月。

[41]《文艺理论研究》,1980 年第 2 期。

[42]《人文杂志》,1983 年第 2 期。

[43]《社会科学研究》,1987 年第 2 期。

[44]《文艺理论研究》,2000 年第 3 期。

[45]呼和浩特:内蒙古人民出版社,1980 年。

[46]成都:四川人民出版社,1981 年。

[47]郑州:大象出版社,2009 年。

[48]西安:陕西人民出版社,1987 年。

[49]上海:上海古籍出版社,1986 年初版;北京:中华书局,1999 年再版。

[50]上海:东方出版中心,1988 年。

[51]北京:高等教育出版社,1999 年。

[52]哈尔滨:黑龙江人民出版社,1986 年。

试论王世贞对李白的接受和评价

王红霞　任　龙

王世贞(1526—1590),字元美,号凤洲,又号弇州山人,江苏太仓人。明代嘉靖、隆庆时期著名政治家、文学家、史学家。嘉靖二十六年(1547)进士,历任刑部主事、山东按察司副使、河南按察司副使、浙江左参政、山西按察司、广西右布政使、南京兵部右侍郎等职,政绩显著。与李攀龙同为活跃于明代中期文坛的重要文学复古流派"后七子"的领袖人物,持论文必西汉、诗必盛唐。一生博学多才、著作颇丰,计有《弇州山人四部稿》一百七十四卷、《弇州山人续稿》二百零七卷、《艺苑卮言》八卷、《读书后》八卷等,《明史》卷二百八十七《文苑三》有传。张燮谓"古今著述之富,未有如王司寇者。"[1]许学夷称"王元美《四部稿》,前、后集共四百五十卷,古今文集未有若是之多者。"[2]王世贞才学赡富,叶向高谓"夫七子,直弇州雄也,其才情之宏富,笔调之纵横,盖于明无二焉。"[3]王逸民亦称"元美既以盖世之才,为一世楷模"[4]。为有明一代最为重要的诗文大家之一。

王世贞对李白极为崇敬和喜爱,不仅留下很多涉及李白的诗、文、诗话,而且还以大量的创作实践来接受和传播李白。

在王世贞的作品中,涉及李白的诗歌有39首,其中以李白为主题的诗歌15首,提及李白的诗歌24首;文章20余篇,诗话8条,这些材料或仰慕李白豪放不羁、飘逸不群的诗仙风采,或赞叹李白卓尔不群、才华横溢的诗歌创作艺术。

王世贞在《拟古·李翰林白自明》一诗中以第一人称的口吻描绘了自己心目中的李白形象,在再塑李白形象的诗歌中,很少见到像王世贞这样以李白自我表白形式构篇的诗歌:

海色摇地绿,昆仑插天青。天地不相忘,千秋弄精灵。偶然復生余,抟作世人形。俗眼不能识,强呼为岁星。昨歌咸阳市,如意击玉瓴。醉骂文成侯,白眼春冥冥。新丰酒初熟,胡姬手如玉。十千换一斗,醉即垆头宿。中夜黎眉騧,银珰响相逐。上帝奏钧天,名姓登紫箓。蛾眉七十二,停筝待新曲。揽笔虹霞生，鸣毫风雨促。天姬粲瑶齿，重瞳亦回瞩。衣我宫锦袍，葡萄发醽醁。片言朝不投，夕买范生舟。三神未欲返，五湖且须游。鱼龙听咸池，遂为钓者求。愀然发长啸，千金等云浮。虞帝放丹均，波应及许由。不然箕山客，今作渔阳囚。黄鹄说樊笼，低声瞰九州。衔珠报恩德，然后访丹丘。[5]

细读此诗，我们可以发现，首先，诗歌承继了“李白星精转世”的出生传说，视李白为天地造化的精灵、“岁星”，并且在王世贞看来，“岁星”的称呼仍然贬低了李白。关于“李白星精转世”的传说最早由李阳冰在《草堂集序》中提到：

(李白母)惊姜之夕，长庚入梦，故生而名白，以太白字之。世称太白之精，得之矣。[6]

李阳冰在这篇序文中对李白身世的叙述充满了传奇色彩，首次将李白称为“太白之精”。尔后范传正的《赠左拾遗翰林学士李公新墓碑》、五代王定保的《唐摭言》、欧阳修、宋祁等撰的《新唐书》、辛文房的《唐才子传》等都延续了这样的出身传说，这也成为后世文人传播李白的一条重要素材。在明人的诗文中，对“李白星精转世”的描述亦是俯仰皆是。

同时，李白还具有“酒星”和“文星”的双重身份，既嗜酒好饮，又才思敏捷。李白诗中多酒，生性好饮，《旧唐书》称李白“既嗜酒，日与饮徒醉于酒肆……浪迹江湖，终日沉饮。”[7]殷璠《河岳英灵集》评价其为“性嗜酒”[8]，杜甫在《饮中八仙歌》诗中赞美其“李白一斗诗百篇，长安市上酒家眠”[9]。将饮酒与诗才联系到一起，酒成为李白诗歌创作的灵感来源，是其诗歌创作最好的催化剂，而“饮酒赋诗”则是李白进行创作的最佳状态，正如李白在《江上吟》中所言：“兴酣笔落摇五岳，诗成笑傲凌沧州”[10]。对于酒与李白的关系，后人的诗篇亦多有提及。郑谷在《读李白集》中就感叹道：“何事文星与酒星，一时钟在李先生”[11]，皮日休也在《李翰林》中称：“吾爱李太白，身是酒星魂”[12]，与王世贞同时代的宗臣也在其《过采石怀李白》(其一)中称其“阊阖天门夜不关，酒星何事谪人间”[13]。王世贞也在其诗歌中尽情描绘李白的诗酒风流，如“纵酒狂歌秋与长”“还怜李白醉时情”“乾坤一酒徒”等，所以王世贞笔下的李白既能醉宿罏头，亦不妨揽笔虹霞生。而所谓“揽笔虹霞生，鸣毫风雨促”，与杜甫“笔落惊风雨，诗成泣鬼神”[14]的评价别无二致，都是对李白惊人诗歌才华的热情赞美。

其次，李白还具有狂傲的个性与潇洒的人生态度。李白性格狂傲，《新唐书》称李白“骜放不自修”[15]，与其同时的杜甫在《赠李白》诗中称其“痛饮狂歌空度日，飞扬跋扈为谁雄?”[16]，清代贺裳更称“谓李‘飞扬跋扈’，最善形容。”[17]李白在自己的诗歌中也常以狂人、狂客、狂夫自命，如“我本楚狂人，凤歌嘲孔丘”“一州笑我为狂客，少年往往来相讥”“谁人识此宝，窃笑有狂夫”等。

王世贞在其其他诗歌中也多次提及李白狂傲的性格,如《菩萨蛮·太白楼作》:“谁教狂李白,独起千秋色。”[18]《汪伯子司马阅武试》:“此地若容狂李白,也应偏识令公才。”[19]在王世贞心目中,李白是狂傲之士的代表人物。同时,李白在面对人生不如意时又具有一种洒脱的人生态度。李白一生对自己的才能高度自信、抱负远大,具有强烈的用世之心,他自许“怀经济之才,抗巢由之节,文可以变风俗,学可以究天人”[20],他在《代寿山答孟少府移文书》中谈到自己的政治理想是:“申管晏之谈,谋帝王之术,奋其智能,愿为辅弼,使寰区大定,海县清一,事君之道成,荣亲之义毕,然后与陶朱、留侯,浮五湖,戏沧洲,不足为难矣。”[21]然而两次入仕,一次赐金放还,一次坐永王事流放夜郎,政治理想的破灭常让李白在诗歌中表现出一种超然物外。李白在《宣州谢朓楼饯别校书叔云》中说:“人生在世不称意,明朝散发弄扁舟。”[22]尽显豁达之态,虽然其中别有一番无奈滋味;李白又在《古风》(其十)中称:“吾亦澹荡人,拂衣可同调”,[23]而李白这种豁达潇洒的人生态度也被后世接受并认可。陆游在《读李杜诗》中就称“青莲澹荡人”[24],明人方孝孺在其《吊李白》中开篇便称颂道:“君不见唐朝李白特达士”[25];而在这首诗歌中,王世贞借用范蠡身退泛舟五湖故事,不仅与李白诗意暗合,李白在《赠韦秘书子春》中称:“终与安社稷,功成去五湖”[26],而又全无无奈之感,这里的李白追求的是一种潇洒自适的生活,无所羁绊。

另外,李白还轻财好施、睥睨权贵,该诗以“昨歌咸阳市,如意击玉瓯。醉骂文成侯,白眼春冥冥”“愀然发长啸,千金等云浮”来描绘李白的这种个性气质。李白轻财好施,其在诗歌《将进酒》中说道:“天生我才必有用,千金散尽还复来。”[27]年轻时期的李白轻财重义,其在东游维扬、不到一年的时间里,便散金三十余万,全用于周济“落魄公子”,在《赠从兄襄阳少府皓》一诗中对这一段时期生活的总结是“一朝乌裘敝,百镒黄金空”[28],其轻财重义,好施予人可见一斑。同时,李白还不畏权贵、睥睨诸侯,李白对权贵的“傲气”在其诗歌中多有体现,如“松柏本孤直,难为桃李颜”“黄金白璧买歌笑,一醉累月轻王侯”“安能摧眉折腰事权贵,使我不得开心颜”等。正因为李白展现出来的士人的傲骨豪气,其身上又附会了许多傲视权贵的传说故事,如贵妃捧砚、力士脱靴等。

最后,诗人以尧让天下于许由和黄鹄困于樊笼故事,感叹李白虽脱去羁绊,然而负经世之才却不逢明主,终不被所用。

这首诗歌中的李白仙气横溢,仿佛神仙模样。其在《为胡进士孟弢作匡山读书处歌》则塑造了一个更具有人间气息的李白形象:

大块下坠成匡山,秀作中天五青莲。十二万纪抟云烟,元气小漏长庚颠。秀作人间一青莲，绡霞酿露六十年，两雄相得非偶然。所以匡庐李白庐，白也匡白庐。念欲宫锦幄，屏风背擁九叠碧。念欲宫锦袍，瀑布高悬八千尺。朝诵宛委编，暮歌大洞经。化为三籁透紫冥，下杂栖贤三峡之雷霆。细则鸾凤喈，粗则虬龙鸣。香炉袅篆五色明，坐使万境神魂清。咄嗟匡山不负白，白也顿负匡山色。功名善愚人，一旦调乃公。采撷庵霭，擘削巃嵸。尽收绣鞶囊，卖之华清宫。连成一出玉环妒，天子欲偿价，力士老奴从旁代喈叹，从此重瞳意回互。浔阳雨，夜郎雾，采石捉月月不顾；不携得，匡山去。后千余年好事者，仍榜匡山读书处。咄嗟哉，咄嗟哉，李白居，杜甫诗。诗耶人耶，与山并斗宇宙奇，胡郎有奇急吐之。君不见六经万古长赫曦，如悬九霙灼四垂。不然草大还，直借鹏背家须弥。安能龊龊若恋五言七字长吾伊，如此读书读奚为？[29]

这首诗歌除了结尾的议论之外，仍然是描绘李白形象，追溯了李白降生、匡山读书、应诏长安、贬谪夜郎等事迹。诗歌仍然强调了李白“太白星精转世”的出身传说，并塑造了一个神奇瑰丽的匡山读书世界，李白少年时期曾读书于匡山，《唐诗纪事》引东蜀杨天惠《彰明逸事》：“今大匡山犹有读书台，而清廉乡故居遗址尚在，废为寺，名陇西院。”[30]而这神奇的匡山也赋予了李白窈冥恣肆的诗歌才华。接下来，王世贞用李白一生中颇具传奇色彩的几件传说故事，再现了一个才华横溢而又命途多舛的李白形象，包含了贵妃捧砚、力士脱靴、采石捉月等传说，卓越的诗歌才华虽然给李白带来了暂时的荣耀，但最终还是因才受妒，远放江湖。最后，王世贞将李杜并举，称二者“与山并斗宇宙奇”，并劝诫后学以李杜为学习的榜样。这首诗歌不仅表达了王世贞对李白卓越诗才的由衷赞美，还对李白才大命蹇表达了叹惋之情。

王世贞在其诗歌中毫不掩饰地表达了自己对李白的喜爱以及惜不与其同时，不能一睹诗仙风采的遗憾之情：

少陵实沉雄，太白擅豪华。当其磅礴时，口吻皆烟霞。（《咏史一百首》）[31]

最爱青莲李供奉，掌中投赠四骊珠。（《李宗伯以四绝句慰余请告赋此奉酬且伸后约》）[32]

芙蓉万仞插天寒，乐府新传《蜀道难》。把向风流贺宾客，不知还拟谪仙看。（《右冷太仆李宪使示蜀中诸诗率尔酬答》）[33]

朝游采石访李白，夕向金陵歌谢朓。（《华员外改南司马部分韵》）[34]

遥怜李白在浔阳，纵酒狂歌秋与长。夜夜银河萦斗色，肯教龙剑吐风霜。（《怀吴明卿》其二）[35]

遥闻李白在扬州，银瓮葡萄晚自愁。曲罢广陵人不见，萧条枫叶映寒流。（《扬州访张有功不值》）[36]

君到夜台无李白，也堪惆怅忆人间。（《哭王君载四绝》其三）[37]

知卿久擅南州誉，曾记开元李白词。（《白鹇》）[38]

在上述诗句中，王世贞对李白推崇备至，对其卓越的诗歌才华极为欣赏与佩服，直言“最爱青莲李供奉”，誉其诗歌作品为“烟霞”；并道出愿与李白神游的愿望，但终因昔人已逝，无迹可寻，所谓“曲罢广陵人不见”“也堪惆怅忆人间”，诗人对不能与李白同时的遗憾之情溢于言表，而只能在李白的诗歌中怀想李白、在画像中仰慕李白、在昔日李白登临之所追思李白。王世贞又留下许多题李白画像、登临追忆李白的诗歌：

昔闻李供奉，长啸独登楼。此地一垂顾，高名百代留。白云海色曙，明月天门秋。欲竟重来者，潺湲济水流。（《登太白楼》）[39]

苔堦拥立壁，遗像挂蠨蛸。诵尔天门句，不风江自涛。千秋无正始，一代见才豪。三山云作供，姑熟水为醪。霞明铜棺日，天坠宫锦袍。那能不相待，空自蹑金鳌。（《采石谒太白祠》）[40]

高楼百尺攀星汉，东秦十二夸雄观。野旷觉天低，天回海树齐。谁教狂李白，独起千秋色。而我亦歌呼，乾坤一酒徒。（《菩萨蛮李白楼作》又作太白楼作）[41]

匡庐万古瀑，太白千秋才。两奇偶相值，后人何有哉。及展舜举图，恍登文殊台。立起青莲枯，来听万壑雷。始知丹青力，可以回寒荄。（《题朱上林所赠钱舜举太白观瀑图后即还上林》其二）[42]

这些诗歌亦无一例外的表现了王世贞对李白的无限追思和敬仰之情。明人怀想李白怀古主题作品多达两百多首，较之前代不遑多让，这类作品的激增，不仅与传统文化中的诸如“游仙文化”“感士不遇”文化心态等息息相关，同时也与明代文网严密、吏制严苛的社会现实相关；而王世贞对李白的欣赏与敬仰又有着深层次的原因：王世贞可以从李白那里获得一种精神上的共鸣与慰藉，并对李白有着一种身份上的认同，将李白视为异代知己。

王世贞性格耿介，对朱明王朝极端的文化专制、腐朽吏制以及宦官、外戚横行、军政疲敝的社会现实有着清醒的认识和强烈的愤世嫉俗情感。嘉靖二十六年进士及第时，父亲王忬对即将涉及仕途的王世贞的叮嘱是“士重始进，即名位当自致，毋濡迹权路”[43]，希望王世贞做一个正直、勤奋、有所作为的人，而王世贞也正是如父亲希望的那般去做的，《明史·王世贞传》中记载的王世贞刚正不阿、政绩卓越、不依附权贵，陈继儒在《王元美先生墓志铭》中称其为“耻从柄臣道地”,“性不能曲事权贵人”。但正是这种正直耿介而不依附顺从权贵的个性给王世贞的生命带来了太多的坎坷与痛苦。

初涉仕途的王世贞坚持自己的为人处世原则,虽时值严嵩独掌大权,但王世贞仍拒绝跻身严嵩门下,又在杨继盛事件上激怒严嵩,导致“嵩父子怒切齿”[44]。这又直接导致了王世贞在仕途上的坎坷曲折,纵观王世贞一生,多外任而少京职,明升实降的任免、险恶困难的职位多予之。父亲王忬的兵败下狱至死与严嵩有着莫大的关系,这是王世贞一生永难忘却的痛;其弟王世懋,好友吴国伦、宗臣等都曾因得罪严嵩集团或被罢免或遭贬责。王世贞对此也不无感叹,他在刑部任职的第五年所作的《短歌自嘲》中言道:“我不能,六翮飞上天,又不能,摧眉折腰贵人前。为郎五载,偃蹇不迁。”[45]面对仕途的偃蹇,权贵的刁难,李白对豪强的“安能摧眉折腰事权贵”精神成为王世贞的一种慰藉,而这种与李白相似的睥睨权贵的人格精神实则贯穿了王世贞的一生,在作为其诗歌成就代表的变乐府二十二首中,反权贵主题的作品就多达十五首,如针对皇亲国戚、封建王侯的《寿宁泣》《江陵伎》,抨击权贵的《太保歌》《将军行》《尚书乐》等;其晚年,张居正“以世贞同年生,有意引之”,但“世贞不甚亲附”[46],尔后更弹劾张居正。王世贞又在《咏史一百首》(其七十六)中写到:“少陵实沉雄,太白擅豪华。当其磅礴时,口吻皆烟霞。一字翰墨林,千秋归大家。生平宦不达,晚节各天涯。奉谴窜夜郎,乞食困浣华。而我独何幸,获保青门瓜。”[47]将自己的遭际同李杜联系起来,李杜这样的大家尚且不达,而自己至少还能保有一份平静安稳的生活,不至于谴窜夜郎,乞食浣华。李白的人格精神和现实遭际给予王世贞的不仅是现实中的安慰,更有人格立场上的坚定。

在个性气质上,王世贞也深受侠义纵横精神的影响,吴越风俗尚武好勇,《汉书·地理志》载:“吴、粤之君皆好勇,故其民至今好用剑,轻死易发。”[48]这种风俗也影响到文人,王世贞在其《二慕》诗中所欣赏仰慕的两类人便是儒生与侠客,其在《二慕》(其二)中写到:“少小慕侠客,侠客良亦难。宁将百岁掷,不使片言寒。”[49]王世贞诗歌中也多有宝剑、游侠形象,还有多首吟咏侠客的诗篇,侠义勇武的精神在王世贞一生的轨迹中多有闪现,如其不惜触犯禁忌义救杨继盛,为杨氏奔走治丧;兵备青州时期,“(王世贞)身系袴褶,集强壮教之射,申饬保甲,重悬购盗之赏”;“在浙中,修岳武穆、于忠肃祠墓,为文祭奠,辞极悲壮”;王世贞还与抗倭名将戚继光情谊深厚,多次写诗赞美戚继光的英雄事迹。其在《病中书怀上御史院王大夫兼简郭考功》(其四)一诗中写到:“寂寞千秋事,艰危一寸肠。不因穷李白,那见古汾阳。”[50]前两句化用杜甫写李白的诗句“千秋万岁名,寂寞身后事”[51],后两句诗歌则是写到“李白义救郭子仪”的传说故事,对李白的侠义之举甚为感叹。

同时,王世贞也是一位才华横溢、学识渊博的诗人。《明史·王世贞传》谓其“生有异禀,书过目,终身不忘”[52]。其在《艺苑卮言》中讲到:

余十五时,受《易》山阴骆行简先生。一日,有鬻刀者,先生戏分韵教余诗,余得“漠”字,辄成句云:“少年醉舞洛阳街,将军血战黄沙漠。”先生大奇之,曰:“子异日必以文鸣世。”是时畏家严,未敢染指,然时时取司马、班史,李、杜诗窃读之,毋论尽解,意欣然自愉快也。[53]

少年时期的王世贞便已天分过人,并涉猎广泛,在科试程文的学习之余,他还是心有旁骛地背着父亲“时时取司马、班史,李、杜诗窃读之”,并建立起对古文辞的喜爱,少年时期良好的家庭教育和王世贞自己的广泛涉猎为其日后的文学创作和投身文学复古运动起到了铺垫基础的重要作用。

王世贞天分卓越、才华横溢是历来诗歌评论家的公论,朱彝尊《静志居诗话》称“嘉靖七子中,元美才气,十倍于鳞。……当日名虽七子,实则一雄。”[54]陈田《明诗纪事·己签序》称“弇州负沉博一世之才,下笔千言。”连钱谦益在《列朝诗集小传》中亦不得不称“元美之才,实高于于鳞,其神明意气,皆足以绝世。”[55]同时,王世贞对自己的诗歌才华亦是颇为自信,如同李白一样,王世贞在自己的诗歌中也是反复咏叹自己的才华。他在《放歌赠子相考功出参闽省》中言道:“君不见,王世贞,其人口吻俱烟霞。”[56]在写给胡应麟的《胡元瑞读鄙集有寄,走笔四韵答之》一诗中称:“杀青初竟未堪论,博得骊珠字字匀。莫信古来才一石,与君俱是斗量人。”[57]其对自己诗才之自信可见一斑。

王世贞论诗歌艺术,以“格调说”为中心,在王世贞的“格调说”中,格调本于才思。王世贞在其诗论《艺苑卮言》中称:“才生思,思生调,调生格;思即才之用,调即思之境,格即调之界。”[58]“才”成为王世贞关注的焦点,诗人是否具备卓越的才华是其能否创造出优秀作品的基础前提,诗人之“才”是引发和衍生“思”“调”“格”的核心力量,诗人“才力”的高下会直接影响到作品格调的高下,诗歌创作的难点便在于诗人是否具备优秀的才华,正如王世贞所言:“甚矣,诗之难言也”,“其所以难,盖难才也。”[59]

因而李白这位“千载独步,惟公一人”,在中国诗歌史上最具天才的诗人的惊人诗歌才华便成为王世贞诗文中经常咏叹的对象:

千秋无正始,一代见才豪。(《采石谒太白祠》)[60]

玄晖既遒往,李白时一振。请看沧江流,万古才不尽。(《牛渚即采石也》)[61]

匡庐万古瀑,太白千秋才。两奇偶相值,后人何有哉。(《题朱上林所

赠钱舜举太白观瀑图后即还上林》其二)[62]

卫河秋望接天回,大艑高帆拥月来。为问乘槎诸汉使,几人元是谪仙才。(《卫河夜泛》)[63]

太白古乐府,窈冥惝恍,纵横变幻,极才人之致,然自是太白乐府。(《艺苑卮言》卷四)[64]

青莲拟古乐府,以己意己才发之。(《艺苑卮言》卷四)[65]

不仅如此,王世贞还经常在诗文中赞叹友人的诗歌才华:

献吉才气高雄,风骨遒利,天授既奇,诗法复古,手辟草昧,为一代词人之冠。(《艺苑卮言》卷六)[66]

于鳞才,可谓前无古人,至于裁鉴,亦不能无意向。(《艺苑卮言》卷七)[67]

子相才高而气雄……神与才傅,天窍自发。(《〈宗子相集〉序》)[68]

随发而自尽其才,随遇而尽标其志。(《潘润夫家存稿序》)[69]

此地若容狂李白,也应偏识令公才。(《汪伯子司马阅武试》)[70]

屠郎天下才,著作日不休。(《屠仪部隆》)[71]

吾怜张幼于,天才尤卓绝。(《张太学献翼》)[72]

王世贞对于诗人"才思"的重视由此可见一斑,这也是王世贞对李白极为倾心与崇敬的重要原因之一。

由于对李白的人品及诗品极为钦慕,王世贞还经常在自己的诗文作品中用李白比况友人或以李白自喻。

历下多奇士,夫君无忝之。身应李白后,书是伏生遗。(《答赠于鳞》)[73]

卢生富结撰,扬马有遗则。及乎为诗歌,雅好在李白。(《魏郡卢柟》)[74]

才从苦海脱沉沦,两鬓萧疏已似银。君是谪仙宁不群,玉京那有半残人。(《答沈嘉则》其二)[75]

遇酒须倾醉即眠,自称臣是酒中仙。仙家未必能胜此,不起贪嗔七十年。(《走笔寿表兄盛氏》其二)[76]

逃名不作唐供奉,得句还称李翰林。(《内乡李翁……赠之一诗》)[77]

昨遇何翰林,宛如李供奉。(《酒间赠何翰林良俊》)[78]

令人有挥斥八极想,昔贺监见李供奉呼为谪仙人,足下故谪仙人也。(《李仲吉》)[79]

邦宪,予故人也,白皙美姿容,酒态绝出青莲上。(《钱舜举画李白观

瀑图》)[80]

在上述诗文中,王世贞不仅在诗歌创作上将友人比作李白,如称赞挚友李攀龙为李白后身,而实际上李攀龙对李白诗歌亦多有学习,胡应麟在《诗薮》中称:"惟于鳞一以太白、龙标为主,故其风神高迈,直接盛唐"[81];而且,还在人生态度上将友人比作李白,如谓沈嘉则"君是谪仙宁不群,玉京那有半残人",虽人生不如意而不甘沉沦。借用杜甫描画李白的诗句"天子呼来不上船,自称臣是酒中仙"谓表兄盛氏潇洒豁达,不起贪嗔;另外还从容举仪态上将好友比作李白,谓何良俊风神举止宛若翰林,钱舜举醉酒仪容绝似青莲。

另外,王世贞还常在诗歌中以李白自喻或自比。其在《咏史一百首》(其七十六)中说:"少陵实沉雄,太白擅豪华。当其磅礴时,口吻皆烟霞。一字翰墨林,千秋归大家。生平宦不达,晚节各天涯。奉谴窜夜郎,乞食困浣华。而我独何幸,获保青门瓜。"[82]诗歌以李、杜才华卓越而生平不达自况,抒发内心的不平与哀伤。这种哀伤在明代的社会政治环境下是普遍存在的,高启在其《夜闻谢太史读李杜诗》中也抒发了同样的哀伤:"李供奉,杜拾遗,当时流落俱堪悲。……二公高才且如此,君今谓我将何如?"其在《过靳八公题壁》(其一)中说:"纵横风雨尚如新,下马摩挲读未真。此际靳公应大笑,笑余虚是谪仙人。"[83]以"谪仙人"自称;在《余宗汉令君,谢全椒事归,作汗漫游者二十载。曩岁以四律寄我,方在斋居,不能为和,今岁復携七绝句见赠,一谈而别,辄依数报之》(其五)中也说:"愧君虚号谪仙人,一点仙源觅未真。可为出山呼小草,山中久自有风尘。"[84]亦是以"谪仙人"自居;其还在《乙卯病后遇生日独酌至醉漫歌》中写到:"东风吹酒星,倏忽辞青天。自坠吴江湄,一住三十年。……当时倘便骑鲸去,北斗南箕未可沽。"[85]在诗中,王世贞以"酒星"自居,用李白"星精转世"的出身传说代指自己的出生,并以李白"采石捉月,骑鲸飞升"的传说故事代指自己病重,以李白的出生死亡传说故事自比。其又在《公瑕先生在白下两月许,别去。得四绝句送之,皆实际语也》一诗中写到:"长干一万家,半是君题壁。欲赠草书歌,惭余非李白。"[86]感叹自己赠别友人的诗歌虽然饱含了真切的情感,但是比起李白的赠友诗,还是逊色很多。

王世贞在诗文理论批评方面的成就主要体现在《艺苑卮言》一书。正如王逸民所言:"而《卮言》日出,则言之脍炙人口,而诗风翕然随以变,无惑也。"[87]《艺苑卮言》不仅在当世被奉为金科玉律,而且影响文坛长达百余年。王世懋称:"自钟嵘《诗品》以来,谈艺者无虑数十百家,前则严沧浪、徐迪功二录,近则余兄《艺苑卮言》,最称笃论。"[88]毛先舒也认为:"古人善论文章者,曹丕、陆机、钟嵘、刘勰、刘知几、殷璠、释皎然、严羽、李塗、高棅、徐祯卿、皇甫汸、谢榛、王世贞、胡应麟，此诸家最著。中间刘勰、徐、王持论尤精榷可遵，余子不无得失。”《艺苑卮言》评论的突出优点是评判精当，剖析入微，特别是在对李白、杜甫诗的品评上。

并且，《艺苑卮言》在创作上深受严羽《沧浪诗话》的影响，王世贞在《艺苑卮言》中称：“独严氏一书，差不悖旨，然往往近似而未核，余固少所可。”[89]《艺苑卮言》对于李杜的评价可以说是对《沧浪诗话》的继承与发展。严羽在《沧浪诗话》中对李、杜评价如下：

李杜二公正不当优劣，太白有一二妙处子美不能道，子美有一二妙处太白不能作。

子美不能为太白之飘逸，太白不能为子美之沉郁；太白《梦游天姥吟》、《远离别》等子美不能道，子美《北征》、《兵车行》、《垂老别》等太白不能作；论诗以李杜为准，挟天子以令诸侯也。

少陵诗法如孙吴，太白诗法如李广。少陵如节制之师。

少陵诗宪章汉魏而取材于六朝，至其自得之妙，则前辈所谓集大成者也。

观太白诗者要识真太白处，太白天才豪逸，语多卒然而成者，学者于每篇中要识其安身立命处可也。

太白发句谓之开门见山。

李杜数公如金鳷擘海、香象渡河，下视郊岛辈直虫吟草间耳。[90]

严羽对李杜并为推崇，但对于李杜主要着眼于总体艺术风格，而没有从诗法的角度具体地分析、比较李、杜二人各种体例诗歌的长短优劣。王世贞不仅继承了严羽的理论观点，并且从辨析诗体入手，对李杜诗歌进行剖析。王世贞在《艺苑卮言》卷四中写到：

李、杜光焰千古，人人知之。沧浪并极推尊，而不能致辨。元微之独重子美，宋人以为谈柄。近时杨用修为李左袒，轻俊之士，往往傅耳。要其所得，俱影响之间。五言古、选体及七言歌行，太白以气为主，以自然为宗，以俊逸高畅为贵；子美以意为主，以独造为宗，以奇拔沉雄为贵。其歌行之妙，咏之使人飘然欲仙者，太白也；使人慷慨激烈，歔欷欲绝者，子美也。选体太白多露语、率语，子美多稚语、累语，置之陶、谢间，便觉伧父面目，乃欲使之夺曹氏父子位耶？五言律、七言歌行，子美神矣，七言律圣矣。五、七言绝，太白神矣，七言歌行圣矣，五言次之。太白之七言律，子美之七言绝，皆变体，间为之可耳，不足多法也。[91]

太白古乐府，窈冥惝恍，纵横变幻，极才人之致，然自是太白乐府。[92]

十首以前，少陵较难入，白首以后，青莲教易厌。[93]

青莲拟古乐府，以己意己才发之，尚沿六朝旧习，不如少陵以时事创新题也。少陵自是卓识，惜不尽得本来面目耳。[94]

王世贞认为，首先在风格上，李白的诗歌具有充沛的气势，自然清新又俊逸高畅；而杜甫的诗歌具有深刻的含义，独具匠心，有奇拔沉雄的特点。其次从读者审美接受的角度，李白的诗歌能使读者飘飘欲仙，杜甫的诗歌能使读者嘘唏欲绝。最后剖析了二人各种诗歌体例的优劣长短：李白、杜甫的五、七言古诗最为卓越，为圣为神；杜甫长于律诗，李白以绝句取胜；并且李白的七言律、杜甫的七言绝都属于变体，是“不足多法”的。李白乐府虽“纵横变幻，极才人之致”，却不如杜甫“以时事创新题”的乐府更有价值，但杜甫“以时事创新题”的乐府仍存在“惜不尽得本来面目”的缺憾。对李杜二人的评价客观而精当，对二者诗歌并无偏袒，并不独重杜甫，也不偏爱李白，亦同严羽一样持二者并尊的态度，并客观指出二者所存在的缺点。

王世贞对李杜并尊还表现在其作品中，如其集句诗三首中，便是集李杜诗各一首，在其诗文中也多李杜并提，如“李杜并驱”“李杜才高于六朝诸君子”“李杜光耀千古人人知之”等。

在《艺苑卮言》中，王世贞还就李白的部分诗歌作了具体的赏析与评价，而这些赏析与评价结论的得出又与其诗文观念紧密联系在一起：

“峨眉山月半轮秋，影入平羌江水流。夜发清溪向三峡，思君不见下渝州。”此是太白佳境。然二十八字中，有峨眉山、平羌江、清溪、三峡、渝州，使后人为之，不胜痕迹矣，益见此老炉锤之妙。[95]

太白《鹦鹉洲》一篇，效颦《黄鹤》，可厌，“吴宫”、“晋代”二句，亦非作手。律无全盛者，唯得两结耳：“总为浮云能蔽日，长安不见使人愁。”“借问欲栖珠树鹤，何年却向帝城飞。”[96]

王世贞对李白《峨眉山月歌》一诗颇为喜爱，誉为“太白佳境”“老炉锤之妙”。其在《怀肖甫鸿胪将之留都集唐句候之汉中》（其二）一诗中就借用到“思君不见下渝州”一句。这首《峨眉山月歌》凸显了李白诗歌“不胜痕迹”的自然天成之妙，不事雕饰。其弟王世懋在《艺圃撷余》中称：“如太白《峨眉山月歌》，四句入地名者五，然古今目为绝唱，殊不厌重。”[97]周亮工也称：“然细论之，唯《峨眉山月》一气浑成，绝无痕迹，反似当用许多地名者。”[98]都对这首诗歌自然浑成之妙表达赞许之情。总体来说，李白诗歌的美学理想是追求清真之美，李白在其诗歌中反复用到“清真”“清”这些词汇，如《古风》（其三十五）中写到：“一曲斐然子，雕虫丧天真。”[99]在《经乱离后天恩流夜郎忆旧游书怀赠江夏韦太守良宰》中称:“清水出芙蓉,天然去雕饰。”[100]李白诗歌自有其“清真”之特点,而上述诗句都是表达对不事穿凿雕饰,表现真我真诗的一种追求。王世贞对于极尽雕琢之能事的诗歌创作方法也并不赞同,其在《艺苑卮言》中称:

严又云:“诗不必太切。”予初疑此言,及读子瞻诗,如“诗人老去”、“孟嘉醉酒”各二联,方知严语之当。又近一老儒尝咏道士号一鹤者云:“赤壁横江过,青城被箭归。”使事非不极亲切,而味之殆如嚼蜡耳。[101]

所谓“愈巧愈拙,愈新愈陈,愈近愈远”[102],这样过分切题,过分使事用典,只会破坏诗歌的形象感与美感,王世贞更推崇的是“意兴发端,神情傅合,浑融疏秀,不见穿凿之迹”[103],将词理意兴自然结合的诗歌。王世贞在《夜集有怀谢茂秦分韵》中称:“小儒矜倚马,薄俗谓雕虫。”[104]其又在《赠黄鹄》(其一)一诗中言道:“何当扫尽铅华态,貌得乾坤万古真。”[105]都表达了对于诗歌“自然”之旨的追求。而在王世贞的诗歌中,也多有清新自然的作品,特别是其向“吴歌”学习的作品,多有语出天然的风致。

但是,对于李白《登金陵凤凰台》一诗,王世贞则认为其“效颦《黄鹤》,可厌”,虽然在其《泊金陵》诗中称:“不登凤凰台,为怯李家句。”[106]表达了对李白《凤凰台》诗的赞美,但作为一个严谨的批评家,还是客观指出了其效颦学步崔颢《黄鹤楼》一诗的弊端,王世贞在《书苏长公司马长卿三跋后》也说道:“而世俗云李白盖当与徐凝决杀也,岂不知崔颢为何如人耶?只‘晴川历历汉阳树’一浅语,公毕世何曾道得,宜其诗之沓拖饾饤也。”[107]前人胡仔就曾说:“李太白……欲拟之较胜负,乃作《金陵登凤凰台诗》。”[108]刘后村也称:“李白登黄鹤楼,有‘眼前有景道不得,崔颢题诗在上头’之语,至金陵乃作《凤凰台》诗以拟之。”同样是对李白《凤凰台》“模拟较胜”的批判。

而对于效颦模拟之作的批判,又与其复古与求新的文学立场紧密联系在一起。王世贞在《艺苑卮言》中称:“剽窃模拟,诗之大病。”[109]模拟与剽窃是同一性质的,在创作上最不足取。乃至对于挚友的模拟之作,王世贞亦毫不留情地加以批判,如其评价李攀龙的拟古乐府称:“于鳞拟古乐府,无一字一句不精美,然不堪与古乐府并看,看则似临摹帖耳。”[110]王世贞倾向于向古人学习的基础上进而有所发明创造,这也正是其在李、杜乐府诗歌上认为杜甫“以时事创新题”的作品优于李白“尚沿六朝旧习”作品的原因所在。

另外,王世贞还赞同李白同杜甫一样,具有忧时感事的情怀。其在《艺苑卮言》中言道:

灵武回天,功推李、郭;椒香犯跸,祸始田、崔,是则然矣。不知僖、昭困蜀、凤时,温、李、许、郑辈得少陵、太白一语否?有治世音,有乱世音,有亡国音，故曰："声音之道，与政通也。"大力者为之，故足挽回颓运，沉几者知之，亦堪高蹈运引。[111]

王世贞的"一语都无"的评判未免过于极端，但就总体而言，温、李、许、郑确实不如李、杜忧时感事，前人往往重老杜之"忠君"而忽视太白之爱国，实则太白之爱君忧国丝毫不逊于老杜。正如瞿佑对李白《凤凰台》诗的评语所言："盖颢结句云：'日暮乡关何处是？烟波江上使人愁。'而太白结句云：'总为浮云能蔽日，长安不见使人愁。'爱君忧国之意，远过乡关之念。"[112]

李白诸如《古风》（其十九）、《永王东巡歌》等诗歌，无不表现其忧怀国事、忠君爱国的情怀。而王世贞同样如此，其《书庚戌秋事》写庚戌之变、《石头变》反映南京兵变、《辽阳悼》反映了东北前线的饥荒、《大地变》反映了山西一带的地震，其诗歌多有反映社会现实、民生疾苦，表现了对国家人民高度的责任感与忧患意识。

注 释

[1]（明）张燮：《书弇园八记后》，《明文海》卷三〇三，北京：中华书局，1987年。

[2]（明）许学夷：《徐学夷诗话》后集纂要卷二，1076条，《明诗话全编》，南京：江苏古籍出版社，1997年，第6323页。

[3]（明）叶向高：《黄离草序》，《明文海》卷二三八，北京：中华书局，1987年。

[4]（明）王逸民：《欣赏诗法·序》，《明诗话全编》，南京：江苏古籍出版社，1997年，第4795页。

[5]（明）王世贞著：《弇州山人四部稿》卷九，《文渊阁四库全书》卷1279，上海：上海古籍出版社，1987年，第119页。

[6]（唐）李阳冰撰：《草堂集序》，《李太白全集》卷三十一，北京：中华书局，1977年，第1443页。

[7]（后晋）刘昫等撰：《旧唐书》卷一百九十下，北京：中华书局，1975年，第5053页。

[8]（唐）殷璠著：《河岳英灵集》上，《四部丛刊》本。

[9][51]（唐）杜甫著，（清）仇兆鳌注：《杜诗详注》卷二，北京：中华书局，1979年，第81、558页。

[10][20][21][22][23][26][27][28][99][100]（唐）李白著，（清）王琦注：《李太白全集》，北京：中华书局，1977年，第374、1218、1220、861、101、478、179、462、133、574页。

[11]《全唐诗》卷六百七十五，第7736页。

[12]《全唐诗》卷六百零八，第7018页。

[13]（明）宗臣著：《宗子相集》卷十一，《文渊阁四库全书》卷1287，第90页。

[14]（唐）杜甫著，（清）仇兆鳌注：《杜诗详注》卷八，北京：中华书局，1979年，第660页。

[15]（宋）欧阳修、宋祁等撰：《新唐书》卷二百二，北京：中华书局，1975年，第5762页。

[16](唐)杜甫著,(清)仇兆鳌注:《杜诗详注》卷一,北京:中华书局,1979年,第42页。
[17](清)贺裳著:《载酒园诗话又编》,《清诗话续编》,上海:上海古籍出版社,1983年,第316页。
[18](明)王世贞著:《弇州山人四部稿》卷五十四,《文渊阁四库全书》卷1279,上海:上海古籍出版社,1987年,第685页。
[19](明)王世贞著:《弇州山人四部稿》卷四十二,《文渊阁四库全书》卷1279,上海:上海古籍出版社,1987年,第537页。
[24](宋)陆游著,钱仲联校注:《剑南诗稿校注》卷七十,上海:上海古籍出版社,第3903页。
[25](明)方孝孺著:《逊志斋集》卷二十四,四部丛刊景明本。
[29](明)王世贞著:《弇州山人续稿》卷十,《文渊阁四库全书》卷1282,上海:上海古籍出版社,1987年,第126页。
[30](宋)计有功撰:《唐诗纪事》卷十八,第272页。
[31][82](明)王世贞著:《弇州山人续稿》卷四,《文渊阁四库全书》卷1282,上海:上海古籍出版社,1987年,第53、53页。
[32](明)王世贞著:《弇州山人续稿》卷二十五,上海:上海古籍出版社,1987年,第336页。
[33][35][36][63][83](明)王世贞著:《弇州山人四部稿》卷四八,《文渊阁四库全书》卷1279,上海:上海古籍出版社,1987年,第614、610、604、610、613页。
[34](明)王世贞著:《弇州山人四部稿》卷十六,《文渊阁四库全书》,上海:上海古籍出版社,1987年,第200页。
[37](明)王世贞著:《弇州山人四部稿》卷五十二,《文渊阁四库全书》,上海:上海古籍出版社,1987年,第661页。
[38](明)王世贞著:《弇州山人四部稿》卷四十四,《文渊阁四库全书》,上海:上海古籍出版社,1987年,第555页。
[39](明)王世贞著:《弇州山人四部稿》卷二十四,《文渊阁四库全书》,上海:上海古籍出版社,1987年,第305页。
[40](明)王世贞著:《弇州山人四部稿》卷三十二,《文渊阁四库全书》卷1279,上海:上海古籍出版社,1987年,第407页。
[41](明)王世贞著:《弇州山人四部稿》卷五十四,《文渊阁四库全书》卷1279,上海:上海古籍出版社,1987年,第685页。
[42](明)王世贞著:《弇州山人续稿》卷十,上海:上海古籍出版社,1987年。
[43][44](明)王世贞著:《先考思质府君行状》,《弇州山人四部稿》卷九十八,《文渊阁四库全书》,上海:上海古籍出版社,1987年,第571页。
[45](明)王世贞著:《弇州山人四部稿》卷十七,《文渊阁四库全书》卷1279,上海:上海古籍出版社,1987年,第212页。
[46][52](清)张廷玉等撰:《明史》卷二百八十七,北京:中华书局,1974年,第7380、7379页。
[47](明)王世贞著:《弇州山人续稿》卷四,《文渊阁四库全书》卷1282,上海:上海古籍出版社,1987年,第53页。

[48](汉)班固撰,(唐)颜师古注:《汉书》卷二十八下,第1667页。

[49](明)王世贞著:《弇州山人四部稿》卷四十五,上海:上海古籍出版社,1987年,第571页。

[50](明)王世贞著:《弇州山人四部稿》卷二十八,上海:上海古籍出版社,1987年,第349页。

[53][67][110](明)王世贞著,罗仲鼎校注:《艺苑卮言校注》卷七,济南:齐鲁书社,1992年,第355、300、351页。

[54](明)朱彝尊著:《静志居诗话》卷十三,人民文学出版社,第382页。

[55](清)钱谦益著:《列朝诗集小传》,上海:上海古籍出版社,1983年,第436页。

[56](明)王世贞著:《弇州山人四部稿》卷十八,《文渊阁四库全书》,上海:上海古籍出版社,1987年,第226页。

[57](明)王世贞著:《弇州山人续稿》卷二十二,《文渊阁四库全书》,上海:上海古籍出版社,1987年,第286页。

[58][89](明)王世贞著,罗仲鼎校注:《艺苑卮言校注》卷一,济南:齐鲁书社,1992年,第39、1页。

[59](明)王世贞著:《陈于韶先生卧雪楼摘稿序》,《弇州山人续稿》卷四十四,《文渊阁四库全书》,上海:上海古籍出版社,1987年,第582页。

[60](明)王世贞著:《弇州山人四部稿》卷三十二,《文渊阁四库全书》,上海:上海古籍出版社,1987年,第407页。

[61](明)王世贞著:《弇州山人四部稿》卷四十五,《文渊阁四库全书》,上海:上海古籍出版社,1987年,第577页。

[62](明)王世贞著:《弇州山人续稿》卷七,《文渊阁四库全书》,上海:上海古籍出版社,1987年,第92页。

[64][65][91][92][93][94][95][96][101][102][103][109][111](明)王世贞著,罗仲鼎校注:《艺苑卮言校注》卷四,济南:齐鲁书社,1992年,第168、172、165、168、168、172、179、181、226、212、180、216、211页。

[66](明)王世贞著,罗仲鼎校注:《艺苑卮言校注》卷六,济南:齐鲁书社,1992年。

[68](明)王世贞著:《弇州山人四部稿》卷六十五,《文渊阁四库全书》,上海:上海古籍出版社,1987年,第134页。

[69](明)王世贞著:《弇州山人四部稿》卷六十八,《文渊阁四库全书》,上海:上海古籍出版社,1987年,第178页。

[70](明)王世贞著:《弇州山人四部稿》卷四十二,《文渊阁四库全书》,上海:上海古籍出版社,1987年,第537页。

[71][72](明)王世贞著:《弇州山人续稿》卷三,《文渊阁四库全书》,上海:上海古籍出版社,1987年,第34、36页。

[73][75](明)王世贞著:《弇州山人四部稿》卷二十三,《文渊阁四库全书》,上海:上海古籍出版社,1987年,第287、310页。

[74](明)王世贞著:《弇州山人四部稿》卷十四,《文渊阁四库全书》,上海:上海古籍出版社,1987年,第174页。

[76](明)王世贞著:《弇州山人续稿》卷二十二,《文渊阁四库全书》,上海:上海古籍出版社,1987 年,第 286 页。

[77](明)王世贞著:《弇州山人四部稿》卷四十三,《文渊阁四库全书》,上海:上海古籍出版社,1987 年,第 543 页。

[78](明)王世贞著:《弇州山人四部稿》卷二十,《文渊阁四库全书》,上海:上海古籍出版社,1987 年,第 255 页。

[79](明)王世贞著:《弇州山人续稿》卷一百八十三,《文渊阁四库全书》,上海:上海古籍出版社,1987 年,第 621 页。

[80](明)王世贞著:《弇州山人续稿》卷一百六十八,《文渊阁四库全书》,上海:上海古籍出版社,1987 年,第 437 页。

[81](明)胡应麟撰:《诗薮》内编卷六,上海:上海古籍出版社,1979 年,第 110 页。

[84](明)王世贞著:《弇州山人续稿》卷二十四,《文渊阁四库全书》,上海:上海古籍出版社,1987 年,第 328 页。

[85](明)王世贞著:《弇州山人四部稿》卷十七,《文渊阁四库全书》,上海:上海古籍出版社,1987 年,第 213 页。

[86](明)王世贞著:《弇州山人续稿》卷二十一,《文渊阁四库全书》,上海:上海古籍出版社,1987 年,第 274 页。

[87](明)王逸民:《欣赏诗法·序》,《明诗话全编》,南京:江苏古籍出版社,1997 年,第 4795 页。

[88](明)王世懋著:《诗测序》,《王奉常集》卷八,第 244 页。

[90](宋)严羽著:《沧浪诗话》,《宋诗话全编》卷九,南京:江苏古籍出版社,1998 年,第 8028 页。

[97](明)王世懋著:《艺圃撷馀》,《历代诗话》下,北京:中华书局,1981 年,第 779 页。

[98](清)周亮工撰:《因树屋书影》卷二,第 34 页。

[104](明)王世贞著:《弇州山人四部稿》卷二十四,《文渊阁四库全书》,上海:上海古籍出版社,1987 年,第 298 页。

[105](明)王世贞著:《弇州山人续稿》卷二十三,《文渊阁四库全书》,上海:上海古籍出版社,1987 年,第 311 页。

[106](明)王世贞著:《弇州山人四部稿》卷四十五,《文渊阁四库全书》,上海:上海古籍出版社,1987 年,第 577 页。

[107](明)王世贞著:《弇州山人四部稿》卷一百二十九,《文渊阁四库全书》,上海:上海古籍出版社,1987 年,第 1281 册 168 页。

[108](宋)胡仔著:《苕溪渔隐丛话》前集卷五,第 30 页。

[112](明)瞿佑撰:《归田诗话》上卷,第 2 页。

简论李白诗歌对卢仝创作的影响

郑慧霞

中唐诗人卢仝,在韩孟诗派中是重要的代表作家之一,其诗风有着两种极不相同的倾向:亲切自然与狂纵豪放。风格即人,这是卢仝自觉追求的一种审美呈现。这种艺术审美倾向除卢仝自身原因外,当与受其他诗人之影响有着密切关系。其中李白的影响尤其显著,因为两个人在个性气质上很相似:骨子里是一种傲岸不羁之气,在待人接物上却往往表现为天真朴拙之趣。这样的自身特性表现在诗歌创作上,则是都喜欢逞才使气、以才为诗,抛却事理之障。相同的个性气质使得二人在诗歌创作上有多种相似点,比较显著者有三:一是追求天真自然之趣;二是不乏托情言志之作;三是在立意造语上颇多相似。

一、天真自然之趣

李白才情卓异于世人,在诗歌创作上更是前无古人、后无来者。后人可以学杜甫而有"江西诗派",但却绝对不可以学李白,因为李白之神、李白之情、李白之气、李白之韵、太白之味均无人能具备,宋人张戒《岁寒堂诗话》谓:"韵有不可及者,曹子建是也。味有不可及者,渊明是也。才力有不可及者,李太白、韩退之是也。意气有不可及者,杜子美是也……杜子美、李太白、韩退之三人,才力俱不可及,而就其中退之喜崛奇之态,太白多天仙之词,退之犹可学,太白不可及也。"[1]故学李者往往会堕入东施效颦之恶趣。明乎此,我们可以理解老杜《春日忆李白》中对他诗的称赞:"白也诗无敌,飘然思不群。清新庾开府,俊逸鲍参军。"[2]即指出了李白诗歌最具艺术魅力之所在——艺术想象的卓然不群。这种"不群"之"思",最难能可贵者,是把最平常的、司空见惯的生活场景,经过艺术处理而成诗之精品,如《静夜思》《赠汪伦》和《玉阶怨》等。李白能以天才的诗思,把一般人都有过的情感体验和生活感受写得“辞藻警人,馀香满口”[3],从而唤起每一位读者的情感共鸣,最大限度地实现了读者与作者之间在精神层面的回应,打通作者与读者之间时空、人我的间隔。这种以平常而又不平常的诗歌表现手法,在李白而言,不唯绝句有之。他有一首五言古体诗《寄东鲁二稚子》(卷一七二),便是以寻常诗情表现至真骨肉亲情的代表作:

吴地桑叶绿,吴蚕已三眠。我家寄东鲁,谁种龟阴田?
春事已不及,江行复茫然。南风吹归心,飞坠酒楼前。
楼东一株桃,枝叶拂青烟。此树我所种,别来向三年。
桃今与楼齐,我行尚未旋。娇女字平阳,折花倚桃边。
折花不见我,泪下如流泉。小儿名伯禽,与姊亦齐肩。
双行桃树下,抚背复谁怜?念此失次第,肝肠日忧煎。
裂素写远意,因之汶阳川。

李白在天宝三载(744)被“赐金放归”后,寄家东鲁,南下吴越,北上蓟门,开始近十年的漫游[4]。此诗是李白南游吴越时写给一双在“东鲁”儿女——平阳、伯禽的诗(时平阳、伯禽之母许氏已故)。此时“吴地”春蚕将老,他想到了失母别父的孩子,将如何去应对生活的艰辛——“谁种龟阴田?”念及此时,作者不禁归心似箭——“南风吹归心,飞坠酒楼前”。他仿佛看到了三年前离家时亲手所栽的小桃树,如今已经枝繁叶茂、高与楼齐。女儿平阳在桃花盛开的时节,折花嬉戏。忽然想到栽下此桃树的父亲,如今不知身在何处,禁不住“泪下如流泉”。儿子伯禽,该会长得和姐姐平阳一样高了吧!没有父母关爱的儿女,双双徘徊桃树下,有谁会给他们以真切的爱怜?诗人想到此情此景,肝肠因忧念而煎熬痛楚,于是给一双儿女写诗寄意。这样一封家信式的诗,选取的关键性景物是“桃树”。此树把父亲孩子紧紧联系在一起:桃树为父亲所栽,桃花为儿女所见。桃树渐高,儿女渐长,而父亲远游何时归来?“桃树”在此成了时间的参照物,日复一日、年复一年的时间流逝中,在人而言往往因视觉惯性而不能唤起人对生命消逝的惊叹——因为人的外在体貌特征变化一般比较迟缓;在“桃树”而言则因树高、树身直径等变化速度之快所引起的视觉陌生化效应而深层次地触动着当年种树之人敏感的神经!俗话说,桃三杏四梨五年。意思是讲,三年前“我”种的小桃树如今业已长成,但这长成的过程“我”却错过了:或经历过风雨雪霜、或享受过丽日艳阳、或有过春风送暖的快乐、或有过恶鸟叨啄的苦痛……成长的点点滴滴“我”都无从耳闻目睹,既不能分享它成长的快乐,更不能分担它生命的忧患……对于“我”来讲不能不是一种缺憾。这种缺憾对于伯禽、平阳来讲,在“我”和“东鲁二稚子”彼此的情感世界,同样是一种生命历程中最大的缺憾!父母不能在儿女身边,为儿女守望,不能看着儿女一点点长大成人,这种缺憾所带来的情感震撼要远远大于“桃树”引起的心灵悸动并且永远无法补救!所以在整首诗中,李白围绕着“桃树”,写尽一位慈父的念儿思女之骨肉亲情:“在深切的思念中流露出非常伤心的感情。这是因为许氏早逝,他自己又远游在外,想到幼儿幼女得不到父母的爱抚的缘故。”[5]正如明胡应麟《诗薮·内编》卷六评李白之绝句曰:“信口而成,所谓无意于工而无不工者。”[6]

李白的这种以寻常之景传不寻常之情的诗思,被卢仝所承继。卢仝为两个儿子各写了一首诗,即《示添丁》和《寄男抱孙》,字里行间流露出浓浓的爱子深情,我们来看《寄男抱孙》(卷三八七):

> 别来三得书,书道违离久。书处甚麤杀,且喜见汝手。殷十七又报:汝文颇新有。别来才经年,囊盎未合斗。当是汝母贤,日夕加训诱。《尚书》当毕功,《礼记》速须剖。喽啰儿读书,何异摧枯朽。寻义低作声,便可养年寿。莫学村学生,粗气强叫喉。下学偷功夫,新宅除蘖莠。乘凉劝奴婢,园里耨葱韭。远离编榆棘,近眼栽桃柳。引水灌竹中,蒲池种莲藕。捞漉蛙蟆脚,莫遣生科斗。竹林吾最惜,新笋好看守。万箨苞龙儿,攒迸溢林薮。吾眼恨不见,心肠痛如掬。宅钱都未还,债利日日厚。箨龙正称冤,莫杀入汝口。丁宁嘱托汝,汝活箨龙不?殷十七老汝,是汝父师友。传读有疑误,辄告咨问取。两手莫破拳,一吻莫饮酒。莫学捕鸠鸽,莫学打鸡狗。小时无大伤,习性防以后。顽发苦恼人,汝母必不受。任汝恼弟妹,任汝恼姨舅。姨舅非吾亲,弟妹多老丑。莫恼添丁郎,泪子作面垢。莫引添丁郎,赫赤日里走。添丁郎小小,别吾来久久。脯脯不得吃,兄兄莫撚搜。他日吾归来,家人若弹纠。一百放一下,打汝九十九。(《寄男抱孙》)

该诗所塑造的父亲形象,完全没有了外人看来“性高古介僻”的难以接近,而是如慈母般爱抚着孩子:他先提抱孙的学业,对儿子所取得的进步提出表扬;继而又明示要求:“《尚书》当毕功,《礼记》速须剖。”严格的要求好像怕吓着了孩子,马上又换上鼓励的语气:“喽啰儿读书,何异摧枯朽。”之后的语气更加和缓,交代抱孙读书的最佳方法:“寻义低作声,便可养年寿。莫学村学生,粗气强叫喉。”说完学业,卢仝又对抱孙的课余生活提出了要求,要他干些力所能及的体力活。而在交代这些体力活时,卢仝是不厌其烦,明细的给儿子说应该干什么、应该怎么干、干时还要注意什么等等,如此繁琐细致的叮咛,我们可以看出卢仝为人之父是多么细心慈祥!对儿子的教育是多么耐心!最后是对抱孙提出的日常生活规范,诗人好像怕抱孙不耐烦,又解释一句:“小时无大伤,习性防以后。”这才是卢仝爱子最深刻的表现，卢仝在反复交代抱孙“这不要做”“那不要做”时，又怕唬住孩子，竟放下做父亲的威严，模仿起小孩子的口吻说话：“莫引添丁郎，赫赤日里走。添丁郎小小，别吾来久久。脯脯不得吃，兄兄莫撚搜。他日吾归来，家人若弹纠。一百放一下，打汝九十九。”这已经是完全在逗儿子开心的模样了，哪里还有一丝让孩子惧怕的家长威严呢？在《示添丁》中，卢仝更是扮演了一位对孩子极其耐心的慈父角色。自己本身病痛已经苦不堪言，添丁却非要“索”父抱看树上的花，父亲不答应时，添丁撒娇泥人，呀呀啼哭。忽然又看到了父亲书案上的墨汁，便开始在父亲的诗书上涂起鸦来。这对于爱书如痴的父亲无疑具有极大的挑战性，而父亲呢，却因怜惜而无可奈何，反而欣赏起添丁涂鸦尽兴时的童痴神态。这两首诗，絮絮道来，如话家常，“至今读来，那种慈祥与诙谐的父爱仍然令人感动。”[7]

李白的《寄东鲁二稚子》全诗写远行念子的忧伤，借自己在家时手植之桃树展开：自己离家，唯有桃树相伴一双小儿女。桃花烂漫的时节，小儿女在折花嬉戏时肯定要想起父亲，父亲栽的桃树又开花了，可是父亲还没有回来。全诗“桃”字凡四现，显示出诗人是在借写桃树来寄亲情，沈德潜《唐诗别裁》评曰：“家常语，琐琐屑屑，弥见其真。”[8]卢仝在《寄男抱孙》中，则借竹来表达对儿子的爱：“远离编榆棘，近眼栽桃柳。引水灌竹中，蒲池种莲藕。……竹林吾最惜，新笋好看守。万箨苞龙儿，攒迸溢林薮。……箨龙正称冤，莫杀入汝口。叮咛嘱托汝，汝活箨龙不？”反复对儿子交代要看守好新笋，不厌其烦的嘱托中，我们读出了卢仝爱子的浓浓深情：因为诗人爱竹，在春笋攒迸的时候，他却不在，希望孩子能好好看护竹笋，竹在如父在。苏轼曾说：“李白诗飘逸绝尘，而伤于易。学之者又不至，玉川子是也，犹有可观者。”[9]苏轼点出卢仝学李白虽不算成功，但也有“可观者”。而上述两首诗，无疑是属于“可观者”。

二、托情言志之意

在写作手法上，李白惯用直抒胸臆之笔，如《将进酒》之“人生得意须尽欢，莫使金樽空对月”（卷一六二）；如《行路难》之“长风破浪会有时，直挂云帆济沧海”（卷一六二）；如《梦游天姥吟留别》之“安能摧眉折腰事权贵，使我不得开心颜”（卷一七四）等。但他也有一些托情言志之作，如《长相思》（卷一六二）：

长相思，在长安，络纬秋啼金井阑，微霜凄凄簟色寒。孤灯不明思欲绝，卷帷望月空长叹，美人如花隔云端。

上有青冥之高天，下有渌水之波澜。天长路远魂飞苦，梦魂不到关山难。长相思,摧心肝。

“思美人”与政治上的事功相联系,是传统文学中的一个永恒主题。“美人”得遇,往往意味着政治上能得到君主或政治上有力者的赏识提携,从而能够实现自己对政治前途的渴望与设计,并最终实现自己的人生价值与理想。而如果不遇“美人”,则往往意味着没有权要名流作中介而导致政治机遇的缺失。李白的《长相思》诗亦并不是一般的男女情爱之作,而是借渴望爱情而不得的痛苦喻政治上的不得遇。开元十八年(730),李白初入长安,被张垍安排在玉真公主别馆。李白曾在《玉真公主别馆苦雨,赠卫尉张卿二首》中表达他被困玉真别馆的惆怅:“秋坐金张馆,繁阴昼不开。空烟迷雨色,萧飒望中来。翳翳昏垫苦,沉沉忧恨催。……弹剑谢公子,无鱼良可哀!”(其一,卷一六八)李白入京,本想望青紫可拾,没想到却被冷落,致使与君门相隔不远却终不得入[10]。这种对政治有所期待却无可把握的愁思,便借屈原的“美人香草”比兴手法来表达。所以“《长相思》所表达的,是他徘徊于魏阙之下而报国无路的心情,这种心情如此强烈,令他为之‘摧心肝’,唯有用男女相思才能写透、写足。”[11]

卢仝的《有所思》(卷三八八)便是在借鉴李白诗的基础上写成:

当时我醉美人家,美人颜色娇如花。今日美人弃我去,青楼珠箔天之涯。天涯娟娟姮娥月,三五二八盈又缺。翠眉蝉鬓生别离,一望不见心断绝。心断绝,几千里。梦中醉卧巫山云,觉来泪滴湘江水。湘江两岸花木深,美人不见愁人心。含愁更奏绿绮琴,调高弦绝无知音。美人兮美人,不知为暮雨兮为朝云。相思一夜梅花发,忽到窗前疑是君。

卢仝《有所思》亦写美人轻弃“我”而去,“我”深思不已而不得的深深忧伤。联系卢仝写于元和五年的《月蚀诗》,其中表达对君王的热诚曰:“敢死横干天,代天谋其长。”还有韩愈的《寄卢仝》称其“先生抱材须大用,宰相未许终不仕”,可以见出卢仝自我期许甚高,但因为“文王已没不复生”(《直钩吟》),使他对政治的期待落空,不得已以“愚公”自居。所以说卢仝此诗,亦借渴求美人不得,来倾吐不得遇于君主的政治疏离感。周珽评《有所思》曰:“此托言以喻己之所思莫致也。意谓遇合无常,盈虚有数,故士为知己者用。既为所弃隔,虽怀才欲奏,亦徒劳梦想矣。与《楼上女儿曲》、《思君吟》皆思君致身不遇之词也。”[12]明李诩《戒庵老人漫笔》卷五谓:“自古美人之喻,指君而言。古《三百篇》中‘彼美人兮’,‘西方之人兮’,指文王是也。而卢诗之意,若不得于君者,但少含蓄气象。”[13]《中国历代作家小传》也说:“歌行《有所思》应该是他自言身世之感的作品,反映了作者怀才不遇的孤寂怅惘之情,是一首情深意远的好诗。”[14]

三、立意造语之似

卢仝在立意方面,也有借鉴李白的倾向。如《访戴天山道士不遇》:"犬吠水声中,桃花带露浓。树深时见鹿,溪午不闻钟。野竹分青霭,飞泉挂碧峰。无人知所去,愁倚两三松。"(卷一八二)全诗写访人不遇,却丝毫不见惆怅之意绪,只在所见景物的描写中见出目之所击、耳之所闻处,唯有诗人一己而已。于是"无人知所去,愁倚两三松"便是自然而然的结果。该诗紧扣"不遇"二字,前六句实写景,后二句则宕开一笔写人,于虚处收束全篇,戛然而止,起到言已尽而意无穷的艺术效果,从而把访人不遇的怅然之情写足写透。卢仝的《喜逢郑三游山》(卷三八八)亦用此法,诗里没有一字道及相逢的欣喜,却处处紧扣诗题中的"喜"字来写景:"相逢之处花茸茸,石壁攒峰千万重。他日期君何处好,寒流石上一株松。"花之茸茸,正是与友人在"石壁攒峰千万重"的深山,能够不期而遇产生其乐融融心情的写照。惊喜之余,二人约再相见处,这也是很自然的事。李白以景写访人不遇之愁,卢仝以景写邂逅之喜,却都能情文相生,不滞泥于情,达到了"不着一字,尽得风流"的境界。二人景物诗,都能用关键的字、句来贯通诗意从而使全诗成为浑然不可分割之整体。再如卢仝《叹昨日三首》其一:"昨日之日不可留,今日之日须臾期。如此如此复如此,壮心死尽生鬓丝。秋风落叶客肠断,不办斗酒开愁眉。贤名圣行甚辛苦,周公孔子徒自欺。"(卷三八九)此诗有着模仿李白《宣州谢朓楼饯别校书叔云》诗的痕迹:"弃我去者,昨日之日不可留;乱我心者,今日之日多烦忧。长风万里送秋雁,对此可以酣高楼。……抽刀断水水更流,举杯消愁愁更愁。人生在世不称意,明朝散发弄扁舟。"(卷一七七)再如李白《古朗月行》:"小时不识月,呼作白玉盘。又疑瑶台镜,飞在青云端。仙人垂两足,桂树何团团。白兔捣药成,问言与谁餐。蟾蜍蚀圆影,大明夜已残。羿昔落九乌,天人清且安。阴精此沦惑,去去不足观。忧来其如何?凄怆摧心肝。"(卷一六三)卢仝《月蚀诗》"烂银盘从海底出""轮如壮士斧斫坏,桂似雪山风拉摧。百炼镜,照见胆""传闻古老说,蚀月虾蟆精。……长嗟白兔捣灵药,恰似有意防奸非。药成满臼不中度,委任白兔夫何为""忆昔尧为天,十日烧九州。……帝见尧心忧,勃然发怒决洪流。立拟沃杀九日妖"(卷三八七),这些句子都能从李白诗中找到相似的描写,故项楚先生认为《月蚀诗》中有李白《古朗月行》的影响:"陈沆评此诗说:'月后象,日君象。禄山之祸兆于女宠,故言蟾蚀明月,以喻宫闱之蛊惑。'可见这也是一首讽刺唐玄宗的政治诗。诗与卢仝《月蚀诗》比较,虽然篇幅修短悬殊,但说卢仝受了李白的某些启发,大约不能算无根据吧。"[15]还有卢仝《卓女怨》:"谁家有夫婿,作赋得黄金。"(卷三八八)当翻用李白《白头吟》之句:"相如作赋得黄金,丈夫好新多异心。"(卷一六一)卢仝《苦雪寄退之》以"闻道西风弄剑戟,长街杀人如乱麻"写寒风之猛劲,在李白诗中也能找到相同的描写,李白《北上行》:"杀气毒剑戟,严风裂衣裳。"(卷一六四)

卢仝刻意学习李白的句法。如李白《望庐山瀑布二首》其二中"海风吹不断,江月照还空"(卷一八〇)两句一直被人称赏,唐任华《杂言寄李白》称:"登庐山,观瀑布,'海风吹不断,江月照还空',余爱此两句。"(卷二六一)宋葛立方《韵语阳秋》评《望庐山瀑布二首》曰:"徐凝《瀑布诗》云:'千古犹疑白练飞,一条界破青山色。'或谓乐天有'赛不得'之语,独未见李白诗耳。李白《望庐山瀑布》诗云:'飞流直下三千尺,疑是银河落九天。'故东坡云:'帝遣银河一派垂,古来唯有谪仙词。'以余观之,银河一派,犹涉比类,未若白前篇云'海风吹不断,江月照还空'凿空道出,为可喜也。"[16]明瞿佑《归田诗话》卷中"庐山瀑布":"太白又有'海风吹不断,山月照还空',亦奇妙句,惜世少称之者。"[17]卢仝当非常欣赏这两句诗,他在《新蝉》诗中描写蝉声曰:"长风剪不断,还在树枝间。"(卷三八八)李白诗写景——"瀑布"之远观若隐若现——与"江""月"相辉映之空明无滞碍的澄清境界;卢仝诗写声——"蝉"声之细听似断似续——此起彼伏、若有若无之坚执柔韧的执著精神。前者从视觉来写,后者从听觉来写,一见一闻,各得景、声之妙,但最终殊途同归——俱归结于感觉上的言尽而意不尽。李白《山中对酌》"两人对酌山花开,一杯一杯复一杯"(卷一八二)之拙朴,可从卢仝《叹昨日三首》其一中找到相似的影子:"如此如此复如此,壮心死尽生鬓丝。"(卷三八八)李白《寄远十二首》之十二:"美人美人兮归去来,莫作朝云暮雨兮飞阳台。"(卷一八四)卢仝《有所思》亦仿效白诗曰:"美人兮美人,不知为暮雨兮为朝云。"(卷三八八)胡应麟《诗薮·内编》卷三谓:"玉川子拙体非自创,任华与李、杜同时,已全是此调,特篇什不多耳。"[18]即指出卢仝朴拙有获自李白处。

卢仝受李白影响之多,一个非常重要的原因,是二人皆以才为诗。严羽《沧浪诗话·诗辩》谓:"诗有别材,非关书也;诗有别趣,非关理也。"[19]严氏认为"书"与"理"都与诗之高下无关,而把决定诗之高下的最关键因素规定为是"悟",诚如胡应麟《诗薮·内编》卷三所言:"严氏以禅喻诗,旨哉。禅则悟之后,万法皆空,棒喝怒呵,无非至理。诗则一悟之后,万象冥会,呻吟咳唾,动触天真,然禅必深造而后能悟"[20]"悟"与"才"关系密切,与"书""理"无关。以"悟"为诗,即是"才人之诗"而非"学人之诗"。何者,因为"才人之诗"出于秉性之天然。“天然”者,“天之自然而有,非人力之所成也”。“才人之诗”流出于肺腑,一种真率之趣便如高山流水般生动活泼地呈现,如未经雕琢之璞玉,混沌厚朴,神完气足;如充塞弥漫于天地间之元气,无所不包而无定质。而“学人之诗”则重在后天之“人力”所学,主要得自“书”与“理”,全失天真自然旨趣。“学人之诗”虽自宋后不乏佳制,然如以崇质尚真的眼光来看,终究与“天然”隔了一层,故张戒《岁寒堂诗话》认为:“诗以用事为博,始于颜光禄而极于杜子美。以押韵为工,始于韩退之而极于苏黄。然诗者,志之所之也。情动于中而形于言……用事押韵,何足道哉!苏、黄用事押韵之工,至矣尽矣,然究其实,乃诗人中一害。”[21]以“才”为诗和以“学”为诗之别,一如《红楼梦》中贾宝玉评判稻香村之“假自然”:“此处置一田庄,分明见得人力穿凿扭捏而成。远无邻村,近不负郭,背山山无脉,临水水无源,高无隐寺之塔,下无通市之桥,峭然孤出,似非大观。……古人云‘天然图画’四字,正畏非其地而强为地,非其山而强为山,虽有百般精而终不相宜。”[22]“非其地而强为地”与“非其山而强为山”之“强”,正是“人力穿凿扭捏而成”之“假自然”,与“清水出芙蓉,天然去雕饰”(李白《经乱离后天恩流夜郎忆旧游书怀赠江夏韦太守良宰》,卷一七〇)之自然真率甚异其趣。李白被人称为“诗仙”,正是缘于他能以“才”为诗。能以“才”为诗,李白诗才能“发想超旷,落笔天纵,章法承接,变化无端,不可以寻常胸臆摸测;如列子御风而行,如龙跳天门,虎卧凤阁,威凤九苞,祥麟独角,日五彩,月重华,瑶台绛阙,有非寻常地上凡民所能梦想及者”[23]。加之李白本身超迈狂达的个性,使得其诗雄自逸气,纵横无方,正如天马行空,一息千里。其诗之超逸之风,黄庭坚《题李白诗草后》评得非常恰切:“余评李白诗如黄帝张乐于洞庭之野,无首无尾,不主故常,非墨工椠人所可拟议。”[24]

卢仝亦具狂放不拘之个性,故更容易接受李白这种诗风的影响。他的诗歌,呈现着一种天马行空般狂放不拘的气质,这当然和他的发射型思维模式密切相关。他不像发散型思维的诗人,往往从眼前的客观所有去生发众多彼此相似却并无必然联系的想象,而是起落无端,正如他在《寄赠含曦上人》中所谓“劈破天地来”,想象的幽灵神游于天地无际涯之境,思想运行的轨迹便自然成文。故其想象在奇异怪诞中,少了种抑扬顿挫却多了种一以贯之的流动浑成之美。如《月蚀诗》和《与马异结交诗》就是明显的例子,明胡震亨《唐音癸签》“评汇七”谓:“卢仝《月蚀诗》,生于李白之《古朗月行》。李白《古朗月行》,生于《天问》‘夜光何德,死则又育;厥利唯何,而顾菟在腹’数语。始则微词含寄,终至破口发村,灵均氏亦何料到此!”[25]明代江盈科《雪涛诗评》:“卢玉川任才任性,任笔任意,兼太白之逸、并长吉之怪为一人者也。”[26]评价之着眼点均在于以才为诗。

综论之,卢仝作为中唐"韩孟诗派"之重要代表作家,其诗歌创作自然有其个性之所在,即以"天地间自欠此体不得"的狂怪豪放风格——"卢仝体"为主。"卢仝体"形成的重要因素是广泛学习吸收前贤今人文学成就的一种结果。而李白诗歌的影响,则无疑是极为深刻的。但二人主打诗风却是同中有异,所同者,乃在于二人均才气有余,诗皆从胸臆中自然流出,"故能擒能纵,颠倒崛奇,无施不可。放之则如长江大河,澜翻汹涌,滚滚不穷;收之则藏形匿影,乍出乍没,姿态横生,变怪百出,可喜可愕,可畏可服也"[27]。所异者,乃在于李白"喜任侠,喜神仙,故其诗豪而逸"[28];而卢仝则长期隐居山林,性格孤高介僻、诞放不经,加之精研经学,一生以孔、颜为标的,故其诗则狂而怪。

注 释:

[1][9][21][24][26][27][28]吴文治:《宋诗话全编》,南京:江苏古籍出版社,1998年12月,第3册,第3237、788、3237、945、5831、3243、3243页。

[2](清)彭定求:《全唐诗》卷二二四,北京:中华书局,1978年6月,第129~130页。本文所引唐诗皆出自该书,以下仅于文后括号内标明卷数,不再一一出注。

[3][22](清)曹雪芹著,俞平伯校,启功注:《红楼梦》二十三回、十七回,北京:人民文学出版社,2000年5月,第242、176页。

[4]参见黄锡珪:《李太白年谱》,北京:人民文学出版社,1958年2月,第14页。

[5]王运熙、李宝筠:《李白》,上海:上海古籍出版社,1979年9月,第60页。

[6][17][18][20][25]吴文治:《明诗话全编》,南京:江苏古籍出版社,1997年12月,第5册,第5535、306、5483、5456、6913页。

[7][15]项楚:《卢仝诗论》,见所著《柱马屋存稿》,北京:商务印书馆,2003年7月,第181、185页。

[8](清)沈德潜《唐诗别裁》卷二,上海:上海古籍出版社,1979年1月,第1册,第51页。

[10]安旗、阎琦:《李白的生平和他的诗歌创作》,见所著《李白诗集导读》,成都:巴蜀书社,1998年,第23页。

[11]安旗、阎琦:《李白诗歌与比兴传统》,见所著《李白诗集导读》,第105页。

[12]转引自陈伯海:《唐诗汇评》中册,杭州:浙江教育出版社,1995年5月,第1932页。

[13](明)李诩著,魏连科点校:《戒庵老人漫笔》卷五,北京:中华书局,1982年2月,第86页。

[14]湖南师范学院中文系古代文学教研室编:《中国历代作家小传》,长沙:湖南人民出版社,1981年11月,第354页。

[16](宋)葛立方:《韵语阳秋》卷十三,上海:上海图书馆,1979年12月据宋刻本影印。

[19](宋)严羽著,郭绍虞校释:《沧浪诗话校释》,北京:人民文学出版社,1961年5月,第26页。

[23](宋)方东树著,汪绍楹校点:《昭味詹言》卷十二,北京:人民文学出版社,1961年10月,第249页。

唐宋《李白集》编纂过程中的诗、文分合及相关问题

胡　俊

自唐代李阳冰《草堂集》开始[1]，到宋代宋敏求增订、曾巩考次本的出现，《李白集》经历了长达三百多年，多达四五次的编纂，其内容才基本定型。前人在讨论这一时期《李白集》的特点时，多侧重于分析其传承源流、篇卷多寡等，而较少注意不同《李白集》间的收录异同及诗、文分合等情况。这样不仅对《李白集》的编纂状况缺乏更为清晰的认识，也会导致对宋代及以后《李白集》的版本流传状况作出错误判断。鉴于此，笔者试图在前人研究基础上对唐宋《李白集》编纂过程中李白诗文的收录、分合情况作进一步地考察，并对涉及的相关问题提出一些看法。

一

由于李白生前未能对自己的作品加以很好地保存、整理，再加上他本人居无定所及战乱等原因，其作品散佚十分严重，十丧其九。从这个意义上说，他的集子从一开始就是一个残本。也正因如此，才会出现唐、宋两代反复编纂《李白集》的现象。几乎在每次编纂过程中，都有新的作品被补充进来，最终形成了相对完备的三十卷本《李白集》。

为了便于说明，我们首先将唐宋几部《李白集》的编纂情况罗列如下：

1.《草堂集》十卷（唐・李阳冰编）

李阳冰《草堂集序》："临当挂冠，公又疾亟，草稿万卷，手集未修，枕上授简，俾予为序。……自中原有事，公避地八年，当时著述，十丧其九，今所存者，皆得之他人焉。时宝应元年十一月乙酉也。"

乐史《李翰林别集序》："李翰林歌诗，李阳冰纂为《草堂集》十卷。"

宋敏求《李太白文集后序》："唐李阳冰序李白《草堂集》十卷。"

2.《李翰林集》二卷（唐・魏颢编）

魏颢《李翰林集序》:“颢平生自负,人或为狂,白相见泯合,有赠之作……因尽出其文,命颢为集。……经乱离,白章句荡尽。上元末,颢于绛偶然得之,沉吟累年,一字不下。今日怀旧,援笔成序,首以赠颢作、颢酬白诗,不忘故人也;次以《大鹏赋》、古乐府诸篇,积薪而录;文有差互者,两举之。白未绝笔,吾其再刊。”

宋敏求《李太白文集后序》:“熙宁元年,得唐魏万所纂白诗集二卷。”

3. 文集二十卷(唐·范传正编)

范传正《唐左拾遗翰林学士李公新墓碑并序》:“文集二十卷,或得之于时之文士,或得之于宗族,编辑断简,以行于代。”

4.《李翰林集》二十卷、《李翰林别集》十卷(宋·乐史编)

乐史《李翰林别集序》:“李翰林歌诗,李阳冰纂为《草堂集》十卷。史又别收歌诗十卷,与《草堂集》互有得失,因校勘排为二十卷,号曰《李翰林集》。今于三馆中得李白赋序表赞书颂等,亦排为十卷,号曰《李翰林别集》。……咸平元年三月三日序。”

宋敏求《李太白文集后序》:“咸平中,乐史别得歌诗十卷,合为《李翰林集》二十卷,凡七百七十六篇。史又纂杂著为《别集》十卷。”

5.《李太白文集》三十卷(宋·宋敏求编)

宋敏求《李太白文集后序》:“唐李阳冰序李白《草堂集》十卷。……咸平中,乐史别得歌诗十卷,合为《李翰林集》二十卷,凡七百七十六篇。史又纂杂著为《别集》十卷。治平元年,得王文献公溥家藏白诗集上中二帙,凡广一百四篇,惜遗其下帙。熙宁元年,得唐魏万所纂白诗集二卷,凡广四十四篇。因裒唐类诗诸编,洎石刻所传,别集所载者,又得七十七篇,无虑千篇,沿旧目而厘正其汇次,使各相从,以别集附于后,凡赋、表、书、序、碑、颂、记、铭、赞文六十五篇,合为三十卷。”

按李白生前曾三次将诗文手稿托付他人编集。一次是在乾元二年(759)遇赦回江夏后,将手稿交付僧人贞倩(即倩公),《江夏送倩公归汉东序》云:“仆平生述作,罄其草而授之。”可惜这部手稿未见编次,下落不明。另外两次就是天宝十三载(754)在金陵托付魏万(后改名“颢”),以及宝应元年(762)临终前“枕上授简”,委托李阳冰。二人后来分别编纂出了二卷本《李翰林集》和十卷本《草堂集》。

值得注意的是,魏颢、李阳冰都在序中提到了李白手稿丢失严重、诗文得自别处的情况。李阳冰说“当时著述,十丧其九”,“今所存者,皆得之他人焉”;魏颢说“经乱离,白章句荡尽”,“上元末,颢于绛偶然得之”。表面上看,似乎说的是类似的情形,实则不然。李阳冰是在李白临终前受托编集,并在李白去世后不久就整理出了《草堂集》十卷,他所说的“十丧其九”是相对于李白的全部作品而言,“得之他人”则应是指李白临终前得自别处,并转交李阳冰编集。而魏颢的情况不同,因为他早在天宝十三载就已经拿到了李白手稿,却直至上元后又数年才编集作序,且所据乃得自绛州者,这期间他与李白也未再相见。因此,他所谓的“章句荡尽”实际上是指李白所托付的手稿被他遗失,后来得之于绛州的应该是李白作品的民间传本,因为李白的诗文在他生前流传很广,“文集亦无定卷,家家有之”[2]。这是首先要明确的。

接下来看集中所收作品的情况。李阳冰《草堂集》的内容,他的序里没有具体说,但后来的乐史替他说了,《李翰林别集序》云:“李翰林歌诗,李阳冰纂为《草堂集》十卷。”明确地说将诗歌编为十卷,且乐史在后来编纂《李翰林别集》(文集)时,也没有提到利用《草堂集》,则《草堂集》是一部纯粹的诗集。《新唐书·艺文志》著录《草堂集》二十卷,与乐史“十卷”的说法不同,这应该是一个经后人增订了的本子,理由详后。

魏颢所编的集子很可疑。因为除他的以外,别人编的集子,少则十卷,多则三十卷,卷数远比他多。魏颢序介绍集中的编排情况是,“首以赠颢作、颢酬白诗”,“次以《大鹏赋》、古乐府诸篇”。宋敏求《李太白文集后序》(以下简称《后序》)则说:“熙宁元年,得唐魏万所纂白诗集二卷。”可知《李翰林集》也是一部诗集,文则仅限于《大鹏赋》一篇。况且从卷数来看,诗尚且收不了多少,更别说文了。其中“古乐府诸篇”一句有歧义,既可理解为“诸篇古乐府”,也可理解为“古乐府等诸篇诗歌”。考虑到《李翰林集》的卷数,前一种理解似乎更合理些。

宋敏求在搜罗李白的作品时,曾得到了王溥家藏李白诗集的上、中二帙,而日人藤原佐世《日本国见在书目》著录有《李白歌行集》三卷[3],詹锳先生和万曼先生对二书之间的同源关系曾作过相似的推测[4],但皆未深究。我们认为,此二书连同魏颢《李翰林集》所据的本子(即得于绛州者),其源皆同,实为李白乐府诗的单行本。

李白乐府诗,今传宋蜀本《李太白文集》析为三卷半(卷三至卷六,其中卷六与歌吟类合占一卷,实占半卷),咸淳本《李翰林集》析为三卷(卷三至卷五),二者不同。事实上,宋代《李白集》中乐府是占三卷的,宋人葛立方《韵语阳秋》“李白乐府三卷”可证。而传到日本的《李白歌行集》也是三卷。再者,“歌行”一词在唐代常用来指称乐府,如白居易《编集拙诗成一十五卷因题卷末戏赠元九李二十》诗:“每被老元偷格律,苦教短李伏歌行。”句下自注:“李二十常自负歌行,近见予乐府五十首,默然心伏。”李二十即李绅,其所自负之“歌行”即其新题乐府二十首;其所折伏之“歌行”,即注中所说的白居易“乐府五十首”。[5]可以肯定,《李白歌行集》就是一部李白乐府诗的单行本。藤原佐世卒于日本醍醐天皇昌泰元年,当唐昭宗光化元年(898)。看来早在唐代,李白的乐府诗就已经被单独编集流传了,宋代《李白集》中的乐府三卷应该是沿袭了唐代的旧貌。

王溥家藏李白诗集分上中下三帙,“帙”原为护书的书衣,后用作量词,古书一帙十卷、五卷、四卷不等，视书本之厚薄而定。这个家藏本是否一卷为一帙？不得而知。但后来宋敏求据此家藏本上中二帙广诗104篇，又据魏万（颢）所纂二卷广诗44篇，合148篇。今咸淳本《李翰林集》所收乐府诗为149篇（包括《菩萨蛮》和《忆秦娥》两首词），其中《塞下曲六首》题下注："一本云五篇。"其四（"白马黄金塞"）后注："一本无此一篇。"又卷前目录也作"塞下曲五首"，可知《塞下曲》一本只收五首，其四（"白马黄金塞"）或是后来补入的。除去此一首，李白乐府诗正好是148篇，与宋敏求据两本增广的诗歌篇数相合，这很难说完全是一种巧合；宋蜀本《李太白文集》所收乐府诗为147篇（少两首词），也仅有一首之差。

因此，我们认为，王溥家藏本与魏颢《李翰林集》所据原本皆是李白乐府诗的单行本。王溥家藏本当是三卷分为三帙，以一卷为一帙。魏颢《李翰林集》仅有两卷，说明他在上元末年在绛州得到的是一个李白乐府诗的残本，且其中一卷与王溥家藏本的下帙内容相同，故二者可以相互补充。魏颢以此残本中的乐府诗为主，又补入李白赠颢诗（即《送王屋山人魏万还王屋》）、魏颢酬白诗（即《金陵酬翰林谪仙子》），以及一篇《大鹏赋》，形成了两卷本的《李翰林集》。

以下范传正、乐史所编的集子，情况则较为明了。范碑径作"文集二十卷"，可知是一部诗文合集。因为古代别集的定名有一定的习惯，单收诗歌者称"诗集"，单收文章或诗文兼收者称"文集"。李白以诗名，文则不彰，范传正不可能弃诗收文，所以这必然是一部诗文兼收的文集。这个集子所收作品，范传正说是"或得之于时之文士，或得之于宗族"。詹锳先生认为，"这个宗族可能指的李阳冰"，"范传正所编的二十卷本或许是在李阳冰《草堂集》基础上扩大成为二十卷的"。[6]笔者倾向于这种看法。检唐宋以来的书目，并无一部《李白集》署作范传正编，乐史和宋敏求皆称李阳冰《草堂集》为十卷，而《新唐书·艺文志》却著录"《草堂集》二十卷，李阳冰录"。这个二十卷本《草堂集》应该就是范传正增补的本子，只是仍署了李阳冰名字，书名也没有更改。《旧唐书·李白传》云："有文集二十卷，行于时。"文字表述与范碑的"文集二十卷"、"以行于代"相近，其说当采自范碑，并非实录，因为《旧唐书》成书于五代战乱之余，文献散佚，难于搜求，其中《经籍志》所收乃是据毋煚《古今书录》，时代仅止于开元，此后经籍不见著录，包括《李白集》。[7]只是后来乐史和宋敏求皆不曾提到这个二十卷本，不知何故。

与之前不同的是，宋代的乐史在编纂《李白集》时，不仅诗、文兼收，而且将诗、文分编。他在李阳冰《草堂集》十卷歌诗的基础上，别收歌诗十卷，编为二十卷本《李翰林集》——这是诗集；又从三馆中搜得李白赋序表赞书颂等，排为十卷，名为《李翰林别集》——这是文集。两个集子分别见《崇文总目》卷六十一及卷五十九著录。[8]宋以后，乐史本《李翰林集》不传，《李翰林别集》则直至明、清尚有单行本。据宋敏求《后序》，《李翰林集》收诗歌七百七十六篇，《李翰林别集》收杂著六十五篇。然明代高儒《百川书志》著录一《别集》传本，收“赋八，文六十三”[9]，合七十一篇，比《后序》所云多六篇。今传咸淳本《李翰林集》后十卷杂著部分目录著录七十篇(包括有三篇有目无文的诗序[10]，原文已移至诗歌部分，附于相应的诗前)，二者接近。另外，《与诸公送陈郎将归衡阳并序》序文后注：“旧在别集，今入于此。”《泛沔州城南郎官湖》诗、序分列于诗歌和杂著中，且诗题下注：“序载二十八卷。”序题下注：“诗载十八卷。”根据这些迹象，我们认为，乐史在整理李白作品时，有些诗佚序存的作品被当作杂著归入了别集中。后来其中的一些诗被宋敏求重新搜罗到了，因又将诗序从别集中抽出，附丽于诗；而其余无诗可附的诗序仍属于杂著，至今尚有近二十篇。如此，则《李翰林别集》收录的杂著当不止宋敏求所说的六十五篇，可能超过了七十篇。至于具体数字，则有待详考了。

二

宋敏求在乐史本基础上增订而成的《李白集》，是《李白集》编纂史上的重要里程碑。他通过广泛搜罗《李白集》的不同版本，兼及唐诗类编、石刻文献、文人别集，将李白的诗歌由乐史本的七百多篇扩充到上千篇，增加了将近三分之一，并将诗文合在一起。至此，《李白集》基本定型，最早的《李白集》刻本就是据宋敏求本刻印的，以后的各种《李白集》刻本、注本、选本，其内容也基本不出这个本子的范围。故清代王琦说：“论太白诗集之繁富，必归功于宋。”[11]

宋代流传的《李白集》刻本，据陈振孙《直斋书录解题》，主要有两个系统：一个是“首卷专载碑、序，馀二十三卷歌诗，而杂著止六卷”的“蜀刻大小二本”系统；另一个是“前二十卷为诗，后十卷为杂著”的“不知何处本”系统。这两个系统的本子，至今仍有流传。前者有被称作“宋蜀本”的《李太白文集》(以下简称“宋蜀本”)，约刻于南宋高宗年间(1127—1162)[12]；后者有所谓的“咸淳本”《李翰林集》(以下简称“咸淳本”)，其实是明代据南宋咸淳(1265—1274)刻本影刻的，因其保留了宋本面貌，故学界或径以“咸淳本”称之。[13]这两个本子收诗远超乐史《李翰林集》[14]，且皆为三十卷，兼收诗、文，应该都是源自宋敏求增订本。不过，它们的卷次分合并不一致。那么到底谁更接近宋敏求本的原貌呢？换句话说，宋敏求本的卷次原来到底是怎样的呢？它又是否真的像宋蜀本和咸淳本那样是一部诗文合集？还有集子的名称，陈振孙《直斋书录解题》只著录作《李翰林集》，晁公武《郡斋读书志》同；赵希弁《郡斋读书志附志》则作《李翰林文集》，《宋史·艺文志》又作《李白集》。宋敏求的本子最初究竟所定何名？这些都是需要搞清楚的，而且我们认为也是能搞清楚的。

要搞清楚这些问题，我们可以先从曾巩《李白集》序的异文说起。我们知道，曾巩在宋敏求本《李白集》的基础上考次了作品的先后，并作了一篇序。宋蜀本曾巩序（以下简称“《蜀序》”）云：“《李白集》三十卷，旧歌诗七百七十六篇，今千有一篇，杂著六十五篇者，知制诰常山宋敏求字次道之所广也。次道既以类广白诗，自为序，而未考次其作之先后。余得其书，乃考其先后而次第之。”咸淳本曾巩序（以下简称“《咸序》”）前一句则作：“《李白诗集》二十卷，旧七百若干篇，今九百若干篇者，知制诰常山宋敏求字次道之所广也。”曾巩序的这两个异文，其不同之处可以归纳为三个方面：(1)书名。《蜀序》作《李白集》，《咸序》作《李白诗集》；(2)卷数。《蜀序》作“三十卷”，《咸序》作“二十卷”；(3)篇数。《蜀序》作“歌诗七百七十六篇，今千有一篇，杂著六十五篇”，为确数，《咸序》作“旧七百若干篇，今九百若干篇”，为约数，且无“杂著六十五篇”之文。

学者们认为，宋蜀本所收诗文与曾巩序（《蜀序》）相合，而咸淳本所收诗篇比宋蜀本要少，故而修改了曾巩序的文字，将“七百七十六篇”改为“七百若干篇”，“千有一篇”改为“九百若干篇”。[15]

然而，这个说法是有问题的。据笔者统计，宋蜀本诗歌部分收诗 1000 篇，杂著部分收文章 66 篇（其中《江夏送倩公归汉东序》一篇，诗歌部分已收），与《蜀序》的诗歌“千有一篇”、杂著“六十五篇”并不吻合。詹锳先生认为杂著中的《江夏送倩公归汉东序》或为版刻时误入，除去重复则正好是“六十五篇”，说亦可通；但诗歌部分，詹锳先生说宋蜀本收诗“正好是千有一篇”，却不知是如何计算的。[16]退一步说，即便是《咸序》为与咸淳本的情况相合而修改其中的文字，那也只需将诗歌的篇数由确数改为约数，而没有必要更改书名及卷数，更没有必要删去“杂著六十五篇”等字，因为咸淳本也是三十卷，同样兼收诗文。如今，《咸序》的这些内容反而不与咸淳本相合。可见，咸淳本修改曾巩序的说法是不成立的。

曾巩此序，《元丰类稿》收入卷十二，内容与《咸序》相同[17]，只是题作《李白诗集后序》（以下简称“《稿序》”）。《元丰类稿》编次于曾巩去世（宋神宗元丰六年，即 1083）后不久，此前，宋蜀本的前身“苏本”（《李白集》的最早刻本，晏知止刻于苏州者）已经于元丰三年（1080）刻印出来了。《稿序》内容不与《蜀序》同，说明《稿序》在收入《元丰类稿》的过程中其内容并没有受到当时已在社会上流传的苏本《李白集》的影响，当然更不可能是采自远远晚于苏本的咸淳本，或其据以翻刻的祖本，其所据当是曾巩本人的原稿。看来，《稿序》的文字应该是原始的，而与《稿序》相同的《咸序》文字自然也是原始的。所以，我们有理由相信《咸序》应该是曾巩序的原貌，反而《蜀序》很可能是后来修改的。

至于《咸序》与宋敏求《后序》及宋蜀本、咸淳本的种种不合，也能够得到合理的解释。今宋蜀本和咸淳本内所收诗歌，并非全是李白的作品，而是附录了魏万、崔宗之、崔成甫与李白的酬赠之作。[18]宋敏求《后序》所谓“千有一篇”当是含这几首诗而言。除去它们,李白本人诗歌实不满千篇,恰可称“九百若干篇”。这是《咸序》与宋敏求序诗歌篇数不合的原因。剩下的书名、卷数的不合,及“杂著六十五篇”的有无,这三方面是紧密联系的,不能孤立地去看。如果不考虑宋蜀本及咸淳本的情况而就《咸序》本身来看,序文实际上是没有问题的。序称“《李白诗集》二十卷”,乐史所纂李白诗集(《李翰林集》)及咸淳本中的诗歌部分皆为二十卷;既称诗集,自然不收文章,没有“杂著六十五篇”之文也是理所当然的。由此看来,《咸序》并非是为宋蜀本或咸淳本这样的诗文合集所作的序,而是专为二十卷的李白诗集所作的序。宋蜀本和咸淳本中的文章,都没有像宋蜀本诗歌部分那样于题下注明李白游踪,排列也无先后次序可言;曾巩说“次道既以类广白诗,自为序,而未考次其作之先后”,强调的也是诗歌。可以肯定,曾巩所谓的“考其先后而次第之”乃是专指李白的诗歌而言。也就是说,曾巩只是对二十卷的李白诗歌进行了考次先后的工作,并作了一篇序,即《咸序》(《稿序》)。这个二十卷本的李白诗集当如乐史所纂《李翰林集》一样,单行而不附入杂著。北宋晁公武《郡斋读书志》著录《李翰林集》二十卷,或许就是曾巩的这个考次本。[19]

曾巩既然是在宋敏求本《李白集》的基础上考次作品先后的,如果宋敏求本《李白集》是将诗歌、杂著有机地编在一起的诗文合集,曾巩不应该只考次诗歌而不及杂著,至少后来剔除杂著单行时也应当加以说明。且从《咸序》来看,曾巩也只强调了宋敏求增广李白诗歌的工作,并没有提及杂著。那么,问题只能是出在宋敏求本《李白集》上。

仔细考察宋敏求《后序》中所述编集经过,我们会发现,宋敏求所做的工作主要是两步:

首先是广搜李白诗歌,编入“旧目”,使各相从。这个“旧目”当然指的是乐史本《李翰林集》的类目,因为他是在乐史本《李翰林集》的基础上增广李白诗歌的。不过,与乐史在《草堂集》基础上编纂时的重加编排(“因校勘排为二十卷”)、更改书名(“号曰《李翰林集》”)不同的是,宋敏求不仅未提及书名的更改,而且还沿袭了旧目,说明宋敏求本对乐史本《李翰林集》在形式上作了全面继承,他只是对乐史本《李翰林集》中的诗歌进行增益,并未重编。因此,宋敏求本诗歌所占还应是二十卷,书名仍当作《李翰林集》。苏颂《龙图阁直学士修国史宋公神道碑》:“公讳敏求,字次道,宣献公讳绶之长子也。……纂唐文章之散佚、卷部不伦者,有《李翰林集》三十卷……”[20]苏颂与宋敏求为同时代人,他为宋敏求所作的《神道碑》所叙可信度高,直接验证了我们对宋敏求本《李白集》书名的判断。其后,《郡斋读书志》《直斋书录解题》所著录本,书名尚未遭篡改;至《郡斋读书志附志》著录时已作《李翰林文集》,多出了一个“文”字(可能因为兼收诗文的缘故);宋蜀本进而改作《李太白文集》,宋敏求本的书名至此遂面目全非矣。然亦有一直相沿未改者,如咸淳本作《李翰林集》即是。

其次,宋敏求将杂著附于诗歌之后。序中所谓"别集"即乐史《李翰林别集》十卷,收赋序表赞书颂等杂著。宋敏求这里用了个"附"字,说明杂著只是附属,并非与诗歌等同编排。类似的情形在宋代的别集编纂中并不少见。如宋代词学虽然大兴,但在宋人眼里,词仅是遣性之作,是诗歌的附庸,有的人在编集时也"另眼相待",不把词与诗文统一编排,而是将词独立编为一集,附刻于文集之末,以示词与正统诗文有别。赵鼎《忠正德文集》就是直接将词编为《别集》而附于其后;欧阳修的词集原本单行,周必大在编印《欧阳文忠公集》时附刻于文集之后;后来陆游的儿子陆子遹在编陆游文集时也参照欧集之例附词集于后。[21]在宋敏求看来,李白的文章显然不能和他的诗歌同日而语(即便现在看也是如此),他所整理的《李翰林集》主要还是收录诗歌的诗集,杂著只是附录,仅仅是备散佚罢了。实际上从《后序》所述也可看出,宋敏求在增订《李白集》时将全部精力都放在了对诗歌的搜罗上,杂著部分不过因乐史之成事而已。因而宋敏求所谓"合为三十卷",也并非像一般人理解的诗歌、杂著合编成三十卷,而是诗歌、杂著的卷数合在一起共有三十卷。后来曾巩在考次时也只针对诗歌,被视作"附庸"且未经考次的杂著自然在删除之列了。

以上我们全面考察了唐宋两代编纂《李白集》的情况,并对各集子的内容和结构作了不同程度的探讨。现据前文所述,列表如下:

唐宋《李白集》编纂情况表

编纂者	书　名	卷　数	性　质	说　明
李阳冰	《草堂集》	十卷	诗集	
魏　颢	《李翰林集》	二卷	诗集	收《送王屋山人魏万还王屋》《金陵酬翰林谪仙子》《大鹏赋》以及李白三分之二左右的乐府诗。
范传正	《草堂集》	二十卷	诗文合集	
?	《李白歌行集》	三卷	乐府诗集	收李白乐府诗。
乐　史	《李翰林集》	二十卷	诗集	收诗歌七百七十六篇。
	《李翰林别集》	十卷	文集	收杂著七十篇以上。
宋敏求	《李翰林集》	三十卷	诗、文分编合订	收诗歌"千有一篇","杂著六十五篇"。以诗歌为主,杂著附录。曾巩考次仅限诗歌,并剔除杂著单行。

三

通过前文的考察和分析，我们会发现以前对于对唐宋几部《李白集》的编纂情况存在着一些认识上的误区，而这又影响了对相关问题的看法，有必要加以指出和辨正。

1. 对于魏颢和乐史在《李白集》编纂史上的地位应有进一步的认识

魏颢和乐史都为李白作品的整理和流传作出了贡献，而魏颢远早于乐史，又与李白有交，并亲承李白之请为其编集，理论上说，他所编出的集子应该是接近原貌、价值更大，就像王琦说的："魏万所纂太白诗集二卷，当亦不甚谬误。"[22]然而事实并非如此。李白交给他的原稿，不久就被他遗失了，却在事隔多年之后，将就着用一个李白乐府诗集的残本草草编成《李翰林集》二卷以了事，以至于后来宋敏求仅据以增补了44首诗，不到今存李白诗歌的百分之五。按其编集时间正值李白临终前后，以李白诗名之盛、诗作流传之广，如果能勤为搜求李白作品，应该会有很大的收获，其序中也说"白未绝笔，吾其再刊"[23]，但他并没有做。应该说，魏颢对待李白的作品是极不负责任的。

与魏颢形成鲜明对比的是乐史。他不仅增补了十卷诗歌，还专门搜得李白杂著六十余篇，编成了《李翰林别集》十卷。在乐史之前，李阳冰和魏颢整理《李白集》时没有收李白的文章（仅《大鹏赋》一篇）；范传正的文集二十卷，虽说是诗文合集，所收文章到底有多少并不清楚，是否像《孟东野集》"惟卷末有书二篇、赞一篇，馀皆诗"[24]呢？且其本并没有为后来的编者所据，宋以后即亡佚。在乐史之后的宋敏求和曾巩，也仅限于对诗歌部分的增广与考次，唯一涉及杂著的就是将其附于诗歌之后。此后各种《李白集》更转而为注释、评点的工作。即便是清王琦的《李太白全集》，作为《李白集》的集大成者，其中的杂著部分尚且沿袭宋蜀本之旧，只是在《诗文拾遗》中补得《汉东紫阳先生碑铭》[25]《北斗延生经注解序》两篇而已。可见，整理李白文章之功应归于乐史。

乐史（930—1007），字子正，抚州宜黄（今江西宜黄县）人，宋代著名的史学家和地理学家。他一生著述颇丰，包括代表作《太平寰宇记》在内的各类著作有二十多部。这主要得益于他的经历。据《宋史》本传，乐史曾几次供职于宋代三馆（即史馆、昭文馆、集贤院，并在崇文院中），负责编修事宜。三馆是宋代藏书之府，其中所藏书正副本凡八万卷，这就给乐史的编纂、著述提供了极大的方便，李白的杂著就是他从三馆中搜得的。作为一位史学家，乐史编辑李白文集可能更多的是从保存文献的角度考虑的，因为从文学角度看，李白的文章总的来说价值并不大，李阳冰、魏颢、宋敏求等人均未予以重视，可能就有这方面的原因。但这些文章中有不少为我们今天研究李白的生平、交游、行踪提供了非常有价值的线索，是有关李白的最直接的文献资料。除编集外，乐史还撰有《李白传》一卷（已佚），并在《李翰林别集序》中补入传中所漏载李白轶事三则，这些材料也成为研究李白的参考。从这个角度说，乐史不仅仅是对整理李白作品尤其是文章作出了贡献，还为后来的李白研究保存了丰富而又珍贵的资料。

2. 对今传宋蜀本及咸淳本有必要重新认识

宋蜀本因为有宋敏求、曾巩及毛渐等人的序，所收诗文篇数又与宋敏求序吻合，且许多诗题下注有李白游踪地名，保留了曾巩考次的内容，所以有学者认为宋蜀本源自宋敏求本，其卷次编排大致反映了宋敏求本的面貌；而对于咸淳本，只作为不同于宋蜀本的另一传本看待。实则不然。

通过前文分析我们知道，宋敏求本在形式上沿袭了乐史本的书名、卷次、类目，仍是名《李翰林集》，二十卷诗歌，十卷杂著，唯一不同的是将文集附诗集之后，是一个诗文分编合订本。今传宋蜀本及咸淳本皆为诗文合集，单从这一点上看两本都是经过了后人篡改的，但改动的幅度上两本存在不小的差别。

相比较而言，咸淳本似乎更多地保存了宋敏求本的面貌。其书名作《李翰林集》，卷次上也是前二十卷为诗、后十卷为文，其中古风两卷、乐府三卷又与宋人记载相合。只是已将诗文合为一编，成为了一个诗文合集。清钱曾《读书敏求记》曾著录有一个前二十卷为诗、后十卷为文的北宋刻本《李翰林全集》，其后十卷每卷下皆注有“别集”二字，依然保留有诗集与文集的区别字样，当是宋敏求本与咸淳本之间的过渡形态。

宋蜀本改动则要大得多，主要包括书名更为《李太白文集》，卷次上将碑序单独列为一卷，诗歌由二十卷调整为二十三卷，杂著则由十卷调整为六卷，且其中不乏篡改时留下的痕迹。首先是书名，陈振孙《直斋书录解题》所载蜀刻大小二本及赵希弁《附志》所载家藏本卷次、碑序均与宋蜀本同，当是同一系统的本子，而著录书名一作《李翰林集》，一作《李翰林文集》，虽有小异，但与宋蜀本大不相同。其次，宋蜀本《古风》只占一卷，却于卷下标有“古风上”三字，而又无对应的“古风下”，让人莫名其妙。其实对照一下咸淳本就知道《古风》本是占两卷，宋代的朱熹和葛立方皆有李白“《古风》两卷”的说法[26]。咸淳本卷一、卷二两卷分别标有“古风上”“古风下”字样，宋蜀本显然是将两卷合为一卷时未将“古风上”三字剔除，露出了马脚。再次，乐府三卷，前文已论述，唐代曾单独编集，宋人有“乐府三卷”之说，咸淳本也占三卷，宋蜀本却占了三卷半，显得不伦不类。最明显的是杂著部分。宋蜀本目录是采取卷前列总目的方式，可能为了排列紧凑，对于题目较长者多予以简省。然其后六卷杂著却有例外，不但列入总目，每卷又另有目录连属正文，明显重复，且题目不管长短一律完整录出，完全是咸淳本的编目风格。这显然是宋蜀本将原先连属正文的编目方式改为总目时没有将杂著部分的目录删除所致。还有就是，杂著六卷除第二十七卷以外，皆于每卷次行下题署“学士赠右拾遗李白”八字，这也是不见于前二十四卷的，亦应是诗、文集整合时的疏忽。

以上不仅证明宋蜀本曾遭大量篡改，而且可以发现在被篡改前其卷次编排应是接近咸淳本的，这也从另一方面说明咸淳本更接近于宋敏求本的原貌。刘世珩在影印“咸淳本”所附札记中说：“淳熙本（按：指淳熙本《李翰林别集》）自用乐子正别集本刊行，至咸淳本而（与《李翰林集》）合之，犹不失宋次道与子正编次离合之旧。及杨本与晏处善本或改诗为二十五卷，或二十四卷，而原第尽失，则此本固仍可贵也。”其言或得之。

3. 万曼《唐集叙录·李翰林集》在列举了唐宋有关《李白集》的材料后小结道：

> 宋代所传三十卷本《李白集》有两个系统，一个是前二十卷为歌诗，后十卷为杂著的本子，这是渊源于乐史本的（当然不是乐本的覆刊，这是应该注意的）。另一个是第一卷为序碑，余二十三卷为歌诗，最后六卷为杂著的本子，这是出于宋敏求本，曾巩重新考次，晏处善镂版的，想来都还保留宋敏求原的卷第。[27]

他指出宋代流传的三十卷本《李白集》有两个不同的系统，即一个是二十卷诗歌、十卷杂著的本子，一个是一卷序碑、二十三卷诗歌、六卷杂著的本子，这是事实。但他将这两个系统卷次编排的不同归为编纂上的缘故，认为前者沿自乐史本（他特别说明“不是乐本的覆刊”，是想强调这个系统的本子不是乐史本的原样照搬，而是在乐史本的基础上经过了后人重新编纂，并沿用了乐史本的诗文卷次），后者出于宋敏求本，则是臆测。第一，今传咸淳本与宋蜀本从卷次上看正好分属两个系统，但两本所收诗歌篇数都远超乐史本，相互有出入者不足十篇，仅占宋敏求增补诗歌数的4%，如果不是同祖一本，如何能达到这样接近的程度？第二，从卷次上区分乐史本与宋敏求本是错误的。前文已指出，宋敏求本沿袭了乐史本的卷次，二十卷诗歌、十卷杂著才是宋敏求本原貌，一卷序碑、二十三卷诗歌、六卷杂著的本子（比如宋蜀本）是后来遭人篡改的。也就是说，两个系统卷次的差别是形成于刻印、流传环节，而非编纂环节。第三，乐史本《李翰林集》其实在宋敏求本出现之后就已不再流传。文献流传中经常有这样一种现象，有些文献由于后出者转精而使得原本逐渐不为人所重视，甚至亡佚。唐代官修《晋书》成,“言晋史者,皆弃其旧本,竞从新撰”;宋欧阳修撰《五代史记》(即《新五代史》),《旧五代史》便逐渐散佚。[28]我们知道,宋敏求本是在乐史《李翰林集》的基础上进行增订的,而乐史本又是在李阳冰《草堂集》十卷的基础上形成的,三者一脉相承,后者出前者即不行,李阳冰本和乐史本(《李翰林集》)宋以后即不见著录便是明证。

注 释

[1]关于《李白集》编纂的先后,有人以魏颢《李翰林集》为最早。然考魏颢序,李白虽在安史之乱前已将手稿托付魏颢,但旋遭战乱而遗失,其复得之于绛已是上元末年的事。唐肃宗乾元二年(759)四月改元上元,上元三年(762)四月即改元宝应,前后仅三年,则“上元末”必在761年以后。而魏颢在复得之后又“沉吟累年”才编集作序。既云“累年”,则绝不止一年。可知魏颢编集时间当在宝应元年(762)以后,其晚于李阳冰编纂《草堂集》可知矣。至于其序中所谓“白未绝笔”,乃是当时交通不便,信息滞后,李白死讯其未能及时得知耳。

[2]刘全白:《唐故翰林学士李君碣记》,《李太白全集》,北京:中华书局,1977年9月,第1460页。

[3]《日本国见在书目》,清光绪十年《古逸丛书》本。

[4]詹锳《李太白集版本叙录》中说:“按王文献公家藏本凡三帙,疑与日本国见在书目所录李白歌行集三卷盖同出一本。”(《李白诗论丛》,北京:人民文学出版社,1984年4月,第3页)但在后来的《〈李白集〉版本源流考》中他未再重申此看法。万曼《唐集叙录·李翰林集》引宋敏求《后序》,于“治平元年,得王文献公溥家藏白诗集上中二帙,凡广一百四篇,惜遗其下帙”后按:“《日本国见在书目》有《李白歌行集》三卷,未知是此三帙本否?”(《唐集叙录》,北京:中华书局,1980年11月,第80页)

[5]薛天纬:《唐代歌行论》,北京:人民文学出版社,2006年8月,第347页。

[6][12]詹锳:《〈李白集〉版本源流考》,《李白全集校注汇释集评》,天津:百花文艺出版社,1996年12月,第4538、4541页。

[7]《旧唐书·经籍志》总序:“天宝以后,名公各著文章,儒者多有撰述……臣以后出之书,在开元四部之外,不欲杂其本部,今据所闻,附撰人等传。其诸公文集,亦见本传,此并不录。”

[8]詹锳《李太白集版本叙录》说“《崇文总目》仅著录《李翰林别集》十卷”(《李白诗论丛》第3页),当是未遍检其书。

[9][27]《唐集叙录》,北京:中华书局,1980年11月,第83、81页。

[10]分别是《春于南浦与诸公送陈郎将归衡阳序》《答族侄僧中孚赠玉泉仙人掌茶序》《赠嵩山焦炼师诗序》。

[11]《李太白文集后序》,见王琦注《李太白全集》,北京:中华书局,1977年9月,第1477页。

[13]本文所据宋蜀本《李太白文集》为台北学生书局1971年影印日本静嘉堂文库藏本;咸淳本《李翰林集》为黄山书社2004年影印贵池刘世珩玉海堂本。

[14]据笔者统计,宋蜀本诗歌部分收诗1000首,其中,《江夏送倩公归汉东并序》于杂著部分重出,题作《江夏送倩公归汉东序》。咸淳本比宋蜀本少《杂言用投丹阳知己兼奉宣慰判官》《南陵五松山别荀七》《金陵酬翰林谪仙子》《观鱼潭》《庭前晚开花》《宣城长史弟昭赠余琴溪中双舞鹤诗以见志》《暖酒》《送赵云卿》《江夏送倩公归汉东序》(咸淳本在杂著部分)等9首诗;另比宋蜀本多《菩萨蛮》《忆秦娥》《赠从弟》《纪南陵题五松山五首》(咸淳本作五首,蜀本作一首)等7首诗。两相抵消,咸淳本比宋蜀本少2首,实收998首。

[15]参见詹锳:《〈李白集〉版本源流考》(《李白全集校注汇释集评》,天津:百花文艺出版社,1996年12月)、郁贤皓:《咸淳本〈李翰林集〉源流和名称简论》(《唐代文学研究》第十一辑,桂林:广西师范大学出版社,2006年5月)。

[16]可能是将杂著部分的《江夏送倩公归汉东序》抽出后,再归入诗歌部分,算作一首。然而这是很不合适的。宋蜀本所收诗虽存在重出现象,如《送赵云卿》与《赠钱征君少阳》、《东武吟》与《还山留别金门知己》、《白云歌送刘十六归山》与《白云歌送友人》皆属重出,但重出诗之间题目皆不相同,故被作为两首诗处理,有存疑之意。而两《江夏送倩公归汉东(并)序》题目几乎相同,以为误入则可,看做重出则谬。

[17]唯第二句"考"前多一"乃"字,同于《蜀序》。

[18]分别是魏万《金陵酬翰林谪仙子》(宋蜀本卷十四,咸淳本无)、崔宗之《赠李十二》(宋蜀本卷十六,咸淳本卷十二)、崔成甫《赠李十二》(宋蜀本卷十七,咸淳本卷十二)。

[19]万曼先生《唐集叙录》据赵希弁《附志》,认为晁公武著录有误,是没有道理的。因为晁公武所著录本题作《李翰林集》,赵希弁《附志》著录本则题作《李翰林文集》,且是赵之家藏本,非是晁公武原书,两者根本不是同一个本子。仅仅根据宋敏求和曾巩的序(且是同于《蜀序》的)就判断其是非,未免失之武断。

[20]《苏魏公文集》卷五十一,《景印文渊阁四库全书》本。

[21]王兆鹏:《宋代诗文别集的编辑与出版——宋代文学的书册传播之一》,《第三届宋代文学国际研讨会论文集》,银川市:宁夏人民出版社,2005年。

[22]《李太白文集后序》王琦注,《李太白全集》,北京:中华书局,1977年9月,第1477页。

[23]《李翰林集序》,《李太白全集》,北京:中华书局,1977年9月,第1453页。

[24]《直斋书录解题》,上海:上海古籍出版社,1987年12月,第481页。

[25]宋敏求《后序》:"同舍吕缙叔出《汉东紫阳先生碑》,而残缺间莫能辨,不复收云。"则此碑宋敏求早已搜得,以其文字残缺而未收入集中也。

[26]《朱子语类》:"李太白诗……古风两卷,多效陈子昂,亦有全用其句处。"《韵语阳秋》:"李太白《古风》两卷,近七十篇,身欲为神仙者殆十三四。"转引自王琦《李太白全集》卷三十四,北京:中华书局,1977年9月,第1527、1555页。

[28]柴德赓:《史籍举要》,北京:北京出版社,2002年1月,第65、458页。

民国时期李白评传说略

任晓勇

文学家的评传,在中国古已有之,司马迁的《屈原贾生列传》即是名作。而《后汉书》中专设《文苑传》,更使在正史中为作家立传成为一种体例,虽然二十几史中名目稍异,但相沿成习。此外,像《唐才子传》《全唐诗·诗人小传》无疑也是此类文字。理学家的"学案"、释家的"传灯录"类著述,也带有传记的性质。

近代以来各种西方传记类著作被输入,新文化领袖胡适早就积极倡导写作传记文学,他身体力行,中年时即作了自传(《四十自述》)。又如,朱东润在欧洲留学时,就注意"西洋传叙文学"理论及作品,20 世纪 40 年代根据"教育部"规定在高校中文系开设传记文学课程,撰写了专著《八代传叙文学述论》(复旦大学出版社,2006 年版)。朱氏心仪西方现代传记文学的开创者鲍斯威尔(1740—1795)所著的《约翰逊博士传》,主张传记文学的目标是写出"人性底真相"(《绪言》)。这种主张也可以看成是那个年代较为普遍的文学见解。民国时期的学者、作家们,兼取中西传记著作的特点,撰写各类传记,蔚然成风。

下面对大约十种李白评传以及相关的比较性著作进行简略的评说。

关于李白的评传有 7 部:

《李白研究》 李守章(又名李俊民)著。1930 年上海新宇宙书店铅印本。96 页。本书作者接受了"苏俄"文艺理论,"尝试用浅显的唯物史观来研究李白"(第 90 页)。书中写道,社会的经济基础决定上层建筑;文艺与政治法律一样,都是上层建筑,所以必然受经济基础影响。从全书的具体论述看,作者主要是运用上述基本原理来阐释李白的创作。比如第四章,题目是"李白诗与其环境",阐述"李白诗与地域关系""李白诗与自然界""李白诗与当时政治"等问题。第四章是"李白的世系及其年谱",作者说:"根据以上三章的论述,我们可以证明一个大文学家的成就,必然地和他时代环境及气候等有极密切的关系。因此我们如果要更进一步了解作家的作品,对于作者生平的历史的经过,实有研究或考证之必要。”前三句概括前三章包含的理念,后三句说明做年谱(“作者生平的历史的经过”)的道理。又说,做“世系”是出于两个原因,一个是中国古代重视“门第”;二是近代科学重视遗传学。窥斑见豹,由此一学术细节,也可见出近代以降,中西文化的汇通现象。“年谱”中采纳了当时学术界的新观点,即李白是唐武后长安元年(701)出生于西域。

李氏所论,不能详述,试拈一例。关于《蜀道难》,他认为,不能仅仅视为写景诗,联系“时代环境及气候”(即今语“时代背景”),应是诗人“以自然为象征”,表现社会和人生的艰险。蜀道难文本的意义,历来有歧议,应用“唯物史观”原理来解读,今天看来未必是唯一的,却是非常重要的。况且古来既有类似笺释。

众所周知,20 世纪 20 年代后期马克思主义文艺理论的译介形成高潮,主要是来自苏俄。鲁迅、宋阳(瞿秋白)等人都有译作。又如,稍后胡秋原曾经编译过一部《唯物史观艺术论——朴列汗诺夫及其艺术理论之研究》(上海:神州国光社,1932 年版),长达 780 页。马克思主义文艺美学不仅影响了当时的文艺创作(如“左联”),也影响了学术研究。李守章是早期的尝试者之一。

《诗人李白》 彭兆良著。1930 年上海中华新教育社铅印本。72 页。彭氏曾经应张竞生之聘任上海“美的书店”编辑,作者另有文艺方面的著述、译著多种,如《士与贫》《莎士比亚》《近代画家论》等等。作者能够运用西学理论对李白及其作品做出新的诠释,如认为诗人的前期是浪漫主义的,而后期是颓废主义的;其部分作品具有唯美主义色彩。作者本人通外文,很明显,作者接受了当时源自西方而又舶来中土的各种文艺思潮学说。

《李太白传》 汪炳焜著。70 页。1935 年上海商务印书馆铅印本,属《百科小丛书》。作者以清人王琦辑注《李太白集》为参考书,对李白的生平、思想和创作进行述评。因其不重考证,所以生平纪事未出王琦年谱所记,如说李白生于蜀中。但作者通过若干个主题将李白丰富多彩的经历和个性较好地展示了出来,如“昙花一现的政治生活”“武的生活”“醉乡深处”“一生好入名山游”“在肉欲中”“憧憬天国中的生活”“酣歌行吟的生活”“不平凡的死”等(第二至第十章名)。附录是历代评论李白资料选辑。书中常适当借用西学知识辅助论述,如“醉乡深处”一章征引“仙人殊恍惚,未若醉中真”等语下做注云:罗马人说“酒中有真”(in vino veritas),与李白诗意同。这类言说在王琦辈书中是不可见的。

《道教徒的诗人李白及其痛苦》 李长之著。1940 年香港商务印书馆初版。1943 年重庆商务印书馆再版,铅印本。封面署《中法文化丛书》。本书应该是民国时期最有新意和理论色彩、最能映照出传主某些本真面貌的李白评传。作者出身于清华大学哲学系,通西方哲学,又擅长文艺批评。25 岁时发表《鲁迅批判》,这是鲁迅学史上唯一经过鲁迅披阅并肯定的专著。从《道教徒的诗人李白及其痛苦》的书名可见作者对传主的一个基本定位,书中的第二章和第三章集中论述李白与道教的关系。第二章名"李白求仙学道的生活之轮廓",第三章名"道教思想之体系与李白",后者理论性很强,论述中国古代道教的主要精神、李白的接受及其在诗中的表现。自古以来言说李白与道教者不胜枚举,但是应以兼通中土和欧西哲学的李长之之书最为系统和深入。20 世纪 70 年代著名学者郭沫若在其《李白与杜甫》中也专门研究过李白与道教的问题,其侧重点是称赞李白"道教迷信的觉醒"。这与李氏的阐述重点并无太大抵牾,可以说是李氏阐述的一种延伸、一个发展。需要指出,一般人谈论道教,是将它作为中国古代三大思想体系儒道佛之一种而言的。但是李长之的认识则不然,他说:"倘若中国的儒教是相当于西洋的基督教的话,则可以一般地说,中国诗人的思想乃多半是异教徒(pagan)的。这异教徒的色彩顶明显的就是李白了。"在这样的思想视野里,我们对道教及其道教徒李白的概念的认识就有些不同了。

本书的另外一个精彩之处是提出了"李白的本质:生命和生活"的重要命题。这个观点贯穿全书。他认为:"倘若说在屈原的诗里是表现着为理想(ideal)而奋斗的,在陶潜的诗里是表现着为自由(freiheit)而奋斗的,在杜甫的诗里是表现着为人性(menschlichkeit)而奋斗的,在李商隐的诗里是表现着为爱(liebe)、为美(schonheit)而奋斗的,那么在李白的诗里却也同样表现着奋斗的对象了,这就是生命和生活(leben)。"(《导论》第二节"李白的本质:生命和生活")换而言之,李白一生最为热衷的是追求个体生命力的张扬与自由生活理想的实现。"生命哲学"是 19 世纪以来广泛流行于西方的一种理论思潮,其代表人物有狄尔泰(Wilhelm Dilthcy,1833—1911)、齐美尔(Georg Simmel,1858—1918)、柏格森(Henri Bergson,1859—1941)等人。清末民初传入中国,盛行一时。其理论认为,人的本质是"生命的冲动",生活的本质亦然;甚至世界与历史的本质也是"生命的冲动"的外化。它的本体论、认识论和方法论都强调主体性与主观直觉性。李白是一个个性张扬、激情奔放、充满理想(the will to be above)、富于想象力的大诗人,其性格和创作明显偏于主观型。因此用生命哲学来诠释李白颇为传神。龚自珍说李白"合庄骚以为心""并儒仙侠以为气"

(《最录李白集》)。龚氏、李氏分别从中西不同的思想武库里取出"戈矛",来阐释李白,都可谓有"入室操戈"之效,都堪称是画龙点睛之笔。

作者熟悉尼采,也化用其哲学来阐释李白。第六章题曰"李白:寂寞的超人"。李白与尼采的确有能够相提并论之处,他们都有一种"超人"的理想,都因理想的幻灭而"痛苦"不堪,甚至发"狂"。关于李白独特的个性产生的原因,作者接受了当时学术界提出的一个新观点,即李白出生于中亚细亚。他认为李白是"华侨",受到了"异国的精神教养","有一种异国的情调主宰着他的精神"(《导论》)。

1951 年作者出版了重新撰写的《李白传》,题记里说,前书有四个错误,"第一,它有着浓厚的唯心论的色彩,它不能多从现实基础上去解释李白的思想艺术所以形成的原因",等等。因此新著面貌大变,总起来看是加强了李白的政治色彩,其中第三章写"学道和从政的矛盾",第四章写"对盛唐的政治之认识",第五章写"更多的暴露和批判",第六章写"爱国思想"。这些方面都是前书所缺乏的,的确有助于读者全面认知作为大诗人的李白。可惜前书中的一些精彩、精华也未能予以保留。这种大变化显然是历史的大鼎革所推动的,其进步性是由当时整个中国大陆思想体系、学术思潮大变迁所带来的;而其美中不足则是源于彼时的作者们对新的意识形态的理解和运用尚处在初级阶段。还需要经过实践、认识、再实践、再认识的艰辛探索过程。

1940 年詹锳用文言体撰写过**《李白之生平及其诗》**的长篇文章,约 9000 字,可以说是一篇精炼的李白评传。当时作者对李白已经做过系统的实证性研究,所以本文所言皆有所据;然而本文的主要特色并不在此,而在于作者以十分生动流畅的文言描绘了一个有着生龙活虎般的个性和跌宕起伏的传奇人生的大诗人李白的形象。1950 年作者曾自我批评说,以前写作论文时,还不了解辩证唯物主义和历史唯物主义,《李白之生平及其诗》中对于李白诗的人民性和现实性完全没有谈到(见《李白诗论丛》序言,人民文学出版社,1984 年版)。

半个世纪后,詹锳又作了一篇也堪称精炼的李白评传,这就是他为自己主编的《李白全集校注汇释集评》所写的《前言》的第一部分,题曰"李白诗中的爱国情操"(约 12000 多字),作者以诗人生平经历和唐朝社会变迁为线索,全面深入、细致准确地论述了李白的爱国思想和行为。本文所论的确是作者早年论文中所欠缺的,这种阐释对于确立伟大诗人李白在中国文学史上的崇高地位又是必需的。很显然詹锳的论著也折射出社会历史和学术思潮大背景的演进。在中国传统的价值语境里,詹氏的论述也是对宋代以降不时出现的尊杜贬李论调的一次系统的辨正。

余恕诚先生在《20 世纪李杜研究及其差异》中指出:“20 世纪中国遭受列强侵略,是中华民族谋求生存自立时期,中经辛亥革命、抗日战争和社会主义革命,斗争极为艰苦复杂。此一时期的古代文学研究,从作品的社会意义着眼,是其根本出发点。而 21 世纪的中国,是发展经济文化、建构社会主义和谐社会时期,文学研究将进一步回归文学的本质,更强调人的本位,关注人性在文学中的体现。”(《文学遗产》2006 年第二期)未来的李白研究者如果要关注人性在李白诗歌中的体现,那么民国时期李长之和詹锳的著述仍然值得借镜。

20 世纪 40 年代后期,又有三部李白评传问世。一是张立德所著**《李白研究》**,收入《李白诗选》(胡云翼选辑,罗芳洲、唐绍吾注释。上海文力出版社,1946 年版),作为第一编,凡 80 页。书中肯定李白写古体,薄律诗,与欧洲文艺复兴、五四新诗联系立说。与合作者胡云翼一样,作者受新文化运动影响是很明显的。

第一节**《李白的历史》**主要是一部“年谱”,认为李白是于唐武后长安元年(701)生在西域,神龙元年(705)入蜀。据笔者考查,张立德早在 1924 年既已提出此说,本年他在武昌师范大学《文史地杂志》(第一卷第一期)上发表了题为《李白研究》的论文,含年谱。1925 年胡怀琛出版《中国八大诗人》(商务印书馆),书中引用了《文史地杂志》上的《李白研究(附年谱)》(但是未具作者姓名),同意其“李白于长安元年(701)出生于西域”的说法。就笔者目前的见闻,张立德是最早提出此说的学者。可能是张氏、胡氏等人的看法,才逐渐引出了关于李白氏族等问题的讨论(如陈寅恪《李太白氏族之疑问》,载《清华学报》第 10 卷第 1 期,1935 年 1 月)。在李白研究史上,这是一个重要的发现,影响深远。也许张氏本人并未意识到、更未预计过它将在李白接受史、阐释史上引导出怎样的影响。

第二种是朱炳煦编**《李白传记》**(成都经纬书局 1947 年版,65 页)。作者曾于 20 世纪 30 年代出版《唐代文学概论》(上海群众图书公司,314 页)、《唐代非战诗选》(上海光华书局,1933 年版,62 页)等专著,本书与其另一种评传《韩愈传记》是原来计划的作家专门研究。但是此书写得较简单,共分 14 节,也可谓 14 个小专题介绍李白的生平和诗歌。书末附录:“李白与杜甫诗的比较”(属资料择编)、“研究李白诗的参考书”。

第三种即戚惟翰编著的**《李白研究》**(1948 年上海中华书局铅印本,102 页)。其自序里说作者于公务之暇,检阅文献,费时十年撰成此书。共分三章,考论结合叙述李白生平事迹、个性思想和诗文创作。虽然考证不及詹锳精当,阐释未有李长之新颖,但是材料相当翔实,所论已经涉及李白的主要方面,具有一定的学术价值。可能由于作者不是职业学者,所以对学术界新的研究成果未能知见,如关于李白的诞生地及相关问题,没有像詹锳和李长之那样将陈寅恪、胡怀琛等人的成果采纳。

民国时期出现了两部李杜比较的专书。明清时期有人编过李杜合集的选本,李杜比较专书尚未见。

中国自古以来即有自己的文学比较研究。如诗骚、史汉、文笔、南北文学、古近体、诗文、诗词、唐宋诗、雅俗、李杜、苏辛等等,不胜枚举。可谓中国的一种传统学术。比较是一种常见的思维方式,其根源是世界本身存在着对立而同一的规律,也就是阴阳二元相生的天道。所以古代中国文论中比较方法的运用非常普遍。古代诗话中如果论及李白或杜甫,大多是将两位相提并论,这些资料都可视为李杜的比较研究。下面介绍这两部现代著作:

《李白与杜甫》 傅东华著。92 页,白话体。1927 年上海商务印书馆铅印本,属《百科小丛书》。傅氏学兼中西,勤于著述,有文学方面的撰著、翻译许多种。

其自序云:文学研究有两种类型:考据和批评,或曰历史研究与文学研究。本书属于后者。傅氏认为李杜分别是属于主观诗人与客观诗人。这种话语来自西方哲学和美学,王国维较早援引之以论中国文学。书中介绍了历史上李杜比较论三说:右杜黜李;扬李抑杜;李杜并重。作者认为,李白个性有遗传因素。李白的人生观复杂,但是以超世主义为中心,是超人。杜甫是儒教信徒。两家有诸多差异,但不可轩轾。从纯粹艺术的角度言,李白多主观的描写法,杜甫多客观的描写法,前者以作者情绪为对象,后者以实在的外物为对象。可见作者是糅合了中西文论来比较李杜,因而与传统诗话中的言说相比,已开新面。

《李杜研究》 汪静之著。216 页,白话体。1928 年上海商务印书馆铅印本。全书七章,第一章,李杜比较论。后面各用三章论述李白与杜甫,具体目次是:李白之流浪生涯、李白之颓废思想和李白抒情之笔;杜甫之穷苦身世、杜甫之博爱襟怀和杜甫之写实功夫。第一章颇能见出作者的才力,总体上比较李杜,重在论其差异,文长达 46 页。自中唐以后,人们即喜将李杜相提并论,议其长短,校其高下;其中扬杜抑李之论最多。也有认为两家各擅胜场、难以妄加褒贬轩轾者,如韩愈、严羽、高棅以及乾隆皇帝(《唐宋诗醇》的署名编写者)。

汪静之在梳理了上述各家意见后,指出自己是认可李杜并重的态度,然而认为两家在诸方面都有差别。作者从“思想、作品、性格、境遇、行为、嗜好、身体各方面”比较了的李杜的不同,所论中肯;其中论“作品”部分对李杜诗歌各自特点的把握是准确的。如谓:李是浪漫派、唯美派,杜是写实派、人生派;李富于想象,杜善于刻画;李多抒情诗,杜多叙描诗;李多抒发个人颓废的心情,杜常描写社会实际状况;李主观的诗极多,杜客观的诗不少;李杜南北两种风格都有,但杜偏于北方,李偏于南方;李赖天授,故以才胜,杜赖人力,故以工胜;李的诗奇如庄子之文,杜的笔健似司马迁之文;李诗纵横驰骋,如瀑布之奔泻,杜诗苦意安排,如大江之缓流。李用笔如大刀阔斧,杜用笔如利錾细错;李诗极豪爽轻快,悲哀颓丧,自然缥缈,杜诗极工整劲健,沉郁严肃,慷慨激烈……(第13页)。

这自然得力于对古代诗话等资料的借鉴,因为唐代以后历朝诗话等文献里面,议论李杜者俯拾即是。研究李杜者不患材料少,而是患其太多,良莠杂陈,巨细莫辨,无所措手,不得要领;如能去粗取精,要言不烦,方是能手。对于李白与杜甫差异的认识,汪氏明显还受到当时的西学和新学的深刻影响。汪静之另有《诗歌原理》等著作,可见出他对中西文论都有探究和汲取。汪氏说:李白的思想是个人主义的,而杜甫的思想是利他主义的。还有上文所谓的浪漫与写实、主观与客观等等,这些观念都来自新文化思潮,也都符合李杜特点。

不过,有一个他强调的观点,有些复杂,需在此一辩。他说,"李是贵族的文学,杜是平民的文学"。"这是本书最重要的问题","这个意思一贯全书"(第20页)。众所周知,五四时期,贵族与平民是一组反义词,还含有政治上的褒贬意义,表示政治和经济方面压迫、剥削者与被压迫、被剥削者的区别。当时的社会思潮是反对批判前者,而同情肯定后者。是谓民主主义。影响所及,在文艺方面,也提出推翻贵族文学,建设平民文学。(陈独秀《文学革命论》"三大主义"之一)在这样的历史语境里,作为一个思想积极进步的新文学家汪静之为什么要主张上面的观点呢?作者似乎也唯恐读者疑惑,所以特地对这两个名词加以界说。他搬出当时的新文化名人周作人,引用他在《贵族的与平民的》(见《自己的园地》)一文中的说法。周氏云:在文艺上可以假定有贵族的与平民的两种精神,它们是两种不同的人生态度。虽然它们的产生最初与经济状况有关,但是它们又是人类共通的,并不专属于某一阶级。"平民的精神,可以说是叔本华所说的求生意志,贵族的精神,便是尼采所说的求胜意志了。前者是要求有限的平凡的存在,后者是要求无限的超越的发展。前者完全是入世的,后者却几乎有点出世了。"汪静之认为,李白与杜甫在思想性格,生平境遇诸方面都不同,可以用周作人的观点来加以区别,"李杜二人贵族的与平民的这两种精神表现的十足"。

如果把贵族精神和平民精神大致上对应于求胜意志与求生意志、出世与入世,以此来描述李白与杜甫,未尝没有道理,甚至可以说具有哲学家所谓的"片面的深刻"。但是后五四时代,贵族与平民已经是一对带有政治性质的概念,难以只从“文艺”的角度去使用和解读。周作人早就与陈独秀、鲁迅等《新青年》战友分道扬镳，他的说法不宜奉为圭臬。汪静之本人尚属青年，理论修养也远未臻于成熟之境。今天看来，他的这一观点，以及这对概念的使用，都是有瑕疵的，干扰了读者对李白和杜甫的认知，也干扰了人们对《李杜研究》的评价。好在后面的六章里很少再出现这对概念。他的《蕙的风》大胆前卫，引领新风；其《李杜研究》也颇显学力和才能。

百年来李白传记书写的四种类型

邱　晓

虽然唐代文史资料关于李白的确切记载极其有限，而李白在诗文中对自己家世及经历的述说又闪烁其词，且时有矛盾之处，但是出于对一个天才诗人的好奇、对一个浪漫诗人的热爱、对一个伟大诗人的崇敬，学者们依然在李白家世和生平研究中花费大量心血，力图为我们呈现诗人完整而具体的人生历程。因此，在现代学术建立以来的李白研究中[1]，诗人的传记研究是一大热点，传记书写成为此研究领域中的一大收获[2]。其中，李长之、林庚、安旗、周勋初的李白传记书写，因各自的时代特性和独有的学术个性而各成一家之言，成为百年来李白传记书写中四种极具代表性的类型。

一、李长之《道教徒的诗人李白及其痛苦》："超人"李白

在"新文化"运动之后的中国学术研究领域，现代性的学术机制逐渐确立和成熟。但是由于当时社会局势动荡，各种社会意识并存，各种理论和学说在学术界都发出自己的声音，努力争夺自己的话语权，因此当时的学术界显出空前的活力和繁荣。这种情况在中国古典文学研究领域也毫无二致，而同时期李白研究和传记书写的多样性、新颖性也正是在这一整体的学术背景下产生的研究局面。这一时期出现的李白传记研究专著有李守章（李俊民）《李白研究》、彭兆良《诗人李白》、汪炳焜《李太白传》、李长之《道教徒的诗人李白及其痛苦》等数种，另外，傅东华《李白与杜甫》和汪静之《李杜研究》也对李白的生平有专门的讨论。这几种李白研究的著作，大都具有一定的理论色彩，有意识地借用西方现代哲学、美学或心理学理论对李白一生做整体的观照是它们的共同之

处。如李守章《李白研究》是自觉地以马克思主义的唯物史观来打量李白的人生和艺术;彭兆良《诗人李白》综合浪漫主义、颓废主义、唯美主义理论来探讨李白的一生;李长之《道教徒的诗人李白及其痛苦》则以尼采哲学为核心探究李白的言行和诗文。李氏所著因其强烈的体系性和完整性后来居上,在这一时期的李白传记书写中最有影响,也最具代表性。

写作《道教徒的诗人李白及其痛苦》时,青年李长之最主要的学术背景是德国美学。虽然德国现代美学与古典美学之间有很大的差距,但是李长之竟能将重理性、重形式的古典美学与重非理性、重生命的现代美学结合起来,并以此为基础写出影响深远的《道教徒的诗人李白及其痛苦》,不得不说是学术界的一桩美谈。从总体上说,李长之《道教徒的诗人李白及其痛苦》的主要理论来源是歌德、狄尔泰、尼采、弗洛伊德等人的哲学,其中尤以尼采的"超人"哲学对他影响为最。尼采哲学于清朝末年始即已为中国学人了解,并在新文化运动中充当了思想启蒙的工具,产生了不可忽视的历史影响。到 1930 ~ 1940 年的"后五四"时期,中国学者对尼采哲学的译介更加全面、研究更加深入,而尼采哲学对当时中国思想文化领域的影响也更加具体、更加深刻。正如学者所言:"尼采与'五四'因缘可谓深矣。他反基督,颇合'五四'知识分子反孔孟;他非道德,颇合'五四'知识分子反对封建礼教;他呼唤超人,挑战众数,颇合'五四'强烈的个性解放要求;他鄙弃弱者,颇合当时中国普遍流行的进化争存的理论与落后挨打的教训(这点四十年代被'战国策派'推到了极致);他攻击历史教育的弊端在于忽略当下人生,颇合'五四'知识分子对宗经复古的国粹派的反驳;他说'吾人拥有艺术,为的是不亡于真理',这被鲁迅概括为'实利离尽,究理弗存'的艺术至上主义,为新文艺家挣脱传统的载道思想而以自由创造的艺术替固有文明解毒带来了希望。"[3]李长之对尼采哲学的接受、理解和应用正是在这样的时代大背景下进行的。其实早在 1934 年写作《鲁迅批判》时,尼采和弗洛伊德的思想就已经成为李长之主要的批评理念;到写作《道教徒的诗人李白及其痛苦》时,李长之对尼采哲学的理解更加深入,运用也更加自觉和自如,以至于很自然地以尼采的"超人"哲学塑造出了一个"超人"李白。

受尼采的影响,李长之认为人生在世的一切言行归根结底是其生命力的实现,但人各不同,绝大多数世人的生命力都处于一个平均水平,是为常人、普通人、一般人;但是偶有天赋生命力远超常人者,此为"超人"。李白即为具有远超常人、趋于极端的生命力的"超人"。因为"超人"的生命力既饱满又强烈,所以不像常人那样容易沉沦在琐碎的日常生活中,他的言行是其饱满而又强烈的生命力的自我实现,因而"超人"的人生也与常人的平庸不同,其人生丰富多彩、波澜壮阔、光辉灿烂，将大多数人只能幻想的飞扬的人生变成现实。李白的人生就是这样的人生，“他所爱、所憎、所求、所弃、所喜、所愁，皆趋于极端”[4]，所以，李白的生活不可能是单调的生活。他任侠、求仙、学道、从政；李白的欲望不会轻易得到满足，他要金钱、美酒、女人、功名富贵，这都源于他强烈的生命力的扰动。然而，这并不表示李白是一个三心二意的人。恰恰相反，李白是一个极端认真的人，“李白什么事都很认真的”[5]。他任侠是认真的，求取功名富贵是认真的，求仙学道也是认真的——“道教的五大根本概念：道、运、自然、贵生爱身和神仙，都处处支配着李白，所以我说李白是一个忠实的道教徒”[6]。因为他那内在的生命力实在太强烈、太单纯，所以李白只活在当下。他会全身心地投入到他正在做的每一件事情，一切全在于生活提供的契机。生活给他求仙学道的机会，他就认真地求仙学道，别无他想；生活给他从政的机遇，他就一心从政、再不想什么炼丹服食；当朝廷的大门向他关闭，他就全情投入到美酒和女人中去——这绝不是失败者别无办法的人生寄托和失意放纵。然而不幸的是，世界虽然偶然产生一个“超人”，但是并不提供“超人”得以自我实现的条件，何况世界原为常人所占有，所以，极端、天真、单纯、认真的“超人”李白的失败是必然的，随之而来的痛苦也是极端强烈、无法遏抑的：“李白的热情使他不甘于寂寞，李白的纯真却又使他不能妥协”[7]，他“深感到天才被压迫的痛苦”[8]。因此，“他的追求格外强，他的痛苦格外深”[9]，“李白的痛苦是一种超人的痛苦，因为要特别，要优待，结果便没有群，没有人，只有寂寞的哀感而已了；李白的痛苦也是一种永久的痛苦……同时李白的痛苦又是没法解决的痛苦”[10]。得意的时候，李白快乐到极点；失意的时候，李白痛苦到极点，这都与遵循中庸之道，恪守乐而不淫、怨而不怒的温敦诗人大相径庭。这又使得李白诗中特有一种其他古代诗人少有的豪气，而这豪气是一种男性气概的表现：“在李白这里，却是天大的事情，也看得不足一笑”[11]。按照尼采的说法，如果说“超人”也有性别，那么“超人”必定是男性的。男性化的豪气，使李白的诗歌透露着其他诗人作品没有的力量美、健康美，以及一种先声夺人的光景的伟大气象[12]。这是李白对以精致、婉约、女性化情调为主的抒情文学的独特贡献。

其实，尼采的“超人”哲学内涵丰富，一言难尽，今天的人文学科依然将它看作极有价值的学术话题。李长之以超常的生命力为中心，以超强的生命欲求、认真的生活态度、痛苦的生命体验、男性美的豪情为关键点来把握尼采的“超人”哲学，并以此来观照李白的人生和创作，显然有其独特的历史原因。超强的生命欲求、认真的生活态度、男性美的豪气，无一不是新文化运动以来众多启蒙文学家的创作追求。李长之正是面对这样的历史潮流来把握他的尼采、塑造他的李白。因此,可以说李长之的《道教徒的诗人李白及其痛苦》是“后五四”时期年青一代学者对新文化运动第一代启蒙思想家和文学家的并不遥远的呼应,是新的文化精神在文学批评领域开出的一支灿烂花朵。

二、林庚《诗人李白》:“人民诗人”李白

1949年新中国成立之后,政治上的统一要求思想上的统一,以毛泽东《在延安文艺座谈会上的讲话》为代表的马克思主义文艺理论成为文艺批评的唯一标准,因此,之前多元化、个人化的文艺批评局面消失不见,取而代之的是以“阶级斗争”“人民性”为关键词的意识形态批评。巧合的是,在李白研究领域中,引领这一学术风气转变的竟然还是李长之。李长之在李白研究中的学术转变理所当然地与尼采哲学的遭遇有关:随着二战的结束和法西斯主义的失败,与纳粹思想有复杂关系的尼采哲学在世界范围内遭到批判和冷落,各界知识分子开始反省尼采哲学本身的缺陷。但是更与新中国建立之后共产党的文艺政策有关:新中国建立后,共产党在思想文化领域内的统治,也使得尼采哲学不可能在中国大陆知识分子群体中再受青睐,正相反,思想文化领域中的一系列政策,使知识分子急于撇清自己与尼采思想的瓜葛。于是,李长之于1951年重写一部《李白》,对青年时期的《道教徒的诗人李白及其痛苦》进行“检讨”。这时,对于李白其人其诗,李长之不再强调李白的“超人”性、独特性,而是强调他的人民性和典型性;对李白的政治生活,不再强调他是“失败了的鲁仲连”,而是强调他对盛唐政治的认识以及他的爱国主义思想;对李白的求仙学道,不再强调道教对生命欲望的肯定,却强调李白求仙学道与从政的矛盾;对于李白的诗歌艺术,不再强调他的天才和灵感,而是强调他与古代民歌以及六朝诗的传承关系。总之,《李白》中人民性的、爱国主义的、现实主义的、矛盾性的李白,代替了《道教徒的诗人李白及其痛苦》“超人”的、天才的、独特的、浪漫的李白。然而,在20世纪50年代自觉地用马克思主义的历史唯物态度来写作李白的传记,李长之并不是唯一,也不是最典型的一个。在这一时期的李白传记书写中,真正洋溢着个人热情集中地表达了当时的意识形态的是林庚的《诗人李白》。

林庚不但是一个学者,而且是一个极具浪漫情怀的诗人。他以诗人的笔触热情赞美李白及其诗歌的浪漫精神,认为“李白的诗歌气质是浪漫的。这浪漫是意味着更高的解放要求,是带着不可抑制的力量,是鼓舞着更为高涨的热情的,这就是积极的乐观的浪漫主义”[13];李白诗中的忧愁和愤慨是“对于现状不满足的有力的浪漫的呼声”,“是对于封建统治者的抗议,对于时代更高的要求

……它鼓舞着人们，让人们的脉搏跳得更急，人们的血液流得更快、更有力、更兴奋”[14]；李白“壮浪纵恣”的饮酒是“健康的、豪爽的、解放的，而不是萎靡的、颓废的”[15]。

但是林庚没有忘记强调，李白的浪漫精神是“热情的、积极的、符合于现实主义要求的”浪漫主义精神[16]，李白的诗歌是“属于人民的歌唱”[17]。既然如此，那么按照当时已经中国化了的马克思主义文艺批评的思路，李白以及他的诗歌一定要体现“阶级斗争”。因此《诗人李白》首先要解决李白的出身问题，即李白属于哪个社会阶级或阶层。根据范传正《李公新墓碑》称“（李白）父客以逋其邑，遂以客为名”的记载，以及李白《与贾少公书》“混游渔商，隐不绝俗”的自述，林庚认为李白是一个出身于市民阶级的“布衣”，即商人出身的平民[18]。据此，林庚进一步认为，市民出身的李白之所以能成为那个时代最优秀的诗人，无疑受当时社会的经济发展决定。“唐代由于经济迅速地上升发展，市民阶级正在形成之中”[19]，李白正是当时市民阶级的代言人。李白的“混游渔商”意味着一个新的情调，“李白之站在时代发展的最前列，意味着一种新的萌芽形式”，“这发展虽只是萌芽，它已经给予李白以新的力量，使得布衣的据点更扩大，更灵活”[20]。因为市民阶级是当时社会最新的经济因素造就的最新的社会阶级，所以这个阶级的代言人李白的政治热情“具有布衣的阶级意识中最鲜明最进步的性质”[21]。在政治活动中，李白“更有根据独来独往，更有资本可以要求自由民主”，而对统治者，李白则体现了更彻底的对抗性和民主要求[22]。林庚就是这样为我们对所熟知的李白的那些傲视王侯的言行做了“合理”的解释。同样的，对于李白的求仙学道，林庚也从政治斗争的角度做了解释，认为李白一生的热情全在政治，访道不过是作为在野政治家的李白为了获取政治声誉的策略性手段而已[23]。按照林庚的思路，既然李白是一个阶层甚至是广大平民的政治代表，那么李白之诗也是当时优秀艺术成果的代表。因此，李白的诗歌是“典型”——既是自己的，又是时代的，也是民族的，李白诗歌的独特风格是“在民族形式上获得广泛的典型的成就”，是“统一性、典型性、独创性、普遍性”的统一[24]。

总之，在林庚《诗人李白》看来，不论李白是怎样的浪漫和奇特，归根结底，他都是人民的诗人，爱国的诗人，现实主义的诗人，政治第一的诗人。这与李长之《李白》的基本“政治口径”是没有区别的，而王瑶同时期写作的《李白》，基本观点也与上述两种大同小异。至于郭沫若的《李白和杜甫》，虽然对李白生平事迹的研究多有创见，但是从整体上来看，也是要极力把李白塑造成现实主义、爱国主义的人民诗人。可见塑造具有敏感的阶级意识和强烈的政治理想的、爱人民又为人民所爱的、虽然有浪漫情怀但始终不离现实主义的伟大李白，是当时意识形态对批评家的时代要求。诚如林东海所言，林庚的《诗人李白》“在历史视野中包含着现时视野，文中所提出的‘盛唐气象’‘少年精神’‘自由’‘解放’‘民主’等诸如此类的概念，从那个年代过来的人都不难理解，这些都是时代的烙印……林先生对于这种社会的变革自然心潮澎湃，在李白研究中把这种当代视野和当代心境融合到历史视野中去……这就是所谓当代视野”[25]。

三、安旗《李太白别传》：“英雄政治家”李白

安旗的李白研究始于 1970 年，他先后发表过《李白纵横探》《李白年谱》《李白传》《李白研究》《李白全集编年注释》等论著，《李太白别传》（2004 年人民文学出版社初版，2005 年西北大学出版社增订版）是其三十年李白研究的总结性成果。《李太白别传》对李白的基本定位是为国为民、救国救民的英雄政治家，正如《引言》所说，“作为个体生命，固然皆有结束之时，但李白却以其济苍生安社稷之宏愿，以其特有之政治敏感，先天下之忧而忧，甚至出生入死以赴国难，于是而成为当时社会盛衰转折之亲历者、见证人、预言家；于是而有惊天地、泣鬼神之诗篇，如时代之神镜，历史之警钟。遂使其人不死，其诗不朽”[26]。所谓“济苍生安社稷之宏愿”即为《别传》中所说的“莫怪无心恋清境，已将书剑许明时”。按照安旗的看法，李白一生都在为他的政治理想奋斗，国家和人民的安危是他从事政治活动的根本动力。而所谓“特有之政治敏感”则集中表现为李白天宝十载的“幽州之行”——且探虎穴向沙漠：“李白既已下大决心，冒大危险，前往幽州；既耗时一年，探得安禄山反势已成，而且迫在眉睫；既已预见黄河倒流，冲决昆仑，社稷有颠覆之虞，苍生有倒悬之危，已则如披发狂叟，乱流而渡，暂挽狂澜。似此，则其入长安陈献济世之策，自属势在必行。”[27]正因为安旗时时刻刻把李白当成为国为民的侠之大者，所以《李太白别传》主张李白“三入长安”说——长安是唐朝的政治中心，如果李白与长安没有联系或联系较少，那么李白的政治活动与他的政治英雄的身份是不符合的。也正因为安旗将李白定位为政治英雄，他人生的宏愿是安社稷、济苍生，所以《李太白别传》认为李白求仙学道只是他政治失意时的无聊寄托：“每次干谒活动失败以后，皆不免有出世之思，此在李白一生中屡见不鲜，但皆一时之情绪耳。”[28]这个看法与此前诸家不同：李长之曾经认为李白的求仙学道与政治活动不矛盾，二者都是李白超强生命力的自我实现；林庚则认为李白的求仙学道只是一个在野的政治家为了扩大声誉以进入政权中心的政治手段。

虽然与林庚一样，安旗也看中李白的“政治作为”，但是《李太白别传》所显示的研究方法与林庚的《诗人李白》还是大相异趣。如果说林庚《诗人李白》主要是从马克思主义文艺理论的基本思路出发以“讲道理”的方式来讨论李白及其作品的政治性，那么安旗的《李太白别传》则更注重史事的考证和作品的分析。“微观与宏观相结合、史料考证与作品分析相结合”是安旗李白研究中一以贯之的方法[29]。这也与一个时代的学术风气密切相关。当安旗有计划、有系统地进行李白研究时，“文革”已经结束，知识分子和学术界开始反省并改变前一个时代一切以阶级斗争为纲的思想意识对人的束缚和控制，文学批评和研究的方式慢慢恢复正常化，对文学的动辄上纲上线的、空疏的政治批评和道德批评受到人们的自觉抵制，文艺批评不但要“有理”，还要“有据”。这一点对于古典文学的研究尤其重要。用事实说话、用文献说话成为行业内基本的治学原则。安旗《李太白别传》及其一系列的李白研究著作所显示的考证功夫正需放在这样的历史大背景下来看待。在考证思路和方法上，笔者认为安旗受到了前辈学者陈寅恪深刻影响。即如为了论证“李白三入长安”这样一个重要命题，安旗以《戏赠杜甫》和《述德兼陈情上哥舒大夫》两首诗为中心展开考证和论述，认为前一首诗中的“饭颗山”是此诗异文“长乐坡”，“饭颗山”即在长安东郊太仓所在地“长乐坡”，因此可证李白杜甫曾相会于长安。按照安旗的考证，李白天宝十一载“幽州之行”后即赴长安，而杜甫此时亦在长安，所以两人相会只能是天宝十二载，除此之外再无机缘；李白三入长安献策无门，只能改寄希望于哥舒翰，因此写作后一首诗呈献哥舒翰。《上哥舒》一诗篇幅有限，全篇赞颂哥舒翰的武功，安旗却认为此诗曲折幽深，有《春秋》笔法，是李白以“兴寄遥深之诗以上之，以微言大义以感之”[30]，希望哥舒翰能将他从幽州获得的信息上达天子。笔者以为安旗这种史诗互证的思路以及钩深索隐的方法正是受到了陈寅恪治学理念的影响。至于对李白具体的言行以及诗篇含义的解释，郭沫若《李白与杜甫》则又给安旗启发良多，此不赘述。

正因为安旗对李白持一种“英雄政治家”的基本认识，所以《李太白别传》对李白的一系列作品进行重新解读和系年，以求探得李白诗的“秘旨”。这样，李白的名篇佳作诸如《长相思》《蜀道难》《梁父吟》《玉壶吟》《玉阶怨》《怨歌行》《长门怨》《乌夜啼》《乌栖曲》《公无渡河》《远别离》以及多首《古风》都有了与当时政治相关的“寄托”，都成了以比兴手法写成的政治抒情诗。例如对于《长相思》一诗，安旗将其系年于李白初入长安的开元十八年，认为此诗“格调虽拟乐府，诗意实祖楚辞，宋玉《九辩》云：‘岂不郁陶而思君兮，君之门以九重。’即此诗之旨。其所以借‘求女’为辞，盖斯时李白渴望君臣遇合之心至切，唯有'求女'之情能仿佛其万一"[31];又如《远别离》,安旗将其系年于李白三入长安的天宝十二载,认为"太白本年入长安陈献济时之策失败后,深感朝政昏暗达于极点,而幽州之祸迫在眉睫。虽忧心如焚,然无可奈何,故惟有高举远引,以避祸乱,但在临行之际,却不免徘徊流连,感慨万端。既对国家命运忧虑不已,又为壮志未酬抱恨无穷。事涉禁忌,情在难言,故借二妃与舜生死之别可以仿佛,故既以之发端,又以之结尾"[32]。这样一来,《李太白别传》对李白及其诗歌的理解又接续了中国古代"政治讽喻"的文学批评模式。

要之,安旗认为李白一心要做一个伟大的政治家,他的求仙学道、纵情酒色或是一种姿态,或是政治斗争失败后的逃避,因此,李白诗中满是寄托和比兴,他的大部分诗作都有本事可考,并且都与当时政治相关联。

四、周勋初《李白评传》:文化李白

周勋初是古典文学研究的大家,20 世纪 90 年代开始李白研究,先后发表了《李白及其家人名字寓意之推断》《李白在诸王分镇问题上遭致失败的内在原因》《论李白对唐王朝与边疆民族战事的态度》《李白剔骨葬友的文化背景之考察》《李白两次就婚相府所铸成的家庭悲剧》《李白思想中的异端因素》等李白专论,并主编"二十世纪学术文存"《李白研究》卷,2005 年出版的《李白评传》是在其此前的李白专论基础上扩充而来。

《李白评传》的核心问题是"李白是一个奇人",著者认为李白言行和诗文的奇特是吸引读者的重要原因,也是任何一位研究者都不能忽略的问题。"李白其人,在唐代文学界,乃至自古至今的整个中国文学界,都是一种奇特的现象"[33],"不但在唐代罕有其比,就是在中国漫长的历史上,也难找到同一类型的人物,他的为人,他在诗歌上的成就,都有他人无法比拟的特点"[34]。这个问题,既不是李长之那样具有非理性因素的生命哲学所能解释的,也不是林庚那样一切从政治出发所能概括的。要回答这个问题,显然需要更为完整的知识结构和广阔、通达的学术视野。幸运的是,周勋初的学术研究起步于其早年的"《九歌》研究"。"《九歌》研究"将《九歌》放置在先秦时期人们的精神还未曾分化的文化氛围中,从神话学、宗教学、民族学、社会学、历史学、哲学、语言学等多种角度,对其进行综合研究。到 1986 年,周氏将其"《九歌》研究"整理成《九歌新考》出版,显示了多学科相融合的综合性文化研究在文史研究中的优势,成为屈原研究中的一部力作[35]。而 20 世纪八九十年代之交,恰是李泽厚所谓"思想淡出、学术凸显"的转折时期,在文史研究领域中,伴随着这一转折出现的是文化研究的兴起。周勋初对学术领域的风气转变极为敏感,对方法论的意义也比较自觉(周氏曾著《当代学术研究思辨》一书,南京大学出版社,1993年),而更为难得的是,他的研究方法与文化研究的路径颇多合拍。因此,当他以综合性文化研究的方法进行李白研究时,不但收获了文化研究的个案成果,也为文化研究如何在古典文学研究领域具体操作做了示范性演练。

《李白评传》认为,李白是一个奇特的诗人,他的言行之所以与众人有异,"与他承受的多种文化的熏染有关","可称多元文化相交融会的结晶"[36]。所谓"多元文化",简要地说,有以下几点:

1. 民族文化。李白五岁之前一直生长在碎叶(在今吉尔吉斯共和国境内),深受西域文化,尤其是突厥文化的影响,所以才会以入赘相府为荣,并追随永王李璘的割据势力。5岁至24岁,李白一直生活在绵州昌隆县(在今四川省江油市)。此处与氐族、羌族等西南夷和南蛮民族接近。李白剔骨葬友的奇特行为,正是南蛮文化影响的结果,而崇尚武力和喜欢浪游也与其家庭受少数民族文化影响有关。

2. 地域文化和宗教文化。李白少年和青年时期生活在蜀地,蜀地为道教的发源地,道教的产生又与羌人有关,因此李白一生崇奉道教,"长期从事炼丹、服食"[37],不但被人称呼为"谪仙人",而且"自信自己确系仙才"[38]。蜀地前贤司马相如对李白有很大影响,以至于李白也像司马相如一样以文学侍从的身份接近唐朝的权力中心。

3. 家族文化。李白自称出于陇西李氏,为西凉王朝建立者李暠的九世孙。李暠忠于晋室,努力保存华夏文化,因此李白有很强的"晋代情结",对政治局势,总是做着"五胡十六国的旧梦",希望能以自己的纵横之术像谢安那样建功立业。李白的家族教育直承汉魏六朝的旧习,与唐朝科举取士制度下的教育方式不同,李白日后不走科举入仕的道路,也与此有关。

除此之外,《李白评传》认为,李白生活的唐朝,其物质文化、制度文化、精神文化也是使一个奇特的李白得以产生的土壤。如果没有生产力的发展、工商业的兴盛、物质财富的丰富,李白很难一掷千金,四处浪游;如果唐王朝没有宽容的政治态度和平等的民族政策,李白很难"突破夷夏之防";如果唐王朝不具备自由多元的精神文化氛围,李白也很难有"非圣无法"的异端言行。总之,周勋初认为,李白的奇特,是多元文化共同作用的结果。脱离具体的文化背景或仅从某一个角度来理解完整的李白,都是不可能的。

结　语

成功的学术研究往往需要在研究对象、时代思潮和学者个性之间寻找最佳的契合点。李长之、林庚、安旗、周勋初的李白传记书写，庶几可以作为这一理想状态的范例。虽然说阐释的力量是强大的，但是研究对象本身“可能具有的问题”并非不重要，如果不是面对一个丰富的李白、奇特的李白，研究者自身的学术能力再强大也会遭遇无的放矢的尴尬。学术经典的产生，又有赖于研究者对时代思潮的把握。李长之的《道教徒的诗人李白及其痛苦》体现了“新文化”运动后二十年启蒙思想对青年一代的深刻影响和“乱世”中人们对生命意志、生存欲望的肯定，是新一代青年学者用体系化的结构框架来研究古典文学的自觉尝试，显示出中国现代学术的成熟和后继有人；林庚的《诗人李白》代表了20世纪50年代至80年代李白研究的主流观念；周勋初的《李白评传》则与20世纪90年代以来兴起的文化研究多有契合，并带动了古典文学研究的文化转向，可以看作文化研究在古典文学研究领域中收获的典范著作。从学术思潮的演变来看，《李白评传》所显示的研究思路似乎还将持续一段时期。同时，学者自己的学术个性也在学术经典的产生中具有不可替代的重要性。当然，学术个性的形成比较复杂，既可能与学者的性格、气质相关，也可能与学者的知识结构、学术背景有关，还可能与学者的人生经历有关——即如安旗，青少年时期半工半读，时有诗文创作发表，所受教育与李长之、林庚、周勋初等“学院派”不同；抗战后期她跟随共产党从事地下工作，解放战争时期到达延安并加入人民解放军和中国共产党，曾受解放勋章嘉奖，因此，她本身就是出身平民的有政治理想并参加过革命战争的诗人。而且安旗熟悉欧洲特别是俄罗斯文学。尤其喜欢欧洲浪漫主义文学，而欧洲浪漫主义文学家在历史上往往为革命摇旗呐喊，所以对于浪漫诗人李白，她自然而然地倾注了强烈的政治情怀，虽然她与林庚一样强调李白的“政治性”，但是二者的出发点是不同的。知人论世，一向是文学研究的一个基本理路，其实也是回顾学术史时应该遵循的一条原则。它不但有助于我们理解学术史的演变，更有助于我们通过自我审视以求“自知”，同时培养我们对时代风潮的敏感性，进而创造出既属于时代也属于自己的学术成果。

注　释

[1]为了讨论的方便，笔者将1915年“新文化”运动视为中国现代学术建立的开端。其实，中国学术研究从传统范式到现代机制的转变不是一朝一夕的“事变”，而是一个长期复杂的

渐变过程。关于这个问题的详细讨论请参阅陈平原《中国现代学术之建立》,北京:北京大学出版社,1998 年。

[2]首先,本文处理的李白传记著述不包括关于李白的文艺性传记;其次,不包括各类文学史著作中的李白生平介绍和概述;再次,不包括单篇的李白生平研究论文以及各种李白诗文集或选集的编撰者所撰前言、序言、后记中的李白生平论述;最后,海外汉学家的李白传记书写既成绩有限,又与国内研究思潮的演变关系不大,所以也不在我们的研究范围之内。因此,本文所谓李白的传记书写主要是指国内以白话文写成的、单独成书的、学术性研究传记。

[3]郜元宝编《尼采在中国·序言》,上海:三联书店,2001 年,第 1 页。

[4][5][6][7][8][9][10][11][12]分别为:李长之《李白传:李白/道教徒的诗人李白及其痛苦》,百花文艺出版社,2010 年,第 108 页、第 217 页、第 173 页、第 195 页、第 253 页、第 114 页、第 254 页、第 126 页、第 127 页。

[13][14][15][16][17][18][19][20][21][22][23][24]分别为:林庚《诗人李白》,北京:清华大学出版社,2011 年,第 4 页、第 4~5 页、第 6 页、第 6 页、第 6 页、第 17 页、第 17 页、第 17~18 页、第 12 页、第 18 页、第 39~41 页、第 50 页。

[25]林东海《〈诗人李白〉导读》,《名作欣赏》,2012 年第四期。

[26][27][28][30][31][32]分别为:安旗《李太白别传》,西安:西北大学出版社,2005 年,第 8 页、第 167 页、第 14 页、第 189 页、第 37~38 页、第 196 页。

[29]薛天纬《安旗教授的学术历程和李白研究》,《西北大学学报》,2006 年第三期。

[33][34][36][37][38]周勋初《李白评传》,南京:南京大学出版社,2005 年,第 19 页、第 464 页、第 467 页、第 166 页、第 164 页。

[35]周勋初《综合研究、锐意开拓——〈九歌〉、李白研究中的青春意气》,《古典文学知识》,2012 年第一期。

历代文献李白画像考

沙 鸥

李白是中国文学史上的一座高峰，唐以降，无数文人无不被他浪漫豪放的诗歌、神奇的色彩、行侠仗义的精神所征服，故而无数诗人为其唱赞歌，当然也引起历代画家的仰慕之情，从而创作了无比丰富的绘画杰作，只是后来保存条件不佳，留存者甚少。李白研究，研究其诗文者众多，而关注李白画像创作者甚少，因此本文试图利用文献来研究其这一现象，辑录其出处，使后世学者了解唐至清李太白画像创作的情况，从而弥补这方面研究的空白。

李白画像著录

自唐以来，李白画像究竟有多少，现没有一个准确的数字和统计。李白画像现保存下来的为"可见画像"，还有一些文献记载或诗文中透露的但并未保存下来或私藏于民间而未公布者，为"不可见画像"。现存有关李白的画像，能看到图像的，据中国古代书画鉴定组编、文物出版社出版发行的《中国古代书画图录》，有明代 14 幅、清代 29 幅，共 43 幅。所藏如下：

明代有：杜堇绘《古贤诗意图》三幅[1]、尤求绘《饮中八仙图》三幅[2]、李士达绘《饮中八仙图》[3]、张翀绘《饮中八仙图》（八条屏）[4]《太白醉酒图》[5]、文徵明绘《李白诗意图》（《望庐山瀑布》诗意）[6]、张宏绘《补蜀道难图》[7]、姚允在绘《春夜宴桃李园图》[8]、魏居敬绘《夜宴桃李园图》[9]、文伯仁绘《李白诗意图》[10]。清代有：原济绘《太白诗意山水图》（《将进酒》诗意）[11]《唐人诗意图》（有李白《黄鹤楼送孟浩然之广陵》《静夜思》《望天门山》诗意）[12]《采石图》[13]、王翚绘《九华秀色图》[14]《仿唐寅洞庭赊月图》（李白《陪族叔刑部侍郎畔及中书贾舍人至游洞庭五首》其二诗意)[15]、华岩绘《春夜宴桃李园图》[16]《范传正〈李白新墓碑〉文意画》(《山水花鸟》八开,其中第6幅)[17]、徐时显绘《春夜宴桃李园图》[18]、黄慎绘《春夜宴桃李园图》[19]、吕焕成绘《春夜宴桃李园图》[20]、沙馥绘《春夜宴桃李园图》[21]、张烈绘《桃李园夜宴图》[22]、苏六朋绘《李白诗意图》[23]《清平调图》[24]《太白醉酒图》[25]、汪乔绘李白《月下独酌》诗意画(《山水》册页第10幅)[26]、裘尊生绘《将进酒图》[27]、赫奕绘《蜀江巫峡图》[28]、沈铨绘《采石矶图》(《名胜纪游图》十六开)[29]、宋葆淳绘《太白楼图》[30]、阙岚绘《李白吟诗图》[31]、李坚绘《太白醉归图》[32]、吴焯绘《夜宴桃李园图》[33]、丁允泰绘《太白醉酒图》[34]、王琦绘《春夜宴桃李园图》[35]、程城绘《太白诗意图》[36]、俞龄绘《竹溪六逸图》[37]。

海外也藏有李白画像,如藏于日本东京国立博物馆的纸本立轴墨笔的南宋画家梁楷的仿本《李白行吟图》[38],纵81.2厘米,横30.4厘米。日本东京大学美术馆藏岛田友春(1865—?)所画的《李白图》。美国波士顿博物馆藏有明代画家杜大绶《唐明皇招饮李白图卷》[39]。还未著录刚刚出土发现的文物、私人收藏的文物[40]以及部分博物馆所藏李白画像[41]。

不可见李太白像著录大多隐藏于历代文献、诗文中。如《宣和画谱》就记载,御府曾藏唐代画家韩幹的《李白封官图》[42]。宋《中兴馆阁续录》[43]记有"中兴馆阁储藏图画有李白像一,不知名氏"。周必大《二老堂杂志》[44]也记载:"秘阁画有小本李白写真,崔令钦题。"南宋邓椿《画继》卷四,著录北宋画家乔仲常有《李白捉月图》。王世贞尔雅楼所藏名画中也有元人钱选的《李白观瀑布图》[45],《李白集校注》附录六引姚绶《榖庵集》也曾记载赵孟頫画过《李白庐山观瀑图》。历代诗中也有记载李白画像,如唐代贯休就有诗《观李翰林真二首》[46],宋代王禹偁《李太白真赞》[47]、苏轼《书丹元子所示李太白真》[48]、李之仪《李太白画像赞》[49]、陈师道《题画李白真》[50]、韩驹《题李白画像》[51]、周紫芝《李太白像》[52]、陈棣《题李杜画像》[53]、李洪《题谪仙回舟卧披锦袍图》[54]、王质《题李白笠钓图》[55]、楼钥《题贺监李谪仙二像》[56]、韩淲《太白襄阳歌图》《李白泛舟图》[57]、洪咨夔《题杜李苏黄像》[58]、释善珍《题六画·太白》[59]、叶茵《李白诗百篇图》[60]、释绍昙《李白醉骑驴图》[61]、家铉翁《保定士人以所藏太白像见示笔意甚奇为题此李去非好吟太白之裔欤书一本送之》[62]、郑思肖《李太白砚靴图》[63]、丘葵《题心泉所赠李白画像》[64]、宋无《太白扁舟图》[65]、李纲《水调歌头·李太白画像》[66]、张炎《临江仙·太白挂巾手卷》[67]、刘克庄《洞仙歌·癸亥生朝和居厚弟韵,题谪仙像》[68]、如璧《李太白画歌》[69]、牟子才《画李白脱靴图赞》[70]、金元李俊民诗《申元帅四隐图·李太白》[71]、元好问《题太白独钓图》[72]、蔡珪《太白捉月图》[73]、宋九嘉《题李白泛月图》[74]、刘秉忠《跋李太白舟中醉卧图》[75]、王恽《李白扪月图》[76]《太白独酌图》[77]、滕安上《题李白扁舟对月图》[78]、程钜夫《谪仙捉月图》[79]、宋无《太白扁舟图》[80]、贯云石《当涂郡有脱靴亭以谪仙采石得名乃绘之图而赞以诗》[81]、陈旅《题脱靴返棹图》[82]、傅若金《题太白玩月图》[83]、张以宁《题李白问月图》[84]、顾观《太白醉归图》[85]、潘伯修《李伯时画太白泛舟小像》[86]、余阙《李白捉月图》[87]、成廷珪《题顾秀才所藏舟中看月图》[88]。

明代宋濂《李太白像赞》[89]、高棅《题李白邀月图》[90]《李白问月图》[91]、王坤《题李白小像》[92]、胡俨《题李白月夜泛舟图》、《过太白墓谒遗像》[93]、黄淮《题贝祭酒李白月夜泛舟图》[94]、唐文凤《题李白玩月图》[95]、倪谦《题李白应召图》[96]、程敏政《太白骑鲸图》[97]、章纶《李白骑鲸扇面》[98]、邵宝《题太白图》[99]、陆深《李白对月图》[100]、丁养浩《太白骑鲸图》[101]、倪宗正《李白捉月图》[102]、蔡叆《采石摸月》[103](《题李南溪画四首》其三),李先芳《题力士脱靴图》[104]、张宁《问月图》[105]、孙承恩《古像赞·李翰林太白》[106]。

清代沈业富《题郑晴波采石太白楼图》[107]、李维玺《采石谒太白祠遗像》[108]、芮日松《题高力士为李翰林脱靴图》[109]、唐莹《谪仙楼谒李青莲像》[110]、吴其琳《登太白楼谒遗像二首》[111]、李恩绶《采石重谒谪仙像》[112]、鲁逢年《登太白楼谒遗像》[113]、黄富民《太白脱靴图赋》[114]、谷琦《谷氏重塑李谪仙像碑记》[115]。

按以上著录情况,画像分绘画、石刻和雕塑。那么,最早以李白为原形创作的绘画作品到底是谁创作的呢?

按南宋周必大曾观赏过秘阁所藏的“小本李白写真,崔令钦题”。崔令钦与李白时代最为接近,此画本应该是李白画像最早的记录。但并不知谁人所画。目前知道创作者的最早画像,我们可以中找到两个答案,一个就是御府所藏的唐代画家韩幹的《李白封官图》[116],一个就是《能改斋漫录》曾记陈师道在《题画李白真》云:“盖谓建中靖国间饶节德操首咏吴少卿家所藏周昉画李白也。”周昉是唐代画家,字仲朗,一字景玄,京兆(今陕西西安)人,虽生卒年不详,但其长兄周皓受家庭尚武风气的影响,善于骑马射箭,随从名将哥舒翰西征吐蕃,在攻取石堡城的战役中,骁勇善战立了军功,因授任执金吾。哥舒翰攻克石堡城事件发生在天宝八载(749)六月,这时周皓的年龄当在二十岁以上。周皓是周昉的长兄,若以此来推测,周昉约生于开元末年。按《太平广记》卷第二百一十三《画四·周昉传》,周昉与韩幹为同时代人,画名相齐。故周昉也是李白画像的最早创作者之一。

其次就是在元代潘伯修的诗中有所发现,诗题为《李伯时画太白泛舟小像》[117],李伯时即宋代画家李公麟。元好问也在《题太白独钓图》诗题下注云:“《李白独钓图》,宣和所藏,李伯时笔。”[118]

再次就是在《齐东野语脱靴返棹二图赞》[119]中有文云:“牟存叟端明(名子才)守当涂日,郡圃有脱靴亭,以谪仙采石得名。存叟绘以为图。……《脱靴》云:锦袍兮乌帻,神清兮气逸,凌轹兮万象,麾斥兮八极。我思古人,伊李太白。孰为使之朝禁林而暮采石也,其天宝之嬖幸欤?疏挝词章,浸润宫掖。吾观脱靴之图,未尝不嫉小人之情状,而伤君子之疏直。惟公之高躅兮,霍神龙之不可以羁绁。矧富贵如敝屣兮,其得失又何所欣戚也。”与贯云石《当涂郡有脱靴亭以谪仙采石得名乃绘之图而赞以诗》互证,得知贯云石所见“绘之图”就是指牟子才所绘《脱靴图》。这在清道光年间黄富民所赋《太白脱靴图》诗序云:“牟学士生面重开,具长康之妙手”,以及陈旅《题脱靴返棹图》(二首)诗序中都有所证:“牟存有(叟)为姑孰守日作此图,未几为董宗(宋)臣所谗而去。”但这些都未见实物画像。

目前能见到的李白画像的真迹,最为有说服力的是四川江油市博物馆所藏的《匡山太白像》。《匡山太白像》由北宋画家李公麟于大观初年创作,并经宋徽宗敕旨点化。宋徽宗被金兵俘虏后,《匡山太白像》便流落民间。据《彰明县志·图序》[120]记载,清代咸丰九年(1859),广西桂林举人何庆恩到北京会考,偶过旧货市场,发现一幅北宋时期的《匡山太白像》,就买了下来。6年后,也就是同治四年(1865),何庆恩被派到彰明县担任知县。赴任时,何庆恩把《匡山太白像》从桂林带到彰明,并把它编进《彰明县志》中存档。《匡山太白像》用白描勾成,线条苍劲有力。画像为青年李白,免冠,布衣,携一竹杖,双目炯炯,神采飞扬。相貌跟台北“故宫博物院”收藏的《圣贤画册·李白像》[121]基本相同。

此外瓷器以及石刻上的李白画像也很多,瓷器上画像,如中原古陶瓷标本博物馆所藏的河南登封曲河窑出土的梅瓶上也出现过李白画像。同样出现在北宋。瓶高:40厘米,口径:7厘米,足径:10厘米。瓶侈口圆唇,颈短而细,长圆腹,平底。形似橄榄,俗称橄榄瓶。器身罩透明釉,胎体呈灰褐色,上白化壮土。主题文饰为一肩扛葫芦、袒胸露腹之醉仙,线条自然流畅,将醉态醺醺的李白神情刻画得栩栩如生。人物文饰之外,戳印珍珠纹做地。整体纹样朴实简洁,又显华贵自然,装饰感极强。珍珠地手法借鉴唐代錾金工艺,宋代流行。[122]上海博物馆所藏清雍正时期所创作的粉彩《春夜宴桃李园图》[123]。英国伦敦GOODWILLTOWN私人藏家也藏有一件清康熙青花《春夜宴桃李园图》[124],以及笔者收藏的一件清代中期的瓷盘,上面也画有《李白醉酒图》。

石刻如济宁市李白纪念馆所藏刻石“三公画像石”，内容为唐代诗人贺知章、李白、杜甫的全身画像。但这些画作大多不知其创作者，或工匠依古人所作画本移植。

不可见的李白画像大多不知创作者。仅有少数知其名，除上述唐代韩幹、周昉，宋代李公麟，南宋太平知州牟子才所画《太白脱靴图》[125]外，还有明代贝泰所绘《李白月夜泛舟图》[126]，清代谷琦的雕塑《李谪仙像》[127]。还有知其名不知年代者，如蔡叆《题李南溪画四首·采石摸月》点明画者为李南溪。李俊民《申元帅四隐图·李太白》点明画者申元帅。另外多数诗人所咏相同画题者，是否同一人所画，还应深加研究。

李白画像作者小辑

根据以上文献资料所显示的李白画像创作者，统计结果为46位画家曾经为李白创作过画像，可见李白画像（中国画）有49幅。现根据《中国美术大辞典》[128]等将作者生平事迹整理如下：

韩幹，长安蓝田（今属陕西）人，唐代杰出画家。出身下层，当过酒店雇工，在唐玄宗时期，被召入宫廷封为“供奉”。擅画肖像、人物、鬼神、花竹，尤其擅长画马，所绘马匹活灵活现，有奋蹄疾奔脱绢而出之势。

周昉，字景玄，京兆（今属陕西）人，唐代画家。曾任宣州别驾。有《浑侍中宴会图》《刘宣武按舞图》《独孤妃按曲粉本》《仲尼问礼图》《降真图》《五星图》《扑蝶图》。[129]

李公麟（1049—1106），字伯时，号龙眠居士。北宋舒州桐城（今安徽桐城）人。宋代杰出画家。熙宁三年（1070）进士。据《挥麈录》和《安徽通志》记载，李公麟在元祐年间中进士，授南康长埴尉和泗洲录事参军之职。后又历任后省删定官、御史检法、朝奉郎等职。元符三年（1100）因患手疾退出官场。在画史书籍中，也很少找到其在重病之后“精于习画”的记载。故此，李公麟所有绘画作品能遗留传世之作如凤毛麟角，这其中大部分已流落海外，致使我们无从得以欣赏到真品原件。

乔仲常，生卒年月不详，山西永济人。擅长道释人物，曾师李公麟。他的存世作品有《后赤壁赋图》，纸本白描，现藏美国纳尔逊艺术博物馆。南宋邓椿《画继》卷四著录其画迹有《龙宫散斋图》《山居罗汉图》《渊明听松风图》《李白捉月图》《玄真子西塞山图》《列子御风图》。

梁楷，生卒年不详，祖籍山东，南渡后流寓钱塘（今浙江杭州）。他是名满中日的大书法家，曾于南宋宁宗时担任画院待诏。他是一个行径相当特异的画家，善画山水、佛道、鬼神，师法贾师古，而且青出于蓝。他喜好饮酒，酒后的行为不拘礼法，人称是“梁风（疯）子”。梁楷传世的作品包含了《六祖伐竹图》《李白行吟图》《泼墨仙人图》等，但以《泼墨仙人图》最为有名。

牟子才，字存叟，号存斋，井研（今属四川）人。宋代官吏、学者。宁宗嘉定十六年（1223）进士，调洪雅尉，监成都府榷茶司卖引所。理宗宝祐元年（1253），以军器少监兼国史院编修官、实录院检讨官、崇政殿说书，累迁礼部尚书兼给事中。度宗即位，进端明殿学士。以资政殿学士致仕。有《存斋集》，已佚。其子牟郧亦为学者，著有《陵阳集》，其孙牟应龙亦为学者，人称祖孙三才人。[130]

钱选（1239—1299），字舜举，号玉潭，又号巽峰、霅川翁，别号清癯老人、川翁、习懒翁等，湖州（今浙江吴兴）人。宋末元初著名画家，与赵孟頫等合称为“吴兴八俊”。南宋景定三年（1262）乡贡进士，入元不仕。工诗，善书画。山水师从赵令穰；人物师从李公麟；花鸟师赵昌；青绿山水师赵伯驹。人品及画品皆称誉当时。

赵孟頫，（1254—1322），字子昂，号松雪、松雪道人，生于吴兴（今浙江湖州），宋末元初画家。他是宋太祖赵匡胤的第11世孙、秦王赵德芳的嫡派子孙。博学多才，能诗善文，懂经济，工书法，精绘艺，擅金石，通律吕，解鉴赏。特别是书法和绘画成就最高，开创元代新画风，被称为“元人冠冕”。他善篆、隶、真、行、草书，尤以楷、行书著称于世，其书风遒媚、秀逸，结体严整、笔法圆熟、世称“赵体”。与颜真卿、柳公权、欧阳询并称为楷书“四大家”。赵孟頫传世书迹较多，代表作有《千字文》《洛神赋》《胆巴碑》《归去来兮辞》《兰亭十三跋》《赤壁赋》《道德经》《仇锷墓碑铭》等。著有《尚书注》《松雪斋文集》等。

申元帅，按金元诗人李俊民所见《申元帅四隐图》，申元帅应为元代或元以前人。生平不详。

杜堇，初姓陆，字耀南，一作惧男，又号柽居、古狂、青霞亭长等。丹徒（今属江苏）人，居北京。成化中，举进士不中，于是绝意进取。精诗文，通六书，工绘画，山水、楼阁、人物、花卉、鸟兽；无不精妙。时称“白描第一手”。

贝泰，明代太学士，字宗鲁，金华人。少以文行闻，永乐举人。累官国子祭酒，前后在太学四十余年，六馆之士，翕然从化。后致仕卒。

李南溪，按明人蔡叆所见李南溪所画李太白画像，李南溪应为明人或明代以前之人。生平不详。

徐良，明代画家。生平不详。

张路(1464—1538),字天驰,号平山,祥符(今河南开封)人。明代画家。年轻时"以庠生游太学",然性格放纵,喜交友游乐,虽以画名天下,却终生无所经营。画风笔法受戴进、吴伟影响颇多,用笔矫健,行笔迅捷,遒劲可观。传世画作有《山雨欲来图》《山水人物图》《溪山泛艇图》《吹箫女仙图》《苍鹰攫兔图》等。

尤求,字子求,号凤丘(一作凤山),长洲(今江苏苏州)人,移居太仓,明代画家。工写山水,兼人物,学刘松年、钱舜举而精妙不及。

李士达(1550—1620),字通甫,号仰槐,江苏苏州人,明代画家。万历二年(1574)进士,工画人物、山水。曾经论述画有五美:"苍、逸、奇、远、韵。"又有五恶:"嫩、板、刻、生、痴。"传世作品有《浔阳琵琶图》《三驼图》《西园雅集图》等。

张翀,生卒不详,活动于17世纪。字子羽,号浑然子、图南,江都(今江苏扬州)人,一作江宁(今江苏南京)人,明代画家。他以人物画见长,上追古法,笔墨豪迈。他笔下的仕女,艳丽委婉,但设色古雅,神态超逸。评者以为他得人物画之正传,而又不流于庸俗。他也能画山水,所画山水树石,苍郁深秀。他的写生杂画亦佳。崇祯元年(1628)作《风雪联辔扇》,顺治二年(1645)作《聘庞图》,均藏故宫博物院。

文徵明,据江西美术出版社2009年版杨建峰编《文徵明》载:明代画家,生于1470年,卒于1559年,初名壁,字徵明,更字徵仲,号衡山居士、停云生,长洲(今江苏苏州)人,与唐寅、沈周、仇英合称为"明四家"(亦称"吴门四家"或"吴门四杰");并与唐寅、祝允明、徐祯卿并称"吴中四才子"。晚年与老师沈周并驾齐驱,继沈周之后成为吴派领袖。

张宏(1577—1652),字君度,号鹤涧,江苏苏州人,明代著名画家。善画山水,重视写生,笔力峭拔、墨色湿润、层峦叠嶂、秋壑深邃,有元人古意;他画石面连皴带染为其特色。又能画写意人物,形神俱佳,散聚得宜,是明末吴门画坛的中坚人物。

杜大绶,字子纡,吴县(今江苏苏州)人,明代画家。颜所居曰"韵玉斋"。善书,精楷书。善山水,擅长水墨写意,亦能画兰。年七十外,书《华严经》八十一卷,藏天宫寺。万历三十四年(1606)临《兰亭序》,万历四十六年(1618)作《幽兰图》。

姚允在,字简叔,会稽(今浙江绍兴)人。善山水,学荆、关,笔墨遒劲,思致不凡。小幅愈佳,但自矜其画不多为人作。尝有人持多金至越购之者,竟不能得其一水一石。周亮工从友人处得其小册十二幅,皆自江南入北地,纪所见名胜。王士祯最爱其秦淮一帧。为一时名流推重。所画屋宇位置得宜,会心独远，与俗手之点缀屋宇，全无向背照应之法者迥然不同。人物亦精工秀丽，在能妙之间，摆脱浙习，另敞门庭。《南宗名画苑》载有其万历三十一年（1603）作《娇红赐柳图》，故宫博物院藏有其崇祯十四年（1641）作《山水扇》。[131]

魏居敬，明代画家，善山水，亦能花鸟。万历四十四年（1616）画《梨花白头扇》，现存故宫博物院。

文伯仁（1502—1575），字德承，号五峰、摄山长、葆生、摄山老农、五峰山人、五峰樵客，湖广衡山人，系籍长洲（今江苏苏州）。明代画家，文徵明侄子。性暴躁，好使气骂座，少年时曾与叔徵明相讼，一度系狱。工画山水，效王蒙，学"三赵"（令穰、伯驹、孟頫），笔力清劲，岩峦郁茂，布景奇兀，时以巧思发之，名在文徵明之下。横披大幅颇负出蓝之誉，唯构图时有塞实之感。善画人物，亦能诗。其山水画有简、繁两种面貌。简者效文徵明细笔山水，景色疏朗，笔墨细秀，多抒情意趣；繁者出自王蒙，山林层叠，构图饱满，皴点繁密，境界郁茂。

原济（1642—1718），俗姓朱，名若极，广西全州人。明靖江王朱守谦后裔。明亡后出家为僧，法名原济，一作元济，小字阿长，字石涛，号大涤子、清湘老人、清湘遗人，晚号瞎尊者、零丁老人等。早年即漫游浙、皖一带名山；中年住在南京，两次在扬州接驾，并奉上作品。晚年居扬州，与上层士人交往甚密。他的山水、兰竹、人物、花果皆精彩，其中画山水最为有名。他作画笔墨多变化，技法运用灵活，对景物描绘淋漓尽致。在绘画理论上主张"借古以开今"。他的这些绘画风格及艺术思想对后世影响既深又广。他作画富有创造性，构思布意，笔路墨法，乃至题诗书跋，都有自家的格局和风趣。传世画迹有《诗画册》《黄山八胜图》《梅竹双清图》《蕉菊图》等。

王翚（1632—1717），字石谷，号耕烟散人、剑门樵客、乌目山人、清晖老人等，江苏常熟人。清代著名画家，被称为"清初画圣"。与王鉴、王时敏、王原祁合称山水画家"四王"，论画主张"以元人笔墨，运宋人丘壑，而泽以唐人气韵"。

华岩（1682—1756），一作华喦，字德嵩，更字秋岳，号新罗山人、东园生、布衣生、白沙道人、离垢居士等，老年自喻"飘篷者"，福建上杭白砂里人，后寓杭州。工画人物、山水、花鸟，草虫，脱去时习，力追古法，写动物尤佳。善书，能诗，时称"三绝"，为清代杰出绘画大家，扬州画派的代表人物之一。

徐时显，号子扬，山阴（今浙江绍兴）人。清代画家，工人物、仕女，兼善花卉，赋色鲜丽而精绝。

黄慎（1687—1768），初名盛，字恭寿、恭懋、躬懋、菊壮，号瘿瓢子，别号东海布衣，福建宁化人，清代画家。幼丧父，以卖画为生，奉养母亲。初随上官周学画，后离家出游，曾多次在扬州卖画。擅人物，亦能作山水、花鸟。所画多历史人物、佛道、樵夫渔父，早年工细，后参以怀素草书笔法，所作人物用笔粗犷，顿挫转折，纵横排奡，气象雄伟。花鸟笔法洗练，形象概括，画风泼辣；山水境界开阔，注重诗意的表达。被列为扬州八怪之一。有《商山四皓图》《伏生授经图》《醉眠图》《芦鸭图》等传世。著有《蛟湖诗钞》。

吕焕成（1630—1705），字吉文，号祉园山人，浙江余姚人。为清代初年“吴门画派”的代表人物之一。擅长画人物、山水，兼画花卉。早年好作斧劈皴，风格奇古，与他的传世作品《春山听阮图》（现藏旅顺博物馆）、《西溪图》（上海博物馆）的画法相类似，勾皴挺拔秀劲，人物生动细劲，意境幽深，既有“北宗”画法的崇高俊美，也有“南宗”画法的秀润笔致。

沙馥（1831—1906），字山春，江苏苏州人。马仙根弟子。画学甚深，笔致妍秀，所作人物及花卉，无不精妙。卒年七十六。[132]

苏六朋（1791—1862），字枕琴，号怎道人，别署罗浮道人。广东顺德人。清代画家，世人称其与苏仁山为“岭南画坛二苏”。少年时到罗浮山，拜宝积寺的名僧德堃和尚为师学画。卖画为生。清同治元年（1862）病逝。苏六朋最擅长人物画，代表作《桐荫听琴图轴》《停琴听阮图卷》，也精山水、花鸟，以及浅绛重彩。

汪乔，字宗晋，吴县（今江苏苏州）人，清代画家。善人物，所画慈悲者，流水行云，寂灭枯槁；而威严者，雄杰奇伟，激昂顿挫。又善写意花卉。

裘尊生，字果万，一字义门，号青萝，钱塘（今浙江杭州）人。生卒年不详，清代画家，活动于雍正、乾隆年间。

赫奕，一作颐，字澹士，号南谷，别号碧岩箫史，一作碧箫外史，姓赫舍里氏，满洲正白旗人，清代画家。

阙岚（1758—1844），字文山，一作雯山，号晴峰，安徽桐城人，客吴门（今江苏苏州）。善画山水、花卉，尤工人物。画仙佛像妙甚。仕女每作高髻，近宋人定本。又擅写真，所作画宁繁毋略，宁朴毋巧，铺白设色，确守顾、陆、徐、黄格律。卒年八十七。[133]

沈铨（1682—？），字衡之，号南苹，浙江德清县新市镇人。工写花卉翎毛，设色妍丽，画人物得不传之秘。尝写花蕊夫人宫词为图，殊极巧妙。日本国王见其《百马图》大悦，雍正七年（1729）聘往三年，归得金帛散给友朋，橐仍萧然。黄行健有诗纪其事。卒年八十余。[134]

宋葆淳（1748—？），字帅初，号芝山，晚号倦陬，山西安邑（今山西运城）人。乾隆五十一年（1786）举人。官隰州（今山西隰县）学正。性傲岸，游迹半天下，所至以诗画史。长于金石考据，善鉴别，隶书、行、楷，皆入能品。工画山水，得北宋人法。苍秀嫣润，机趣横溢，惟率略处，当舍其短而取其长。亦工篆刻。后客死于浙，年七十余。[135]

吴焯（1676—1733），字尺凫，号绣谷，一作绣谷老人，钱塘（今浙江杭州）人（一说安徽歙县人）。以家有古藤，花开时垂如璎珞，遂构亭名“绣谷”。吴焯好诗。据《杭州府志·文苑》：“吴焯九岁能诗，毛奇龄执手称畏友，康熙四十四年（1705）南巡献赋，召试。五十六年（1717）奏进所著书。所居瓶花斋聚书万卷，莳花种竹，足不越户外而车辄常满。流连文酒，自抒所学，撰述十余种。”

丁允泰，钱塘（今浙江杭州）人。瑜父。工写真，得西洋烘染之法。[136]

王琦，字魏公，杭州人，清代画家。善画人物及花鸟、草虫，悉取真者对临，无不酷肖。

程城，生平不详。

俞龄，字大年，杭州人。清代画家，擅长山水人物。工山水、人物。画马如得曹、韩心传。至图写凡兽，精神骨相尤妙。[137]

谷琦，清代当涂青山人。拔贡生。世居青山李白墓侧，自称李白“东邻后裔”。康熙十四年（1675）春，太平知府黄桂、知县寇明光、后任知县高起龙嘱谷琦重修太白祠，并装塑李白像。事成，谷琦撰《谷氏重塑李谪仙像碑记》。[138]

张烈，字明华，福建龙岩人，清代画家。尤精写意，然不轻作。[139]

李坚，清代画家，生平不详。

郑晴波，生平不详。

画像所绘题材与意象

纵观以上文献资料，我们发现李白画像的题材大体上可分为三类：

一为肖像画。如周昉所画李白像、台北“故宫博物院”收藏《圣贤画册·李白像》、四川江油县博物馆所藏的《匡山太白像》、谷琦的雕塑《李谪仙像》、日本东京国立博物馆收藏的南宋画家梁楷的《李白行吟图》等。从这些画像可以看出，画像大多体现的是中年以后的李白。其相貌俊美，眉眼高挑，凤眼慈善、鼻梁挺括、嘴唇小巧，鼓腹，唇上有八字胡，下巴有山羊胡，头顶乌纱帽，身穿白纻长衫，透露出仙人飘逸之感。

二为李白故事传说类。如韩幹的《李白封官图》，牟子才的《李白脱靴图》，尤求、李士达、张翀的《饮中八仙图》，张翀、苏六朋、丁允泰《太白醉酒图》，沈铨《采石矶图》（《名胜纪游图》十六开），赫奕《蜀江巫峡图》，宋葆淳《太白楼图》，李坚《太白醉归图》，俞龄《竹溪六逸图》，乔仲常《李白捉月图》，美国波士顿博物馆藏杜大绥《唐明皇招饮李白图卷》,淮安市博物馆藏明代徐良所绘《李白骑鲸图》,日本私人收藏的明代画家张路《李白骑驴图》等。李白脱靴的传说,最早见于李肇《国史补》,说的是高力士为李白脱靴的传说[140]。李白骑驴传说见宋人笔记谢维新《古今合璧事类备要》及宋代刘斧《青琐高议》[141]。李白骑鲸见于杜甫《送孔巢父谢病归游江东兼呈李白》[142]诗。李白捉月事见清代王琦《李太白年谱》卷三十五。

三为李白诗文阐释。如杜堇《古贤诗意图》三幅,文徵明《李白诗意图》(《望庐山瀑布》诗意),张宏《补蜀道难图》,姚允在、魏居敬、华岩、徐时显、黄慎、吕焕成、沙馥、张烈、吴焯、王琦《春夜宴桃李园图》,文伯仁《李白诗意图》,原济《太白诗意山水图》(《将进酒》诗意)、《唐人诗意图》(有李白《黄鹤楼送孟浩然之广陵》《静夜思》《望天门山》诗意)、《采石图》,王翚《九华秀色图》、《仿唐寅洞庭赊月图》(李白《陪族叔刑部侍郎晔及中书贾舍人至游洞庭五首》其二诗意),华岩《范传正〈李白新墓碑〉文意画》,苏六朋《李白诗意图》《清平调图》,汪乔《月下独酌》诗意画,裘尊生《将进酒图》,阙岚《李白吟诗图》,程城《太白诗意图》等。

大多图像所选取的意象都与酒、月、舟有关。那么为什么古人喜欢用这三个意象来描绘李白之像呢?

唐朝是一个非常繁荣、非常开放的社会,人与人之间的关系比较和谐包容,知识分子敢于大胆地表现自己的诉求和发泄自己的感情,所以,在开元盛世才能够出现这样的“饮中八仙”。

明代画家尤求《饮中八仙图卷》,笔法细腻,用八个场景,描绘了一幅栩栩如生的群像图,画中八人神态各异,他们地位不同,性格迥异,却都被描绘得栩栩如生;以精细的笔触表现了李白与酒为友的独特风貌。李白喜欢酒,在一千多首的诗歌创作中,就有与酒有关的诗一百余首。《将进酒》中,“岑夫子,丹丘生,将进酒,杯莫停,与君歌一曲……”,活脱脱一个酒兴正酣的醉客形象。直呼其名,直抒其意。不饰雕琢,清新天然。“两人对酌山花开,一杯一杯复一杯。我醉欲眠卿且去,明朝有意抱琴来。”(李白《山中与幽人对酌》)这种高昂的情绪是酒和诗的交融,是情绪的鼓荡。当然李白嗜饮好酒是极为有名的。当时就有“醉圣”之称。王仁裕《开元天宝遗事》记有:“李白嗜酒不拘小节,然沉酣中所撰文章,未尝错误,而与不醉之人相对议事,皆不出太白所见,时人号为醉圣。”[143]在醉酒之下常常做出超出正常人的举动,如被人们津津乐道的“力士脱靴”,就在画像中多有体现。虽历代画像都以此表现李白蔑视权贵的傲骨,但未必成立。因为这些所为都是在醉酒状态下所做的。很难想象李白清醒状态下会有此傲骨的举动。而这些醉酒所为必然为高力士所深耻所陷害,因而也逐渐使唐玄宗对他疏远。也成了对他不予重用的重要因素之一。

李白崇尚自由,青年时代就有济世的远大抱负,但他又不屑于通过科举登上仕途。因此他漫游天下,结交名流,以此广造声誉。开元十三年(725),出蜀漫游,游历江陵、岳阳、长沙、零陵、庐山、金陵(南京)、维扬(扬州)、姑苏(苏州),又回头至江夏(武昌),复至安陆,居于小寿山,被前朝宰相许圉师家招为孙女婿。此后数年即以安陆为中心,四处漫游,广交朋友。唐玄宗天宝元年(742),李白的朋友道士吴筠向玄宗推荐李白,玄宗于是召他到长安来。李白对这次长安之行抱有很大的希望,在给妻子的留别诗《别内赴征》中写道:"归时倘佩黄金印,莫见苏秦不下机。"李白奉召来到京城长安,他本想此行能够施展才能,有所作为,然而很不如意;玄宗把他看作词臣,并不重用他,又受到权贵的排挤。他在长安不到两年就被赐金放还。这对傲岸的李白来说,这不仅是由布衣而卿相的梦幻从此完全破灭,更是件很丢脸面的事情。不好求人或许也没人能帮忙,更是没处能倾诉了。他在《月下独酌》中通过独白的方式,将自己心灵深处的感情波澜暴露得跌宕起伏而又率真天然。建立功业,功成隐退,始终是诗人人生的美好理想。但时代孕育了天才,却没能为天才的发挥提供充足的条件。他想成为济世天下的侠客,但从未得到统治者的赏识和支持,更找不到知音和朋友,因而只有无奈地用酒邀月与自己的身影来做伴了。然而明月并不能陪其饮酒,影子也只是跟随而已,其结果还是一人独饮。月虽高高挂在天边,却对李白是透明真心的,影子虽摸不着,却是真诚忠实的。他唯有对"酒"与"月"去诉说他心中的块垒,他"举杯邀明月"也成了必然。其实"酒"与"月"始终是李白诗歌的最为普遍的意象,也可见其一贯的内心孤寂。当然酒与月,也突出了李白的真纯。因此利用酒与月的意象创作李白画像也就成了历代画家绕不过去的画题。

而扁舟,却跟唐代交通有关,唐代长途交通大多以水路为主,故用舟是最恰当不过的。但这只是表象所推测,最为深层的含义可能还不能简单地这样认为。在李白的诗中,常常有扁舟的意象。如诗《金门答苏秀才》中有"铭鼎偿云遂,扁舟方渺然",诗《古风》其十八写道:"功成身不退,自古多愆尤。黄犬空叹息,绿珠成衅雠。何如鸱夷子,散发棹扁舟。"

李白被迫离开长安后,漂泊至宣州曾写下了《宣州谢朓楼饯别校书叔云》一诗,诗的最后两联写道:"抽刀断水水更流,举杯消愁愁更愁,人生在世不称意,明朝散发弄扁舟。"愁如流水,刀斩不断,不如散发去过隐逸的生活,此时诗人只有在五湖的扁舟之中,那颗漂泊不定的心才能得到暂时的安顿与止泊。这充分表明了作者在当时的现实生活压抑下，愁愤难解，欲放纵于江湖过隐逸生活的强烈愿望。而舟的意象恰好包括漂泊、自由、隐居三种内涵。李白青年时便仗剑行游天下，可谓是漂泊无定所，它反映了李白为其志向、生计以及之后的放逐逃难的一种无尽的乡愁。故而扁舟就是表达这种情感的最为常见的意象之一。扁舟虽小，如同树叶，在浩瀚的江面上，凸显出游子的渺小和飘荡不定。当李白的志向理想与黑暗现实之间的矛盾无法得到和谐的解决时，他也只能用隐居这一方式来为自己找到唯一摆脱烦忧痛苦的出路了。虽然这是消极的躲避现实的绝望之路，但也反映了李白为追求自由与理想，追求光明磊落而与黑暗势力不同流合污的高尚品格吧！画家利用酒、月、扁舟这三种意象来概括李白其一生，确实是高明而有学识的。

注 释

[1]据中国古代书画家鉴定组编、文物出版社出版发行的《中国古代书画图录》(以下简称《图录》)第20册146~147页。其中包括李白《王右军》《把酒问月》及杜甫《饮中八仙》等诗意，纸质墨笔，28厘米×1079.5厘米。

[2]《图录》第14册214页，福建省厦门市博物馆藏(编号闽3-2)，纸质设色，31厘米×616厘米，万历十年(1582)创作。第6册42~43页，苏州市博物馆藏(编号:苏1-092)，纸质墨笔白描，31.4厘米×228.9厘米。第21册355页《目录》，北京故宫博物院藏(编号:京1-1958)，纸质墨笔，隆庆五年(1571)创作。

[3]《图录》第21册357页《目录》，北京故宫博物院藏(编号:京1-2038)，纸质墨笔，万历四十年(1612)创作。

[4]《图录》第16册379页《目录》，山东省济南市博物馆藏(编号鲁2-037)，纸质设色，龙飞元年(1644)创作。

[5]《图录》第21册383页《目录》，北京故宫博物院藏(编号:京1-3053)，纸质设色，崇祯十三年(1640)创作。

[6]《图录》第13册52页，广东省博物馆藏(编号:粤1-0056)，绢质设色，144.7厘米×73.7厘米。

[7]《图录》第21册206~207页，北京故宫博物院藏(编号京1-2607)，纸质设色，32.3厘米×107厘米，天启三年(1623)创作。

[8]《图录》第6册377页《目录》，无锡市文物商店藏，绢质墨笔，万历十年(1582)创作。

[9]《图录》第21册370页《目录》，北京故宫博物院藏(编号:京1-2531)，绢质设色。

[10]《图录》第15册343页《目录》，沈阳故宫博物院藏(编号:辽2-035)，纸质

设色。

[11]《图录》第22册315页,北京故宫博物院藏(编号:京1-4710),绢质设色,203.8厘米×63厘米,康熙三十八年(1699)创作。

[12]《图录》第22册325页,北京故宫博物院藏(编号:京1-4722),八开,纸质设色,16.4厘米×23厘米。

[13]《图录》第22册335页,北京故宫博物院藏(编号:京1-4737),纸质设色,206.4厘米×95.5厘米。

[14]《图录》第22册233页,北京故宫博物院藏(编号:京1-4473),纸质设色,133.5厘米×57.5厘米,康熙四十二年(1703)创作。

[15]《图录》第22册216页,北京故宫博物院藏(编号:京1-4423),纸质设色,23.5厘米×83.7厘米,康熙十七年(1678)创作。

[16]《图录》第10册108页,天津市艺术博物馆藏(编号:津7-1180),纸质设色,180.2厘米×95.5厘米,乾隆十三年(1748)创作。

[17]《图录》第1册62页,中国美术馆藏(编号:京3-105),绢质设色,30.2厘米×20.7厘米,乾隆二十一年(1756)创作。

[18]《图录》第6册406页《目录》,江苏省镇江市博物馆藏(编号:苏13-201),绢质设色,96厘米×86厘米。

[19]《图录》第6册270页,江苏省泰州市博物馆藏(编号:苏12-41),纸质设色,121厘米×163厘米,乾隆二十七年(1762)创作。

[20]《图录》第16册56页,辽宁省旅顺博物馆藏(编号:辽5-107),绢质设色,198.8厘米×96.2厘米。

[21]《图录》第6册318页,江苏省美术馆藏(编号:苏19-70),纸质设色,40厘米×43.5厘米,光绪十九年(1893)创作。

[22]《图录》第10册263页,天津市艺术博物馆藏(编号:津7-1851),绢质设色,167厘米×209厘米。

[23]《图录》第14册180页,广东省佛山市博物馆藏(编号:粤5-26),纸质设色,248厘米×119厘米。

[24]《图录》第14册159页,广州市美术馆藏(编号:粤2-510),纸质设色,238.5厘米×101.5厘米,道光十三年(1833)创作。

[25]《图录》第5册389页上海博物馆藏(编号:沪1-4480),纸质设色,204.8厘米×93.9厘米,道光二十四年(1844)创作。

[26]《图录》第10册18页,天津市艺术博物馆藏(编号:津7-0789),绢质设色,25.8厘米×23.1厘米,康熙十九年(1680)创作。

[27]《图录》第10册177页,天津市艺术博物馆藏(编号:津7-1386),绢质墨笔,58厘米×41厘米,乾隆十三年(1748)创作。

[28]《图录》第13册226页，广东省博物馆藏（编号：粤1-0603），绢质墨笔，100厘米×48厘米。

[29]《图录》第13册288~289页，广东省博物馆藏（编号：粤1-0827），纸质设色，55.6厘米×31厘米，乾隆六十年（1795）创作。

[30]《图录》第5册350页，上海博物馆藏（编号：沪1-4235），纸质墨笔，22.6厘米×48.2厘米。

[31]《图录》第5册355页，上海博物馆藏（编号：沪1-4270），纸质墨笔，111.4厘米×42.7厘米。

[32]《图录》第6册331页，南京市博物馆藏（编号：苏20-175），纸质设色，29厘米×105.9厘米。

[33]《图录》第22册405页《目录》，北京故宫博物院藏（编号：京1-3864），纸质设色。

[34]《图录》第1册350页《目录》，中国文物商店总店藏（编号：京9-173），绢质设色。

[35]《图录》第17册277页《目录》，四川省文物商店藏（编号：川5-06），绢质设色，康熙二十九年（1690）创作。

[36]《图录》第16册375页《目录》，山东省博物馆藏（编号：鲁1-318），纸质墨笔，乾隆丙辰年（1736）创作。

[37]《图录》第1册384页目录，中国历史博物馆藏（编号：京2-467），绢质设色，康熙三十二年（1693）创作。

[38]过去一向作为梁氏代表作，今据专家考订为仿本。

[39]杜大绶，字子纡，吴县（今江苏苏州）人。明代画家。颜所居曰“韵玉斋”。善书，精楷书。善山水，擅长水墨写意，亦能画兰。年七十外，书《华严经》八十一卷，藏天官寺。万历三十四年（1606）临《兰亭序》，万历四十六年（1618）作《幽兰图》。

[40]日本私人收藏的明代画家张路《李白骑驴图》。

[41]淮安市博物馆藏明代徐良所绘《李白骑鲸图》。

[42]《宣和画谱》，中华书局1985年《丛书集成初稿》本，第1653册，卷十三，364页。

[43]《李白集校注》1930页《附录三》。

[44]《二老堂杂志》，中华书局，1985年。

[45]汪珂玉《珊瑚网·画据》引自《李白集校注》1938页《附录六》。

[46]贯休《禅月集》，台北明文书局，1981年《禅门逸书初编》第二册卷七，第2~3页。

[47]北京大学古文献研究所编《全宋诗》，北京大学出版社，1999年版。

[48]北京大学古文献研究所编《全宋诗》，北京大学出版社，1999年版。

[49]选自李之仪《姑溪居士全集》后集卷十二。
[50]北京大学古文献研究所编《全宋诗》,北京大学出版社,1999年版。
[51]北京大学古文献研究所编《全宋诗》,北京大学出版社,1999年版。
[52]选自清王琦辑注《李太白全集》卷三十六附录外记。
[53]北京大学古文献研究所编《全宋诗》,北京大学出版社,1999年版。
[54]北京大学古文献研究所编《全宋诗》,北京大学出版社,1999年版。
[55]北京大学古文献研究所编《全宋诗》,北京大学出版社,1999年版。
[56]选自清王琦辑注《李太白全集》卷三十六附录外记。
[57]北京大学古文献研究所编《全宋诗》,北京大学出版社,1999年版。
[58]北京大学古文献研究所编《全宋诗》,北京大学出版社,1999年版。
[59]北京大学古文献研究所编《全宋诗》,北京大学出版社,1999年版。
[60]北京大学古文献研究所编《全宋诗》,北京大学出版社,1999年版。
[61]北京大学古文献研究所编《全宋诗》,北京大学出版社,1999年版。
[62]北京大学古文献研究所编《全宋诗》,北京大学出版社,1999年版。
[63]北京大学古文献研究所编《全宋诗》,北京大学出版社,1999年版。
[64]北京大学古文献研究所编《全宋诗》,北京大学出版社,1999年版。
[65]北京大学古文献研究所编《全宋诗》,北京大学出版社,1999年版。
[66]唐圭璋《全宋词》,中华书局,2009年版。
[67]唐圭璋《全宋词》,中华书局,2009年版。
[68]唐圭璋《全宋词》,中华书局,2009年版。
[69]选自《宋诗纪事》卷九十二。
[70]选自清曹笙南《李翰林姑孰遗迹题咏类钞》卷六。
[71]选自《庄靖集》卷五,第四首。申元帅,生平事迹不详。
[72]《元遗山集》卷十二,《四库丛刊本》。诗题下注云:"李白独钓图,宣和所藏,李伯时笔。"
[73]选自《御订全金诗增补中州集》卷十五。
[74]选自《御订全金诗增补中州集》卷三十。
[75]选自《藏春集》卷一。清王琦辑注《李太白全集》卷三十六附录亦收此诗,题作《太白舟中醉卧图》。
[76]选自《秋涧先生大全文集》卷二十八。
[77]选自《秋涧先生大全文集》卷三十二。
[78]选自《东庵集》卷四。
[79]选自《雪楼集》卷三十。清王琦辑注《李太白全集》卷三十六亦附录此诗。
[80]选自涵芬楼影印本《元人十种诗》。
[81]选自《元诗选》二集丙集《酸斋集》。

[82]选自《安雅堂集》卷一。
[83]选自《傅与砺诗文集》卷三。
[84]选自《翠屏集》卷一。
[85]选自清王琦辑注《李太白全集》卷三十六附录。
[86]选自《元诗选》二集己集《江槛集》。
[87]选自王琦辑注《李太白全集》卷三十六附录。
[88]选自《元诗选》二集戊集《居竹轩集》。
[89]选自《宋学士文集》卷四十八。
[90]选自《高漫士木天清气集》卷四。
[91]选自《高漫士诗集》卷十一。
[92]选自《继志斋集》卷上。
[93]选自《颐庵文选》卷下。
[94]选自《黄文简公介庵集》卷十。
[95]选自《唐氏三先生集》卷二十二《悟罔诗稿》。
[96]选自《倪文僖公集》卷三。
[97]选自《篁墩集》卷八十九。
[98]选自《章恭毅公集》卷六。
[99]选自《容春堂全集》卷二。清王琦《李太白全集》附录亦收入此诗，题作《太白像》。
[100]选自《俨山文集》卷十九。
[101]选自《效唐集》卷四。
[102]选自《倪小野先生全集》七言绝句。
[103]选自《洨滨先生遗书文集》卷十。
[104]选自民国《当涂县志稿》。
[105]选自《方洲集》卷十。
[106]选自《文简集》卷四十一。
[107]选自《味灯书屋诗集》卷三。
[108]选自清曹笙南《李翰林姑孰遗迹题咏类钞》卷四。
[109]选自曹笙南《李翰林姑孰遗迹题咏类钞》卷六。
[110]选自《谢家山人集》卷一。
[111]选自曹笙南《李翰林姑孰遗迹题咏类钞》卷四。
[112]选自清李恩绶《采石志》。
[113]选自曹笙南《李翰林姑孰遗迹题咏类钞》卷四。
[114]选自黄富民著《礼部遗集》之《律赋剩稿》。
[115]选自清曹笙南《李翰林姑孰遗迹题咏类钞》卷一。

[116]《宣和画谱》,中华书局 1985 年《丛书集成初稿》本,第 1653 册,卷十三,364 页。

[117]选自《元诗选》二集己集《江槛集》。

[118]由此可以看出元好问所看到的《太白独钓图》与元代潘伯修所看见《李伯时画太白泛舟小像》应为同一画像。

[119]《齐东野语》卷十。

[120]清同治十三年(1874)何庆恩等修刻本。

[121]《至圣先贤像册》纸本设色,纵 33.3 厘米,横 24.3 厘米,现藏台北"故宫博物院"。据考为宋人所绘。

[122]上海博物馆也有同样一件馆藏。

[123]高 13.3 厘米、口径及底径均为 17.4 厘米。

[124]佳士得纽约拍卖 2008-9-17 第 453 号。此品高 14.9 厘米;直径 17.5 厘米。一面绘李白与三五好友园中夜宴,画面旁配有唐代李白所作《春夜宴桃李园序》。画面中"诗仙"李白与好友围坐在宴席边,园林中,灯笼高挂,月色皎洁,三五知己,畅饮开怀,或劝饮,或待侍,或手持长卷,即将落墨,周围以洞石树木相衬,人物神态惟妙惟肖,姿态各异。

[125]清道光年间黄富民所赋《太白脱靴图》诗序云:"牟学士生面重开,具长康之妙手"。点明其作者。

[126]选自《黄文简公介庵集》卷十。黄淮《题贝祭酒李白月夜泛舟图》。

[127]选自清曹笙南《李翰林姑孰遗迹题咏类钞》卷一。谷琦《谷氏重塑李谪仙像碑记》。

[128]《中国美术大辞典》,上海辞书出版社,1987 年版。

[129]《太平广记·卷第二百一十三·画四·周昉传》。

[130]据《宋史·牟子才传》。

[131]据《砾园读画录》《明画录》《无声诗史》《桐阴论画》《越画见闻》。

[132]据《苏州府志》《寒松阁谈艺琐录》《清朝书画家笔录》《海上墨林》《国朝画徽录》。

[133]据《墨香居画识》《墨林今话》《清朝书画家笔录》。

[134]据《国(清)朝画识》《画友录》《清画家诗史》《清朝书画家笔录》。

[135]据《墨香居画识》《墨林今话》《桐阴论画》《汉学师承记》《广印人传》《清朝书画家笔记》。

[136]据《国朝画征续录》。

[137]据《图绘宝鉴续纂》《画传编韵》。

[138]《李白与马鞍山》丛书之二《历代碑序赋记辑注》,安徽文艺出版社,1999 年版,282~283 页。

[139]《福建画人传》。

[140]李肇《国史补》,台北新兴书局,1987年《笔记小说大观》二十一编第二册,卷上第十九卷,16页。

[141]刘斧《青琐高议后集》,大象出版社,2006年版,《全宋笔记》第二编第二册,卷二,120页。

[142]杜甫《送孔巢父谢病归游江东兼呈李白》,《全唐诗》,中华书局,1960年版,卷216,2259页。

[143]《唐五代笔记小说大观》1740~1741页。

浅论李白诗歌在唐宋之际的经典化问题

——以《蜀道难》为例

徐　晓

李白被后世称作“诗仙”，他以恣肆奔放的诗歌风采以及自由无羁的个性特征得到后代士人的广泛认同和至高赞誉。在盛唐以来的整个李白诗歌接受史的发展演变过程之中，学者们一直孜孜不倦地通过对李白具体经历的考察来分析李白诗歌的思想内容和艺术价值，试图以一种实证的方法还原李白当时的历史语境，为李白思想研究奠定稳固的史实基础。这样一种继承孟子“知人论世”观念的文学文本研究方法在秦汉以降就被我国学者奉为圭臬，在中国两千余年的文学理论史中，它将文史圆融地贯通起来，用一种全面而开阔的眼界看待中国文学的发展路向及其与其他领域的交融，构成中国文论的鲜明特色。以这样一种文学视野观之，学者对李白诗歌的接受同样持有一种还原历史真实之目的。然而，我们在新时期对中国文学理论方法进行反思的过程中，对这种严谨的考证研究提出了一些疑问，其中最重要的一点就是：如何看待建立在文本接受基础上的作者形象差异问题。以李白为例，如今我们对李白的生平经历已经有了比较全面的了解，但是李白诗人形象在唐代以后的建立过程，却并不全是由客观的历史事实决定的。在宋代我们可以见到许多关于李白神奇事迹的记载，如梅尧臣作《采石月赠郭公甫》诗云：“采石月下闻谪仙，夜披锦袍坐钓船。醉中爱月江底悬，以手弄月身翻然。不应暴落饥蛟涎，便当骑鱼上九天。”又，《类说》卷十二引《异人录》云：“元和初，有人海上见李太白与一道士在高山上，笑语久之。道士于碧霞中跨赤虬而去。太白耸身健步追及，共乘之而东去。”可以发现，宋代以后，对李白形象的理解已然掺夹了不少浪漫的神话成分，而历史上对李白形象的接受，是通过这样理想化了的形式（而不是李白在历史上客观存在的形式）渐渐完成的。如此看来，对作家与文本的接受史研究正是如今需要给予重视的一个研究方向。

考察李白诗歌的接受历程,有一条线索是相当明晰的,那就是从盛唐开始,人们对李白诗歌的接受就一直向着经典化的方向发展,即使是在将杜甫推崇到极致的宋代,李白诗歌的经典性仍然没有受到过度的质疑(在宋代李白诗歌地位问题上,本文与一些学者的观点有所不同,下文会对此进行说明)。然而值得指出的是,经典化过程也意味着对客观史实的曲解,意味着掺杂有时代政治语境的影响,因此后世学者们基于“知人论世”观念而作出对李白诗歌的历史化考察,在唐宋之世却发生了与史实的偏离,走向政治化以及理想化的形象塑造之路。这样一种特点,在李白名作《蜀道难》的接受史上有着鲜明的体现。

一、唐五代时期《蜀道难》经典化的完成

李白在唐五代人眼中地位究竟怎样,这是一个有很大争议的问题。罗根泽先生在《李杜地位的完成》一文中认为李白在唐代地位不高。他说:“唐人对于李杜并不像后人的尊崇,最低,选众相当轻视。”又说:“五代人对于李杜,不是遗弃就是嘲笑,遗弃嘲笑的程度,大概杜甚于李。所以李集还能躲在一个角落里存在,杜集则飘落云烟,再不能恢复旧观了。”而另一方面,裴斐先生在《历代李白评价述评》中则认为唐代李白地位要高于杜甫。他说:“李白在世时已经名扬宇宙,以匹夫而动九重,诗名之盛远非杜甫所可比拟。”另外还有认为当时杜甫地位高于李白的观点(如尚学锋等),真是各执一词,五味俱全。其实,李杜作为唐代诗歌无法翻越的两座大山,在唐五代时期都已得到社会的普遍认可,将二者的影响力作以比较,本无太多价值可言。我们应该关注的是李白自身在唐五代社会的影响作用与其诗歌作品的接受情况。

李白的名声在生前就相当响亮,对此史料中的记载较为丰富。李白还在蜀中时,益州长史苏颋就对他的杰出才华赞叹不已,谓群僚曰:“此子天才英丽,下笔不休。虽风力未成,且见专车之骨。若广之以学,可以相如比肩也。”[1]杜甫更是李白的崇拜者,《寄李十二白二十韵》云:“昔年有狂客,号尔谪仙人。笔落惊风雨。诗成泣鬼神。声名从此大,汩没一朝伸。”明言李白当时名气之盛。而在一般文士和民众中,李白似乎具有同样广泛的影响力,所谓“《大鹏赋》时家藏一本”(魏颢《李翰林集序》)以及“文集亦无定卷,家家有之”(刘全白《唐故翰林学士李君碣记》),正是李白作品广为流传的明证。而他最让后人津津乐道的轶事,则是他与贺知章的第一次会面。孟棨《本事诗》高逸第三:

李太白初自蜀至京师,舍于逆旅。贺监知章闻其名,首访之。既奇其

姿，复请所为文。出《蜀道难》以示之。读未竟，称叹者数四，号为"谪仙人"，解金龟换酒，与倾醉，期不间日，由是称誉光赫。

这条材料在后世成为描述李白诗才而征引最为频繁的论据，得到相当一部分学者的重视。如果材料属实，我们从中不但可以见出李白名声突显的一大重要原因是首访贺知章，而且还可以发现《蜀道难》作为李白当时的得意之作，在生前便受到盛赞。从今日可见的唐人唐诗选本入手，我们可以对李白的《蜀道难》接受情况作一个具体的分析。

盛唐时期的诗歌选本大体能够反映李白当世的诗歌风尚。现存盛唐时期的唐诗选本有两种，分别为芮挺章《国秀集》和殷璠《河岳英灵集》；可能为盛唐人所辑唐诗选集一种，名为《搜玉小集》。三种诗集中，仅《河岳英灵集》收李白诗歌十三首，其中七古体诗十一首，《蜀道难》位列其中。从殷璠选诗的特征上来看，他注重的是诗歌的奇美。《河岳英灵集》叙曰："开元十五年后，声律风骨始备矣。实由主上恶华好朴，去伪从真，使海内词场，翕然尊古，南风周雅，称阐今日。"[2]表现出殷璠对古直诗风的遵从。殷璠认为，《蜀道难》是最能体现奇古之风的作品。他在"李白"条下评曰："白性嗜酒，志不拘检，常林栖十数载。故其为文章，率皆纵逸。至如《蜀道难》诸篇，可谓奇之又奇。然自骚人以还，鲜有此体调也。"[3]殷璠是与李白同时的人物，他对《蜀道难》的评价深刻影响着时人对李白诗歌作品的接受。从这个意义上可以说，《蜀道难》是李白诗歌中最早产生巨大影响力的作品之一，这种现象的出现与当时社会对古体诗的普遍认同也是密不可分的。

殷璠走出了《蜀道难》经典化历程中的第一步，但是这时社会对李白诗歌创作风格并没有给予广泛的承认。殷璠是一个超越了时代的诗评家，他论诗重"奇"，全书二十四则评语中"奇"字五见；他编选的另一诗集《丹阳集》，十五则评语中"奇"字四见。看来"奇"确实是他评诗论艺的重要标准之一。在《河岳英灵集》中，他用"奇"评价的诗人有八位，其中李白是"奇之又奇"者。然而他对李白古体诗"奇古"风格的关注在当时尚属一种过于超前的观念，我们考察盛唐的另两种唐诗选本，会发现其选诗风格同殷璠大异其趣。如《搜玉小集》，收录初唐至开元前期的诗，偏重伤感哀婉之作，未选李诗。《国秀集》以"风流婉丽"为选择标准，批评"宏壮""清逸"的诗风，也未选李诗。可以看出，在盛唐时期，人们对诗歌的接受是比较多元化的，流丽之作与高古之风，在时人眼中仅是风格的不同，李白的古体诗作为高古风格的代表，虽在当时已被人所称道，然而尚未形成公认之地位。

中唐时期的李白接受过程可以看作盛唐时期的承袭，但是由于中唐时期诗歌审美与文章功用的观念面临着一次巨大的新变,因而对具体诗人的评价也就体现出更加多元化的特征。此时最为推崇李白的文学家韩愈,在《调张籍》中言:“李杜文章在,光焰万丈长。不知群儿愚,那用固谤伤?蚍蜉撼大树,可笑不自量。”不但极言李白诗文的崇高地位,而且生动描绘出中唐时期对李白诗歌接受的多元特征。翻阅中唐诗歌选本,可以发现韩愈所言的这种忽视李白甚至贬低李白的现象在当时确是普遍存在的:现存五种中唐时期的唐诗选本里,只有唐写本《唐人选唐诗》残卷收有李白诗作,而且极为丰富。在此本所选的七十三首诗中,李诗占了四十三首,且不乏名篇,如《蜀道难》《将进酒》《月下独酌》《送孟浩然之广陵》等。此本承继殷璠的选诗理念,注重古体诗,收录李白三十五首古体诗作,而无七律和五绝。除此选本之外,中唐诗集另有《箧中集》《御览诗》《又玄集》等,倾向于或淳古淡泊、或浮华轻艳、或清幽静雅的诗学风格,体现出中唐特有的审美倾向,皆无李诗录入。从选诗风格上可以看出,中唐对诗歌的审美取向体现出更为鲜明的多元化特征,唐诗风格也在李杜之后经历着一次审美路向的转变。在这样一个审美变革的时代,对李白的接受必然同样出现不同的声音,甚至相互冲突、相互斗争。在这样一种文化背景之下,李白的文学地位是不可能稳固的。

中唐时期李白诗歌受到两种极端不同的评价,赞同者如韩愈、孟郊,思白之心急切到“伊我生其后,举颈遥相望。夜梦多见之,昼思反微茫”(韩愈《调张籍》)的程度,另有“天宝太白殁,六艺已消歇”(孟郊《读张碧集》)这样的盛赞;否定者则关注唐诗中淡泊幽静者,而对李白诗作不以过问。然而将眼光集中到《蜀道难》的接受与影响方面,我们会发现由于唐人对古体诗的情有独钟,《蜀道难》在中唐已经突破了本身审美特征的限制,而多为时人所引用、化用,具有了一定的“原典”色彩。李白因上《蜀道难》而被贺知章呼为“谪仙”的轶事已经流传开来,张祜在《梦李白》诗中不仅有“匡山夜醉时,吟尔古风诗”句,又有“贺老不得见,百篇徒尔为”的感叹。可以看出,张祜把此事看作一个名臣识人的历史原型加以歌颂,并在其中加入了自己的体验。另有一条为人熟知的材料是韦绚在《刘宾客嘉话录》中的记载:“陆畅尝谒韦皋,作《蜀道易》一首,句曰:‘蜀道易,易于履平地。’皋大喜。”后来的李绰在《尚书故实》中再次说道《蜀道易》的诗歌创作问题:“陆畅字达夫,常为韦南康作《蜀道易》,首句曰:‘蜀道易,易于履平地。’南康大喜,赠罗八百疋。南康薨,朝廷欲绳其既往之事,复阅先所进兵器,刻‘定秦’二字,不相与者因欲构成罪名。畅上疏理之,云:‘臣在蜀日,见造所进兵器。定秦者,匠之名也。’由是得释。《蜀道难》,李白罪严武也。畅感韦之遇,遂反其词焉。”不论是陆畅的诗作本身,还是韦绚、李绰笔下有关陆畅的记载,可以看出《蜀道难》正被人们以政治讽喻的角度加以理解,同李白上诗贺知章的事迹记载相比,后人借鉴《蜀道难》而创作《蜀道易》的行为是时人对《蜀道难》创作背景理解水平的一个反射,他们更加注重对李白身处政治环境的考察,试图把文学创作同政治紧密结合起来,从中发现《蜀道难》创作的动机。这种理解在中唐之前大体是见不到的。

中唐对李白地位的认可并没有形成一定的稳定性,但对于《蜀道难》来说,这却是一个极其关键的时期,这首诗从此形成了几种比较稳定的解读范式,对后世产生了深远影响。五代之后对《蜀道难》诗歌的解读多着重于通过李白本事的考察还原《蜀道难》创作动机,虽然得出结论多有不同,但评诗的思路大都是受到了韦绚和李绰的影响。另一方面,当五代之后的诗评家试图从审美角度对《蜀道难》进行发掘时,便会关注到李白与贺知章的那段"谪仙"佳话。从这个意义上来讲,中唐为后世对《蜀道难》的接受提供了重要的范式,无论是后世对此诗所做的政治解读还是审美解读,我们在中唐诗评中都会找到各自的源脉。

晚唐五代是李白诗歌地位得到稳固的一段时期,考察此时成书的唐诗选本,李白成为必选诗人,并得到极高的评价。今日可见晚唐五代编辑唐诗选本三种,其中《唐诗类选》已佚,然存其《序》曰:"国朝以来,人多反古……则有杜、李挺生于时,群才莫得而并……得苏、李、刘、谢之风骨。"在现存唐代唐诗选本中,此书最早把李、杜视为唐诗的最高代表,并且强调其继承前代风雅传统的意义。另有韦庄《又玄集》,不重古体,不讨选集中仍选入李白的四首七古:《蜀道难》《古意》《长相思》《金陵城西楼月下吟》。就风格而论,此书选诗注重"清词丽句",李诗入选的《长相思》和《金陵城西楼月下吟》正符合这一标准。又有韦縠《才调集》,序称"暇日因阅李杜集、元白诗,其间天海混茫,风流挺特",将李、杜、元、白视为典范。此集秉承六朝文学"缘情而绮靡"传统,以"韵高、词丽"为选录标准,多收入中晚唐风格秾丽、音韵流美的艳诗。此集选录李白诗歌二十八首,其中闺情题材就有二十六首,足见《才调集》的审美取向。

通过此三部诗选,我们可以明显见出《蜀道难》的经典性地位在这时已相当稳固。如在韦庄的《又玄集》中,作者不但对近体诗情有独钟(所选古体诗只有二十四首),而且在诗歌风格上偏向选择有"清词丽句"者。此种选诗原则与古体雄奇之作《蜀道难》截然相反,然而韦庄却将此诗放在李白诗选的首位,充分得见《蜀道难》经过盛唐以来的接受,在当时已经成为公认的经典之作。然而在对《蜀道难》诗歌的评价方面,仍然保留着中唐时期审美的与政治的双重维度相互平衡的状态,且相关品评并没有引发出太多的新意出来。在史实考证方面,上文提到晚唐的李绰,认为《蜀道难》为李白罪严武之作,此为晚唐时期对此诗的政治背景研究最为重要的一个论断,深刻影响到后世对《蜀道难》的历史性理解。对此,范摅在《云溪友议》中有所回应,认为“李太白为《蜀道难》,乃为房、杜之危也”,实与李绰所言事迹同。在艺术性方面,继孟棨记载“谪仙”事迹后,又有王定保、刘昫重述此事,不过王定保所记与孟、刘稍有出入。《唐摭言》:“……知章览《蜀道难》一篇,扬眉谓之曰:‘公非人世之人,可不是太白星精耶?’”[4]所载贺知章赞语,其意旨实与孟、刘同。

李白诗歌在晚唐以及五代时期受到了极大的推崇,在目前看来已经是难以推翻的事实了。不过文学品评具有极强的多元性特征,因此也不能说对李白的负面评价在这个时期已然销声匿迹。考晚唐郑处诲《明皇杂录·恃才浮诞》条曰:“天宝中,刘希夷、王昌龄、祖咏、张若虚、孟浩然、常建、李白、杜甫,虽有文名,具流落不偶,恃才浮诞而然也。”此条在五代王仁裕《开元天宝遗事》中亦被记载下来,虽不一定全然表现记录者自身对李白的态度,然而亦可见出晚唐五代时期对李白品评的一种不同声音。如今见到晚唐五代明言李白之病者,仅此一例矣。

这样看来,晚唐五代是李白文学地位得到最终树立的时期。而在社会对李白诗歌的接受过程中,《蜀道难》作为诗人的典型代表作品,其经典化历程一直走在李白个人经典化历程的前面,为李白诗歌的整体经典化过程起着引领的作用。

以上分析即为以《蜀道难》为代表的李白诗歌在唐五代时期的经典化问题。

二、北宋时期《蜀道难》的政史化解读倾向

当今学术界对李白在宋代的接受情况关注较多,学者如杨文雄(台湾)、刘勉、张浩逊、殷春梅等都对宋代李白接受情况作了不同侧面的研究,四川师范大学博士王红霞在《宋代李白接受研究》中对这一论题做出了细致全面的分析,颇具参考价值。但是仍可发现,如今对宋代李白接受问题仍然有诸多不明晰处,学者对这一阶段李白地位的讨论尤其激烈。在本文看来,李白在北宋并没有明显受到压制的情况出现,正相反地,由于北宋对李白诗歌的阐释具有自己的鲜明特色,李白诗歌的接受与阅读在那个时代走向了一个崭新的发展阶段。

北宋初期对李白的接受承继五代时期的特色,对李白推崇备至。另外,由于北宋实行“祐文”政策,在重文抑武的宏观政治背景之下,唐宋诗文集得到了比较全面的整理与编纂。虽然在唐代,李白诗作即已经编订成集,然而经历了

五代的战火以后，这些集子遭到严重的散佚，唯有魏颢《李翰林集》二卷、李阳冰《草堂集》十卷尚存。鉴于这种情况，北宋学者乐史、宋敏求等在李阳冰《草堂集》的基础上对李白集进行了重新的编订，大体恢复了李白诗作的总体面貌。在这样的背景下，宋人对李白的接受出现了一个新特点，简单来说，就是从对李白诗歌在审美意蕴上的关注转向对李白诗歌创作背景的探讨。这个总体特点在《蜀道难》中得到了相当典型的体现。

五代时人对《蜀道难》的解读体现出多方位的解读特征，此点在前文已有说明。宋代虽然也能看到对这首诗在意境塑造与抒情手法方面的评价，但已经变得相当少见。考郭祥正《青山集》卷十五《蜀道难篇送别府尹吴龙图》："长吟李白蜀道难，蜀道之难难于上青天。长蛇并猛虎，杀人吮血毒气何腥膻。锦城虽乐不可到，侧身西望泣涕空涟涟。其辞辛酸语势险，有如曲折顿挫万丈之洪泉。世人不识贤玉璞，每欲酬价齐刀铅。求之往古疑未有，惜哉不经孔子之手加镌镌。"又钱公辅《读李白文》："观其卷，初，若《远别离》《蜀道难》《胡无人》《战城南》之比，皆辞气抑扬，始怪骇而终洁……呜呼！太白之作，不出于夫子之前，夫子之删，不当乎太白之后，吾安知太白之为幸也！"这两条材料是宋代较为少见的两处对李白《蜀道难》在文学性方面的评价，前评对《蜀道难》给以极力之赞颂，后者则对此诗有所微词。不管二者观点有何差异，我们可以见到它们的共同点是将孔子删定诗书的典故引入其中，从而带上一定的政治教化特征。看来北宋时期对李白的评价脱离不开政治与实证的范围，这是在北宋李白诗歌接受过程中体现出的最明显特点。

宋初之时，《蜀道难》诗歌的政史化品评特征已然开始显露出来。杨遂在《李太白故宅记》中论道："《蜀道难》可以戒为政之人矣。"想必杨遂接受了晚唐时期李绰、范摅对此诗创作原因的考察，以为此诗有着重要的政治寄寓。北宋名臣宋祁、监丞王谠、诗评家葛立方等主张《蜀道难》乃为斥严武，告房、杜之危，这种观点一直延续到南宋以至明清[5]；释契嵩在《书李翰林集后》言李白作《蜀道难》"以刺诸侯之强横"，亦有谏严武之意；另北宋末学者庄绰《鸡肋篇》中有"史称《蜀道难》为杜而发"的记载，亦为支持晚唐李、范观点之明证。由此可以看出，李、范对《蜀道难》的解读在北宋时期受到了前所未有的流传与支持。

在对《蜀道难》本事进行详细的考辨过程中，一些新观点也开始出现，人们对李、范二人的观点渐渐提出了疑问，但整体来说，他们基本继承了前人实证的研究方法。从现存史料来看，北宋著名科学家、文学家沈括最早对李、范之论在年代问题上提出了明确的质疑，并阐明自己的新观点。他在《梦溪笔谈》卷四中记道："前史称严武为剑南节度使，放肆不法，李白为之作《蜀道难》。按孟棨所记，白初至京师，贺知章闻其名，首诣之，白出《蜀道难》，读未毕，称叹数四。时乃天宝初也，此时白已作《蜀道难》。严武为剑南，乃在至德以后肃宗时，年代甚远。盖小说所记，各得于一时见闻，本末不相知，率多舛误，皆此文之类。李白集中称‘刺章仇兼琼’，与《唐书》所载不同，此《唐书》误也。”沈括通过对《蜀道难》写作时间的考察，得出的结论比较令人信服，因而得到后世许多学者的赞同。如洪刍《洪驹父诗话》：“尝见李集一本，于《蜀道难》题下注：‘讽章仇兼琼也。’考其年月近之矣，谓危房杜者非也。”其论述理由与沈括如出一辙。又洪迈《容斋续笔》卷六：“《新唐书·严武传》云：‘房琯以故宰相为巡内刺史，武慢倨不为礼，最厚杜甫，然欲杀甫数矣。李白为《蜀道难》者，为房与杜危之也。’甫传云：‘武以世旧待甫，甫见之，或时不巾。尝醉登武床，瞪视曰：“严挺之乃有此儿！”武衔之，一日欲杀甫，冠钩于帘三，左右白其母，奔救得止。’《旧史》但云：‘甫性褊躁，斥其父名，武不以为忤。’初无所谓欲杀之说，盖唐小说所载，而《新书》以为然。予按李白《蜀道难》，本以讥章仇兼琼，前人尝论之矣。”以上所引支持讥章仇兼琼的三条材料，前两条以年代之考订为依据，后一条以文献之分析为凭照，而重点都放在对“告房杜之危”这一理解的反驳上。从这一点我们容易看出，宋代对李白《蜀道难》的接受不但高度集中在对当时历史的考证分析层面，而且赞同此诗为房琯、杜甫而作的学者仍然占据绝大多数的位置。

需要指出的是，强调北宋时期李白作品的政史化解读特征，并不是否认当时对诗歌的审美意义不加重视。然而宋初的诗歌审美倾向大异于李白诗歌的审美特质，却是比较明显的事实。在这里我们对宋代的唐诗选本作一个简单的版本梳理：据孙琴安先生《唐诗选本六百种提要》中作的统计，宋人唐诗选本共有三十一种，如今尚能见到的只有九家，其余二十余家选本，仅见于目录或他书提及，而原书已不复见。这些选本中，有的是按照诗歌体裁加以收录，如洪迈《万首唐人绝句》是对唐人绝句所作的大规模的收集和整理；有的专从唐代诗人的身份出发来加以选编的，如李龚《唐僧弘秀集》专选唐代僧人之诗；有的是专门选录个别诗人，如赵师秀《二妙集》专选贾岛、姚合的诗作，刘辰翁《王孟诗评》专评王维、孟浩然二家诗。另外，我们从比较有代表性的唐诗选本，如王安石的《唐百家诗选》等可以发现宋代的选本主要以中、晚唐诗为主。正如清代王士祯在《香祖笔记》卷二中所提到宋人选唐诗的惯例那样：“详于中晚而略于初盛，宋人选唐诗，大概如此。”至于南宋，这种选诗倾向更为明显。看来宋代看待诗歌的审美标准已经大异于唐，经过五代与宋初的创作实践，已经转入对细腻内敛诗风的趋尚。在这样一种情况下，李白诗歌的受重视程度在文人群体中自然有所下降，但是我们还是可以找到表明北宋文人对李白诗歌态度的重要材料。比如在北宋王安石选编的

《四家诗选》中,王安石选入李白、杜甫、韩愈、欧阳修四家的诗;并把杜甫放在首位,韩愈次之,欧阳修又次之,而以李白殿后。释惠洪《冷斋夜话》卷五对该事有如下记载:

舒王以李太白、杜少陵、韩退之、欧阳永叔诗,编为《四家诗集》,而以欧公居太白之上,世莫晓其意。舒王尝曰:"太白词语迅快,无疏脱处;然其识污下,诗词十句九句言妇人酒耳。欧公,今代诗人未有出其右者,但恨其不修《三国志》而修《五代史》耳。"

就李、杜入选排名之悬殊,宋人对此多有争议,主要有两种倾向:一是王安石所排列的顺序是有意为之,因为王安石在《诗选》中有"太白词语迅快,无疏脱处;然其识污下,诗词十句九句言妇人酒耳"之语,因此将李白居于末位,对此在《冷斋夜话》《春渚纪闻》《钟山语录》中都有相关记载。另一种观点是列举种种理由为李白辩诬,认为上述王安石所言恐非属实,其排列顺序非有意为之。如《扪虱新话》卷八云:"予谓诗者妙思逸想,所寓而已,太白之神气,当游戏万物之表,其于诗特寓意焉耳,岂以妇人与酒能败其志乎。不然,则渊明篇篇有酒,谢安石每游山必携妓,亦可谓之其识不高耶!"陈善对王安石"其识污下"之论颇不以为然,认为李白的人生旨趣崇尚自然,其诗取材并不能从根本上影响其创作旨向和诗作蕴含,并举出陶渊明和谢安石为例,为李白辩解。《老学庵笔记》卷六亦言:"世言荆公《四家诗》后李白,以其十首九首说酒及妇人,恐非荆公之言。白诗乐府外,及妇人者实少,言酒固多,比之陶渊明辈,亦未为过。此乃读白诗不熟者,妄立此论耳。《四家诗》未必有次序……"陆游同样持论四家之排列未必有次序,李白诗歌虽多言及酒,但与陶渊明相比并不为过。此争论亦能反映出宋人对李白识见和诗歌主旨趣向方面存在着很大的分歧。

其实我们把目光聚焦到王安石对李白的评价本身,就会发现王安石对李白人格与诗风的态度并不是一味贬低。考《诗人玉屑》卷十四引《遁斋闲览》的记载较为详尽地透露了王安石选编《四家诗集》时将李白殿后的原因:"或问王荆公云:'公编四家诗,以杜甫为第一,李白为第四,岂白之才格词致不逮甫也?'公曰:'白之歌诗,豪放飘逸,人固莫及,然其格止于此而已,不知变也。至于甫,则悲欢穷泰,发敛抑扬,疾徐纵横,无施不可。故其诗有平淡简易者,有绵丽精确者,有严重威武,若三军之帅者,有奋迅驰骤,若泛驾之马者,有淡泊闲静,若山谷隐士者,有风流蕴藉,若贵介公子者。'"这条材料非常重要,材料的前半段是在褒扬李白诗歌,认为李白诗歌"豪放飘逸",无人能及;后半段则在批评,说李白诗歌仅止于"豪放飘逸",而"不知变也"。陈氏所记当是王安石对李白的真正态度。在王安石眼里,李白和杜甫没有优劣之分,他曾在诗歌中写道:"可但风流追甫白,由来家世出机云。行吟强欲偷新格，自笑安能到万分。”（《次韵陆定远以谪往来求诗》）诗歌将李、杜并举，并以之许人。之所以在选编《四家诗集》时将李白殿后，并非由于白才不如杜，而是因为李白诗歌风格“不变”也，不能因此认为王安石轻看李白。《苕溪渔隐丛话》前集卷五的一段材料也可以说明王安石并不轻看李白：“荆公云：诗人各有所得，‘清水出芙蓉，天然去雕饰’，此李白所得也。‘或看翡翠兰蓉上’，此韩愈所得也。‘未掣鲸鱼碧海中’，此老杜所得也。”王安石认为李、杜、韩三人的诗歌各有特点，并无轩轻之分，在他心目中三人是同等地位。至于为何在选编诗集时，要将四人分个先后次序，王红霞认为可能和王安石的政治倾向有极大的关系。而在本文看来，四家诗人的排列顺序是北宋时期社会风尚的显著反映。在尊杜返古的江西诗派影响下，杜甫、韩愈等人的文学地位已然被抬升至一个无可企及的高度，而欧阳修的地位则由于推行古文运动的当世需求而被提升。基于这样一种情况，李白被排在三人之后只能说明王安石时期对杜甫、韩愈、欧阳修的至高推崇，却无法证明当时对李白的贬低。正相反地，在江西诗派推崇杜甫、古文运动宣传八大家的文学趋势下，与当世文风全然不合的李白仍然作为最著名的四位大诗人之一被选入诗集，足以见出王安石对李白诗歌的偏爱。这样看来，李白在宋代并没有遭到像有些学者所论述的那般悲惨的待遇，他的诗歌作品反而在宋人的接受过程中添加了更为丰富的内容。

北宋对诗歌的政史化解读倾向使宋人运用一种文史结合的手段对文学作品进行重新解读，从而对唐代的不少诗人作出了与前代不同的地位评价，李白、杜甫等皆是如此。由于宋代重文抑武政策以及社会整体的内敛特质，李白那种飘逸奔放的诗作特征被无意识地打压下去，以至于人们研究李白作品，多趋向于对李白个人生平的考究。如今可见宋人抑李之言不可谓不多，但是目光大都集中在对李白个人人格的商榷之上，涉及不到李白诗歌的艺术性问题。在这个层面上来说，杜甫比李白要高明得多，宋人对杜甫的推崇，不仅仅是看好他诗歌内敛、深邃且律法严密之妙，而且在很大程度上重视了杜甫更为儒家化的、社会化的人格精神。这样看来，宏观而言宋人对李杜二人的基本观点是：在文学创作上极力推崇杜甫，但却并不贬低李白；在人格精神上主张学习杜甫的社会意识，而对李白的个人主义和狂放态度有所打压。也许像这样把宋人对李杜在诗歌与人格两个层面上的接受态度分开认识与论述，会更加清晰直接一些。

注 释

[1]李白：《上安州裴长史书》。

[2]殷璠：《河岳英灵集叙》。

[3]殷璠:《河岳英灵集上·李白》。

[4]王定保:《唐摭言》卷七。

[5]南宋计有功《唐诗纪事》:"《南部新书》云:'李白,山东人,父为任城尉,因家焉。少与鲁人隐徂徕山,号"竹溪六逸"。天宝初,游会稽,与吴筠隐剡中。俗称蜀人,非也。今任城令厅有白之词尚存。'唐范传正志其墓曰……子美所谓'汝与山东李白好',盖白自号也。《蜀道难》,或曰作于天宝初,或曰作于天宝末,二说皆出于后世,以意逆之,曰此为房、杜危之也。陆畅去白未远,作《蜀道易》以美韦皋,传之当时。而《蜀道难》之词曰:'锦城虽云乐,不如早还家。'其意必有所属。房、杜之说,盖近之矣。"因此评论位于征引北宋钱易《南部新书》之后,故多有学者误将其作为钱易之语。查今之《南部新书》,并无此句。想是南宋计有功自己对李白《蜀道难》的评价。

李白的价值重估

——兼论李白的文化意义

朱易安

在唐诗和文学史的研究中,李白的课题常常使人陷入困惑的境地。这倒并不因为李白生平及其作品还有许多解不开的谜,而是李白的存在以及如何解释他的存在令人感到麻烦。当我们试图将作家和作品放在更广阔的背景中去,比较系统地考察唐代诗歌的发展和流变时,这些问题便显得愈来愈棘手。众所公认,李白是唐诗的代表作家之一,在开元、天宝诗歌发展的鼎盛时期的杰出诗人中,他当居第一。无论你从哪个角度入手,都无法回避李白那震撼人心的诗歌艺术。可奇怪的是,人们却又很难清楚地界定他与盛唐整个诗坛之间的联系,指出他与大多数盛唐诗人及其作品所具有的共同发展趋势,包括他在唐代诗歌演进中的发展性贡献。换句话说,李白这位唐代诗坛上的首席诗人,在迄今为止被勾勒的唐诗发展流变中,没有找到他的适当位置。这种说法似乎有点耸人听闻,但是如果我们将李白与同期的诗人如杜甫、高适,岑参、王昌龄、王维等作一比较,就能觉察到他们的差别显而易见。李白的特异性也不是仅凭"强烈的个性"或"浪漫气质"一类的概括能作出令人信服的结论。在与盛唐诗的关系上,李白非但不能归属于任何一个诗歌流派或诗人群体,而且几乎无人与他的风格相近。关于他的作品较少体现特定的时代氛围以及唐诗由初入盛过程中典型的艺术技巧——律化和逐渐规范化的特征,我们也无法满足于"李白不爱作律诗"的传统结论。在与唐诗形成和流变的关系上,李白也不同于盛唐时其他一流诗人那样,在诗歌体制或意境的创新等方面留下明显的痕迹。即使狭义地理解他对后代的艺术"影响",也很难具体地指出他的某一些诗歌艺术——如意象的组合或词章格调的运用在后代诗人的作品中获得"再现"。李白的这种独特现象并非由我们今天臆造出来的,历代诗歌评论家常常把李白及其作品称为"仙才""仙语",认为"非人力所能及",运用这种非确定性的模糊语言来作评论,恰好证实了李白与同期诗人及其作品在主导意向和倾向上存在着差异。只是人们一面承认李白是一种独特的现象,游离于他属于的那个时代诗坛之外,一面又努力将他当作那个时代的重要组成部分,从李白及其作品中去寻求盛唐一般。但是,任何企图从这个意义上让李白回到唐代诗歌发展环链上去的尝试都显得困难。曾经有人把李白作为盛唐诗的典范,描绘为"盛唐之音"和"青春"的象征,但在同样的诗例中,别人却看到了愤懑和悲伤,看到了使唐王朝日暮途穷的安史之乱的前兆。同样一首诗或一类诗可以充填到不同的理论框架里,支撑截然相反的结论,这不能不令人怀疑理论本身的科学性,同时也提醒我们,对李白及其作品的本体研究显得多么单薄和多么的令人不满意,特别应该指出的是,人们总是愿意把注意力集中在李白与盛唐一般的"共性"上,致力于将李白与盛唐诗歌画等号,而不愿意注目于李白与盛唐一般之间的差别,以及这些差别对于李白本体和唐诗意味着什么。今天我们能否颠倒一下这个重心:就李白而言,首先寻找他与盛唐一般的差别,就唐诗发展而言,首先注重李白与唐诗发展趋势之间内在的不和谐,而就文学史而言,则希冀发现李白存在的文化意义和价值——这就是本文提出李白价值重估的缘由。

一

毋庸置疑,李白是一个地地道道的诗人。不过,"诗人"的涵义恐怕远非"写诗的人"这类诠释能够概括的。任何时期的诗人的文学创作都包含着一种价值判断,中国传统文化意义上对"诗人"的理解就确认了这种价值判断的存在:"诗言志"。因此,将李白看作一个诗人,就必须关注诗人及其作品中显示出来的价值观。

《古风五十九首》开篇的第一首,是李白集中唯一有系统的"论诗"之诗。诗中"自从建安来,绮丽不足珍"一直被认为是李白文学思想的体现。但事实上从理论上否定建安以来的文学传统几乎是初盛唐时普遍流行的观点,并不突出体现李白的特色。值得玩味的是,李白在诗中所选择的自我角色出人意料。统观全诗,是对中国诗文发展的回顾,从"圣代复元古,垂衣贵清真"起,李白转入对本朝及本朝诗歌的评价,当他写到自己本人的角色时,则吟出如下的诗句:"我志在删述,垂辉映千春。希圣如有立,绝笔于获麟。"诗中"删述""获麟"等均用孔子的典故,俨然以孔子——一代知识分子的领袖自居。明人胡震亨说他"自负不浅",其实这并不是什么"自负"的问题,李白的自我角色认定恰好构成了他的人生价值判断,其中以儒家思想为主导的“士”精神是价值观的核心。从李白诸多的作品中可以发现,愿意在诗坛上充当孔子删诗之职,与作者“士志于道”的强烈意识一脉相承。他在《代寿山答孟少府移文书》说:“吾与尔达则兼济天下,穷则独善一身。安能餐君紫霞,映君青松,乘君鸾鹤,驾君虬龙,一朝飞腾,为方丈蓬莱士人耳? 此则未可也。……申管、晏之谈,谋帝王之述,奋其智能,愿为辅弼。使寰区大定,海县清一。事君之道成,荣亲之义毕,然后与陶朱、留侯浮五湖,戏沧洲,不足难矣。”很显然,李白并不是一个满足于以歌诗体现“风雅之旨”的诗人,他的价值观中,以天下为己任的价值判断更多地反映在参政意识中:“怀经济之才,抗巢、由之节;文可以变风俗,学可以究天人。一命不沾,四海称屈。”(《为宋中丞自荐表》)李白的这种参政意识似乎不能仅仅理解为一种入仕的愿望或是一种政治理想,因为李白的参政选择与唐代一般文人有所不同,首先表现在入仕的基础和入仕终极目的两个方面。关于前者,李白曾经表示说:“秉烛唯须饮,投竿也未迟。如逢渭水猎,犹可帝王师。”(《赠钱征君少阳》)关于后者,李白则表示:“壮士怀远略,志存解世纷。”(《送张秀才从军》)将“为帝王师”作为入仕的基础,将“解世纷”作为入仕的终极目的,这说明李白在较高的层次上对中国古代“士”的地位和作用的认同,并以此为参照而构建了有别于一般唐人的价值系统。

有学者认为,中国文化史上的“士”是一个有着两千年历史的特殊阶层,自孔子以来便形成了一个延续不断的传统,从而具备了一种基本特征和性格——对社会具有超越个人利益的关怀,用孔子的话说,就是“士志于道”。由于这一阶层成为人类某些基本价值的维护者,对社会和一定时期的政治势力也就产生了师教或抗衡的力量。这种特征和性格可以追溯到先秦的“游士”(参见余英时《士与中国文化》)。由于春秋战国时期“礼坏乐崩”,同时也宣告了王官之学的结束,这样,割据的诸侯需要建立一种社会秩序,便不得不依靠那些掌握了“道”的知识阶层人士,于是出现了“君主礼贤”,士与王侯建立的不是君臣关系,而是师友关系。据《战国策・燕策》记载,燕昭王往见郭隗先生曰:“敢问以国报仇者奈何?”郭隗先生对曰:“帝者与师处,王者与友处,霸者与臣处,亡国与役处。”于是昭王为隗筑宫而师之。这种师友关系不仅强调了士的地位,而且增添了士的独立性与批判性。士与政治势力之间保持着一种不即不离的关系,有相当大的自由度,这就保证了士与政治势力的合作必须在尊重他的前提下实现,而尊重士的实质意义也就是对“道”的尊重:“笃信善学,守死善道。危邦不入,乱邦不居。天下有道则见,无道则隐。”不作政治势力既得利益者的原则,“守死善道”,又反过来保障士阶层超越个人利益去关怀社会的特征。先秦以后，随着社会的发展和“游士”的消失，“师友”关系以及士的地位和价值取向有不同程度的改变。李白却深深地追念着士在原始时期的特征和性格，并以先秦游士的价值判断为自己的价值判断。他的作品中多次提及先秦游士与政治势力之间的这种关系：“昔时燕家重郭隗，拥篲折节无嫌猜。”“昭王白骨萦蔓草，谁人更扫黄金台？”（《行路难》）“燕昭延郭隗，遂筑黄金台。剧辛方赵至，邹衍复齐来。奈何青云士，弃我如尘埃！珠玉买歌笑，糟糠养贤才。方知黄鹤举，千里独徘徊！”（《古风五十九首》之十五）如果说李白对郭隗的仰慕是出于对他所生活的时代中“士”地位的失落的愤慨，那么，对鲁仲连的钦慕则表达了他对先秦士阶层所具有的独立人格的崇敬：“齐有倜傥生，鲁连特高妙，明月出海底，一朝开光曜。却秦振英声，后世仰末照。意轻千金赠，顾向平原笑。吾亦淡荡人，拂衣可同调。”（《古风五十九首》之十）《史记·鲁仲连列传》称他“好奇伟倜傥之画策，而不肯仕宦任职”。鲁仲连受平原君的礼遇，为赵却秦，最后又拒绝了赵国的官封和重金酬谢，“遂辞平原君而去，终身不复见”。李白称颂鲁仲连，深层涵义则表现了他本人希望能坚持“道”的独立和“士”的人格：“愿一佐明主，功成返旧林。”（《留别王司马》）“我以一箭书，能取聊城功。”（《五月东鲁行》）

李白的这种价值观念同时还反映在他对士阶层自身不求急功近利、注重“务虚”而不是“务实”的肯定，李白始终相信“道”和士阶层的力量，以为政治势力的维持必须依赖于“道”和士阶层，他对谢安的景慕便以此为着眼点。在李白看来，东晋的政治势力离不开对谢安的依赖，而谢安则几乎一直与政权保持相对的独立性。谢安身为士族子弟，少有重名，他4岁时，桓彝便料断将来必为大材。但谢安长期隐逸东山，直到40多岁才入仕，终于不负“公辅之望”。孝武帝时位至宰相，指挥了淝水之战，大败苻坚。谢安虽卒于高位，而《晋书》本传则强调指出：“安虽受朝寄，然东山之志始末不渝，每形于言色。”

李白诗中提及谢安有10余处，其中反复提到的是谢安携妓东山以及与王羲之之争。据《世说新语》卷七《识鉴》：“谢公在东山畜妓，简文（帝）曰：安石必出。既与人同乐，亦不得不与人同忧！”谢安东山之举，与魏晋士风相吻合，但魏晋的士阶层仍然不能摆脱“士”性格中的社会责任感，因此，简文帝的话终于灵验。谢安的隐逸与入仕，似乎可以理解成为士阶层坚持“道”与政治势力之间的一种抗衡，士必须在社会上确立自己以“道”为中心的地位，然后才在可能的情况下与政治势力合作，而绝不肯依赖于政治势力（包括政权）去获得地位，这一点，魏晋士阶层的特征与原始士阶层“为帝王师”的特征是相通的。

李白十分重视谢安入仕和隐逸时有关这一层面上的意义，强调他的独立性和入仕后超越个人利益的社会责任。李白在《书情赠蔡舍人雄》一诗中说:“尝高谢太傅,携妓东山门。楚舞醉碧云,吴歌断清猿。暂因苍生起,谈笑安黎元。余亦爱此人,丹霄冀飞翻。遭逢圣明主,敢进兴王言。”《送裴十八图南归嵩山二首》之二也说:“谢公终一起,相与济苍生。”在《赠韦秘书子春》诗中,李白甚至将先秦游士的纵横术与魏晋名士的清谈放在一起,指出他们产生的共同社会效应——拯世:“谈天信浩荡,说剑纷纵横。谢公不徒然,起来为苍生。”李白对士阶层所具有的“道”的力量的认识,也反映在他提及谢王之争一事上。谢安与王羲之的争辩见于《世说新语》卷二《言语》:“王右军与谢太傅共登冶城。谢悠然远想,有高世之志。王谓谢曰:‘夏禹勤王,手足胼胝;文王旰食,日不暇给,今四郊多垒,宜人人自效。而虚谈废务,浮文妨要,恐非当所宜。’谢答曰:‘秦任商鞅,二世而亡,岂清言致患邪?’”王谢两人的分歧,当属哲学思想上的分歧,而谢安为“清谈”辩护,揭示了士阶层的真正优势和“道”的力量。因为谢安认为,对于政治势力(包括政权),士的客卿地位以及批判意识远比直接从事务实的技术事务更有意义,士的社会作用亦在于此。李白曾为此激动不已,并把此看作拯救世人的最高价值理想。面对战乱的社会现实——安史之乱,他也毫不犹豫地选择谢安的拯世方式:“三川北虏乱如麻,四海南奔似永嘉。但用东山谢安石,为君谈笑静胡沙!”(《永王东巡歌》之二)由此可见,李白的价值判断不仅接近于士阶层原始时期的特征,同时也保留和弘扬了它的最精华的部分——独立人格和对社会的责任感。

二

李白的价值系统中如此崇尚历史上士与政治势力之间、“道”与政权之间的相对独立,如此看重士阶层师教的地位,与初盛唐时期的政治制度和社会现实必然发生冲突。这是因为唐代社会中不仅不再存在“游士”现象,就连魏晋时期的门阀制度和势力也随着一系列政治措施的实施而瓦解。特别是科举制度的产生和逐渐完善,以及“仕”在“士”生活中的地位和价值的不断提高,李白所追求的那种鲁仲连—谢安式的人格和个性,便愈来愈为附属于政治势力的欲望所淹没。

在唐代盛行的科举制度下,几乎完全见不到先秦“游士”与政治势力(君主)所建立的“师友”关系。皇权通过公开的考试招募需要的人才,被招募的人才臣服于皇权,自然谈不上“师友”。久而久之,士与势之间的关系颠倒过来,皇权与皇权的代表成了“师”,而应举的士阶层则一应成为“学生”“门生”。唐代有进士及第后谒拜座主和宰相的习俗,称为"谢恩",即是这种新型关系的反映(参见《唐摭言》)。姚合《杏园宴上谢座主》诗云:"得陪桃李植芳丛,别感生成太昊功。今日无言春雨后,似含冷涕谢东风。"刘禹锡《寄王侍郎放榜》诗亦云:"礼闱新榜动长安,九陌人人走马看。一旦声名偏天下,满城桃李属春官。"诗中都把及第进士与皇权的代言人——座主之间的关系称作"师生",可见进士们答谢举援之恩尚不及,谁还敢有丝毫的傲慢?此外,唐代的制举常常由皇帝亲试,据《杜阳杂编》记叙,德宗曾试制科于宣政殿,还亲自阅卷,"翌日,则遍示宰臣、学士曰:'此皆朕门生也!'"参加考试的举子千余人,虽不可能都录取,但他们都成了"天子门生",皇帝成了他们的"恩师",那么,郭隗的待遇享受不到,自然也不足为怪了。

师生关系的颠倒,意味着传统"士"地位的失落,"士"的独立人格和批判意识以及与"势"抗衡的力量亦相对减弱。士阶层对自我价值的认识以及对拯世方式的选择也相继发生变异。由于科举等制度的限制,士的价值几乎都必须"仕"才能实现。唐代的士阶层便由传统士阶层对"道"的依赖转变成一定程度上对政治势力的依赖,而传统士阶层要求"礼遇"也转化为要求政治势力(政权)的"知遇",传统士阶层以传播"道"而受政治势力重视的优势也被提倡从事实际事务的精神所替代,正如杨炯所说的那样:"宁为百夫长,胜作一书生。"

唐代士阶层的价值转换与唐代士阶层成员的某些社会属性有关,但是,科举制度与入仕成为知识分子实现其自我价值和社会价值唯一出路是这种转换的关键。唐代大多数文人都积极地响应了科举,从徐松的《登科记考》中可以找到许多应举及第的唐代著名诗人,而唐诗人中应过各类举的则为数更多。有关资料说明,唐代文人几乎很少有人能从一开始就放弃科举而进入仕途的,就连"终南捷径"的成功者卢藏用也是进士出身,并曾"应县令举甲科",只是因为"选不调",不得为高官,才有过一段"终南之隐"(参见旧、新《唐书》本传)。又如杜甫,举进士不第,后于天宝十三载在太清宫献赋,受到皇帝赏识,但依旧逃脱不了应试的命运:"使待诏集贤院,命宰相试文章。"(参见旧、新《唐书》本传)

迄今为止,尚无史料说明李白有过应举的迹象,集中仅有几首李白送朋友应举的作品,也没有发现他有羡慕之情,这似乎可以佐证李白在入仕途径上与一般唐人的差别,尽管李白不能完全脱出唐人对入仕所具有的热情,而其基本价值取向则完全不同。事实上李白终生未能真正进入仕途,也正是因为他的价值理想与社会现实以及一般唐人的价值观念存在着冲突。这一点似乎也可用以解释李白在天宝年间遭谗被逐和安史之乱后从事永王等事件的缘由,至少从永王时李白以为自己获得了谢安的地位——充分的尊重和"解世纷"的机会。

李白脱离唐代社会现实的价值判断是导致他的人生悲剧的重要原因,但这个价值系统又给他的艺术创作带来了超越时代的魅力和永恒的生命力。与一般唐人的作品相比,李白的诗几乎是由孤傲的自我串联起来的。“羞于时人同”(《五月东鲁行答汶上翁》)使得他“一生傲岸苦不谐”(《答王十二寒夜独酌有怀》),这种空前的孤傲包含着世人对他的不理解以及他对世人不理解的双重痛苦,而痛苦的根源则来自李白的价值观与现实的剧烈冲突,来自于他对价值理想直拗的追求而始终不肯屈服:“耻将鸡并食,长与凤为群。”(《赠郭季鹰》)可“凤”在何方呢?所以,诗人只能悲愤地表白:“我本不弃世,世人自弃我!”(《送蔡山人》)在杜甫赠李白的诗中,好几处都提到他的不被理解:“冠盖满京华,斯人独憔悴。”(《梦李白》其二)“世人皆欲杀,我意独怜才。”(《不见》)当然,李白的孤傲并不是一味地表示这种不能理解和不被理解的悲愁,而更多地体现在不入俗流的气魄和敢于“狂歌”的坦荡上。特别是他的价值观与现实的冲突本身具有超越个人利益的因素,因而极度的痛苦往往表现为极度的超脱和非凡的气势:“严陵高揖汉天子,何必长剑拄颐事玉阶。达亦不足贵,穷亦不足悲!”(《答王十二寒夜独酌有怀》)“黄金白璧买歌笑,一醉累月轻王侯!”(《忆旧游寄谯郡元参军》)“东山高卧时起来,欲济苍生未应晚。”(《梁园吟》)“壮志恐蹉跎,功名若云浮。”(《忆襄阳旧游赠马少府巨》)“功成身不居,舒卷在胸臆。”(《商山四皓》)强烈的独立意识和安世拯世的要求碰撞出的火花,使李白的诗始终具有高屋建瓴式气势,除去人们熟悉的“安能摧眉折腰事权贵,使我不得开心颜”之类的诗歌,在许多情绪十分宁静的作品中同样也能感受到这种力度:“众鸟高飞尽,孤云独去闲。相看两不厌,只有敬亭山。”(《独坐敬亭山》)诗中由孤傲所激发出来的崇高感似乎比陈子昂的《登幽州台歌》更显示出它的深刻。

李白的这种超越性几乎是唐代其他诗人无法比拟的,这种超越性不仅使他的诗歌具有空前的力度,同时也促使诗人在诗中充分展现个性而不受任何拘束。从这个意义上说,李白是一个真正的诗人,是一个用生命写诗的人。

李白的诗在形式上也未与唐代诗歌的发展呈现一致的趋势。也许因为李白对科举的冷漠态度,所以他的创作中很少用五律的形式,而较多用乐府、杂言古诗、歌行等体裁,这与日趋整饬的唐诗发展趋势也是相违背的。应该指出的是,李白虽然不太注重诗歌的外部结构如平仄的严格谐调、句式的整齐等,但在诗中呈现相当强的韵律感,有些貌似白话的散句与散句之间,却是有意无意的对偶句。这些现象对于盛中唐以后,唐诗外部形式逐渐定型稳定而只有词句之间的小变化的发展趋向,无疑是一股清流,给唐诗的发展充实了新鲜的生命。

李白充分个性化的诗歌创作将唐代文人诗歌区别于中国传统诗歌的叙述结构和角度突出地展现出来，并推向崭新的高度。在唐以前的传统诗歌中，除去《楚辞》等少量作品，以创作主体的主观角度为诗歌叙述中心的作品并不多见，叙述结构也大多呈恒稳的平辅式。当强烈的主体意识渗入创作后，上述的结构和模式必然有所突破。主体意识与被叙述的客体之间在诗歌中将产生互相反馈的作用，而被述客体必然不同程度地被渲染上主观色彩，或完全是纯主观的属性。“唐人主情”，一定意义上是对唐代诗歌较之于其前后代诗歌更显著地突出主体意识的评价。如前所述，李白的诗几乎是由孤傲的自我串联起来的。这不仅因为诗歌中处处浮现出诗人的自我形象，同时也可以体验到在诗中反复运用第一人称，也是李白的特色。规定角色和角度，打破了原有的传统叙述结构而出现了物我相混和大幅度的跳跃（包括主客体之间互相反馈而引起的情绪上的大幅度跳跃）。这在《宣州谢朓楼饯别校书叔云》（一作《陪侍御叔华登楼歌》）等诗中表现得相当突出。关于这些，在唐代诗以及唐以后的诗歌结构发展中有着不可估量的意义。尽管唐代诗歌的形式和结构日渐走向整饬，叙述结构也基本上呈现出“启”“承”“转”“合”等规模范式，而李白诗歌所提供的时空技巧的运用、表述和意象的融合等，却不断为诗歌提供新的途径。

三

李白的价值取向与一般唐代文人相违背，存在着深刻的文化背景和文化意义。如果把李白的价值观以及他的个人遭遇解释为“天真”“空想”而造成的悲剧，未免过于草率。唐王朝建立了统一的政权，尚武尚实的风气极盛，这种情况从唐代初年一直维持了很长久的一个时期。尽管唐政权也意识到以单纯擢拔专门人才是一种短期行为，并从理论上重新树立儒学的地位，而在实施的政策中则始终偏重于具体事务而不是理论上的建树。唐玄宗先天二年（713）六月下诏求贤，就强调“武勇者具言谋略，文学者指陈艺业，务求实用”。直至中唐，这种影响仍无多大改变，据《唐语林》记载，“李卫公幼时，宪宗赏之坐于前，吉甫每以敏捷夸于同列。武相元衡召之，谓曰：‘吾子在家，听嗜何书？’德裕不应。翌日，元衡具告，吉甫归以责之。德裕曰：‘武公身为宰相，不问理国调阴阳，而问所嗜书，其言不当，所以不应。’”可见实用观念的根深蒂固。

唐代尚武尚实的风气和一系列政策措施，引导士阶层更多地依附于政权而减弱对“道”的依赖，从而也逐渐削弱了传统士阶层所具有的独立意识和批判意识，相反以政治势力的意志为自己的意志。虽然从表面上看，唐代的士阶层中有许多人通过科举而进入政权和各种政治集团，但就士阶层本身而言，却不能不是它的社会价值和地位的跌落。这种状况的出现原因很复杂，除了上述的原因，也由于“道”本身的内容有待于充实而重新产生诱惑。因此，在新的历史条件下，重新挣得士的真正社会价值，这是唐代文人所共同面临的问题。李白诗歌创作中对先秦游士以及侠客的歌咏，有关燕昭王、郭隗的典故都是唐人习用的典故和题材，此类创作现象的隐义层面似可看作唐代士阶层传统价值和地位的一种失落感。从这个意义上看，李白的价值观包含着有唐一代“士”显示或未显示出来的共同情感需要。

应当承认，李白的价值取向以传统士的价值取向为基准，其中也包含着对先秦及魏晋时期士阶层特定性格和生活的向往，因而，他的情绪带有浓厚的复古色彩。李白的复古情绪既体现在众所周知的文学批评思想中，也反映在他对唐代“流行”的“当代方式”的抗拒上，如入仕的选择、创作体裁的选择等。这就使我们很难从唐诗发展的一般规律中去认识并解释他和他的作品的存在，当然，也不能把李白的特异性当作仅以他个人为限的独异。李白的复古情绪与唐代的复古思潮有着某种思想根源上的联系，如果我们认为唐代的复古思潮与振兴儒学有密切关联，那么儒学的振兴，同时也包括了唐代士阶层价值和性格失落后的再度重建。士以天下为己任，是对社会的终极关怀，而并非付诸一时的行政手段，因此，要实现这一目标必须建立在自我价值认定的基础上——“道”的确立，而不是政治势力的确立。这种价值循环决定了士阶层不可能仅仅依赖于某个政权或某种政治势力来保证它对社会所承担的义务，而必须依赖于“道”的力量确立自己的地位和作用，然后通过某种媒介（其中也包括政治势力）去实施对社会的责任。由此可见，唐初出现的儒学思潮，发展至中唐韩愈对“道统”的提倡，乃至新儒学的兴起，呈现了中国历史发展的必然趋势。

如果将唐代士阶层的特征与传统士的特征相比较，被削弱的并不是对社会的责任感，而是士阶层本身的独立性。而李白对士阶层自我价值和独立人格的肯定，在唐代士阶层价值重建中恰好弥补了这一部分。虽然李白对于“道”的含义没有理论建树和新的见解，但他对士的价值则有充分的估价和阐述。尽管传统士阶层特征中强调的独立性是指士阶层整体而不是个体，与李白强调他个人的行为有所不同，尽管中唐以后兴建的新儒学以及重建后的士阶层的特征与李白的理想距离甚远，仍然可以看到李白在这一重建过程中的存在和意义。也许还必须指出，正是由于李白在这一重建过程中突出了独立人格和个性，从而有幸地避免了沦为教化工具的实用倾向，作为诗人和艺术家而独立存在。

从这一审美角度接纳李白及其作品的是新儒学的创立者韩愈。《送孟东野序》说:“唐之有天下,陈子昂、苏源明、元结、李白、杜甫、李观,皆以其所能鸣。”将李白置于这一串人名之中,能引发人们作何种感想呢?很显然,韩愈首先把李白看作一个儒家,其次则认为李白的文学创作充分显示士的根本价值:“大凡物不得其平则鸣。……人之于言也亦然,有不得已者而后言,其歌也有思,其哭也有怀。凡出乎口而为声者,其皆有弗平者乎!”这种“不平”,实质上就是价值观念与社会现实的冲突。而“鸣”的举动则是对不平的反抗。如果将重建士阶层所丧失的地位作为其价值观的内涵,那么,“鸣不平”不正是唐代文人强调士的独立人格的表现吗?韩愈将李白与陈子昂等列在一起,揭示了这种“不平”“鸣不平”的实质性,即有唐一代士阶层整体与社会现实之间存在的不平衡以及这个阶层的自我价值的认定。也许韩愈能从这种较高的层次上评估李白对于唐士和唐诗的意义,因此他不能宽容扬杜抑李的说法,而在“李杜文章在,光焰万丈长”的背后又隐藏着“李杜并重,然其意旨,却着李一边”(《韩诗臆说》)的意向。自此以后,李白评价形成了以元稹为代表的从诗歌形式句法层面审美和以韩愈为代表的道德文化层面审美的两大要素。由于本文着重探讨后一要素,因此在指出李白在唐代士阶层价值及性格失落—挣扎—重建过程中的意义后,将探讨这个重建与李白存在意义的关键所在。

四

中国的“正统”文学是以士阶层为主体的文学,文学史以及文学批评史的研究,不能忽视创作者作为士属性的主体意识,唐诗的发展和唐诗批评亦如此。

中国士阶层的特征与性格从原始时期开始便集中体现在与政治势力的关系上。作为社会基本价值的维护者,士阶层本身具有一个无形的思想道德维系系统——“道”,而对社会的终极关怀却不能仅凭“道”在士阶层本身的传播和继承去实现,需要通过某些媒介,例如某种政治势力,于是,士阶层关心社会的积极性转化成为关心并参与政治势力。但是,参与到政治势力中去的士同时又受到他本身思想道德维系系统(“道”)的制约,并要保持这种独立性,于是,便产生了“道”与“政”之间的矛盾和冲突。当然这种矛盾和冲突是多层次的,就士阶层本身而言,能否参与政治势力以及参与以后引起的价值理想冲突都会引起士阶层心理上的不平衡。这种情况在先秦时期解决的方式和出路似乎多一些,因为士的流动性较强。唐宋时期以及以后更漫长的历史时期内,士阶层与政治势力之间的关系极为密切,科举、入仕这些限制了士阶层以其他方式与政权接触的措施,实质上使士对社会关怀的通道更加狭窄,矛盾和冲突不可能通过与政权的疏离而获得缓和,那就只能依靠士阶层通过限制自身的需求去解决。这种两难境遇造成了中国传统文化中士阶层的人格分裂。士阶层在作出选择的同时必然遭受某种失落的痛苦。

文学创作似乎可以使痛苦的士阶层在某种意义上进行“宣泄”而获得部分心理补偿。以士为主体的中国传统文学创作中的两大主题——对国家对社会的忧患意识和为自我“鸣不平”,正是来自于士阶层传统性格中的两个层面,来自于士阶层人格分裂要求补偿的心态。唐宋以后,士阶层的两难选择往往倾向于与政权合作的一头,因此,士阶层遭受的痛苦便集中在士阶层自身的压抑和个性扭曲,展现士阶层独立人格的需求也就特别强烈。在传统诗歌里可以找出无数例子佐证上述规律,唐宋时期以及更晚一些时候尤为突出。他们的文学创作成为传统诗歌中很精彩的部分。如唐代高适的《封丘作》:“我本渔樵孟诸野,一生自是悠悠者。乍可狂歌草泽中,那堪作吏风尘下。只言小邑无所为,公门百事皆有期。迎拜长官心欲碎,鞭挞黎庶令人悲。归来向家问妻子,举家皆笑今如此。生事应须南亩田,世情尽付东流水。梦想旧山安在哉?为衔君命且迟回。乃知梅福徒为尔,转忆陶潜归去来。”尽管高适感到了严重的压抑和人格屈辱,可他依然没有放弃作吏的选择,只不过在诗里“心碎”而已。诗歌带来了渲泄后的心理补偿,在精神上弥合了实际生活中的缺陷。这种补偿有时也可以通过阅读他人作品来获得,因为士阶层的审美情感同样以价值观念作为基本取向,正如长期以来人们所说的“诗穷而后工”。阅读中能否获得宣泄和补偿,也作为诗歌优劣的评判标准。李白作品突出地展示了士阶层自我价值的确立,突出地充分地展示了士的独立人格和个性,对于人格分裂的士阶层的失衡心态,无疑是一剂有效的良药。可以认为,李白的创作,在当时是诗人本人寻求心理补偿的需要;而后人通过他的诗歌,同样也获得了补偿。这就是李白的诗歌长期来普遍受到士阶层青睐的重要原因。

细读历代有关李白的评论,能够深深体验到古人的这种审美情感。以韩愈为代表的道德文化层面审美者首先发现了李白在此方面的作用,并将传统诗教式的评论引向对李白诗歌中独立人格的关注。有关的评价,几乎很少见到那种单纯的艺术评价,而是夹杂着文化审美和人格审美。吴融《禅月集序》云:“国朝能为歌者不少,独李太白为称首。盖气骨高举,不失颂咏风刺之道。”尽管李白诗中狂言频出,许多道学家却对他表示理解和尊崇:“李白、杜甫、陶渊明皆有志于吾道。”(《陆象山语录》)“陈子昂悬文宗之正鹄,李白曜风雅之绝麟。”(杨慎《四川总志序》)历代有关评论还常常将李白的诗品与人品混同起来,与其说对李白诗歌的称颂,还不如说对李白不肯献媚于权贵的品格的称颂:“平生傲岸,其志不可测。数十年为客,未尝一日低颜色。”(任华《杂言寄李白》)“锵金铿玉十余篇,脍吞炙嚼人口传。须知一二丈夫气,不是绮罗儿女言!”(齐己《读李白集》)这些现象背后的文化意义十分明显,李白不仅成为士阶层借以抒发“不平”的替代物,而且成为集真善美于一身的被崇拜的偶像,成为士阶层理想价值和理想人格的象征。在这个过程中,李白的性格也一再被美化,人们掩饰了他在两难选择中屈从的因素和与唐诗发展背道而驰的痕迹,竭力将他置于崇高的地位。方孝孺《吊李白》写道:“君不见唐朝李白特达士,其人虽亡神不死。声名流落天地间,千载高风有谁似! ……丈夫襟怀真磊落,将口谈天日月薄。泰山高兮高可夷,沧海深兮深可涸。惟有李白天才奇造化,世人孰得窥其作!我言李白古无双,至今采石生辉光。嗟哉石崇空豪富,终当埋没声不扬。黄金白璧不足贵,但愿男儿有笔如长杠。”方孝孺眼里的李白形象几乎已经打上了他本人的印记,而李白的形象则由许许多多的“方孝孺”不断丰满起来。在后人的笔下,李白的形象始终与金銮殿上贵妃侍墨、力士脱靴等传闻连在一起,成为一个无所羁绊、藐视权势的英雄。在这一个被历代士人重新建树起来的李白身上,根本看不到李白本身所面临的困厄,而只有后人无限的景慕和感慨,寄寓着士阶层的失落和迷茫。正如徐积《李太白杂言》所写的那样:“有如此之人,如此之诗,屈生何悴?宋玉何悲?贾生何戚?相如何疲?人生何用自缧绁,当须荦荦不可羁。乃知公是真英物,万叠秋山清耸骨。”可以认为,李白身上积淀着中国士的传统性格和特征,而李白的形象又映衬了中国士的传统性格和特征。士阶层按自己的理想价值去寻找李白,重新塑造李白,也通过这种重塑来确立自我,获得心理上的满足。对于中国传统文化,李白的意义和价值已经大大超出了他本人最初所涉及的范畴。尽管李白及其诗歌都不能与唐诗发展的总趋势保持一致,但他在唐诗乃至整个中国诗歌史上的地位仍然是任何人所无法比拟的。

从文化史的角度来研究李白,是一项艰巨的工程。限于篇幅,有很多问题不能展开,甚至未及提到。但就李白研究的历史来看,却已经具有一定的基础。无论是本文已经提到的历史评价的审美层面,还是前人及今人所作的大量史料考订,都为进一步多角度多层次的深入研究提供了条件。应该指出,李白研究在这个意义上具有广阔的发展前景。而作为李白的本体研究,必须以人类文化的发展为参照,才能显示出真正的意义。

“太白遗风”论

薛天纬

何事文星与酒星，一时钟在李先生？
高吟大醉三千首，留著人间伴月明。

——唐·郑谷《读李白集》

李白以诗、酒名世。世人称他为“诗仙”，他却自诩为“酒仙翁”[1]。作为“酒仙”的李白，其精神风貌，其气度品格，在后世被称为“太白遗风”。它存在于李白的饮酒诗中，也存在于诗人李白的饮酒生活传闻中（其中有若干文字记载）。“太白遗风”是一种独特的酒文化现象[2]。它的生命始终是活泼泼的，千百年来，一直弥漫于社会生活中，对我们的民族感情、民族心理、民族精神起着渗透、浸润作用。以其社会效应的广泛、深远和活跃论，我国古代的文学家似乎再没有谁给后世留下过类似“太白遗风”这样一笔精神遗产。1988 年第 3 期《杜甫研究学刊》刊有《建国以来杜甫研究情况述略（续）》一文，文章在结尾的《目前研杜中值得担忧的事》一节中，曾慨叹于“杜甫在中国人民中的知名度”“甚至与李白相比，由于太白酒的知名而使李白的名声也超过杜甫”。这除了呼吁我们加强对杜诗的普及外，事实上不也在客观上提醒了我们应该充分重视对“太白遗风”这个问题的研究吗？

关于“太白遗风”的社会影响及内在魅力，研究家们曾有所论析，如林庚先生曾指出：“酒店里的‘太白遗风’，虽穷乡僻壤都挂着这个响亮的招牌，人民心目中所喜欢的李白，正是连他的酒一起欢迎的。”在说明人民之所以欢迎李白的酒的原因时，则将李白的“纵酒”置于唐人饮酒的时代气氛中加以考察，并与魏晋人的饮酒作对比，异常透辟地指出它具有“健康的、豪爽的、解放的”精神；它是对唐人“活生生的、现实的、热情的”饮酒方式的典型化表现；它还有一种“轻王侯”的实质,“动摇了统治阶级的威势,增加了人民的对抗性的气派”(《诗人李白》,上海文艺联合出版社 1954 年版)。郭沫若也曾说:“旧时的乡村酒店,爱在灯笼或酒帘上写出‘太白世家’或‘太白遗风’等字样,这是对于李白的自发性的纪念”,其原因,则在于“李白好酒”而又“不拿身份,能以平等的态度待人”(《李白与杜甫》,人民文学出版社 1971 年版)。本文拟主要围绕李白的饮酒诗,对“太白遗风”加以继续探讨,以揭示它的丰富蕴含,说明它在中华民族的酒文化传统中居于何等地位,显示了何种品格,体现了何种价值,并且何以具有不衰的生命力。

一

酒之为物,原是一种对人们具有二重消费意义的特殊消费品:一方面,它是较之布帛菽粟等基本生活资料为更高等级的、更精致的物质消费品;另一方面,又因其能引起人的心理愉悦而成为一种精神消费品。这两种消费,在人生需求中都属于高于“存在”层次的“享受”的范畴。人们在衣食稍安之后,便有这种享受需求的产生。因此,在记载西周先民一年农事活动的《诗经》名篇《七月》中,就有了“八月剥枣,十月获稻;为此春酒,以介眉寿”“九月肃霜,十月涤场;朋酒斯飨,曰杀羔羊”的记述。我们还可以从反面来举例:汉代王褒的《僮约》,写主人给奴仆立下的规章,有一条是:“奴但当饭豆饮水,不得嗜酒。欲饮美酒,唯得染唇渍口,不得倾盂覆斗。”奴隶当然是谈不到“享受”的,但他们对于饮酒这种“享受”的需求并未泯灭,只是遭受着人为的压抑罢了。1952 年,毛泽东在致他少年时代的朋友张有成的信中写道:“乡里禁酒是因为缺粮,秋收后可能开禁,你们也可以喝一点了。”(《毛泽东书信选集》)自古及今,情理皆然。饮酒,或曰饮乐,就其第一义说,乃是普通人的一种正常生活享受(尤其是精神生活享受)需求。酒还有一种属性,就是饮酒超过一定量时,会刺激大脑皮层,使人进入精神亢奋,甚至迷狂的状态,即醉态。在充满矛盾与斗争、欢乐与痛苦的现实社会中,为了感情发泄或感情寄托的需要,人们有时要凭借饮酒来寻求精神刺激,从而使饮酒在其第一义的基础上,又获得对于人的精神生活的两种意义:一为兴奋作用,一为遣愁作用。从积极意义上说,这两种作用都与人生需求中又高于“享受”层次的“发展”层次相关:前者可激励人在发展过程中向上时的进取热情,后者可排解人在发展过程中受挫时的精神痛苦。要之,酒之于人,有三用焉:曰愉悦,曰兴奋,曰遣愁。

封建社会里的世俗酒文化,常常停留在“享受”的低层次上。不仅如此,它还会在这个层次上畸形发展，达到沉湎曲糵、醉生梦死的地步，成为一种颓废的社会文化。为了限制这种颓废文化对社会成员，尤其是对统治阶级自身的销蚀作用，也为了预防人在醉态中可能发生的越轨言行，居于正统地位的传统儒家文化遂将酒文化纳入自己的总体系，用“礼”加以节制，即《论语》所谓“不为酒困”(《子罕》)，“唯酒无量，不及乱”(《乡党》)。这充分体现了儒家文化中庸、平和的特色，它有利于维系社会的正常秩序和人的平稳心态。但在充满矛盾的现实生活中，人们有时需要借了酒的刺激力量，进行某种情绪宣泄。在这种情况下，儒家酒文化的规范就成了一种精神禁锢。如何使饮酒行为在顺应并充分满足人生正常需求的同时，既不沦为世俗酒文化的颓废，又不受制于儒家酒文化的约束？“太白遗风”恰好在酒文化的领域中树起了这样一面旗帜。

“太白遗风”是在盛唐繁荣富足的社会生活土壤中和蓬勃向上的时代精神影响下，滋生的一种文化现象。盛唐是中国封建社会的黄金时代。由于社会的安定、经济的繁荣以及政治的开明、思想的自由，社会物质财富的积累和精神文明的发展都达到空前的程度。人们的生活热情被激发起来。一方面以高涨的积极性从事生产，“男耕女桑不相失”，为社会创造着财富；另一方面，衣食既得温饱后，自然希望生活能有较多乐趣，精神得到较多的愉悦，饮乐因而成了社会成员的现实需求。《新唐书·食货志》记载，开元末，“海内富实，米斗之价钱十三……道路列肆，具酒食以待行人”。《开元天宝遗事》卷下又载：“长安自昭应县至都门，官道左右，村店之民当大路市酒，量钱数多少饮之，亦有施者与行人解之，故路人号为‘歇马杯’。”在那样的年月里，饮酒之乐应是普通人都能享受到的。而知识分子总是得风气先。盛唐时代，在文人群中形成了两种风尚：一是渴望建功立业，希图政治上有所作为，而不甘平庸、寂寞地度过一生；二是追求人生的快意和生活的乐趣，于是纵乐成为他们日常的生活方式。前者体现着他们对人生“发展”的需求，后者体现着他们对人生“享受”的需求。两者兼得互补，构成了盛唐知识分子完美无缺的人生观。纵酒，正是这种人生观的综合表现：饮酒既满足了他们的享受欲望，又鼓舞了他们的进取精神，还为他们提供了在人生的各种际遇下宣泄感情的最佳形式。于是诗人们竞相纵酒高歌，写下了饮酒诗的许多动人篇章：“葡萄美酒夜光杯，欲饮琵琶马上催。醉卧沙场君莫笑，古来征战几人回？”(王翰《凉州词》)“新丰美酒斗十千，咸阳游侠多少年。相逢意气为君饮，系马高楼垂柳边。”(王维《少年行》)“弹棋击筑白日晚，纵酒高歌杨柳春。”(高适《别韦参军》)“东风酤酒饮我曹，心轻万事如鸿毛。醉卧不知白日暮，有时空望孤云高。”(李颀《送陈章甫》)“一生大笑能几回？斗酒相逢须醉倒。”(岑参《凉州馆中与诸判官夜集》)“得钱即相觅，沽酒不复疑。忘形到尔汝,痛饮真吾师。”(杜甫《醉时歌》)李白正是站在这个时代大合唱的行列中。

李白是知识分子中领袖群伦的特异之才,他把以广大社会成员为根基、以知识分子为代表的时代风尚发挥到了极致。一方面,他高唱着“大鹏一日同风起,抟摇直上九万里”,要实现其建功立业的宏伟抱负;另一方面,他又高唱着“人生得意须尽欢,莫使金樽空对月”,要实现人生的美好享受。盛唐诗人中,没有谁把纵酒之乐写得比李白更淋漓尽致,更美妙动人了。然而,李白又不仅仅是以酒纵乐。当他把功业理想和创造激情灌注到饮乐中时,他的饮乐就以其进取精神实现了对世俗酒文化的超越;当他借了酒的力量进行无所顾忌的情绪宣泄、并对压抑者恣意反抗时,他的饮酒又以其民主精神冲破了儒家酒文化的桎梏。这就是所谓的“太白遗风”——饮酒之乐,是它的本体存在;民主与进取精神,是它的高贵灵魂。

二

日常生活中,当“太白遗风”这面酒旗映入人们眼帘的时候,首先是酒的诱惑引起人的愉悦感,挑逗起饮乐享受的欲望。具有一定文化素养的人,还会产生一种悠远的回味,在眼前饮乐与李白的饮乐之间生出某种恍惚的联想,从而增添了寻常饮乐的诗意。李白当年饮乐的诗意究在何处?我们可以从诗人那些描写日常饮乐的诗中把它较为真切地找寻回来:

首先,是富有诗意的饮乐场景。

我们不妨做一点历史的追述。文人创作饮酒诗,大体起于汉末。汉末诗人所写饮乐场景,即《古诗十九首》中的“今日良宴会”这种类型。曹植有不少诗篇写宴饮,如《名都篇》:“归来宴平乐,美酒斗十千。……鸣俦啸匹侣,列坐竞长筵。”《箜篌引》:“置酒高殿上,亲友从我游。”《赠丁翼》:“吾与二三子,曲宴此城隅。”场景可以说没有变化。两晋南北朝诗人写饮酒,大体上依旧如此,而南朝诗人尤多侍宴之作。至于陶渊明诗中的饮酒情景,最常见的是《饮酒二十首序》所谓的“顾影独尽”式。初唐诗人的饮酒诗,以王绩为代表的仍是陶潜遗风;宫廷诗人一派自然主要写宫中侍宴;而“四杰”们则多写友朋饯别。要之,盛唐以前,饮酒诗的场景描写是单调而且封闭的,与社会生活相隔很远。进入盛唐时代,随着饮乐行为的大普及,诗人笔下的饮乐场面也转向了广阔的社会日常生活,变得开放和丰富起来。李白的饮酒诗,便给我们展示了一幅幅生动的、富有生活气息的饮乐场面(这些场面,在下文所举的诗例中将得到展现),其中最可注意的,是市井饮乐:

琴奏龙门之绿桐,玉壶美酒清若空。
催弦拂柱与君饮,看朱成碧颜始红。
胡姬貌如花,当垆笑春风。
笑春风,舞罗衣,君今不醉将安归?

(《前有樽酒行》其二)

五陵年少金市东,银鞍白马度春风。
落花踏尽游何处?笑入胡姬酒肆中。

(《少年行》其二)

银鞍白鼻騧,绿地障泥锦。细雨春风花落时,挥鞭直就胡姬饮。

(《白鼻騧》)

何处可为别?长安青绮门。胡姬招素手,延客醉金樽。……

(《送裴十八图南归嵩山》其一)

这里,我们摄取了李白诗中描写市井饮乐的一组有共性的典型场景。唐代,中土与西域的经济往来十分发达,许多西域人来长安经商,其中不少人开着酒店。长安胡店多在西市(即金市),其间又多侍酒之胡姬[3]。李白的诗,重现了人们兴致勃勃地到长安市上胡店中饮乐的情景:这里是饮客最喜欢光顾的地方,因为除了清莹的美酒,还有容貌如花的胡姬,人们可以一边饮酒,一边听乐,一边观舞。这种众美俱集的饮乐场面,是极富有时代特征的美好生活实景。它简直可以像插图一样,为唐代史书补充城市生活的形象画面,并使后世读者有如身历其境一般。

其次,是富有诗意的心理感受。

唐以前人写饮酒之乐,多数尚未进入表现心理感受的层次。陶渊明是一个例外,但陶诗中的饮乐仅限于悠然闲适一种情调,未免单一而且清冷。刘宋时,鲍照写了不少抒情的饮酒诗,但基调是"人生苦多欢乐少",只能使人感到压抑。到了盛唐,诗人们沉浸在诗意浓郁的现实生活中,饮乐心理为之大变。在李白诗中,首先是饮乐的基调变为情绪畅朗,胸臆宽舒。如《客中作》:

兰陵美酒郁金香,玉碗盛来琥珀光。
但使主人能醉客,不知何处是他乡。

又如《金陵酒肆留别》:

风吹柳花满店香,吴姬压酒唤客尝。
金陵子弟来相送,欲行不行各尽觞。
请君试问东流水,别意与之谁短长?

乡愁和别绪,原是古代文人最敏感的两种情结。但在李白的饮酒诗中,前者化为乌有，后者也变得那样轻淡，成了青年人发泄意气的陪衬而已。

同一基调下，随着具体饮乐环境的变化，饮乐心理又呈现多样性，传达了层出不穷的美感。比如同季节的饮乐，就有不同的精神感受，而李白最倾心的是春日饮乐：

闻道春还未相识，走傍寒梅访消息。
昨夜东风入武昌，陌头杨柳黄金色。
碧水浩浩云茫茫，美人不来空断肠[4]。
预拂青山一片石，与君连日醉壶觞。

（《早春寄王汉阳》）

敏感的诗人，好像是人间接收到春的信息的第一人。他对春日饮乐的期待中，包含着多少憧憬和喜悦！

玉壶系青丝，沽酒来何迟？山花向我笑，正好衔杯时。晚酌东窗下，流莺复在兹。春风与醉客，今日乃相宜。

（《待酒不至》）

诗中写了一种将全身心陶醉在春日饮乐中的体验，那是一种无与伦比的快意与舒适。

两人对酌山花开，一杯一杯复一杯。
我醉欲眠卿且去，明朝有意抱琴来。

（《山中与幽人对酌》）

春日山中对酌，无拘无束，潇洒舒脱，尽兴而饮，兴尽即罢。诗的第三句从陶渊明事化出[5]，但诗中那种欢饮的兴头却与陶渊明饮酒诗的恬淡闲适迥异其趣。

南湖秋水夜无烟，耐可乘流直上天？
且就洞庭赊月色，将船买酒白云边。

（《陪族叔晔及贾舍人至游洞庭》其二）

秋夜，在洞庭湖上乘月载酒泛舟，诗人似乎进入人间天上之境，光明澄澈，邈远空灵，人的精神遂在飞升中得到净化。

披君貂襜褕，对君白玉壶。
雪花酒上灭，顿觉夜寒无。……

（《秋浦清溪雪夜对酒》）

这几句诗使人联想到白居易描写冬夜小酌的《问刘十九》，酒给人以传遍周身，以至透入心间的温暖。

李白所抒发的这些饮乐的心理感受，是酒对人的精神愉悦效应的诗化表现。它的诗料，事实上并非诗人李白所独有，而是存在于人们日常的饮乐生活中。那些饮乐场景及饮乐心理，普通社会成员在其饮乐实践中曾有过各自不同方式、不同程度的经历和体验。在这个意义上说，李白的日常饮乐有别于陶潜式的非常诗人化的饮乐，它在本质上乃是平民化的、大众化的——正因为如此，李白才能与一个善酿酒的老头结下极其深厚的友谊，并曾写诗痛悼他的死[6]。在先唐，这种饮乐没有成为诗的题材，其中蕴藏着的美也未被有意开发。只有到了盛唐诗人、尤其是李白手中，一方面，如林庚先生所说，他们“把酒就写在诗句之中，融会成为具体的表现”，另一方面，日常饮乐生活中平凡的、原始形态的美被凝聚了、提纯了、升华了。经过诗人的艺术酿造，我们品尝到的是诗中之酒，酒中之诗，是诗与酒共生的美的精品。

再次，是富有诗意的人生思考。

这里必须涉及“及时行乐”这个关于人生的古老话题。《古诗十九首》是一种人生观的代表，汉末的无名诗人这样咏叹：“青青陵上柏，磊磊涧中石。人生天地间，忽如远行客。斗酒相娱乐，聊厚不为薄。”“生年不满百，常怀千岁忧。昼短苦夜长，何不秉烛游。为乐当及时，何能待来兹?”梁启超指出：“从内容实质上研究十九首，则厌世思想之浓厚——现世享乐主义之讴歌，最为其特色。”(《中国之美文及其历史》)十九首的调子是悲观的，它引导人们及时行乐，是因为看到死的威胁就在前头，因而这种享乐总是与“千岁忧”相伴随，使人感到沉重的压抑。这种人生观是消极颓废、暗淡无光的。汉末文人的这种饮乐心态固然是其时代的产物，但在后世仍绵延不绝，以至千余年后，在现时代的现实生活中，这种以醉生梦死的“及时行乐”为极端特征的世俗酒文化仍以其颓废性侵蚀着一些社会成员的灵魂。李白的饮酒诗中虽然也吟唱过“及时行乐”这个悠久而时行的主题，但其总体倾向却绝不颓废。他在饮乐之际，曾以深邃的思考探索人生的哲理，探索的结论就在《把酒问月》这首诗中：

青天有月来几时？我今停杯一问之。
人攀明月不可得，月行却与人相随。
皎如飞镜临丹阙，绿烟灭尽清辉发。
但见宵从海上来，宁知晓向云间没。
白兔捣药秋复春，嫦娥孤栖与谁邻?
今人不见古时月，今月曾经照古人。
古人今人若流水，共看明月皆如此。
唯愿当歌对酒时，月光长照金樽里。

这首诗，很容易教人上下联想起张若虚的《春江花月夜》和苏轼中秋怀子由的《水调歌头》(甚至一些字句都相似),它从张若虚那里接过了“人生代代无穷已,江月年年只相似”这种“复绝的宇宙意识”(闻一多语,见《宫体诗的自赎》),又启发了苏轼对月把酒问天时发出的“但愿人长久,千里共婵娟”那种对人生的切实而乐观的期望。在李白诗中,我们看到的是两者的完美融合:诗人纵观时光流逝的长河,清醒地认识到宇宙永恒、人事代谢的规律,从而真切地意识到自身生命的现实存在,备加感到人生的珍贵。在人生有限这一不可变易的事实面前,他丝毫没有畏惧或颓唐,而是带着从容的微笑,迎接不断到来、又不断逝去的岁月;他满怀深情地憧憬,当自己生活在这美好的世界上“当歌对酒时”,月亮的清辉能够长照手中的金樽。明月和美酒,在诗中都是美好人生的象征。这是一曲深沉的生命的恋歌,它的主题是赞叹有限人生的美好,而不是哀叹有限人生的无常。它显示了盛唐时代知识分子在摆脱了因袭的精神负担后,把握自我命运的空前自觉性和充分自信心。

要之,李白描写日常饮乐生活的诗歌的价值,在于它反映了盛唐时代人们高涨的生活热情、健康的生活欲望、美好的生活情趣和积极的人生态度。它一方面摒弃了世俗饮乐的庸俗性和颓废性,另一方面,从日常饮乐中提炼了丰富的诗意,把它引向了高雅的审美境界。它来自世俗,又超越了世俗。这正是“太白遗风”获得古今人们普遍欣赏与认同的基础。

我们之所以要把李白的饮乐问题放在突出的位置上加以论述,是为了纠正其来甚久的一种偏见。早在唐人范传正的《唐左拾遗翰林学士李公新墓碑序》[7]中就定下了这样的调子:“饮酒非嗜其酣乐,取其昏以自富。”范传正的话,无疑揭示了李白饮酒行为某一方面的本质(下文将论及于此),但是,李白的饮酒果真没有“嗜其酣乐”的一面吗?李白集中分明有那么多仅只抒写饮酒之乐而未见其他寓意的诗,对这些诗该如何看待呢?推想范氏的用心,或许是有意引导人们从更高品位上认识李白的饮酒,因而过分强调了“取其昏以自富”的一面,但是,并不能排除他是从儒家传统观念出发,就李白的嗜酒曲为之辩——这种观念往往谈酒色变,并成为一些批评李白的依据,如宋人王安石说李白诗“十首九说妇人与酒”[8],罗大经说李白“作为歌诗,不过豪侠使气,狂醉于花月之间耳”[9]。影响及于后世,尽管在实际生活中不曾有人对招引人们一享饮酒之乐的“太白遗风”有所非议,但在正式评价李白时,人们却有意或无意地不去正视他的饮乐问题,似乎肯定了李白的饮乐,就堕入了“及时行乐”的颓废中。然而既然饮乐行为、饮乐心理就存在于自古及今的社会现实生活中,我们为什么不能从如此习见而浅近的事实出发,在评价李白的饮乐时抛开那种多余的小心翼翼,而在最基本的意义上承认它的价值呢?此无他,肯定李白的饮乐,不过是肯定着现实生活本身罢了。

三

饮酒之乐和人生享受的满足固然是“太白遗风”最基本、最凡近的第一重意义,但是,“酒仙”李白的独特个性和“太白遗风”的卓异品格并不表现在这层意义上。事实上,“太白遗风”不仅能在人们心中唤起饮酒的愉悦感,而且人们在仰望这面酒旗时,总是觉得李白的饮酒具有一种超乎寻常的、不可企及的格调,从而产生崇敬、叹美之情。当此之际,人们为之倾倒的一个重要方面,便是李白的“斗酒诗百篇”。这就要从人生“发展”的意义上来讨论“太白遗风”了。

“李白一斗诗百篇”,是杜甫在《饮中八仙歌》中发出的赞美,千百年来盛传人口。对于李白在醉酒中奇迹般地发挥其智慧才能的现象,还有诸多记载。李白的友人魏颢在《李翰林集序》中记述:“上皇豫游,召白,白时为贵门邀饮,比至,半醉,令制出师诏,不草而成。”李白的同时代人任华在《杂言寄李白》诗中赞赏道:“或醉中操纸,或兴来走笔。手下忽然片云飞,眼前划见孤峰出。”晚唐文学家皮日休在《七爱诗·李翰林》中赞曰:“醉中草乐府,十幅笔一息。”五代王仁裕《开元天宝遗事》卷下载:“李白嗜酒不拘小节,然沉酣中所撰文章,未尝错误。而与不醉之人相对议事,皆不出太白所见。时人号为‘醉圣’。”宋人乐史《李翰林别集序》记述了李白醉中奉诏,撰成《清平调词》三章的美谈。明人的拟话本小说中则有《李谪仙醉草吓蛮书》的故事(见《警世通言》)。这些记述,除了夸张李白的超人才智外,值得认真探究的,是李白的醉中为诗。

披检李白集,仅从题目看,醉中之作即屡见不鲜,如《醉后赠王历阳》《对雪醉后赠王历阳》《宣城九日醉后寄崔侍御二首》《洞庭醉后送吕使君》《玩月金陵城西乘醉访崔四侍御》《醉后答丁十八》《陪侍郎叔游洞庭醉后三首》《铜官山醉后绝句》《对酒醉题屈突明府厅》《醉题王汉阳厅》等。至于题中虽未标出“醉”字,篇中却明显呈现醉意的诗就更多了。对于这些诗的内容,本文不拟作一般性评论,这里要说的只是醉中为诗这种奇特现象本身。

范传正《李公新墓碑铭》有云:“晦以曲糵,畅于文篇。万象奔走乎笔端,万虑泯灭乎樽前。”寥寥数语,道出了个中三昧:李白何以在醉中诗思最畅?这是酒的兴奋效应在发挥作用。在酒的刺激下,诗人精神处于高度亢奋状态,一方面,平日困扰人的各种世俗虑念和现实利害关系都被淡化或忘却,思维活动的理性制约明显松弛,一吐胸襟的发泄激情不可遏止,此即“万虑泯灭乎樽前”;另一方面,人的主观精神扩张开来,想象力变得异常活跃,通常心态下不可能出现的种种奇妙形象(甚至是幻象)联翩而至,此即“万象奔走乎笔端”。诗的本质,正是凭借激情和想象的艺术创造。从这个意义上说,酒醉未尝不是诗歌创作的特殊契机[10]。当然,酒醉并不是人的意识的彻底丧失,诗人平日的注意焦点和艺术思维惯性仍在暗中起着作用,所以,当他的想象展开时,并不是处于全然失控的紊乱状态,而是有一定方向和轨迹的,即这种想象仍属心理学上的有意想象。正因为如此,诗人醉中为诗,才能在其精神凝聚的某一点上充分施展想象力的作用,造成奇妙的诗境。在李白笔下,这种诗境又总是呈现着壮浪纵恣的豪迈气象,这是酒的兴奋效应与诗人的豪放性格相互鼓动、相互融合的结果。奇妙的想象与豪迈的格调构成了李白醉中之作的基本特色。此处既然不讨论诗的内容,我们便仅举其表现醉态心理的一些诗句为例:

我爱铜官乐,千年未拟还。要须回舞袖,拂尽五松山。

(《铜官山醉后绝句》)

……遥看汉水鸭头绿,恰似葡萄初酦醅。此江若变作春酒,垒曲便筑糟丘台。

(《襄阳歌》)

刬却君山好,平铺湘水流。巴陵无限酒,醉杀洞庭秋。

(《陪侍郎叔游洞庭醉后》其二)

豪气横溢,妙想无端。不可思议,又不可效仿。这样的诗,恐怕连诗人自己在酒的兴奋作用解除后都不可重复为之。诗仙兼酒仙的李白,恰在此时把他的艺术才能发挥到一种绝妙的境地。当人们看到酒这种享受之物在李白那里竟成了艺术创造的动力,并且想象李白举杯朗吟、妙语泉涌的情景时,“太白遗风”就宛在眼前了——如今,人们经常看到的工艺品李白饮酒造像,大约都是这种风神的写照。

如果说醉中为诗非李白莫办,那以酒的兴奋效应来鼓舞人们在广泛的社会事业中的进取精神,则是比较具有普遍意义和可效仿性了。这是我们在人生“发展”意义上讨论“太白遗风”的第二个问题。

李白一生的事业有二:一为为诗,一为从政。与其为诗的光昌流丽相反,李白从政的道路充满了艰难曲折。“奋其智能,愿为辅弼”是他终生的追求,在这个漫长的追求过程中,他经历了一次次希望的幻灭,遭受过一次次沉重的打击。在命运面前,李白产生过痛苦,也有过消极和悲观。但他又总是能从痛苦和悲观中解脱出来,重整旗鼓,继续奋力前行。这种不屈不挠的奋斗过程,始终与他的痛饮狂歌相伴随。我们当然不能把李白的精神力量源泉归结为酒,但酒作为一种兴奋剂,曾经在某些重要时刻对李白产生过精神鼓舞作用,却也是不容怀疑的事实。比如：

青年时代，李白"一入长安"进行干谒活动，失意后浮黄河而去，曾在梁、宋一带盘桓，其时作有《梁园吟》。诗中写到他的豪饮：

人生达命岂暇愁？且饮美酒登高楼。
平头奴子摇大扇，五月不热疑清秋。
玉盘杨梅为君设，吴盐如花皎白雪。
持盐把酒但饮之，莫学夷齐事高洁。

接下去，他发了一通思古之幽情，感慨万端，以至于"沉吟此事泪满衣，黄金买醉未能归"。然而，就在此刻，就在诗人"连呼五白行六博，分曹赌酒酣驰晖"的时候，他忽然振作起来，在诗的结尾朗声高唱：

歌且谣，意方远。东山高卧时起来。
欲济苍生未应晚！

这不是酒的神妙力量在李白身上一时间发挥了作用吗？同期所作《行路难》（金樽清酒斗十千），亦可作如是观。尽管诗人先曾痛愤地悲吟："停杯投箸不能食，拔剑四顾心茫然。"但当诗末瞻望前景，向往着"长风破浪会有时，直挂云帆济沧海"时，恐怕也是醉后某种光明的幻觉重新鼓起了他前进的勇气。

李白一生最大的厄运，是在"安史之乱"中因从璘事被肃宗朝廷判流夜郎。乾元二年(759)春，被赦放还。这年夏天，在江夏，李白写有《自汉阳病酒归寄王明府》一诗：

去岁左迁夜郎道，琉璃砚水长枯槁。
今年敕放巫山阳，蛟龙笔翰生辉光。
圣主还听子虚赋，相如却欲论文章。
愿扫鹦鹉洲，与君醉百场。
啸起白云飞七泽，歌吟渌水动三湘。
莫惜连船沽美酒，千金一掷买春芳。

这是59岁的诗人在他刚刚经历了一场人生大难后，所发出的醉酒豪歌。从政的幻想、创作的激情，与酒的渴望一起燃烧起来，青春在诗人身上全面复活了。酒的力量，使诗人在艺术创造和从政理想两条道路上的"发展"同时到达了瞬间的顶点。如果讲酒对人生的鼓舞作用的话，这算是一个极生动的例证。

我们在这一节讨论酒与人生"发展"意义的关系时，酒的一面在李白处处表现为豪饮，豪饮是"太白遗风"的一大特色。豪的尺度和标志，绝不仅仅指饮酒超过常量（这一点连世俗的酒徒们都能做到），而主要是伴随着饮酒的豪情抒发。李白的豪情乃是一种创造与进取的热情。李白的豪饮一方面冲破了矜持守度的儒家酒文化的规范,使之黯然失色;另一方面,又超越了平庸鄙俗的世俗酒文化的格调,使之自惭形秽。这是“太白遗风”一种令人起敬的风范和品格,人们从中既可体会到无与伦比的精神美感,又可获得促人奋进的精神力量。

四

主要通过民间流传的方式得以普及、历来被世人津津乐道的“太白遗风”的又一出色表演,是李白醉中使力士脱靴、贵妃捧砚的故事。人们为之倾倒的,是李白醉中在权贵面前表现的那种桀骜不驯、喜怒由之、无所顾忌、恣意发泄,以至于叱咤凌厉、蔑视一切的风度气派。其特点是狂放。苏轼在《李太白碑阴记》中论及李白的狂,以为“士以气为主”,赞许李白使高力士脱靴殿上“固已气盖天下矣”。苏轼所谓的“气”,其实就是人的独特个性。李白所追求的,乃是个性的充分发展;而其个性又是在追求人生价值的过程中得到最充分的体现。

李白最显著的个性特征是爱好天然,崇尚本真,反对伪饰,不堪羁束。其精髓是一个“真”字。这种真性情无所不在。以酒论,李白嗜酒,就旗鼓堂堂地发表他的饮酒宣言:

> 天若不爱酒,酒星不在天。地若不爱酒,地应无酒泉。天地既爱酒,饮酒不愧天。……
>
> (《月下独酌》其二)

酒的冲动到来时,他急不可耐,如饥似渴,趋之唯恐不及:

> ……月色醉远客,山花开欲燃。春风狂杀人,一日剧三年。乘兴嫌太迟,焚却子猷船。梦见五柳枝,已堪挂马鞭。何日到彭泽?狂歌陶令前。
>
> (《寄韦南陵冰》)

酒醉时他憨态可掬,令人忍俊不禁:

> ……餐霞楼上动仙乐,嘈然宛似鸾凤鸣。袖长管催欲轻举,汉东太守醉起舞。手持锦袍覆我身,我醉横眠枕其股。
>
> (《忆旧游寄谯郡元参军》)

有时,他还余意不尽地回味醉中情景:

> 昨日东楼醉,还应倒接䍦。阿谁扶上马?不省下楼时。
>
> (《鲁中都东楼醉起作》)

凡此种种,都很狂放,然而又都是一片天然真情的流淌,充满难言的妙趣。在很大程度上,狂放可视为嗜酒者的普遍性格,但若失其真,狂就别是一番滋味了。魏晋之际的阮籍、刘伶,也以饮酒的狂放名世。阮籍曾醉眠于邻家当垆少妇的侧旁；刘伶醉后裸形屋中，说天地是他的屋子，屋子是他的裤子，并讥笑别人进入他的裤中。此辈狂则狂矣，但是故作狂态，其人为的表演实无美感可言。当然，他们是有苦衷的。魏晋之世，天下多故，这些文士们对人生失去了希望，为了保全自身，所以佯狂以避世。他们的个性被扭曲了。李白生逢盛唐之世，比阮籍、刘伶们幸运得多。如果李白对人生价值没有太高要求的话，他本来可以在一片自由的天地里无限制地发展自己的天然本性，如他在《金陵凤凰台置酒》诗中所咏叹的：“明君越羲轩，天老坐三台。豪士无所用，弹弦醉金罍。东风吹山花，安可不尽杯？”但是，李白并不满足于此。生逢盛世，他别有一番宏图，即济苍生、安社稷、建功业、报明主。这是中国古代知识分子传统的人生价值观念。当李白带着天然直率的个性去实践他的人生价值观时，两者之间先天的排拒性就异常尖锐地表现了出来：封建社会里，你要建功立业，就得依附于朝廷和权贵，就得委屈自己，把个性消融到世俗的共性之中；反之，你如果不肯放弃个性，改变自我，就注定要在现实的权力场中碰得头破血流。中年时代的奉诏入京，就使李白经历了这样一场人生戏剧。他做了有“内相”之称的翰林学士，这无疑是实现其人生价值的千载难逢的机会。但是，偏偏在这机会面前，李白的任真的个性不合时宜地膨胀起来，使其个性在与现实的碰撞中迸射了异样的光彩。而其个性的每一闪光，差不多都与酒相伴随。

他喜欢自由自在，不愿被人约束，而翰林学士的身份却是必须尽心尽力、随叫随到（此之谓“待诏”）地为皇帝服务。当他感到不堪驱使时，就有了杜甫《饮中八仙歌》中所赞美的那种狂放行为：“李白一斗诗百篇，长安市上酒家眠。天子呼来不上船，自称臣是酒中仙。”

他生性高傲，不肯屈己以从人。而朝中以高力士为代表的权贵正是被人逢迎惯了的。于是，李白有意在沉醉殿上引足令高力士脱靴，恶作剧式地惩罚了这位不可一世的大人物，从而使自己的个性得到极大的展现。

当他因遭谗言而被朝廷疏远，感到从政的理想已无法实现时，便不愿留在翰林院中继续委屈自己，“乃浪迹纵酒，以自昏秽；咏歌之际，屡称东山”（李阳冰《草堂集序》）。

范传正《李公新墓碑序》还讲到李白终于被放还山的一个重要原因：“或虑乘醉出入省中，不能不言温室树。”即怕他酒后泄露宫廷机密。保守机密，必须言语谨慎，这也为李白生性所不堪。

待诏翰林这段经历促成了李白精神的全面升华。在十分不利于人的个性发展的环境中，李白在艰难地追求人生价值的同时，顽强地坚持了个性的独立与发展。醉酒作为李白显示其个性的一种特殊方式，也由此进入更高的层次，具备了可贵的民主精神,即对抗权势、坚守自我的精神。

中国的平民百姓,一向对权势怀着敬畏心理,但在潜意识中又极愿意让权势受到某种挑战和报复。李白在酒的力量的鼓舞下,光荣地担当了这个挑战者的角色。李白有诗云:“黄金白璧买歌笑,一醉累月轻王侯。”(《忆旧游寄谯郡元参军》)对于这样的醉酒,人们会感到快意,并生出由衷的钦佩。

中国历代的知识分子,内心都怀有功名之望,但其有节概者又不愿为此付出从精神上牺牲自我的代价。李白在醉中正体现了这种美德,这无异于给历代文人树立了一个榜样。李白又有诗云:“常时饮酒逐风景,壮心遂与功名疏。”(《赠从弟南平太守之遥》)坚守自我与追求功名两者不可得兼时,李白对酒的选择也极值得称赏。

尤其重要的是,当李白举着被后世称为“太白遗风”的那面旗子在精神领域中激扬自己的个性时,他的对手是权势操持者和功名予夺者的最高代表。所以,李白就是最大的胜利者,他足以令后世作为一种精神偶像来崇拜,“太白遗风”也就因此而不朽了。

上述这一切,都是从精神效果上来区分胜负的,事实上,李白是现实斗争中的失败者,因为他理想中的人生价值终于遭到了毁灭。因此,他不能没有痛苦、没有愁愤。为了排解痛苦、发泄郁愤,他还得回到非现实的精神领域中去,而他的精神常规武器也还是酒,酒的遣愁效应在这里派上了用场,即范传正所说的“饮酒非嗜其酣乐,取其昏以自富”。昏以自富,就是在酒的沉醉中求得精神的解脱和满足。

以酒遣愁,本是一种世俗行为。现实中的失意者,不少人往往转向酒中寻找精神寄托。然而,到头来却有人在酒中更加沉沦下去,以至于走向彻底的消极和毁灭。古今这些沉沦者的悲剧,在于他们是精神实质上的弱者。李白始终是精神世界中的强者。他以酒遣愁,绝不颓废,并且仍然不失其性情之真,自由挥洒,尽情发泄,表现出非凡的气度和力量。

李白以酒遣愁,往往出现两种极端境界:

一种是遣愁效应极佳的境界。李白有他的体会:“穷愁千万端,美酒三百杯。愁多酒虽少,酒尽愁不来。所以知酒圣,酒酣心自开。”(《月下独酌》其四)人们熟悉的《月下独酌》其一(花间一壶酒)就是这种境界的典型。这首诗本是遣愁之作,但愁却无影无踪,只剩了一片美妙的诗情。深谙其味者,如《唐诗三百首》的编者蘅塘退士说:“题本独酌,诗偏幻出三人,月影伴说,反复推勘,愈形其独。”这是研究家的眼光。《唐诗别裁》的编者沈德潜却说它“脱口而出,纯乎天籁”。这是鉴赏家的感受。多数读者也会被直觉瞒过,陶醉在诗的美好意境中。这首诗的格调潇洒旷达,天真烂漫。形成这种动人格调的深层因素,则是诗人以酒遣愁时那种积极自拔的强者精神。有了这种精神,酒才能为人所用,而不致使人在酒中沉沦。

但是,"花间一壶酒"这种境界毕竟不可常得。这是李白的愁过于深重的缘故。愁的分量,与人生的期望值以及在向这个期望值攀登时曾经到达的高度成正比。李白既然怀抱那样的理想,又有那样的经历,他的愁就必定如"白发三千丈"一样长、一样盛。在李白的饮酒诗中,明显见出郁愁愤懑的竟有大半,这可以说都是以酒遣愁而不能奏效的产物。以酒遣愁一旦不果,则无异于火上浇油,就会产生负效应,即所谓"抽刀断水水更流,举杯消愁愁更愁"(《陪侍御叔华登楼歌》)。愁绪既然排遣不得,与其窝窝囊囊地把它埋在心底,何如任其痛痛快快地宣泄出来!这才是李白的真性情。以酒遣愁由此出现另一种极端境界,一种以酒泻愁、郁愁怨愤猛烈喷发的狂烈境界。李白的饮酒,再度表现为狂放。这不是上文论及饮酒时那种如同溪流在山野间自由奔泻的狂放,而是如同江河在险滩上盘涡毂转的狂放,其特点,是充满不平和反抗情绪,挟带着诗人巨大的感情力量。"烈士击玉壶,壮心惜暮年。三杯拂剑舞秋月,忽然高咏涕泗涟。……西施宜笑复宜颦,丑女效之徒累身。君王虽爱蛾眉好,无奈宫中妒杀人!"(《玉壶吟》)诗人总是这样以狂饮冲开感情的闸门,引出一番愤怒的倾诉。愤怒达于极点时,甚至表现为破坏欲。如晚年所作的《江夏赠韦南陵冰》(此期,李白刚刚遇赦时的喜悦已经冷却,对朝廷的幻想再次破灭),诗中写道:"人闷还心闷,苦辛长苦辛。愁来饮酒二千石,寒灰重暖生阳春。"以酒遣愁,似有效果;继而急转直下,情绪划然激昂,诗末竟发为狂呼:"我且为君捶碎黄鹤楼,君亦为吾倒却鹦鹉洲。赤壁争雄如梦里,且须歌舞宽离忧。"骨鲠在喉,郁闷在胸,不吐终为不快,一伏一起间,更增加了感情的烈度,遂发为破坏性的狂飙。

然而有时愁却敛迹了,愤懑也消散了,诗中只剩了狂饮的讴歌,大气磅礴,豪情纵横。这或许是以酒泻愁的最高表现形态,它见于李白的名篇《将进酒》。"君不见黄河之水天上来,奔流到海不复回!"诗的开篇竟成了表现黄河伟大形象的千古绝唱,并且获得独立的生命,千百年来被人们赞美高歌,这真是诗歌创作的奇迹。在我看来,这绝不仅仅是以黄河奔流不返比喻人生岁月的流逝,而且是以天地间最壮伟的形象来显现一种非凡的气势和力量。这种气势和力量充盈于全诗。举凡"人生得意须尽欢,莫使金樽空对月"的狂饮哲学,"烹羊宰牛且为乐,会须一饮三百杯"的狂饮欲望,以及"古来圣贤皆寂寞,唯有饮者留其名"的偏激和"五花马,千金裘,呼儿将出换美酒"的放浪,处处皆是生命力的奔涌,处处表现着主宰者的骄傲。这首诗几乎没有起伏,通篇都是高潮,直至诗末“与尔同销万古愁”的浩叹,仍如黄钟大吕,震人心魄。这是真正的强者之愁,警顽立懦,惊世骇俗。饮酒境界至此,真可谓空前而绝后了。

以酒遣愁和以酒泻愁(后者是前者的特殊形式),都是人生“发展”需求遭受挫折时的心理补偿。这种行为在古代文人中最为习见,而被李白发展到极致。随着社会生活的进步,它的实践意义日趋减退,而被更为积极地面对现实和改造现实的行为所代替。但是,“太白遗风”在这方面所显示的那种强大的精神力量,仍足以鼓舞人们的生活勇气。由此而言,它的价值也将是永存的。

从传说中夏禹时代的仪狄造酒起[12],我们民族的酒文化已经有了四千年以上的历史。酒是一种奇妙之物,从上古先民到当今时代建设新生活的人们都需要它、赞美它。诗人郭小川说得好:“斟满酒,高举杯!一杯酒,开心扉;豪情美酒,自古长相随。”(《祝酒歌》)诗人李白是我们民族四千年酒文化的精灵,酒对人的生活的各种积极效用,都在他的饮酒生涯、饮酒歌唱中得到动人的表现,并化作“太白遗风”这面酒旗在人世间飘扬至今。

酒的生命是长久的。可以预言,社会愈发展,人们的物质与精神文明水平愈提高,酒在社会日常生活中的美好作用将得更充分的显示。那么,“太白遗风”这面酒旗也就会长久地飘扬下去。它属于过去,属于现在,也属于未来。

注　释

[1]见《金陵与诸贤送权十一序》(中华书局版《李太白全集》第1264页)。

[2]时下谈论酒文化,是指造酒文化。本文所指的则是饮酒文化。

[3]说详向达《唐代长安与西域文明》第三、四节。

[4]美人,指友人,非谓女性。唐诗中习见词。

[5]《晋书·陶渊明传》:“贵贱造之者,有酒辄设。渊明若先醉,便语客:‘我醉欲眠,卿可去。’”

[6]李白《哭宣城善酿纪叟》:“纪叟黄泉里,还应酿老春。夜台无李白,沽酒与何人?”

[7]范传正是元和十二年(817),即李白死后55年时,主持为李白迁葬者。其《李公新墓碑序》是后世研究李白最权威的资料之一。

[8]《苕溪渔隐丛话》前集卷6引《钟山语录》。

[9]《鹤林玉露》卷6。

[10]酒醉也会成为以形象思维和感情作用为特征的其他门类艺术(如书法)创作的特殊契机。杜甫《饮中八仙歌》:“张旭三杯草圣传,脱帽露顶王公前,挥毫落纸如云烟。”李白《草书歌行》:“吾师(怀素)醉后倚绳床,须臾扫尽数千张。飘风骤雨惊飒飒,落花飞雪何茫茫。……”

[11]李白醉中令高力士脱靴事,首见于唐·李肇《国史补》卷上;两《唐书》本传亦载其事。贵妃捧砚事,今不见于唐人记载。唐·李(韦)濬《松窗杂录》记有杨贵妃为李白持玻璃七宝杯酌酒事,五代·王仁裕《开元天宝遗事》卷下记有玄宗命宫嫔为李白呵冻笔事。贵妃捧砚故事或由此演化而成。后世诗文中则往往将力士脱靴、贵妃捧砚并提,如明·方孝孺《吊李白》:“脱靴力士只羞颜,捧砚杨妃劳玉指。”明·王叔承《采石矶吊李白》:“幸臣脱靴紫貂耻,贵妃捧砚青娥怜。”

[12]《初学记》卷26引《世本》:“仪狄始作酒醪,变五味。”

李白与中国传统文化

葛景春

现实和传统,是影响人们思想的两大因素。现实是思想的土壤,传统是思想之根。因此,要想透彻了解一个人的思想,除了研究生长他的思想的土壤之外,还要深入地探讨他的思想之根。

中国的传统思想文化就是每个中国人的思想之根。中国传统文化是多根文化,而不是独根文化。也就是说,中国传统文化的成分,不是一元的单一文化,而是多元的合成文化。中国传统文化中学派纷呈,每一个学派都是以自己的独特的视角来审视宇宙和人生。从先秦的儒、道、墨、名、法、纵横、阴阳、兵、杂等诸子百家,到秦汉以后的儒教、道教、佛教、玄学等,他们之间既互相矛盾对立,又互相融合补充。他们盘根错节,合成一体,组成了中国传统文化之树。其中每一派学说,既有其优点,也有其缺点,没有一个学派的学说是完美无缺的。他们所认识的只是部分真理。他们都有所见,也都有所蔽,其学说中既有真理,也有谬误,即既有精华,也有糟粕,真理和偏见往往相互扭结杂陈。也可以说,每一个学派在其优点中蕴含着其缺点,在其偏见中包含有真知灼见。哪一个学派都不能穷尽真理,真理只在各派学说之中。

中国传统思想文化虽然流派众多,学说各异,但按其倾向来看,基本上是两大派别,其代表是儒家和道家。这是中国传统文化的两大根系。而其他各家都是可以分别隶属这两大学派或界于两者之间的。可以说,中国传统文化的基本结构,就是儒、道的对立和互补。

儒家的着眼点在于社会秩序和人际关系,强调人伦、道德、宗法等级制度的稳定,人与人关系的和谐,即着重于人的群体价值;而道家的着眼点却在于人的个体精神自由,人与自然宇宙之间的关系,强调个人的独立人格,人性与礼教的对立及人与自然的和谐;儒家对现实人生持积极的入世态度,对现实的社会秩序持肯定维护态度,强调中庸和谐,表现出社会的亲和力;而道家对现实人生持超然的出世态度,对现实的社会秩序持否定态度,它愤世嫉俗,表现出对现实强烈的批判性。儒、道对社会与人生各有自己的侧重面,他们之间的关系是互相对立的,又是互补的。而出世与入世,个人与社会,个体与群体之间的关系,是摆在中国士人面前的不可回避的重要问题。

由于儒家是关于确立宗法制度,规定人伦道德礼法秩序的治世学说,因此被统治者拿来当做维系其统治地位的思想统治工具,具有群体秩序的强制性,从而被当做官方的正统思想对社会加以灌输;而以道家为代表的出世学说,因具有个体精神自由对群体规范的超越性,与儒家的人伦道德世俗礼教常常发生冲突,因此常为统治者视为不利于他们统治的非正统或异端思想而加以排斥、压抑和打击。所以儒、道二者的矛盾和冲突,也常常具有正统与非正统、礼教与人性、群体秩序与个体自由、压抑与反压抑、统治者与被统治者的斗争性质。这是儒、道二者矛盾的一面。而二者都是封建社会的产物,其矛盾超不出封建社会体制的内部结构,而二者毕竟是共处于一体之中,在相互斗争的过程中,还各将对方之所长,来补己之所短,以调剂、平衡倾斜的社会心理。从以上来看,儒、道(还有从属于这两派的其他各学派)的对立互补,属于中国传统哲学阴阳二元对立统一的体系,构成了一个循环自足系统,形成了中华民族稳固的文化心理结构。这个儒道对立互补的民族文化心理结构,在中国漫长的封建社会中以至于今日,仍在影响着每一个中国人。研究中国人,尤其是封建时代的历史人物的思想,不但要研究他与当时的历史环境和时代思潮的关系,还应考虑到他与中国传统文化、民族的文化心理结构的深层渊源关系。人既是现实的人,又是历史的人。他是现实的体现者,又是历史的承担者。

研究李白的思想,当然也是如此。他的思想是时代、历史与他本人个性的统一。研究李白,我们不但要研究他的家庭、身世、经历、周围生活环境与时代思潮等现实生活因素,同时还要探讨他所学习、接受的中国传统文化的教育、民族文化心理积淀的传统因素对他个性的影响与深层联系。他既从现实生活中,又从历史传统中汲取精神营养,现实生活是他思想的基础,而中国传统思想文化则是他思想的渊源。要想深入透彻地了解李白,不能不深入探讨他与中国传统文化的深厚渊源关系。

李白思想有个显著特点:杂。这既与盛唐的开放社会、与他复杂的生活经历等现实生活因素有关,又与他好奇务广的性格对流派众多的多元中国传统文化的多样吸收选择有密切关系。盛唐社会是中国封建社会中少有的盛世,不但盛唐前期政治休明、经济繁荣,而且思想文化也空前开放。唐代对儒、道、释三教并用,思想上没有多少禁忌,文化上南北融合,中外交流,文学艺术百花齐放。李白生值开元、天宝盛世,可以说是与盛唐社会共始终。在思想文化领域中,他可以较自由地选择自己的爱好,发挥自己的特长。从他的个人教养和个性来看,他"五岁诵六甲,十岁观百家",自幼熟读诸子百家,常"横经籍书,制作不倦",并且很早就对道教、佛教感兴趣。他性格好奇,性情浪漫,喜游历,好交游,少任侠击剑,学纵横之术,又"混游渔商,隐不绝俗"。他集游侠、诗人、纵横家、羽客、名士于一身的多重身份与广泛接触士农工商、三教九流的复杂的生活阅历,使他眼界开阔,思想开放,冲破了儒家正统思想的束缚,不拘一格地吸收各派的思想文化。因此,他的思想性格才显得复杂多样,他的诗歌内容也显得格外丰富多彩。在他的身上,有着儒家的热情、道家的超旷、纵横家的胆魄、游侠的气质、兵家的奇诡、屈子的执着、佛禅的颖悟、神仙家的浪漫、魏晋名士的风流。尽管他的思想性格如此复杂多样,令人眼花缭乱,但其思想结构仍超不出儒、道对立互补的文化心理结构的框架。其他各种思想都基本上分属儒、道两大派系。总的来说,李白思想是属于儒、道结合,贯通百家开放型的杂家思想体系的。

若对李白思想再做进一步深入探讨的话,便可发现,李白思想有鲜明的倾向性。他对各家思想的吸收都是有明显的选择性和侧重点的。对某一家的思想有取有舍,而不是全盘的否定或吸收。如对儒家,他取其热情进取、追求理想的一面,而舍其独断保守、压抑个性的一面;对道家,他取其达观超旷、追求自由的一面,而舍其无所作为、消极虚无的一面。对其他各家也是如此。他是以自我为主体,以自由理想为主导,以儒道对立互补为构架,吸收游侠、纵横、兵、杂、佛教、玄学有益成分,建构多层面的思想网络。从总的倾向来看,他思想中的正统意识较少,非正统的意识较多;保守意识较少,开放意识较多。他继承了中国传统文化多元竞争、自由创造的优秀传统,而背叛了一教独尊专制独裁的正统,从而显示出了他思想自由开放的理想主义特征。由此可见,在接受传统文化的影响上,一个人既有其被动的一面,也有其主动的一面。其被动的一面,就是说,传统文化中的儒道对立互补的二元结构,是一种民族文化心理结构,人人都得自觉或不自觉地接受它,受它的制约和影响。同时,另一方面,个人也有主动性的一面,就是他可以在这个民族文化心理结构的基础上,在多元的文化中自由选择而有所侧重。前者造成了中国人的民族共性,后者又可以显现各人的个性。因此,从共性的方面来看李白,他的文化心理当然也要受到传统民族文化心理结构的制约,即他的思想也是属于儒、道(汉魏以后的佛教思想基本上是属于道家出世思想类型的,故释可归属于道)对立互补型的,从个性的方面来看,他以自己的兴趣爱好出发,对儒、道、墨、纵横、兵、杂、佛禅、玄学等进行有倾向的猎取选择,其中尤倾向道家的自由精神与儒家的理想主义,这就构成了李白迥异于他人的个人思想特色。

只有搞清了李白的思想,我们才能够更透彻深入地理解李白的诗歌。如李白诗歌内容的丰富多彩,艺术风格的多式多样,就与他融合儒道、贯通百家的复杂思想密切相关;而他诗歌中所洋溢的自由创造精神,热情奔放的情感,纵横驰骋的才思,奇幻多变的意象,自然流利的语言,也与其自由的个性、开放的思想有密切的联系。

文化旋涡中的溺水者

马　力

儒家主导的伦理政治型中国文化,其核心是趋善求治。以伦理道德为最高价值取向,以参与政治为自我实现的唯一途径。大一统后,趋善求治成了为皇权服务的手段。对士子而言,趋善是为了求治,求治就必须趋善。

李白包并战国的独立人格和魏晋的个性解放,兼融盛唐的进取和自信,其自我扩张型的人格显然是趋善的反动。但李白终生执着于政治,以政治抱负的实现为自我实现的必要条件,显然又未能跳出求治的樊笼。这一矛盾注定了他政治上的失败和精神上的苦闷。李白无疑是伦理政治型文化的叛逆者,但也只是不自觉和不彻底的叛逆者。伦理政治文化就像一个巨大的旋涡,三千年只此一人的诗仙虽一度跃出水面,最终仍未摆脱溺水者的命运,这实在是莫大的遗憾和悲哀。而李白的失败和苦闷也表明,伦理政治型中国文化,在其成功顶点的盛唐时代便已难逃最终的结局。

趋善求治的伦理政治型文化,孕育于东周,定型于两汉,成熟于隋唐(科举制的建立是其标志),强化于宋明,衰败于清(表现为一批启蒙思想家的出现)。在其前期,确也起了增进中华民族凝聚力、巩固统一王国的作用。然而就在伦理政治文化竖起牢固的地位并达到成功顶峰的盛唐时代,一位叛逆者横空出世,险些撞破它严密的罗网。

这位叛逆者就是李白。无论从哪一点看,李白强烈的主体意识、自我扩张型的人格,对现实欲望的肯定和感受,都是“趋善”不折不扣的反动。

李白处处以“我”为本位观照世界,一切外在事物,都是为“我”而存在的关系。“他要入京求官,就宣称:‘仰天大笑出门去,我辈岂是蓬蒿人!’政治失意了,就大呼:‘大道如青天,我独不得出!’他要控诉自己的冤屈,就说道:‘我欲攀龙见明主,雷公砰訇震天鼓。'他想念长安,说是'狂风吹我心,西挂咸阳树'。他登上太白峰,说让'太白与我语,为我开天关'。他要求仙,就有'仙人抚我顶,结发受长生'。他要饮酒,就有洛阳董糟丘'为余天津桥南造酒楼'。他悼念宣城善酿纪叟,就问'夜台无李白,沽酒与何人?'鲁仲连、严子陵、诸葛亮、谢安等人的名字,也往往被李白当作第一人称的代用语,让古人完全成为他的化身。"[1]

在李白的个人抒情诗中,一切现实中的伪装都被撕去,他一览无余、毫无顾忌的宣泄令后人得窥其真实的自我。李白那些势如暴风骤雨惊涛骇浪的狂放之作,恰与儒家"温柔敦厚""怒而不怨、哀而不伤"的诗教背道,洋溢着挣脱束缚、抨击昏庸、嘲笑异己、蔑视礼教、冲破罗网的反抗意识和自由精神。读李白的《行路难》《蜀道难》《将进酒》《梁甫吟》《答王十二寒夜独酌有怀》,其郁勃不平之气、长歌当哭之情、辛辣犀利之笔锋、狂傲不羁之呐喊如在目前,如鸣耳际。这便是李白卓尔不群的个性和鲜明的主体意识。李白的山水诗同样充溢着个性色彩。他以"五岳为辞峰、四海作胸臆"[2],无论是崎岖的蜀道、巍峨的泰山、峻奇的太华、秀丽的匡庐,还是壮伟的长江、咆哮的黄河,都成为李白主体化的外化,成为诗人阔大胸襟气魄的寄托。李白其人就像其笔下的黄河长江一样自由纵肆,无拘无束,洋溢着生命的活力和旺盛的创造力。

这种强烈的主体意识必然转化为李白自我扩张型的人格。李白自负、自信、自傲、自夸。他一生以管仲、乐毅、鲁仲连、张良、诸葛亮、谢安等叱咤当世的风云人物为偶像,也时常以这些人物自比。"余亦南阳子,时为梁甫吟"[3],"但用东山谢安石,为君谈笑静胡沙"[4],"张良未逐赤松去,桥边黄石知我心"[5],"齐有倜傥生,鲁连特高妙……吾亦澹荡人,拂衣可同调"[6],他坚信自己将"申管晏之谈,谋帝王之术"[7],哪怕是帝用疏之,长安放还,他仍要"歌且谣、意方远、东山高卧时起来,欲济苍生未应晚"[8]。尽管前途未卜,步履维艰,他还高唱"长风破浪会有时,直挂云帆济沧海"[9]。他"平生傲岸,其志不可测。数十年内为客,未尝一日低颜色"[10]。他总以松柏、鸾凤、香兰、白雪孤高自诩,"耻将鸡并食,长与凤为群。一击九千仞,相期凌紫氛"[11]。他从来不吝自我表现,称自己"名扬宇宙"[12],赞自己"轻财好施""存交重义"[13],夸自己著文迅捷:"请日试万言,倚马可得"[14],自述苏颋赞许他"天才英丽……可以相如比肩也"[15],得意于贺知章"长安一相见,呼我谪仙人"[16],自诩"青莲居士谪仙人,酒肆藏名三十春"[17]。

李白的自我扩张型人格表现在他的日常生活中就是顾忌全无、任意而行,有时甚至带有夸张色彩。他"三百六十日,日日醉如泥"[18],"黄金白璧买歌笑,一醉累月轻王侯”[19]，“天子呼来不上船，自言臣是酒中仙”[20]，“笑尽一杯酒，杀人都市中”[21]。李白极重友情，其赠友诗才情超逸又感人至深，“我寄愁心与明月，随君直到夜郎西”[22]，“月出峨眉照沧海，与人万里长相随”[23]。其待友也是输肝剖胆，惊心动魄，几近传奇，“昔与蜀中友人吴指南同游于楚，指南死于洞庭之上。白禫服恸哭，若丧天伦。炎月伏尸，泣尽而继之以血。行路闻者，悉皆伤心。猛虎前临，坚守不动”[24]。

李白被司马承祯认为有“仙风道骨”，被贺知章呼为“谪仙人”，但李白绝不是不食人间烟火的诗仙。相反，他的一生充满了对现世欲望的肯定和感受。他得意于富贵荣华，“王公大人借颜色，金章紫绶来相趋”[25]，“昔在长安醉花柳，五侯七贵同杯酒”；他纵酒行乐，“百年三万六千日，一日须倾三百杯”[26]，“烹羊宰牛且为乐，会须一饮三百杯”[27]；他观歌携妓，“千金骏马换小妾，笑坐雕鞍歌《落梅》”[28]，“乌啼隐杨花，君醉留妾家”[29]；他同情“感此伤妾心，坐愁红颜老”的思妇[30]；他寄情家庭，“我家寄在沙丘旁，三日不归空断肠”[31]，爱恋子女，“念此失次第，肝肠日忧煎”[32]；他平交王侯，却不傲礼布衣，“田家秋作苦，邻女夜舂寒……令人惭漂母，三谢不能餐”[33]，“桃花潭水深千尺，不及汪伦送我情”[34]；他也求仙学道，“五岳寻仙不辞远，一生好入名山游”[35]；她更钟情现实的美酒，“仙人殊恍惚，未若醉中真”[36]，“圣贤既已饮，何必求神仙”[37]。

这就是奏出了盛唐之音最高潮的李白。他既不纯是外在理想、济人世间救世的终身执着，也不限于内在心灵、思辨、哲理的满足，而是对有血有肉的人间现实的肯定和感受、憧憬和追求。一种丰满的、具有巨大感染力的热情和想象，渗透到李白的人格中，即使是享乐和颓丧，也仍然闪烁着我们民族罕有的完满人性的光芒。

李白的出现绝不是偶然的。考察一下中国历史，我们发现战国、魏晋、隋唐是人格相对独立、个性相对解放、统治相对松弛的时代。战国时代，尊贤重士，得士者倡、失士者亡。士可布衣而至卿相，亦可择君而仕。因此士们表现了很强的主体性，“万事皆备于我”（孟子语）。无论是积极进取的儒家、行侠仗义的墨家、重法尚力的法家、粪土王侯的道家，还是纵横捭阖的纵横家，都声张个人理想、追求自我价值。李白自幼诵六甲、观百家，性格染有浓厚的战国遗风。这表现在他的任侠使气和纵横家风度上，更表现在他一提政治就想起鲁仲连、想起白衣卿相的战国贤士上。

魏晋时代，社会出现了对传统价值即儒家经术名教的怀疑和批判思潮。以玄风形式出现的道家思想，一方面弥补了儒家以名教压抑人的本性，使人拘谨、自守的缺陷；另一方面，以恬淡自然的态度取代了儒家崇尚繁文缛节的习惯。

动荡的政局和频繁的战乱又促使人们及时行乐，放纵欲望。向秀在《难养生论》中说："且生之为乐，以恩爱相连。天理人伦，燕宛娱志，荣华悦志，服飨滋味，以宣至情；纳御声色、以达性气。此天理自然，人之所宜，三王所不宜也。"这是代表性的观点。李白对魏晋玄学、魏晋风度有过极大兴趣，对嵇康、阮籍等人屡表敬仰。李白的崇拜者魏颢在《李翰林集序》中说："议者奈何以白有叔夜之短，傥黄祖过祢，晋帝罪阮，古无其贤。"将李白比做嵇康、祢衡、阮籍。范传正亦以嵇康比李白，"五行之刚气，叔夜心高"[38]。李白的个性解放、追求自由、蔑视礼教，乃至及时行乐、纵酒携妓，无疑是受魏晋风格的深刻濡染。

包并了战国的独立人格和魏晋的个性解放后，李白又兼容了盛唐的自信和进取精神，终于形成了具有现代色彩的人格。从他身上，我们找不到儒家谨小慎微、循规蹈矩的趋善，也找不到释道无念无欲、无为无争的趋善。从任何角度看，他与社会所公认的人格模式都差之千里，是趋善的伦理文化地道的叛逆者。

然而李白终生不能忘情政治。尽管他认同的是先秦儒家的求治，但这同样未脱政治文化的樊笼。李白始终以政治抱负的实现为其自我实现的首要条件，最终只能是趋善求治的伦理政治型文化不彻底的叛逆者。

"莫谓无心恋清景，已将书剑许明时"[39]，早在蜀中时，李白便已怀济世之志。25岁后，他辞亲远游、仗剑去国，遍访诸侯、历抵卿相，隐居学道、任侠交友，采取多种手法培植名声，以图通过名动朝野实现"奋其智能，愿为辅弼，使寰区大定、海县清一"[40]的政治理想。长安三年，他时时提起他要"尽节报明主"[41]，"功成谢人间"[42]。"十载客梁园"时，他"混迹渔商，隐不绝俗"[43]，以图"东山高卧时起来，欲济苍生未应晚"。安史之乱爆发，他加入永王幕府，"齐心戴朝恩，不惜微躯捐。所冀旄头灭，功成追鲁连"[44]。永王败亡，李白身系牢狱，仍说自己"怀经济之策，抗巢由之节，文可以变风俗，学可以究天人"，希望朝廷"得拜一京官"[45]。夜郎释归后，李白"中夜四五叹，常为大国忧"[46]，希望朝廷能够征召他："今圣朝已舍季布，当征贾生。开颜洗目，一见白日。"[47]临终前一年，李白听说李光弼北征，表示"愿雪会稽耻，将期报恩荣"[48]。求治之心，终生未改。

李白为自己设计了一条功成身退的理想之路："事君之道成，荣亲之义毕，然后与陶朱、留侯，浮五湖、戏沧洲。"[49]这条路从一开始就注定了要走入死胡同，最终李白也的确功不成、身也未退。

李白的政治理想带有先秦儒家理想主义色彩，他的理想国是："青衿向训，黄发履礼，耒耜就役，农无游手之夫；杼轴和鸣，机罕频蛾之女。物不知化、陶然如春。权豪锄纵暴之心，黠吏更返淳和之性；行者让于道路，任者并于轻重；扶老携幼、尊尊亲亲。”[50]完全是儒家大同世界的翻版。正基于此，李白才深陷于儒家文化模式的求治牢笼。李白染有浓厚的战国遗风，他的求治方式就是战国式的。他不屑参加科举考试，而是采用纵横家的方法以图一朝而至卿相。崔宗之说他“清谈既抵掌，玄谈又绝倒。分明楚汉事，历历王霸道”[51]，仿佛一个战国人物。更重要的是，李白求治的动机是先秦式的。尽管李白也说了不少尽节报主之类的话，但就像他常将自己称为儒生一样，只不过一种约定俗成的习惯说法而已。李白的潜意识里，皇帝是随时可弃的，皇帝是李白求治的必由之路，因为求治是李白实现自我价值的首要条件。而我们知道大一统之后，求治是巩固皇权的一种外在控制，是皇权本位的。李白的求治是一个时代错位，先秦时代和盛唐时代的错位。

这还不是李白政治悲剧的根本原因。李白个人本位的求治是他反趋善的主体意识和自我扩张型人格的逻辑归宿。本文第一部分已经论述了：大一统的伦理政治型文化中，求治就必须趋善。李白的个性显然是这一文化的异端，因此他一向遭到围攻和谗毁，为世俗所不容。“谤詈忽生，众口攒毁”[52]。“时人见我恒殊调，见余大言皆冷笑”[53]，“大道如青天，我独不得出”，“我本不弃世，世人自弃我”[54]，“世人闻此皆调头，有如东风射马耳”[55]。正统派人物，哪怕是他的好友杜甫都对他的狂放颇有微词：“痛饮狂歌空度日，飞扬跋扈为谁雄。”[56]这样一个人物要成为辅弼之臣，不啻为日出西山。主体性必然产生自由意识和平等意识，这已在李白身上充分体现，他要做不受任何束缚的大鹏，他要平交王侯，他“戏万乘若僚友，视俦列如草芥”[57]，这显然是现存秩序的潜在威胁。李白和时人都未清楚地意识到一点，但封建文化作为一个有机体，却本能地对李白这一异端加以排斥了。

然而李白毕竟是诗仙，不仅司马承祯称其“仙风道骨”，贺知章呼其为“谪仙人”，其“神气高朗，轩轩然若霞举”，居然连皇帝都“不觉忘万乘之尊”[58]，更不用提不远千里，慕名追踪的魏万了。文采风流，纵观汉民族人物之林，周秦以来也只此一人了。盛唐不仅孕育了李白，而且给了他极高的荣誉，令他“名播海内”，“名扬宇宙”，唐玄宗能“降辇步迎”，“御手调羹以饭之”[59]。这一切已经是一个巨大的胜利，是历代积蓄的进步因素的胜利。这是李白的骄傲，更是盛唐时代的骄傲。但李白从未进入过权力的核心，他的命运在辉煌顶峰的同时跌入了深谷。当他命高力士去靴，表现出“戏万乘若僚友”[60]的平交倾向时，专制文化的象征——皇帝潜意识中的不安被触动了，于是玄宗一句“此人固穷相”，棒杀了李白的全部希望。

一切的根源在于，趋善求治的伦理政治文化绝不容忍它的成员不趋善而得治。而李白的悖论则是,既不愿趋善以违本性,又始终钟情于求治。悖论产生的原因是,李白认同于政治是自我实现的唯一途径这一人生导向,但他从未意识到失败的根本所在,也从未试图改变制约那令他不得成功的现存秩序,因而他只是一个伦理政治文化的不彻底的叛逆者。李白的无法解决的悖论置他于两难境地,使他陷入了苦闷的深渊。

为实现政治抱负,李白也曾屈己于人,他称颂过韩朝宗,吹捧过李长史,结交过裴长史,拜谒过玉真公主,巴结过独孤驸马,高攀过李唐皇亲,写过"小臣拜献南山寿,陛下万古垂鸿名"的恭顺之辞,献过"云想衣裳花想容,春风拂槛露华秾"[61]的弄臣之句。但这何尝是李白的本性,在投书韩、李、裴之徒,寄望独孤、玉真之辈时,安知他内心深处不在想"韩信羞将绛灌比,祢衡耻逐屠沽儿"[62],在侍奉玄宗杨妃之畔时,安知他不在慨叹"彷徨庭阙下,叹息光阴逝"[63],安知他不讥讽"殷后乱天纪,楚怀亦已昏"[64]。李白的趋善是有限度的,他的耐心也不能持久。"安能摧眉折腰事权贵,使我不得开心颜"[65],这才是李白的真实内心。

为求得内心的平衡,李白也曾试图忘却济世理想。他求仙,"五岳寻仙不辞远";他学道,在山东接受道箓;他怡情山水,"一生好入名山游";他沉湎于饮酒,"百年三万六千日,一日须饮三百杯"。然而"海客谈瀛洲,烟涛微茫信难求"[66],"但识金马门,谁知蓬莱山"[67],充满现实欲求的李白何曾沉迷仙道。"头陀云日多僧气,山水何曾称人意",又怎能忘情山水。看来只有"呼儿将出换美酒",才能"与尔同销万古愁"[68]了,可是一旦想起自己"黄金散尽交不成,白首为儒身被轻"[69],李白又陷入了"抽刀断水水更流,举杯销愁愁更愁"[70]的更大苦闷。

"大鹏飞兮振八裔,中天摧兮力不济。馀风激兮万世,游扶桑兮挂石袂。后人得之传此,仲尼亡兮谁为出涕!"[71]762 年 11 月,一代天才李白发出最后的慨叹后,溘然而逝。随他而去的,是他的象征和图腾——大鹏。

他终于未能撞破伦理政治文化的罗网。

李白是一个不彻底的叛逆者,这使他成为文化旋涡中的溺水者。那么李白有没有可能成为完全的叛逆者呢? 不可能。悖论是无法解决的,只能推翻。既成模式下求治就必须趋善,要想不趋善而求治则只能推翻封建制度。显然,在封建制度正值发展顶峰的盛唐时代,这是不可能的。李白只能是一个不彻底和不自觉的叛逆者。他的意义在于他具有推翻封建制度的潜在因素,因此历代具有叛逆个性的桀骜不驯之士都十分推崇李白,如明代的方孝孺、杨慎、李贽、徐渭,清代的屈大均、龚自珍等。李白的意义还在于他浓厚的主体意识、自我扩张的现代型人格。这种人格必然导出自由和平等,而自由和平等又是民主和科学的温床。倘使盛唐能进一步让布衣李白实现其济世之志,那唐代历史、中国历史就会逻辑地表现为另一种风貌了。

“海晏天空,万方来同,虽秦皇与汉武兮,复何足以争雄”[72]的百年盛唐,在漫漫的封建长河中,不啻为昙花一现。但这百年辉煌却已为千载后人留下了无尽的自豪。站在时代顶峰的李白,恰如一阵狂飙,随盛唐的光荣相始终,前不见古人,后不见来者,在华夏历史上终成绝响。然而就是这样一位禀八代之精华,承盛世之灵光的天才诗人,也终未摆脱梦魇般的政治文化的桎梏,穷其一生,陷在功成身退的海市蜃楼中不能自拔,终于成为文化旋涡中的溺水者。一代天才李白,凭其文采风流而名扬宇宙,光耀千古,却只能长叹一声“大鹏飞兮振八裔,中天摧兮力不济”而枯槁当年。

这不仅是李白的悲哀,更是我们民族的悲哀、文化的悲哀。

注 释

[1]游国恩等《中国文学史·二》87~88页。

[2]皮日休《七爱诗》。

[3]《留别王司马嵩》。

[4]《永王东巡歌·二》。

[5]《扶风豪士歌》。

[6]《古风·十》。

[7][40][49]《代寿山答孟少府移文书》。

[8]《梁园吟》。

[9]《行路难·一》。

[10]任华《杂言寄李白》。

[11]《赠郭季鹰》。

[12][45]《为宋中丞自荐表》。

[13][15][24][52]《上安州裴长史书》。

[14]《与韩荆州书》。

[16]《对酒忆贺监》。

[17]《答湖州迦叶司马问白是何人》。

[18]《寄内》。

[19][26][28]《襄阳歌》。

[20]杜甫《饮中八仙歌》。

[21]《结客少年场行》。

[22]《闻王昌龄左迁龙标遥有此寄》。
[23]《峨眉山月歌送蜀僧晏入中京》。
[25][41]《赠杨山人》。
[27][68]《将进酒》。
[29]《杨叛儿》。
[30]《长干行》。
[31]《送萧三十一》。
[32]《寄东鲁二稚子》。
[33]《宿五松下荀媪家》。
[34]《赠汪伦》。
[35]《庐山谣寄卢御虚舟》。
[36]《拟古·三》。
[37]《月下独酌·一》。
[38]《唐左拾遗李翰林学士李公新墓碑》。
[39]《别匡山》。
[42]《翰林读书言怀,呈集贤诸学士》。
[43]《与贾少公书》。
[44]《在水军宴赠幕府诸侍御》。
[46]《赠江夏韦太守良宰》。
[47]《江夏送倩公归汉东序》。
[48]《闻李太尉大举奉兵百万,出征东南,懦夫请缨,冀申一割之用,半道病还,留别金陵崔侍御十九韵》。
[50]《任城县厅壁记》。
[51]崔宗之《赠李十二》。
[53]《上李邕》。
[54]《送蔡山人》。
[55][62][69]《答王十二寒夜独酌有怀》。
[56]杜甫《赠李白》。
[57]苏轼《李太白碑阴记》。
[58]段成式《酉阳杂俎》。
[59]李阳冰《草堂集序》。
[60]段成式《酉阳杂俎》。
[61]《清平调·一》。
[63]《答高山人兼呈权、顾二侯》。
[64]《古风·四十五》。

[65][66]《梦游天姥吟留别》。

[67]《古风・三十》。

[70]《宣州谢朓楼饯别校书叔云》。

[71]《临路歌》。

[72]《大猎赋》。

“李白文化现象”论纲

何念龙

一、何为“李白文化现象”

说到李白，大概无人不知他是中国古代第一流的具有鲜明个性色彩的大诗人，也没有人不知他那些惊风雨、泣鬼神的诗歌，即或是刚牙牙学语的孩童，往往也能背诵出“床前明月光，疑是地上霜。举头望明月，低头思故乡”之类的诗句。据相关调查资料统计，在中国民众和少年儿童中，最为熟知的古诗是李白的《静夜思》和孟郊的《游子吟》，而背诵得最多的诗篇是李白的七绝（以诗人为单位统计）。同时，每当提到李白，人们也常常联想起那么多绚丽多彩的有关李白的故事传说。如关于李白生、死的浪漫故事：他的生是太白金星转世，他是天上的谪仙人；他的死是醉酒后往水中捉月而骑鲸仙去。又如他那些傲岸权贵、戏谑王侯的传说，像唐玄宗御手调羹、贵妃捧砚、国忠磨墨、力士脱靴等颇具传奇色彩的佳话，可谓达到了家喻户晓人人皆知的程度。值得注意的是，这些传说故事不仅流布极广，而且具有雅俗共赏的特色，从文人学士直至山野村夫，从学府殿堂直至市井酒楼，几乎无处不见李白的身影。以诗酒为例，李白是诗酒精神的集中体现。即使在今天，说到某人杰出的诗才，大家常以李白为喻；“太白酒楼”“太白遗风”的匾额酒幡，依然是遍布神州大地的靓丽景观；而醉酒吟诗，更是非李白而莫属。于是，从李白所处的盛唐时代开始，与李白其人其诗相关的历代故事传说，甚至直到今天有关李白的文艺作品（如小说、电视剧等），这一切构成了一个内容十分广阔，历时异常久远的文化景观。在几千年的中国文学史上，这几乎是一个绝无仅有、极为奇特的个案。从生时的无比辉煌和轰动效应,到死后广泛、巨大久远的影响,再加上历代文人和普通民众不停地对李白予以接受、阐释、传播,特别是根据自己的喜好和美学理想对李白加以改塑、再创……所有这些,就传播地域之广泛性、传播层面之多样性、传播内涵之再创性而言,在中国几千年的文学史上,有哪一位文学家能与之相比较?同时代的"诗圣"杜甫不能,"圣"多少给人一种不可触之感;早于李白的庄子、陶渊明不能,他们的反馈更多是在文人雅士之中;即使是拥有一个以"端午节"为专门纪念的屈原,其在影响的广泛与多维上也无法与李白相比。以后宋代苏轼、陆游也可称极具个性,影响也十分广泛的文学大家,然而无论是从对当时或对后世所造成的轰动效应与影响层面来看,都没有达到李白的那个程度,甚至可以说不在一个档次。至于宋代以后,虽有一些个性特征突出的文学家,如关汉卿、汤显祖、李贽、徐渭、金圣叹诸人,但较之李白,则未免有小巫见大巫之感了。李白在中国文学史上所产生影响之广泛和久远,的确是无人可比的特例。

必须指出,在这一个案中又蕴藏着那么多丰富的文化内涵。个性与共性凝聚于一体之中,李白已经成为了文化符号,一个独特的具有多种绚丽色彩的意象:他是中国士人中最具自由精神的典型代表。他是天赋才华的代称,他是诗酒精神融合的高度体现(广布人口流传千载的"诗仙""酒仙"的称呼就是最生动有力的证明),他是傲骨的象征,他是蔑视权贵的样板,他是不拘礼法、浪漫潇洒的士人楷模。这里,李白的自由精神集中体现在他的豪放和傲骨之中。这就是历史积淀所铸造的李白。显然,呈现于今人面前的李白,身上已凝聚着太多太多的中国历史文化的内涵。一个李白,震烁了从盛唐至今的中国文坛,而且这种震烁还将继续存在下去,这就是"李白文化现象"。一千多年的事实有力地证明,李白的意义远远超出了其人其诗本身,假如时至今日我们对李白的体认还仅仅局限于其人其诗,那确是肤浅的皮相之论。

综上所述,我们也可看出,"李白文化现象"的内涵主要表现在以下四个方面:第一,李白其人。李白独特的个性和奇异的行为方式。这是一个既与时代有着一定的"黏合性"(或曰"从俗性"),又有着极大的"脱离性"(或曰"奇异性")的特别人物。第二,李白其诗(包括其文)。那别具特色的惊天地、泣鬼神的诗文,是人们(特别是后人)认识李白的最直接的介体,也是生发"李白文化现象"的原点。第三,巨大影响。李白其人其诗在当时所产生的轰动效应、巨大震撼,以及从盛唐时期直至今日所发生的巨大影响,千百年来人们对李白不停地接受、传播、解读、演绎、再塑。这种影响更多见之于历代遗留下来的文字资料,其中有着极其丰富的历史文化内容,也是"李白文化现象"中最闪光、最待深入研究的部分。第四,"李白文化现象"所蕴含的文化意义。"李白文化现象"所表现出来的意义绝不限于李白其人其诗本身,他展示了千百年来中国社会至少是两个层面的价值观、审美观,这就是广大士人和广大民众对权势的批判和对自由境界的追求。以上四方面构成了颇为奇特壮观的、在中国文学史上几乎是绝无仅有的"李白文化现象",这是中国文学史上的一个奇迹。

二、"李白文化现象"的生成机制

"李白文化现象"何以能产生,并形成一种文学史上罕见的景观?笔者认为原因是多方面的:

首先,这是李白其人其诗本身超常的奇异性决定的。从主体的角度看,李白是"李白文化现象"生发的原点。没有一个超常奇异的李白,就不可能产生轰动效应的"李白文化现象"。关于李白超常的奇异性我们在此只作概括性的论述。李白其人超常的奇异性主要表现在:1. 其身世经历和行为方式的独特性(如他迷离的先祖和姓氏、难以探寻的西域事迹、特殊的求仕之路、长安所受到的殊荣以及居无定所以漫游终其生的生活方式)。2. 其思想面貌、生存形态的多样性(如李白是以多种面貌呈现在世人面前的:志士、诗人、酒徒、狂客、游侠、隐者、儒生、道流、僧人,而且往往是这些类型中的非同寻常者)。3. 其情感异常的丰富热烈执着性(如既有勃发澎湃的风云之气,也不乏缠绵悱恻的儿女之情。其主流则时时如长江大河,一泻千里,不可遏止,汹涌澎湃。而他的情感常常是极度的,如呼天恸哭、仰天大笑、高歌长叹。又如对功名的执着追求,对道教的热烈向往)。4. 其外表气质和天赋才华的惊人性(如魏颢所说"眸子炯然,哆如饿虎。或时束带,风流蕴藉。"崔宗之所说"双眸光照人"等。又如"谪仙人"之称。至于其天赋才华,从小惊人,无需举证)。李白所有这些超常的奇异性,人们不仅乐于接受、传颂,而且也必然是对李白进行再塑的极好素材。至于李白其诗的超常奇异性,古人多有论述。李阳冰称为"天仙之词","力敌造化"(《草堂集序》);魏颢惊呼"鬼出神入,瞠若乎后"(《李翰林集序》);钱起赞之"笔端降太白,才大语终奇"(《江行无题》);皮日休叹为"五岳为辞锋,四海作胸臆"(《七爱诗·李翰林》)。最典型的是宋代徐积《李太白杂言》:"噫嘻欹奇哉!自开辟以来不知几千万馀年……忽生李诗仙……不知何物为形容,何物为心胸,何物为五脏,何物为喉咙?……盖自有诗人以来,我未尝见大泽深山……有如此之人,有如此之诗!"显然,李白奇特的诗篇也是造成"李白文化现象"的原点。

其次,"李白文化现象"得以产生也和盛唐的时代精神密切相关。盛唐是人们公认的一个思想开放、经济繁荣、国力昌盛的时代,这种环境氛围也大大激发了广大士人的用世之志和从政热情。科举制的进一步推行使得许多士子得以登上政治舞台,于是积极向上、乐观进取、奋发有为成了当时士人的主导趋向;而像李白那样不走科举之途,通过隐居与交游,也终于能得到皇帝的征诏,以一介布衣而享受到极高的荣宠,这只有在盛唐时代才可能产生。更重要的是,这种开放时代,尤其是思想的多元化(如儒、佛、道与其他各种思想并行不悖),极大地激活了士人的思想与创造力,其个性也得到了充分的张扬。所谓唐人的"癫狂",就正是这种个性极度张扬的表现(杜甫的《饮中八仙歌》就是最好的例证)。因此,与其说是李白代表了盛唐的时代精神,倒不如说是盛唐特殊的历史时代造就了一个本来就具有异相特质的李白。显然,"李白文化现象"也只有在盛唐时代才能得以产生、萌发和盛大。

第三,"李白文化现象"得以形成并历千百年而不衰的一个外在的重要原因,是它符合了中国社会的传统文化心理,特别是士文化的共鸣需求。在社会文化心理中,人本来就存在着强烈的好奇心,而在市民阶层中尤为突出。李白其人其诗本身的超常性、传奇性,正好满足了他们的这种需要,留给了他们想象创造的余地。而尤其重要的是,李白傲视权贵,追求个性自由的主导精神,使中国士人自秦代以来饱受权势压制凌辱的心态得到了释放,他们找到了理想的宣泄共鸣体。对此不可不作简要的论述。对于中国士人来说,最好的时代莫如春秋战国时期,那时百花齐放、百家争鸣、思想多元。饱学之士可以独立地著书立说,有才之人可以自主地到任何一国求用。特别是在战国时代,各国为求一统天下而争揽人才,燕昭王筑黄金台便是最有说服力的例证。此时士人可以保持自己相对独立的人格,他们以"道"自任,不需要固定地依附于谁,从布衣而直取卿相,甚至可以为帝王师。有时当他们与执政者发生矛盾时,还可用自己所持有的"道"与权势相抗衡。此时"王公不致敬尽礼,则不得亟见之"(《孟子·尽心》),可见"道"尊于"势"。"诸侯之骄我者,吾不为臣;大夫之骄我者,吾不复见"(《荀子·大略》),可知士人此时保持着极大的尊严。然而自从秦灭六国建立起一统天下后,实行中央集权,采取焚书坑儒的残酷手段禁绝异说,于是中国士人的独立人格和尊严丧失殆尽;那种以道抗势、为帝王师的昔日辉煌,只不过是梦幻中的太虚美景,士人逐渐成为统治者的隶属附庸,类同倡优,与王侯们为师友的那种关系便不复存在了。尽管从汉至唐,不时有一些敢于张扬个性的士人企图与权势相抗衡,如东汉的所谓"清流"、汉末的孔融、魏末的嵇康等人,但他们都落得贾祸杀身的下场,政治权威早已成为高悬于士人头上的利剑。因而秦汉以后,特别是魏晋以来,士人大都以全身为要务,或曲附于权门,或隐居以避世,或读老庄以养身,或怡情山水而逍遥。其间虽然汉魏士人也曾高标士林之风,陶渊明也曾有过不为五斗米折腰挂冠而去的壮举,但士人终究不再有战国时代的风光和气派。尽管如此,在士人内心深处,争取独立人格和抗衡权势的愿望并没有泯灭。因此,当一个思想开放朝气蓬勃的盛唐时代到来时,战国时期士人的独立意识便得到复苏,表现在李白身上的那种踔厉风发的纵横家的风范,那种“长揖万乘”、戏谑王朝的气概,和“安能摧眉折腰事权贵,使我不得开心颜”的高唱,便是这种士人精神在新的历史条件下的典型表现。它代表了当时广大士人的心声,引起他们强烈的共鸣,这也就是为什么李白能那么广泛地引起当时许多士人关注的一个重要原因。而唐代以后的历朝专制统治和思想禁锢大有愈演愈烈之势,人们连开放的盛唐时代也不可再见,后代的文人往往也只能在颇具自由精神的李白身上,寄托他们的人格尊严与自由理想。于是他们不断在李白那儿演绎故事,寄寓对现实的批判,宣泄心中的不平,表达对权势的嘲弄和鄙视。历史的积淀使李白理所当然地成为代士人立言的最好载体,从而形成经久不衰的“李白文化现象”。

三、解开“李白文化现象”的通道:“三型李白论”

诚如上述,李白其人、其诗和其相关的历代传说故事,已经形成了我国文学史上独特的“李白文化现象”,那么,如何深入解析这一现象呢?为此我们提出了“三型李白”之说,笔者认为“三型李白论”是解开“李白文化现象”的一把钥匙,或者说,是揭示“李白文化现象”的一条理想通道。

所谓“三型李白”,即历史原型李白、诗艺造型李白、传说特型李白,我们今天所说的李白,实际上就是这三型李白的复合体。简明些说,历史原型李白就是历史上那个生活于盛唐时期的真实的李白其人,可称为历史的“原我”;诗艺造型李白是指李白诗文(主要是其诗歌)中所塑造的李白自我形象,即李白笔下的自我,这是一个异常鲜明生动的“自我”;传说特型李白则是指从唐代至今,广大文人和民众在笔下或传说故事中塑造的李白,亦即人们心目中的李白,或曰他人笔下的李白,这是一个闪烁着社会理想光芒的“超我”。呈现于今人面前的李白,则是这三个李白的复合体,即历史原型李白、诗艺造型李白、传说特型李白的融合。这也就是所谓“李白复合建构论”。

从内涵基质来看,历史原型李白虽然兼有诸多气质与行径(如儒生、诗人、游侠、酒仙、道徒、纵横家等),但作为社会角色定位,则主要是积极用世的志士和才华横溢的诗人。作为志士,他具有建功立业、匡扶社稷的宏大抱负,并为自己选定了一条特殊的进退出处的理想道路——功成身退。他一生不懈地为实现其“济苍生”“安黎元”的宏大理想而奋斗，甚至年过六旬还有投效李光弼军幕的打算，最后唱着无限悲慨的《临路歌》赍志而没。作为诗人，他具有天生的才华和自由不羁的品格，在他身上充分体现了生命的艺术化和艺术的生命化。他的不平之鸣是其生命存在的方式和艺术创造的方式。他的诗风豪迈飘逸，展现出崇高壮美和浪漫旖旎，在精神上体现了盛唐气象。而无论是作为志士还是诗人，都贯穿了一个自由的特质，充满着独立不羁的人格精神。

从人的个性特征来考查，历史原型李白具有异常的奇异性，这是他最为闪光的内在，也是李白的同代和后世之人能在李白身上演绎出那么多动人故事的关键所在。李白超常的奇异性，在本文的第二部分中已有简论，不再赘述。这里只是再次强调，李白超常的奇异性，是人们对李白进行再塑的极好素材。显而易见，历史原型李白是不可多得的“李白文化现象”的本源和生发点。

当然，由于时代的制约和浓重的传统思想文化的影响，历史原型李白不可能完全超脱他的生存环境，在他身上也必然有着一定的从俗性。比如他自始至终对建功立业的苦苦追求，比如他时时表现的高标家世、攀宗联亲的作风，又比如他处于困厄时也不得不向有地位的人请求援引以手。此外他的醉饮慕仙、携妓遨游，都是历史原型李白从俗性的真实表现。

历史真实的李白，在今天已经披上了太多绮丽的幕纱，只有李白的研究者们才能揭开层层幕纱，识其历史的真容。

就诗艺造型李白来看，这是一个熠熠闪光、永垂不朽的文学典型。其高度的自我表现型和极致型特征，是李白浪漫主义精神与创作方法的集中体现。

所谓高度的自我表现，是说李白写诗就是为了表现他自己。他的诗是其主观世界各方面的全面展示，是他内心丰富而热烈情感的真实袒露；即使是李白诗中所展示的时代风貌、自然山水、历史人物的画卷，也都被涂抹了极为浓烈的主观色彩，都是李白个性气质的自然袒露。只有在诗歌的国度里，李白才能最充分、最自由、最尽情地表现自己。他的诗以我为中心，时时刻刻展现出自我，以“我”的目光，以“我”的心胸，感知一切、审视一切、再现一切。李白的诗，是他的“我观世界”，其大半篇章直接有“我”（包括“吾”“余”“予”“李白”等）在其中，而且常常是“我”字当头，以“我”领篇，以“我”携物，如《古风其五十八》“我行巫山渚，寻古登阳台”，《梁园吟》“我浮黄河去京阙，挂席欲进波连山”，《醉题王汉阳》“我似鹧鸪鸟，南迁懒北飞”。在中国的诗歌史上，我们还很难看到有谁像李白这样将自己展示得如此全面充分，如此淋漓尽致，主观色彩如此浓厚。

所谓极致型是指其诗文为了表现自我而采取超乎寻常的艺术手段，有意突破常见的艺术“分寸感”。如伟岸形象的塑造、极度情感的抒发、高度的艺术夸张等，从而塑造出一个高度夸张了的诗人自我。李白诗文中最动人的形象就是诗人自我。“仰天大笑出门去，我辈岂是蓬蒿人”“人生得意须尽欢，莫使金樽空对月。天生我材必有用，千金散尽还复来”“人生在世不称意，明朝散发弄扁舟”“高冠佩雄剑，长揖韩荆州”“世人不识东方朔，大隐金门是谪仙”……这就是李白在诗中塑造的极度张扬了的自我。因此，我们可以说诗艺造型李白就是一个高度浪漫化了的艺术形象，在这一形象身上，鲜明集中地体现出李白个人的价值观、美学观，是历史原型李白本真精神的提炼和升华。显然这个艺术化的“自我”，要比历史原型的“自我”更集中、更典型、更具有艺术魅力和迷人风采。

李白笔下的这个“自我”，以其形象的明朗性、宏伟性，生动体现了盛唐诗歌的时代精神、开阔境界、蓬勃气势，这就是人们常说的“盛唐气象”；反过来说，这个“自我”，又成为诗歌“盛唐气象”杰出的代表。诗艺造型李白展现出更为广阔、更为自由、更为鲜明的精神世界，无论是李白同代或后代的人，更多地是在这一精神领域里体认李白的，这也就是说，李白诗歌的广大爱好者是从诗艺造型李白来接受李白其人的。因而他人对李白的改塑、再创，或许更多是从诗艺造型李白获得启迪和生发。

作为传说特型李白，这是李白同代和以后历代人们所共同塑造的文化符号，代表了人们的共同的定向社会文化心理。对于前二型李白来说，这是一个理想化的“超我”。这里有着长期的历史积淀，从李白诞生的那个时代起，直至走向现代化的今天。因此，其中有着极为丰富多彩的内容，融会着历代人们的价值取向和审美倾向。尽管历代人们的衡量标准有所不同，但在对于李白这一伟大人物的体认上，却表现出极大的鲜明的共性趋向，这就是传说特型李白的傲岸型和自在型特征。他人笔下的李白，是蔑视权贵、调笑王侯的典型，是不受羁绊、追求自由的文化符号。在这里历史原型李白和诗艺造型李白的傲岸性和自由性得到了极度的张扬，历史原型李白“从俗性”的一面在此已荡然无存了。这一文化符号反映了人们（特别是中国广大士人）强烈的反权贵精神和渴望独立自由人格的心态，寄托着他们的美学理想。只有在这里，中国士人才真正完全实现了个性自由、人格独立、情感解放的美好愿望。传说特型李白已经具有了超脱现实的能力和超凡入圣的魅力，这是一个升华了的理想浪漫、高扬亮丽的艺术形象。很显然，我们今天广大群众所接受的李白，无疑是笼罩着许多美丽光环的传说特型李白（关于对李白传说故事的评说和三型李白的具体论述，可参见拙文《李白传说故事评说》《三型李白论纲》，载人大书报资料中心《中国古、近代文学研究》1995 年第 7 期和 1999 年第 2 期)。

提出“三型李白论”，解剖“李白”这一复合体，对深入认识“李白文化现象”无疑是一把开启这一神秘“迷宫”大门的锁钥。同时这种思路对于我们研究一流的大家和独具个性特色的名家，提供了一种新的深入探测的模式，因而它也具有方法论的意义。

四、解析“李白文化现象”的意义

最后，简述一下解析“李白文化现象”的意义。

如前所述，“李白文化现象”的内蕴是十分丰富的，而它所展示的文化精神更是光彩夺目的。“李白文化现象”是中国文化史上的一个奇迹，在这一奇迹中，蕴藏着极其丰富深刻的历史文化内涵，涉及古老中国文化的诸多方面，而解读这一现象，将涉及历史学、社会学、文艺学、解释学、传播学、宗教哲学、创作心理、接受美学等诸多学科。显然，深入解读这一文化现象，不仅对于研究李白其人其诗有着拓展和深化的作用，而且对于认识唐代以来甚至整个中国历史社会文化，也有着十分重要的意义。

比如从“三型李白”的角度来观察，寻觅本身的历史原型李白，我们可以更准确、全面、真实地认识李白的本来面貌，以此为纲解决李白研究中许多悬而未决的谜案，同时也可以深入了解产生李白的那个时代，不仅是那个时期的政治经济背景，更重要的是当时思想文化的时尚潮流、习俗趋向、审美特征。研究诗艺造型李白，可以使我们深入领悟李白诗文的精髓，掌握诗人李白的心路历程，体认李白丰富的内心世界，洞察他的价值观、审美观，从而能够更深入地认识李白独特的创作方法和特征。同时研究诗艺造型李白，特别是将其与中国其他杰出诗人作纵横比较，不仅能够认识李白诗歌的传承关系和其特异性，更可以见出盛唐时期独特的诗歌风貌。描绘传说特型李白，可以求知一部李白的阐释史、接受史、传播史、再创史，可以大体了解一千多年来中国历史文化各时期的社会心理、价值取向和审美要求，以及总的发展趋势。笔者认为，这是李白研究中尚待开掘的处女地。“李白文化现象”的内涵是异常复杂而丰富的，而以“三型李白”为纲进行解析，就可以起到统摄总领、透辟阐释、以简驭繁的作用。

从文化传播的角度看，李白和他的作品无疑是中国文学史上最具个性色彩的篇章，而历史的积淀和再塑，已使李白成为了一个具有特定内涵的文化符号，是一个光彩斑斓的复合体，而这一复合体，已经造成了中国文学史上一个既十分特殊典型又带有相当普遍性的文化现象，或者说它既是唯一的又是共同的。这种唯一性在于李白其人其诗和有关其传说故事的特殊性与典型性，这种共同性又在于这一文化现象所蕴含的普遍意义。因此，解读这样一个既有鲜明个性又包蕴着普遍的共性的“李白文化现象”，无疑会对整个中国古代文学史的研究，特别是对有广泛影响的文学大家的研究，提供一个可资借鉴的范例。

“李白文化现象”还全面展示出一种重要的“李白文化精神”，它集中地体现出深刻的士文化的内涵。对于“李白文化精神”，我们可从四个方面予以阐释，这就是高度的人文关怀精神、极度的自由狂放精神、强烈的反权贵精神、淋漓酣畅的诗酒精神。这是中国士文化精神的集中表现，对此可另撰文论述。而仅从李白形象看，历史原型李白和诗艺造型李白，代表了一位封建时代不得志的士人精神世界的全貌和情感的全部历程；而传说故事中的李白，无疑体现了历代中国士人的共同理想和美好愿望。综而观之，李白其人其诗与他们的传播、演绎、再塑历程，展示出了李白和中国士人精神面貌的全过程；从外在到心灵、从现实到主体、从主体到文本、从自我到他人乃至整个社会，这一切又无不从总体上展示出封建时代士人的风尚、价值观、美学观。同时这一现象还说明：无论是个体本身，还是作为士人整体，只有在其笔下，他们才能充分展现自己、实现自己、体现其自身的价值观、美学观，这大概是他们最为自由自在的领域。假如碰上了连笔也不许士人自由拥有的时代，那才是中国士人的最大悲哀！

李白的文化人格精神及其当代价值

康怀远

李白不仅是中国诗歌史上伟大的天才和奇才，而且是中国文化史上优秀的代表和典范。他的诗名和文名的价值在一定意义上具有文化解读的永恒和不朽，而在当代的"文化热"中仍然可以发现其熠熠的辉光。当中国人民正以坚定和开阔的步伐奔向小康大道、建设和谐社会的时候，认真探讨李白的文化人格精神及其当代价值，就学术性和现实性而言，都会对我们有所裨益。

文学从来就是文化成果的结晶，中国文学就是中国文化最集中最辉煌最艺术的体现。大凡伟大的文学家或诗人无一不是文化的集大成者。可以设想，在中国假如没有出现屈原、司马迁、李白、陶渊明、苏轼等这样的时代骄子，不但中国的文学黯然失色，就是中国的文化也将缺少亮丽的风景。李白在"时代骄子"的群体中正处于举足轻重的位置上，这是因为"盛唐的政治、经济特别是文化对李白的影响甚大。李白是盛唐诗歌的巨星，也是盛唐文化的巨人。盛唐文化以它特有的标格雄居当时世界文化之林，它的博大，它的浪漫，它的开放，它的创造，它的包容，无论从哲学、历史、宗教、习俗、风尚还是从音乐、舞蹈、绘画、书法、教育等方面都给李白以丰富的营养。"[1] 中国文化既是培植李白诗歌的土壤，又是造就李白人格的因子。以文化原点而论，李白的一生一是接受了儒家人格境界的精华，二是秉承了道家人格风范的经脉，三是糅合了墨、侠、纵横诸家人格模式的要素，在盛唐文化背景下通过仗剑远游、追求理想、归依自然的实践历程整合为独立的人生风格，诸如"狂者进取""至大至刚""刚健有为""道法自然""行侠仗义"等。李白理想主义的精神世界，超然物外的处世态度，俯察宇宙的生命体认，张扬个性的生活主调，渴求解放的激情呼唤，在人格表现上凝聚着鲜明的文化特质。这些特质烙印在李白情系社稷、贵民固本、亲和自然、刚肠嫉恶、恪守真诚的文化人格精神中，在当代最值得我们借鉴的大致可以归纳为以下五个方面：

1. 李白情系社稷的人格精神是我们进行爱国主义教育的宝贵文化素材

国家是阶级社会的产物，祖国则是民族情感的聚合和表征。爱国主义就是对祖国的忠诚和热爱，用列宁的话说“就是千百年来固定下来的对自己的祖国的一种最深厚的感情”。在中国文明历史的进程中，国家以神器之重的分量潜移默化为中华民族的社稷情结。这种情结，远绍屈原“虽九死其犹未悔”的执着，近接鲁迅“我以我血荐轩辕”的忠魂，中经苏武“杖汉节牧羊，卧起操持，节旄尽落”的节义，范仲淹“先天下之忧而忧，后天下之乐而乐”的赤诚，文天祥“人生自古谁无死，留取丹心照汗青”的慷慨，林则徐“苟利国家生死以，岂因祸福避趋之”的情怀，顾炎武“天下兴亡，匹夫有责”的忧患，等等，爱国主题如同江流向东，浩荡奔腾，滚滚千里，汇结成志士仁人的民族精神大合唱。而社稷情结，归根结底就是“君子安而不忘危，存而不忘亡，治而不忘乱”的胸怀天下的爱国精神。具备了爱国精神，就能够“居庙堂之高，则忧其民；处江湖之远，则忧其君”（范仲淹）；就能够“衙斋卧听萧萧竹，疑是民间疾苦声”（郑板桥）；就能够“丈夫所志在经国，期使四海皆衽席”（海瑞）；就能够“一片丹心图报国，千秋青史胜封侯”（陈璧）；就能够“成败利钝不计较，但持铁血报祖国”（秋瑾）。

生活在盛唐社会的李白，社稷情结尤为浓烈。年轻时，他用满腔的热血拥抱社会和时代，《别匡山》以留恋和倾心之笔极尽赞美之能事，把故乡蜀地的山水风光描绘得如同仙境：“晓峰如画参差碧，藤影风摇拂槛垂。野径来多将犬伴，人间归晚带樵随。看云客依啼猿树，洗钵僧临失鹤池。”面对如此江山美景，李白毫无保留地要以文才武略甚至身家性命相投报：“莫怪无心恋清境，已将书剑许明时。”可贵的是，李白把这种对社稷的许诺付诸自己的一生，铭记于心，耿耿于怀。他说过：“士生则桑弧蓬矢，射乎四方，故知大丈夫必有四方之志。”（《上安州裴长史书》）李白所说的“四方之志”就是他乐于自许的“申管晏之谈，谋帝王之术。奋其智能，愿为辅弼，使寰区大定，海县清一”（《代寿山答孟少府移文书》）。为了这个自许，他“仗剑去国，辞亲远游”；为了这个自许，他“西入秦海，一观国风”，“弹长铗”于“王公大人之门”；为了这个自许，他欣然奉诏，“仰天大笑出门去”，成为天子的“近臣”；为了这个自许，他冒死入虎穴，敢于幽州探险；为了这个自许，他不顾年迈体弱的病躯，慷慨请缨，意欲效死疆场。尽管偌大的自许，遇到了现实的巨大阻遏，而李白却“一朝复一朝，发白心不改”（《单父东楼秋夜送族弟沈之秦》），甚至“中夜四五叹，常为大国忧”（《经乱离后天恩流夜郎忆旧游书怀赠江夏韦太守良宰》）。李白“功成身退”的人生理想诚然没有摆脱封建文人“达则兼济天下,穷则独善其身”的宽泛和无奈,然而他倒是功未成身也未退,“兼济天下”的志向“穷”而未变。由此可见,他的社稷情结是牢牢地固定在相当厚实的民族文化心理定势中。

今天,改革开放使社会主义的新中国焕发了勃勃生机,但这并不意味着社稷情结聚集的爱国精神已经无足轻重,而是需要大大加强。一方面,我们不可忘记,作为中华民族爱国精神最优秀最杰出的继承者的中国共产党人,在祖国前途和命运的决战和较量中,尤其表现出了“勇敢战斗,不怕牺牲”“排除万难,去争取胜利”的信念,“同自己的敌人血战到底的气概”,“在自力更生基础上光复旧物的决心”和“自立于世界民族之林的能力”,迎来了社会主义的新中国;另一方面,要不断增强我们的民族自信心,继承和发扬爱国主义的优秀文化传统,在国际趋势复杂多变的情势下,做到尊严人格,不辱国格,为中华民族的复兴和繁荣担当使命,奉献毕生。“以热爱祖国为荣,以危害祖国为耻”,已经成为文化积淀,渗透到民族的根脉。那些卖国求荣、背叛祖国、玷污民族利益的人,都已经或将落得个身败名裂、遗臭万年、不齿人类的可耻下场。李白情系社稷的文化人格精神经过整理和挖掘恰好可以作为我们进行爱国主义教育的宝贵素材。

2. 李白贵民固本的人格精神是我们进行执政为民教育的宝贵文化遗产

孔子曾对鲁哀公说:“丘闻之,君者舟也,庶人者水也,水则载舟,水则覆舟。”(《荀子》)庶人即人民,是国家大厦赖以存在的基石,是推动国家航船得以前行的动力。最早出现“人本”之说的是《管子》一书:“夫霸王之所始也,以人为本。本理则国固,本乱则国危。”(《霸言》)在这里,“人”即“民”。“民惟邦本,本固邦宁”(《尚书》),所以唐代贤相魏徵经常用“载舟覆舟”的道理时时提醒李世民不要忘记人民这个根本,不然的话,将有“马上得江山,马上失江山”的厄运。以民为本的要义是,一要惠民,“制民之产,必使仰足以事父母,俯足以蓄妻子,乐岁终身饱,凶年免于死亡”(《孟子》);二要济民,“生有益于人,死不害于人”(《礼记》);三要爱民,“为君当若冬日之阳,夏日之阴,万物自归,莫之使也”(邓析子);四要利民,“不以一己之利为利,而使天下受其利;不以一己之害为害,而使天下释其害”(黄宗羲);五要顺民,“为政之道,以顺民心为本,以厚民生为本,以安而不扰为本”(程颐);六要忧民,“圣人不利己,忧济在元元”(陈子昂);七要富民,“治国之道,必先富民”(《管子》);八要得民,“得其民,斯得天下矣”(《孟子》)。

首先,李白贵民固本的人格精神取向表现在对“苍生”苦难的无限同情。天宝十四载(755)的冬天,安禄山起兵范阳,为时八年的“安史之乱”发生了。它是李唐王朝各种社会矛盾、阶级矛盾的总爆发。国家在叛军的铁蹄下濒于覆亡。情系社稷的李白，面对血腥的现实，他“中夜四五叹，常为大国忧”，愤怒地指出：“白骨成丘山，苍生竟何罪！”这样的诗句充分表达了李白关心国家命运、系心民瘼的可贵精神！有人说李白“当王室多难，海宇横溃之日，作为歌诗，不过豪侠使气，狂醉于花月之间耳。社稷苍生，曾不系其心膂。”[2]这是不顾事实的指责！请读《在水军宴赠幕府诸侍御》：“胡沙惊北海，电扫洛阳川。虏箭雨宫阙，皇舆成播迁。”《赠武十七谔》：“狂犬吠清洛，天津成塞垣。爱子隔东鲁，空悲断肠猿。”《古风其十九》：“俯视洛阳川，茫茫走胡兵……流血涂野草，豺狼尽冠缨。”《猛虎行》：“旌旗纷缤两河道，战鼓惊山欲倾倒。秦人半作燕地囚，胡马翻衔洛阳草。”《扶风豪士歌》：“洛阳三月飞胡沙，洛阳城中人怨嗟。天津流水波赤血，白骨相撑乱如床。”《赠张相镐二首》：“神器难窃弄，天狼窥紫辰。六龙迁白日，四海暗胡尘。”……哪一首不是“系其心膂”于“社稷苍生”？就是在奔亡道中，他“系其心膂”于“社稷苍生”何曾减少？请读《经乱离后避地剡中留赠崔宣城》：“中原走豺虎，烈火焚宗庙。王城皆荡覆，世路成奔峭。四海望长安，嚬眉寡西笑。苍生疑落叶，白骨空相吊。连兵似雪山，破敌谁能料？”《奔亡道中五首（其四）》：“函谷如玉关，几时可生还？洛阳为易水，嵩丘是燕山。俗变羌胡话，人多沙塞颜。申包惟痛哭，七日鬓毛斑。”甚至连囚在狱中他也还念念不忘“千门”“万姓”：“胡马渡洛水，血流征战场。千门闭秋景，万姓危朝霜。”

其次，李白贵民固本的人格精神取向表现在对农事生产的极度关心。他以赤诚之心劝谏朝廷和皇帝：“下明诏，班旧章，振穷乏，散敖仓，毁玉沉珠，卑宫颓墙。使山泽无间，往来相望，帝躬乎天田，后亲于郊桑，弃末返本，人和时康。”（《明堂赋》）“使天人晏安，草木繁殖，六宫斥其珠玉，百姓乐于耕织。寝郑卫之声，却靡曼之色。”（《大猎赋》）不仅如此，李白还十分向往和乐道“牛羊散阡陌，夜寝不扃户”“飞鸟还归来，迁人返躬耕”和“百里鸡犬静，千里机杼鸣”的祥和安定的农村生活，希望国家重视发展农业生产。例如，在揭露和讽刺唐玄宗好仙误国时，李白首先想到的就是农事：“但求蓬岛药，岂思农鳸春？”在控诉和谴责统治阶级黩武给人民带来灾难时，李白首先想到的也是农事：“且悲就行役，安得营农圃？”

再次，李白贵民固本的人格精神取向表现在对农民的深厚感情。平时，李白跟农民的关系就相当不错。比如，他在农民家里喝酒，一直能喝到太阳下山：“田家有美酒，落日与之倾。”有时酒喝醉了，就到田间去唱歌：“醉入田家去，行歌荒野中。”有时只顾在农民家里喝酒，连跟友人相会竟然忘了：“且耽田家乐，遂旷林中期。”可见他与农民的友谊简直到了如醉如痴的地步。难怪他将要离开安徽泾县桃花潭的时候，送行的农民踏歌结队而来：“李白乘舟将欲行，忽闻岸上踏歌声。”更为可贵的是,李白还能从农民的劳动中体味到他们的辛酸和美德。他在农民家借宿,就有“田家秋作苦,邻女夜春寒”的慨叹;游历秋浦,看到的就是“秋浦田舍翁,采鱼水中宿”;阴雨地里,他的眼前只有“尽日扶犁叟,往来江树前”的劳作身影。

第四,李白贵民固本的人格精神取向还表现在对为政以仁的热切渴求。他提出地方长官要注重教化,不施刑罚,即所谓“宽猛相济,弦韦适中”,“权豪锄纵暴之心,黠吏返淳和之性”(《任城县厅壁记》),“讼息但长啸,宾来或解颐”(《赠徐安宜》),“蒲鞭挂檐枝,示耻无扑挞”(《赠清漳明府侄聿》)。他想象着月亮中的桂树,如果能够攀折下来“持为寒者薪”,为他们烧饭取暖,那该是多么好的事情!

李白贵民固本的文化人格精神饱含着“保民而王”“民贵君轻”“意莫高于爱民,行莫贱于害民”的治国理念和格言,凝结着深沉的历史经验和教训,是我们进行为民、爱民、惠民教育的宝贵文化遗产。这些文化遗产发见于马克思主义、毛泽东思想的经典论著中就被高度浓缩为“全心全意为人民服务”的共产党人的纲领和宗旨。“以服务人民为荣,以背离人民为耻”,突出了共产党人发扬光大中华民族优秀传统的纲领意识和执政为民的宗旨意识。服务人民,其现代意义内含着中国共产党人最高的政治原则和最鲜明的政治行为,标志着中国共产党人崇高的世界观、人生观、价值观、道德观和从真正意义上确立了人是人自身的目的,人是历史活动的主体的马克思主义人学观,激荡着中国共产党人的人权情怀。

3. 李白亲和自然的人格精神是我们进行环境意识教育的宝贵文化资源

李白的亲和自然,吸收和改造了老庄哲学的天道自然观所赋予的对主体生命的领悟,完全是一种大彻大悟的自我觉醒。在由自我支配的精神天地里,“五岳寻仙不辞远,一生好入名山游”(《庐山谣寄卢侍御虚舟》),他通过回归自然和拥抱自然来过滤自己的灵魂,从而极大地张扬了亲和自然的文化人格。中国哲学乃是关注宇宙、社会和人生的积极思考和最高智慧,它从三个层面着眼于“和”,即人与宇宙的和谐,人与社会的和谐,人与人的和谐,经典的话语音符就是天乐和人乐合奏的“天人合一”美妙乐章。李白热爱大自然,亲近大自然,拥抱大自然,与大自然对话,跟大自然交心,视大自然为人生知己,融大自然与“我”为一,在大自然里感知宇宙的永恒和和谐,进而强化自我的生命力量和意识。“懒摇白羽扇,裸体青林中。脱巾挂石壁,露顶洒松风。”这首《夏日山中》写尽了李白潇洒日月、解放心灵的惬意。“众鸟高飞尽,孤云独去闲。相看两不厌,只有敬亭山。”这首《独坐敬亭山》写尽了李白亲和自然、参悟人生的妙趣。

“问余何意栖碧山，笑而不答心自闲。桃花流水杳然去，别有天地非人间。”这首《山中问答》写尽了李白寄情山水、心通宇宙的欢愉。李白诗歌中类似上述作品那种返璞归真和东方式逍遥的篇什还有许多，如《日夕山中忽然有怀》《白云歌送刘十六归山》《与夏十二登岳阳楼》《冬日归旧山》《庐山谣》等。以《登庐山五老峰》为例，他写道：“庐山东南五老峰，青天削出金芙蓉。九江秀色可揽结，吾将此地巢云松。”在这里，李白登临山水的快慰真可谓欣欣然，融融然。他似乎把整个生命的价值放置于自然山水，使“我”的性灵沟通自然山水，使“我”的快慰寄托于自然山水。

早年，马克思主义的创始人就谆谆告诫我们：“不要过分陶醉于我们人类对自然的胜利。对于每一次这样的胜利，自然界都要对我们进行报复。”一个和谐的世界，一个和谐的社会，国际和人际的和谐固然重要，但是如果没有宇宙的和谐，没有人与自然的和谐，没有“天人合一”的空间环境，那将是多么恐怖和不可思议！“和”的文字学意义是由“龢”转化而来，指远古人们期待在庄稼旁看书听音乐的意思，属于经典的农业耕读文化的原生态，标志着先民对物质和精神的朴素追求。经过漫长的历史积淀，这种追求就形成了中国特有的“和”文化，“和谐”“和合”遂成为中华民族的核心价值观念和主要思维方式。儒家“和为贵”的理念，道家“天和”“天乐”的主张，在“天人合一”的整体关照中实现了互补。“和”文化上贯宇宙自然，下理社会人事，中通历史古今，具有极强的生命意蕴。《周易·乾卦·彖传》中说：“乾道变化，各正性命，保合太和，乃利贞。首出庶物，万国咸宁。”这种融天、地、人于整体的“太和”理想，体现了东方文化的最高价值观。所谓“人与天和，谓之天乐；人与人和，谓之人乐”，正是对“一阴一阳之谓道”理论的展开和发挥。因为“天地之道，常久而不已，保合太和也”，所以“和”就包含着涉世和处世之妙用的丰富智慧，“化而裁之”于我们的实际生活，“推而行之”于我们的行为方式，“神而明之”于我们的理性认识，在“天”“人”“己”之间架就沟通的桥梁。“和”的内在性的人本主义，超越性的淑世主义，包容性的和平主义，在理性实践中把道之以德、齐之以礼、和之以乐、晓之以理和动之以情提升到哲学化的人文境界。胡锦涛同志指出，构建社会主义和谐社会，是社会建设的任务，同时也要做到人与自然的和谐相处。当我们读到李白那些亲和自然诗篇的时候，你已经不觉得他仅仅是一个模山范水的一般诗人了，而是一位心灵与天地宇宙融会贯通的哲人了，连同他笔下展现蜀道、黄河、长江等一系列雄奇壮丽的画卷，统统具有了“天人合一”“物我融和”“小宇宙打通大宇宙”的聪颖和顿觉，体现着的是几乎超前的生态意识和环境意识了。而这不正是我们今天构建和谐社会过程中所需要继承和开发的文化资源吗？

4. 李白刚肠嫉恶的人格精神是我们进行反腐倡廉教育的宝贵文化气质

李白有着自信、天真、狂傲、仗义的气质[3]，更有着刚肠嫉恶、不随流俗、坦直正义的人格。这是一种文化内敛厚积而成的为人之道的过硬功夫。这样功夫过硬的人积极入世，参与现实，不随流俗，忧患意识特别强烈。李白的忧患，他人莫比，那是极度深沉的“幽愤”。李白说：“吁咄哉！仆书室坐愁，亦已久矣。每思欲遐登蓬莱，极目四海，手弄白日，顶摩青穹，挥斥幽愤，不可得也。”(《暮春江夏送张祖监丞之东都序》)幽愤袭来，李白挥之不去，他要“写声发情于妙指”(《幽涧泉》)，于是那些对自身遭遇的愤怒申诉，对同代辅国之臣惨遭迫害的强烈抗议，对往昔志士仁人历史不幸的不平之鸣，对家国破败和生灵涂炭的痛心疾首的诗篇“从胸口一喷即是”。幽愤原本是社会人对现实理性反思后得不到完满回归时的心理反应，李白的反映颇异于常人。幽愤一旦涌上心头，他就愁得“白发三千丈”，忧得“中夜四五叹”，悲得“北风雨雪恨难裁”，愤得“捶碎黄鹤楼”，“倒却鹦鹉洲”，简直是“沉忧乱纵横”，呐喊无所之了。由于李白的愁是大愁，忧是大忧，悲是大悲，愤是大愤、深愤，其表现便是由近而远、由现实而历史、由自我而他我的逻辑情感展开和延伸，在诗歌创作中多以“心烦意乱”“梦惊长嗟”“孤独寂寞”“幻想超越”“疯狂状态”的长句出之[4]，读了感发人心，震撼灵魂。

“挥斥幽愤”是李白刚肠嫉恶文化人格的本质展示，也是中华民族优秀传统中的宝贵气质，更是炎黄子孙、华夏儿女世世代代倾心守望和捍卫的精神家园。幽愤的正义感和人格魅力就在于以个体知耻为道德底线，以人性尊严为行为准的，挑战和超越自我藩篱，勇敢地守护心灵和社会的净土。“道之以政，齐之以刑，民免而无耻；道之以德，齐之以礼，有耻且格”；“君子耻其言而过其行”；“邦有道，贫且贱焉，耻也；邦无道，富且贵焉，耻也”；“人不可以无耻，无耻之耻，无耻矣”；“人皆有不忍人之心”，“无恻隐之心，非人也；无羞恶之心，非人也；无辞让之心，非人也；无是非之心，非人也”；“恻隐之心，仁之端也；羞恶之心，义之端也；辞让之心，礼之端也；是非之心，智之端也”。《论语》和《孟子》所张扬的知耻之道，突出了耻感在行为个体修养中的重要作用。“知耻近乎勇”，与“好学近乎知”“力行近乎仁”一起构成“知”“仁”“勇”的民族德性，是道德和礼法的基础和堤防，是人之为人的起码准则。耻的本义既指个体不道德的动机和言行，又指自身尊严和人格受到的伤害或侮辱。知耻在很大程度上包含着自我谴责的良心发现，自我肯定的灵魂叩问，是道德意志、道德情感和道德价值的重要表现状态和形式。个体知耻的文化认同和国家知耻的社会风气可以引领国民走向自尊、自爱，保持人格和国格的完美统一。马克思说过，“耻辱就是一种内向的愤怒”,“耻辱本身已经是一种革命”,“如果整个国家真正感到了耻辱,那它就会像一只蜷伏下来的狮子,准备向前扑去”。[5] 有了知耻的心灵之美,不随流俗、坦直正义的人格精神才能真正“慎独”到自我约束和自我修养的个体把握中。从这个意义上说,李白刚肠嫉恶的人格精神是可以作为我们进行反腐倡廉教育的宝贵文化气质加以保护和利用的。

5. 李白恪守真诚的人格精神是我们进行诚信责任教育的宝贵文化品质

李白是唐代最为真诚的诗人之一。真者,精诚所至;诚者,守信不变。他真诚地作诗,追求自然清真的诗美。“清水出芙蓉,天然去雕饰”是他诗学风格的真实写照。他真诚地做人,追求自然精诚的人格。“白日不照吾精诚,杞国无事忧天倾”,当一片丹心和真诚不为世人所理解的时候,他是非常痛苦的。他真诚地交友,“昔与蜀中友人吴指南同游于楚,指南死于洞庭之上,白禫服恸哭,若丧天伦,炎月伏尸,泣尽继之以血。行路闻者,悉皆伤心。猛虎前临,坚守不动。遂权殡于湖侧,便之金陵。数年来观,筋肉尚在。白雪泣持刃,躬身洗削,裹骨徒步,负之而趋,寝兴携持,无辍身手。遂丐贷营葬于鄂城之东。故乡路遥,魂魄无主,礼以迁窆,式昭朋亲”。他真诚地为自己的政治理想和生活理想而奋斗,从仗剑出蜀到进京待诏,从幽州探险到从璘入幕,从请缨报国到客死当涂,“奋其智能,愿为辅弼,使寰区大定,海县清一”的初衷丝毫未改。他比自己是天马,是大鹏,在盛唐的大地和天空奔腾、展翅。天马中道遗弃,老不为用,却依然没有放弃“请君赎献穆天子,犹堪弄影舞瑶池”的渺茫希望;大鹏“中天摧兮力不济”,却依然希望仲尼再生,成为知己,为其有志难伸一洒辛酸之泪。因为李白的真诚纯乎出于天性(良知),所以对于见利忘义之徒,他是嗤之以鼻,不与为伍的。功名富贵如果有悖于自己的天性(良知),他绝不会“摧眉折腰”而乞求。

诚实守信是人类的美德。歌德说:“世间最纯粹最暖人胸怀的乐事,恐怕莫过于看见一颗伟大的心灵对自己开诚相见。”人类心灵的芳草地实在需要“诚信”的天使来呵护。“诚者,天之道也;思诚者,人之道也”(《孟子》),诚是做人的基本之道。不然的话,“自谋不诚则欺心而弃己,与人不诚则丧德而增怨”(程颐)。能够达“诚”的人,就会得到别人的信任,即“诚故信,无私故威”(张载)。诚出于心,信见于行,这样的人是大德之人。“人而无信,不知其可”(《论语》),君子耻与为伍。“与朋友交,言而有信”(《论语》),自己的朋友越来越多。而且信的影响是双向的互动的,“以信待人,不信思信;不信待人,信斯不信”(傅玄)。做到了信,“以信接人,天下信之”;如果做不到,“不以信接人,妻子疑之”(傅玄)。诚实和守信代表了人生最有价值的真,与见利忘义是根本对立的,冲突的。“养心莫善于寡欲”(《孟子》),“寡欲”的道德修养旨在鄙弃见利忘义,因而并不是反对人们追求物质利益。“非其道,则一箪食不可受于人;如其道,则舜受尧之天下,不以为泰”(《孟子》),就是说,对待义利的关键要看是否违背道义:有道,利再大也不为过;无道,利再小也不能接受。孟子反对的是“见利忘义”和“后义而先利”的那些将“仁义”抛诸脑后而只把眼睛紧盯在“利”上的小人。他认为,如果人人都“怀利以相接”,“为人臣者怀利以事其君,为人子者怀利以事其父,为人弟者怀利以事其兄”,那就必然导致人们不顾廉耻,互相倾轧,最终酿成天下大乱。所以孟子提倡君子应该做到“仁民而爱物”,在“鱼和熊掌不可得兼”的情况下,舍利取义,甚至“舍生取义”。“以诚实守信为荣,以见利忘义为耻”,涉及人性修养的最高境界,那是“伟大的心灵”的责任安放地。我们所处的当今社会,最缺失的就是诚信和责任,最需要的也是诚信和责任。诚信和责任的人格品质普现于经济、政治和文化,要求我们必须诚信经商以获得市场的信任,诚信执政以获得群众的信任,诚信教育以获得社会信任,诚信学术以获得世代信任。我们推崇李白恪守真诚的文化人格精神的当代价值也许就在这里。

当然,李白的文化人格精神中还有有待我们分析、鉴别和剔除的消极成分,但其主调有许多积极的价值。基于这样的认识,遂撰拙文以求教于方家,不合时宜处,敬请批评。

注　释

[1]康怀远:《李白批评论》,第31页。

[2]瞿蜕园、朱金城:《李白集校注》,第1866页。

[3]康怀远:《天生我材必有用——李白诗人气质分析》,《甘肃社会科学》2004年第4期,第123页。

[4]康怀远:《李白批评论》,第137页。

[5]《马克思、恩格斯全集》第1卷,第407页。

李白的文化性格与待诏翰林政治失败漫议

李芳民

诗人李白的一生，可以说始终都是以追求政治上的成功为其毕生奋斗目标的，而天宝初受玄宗征召并被任命为翰林待诏，则可说是最接近政治成功同时又与成功失之交臂的一段经历。从天宝元年秋奉诏进京，至天宝三载春离京，其实际居京的时间仅一年半左右，旋即被“赐金放还”，离开了长安这个政治中心。就李白的一生而言，这次进京的荣耀与离京的失落，不仅构成了他终生难以磨灭的记忆，而且在很大程度上也改变了他后来的命运。对于这样一次最接近政治成功却又以失败告终的经历，不论是倾慕李白的同时代人，还是后代热爱李白的读者，无不表现出某种同情、慨叹乃至痛惜，并从不同的角度为李白的政治失败做出诠解。但是，如果将李白的从政方式放在盛唐政治文化的背景下加以考察，则可以发现李白的政治失败，从一开始就具有某种必然性。生活于盛世的诗歌天才的政治落魄，实际上凸现的是一种由文化疏离与冲突所造成的文化性格的悲剧[1]。

一

就李白的仕进道路来看，一个众所熟知的事实是，李白没有像一般士子那样，试图通过科举之路进入仕途。他从一开始就有着与众不同的选择，这就是希望以奇人名士的风采耸动天庭，进而直取卿相，甚至幻想成为帝王师式的人物。从李白天宝之前的行迹来看，他的一切活动，似乎都是围绕着培养自己的名士声望而展开的。

在中国士文化传统中，“名士”作为一个群体出现并以其独特的人格魅力在社会政治生活中产生重大影响，大约始于东汉后期[2]。桓、灵之际，当宦官、外戚干政造成东汉王朝政治的腐败与黑暗时，士人以对黑暗政治的对抗与批判，展示了其独特的操守，从而赢得了广泛的社会声誉，形成了一批虽遭迫害却在个人品格上受到尊敬与仰慕的名士群体。《后汉书·党锢列传序》即云："逮桓、灵之间，主荒政缪，国命委于阉寺，士子羞与为伍，故匹夫抗愤，处士横议，遂乃激扬名声，互相题拂，品核公卿，裁量执政，婞直之风，于斯行矣。……海内希风之流，遂共相标榜，指天下名士，为之称号。上曰'三君'，次曰'八俊'，次曰'八顾'，次曰'八及'，次曰'八厨'，犹古之'八元''八凯'也。窦武、刘淑、陈蕃为'三君'。君者，言一世之所宗也。李膺、荀昱、杜密、王畅、刘祐、魏朗、赵典、朱宇为'八俊'。俊者，言人之英也。郭林宗、宗慈、巴肃、夏馥、范滂、尹勋、蔡衍、羊陟为'八顾'。顾者，言能以德行引人者也。张俭、岑晊、刘表、陈翔、孔昱、苑康、檀敷、翟超为'八及'。及者，言其能导人追宗者也。度尚、张邈、王考、刘儒、胡母班、秦故、蕃向、王章为'八厨'。厨者，言能以财救人者也。"这是中国历史上最早以精神品格的卓异而著称的名士群体。至魏晋六朝，名士在社会政治与文化领域仍很活跃，虽然由于时代的变化，他们所呈现的精神风貌与其品格内涵已有所不同，却仍是作为政治与文化的精英而受到士林的宗尚的。据《世说新语·文学》载，当时袁宏曾作有《名士传》一书，其书今不传，详细内容无从得悉，但刘孝标在为《世说》作注时则云："宏以夏侯太初、何平叔、王辅嗣为正始名士，阮嗣宗、嵇叔夜、山巨源、向子期、刘伯伦、阮仲容、王濬仲为竹林名士，裴叔则、乐彦辅、王夷甫、庾子嵩、王安期、阮千里、卫叔宝、谢幼舆为中朝名士。"可以大致了解其时名士的概况。《世说新语》一书，记录的多是汉末迄魏晋名士的言行，除上述刘孝标注所提及袁宏《名士传》中的人物外，还有其他一些人物，也常受到称赏，后世士人所乐道的魏晋风流，就是由这一群魅力独具的名士构成的。这些名士，也许性情、思想、趣味、作风不同，但他们之所以成为名士，原因却并不复杂，那就是一定要能够超越世俗的平庸，显示出自己精神、品格或才性上的迥拔流俗。而率性、洒脱乃至任诞，又往往是他们最显著的标徽。也由于此，由对名士的崇拜，甚而导致一些人视任诞、放浪为名士，"名士不必须奇才，但使常得无事，痛饮酒，熟读《离骚》，便可称名士。""毕茂世云：一手持蟹螯，一手持酒杯，拍浮酒池中，便足了一生。"（《世说新语·任诞》）但总体看，魏晋六朝名士群体的个体风貌并不相同，其或者才华超群，或者潇洒风流，或者任诞不羁，或者品德高尚，而不论何者，都构成了他们赢得士林声誉并为朝野所瞩目的重要因素。

名士不同于一般士人的地方，主要在于其"名"。因为有"名"，所以他们才会赢得统治者的礼遇。历代的帝王,常以礼遇名士来显示自己的胸怀雅量。罗致名士入朝,既可以得到礼贤的美誉,又可以消弭政治上的消极因素。而对于有政治希冀的名士而言,则又可以借其“名”进而实现其现实的目的。因此,名士与帝王的相互为用,成为中国古代政治文化中一种非常常见的现象。唯其如此,士人采取以名士进入统治集团的方式实现其政治目的,在不同历史时期都存在着其现实的可能性。而走名士从政的道路,尽管可能比普通士人所取的常规仕进方式要艰难得多,风险要大得多,却仍然会成为一些对自己的才性充满自负与自信者的选择,且在不同时代都不乏走这条道路的成功者。不过,这样一条道路,对士而言,关键在于其“名”,“名”之大小,总是与其成功的可能性呈正比的。

唐代是中国历史上士人仕进道路相对宽广的时代。科举制度为具有不同背景的士人的进取提供了一个相对公平的竞争平台,这就使得大量士子竟趋于科举之途,所谓“太宗皇帝真长策,赚得英雄尽白头”是也。但是,尽管如此,唐代社会对名士仍然有着普遍性的尊崇。唐代的统治者也常以征召手段,罗致名士,使其或为己所用,或以为政治清明的装点。以名士身份而入仕,在唐代尽管已不再具有普遍性,但也并非没有可能。

李白生活的盛唐,正是以政治清明、重视贤才而著称的历史时期。开元初,玄宗励精图治,士人的用世热情空前高涨。这应该是形成李白渴望建功立业、希望在政治上有所作为的重要背景。但李白没有选择众多士子竟趋的科举之途。李白之不走科举之路,原因可能很复杂,但李白对自己才能的自负自信,应是一个重要的因素。前已说过,中国历史上的名士,往往都是一些个性鲜明、才能超群、独立不羁的人物。李白对自己才能的自负,自然会影响到他在入仕道路的选择上不同于常人。周勋初先生曾指出:“他(李白)从年轻时起即走上了纵横游侠与向先辈献赋求仕的道路。他不愿也不能与当代其他文士那样,卑躬屈膝,奔走于势要之门,求得举荐,去走科举的道路。他总是希望像吕尚、管仲、诸葛亮等人那样,得到他人的赏识与推荐,让朝廷了解,风云骤起,一展抱负。他希望像战国与汉初的游士那样,得到诸侯的礼敬,展现政治上与文学上的才能,干出一番轰轰烈烈的事业。他也希望能像鲁仲连、谢安等人那样,当国家陷于危亡之时,能出奇策挽救危局,功成身退,潇洒江湖。李白的先天禀赋,浪漫而富于理想;后天的教育,又与近世的情况悬隔,因此他的立身处世,矫矫不群,而他又有百折不回的精神,一直在为实现自身的理想而奋斗。他对自己的才能始终坚信不疑,因此在他奔走四方进行干谒时,其气概也与他人大不相同。”[3]

李白既然选择了这样一条道路,就必须培养自己不同于常人的声望。实际上，李白从青少年时起，就颇注意展示自己禀赋与才华的卓荦不群。早在蜀中时期，他曾与东岩子隐于岷山之阳，“巢居数年，不迹城市，养奇禽千计，呼皆就掌取食，了无惊猜。广汉太守闻而异之，诣庐亲睹，因举二人以有道，并不起”（《上安州裴长史书》），又曾干谒出为益州长史的前礼部尚书苏颋，得到苏颋的称赏，谓“此子天才英丽，下笔不休，虽风力未成，且见专车之骨。若广之以学，可以相如比肩也”（同前）。出蜀以后，李白一直不断进行着扩大自己声誉影响的种种努力：或漫游，或干谒，或隐逸。从表面上看，这些与唐代文人仕进之前普遍性的活动，差别不大。但仔细分析，其中仍有许多独特之处。首先，从干谒漫游的地域来看，李白出蜀后，并没有像一般士子那样，把当时政治文化中心——两京，作为首先考虑的目的地，而是沿江而下，过江陵，历江夏，经金陵，东至维扬，然后西赴安陆，隐于寿山，继而入赘许府。对于李白所进行的这样一次远离政治文化中心而又地域范围颇广的漫游，或许与其“一生好入名山游”（《庐山谣寄卢侍御虚舟》）的浪漫天性与趣味有关，但若说此行仅是为了满足名山之游的兴趣而无任何其他目的，恐也未必尽然。其《淮南卧病书怀寄蜀中赵征君蕤》诗有云：“吴会一浮云，飘如远行客。功业莫从就，岁月屡奔迫。良图俄弃捐，衰疾乃绵剧。”赵蕤是李白曾经从之学的纵横家，李白漫游中卧病异乡，向其昔日之师陈述窘境，自然不会讳言其此次漫游的目的，而从诗中所云“功业莫从就”“良图俄弃捐”的诗句看，似乎李白此行当还抱有实现其政治理想的目的。其次，李白早年遍读百家，对历史上，尤其是六朝时期的名士早就心仪已久，而其所游的江南地区，正是六朝名士当年生活的地域，因此，此行也不能否认其有亲临其地以探访、追寻六朝名士踪迹的心理。而在这一次漫游的过程中，李白一再向人们展示自己的洒脱、慷慨的个性以及超群出众的禀赋。比如在江陵拜谒道教名士司马承祯，即得到司马承祯的称赏，谓其“有仙风道骨，可与神游八极之表”。后来在《上安州裴长史书》中，李白又称其“曩昔东游维扬，不逾一年，散金三十万，有落魄公子悉皆济之”。透过李白的这些作为与告白，不难看出其意欲通过对自己慷慨豪迈个性的彰显，向人们展露自己才性不同寻常的意图。第三，李白的漫游活动，其交游之广泛也非常令人瞩目。他既与一些地方官员交往，如裴长史、孟少府等，又不断与宗教界特别是道教中人往来，如司马承祯、元丹丘等。开元十八年他一入长安，又曾广事交游干谒，“历抵卿相”[4]；出长安后，南下梁园，北上太原，漫游东鲁，其间交游的人物更为广泛，在荆州亦曾投书善于荐拔人才的韩朝宗。在东鲁，又曾至徂徕山，访孔巢父等人，并“与孔巢父、韩准、裴政、张叔明、陶沔居徂徕山，日沉饮。号‘竹溪六逸’”（《新唐书·李白传》）。李白如此广泛交游干谒，就其终极目的而言非常明确,那就是这一切都是为其实现政治理想服务的。正如《邺中赠王大劝入高凤石门山幽居》诗所说,是“投躯寄天下,长啸寻豪英。耻学琅琊人,龙蟠事躬耕。富贵吾自取,建功及春荣”。第四,李白的交游干谒,与唐代一般士人最大的不同,乃在于其不是出于科举的目的。“从程序上说,唐代士人一般均先行干谒,再参加考试。李白的与众不同处,只是仅行干谒,而不参加考试”[5]。李白不以参加科举考试为目的的干谒,就其深层心理而言,显然有着借干谒扩大自己声望、造成广泛社会影响,最终以名士耸动朝野而直取卿相的动机。而到了开元末,李白经过多年的努力与奋斗,他的目标基本上实现了。天宝初玄宗征召他入京,正是其名动天下的结果。李白在后来所写的《为宋中丞自荐表》中曾有云:“臣伏见前翰林供奉李白,年五十有七。天宝初,五府交辟,不求闻达,亦由子真谷口,名动京师。上皇闻而悦之,召入禁掖。”关于“子真谷口”,王琦注云:“《华阳国志》:郑子真,褒中人也。玄静守道,履至德之行,乃其人也。教曰,忠孝爱敬,天下之至行也;神中五征,帝王之要道也。成帝元舅大将军王凤备礼聘之,不应。家谷口,世号谷口子真。《汉书》:谷口郑子真,不诎其志,耕于岩石之下,名震于京师。”李白这里用“子真谷口”这一典故,在于说明他是以道德高尚而最终名震京师的。李阳冰《草堂集序》也记述云:“天宝中,皇祖下诏,征就金马,降辇步迎,如见绮、皓。以七宝床赐食,御手调羹以饭之,谓曰:卿是布衣,名为朕知,非素蓄道义何以及此?”这些都说明,李白从一开始所选择的以名士而入仕的道路,经过近二十年的努力,尽管历尽艰辛,但还是获得了初步的成功,达到了目的。

二

李白以名士身份受到玄宗的眷顾被征召入京,这是他实现政治目标并开始走向成功之路的第一步。但李白最后的失败,同样也是与其名士的身份特点密切相关的,或者说,因为长期对名士的追慕所形成的名士心态与文化性格,最终导致了其在进入政治中心后,又因其与环境的冲突而以失败告终。

李白是一个身处唐代的现实而又在精神上生活于自己所陶醉的理想世界的人。对于历史人物,他所钟情的是以才性、功业的超群拔俗而为人所仰慕的名士。就李白作品来看,他所追慕的名士可分为两类:一类是以具有奇谋宏猷并建立丰功伟业而著称的,如管仲、鲁仲连、诸葛亮、范蠡、张良等;一类是以洒脱不群、放浪不羁、真率任情名世的,如谢安、谢灵运、东方朔、王羲之、陶渊明等。对于前者,李白更多的是崇尚他们的功业以及他们建立功业的途径方式。

对于后者,李白则更多的是接受他们人格精神的熏陶。从李白的生活作风、处世方式看,后者对李白的人格与性格养成所产生的影响或许更大。而其接受前代名士影响而形成任情不羁的名士文化性格,对其后来进入官场后政治上的成败产生的影响尤其具有决定性作用。

李白天性浪漫,崇尚真率、自然。他对六朝尤其是晋人的潇洒风流、真率任情而又自尊自信尤为钟爱。"李白对东晋的向往,何等执着,可以说是怀有一种情结。他足迹遍天下,曾在许多都市中居留,但次数最多、时间又长的地方,可能要以金陵一地为最。六代豪华,名士云集,文物鼎盛,文采风流,时时激发他的诗情,在引发他怀古的胸怀","在他的诗集中,以'金陵'一地开头命名的诗题不下一二十首,可见他在此地投入的感情之多,与众多的同好者徘徊之久"[6]。他对越中也同样一往情深,一生尝三至越中。"越中山水于李白,固可以消弭烦虑、怡悦性情,更可以感染、熏陶自己的品格、风度和节操。所谓品格、风度和节操的感染力,来自于越中山水的'开发'者:在汉以自尊的严光为代表,在晋以任情的王羲之、潇洒的谢安为代表,在南朝以恣肆的谢灵运为代表"[7]。总体看,在人格精神方面,六朝名士风流对李白的影响是极为深刻的,阮籍、阮咸、谢安、王羲之、谢灵运等魏晋六朝的名士,常出现于他的笔下。虽然从李白诗歌创作的年代看,其诗歌涉及六朝名士的作品,并非全都产生于个性形成的早期阶段,但他早年通过《文选》等六朝文学典籍的阅读,应该说已种下了形成他后来顾盼、向慕风流潇洒的魏晋人物的最早因子。因此,六朝人物对他的影响应是从青少年就已开始并不断发酵的。李白崇尚并在生活作风上追蹑以任情、真率乃至任诞为特征的魏晋名士风流,当其为处于官场政治文化圈外的在野名士时,其消极性可能会被积极性所掩盖。因为盛唐本身就是一个个性张扬充满浪漫豪情的时代,他身上体现出的浪漫、自信、自负以及傲视权贵的特点,不仅会增强其个性的魅力,还会有助于其声誉的提升,甚而会引起一些士人的赏慕。魏颢对李白的千里追寻,当即缘于此。但是,一旦当他进入高层政治圈子,他长期养成的那种任情、真率、放任不羁的个性,与官场政治文化之间的疏离、悖逆、冲突就显现出来了。那种原来为一些士人所仰慕的名士魅力,适成为其政治活动中致命的弱点。任情、真率、放任不羁,一旦脱离了具体的历史与文化情景,被李白不恰当地置于高层政治环境里,就使他由禀赋特异的天才变成了政治上的侏儒。从李白天宝初入长安待诏翰林期间的作为来看,恰恰是长期形成的名士做派,使他成为长安高层政治中心中最易受到政治伤害的对象。

任何时代,官场都有其相应的规范与规程。唐代是中国历史上封建文化的成熟期，这其中当然也包括了唐代相关的制度建设与官职规范方面的严密。研究唐代文学者，常常会因为唐代文学中出现的诗化的浪漫而忘记唐代相关制度的周备以及士人入仕后对规范与制度的遵守。应该说士人在入仕后，都会遵循相应的官场制度规则，违触相关制度会受到非议乃至处罚，这是每个入仕而成为官僚集团成员的士人都明白的。岑参以舍人掌纶诰，因疾久不宿值承旨，即受到了同僚的非议；董思恭性清脱，因泄露进士考试问目，为三司推问，最后被除名流放[8]。所以，唐代一些主管铨选的官员，往往排斥那些文辞见长却个性张扬者。比如初唐的吏部侍郎裴行俭就以“士之致远，先器识而后文艺”，贬斥王勃等人“虽有文才，而浮躁浅露”(《旧唐书·王勃传》)。

唐代对官员设立了完备严密的职律。当然不同级别、不同部门的具体规定有所不同，这里没有必要作全面的讨论。以下主要围绕与李白相关的翰林院的制度规范作些论析，以期说明李白的个性与长安高层官场文化的疏离与冲突。

翰林院是在玄宗时期逐渐成为政治上具有重要地位与影响的机构的。关于翰林院的创建、沿革等，新旧《唐书》俱有记载。《旧唐书·职官二》下有“翰林院”条，并详载其处所、沿革、变迁等，云：

天子在大明宫，其院在右银台门内。在兴庆宫，院在金明门内。若在西内，院在显福门。若在东都、华清宫，皆有待诏之所。其待诏者，有词学、经术、合炼、僧道、卜祝、术艺、书奕，各别院以廪之，日晚而退。其所重者词学。武德、贞观时，有温大雅、魏徵、李百药、岑文本、许敬宗、褚遂良。永徽后，有许敬宗、上官仪，皆诏入禁中驱使，未有名目。乾封中，刘懿之刘祎之兄弟、周思茂、元万顷、范履冰，皆以文词召入待诏，常于北门候进止，时号北门学士。天后时，苏味道、韦承庆，皆待诏禁中。中宗时，上官昭容独当书诏之任。睿宗时，薛稷、贾膺福、崔湜，又代其任。玄宗即位，张说、陆坚、张九龄、徐安贞、张垍等，召入禁中，谓之翰林待诏。王者尊极，一日万机，四方进奏、中外表疏批答，或诏从中出。宸翰所挥，亦资其检讨，谓之视草，故尝简当代士人，以备顾问。至德已后，天下用兵，军国多务，深谋密诏，皆从中出。尤择名士，翰林学士得充选者，文士为荣。亦如中书舍人例置学士六人，内择年深德重者一人为承旨，所以独承密命故也。德宗好文，尤难其选。贞元已后，为学士承旨者，多至宰相焉。

《新唐书·百官一》亦载云：

学士之职，本以文学言语被顾问，出入侍从，因得参谋、纳谏诤，其礼尤宠；而翰林院者，待诏之所。

唐制，乘舆所在，必有文词、经学之士，下至卜、医、伎术之流，皆值于别院，以备宴见；而文书诏令，则中书舍人掌之。自太宗时，名儒学士时时召以草制，然犹未有名号；乾封以后，始号"北门学士"。玄宗初，置"翰林待诏"，以张说、陆坚、张九龄等为之，掌四方表疏批答、应和文章；既而又以中书务剧，文书多壅滞，乃选文学之士，号"翰林供奉"，与集贤院学士分掌制诏书敕。开元二十六年，又改翰林供奉为学士，别置学士院，专掌内命。凡拜免将相、号令征伐，皆用白麻。其后，选用益重，而礼遇益亲，至号为"内相"，又以为天子私人。充其职者无定员，自诸曹尚书下至校书郎，皆得与选。入院一岁，则迁知制诰，未知制诰者不作文书。班次各以其官，内宴则居宰相之下，一品之上。宪宗时，又置"学士承旨"。唐之学士，弘文、集贤分隶中书、门下省，而翰林学士独无所属，故附列于此云。

新旧《唐书》的记载，其内容大致相近，主要偏重于翰林院的历史沿革与功能。对于翰林院的工作规范等，未见有载。中唐时期李肇作《翰林志》，则于记载翰林院的历史及沿革后，对其职能与纪律要求作了说明，云：

按《六典》，中书掌诏旨，制敕玺书册命，皆案典故起草进书。其禁有四，一曰漏泄，二曰稽缓，三曰遗失，四曰忘误，所以重王命也。制敕既行，有误则奏而正之。凡王言之制有七。一曰册书，立后建嫡、封树藩屏、宠命尊贤、临轩备礼则用之。二曰制书，行大典赏罚、授大官爵、厘革旧政、赦宥降虏则用之。四曰发白，敕增减官员、废置州县、征兵发马、除免官爵、授六品已下官、处流已上罪并用之。五曰敕旨，为百司承旨而为程式、奏事请施行者。六曰论事，敕书慰谕公卿、诫约臣下则用之。七曰敕牒，随事承旨不用旧典则用之。又，答疏于王公则用皇帝行宝，劳来勋贤则用皇帝之宝。征召臣下则用皇帝信宝。答四夷书则用天子行宝，抚慰蛮夷则用天子之宝。发蕃国兵则用天子信宝，并甲令之定制也。近朝，大事直出中禁，不由两省，不用六宝，并从权也。元和初，置书诏印学士院主之，凡赦书德音、立后、建储、大诛讨、免三公宰相、命将日制，并用白麻纸，不用印。双日起早候阁门钥入而后进书。只日百僚立班于宣政殿，枢密使引案自东上，阁门出。若谪宰相则付通事舍人，矩步而宣之。机务要速，亦用双日。甚者虽休暇追朝而出之。凡赐与征召、宣索处分曰诏，用白藤纸。凡慰军旅，用黄麻纸并印。凡批答奏疏不用印。凡太清宫、道观荐告词文用青藤纸朱字，谓之青词。凡诸陵荐告上表、内道观叹道文，并用白麻纸。杂词祭文禁军号并进本。

李肇这里对于翰林院的工作禁忌与草诏的具体规范及规定，说得非常明确具体。关于工作上的禁忌，他引的是《唐六典》中书起草诏旨的纪律之禁，但因其将之置于翰林院沿革的记述之后，所以这些规定也可看作是对翰林院学士、待诏等同样的规定。李肇之所以这样记载，可能与翰林院草诏职能是从中书舍人的职权中所分出有关，因为前引《新唐书·百官一》述玄宗时翰林学士与待诏的职掌时即云，“玄宗初，置‘翰林待诏’，以张说、陆坚、张九龄等为之，掌四方表疏批答、应和文章；既而又以中书务剧，文书多壅滞，乃选文学之士，号‘翰林供奉’，与集贤院学士分掌制诏书敕”。

李肇这里首先指出的是翰林院相关范畴内工作不得触犯的四条规定，即漏泄、稽缓、遗失、忘误。四者中，如果说后两者属于无意的过失的话，那么前两者则可能有故意之嫌。但无论有意无意，四者都是对翰林院的工作纪律与规范的明确无误的强调。而在四者中，李肇又特别强调说：“大抵四者之禁无殊，而漏泄之禁为急。”他还举了正反两例说明翰林院保守机密的重要：

> 天宝十二载，安禄山来朝，玄宗欲加同中书门下平章事，命张垍草制，不行。及去也，快快滋甚，杨国忠曰：此垍告之也。遂贬卢溪郡司马，兄建安郡太守，弟埱宜春郡司马。
>
> ……初，姜公辅行在命相，乃就第而拜之。至李吉甫除中书侍郎平章事，适与裴垍同直，垍草吉甫制，吉甫草武元衡制，垂帘挥翰，两不相知，至暮，吉甫有叹惋之声，垍终不言。

关于前一条的情况，《旧唐书》卷九十七、《新唐书》卷一百二十五《张说传》所附《张垍传》均亦有载。张垍系玄宗女婿，为玄宗所崇厚，《旧唐书·张垍传》云：“垍，以主婿，玄宗特深恩宠，许于禁中置内宅，侍为文章，尝赐珍玩，不可胜数。”《新唐书·张垍传》略同。但是，当杨国忠以垍草制泄密谮于玄宗时，张垍乃至其兄、弟均受到由政治中枢而贬黜出为外郡司马的处罚。即此可见，翰林院工作保密的重要以及对违纪处罚的严肃严厉。关于后一条，虽新旧《唐书》之《李吉甫》《裴垍传》未载其事，但由二人传可知他们起初关系极密切。但即便如此，二人同在翰林院供职，草诏之际，仍严守保密之规定，不敢事先透露与当事人有关的信息。由此可知，唐代的翰林院一方面在政治上非常尊崇清要，另一方面又是一个严肃至近于刻板而不容草率马虎的机构。翰林供奉或翰林学士等作为天子“私人”，需要的是谨慎、严谨，言行上的任何不谨，都可能断送其政治生命与前途。不难想象，这样的环境一定会造成人的性格的特殊，这就是，凡在翰林院供职者，无论学士也好，待诏也好，定会比其他机关的官僚更显得谨小慎微。王谠《唐语林·容止》载杜审权事云：“在翰林最久，习于慎密。在镇三岁，自初视事，坐于东厅。至其罢去，未尝易处。虽大臣经过，亦不逾中门。视事之暇，日未之夕，非有故不还私室。端默敛衽，常若对宾旅……”[9]裴垍在任翰林学士时,也以小心谨慎见称。《旧唐书·裴垍传》云:“垍在翰林承旨,属宪宗初平吴、蜀,励精思理,机密之务,一以关垍,垍小心敬慎,甚称中旨。”《新唐书·裴垍传》亦云:“垍始承旨翰林,天子新剪蜀乱,励精致治,中外机筦,垍多所参与,以小心慎默承帝意。”而张垍任翰林学士,可能因工作性质影响其性格的缘故,其在重大问题上显得尤其谨慎甚而老于世故。《旧唐书·张垍传》曾载:“玄宗尝幸内宅,谓垍曰:‘希烈累辞机务,朕择其代者,孰可?’垍错愕未对,帝即曰:‘无愈吾爱壻矣。’垍降阶陈谢。”在与玄宗的对谈中,因事关宰相职务之人事,故张垍惊愕之下,未曾有一语表达意见,这是颇值得玩味的。

李白多年来在廊庙之外形成的散漫作风以及他崇尚名士养成的疏放、真率乃至放任的个性,显然与翰林院中谨慎的氛围有不相适应之处。关于翰林院的故事,曾有过翰林院工作经历的李肇在前引的《翰林志》中有所载,而李白在翰林的故事,李肇在其另一书《国史补》中则别有一条。这大约是作为特异之事而予以记录的:

> 李白在翰林多沉饮。玄宗令撰乐辞,醉不可待,以水沃之,白稍能动,索笔一挥十数章,文不加点。后对御引足令高力士脱靴,上命小阉排出之。

这是一个在后世不断被渲染的故事。后来段成式的《酉阳杂俎》前集卷十二、乐史的《杨太真外传》等都有相似的记载。可能由于这一故事传神地表现了李白颖脱不群的才气与蔑视权贵的个性,满足了历代文士自怜与自重的心理,所以后世文人常对之津津乐道。不过,对于这一故事的可靠性,亦有人表示怀疑,尤其是“脱靴”事,以当时高力士之贵宠,李白未必会鲁莽唐突如此。但是李肇在元和间曾任翰林学士,元和去天宝不过半个多世纪,且李肇《国史补序》称其著述之目的是“虑史氏或阙则补之意,续传记而有不为。言报应、叙鬼神、征梦卜、近帷箔,悉去之;纪事实、探物理、辨疑惑、示劝诫、采风俗、助谈笑,则书之。”因此,其所记录之事当具有相当的可信度。周勋初先生亦曾谓:“高力士是最受玄宗宠信的宦官,肃宗在东宫时称之为二兄,诸王公主均称之为阿翁,驸马辈则呼之为爷,权相李林甫对他也甚为敬畏,按之常情,李白不可能做出命其脱靴之事。但世上之事可决不能以常情度之。李白天性狂放,又值醉中,因而也无截然排除此事的理由。”[10]其实,从李白的文化性格看,此举也大有可能。在中国士人的心目中,阉宦尽管可能在政治上因皇帝的宠幸而气焰灼人,但其身份的卑贱向来为士人所不齿与不屑。李白深受历史上名士精神品格的熏陶,其可能平日在骨子里即对高力士存有鄙视之念,乘醉使其脱靴以折辱之,恰是其放任个性的自然流露。

李肇所载李白在翰林的表现,仔细看似为有相互关联的两事。其一是李白沉饮翰林,其二则是醉中引足脱靴。如果联系前述翰林院的情况看,这两件事都足以给李白的政治生涯带来严重的影响。以李白的沉饮翰林而论,这无论如何都有可能触犯禁律并可能带来严重的后果。前引《旧唐书·职官二》中关于翰林待诏曾明确说:“其待诏者,有词学、经术、合炼、僧道、卜祝、术艺、书奕,各别院以廪之,日晚而退。”(按,着重号为笔者所加)也即当值有明确的时间规定。耽酒沉饮而不自律,极可能导致荒怠误事,这是生活中的常识。李白沉饮翰林,显然是非常出名的,否则李肇不会有此专门的记载。不过因为其才过人,不唯玄宗当时优容之,后人也以其事为风流而不予深究。但即使李白为玄宗所优容,其事在当时也极有可能成为同僚非议的口实。因为对天才的认识与理解,并不一定与天才生活的时代同步,在大多数情况下,承认天才总是滞后于天才所生活的时代的。无论如何,对嗜酒沉饮者,玄宗恐怕是绝不能委以大任的。因为玄宗本人对醉酒之害有亲身体验,并因此而终生戒酒[11]。因此,李白的嗜酒沉饮不能不使玄宗对他的任用有所顾虑。刘全白《唐故翰林学士李君碣记》说:“天宝初,玄宗辟(白)翰林待诏,因为和蕃书,并上《宣唐鸿猷》一篇。上重之,欲以纶诰之任委之。同列者所谤,诏令归山。”则玄宗起初是深爱李白之才并有大用之意的,后来则因同列所谤才使之归山。然所谤者何事?未曾明言。范传正《唐左拾遗翰林学士李公新墓碑并序》中有云:“遂直翰林,专掌密命。将处司言之任,多陪侍从之游……既而上疏请还山,玄宗爱其才,或虑乘醉出入省中,不能不言温室树,恐掇后患,惜而逐之。”则同列所谤以及玄宗之终不能用李白,岂非与李白的沉饮有关?沉饮者最有可能触犯的就是“漏泄、稽缓、遗失、忘误”四禁,无论是否有同列之谤,如果李白嗜酒沉饮之性日益暴露发展,玄宗之不能委李白以大任都将是一种必然。

至于李白使高力士脱靴事,果若为事实,在当时也应是一个具有不小影响的事件,定会在政治中枢产生震撼性的效应。对于李白来说,他是恣一时之快意乘醉发泄,但对于官场政治中的人物来说,这却是一个极为幼稚之举。对作为当事者一方的高力士来说,其无异于当众受到了戏弄与侮辱。高力士的当下反应如何,不得而知。但无论如何,李白的举动实际上也使玄宗陷于尴尬的场景中。对于玄宗的反应,李肇云是“上命小阉排出之”。这里对玄宗的记述是颇值得玩味的。所谓“排出之”,即排解而使其离开现场。也就是说玄宗是以李白酒醉失态处之的,他以此消弭了气氛的紧张,使当事者双方都不至于有损颜面。玄宗的处理应该说是得体而又合乎情理的,但是其由此而对李白会产生怎样的印象,却值得深思。对于此事,段成式的记载是:

李白名播海内,玄宗于便殿召见,神气高朗,轩轩然若霞举,上不觉忘万乘之尊。因命纳履,白遂展足与高力士,曰:"去靴。"力士失势,遽为脱之。及出,上指白谓力士曰:"此人固穷相。"

似乎多了些小说家的夸饰,因为其中没有写到李白醉酒。脱离了醉酒这一特定情境,李白的举动就显得极为突兀而越乎常理,而且写到"力士失势,遽为脱之",也似不尽合情。但对玄宗的反应,他则写得较李肇具体:"及出,上指白谓力士曰:'此人固穷相。'"明显地,玄宗这里是为高力士挽回面子,给他以抚慰。但从中也可看出此一事件在玄宗心目中所产生的影响,也即在玄宗看来,李白的这一举动,所凸现出的是其缺乏政治官僚应有的风度与气象。

围绕李白待诏翰林最后失意而返,刘全白《唐故翰林学士李君碣记》、范传正《唐左拾遗翰林学士李公新墓碑并序》、李阳冰《草堂集序》,俱谓是受到同列的谗毁而为玄宗所疏;而魏颢《李翰林集序》则进一步指明谗毁者为张垍。《旧唐书》本传谓白使力士"脱靴",因而斥去;《新唐书》本传、乐史《李翰林别集序》及《杨太真外传》俱谓力士以脱靴之耻,激杨妃使进谗言。看来李白因遭谗而政治失败,前人是多所认同的。不过对李白政治遭遇的同情惋惜可以理解,但事实真相究竟如何,似还可再讨论。

新旧《唐书》及乐史所记,因其后出,可暂置之。魏颢、李阳冰,均与李白生前交往而且是受命为其集作序者;刘全白、范传正则为白同时代稍后人,因此他们四人的记载是值得关注的。但从其记载来看,李、刘、范俱未言及进谗者姓名。如果李白确是遭到谗毁,那么,搞清谗毁者便很重要。值得注意的是,所有现能看到的相关材料中,唯魏颢指明为张垍。魏颢言之凿凿,但其从何而知?一种可能是得之传闻,另一种则有可能得之李白之口。传闻不足论,而得之李白,则其间实有值得分析者。因为李白在后来言及此事时,从未说得具体明确,甚或有混乱处。

关于李白自己提及待诏翰林被谗事的文字,以下两处值得注意。一是其《翰林读书言怀呈集贤诸学士》诗,一为《为宋中丞自荐表》文。

《翰林读书言怀呈集贤诸学士》一诗云:

> 晨趋紫禁中,夕待金门诏。观书散遗帙,探古穷至妙。片言苟会心,掩卷忽而笑。青蝇易相点,《白雪》难同调。本是疏散人,屡贻褊促诮。云天属清朗,临壑忆游眺。或时清风来,闲倚栏下啸。严光桐庐溪,谢客临海峤。功成谢人间,从此一投钓。

此诗作于李白待诏翰林期间,安旗先生主编之《李白全集编年注释》系于天宝二年。诗是写给集贤院学士的,从呈赠的对象看,作为待诏翰林的李白,没有写给翰林院的同僚,这是值得注意的。合理的解释是,李白与翰林院同僚之间的关系并不亲密,甚至谗言的来源极有可能与翰林院同僚有关,且在一定范围内产生了不小的影响。其投赠集贤院,可能带有替自己辩解之意。透过"青蝇易相点,《白雪》难同调。本是疏散人,屡贻褊促诮"的诗句,似乎谗毁的内容与李白的作风有关。如果当时李白认为是同列张垍谗毁,那么其出朝后是有可能将真情告诉魏颢的。

但是,至德二载,他作《为宋中丞自荐表》则有云:

> 臣伏见前翰林供奉李白,年五十有七。天宝初,五府交辟,不求闻达,亦由子真谷口,名动京师。上皇闻而悦之,召入禁掖。既润色于鸿业,或间草作于王言,雍容榆扬,特见褒赏。为贱臣诈诡,遂放归山,闲居制作,言盈数万。

"为贱臣诈诡"中的"贱臣"一语,则又不免使人生疑。因为若为张垍,其以驸马都尉为翰林学士,称之为"贱臣",似乎不伦。但若以"贱臣"称高力士,则似较与力士身份合。作为向当代人自荐的文字,李白若认定是张垍进谗,他于此不会粗疏至言词不伦。但若此处指为高力士,又与魏颢文中的张垍说相矛盾。况且,张垍兄弟在安史之乱中出任伪职,后来或死或贬,当李白为此文时,似已再无隐讳其名的必要。

因此李白对于所谓同列谗毁之具体人事,心中必不一定十分明确。造成李白对此事前后表述上的含混不清,以常情揆之,似可作这样的推测。李白在翰林待诏期间,其嗜酒沉饮、任情不羁,已形成了与一般严肃、谨慎乃至刻板的同僚的不和谐,并由此导致了同僚的一些非议,对此玄宗一定会不断有所耳闻,而酒后失态之举,则使玄宗由耳闻进而目睹。玄宗之不大用李白,当是由其对李白性情的了解而决定的。对于李白来说,由政治中枢失意而归,他则需要对问及返归原因的朋友,给出一个合理的解释,而遭谗被疏,既可说是他当年的真实感受,也可说是一个最合乎情理又能为大家所理解与同情的理由。这样一来,李白文化性格与官场政治的疏离、冲突导致其政治失败的深层原因就被遮蔽了。

说到底,李白待诏翰林的政治遭际,是一个天才诗人的政治失败。对于李白来说,这是他个人政治生涯的悲剧,但政治上的悲剧却无损于其作为诗人的伟大;而玄宗作为创造"开元盛世"的一代君王,其对于李白的了解与认识,应该说是深切的。一方面,他欣赏李白的才华,故能对其疏放、任诞有所优容;另一方面,出于对李白的了解,他在政治上不能也不会予李白以其所希望得到的重任。因此,若干年后,当玄宗在政治上失去权威而成为一个被人所同情的弱者时,李白对玄宗的情感与心理便极为复杂,而这不能说与其待诏翰林期间的经历没有关系。

三

就政治层面而言，李白待诏翰林是失败了，而政治生活的失败对他的思想、创作所产生的影响，比如由于翰林待诏的经历使他对上层政治集团了解的加深，以及连带影响到他的思想与创作的变化，等等，则是巨大的，对此前贤时彦已多所揭橥，兹不赘。不过在李白这段经历中，还有一值得讨论者，这就是李白“谪仙”称号及与之其相关联的一些问题。

李白获得“谪仙”之名，是他二入长安的一个重要收获，因为这一称号深刻地影响了他的社会声望与后来的生活。在此之前，李白尽管对自己的才能非常自负，也曾获得了一些有地位与声望人物的称誉，但或者因其缺乏概括上的精警，或者未能传达李白的风度神韵，所以对提升李白的知名度并没有产生较显著的影响。而“谪仙”一词，既可说是对李白一个富有极大褒扬性的称号，同时也是一个最为传神的称号。李白可说是愉快地接受了这一称号的。出朝以后，他数次于诗文中向人道及之。比如在《对酒忆贺监二首并序》中，他即不无得意地写到：

太子宾客贺公于长安紫极宫一见余，呼余为谪仙人，因解金龟换酒为乐。没后对酒，怅然有怀，而作是诗。

四明有狂客，风流贺季真。长安一相见，呼我谪仙人。
昔好杯中物，今为松下尘。金龟换酒处，却忆泪沾巾。

（其一）

《答湖州迦叶司马问白是何人》诗又写到：

青莲居士谪仙人，酒肆藏名三十春。
湖州司马何须问，金粟如来是后身。

这两首诗都作于出朝未久的天宝六载。而到了天宝十四载，他作《金陵与诸贤送权十一序》又再次说：

吾希风广成，荡漾浮世。素受宝诀，为三十六帝之外臣。即四明遗老贺知章呼余为谪仙人，盖实录耳。

而且，李白后来之在士林享有大声望，实也得益于此。杜甫《寄李十二白二十韵》云：

昔年有狂客，号尔谪仙人。笔落惊风雨，诗成泣鬼神。
声名从此大，汩没一朝伸。文彩承殊渥，流传必绝伦。

龙舟移棹晚,兽锦夺袍新。白日来深殿,青云满后尘。
乞归优诏许,遇我夙心亲。未负幽栖志,兼全宠辱身。
剧谈怜野逸,嗜酒见天真。醉舞梁园夜,行歌泗水春。
才高心不展,道屈善无邻。处士祢衡俊,诸生原宪贫。
……

诗中说"昔年有狂客,号尔谪仙人""声名从此大,汩没一朝伸",由此可知李白之声名,是随着"谪仙人"之称号而扩大了的。因为杜甫是在天宝三载夏在洛阳与白相遇的,此时李白甫出京城,自玄宗身边而来,杜甫则尚未有京华生活的经历,相识之后,二人于诗酒流连数月间,一定会谈及京师长安及其高层政治生活的一些事。因而"声名从此大,汩没一朝伸"诗句对李白声名、生活变化的描述,也当是具有纪实性特点的。

"仙"与"谪仙",都是与道教有密切关联的观念。李白早年生活于具有浓郁道教文化氛围的蜀中,出蜀之后,他又一直与道教及道教中人物保持着密切关系,而赠予他这一称号的贺知章,本身也以崇道著称,因此,贺知章也好,李白也好,他们对"谪仙"之内涵应是非常清楚的。值得关注的是,"谪仙人"在道教文化中究竟有着怎样的内涵?或者说贺知章是在何种意义层面来赠予李白这一称号的?搞清这一问题,对于认识李白二人长安期间的思想与作风乃至获得这一称号他思想性格的变化,应当是有意义的。

对于"谪仙"含义的阐释,从现代人的理解看,它的内涵具有多重要素。日本学者松浦友久说:

> "谪仙人"这一概念的意象结构非常复杂,但其主要属性可以集中在下面三点:
>
> (1)才能上的超越性、超俗性。
>
> (2)社会关系上的客体性、客寓性。
>
> (3)言论行动上的放纵性、非拘束性。
>
> 三者相互关联,因而正好具有结构性的品格,即欠缺了哪一个都难以形成典型的"谪仙人"的形象。在这一意义上,可以说哪一个都是不可或缺的基本属性。[12]

这应是对"谪仙"的涵义的一种带有综合性的概括。但是,"谪仙"的这种多重结构性品格,似乎也是在不断演变中逐渐累积叠加而形成的。

道教在唐以前已经过了数百年的发展,其神仙体系也逐渐系统化,特别是南朝陶弘景作《真灵位业图》,为道教神仙制定等级,构想出了一个等级森严而又宏大周密的神仙谱系。不过,其中并未有所谓"谪仙"之名。但从唐以前的文献中看,已出现了一些关于“谪仙”的故事。下面几条唐前文献中有关“谪仙”的材料,对于理解唐前人们心目中“谪仙”的面目与特点是很有意义的:

瑕丘仲者,宁人也。卖药于宁百馀年,人以为寿矣。地动舍坏,仲及里中数十家屋临水,皆败。仲死,民人取仲尸弃水中,收其药卖之。仲披裘而从,诣之取药。弃仲者惧,叩头求哀。仲曰:“恨汝使人知我耳,吾去矣。”后为夫馀胡王驿使,复来至宁。北方谓之谪仙人焉。

——《列仙传》卷上(又见《水经注》卷十三“漯水”注,唯“瑕丘仲”作班丘仲)

永明中,会稽钟山有人姓蔡,不知名。山中养鼠数十头,呼来即来,遣去便去。言语狂易,时谓之“谪仙”。不知所终。

——《南齐书》卷五十四《高逸》(又见《南史》卷七十五《隐逸》)

范豺者,巴西阆中人也。久住支江百里洲,修太平无为之道。临目嘘漱,项有五色光起,冬夏惟单布衣。而桓温时头已斑白,至宋元嘉中状貌不变。其占吉凶,虽万里外事,皆如指掌。或问:“先生是谪仙邪?”云:“东方朔乃黠我,我小儿时,数与之狡狯。”又云:“我见周武王伐纣洛城头,战,前歌后舞。”宋文帝召见豺,答诏称我,或称吾。元凶初为太子,豺从东宫过,指宫门曰:“此中有博劳鸟,奈何养贼不知?”文帝恶之,敕豺自尽。江夏王使埋于新亭赤岸冈,文帝令发其棺,看柩无尸,乃悔之。越明年,豺弟子陈忠夜起,忽见光明如昼,而见豺入门就榻坐,又一老翁后至,豺起迎之。忠问是谁?豺笑而不答。须臾俱出门,豺问忠:“比复还东乡,善护我宅,即百里洲也。”

——《云笈七签》卷一百一十(又见《蜀中广记》卷七十六)

从这些材料看,唐以前的所谓“谪仙”,是以行为怪谲、言语狂易,为常人难以理解为主要特征的。松浦友久所概括的三个方面中,其第三点也即“言论行动上的放纵性、非拘束性”在他们身上表现的都很明显。第二点即“社会关系上的客体性、客寓性”,也有所体现,但这一点主要是通过人们的反应表现出来的。至于其才能的超越性、超俗性,尤其是文才的横绝超奇,尚看不出来。

前面说过,不论是贺知章,还是李白,都是与道教关系极为密切的人物,有关道教的文献,他们应该是熟稔于心的。那么贺知章在以“谪仙人”来称李白时,他所取的是前述“谪仙”的概念内涵呢,还是为他加入了新的含义?不妨先分析一下李白对“谪仙”的体认。

李白诗文中有好几次提到“谪仙”一词,而有助于帮助判断其对“谪仙”体认的,一是其《玉壶吟》一诗,另一则是前面所引过的《金陵与诸贤送权十一序》文。《玉壶吟》诗是在提到东方朔时用此词的,诗云:

烈士击玉壶,壮心惜暮年。
三杯拂剑舞秋月,忽然高咏涕泗涟。
凤凰初下紫泥诏,谒帝称觞登御筵。
揄扬九重万乘主,谑浪赤墀青琐贤。
朝天数换飞龙马,敕赐珊瑚白玉鞭。
世人不识东方朔,大隐金门是谪仙。
西施宜笑复宜颦,丑女效之徒累身。
君王虽爱蛾眉好,无奈宫中妒杀人。

李白在诗里引用东方朔的典故,应有以之自比的意思。东方朔是以才华出众而又自以未得其用,时以诙谐讽上见称的。《史记·滑稽列传》曾载:

朔初入长安,至公车上书,凡用三千奏牍。公车令两人共持举其书,仅然能胜之。人主从上方读之,止,辄乙其处,读之三月乃尽,诏拜以为郎,常在侧侍中。数召至前谈语,人主未尝不说也。时诏赐食于前。饭已,尽怀其馀肉持去,衣尽污。数赐缣帛,檐揭而去。徒用所赐钱帛,取少妇于长安中好女。率取妇一岁所者即弃去,更取妇。所赐钱财尽索之与女子。人主左右诸郎半呼之"狂人"。人主闻之,曰:"令朔在事无为是行者,若等安能及之哉!"朔任其子为郎,又为侍谒者,常持节出使。朔行殿中,郎谓之曰:"人皆以先生为狂。"朔曰:"如朔等,所谓避世于朝廷间也。古之人,乃避世于深山中。"时坐席中,酒酣,据地歌曰:"陆沉于俗,避世金马门。宫殿中可以避世全身,何必深山之中,蒿庐之下。"

《汉书·东方朔传》记事较《史记》所载详尽,而其中一则记其以诙谐讽上曰:

久之,朔绐驺朱儒,曰:"上以若曹无益于县官,耕田力作固不及人,临众处官不能治民,从军击虏不任兵事,无益于国用,徒索衣食,今欲尽杀若曹。"朱儒大恐,啼泣。朔教曰:"上即过,叩头请罪。"居有顷,闻上过,朱儒皆号泣顿首。上问:"何为?"对曰:"东方朔言上欲尽诛臣等。"上知朔多端,召问朔:"何恐朱儒为?"对曰:"臣朔生亦言,死亦言。朱儒长三尺馀,奉一囊粟,钱二百四十。臣朔长九尺余,亦奉一囊粟,钱二百四十。朱儒饱欲死,臣朔饥欲死。臣言可用,幸异其礼;不可用,罢之,无令但索长安米。"上大笑,因使待诏金马门,稍得亲近。

从以上事迹看,东方朔的行为确具有放纵性与无拘束性,也具有超越世俗性。也许由于东方朔的举止不同常人，所以《太平广记》卷六“东方朔”条所引《东方朔别传》等，已将他描述为一个岁星下降的谪仙人了。李白这里说“世人不识东方朔，大隐金门是谪仙”，显然对东方朔事迹非常熟悉，而且是从其具有放纵性、无拘束性与超越世俗性的角度体认东方朔的。李白诗中又说自己曾“揄扬九重万乘主，谑浪赤墀青琐贤”，可以看出他有意将自己的举止和东方朔相比拟。考虑到此诗作于天宝二年在贺知章称李白为“谪仙人”之后，那么，李白对于“谪仙”的体认，应该更多地和传统意义上谪仙之含义接近。至于《金陵与诸贤送权十一序》中“吾希风广成，荡漾浮世。素受宝诀，为三十六帝之外臣。即四明遗老贺知章呼余为谪仙人，盖实录耳”，说自己是“三十六帝之外臣”，并谓之“实录”，所强调的正是其作为谪仙的“社会关系上的客体性、客寓性”。

那么，“谪仙”内涵的才华横绝超奇的新含义是如何出现的？这一含义，从现有的材料看，当与李白之被称为“谪仙”有关的。贺知章以“谪仙人”称李白，对于李白的影响实在是太大了，所以，不论是与李白同时代的人，还是后来有关李白的传记资料，在叙及李白时，都不会忘记李白的这一称号。唐人涉及李白“谪仙”称号的文字甚多，其中较重要的有杜甫、李阳冰、范传正、裴敬、孟棨、王定保等。下面将之作一排列比较，看看“谪仙”一词在与李白发生关联后，其意义的增生。

（1）杜甫《寄李十二白二十韵》：

昔年有狂客，号尔谪仙人。笔落惊风雨，诗成泣鬼神。声名从此大，汩没一朝伸。

（2）李阳冰《草堂集序》：

又与贺知章、崔宗之等自为八仙之游，谓公谪仙人。朝列赋谪仙之歌凡数百首，多言公之不得意。

（3）范传正《唐左拾遗翰林学士李公新墓碑并序》：

在长安时，秘书监贺知章号公为谪仙人，吟公《乌栖曲》云：“此诗可以哭鬼神矣！”时人又以公及贺监、汝阳王、崔宗之、裴周南等八人为酒中八仙，朝列赋谪仙歌百馀首。

（4）裴敬《李公墓碑》

或曰：太白之精下降，故字太白。故贺监号为谪仙，不其然乎？故为诗格高旨远，若在天上物外。神仙会集，云行鹤驾，想见飘然之状。

（5）孟棨《本事诗·高逸》：

李太白初自蜀至京师，舍于逆旅，贺监知章闻其名，首访之。既奇其姿,复请所为文,出《蜀道难》以示之,读未竟,称叹者数四,号为“谪仙”,解金龟换酒与倾尽醉,期不间日,由是称誉光赫。

贺又见《乌栖曲》,叹赏苦吟曰:“此诗可以泣鬼神矣。”故杜子美赠诗及焉。曲曰:“姑苏台上乌栖时……”或言是《乌夜啼》。二篇未知孰是,故两录之。《乌夜啼》曰:“黄云城边乌欲栖……”

(6)王定保《唐摭言》卷七“知己”:

李太白始自西蜀至京,名未甚振,因以所业贽谒贺知章。知章览《蜀道难》一篇,扬眉谓之曰:“公非世之人,可不是太白星精耶?”

从(1)(3)条中,看不出贺知章是因李白的诗才而对之有“谪仙”之称的,其中所体现出的诗才与“谪仙”的关系,是平行而非因果,也就是说,李白是“谪仙”,诗也特别出色。(2)中则没有涉及“谪仙”与诗才的关系,只是说贺知章对之有“谪仙人”之称,大家对“谪仙人”的遭遇深表同情。(4)中“谪仙”与诗才属因果关系,因白为太白星之精下降,贺因有“谪仙”之称;因其为“谪仙”,“故为诗格高致远,若在天外”。(5)(6)中则是,贺因读其《蜀道难》,因为惊其诗才,故有“谪仙人”之称。这里“诗才”为因,“谪仙人”是果,与(4)又有所不同。

由此可见,李白“谪仙人”的称号与其诗才之间,可能有一个因果演变过程。由于李白作为诗人的声望,在后来越来越大,其诗格之高逸,令人既深感惊奇而又难于解释,因此,贺知章所赠予的“谪仙人”就与其诗才紧密联系起来了。到了孟棨、王定保那里,就成了贺知章因赏叹白诗而称其为“谪仙人”。这样,“谪仙”的含义,因李白之故,就在传统的放纵无拘束、客寓人间的暂居性、才能的超俗性等外,与诗才文才的特异有了更密切的关系。由于“谪仙”称号对李白形象与个性描述所具有的恰切传神性,后来李白对此称号也因而具有了独占性[13]。人们提到“谪仙人”时,李白以前有关“谪仙”的特点,逐渐被尘封忘记了,对“谪仙人”这一意象在脑海里的本能反应,就是诗人李白的形象,而人们对“谪仙人”李白的体认,又不外三点,即神情不凡、诗酒风流、文才出众[14]。这大致也是李白“谪仙人”称号出现后,中国人对“谪仙”特征的理解。但这已与唐前有关“谪仙”形象有了一定的距离。也就是说,由于“谪仙人”李白的出现,原来的“谪仙”观念已被重新改写增加了新的内涵。人们对它的认识与理解,已脱离了仙传文化的传统语境,而更多地带有了由李白所产生的直觉联想。

注 释

[1]关于李白的文化性格,友人查屏球在《盛唐名士文化沉沦与李白悲剧》(见其《从

游士到儒士——汉唐士风与文风论稿》,复旦大学出版社,2005年版)文中有精彩论述,对笔者启迪良多,本文在思考角度上对其亦有所借鉴,谨申谢忱。

[2]"名士"一词,在先秦文献中已出现。如《礼记·月令》:"季春之月……是月也,生气方盛,阳气发泄,句者毕出,萌者尽达,不可以内。天子布德行惠,命有司,发仓廪,出币帛,周天下,勉诸侯,聘名士,礼贤者。"(见《十三经注疏》,浙江古籍出版社,1998年),又《吕氏春秋·劝学》:"……此六人者,行戮死辱之人也。今非徒免于行戮死辱也,由此为天下名士显人以终其寿,王公大人从而礼之。"(见《诸子集成》,上海书店,1986年7月)但以品格、个性及独特操守而在社会生活中发生重大影响且对后世影响深远的名士群体,则以东汉后期党锢之禁中的士人为最著。

[3]《李白评传》,第383页。南京大学出版社,2005年4月。

[4]李白《与韩荆州书》:"三十成文章,历抵卿相。"郭沫若《李白与杜甫》谓:"李白在三十岁时,要'历抵卿相',与'王公大臣'等交游,只有到西京去才有这种可能。这就肯定:李白在三十岁时断然去过一次西京。"参安旗《李白别传》第31页,西北大学出版社,2005年5月。

[5]周勋初:《李白评传》,第374页。南京大学出版社,2005年4月。

[6]周勋初:《李白评传》,第270页。南京大学出版社,2005年4月。

[7]阎琦:《李白三至越中考索》,《唐代文学研究》第六辑,广西师范大学出版社,1996年9月。

[8]封演:《封氏闻见记》卷九、卷三,见赵贞信《封氏闻见记校注》,第83页,第16页,中华书局,2005年11月。

[9]王谠:《唐语林》卷四,第129~130页。上海古籍出版社,1978年6月版。

[10]周勋初:《李白评传》,第100页,南京大学出版社,2005年4月。

[11]李德裕《次柳氏旧闻》载云:"上始入斜谷,天尚早,烟雾甚晦。知顿使给事中韦倜,于野中得新熟酒一壶,跪献于马首者数四,上不为之举。倜惧,乃注以他器,引满于前。上日:'卿以我为疑耶?始吾御宇之初,尝饮,大醉损一人,吾悼之,因以为戒,迨今四十馀年,未尝甘酒味。'指力士及近侍者日:'此皆知之,非绐卿也。'从臣闻之,无不感悦……"见《开元天宝遗事十种》,第7~8页,上海古籍出版社,1985年1月。

[12]松浦友久:《李白的客寓意识及其诗思——李白评传》,第172页。刘维治、尚永亮、刘崇德译,中华书局,2001年10月。

[13]松浦友久说:"仅就中国文学史而言,'谪仙人'之名,只有在李白这里,才具有独占性、代表性。无疑,这一方面是因为李白自身在文学史上的代表性,而更本质的原因,则是'谪仙人'的意象结构中,存在着与李白性格和诗风共通的要素(亲近性)。"在对这一段话注释时,他又指出:"也就是说,就'谪仙人'词语自身

而言，既非特别的独创，也非划时代的评语，但它作为李白传记论以及中国文学批评史上的重要概念之一，却具有大的意义。这不仅因为李白主要是诗人，而且因为在'李白'和'谪仙人'之间，存在着与各自本质有关的内在呼应。这一点有以下事实也可得到明证：有些词虽然是同一个李白的别号或自称，如'青莲居士'和'金粟如来'，却难以具备'谪仙人'这样的划时代的影响力。"见松浦氏著《李白的客寓意识及其诗思——李白评传》，第 172 页。刘维治、尚永亮、刘崇德译，中华书局，2001 年 10 月。

[14]周勋初：《李白评传》，第 393 页。南京大学出版社，2005 年 4 月。

河东文化对李白的滋养

万德敬

河东既是一个历史概念，又是一个地理概念。秦始皇始置河东郡，治所在今天运城市里的安邑。唐代有河东道、河东郡与河东县。河东道的范围远远大于今天的山西省，它也包括了今天河南省西北部、河北省西北部以及内蒙古自治区南部的一小部分。[1]河东道处于京畿道与都畿道之间，其特殊的地理位置决定了它在唐代政治、军事、经济和文化各个领域有着极其重要的作用。河东郡则主要指今天运城地区。《蒲州府志》卷三："唐之河东与汉不同，汉河东郡所统颇广。若唐以河中府为河东郡，且有河东县。其河东县则以永乐以北兼有临晋西境地。"[2]本文所言河东主要是指今天运城、临汾等晋南一带，在唐代相当于河东道里面的绛州、蒲州、解州、晋州、慈州和隰州。晋南古称河东已有两千多年的历史。

但河东地区的历史却可以上溯到180万年前。"西侯渡人（按：今运城市芮城县西侯度村）成为世界上用火最早的居民。考古专家……采用'古地磁法'测定了西侯渡遗址文化层的绝对年代为180万年。"[3]人类之所以能在这里生存就是因为这里有水、有盐。中国历史上有一个叛逆典型蚩尤，他也是中国战神的代名词。李白《明堂赋》："乃召蚩尤之徒。"又《天长节使（"使"字疑误）鄂州刺史韦公德政碑》："蚩尤之师。"考沈括《梦溪笔谈》："解州盐泽，方百二十里。久雨，四山之水，悉注其中，未尝溢；大旱未尝涸。卤色正赤，在版泉之下，俚俗谓之蚩尤血。"今运城市盐池南犹有蚩尤城、蚩尤村与蚩尤冢。《太平寰宇记·河东道七》："蚩尤城在县南一十八里……其城今摧毁。"故安邑县治在今山西运城市安邑镇。蚩尤部落居此享盐泽之富，得以与黄帝争衡。河东自古就是中国历史上政治斗争和军事斗争异常激烈的重镇，而这些斗争大都影响着中国历史的进程，同时也影响着中国文学的创作。李白《古风五十九首》其五十三:“战国何纷纷,兵戈乱浮云。赵倚两虎斗,晋为六卿分。”又《赠张相镐二首》其二:“石勒窥神州,刘聪劫天子。”[4]

河东赢得了历代帝王的垂青,尧、舜、禹这些中华民族的领袖俱都河东,所谓“尧都平阳(今临汾),舜都蒲坂(今运城市永济),禹都安邑(今运城市夏县)”。据笔者统计,尧、舜、禹在李白存留下来的诗文中共出现了13次。汉代以后许多帝王曾驻跸河东,因为他们要祭祀后土。李白《九日登巴陵置酒,望洞庭水军》:“忆昔传游豫,楼船壮横汾。”就是说汉武帝巡幸河东的故事。《昭明文选·秋风辞并序》:“上行幸河东,祠后土,顾视帝京欣然,中流与群臣饮燕,上欢甚,乃自作《秋风辞》曰:‘泛楼船兮济汾河,横中流兮扬素波,箫鼓鸣兮发棹歌。’”后土祠在今天万荣县境内。到唐代时,蒲州又升格为都城,据《新唐书·地理志三》:“(蒲州)开元八年置中都,为府;是年罢都,复为州。”这足见河东地区的重要性。

李白的脑海里面有河东这个概念,《赠郭季鹰》诗云:“河东郭有道,于世若浮云。”《夏日陪司马武公与群贤宴姑熟亭序》:“盖有前摄令河东薛公栋而宇之。”关于李白与河东裴氏的交游考证,见拙文《李白与河东裴氏交游考述》[5]。其中裴旻是李白剑术的恩师,他把精妙绝伦的剑术传给李白,无疑又是李白艺术人生之中的一道彩虹。

李白的第二任妻子是宗氏夫人,宗氏夫人是武则天的外甥宗楚客的孙女。《新唐书》卷一。九《宗楚客传》:“宗楚客,字叔敖,其先南阳人。曾祖丕,后梁南弘农太守,梁亡入隋,居河东之汾阴,故为蒲州人。父岌,仕魏王泰府,与谢偃等撰《括地志》。楚客,武后从姊子,长六尺八寸,明皙美须髯。”[6]宗楚客的政治品格有污点,但是人长得漂亮,所以我们可以据此推测宗氏夫人也是很漂亮的。在宗氏夫人之前,曾有女性对李白的生活产生了负面影响,所谓“会稽愚妇轻买臣”(《南陵别儿童入京》),但是李白和宗氏的感情很好。这表现在两个方面:一是宗氏夫人陪着他喜欢道教,这让李白很开心,“拙妻好乘鸾,娇女爱飞鹤。提携访神仙,从此炼金药”(《题嵩山逸人元丹丘山居》),“多君相门女,学道爱神仙”(《送内寻庐山女道士李腾空二首》)。李白与宗氏夫人有共同的语言,琴瑟和谐;二是在李白因为李璘事身陷囹圄之后,宗氏对他的营救,使李白很受感动:“多君同蔡琰,流泪请曹公。”(《在寻阳非所寄内》)宗氏夫人不仅滋润了李白的生活并成为李白诗文创作的题材,而且对李白的文学创作还有砥砺的作用。据《柳亭诗话》:

李白尝作《长相思》乐府一章,末云:“不信妾肠断,归来看取明镜前。”其妇从旁观之曰:“君不闻武后诗乎,‘不信比来常下泪,开箱验取石榴裙。’”太白爽然自失,此即所谓相门女也。具此才情,故当与寻真、腾空为侣。[7]

下面再从河东历史文化与地理文化两个方面谈谈其对李白的滋养。

一、颐情志于典坟

悠久的河东历史，涌现了大量杰出的历史人物，这些人物除了前面提到的蚩尤、尧、舜、禹之外，还有风后、傅说、师旷、百里奚、豫让、张仪、卫青、霍去病等。这些河东人物丰富了李白诗文的内涵，增强了其艺术表现力。他们可以分为四类：

（一）高士。伯夷、叔齐是高士，在李白的诗文里出现了4次。《史记·伯夷列传》："武王已平殷乱，天下宗周，而伯夷、叔齐耻之，义不食周粟，隐于首阳山，采薇而食之。"《括地志》："雷首山延长数百里，随州郡而异名，一名中条山，一名首阳山。"《唐六典》："河东道名山日雷首，亦日中条。"《水经注》："雷首山有夷齐庙。"明代理学家薛碹把伯夷、叔齐列入"河汾五贤"。李白一生注重自己人格的完善，而伯夷、叔齐无疑为李白提供了典范，但是李白内心并不打算像夷、齐那样消极抵抗现存的政治，如《梁园吟》曰："莫学夷齐事高洁。"可见李白的主导思想还是人世的。

（二）义士。豫让、韩厥、程婴、公孙杵臼是义士。李白《东海有勇妇》："豫让斩空衣，有心竞无成。"《战国策》："豫让始事范、中行氏而不悦，去而就智伯，智伯宠之。及三晋分智氏，赵襄子最怨智伯，而将其头以为饮器。豫让遁逃山中曰：'嗟乎！士为知己者死，女为悦己者容。吾其报智氏之仇矣！'"又李白《武昌宰韩君去思颂碑并序》："献子虽不能遏屠岸之诛，存孤嗣赵，太史公称天下阴德也。"这句话歌颂了三个河东义士：韩厥、程婴和公孙杵臼。李白自诩崇尚节义，"结发未识事，所交尽豪雄"（《赠从兄襄阳少府皓》），"纵死侠骨香，不惭世上英"（《侠客行》）。所以，我们不难理解豫让、韩厥、程婴和公孙杵臼为什么能成为李白的榜样。

（三）辩士。张仪是辩士。《赠崔侍御》诗曰："笑吐张仪舌。"《赠范金乡二首》："只应自索漠，留舌示山妻。"《史记·张仪列传》："张仪者，魏人也。"《索隐》："晋有大夫张老，又河东有张城，张氏为魏人必也。"今天运城市万荣县有张仪村。李白早年在蜀中的时候，就从纵横家赵蕤学王霸之术，因此，先秦时代的张仪很显然就是他崇拜的偶像。

（四）贤士。风后、傅说、百里奚、师旷、卫青和霍去病是贤士。李白《明堂赋》："风后侍侧。"《帝王世纪》："黄帝梦大风吹天下之尘垢皆去，帝寝而叹曰：'风为号令，执政者也。垢去土，后在也。天下岂有姓风名后者哉？'于是依占而求之,得风后于海隅,登以为相。”考(乾隆)《解州全志》,海隅,即今解之盐海。解,是地名,在今天运城市内。今芮城县有风陵渡,为风后之冢。

傅说和百里奚在李白笔下出现了7次。《帝王世纪》:“武丁思建良辅,梦天赐贤人姓傅名说,乃使工写其像,求诸天下。见筑者胥靡,衣褐带索,役于虞、虢之间,傅岩之野,是为傅说,登以为相。”今平陆县有傅说庙。《吕氏春秋》:“百里奚之未遇也,亡虢而虏晋,饭牛于秦,傅鬻之以五羊之皮。公孙枝得而悦之,献诸穆公。”

师旷是聪明的代称。李白《避地司空原言怀》:“南风昔不竞,豪圣思经纶。”王琦注引《左传》:“晋人闻有楚师,师旷曰:‘不害,吾骤歌北风,又歌南风。南风不竞,多死声,楚必无功。’”师旷对声音有着天才的听觉,李白则对社会现实有着敏锐的艺术触觉。

卫青、霍去病是猛将,二人都是河东平阳人。李白《君子有所思》:“卫、霍输筋力。”李白一生最大的愿望就是成为王佐之才,所谓“奋其智能,愿为辅弼”(《代寿山答孟少府移文书》)。风后、傅说、百里奚、师旷、卫青和霍去病这些贤士显然就是李白的偶像。

以上四类偶像充分表明了李白是个多面体。这既是时代精神的反映,也是李白复杂思想的写照。由于李白对人生充满着激情和自信,所以他特别渴望遇到伯乐。伯乐在中国文化里是善于发现、推荐、培养和使用人才的人的代称。李白《天马歌》:“盐车上峻坂,倒行逆施畏日晚。伯乐剪拂中道遗,少尽其力老弃之。”伯乐并非河东人氏,但是伯乐慧眼识马的典故却是发生在河东。《战国策》:“夫骥之齿至矣,服盐车而上太行,蹄伸膝折,尾湛胕溃,漉汁洒地,白汗交流,外坂迁延,负棘而不能上。伯乐遭之,下车攀而哭之,解纻衣以幕之,骥于是俯而喷,仰而鸣,声达于天,若出金石者。”顾祖禹《读史方舆纪要》:“太行山,在平阳府绛州绛县东二十里。”千里马所运盐为运城池盐。今天平陆县有“虞坂古盐道”,还有“识乐沟”等一系列与伯乐有关的地名。李白生命中的伯乐有玉真公主、吴筠(郁贤皓先生有《吴筠荐李白说辨疑》)和司马承祯。但是,李白多么希望皇帝是他的伯乐啊!皇帝对他只不过倡优蓄之,用他来装点门面而已,这就使李白不能“鲤鱼跳龙门”了。鲤鱼跳龙门是中国文化里面令人欣喜的人文景象,这个景象附会在今天运城市的河津龙门。《太平广记》曰:“龙门山在河东界,禹凿山断如门一里馀,黄河自中流下,两岸不通车马。每暮春之际,有黄鲤鱼逆流而上,得上者便化为龙。林登云:‘龙门之下,每岁季春有黄鲤鱼白海及诸川争来赴之,一岁中登龙门者不过七十二。初登龙门,即有云雨随之,天火自后烧起尾,乃化为龙矣。’”这个美丽的传说带给我们这个民族一笔巨大的精神财富,那是一种人生的希冀,一种芸芸众生都渴望实现的由此岸到彼岸的超越以及由这种质的飞跃而产生的审美快感。李白《赠崔侍御》:“黄河三尺鲤,本在孟津居。点额不成龙,归来伴凡鱼。”昏庸的帝王、黑暗的政治和残酷的现实没有让李白实现“大贤虎变愚不测”(《梁甫吟》)的人生效应,这是李白的悲剧,却是文学的幸事!

河东自古产生了很多文学家。邓小军先生在《唐代文学的文化精神》里提出,隋唐两代有四大文化主峰,其中首推河汾之学。河汾之学不仅为贞观之治提供了政治理想,也为贞观之治准备了干部人才。邓小军先生一针见血地指出,就文化而言“唐源流出于河汾”[8]。渊雅如李白者,绝对不会对河东文化懵懂无知。应该说,李白是积极地接受了河东文学的影响。就他存留下来的作品来看,最明显的是他受到了郭璞和王勃等人的影响。且看下表:

李白诗文	出　处
《古风五十九首》其五:“粲然启玉齿,授以炼药说。”	郭璞《游仙诗》其二:“灵妃顾我笑,粲然启玉齿。”
《古风五十九首》其十九:“恍恍与之去,驾鸿凌紫冥。”	郭璞《游仙诗》其三:“赤松临上游,驾鸿乘紫烟。”
《古风五十九首》其三十二:“蓐收肃金气,西陆弦海月。”	《山海经》:“西方蓐收,左耳有蛇,乘两龙。”郭璞注:“金神也。人面虎爪,白毛执钺。”
《古风五十九首》其四十四:“绿萝纷葳蕤,缭绕松柏枝。”	郭璞《游仙诗》其三:“绿萝结高林,蒙笼盖一山。”
《古风五十九首》其五十四:“鸒斯得所居,蒿下盈万族。”	《尔雅》:“鸒斯,鹎鶋。”郭璞注:“鸦鸟也,小而多群,腹下白,江东亦呼为鹎鸟。”
《蜀道难》:“砯崖转石万壑雷。”	郭璞《江赋》:“砯崖鼓作。”
《赠华州王司士》:“淮水不绝波澜高。”	《晋书·王导传》:“初,导渡淮,使郭璞筮之。卦成,璞曰:‘吉,无不利。淮水绝,王氏灭。’其后子姓繁衍,竟如璞言。”
《酬王补阙惠翼庄庙宋丞泚赠别》:“薜带何辞楚。”	王绩《游北山赋》:“荷衣薜带,藜杖葛巾。”
《陪族叔当涂宰游化城寺升公清风亭》:“长松自吟哀。”	王绩《答冯子华书》:“松柏群吟。”
《经乱离后,天恩流夜郎……》:“帝子许专征。”	王勃《龙怀寺碑》:“帝子专征。”

关于李白接受河东郭璞与王绩等人的影响,前贤已经有所述及,元·陈绎

曾《诗谱》:“郭璞构思险怪,而造语精圆。李、杜精奇处皆取此。”[9]李白“五岁诵六甲,十岁观百家”,他的作品之中有许多来自《尔雅》和《山海经》的典故,而为这两部典籍作注的正是郭璞。李白曾“三拟《文选》”,《文选》中收录了郭璞的许多作品,所以,李白接受了郭璞的影响是情理之中的事。作为“文中子”王通的昆仲,王绩也影响了李白。郑振铎《插图本中国文学史》(第二册,282 页)认为王绩的诗意境直袭陶渊明,王绩最好的诗篇如《田家》《过酒家》两首“也浑是上继嗣宗,下起王维、李白的”,这样,从陶渊明到李白的文学承接线路就清晰多了。

二、大块假我以文章

1981 年刘华云先生撰有《李白在山西的游踪与诗歌》[10],论文批郤导窾,将李白的行踪研究向前大大推进了一步。但是,刘文只是考证了李白在晋北的游踪与诗歌创作,而对于李白在晋南的游踪则语焉不详。诸家年谱也没有涉及这一问题。本文试作一探析。

河东道的南北交通有两条道路。东路从洛阳过黄河经怀州、泽州、潞州而至太原。西路沿太原南下经交城、文水、西河郡。根据山西特殊的地形,再考之严耕望《唐代交通图考》[11],只要到了西河,再往南下,则晋州(今临汾地区东部)与绛州(今运城北部)为必经之路。这条路线是这样的:西河—介休—灵石—霍邑—赵城—洪洞—晋州治—绛州治。这条交通路线是傍着汾河南下的。李白有《留别西河刘少府》,可证他到过西河,即今天的汾阳。而到绛州之后再南下也只有两条路,一是绛州府治—柏壁—稷山—龙门关,一是绛州府治—家雀关—闻喜—夏县—安邑—解县。从解县有小路去河南,大路折西向虞乡、蒲州。

河东是大唐的革命圣地,且不说它是李渊、李世民父子的龙兴之地,就是在大唐建国之后,武德三年李世民征讨叛将宋金刚的那场惊心动魄的决定性战役——柏壁之战,也发生在绛州。《旧唐书·太宗纪》:“太宗率众趣龙门关,履冰而渡之,进屯柏壁……(李)孝基败于夏县……将还浍州……邀之于美良川(按:夏县北)……太宗追之至介州。”[12]后来李世民创作了《秦王破阵乐》以纪念这场战役,一直到今天晋南地区《秦王破阵乐》的演出还是长盛不衰。《秦王破阵乐》在初唐名播海外,是国际性的音乐舞蹈。后来,李隆基又对《秦王破阵乐》进行了改编,改为《小破阵乐》。生活在盛唐时代的李白一定对这些掌故耳熟能详。根据郁贤皓与刘华云的说法,李白第二次游历山西是在天宝十二载

(753),是年李白53岁。这一年他游历幽燕之地,敏锐地感觉到了安禄山的狼子野心。安禄山一身兼平卢、范阳、河东三镇节度使,正是“所守或匪亲,化为狼与豺”(李白《蜀道难》)。因此李白这一次南下很可能是一次红色旅行,即沿着李世民大战宋金刚的战线逆行,以此体验煌煌太宗业。但李白在这个地区有多少文学创作,这给我们留下了遐想的空间,因为他的作品大多散佚。我们可以肯定的是,李白在经过晋南时,应该在这里有过一段时间的逗留,并且同地方上发生了密切的联系。原因有二:

(一)晋南的黄河为李白的诗歌创作提供了滋养。

在李白的笔下有大量的描写黄河的诗句,这也引起了一些学者的兴趣。笔者以为,李白因为亲眼见到了黄河,才写出了黄河的雄姿与灵魂。比如,《将进酒》:“君不见黄河之水天上来,奔流到海不复回。”王琦未注。高步瀛曰:“河出昆仑,以其地势极高,故曰:‘天上来。’”《赠裴十四》:“黄河落天走东海,万里写入胸怀间。”杨齐贤注:“黄河,出昆仑山。在唐吐蕃中,隶大羊同国。极西为最高,其流入中国,势犹从天而落也。”瞿蜕园、朱金城先生于此无注[13]。由此可见前面高步瀛所注来自杨齐贤。我认为这个注解误导了后人,仿佛李白视通万里,靠着天才的想象写出了这样的诗句。其实李白应该是在经过河东目击了龙门(或壶口)之后才创作了这样的佳构。我们且看明代河东大儒薛瑄的《游龙门记》中的一段文字:

> 出河津县西郭门西北三十里,抵龙门下。东西皆层峦危峰,横出天汉。大河自西北山峡中来,至是,山断河出,两壁俨立相望。神禹疏凿之劳,于此为大。……大河奔湍,三面触激,石峰疑若摇振。北顾巨峡,丹崖翠壁,生云走雾,开阖晦明,倏忽万变。西则连山宛宛而去。东视大山,巍然与天浮。南望洪涛漫流,石洲沙渚,高原缺岸,烟村雾树,风帆浪舸,渺茫出没,太华、潼关、雍豫诸山,仿佛见之。盖天下之奇观也。[14]

这段文字完全可以作李白《公无渡河》的注脚:

> 黄河西来决昆仑,咆哮万里触龙门。波滔天,尧咨嗟。大禹理百川,儿啼不窥家。杀湍湮洪水,九州始蚕麻。

该诗是李白描写晋南龙门黄河景象的大手笔。王琦注曰:“凡塞外诸河,率皆归此,故水势最盛。郦道元谓其崩浪万寻,悬流千丈,浑洪损怒,鼓若山腾。”黄河在龙门(今运城市河津)的走向是东西,而不是从地图上看去的南北方向。黄河从龙门出来之后,由于地势平坦的原因就变得水势平缓了。所以,李白笔下黄河的壮丽应该是他经过晋南目睹了黄河从而在他心底形成的震撼。

（二）晋南为李白诗歌的珍藏和传播作出了贡献。

李白的诗文作品大多散佚，为后人留下了很大的遗憾。李阳冰《草堂集序》："自中原有事，公避地八年，当时著述，十丧其九。"李白在当时有一"粉丝"名叫魏万，尝居王屋山，后名颢。他非常崇拜李白，后来千里寻踪，在广陵见到了李白。李白"因尽出其文，命集之"。魏颢《李翰林集序》中还说："上元末，颢于绛偶然得之，沉吟累年，一字不下。"上元，是唐肃宗的年号(760—761)。这则材料告诉我们魏颢是在绛州(今天运城市新绛)发现了李白的诗文集，这是李白诗文最早的版本之一。宋敏求《李太白文集后序》："治平元年得王文献公溥家藏白诗集上、中二帙，凡广一百四篇，惜遗其下帙。熙宁元年，得唐魏万所纂白诗集二卷，凡广四十四篇。"[15]"治平"为宋英宗年号，元年为1064。"熙宁"是宋神宗年号，元年为1068。王文献公溥，即王溥，五代北宋时期山西祁县人，《唐会要》《五代会要》的作者。宋敏求在熙宁元年得到魏万所纂李白的集子，那么，这一年他在哪儿呢？考《直隶绛州志》："宋敏求……神宗初，知绛州。"[16]《宋史》卷二九一《宋敏求传》："英宗在殡，有言宗室服疏者可嫁娶，敏求以为大行未发引，不可。逾年，又有言者。敏求言宗室义服，服降而练，可嫁娶矣。坐前后议异，贬秩知绛州。……是岁，即诏还。"[17]"熙宁"是宋神宗的第一个年号。考《宋史·英宗纪》："(治平)四年春正月……丁巳，帝崩于福宁殿，寿三十六。"[18]治平四年(1067)四月宋英宗崩，逾一年正好是熙宁元年，也就是在这一年宋敏求知绛州。换言之，宋敏求是在绛州工作的时候发现了李白的集子。这更加说明，河东地区对于李白诗文的珍藏和传播，厥功甚伟。

综上，河东历史文化和地理文化一定强烈地感召了李白，对于李白领略自然、反思历史、关心时政和铸造人格都会产生一定的积极的影响。河东地处太行山与吕梁山的夹缝中间，形成了一个较为狭长的地带，南抵中条山，北临塞上。这种特殊的地理位置和地形特征，使它形成了一个较为封闭的系统，与外面的文化交流少些，从而形成了自己特色鲜明的文化板块。这种文化特色，《汉书·地理志》说得极其精当："其民有先王遗教，君子深思，小人俭陋。"《隋书·地理志》曰："河东、绛郡……土地沃少瘠多，是以伤于俭啬。"河东文化里面的"俭陋""俭啬"与"千金散尽还复来"的李白格格不入，但其精英阶层的"深思"却与李白同声同气，李白在考察了安禄山控制的地盘之后再经过河东文化的洗礼，这种忧国忧民的意识应该更加强烈了。

注　释

[1]谭其骧主编：《中国历史地图集·隋唐五代十国时期》，北京：中国地图出版社，

1996 年。
[2](乾隆)《蒲州府志》,山西省运城市地方志办公室重印,2007 年。
[3]任振河:《刍议中华文明与华夏文化发祥于河东蒲阪》,《山西高等学校社会科学学报》,2007 年第 2 期。
[4][7][9][15](清)王琦注:《李太白全集》,北京:中华书局,1977 年,第 599、1623、1527、1477 页。
[5]万德敬:《李白与河东裴氏交游考述》,《中国李白研究 2008 年集》,合肥:黄山书社,2008 年。
[6](宋)欧阳修、宋祁:《新唐书》,北京:中华书局,1975 年,第 4101 页。
[8]邓小军:《河汾之学与贞观之治的关系》,《四川师大学报》,1991 年第 6 期。
[10]刘华云:《李白在山西的游踪与诗歌》,《晋阳学刊》,1981 年。
[11]严耕望:《唐代交通图考·河东河北区》,上海:上海古籍出版社,2007 年。
[12](后晋)刘昫:《旧唐书》,北京:中华书局,1975 年,第 25 页。
[13]瞿蜕园、朱金城:《李太白集校注》,上海:上海古籍出版社,1980 年。
[14](明)薛暄著,孙玄常等点校:《薛暄全集》,太原:山西人民出版社,1990 年,第 77 页。
[16](光绪)《直隶绛州志》,山西省运城市地方志办公室重印,2007 年,第 95 页。
[17][18](元)脱脱等:《宋史》,北京:中华书局,2004 年,第 9736、260 页。

巴蜀文化与李白

蒋　志

李白生长于蜀，长达25年，他的整个青少年时期是在蜀中度过的。巴蜀文化强烈地影响着李白的一生，塑造着他的世界观、人生观、性格、思维方式以及文学创作的风格。而李白又为巴蜀文化增添异彩，对其后的发展产生深远影响。

一、巴蜀文化的形成及其特征

巴蜀是指以四川盆地为中心兼及周边的山地以及汉中盆地、滇东北、黔西北、鄂西南等"与巴蜀同俗"的区域，是中华文明的重要起源地之一，是长江上游的古代文明中心。在这一地域形成的文化称巴蜀文化，是多元一体的中华文化的重要的有机组成部分。

巴蜀文化是在特殊的地理环境中经长时期历史发展形成的。四川盆地古称"天府之国"，四周由高原和山脉环抱，盆地中间的平原与丘陵土地肥美，水利发达，气候温和，比起同纬度的华东，夏天较凉爽而冬天较暖和。雨量充沛，有良好的生态环境，很适于人类居住。

早在人类起源的204万年前，就有巫山人出现。在旧石器时代，10万年前有资阳人出现。到新石器时代，在距李白故居青莲不远的绵阳边堆山，有5000至4500年前人类居住的遗迹。在李白访问道士的戴天山上的大水洞中有距今4500年前人类活动遗址，与成都平原的以六座古城遗址为代表的"宝墩文化"属于同一时期。特别是距今3000多年前的广汉三星堆和成都金沙遗址的发现，展示了独放异彩的青铜文明，可以与中原的殷周时期的文明并驾齐驱。远古传说"巴蜀同囿，肇于人皇"，之后又有古蜀国五祖：蚕丛、柏灌、鱼凫、杜宇、开明的传说，这些传说与地下考古发掘可一一印证。

公元前316年,秦并蜀后,中原文化强烈地影响着巴蜀。秦始皇统一全国,实行中央集权专制主义,中华文化的共性驾驭在地域文化的个性之上,但巴蜀文化仍然延续了一个时期。至汉代,全国出现了稳定的大一统局面,巴蜀文化逐渐与中华文化融为一体,但共性不可能代替个性,巴蜀文化从思想意识、心理素质、思维方式、风习民俗等方面,显示出鲜明的个性特征。故古人说到巴蜀,总是视为“别一世界”,“人情物态,别是一方”。从西晋裴度的《图经》到唐代杜甫的蜀中纪行诗,直到19世纪末法国人古德尔孟的《四川游记》都一致认为巴蜀是“异俗差可怪”的“另一世界”。

关于巴蜀文化的特征已有不少学者论述。蒙文通先生在《巴蜀文化的问题》“巴蜀文化的特征”论述中指出:“词赋、黄老和卜筮、历数,这才是巴蜀古文化的特点。”又说:“自西汉末年直到晋代,师承不绝,都是以黄老灾异见长,共有三十余人,这在两汉最为突出。”[1]这给我们很大启示,现将巴蜀文化几个侧面的特色加以探索:

巴蜀文化具有开放性和兼容性,从学术思想方面表现出“杂”的特色。由于巴蜀为崇山峻岭所屏蔽,其独特的地理环境,形成相对独立、自具特色的文化区域,自古被称为“四塞之国”。李白惊叹:“尔来四万八千岁,不与秦塞通人烟。”但巴蜀文化并非封闭型的。由于巴蜀据长江上游,四川盆地水路交通方便,沿长江谷地可进行东西文化交流,沿岷江河谷可进行南北文化交流。通过滇缅路可与南亚、中亚与西亚联系。巴蜀不仅农业发达,古典工商业也发达,很早就有发达的“货贿山积”的工商业城市,具有开拓、开放性因素,有一种冲破盆地的束缚,拓展市场、求得新知的欲望。“从大的文化背景看,四川盆地处于长江、黄河两大文明之间,界于西南、西北民族交汇,东亚与南亚文化交流的走廊之上。各种文化的交融,使盆地就像一个蓄水库一样,接纳各方文明‘来水’。”[2]或者说四川盆地犹如聚宝盆,使巴蜀文化成为南北文化和东西文化交汇、集结的“多层次、多维度的文化复合体”[3]。

早在巴蜀文化的初生时期,就与外域文化相交流,显示出开放性。考古发现,巴人的祖先是从鄂西清水流域迁入川东。蜀族中的蚕丛氏是从岷江上游,鱼凫氏是从长江中游,杜宇氏是从今云南北部,开明氏是从荆楚之地,先后迁徙来到川西,与当地土著结合繁衍的。“禹兴于西羌”,夏禹文化兴于西蜀而流播于中原及至东部吴越。三星堆文化一、二期出土的铜牌饰与二里头夏文化相同,与夏禹文化的西兴东渐说可以印证。三星堆和金沙遗址的玉琮、牙璋与东方的良渚文化相似,表明东西部不同区域文化的交流和集结很早。三星堆青铜尊、罍等酒器和食器和中原殷墟是一致的,这说明它吸纳中原文化并与之交流。它的开放性还体现在很早就是著名的“南方丝绸之路”传输的集散中心,三星堆遗址的海贝、金杖,表明与中亚、西亚及海洋文明有联系,这些都证明古代巴蜀文化的开放性、复合性。

春秋战国时期,巴蜀与中原、荆楚的联系进一步加强。公元前316年,秦惠王伐取巴蜀之后,多次从北方对巴蜀移民。秦始皇统一六国后,将原六国的富商大贾迁徙入巴蜀。东汉末,避难入蜀者数万,其中有不少士人。《三国志·蜀志》中入列传者,外籍人士34,而本籍才17人。西晋惠帝时期,甘肃的略阳、天水有不少的人躲避战乱,举家南移,先至汉中,而后入蜀,这些移民后来都融合到巴蜀原住民中。

大量移民进入巴蜀,使巴蜀能兼容各种文化,博采众家之长,显示出杂交型、复合型的特色。从学术思想来看,巴蜀虽不似中原那样产生著名的思想家,但有博采众家之长的杂家。《鹖冠子》是战国时期巴蜀人所著。陆佃在为该书加写的序言中说:"初本黄老,而末流迪于刑名。"《四库全书提要》说该书"颇杂刑名,而大旨原本于道德",将其归之于"杂家类"。《风俗通义》说该书作者是人,也就是嘉陵江一带的巴人,后巴为楚所灭,故《汉书·艺文志》称其为楚人。总之,可以说这本书是巴蜀地区的产物。尸佼曾为商鞅之师,协助商鞅变法,"商鞅被刑,佼恐并诛,乃亡入蜀,自为此二十篇书,凡六万言。"[4]此书既有儒家思想,又有法家思想,《汉书·艺文志》将其归于"杂家者流"。从战国晚期开始,巴蜀又是秦汉移民之地,这些迁人带来了北方文化,使巴蜀文化显得更为博杂。秦王政执政,吕不韦获罪,勒令"其与家属迁处蜀……文信侯(吕不韦)饮鸩死、窃葬,其舍人临者皆逐迁之。"[5]《华阳国志》载:"秦始皇徙吕不韦舍人万家于房陵(当时属于巴)。"这些被迁入巴蜀的舍人必定有参与《吕氏春秋》撰写的,该书是杂家的代表作,《四库全书提要》说"是书裒合群言,大抵据儒书者十之八九,参以道家墨家之近理者十之一二"。这种杂家思想随吕不韦门客之迁入巴蜀,必然在巴蜀流传,对巴蜀的学术思想产生深远影响。在汉初黄老之术又传入西蜀。黄老之术形成于战国初期,它的思想特点是:"因阴阳之大顺,采儒墨之善,撮名法之要,与时迁移,应物变化,无所不宜。"[6]这也是博采众家之长。

儒家思想传入巴蜀的时间较晚。汉景帝至武帝时,文翁在蜀首创地方官学,"遣隽士张叔等十八人东诣博士受七经,还以教授,学徒鳞萃,蜀学比于齐鲁。"[7]汉武帝以儒家思想为全国统治思想,巴蜀也不例外。不过儒学在巴蜀并无深厚的传统,也无著名的经学大师。在巴蜀缺少一整套为专制主义中央集权统治服务的伦理道德观。《汉书·地理志》云:"景武间,文翁为蜀守,教民读书法令,不能笃信道德,反以好文刺讥。"在《汉书·儒林传》所列27人中均无蜀人。西汉著名的蜀中思想家并未局限于儒学,而是善取各家之长,形成自己的思想体系,如严君平,融合道儒两家,"专精大《易》,耽于《老》、《庄》。常卜筮于市,假蓍龟以教。与人子卜,教以孝;与人弟卜,教以悌;与人臣卜,教以忠。于是风移俗易,上下慈和。"[8]他既精通儒家经典《易》,又深钻道家经典《老子》《庄子》,教人以儒家经典提倡的伦理道德，这就是融合儒道。严君平的弟子扬雄，思想总体上说是以儒家为主，但也并不局限于儒家，“不为章句，训诂通而已。博览无所不见”[9]，遍涉各家学说，把道家的宇宙观与儒家的伦理思想相结合，对诸子百家既有所取，又有所不取，既有所肯定，又有所批评。扬雄虽被后世称为“大儒”，但实际上他非单纯的儒家，而是杂采了各家之长。东汉时期巴蜀有几个儒者上了《后汉书·儒林传》，但他们也显示了巴蜀学术思想“博杂”的特点，如杨统及其子杨厚、任安、景鸾、段翳等，都是将当时流行的今文经、谶纬之学与巴蜀传统的黄老之术、卜巫、天文推步之术相结合，而形成颇具蜀地特色的地方之学。

唐代巴蜀杰出的思想家赵蕤是典型的杂家，《新唐书·艺文志》和《四库全书总目提要》都将赵蕤的著作《长短经》归为“杂家类”，谓其书“其源出于纵横家，主于因时制变，综核事功，不免于杂霸之学”。书中纵论诸子百家之长短，反对偏好某一种学说，主张全面研究各派学说，根据实际情况的需要变通取舍。在《长短经》中包容了儒、道、法、墨、兵、阴阳、纵横等各家之说，是名副其实的杂家。赵蕤是李白的老师，他对李白的思想产生了重大影响。

巴蜀从政治上看，独立性、分散性、叛逆性很强。因其远离统治中心，中央政权鞭长莫及。又有既富且险的特殊自然条件，经济发达，可自给自足，地势险要，可凭险拒守，地方偏远，受正统思想之束缚较少，非正统化倾向明显。在政治上往往表现出自为中心，自成体系，“周失纲纪，蜀先称王。七国皆王，蜀又称帝。是以蚕丛自王，杜宇自帝。”巴蜀在历史上多次成为称雄割据者的安身立命之所，或农民起义的据点。《华阳国志·序志》：“西土险固，襟带易守，世乱先违，道洽后服，固逋逃必萃，奸雄窥觎。”在南北朝时期就有“蜀人贪乱乐祸”的说法。《通典》曰：“巴蜀之人，少愁苦而轻易淫佚……土肥沃，少凶岁，山重复，四塞险固。王政微缺，跋扈先起。”又有“蜀中斗绝，易动难安”的说法。明人高岱的《鸿猷录》说：“蜀地与中原隔绝。昔人谓其先天下而乱，亦后天下而平。”明末清初欧阳直的《蜀警录》说：“天下未乱蜀先乱，天下已治蜀后治。”郭沫若说：“乱是什么？就是革命……（四川人）先乱是说革命性丰富……地方偏僻则离统治力量的中枢较远，中枢力量鞭长莫及，故能先天下而发难。物产丰富则能闭关自守，支持长久消耗，故可后天下而太平。”从巴蜀的知识分子来看，素以出不遵礼法、蔑视权贵、豪放不羁、傲气十足、特立独行、愤世嫉俗、离经叛道的人物而著名。《汉书·地理志》说巴蜀文人“未能笃信道德，反以好文刺讥”。《隋书·地理志》说“薄于情理”也即是说受封建传统礼教的束缚少，保持独立的人格，不愿做帝王的奴才。如司马相如敢于冲破封建礼教，偕自己心爱的卓文君私奔，后来又开起了酒店，卓文君当垆，司马相如跑堂，这都是惊世骇俗之举。司马相如被召入京后，不愿与东方朔、枚皋一样被当成俳优畜之，“其进仕宦，未尝肯与公卿国家之事，称病闲居，不慕官职”[10]，与汉武帝保持不即不离的关系。严君平一辈子不愿做官,不与统治者合作,可以说是汉代的庄子。扬雄"不汲汲于富贵,不戚戚于贫贱",闭门著书,自守清贫,不与当权者同流合污。梓潼士人李业面临白帝公孙述的征聘书和毒酒,他说:"名可成不可毁,身可杀不可辱。"毅然饮毒酒身亡,拒绝征聘。江原士人王皓、王嘉也是情愿自杀而不应公孙述征聘。李白之师赵蕤为保持自己的独立人格和政治主张而多次拒绝唐玄宗征辟,在他的《长短经》中公然否定封建专制主义和"君权神授"的正统观念,大胆地提出"天下者非一人之天下也,天下之天下也"。他说君民关系,"若同舟共济,皆同其利,舟败皆同其害"。君臣关系应当是师友关系,而非主子与奴才关系,他说:"上主以师为佐……危亡之主以隶为佐。"总之,特殊的自然环境和历史条件造成巴蜀人蔑视官府,不愿做皇帝的顺民,富于反抗的精神。

从思维方式看,巴蜀文化具有神秘诡异、浪漫奇特、想象丰富的特点。巴山蜀水,雄奇幽丽,奇峰峻岭,鬼斧神工,溶洞幽深,神秘莫测,云海佛光,虚幻缥缈,充满着原始野性的神奇和诡秘,很容易联想起神仙鬼怪,令人产生敬畏之心,因而宗教气氛较浓。《汉书·地理志》:"(楚)信巫鬼,重淫祀……与巴蜀同俗。"刘师培《南北文学不同论》说:"大抵北方之地,土厚水深,民生其间,多尚实际。南方之地,水势浩洋,民生其间,多尚虚无。"范文澜说我国古代北方为"史官文化","史重人事,长于事实",南方为"巫官文化","巫事鬼神,富于想象"[11]。几千年来,在神奇的巴山蜀水流传着许许多多仙与鬼的民间传说。这些神话传说多被保留在《山海经》《蜀王本纪》《华阳国志》等书中。其中有大禹出生和治水、古蜀帝王蚕丛与鱼凫、望帝化为杜鹃、鳖灵死而复生、五丁开道、李冰治水、二郎擒孽龙、苌弘之血化碧、彭祖、王乔成仙、廪君与盐水神女、巫山神女瑶姬等传说。在考古发掘中,出土了大量与神话故事相辉映的想象非常丰富、十分夸张的青铜器、陶器、玉器,特别是三星堆、金沙遗址的文物。如半人半神的青铜造像十分奇特怪异,有的眼球突出几十厘米,有的耳朵特别大,有的鼻上饰云雷纹,还有戴冠鸟足人像、人身鸟爪。最大的一尊青铜人高2.6米,一双夸大的手握有法器,说明他有通天的本领。4米高的神树,歇着太阳鸟,与《山海经》上说的"上通于天","沟通神灵"的"建木"可以相互印证。还有金沙遗址中的太阳神鸟金箔,中心为旋转的云气,周围是四支飞行的神鸟。这些有非常的想象力和惊人的创造力的青铜器,与中原造型凝重、写实的青铜器显然风格大不相同。从这些考古发掘也证明了巴蜀地区自古巫术流行,巫风弥漫。三星堆出土的大型青铜雕像群、黄金面罩、金杖,各种青铜动物、植物、怪兽群像,以及大量象牙、玉器,均与降神、通神、祈神降福的巫术仪式和巫歌、巫舞有关,也足以显示出巴蜀巫风之盛。延及秦汉,巴蜀"巫鬼"崇拜盛而不衰。

谭继和先生说:"古蜀文化的内涵是重仙的文化,这是与中原不相同的。中原文化重礼化,它的文化元典是《诗经》。南方文化重巫,它的元典是《楚辞》。南方文化又可以分门若干区域，其中的楚重巫化，蜀重仙化，巴重鬼化，这是几种不同的文化想象力与不同的思维方式的体现。”[12]

巴蜀人神秘诡异的思维产生了原始巫教。西汉初期黄老思想传入巴蜀。东汉顺帝时，沛国（今江苏）人张道陵在西蜀的鹤鸣山、青城山修道。《神仙传》记载：“初，（张）天师值中国纷乱，在位者多危……方退身修道，十年间已成道矣。闻蜀民朴素可教化，且多名山，乃将弟子入蜀，于鹤鸣山隐居……先时蜀中鬼魔数万，白昼为市，擅行疫疠，生久罹其害。自六天大魔摧伏之后，陵斥其鬼众，散居西北不毛之地，与之誓曰：‘人主于昼，鬼行于夜，各有司存，违者正一有法，必加诛戮。’于是幽冥异域，人鬼殊途。今西蜀青城山有鬼市并天师誓鬼碑石。”张道陵一方面改造巴蜀的原始巫教，收服巫教信众，吸收巴人重鬼、蜀人重仙的思想，同时又吸取阴阳五行、黄老思想，以《道德经》为经典，自撰《老子想尔注》，删损《道德经》，将老子神化，尊其为“太上老君”，奉之为教主，完成了从哲学的道家到宗教的转化，创建了原始道教，在巴蜀及汉中设立24治（教区），入教者需出五斗米，因此又称“五斗米教”，教徒尊张道陵为天师，又称“天师道”。巴蜀成为道教的发源地。经过张陵、张衡、张鲁祖孙三代的传教，道教在巴蜀、汉中有了很大的发展，特别是张鲁建立了政教合一的汉中政权。废除官吏，以祭酒为治。废除严刑峻法。设立义舍，备有米、肉，供行旅之人免费住、吃。张鲁统治汉中近三十年，政局安定，受到汉族和少数民族的拥护，史称“民夷便乐之”。其势力十分强大，影响深远。在汉魏之际，巴蜀的天师道成为全国道教的主干。而在道教的发祥地更是道风千年未沦落。直到李白生活的唐代，李唐统治者为神化其统治地位，攀附老子为其先祖。特别是唐玄宗对道教格外尊崇，蜀中的道风更盛。唐人写的《隋书·地理志》说，巴蜀“崇重道教，犹有张鲁之风焉”[13]。

道教信奉“自然、无为、重视生命的修炼和永恒”，崇尚玄学，放浪形骸，不拘礼法，自由不羁，张扬个性，提倡及时行乐，追求空灵飘逸。这些道教的思想理论深刻影响了巴蜀人的思想和生活方式，成为巴蜀文化的重要内容和突出特色。可以说巴蜀雄奇秀丽的山水和历史、文化孕育了道教的产生。而道教也丰富了巴蜀的地域文化。

巴蜀人富于想象的思维方式与道教的思想深深地影响着巴蜀的文学艺术，造就了想象奇特、夸张、虚构的浪漫主义的表现风格。前述巴蜀的神话传说就是原始的浪漫主义的文学作品。到汉代，巴蜀诞生了全国第一流的文学家、辞赋家，领袖文坛数百年。苏轼说：“文章之风，惟汉为盛，为贵显暴著者，蜀人为多。盖相如唱其前而王褒继其后，峨冠曳佩，大车驷马，徜徉乎乡闾之中，而蜀人始有为文之意，弦歌之声，与邹、鲁比。”（《谢范舍人书》）西汉的司马相如、王褒、扬雄，东汉的李尤都是蜀中著名的辞赋家。可以说巴蜀是中国词赋文化孕育的圣地。司马相如说，辞赋“合纂组以成文,列锦绣而为质,一经一纬,一宫一商,此作赋之迹也。赋家之心,包括宇宙,总览人物,斯乃得之于内,不可得其传”(《答盛览问作赋》)。辞赋铺张扬厉,文采瑰丽,想象奇特,气势豪放,成功地运用了夸张虚构的浪漫主义的创作手法,这也影响了以后的巴蜀文学家。巴蜀文化孕育出许多杰出的文学家、诗人。明代何宇度在《益部谈资》中说:“蜀之文人才士,每出皆表仪一代,领袖百家。”对中国文学产生了深远的影响。

二、李白接受巴蜀文化的影响

李白生于巴蜀,25 岁才离开巴蜀,他的青少年时期是在巴蜀度过的。弗洛伊德曾提出一个著名的论点:“儿童期经验是成人个性区别的根本来源。”[14]郭沫若说:“一个人在年轻时可塑性最大,一个人要成为什么,主要就在年轻时的教育。”[15]青少年时期是一个人的世界观、人生观、性格、气质基本形成的时期,青少年时期接受的影响是终身难以改变的。李白一生下来就接受巴蜀文化的熏陶,一直到 25 岁才离开巴蜀。他的思想、个性、气质和诗歌创作风格,都深深地打上了巴蜀文化的烙印。

李白的思想博而杂,显然是受兼容性、开放性很强的巴蜀文化的影响。如上述,巴蜀文化在学术思想方面的显著特点就是“杂”,也就是兼收并蓄、杂采众家之长。这对李白产生了很深的影响,他学习的内容十分博杂,“五岁诵六甲,十岁观百家,轩辕以来,颇得闻矣”,“十五观奇书,作赋凌相如”,“十五学神仙,仙游未曾歇”,“十五好剑术”,可见李白少年时代并不像北方士族的子弟那样专攻儒家经典,而是纵览黄帝以来的数千年历史,横观诸子百家的学说,既学文,又练武,“六甲”可能是道教书中的“奇门遁甲”之类,“奇书”应当是赵蕤的杂采群言、融汇百家的《长短经》,李白“依潼江赵征君蕤……从学岁馀”。《长短经》成书于开元四年,此时李白十五、六岁,拜赵蕤为师,其教科书也就是这本刚写好的《长短经》,也可能还有其他的“奇书”,但绝不会是正统的儒家经典。正因为李白从小接受的教育不拘于一家,而是广泛涉猎各家学说,因而形成他思想的博杂。关于李白思想究竟属哪一家?争论很大,有法家说,有儒家说,有道家说,有内儒外道说……郭沫若在《李白与杜甫》一书中说:“李的思想……基本上是儒、释、道三家的混合物。”葛景春说:“李白思想有个显著的特点:杂。”“各种思想在他身上互相融合,互相渗透。”[16]我是赞成这种看法的。李白思想“杂”的特点其形成原因,正是因为他从小就生活在复合型、杂交型的巴蜀文化氛围之中,所受的教育就具有“杂”的特点,这种“杂”使他能吸收到各家之长,开阔眼界,解放思想,在诗歌创作上取得辉煌成就。

李白富于叛逆的人文性格,正是受了巴蜀文化的影响。李白以司马相如、扬雄为楷模，特别是受他的老师赵蕤影响很深，而这些人都是不遵礼法、蔑视权贵、豪放不羁、特立独行、离经叛道的人物，在这些人思想影响下形成李白轻漫礼法、蔑视权贵、"戏万乘若僚友，视俦列如草芥"的性格。他希望作帝王之师，而不愿"摧眉折腰事权贵"，不愿意做皇帝和当权者的奴才。他要求保持独立的人格，少年时写的《咏石牛》就说："自来鼻上无绳索，天地为栏夜不收。"后来他又自称"不屈己，不干人"，"出则以平交王侯，遁则以俯视巢许"。与他同时代的任华说他"平生傲岸，其志不可测，数十年为客，未尝一日低颜色"。唐代人传说："李白不能屈身，以腰间有傲骨。"他敢于抨击和讥笑当时的最高统治者——皇帝，对于炙手可热的宦官大头目高力士敢于让其脱靴，对于贵妃王公贵族更不放在眼里。

风景如画的李白故里，是道教的发祥地，有许多道观和在其中修炼的道士。道教崇尚自然，道观大多选择在风景秀丽的群山之中。在李白家对门有座紫云山，他自述："家本紫云山，道风未沦落。"（《题嵩山逸人元丹邱山居》）。紫云山又称紫山，因峰峦俊秀，林木茂盛，常有紫色云彩郁聚其上，故有此名。唐代时山上有道观，香火很旺，是闻名遐迩的道教圣地。李白隐居读书的大匡山、小匡山、戴天山、太华山，都有道观。太华山有三峰状如华岳，与大匡山为同一山脉，两山紧紧相连，在唐代也是道教名山。据《龙安府志·人物》云："唐，毛真人在太华山修炼，道成仙去，今太华观乃其遗迹。"在戴天山南面有乾元山金光洞，唐宋时期是道教圣地，至今尚遗存着几十尊宋代的道教石雕神像。与大匡山遥遥相望的窦圌山，早在南梁时就有道观。据五代杜光庭《窦圌山记》："绵州昌明县窦圌山，真人窦子明修道之所也。西接长冈，犹可通车马；东临峭壁，陡绝一隅。自西壁至东峰，石笋如圌，两崖中断，相去百余丈，跻攀绝险，人所不到。其顶有天尊古宫，不知始建年月。"距李白故居仅20多公里的绵州西山仙云观、玉女泉，隋唐时期也是道教圣地，至今尚保留着隋唐的道教摩崖石刻，也是我国最早的道教造像。与江油相邻的梓潼七曲山大庙是著名的道教神祇文昌的祖庭。

李白生长于道风一直很盛的道教发祥地，从小就受道风的熏陶。他自称"十五学神仙，仙游未曾歇"。少年李白就经常到道教圣地，游道观、访道士，沉浸在道风之中。紫云山就在他家对面，他肯定在年少之时就上紫云山拜道教的神灵。后来他隐居大匡山（即岷山之阳），同既是隐士也是道士的东岩子"巢居数年，不迹城市，养奇禽千计"。他还不止一次上戴天山寻仙访道，写下了脍炙人口的《访戴天山道士不遇》。李白曾到与大匡山相邻的太华山寻仙访道，写下了《寻雍尊师隐居》《太华观》。《方舆胜览》记载："李白《题窦圌山》：'樵夫与耕者，出入画屏中。'又《送窦主簿》诗：'愿随子明去，炼火烧金丹。'窦子明名圌，隐此山，故名。"[17]李白与窦圌山的道士交往很深。此外，李白年青时"往来旁郡"，寻仙访道。如江油（今在平武南坝）的县尉是"焚香读道经"的好道者，李白跋涉百多里前去访问，写了《赠江油尉》。青年李白还上峨眉山寻仙访道。唐代的峨眉山还不是佛教道场,而是道教名山,至今峨眉山上还保存着一通唐玄宗下诏保护山中道教的碑刻。唐代著名的道士、医药学家孙思邈就曾在峨眉山中炼丹,至今还有药王洞遗迹。青年李白写了《登峨眉山》,展示了远绝尘寰的神仙境界,表达了“倘逢骑羊子,携手凌白云”的成仙得道的愿望。

由于李白从小受道风很盛的巴蜀文化之影响,与道教有了密不可分的机缘。道教深深地影响着他的精神气质、生活道路和诗歌创作风格。李白出蜀后,在江陵遇到当时最有名的道士司马承祯,夸奖他“有仙风道骨,可与神游八极之表”(《大鹏赋·序》),后来贺知章第一个称他为“谪仙人”。他的精神特质以旷达、风流、洒脱的道家风范著称。这与他从小就受道风的熏陶是分不开的。道教崇尚自然,提倡及时行乐,追求超凡脱俗,空灵飘逸。李白的生活道路也深受道教影响,他不同于当时一般知识分子走科举之路,而是走入大自然,在道教名山寻仙访道,广泛地与道士交朋友,利用道教的关系网,打通从政之路。后来终于还是通过道士吴筠、玉真公主的推荐,以“素蓄道义”之名声,被玄宗召入皇宫。入京后,他发现玄宗已经昏庸,不可能实现其政治理想,出京后不久,在山东接受道箓,成为正式的道士。再一次过着闲云野鹤般的道士生活。

道教深深影响着李白的诗歌创作风格。道教中那些神奇浪漫的故事、飘逸诡丽的仙境,正好为李白提供了浪漫主义的文学素材。李白的诗歌豪放飘逸,“壮浪纵自态,摆去拘束”(元稹语),“如天马行空,不施鞚勒”,“飘飘然有凌空驭风之意”,充满了神仙之气,故号为诗仙。

在研究道教对李白影响很深的原因时,不仅仅要看到李唐统治者特别是唐玄宗大力提倡道教,还必须注意到李白从小生长在道风特盛的道教发源地。否则就无法解释为什么同时代的杜甫受儒家影响很深,王维受佛教影响很深。这只能从他们所受地域文化影响的不同来寻找原因。

巴蜀的文学前辈的生活道路与文学创作也深深地影响着李白。前面已经说到“词赋……是古巴蜀文化的特点”(蒙文通),西汉时期巴蜀出了三大汉赋家:司马相如、扬雄、王褒,他们创作的汉赋成功地运用了夸张、想象、虚构的浪漫主义的表现手法。李白从小就仰慕司马相如、扬雄,在他的诗中提到司马相如的有 18 处,提到扬雄的有 12 处,他说:“余少时大人令诵《子虚赋》,私心慕之。”(《秋于敬亭送从侄耑游庐山序》)到十五岁时已经能“作赋凌相如”了。《拟恨赋》《明堂赋》《大猎赋》就是他在蜀中创作的,这些赋对司马相如、扬雄的赋既有继承也有发展。当时的名人苏颋读了他的诗赋,夸奖鼓励他:“天才英丽,下笔不休,虽风力未成,且见专车之骨,若广之以学,可以相如比肩。”(《上安州裴长史书》),使他更加奋发地向本地文学前辈学习,继承和发扬他们的浪漫主义手法,充分吸取汉赋铺张扬厉、气势恢宏的特点，而成为杰出的浪漫主义诗人。

司马相如、扬雄都是凭着自己的辞赋名闻天下，感动人主而被召入京，受到皇帝的信任。他们的成功之路深深地影响了李白。他不愿按部就班走科举之路，而是要像自己的前代同乡那样“一鸣惊人，一飞冲天”，凭自己的才华和锦绣文章被天子破格任用，一步登天。他向唐玄宗献赋，就是学的司马相如、扬雄以赋得到天子的重视。他说：“昔献长杨赋，天开云雨欢。当时待诏承明里，皆道扬雄才可观。”（《答杜秀才五松山见赠》）他还以司马相如、扬雄自比，如“圣主还听子虚赋，相如却欲论文章”（《自汉阳病酒归寄王明府》），可见司马相如、扬雄影响他之深。

李白从思想意识、性格、文学创作风格等方面受乡人陈子昂影响甚深。陈子昂是射洪人，射洪与绵州相邻，李白与陈子昂的故居相距约100公里。陈子昂在公元700年去世于射洪，第二年李白出生于江油。他们都受同一地域文化的熏染，有许多惊人的相似之处。陈子昂出身豪族，其父“瑰玮倜傥”，“以豪侠闻”，“山栖饵术”，“究览坟籍，居家园以求其志”（卢藏用《陈氏别传》）。可见是一位行侠仗义、颇有文化修养的隐士，与李白之父“高卧云林，不求禄仕”非常相似。陈子昂与李白都不是专攻儒家经典。陈子昂“少好三皇五帝霸王之经”（《谏政理书》），“经史百家，罔不该览。尤善属文，雅有相如、子云之风。”（卢藏用《陈氏别传》）。而李白“五岁诵六甲，十岁观百家”（《上安州裴长史书》）。他们都受道教影响很深，李白已如前述。陈子昂“家世好服食，昔常饵之”（《观荆玉篇序》），“平生白云志，早爱赤松游”（《答洛阳主人》），他们都曾学纵横之术，任侠仗义，轻财好施，喜欢击剑，放荡不羁。陈子昂说：“赤丸杀公使，白刃报私仇。”（《感遇》三十四）而李白也是“少以侠自任”，“脱身白刃里，杀人红尘中”。陈子昂“好施轻财而不求报”（《旧唐书·陈子昂传》），而李白也曾“不逾一年，散金三十余万，有落魄公子，悉皆济之”（《上安州裴长史书》），李白对同乡前辈陈子昂很崇拜，他说：“梁有汤惠休，常从鲍照游。峨眉史怀一，独映陈公出。卓绝二道人，结交凤与麟。”（《赠僧行融》）他把陈子昂比为卓尔不群的凤凰与麒麟，可见十分的敬慕景仰。朱熹说：“李太白诗……《古风》两卷，多效陈子昂，亦有全用其句处。太白去子昂不远，其尊慕之如此。”（《朱子语类》）陈子昂是唐代诗歌革新的先驱者。他秉承了巴蜀人不师故辙，敢于创新的思维方式。当时流行在诗坛上的仍然是形式主义的衰靡文风，“逶迤颓靡，风雅不作”（《修竹篇序》），他大加抨击，以“复古”为旗号，继承“风雅兴寄”、“汉魏风骨”的传统，主张诗歌要发挥批判现实的作用，要有高尚充沛的思想感情，刚健充实的现实内容，强调诗歌的教化功能。他又以自己的诗歌创作实践体现他的革新主张，从而奠定了盛唐诗歌的坚实基础。李白则是承传了陈子昂的诗歌革新的主张，并加以发扬光大，高举诗歌革新的大旗，尽扫梁、陈衰靡之风。正如李阳冰所说：“陈拾遗（陈子昂）横制颓波，天下质文翕然一变，至今朝诗体，尚有梁陈宫掖之风。至公大变,扫地并尽。今古文集,遏而不行。唯公文章,横被六合,可谓力敌造化欤!”(《草堂集序》)两位巴蜀文化孕育出来的诗人,前后相继,进行盛唐的诗歌革新,迎来了中国诗史上的黄金时代。

三、李白为巴蜀文化增添了光彩,深深影响巴蜀世代文人

巴蜀文化孕育了李白,李白又为巴蜀文化增添了光彩,丰富了巴蜀文化的内容,李白的思想、性格和创作风格对巴蜀后世的文人学士产生了巨大影响。继李白之后,宋代有苏轼,明代有杨慎,清代有李调元,现代有郭沫若……这些“蜀之文人才士,每出皆表仪一代,领袖百家”[18]。这些杰出的巴蜀人物都非常尊崇李白,继承和发扬了李白的思想和创作风格。

苏轼青年时期就“博通经史,属文日数千言”,形成了他思想的博杂,对儒、道、佛都吸收,兼收并蓄,形成自己的思想体系,被称为“蜀学”。苏轼非常赞赏李白傲岸不羁的性格,他说:“士以气为主,方高力士用事,公卿大夫争事之,而太白使脱靴殿上,固已气盖天下矣!使之得志,必不肯附权幸以取容……戏万乘若僚友,视俦列如草芥,雄节迈伦,高气盖世。”[19]苏轼以李白为榜样,一生坚持自己的政治主张,绝不阿附新旧两党的权贵。在诗歌创作方面,继承了李白提倡的清新、自然、质朴之美,反对刻意雕琢和模拟;发扬了李白的浪漫主义风格,他的词想象丰富,夸张奇特,比喻巧妙,豪迈奔放,气势磅礴。我们可以看出李白与苏轼之间在文学创作方面有很明显的承传关系。

杨慎,字用修,号升庵,四川新都人。明代著名的诗人和学者。对李白十分景仰,清人叶思庵说:“杨用修好誉其乡人,屡尊太白。”(《龙性堂诗话》)他认为“李白为古今诗圣”(《周受庵诗选序》)。杨慎与李白有许多相似之处。杨慎也是从小就广泛涉猎经史,知识领域非常宽广,《明史》称“明世记诵之博,著作之富,惟慎为第一”。他因仗义执言,遭到贬谪,其身世颇似李白而更为不幸,故对李白这位同乡前贤有更深的理解和感情。面临人生的挫折,他学习李白的乐观豪放,疏狂恣肆,纵酒论诗,逍遥物外,以求自解。他对李白的出生地、家世、生平做了许多很有价值的考证。他的诗歌也是取法于李白,“杨子冠之年地,其修辞荡放流动,讽讽乎入李白。”(张含《南中集序》)他像李白那样喜欢写乐府歌行体,他写的一百多首古乐府,深得李白之遗韵。

清代著名诗人学者李调元是绵州人,与李白可以说是小同乡。他对于李白这位同乡前辈诗人推崇备至,自称:“余自束发授书,即喜太白所为诗歌文章,每手一

编,朝吟而夕览。”(《重刻李太白全集序》)他自比李白:“余本今之诗狂者,非李太白不取也。”他甚至说:“我诗颇向太白偷。”也就是借用或化用李白的诗句。可见李白诗歌对李调元影响之深。李调元与李白有许多惊人的相似之处,甚至在李调元故乡传说李调元是李白转世。李调元也是从小显露才华,博览经史子集,学术思想博大精深。他也当过翰林,他的性格也像李白那样刚直不阿,不畏权势,他也曾怒斥向他索贿的宦官。由于得罪权贵而遭贬谪,又中途遇赦。他赞赏李白“豪气压群凶,能使力士脱靴,贵妃捧砚”[20]。他对李白的不幸遭遇十分同情。他说:“我蜀多才人,皆为文字官,皆不择细行,又皆窜夷蛮。唐之李供奉,长安酒家眠,朝赋清平调,暮窜夜郎天。”

李白一直影响到现代的郭沫若。郭沫若对同乡前贤李白特别推崇,他明确表示,“唐代的几位诗人,我比较喜欢李白,这是我的口味,不能拿别人的嘴巴来代替我的嘴巴”[21]。在《李白与杜甫》一书中,明显地表现了对李白的过分偏爱。郭沫若在青年时代就表现出强烈的叛逆性格,后来他一生好做翻案文章,这不能不说是受李白的影响。特别是他的诗歌创作,深受李白的浪漫主义诗风的影响。在“五四”时期创作的以《女神》为代表的新诗,气势雄浑豪迈,激情汹涌澎湃,敢于冲破旧文化的罗网,大胆追求自由解放,标志着新的诗歌时代的到来。郭沫若的新诗,从思想到艺术风格与李白都有千丝万缕的联系和不可割断的承传关系。郭沫若在李白研究方面是下了深功夫的。在“文革”十年学术界一片荒漠之时,写了专著《李白与杜甫》,尽管其中有一些观点值得商榷,如说李白出生碎叶,李白之父是豪商等;有些是受当时政治风气之影响,如对杜甫诗歌搞断章取义、无限上纲批判,是不可取的。但书中对李白及其诗歌进行了总体的深入的研究,提出“李白的思想……基本上是儒、释、道三家的混合物”,批驳了李白是西域胡人的错误观点,论证李白曾二入长安……他的一些精辟的见解,为李白研究作出了重要贡献。

李白、苏轼、杨慎、李调元、郭沫若等虽生活在不同时代,但他们在思想、性格、文风等方面都有惊人的相似之处,这不能不从“环境之熏习”来看这个问题,陈寅恪在《天师道与滨海地域之关系》与《陶渊明之思想与清谈之关系》(《金明馆丛稿初编》)中一再强调一种思想和风格的形成与“环境之熏习,家世之遗传”有很大关系。从历史上来看任何有独特风格的文学艺术家,都有其浓厚深远的文化承传关系,他们的性格,他们的作品必然会有意识或无意识地带有所在区域文化的鲜明烙印。美国著名人类学家露丝·本尼迪克特说:“个体生命史首先要适应他的共同体世代相传的方式和标准,从他出世时候起,他生入其中的风俗习惯就塑造他的经验和行为,到他会讲话时,他已经成为他所属文化的小小创造物,到他长大并且能参加他的活动时,它的习惯就是他的习惯,它的信念就是他的信念。”[22]这也就是说人在其所生活区域的文化对这个人的影响是难以察觉的和无可抗拒的。在特定区域内产生的特定文化一旦形成,就会代代相传,不断积淀固化,并体现在该文化圈内的社会群体特征和个体行为表现上。在巴蜀这块土地上,历史上出现的文化名人,从司马相如、扬雄,到陈子昂、李白,再至苏轼、杨慎、李调元,以至现代的郭沫若、巴金、沙汀……在他们身上可以找出许多共同特征,这些特征是巴蜀文化在他们身上打下的鲜明烙印。

李白继承了巴蜀文化的优良传统,在他走出夔门遍游天下时又吸取了其他各地域文化的精华,才使他成为唐代诗坛的泰斗。如果他不走出巴蜀,不接受其他地域文化之精华,充其量不过三、四流诗人,对此应作出足够的评价。

不过,李白受各地域文化的影响有先有后,有深有浅,有主有次,但影响最大最深的仍是巴蜀文化,因为李白整个青少年时期都是在蜀中度过的,而青少年时期接受的影响是终身难以改变的。这就使李白不同于其他诗人,形成他独特的个性。如上所述,学术思想方面的“杂”,艺术表现上的浪漫主义以及奔放不羁的人文性格都在青少年时期给李白的思想和创作打下深深的烙印。李白出蜀时已经不是一张白纸,而是涂上了巴蜀文化的特异色彩,后来接受的各地域文化的影响,不过是在已有的色彩上再增异彩,这就使李白不同于同时代的其他诗人。例如李白与杜甫是同时代的伟大诗人,他们同样受中华文化的哺育,他们的确也有不少的相同之处,但他们的个性是很不同的。这是因为李白先生活在南方后生活在北方,而杜甫先生在北方后生活在南方,他们在青少年时代所受的地域文化影响不同。杜甫青少年时期受的是北方文化的影响,从小受正统的儒家教育,因而他的思想是以儒家思想为主导,他的创作风格是现实主义的,这与李白有明显的区别。

注　释

[1]《巴蜀古史论述》,四川人民出版社,1981年。

[2]陈世松:《天下四川人》。

[3]谭继和:《巴蜀文化辨思集》。

[4]《史记·孟子荀卿列传》集解。

[5]《资治通鉴·秦纪》。

[6]《史记·太史公自序》。

[7][8]《华阳国志·蜀志》。

[9]《汉书·扬雄传》。

[10]《史记·司马相如列传》。

[11]《中国通史简编》第一册。

[12]谭继和:《巴蜀文脉》,巴蜀书社,2006年。

[13]《隋书·地理志》。

[14][美]马文·哈里斯:《文化人类学》,第375页。

[15]《郭沫若全集》19 卷。

[16]葛景春《李白与传统文化》。

[17]祝穆《方舆胜览》卷五十四《绵州·山川》。

[18]何宇度《益部资谈》卷上。

[19]苏轼《李太白碑阴记》。

[20]李调元在李白读书的大匡山题的对联,其下联是:“仙才包众美,不让参军俊逸,开府清新。”

[21]《郭沫若谈诗》,刊《羊城晚报》,1962 年 3 月 7 日。

[22]转引自詹姆士·克里斯迪安:《哲学探奇术入门》。

李白与五松山关系三考
——兼论唐代诗人对后世文学地图意识的影响

查屏球

文学地理学是人文地理中的一个地理现象，它涉及文学作品产生的地理环境以及文学作品的接受效应对人们地理意识的影响。后者可使某一地理空间在读者眼中着上特定的文学色彩。特定的地理空间既增加了接受者对文学作品的具体的想象因素，又赋予了特定地理空间的人文色彩并成为特定的文学化的地理记忆。这种地理记忆是民族记忆的组成部分，故研究这一现象对于认识文学的传播效应与民族记忆皆是有意义的。这种文学化的地理记忆关涉文学创作与接受两个方面，其形成有一个相当长的历史。选取个案，考察其历史过程可具体把握这一文学现象。

李白《南陵别儿童入京》与《宿五松山下荀媪家》两诗是世人熟知的名作，然近年来，关于两诗的写作背景争议颇大，也影响了对两诗诗意的理解。因为李白有十多首诗提及南陵与五松山，因此争议的核心问题是李白与南陵及五松山的关系。笔者希望通过对这个问题的疏理，对李白宣州南陵之行再加考订，对李白以上两诗以及与南陵五松山相关之作的写作背景与诗意内涵做出更具体的分析。同时，笔者打算通过疏理过往文人的题咏与刻石建堂活动，追索唐诗对中国古代文学地理意识的影响。

一、《南陵别儿童入京》作于宣州南陵

李白居南陵，向以《南陵别儿童入京》一诗为证，诗曰：

白酒新熟山中归，黄鸡啄黍秋正肥。呼童烹鸡酌白酒，儿女嬉笑牵人衣。高歌取醉欲自慰，起舞落日争光辉。游说万乘苦不早，著鞭跨马涉远

道。会稽愚妇轻买臣，余亦辞家西入秦。仰天大笑出门去，我辈岂是蓬蒿人。

近年来，由于史传之中关于吴筠荐李白之事被否定，此事亦为学人质疑。诸家欲证李白由山东入京之说，先须驳倒传统的本诗作于宣城南陵之说。所摘疑点有四，一是诗言"黄鸡啄黍"，黍非江南所产，故当为北地之事；二为诗有"著鞭跨马"之语，马亦非江南交通工具，其时应以舟行为主，故诗非写于江南；三是本诗在《河岳英灵集》《又玄集》中题作《古意》，此题应为后人改写；四是李白《酬张卿夜宿南陵见赠》一诗，作于鲁东，题中之南陵也应指鲁地。又，《曲阜县志》有"陵城南庄"之名，应即为诗中所言之南陵。

笔者以为黍者，粮食饲料之通称，未必确指"小米"。跨马之语亦是诗家语言，可显示远行豪举，非写实也。如李白常言"金樽美酒斗十千，玉盘珍羞值万钱"之类，显非其生活实情。"陵城南庄"与"南陵"，一村名，一县名，词法、词义相距过远，似难关涉。《河岳英灵集》《又玄集》，前者成书于天宝十二载(753年)，后者成于晚唐。然此事也仅可表明本诗可能以《古意》一题流行。《南陵别儿童入京》一题或许为另一传本的题目。李白集有多次编辑，天宝十三载(754年)旅途中托魏万编，宝应元年(762)病中付李阳冰编。诗题之不同，或出于不同稿本。

李白诗中多次提及南陵，均指宣州南陵，《酬张卿夜宿南陵见赠》亦不例外，其题意可解为：张卿以《夜宿南陵》一诗赠我，我还赠一诗。宿南陵者为张卿，李白时在鲁中。诗中言及"鲁城东""鲁女"，皆李白在鲁中所见之景，与南陵无涉。细解本诗，有三层意：

> 月出鲁城东，明如天上雪。鲁女惊莎鸡，鸣机应秋节。当君相思夜，火落金风高。河汉挂户牖，欲济无轻舟。//我昔辞林丘，云龙忽相见。客星动太微，朝去洛阳殿。尔来得茂彦，七叶仕汉余。身为下邳客，家有圯桥书。傅说未梦时，终当起岩野。万古骑辰星，光辉照天下。//与君各未遇，长策委蒿莱。宝刀隐玉匣，锈涩空莓苔。遂令世上愚，轻我土与灰。一朝攀龙去，蛙黾安在哉。故山定有酒，与尔倾金垒。

一写鲁秋之夜思念张卿；二写自己于京城失意而与张卿相遇，张卿的才学与壮志让自己激动，冲散了自己的失意之悲。三叙两人不遇之悲与越俗之志，点明共同的命运、相同的人生感受，表明两人友情之趣。全诗意脉畅达，不劳深解。本诗愤世之语与李白在南陵所作诸诗相近，李白可能作诗后即往南陵。今人或以"云龙"为"云间陆士龙"之简缩，以为此以陆机代指张卿，恐误。因下文有"客星动太微"，《史记·天官书》云："客星出天庭，有奇令。"《后汉书·严光传》:"(光武帝)复引光入,论道旧故……因共偃卧,光以足加帝腹上,明日太史奏,客星犯御座甚急。帝笑曰:'朕故人严子陵共卧耳。'"这是李白诗中常用的典故,此处应指其天宝元年入宫见玄宗事。据此断本诗应作于天宝三载后,不可据此断为本诗作于见玄宗之前。李白天宝十二载夏秋间由幽州返回宣州,十三载五月于扬州见魏万,十四载再来宣州呈诗赵悦,皆有诗确证。其间必有回鲁中之事。他极有可能是在天宝十二载秋,由鲁中返回宣州。此论成立,《南陵别儿童入京》则与《酬张卿夜宿南陵见赠》不作于同一时间,它不是作于鲁中,而应在天宝元年前作于宣城南陵。

又,民国徐乃昌编《南陵县志》卷四十二中收录了李白本诗,题为《南陵别儿童入京》,题下有注:"开元丙寅寨山中作,宣州刺史骆知祥刻石山上。"这一内容承旧志而录。骆知祥,晚唐五代人。《十国春秋》有传:

> 骆知祥,合肥人也,雅能治金谷,遇事辄办,初事田頵,为宣州长史,太祖既杀頵,以知祥为淮南支计官,励精为理,事无留滞。天佑中,徐温秉国,知祥与严可求左右协力,可求任军旅,知祥司财赋,一时称之曰严骆,已而初置选举,命知祥董其事,任用得人,世多服其精核,久之,授盐铁判官。武义元年,高祖即吴国王位,迁中书侍郎,知祥与徐知诰甚密,知诰常欲出可求于楚州,知祥实与其谋,后数年以病卒。

《南陵县志》所言刺史,可能即传中所叙宣州长史,据袁枢《通鉴纪事本末》记事在天复二年(902)前,事当可信。寨山,在现南陵县与铜陵县交界处之丫山、凤凰山一带。据当地人回忆,诗刻于山壁之上,20世纪50年代,因修建水库而毁。《南陵县志》所录文本与传世李白集有所不同,如"新熟"为"初熟"、"高歌"为"高秋"。骆氏刻诗当据李白集另一传本。《古意》一题沿用汉乐府古题,《南陵别儿童入京》为自造新题,或原为题后之注文。这一注文,应是骆知祥作为地方官为纪念李白而刊,注文应是想象之辞。开元丙寅,为开元十四年(726),李白才26岁,不可能有居家南陵之事。笔者以为"丙寅"或为"戊寅"所误,开元戊寅为开元二十四年(738),时李白38岁。其言:"酒隐安陆,蹉跎十年。"他27岁与许氏成婚,居于安陆许家,十年之后正与此时相合。此论若可,不妨对本诗及李白这一段生活重做推断:其在妻亡后,离开安陆,先安家南陵,并于开元二十六年秋准备离家赴京。此事未果,又于北上活动中,得鲁中友人之邀,再携家至东鲁。居鲁二年才受诏入京。其居南陵约一年余。因题目并没有奉诏入京意,且诗意表明他对于入京后前景并不乐观,以苏秦落魄而自况,故本诗应与天宝元载奉诏入京事无关。骆知祥晚于李白一百四十余年,对李白身世当有不明,然李白居家南陵寨山,当地代有传说,其据传说刻诗山上,并推断其写作时间。此误或为骆氏之误断,亦或为作县志者误抄所致。虽然,石刻不存,难以验证,所记亦有误差,其事当为不虚。

又,《旧唐书·地理志》:"南陵汉春谷县地,属丹阳郡。梁置南陵县。武德七年,属池州。州废来属。旧治赭圻城,长安四年,移理青阳城。"南陵旧治在赭圻城,宋《太平寰宇记》卷一百三记:"南陵县……唐武德以来置县,在临江有城基见存,去今县一百三十里。"可印证其说,旧志言武周长安四年(704)由赭圻移治青阳城,故赭圻也可称为南陵。赭圻城在长江边的山上。此山至今仍被人称为寨山(附近称寨山至少有二处),李白开元年间来南陵,首次可能会到此,并在此写下《古意》一诗。当然,这只是据寨山一名做出的一种可能性的推断。

据上,窃以为李白应在开元二十四年左右首次来南陵,李白还有一诗《送通禅师还南陵隐静寺》可证:

我闻隐静寺,山水多奇踪。岩种朗公橘,门深杯渡松。道人制猛虎,振锡还孤峰。他日南陵下,相期谷口逢。

隐静寺即在赭圻附近的山上,诗言"他日南陵下,相期谷口逢",显然是未来南陵。诗应作于金陵一带,由末句看,其时他尚未来南陵但有居家南陵之意。

二、李白居于五松山原委与时间

李白天宝十二载后再有宣州之行,其时已有玄宗礼遇翰林供奉之誉,故能受到地方官常赞府的接待。其《与南陵常赞府游五松山》(题下注:山在南陵铜井西五里有古精舍)可能是初来之时所作:

安石泛溟渤,独啸长风还。逸韵动海上,高情出人间。灵异可并迹,淡然与世闲。//我来五松下,置酒穷跻攀。征古绝遗老,因名五松山。//五松何清幽,胜境美沃州。萧飒鸣洞壑,终年风雨秋。响入百泉去,听如三峡流。//剪竹扫天花,且从傲吏游。龙堂若可憩,吾欲归精修。

常赞府陪他来五松山游历,并帮其寻暂居之所。诗首言他希望能像谢安石一样隐居山中,再叙来到五松山并为山命名之事,接着描写五松山景色之清幽,最后表明隐居此地之意。李白《改九子山为九华山联句并序》:"青阳县南有九子山,山高数千丈,上有九峰如莲花,按图征名,无所依据。太史公南游,略而不书。事绝古老之口,复阙名贤之纪,虽灵仙往复,而赋咏罕闻。予乃削其旧号,加以九华之目。"由此可见,他在这一带游历时,为美景取名,正是他这一时期的兴趣所在。居五松山后,他又在此与当地文人交往,其诗有《答杜秀才五松山见赠》(五松山在南陵铜坑西五六里):

昔献长杨赋，天开云雨欢。当时待诏承明里，皆道扬雄才可观。敕赐飞龙二天马，黄金络头白玉鞍。浮云蔽日去不返，总为秋风摧紫兰。角巾东出商山道，采秀行歌咏芝草。//路逢园绮笑向人，两君解来一何好。闻道金陵龙虎盘，还同谢朓望长安。千峰夹水向秋浦，五松名山当夏寒。铜井炎炉歊九天，赫如铸鼎荆山前。陶公矍铄呵赤电，回禄睢盱扬紫烟。此中岂是久留处，便欲烧丹从列仙。爱听松风且高卧，飕飕吹尽炎氛过。登崖独立望九州，阳春欲奏谁相和。//闻君往年游锦城，章仇尚书倒屣迎。飞笺络绎奏明主，天书降问回恩荣。肮脏不能就珪组，至今空扬高蹈名。夫子工文绝世奇，五松新作天下推。吾非谢尚邀彦伯，异代风流各一时。一时相逢乐在今，袖拂白云开素琴。弹为三峡流泉音，从兹一别武陵去。去后桃花春水深。

杜秀才是一个在五松山中炼丹修道的隐士。他与李白有相似的经历，都曾得到玄宗青睐又无法适应官场，隐逸山中而醉心烧丹修道。诗言："此中岂是久留处，便欲烧丹从列仙。""此中"非指五松山，而是指现世，即他们眼中的俗世。这里诗人表明他来南陵五松山的目的，主要是借助当地冶炼铜矿火炉炼制神丹。诗曰"五松名山当夏寒"，当可证明李白来五松山是夏季。这与上一首赞五松山清凉似秋之意相合。又，《五松山送殷淑》：

秀色发江左，风流奈若何。仲文了不还，独立扬清波。载酒五松山，颓然白云歌。中天度落月，万里遥相过。抚酒惜此月，流光畏蹉跎。明日别离去，连峰郁嵯峨。

"仲文了不还"一句，用《晋书·殷仲文传》典，既是缘于同姓，也指殷淑与殷仲文一样，是外放而不得回朝之人。其时李白所作多表达了对自己政治失意与对现实政治的失望之情，如《纪南陵题五松山》：

圣达有去就，潜光愚其德。鱼与龙同池，龙去鱼不测。//当时版筑辈，岂知傅说情。一朝和殷羹，光气为列星。//伊尹生空桑，捐庖佐皇极。桐宫放太甲，摄政无愧色。三年帝道明，委质终辅翼。旷哉至人心，万古可为则。//时命或大缪，仲尼将奈何。鸾凤忽覆巢，麒麟不来过。//龟山蔽鲁国，有斧且无柯。归来归去来，宵济越洪波。

诗中鱼龙之喻与傅说、伊尹、孔丘自况与赠常赞府诸诗相近，全诗着力表现他政治上的失意之情，与《酬张卿夜宿南陵》相近。此处不及南陵五松山之景，而题曰《纪南陵题五松山》，颇费解。诗言"龟山蔽鲁国，有斧且无柯"，似指对鲁中生活的失望，末句中归来之句似指五松山。诗人因欲归隐此处，故迫不及待昼夜济水而行。宋本或分其为五首，由诗意看，连成一体更成文。本诗传本有异文，一宋本题下注“一作《南陵五松山感时赠别》”，故本诗亦是居于五松山时与友人酬答之作。又《书怀赠南陵常赞府》：

岁星入汉年，方朔见明主。调笑当时人，中天谢云雨。一去麒麟阁，遂将朝市乖。故交不过门，秋草日上阶。//当时何特达，独与我心谐。置酒凌歊台，欢娱未曾歇。歌动白纻山，舞回天门月。问我心中事，为君前致辞。君看我才能，何似鲁仲尼。大圣犹不遇，小儒安足悲。//云南五月中，频丧渡泸师。毒草杀汉马，张兵夺云旗。至今西二河，流血拥僵尸。将无七擒略，鲁女惜园葵。咸阳天下枢，累岁人不足。虽有数斗玉，不如一盘粟。//赖得契宰衡，持钓慰风俗。自顾无所用，辞家方来归。霜惊壮士发，泪满逐臣衣。以此不安席，蹉跎身世违。终当灭卫谤，不受鲁人讥。

本诗应为其初会常赞府时所作，在诗中他向对方叙说自己在离京失意后与常氏相遇并为常氏肯定之事。其与常氏相识于凌歊台、白纻山。两处皆位于安徽省当涂县（姑孰）境内，他们在此相识。诗歌后面再叙忧虑边战之事，此事《资治通鉴》天宝十载(751)有纪：

夏，四月，壬午，剑南节度使鲜于仲通讨南诏蛮，大败于泸南。……士卒死者六万人，仲通仅以身免。杨国忠掩其败状，仍叙其战功。……制大募两京及河南北兵以击南诏；人闻云南多瘴疠，未战士卒死者什八九，莫肯应募。杨国忠遣御史分道捕人，连枷送诣军所。……于是行者愁怨，父母妻子送之，所在哭声振野。[1]

“累岁人不足”一事，《资治通鉴》天宝十三载七月亦有记：“自去岁水旱相继，关中大饥。”诗又言“秋草”，据此亦可断本诗写于天宝十三载秋；诗言“辞家方来归”，可断其也应是由鲁东家中来南陵。诗言“终当灭卫谤，不受鲁人讥”，与上首《纪南陵题五松山》“龟山蔽鲁国，有斧且无柯”及《酬张卿夜宿南陵见赠》“遂令世上愚，轻我土与灰。一朝攀龙去，蛙黾安在哉”意思相近，皆是对居家地鲁中之人的不满。由此看出，李白是在鲁中受气后来南陵隐居避世的。又其《于五松山赠南陵常赞府》：

为草当作兰，为木当作松。兰秋香风远，松寒不改容。松兰相因依，萧艾徒丰茸。鸡与鸡并食，鸾与鸾同枝。拣珠去沙砾，但有珠相随。远客投名贤，真堪写怀抱。若惜方寸心，待谁可倾倒。//虞卿弃赵相，便与魏齐行。海上五百人，同日死田横。当时不好贤，岂传千古名。愿君同心人，于我少留情。寂寂还寂寂，出门迷所适。长铗归来乎，秋风思归客。

本诗既叙与常氏情性契合之情感，又向对方表达求援之意。诗中“兰秋”“秋风”已表明写作时间是与上首相同的。然一县丞养家尚不余，其能援助李

白想必也是有限的。李白在五松山,居于荀姓人家,写有《宿五松山下荀媪家》一诗表达对荀家关照的感激:

我宿五松山,寂寞无所欢。田家秋作苦,邻女夜舂寒。跪进雕胡饭,月光明素盘。令人惭漂母,三谢不能餐。

关于本诗注本甚多,无须详解。所可关注的是:首先诗言秋时与赠常赞府诸作时节相合,应是同时之作;其次,他借宿的是一户无男主人的田家,田家劳作辛苦仍以最好的食品待客,这是让他感激不已的,益发为自己仕进无望,无以回报而惭愧。这又回落到这一时期他一直表述的政治失意的伤感之情。这一点他人少有道及,须留意。其《铜官山醉后绝句》一诗可能也是在享受酒食接待之后的留赠或题壁之作:

我爱铜官乐,千年未拟还。要须回舞袖,拂尽五松山。

又,其作有《南陵五松山别荀七》:

君即颍水荀,何惭许郡宾。相逢太史奏,应是聚贤人。玉隐且在石,兰枯还见春。俄成万里别,立德贵清真。

或曰荀七即荀媪之子,似难合上诗之意。上诗荀家是平民农家,而李白以汉名士荀淑况荀七,将两人相见,喻作荀淑与李寔相见,是贤人相集,并告诫对方须立清真之德,显非对农家子弟言,此人应是当地一年轻的崇拜者。这是诗人离开五松山的告别之作。

李白《酬张卿南陵见赠》言"火落金风高",似在仲秋之时,时在天宝十二载,而在南陵五松山所作涉及夏、秋两季,当非写于一年。他应于次年夏到南陵五松山,李白《答杜秀才五松山见赠》有言:"千峰夹水向秋浦。"他由五松往秋浦,其至秋浦有诗《秋浦感主人归燕寄内》"霜凋楚关木,始知杀气严",《秋浦歌》有"歌曲动寒川"之句,可见,深秋时已至秋浦。其在南陵五松山隐居时间约在六月至九月之间,共三四个月时间。

三、李白命名隐居地为五松山之意

李白以五松名山,亦是采用当时通用词汇。以五松泛指松林是唐人常用之法,如《全唐文》卷一百三十六中收初唐长孙无忌《请封禅表》言:"飞盖登峦,错五松于林秀。"王勃《乾元殿颂序》言:"岱畎五松,委灵材于梓匠。"杨炯《唐右将军魏哲神道碑》:"五松春艳,牵少女之祥风。"五松或泛指多松,然五松成为习用语,来源颇远,对其本义争讼已久。

北宋人黄朝英[2]《靖康缃素杂记》卷三专列"五松"一目,曰:

《史记》载秦始皇遂上泰山，立石封祀祠，下，风雨暴至，休于树下，遂封其树为五大夫墠。梁父刻所立石。盖五大夫者秦官名，第九爵也。唐陆贽作《禁中春松诗》云："不羡五株封。"案《史记》但云封其树为五大夫，不闻有五株松之说，而贽云尔者何耶？然贽博极群书，不当有误，恐有所据而云然也。或曰循袭之误耳，所未详也。又李商隐有《五松驿诗》云："独下长亭念过秦，五松不见见舆薪。只应既斩斯高后，寻被樵人用斧斤。"而商隐亦谓五松如何？又李白《送人游桃源序》云："登封太山，风雨暴作，虽五松受职，草木有知，而万象乖度，礼刑将弛。"然太白亦以谓五松也，唯舒王《咏柏诗》云："老松先得大夫官。"乃为切当。

其辨秦王以五大夫之爵封树，而非封五棵树为五松大夫之职，应为确论。南宋人祝穆《古今事文类聚》前集卷十三：

秦大夫松：秦始皇上泰山，风雨暴至，休于树下，因封其树。应劭曰：得五松封为五大夫。

认为是封五棵松为五大夫，与黄说稍异。自宋以来，古人对此一直有争议。南宋人王楙《野客丛书》卷二十六言：

仆谓黄朝英稽考未至耳，非李白之徒谬也。按应劭云：秦皇逢暴雨得五松，因封为五大夫。盖当时大夫系封五株松，非一松也。是以庾信《终南山诗》曰："水奠三川后，山封五树松。"五树松在唐人前已如此言，岂谓李白等谬误。朝英但见唐人有此数处，用五松事与史记之文不合，故有是说，不知此事见于应劭所载，而唐前人已用之矣。

王楙之说不足以推翻黄朝英之论。所引两例，都可解释为：封五松为五大夫之职，而非因有五松而新设官名。明托名李贽实为李贽弟子张萱所作《疑耀》卷六亦有"五大夫松"一目，言：

秦始封泰山松为五大夫，此秦时第九爵也，非谓五株松为五员大夫也，今人相传为一松封一大夫，五松五大夫，殊谬。

其论即与黄朝英说相同。明人陈继儒《枕谭》亦曰：

今人称泰山五大夫，俱云五松树，而不知始皇上泰山封祀，风雨暴至，休于松树下，遂封其树为五大夫。五大夫秦官名，第九爵也。（转引明董斯张《广博物志》卷四十二）

亦同黄说。这一争论一直延续到清代，乾隆间人徐文靖《管城硕记》卷十九言：

《始皇本纪》：二十八年，乃遂上泰山，立石封祠祀，下，风雨暴至，休于树下，因封其树为五大夫。五大夫盖一官之名耳。《本纪》有丞相隗林、丞相王绾、卿李斯、卿王戊、五大夫赵婴、五大夫杨樛。又《汉·食货志》:文帝用晁错言,令人入粟边,六百石封上造,稍增至四千石为五大夫,万二千石为大庶长。则五大夫为一官,可知非封五松为大夫也。

也是同意黄说。胡鸣玉对此仍不甘心,其《订讹杂录》卷三言:

勉夫此辨洞悉源流,而后世辨证家犹纷纷谓五大夫是秦第九等爵,所封并非五株松,自诩独得,何见事之晚耶。又检《史·始皇纪》止言休于树下因封其树为五大夫,并不言松,则五松之说,亦出自后人臆度,未知是否也。

胡氏好驳前人之说,然此论未出新据,仅呈其好辩而已。

因五松一词有此出典,后之附会增益者亦不少,如明人陈耀文《天中记》卷五十一引《独异志》言:

五大夫,秦始皇上泰山,风雨暴至,休于松下,因封其树为五大夫。始皇二十八年祭封泰山,至半忽大风雨雷雹,路傍有五松树,荫翳数亩,乃封为五大夫,忽闻松上有人言曰:“无道德,无仁,无礼而天下,亡命受命,何以封?”左右咸闻,始皇不乐,乃归。崩于沙丘。

《独异志》是唐人李亢所作一部志怪小说。李亢生平不详,上一则故事,显然是李亢根据五松一典改编成的传奇故事。中唐人高彦休《唐阙史》卷下有一则故事亦与五松相关,即《薛氏子为左道所误》:

有河东薛氏子二,野居伊阙,茂林修竹,面水背山,力田藏书,皆务修进。先世亟典大郡,薄留伏腊婚嫁之资。一日,木阴初成,清和戒候,偶有击扉者,启户视之,则星冠霞帔之士也。草屩雪髯,气质清古,曰:“半途病渴,幸分一杯浆。”二子则延入宾位,雅谈奥论,深味道腴。又曰:“某非渴浆者,杖藜过此,气色甚佳,因愿少驻。”二子则留连之。坐久,复曰:“舍此东南百步而近,有五松虬偃在疆内者。”曰:“某之良田也。”左道愈喜,因屏人言:“此下有黄金百金、宝剑二口,其气隐隐浮张、翼(张、翼,洛之分野)间,某寻之久矣。丰狱即其地,三品可以分赡亲属之甚困者,唯龙泉自佩,当位极人臣。某亦请其一效斩魔之术。”二薛大惊,左道曰:“家童暨役客辈,悉命具畚锸之类,俟择日发土,须臾可以目验矣。无术以制,则逃匿黄壤,不复能追。今俟良宵,剪方为墠法,步水噀之,不能遁也。且戒僮仆无得泄者。”又问结坛所须,则曰:“须徽纆(赤黑索也)三百尺,随方缯彩,缣素甚夥,洎机案、炉香、茵褥之具。”且曰:“某非利财者,假以为法,不毫触耳。所费者祭膳十座,酺茗随之,器以中金者为首。”二子则竭产以经营,其所缺者,贷于亲友。又言:“某善点化术,以是粪睨金石,常以济人危恙为务,今有橐装寓太微宫,欲以奉寄。”二子许诺。乃召人负荷而至,囊笈四所,重不可胜,缄鐍甚严,祈托以寄。旋至告日,因大施法具于五松间,命二子拜祝讫,亟令返第封门而俟,且诫:“无得窥隙,某当效景纯散发衔剑之术,脱或为人窥,则福移祸至。俟行法毕,当举燧以呼,炬兴,可以僮役偕来矣。俟扶桑未烛,聚力以发,冀得静观至宝也。”二子敬依此教,严戢舆皁,无得妄行。自夜分危坐,系望烛光,杳不见举。伺久,则鸡晨树杪矣。二子虑太阳东上,览于行人,不得已,辟户遐侦之,黙无影响。步于松下,则掷杯覆器,似数辈纵食于其间者,炉香机案,倾侧左右,缯彩器皿,悉已携去,轮蹄接迹,错于短墙,疑用徽纆索固以遁。因发四笈,瓦砾实中。自是家产甚困,失信于人,惊愕忧惭,默不敢诉。而骇谈非论,夕遍洛东。

参寥子曰:非望之福,焉可苟得,左道之事,其足信乎。

这则故事在《太平广记》卷二百三十八中亦存,文字稍异。五松在此故事中是一特制之景,作者取此当以其与道家之事相连,以显示其地有仙气。

由古人之争论与唐人改编之故事看,五松一事是古人熟知典故,其源出于秦皇封树之事。五松之名流行,或许即由前人误读《史记·秦始皇本纪》而来,后世以误用为通用,李白所用也应是误读之义,五松是得到过秦始皇封赐的神木,以此为名山,自当能突现此山之不凡。唯因如此,李白有心征引古证,可惜此地无遗老宿学,李白无法印证。此或为“征古绝遗老”之意。铜陵,古属丹阳、建康,秦始皇曾到过金陵,李白到此联想到秦皇之事,亦有可能。据此可对李白命山之意做以下推想:当年秦皇因得树之护蔽,封树为官,吾今得松之荫,何不以官名山?李白以此名山,既显博览群书之才学,又露以秦皇自居之豪气。由此看来,五松山一名,其意深焉。

四、五松山的位移与李白化的地理意识的扩展

今人对五松山原地争议颇多,综合相关文献看,以郭祥正、苏轼、黄庭坚所说最为原始,其共同特点有:五松山在铜陵县(或称铜官县),距铜官山不远,过往江船距此不远,可以在山下停泊。最符合这些条件的,应是现在铜陵市天景湖公园周边诸山。乾隆《铜陵县志》所标示的位置,大致可信。不过,仍需要考虑到其时五松山距南陵县治的距离。如前所述,南陵县治在现今繁昌赭圻村一带。此处至五松山、铜官山有水道相连,常赞府可陪李白来游赏,但两地相距五十多公里,所以,常赞府也不能常来,李白一人在此自然感到“寂寞无所欢”了。此事亦可证五松山之方位。

自宋以来,人们多以此为当地文学地理的表征。明胡震亨《唐音癸签》卷十六言:

五松山在南陵铜井西,初不知何名,李白以其山有松一本五干,苍翠异恒,题今名。诗云:"征古绝遗老,因名五松山。"人皆知白改九子为九华,不知更有改五松事。(《遁叟》)

胡震亨是博学之人,他认为李白因一树五枝而名山。查考相关文献,可以看出这一说法应是出自于《舆地纪胜》。康熙间始修至乾隆初成书的《江南通志》卷十六曰:

五松山,在铜陵县,《舆地纪胜》云:"旧有松一本五枝,苍鳞老干,青翠参天,因名。"李白在此题咏甚多,前有铁船山。铜官山,在铜陵县。《寰宇记》云:"昔产铜,有泉源不竭,可浸铁烹铜,唐置铜官场,宋置利国监,岁久铜乏,场监俱废。"麓有惠泉,流为惠溪,从樊港入江稍西有铜官渚,《唐书》僖宗文德元年杨行密袭宣州,进兵铜官渚,即此。

乾隆二十九年《大清一统志》卷八十二云:

五松山在铜陵县南四里,王象之《舆地纪胜》:"山在铜官西南,有松一本五枝,黛色参天。"李白诗云:"我来五松下,置酒穷跻攀,征古绝遗老,因名五松山。"山下有宝云院及太白祠堂,今铜陵号曰五松山,此山也。

两书引《舆地纪胜》,皆以为松有五枝而名五松山,但诸家方志所引《舆地纪胜》恐有误。王象之一书,因其中《舆地碑记》单行,本书自明之后已残,原书二百卷,清时重刊,已缺三十一卷,并有十七卷残剩。清人刘文淇及其子刘毓松,依据清张鉴、吴兰修的校记、按语,车持谦、许瀚的《舆地碑记》校记,以及史书、文集等,于道光二十七年(1847)撰《舆地纪胜校勘记》五十二卷;岑建功于1848年撰成的《舆地纪胜补缺》十卷,基本上是据各书所引《舆地纪胜》的原文辑录而成,也不足原书一半。故方志所引《舆地纪胜》的文字尚需辨析。笔者手边广陵书社本《舆胜纪胜》卷二十二"江东路池州景物下"云:

五松山,在铜陵,李太白名曰五松山,因为诗以美。今五松山有宝云院及李翰林祠堂。郭祥正《忆五松山》:"江南富山水,忽忆五松山。梁僧种松夺造物,至今千丈凌云间。上有寒蟾吐魄凝冰霜,下有铜陵碧涧倾潺潺。"

此未言一松五枝之事,各家引文与此有异,或是转引不同文献所致。由宋人关于五松的讨论看,以一树五枝为五松山命名之由,显然是后世无知者的附会之说,不应出自王象之这类大学者之手,故此说可能不是《舆地纪胜》原文。清《佩文韵府》卷十五之二言:"五松山,《宣州图经》:'五松山在南陵铜井西五里，有古精舍。’李白诗：‘我来五松下，置酒穷跻攀，征古绝遗老，因名五松山。’”此处所引《宣州图经》现已佚，宋《太平御览》曾有引用，《宋史·艺文志》著录祥符年间有刊刻，应是对五松山最早的记录。它认可了李白命名之事，未言一松五枝之说。从自然形态上看，五松山并不高，是沿江地区非常普通的小山，景色与他处相比，少有绝异，诸家地理志皆有专门记录，其因就在于李白在此的活动以及相关作品的影响。

自宋之后，过往铜陵者，多咏及李白之事。如宋初人郭祥正（1035—1113）《青山集》卷十二有《忆五松山》一诗：

江南富山水，忽忆五松山。梁僧种松夺造物，至今千丈凌云间。上有寒蟾吐魄凝冰霜，下有铜陵碧涧倾潺潺。雷公睥睨不可以挥斧，老鹤飞来势欲止而复还，猿猱侧望何由攀，琉璃殿阁若化出，四天之众说法鸣金镮。我尝脱屣往栖息六月，清风无汗颜浓阴。可爱坐盘石绿酒，酌尽横琴弹命宫。叩征天地变听之，以气往往生羽翰。纷埃不到佛净国，岂识人间行路难。尘劳忽起旧缘想，倒骑匹马来长安，修鳞掉尾业已困，涸辙孰与西江澜。发疏齿缺形将残，畏途足蹑心胆寒，屈原怀沙贾谊贬，身后忠名何足观。不如宴坐碧山里，笑傲每携云月欢。明朝却欲渡江去，五松岩户无人关。方壶员峤太殊绝，幸有此山容我闲。

其诗表明，其时五松山上树林密布，上有寺庙，是沿江有名的景点。其诗多处化用李白诗句，显然，李白五松山之诗已成为郭祥正对这一带风光特有的地理记忆。如北宋人叶廷珪《海录碎事》卷三上亦记：“五松山在宣城南陵，白集。”五松山成为其书中一典，其依据就是李白之诗。苏轼过往诗也反映了这一地理意识，如《铜陵陈公园双池二首》之二：

落帆重到古铜官，长是江风阻往还。要使谪仙回舞袖，千年醉拂五松山。（《苏诗补注》卷四十八）

苏轼面临铜陵山水直接联想到的就是李白“拂尽五松山”这句诗。黄庭坚关注尤多，他到铜陵时曾游五松山，并在多首诗中提及此山，如《铜官县望五松山集句》：

北风无时休，崩浪聒天响。蛟鼍好为祟，此物俱神王。我来五松山，白发三千丈。松门闭青苔，惜哉不得往。今日天气嘉，清绝心有向。子云性嗜酒，况乃气清爽。此人已成灰，怀贤盈梦想。衣食当须几，吾得终疏放。弱女虽非男，出处同世网。搔背牧鸡豚，相见得无恙。（《山谷外集诗注》卷十四）

《送刘道纯》：

五松山下古铜官，邑居褊小水府宽，民安蒲鱼少嚣讼，簿领未减一邱盘。……（《山谷外集诗注》卷十六）

他到了铜陵江边，遥望五松山，想到最多的仍是李白的诗，其因也是李白以及相关诗作在当时已成为人们对这一地区特有的地理印象。他还曾抄下李白《于五松山赠南陵常赞府》一诗送别朋友，见《山谷集别集》卷十二《跋李太白〈于五松山赠南陵常赞府〉》：

元叔无恙时，宾客至者如归。或传仲良作冢宰，客或有不得见者，荆州士大夫之憎语，殆未必然，然仲良于今恩意倾倒不减元叔时，以其爱我者，故尽言，借太白以规之。[3]

李白在失意时，得到了常赞府的帮助；黄庭坚也是在谪贬时得到了李元叔、李仲良两兄弟的热情关照。黄庭坚写李白此诗给李氏兄弟，显然是取诗中"鸡与鸡并食，鸾与鸾同枝"之意，这表明黄庭坚对李白五松山诸作都是很熟悉的。

过往文人的题咏，强化了铜陵五松山与李白的联系，约在南唐时，五松山就建有五松院。吴曾（1089—1162）《能改斋漫录》卷九记：

五松山李太白诗："要须回舞袖，拂尽五松山。"按五松山在今池州铜陵县，有宝云寺，旧曰五松院，南唐江延义有记。

吴曾是南宋初的人，他可能读到了江延义所作《五松院记》，惜此文无存，江延义生平也无考。南唐时，铜陵属金陵管属，江延义可能也是当时的畿县一官。这种建筑更使得五松山成为了铜陵的标志。如李纲（1067～1140年）《梁溪集》卷十四《游五松山观李太白祠堂》：

大江东南流，鼓枻江水上。薄游五松山，获见谪仙像。呜呼天宝间，治乱如反掌。兵戈暗中原，豪杰多长往。谪仙当此时，逸气隘天壤。脱身来江东，缥缈青霞赏。作诗几千篇，醉笔笼万象。迄今有遗祠，识者共瞻仰。嗟予岂后裔，愚拙谁复尚。珥笔玉殿螭，谪官闽岭瘴。荷恩许生还，冒险理归桨。于焉觌仙风，足以慰遐想，愿言继清芬，何由揖英爽。

戴昺（1219年进士）《东野农歌集》卷五《五松山太白祠堂（太白读书之地，诗有"要回长舞袖，尽拂五松山"，即此山也）》：

舣舟来访宝云寺，快上山头寻五松。捉月仙人呼不醒，一间老屋战西风。

再如宋无（1260—1340）《翠寒集·铜陵五松山中》：

樵声闻远林，流水隔云深。茅屋在何处，桃花无路寻。身黄松上鼠，头白竹间禽，应有仙家住，避秦来至今。

由以上三诗看，至南宋初，五松院又改成了李太白祠堂，并配有李白画像。

但到南宋后期，祠堂已破败成一间老屋；元时，此祠可能已无存了。五松山李太白祠堂败圮之后，人们在此建成了李白读书堂，或命名为龙堂精舍，清《江南通志》卷三十四记：

龙堂精舍，在铜陵县五松山，李白《与南陵常赞府游五松山》诗有"龙堂若可憩，吾欲归精修"之句，注云：铜井西五里有古精舍。

李白诗中的龙堂是借用楚辞中的说法，《楚辞·九歌·河伯》言："鱼鳞屋兮龙堂，紫贝阙兮朱宫。"王逸注："言河伯所居，以鱼鳞盖屋，堂画蛟龙之文……形容异制，甚鲜好也。"李白在诗中用此典故，应代指精美如仙居般的屋舍。常赞府为李白寻到一处隐居之所，李白用来称赞对方，本来并无名字。因为是先后形成的建筑，如太白祠、太白读书堂新旧之名也混用。清代太白祠之名仍存，而且在铜陵还出现了两处，《江南通志》卷四十一：

太白祠在铜陵县，有二，一在五松山，一在横港。

太白祠为何由五松山移至横港？这是因为在唐宋时五松山的水系还连通长江，过往江船可直接停靠在山下。但随着长江河床上升，五松山下水域为陆地阻隔，江船不到，过往的人也就少了。但李白所写有关五松山的诗作却被人们定格为铜陵与李白有关，后人过往铜陵多会联想到此事，题咏者多将进入铜陵之境的山视为五松山。明清之后到现在，横港是过往铜陵江船的停泊地，其处有山，来往者又将横港之山等同于五松山，以此作为凭吊谪仙人的对象。所以太白祠由天景湖旁移至二十公里之外的长江边了。这种将一地名泛化的活动，至明代更多。如《明文海》卷三百六十六九王《华书堂记》言：

池之青阳县南有九华书堂，盖唐供奉翰林李公白字太白所尝读书处也。初，公之浮游江汉也，遥望九华山而乐之适，故人韦仲堪为令，遂卜居焉。其居在龙女泉侧，岁久掩为民丘，宋嘉熙初，令蔡元龙访求遗迹，始创书堂于兹山之麓化城寺东，以山初名九子，亦公所易今名，故以为书堂冠焉。胜国时邑人柯敬之尝加修葺。去今二百年。已敝不支。敬之之曾孙暹为按察使，欲修未果。至是其从子志洪捐赀集材彻而新之。中为正堂五间，翼以两庑，前为碑亭，又前为石门，施以扁额，寺僧德侃来谒予求记。……所谓公尝读书于九华者，当在天宝十四年前上秋浦时，而郡志又谓公乐五松山水之胜，建堂读书于此，岂记者误以九华为五松，抑铜陵县别有书堂。今皆不可考也。噫！公一代文豪也。旧史称公有逸才志气，宏放飘然，有超世之心，故平生历涉略无胶滞，后人仰之，每因其所至而表见焉，如齐鲁之酒楼，有六逸堂；其在姑孰，如谪仙楼、翰林宅、十咏亭之类，清风逸韵千古不泯，宜乎兹堂之建于今而复于昔，有如志洪者之致意于斯以克承先志也。抑尝考蜀之彰明有大匡山，山下亦有公读书台，即少陵寄诗所谓'匡山读书处'是也。遗址尚在今陇西寺，而兹堂既移建化城寺侧，乃复有如侃者协力以相成之。于此可见其风声气韵之相感，不徒在吾儒者，虽异道之人亦知景仰而效力焉。故不辞为并著之，俾刻石堂下，若夫公之文章流播宇内，光焰万丈，人皆见之，又无俟予言之赘也。

从上文看，由宋至明，出于对诗仙的仰慕，后人在其经行之所多建有楼亭、堂室之类的纪念性建筑，太白书堂广布铜陵周边地区，如《江南通志》卷三十四载：

李白书堂有五，一在（池州）府南四十里桃陂，一在府南苦行岭，一在铜陵县五松山，一在石埭县杉山，又一在青阳县九华山中。宋吴梦祈记云：翰林访道江汉，会故友韦仲堪宰是邑，乃卜居焉，其居介乎龙女泉之侧。嘉熙初蔡元龙访其遗迹于化城寺东偏，复构斯堂。

因为李白过往南陵、秋浦、青阳九华山多次，其地后来皆属池州，故后人推想出多处读书堂。其实，这个太白读书堂也是由李白五松山诗推想出来的。这些地名、纪念性建筑地点的变化都反映了李白影响不断普及的事实。这一个案非常典型地体现了文学名作与地理记忆的密切关系。

注　释

[1]此事延续了很长时间，《资治通鉴》十三载记："（六月）侍御史、剑南留后李宓闭壁不战。宓粮尽，士卒罹瘴疫及饥死什七八，乃引还，蛮追击之，宓被擒，全军皆没。杨国忠隐其败更以捷闻，益发中国兵讨之，前后死者几二一万人，无敢言者。"李白诗明言渡卢师，当指天宝十载的事情。

[2]黄朝英，字士俊，建安（今福建建瓯）人。哲宗、徽宗时人，绍圣后举子。称述王安石学说。有《靖康缃素杂记》十卷传世。事见《郡斋读书志》卷一三、《直斋书录解题》卷一〇。《苕溪渔隐丛话后集》卷三十六云："近时有《缃素杂记》《学林新编》《艺苑雌黄》，此三书皆相类，辨正古今讹舛，校定史传得失，诚有补于学者。"《演繁露》卷三云："辨正世传名物音义，多有归宿。"

[3]李元叔、李仲良为黄庭坚姨表兄弟。黄庭坚《李仲良墓志铭》言："君之兄（李）元叔取余张氏姨母之女，因与往来。及余以史事得罪迁黔州，虽平生亲旧于稠人广众中忽有人言黄鲁直，皆瞠若也，而余过荆州，元叔问水陆所从出，经理其生资，至无不足，然后已。余在巴楚间数岁，元叔遣使来衣食我，留僮仆给使令，恩若兄弟。"（《山谷集内集》卷二十三）。

山神·先贤·谪仙
——李白文的寿山、东山隐喻及其自我写真

许东海

一、绪论:李白的山岳隐喻与情志告白

山水文学的发展、流变及其书写程式,随着两汉以下辞赋传统的重大影响,整个魏晋南北朝的文坛,普遍呈现"辞赋化"的现象[1],因此辞赋对于山水文学的书写,显然举足轻重,不宜忽略。至于辞赋牵动山水文学的另一重要脉络,则在借由赋体化之主客设问与对答的书写架构,让山水世界以拟人化的变创姿态现身说法,从而为文本中的作者代言情志,或以相互论辩之形态进行对话,并且在形式或笔法上往往借鉴辞赋之书写取向,例如:自南朝孔稚珪的《北山移文》,迄至唐代李白《代寿山答孟少府移文书》皆为其例。这些作品主要借由山岳神祇的示现与发声,并与文本作者或相关人物进行论难对话,从而在正本清源的论述中,湔雪屈枉,昭揭情志。其中饶富兴味者,尤深刻映现在山神的论述与告白,主要针对世俗的辱视与污名化提出辩驳,反复铺陈,归旨于廓清误会,以正视听,从而展现其以山水正名进行仕隐文化论述的重要旨趣,此固为辞赋与山水文学交涉关系中值得留意的一个侧面。

另一方面,借由历史上山岳典故之追忆,及其相关人物风范的再现与铺陈,尤其是攸关传统士人志业的仕隐隐喻,作为士人自我认同的文化典范与人生楷模,从而映现作者心灵世界的重要精神图腾与英雄象征,往往也成为古典文学中另一种重要的书写程式。例如先秦两汉涉及仕隐论述之首阳山之伯夷、叔齐,颍水之滨的许由,汉代商山四皓等等俱为常见之例,上述南朝孔稚珪的《北山移文》,以及汉魏六朝史籍丰富的隐逸传记系列,其中往往结合山岳叙写,作

为历代高士隐者的文化空间隐喻[2]。因此唐代以前的山岳书写主要以仕隐文化为重要论述主题,李白诗文中的寿山与东山书写,自其书写系谱而言,前有所承,却又出以变创,展现诗仙李白的书写特色,其中主要关键在借由仕隐文化隐喻的传统基础,进一步转化为其人生蓝图与谪仙身影。其中早期之作《代寿山答孟少府移文书》,与其诗文中丰富的东山书写,正是其中的重要例证。

在诗仙李白的文学世界中,山水诗歌,不论是运用乐府、歌行,或律诗、绝句等等各种诗体创作,展现诗仙豪放、飘逸,想落天外的独特风格,佳作不胜枚举,以李白山水诗歌为对象的相关学术论述亦随之层出不穷,成果丰硕。唯专门针对李白诗歌中的山岳书写主题进行探索者,并不多见。其中较早受到学界注意者,大多集中在李白诗歌中的经典名篇,例如《望庐山瀑布》《望天门山》《梦游天姥吟留别》《庐山谣寄卢侍御虚舟》等个别诗篇之探讨与分析,罕将其山岳书写视为创作现象或主题加以论述。然而从李白"五岳寻仙不辞远,一生好入名山游"的情志告白中,可知这些以登览山岳为主要创作题材的诗歌,应该有其进一步探讨的价值,故拙作曾就李白诗中这些涉及山岳的创作,除尝试考察其中诗歌与辞赋融合的创作特色外,又另撰写一篇《登高与追梦》,主要借由前述李白诗赋融合的创作基础,进而探讨其《梦游天姥吟留别》的文体融合特征及其抒情底蕴[3];此外,近年台湾学界如萧丽华教授《游仙与登龙——李白名山远游的内在世界》《出山与入山:李白庐山诗的精神底蕴》等论文,亦是专门针对李白诗歌中山岳书写的力作[4]。由此观之,李白诗歌中的山岳书写已逐渐受到李白学界的关注与重视。故本篇论文,即基于上述思考与观照之下,进一步锁定李白诗歌之外的其他文类创作,尝试借由李白诗、赋予古文的文体跨界视域,并针对其中攸关其人生理想的重要山岳书写对象,即早年挥别故乡巴蜀峨眉山月后,曾寓居十年的湖北安陆寿山,以及李白终其一生奉为典范,同时又深具以历史先贤谢安作为英雄崇拜隐喻的六朝名山——东山,从而实践漫游天下、追逐梦想的精神象征。本文主要针对寿山与东山这两座深植于诗仙李白心灵深处的文化坐标,探索其中作者借由山岳论述,并以安陆寿山为建构人生梦幻蓝图与流露谪仙意识的初始隐喻;其次,诗仙又如何在六朝东山召唤与先贤谢安追忆的历史凝视里,展开其世变与人生的相关对话,从而映现的谪仙身影及其心灵图景,既得以略窥诗仙李白发轫寿山、归旨东山的人生蓝图,另一方面亦可进一步审视李白借由这些山岳书写中,由山神代言臻至先贤再现之山岳隐喻中,所深刻映现的谪仙身影及其自我写真。

诗歌、辞赋与散文由于文体性质本自殊异,不仅可以更多元展现李白的文学风采,尤其对于探讨诗仙李白的生平活动及其诗人身影,借由这些文本所提供的酬酢与应用书写特性,所进行与展现的诗人情志论述与自我图像,亦将有助于李白诗歌之深层阅读与多面观照。基于以上观照,本文主要借由李白文山岳叙写,结合李白诗歌、辞赋等不同文类作品,聚焦于寿山与东山等相关书写,探索在文类交互竞合书写中,李白所映现的自我画像及谪仙身影,从而揭示其中由地理性延展为历史性、文化性的多元深层意蕴。

二、山神代言与谪仙隐喻:李白《代寿山答孟少府移文书》之赋化书写与梦幻蓝图

《代寿山答孟少府移文书》为李白开元年间始隐于湖北安陆时的撰述[5],为代言体的戏作,却出之以严肃的应用文书形态,并以山岳充分拟人化的虚构与铺陈,加上答书的对话形态,其中充分展现出李白深厚的赋学素养,也因此才能明显展现此文别具的赋化书写特色[6]。其中主要途径即以山岳之虚拟、设问、铺陈等三大具体手法,建构此一寿山论述,并在"铺采摛文,体物写志"的赋化书写下[7],巧妙彩绘出李白的士人身影及其自我画像。李白《代寿山答孟少府移文》的奇特,在于出之以山岳神的宣示形态及其代言策略。就文章之表层而言,此文之撰乃源自先前"孟少府移文"内容的辩驳:

> 昨于山人李白处,见吾子移文,责仆以多奇,叱仆以特秀,而盛谈三山五岳之美,谓仆小山无名无德而称焉,观乎斯言,何太谬之甚也。[8]

其中主要指陈孟少府先前移文中的山岳论述,及其鄙责寿山无名无德观点的谬误,巧妙地引出"山人李白"作为全文书写旨趣的必要铺垫。从全文结构而言,前面篇幅明显过半,乃聚焦于寿山的铺陈叙写,对照后文不及一半的"逸人李白"书写篇幅,初步营造出"寿山"与"逸人"搭配演绎的"地理——人物"主客图式。寿山以山神主观的自我论述形态,完全具现所谓"铺采摛文,体物写志"的赋化风华。李白此文除了并未协韵外,几近可视为一篇《寿山赋》的虚拟书写。李白于此固然展现赋学身影,诚亦不乏变创之姿:其一,篇题名为"代寿山答孟少府移文书",李白此文应受到六朝孔稚珪《北山移文》的启示与牵动,此文中由山神主动示现转化为被动回应,两者既有书写交集,亦复互见异趋;其二,以"淮南小寿山谨使东峰金衣双鹤,衔飞云锦书于维扬孟公足下"的山神特使形态转化,从而既符合其回应官府文书的正式格式,又得以兼启其逞耀才学的书写策略。

文中借由寿山之自叙书写,首先以赋家"体物"妙笔铺陈此山"多奇""特秀"之美,一派神山圣岳风范,自非人间诸座名山可与媲美:

仆包大块之气，生洪荒之间，连翼轸之分野，控荆衡之远势，盘薄万古，邈然星河。凭天霓以结峰，倚斗极而横嶂，颇能攒吸霞雨，隐居灵仙，产隋侯之明珠，蓄卞氏之光宝，罄宇宙之美，殚造化之奇。方与昆仑抗行，阆风接境，何人间巫、庐、台、霍之足陈耶？[9]

此文曲尽表里，穷形入神地赞颂寿山之“罄宇宙之美，殚造化之奇”，直与“昆仑抗行，阆风接境”俨然营塑此山“似不从人间来”的神圣意象及作者的身影，从而映现汉赋铺陈奇丽的书写特色。[10]于是淮南道安陆之寿山，经由李白的赋化点染，化身为一座傲视人寰的神山圣岳。李白笔下的神圣寿山，以“方与昆仑抗行，阆风接境，何人间巫、庐、台、霍之足陈耶”展现风标，此山已映现“谪仙”的特质。

其次，寿山既具现为“谪仙”之人格特质，李白更进一步以寿山之“无名”与“养贤”二端，结合老、庄名德，小大之旨，论述寿山之无名而大德，可与大道：

而盛谈三山五岳之美，谓仆小山无名无德而称焉，观乎斯言，何太谬之甚也，吾子岂不闻乎，无名为天地之始，有名为万物之母，假令登封禋祀，曷足以大道讥耶。[11]

所谓“假令登封禋祀，曷足以大道讥耶”乃借由古来帝王封禅五岳的圣功昊德，指涉寿山之一朝遇合，其功德足以媲美五岳。至此李白的寿山书写，昭然若揭地映现“谪仙”身影，及其待圣主而功赞天地、彪炳人寰的精神风范。然则此一情志风范，复与此文稍后所叙写的李白画像形神相契，如出一辙：

近者逸人李白，自峨嵋而来，尔其天为容，道为貌，不屈己，不干人，巢、由以来，一人而已，乃虬蟠龟息，遁乎此山，仆尝弄之以绿绮，卧之以碧云，漱之以琼液，饵之以金砂，既而童颜益春，真气愈茂，将欲倚剑天外，挂弓扶桑，浮四海，横八荒，出宇宙之辽阔，登云天之渺茫。[12]

安能餐君紫霞，荫君青松，乘君鸾鹤，驾君虬龙，一朝飞腾，为方丈、蓬莱之人耳，此则未可也，乃相与卷其丹书，匣其瑶琴，申管、晏之谈，谋帝王之术，奋其智能，愿为辅弼，使寰区大定，海县清一。[13]

若将李白上引之寿山论述与逸人叙写彼此对照，则其中寿山与李白实为一体两面，其中一虚一实、一明一隐、一奇一正、一山一人、一离一即的不同变创手法，具体、生动地刻画出以“谪仙”逸姿，追图“辅弼”绮梦的二十七岁青年李白之自我画像。由此亦可见李白的“谪仙”称号，每每见于诗中自序：

太子宾客贺公于长安紫极宫一见余，呼余为谪仙人，因解金龟换酒为乐。[14]

借由上述《代寿山答孟少府移文书》中寿山铺陈与李白叙写之相互定义，

诚已浮现以谪仙之姿结合山岳论述，所经纬勾勒的作者自我画像。虽然李白此一早期自我画像仍为隐而不彰、明而未融的朦胧身影，然则至少可以提示后世读者，有关李白"谪仙人"之名号，固然断自前贤贺知章的赏赐，然则对照李白于此颇沾沾矜喜的语气与意态，实亦缘自李白心中深将贺知章引为知音同调之乐情，此由李白诗中之追忆贺知章之叙写，亦可略窥其豹。换言之，李白早年既以"谪仙"之姿自视，一俟长安遇贺知章，自有相见恨晚之感，然则贺知章推誉之以"谪仙人"，本质上实不妨视为对逸人李白谪仙气质一场迟来的正名仪典。

《代寿山答孟少府移文书》寿山与李白叙写的另一交集，还在"山岳"与"人物"共同经纬的仕隐进退命题。其中寿山叙写分别由罪愆与功绩的正反面向，驳斥孟少府移文所写"诸山藏国宝、隐国贤，使吾君膀道烧山，披访不获"之"非适谈也"，并巧妙联系山岳与王道二者互涉之家国意涵。例如："王道无外，何英贤珍玉而能伏匿于岩穴耶，所谓膀道烧山，此则王者之德未广矣。"反之，借由"昔太公大贤，傅说明德，栖渭川之水，藏虞虢之岩，卒能形诸兆瞬，感乎梦想，此则天道暗合，岂劳乎搜访哉？果投竿诣麾，舍筑作相，佐周文，赞武丁"阐述历史上贤相辅佐名主的典故，并归旨于"总而论之，山亦何罪?"的正面论述，从而水到渠成地指陈"乃知岩穴为养贤之域，林泉非秘宝之区，则仆之诸山，亦何负于国家矣?"的终极旨趣。据此，山岳之文化意涵不仅跳脱历史系谱的封禅告天职能，又进一步化身为社稷养贤、明主求才的养成场域及人才智库，从而深具另一层家国意涵，并于另一侧面具体映现唐代士文化以隐入仕的盛世场景与当代脉动，寿山俨然成为李白仕隐进退之道的地理隐喻与情志代言，于是"安能餐君紫霞，荫君青松，乘君鸾鹤，驾君虬龙，一朝飞腾，为方丈、蓬莱之人耳?"[15]固然就李白而言乃"此则未可也"之事，然对于选择"乃虬蟠龟息，遁乎此山"的仙道逸人李白而言，宿志所趋乃图"申管、晏之谈，谋帝王之术，奋其智能，愿为辅弼，使寰区大定，海县清一"，"然后与陶朱留侯，浮五湖，戏沧洲"。其中山岳所蕴涵仕隐进退之道，诚然"岂不大哉?"

李白《代寿山答孟少府移文书》于寿山与李白二者之间，既以互涉隐喻进行形神相契的自我谪仙画像；又复以养贤的地理论述，在寿山——李白之间，映现若即若离的多层书写及其变创特色。然则李白此文的重要书写意义，又在山岳之摆脱传统由帝王封禅告天书写，转化为世人养贤仕隐的当代意涵，变创亦在其中固不乏《楚辞·招隐》之思，却以山岳题材宏观论述"与尔同销万古愁"的士文化观照。并且文中寿山恍如李白自我揽照的一面明镜，曲折、深刻地映射出李白最初的谪仙身影及其生命画像，并成为日后贺知章赠号"谪仙人"的原始文本。

三、东山召唤与世变对话:李白之谢安追忆及其先贤典范

李白对六朝历史及其人文风情的缅怀,除了相关人物的称引与叙写外,经常是以地理语汇,如山岳、都邑等等名称作为其情志的具体隐喻。其中最值得注意者,为“东山”一词,而且这一特殊书写取向,当时李白亲友之间已然印象深刻,如:族叔李阳冰为他编纂的《草堂集序》即指出李白“歌咏之际,屡称东山”。除此之外,魏颢《李翰林集序》更具体地明述李白当时除有“谪仙子”名号外,更有“李东山”之称:

> 置于金銮殿,出入翰林中。问以国政,潜草诏诰,人无知者。丑正同列,害能成谤,格言不入,帝用疏之。公乃浪迹纵酒,以自昏秽。咏歌之际,屡称东山。又与贺知章,崔宗之等自为八仙之游,谓公谪仙人。朝列赋谪仙之歌,凡数百首,多言公之不得意。[16]
>
> 白久居峨嵋,与丹丘因持盈法师达。白亦因之入翰林,名动京师。《大鹏赋》时家藏一本,故宾客贺公奇白风骨,呼为谪仙子。由是朝廷作歌数百篇。……以张垍谗逐,由海、岱间,年五十余,尚无禄位。禄位拘常人,横海鲲、负天鹏,岂池笼荣之?……间携昭阳、金陵之妓迹类谢康乐,世号为李东山。[17]

魏颢所谓“世号李东山”,亦可见谢安高卧东山的人文风情,曾与李白平生情志的深度交集。

李白与谢安之间,借由诗歌书写所映现的“同调”与“悲调”互涉情志取向,其实适亦凸显出李白理想的人生图景,在谢安追忆书写上的变调投影,谢安书写俨然成为李白平生情志,由“同调”“变调”到“悲调”的三部曲,从而成为一面李白生命写照及其对照的历史镜像。李白诗中所映现的谢安书写意涵,若征诸于李白文中撰于开元十八年初次入京前的《代寿山答孟少府移文书》,虽为李白第一篇以大篇幅的书信文体书写自我,从而深具自传性质,并且又巧妙化身为“淮南小寿山”与“山人李白”的灵活书写变创,以大肆铺陈其“山岳·家国·人生”论述的文章,竟始终无一言一语叙及谢安及其东山事典。这一书写现象,与魏颢所称“世号为李东山”而言,显见落差。然则其中关键缘由之一,应是此时李白尚未入仕长安,故尚未兴发“东山高卧时起来,欲济苍生未应晚”的自慰、自励情思。因此,长安情结应为李白诗文中谢安东山书写的重要内在意涵。

作为李白一生重要的精神典范与历史风标的谢安东山图景,固然大体呈现上述的发展态势,成为映现李白生命悲调的重要面向。然则李白的谢安相关书

写，并非全然见诸他的二十余篇诗歌中，现存七十篇左右之李白文，明显分别见诸三篇李白文里，即《为赵宣城与杨右相书》《与贾少公书》《江夏送倩公归东汉序》。从文类比例上来看，李白文中出现谢安相关书写的频率约占二十三分之一，诗中则约占五十分之一。换言之，以李白作品中出现的比例而言，李白文约为李白诗的两倍，这一统计结果应值得参酌。

从上述谢安相关书写的创作面向而言，李白文与李白诗仍分属不同的文体类别，巧妙呈现两者间的竞合态势。从其间文类的分野而言：(1)除了李白文的出现比例倍出李白诗；(2)其中三篇李白文的撰写时间，最早者出现在天宝十四载的《为赵宣城与杨右相书》，另外两篇则分别撰于至德二年《与贾少公书》与乾元二年《江夏送倩公归汉东序》。分别为李白55岁、57岁、59岁的前后文章[18]。整体而言，李白文中述及谢安事典者，全部集中在李白平生的最后十年，前于此的李白文则未见明显叙写谢安情事者，更无论如天宝二年的李白诗《东山吟二首》，还高揭谢安东山旧典作为命题旨趣。此为李白文与李白诗于谢安叙写之创作时间上，呈现出前者集中于晚年，后者分散于不同时期的迥异取向；(3)李白诗的谢安书写，主要作为自我画像及其情志图景的文学隐喻，间及亲友指涉或彼此共体的精神风范。

李白文中借由谢安书写指涉自我情志者，主要集中在至德二年到乾元二年的《与贾少公书》《江夏送倩公归汉东序》二文，撰写时间则为李白一生的最后八年，此前的谢安东山书写，则全部见诸李白诗歌作品。诗歌之吟咏情性，重在曲折蕴借之妙，相对而言，李白文则更偏重开门见山之势，侃侃畅谈。故指事述怀之间，常现昭然若揭之妙。李白诗文之不同体类、创作，虽不乏共同出现谢安故事之书写交集，然则它在李白文中之首次出现时间迟至李白一生最后十年内，其文类书写意涵，值得探索。就李白诗涉及谢安书写的前述二十余篇作品而言，虽不乏少数赠答之用，如《书情赠蔡舍人雄》《赠常侍御》，然《与贾少公书》《江夏送倩公归汉东序》皆出自社交性的酬酢赠达，或严肃性的文书往来，诉求对象具体，显然非复诗歌之偏重自我对话，而深具公开性与社交性。此又谢安书写在李白诗与李白文不同文类间赋予的客观歧异及独特意涵。

诗与文在李白的书写天地中，经常呈现不同的创作动机与功能取向，由此观照李白文之谢安书写，所以集中并仅见诸诗仙一生之最后十年。诚然映现李白由自我对话与私情告白，转化为开诚布公与正式宣告，其中稍早于天宝十四载撰写之《为赵宣城与杨右相书》为代言性质，但以谢安指涉当时右相杨国忠，亦可由此略窥此时的李白，对谢安风范之服膺勿失与永誓弗谖，以至于虽属捉刀之作，亦不禁流露对谢安瞻仰之思笃情挚。至德二年与乾元二年前后撰成

《与贾少公书》与《江夏送倩公归汉东序》，则已在文章中不假雕饰地直接以谢安自喻：

> 宿昔为清胜，白绵疾疲尔，去期恬退，才微视浅，无足济时，虽中原横溃，将何以救之？主命崇重，大总元戎，辟书三至，人轻礼重。严期迫发，难以固辞，扶力一行，前观进退。且殷源卢岳十载，时人观其起与不起，以卜江左兴亡。谢安高卧东山，苍生属望。白不树矫抗之迹，耻振元邈之风，混游渔商，隐不绝俗。岂徒贩卖云壑，要射虚名？方之二子，实有惭德。徒尘忝幕府，终无能为。惟当报国荐贤，扶以自免。[19]

> 昔谢安四十，卧白云于东山，桓公累征，为苍生而一起。常与支公游赏，贵而不移。大人君子，神冥契合，正可乃尔。仆与倩公一面，不忝古人。言归汉东，使我心悔。[20]

李白在《与贾少公书》虽先自称"方之二子，实有惭德"，但接着却高揭"徒尘忝幕府，终无能为"，应非意在谦退。反之，前后之文适足映现李白本以谢安自许，却终告怅然、失意的怨望之情，此事对照其同年正月稍早之《永王东巡歌·其二》"但用东山谢安石，为君谈笑静胡沙"，其间自我指涉的希冀情思判然殊异，亦预见其日后较趋怅然、怨望之意。李白平生谢安图景之深刻与恒常，亦得由此印证。据此观照其二年后《江夏送倩公归汉东序》之谢安想象及其家国召唤尤其鲜明。首先是李白此文开宗明义地以谢安叙写破题；其次，李白文中明白地以谢安与支道林之"大人君子，神冥契合"比喻自己与倩公之情"不忝古人"，显然李白不无以当代谢安自居之意，且已尽褪此前《与贾少公书》"方之二子，实有惭德"的神情姿态。此文撰于李白五十九岁之年，即其生前倒数第五年，据此亦可略窥李白晚年文中，谢安想象固然已成强弩之末，力有未济，且适成其终生遗憾的生命挽歌，然则李白于乾元二年左右，仍然以谢安再起自明其志，并心系家国的诗仙自我图像，毕竟轮廓鲜明，并未因迟暮斜晖而光影模糊。可见借由李白文之谢安书写及其集中于晚年的书写特色，不仅较诸李白诗呈现出正式而公开的情志宣告，亦同时釐清了李白晚年诗作中谢安想望日趋朦胧的误会或疑惑；其次，李白晚年时期，乃唯一诗、文两种体类同时出现谢安事典的书写特色，诚然映现李白晚年，既不免心生怅然归卧东山之情，亦复难以掩饰其谢安东山再起的情志召唤，及其晚暮追忆东山谢安的复杂心灵面向。因此就当代已号称"李东山"的诗仙李白而言，他撰于晚年的诗与文两种体类，其实相辅相成地映现其心灵图景中的谢安身影及其自我画像，进而成为文学生命里，丰富且幽微的情志示现，此外，借由李白晚年谢安书写的文类竞合，亦复曲折深刻地映现李白终老不渝的家国关怀及其士人身影。

四、结论——山神·先贤·谪仙：以寿山与东山经纬交织的谪仙身影

就李白诗歌中的山岳书写而言，主要作为隐逸或神仙指涉的隐喻意象，偶见特例，如天宝年间《梦游天姥吟留别》则涉及长安朝廷隐喻。[21]李白诗歌中盖未出现明显以山岳自喻，并张扬铺厉地以赋化之笔，形塑其谪仙之姿于长安一遇贺知章之前。李白此文在基本构思上，固然不乏南齐孔稚珪《北山移文》的书写影迹，然则一变诙谐嘲弄为家国讽喻，从而在山岳铺陈中巧妙地彩绘出青年李白的自我画像及其谪仙雏形。其次，除了运用前代山岳隐喻基调，进而变创为自我画像的山岳书写外，李白文中的地理叙写，有时亦化身为别具浓厚历史意识的文化地理变创，其中尤为特色者，如后辈魏颢指陈李白当时曾出现"世号李东山"之事实，具体而微地映现其以谢东山——谢安为先贤典范的文化想象，在深厚的历史长河中，不仅浮现李白心灵世界的东山召唤与典范缅怀，更曲折、深刻地形塑出李白自我画像的另一独特侧影。

李白文中的三篇相关书写，皆集中于李白一生最后十载的晚年时期，加上李白文较诸李白诗在书写动机与文体功能上取向有别，据此，大体可以理解为李白晚年的谢安情结及其书写，已然由自我内在私情对话转化而为公之于世的情志告白，并在文类书写意涵上别具意义；再者，借由李白文中历历如绘的谢安叙写及其自我揭示，对照李白诗歌中之东山书写往往走向归卧山林、笑傲白云的心灵取向，可见李白文中的谢安书写，显然并未扬弃东山高卧以待时而起的平生宿愿，从诗、文不同文类书写中的异趋面向来看，或应重新理解为：李白晚年既怅然有悲，亦复希冀最后一搏的错综复杂情怀，从而映现为李白晚年文学中的谢安情结及自我焦虑，另一方面更深刻流露出此一六朝人物追忆及叙写的特殊抒情意涵，而其中具体书写关键则在李白诗与李白文之文类竞合。同时反映出李白晚年，对于谢安风范依旧服膺勿失，甚至情不自禁，此一独特的东山意涵，在李白近千首诗歌中诚为另类书写特色。

由上观之，李白借由寿山与东山的山岳论述，不仅为其辞别巴蜀故乡与峨眉山月后的平生志业，渐次铺陈出重要的人生蓝图与历史典范，同时其中也在寿山、东山之山神虚拟及先贤追忆中，经纬交织出李白自命不凡又勇于追梦的谪仙身影。

其次，除了运用前代山岳隐喻基调，进而变创为自我画像的山岳书写外，李白文中的地理叙写，有时亦化身为别具浓厚历史意识的文化地理变创，其中尤

为特色者有二:一为溯诸汉代的李氏陇西郡望及其祖德意识;另一则为同代后辈魏颢指陈李白当时"世号李东山",及其背后的谢安典范及其六朝想象。两者皆集中体现于地理意象,却又在别具深厚的历史文化,不仅浮现李白心灵世界的传统召唤与历史缅怀,更加曲折、深刻地形塑出李白自我画像的另一独特侧影。其中李白文中所提供的郡望叙写,几乎未见于他的诗歌之中,因此李白文的郡望叙写及其祖德意识,诚可为理解李白诗歌中允文尚武,以至好以大鹏高展自喻的诗仙形象,提供另一重新诠释的参考性文化注脚。

注　释

[1]参见王梦鸥先生《贵游文学与六朝文体的演变》,收录于《传统文学论衡》(台北:时报文化公司,1987),页76~82。

[2]参见拙作《山岳·文体·隐逸——〈游天台山赋〉与〈北山移文〉山岳书写及其文化意蕴之对读》,《励耘学刊》第十二期(北京:北京师范大学,2011)文谓:"由《游天台山赋》与《北山移文》的山岳论述及其仕隐文化观察,《北山移文》山岳书写旨趣,不仅适以回应像孙绰《遂初赋》到《游天台山赋》的仕隐转折及其当代争议;同时亦进一步成为汉、晋以下大量相关隐逸史传文献里,山岳与隐逸二者合体论述的重要集中示现。从而深具隐逸文学与其历史文化彼此互证与对话的重要书写意涵。"

[3]参见拙著《诗情赋笔话谪仙:李白诗赋交融的多面向考察》(台北:文津出版社,2000),第一章,页15~29。参见拙作《另一种乡愁:山水田园诗赋予士人心灵图景》(台北:里仁书局,2004)。

[4]参见萧丽华《出山与入山:李白庐山诗的精神底蕴》,《台大中文学报》,33(2010.12):185~223。

[5]参见安旗《李白全集编年注释》,成都:巴蜀书社,1992,页1851。

[6]参见朱金城《李白的价值重估》,台北:文史哲出版社,1995,页101。文谓:"(李白)许多书序几乎都用赋的方法写成,如《代寿山答孟少府移文书》,……文中既有大赋的铺张起伏,又不拘泥于辞赋的声律典故,写得酣畅淋漓,声情并茂。"

[7]参见梁·刘勰,《文心雕龙·诠赋》,台北:金枫出版社,1981,页91。

[8]参见唐·李白,《代寿山答孟少府移文书》,安旗主编,《李白全集编年注释》,页1853。

[9]同前注,页1853。

[10]参见拙著《诗情赋笔话谪仙》,页184。

[11]同注[5],页1853。

[12]同注[5],页1855。

[13]同注[5],页1856。

[14]参见唐·李白,《对酒忆贺监二首并序》,页826。

[15]同注[5],页1856。

[16]参见唐·李阳冰,《草堂集序》,页2113。

[17]参见唐·魏颢,《李翰林集·序》,页2114~2115。

[18]即前后三文分别为公历755年、757年、759年所撰。参见安旗,《李白全集编年注释》,页1980、1999、2020。

[19]唐·李白,《与贾少公书》,页1999。

[20]唐·李白,《江夏送倩公归汉东序》,页2020。

[21]参见安旗《李白全集编年注释》,页769。

李白命名地名及其相关问题探析

曹化根

李白“一生好入名山游”，足迹所至，诗文随之，为后世留下大量地名、遗迹、遗址，同时，附会于李白的太白酒楼、栖隐地、读书堂、读书台、各类轶事传说等，已共同构成一道独特的历史文化景观。今天，对李白诗文所涉地名研究已成果颇丰。但是，从古至今对李白命名地名问题却几乎无人关注，笔者在《中国知网》上没有搜到一篇探讨关于李白命名地名的论文，只是 2014 年《中国李白研究》中有一篇查屏球先生的《李白与五松山关系三考》涉及对李白命名五松山背景、用意的论述。这种现象固然与这一论题原始资料极其匮乏有关，但也不能不说是李白研究的一个小小的空白。笔者不揣谫陋，试对之作一初步探讨，以求教方家。

一

李白现存的千余篇诗文中，明确自述由其命名的地名有四处，分别是九华山、五松山、玉镜潭、郎官湖。为下文论述方便，现将四首诗全文移录于下：

改九子山为九华山联句

青阳县有九子山，山高数千丈，上有九峰如莲花。按图征名，无所依据。太史公南游，略而不书。事绝古老之口，复缺名贤之纪，虽灵仙往复，而赋咏罕闻。予削其旧号，加以九华之目。时访道江汉，憩于夏侯回之堂，开檐岸帻，坐眺松雪，因与二三子联句，传之将来。

妙有分二气，灵山开九华。——李白

层标遏迟日，半壁明朝霞。——高霁

积雪曜阴壑，飞流喷阳崖。——韦权舆

青莹玉树色，缥缈羽人家。——李白

与南陵常赞府游五松山

安石泛溟渤，独啸长风还。逸韵动海上，高情出人间。灵异可并迹，澹然与世闲。我来五松下，置酒穷跻攀。征古绝遗老，因名五松山。五松何清幽，胜境美沃洲。萧飒鸣洞壑，终年风雨秋。响入百泉去，听如三峡流。剪竹扫天花，且从傲吏游。龙堂若可憩，吾欲归精修。

与周刚清溪玉镜潭宴别（潭在秋浦桃树陂下，余新名此潭）

康乐上官去，永嘉游石门。江亭有孤屿，千载迹犹存。我来游秋浦，三入桃陂源。千峰照积雪，万壑尽啼猿。兴与谢公合，文因周子论。扫崖去落叶，席月开清樽。溪当大楼南，溪水正南奔。回作玉镜潭，澄明洗心魂。此中得佳境，可以绝嚣喧。清夜方归来，酣歌出平原。别后经此地，为余谢兰荪。

以上三首诗歌，综合李白行迹及各家系年，可基本确定为写于天宝十三载（754）秋冬。

泛沔州城南郎官湖

乾元岁（758）秋八月，白迁于夜郎，遇故人尚书郎张谓出使夏口。沔州牧杜公、汉阳宰王公，觞于江城之南湖，乐天下之再平也。方夜水月如练，清光可掇。张公殊有胜概，四望超然，乃顾白曰：此湖古来贤豪游者非一，而枉践佳景，寂寥无闻，夫子可为我标之嘉名，以传不朽。白因举酒酹水号之曰郎官湖，亦由郑圃之有仆射陂也。席上文士辅翼、岑静以为知言。乃命赋诗纪事，刻石湖侧，将与大别山共相磨灭焉。

张公多逸兴，共泛沔城隅。当时秋月好，不减武昌都。

四座醉清光，为欢古来无。郎官爱此水，因号郎官湖。

风流若未减，名与此山俱。

二

除上述确认为李白命名的四处地名之外，通过王琦《李太白全集》附录、有关方志，发现黄山之醉石、九华山之金沙泉、山东徂徕山之独秀峰、大别山，后人亦在很大程度上认为是由李白命名的。现分别简述之：

醉石。王琦《李太白全集》附录引《黄山志》：“醉石在香泉溪浒，昔李青莲游此，绕石醉呼，故名。”又引汪灏《游黄山记》：“有醉石，酩酊层岩上，行者惧其迎风堕也。相传李谪仙曾踏歌其旁。”明清之际,文人墨客对醉石多有题咏,且多与醉石近旁的三叠泉、洗杯池合咏。从现存李白诗文及原始资料看,不能确证李白曾登临黄山,不过,明人朱谏、清人曾国藩据李白诗意认为李白应该登临过黄山。今人陈建根先生《李白登黄山考辨》(见《中国李白研究》1995—1996年集)的结论也是:在经济繁荣、水陆交通便利的盛唐,李白登上黄山绝顶是完全有可能的,绝不是想象之词。但无论如何,李白《送温处士归黄山白鹅峰旧居》却是现存第一首描绘黄山的诗篇。它生动地描写了黄山的雄伟,群峰壁立,灵秀奇异。由于这首诗写于黄山易名不久(747 年“黟山”易名“黄山”),诗中“莲峰”“石柱”“芙蓉”“炼玉”“乘桥”等词句和诗中诸多的想象均为后来诸峰命名开启了思路(余恕诚、朱文根《李白与皖南》,2012 年 02 期《江淮论坛》)。由此看来,李白“绕石醉呼”的可能性是很大的。

金沙泉。据《九华山志》记载,九华山“金沙泉”有两处:一在地藏塔前,石刻“金沙泉”三字。一在无相寺南,则大不盈瓯。皆四时不竭,金沙为底。后一“金沙泉”相传为李白命名。“金沙泉”故事,九华山人有口皆碑。唐天宝年间李白确实来游九华并命名九华山,是否结缘“金沙泉”,现已不能确考,但这美丽的传说,令人遐思和赞叹。

独秀峰。王琦《李太白全集》附录引《一统志》:“竹溪六逸堂,在徂徕山西北巉石峰下。唐天宝间,孔巢父、李白、韩准、裴政、张叔明、陶沔隐居于此。有金翰林承旨党怀英撰碑石刻。”竹溪六逸遗址位于山东省泰安市徂徕山西南麓乳山下,四周山峰围屏,溪水西流。竹溪东南为三岭崮,又名三台山,北岩为独秀峰。独秀峰北崖有金大定十年(1170)石震刻石:“徂徕居士石震,过独秀峰览太白遗刻,有感题于后,婿党怀英偕行。”据山东学者刘传录考证,题名中的党怀英为金代泰安人,当时著名书法家,又是李白族叔李阳冰一派籀篆传人,他将“独秀峰”题字定为“太白遗刻”,尤为可靠,故后世金石著述多从石震、党怀英之说,定题刻为李白所书。但这一题刻由于年久漫漶,加之僻处空山,难于寻访,自清代便不为人所知。故清人著录中多云石刻已“佚”或“磨灭”。如孙星衍《泰山石刻记》云:“‘独秀峰’三大字,《泰山小史》:古人刻峰名于石上。相传李太白书。在徂徕三岭崮北,佚。”又道光《泰安县志·金石》云:“‘独秀峰’三大字,在徂徕山阳三岭崮绝岩,旧传李白书。今磨灭。”1998 年夏,新泰市博物馆在调查徂徕礤石峪石刻时,根据一位林场员工提供的线索,数经考察,终于重新访获了这方保存尚好的唐代石刻。“独秀峰”三字刻石,是研究李白在山东的行迹和“高迹隐徂徕”史实的珍贵资料。(刘传录《李白徂徕题刻“独秀峰”》,原载 1998 年 8 月《蜀报》)山东另一学者柳方来相对审慎一些,认为“独秀峰”传为李白所书。笔者倾向于柳方来观点（见柳方来《李白东鲁居地沙丘城新考》,《齐鲁学刊》2000 年第 2 期）。

大别山。大别山名称的由来比较流行的有李白命名、自然分割、神话传说、汉武帝感慨四种说法,其中最为脍炙人口、当地最为认可、主要对外宣传的是李白命名大别山。据传,李白登上大别山主峰白马尖,发现山南山北两侧景色截然不同,不禁赞叹:“山之南山花烂漫,山之北白雪皑皑,此山大别与他山也!”大别山由此得名。笔者认为,大别山之名其实和李白命名郎官湖一诗有密切联系。该诗题序已经提到大别山:“乃命赋诗纪事,刻石湖侧,将与大别山共相磨灭焉。”不过,其间颇有曲折。《尚书·禹贡》就有“内方至于大别”的记载,只是这个大别山又名鲁山,在沔州汉阳县东北,与郎官湖很近,王琦在《李太白全集》中对此注释得很详细。所以李白才在诗序中说“刻石湖侧,将与大别山共相磨灭焉”。又在诗尾再次照应:“风流若未减,名与此山俱。”后来,这座也叫鲁山的大别山可能因其体量不是太大,而被现在的大别山夺其名而用之,李白命名大别山便因此名正言顺了。这是历史上非常奇特的一种现象。

如果再考虑到李白生前就出现“当时著述,十丧其九”（李阳冰《草堂集序》）的情况,李白命名以上地名的可能性会大大增加。

三

透过李白命名地名,至少会给我们带来以下一些启发性的思考（下文论述以李白自述命名为主,对传说由李白命名又不可确考的地名,为行文方便也偶尔述及）:

一、李白命名地名行为基本出现在他 50 多岁以后的晚年,这种情况是否可以说明李白自 44 岁被玄宗赐金还山之后 10 年间的山水漫游、隐居,与其青年时期的山水漫游、隐居的目的不尽一致。青年时期的漫游隐居,隐不绝俗,目的性非常明确,主要是养高忘机,培植声名,希求引荐,最终达到了玄宗所说的“素蓄道义,为朕所知”。后期漫游时这一目的大大弱化,以山水疗救身心、忘怀伤痛功能大大增强。此时漫游,李白往往在某一区域盘桓很长时间,在吴中、浙江、皖南都是如此,某一地名在同期不同诗作中反复出现,如五松山、九华山、宣城、陵阳、清溪等。为某一处山水命名,实际上是李白长期浸润此地山水的结果,尽管这一结果的出现具有某种偶然性。辨识李白前后期漫游山水时心理上的微妙区别,有助于更好更准确地理解李白诗歌的精神意蕴。当然,李白爱好山水的本性一生没有变化。

二、李白命名山水有无深层意义或精神寄托？这个问题笔者认为不能一概而论，需要具体分析。查屏球先生在旁征博引历代典籍、方志记载五松山的资料后推论李白命名五松山大有深意，认为“李白以此名山，既显博览群书之才学，又露以秦皇自居之豪气”，此论有一定说服力，可备一说。命名九华山，李白自序：“时访道江汉，憩于夏侯回之堂。开檐岸帻，坐眺松雪，因与二三子联句，传之将来。”从“传之将来”这一心理来看，李白命名九华山是有用意的。盖因九华山峰如莲花，儒道释三教共处一山，李白自号青莲，又三教思想杂糅，当时又兴致淋漓，“九华山”之名一出，便深入人心，遂传扬流布，千古不移。李白命名郎官湖，序、诗秀洁，都叙述得很明白：“郎官爱此水，因号郎官湖。”李白在流放夜郎途中与故人时任尚书郎的张谓相会，他乡遇故知，又当时水月如练，清光可掇，四望超然，加之张谓主动邀请李白为此城南之湖命名，因此李白一时忘却流放之身，兴致高涨，脱口而出“郎官湖”，这一命名未见得有何深意，但与此时此际山光水色和老友新朋心旷神怡的超然心态十分融洽。这也是李白平生交游中的一种常见形态。命名玉镜潭，与命名郎官湖相似，看不出有何深意，只是一时醉心于此。不过，玉镜潭为李白主动命名，命名郎官湖乃受邀之举。

三、李白命名地名，虽皆为一时诗兴大发，但绝非仓促草率之举，而有将自己托山水之名而传之不朽的愿望。四首诗中两首有较长的诗序，一首有“潭在秋浦桃树陂下，余新名此潭”的自注，一首有“征古绝遗老，因名五松山”的特别说明。这些文字都不像素称豪放飘逸的诗仙李白的无意之举。退一步说，即便李白无意，那也有李白潜意识中“传之不朽”的意念在起作用。李白是中国诗歌史上自我意识最为强烈的诗人之一，诗中反复出现“李白”“谪仙人”“青莲居士”“我”等自我称谓，不仅如此，李白还有强烈的自我仙化的倾向。赐金还山之后，李白“直取卿相”“使寰区大定，海县清一”的政治理想事实上已经破灭，尽管他还时时不忘“东山高卧时起来，欲济苍生未应晚”，但这更多的只是自我心理安慰了。因此，赐金还山以来的十年漫游之后，老境渐临，虽也时时寻找鲲鹏再起的机会，但也更多地注意自己诗稿的存留，他仍然自信会“诗卷长留天地间”（杜甫语）。所以才有不断委托魏颢、江汉倩公、李阳冰为自己编辑手稿的行动。李白命名山水，与委托魏颢等编辑手稿大概出于同样的心理动机。所谓“传之将来”“以传不朽”“刻石湖侧，将与大别山共相磨灭焉”“名与此山俱”等，都是这一心理动机的明确表达。

四、从李白在游宴过程中命名地名的举动可以透视李白诗歌创作豪逸与豪悲两类风格的微妙异同。李白自述的四处地名命名，都是在与朋友的游宴过程中产生的。传说的四处地名命名推想大约也是如此。命名情境的高度一致性即说明李白是时时刻刻行动着的诗人(这一点是常识),更说明在山水间游宴能极大地触发李白的诗性和创作激情,并迅速喷发而出形成诗篇。李白独处时诗歌往往豪中见悲,如《月下独酌》《独坐敬亭山》《行路难》等,与朋友游宴山水之诗往往豪中见逸,如上文李白自述命名地名的四首诗歌,尽管通观李白所有诗歌不可一概而论,但大体如此,这一点好像还没有人指出过。这又似乎进一步说明,豪中见悲是李白对生命本质的体验,而豪中见逸是李白向世人展示的个性形象。正因如此,豪中见悲的诗篇往往成为李白的名篇或代表作,而豪中见逸的诗篇则难以成为名篇或代表作。但更为吊诡的是,李白豪中见悲的名篇在民间很少有附会传说,倒是抒发豪情逸兴的山水诗往往附丽许多脍炙人口的轶事传说,这或许是因为有具体地点的山水和人物更容易被移花接木生发故事,而豪中见悲往往兴来无端、起落无迹,不易和人物形象联系起来。所以,笔者一直倾向于认为,民间传说的李白形象很大程度上是对李白的误读,又由于这种误读具有长期的累积性和广泛的接受性,反过来又影响了一般学者对李白的认知和研究。

五、从李白命名地名的情境和方式可以推想李白诗歌创作思路和构思特点。李白《冬日于龙门送从弟京兆参军令问之淮南觐省序》中,李令问问李白:“兄心肝五藏,皆锦绣耶?不然,何开口成文,挥翰雾散?”李令问的这一疑问也是千百年来对李白天才诗歌创作的共同疑问。这个问题可能永远没有最终答案,因为这是艺术之为艺术、天才之为天才的终极秘密,只要人类存在一天,这个秘密就会存在一天。但这并不妨碍人们对李白诗歌构思创作特点的探讨。与任何诗人一样,李白诗、文创作,与命名地名的思路都是一致的。从命名地名的思路看,李白创作的重要特点之一是:联想的直接性。关于五松山的命名,无论是一松五枝,还是五棵松树,都不影响李白直接以五松山命名。改九子山为九华山,也应是李白在“坐眺松雪”之际,目光扫过状如莲花的九峰,不暇思考,脱口而出“九华山”的。因潭水清澄而命名“玉镜潭”,李白更会不假思索,李白以“镜”“明镜”比喻清溪的诗句比比皆是,一旦身临其境,“玉镜潭”之名就会自动跃出脑海。以朋友尚书郎之官职而命名“郎官湖”,则是李白以历史上的同姓名人、官职称谓对方的习惯性反应。这与李贺、李商隐喜爱借助神话、典故而形成的曲折而瑰丽的联想和想象有很大不同。当然,李白联想的直接性,又必须与他的泛览百家的知识结构、横放杰出的神奇幻想、高度自信的人格精神紧密结合在一起,才可以创作出那些恢弘壮丽的诗篇。但无论如何,李白的天才性在某种意义上就是联想的直接性,他的神话性、传奇性也基本由此而生,他的少数诗歌流于直白草率也缘于此。艺术联想和想象牵涉到艺术的根本问题,极其广泛深奥，本文无力探究，只好点到为止。

六、从李白命名地名的区域性分布可以探究李白对长江流域和黄河流域心理认同感的差异。李白自述命名的四处地名全在长江流域，如果算上传说李白命名的四处地名，则七处在长江流域，一处在黄河流域。李白出川后，先后寓家今湖北安陆、山东济宁、安徽南陵，巧合的是，李白命名地名也全在这湖北、山东、安徽三个省份，这也印证了本文上面的观点，即李白命名地名虽为一时之举，但命名之地都是其长期盘桓流连之地，潜意识中，李白似乎更能认同将自己命名的地方或附近区域作为寓家之地。将某地作为寓家之地与将某地仅仅作为隐居之地在李白心理上是有很大不同的，这是另外一个问题，此处不去详述。我们关注的是，李白命名多处长江流域地名的心理因素。李白描绘黄河的诗篇固然不少，而且名篇比例很大，极具特色，但李白描绘黄河总给人一种距离感，多是远眺印象，即便像“我浮黄河去京阙，挂席欲进波连山”这样在黄河上航行的诗句，也不能给读者留下诗人融于黄河的印象，相反，诗人主体形象倒更突出于黄河的惊涛骇浪之上。但李白对长江却有无限的亲切感。李白描绘长江及其两岸山水的诗篇，因其澄明碧透、清空缥缈，往往令人心醉神驰，诗人自己的形象也往往融化于明净碧透的江流之中。余恕诚先生在其《李白与长江》（2002 年第 1 期《文学评论》）这篇著名论文中对此有精彩的分析和论述。要之，黄河诗篇的庄严壮丽，激发了李白“奋其智能，愿为辅弼”的人生理想，长江诗篇的清空透明，更集中鲜明地透露出李白的心性气质。也可以说，浩荡奔腾的黄河与长江，这两条中华民族的母亲河，分别对应着李白功成、身退的人生设计。根据日本学者松浦友久的研究，李白天生具有对透明光辉事物的亲近感，这一观点极具启发性。无疑，长江沿岸透明清空的山山水水，不仅给予李白精神上的巨大抚慰，更是李白人生的最好归宿。李白在晚年给长江流域的山水命名，实际就是为自己的天才性格作出的精彩注脚。

李白诗中之谜

——关于天宝丑闻的补充注释

[美]艾　龙

我在《唐代研究》第一期的一篇文章[1]中说过:唐玄宗于742年取消了原定以册封杨贵妃为天宝起始的计划,对这一迄今仍使人们感到迷惑的事件,李白谜语般的诗中所作出的解释引起了广泛的讨论,他的《大猎赋》似乎有证据表明,册封典礼实际上是有计划的,但后来又被取消。至于取消的原因,我认为可能与当时流行的诽谤言论有关,声名狼藉的“灵宝”也起了推波助澜的作用,策划这个“天宝”也许本来就是为掩盖封典丑闻的。我还认为,封典丑闻本身可能起因于广大群众的某个看法(或感觉),这个看法就是,唐玄宗的“天宝”确实就是他的新妃——大名鼎鼎的杨贵妃[2]。如果这样的话,让皇帝不辞劳苦直奔泰山向上天禀报此事似乎没有必要,尤其无法想象的是因为杨贵妃本是寿王李瑁——皇子——的合法夫人,玄宗741年命她进宫也只是当女道士的。据此推测,我曾提醒人们注意李白的《大猎赋》中的两行诗句,它们对杨贵妃和天宝作了解释。我还列出了743年4月25日发生的事情。那天,水陆转运使韦坚为庆贺广运潭的竣工,特筹办了一次水上庆典活动。在新开挖的人工湖上,大群船只浩浩荡荡,为首的一条船上有位名叫崔成甫的官员,带领众人高唱为庆典活动而谱的歌曲,其中有首《得宝歌》的曲调在当时十分流行。它的歌词是:“得宝弘农野,弘农得宝耶!潭里船车闹,扬州铜器多。三郎当殿坐,看唱得宝歌。”其开头两行似乎既可以指“灵宝”,也可以指杨贵妃。这是我本人的见解。这里,崔成甫故意用模棱两可的语言,以幽默、大胆、毫不隐晦的方式,对皇帝的昏庸提出了指责。

自从我的那篇文章问世以来,我又陆续地注意了以下几个方面,特在此提出以供研究。

首先,大卫·麦克马兰博士在《唐代研究》第二期上的一篇大作中[3]对742年取消封典一事为何不见史载这一问题提出了解释。他还说,742年正月,皇帝曾两次下诏祭祀五岳;他认为,“李谟李白相会,写了那首著名但详情含糊的谜诗,从而使该轶事得以渲染”,皇帝下诏祭祀也许是其中的一个方面。我觉得这个观点颇能吸引人。我仅要补充的一点是,在缺乏事实根据的情况下,让该轶事得以渲染,似无真正的必要。我还能想象出,李谟李白之辈也许果真戏谑地将这一寻常的庆典活动看作一次“封典”——特别是如果他们有理由怀疑这项活动仅仅是野心勃勃宫廷封典的一次预演的话。另外,那首谜诗确实看上去是以庆典或封典没有发生为依据,而并非是以确实发生的某事为依据的。还有,这是最后一点,最容易作出的假设是,李谟李白所处的地位使他们有可能在皇帝的计划实施并载入史册之前很久就获悉了。当李白在《大猎赋》中谈到封禅庆典,并说“君王于是回蜺旌,反銮舆”[4]时,当然他是在谈想象中的情景和取消封典等情况。但他毕竟提到这事了,这个事实本身表明,现实中的皇帝的现实计划肯定并未实现。这样,李白就有理由希望他提出的告诫或许能起作用。

这样,就给我们带来了一个问题:对皇帝最为摇摆不定的计划,对宫廷中悄悄传播而竟然连野史都载不进去的流言蜚语,李白究竟有没有可能知道。对这一点,情况无疑十分清楚。首先,人们也许注意到,研究李白的专家们更多地确信,李白赴长安的次数并非如传统的说法只有从742年至744年一次,而是两次、三次,甚至四次[5]。因此,极有可能的是,李白李谟两人742年在任城会见之前,李白就熟悉李谟了;从李白较早时候对长安的访问起,两人就有了密切的来往,这样,长安城里所发生的情况李白就一清二楚了。但是,即使他从未涉足长安,还有两件事给我们的证据表明,他对宫廷里所发生的最秘密的丑事可能早已耳闻。

第一,为韦坚的湖上“庆典”谱曲的崔成甫,在长安地区任职多年,他是李白的挚友。在李白现存的诗中至少有10首是致崔成甫的[6]。李白曾写过一篇非常生动的“序”以纪念崔成甫。他们之间的关系往往使人们认为韦坚案件与李白也有干系。另外,“天宝”的含义究竟是什么,其中有没有见不得人的内容,考虑到这个问题,有必要注意一下崔成甫乃是崔祐甫(他对庆典明显持谨慎态度)的兄长[7]。当然,崔成甫和他的上司韦坚关系十分密切,否则,他怎么可能在“庆典”之中扮演如此重要的角色呢。

第二,韦坚身居高位,深受唐玄宗的尊重和信任。他的姐姐嫁给皇弟李业(死于734年,被追谥为惠宣太子),一个妹妹嫁给玄宗的儿子李玙,李玙在738

年被确定为皇位继承者,玄宗死后,李玙即位,即唐肃宗[8]。韦坚本人娶了皇帝的宠臣姜皎(楚国公)的女儿。显然,从韦坚的地位来看,他完全有可能知道宫廷里的任何秘密,甚至皇帝在思考什么问题都能得知。我们也许可以说,他所处的地位使他能亲自了解到:他的主子是什么时候抢走儿子的妃子的。

那么,情况是否可能是这样的呢:韦坚特命崔成甫为"庆贺"谱曲并领唱戏歌以告示世界:"天宝"确为当今皇帝昏庸的真凭实据。确切地说,用这种办法鞭挞皇帝的昏庸是完全有可能的。

746 年正月,臭名昭著的宰相李林甫向他的密友、知太府出纳使杨慎矜秘密下令刺探韦坚的情况。[9]后来,杨慎矜向李林甫报告说,韦坚在某一天夜里和李玙秘密会见,并随后在陇右节度使皇甫惟明的陪同下又密访了道长。于是,李林甫向玄宗禀报说韦坚正在阴谋策划推翻他以立李玙为帝。玄宗似乎对这个指控不完全相信[10],但他还是采取行动,进行了大规模的清洗,许多有牵连的官员被贬黜、被流放、被杀戮,其中包括韦坚、他的兄弟和儿子等;李业的儿子李琄以及李业的妻子(韦坚的姐姐)一起被流放。皇位继承人李玙被这突如其来的事件吓坏了,竟把妃子(韦坚的另一个妹妹)休了[11]。

旧、新两部《唐书》和《资治通鉴》认为,这次大清洗的真正原因是李林甫希望剪除强大的对手。李无疑对这场清洗感到高兴,然而,人们不禁要想,在清洗的背后,还有没有别的什么因素呢?首先,清洗的范围大大超出了韦坚周围的一小圈人。其次,清洗的时间着实令人迷惑不解:不是发生在新运河和广运潭竣工、韦坚的声望达到顶峰之时,而是在这以后很久;在杨贵妃被封册之后才四个月,清洗便开始了。第三,上述三部史书在谈到那次清洗时都提及一个极为奇怪的现象。《旧唐书》(卷 105,页 3225):"林甫恨韦坚不已,遣使于循河及江、淮州县求坚罪,收系纲典船夫,溢于牢狱[12],征剥逋负,延及邻伍,皆裸露死于公府,至林甫薨乃止。"《新唐书》(卷 134,页 4561～62):"坚贬黜后,林甫讽所司发使于江、淮、东京缘河转运使[13],恣求坚之罪以闻,因之纲典船夫溢于牢狱,郡县征剥不止,邻伍尽成裸形,死于公府,林甫死乃停。"《资治通鉴》(卷 215,页 6876):"坚始凿潭,多坏民冢墓,起江、淮,至长安,公私骚然[14]。及得罪,林甫遣使江、淮,钩索坚罪,捕治舟夫漕史,所在狱皆满。郡县剥敛偿输,责及邻伍,多裸死牢户。林甫死,乃止。"如果韦坚果真对李林甫的地位构成威胁,甚至阴谋推翻朝廷,那么,李林甫有什么必要追捕小官吏,甚至沿江的船夫呢?如果韦坚确有贪污国家税款的罪行,李林甫等人为何迟迟不采取措施呢?知太府出纳使杨慎矜为何不提出明确的指控,而只是含糊其辞呢?如果真的毁坏了长安附近的民冢墓,为何会在沿江淮一路引起喧哗并惩处那些看来是无辜的人们呢？为何三部史书对这骇人听闻的残酷迫害的依据都难以确定呢？

事实或许是这样的：李林甫在杨贵妃的唆使下，下密令抓捕与韦坚有牵连的在广运潭上唱"反歌"的人。这样的解释似乎最简单，可能性也最大。李白为纪念其挚友崔成甫而作的《泽畔吟序》[15]也为这种解释提供了佐证；

《泽畔吟》者，逐臣崔公之所作也。公代业文宗，早茂才秀。起家校书蓬山，再尉关辅。中佐于宪车，因贬湘阴。从宦二十有八载，而官未登于郎署。何遇时而不偶耶？所谓大名难居，硕果不食。流离乎沅、湘，摧颓于草莽。同时得罪者数十人，或才长命夭，复巢荡室。崔公忠愤义烈，形于清辞。恸哭泽畔，哀形翰墨：犹《风》《雅》之什，闻之者无罪，睹之者作镜。书所感遇，总二十章，名之曰《泽畔吟》。惧奸臣之猜，常韬之于竹简；酷吏将至，则藏之于名山。前后数四，蠹伤卷轴。观其逸气顿挫，英风激扬，横波遗流，腾薄万古。至于微而彰，婉而丽，悲不自我，兴成他人，岂不云怨者之流乎？余览之怆然，掩卷挥涕，为之序云[16]。

史书上说在反韦坚的大清洗中"数十人"遭拘捕，这和李白说的"数十人"同崔成甫一起受到指控不谋而合。《新唐书》（卷134，页4561）说崔成甫的《得宝歌》是在当时十分流行的《得体歌》的基础上谱成的，共有"十余解"。能否这样说，两次迫害如同一辙，"二十章"的《泽畔吟》和崔成甫的《得宝歌》也属同一性质？当然，《泽畔吟》也有其文学上的联系，它使人想起伟大的诗人屈原，他也曾在泽畔高唱悲歌。有必要提一下的是，"泽畔"本该是"德伴"，"德伴"是唐代时的发音[17]。

遗憾的是，崔成甫的作品现存的只有一首致李白的短诗和一个《德伴歌》或《得宝歌》。但是，如果我们把《德伴歌》看作《泽畔吟》中的一个部分，那么，崔成甫的《德宝歌》肯定和下述事实有关：杨贵妃正是唐玄宗的"天宝"。难怪杨贵妃一受封册就大开杀戒。

我在先前的一篇文章中曾指出：被叫作陈仓的城市有时也同被认为与"天宝"的鸟神有关。我说过，757年，唐肃宗改陈仓为"宝鸡"。这也许是为纪念天宝纪年的黄金般的岁月而更改城名的吧。我当时虽然这样写过，但心里并不踏实。而现在我似乎明白了：这更改城名的举动定是肃宗为发泄对先帝昏庸乃使他不得不休妃之恨的委婉举动。宝鸡，确确实实！当然，"宝妓"（宝鸡谐音）对唐玄宗那荒唐的行为无疑是很含蓄的。

注 释

[1]《就742年封典及天宝丑闻，李白谜诗提到许云封，附注踏歌和匈奴人的中国突

厥语的名字》,《唐代研究》第1期(1983年)8~20页。

[2]杨贵妃虽于745年8月正式受封,但自她741年进宫之后一直为皇帝的宠妃。这里,我称她是“他的新妃,大名鼎鼎的杨贵妃”,目的是为了不使人们误认为是个无名之辈而造成混淆的情况。参见《剑桥中国史》第3卷(剑桥:剑桥大学出版社,1979年,427页),也参见《资治通鉴》(北京:古籍出版社,1956年)卷215,6862和6866页。

[3]D. L.麦克墨兰:《评注742年的封典并答艾龙教授》,《唐代研究》第2期(1984年)37~40页。

[4]《李白集校注》卷1,87页(两册本,上海古籍出版社,1980年)。

[5]人们认为李白赴京师的大概时间是730—732年,738—740年,742—744年(传统上被大家接受的时间)和753年。关于这个问题,最重要的论文是稗山的《李白两入长安辨》,刊登在《中华文史论丛》(第2期)(中华书局上海编辑所1962年)125~136页。另外的一篇论文是郁贤皓的《李白两入长安及有关交游考辨》,刊登在《李白丛考》(西安:陕西人民出版社,1982年)39~64页。我读到的最新论文是安旗的《李白三入长安别考》,该文1984年问世,102~107和111页上提及。安教授给我寄来一份,但她没有注明刊登在什么期刊上。许多这类论点都趋于以李白对个别诗行所作的解释为依据,但缺乏对全诗作纵观的考虑。正因为如此,人们常常在究竟何种解释或结论更为合理上遇到麻烦。另外,李白很可能确实多次赴长安。在这个问题上,我更倾向于相信王仁裕(880—963)在《开元天宝遗事》(刊登在《唐代丛书》嘉庆版124页,台北:新兴书局,1972年重印)上叙述的情况,文中谈到李白曾在宁王李宪的宴会上充任“词客”。李宪死于741年,如果上述说法是可信的话,李白在742年人们传说的首次赴京师前就属于圈内人物。

[6]刊登在《李白丛考》(见注[5])上的郁贤皓的《李白诗中崔侍御考辨》是一篇探索性的名篇。文中考证了崔成甫的身份,和李白的关系等,对崔卷入韦坚事件也作了探讨。李白研究的学者绝不能忽视郁的这一类论文。

[7]参见《剑桥中国史》第3卷(见注[2])579~580页。

[8]《剑桥中国史》第3卷384页说:“韦坚的姐姐嫁给了玄宗最小的弟弟李业,一个妹妹嫁给了皇位继承者李瑛,他本人则和皇帝的宠臣姜皎的女儿结婚。”这不正确。李瑛是和薛铼的姐姐结婚,并于733年被赐死。韦坚的“另一个妹妹”嫁给了皇位继承者、即后来的唐肃宗李玙。有关韦坚的传记,见《旧唐书》(北京:中华书局,1975年)105卷,3222~3225页,《新唐书》(北京:中华书局,1975年)134卷,4560~4562页。有关谁死于何年,谁嫁给谁等情况,参见《资治通鉴》214卷,6828页(注意李瑛和薛铼的姐姐结婚),214卷,6829页(李瑛被赐死),214卷,6833页(宣布李玙为皇位继承者),214卷,6834页(忠王李玙正式和韦坚的妹妹

结婚),215 卷,6870 页(韦坚同妹夫、皇位继承者李玙见面,大清洗开始),215 卷,6873 页(李玙休妻),215 卷,6874 页(已故李业的儿子、嗣薛王李瑁与他的母亲、即韦坚的另一个妹妹一起被废),215 卷,6875 页(韦坚、其兄弟以及有牵连的人受命自杀)。

[9]参见《资治通鉴》(见注[2])215 卷,6870 页,《剑桥中国史》第 3 卷(见注[2])422~424 页。《剑桥史》始终认为杨的名字叫杨慎矜。我认为这只是个读音问题。杨慎矜是杨贵妃的远亲,也许因为关系太远而无法相互勾结。

[10]参见《旧唐书》(见注[8])105 卷,3224 页。唐玄宗除了非常信任韦坚外,也该有其他理由对不利于韦坚的指控不完全相信。李林甫赞成寿王李瑁取代李瑛为皇位继承者。唐玄宗最终亲自选定李玙,韦坚似乎有可能稳稳当当地当皇帝的妹夫,根本不必要搞什么阴谋活动。

[11]参见《旧唐书》(见注[8])105 卷,3225 页。

[12]根据我的理解,"船队"是由绳索将 10 只船扣在一起组成,因此此处用了"纲"字。

[13]我不敢肯定这样的译法(即将原文译成了英文)是否确切。能澄清一下就好了。

[14]《资治通鉴》215 卷, 6857 页也提及由于"坏民冢墓"而受到长江淮河一带人民的愤慨。

[15]《李白集校注》(见注[4])下册 27 卷,1586 页。

[16]他的父亲是崔沔(673—739)。其世系表见注[6]提到的郁贤皓文第 95 页。

[17]1984 年 12 月 6 日, 斯蒂芬·琼斯博士在来信中告诉我说,在 966 博雅笛谱中有一曲叫"德伴子"。我想说服他把下期《唐代研究》将登载的关于"德伴歌"资料的研究情况寄给我们。我们将会发现,"德伴歌"同与纵队舞有关的性踏歌有某种联系。当然,我们仍需要请突厥研究人员来解释"德伴"这个词的含义。

读《李白资料汇编》(金元明清之部)札记

钟振振

(一)元刘将孙《养吾斋集》卷二十一《栖碧山房记》:"太白天游神纵,麾斥八极,何山何地,可著磊块?顾独有栖碧山之《问答》,将求太白于山乎?山者,不可知也。抑求之山之外乎?而太白固在是间也,其不可以他求也。毋亦桃花流水,境适意会,别有天地,未尝不在人间;而非人间者,亦在是矣!则是碧也,岂不往来吾目中耶?而皆非世间意也,新涂多佳山水,平远而峭拔,盘旋而磊落,乃万山中一水萦回。坐挹清旷,尽得奇趣,为龚氏居;舜咨光霁洒落,又足以称之,位置园林,不广不俭,而有争流竞芳之景;池环径绕,俯亭仰阁,中为堂曰栖碧山。南而仙女二峰,秀色缥缈;荒祠古木其下,悠然昭王茅屋之感。西而太和、玉笥,联嶂叠巘,茂陵归鹤,宁不与飞云泛滥;是间羊角三峰,玉立如笋。为之北,问洞天溅溅,何能及此清峻?溢山十二,如巫云错落。为之东,未知锦屏何似,而使人应接不暇,风月不减剡中也。客有过予而铺之;历历高下疏密之状,云烟开阖之变;予耸然,如昔所见于太白诗者焉,客为舜咨请曰:愿记之。予曰:天之苍苍,其正色非耶?山之苍苍,其正色非耶?惟其苍苍而犹不可极,正色而不得其所以名,故出于碧。碧者,色而非色者也;天与云也则然,而山都之代不得以与于斯也。水之深者亦有似者矣,然狎而玩,随物而迁也;江之春则有仿佛焉者,然暂而象,不可得而常也。天之青也有时,而山之色然者无间;其弄姿浮嫣,名山乔岳有不得与者矣。今夫山莫尊于岱宗,虽亘齐跨鲁而青未了也,然峻极而云雾藏,高薄而雷雨半,不能使之秀眉妩而螺髻列也。江湖间之负特者莫若庐阜矣,固翠扫空而天浮,岚然烟出焉;而紫瀑略之而白,亦不能使之朝脐而归。万古之青夕敛而凝,千寻之黛也;山虽纵横奇秀,近而即,则亦使人意废。彼之巨丽者,何顾不若哉?高深之连绵,或夺光于日月;而居游之向背,有转侧于峰峦。苟得其要,寸步之所揽,可以薄云气而羞蓬莱;只系其逢,一目之所加,固足以驻流光而凌倒景,盖彼之碧者如神之形,而吾栖者亦情之所寓。吾栖吾于太虚之中,而碧媚我于万象之外;夫谪仙之仙者,固在是矣!而曰山之云乎?尝试徘徊堂上,晖阴不动;入眼清新,染不能逮。客欣然赞主人曰:微斯人谁与领此?主人亦命客曰:与客共之,是间是乐则必有分矣!而栖者谁耶?予未尝登其间,而安知景之奇与栖之乐?我知之太白也!客曰:美哉!是堂是山,宜得是记。乃书以遗之。"(第15~16页)。

按:此文之校点,可商处甚多。其一,"乃万山中一水萦回"句后,不可用句号。盖"新涂多佳山水,平远而峭拔,盘旋而磊落"三句为一层义,泛言之也。"乃万山中一水萦回,坐挹清旷,尽得奇趣,为龚氏居"三句为又一层义,特写龚氏之居处也。"乃万山中"句实非前一层次之末句,而系后一层次之首句焉。

其二,"而有争流竞芳之景"句,"争流竞芳",上海古籍出版社影印文渊阁《四库全书》本《养吾斋集》作"争流竞秀",是。盖《世说新语·言语》篇载晋顾恺之赞会稽山川之美,有"千岩竞秀,万壑争流"语,养吾斋即用此为语典,作"竞芳"者,似是而实非矣。

其三,"西而"以下一段文字,当标点为:"西而太和、玉笥,联嶂叠巘,茂陵归鹤,宁不与飞云泛滥是间?羊角三峰,玉立如笋,为之北,问洞天濈濈,何能及此清峻?溢山十二,如巫云错落,为之东,未知锦屏何似,而使人应接不暇,风月不减剡中也。"今校点者乃以"是间"二字属下,读作"是间羊角三峰"云云,误矣。又于"玉立如笋"四字后用句号圈断,以"羊角三峰"亦为龚氏所居西面之山;于"如巫云错落"五字后用句号圈断,以"溢山十二"为龚氏所居北面之山,皆非。审如此,则其所居东面无山可名矣,细读养吾斋文,知其不然,"羊角三峰"实为其居北面之山,"溢山十二"则为其居东面之山也。

其四,"所见于太白诗",文渊阁《四库全书》本《养吾斋集》作"所想见于太白诗",是。盖龚氏栖碧山房之命名,实本太白《山中问答》诗"问余何意栖碧山?笑而不答心自闲。桃花流水窅然去,别有天地非人间"。养吾斋此记,落笔之初即就此诗生发,故所谓"太白诗"殆亦指此。然太白此诗实不曾具体描摹所栖之山,其"高下疏密之状,云烟开阖之变",养吾斋又何由"见于太白诗"耶?谓其"想见于太白诗",则由太白诗而驰骋遐想,象外生象,何所不可萃于目前?是此一"想"字,关系甚巨,绝非可有可无者也。

其五,"碧者,色而非色者也;天与云也则然,而山都之代不得以与于斯也"云云,"之代"二字不辞,必有讹误。检文渊阁《四库全书》本《养吾斋集》作"之他",文从字顺矣。

其六,“江湖间之负特者莫若庐阜矣,固翠扫空而天浮,岚然烟出焉;而紫瀑略之而白,亦不能使之朝济而归。万古之青夕敛而凝,千寻之黛也;山虽纵横奇秀,近而即,则亦使人意废。彼之巨丽者,何顾不若哉”云云,断句之误尤甚,“固”字以下当读作:“固翠扫空而天浮岚,然烟出焉而紫瀑略之而白,亦不能使之朝济而归万古之青,夕敛而凝千寻之黛也。”行文至此,意已完足,故当用句号圈断,下文“山虽”云云另起一意矣,分号特宜用于“则亦使人意废”句后耳。

其七,“客欣然赞主人曰:“微斯人谁与领此?主人亦命客曰:与客共之,是间是乐则必有分矣!而栖者谁耶?予未尝登其间,而安知景之奇与栖之乐?我知之太白也!客曰:美哉!是堂是山,宜得是记。乃书以遗之”云云,“与客共之”句后当用句号圈断。盖文中设为主人之语,仅此四字耳,“是间”以下至“我知之太白也”云云,皆作者语也,又,“登其间”,文渊阁《四库全书》本《养吾斋集》作“至其间”,似较近是。

(二)元郝经《陵川集》卷二十四《与撖彦举论诗书》:“凡喜怒哀乐蕴而不尽,发托于江花野草、风云月露之中,莫非仁义礼智。喜怒哀乐之理依违而不正,言恣睢而不迫切。若初无与己而读之者,感叹激发,始知己之有罪焉。”(第24页)

按:此段标点亦颇不得要领。实当读作:“凡喜怒哀乐蕴而不尽发,托于江花野草、风云月露之中,莫非仁义礼智,喜怒哀乐之理依违而不正言,恣睢而不迫切,若初无与己,而读之者感叹激发,始知己之有罪焉。”

又:“后世辞胜,尽有作为之工而无复性情,不知风雅有沉郁顿挫之体,有清新警策之神,有振撼纵恣之力,有喷薄雄猛之气,有高壮广厚之格,有叶比调适之律,有雕镂织组之才,有纵入横出之变,有幽丽静深之姿,有纡徐曲折之态,有悲忧愉快之情,有微婉郁抑之思,有骇愕触忤之奇,有鼓舞豪宕之节,若夫言外之意、意外之味、味外之韵,知之者鲜,又孰为之哉。先为辞藻,茅塞思窦,其兴致自趋尘近不能高古,习以成俗,昧夫风雅之原矣。”(第25页)

按:此段可分三层。“后世辞胜,尽有作为之工而无复性情,不知风雅”三句为第一层,故“雅”字后当用句号圈断,自“有沉郁顿挫之体”至“又孰为之哉”一长段为第二层。其以“有”字领起之十四句,主语仍为“后世(诗歌)”,而非言“风雅”中有此种种也。“又孰为之哉”,文渊阁《四库全书》本《陵川集》作“又熟能为之哉”,似较近是。“先为辞藻”以下为第三层,以文渊阁《四库全书》本《陵川集》校之,知“其兴致”前误脱一“扰”字,且此数句当读作:“先为辞藻,茅塞思窦,扰其兴致,自趋尘近,不能高古。习以成俗,昧夫风雅之原矣。”

(三)元方回《桐江续集》卷三十三《恢大山西山小序》:“论今之诗,五七言古律与绝句凡五体。五言古:汉苏、李,魏曹、刘,晋陶、谢;七言古:汉柏梁,临汾张平子《四愁》;五言律、七言律及绝句,自唐始盛。唐人杜子美、李太白兼五体,造其极;王维、岑参、贾至、高适、李泌、孟浩然、韦应物,以至韩、柳、郊、岛、杜牧之、张文昌,皆老杜之派也;宋苏、梅、欧、苏、王介甫、黄、陈、晁、张、僧道潜、觉范,以至南渡吕居仁、陈去非而乾淳诸人,宋文公诗第一,尤、萧、杨、陆、范,亦老杜之派也;是派至韩南涧父子、赵章泉而止。别有一派曰昆体,始于李义山,至杨、刘及陆佃绝参。炎祚将讫,天丧斯文,嘉定中忽有祖许浑、姚合为派者,五七言古体并不能为,不读书亦作诗,曰学四灵,江湖晚生皆是也。"(第 32 ~ 33 页)。

按:此段文字亦有数误。其一,据文渊阁《四库全书》本《桐江续集》,此文之题实作《恢大山西山小稿序》。《西山小稿》殆恢氏集名,脱一"稿"字,即不可通矣。

其二,"七言古:汉柏梁,临汾张平子《四愁》"云云,当标点为:"七言古:汉柏梁、临汾、张平子《四愁》。""临汾"盖指汉武帝《秋风辞》,中有"泛楼船兮济汾河"句,故以"临汾"称之。校点者殆误以为张衡(字平子)之籍贯矣。实则张衡乃南阳西鄂人,固与"临汾"无涉也。

其三,"宋苏、梅、欧、苏、王介甫、黄、陈、晁、张、僧道潜、觉范,以至南渡吕居仁、陈去非而乾淳诸人,宋文公诗第一"云云,"宋文公",文渊阁《四库全书》本《桐江续集》作"朱文公",即朱熹,是也。"宋"字盖形讹。又,"陈去非"后应加逗号。方回盖言宋孝宗乾道、淳熙间诸人中,当以朱熹诗为第一,所论范围实有限定,非谓朱诗竟能凌驾苏舜钦、梅尧臣、欧阳修、苏轼、王安石、黄庭坚、陈师道、晁补之、张耒、僧道潜、僧觉范、吕本中、陈与义诸人而上之也。

其四,"嘉定中忽有祖许浑、姚合为派者,五七言古体并不能为,不读书亦作诗,曰学四灵,江湖晚生皆是也"云云,后半当读作:"不读书亦作诗曰学,四灵、江湖晚生皆是也。盖"嘉定"即公元 1208—1224 年,而"四灵"中,徐照灵晖卒于 1211 年,徐玑灵渊卒于 1214 年,赵师秀灵秀卒于 1219 年,翁卷灵舒卒年虽不详,大抵亦与其他三灵同为嘉定时人。故"四灵"与所谓"江湖晚生"之关系,实为同时并列,而非前后师承也。

(四)明王祎《练伯上诗序》:"自大历元和以降,王建、张籍、贾浪仙、孟东野、李长吉、温飞卿、卢仝、刘羲、李商隐、段成式,虽各自成家,而或论于怪,或迫于险,或窘于寒苦,或流于靡曼,视开元远不逮。"(第 133 页)

按:"刘羲"显系"刘叉"之误。"羲""叉"二字,音、形相去皆远,古书中似不当互讹。意原书不误,而校点者误将"叉"字抄作"义"字,又转换为繁体之

“羲”字,致有此失。然刘乂实非无名之辈,治唐诗者不容不知也。

(五)明周忱《高太史凫藻集序》:“文以理为主,而气以发之理,明矣。而气或不充,则意虽精,辞虽达,而萎苶不振之病有所不免。”(第163页)

按:此段当读作:“文以理为主,而气以发之。理明矣而气或不充,则意虽精,辞虽达,而萎苶不振之病有所不免。”

(六)明陈霆《渚山堂词话序》:“始余著词话,谓南词起于唐,盖本诸《玉林》之说,至其以李白《菩萨蛮》为百代词曲之祖。”(第212页)

按:“玉林”乃宋人黄升之字,非书名也。李白《菩萨蛮》《忆秦娥》为百代词曲之祖一说,见其所著《唐宋诸贤绝妙词选》。

(七)明王廷相《大复集序》:“古今论曰:文以代变,非也,要之存乎人焉耳矣。”(第219页)

按:此段应标点为:“古今论曰‘文以代变’,非也,要之存乎人焉耳矣。”王氏此序旨在辩驳古今论者之“文以代变”说,“非也”二句,即王氏之见解。若依原标点,则辩驳“文以代变”说者,竟是“古今论者”,被告反成原告矣。

(八)明杨慎《词品》卷六《南涧词》:“韩南涧题采石蛾眉亭词曰:‘倚天绝壁,直下江、千尺天际。两蛾横黛愁与恨,几时极!暮潮风正急,酒阑闻塞笛。试问谪仙何处?青山外,远烟碧。’此《霜天晓角》调也,未有能继之者。”(第302页)

按:据文义及《霜天晓角》调之声律,上片当读作:“倚天绝壁,直下江千尺。天际两蛾横黛,愁与恨,几时极!”此词押入声韵,“际”字乃去声,岂可以为韵脚?治唐诗者虽不必娴熟于宋词,然四声之辨、韵部之别,亦当讲求也。

(九)明方弘静《千一录》卷十二:“《黄鹤楼》诗三‘黄鹤’字,《鹦鹉洲》诗三‘鹦鹉’字,太白仙才而取善之,公可则也。然二作自是绝唱,不必作意效之。”(第335页)。

按:“太白”二句当读作:“太白仙才,而取善之公可则也。”意谓李白《鹦鹉洲》诗有取于崔颢之《黄鹤楼》诗,太白乃仙才,却能虚心吸取他人长处,公正若此,可为后人之准则矣。

(十)明周祈《名义考》卷四:“《张良传》:‘良游下邳圯上,遇老父,坠履圯下。楚人谓桥为圯。’李白诗:‘我来圯桥下,怀古饮英风。’既曰圯,又曰桥,复矣。白误读圯为圮族之圮,犹云败桥,不知圯上之圯从巳矣。之巳,左无缺;圮族之圮从人己之己,左缺。文微不同。”(第338页)

按:“不知”以下数句,当读作:“不知圯上之圯从巳矣之巳,左无缺;圮族之圮从人己之己,左缺。”古书“已”字多有刻作“巳”者,故“巳矣”实即“已矣”。顺及,李诗“怀古饮英风”,“饮”字显系“钦”字之讹。

(十一)明王世懋《艺圃撷余》:“太白《峨眉山月歌》,四句入地名者五,然古今目为绝唱,殊不厌重蜂腰、鹤膝、双声、叠韵。沈休文三尺法也,古今犯者不少,宁尽被汰邪?”(第381页)

按:“殊不厌重”四字后应用句号圈断。“蜂腰”二句当标点为:“蜂腰、鹤膝、双声叠韵,沈休文三尺法也。”

(十二)明焦竑《青溪山人诗集序》:“故李、杜之诗编年为序,岂独行役之往来,交游之聚散,与夫文艺之变幻,犁然可考,而世之治乱升降亦略具焉。昧者取其编门分类,析而因诗以论世之义日晦;余尝叹之。”(第386页)

按:“昧者”二句当读作:“昧者取其编门分类析,而因诗以论世之义日晦。”“其编”成辞,盖指李、杜诗集。“门分类析”,犹言分门别类也。校点者殆误以“编门分类”为辞矣。

又《焦氏笔乘续集》卷七《金陵旧事》:“谢公墩在冶城之尾。冶城本吴王夫差冶铸处,宋为天庆观,今朝天宫、铁塔寺、谢公墩一脉绵亘,皆其地也。《世说》:王右军与谢太傅共登冶城,谢悠然遐想,有高世之志,故名谢公墩。”(第390页)

按:此条后半应标点为:“《世说》:‘王右军与谢太傅共登冶城,谢悠然遐想,有高世之志。’故名谢公墩。”“王右军”等三句,见《世说新语·言语》,乃直接引语;而“故名谢公墩”五字,则实非《世说新语》中所有也。

(十四)明胡应麟《诗薮》内编卷四:“排律自工部考功外,支卿《酬苏员外》《塞北》《必简答苏味道》,伯玉《白帝怀古》,玄宗《晓发蒲关》,太白《寄孟浩然》《登扬州西灵塔》《赠宋中丞》,嘉州《送郭仆射》,摩诘《玉霄公主山庄》《送晁监》《感化寺》《悟真寺》,皆一代大手笔、正法眼,学者朝夕把玩可也。”(第404页)

按:“工部”“考功”自是二人,故当用顿号断开。“考功”,唐诗人钱起,曾官考功郎中,故称,“《必简答苏味道》”,当作“必简《答苏味道》”,“必简”乃唐诗人杜审言之字。

又外编卷四:”子美以赋敌杨雄、相如,诗亲子建,方驾屈、宋,同游陶、谢;而以庚信鲍照、阴铿、苏端、薛复拟太白,一何颠倒豪杰也!‘饭颗山头’字句若无事实,未为深讥;世徒以太白儇轻而少陵尤巧矣。”(第411页)

按:末句当分为二,读作:“世徒以太白儇轻,而少陵尤巧矣。”盖其前半引述世人之成见:李白曾以“饭颗山”诗讥笑杜甫,未免儇薄轻佻;后半则陈说一己之新见:杜甫以扬雄、司马相如、曹植、陶渊明等一流作家自比,而以庾信、鲍照、阴铿等二流作家拟李白,皮里阳秋,扬己抑人,手法尤为机巧。若依原标点,则“少陵尤巧”亦误成世人之见矣。此段文字，读懂与否，端赖此一逗号，实不可小觑也。

天姥山得名考辨[1]

竺岳兵

李白《梦游天姥吟留别》一诗，可谓是"浙东唐诗之路"的一首主题歌。为此，1994 年本人曾写了《李白〈梦游天姥吟留别〉诗旨新解》，发表在《唐代文学研究》第六辑上。

我在这篇拙文中，曾引用日本著名李白研究专家松浦友久先生的大作《唐诗语汇意象论》中的一段话："某一特定的山河湖泊，成为诗歌题材的时候，它恐怕不是随意地、无原则地变成的。其中，山河具有的风光土地方面的、历史方面的、文学方面的特性（属性）在题材化上，作为重要的一点发挥着作用。"此外，松浦先生在同书中还说，注解在读懂古典诗歌中具有特别重要的作用。我认为松浦先生的话是很正确的。为此，本文打算对于"天姥山"的得名由来作如下考辨：

一

自古迄今对位于浙江省新昌县（古剡县一部分，又称"剡东""剡中"）境内的天姥山得名由来有五种说法：

1."天姥"一词，最早见于东汉张衡（178—139）《同声歌》："众夫所希见，天老教轩皇。"逯钦立（1910—1973）按："天老、天姥本同。"（逯钦立辑校《先秦汉魏晋南北朝诗》卷六）。但以此词名山，则最早见于谢灵运（385—433）《登临海峤初发强中作与从弟惠连可见羊何共和之》"暝投剡中宿，明登天姥岑"诗句。《后吴录·地理志》："剡县有天姥山，传云登者闻天姥歌谣之响。"本文简称为"歌谣"说。

2.《天台县志》:“山状如髽女,因名。”本文姑称为“髽女”说[1]。

3. 近二十年来,有人把“姥”字释为外祖母,山因外婆而名,这里姑称为“外婆”说。

4. 近来又有人把姥释为女师,云:“姥者,女师也,妇人五十无子,出不复嫁,以妇道教人。”又提出了“天姥命名之由应是天台之姥的意思”。这里姑称它为“女师”说。

5. 1998 年 5 月 31 日,有人发表文章,把位于万年山北麓、依附于“猫岩”下面的一块高约 10 米的石头,改称为“天姥岩”(后来又称“天姥峰”),说天姥之名源于这块石头,一些电视台、报刊出于猎奇而竞相报导,一时有掩千古而定论之势。下面姑称为“石头”说。

以上五种说法,就其实质来说,可分两大类,即“歌谣”说为一类,这一类是把“天姥”两字作为一个不可分割的、独立的语言单位、一个地名的专用名词。第二类“髽女”“石头”说,系“望字求形”——从“以形命名”上提出来的;而“外婆”“女师”说,则是“望字生义”——从一字多义中撷取其中一义用以说明山名之由来。此四种说法的共同特点,是撇开“天”“山”两字,单取“姥”字为考察对象,故可归纳为另一类,即第二类。

二

为了便于叙述,这里先对“姥”字作一番追本溯源的回顾。按“姥”从产生至今,粗略地分,至少已经历了由本义和由本义派生出来的延伸义与比喻义的四个时期。现在,我以《佩文韵府》《骈字类编》两种类书为据,列表如下:

朝代		姥字字频	姥字字义							出处	
纪年	公元		美称(自称)	母	婆	贬称	仙道	动植物	地名		
西汉	前206—25	1							西姥	佩文韵府	淮南子
东晋	317—420	2				西姥 余杭姆				佩文韵府 佩文韵府	郭璞不死树 赞、神仙传
南朝宋	424	1						天姥岑		佩文韵府	谢灵运诗
南宋朝	420—479	1	周姥							佩文韵府	世说
南梁	502—557	3			公姥					佩文韵府	孔雀东南飞
		1			老姥					佩文韵府	孔雀东南飞
隋	581—618	1				骊山姥				佩文韵府	集仙传

朝代		姥字字频	姥字字义							出处	
纪年	公元		美称（自称）	母	婆	贬称	仙道	动植物	地名		
唐	618—907	2	老姥							佩文韵府	晋书王羲之传 南史傅琰传
		1	吕姥							佩文韵府	南史韦睿传
		2	杜姥				杜姥			佩文韵府	晋书杜皇后传
		2			姏姥			山姥		佩文韵府	章孝标诗 王道子传
		1						酒姥		佩文韵府	施肩吾诗
		1	孤居姥							佩文韵府	晋书王羲之传
		1	越姥							佩文韵府	北史陆法和传
		1				段姥				佩文韵府	隋史段达传
		1	孟姥							佩文韵府	张说传
		1				仙姥				佩文韵府	元结诗
		4						天姥		佩文韵府	李白、杜甫 张祐诗
		6						天姥		骈字类编	
五代	907—960	1			陈姥					佩文韵府	唐书杜伏威转
北宋	960—1127	1	石姥							佩文韵府	刘宰诗
		1							姥岭	佩文韵府	苏东坡诗
		1	婢姥							佩文韵府	孔平仲诗
		1	酒姥							佩文韵府	孙觌诗
南宋	1127—1279	1					裴姥			佩文韵府	方与胜览
		2	东姥						天姥	佩文韵府	陆游诗
		1							天姥山	佩文韵府	方与胜览
元	1206—1368	1					仙姥			佩文韵府	马臻词
		1							毘姥峰	佩文韵府	仇远诗
		1							慈姥	佩文韵府	贡诗秦姑诗
		2							天姥	佩文韵府	陈樵、张翥诗
明	1368—1644	1			后姥					佩文韵府	沈周诗
		1							天姥峰	佩文韵府	明一统志

上表说明：

1. 在谢灵运“明登天姥岑”诗句前，“姥”本义为“仙”：《淮南子·览冥》：“西老（姥）折胜，黄神啸吟。”郭璞《不死树赞》：“不死之树，寿蔽天地。请药西姥，乌得如羿。”此后，便是谢灵运的“暝投剡中宿，明登天姥岑”的“天姥岑”了。至于前面提到的张衡《同声歌》中之“天老（姥）教轩皇”句的“教”，当作“使”解。“轩皇”，即得道成仙的轩辕黄帝。就是说，“姥”是“仙”的一个代名词。

2. 谢灵运之后至唐代,“姥”字的功用范围很广泛,成书于南朝梁代末的《玉台新咏·孔雀东南飞》,儿媳对公、婆、丈夫、兄、妹的称谓计达55个,其中对婆的称谓有20个之多,作者为了避免词汇的贫乏、单调,多次使用“公姥”“老姥”,这可能是字史上第一次把“姥”字赋予“婆”的意义。到了唐代,“姥”字转义更为丰富,譬如“杜姥”,既指皇后母裴氏,又可指雀麦草。“酒姥”既是对妇人的尊称,又用作地名。“吕姥”“老姥”“孤居姥”“孟姥”等是对老年妇人的尊称。而“姏姥”,则指专用好听的话奉承人的老妇;“段姥”,则是“怯懦者的贼号”。而唐·房玄龄撰的《北史·陆法和传》:“法和位司徒,衣食居处与戒行沙门同。初在荆郢,有少姬年二十余,自称‘越姥’。”说明“姥”还被用作年少女子的称谓。

这时期以“天姥”入诗文的特别多。除李白《梦游天姥吟留别》诗外,杜甫有“归帆拂天姥”“恍然坐我天姥下,耳边已似闻清猿”,还有刘禹锡、李贺、贾岛、张祐、马戴、薛逢、拾得、孙逖、白居易、张为、谢防、赵嘏、许浑、储光羲、皇甫冉、刘得仁、李敬方、戴良、王维、温庭筠等诗人,都写有有关天姥的诗篇,无待赘述。

3. 五代至南宋,“姥”字频率显著地下降了,主要作为对老年妇人的统称。而用作地名的仍只有天姥山。

4. 元代以后,除“姥”“仙姥”外,主要用于地名,揆之姥已转音为“妈”。王力《同源字典》:“按妈是母的转音,莫补切,正是妈的古音。”清·梁章钜《称谓录》:“妈,姥也。”“江南曰阿妈,或作姥,皆母之转也。”又南宋·汪应辰《文定集·二十祭女四娘文》:“维年月日爹爹妈妈以清酌庶羞之奠。”元·俞琰《席上腐谈》:“今人称妇人为妈妈。”可证宋元之际“妈”已取代“姥”了。

以上是据《佩文韵府》和《骈字类编》编录的,这两本类书是清代官修的收集诗文典故最为完备的书,由此证明“姥”字之义在不同时期的分合情况,当是可信的。当然,除此两书外,以“姥”与他字并列为词的还有很多,如张衡诗中的“天老(姥)”。但本文所讨论的是天姥山之命名以前“姥”字之义为限,余可从略。

从上述对“姥”字的梳理中,我们可知“姥”字本义是“仙”,其他如对年老妇女的尊称和贬称的引申义和对动、植物的比喻义,都是派生出的转义。而其本义,正是研讨“天姥山”得名的重要依据之一。

三

文学史上常常有一些难以理解的现象，但一旦进入到当时历史中去，就变得很好理解。对于“天姥山”得名考证来说就是这样：既然“天姥岑”之名始见于谢公诗句，则究其命名来由，当以谢公和谢公以前时期“姥”字之义为限。否则，准的无依，就会产生出许多歧义。而据本文《各历史时期姥字字义表》表明：在谢公之前，只有“西姥”和“余杭姥”。“西姥”“余杭姥”是什么意思呢？先看《字义表》中第一时期的两个“西姥”，即《淮南子》中的“西姥”，与郭璞说的“西姥”有一个转义过程。朱起凤《辞通》卷十五云：“西老：《淮南子·览冥》‘西姥折胜’。高注‘西王母折其头上所戴胜，为时无法度’。一（朱）按：‘母字古通作姥，老即姥字讹误。高氏释西老为西王母是矣。’”《辞通》同卷据《竹书纪年》西王母多次向虞舜、周穆王朝贡的记载云：“是则书传所载西王母乃西方侯国。”[2]（据清·毕沅考证，此侯国在肃州西七十里，见臧励龢《中国地名大辞典》）又云：西王母“自郭氏如人之说起，后世遂以仙佛目之”。意思是，所谓的“西王母”，本是西方侯国国名。自从郭璞（276—324）在注释《山海经》《穆天子传》中，把西王母塑造成为一个与人间天子同席宴饮、雍容平和、能唱歌谣的妇人后，人们就把西王母看作“仙”“佛”了。而“余杭姥”，出自葛洪（284—364）《神仙传》：“王方平以千钱与余杭姥，相闻求其活……”此姥当是降临余杭（今浙江余杭）有长生术之仙了。

今既知西姥就是西王母，那么我们也就知道西姥也就是王母、王母娘娘、龟台金母、金母。由此说去，则朱起凤先生“自郭氏如人之说起”云云，尚可商榷。按：在郭璞以前，侯国西王母早已渐变为仙国中的西王母。成书于战国时期的《列子》云：“穆王宾于西王母，觞于瑶池之上。西王母为王谣，王和之；其辞哀焉。”同时期的《庄子·大宗师》云：“道之大，无所不在。黄帝得之，以登云天……西王母得之，坐乎少广，莫知其始，莫知其终。”说明那时已视西王母为仙。郭璞的《穆天子传》盖本于此。西汉司马相如的《大人赋》“吾乃今目见西王母曜然自首，戴胜而穴处兮，亦事有三足鸟为使”和《汉书·杨雄传》“想西王母欣然而上寿兮”之“西王母”，已勾勒出是一位白首、戴着首饰、长寿、有三足鸟供其役使的仙的模样了。东汉时，崔骃、马融、魏伯阳等对此有传述。而三国嵇康说“受道王母，遂升紫庭”（《嵇康乐府》）之“王母”，显然是位道教神仙。还有曹植（192—232）的《仙人篇》：“驱风游四海，东过王母庐。”则说明西王母在东方有寓所。

最值得注意的是，东汉张衡的《同声歌》，实为开后来道家说的西王母配东王公（后来又称玉皇大帝，详见后）的先河。《歌》中"衣解巾粉御，列图陈枕张。素女为我师，仪态盈万方。众夫所希见，天老教轩皇。"如前所述，"天老"即"天姥"，"天老教轩皇"句，意谓西王母使轩辕黄帝快乐。黄节《汉魏乐府笺注》以张衡《七辩》有"假明兰灯，指图观列。蝉绵宜愧，天绍纡折。此女色之态也"之句，证"皆黄帝养阳方遗说也"是颇可信的。张衡是浑天仪的创制者，他虽是以天文学家的思维方式，想象西王母在天上，以"仪态万方"取悦得道升天的黄帝，比喻世上臣子之事君主。但当时人们似乎更乐道于在天之西王母与成仙的黄帝，当时的童谣云："着青裙，入天门，谒金母，拜木公。"（"木公"，即上面说的东王公、玉皇大帝）便是足证。这也是后来《逍遥虚经 · 西王母》说的"龟台金母也……配位西方与东王公共理二气，调成天地，陶钧万品"，又说世上升天之仙，"其升天之时，先拜木公，后谒金母。受事既讫，方得升九天，入三清，拜太上，觐元始天尊"的由来。"三清"，谓三清宫，"太上""元始天尊"，指住在三清宫中三位地位最高的神仙。也就是说，秦汉以前，西王母已开始被人们视为仙。到汉代时，西王母已被道家说成是审查世上升天之仙是否有资格上九天拜见最高位的神仙领袖了。

不过，朱先生的话是非常值得重视的。因为他说了这样一个史实：在"姥"由一个侯国国名转义为一位仙佛的过程中，东晋（317—420）是一个关键性的时期。那时，中原板荡，智士纷纷南渡，与南方士族和少数民族杂居，产生了许多神话传说。尤其是"仙""佛"几乎是同步地走上了新的历史阶段：在佛教方面，以般若学说的兴起为标志，中国佛教走上了独立的道路[3]，而般若学说的"六家七宗"中有五宗创始人隐居在沃洲、天姥一带[4]：竺道潜创本无异宗、竺法蕴创心无宗、支道林创即色宗、于法开创识含宗、于道邃创缘会宗。在道教方面，是自身改造和充实的时期。道书载："剡多名山，可以避灾。"又有"两火一刀可以逃"的忏语。被道家经典《真诰》称为"总括吴越鬼、神之司"的杨羲（330—386），宣称诸仙下凡说道，并借托仙人口授，记录东晋时期，西王母以及她的好几位女儿降临，与他诗歌唱和游乐之事。许谧（303—373）、许刿（341—370）、许黄民（361—429），均有所传述。还有著名道家葛洪（283—384）、许迈、褚伯玉、孙文韬等以及以王羲之为代表的上层人物，均在天姥、沃洲留下了足迹[5]，这一带成为"仙灵圣宅，烟霞原委"。朱先生说后人视王母为"仙""佛"的话，反映了佛道两教争论在上述"西姥"转义过程中均起过作用。不久，西王母被人们视为一位道教神仙。而弥通儒、释、道三学的，隐居在剡东山印山（今浙江新昌县境内）长达 30 余年的顾欢[6]撰成《真迹》一书，记述仙人行迹。他撰的《夷夏论》,被后人称为佛、道史上佛道两教的第一次大辩论。此后陶弘景(452 或 456—536)对《真迹》进行编次增饰,撰成《真诰》,意为仙人诰谕。他还编排神系,出现了“玉皇道君”“高上玉帝”的名称。西王母配东王公的传说从汉代到这时进一步得到充实和发挥,并成为一个掌管神仙名籍、世上升天之仙要先拜见她的神仙领袖。

至此。关于由一个侯国国名是怎样转义为一位天仙——王母、王母娘娘的问题,似已讨论完毕。但也许有人会问:谢公为何不直称此岑为“王母岑”而称“天姥岑”呢? 在回答这个问题之前,我们不能忘记上面已讲过的两点:即张衡的《同声歌》和“佛”“道”两教人物在天姥山与沃洲活动的情况。然后,我们再从“王母”神话中的四个重要组成部分,和分析谢公《登临海峤初发强中作》诗,来阐明“天姥”即天上之“王母”。先说神话王母的四个重要部分:

(1)从关于王母的出生看“天姥”即“王母”。最早记述王母出生的是葛洪《枕中记》:西王母为盘古氏之后代,盘古氏位于天的中心叫玉京山的宫殿里。后来从崖石灵水中诞生了天姿绝妙的太元圣母,又后来盘古与太元圣母通气结精而生西王母。后被盘古“召回玉京宫”。前面说过,东晋时期,大批北人南渡,与南人杂居。因此,这里说的王母的出生,当是南人北人共同创造的神话。而南方人称盘古(为盘瓠的转音)为“盘古皇帝”,是南方人的共同信仰。三国吴(222—280)徐整《三五历记》、南朝梁任昉(460—508)《述异记》、宋徐葆光《三洞群仙录》等十多种传述仙道的书,都有记载说:天与地原是混沌的,盘古是开天辟地首出创世的人。唐 · 刘禹锡有《蛮子歌》“时节祠盘瓠,忽逢乘马客”。反映的是南方人纪念盘古的活动。与此有关的另一则传说:盘古氏开天辟地时,特意留下了一座离天很近的山,以方便仙与凡人的交往。这个传说,对唐代诗人的影响颇深,如徐夤《夜》:“剡川雪满子猷去,汉殿月生王母来。”意谓王母从汉殿宴罢回到天姥岑空。又如张祐《梦李白》:“忽闻海上骑鹤人,云白正陪王母宴。”唐时今剡中盆地尚称“溟海”(详见本文注 15),“骑鹤人”当指李白。意谓李白正在天姥岑上空陪王母宴饮。在南人北人共同创造神话过程中,传为汉东方朔撰的《神异经》说“昆仑山有天柱”,也就“移植”到了这座谢公诗句中的“天姥岑”[7]。

(2)从蟠桃树看“天姥”即“王母”。蟠桃树为神话王母的重要组成部分之一。《汉武帝内传》:武帝仰慕神仙,于七月七日王母诞辰日,虔诚斋戒,请王母下降,王母赠三千年一结果的蟠桃给武帝,武帝食后留下桃核以备种植,王母谓中土地薄,种亦不生果。[8]刘禹锡(772—842)“仙翁遗竹杖,王母留桃核”,说的就是这件事。因此,审视这一传说中的蟠桃树出自何处,亦是天姥即王母之一证。

据《大戴礼记·五帝德》和《史记·五帝本纪》记载："颛顼……乘龙而至四海……东至于蟠木。"这里说的虽是个地名，但因有根干盘曲的树木才作地名，因此它已是蟠桃树传说的雏形。《山海经·海外传》："东海中有山焉，名曰度塑。上有大桃树，屈蟠三千里……天帝使人守之。"这就是蟠桃树了，但不知度塑究竟在何处？《述异记》："东南有桃都山，上有大树，名曰桃都，枝相去三千里……"

这里的桃都山在何处呢？神话不等于科学，不能坐实。但也不能忽视，特别是代代相传的上古传说，应该说是上古人类对自然历史的投影。据陈桥驿先生考证：距今7000年前，浙江沿海发生过一次卷转虫式的海侵，使今杭嘉湖平原、宁绍平原成为浅海，居住在平原上的原始人类逃到了浙西、浙东的山上和舟山群岛，今余姚河姆渡文化遗址就是最好的证明[9]。从上述"蟠木"在"东方日出之处"，到"大桃树"在东海中，再到"东南有桃都山"这一衍变中，我们似乎看到了海侵之后海水逐渐退去的过程。根据《浙江通志》记载，至今浙江省境内有不少与蟠桃有关的地名：定海有蓬莱山，奉化有蓬岛山、武陵山，龙泉有桃都山，开化县有蟠桃山等[10]。宋元嘉初(1087)天台县又出了个桃源。这些地名，都可说是"东南有桃都山"的投影。但流传最早、最广的，则是东汉永平五年(62)，剡县刘晨、阮肇入山采药与二位仙子成婚的故事。唐·吕岩《七言》："曾随刘郎醉桃源，未省人间欠酒钱。"温庭筠《反生桃花发园题》："未知王母千年熟，且共刘郎一笑同。"而李白寓鲁，因先已"拂石卧秋霜"于天姥而作诗曰："西王母桃种我家，三千阳春始一花。"(《庭前晚开花》)均说明发生在天姥山的这一刘阮故事中的"桃"与王母的关系。

(3)从"天鸡"看"天姥"即"王母"。《述异记》等书云：蟠桃树"上有天鸡，日初出照此木，天鸡则鸣，天下鸡皆随之鸣"。又储光羲"天鸡弄白羽，王母垂元发"(《题应圣观》)，说明天鸡与蟠桃一样，同是王母神话的重要内容之一。按谢灵运在剡写的《于南山往北山经湖中瞻眺》诗有："海鸥戏春岸，天鸡弄和风。"这里的"天鸡"，过去论家解作"野雉"。然《尔雅》有"翰天鸡"，《说文解字》曰："翰：鸡肥，翰音者也。"段注："各本作雉肥翰音者也，今正……若作雉，则下文丹鸡不通矣。"据此，我认为此"天鸡"应作神话中的"天鸡"解。我在李白《梦游天姥吟留别诗旨新解》一文中说过，梦的前半部分为寻访谢踪，后半部分为回顾翰林往事。现在我仍认为，《天姥吟》中的"半壁见海日，空中闻天鸡"，亦出自谢公"海鸥戏春岸，天鸡弄和风"句的。也就是说，这里谢公说的"天鸡"，指的是蟠桃树上的天鸡。而李白《天姥吟》中"空中闻天鸡"的"天鸡”，可谓神话中的“天鸡”在“天姥山”上空的确证。

(4)从“歌谣”看“天姥”即“王母”：郭璞《穆天子传》：穆天子宴西王母于瑶池上，西王母为穆天子唱《白云谣》：“白云在天，山陵自出。道里悠远，山川间之。将子无死，尚能复来。”穆天子答之：“予归东土，和治诸夏。万民平均，吾顾见女。比及三年，将复而野。”西王母又为天子吟曰：“……我惟帝女，彼何世民……”[11]此外，还有杨羲(330—380)记录的王母命汉武帝侍女四非答歌以及王母第四、第十三、第二十位女儿下凡歌谣。除此之外，不见有记载比这更早的其他天仙之歌谣了。今既知“母”与“姥”同音义，则《后吴录》“剡县有天姥山，传云登者闻天姥歌谣之响”之“天姥歌谣”，就是王母歌谣无疑。

下面，我们来探究把此岑命名为“天姥”的最早的一首诗——《登临海峤初发强中作与从弟惠连可见羊何共和之》，来回答此岑为何不谓“王母”而称“天姥”的问题。

读懂这首诗，先要读懂诗题中的下述两点：

1. 按此诗题中，涉及三个人：惠连，即谢惠连，灵运堂侄；羊为羊璇之；何为何长瑜。《本传》云谢灵运与他们“以文章尝会，共为山泽之游”，时人谓之四友。后人则称为“谢客四友”。对于这一点，过去论家均已说过，但因不知“天姥”即“王母”，故对诗尾“傥遇浮丘公，长绝子徽音”两名理解不够准确。

2. 过去论家每以题中有“临海”两字就把“临海峤”释为“今浙江天台”[12]，又据《宋书本传》所说谢“自始宁南山伐木开径，直至临海”时作此诗。然而《字书》引《尔雅・释山》云“锐而高曰峤，又凌绝水曰峤”[13]。由此知“临海峤”三字不能破读为“临海”“峤”，而应解作“凌绝海边的尖山”。又“岑者，山小而高曰岑”[14]，就山形言，我疑临海峤就是天姥岑，即今之“斑竹山”。首先一“登”字，说明此行目的地就在临海峤，为专门登高之游，非为开山路时路过天姥岑之游；其次，“峤”与“岑”义近，天姥山与天台山，均临近东海，但天台山西南起括苍山，东北人海再起而为舟山群岛，号称“八百里”，显不为峤。而在唐代时，今剡中盆地尚是“溟海”，天姥岑在“溟海”南边，与峤字义合[15]。其所以诗题云“登临海峤”，诗句云“明登天姥岑”者，意谓靠近海边之岑，题与句是一致的。第三，诗明白地说登上天姥岑后“高高入云霓，还期那可寻”，不像书上所说谢此行带数百人“伐木开径直至临海”。第四，谢公诗句称“天姥岑”是因为岑与“天姥”连在一起的时候，它往往就是天与地、神与仙的结合点。前面说过的西王母及其几位女儿时常降临人间，与杨羲等人接触处，多在“岑”上。振衣千仞之岑，那翠微重烟，鹤绕其间的自然环境，直使人飘飘欲仙了。理学大师朱熹“恨无双飞翼，往诣蓬山岑”之叹，就是这种心态的表现。也许是这个原因，在唐代和唐代以前,没有一篇诗文称“天姥山”,而均称为“天姥岑”的。唐代以后,称“天姥岑”为“天姥山”,反映了历史开拓的进程。谢公诗中说的“明登天姥岑”,意谓登上“岑”后,能听到“在天之姥”(即王母)的歌谣。只有作这样理解,才与以下四句诗贯通。而山体并不是天姥,山体的某一部分或某一部分中的某一景物,更不是天姥。对诗题作如上说明后,理解谢公此诗就较容易了。

全诗三十二句,八句一层,分四层。本文重点讨论第四层,即“攒念”后之八句诗。这八句诗的第一句“攒念攻别心”,是承前三层叙述“山泽之游”种种离合欢愁之后,诗人不堪新愁旧悲转相交煎而力图振起出游的意思。第二句“旦发清溪阴”,有些论家把“清溪”说成“鬼谷子修行的溪”[16],大误。按鬼谷子隐居之清溪,有数说,但均在北方,右时顺水行舟一天50余公里,岂能一日由北方而达剡中乎?又诗题为“初发强中”,而强中,即今嵊州市强口,故此“清溪”,当即强口所在之剡溪。“剡溪阴”,即由强口溯剡溪向南舟行。第三句“瞑投剡中宿”,“剡中”为剡县的一部分,即今浙江新昌县县城。由强口至剡中,水程约40公里,按古时逆水行舟速度,正需由旦达暮一天时间。第四句“明登天姥岑”,登高日登,知次日为陆行。按强口至今新昌县城,为剡中盆地,地势平缓。过此向南行约10公里,有一座山体虽小,但高有891米的山,从平地陡起,这就是谢灵运《山居赋》中所谓“临绝壁而起岑”的山了。第五、六两句“高高入云霓,还期那可寻”。意谓登上陡然高出平地的岑巅,在云霓中徜徉,归期就不复计虑。第七、八两句“傥遇浮丘公,长绝子徽音”。“浮丘公”,传为黄帝时之仙人,尝接王子乔于嵩山修道升仙。“子徽音”谓美好之音信,王子乔喜欢吹笙作凤凰鸣。他升仙后,世人就听不到他的凤凰声了。这里喻谢与惠连等唱和之声,谢有“穷年弄音徽”“且取长歌欢”“倾耳听淑音”等诗句,述其唱和之乐。这里言自己倘若在天姥岑上有幸遇浮丘公,就随他修道去谒西王母而永远不能与惠连及诸友唱和了。正因为浮丘公传为黄帝时之仙人,谢公爰以张衡“天老教轩皇”句之“天老(姥)”,云“明登天姥岑”,该是十分自然的事。

如上所述:“姥”与“西王母”之“母”,同音同义;“西王母”或“西姥”,由侯国国名,转义为仙名,经过了很长的历史时期。后从东晋郭璞开始,经过北人南人的共同活动和一些册籍的增饰,这一神话不但已经相当丰富完整,而且主要植根于剡县“天姥山”。谢灵运“明登天姥岑”诗句之“天姥”,乃诗旨之需而用张衡诗句中之“天老(姥)”。谢公“登天姥岑”,意在登上此岑巅,摆脱尘嚣,能像王子乔遇到浮丘公那样,去见“天姥”。《后吴录》关于“天姥山”之名,出自“登者闻天姥歌谣之响”,与谢公诗意和关于王母的神话是完全符合的。

四

第二类说法，即“髽女”“石头”和“外婆”“女师”的说法，都是把“天姥岑”三字拆开来，单取“姥”字的一义去求山之命名由来，这显然是错误的。设若“天台山”亦单取“台”字解释其名之来历，则或说它形如瞭望台，或说形如拜将台，故名“天台山”可否？因此，对于这些单取“姥”字一义而轻毁千古定论的四种说法，亦应一一予以疏辨：

（1）“髽女”一说出自《天台县志》，1918 年成书的《新昌县志》予以采录，上距“天姥岑”一名已有 1100 年左右。

《说文解字》曰：“髽，丧结也，女子髽衰。”就是说，谓古代女人之丧服。这丧服是什么样式呢？郑注《丧服》曰：“髽，露紒也，犹男子之括发，斩衰括发以麻。”“紒”是束发为髻的意思。“露紒”，是髻露在外面的意思。“括发”就是束发；“斩衰”句，是说把麻布用刀割后不修边幅，让麻的纤维显露出来，全句的意思是，髽是一种把头发束起来后用不修边幅的麻布包扎的丧服。这麻布就像古代男子束发的头巾。按古代丧服以亲疏分有五种服，“斩衰”为五种服中最重之一种。《礼》曰：“女子子在室，父亡，女为父布緦箭笄髽丧三年。”就是说未出嫁的女子，在父亡故后要用不修边幅的麻布把束好的头发包起来守丧三年。髽女坐在东面朝着父尸哭的叫“东髽”。假如女子头上没有头发可挽，那就叫“秃不髽”。一国之君死了，全国百姓女子也要髽。苏东坡《五丈原诗》“一朝长星坠，竟使蜀人髽”就是此意。

这样，《天台县志》说天姥山“山状如髽女，因名”，无异于说天姥山像一个为父守丧的女子，这是十分乖谬的！该《志》作者原意大约是想说天姥山之大尖、细尖、拨云尖三座山峰，像头部两边打着髻的女子。然而髦与髻音与义均不同，只有当髽与髻并连为词时，才可作梳在头部两旁的髻解。如苏东坡：“相逢衣尽草，环坐髻应髻。”高启《丫髻峰》诗：“双绾云环作髽髻，小姑当日嫁谁家。”该《志》书作者未加深考，遂有此误。

（2）“女师”说乃辗转字误。《康熙字典》“姥”字条：“姥，同姆。又山名，天姥山在绍兴新昌县东……”别无他义。更没有说“姥”谓“以女道教人者”之“女师”。其他字书亦未说“姥”为女师。而女师说者可能只看到“姆”与“姥”同音而致字义错乱。字书“姆”字条云：“姆……从莫补切，同姥，女师也，妇人五十无子，出不复嫁，以妇道教人者。”“姆”作“女师”，只是姆诸义中的一义。字书又云：“又弟妻谓夫之嫂曰姆。……弟妻呼兄嫂为姆，姆即母母也。”又：王力

《同源字典》曰:“姆……若今时乳母矣!”则女师就是乳娘。又:朱熹诗云“承家赖女师”,则女师是位女佣人。可知字书说的“姆……从莫补切,同姥”,是说音同姥,不是义也同姥。若把天姥之姥解为女师,进而又推导出“天台之姥”,那么天姥是天台之女师、乳母、女佣人,还是“天姥山”是天台山的兄嫂、“母之母”呢?这显然是说不通的。又譬如“娒”,古音义同姆,亦作女师解。称女师的还有“师化”“戊师”“傅姆”“姆傅”等,唯“姥”字不见有女师之义。何况如本文前面所述“越姥”之“姥”,年仅二十余呢?可见“女师”一说只能引起对“天姥山”命名由来探讨的混乱,而难以中的。

(3)“外婆”说亦系辗转字误。持此说者将“天姥山”改为“天姆山”,尔后引字书“姆,即母母也”而构成其“外婆说”。然如上析,“姥”“姆”音同义异,不能混淆,毋需赘述。

(4)“石头”的说法,是1998年5月才有人提出来的,此说一出,就风闻市俗,甚至一些报刊、电视台竞相争奇传播泛滥。然而它纯属荒诞无稽。

第一,所谓的“天姥岩”并不在天姥山,而是在天台万年山。

《天台山方外志·山源考》云:“水以地载,山以水分,考山犹当考水,知水之所由,后能知山之发脉也。”意思是,水,是此山与彼山之分界线。这是与我国传统地理学相一致的。该《志》又说:“天姥为石城之胚胎,自万年藤公岭发脉,已为仙人浪、黄渡溪截断,是天台西北干也。关岭过脉处,北以黄杜,南以左溪,界水极分明。”上述“石城”,今称新昌大佛寺;“万年”,即万年山,地属天台,为天台山西北支;“仙人浪”,今称“万马渡”;“关岭”,就是唐代诗人许浑《早发天台中岩寺度关岭次天姥岑》之“关岭”。“度”与“次”是行程的次序,即过关岭之后,才是天姥岑。可知关岭自是关岭,不属天姥山,而是天台县与新昌县之界岭,天台县在南,新昌县在北;“黄杜溪”又称“王渡溪”,其源有数支,其中一支由藤公岭脚向北折西流2公里到仙人浪(万马渡),再1公里到雪家坑村后,又再2.5公里,经里桥、里珠到横渡桥村,尔后继续向西流注入澄潭江(剡溪支流);左溪,发源于新昌境内之里岙、青山,向南过关岭流入天台县境内,经白鹤殿入始丰溪。左溪与黄杜溪,一由北而南,一由东南而西,恰呈“八”字形,在“八”字的一撇一捺交接处,仅隔着斜长1公里左右的小山峦。就是说,从藤公岭脚经王杜溪过此小山峦与左溪这条连线,就是天姥山与万年山的分界线,天姥山在界线之北,万年山在界线之南。故李白“天台四万八千丈,对此欲倒东南倾”诗句,把天台山与天姥山划然分举。而所谓的“天姥岩”在远距界线之南约6公里的万年山半坡上,地不属天姥山,“天姥”之名怎么可能来自并无关联的万年山的一块石头呢?如果凡形如老妇之石,不论它是否在天姥山,就可作为天姥命名之由，那么，寿昌县的石姥岩、仙居的王姥、衢州的双髻山、缙云的大姥、开化的王母山……不都是李白诗歌中的“天姥”了吗？

第二，所谓的“天姥岩”，从不见历史典籍文献，倒是在今年五月以前，当地群众一直叫它“猫岩”，说这里有三块巨石，一块叫“谷仓岩”，一块叫“老鼠岩”，说是老鼠想偷谷仓里的谷吃。“猫岩”在“谷仓岩”与“老鼠岩”之间，说是猫守着谷仓，所以老鼠不敢去偷谷。今年有人发现的所谓“天姥岩”，则是“猫岩”的一部分，你说它像什么就像什么，而说它“天姥”得名于这块石头，甚至进而推论说“天姥即此，此即天姥”，这样的臆造，可谓浅俗如小儿之言也。按天姥山乃有掩赤城之势，怎么会是一块石头呢！

第三，“仙人浪”（万马渡），实际上是地形陡峻、松散，堆积物丰富，在特大暴雨的作用下而突然发生的泥石流形成的。在半干旱山地高原地区为人们所常见。前面介绍的位于新昌境内雪家坑村以东约1公里内，地势比较平缓，是泥石流前锋地段，所以堆积石最多。而所谓的“天姥岩”，地处这一景区以东约1公里的黄杜溪上游万年山的半山坡上，这里都是摇摇欲坠的乱石。又西南距谢灵运开辟的谢公古道有6公里，北距谢公“明登天姥岑”之“岑”约18公里，不要说古人，就是今天也人迹罕至，谢公木屐安能至此，李白焉能为此乱石而由东鲁千里下江南？然而，“石头”说者云“谢灵运、李白都到过这里”，不知有何证据？

第四，“石头”说者把《天台县志》之“髽”，形、音、义均转为“髻”，说：“髽，意为脑后发髻，这是古代老妇人（姥）典型的发式。”这里姑且不论此石何时名谓“老妇”，还是传说中的“猫岩”，即使照此解释，则这块石头亦是一生守丧的老妇的偶像。然而说者又殆相自伐，说“天姥岩”：“天姥宽衣博大体态丰盈，可谓雍容华贵，风度非凡。朝板（笏）岩，似乎特地为天姥向玉帝奏事而设。”一字之易，丧妇就成了荡妇。须知在谢公时期，是没有一个仙女手持朝板的。又说李白作《梦游天姥吟留别》诗前到过这里，这真是咄咄怪事。按李白有“申管晏之谈，谋帝王之术”，“戏万乘如僚友”，“视俦列如草芥”，“目无开元天子”，民意说他“腰里藏有傲骨”，李白选取天姥山作为诗的题材的原因，在于天姥山横空的气势和天姥山与谢灵运的关系，与他的诗思相合。“天姥连天向天横，势拔五岳掩赤城。天台四万八千丈，对此欲倒东南倾。”是把五岳及天台山、赤城比喻高高在上的朝廷、权贵，而以天姥横眉五岳及天台山、赤城，自喻不屈事朝廷、权贵之意。他在这首诗的诗尾明白无误地说道：“安能摧眉折腰事权贵，使我不得开心颜！”他的这首诗，是他与朝廷决裂的宣言书，怎么会辞别朝廷，而又拜倒在“石榴裙”下呢？李白生前遭张垍、高力士之流谗毁，死后近一千三百年还要受此厚诬,真是“悲也乎,笑也乎”矣!

顺便说明两点:(1)我在这里说李白选取天姥山为诗歌题材的原因,在于天姥山横空气势和天姥山与谢公的关系,与他的诗意相契合,这与本文前面说谢公强调“天姥岑”之高度,从题材论上说是一致的,因为诗是诗人心底的歌,即使同一诗人面对同一诗歌题材,亦会因作诗时的心境不同而有不同视角和取舍。如李白26岁时写的《别储邕之剡中》与46岁时写的《天姥吟》,两诗均写“天姥”,而诗意不同,就说明了这一点。

(2)“髽女”“外婆”“女师”“石头”等,均未能成“说”。本文为了叙述方便而姑且称之。

五

综上所述,“天姥”一词,最早见于张衡《同声歌》,而以“天姥”命山,则始于谢灵运“暝投剡中宿,明登天姥岑”诗句,“母”与“姥”同音义。在谢公之前,“西王母”(西姥)已由一个西方侯国国名“西王母”转义为一个仙名——“西王母”或“王母”“王母娘娘”;“天姥岑”为山之专用名词,而“天姥”谓在天之“姥”;登上岑巅能“闻天姥歌谣之响,因名天姥岑(山)”。《后吴录》的阐释至确。其余皆不可信。

注释

[1]1918年《新昌县志》转录《天台县志》。

[2]朱起凤《辞通》,1982年上海古籍出版社出版。

[3]任继愈主编《中国佛教史》第二卷第二章第四节。1985年中国社会科学出版社出版。

[4][5]白居易《沃洲山禅院记》《东山印志略》。

[6]拙文《顾欢是剡县文教之祖吗》(《绍兴学刊》1998年第5期)。

[7]陈玮君《天台山遇仙记·登天梯子天姥山》。

[8]《道教大辞典》1003页,1994年华夏出版社出版。

[9]《浙江地理简志》之三。

[10]《浙江通志》,1988年上海古籍出版社出版。

[11]逯钦立《先秦汉魏晋南北朝诗》。

[12][16]《汉魏六朝诗鉴赏辞典》第687~688页。

[13][14]《尔雅·释山第十一》。

[15]拙文《李白“东涉溟海”行迹考》,《唐代文学研究》第一辑。

李白自比相如及其与苏颋之关系

林大志

李白在其诗文中常以司马相如自比，这一现象与苏颋的称引存在一定的关联。这里拟对这一问题略加分梳。

李白自比相如，最为学界熟知的当属其在《上安州裴长史书》中"天才英丽，下笔不休……可以相如比肩"那一段话。此外，李白集中语及此意者尚有多处，其现存各体诗歌中，直言司马相如者即有11首。相如以其卓然文才得天子赏识，公车征召入京，无上荣光，这些作品绝大多数都表达了诗人由此而来的称羡、赞美之意。无疑，李白也期望自己生逢盛世能得天子垂青，有同样的机遇和荣耀。这一点，甚至成为诗人一生难以释怀的内心情结。不妨观以下几首相关诗作。《赠崔侍御》："何当赤车使，再往召相如。"《白头吟》："相如去蜀谒武帝，赤车驷马生辉光。"《赠从弟南平太守之遥二首》其一曰："汉家天子驰驷马，赤车蜀道迎相如。"这些作品都有这一十分相近的句意，即反复咏及相如为天子征召入京这一典事。可以说，直至晚年，这种情结仍萦绕心间。《自汉阳病酒归寄王明府》："去岁左迁夜郎道，琉璃砚水长枯槁。今年敕放巫山阳，蛟龙笔翰生辉光。圣主还听《子虚赋》，相如却欲论文章。愿扫鹦鹉洲，与君醉百场……"这是诗人长流夜郎遇赦放还次年所作，可见此时这种情结仍未释怀。应该说，李白与司马相如确有相似处、可比处。二人均为蜀人且文才出众，身在蜀中而志存高远。观《汉书·司马相如传》，大半篇幅俱是史家所引相如的文章辞赋。司马相如因文名为汉皇赏识，并曾出使西南建一世之功。这一切，无疑也是诗人李白的内心情结和人生理想。然而，李白所期待的显然并非官职，而是世间声望与称赏之誉，他期待着能同司马相如一样，得天子征召，一展抱负，建功立业，名垂后世。因此，一旦得偿所愿，必然快意非常。由此读《南陵别儿童入京》"仰天大笑出门去，我辈岂是蓬蒿人”之句，则更多一层感叹。

与这一问题同时值得关注的，是苏颋对李白的影响。李白多自比相如，这一现象，南宋葛立方《韵语阳秋》（卷六）已曾论及，并且，他更将李白以相如作比与苏颋的称许联系起来，多给人以启发。

苏颋是初盛唐文学过渡时期值得关注的作家、诗人，与张说并称“燕许大手笔”。同时也是初盛唐之际的治世能臣，神龙、开元年间与其父先后为相，一时朝野称羡。作为一朝宰相，文阵雄帅，苏颋在荐引、奖拔文士方面倾注了相当的热情和精力，李白、郑虔、权若讷、韦抗等都曾得到他的延引与提携。这之中，特别是他对李白的称引之功，其价值和意义着实难以估量。

李白与苏颋的结识缘于苏颋在蜀中为官的经历。众所周知，苏颋曾两度入蜀。其具体时间，当前研究界多认为一在开元九年春至开元十年秋，一在开元十一年秋至十二年夏。开元九年苏颋初入蜀，李白即投刺干谒。二人一见，颇感相契，苏颋对其天资、文才深为嘉许。后李白在其《上安州裴长史书》中记载了这一段往事：“……又，前礼部尚书苏公出为益州长史，白于路中投刺，待以布衣之礼。因谓群僚曰：‘此子天才英丽，下笔不休，虽风力未成，且见专车之骨。若广之以学，可以相如比肩也。’四海明识，具知此谈。前此郡督马公，朝野豪彦，一见尽礼，许为奇才。因谓长史李京之曰：‘诸人之文，犹山无烟霞，春无草树。李白之文，清雄奔放，名章俊语……’若苏、马二公愚人也，复何足尽陈；傥贤贤也，白有可尚。”对于苏颋的称许，李白显然十分珍视并引以为豪，“四海”一句说的即是这个意思。他的这段自陈，宋以后多有转引。南宋葛立方《韵语阳秋》（卷六）论曰：

> 李白《赠崔侍御诗》云：“黄河三尺鲤，本在孟津居。……何当赤车使，再往召相如。”相如，盖自谓也。观此，则白不可谓无心于仕进者。……先是，苏颋为益州长史，见白异之，曰：“是子天才英特，少益以学，可比相如。”故白诗中每以相如自比。……《赠张相镐》曰：“十五观奇书，作赋凌相如。”白自比为相如，非止一诗也。

此外，如北宋末年马永易《实宾录》卷九“谪仙”条、北宋末叶廷珪《海录碎事》卷七下、元祝尧《古赋辩体》卷七、《全唐诗》卷一百六十一李白小传等俱曾语及诗人的这段自陈。葛立方关注到李白早年的人生经历，所论的确不无道理。

“天才英丽，下笔不休”，可与相如比肩，这些话里，赞许之情溢于言表，足见苏颋对李白深为器重之意。而且，不仅是称许，苏颋还曾专门上疏举荐李白等人。遗憾的是，此书久已佚失，现仅存残句于明代杨慎的著作中。杨慎在其书中数次言及苏颋荐举李白一事。如其《升庵集》卷四十八“蜀士”条记曰:“唐睿宗问蜀士于苏颋,颋对曰:‘李白文章,赵蕤术数。’……”(此条,“睿宗”必为“玄宗”之误)是书卷五十六“太白怀乡句”条亦记曰:

> 太白……《淮南卧病寄蜀中赵征君蕤》诗云:“国门遥天外,乡路远山隔。朝忆相如台,夜梦子云宅。”皆寓怀乡之意。赵蕤,梓州人,字云卿。精于数学,与李白齐名。苏颋《荐西蜀人才疏》云:“赵蕤术数,李白文章。”宋人注李诗遗其事,并附见焉。

此条唯置赵蕤于李白之前[1]。又,其《丹铅总录》卷十四“太白游历出处”条记曰:

> 太白生于蜀之昌明县青莲乡。昌明,今之彰明也。读书于县南之匡山。杜子美赠诗所谓“匡山读书处,头白好归来”指此山。……以才名为采访使苏许公所知,疏荐于朝,曰:“赵蕤术数,李白文章。”征召并不就。开元初,自蜀入京。……

此外,苏颋之语亦见《升庵集》卷三“李太白诗题辞”条。“赵蕤术数,李白文章”,虽寥寥数语,其价值却不当低估。杨氏至少两次明确提到苏颋曾有过这样一封奏疏。常言明人书不得尽信,但恐怕也不宜断然否定。苏颋上疏的具体时间现已难确考。窃以为或在其第二次入蜀之后,即开元十一年秋之后。个中原因盖在于前引李白《上安州裴长史书》中的那段话。其中苏颋“风力未成”,尚须“广之以学”云云,揣其文意,显然一方面是极力赞许李白的天资禀赋,同时,也暗示了其羽翼尚未丰满,骨力未成,后天之学还须厚加累积之意。勉励其再加自我锤炼,日后必成大器。换句话说,苏颋这段话实际是在肯定李白之才的同时,表达了暂不得进用之意。那么,苏颋上疏举荐赵蕤、李白二人必然不在此时,而当是投刺结束,又经过一段时间之后的事。因此,从这一点推测,极有可能是在两年后苏颋二次入蜀期间。

与此连带而及的是李白出蜀的时间问题。当前,学界对这一问题的看法并不一致,多数意见认为是在开元十三年,但同时也有开元十年、十二年、十四年等不同主张[2]。我们认为,在无更多新见资料的情况下,开元十三年的主张仍是最为合理的解释。首先,开元十年一说当可再加考辨。《旧唐书·司马承祯传》:“开元九年,玄宗又遣使迎入京,亲受法箓,前后赏赐甚厚。十年,驾还西都,承祯又请还天台山,玄宗赋诗以遣之。……”由此可知,开元十年司马承祯不在江陵,那么李白出三峡、遇司马承祯于江陵必不在本年。同时,更值得重视的是詹锳先生的考证意见。他在《李白诗文系年》一书中曾经论及这一问题:“开元十三年……白二十五岁。经巴渝,出三峡,游洞庭。遇司马承祯(字子微）于江陵，作《大鹏遇稀有鸟赋》，后改为《大鹏赋》。《大鹏赋》序云：'余昔于江陵（《唐诗纪事》作"金陵"，误）见天台司马子微，谓余有仙风道骨，可与神游八极之表。因著《大鹏遇希有鸟赋》以自广。'薛仲邕《年谱》系此赋开元十年下。王《谱》谓'此赋未详作于何年'。按卫凭《唐王屋山中嵩台正一先生庙碣》（见《全唐文》）谓司马尊师尝'游句曲，步华阳之天。……登衡山窥华阳之秘。'……《旧唐书·司马承祯传》：'开元九年遣使迎入京，亲受道箓。十年驾还西都，承祯又请还天台山，玄宗赋诗以遣之。十五年又召至都。玄宗令承祯于王屋山自选形胜置坛室以居焉。'……盖开元十五年后承祯即居王屋，以迄于终，则其游衡山当在开元十五年以前。……《令卢从愿等祭岳渎诏》：'令太常少卿张九龄祭南岳'下注开元十四年正月。张曲江集《登南岳事毕谒司马道士》诗云：'将命祭灵岳，回策谒真士。'此司马道士即承祯也。白之遇承祯于江陵，当在开元十三四年间司马道士游衡山之前后。"[3]文长未尽录。这段话从考察司马承祯此数年间的行迹入手，推得二人相遇江陵的时间。我们认为，这一考证结果现在仍是可以信从的。另外可予补证的是上文所及苏颋的《荐西蜀人才疏》。如前所论，开元九年，李白干谒苏颋，虽得到许公的倾心夸赞，但显然并未即刻擢用，而是勉励他再加修习，以图来日。而苏颋真正上疏举荐则很可能是开元十一年至十二年二次入蜀期间的事。另外，也尚存另一种可能，即苏颋十二年夏秋自蜀归京后不久，上疏举荐蜀地人才。那么，无论是哪一种情况，李白在这之后出蜀的可能性无疑更大一些。又，李白《上安州裴长史书》用倒叙的笔法回忆了他在开元十八年之前的生平经历。从书中所述看，投刺苏颋后，李白又曾隐于岷山，巢居数年。其文曰："又，昔与逸人东岩子隐于岷山之阳，白巢居数年，不迹城市。养奇禽千计，呼皆就掌取食，了无惊猜。广汉太守闻而异之，诣庐亲睹。因举二人以有道，并不起。"若果如此，则开元九年后"巢居数年"，至十三年方出蜀，时间上正可衔接。

鉴于以上几方面的考虑，窃以为李白出蜀的时间当仍系于开元十三年为宜。

除李白之外，苏颋对郑虔、权若讷、韦抗等亦有荐举之功。郑虔，郑州荥阳人，《新唐书》有传。多才艺，文、史、书、画兼擅，号"郑广文"。《唐才子传》有其小传。早年曾为苏颋所引荐。张彦远《历代名画记》卷九："苏许公为宰相，申以忘年之契，荐为著作郎。"这段话后为《唐才子传》（卷二）所转引。然而，此事似乎又不那么简单。傅璇琮先生《唐才子传校笺》一书对此又加考辨，认为"此云郑虔于颋任相时被荐为著作郎，非是。……《才子传》盖涉《历代名画记》而误。"并述个中原因道：

按苏颋与郑虔事,最早见于杜甫之《八哀诗》(《钱注杜诗》卷七),其七《故著作郎贬台州司户荥阳郑公虔》有云:“荥阳冠众儒,早闻名公赏。地崇士大夫,况乃气精爽。”此句下自注云:“往者公在疾,苏许公位尊望重,素未相识,早爱才名,躬自哀问,并结忘年之契,远迩嘉之。”此言苏颋虽位尊望重,乃能亲至虔所慰问,并结忘年之交,未言荐著作郎。[4]

同时又指出,苏颋开元四年至八年为相,若此间郑虔为从五品上阶的著作郎,则断不会至开元末反又任品阶更低的正八品上阶的协律郎。故苏颋接引郑虔当不在居相位时。傅先生所考对后学启发良多,结论应当信从。但先生实际只是说苏颋非在为相时荐郑虔为著作郎,而并未否定苏颋延引后进的事实。郑虔与李杜,特别是杜甫系多年密友,杜诗亦多述及之,故至少可以确定,此处杜甫《八哀诗》其七中所述苏颋与郑虔之交是实。而由其所云“早爱才名”,“并结忘年之契,远迩嘉之”的话也可推知,苏颋曾将郑虔视为后进之英加以推引亦是可以肯定的[5]。

权若讷亦为苏颋所赏识,其在布衣时二人即相友善。中宗时为右补阙,又曾于中书省编校经籍。职事多所迁转,然常居下僚,后为梓州长史、彭州别驾。原有集三十卷,已佚。《新唐书·艺文志》著录《权若讷集》十卷,为权德舆后辑。权德舆《权若讷文集序》云:“公讳若讷……天水略阳人。……公自布衣时,与许国苏公友善,自彭原上计至京师,而许国当轴,道旧欢甚,歌诗祖饯。……”又有韦抗。苏颋与韦抗私交甚密,二人直以兄弟相称。开元年间苏颋为相时,韦抗为黄门侍郎,又是上下属的关系,后还曾一同分掌吏部选事。韦抗卒后,苏颋为撰神道碑,并作《夜闻故梓州韦使君明当引绋感而成章》诗伤之:“君心惟伯仲,吾人复款游。对连时亦早,交喜岁才周。……共将歌笑叹,转为弟兄留。感物存如梦,观生去若浮。”将其比作谢惠连。只是韦抗于苏颋而言,并非后进,因此实不能将韦氏视为苏颋拔识之人。二人是多年好友,知音同道,是相互提携的关系。故苏颋所作《刑部尚书韦抗神道碑》云:“以颋爰在弱龄,获知君子,牙琴不赏,恸哭兹晨……悲凄固托,抚疾何成?”也是作为自幼相知的密友、知音加以追念的。

总之,苏颋与李白之关系值得我们加以关注。成就李白这样一个几乎是几千年来最伟大的诗人,其原因自是多种因素之共同作用。但苏颋这个昔日宰相、朝廷大手笔的激励与称引在二十多岁的李白年轻的心中,其意义必然非同寻常。苏颋“此子天才英丽……可以相如比肩”[6]的话不知给青年李白以多少激励。后李白出蜀、入长安求仕、作诗每以相如自比等行为都不难令人联想到苏颋在他身上产生的影响,乃至于李白最终成就千古诗名,又何尝不含苏颋的一丝功绩在其中呢。

注　释

[1]李白曾从赵蕤学。(宋)计有功:《唐诗纪事》卷十八引杨天惠《彰明逸事》云:“元符二年春正月,天惠补令于此,窃从学士大夫求问逸事。闻唐李太白,本邑人,微时募县小吏,入令卧内。尝驱牛径堂下,令妻怒,将加诘责。太白亟以诗谢云:‘素面倚帘钩,娇声出外头。若非是织女,何得问牵牛。’令惊异,不问。……令滋不悦。太白恐,弃去。隐居戴天大匡山,往来旁郡,依潼江赵征君蕤。蕤亦节士,任侠有气,善为纵横学,著书号《长短经》。太白从学岁馀,去。游成都,赋《春感诗》云:……益州刺史苏颋见奇之。时太白齿方少,英气溢发,诸为诗文甚多,微类宫中行乐词体。今邑所藏百篇,大抵皆格律也。虽颇体弱,然短羽褵褷,已有雏凤态。”这段话,明曹学佺《蜀中广记》卷一百零一亦引之。故苏颋原疏,赵蕤或即在李白之前。

[2]例如,陈钧先生等认为在开元十年。参见陈钧:《李白出蜀年代新考》,《人文杂志》,1990年第2期。

[3]詹锳:《李白诗文系年》,北京:人民文学出版社,1984年,第3~4页。

[4]傅璇琮:《唐才子传校笺》(第一册),北京:中华书局,1987年,第403~404页。

[5]傅先生所考,郑虔开元末始为协律郎或据《新唐书》本传。郑虔《旧唐书》无传,而《新唐书》出于宋人之手,其所记是否俱有所据或可存疑。《历代名画记》究竟系唐人之书,《唐才子传》又照章全引,其语或亦非俱无所据。另,《唐代墓志汇编》“开元194”《郑承先墓志》刊载了关于郑虔的这样一句话:“通直郎、行率更寺主簿、骑都尉郑虔撰。”此系开元十二年春的事。而据《旧唐书·职官志》,通直郎系从六品,骑都尉,正第五品上阶。可知郑虔此时散官为通直郎,勋官为骑都尉。因其职事官率更寺主簿品阶低于散官,故曰“行”。此墓志之语是否可信尚待考之,但或可见郑虔在任协律郎之前官阶还曾高于此职。若其为实,则郑虔仕历还可再考。臆测之语,暂且存疑。

[6]李白:《上安州裴长史书》。见王琦注:《李太白全集》卷二十六,北京:中华书局,1977年,第1247~1248页。

李太白诗话十则

罗　宁

“诗话者，辨句法，备古今，纪圣德，录异事，正讹误也。”其论艺研几，考古辨误，非今之所谓学术研究者乎？然今之时人撰诗话者尠矣，岂其难于古人也哉！盖今日处上庠、拥皋比之士，无不局促于学术体制之下，以论文、课题为保有饭碗之第一要义。诗话、笔记皆旧体短章，如何抵学术论文之用？余去岁参加唐代文学学会第十五届年会，见南开大学张培锋教授以《佛禅诗话》八则参会，且知其诗话亦曾发表于某学术期刊中，乃不揣冒昧，自余历年所撰诗话中选取关于李太白者六则，复别撰四则，芹献于中国李白研究会第十五届年会。丛残小语，敢云论著，前曰小道可观，今则竹头木屑，亦有望与会专家赐教为幸焉。

柳色黄金嫩

姚宽《西溪丛语》卷一云：“杜甫忆李白诗云：‘俊逸鲍参军。’亦有讥焉。鲍昭《白纻辞》一篇，白用之。杜又云：‘李侯有佳句，往往似阴铿。’如‘柳色黄金嫩，梨花白雪香’，乃阴铿诗也。”按“柳色黄金嫩”句出李白《宫中行乐词八首》之二，王琦注亦云：“二句本阴铿诗，太白全用之。”[1]然查逯钦立《先秦汉魏晋南北朝诗》，阴铿诗中无此二句，不知姚令威、王琢崖何所据而云然。又按，太白《古风》十五：“奈何青云士，弃我如尘埃。”王琦注云：“古诗：弃我如遗迹。左思诗:视之如尘埃。”古诗即《古诗十九首》之《明月皎夜光》,然太冲之句则不见今存诗中,恐其注亦有失。

2008 年 4 月

【补】2011 年 8 月 27 日中国李白研究会第十五届年会暨李白国际学术研讨会上,钱志熙先生指出,姚令威所言“乃阴铿诗”,恐系比况之词。说亦可通。然则唯王琢崖有误也。

太白《关山月》诗

太白《关山月》诗:“明月出天山,苍茫云海间。长风几万里,吹度玉门关。汉下白登道,胡窥青海湾。由来征战地,不见有人还。戍客望边色,思归多苦颜。高楼当此夜,叹息未应闲。”前人评曰“气盖一世”(《苕溪渔隐丛话》前集卷五引《吕氏童蒙训》),“浑雄之中,多少闲雅”(《诗薮》内编卷六),诚为佳制。然观《乐府诗集》卷二十三所录《关山月》同题之作,则知太白之诗多有所本。徐陵《关山月》二首之一:“关山三五月,客子忆秦川。思妇高楼上,当窗应未眠。星旗映疏勒,云阵上祁连。战气今如此,从军复几年。”宋长白称“李太白五言佳境俱从此出”(《柳亭诗话》卷十三《关山月》),然也。崔融《关山月》云:“月生西海上,气逐边风壮。万里度关山,苍茫非一状。汉兵开郡国,胡马窥亭障。夜夜闻悲笳,征人起南望。”詹锳称对白诗“影响尤为明显”[2],甚是。“苍茫”亦见徐孝穆《关山月》之二:“苍茫萦白晕,萧瑟带长风。”至白诗“汉下白登道”一语,亦见于梁元帝同题作:“朝望清波道,夜上白登台。”沈佺期同题作:“汉月生辽海,曈昽出半晖。合昏玄菟郡,中夜白登围。”而“由来征战地,不见有人还”之意,卢思道《从军行》已出之:“庭中奇树已堪攀,塞外征人殊未还。”同时王少伯名句“万里长征人未还”,王翰名句“古来征战几人回”,亦此意也。余上课时尝言,太白乐府实为盛唐以前乐府诗之集大成者。未知此语曾经前人道否?

2008 年 4 月

太白学左太冲诗

清何义门称太冲《咏史》“一气挥洒,激昂顿挫”,“太白多学之”(《义门读书记》卷四十六)。陈祚明亦言太冲《咏史》,“明远近师,太白远效”(《采菽堂古诗选》卷十一)。余讲授魏晋南北朝文学课程,屡及左思,深是二家之言。沈归愚称左太冲“胸次高旷，而笔力又复雄迈”（《古诗源》卷七），此语置之太白未尝不可也。今按二人之诗，固多合符之处，略举其句，类而言之。

其词汇相同者：太冲云：“金张藉旧业，七叶珥汉貂。”“朝集金张馆，暮宿许史庐。”（《咏史》之二及四）太白则云：“秋坐金张馆，繁阴昼不开。”（《玉真公主别馆苦雨赠卫尉张卿二首》其一）“世人种桃李，皆在金张门。”（《咏桂》）“尔来得茂彦，七叶仕汉馀。”（《酬张卿夜宿南陵见赠》）太冲云：“铅刀贵一割，梦想骋良图。”（《咏史》之一）太白则云：“因人耻成事，贵欲决良图。”（《赠张相镐二首》之二）太冲云：“自非攀龙客，何为欻来游。”（《咏史》之五）太白则云：“我欲攀龙见明主，雷公砰訇震天鼓。”（《梁甫吟》）“一朝攀龙去，蛙黾安在哉。”（《酬张卿夜宿南陵见赠》）太冲云：“计策弃不收，块若枯池鱼。”（《咏史》之八）太白则云：“众鸟集荣柯，穷鱼守枯池。”（《古风》五十九）太冲云：“振衣千仞冈，濯足万里流。”（《咏史》之五）太白则云：“余将振衣去，羽化出嚣烦。”（《过彭蠡湖》）太冲云：“列宅紫宫里。”（《咏史》之五）太白则云：“踌躇紫宫恋。”（《同王昌龄送族弟襄归桂阳二首》之一）“紫宫夸蛾眉。”（《感遇四首》之三）太冲云：“咄嗟复凋枯。”太白则云：“万物无凋枯。”（《赠张相镐二首》之二）上举各词，或非创始于太冲，自有其渊源所在，然皆经太冲用之而著，太白因袭取用，此则可得而言之也。

其语句相同或近似者：太冲云：“岩穴无结构，丘中有鸣琴。”（《招隐诗》其一）太白则云：“他日闲相访，丘中有素琴。”（《留别王司马嵩》）太冲云：“弱冠弄柔翰，卓荦观群书。著论准《过秦》，作赋拟《子虚》。”“言论准宣尼，辞赋拟相如。”（《咏史》之一及四）太白则云：“十五观奇书，作赋凌相如。”（《赠张相镐二首》之二）太冲云：“长啸激清风，志若无东吴。”（《咏史》之一）太白则云：“天门一长啸，万里清风来。”（《游泰山六首》其一）“长啸万里风，扫清胸中忧。”（《留别贾舍人至二首》之一）太冲云：“振衣千仞冈，濯足万里流。”（《咏史》之五）太白则云：“濯锦清江万里流，云帆龙舸下扬州。”（《上皇西巡南京歌十首》其六）太冲云：“英雄有迍邅，由来自古昔。”（《咏史》之七）太白则云：“身为名公子，英才苦迍邅。”（《赠宣城宇文太守兼呈崔侍御》）太冲云：“酒酣气益振。”（《咏史》之六）太白则云：“目张气益振。”（《赠张丞相镐二首》之二）若此诸语，乃太白袭用太冲成句。而太白更有翻用太冲句者，如太冲云：“郁郁涧底松，离离山上苗。”（《咏史》之二）太白则云：“山苗落涧底，幽松出高岑。”（《送杨少府赴选》）此乃反用其意用之，“以喻因才器使，高下各得其宜也。”（《李太白全集》卷十六王琦注）

更有著者，乃称赞鲁仲连之功业（见《史记》本传），及功成身退之思想（出

《老子》)，二者经太冲表彰之后，至太白复屡屡道及。太冲《咏史》其三云："吾希段干木，偃息藩魏君。吾慕鲁仲连，谈笑却秦军。当世贵不羁，遭难能解纷。功成耻受赏，高节卓不群。临组不肯绁，对珪宁肯分。连玺曜前庭，比之犹浮云。"此诗除首二句带过外，几乎专为鲁仲连而作。太白《古风》其十亦然："齐有倜傥生，鲁连特高妙。明月出海底，一朝开光曜。却秦振英声，后世仰末照。意轻千金赠，顾向平原笑。吾亦澹荡人，拂衣可同调。"此外太白称美鲁仲连之语极多，如"鲁连逃千金，圭组岂可酬。"(《赠崔郎中宗之》)"所冀旄头灭，功成追鲁连。"(《在水军宴赠幕府诸侍御》)"谈笑三军却，交游七贵疏。仍留一只箭，未射鲁连书。"(《奔亡道中五首》之三)"鲁连卖谈笑，岂是顾千金。"(《留别王司马嵩》)而"却秦不受赏，击晋宁为功。"(《赠从兄襄阳少府皓》)"我以一箭书，能取聊城功。终然不受赏，羞与时人同。"(《五月东鲁行答汶上翁》)则暗用鲁连事也。太冲《咏史》之三称鲁仲连"功成耻受赏，高节卓不群"，《咏史》之一复云"功成不受爵，长揖归田庐"，而此种思想再三见于太白诗中，如："长揖万乘君，还归富春山。"(《古风》十二)"长揖不受官，拂衣归林峦。"(《赠参寥子》)"功成身不居，舒卷在胸臆。"(《商山四皓》。按《老子》有"功成而弗居"之语。)太冲诗存于今者十四首，太白所见恐亦无多(《隋志》著录《左思集》仅二卷)，而规摩仿效如此，足见太白于太冲诗之重视也。

2009 年 3 月

云傍马头生

太白《送友人入蜀》："山从人面起，云傍马头生。"描绘山行之状逼真。偶见庾子山《咏画屏风二十四首》十九云："路高山里树，云低马上人。"[3]虽所咏不同，似为白诗所本。检王琦、瞿蜕园、安旗、詹锳诸家注本皆未之及，故书于此。

2009 年 4 月

太白《送内寻庐山女道士李腾空》诗

太白《送内寻庐山女道士李腾空二首》，其一云："君寻腾空子，应到碧山家。水舂云母碓，风扫石南花。若恋幽居好，相邀弄紫霞。"其二云："多君相门女，学道爱神仙。素手掬秋霭，罗衣曳紫烟。一往屏风叠，乘鸾著玉鞭。"按《庐山记》卷二云："张山之西三里，至延真观。旧曰昭德观，治平三年赐今名。唐贞元中李女真所创。女真名腾空,宰相李林甫之女。李太白《送李女真归庐山》诗曰:‘羡君相门女,学道爱神仙。素手掬秋霭,罗衣曳紫烟。一往屏风叠。乘鸾著玉鞭。’柳浑自江州刺史入朝,会昭德皇后薨,因言咏真洞蔡寻真并腾空所居可锡观名,以伸追奉。德宗因以寻[其]〔真〕名咏真洞。(宁按,名咏永真洞为寻真观也。同书又云:‘至寻真冲虚观。古名咏真洞。……唐贞元年,女真蔡寻真居之,因以为名。’)而是观也,以昭德之谥名之。近世好事以太白《送女真归山》诗并《送内寻腾空诗》,刊石于祠壁。"《庐山记》卷四《古人留题篇》复录有此二诗,盖即当时所见刻石,其一题《送李女真腾空归庐山》,即前引白诗之第二首,其二题《送内寻腾空》,即白诗之第一首。今本白诗中"多君"二字,《庐山记》二处均作"羡君"。若然如此,则白诗之"多君相门女"一首则非送内之作也。后人误将二诗合并作《送内寻庐山女道士李腾空二首》,且改"羡君相门女"为"多君相门女",复以太白妻为宰相宗楚客之孙女为解,失之哉。

2010 年 6 月

太白《别东林寺僧》疑伪

太白《别东林寺僧》云:"东林送客处,月出白猿啼。笑别庐山远,何烦过虎溪。"末句用慧远送客事,余颇有疑焉。《高僧传》卷六《慧远传》云:"自远卜居庐阜,三十余年,影不出山,迹不入俗,每送客游履,常以虎溪为界焉。"至晚唐五代时乃有慧远送陆修静、陶渊明过虎溪之说。贯休《再游东林寺作五首》之四:"爱陶长官醉兀兀,送陆道士行迟迟。买酒过溪皆破戒,斯何人斯师如斯。"自注云:"远公高节,食后不饮蜜水,而将诗博绿醑与陶潜,别人不得。又送客不以贵贱,不过虎溪,只送在寺门前。而送陆修静道士过虎溪数百步,今寺门前遂有道士冈,送道士至此而止也。"[4]《庐山记》卷一:"流泉匝寺,下入虎溪。昔远师送客过此,虎辄号鸣,故名焉。时陶元亮居栗里,山南陆修静亦有道之士。远师尝送此二人,与语道合,不觉过之,因相与大笑。今世传《三笑图》盖起于此。"(《莲社高贤传》载此事略同。汤用彤谓此事"殊难信也"[5])详按贯休诗注,其故事中饮酒、送行各是一事,为慧远送过虎溪者惟陆修静也。至宋时记载,慧远送过虎溪之人复添渊明,乃有三笑之说。二者小有不同。然无论送陆修静过虎溪或虎溪三笑,其事实皆出太白之后,白诗何能用之?岂当时东林寺僧实有远送太白之事,而太白翻用《高僧传》远公旧事入诗耶?然其语与后出之事相合如此,竟不能无疑也。太白又有《庐山东林寺夜怀》诗,云:"霜清东林钟,水白虎溪月。"此句未及相送之事,自无可疑者。

2011年7月

谈笑、解纷

“谈笑”一词，始见于《孟子·告子下》：“有人于此，越人关弓而射之，则己谈笑而道之；无他，疏之也。”谈矣笑矣，非有别义也。至《史记·滑稽列传》载优孟“常以谈笑讽谏”，是以谈笑为讽谏之术，合古人“五谏”中“讽谏”之义。（五谏见《白虎通·谏诤》《说苑·正谏》《后汉书·李云传》，《孔子家语·辩政》则称“讽谏”为“谲谏”）。太史公曰：“谈言微中，亦可以解纷。”正谓优人滑稽之能事也。然自左太冲“吾慕鲁仲连，谈笑却秦军”（《咏史》之三）后，“谈笑”乃与从容之间而建功立业、成就大事之意相联系。而其继左思之意而用此词者，似以太白为最早。《奔亡道中五首》其三云：“谈笑三军却，交游七贵疏。仍留一只箭，未射鲁连书。”太白喜道鲁仲连，道之则连“谈笑”二字。《献从叔当涂宰阳冰》：“鲁连善谈笑，季布折公卿。”《留别王司马嵩》：“鲁连卖谈笑，岂是顾千金。”虽不言“谈笑却秦军”，而暗含其意也。太冲“谈笑却秦军”，谈、笑二字有所本。《史记·鲁仲连邹阳列传》载其说新垣衍而“秦将闻之，为却军五十里”，此“谈”也；而平原君欲封鲁连，“鲁连笑曰：‘所贵于天下之士者，为人排患释难解纷乱而无取也。’”此“笑”也，而不及却秦之意。太白复将此二字用于其深致钦慕之谢安石。《永王东巡歌十一首》之二：“但用东山谢安石，为君谈笑静胡沙。”此名句也。又《书情赠蔡舍人雄》云：“暂因苍生起，谈笑安黎元。”《登金陵冶城西北谢安墩》：“谈笑遏横流，苍生望斯存。”亦用“安石不肯出，将如苍生何”之典（见《世说新语·排调》）。而《送张秀才谒高中丞》云：“高公镇淮海，谈笑却妖氛。”则施之旧友高适也。杜甫亦有《观安西兵过赴关中待命二首》之二：“谈笑无河北，心肝奉至尊。”盖同一用法。此后则为诗人习用矣。如苏轼《赤壁怀古》“谈笑间樯橹灰飞烟灭”，乃用此词此意最著名之例也。

又按，前引《史记·滑稽列传》中太史公“解纷”二字，原出《老子》五十六章“挫其锐，解其纷”，太史公用之则为“解其纷乱”（《史记正义》语）之意。《史记·鲁仲连邹阳列传》复云：“鲁连笑曰：‘所谓贵于天下之士者，为人排患释难解纷乱而无取也。’”左太冲《咏史》之三亦用此语：“吾慕鲁仲连，谈笑却秦军。当世贵不羁，遭难能解纷。”嗣后“解纷”一词，则为鲁连之事实。如刘子玄《史通·言语》：“若《史记》载苏秦合从，张仪连横，范雎反间以相秦，鲁连解纷而全赵是也。”司马贞作《史记·鲁仲连邹阳列传》述赞亦云：“鲁连达士，高才远致。释难解纷，辞禄肆志。”太白诗亦用之，《送张秀才从军》：“壮士怀远略，志存解世纷。周粟犹不顾,齐珪安肯分。"各家注本皆引谢灵运《述祖德诗》"弦高犒晋师,仲连却秦军。临组乍不绁,对珪宁肯分"及左思《咏史》"临组不肯绁,对珪宁肯分"证"齐珪安肯分"一句,明其为鲁连事,甚是。然于"解世纷"三字则无说。太白《赠何七判官昌浩》亦云:"平明空啸咤,思欲解世纷。"各家注本中唯詹锳于此诗之"解世纷"引《战国策》载鲁仲连语为注[6],王琦、瞿蜕园、安旗则失注,余特为揭出而表之。

2011 年 8 月 14 日

高揖、长揖

太白《送岑征君归鸣皋山》:"高揖九州伯,奈何天地间。"安旗、詹锳并注"高揖"为辞让,固是也,然犹未尽也。谢灵运《述祖德诗》之二:"高揖七州外,拂衣五湖里。"(《文选》卷十九)似白句所出。白亦喜用"长揖"。如《古风五十九首》之十二:"长揖万乘君,还归富春山。"王琦、詹锳注"长揖",用《史记·郦生陆贾列传》郦食其见沛公"长揖不拜"之事。太白《东武吟》:"方希佐明主,长揖辞成功。"詹锳注亦引郦食其事为说。然二诗之"长揖",非但是"手自上而极下"(《汉书·高帝纪》颜师古注)行礼之谓,实含礼辞谢别、将欲归隐之意,与"高揖"同义。"长揖万乘君"者,揖别天子将归富春山也(用严子陵事),"长揖辞成功"者,欲待佐明主、成功业之后而辞爵赏也,所谓"终与安社稷,功成去五湖"(《赠韦秘书子春》)、"愿一佐明主,功成还旧林"(《留别王司马嵩》)也。至于太白《梁甫吟》"君不见高阳酒徒起草中,长揖山东隆准公",乃确然用郦食其之事,与前论二诗不同。太白《赠参寥子》又云:"长揖不受官,拂衣归林峦。""长揖"之意皦然,堪为可为二诗作脚注。考此语之出,当在左太冲《咏史》其一所云:"功成不受爵,长揖归田庐。"太白之用太冲诗意、诗语极多,此亦一例也。又按,谢灵运"高揖"之语,讨寻其源,似自陆机《豪士赋序》"超然自引,高揖而退"而来,(《文选》卷四十六,李善注谢灵运诗未及此。)然恐亦受太冲"长揖"并其《魏都赋》"传业禅祚,高谢万邦"之影响而并用之也。

2011 年 8 月 14 日

叹　息

太白《古风》十二云:"松柏本孤直,难为桃李颜。昭昭严子陵,垂钓沧波间。身将客星隐,心与浮云闲。长揖万乘君,还归富春山。清风洒六合,邈然不可攀。使我长叹息,冥栖岩石间。"此诗之意,前人无异说,如朱谏云:"言君子之高尚其志,而不屈身于富贵也。"[7]各家注本于"使我长叹息"一句均无注,戴伟华引《后汉书·严光传》"(光武帝)于是升舆叹息而去"为证,复云:"李白诗中也用'叹息'二字,光武帝叹息的是严子陵不应其请,李白叹息的是严子陵失其良机,而和自己一样'冥栖岩石间'。"[8]其说甚新。然"叹息"非"叹惜"之谓,并无惋惜、痛惜之意。"叹息"云者,感叹之意也,其所叹之事,所蕴之情,或伤惋,或惊异,或赞美。古书中此词固含伤叹哀惋之意为多,然非以此为唯一之解。《汉书·匈奴传》:"是以文帝中年,赫然发愤……聚天下精兵,军于广武,顾问冯唐,与论将帅,喟然叹息,思古名臣。"此感叹也。《后汉书·苻融传》:"融幅巾奋褎,谈辞如云,(李)膺每捧手叹息。"《新唐书·元德秀传》:"房管每见德秀,叹息曰:'见紫芝眉宇,使人名利之心都尽。'"(按此事出《唐摭言》卷七《知己》,亦有"叹息"字。)《大唐新语·持法》:"唐临为大理卿,初莅职,断一死囚。先时坐死者十馀人,皆他官所断。会太宗幸寺,亲录囚徒。他官所断死囚,称冤不已。临所断者,嘿而无言。太宗怪之,问其故,囚对曰:'唐卿断臣,必无枉滥,所以绝意。'太宗叹息久之,曰:'为狱固当若是。'"此则皆含叹美之意也。诗中亦有用此意者,如少陵《桃竹杖引赠章留后》:"江心蟠石生桃竹,苍波喷浸尺度足。斩根削皮如紫玉,江妃水仙惜不得。梓潼使君开一束,满堂宾客皆叹息。"乃是赞叹、惊叹于桃竹之美。复观太白之诗,末二句乃谓仰慕赞叹严子陵之清风高节,愿效之栖迟岩石间也,非为严子陵惋惜之意。太白《古风》五写求仙事,云:"中有绿发翁,披云卧松雪。不笑亦不语,冥栖在岩穴。……仰望不可及,苍然五情热。"亦赞美岩栖之事,同一意也。

2011 年 8 月 14 日

太白诗用左太冲赋语

往年余尝论太白诗取用效法左太冲诗之处,今复自《太白集》中检出其诗句、典故之出自太冲赋者。爰举数则,以见太白之受太冲影响实深矣。《蜀道难》:"一夫当关,万夫莫开。"见《蜀都赋》:"一人守隘,万夫莫向。"《战城南》:"洗兵条支海上波。"见《魏都赋》:"洗兵海岛,刷马江洲。"《将进酒》:"钟鼓馔玉不足贵。"见《吴都赋》:"矜其宴居,则珠服玉馔。"《献从叔当涂宰阳冰》:"高才掞天庭。"见《蜀都赋》:"摛藻掞天庭。"《登锦城散花楼》:"春江绕双流。"见《蜀都赋》:"带二江之双流。"《远别离》:"猩猩啼烟兮鬼啸雨。"见《蜀都赋》:"猩猩夜啼。"《观鱼潭》:"日暮紫鳞跃。"见《蜀都赋》:"鲜以紫鳞。"《春日陪杨江宁及诸官宴北湖感古作》："帐殿开云衢。"见《白发赋》："英英终贾，高论云衢。"（王琦注误作"开论云衢"。）上所举皆见于王琦注文。此外太白文中用太冲赋者更多，不烦另举。太冲《三都赋》向称伟作，其成名亦以此篇，幸收入《文选》而得传。太白精熟《文选》，且身为蜀人，复游吴魏之地，焉能不留意之？太白既受惠于太冲若此之多，顾其集中无一语道及其人，是亦可怪也哉。

2011 年 8 月 15 日

注 释

[1]（清）王琦：《李太白全集》卷五，北京：中华书局，1977 年，第 298 页。

[2][6][7]詹锳：《李白全集校注汇释集评》，天津：百花文艺出版社，1996 年，第 494、1335、74 页。

[3]（清）倪璠：《庾子山集注》卷四，北京：中华书局，1980 年，第 359 页。

[4]陆永峰：《禅月集校注》卷二十一，成都：巴蜀书社，2006 年，第 433 页。

[5]汤用彤：《汉魏两晋南北朝佛教史》，北京：北京大学出版社，1997 年，第 261 页。

[8]戴伟华：《唐代文学综论》，北京：商务印书馆，2006 年，第 146 页。

李白诗“流霞”考

——兼论汉唐“流霞”义衍变

卢燕新

今存李白诗使用“流霞”语，计四次，分别是：

豳歌行，上新平长史兄粲

豳谷稍稍振庭柯，泾水浩浩扬湍波。哀鸿酸嘶暮声急，愁云苍惨寒气多……

狐裘兽炭酌流霞，壮士悲吟宁见嗟。前荣后枯相翻覆，何惜馀光及棣华。

白毫子歌

淮南小山白毫子，乃在淮南小山里……余配白毫子，独酌流霞杯。
……八公携手五云去，空馀桂树愁杀人。

游泰山六首（其一）

四月上泰山，石屏御道开。六龙过万壑，涧谷随萦回……
玉女四五人，飘飖下九垓。含笑引素手，遗我流霞杯……

九日

今日云景好，水绿秋山明。携壶酌流霞，搴菊泛寒荣……

落帽醉山月，空歌怀友生。

这四处“流霞”义，诸家的注释不尽相同。归纳起来，“流霞”内涵，主要有以下几种观点：

第一，酒。《豳歌行，上新平长史兄粲》“狐裘兽炭酌流霞”，安旗主编《李白全集编年注释》（下文简称“安注”）释：“流霞，指代美酒。”[1]詹锳主编《李白全集校注汇释集评》（下文简称“詹注”）亦认为是酒，但和安注略有差别：“流霞，仙酒名。《抱朴子·祛惑》载河东蒲坂有项曼都（《太平广记》卷二八八引作须曼都，原注）者，曾入山学道，归对家人曰：‘有仙人但以流霞一杯与我，饮之则不饿渴。’”[2]《九日》“携壶酌流霞”，王琦《李太白全集》注（下文简称“王注”）：“流霞，酒名。按《抱朴子》：‘项曼都言：仙人以流霞一杯，与我饮之，辄不饥渴。’故拟之以为名耳。”[3]安注：“仙人所饮，此指代酒。”[4]詹注与王注同[5]。

第二，仙人所饮。《白毫子歌》“独酌流霞杯”，王注：“《论衡》：‘项曼都曰：有数仙人将我上天，口饥欲食，仙人辄饮我以流霞一杯。每饮一杯，数月不饥。’”[6]安注：“流霞，仙人所饮。《论衡·道虚》：‘曼都曰：有仙人数人将我上天，口饥欲食，仙人辄饮我流霞一杯。每饮一杯，数月不饥。’”[7]詹注略同[8]。《游太山六首》其一“遗我流霞杯”，王注：“《抱朴子》：‘项曼都入山学仙，十年而归家，曰：仙人以流霞一杯与我饮之，辄不饥渴。’”[9]安注：“仙人所饮。《论衡·道虚》：‘曼都曰：……有仙人数人将我上天……口饥欲食，仙人辄饮我流霞一杯。每饮一杯，数月不饥。’”保罗·W·克罗尔《李白的道教词汇》云：“另外，李白在歌颂某位叫白毫子的师傅时，李白写到：那位隐士‘独酌流霞杯’（《白毫子歌》，原注）。在另外的诗中，这种太阳饮料成了对美酒——一种淡玫瑰葡萄酒的一个优雅的比喻。”[10]

第三，丹液。《游太山六首》其一“遗我流霞杯”，（明）朱谏《李诗选注》卷一一注云：“遗我以流霞之杯金浆玉液，欲以使我长生也。”[11]詹注：“《论衡·道虚》：‘（项）曼都曰：“有仙人数人。将我上天，离月数里而止……口饥欲食，仙人辄饮我流霞一杯。每饮一杯数月不饥。”’梁吴筠《七夕诗》：‘神仙定不及，宁用流霞杯。’朱注：‘流霞，丹液也。’”[12]

第四，太阳精髓。保罗·W·克罗尔《李白的道教词汇》释“遗我流霞杯”说：“‘流霞’。在其《游泰山六首》中的第一首诗歌里，李白收到了来自一群仙女的一杯‘流霞’。这种饮料最初受到了王充的注意，后来又受到了葛洪的关注。他们认为它就是项曼都参拜‘仙人’的上天所居时被赐予的那种饮品，据说它具有消饥解渴的功效……‘流霞’是一种五色精气，是一种具有太阳真髓的饮品，他被服用后便使人体充满太阳的能量。”[13]

纵观上文所列，从典故出处看，诸家所列有三处：一是王充《论衡·道虚》，二是葛洪《抱朴子·祛惑》，三是《七夕诗》。查王充《论衡》卷七《道虚篇》：

是与河东蒲阪项曼都之语，无以异也。曼都好道学仙，委家亡去，三年而返。家问其状，曼都曰：去时不能自知，忽见若卧形，有仙人数人，将我上天，离月数里而止。见月上下幽冥，幽冥不知东西。居月之旁，其寒凄怆。口饥欲食，仙人辄饮我以流霞一杯，每饮一杯，数月不饥……

实论者闻之，乃知不然。夫曼都能上天矣，何为不仙？已三年矣，何故复还？夫人去民间，升皇天之上，精气形体，有变于故者矣。万物变化，无复还者。复育化为蝉，羽翼既成，不能复化为复育。能升之物，皆有羽翼，升而复降，羽翼如故。见曼都之身有羽翼乎，言乃可信；身无羽翼，言虚妄也。虚则与卢敖同一实也。或时（闻）曼都好道，默委家去，周章远方，终无所得。力倦望极，默复归家，惭愧无言，则言上天。其意欲言道可学得，审有仙人……

再查晋葛洪《抱朴子·内篇》卷四《祛惑》第二十：

又河东蒲阪有项曼都者，与一子入山学仙，十年而归家，家人问其故。曼都曰：在山中三年精思，有仙人来迎我，共乘龙而升天。良久，低头视地，窈窈冥冥，上未有所至，而去地已绝远。龙行甚疾，头昂尾低，令人在其脊上，危怖崄巇。及到天上，先过紫府，金床玉几，晃晃昱昱，真贵处也。仙人但以流霞一杯与我，饮之辄不饥渴。忽然思家，到天帝前，谒拜失仪，见斥来还，令当更自修积，乃可得更复矣……河东因号曼都为斥仙人。世多此辈，种类非一，不可不详也。此妄语乃尔，而人犹有不觉其虚者，况其微茫欺诳，颇因事类之象似者而加益之，非至明者，仓卒安能辨哉？

对比《论衡》与《抱朴子》，不难发现，虽然后者略有虚夸成分，但总体上看，二书所载一致。即，从典故渊源看，《抱朴子》实源于《论衡》。值得关注的是，王充、葛洪虽然文化立场不尽相同，然，对项曼都行为都采取了否定的态度。即，在王、葛二人看来，项曼都所言为“虚妄”“妄语”。这里，有一个关键的问题值得思考：既然项曼都所言为虚，那么，其所“饮”之“流霞”是否存在？王充分析其心理是“力倦望极，默复归家，惭愧无言，则言上天”，葛洪所指出其方式“况其微茫欺诳，颇因事类之象似者而加益之”。如此，项曼都述说“流霞”，其旨在于“欺诳”，其方式是杜撰。据上文引，项曼都杜撰“流霞”，葛洪曾指出，“非至明者，仓卒安能辨哉”。据此，《论衡》《抱朴子》所引之“流霞”，并非道教丹液或者实际存在的某种饮品的名称，它只是项曼都虚拟的名词。

从文化史角度追溯，“流霞”可以为人所“吸饮”，并不始于项曼都。《史记》

卷一一七《司马相如传》附录《大人赋》云:“呼吸沆瀣兮餐朝霞……”六臣注《文选》之李善注汉扬雄《甘泉赋》“吸清云之流霞”曰:“司马相如《大人赋》曰:‘呼吸沆瀣,餐朝霞。’‘霞’或作‘瑕’,古字通。”《甘泉赋》,见扬雄《扬子云集》卷五,其云:“吸清云之流霞兮,饮若木之露英。”昭明《文选》录该文。除李善注,刘良亦有注,云:“若木,神木也。言吸云表之霞,若木之露以取清絜也。”因此,扬雄赋“流霞”,其义乃云彩、彩光。

魏晋以后,“流霞”渐渐被引入文人诗文中。王注《豳歌行上新平长史兄粲》引江总《玛瑙碗赋》“翠羽流霞之杯”,詹注《游太山六首》引用梁吴筠《七夕诗》“神仙定不及,宁用流霞杯”,这两条关于“流霞”注释,说明诸家注本已经注意到这一问题,即“流霞”意义在汉魏文士的接受领域中所产生发展演变。见于魏晋南北朝诗文中,“流霞”义可以概括为以下几点:

彩光。《先秦汉魏晋南北朝诗·宋诗》如鲍照《代堂上歌行》:“车马相驰逐,宾朋好容华。阳春孟春月,朝光散流霞。轻步逐芳风,言笑弄丹葩。”[14]据前一句“阳春孟春月”及“流霞”之前的“朝光”“散”等,“流霞”义乃太阳发出的色彩特殊的光。又如《全上古三代秦汉三国六朝文·全后周文》卷一六庾信《周大将军襄城公郑伟墓志铭》:“梧桐茂苑,杨柳倡家。千金回雪,百日流霞。凋零倏忽,凄怆荣华。河阳古树,金谷残花。”[15]据前文“千金回雪”“流霞”之前的“百日”以及后文的“凋零倏忽,凄怆荣华”等,“流霞”也可以解释为彩光。类似者又如《全隋文》卷一〇江总《玛瑙碗赋》:“翠羽流霞之杯,谅无闻于玮丽,岂匹此之奇瑰?”等。

用项曼都典故,可以释为一种假想的神仙饮品,无实际内涵。(清)吴兆宜注《庾开府集笺注》卷四《奉和示内人》:“定取流霞气,时添承露杯。”注云:“王充《论衡》:项曼都好道,去家三年而反,曰:‘数仙人将上天,饮我流霞一杯,每饮数月不饥。’”庾诗中的“流霞”,典出于《论衡》项曼都谎言,如前文所论,这种“流霞”不是现实中存在的实物。又如,《陈诗》卷四陈后主《七夕宴乐修殿各赋六韵座有》:“神仙定不及,宁用流霞杯。”

酒。《庾开府集笺注》卷五《卫王赠桑落酒奉答》:“愁人坐狭斜,喜得送流霞。跂窗催酒熟。停杯待菊花。”(清)吴兆宜注云:“见和示内人。”实际上,这条注释未为精确。据诗题以及后文“跂窗催酒熟”“停杯”等,庾诗“流霞”可以解释为酒。又如,《隋诗》卷三隋炀帝杨广《江都宫乐歌》:“绿觞素蚁流霞饮,长袖清歌乐戏州。”

仙药、丹液等。如张正见《神仙篇》:“年深毁丹灶,学久弃青泥。葛水留还杖,天衢鸣去鸡……已见玉女笑投壶,复睹仙童欣六博。同甘玉文枣,俱饮流霞药。”据文意，张诗“流霞”可以释为仙人所用丹药。又如徐陵《东阳双林寺傅大士碑》：“绝粒长齐，非服流霞，若餐朝沆。”吴兆宜注《徐孝穆集笺注》卷五注云：“《抱朴子》：项曼卿修道山中……遇仙人与流霞一杯，饮之辄不饥渴。”吴注不够确切。从典故出处，这条典故实出于《论衡》。从典故涵义，从前文“绝粒长齐”与后文“若餐朝沆”观之，徐陵文中“流霞”已经是某种具有特定意义的仙药。

精气、日月等光之精髓。如《北周诗》卷六录无名氏《步虚辞十首》之四：“冲虚太和炁，吐纳流霞津。”《全梁文》卷五七刘峻《东阳金华山栖志》：“日止却粒之氓，岁集神仙之客。饵星髓，吸流霞，将乃云衣霓裳，乘龙驭鹤。”等。

唐人诗文中，“流霞”一词被广泛使用。其中，“流霞”涵义，可释为酒者甚多。如宋郭知达编《九家集注杜诗》卷三一《宗武生日》：“流霞分片片，涓滴就徐倾。”注云：“虽止是言饮酒，然用项曼去家三十年止日旁事。”又如，《全唐诗》卷二李显《立春日游苑迎春》：“迎春正启流霞席，暂嘱曦轮勿遽斜。”同书卷三〇陈叔达《早春桂林殿应诏》：“轻舆临太液，湛露酌流霞。”同书卷三九陈子良《赋得妓》：“金谷多欢宴，佳丽正芳菲。流霞席上满，回雪掌中飞。”同书卷四三李百药《安德山池宴集》：“朝宰论思暇，高宴临方塘。云飞凤台管，风动令君香。细草开金埒，流霞泛羽觞。虹桥分水态，镜石引菱光。上才同振藻，小技谬连章。怀音自兰室，徐步返山庄。”唐张说《张燕公集》卷四录张九龄《集贤殿书院奉勅送学士张说上赐燕序》后附韦述《赋得华字》：“诗开广宴赐，酒酌流霞云。”《全唐诗》卷三二〇权德舆《独酌》：“独酌复独酌，满盏流霞色。身外皆虚名，酒中有全德。”李商隐《李义山诗集》卷中《武夷山》：“只得流霞酒一杯，空中箫鼓几时回。武夷洞里生毛竹，老尽曾孙更不来。”等。

有些诗文，“流霞”义可释为彩光。如王勃撰《王子安集》卷一五《益州德阳县善寂寺碑》：“朱轩夕朗，似游明月之宫；绀宇晨融，若对流霞之阙。”《全唐诗》卷五九李峤《池》：“诗情对明月，云曲拂流霞。”同书卷二七一窦庠《金山行》：“夜色晨光相荡沃，积翠流霞满坑谷。”等。有些诗文，“流霞”可释为丹药、仙液，或者只能泛泛释为仙人饮品。如《全唐诗》卷二三七钱起《过长孙宅与朗上人茶会》：“松乔若逢此，不复醉流霞。”同书卷三二二权德舆《戏赠张炼师》：“月帔飘飖摘杏花，相邀洞口劝流霞。”同书卷六四〇曹唐《穆王宴王母于九光流霞馆》：“桑叶扶疏闭日华，穆王邀命宴流霞。”有些诗文，“流霞”可释为日精月髓。如《全唐文》卷三二二萧颖士《爱而不见赋》：“惟夙昔之良会，梦佳期于北方；款渤澥之三山，吸流霞之景光。”《全唐诗》卷八五九吕岩《秘诀歌》：“一万二千甲子，这一壶流霞长春。流霞流霞，本性一家。饥餐日精，渴饮月华。”值得注意的是，柳宗元《柳河东集》卷四二录《巽上人以竹闲自采新茶见赠，酬之以诗》：“犹同甘露饭,佛事薰毗耶。咄此蓬瀛侣,无乃贵流霞。”这里,以“流霞”喻茶,这一蕴含,在唐前诗文中,是比较少见的。

纵观前文所述,自汉至唐,“流霞”本义应该是彩光,扬雄赋所谓吸“流霞”,应当是一种想象式的描写。《论衡·道虚》叙录项曼都故事,“流霞”渐成典故。然,典故“流霞”,现实生活中没有实际物品与之对应。因此,其内涵,只能根据项曼都描述对象的特征概括界定:一是仙人饮用,二是具有某种特殊功效。魏晋以后,“流霞”由“饮”的特征而有了酒的涵义。由仙人饮用而衍生了丹液、仙药等涵义。同时,由彩光又衍生了日精月髓等涵义。唐人诗文,总体上继承了魏晋文士笔下“流霞”涵义,但,柳宗元《巽上人以竹闲自采新茶见赠,酬之以诗》中,“流霞”涵义又有了新变。具体到李白诗,《白毫子歌》《游太山六首》其一用《论衡·道虚》项曼都典故,可释为假想中的仙人饮品。《豳歌行,上新平长史兄粲》《九日》则是魏晋以后“流霞”的衍生义,可释为酒。

注 释

[1]安旗主编《李白全集编年注释》,巴蜀书社,1990年,第144页。

[2]詹锳主编《李白全集校注汇释集评》,百花文艺出版社,1996年,第1021页。

[3](清)王琦《李太白全集》(中),中华书局,1985年,第923页。

[4]安旗主编《李白全集编年注释》,巴蜀书社,1990年,第1085页。

[5]詹锳主编《李白全集校注汇释集评》,百花文艺出版社,1996年,第2930~2931页。

[6](清)王琦《李太白全集》(上),中华书局,1985年,第389页。

[7]安旗主编《李白全集编年注释》,巴蜀书社,1990年,第96页。

[8]詹锳主编《李白全集校注汇释集评》,百花文艺出版社,1996年,第1052页。

[9](清)王琦《李太白全集》(中),中华书局,1985年,第923页。

[10][美]倪豪士选编《美国学者论唐代文学》,黄宝华等译,上海古籍出版社,1994年,第87页。

[11]见《续修四库全书》集部别集类《李诗选注》。

[12]詹锳主编《李白全集校注汇释集评》,百花文艺出版社,1996年,第2794~2795页。

[13][美]倪豪士选编《美国学者论唐代文学》,黄宝华等译,上海古籍出版社,1994年,第86页。

[14]除引自别集外,本条及下文所引魏晋至隋诸文士诗,均引自逯钦立辑校《先秦汉魏晋南北朝诗》,中华书局,1988年。

[15]除引自别集外,本条及下文引用魏晋至隋各朝文均引自《全上古三代秦汉三国六朝文》,严可均辑,中华书局,1958年。

漫说唐诗“酒中趣”

——以李白诗为核心

海　滨

先看两条材料：

范传正《唐左拾遗翰林学士李公新墓碑并序》曰：

卧必酒瓮，行惟酒船。吟风咏月，席地幕天。[1]

裴敬《翰林学士李公墓碑》曰：

敬尝游江表，过其墓下，爱其才，壮其气，味其嗜酒，知其取适，作碑于墓。[2]

范传正概括李白一生好酒，行卧不离；裴敬则更进一步，深味李白嗜酒的衷曲，理解李白的人生取适。酒，既是对李白一生总结评价的关键词，也是理解李白、欣赏李白、探索李白内心世界的关键词，与之相关的“酒中趣”也就成为一个关于李白诗，甚至关于唐诗的有趣的重要话题。概括起来看，酒中有趣，酒有乐趣，酒有真趣。请漫说之。

酒中有趣

古今中外，爱酒、嗜酒、赞酒、夸酒的作品夥矣，李白《月下独酌》其二堪称其中的典范：

天若不爱酒，酒星不在天。
地若不爱酒，地应无酒泉。
天地既爱酒，爱酒不愧天。
已闻清比圣，复道浊如贤。
贤圣既已饮，何必求神仙。

三杯通大道，一斗合自然。

但得酒中趣，勿为醒者传。[3]

这篇作品是李白的嗜酒宣言，充分表达自己对于饮酒一往情深、欲罢不能、无愧于天地的态度，更以诗歌的形式提出了“酒中趣”这样一个重要的概念。人类大概分两种，喜欢喝酒的和不喜欢喝酒的。所以，我们经常看到有些人沉溺于举杯独倾或者觥筹交错，有些人则迷惑不解地质疑：“酒有啥好喝的？”这种质疑，在历史上的经典记载当属《晋书·孟嘉传》：“（孟嘉）好酣饮，愈多不乱。（桓）温问嘉：‘酒有何好？而卿嗜之？’嘉曰：‘公未得酒中趣耳。’”[4]虽然孟嘉也并没有说出喝酒的好处，但他自认为是得了“酒中趣”，这“酒中趣”如同玄妙至理，非亲自体会无法言说。李白援引并发挥“酒中趣”的典故，不无得意地表示，这趣味没法也不要给清醒明白的“醒者”言传。无独有偶，孟浩然在《洗然弟竹亭》也提及“酒中趣”：

逸气假毫翰，清风在竹林。达是酒中趣，琴上偶然音。[5]

刘禹锡《偶作》其一也说“终朝对尊酒，嗜兴非嗜甘”[6]，此处的“甘”可以当作是美酒的物质性的口感享受来理解，而“兴”则是美酒带给饮者的物质享受之外之上的心理或者精神享受，也即“酒中趣”。

可见，酒中是有一种“趣”的，至少就李白而言，饮酒之趣，有些时候固然在于其消愁遣兴的作用，但不止于此，饮酒之趣更在于人性解除束缚之后心灵的快乐与性情的舒张。这一点，李白继承并超越了前代饮者。李白饮酒诗中常常出现的饮者有曹植、竹林七贤、山简、陶渊明，李白接受了他们的影响，李白也和他们有很多共同点：与曹子建比，李白同其过高自许与不得志；与阮籍、嵇康比，李白同其内心痛苦与压抑；与山简比，李白同其嗜酒之性与豪饮之量；与陶渊明比，李白同其内心孤寂与形容放达。但是李白不同于并超越他们的是，李白在一个健康而昌明的盛世，无拘无束地传达和歌颂美酒给人的精神心理世界带来的充分舒张与享受，激赏那欢乐、迷狂、自由自在的酒兴酒趣！

因此，李白不少诗篇和诗句表达的是其天性中对于美酒纯粹的迷恋和饱满的礼赞，如“君爱身后名，我爱眼前酒”[7]，“愿扫鹦鹉洲，与君醉百场”[8]，“预拂青山一片石，与君连日醉壶觞”[9]，“此江若变作春酒，垒麴便筑糟丘台”[10]，“巴陵无限酒，醉杀洞庭秋”[11]等等，都充分表达了李白颇得“酒中趣”的迷狂心态。

受“酒中趣”召唤而嗜迷美酒的唐代诗人，并不限于李白。王绩说：“但令千日醉，何惜两三春”（《尝春酒》）[12]；王勃说：“还持千日醉，共作百年人”（《春园》）[13]；丁仙芝说：“十千兑得馀杭酒，二月春城长命杯”（《馀杭醉歌赠吴山人》)[14];崔敏童说:“能向花前几回醉,十千沽酒莫辞贫”(《宴城东庄》)[15],张籍说:“不用积金著青天,不用服药求神仙。但愿园里花长好,一生饮酒花前老”(《春日行》)[16];韩偓说:“何如饮酒连千醉,席地幕天无所知”(《惆怅》)[17];聂夷中说:“一饮解百结,再饮破百忧。……我愿东海水,尽向杯中流”(聂夷中《饮酒乐》)[18]。这些诗人,在饮酒的态度上,与李白一致而百虑,殊途而同归。

唐人这类诗歌中,元结《石鱼湖上醉歌并序》则是最有特色的,他在序中描述了石鱼湖上醉酒,状如洞庭君山的情景,在诗中就展开想象,敷衍开来:

> 石鱼湖,似洞庭,夏水欲满君山青。山为樽,水为沼,酒徒历历坐洲岛。长风连日作大浪,不能废人运酒舫。我持长瓢坐巴丘,酌饮四坐以散愁。[19]

李白曾将一江汉水喻为酒,元结则把石鱼湖胜景喻为洞庭君山,接着又把山比为酒樽,水比为酒沼,酒徒列坐洲岛持瓢酌饮,好不快意!

唐诗中频见对饮酒如此强烈的夸饰、礼赞,多是作者得趣满足的外在表现,那么这种“勿为醒者传”的“酒中趣”,到底能不能以言语释解传达呢?

我们试试。从唐人诗歌表达的内容来看,其趣大抵两端:乐趣与真趣。

酒有乐趣

酒中之乐趣,当指心灵的快乐,但我们从苦恼说起。关于中国古人的人生苦恼,陈祚明在《采菽堂古诗选》中评价《古诗十九首》时曾有一段细腻微妙而经典的评说:

> 《十九首》所以为千古至文者,以能言人同有之情也。人情莫不思得志,而得志者有几?虽处富贵,慊慊犹有不足,况贫贱乎?志不可得,而年命如流,谁不感慨?人情于所爱,莫不欲终身相守,然谁不有别离?以我之怀思,猜彼之见弃,亦其常也。夫终身相守者,不知有愁,亦复不知其乐;乍一别离,则此愁难已。逐臣弃妻与朋友阔绝,皆同此旨。[20]

为了超越这种种苦恼,唐人往往寄情翰墨,寄怀游仙,寄兴山水,而忘惆怅于杯盏、求乐趣于歌舞,也是李白和不少唐人的选择。饮酒的享受是一种综合体验,虽然李白也会偶有“对酒不觉暝,落花盈我衣。醉起步溪月,鸟还人亦稀”[21]的清欢,但更多的饮酒情景是“听歌舞银烛,把酒轻罗霜。横笛弄秋月,琵琶弹《陌桑》”[22]的狂欢,良辰美景带来愉悦心情,玉盘珍馐带来口爽心足,丽人歌舞带来怡然心动,每一种物质的享受都带来相应的心灵的快乐,而美酒,则是其中最关键的因素，正是与美景、美食、美人、美乐交织在一处，美酒才更充分地触动饮者心灵的快乐。这种综合体验引发的心灵的快乐，可称为酒之乐趣。诗人们是这样表达此乐趣的：

贾至《对酒曲二首》曰：

梅发柳依依，黄鹂历乱飞。当歌怜景色，对酒惜芳菲。曲水浮花气，流风散舞衣。通宵留暮雨，上客莫言归。

春来酒味浓，举酒对春丛。一酌千忧散，三杯万事空。放歌乘美景，醉舞向东风。寄语尊前客，生涯任转蓬。[23]

权德舆《放歌行》曰：

鸣环动珮暗珊珊，骏马花骢白玉鞍。十千斗酒不知贵，半醉留宾邀尽欢。银烛煌煌夜将久，侍婢金罍泻春酒。春酒盛来琥珀光，暗闻兰麝几般香。乍看皓腕映罗袖，微听清歌发杏梁。双鬟美人君不见，一一皆胜赵飞燕。迎杯乍举石榴裙，匀粉时交合欢扇。[24]

白居易《醉歌(示伎人商玲珑)》曰：

罢胡琴，掩秦瑟，玲珑再拜歌初毕。谁道使君不解歌，听唱黄鸡与白日。黄鸡催晓丑时鸣，白日催年酉前没。腰间红绶系未稳，镜里朱颜看已失。玲珑玲珑奈老何，使君歌了汝更歌。[25]

贾至诗写下雨天留客，春酒与歌舞同欢；权德舆诗写半醉留客，依然歌舞交欢；白居易醉酒自嗨，也还是要请玲珑再度放歌。这三首诗的共同点就是将沉醉美酒与歌舞笙箫结合而写，美酒因歌舞而愈加醇厚，歌舞在醉者眼中越发动人，当酒宴从轻歌曼舞一路飚扬到了狂歌醉舞时，诗人的酒兴诗情也达到了顶峰。

这种饮酒的乐趣在李白诗作中表达得最为淋漓酣畅，李白纵酒畅饮总是离不开音乐歌舞，如“蹙入青绮门，当歌共衔杯。衔杯映歌扇，似月云中见”[26]，“击筑饮美酒，剑歌易水湄”[27]，“溧阳酒楼三月春，杨花茫茫愁杀人。胡雏绿眼吹玉笛，吴歌白纻飞梁尘。丈夫相见且为乐，槌牛挝鼓会众宾”[28]，“木兰之枻沙棠舟，玉箫金管坐两头。美酒樽中置千斛，载妓随波任去留”[29]，“征乐昌乐馆，开筵列壶觞。贤豪间青娥，对烛俨成行。醉舞纷绮席，清歌绕飞梁”[30]，“送行奠桂酒，拜舞清心魂。日色促归人，连歌倒芳樽”[31]，“斗酒满四筵，歌啸宛溪湄。君携东山妓，我咏《北门》诗”[32]，“歌鼓燕赵儿，魏姝弄鸣丝。粉色艳日彩，舞袖拂花枝。把酒领美人，请歌邯郸词。清筝何缭绕，度曲绿云垂”[33]，“豪士无所用，弹弦醉金罍。……置酒勿复道，歌钟但相催”[34]，“诗因鼓吹发，酒为剑歌雄。对舞青楼妓，双鬟白玉童”[35]，“胡人叫玉笛，越女弹霜丝。……扬袂挥四座,酩酊安所知?齐歌送清扬,起舞乱参差"[36]等等,觥筹交错的豪饮和曼舞飞歌的欢娱互相生发,饮者的身心得到充分的享受,酒酣耳热之际,李白把自己曾经独酌时的顾影独欢释放成了与众乐乐的狂歌醉舞:"永夜达五更,吴歈送琼杯。酒酣欲起舞,四座歌相催"[37],"风落吴江雪,纷纷入酒杯。山翁今已醉,舞袖为君开"[38],"与君歌一曲,请君为我倾耳听"[39]。

在这些作品中,李白是陷入了一种很复杂的狂欢状态而迷醉的。酒精当然是最根本的物质触媒,但横笛、清筝、玉箫、鼙鼓奏响的欢乐乐章,艳姬丽妓绕梁纷飞的清讴妙曲,歌儿舞女花枝招展的挥袂舞袖,主客不辨剑歌相呼的举手投足,交织在一起,再加上金樽佳酿诗酒相酬,感官的刺激、耳目的愉悦、感情的激荡、心灵的享受一同迸发出来,互相生发起来,这该是怎样令人迷狂,令人欢乐无比的场面!李白怎能不歌咏之,不手之舞之足之蹈之呢!

是谓心灵的快乐,但酒中之趣尚未止步。

酒有真趣

酒中之真趣,当指性情的舒张。而此真趣的实现,则来自于乐趣的高扬。我们接着乐趣说。

在前文所描述的心灵快乐的巅峰状态中,李白不仅得到了酒中乐趣,而且他的真性情得到了极大的发抒张扬,他意兴遄飞,豪气凌人:"日暮醉酒归,白马骄且驰。意气人所仰,冶游方及时"[40],"三杯吐然诺,五岳倒为轻。眼花耳热后,意气素霓生"[41],"酒后竞风采,三杯弄宝刀"[42],"长剑一杯酒,男儿方寸心"[43]。他将主观的意兴投射到自然世界时,万物任由他驱遣:"我且为君槌碎黄鹤楼,君亦为吾倒却鹦鹉洲"[44],"刬却君山好,平铺湘水流"[45],他将主观的意兴投射到社会现实时,则是真率对友人,平交待王侯:"两人对酌山花开,一杯一杯复一杯。我醉欲眠卿且去,明朝有意抱琴来"[46],"昔在长安醉花柳,五侯七贵同杯酒。气岸遥凌豪士前,风流肯落他人后"[47],"黄金白璧买歌笑,一醉累月轻王侯。……袖长管催欲轻举,汉东太守醉起舞。手持锦袍覆我身,我醉横眠枕其股"[48]。

李白这个"主观"的诗人在这种狂欢的巅峰状态下,破除了一切屏蔽与束缚,如同酒神附体,让自己的真性情排山倒海般爆发、飞流直下般倾泻。魏颢《李翰林集序》记载李白"又长揖韩荆州,荆州延饮,白误拜,韩让之,白曰:酒以成礼。荆州大悦"。[49]李白其实很清楚《左传·庄公二十二年》中"酒以成礼"的含义的,但这并不妨碍李白酒以为欢,欢后求真。当李白达到癫狂状态时,就远远突破"礼"的节制,以平等自由的态度面对周围的一切。无论是青山绿水,还是黄鹤楼、鹦鹉洲，无论是山中幽人，还是公子王侯，在李白的醉眼中既有可能成为率真坦荡的诗朋啸侣，又有可能被李白自由自在、无拘无束地任意驱遣。杜甫《饮中八仙歌》中的描绘：“李白一斗诗百篇，长安市上酒家眠，天子呼来不上船，自称臣是酒中仙”[50]，恐怕就是这个状态最形象的注脚了。可以说，这时李白饮酒才达到了最高的境界。

不仅仅是李白，就酒后醉中所释放的生命本真的自由而言，唐代其他诗人的表达也很充分，王绩大隐取醉，认为美酒才能超越礼乐诗书的束缚：“礼乐囚姬旦，诗书缚孔丘。不如高枕枕，时取醉消愁。”（王绩《赠程处士》）[51]权德舆感叹人世处处樊篱，只有杯中物才能令人解脱：“区区此人世，所向皆樊笼。唯应杯中物，醒醉为穷通。”（权德舆《早发杭州泛富春江寄陆三十一公佐》）[52]当这些束缚与樊篱解除了，人性的勇气、胆识和豪情就自然喷薄而出了。年轻的韩愈醉倒在王司马家的芍药花下，还在肆无忌惮地放言：“一尊春酒甘若饴，丈人此乐无人知。花前醉倒歌者谁，楚狂小子韩退之。”（韩愈《王司马红芍药歌》）[53]，杜甫与郑虔，虽皆寒苦，但得钱即开怀对饮，忘形你我：“得钱即相觅，沽酒不复疑。忘形到尔汝，痛饮真吾师。”[杜甫《醉时歌（赠广文馆博士郑虔）》][54]而卢纶与张擢对酒时，则以卢叟自称，二人歌呼相对，颇有意味：“张翁对卢叟，一榼山村酒。倾酒请予歌，忽蒙张翁呵。……卢叟醉言粗，一杯凡数呼。回头顾张老，敢欲戏为儒。”（卢纶《与张擢对酌》）[55]

是谓性情的舒张。

如何乐趣趋真趣

酒有乐趣，酒有真趣，不仅体现在李白，也不仅仅体现上述唐人作品，如果我们把元稹《先醉》《独醉》《宿醉》《惧醉》《羡醉》《忆醉》《病醉》《拟醉》《劝醉》《任醉》《同醉》《狂醉》《有酒十章》，白居易《何处难忘酒七首》《不如来饮酒七首》等十四首劝酒歌，皮日休《酒中十咏》《奉和添酒中六咏》等综合起来考察，这些特征同样鲜明而突出。

那么，酒的乐趣和真趣，心灵的快乐和性情的舒张，有没有一个临界点呢？唐朝另一个善饮的诗人关于酒仙的长歌提供了很好的答案。

杜甫的《饮中八仙歌》曰：

> 知章骑马似乘船，眼花落井水底眠。汝阳三斗始朝天，道逢麹车口流涎，恨不移封向酒泉。左相日兴费万钱，饮如长鲸吸百川，衔杯乐圣称世贤。宗之潇洒美少年，举觞白眼望青天，皎如玉树临风前。苏晋长斋绣佛

前，醉中往往爱逃禅。李白一斗诗百篇，长安市上酒家眠。天子呼来不上船，自称臣是酒中仙。张旭三杯草圣传，脱帽露顶王公前，挥毫落纸如云烟。焦遂五斗方卓然，高谈雄辩惊四筵。[56]

杜甫歌咏的这醉中八仙各有独特之处，但细细读来，以苏晋为关捩点，可以分为两个相承续的部分。前一部分极写酒仙们对美酒的迷狂，以及饮酒带来的心灵快乐，即乐趣；后一部分张扬酒仙们醉后的自由的本真人性和不羁的天赋才华，即真趣。四明狂客贺知章，醉中骑马似乘船，以至于眼花落井，还沉浸在美酒的陶然醉意中舍不得醒来。宗室皇族、汝阳王李琎，富贵已极，但口不择酒，以至于道逢麹车口流涎，恨不得移封酒泉来满足那畅饮的渴望。左丞相李适之，酒量巨大善豪饮，饮如长鲸吸百川，日费万钱也在所不惜。少年公子崔宗之，袭得一身魏晋名士的风流态度，举觞白眼望青天，皎如玉树临风前。此四者，身份地位不同，年龄大小有别，酒趣酒态不一，但他们对美酒的渴望、迷恋、畅想却都是一样的，都到了狂热的境界！苏晋长斋尚醉酒，和前四者相似；而他在醉中逃禅，却是本真人性的难以掩饰的难以抑制的表现。而这种表现，在李白、张旭、焦遂身上得到了放大。李白自不待言，焦遂始则默然饮酒，五斗之后方卓然而起，高谈雄辩，语惊四筵；草圣张旭则狂饮三杯后脱帽露顶，放肆于王公前，在醉意的驱使下挥毫落纸如云烟。李白、张旭、焦遂乃至苏晋的特立独行、放浪不羁乃至惊世骇俗的行为，其背后是毫无羁绊的天纵之心、自然而至的本真至性，而这种行为的表现、这种至性的释放是在“醉中”实现的。

而这个“醉中”恰恰就是“乐趣趋真趣”的临界点，这是不好量化的，因人而异；但也是可以量化的，比如李白。我们发现，当李白如此放言的时候，乐趣基本就上升为真趣了：

烹羊宰牛且为乐，会须一饮三百杯。[57]
百年三万六千日，一日须倾三百杯。[58]
中宵出饮三百杯，明朝归揖二千石。[59]
愁来饮酒二千石，寒灰重暖生阳春。[60]
龙泉解锦带，为尔倾千觞。[61]
同欢万斛酒，未足解相思。[62]
穷愁千万端，美酒三百杯。[63]
高谈满四座，一日倾千觞。[64]
涤荡千古愁，留连百壶饮。[65]

当李白达到“天子呼来不上船”的真趣境界，“诗百篇”的艺术创作出现了；当张旭达到“脱帽露顶王公前”的真趣境界，“挥毫落纸如云烟”的草圣手笔出现了。原来这真趣之后居然隐藏了如此蓬勃的艺术创作的生机与活力,性情的舒张俨然成就了艺术的巅峰状态。

在中国古代传统的理念中,美酒虽然能助兴,但更强调“酒以成礼”的节制性,强调中节适量的度,反对毫无节制的狂欢;与此相类,诗歌创作也要讲求温柔敦厚的风雅传统,这种审美观念并不反对欢愉和悲情,但要乐而不淫,哀而不伤,诗歌必须沿着中和雅正的路子不偏不倚、小心翼翼地去表达,才能最终获得这个文化传统的接纳乃至褒扬。然而,李白们的狂饮恰恰是对既有规矩的冲决与突破,是对酒礼的逆袭,而恰恰是这种酒仙(一似希腊的酒神)的狂欢,促成了乐趣趋向真趣的升华,达到一种“此中有真意,欲辨已忘言”的精神状态;这种陶然忘机的精神状态,恰恰是思维可以直击心灵的妙会契机,是诗歌创作难得的“得意忘言”的当口。有些时候,诗歌要书写心灵深处绵邈不尽的深度空间,要开掘纤细敏感的丝丝缕缕的多维度的情感世界,要展现创作个体大喜大悲极端深刻的生命体验,要描绘诗人的自我形象和主观世界,这就要去除束缚,摒弃伪装,在生命的狂欢中探寻到艺术的本真。而真趣带来空前活跃与跳动的创作灵感,则有可能把“得意忘言”“欲辨已忘言”的“言”落实为具体的文字。“文章本天成,妙手偶得之。”当酒力弥散,真趣消失,这种状态不复存在,这样的作品境界连作者自己也难以重新再达到。有前辈学者认为,李白的诗不可模仿也不可重复,大概就是包含这种情况在内的。

“何时一樽酒,重与细论文?”杜甫是懂酒的,是懂李白的,是懂诗歌的,他的《饮中八仙歌》抓住了盛唐的灵魂,抓住了酒仙的灵魂,以瞬间的定格把一个伟大而昌明的时代背景中那么多个性鲜明的酒仙的自由而真实的情态毕露无遗;同时他也抓住了酒的灵魂与诗的灵魂,不仅写出了酒的乐趣与真趣,更揭示了酒的真趣与诗的真意之间内在相通的本质。

注　释

[1]安旗主编:《新版李白全集编年注释》附录,巴蜀书社,2000年,第1837页。

[2]同上,第1838页。

[3]《月下独酌》其二,安旗主编:《新版李白全集编年注释》,巴蜀书社,2000年,第570页。本文所引李白诗皆出此著,以下径称“李白集”,以省篇幅。

[4](唐)房玄龄等:《晋书》卷九十八,中华书局,1974年,第2581页。此记载亦见陶渊明《晋故征西大将军长史孟府君传》。

[5]佟培基笺注:《孟浩然诗集笺注》,上海古籍出版社,2000年,第420页。

[6]刘禹锡《偶作》其一,卞孝萱校订:《刘禹锡集》,中华书局,1990年,第259页。

[7]《笑歌行》,《李白集》,第 1487 页。
[8]《自汉阳病酒归寄王明府》,《李白集》,第 1313 页。
[9]《早春寄王汉阳》,《李白集》,第 1377 页。
[10]《襄阳歌》,《李白集》,第 245 页。
[11]《陪侍郎叔游洞庭醉后三首》其三,《李白集》,第 1348 页。
[12]王绩《尝春酒》,(清)彭定求等编:《全唐诗(增订本)》,中华书局,1999 年,第 487 页。
[13]王勃《春园》,同上,第 682 页。
[14]丁仙芝《馀杭醉歌赠吴山人》,同上,第 1158 页。
[15]崔敏童《宴城东庄》,同上,第 2871 页。
[16]张籍《春日行》,同上,第 4297 页。
[17]韩偓《惆怅》,同上,第 7905 页。
[18]聂夷中《饮酒乐》,同上,第 7348 页。
[19]元结《石鱼湖上醉歌并序》,同上,第 2707 页。
[20]陈祚明:《采菽堂古诗选》上海古籍出版社,2008 年,第 80 页。
[21]《自遣》,《李白集》,第 236 页。
[22]《夜别张五》,《李白集》,第 127 页。
[23]贾至《对酒曲二首》,(清)彭定求等编:《全唐诗(增订本)》,中华书局,1999 年,第 2591 页。
[24]权德舆《放歌行》,(清)彭定求等编:《全唐诗(增订本)》,中华书局,1999 年,第 3676 页。
[25]白居易《醉歌(示伎人商玲珑)》,顾学颉校点:《白居易集》,中华书局,1979 年,第 244 页。
[26]《相逢行》,《李白集》,第 481 页。
[27]《少年行》其一,《李白集》,第 145 页。
[28]《猛虎行》,《李白集》,第 1153 页。
[29]《江上吟》,《李白集》,第 1390 页。
[30]《经乱离后天恩流夜郎忆旧游书怀赠江夏韦太守良宰》,《李白集》,第 1325 页。
[31]《鲁郡尧祠送吴五之琅琊》,《李白集》,第 680 页。
[32]《宣城送刘副使入秦》,《李白集》,第 1443 页。
[33]《邯郸南亭观妓》,《李白集》,第 889 页。
[34]《金陵凤凰台置酒》,《李白集》,第 765 页。
[35]《在水军宴韦司马楼船观妓》,《李白集》,第 1211 页。
[36]《九日登山》,《李白集》,第 979 页。
[37]《过汪氏别业》其二,《李白集》,第 1094 页。

[38]《对酒醉题屈突明府厅》,《李白集》,第1428页。
[39]《将进酒》,《李白集》,第269页。
[40]《古风》其八,《李白集》,第920页。
[41]《侠客行》,《李白集》,第142页。
[42]《白马篇》,《李白集》,第150页。
[43]《赠崔侍御》,《李白集》,第656页。
[44]《江夏赠韦南陵冰》,《李白集》,第1383页。
[45]《陪侍郎叔游洞庭醉后》其三,《李白集》,第1348页。
[46]《山中与友人对酌》,《李白集》,第236页。
[47]《流夜郎赠辛判官》,《李白集》,第1285页。
[48]《忆旧游寄谯郡元参军》,《李白集》,第853~854页。
[49]魏颢《李翰林集序》,《李白集》,附录,第1833页。
[50]杜甫《饮中八仙歌》,(清)仇兆鳌:《杜诗详注》,中华书局,1979年,第81~85页。
[51]王绩《赠程处士》,(清)彭定求等编:《全唐诗(增订本)》,中华书局,1999年,第485页。
[52]权德舆《早发杭州泛富春江寄陆三十一公佐》,同上,第3630页。
[53]韩愈《王司马红芍药歌》,同上,第3878页。
[54]杜甫《醉时歌(赠广文馆博士郑虔)》,(清)仇兆鳌:《杜诗详注》,中华书局,1979年,第175页。
[55]卢纶《与张擢对酌》,(清)彭定求等编:《全唐诗(增订本)》,中华书局,1999年,第3158页。
[56]杜甫《饮中八仙歌》,(清)仇兆鳌:《杜诗详注》,中华书局,1979年,第81~85页。
[57]《将进酒》,《李白集》,第269页。
[58]《襄阳歌》,《李白集》,第245页。
[59]《豳歌行上新平长史兄粲》,《李白集》,第132页。
[60]《江夏赠韦南陵冰》,《李白集》,第1383页。
[61]《夜别张五》,《李白集》,第127页。
[62]《宣城送刘副使入秦》,《李白集》,第1443页。
[63]《月下独酌》之四,《李白集》,第573页。
[64]《赠刘都使》,《李白集》,第1445页。
[65]《友人会宿》,《李白集》,第285页。

附　录

《中国李白研究》论文索引

（按作者姓氏拼音次序排列）

A

李白诗中之谜

——关于天宝丑闻的补充问题　［美国］艾　龙，第一辑（1987 年集）

史传“云封”诗谜情含“天宝”年号

——李白为“许云封”取名涉及唐玄宗封禅大典和天宝艳闻考　［美国］艾　龙，第二辑（1987 年集）

李集编年刍议　安　旗　薛天纬，第一辑（1987 年集）

李白书法略论　安　旗，第二辑（1987 年集）

李白有关佛教诗文系年选笺　安　旗，1991 年集

李白东鲁寓家地考　安　旗，1994 年集

李白与三峡二题　安　旗，1997 年集

B

佛禅文化对李白的影响　白　月，2015 年集

从《唐诗评选》看李杜之比较

——兼论王夫之《唐诗评选》中的诗学思想　毕伟玉，2001—2002 年集

C

李白入狱与长流夜郎心态研究　蔡阿聪，2014 年集

李白在永王军中的身份和地位考辨

——兼释《永王东巡歌》的创作实效　蔡方琴，2014 年集

李白故居探证　曹国金，2012 年集

李白的明月世界　曹化根，2001—2002 年集

以“谪仙人”称誉为起点透视李白人生悲剧　曹化根，2005 年集

李白使用严光典故之探析　曹化根，2014 年集

李白命名地名及其相关问题探析　曹化根，2016 年集

D

F

G

H

J

K

L

李白诗中的四季　　蓝　旭,2006—2007 年集
追寻中国文学的自由传统
　　——裴斐先生的文学理论和文学史研究　　蓝　旭,2013 年集
“不然”试解
　　——从李白诗的用例说起　　蓝　旭,2016 年集
李白古风吹莫城　　理　然,2006—2007 年集
当涂青山《大唐翰林李公新墓碑》异文　　李昌志,第一辑(1987 年集)
李白藁葬、殡葬、改葬始末新说　　李昌志,1995—1996 年集
马鞍山地区李白研究的成就及影响综述　　李昌志,2001—2002 年集
李白诗歌在西班牙语世界的译介与研究　　李翠蓉,2016 年集
唐代馆驿制度与李白馆驿诗　　李德辉,2003—2004 年集
唐代流人制度与李白的流放　　李德辉,2005 年集
中国李白研究会第十一次学术研讨会综述　　李德辉,2005 年集
李白诗歌对湖湘地理环境特征的揭示　　李德辉,2006—2007 年集
李白诗中的“邯郸南亭”释证
　　——兼论唐代驿站的娱乐场所性质与功能　　李德辉,2008 年集
中国李白研究会第十三次学术研讨会综述　　李德辉,2008 年集
涌动的江上诗情
　　——论江行生活与李白诗歌创作的关系　　李德辉,2009 年集
中国李白研究会第十四届年会暨李白国际学术研讨会综述　　李德辉,2009 年集
李白《三五七言诗》的著作权问题　　李德辉,2013 年集
中国李白研究会第十六届学术研讨会综述　　李德辉,2013 年集
李白江行诗的六朝体格及其得失　　李德辉,2015 年集
李白的文化性格与待诏翰林政治失败漫议　　李芳民,2008 年集
李白“古乐府之学”臆解
　　——围绕李白传授韦渠牟“古乐府之学”的断想　　李芳民,2010—2011 年集
范碑所述李白世系的谱牒学问题　　李　浩,1997 年集
李白作品中的“梦”
　　——从《梦游天姥吟留别》出发的考察　　李　浩,1998—1999 年集
李白作品中的园林文化　　李　浩,2000 年集
李白诗中“破颜花”正诂　　李　浩,2001—2002 年集
论高启对李白豪放诗风的继承与新变　　李鸿渊,2008 年集
论乾隆诗学观指导下的李白评点
　　——以《御选唐宋诗醇》为中心　　李　靓,2014 年集
李白“少长江汉”辨　　李曼农,1991 年集
李白《上李邕》诗作于江夏说　　李曼农,1995—1996 年集
《胡无人》本事说　　李曼农,2000 年集
论李白诗歌中的“直寻”式表达　　李　明,2012 年集
论李白诗歌的“反常合道”　　李　明,2013 年集
从“削瓜”看《瀑布》诗的创作年代　　李　娜,2015 年集
李白与《抱朴子・内篇》　　李乃龙,2001—2002 年集
李白与大自然　　李　戎,1992—1993 年集

李白与崔宗之酬赠诗考　　李清渊，第一辑，1987 年集
李白酬张卿诗臆说　　李清渊，第二辑，1987 年集
李白“隐于岷山之阳”别考　　李清渊，1990 年集·下
李白“抱子弄白云”别解　　李清渊，1995—1996 年集
李白“中年”游吴越辨　　李清渊，1998—1999 年集
李白“西来一摇扇”辨　　李清渊，2000 年集
苏颋谈李白文章之风力与学　　李清渊，2013 年集
李白与“贺公”交游新说订补　　李庆元，1994 年集
神游化外的诗仙李白　　［美国］李三宝，1998—1999 年集
“银河”落自何处？　　李士彪，2003—2004 年集
试论李白与苏轼豪放性格之同异　　李霜琴，2000 年集
论李白个性与游仙的关系　　李霜琴，2003—2004 年集
且从康乐寻山水
　　——论李白对谢灵运的推许及其深层内涵　　李霜琴，2012 年集
俄罗斯汉学家怎样学习及翻译李白诗歌　　［俄罗斯］и. с. 李谢维奇，1998—1999 年集
五代对李白的接受　　李艳婷，2003—2004 年集
李白游仙诗简论
　　——兼议对《楚辞》游仙体式的接受　　李　莹　李金坤，2013 年集
抵制网络恶搞，树立诗仙形象　　李　云，2013 年集
“天姥即王母”补证　　李招红，1998—1999 年集
裴斐先生独树一帜论李白　　李招红，2014 年集
李白人剡若干事略　　李招红，2015 年集
如此解合续弦胶
　　——《李白资料汇编》补遗刍议　　李振中，2014 年集
李白郎陵学禅考　　李振中，2015 年集
李白新安之游质疑　　李子龙，第一辑（1987 年集）
关于汪伦其人　　李子龙，第二辑（1987 年集）
李白与高适的政治得失刍议　　李子龙，1990 年集·上
唐代当涂地理胜迹示意沙盘制作的几个问题　　李子龙，1990 年集·下
李白与老庄孔的人生哲学比较　　李子龙，1991 年集
李白待诏翰林失败原因刍议　　李子龙，1992—1993 年集
李白寓家东鲁新考　　李子龙，1994 年集
关于李白之死和墓及其后人的几个问题　　李子龙，1995—1996 年集
李白《宴姑孰亭序》原说　　李子龙，1997 年集
李白溺死说的来龙去脉　　李子龙，2001—2002 年集
陈振孙家藏本《李翰林集》源流补述　　李子龙，2003—2004 年集
李白诗中的姑孰、牛渚考　　李子龙，2005 年集
李白在马鞍山市境的诗文和意义　　李子龙，2006—2007 年集
李白饮酒诗中的生命价值取向　　梁　森，1991 年集
李白《古风》其一旨意解说述评　　梁　森，2014 年集
李白出蜀往吴原因蠡测　　梁树风，2014 年集
再论严羽《评点李太白集》的成书　　梁树风，2016 年集

李白自比相如及其与苏颋之关系　林大志,2009 年集
追忆首任会长詹锳先生　林大志,2014 年集
李白《上李邕》献疑　凌郁之,2009 年集
李白先世新探　刘伯涵,1990 年集·上
李白书写女性诗歌之价值判断　刘朝谦　曾娅先,2010—2011 年集
对千年诗仙的理性研究和激情阐释
　　——康怀远先生《李白批评论》评介　刘崇学,2005 年集
又如李白才清新,无数篇章思不群
　　——李白与郭祥正诗歌风格比较探微　刘传文　王友胜,2008 年集
关于游侠诗的界定问题
　　——从李白《东海有勇妇》《秦女休行》说起　刘飞滨,2010—2011 年集
漫游、玄游与仙游
　　——试论李白与中国的传统旅游　刘和椿,1998—1999 年集
李白《玉真公主别馆苦雨赠卫尉张卿二首》系年新考　刘金平　吕华明,2008 年集
李白《古风》的分期与风格　刘　勉,2008 年集
论作为玄宗诗坛之批评家的李白　刘青海,2012 年集
李白在故里的遗迹风物考　刘术云,2010—2011 年集
盛唐李白之生命美学解读　刘　伟,2013 年集
李白之父不名客辨　刘文刚,1994 年集
争胜毫厘　足称联璧
　　——李白与王昌龄七绝之比较　刘文刚,2001—2002 年集
论赵翼的李白研究　刘文刚,2003—2004 年集
对《李白考异录》的三点质疑　刘友竹,第一辑(1987 年集)
李白的出生地再考　刘友竹,第二辑(1987 年集)
李白与李邕关系考　刘友竹,1990 年集·上
谈《放后遇恩不沾》的注释和系年　刘友竹,1992—1993 年集
李白的诗论与当代诗词创作　刘友竹,1994 年集
李白在万州南浦县的游踪及作品　刘友竹,1995—1996 年集
李白与三峡若干问题辨析　刘友竹,1997 年集
李白长流夜郎放还问题研究综述　刘友竹,2000 年集
李白与元丹丘、玉真公主交游新考　刘友竹,2001—2002 年集
李白与成都　刘友竹,2010—2011 年集
纪念裴斐先生　刘跃进,2013 年集
李白的《静夜思》是串珠之作　刘朝文,1994 年集
舍利弗、摩多楼子和菩萨蛮　刘真伦　岳　珍,2001—2002 年集
从宋人的模仿与次韵看李白词的传播与影响　刘尊明,2009 年集
金元明各代词人追摹及次韵李白词初探　刘尊明,2014 年集
朝鲜郑斗卿诗之李白诗风考　[韩国]柳晟俊,1998—1999 年集
李白少年游京洛考辨　卢燕平,2005 年集
任华《杂言寄李白》“登天台,望渤海”臆解　卢燕新,2012 年集
李白诗“流霞”考
　　——兼论汉唐“流霞”义衍变　卢燕新,2013 年集

论李白与“二次葬”　陆德海,2009 年集
李白诗歌与灵感思维　陆惠解　陈尚铭,1994 年集
国家精神符号的阐释与重构
　　——谈李白的《明堂赋》　栾　睿,2009 年集
李白日常行为与思维的“神话性”　罗鸣放,2010—2011 年集
李太白诗话十则　罗　宁,2010—2011 年集
也谈李白与《长短经》　罗宗强,1990 年集·下
李白的神仙道教信仰　罗宗强,1991 年集
西方人眼中的李白　[德]吕福克,1998—1999 年集
论天姥山得名的神话轨迹　吕洪年,1998—1999 年集
李白《为宋中丞自荐表》写作时间考辨　吕华明,2000 年集
《望庐山五老峰》系年新考论　吕华明　刘　丹,2013 年集
浅谈李白的题画诗及其艺术风格　吕彦舒,2009 年集
李白再次入越之缘由及贺知章之影响　吕玉华　蒋　凡,2013 年集
李白在单父
　　——兼及李白、杜甫、高适同游梁宋及贾至任单父尉时间　吕玉华,2014 年集

M

文化旋涡中的溺水者　马　力,2000 年集
李白炼丹地点考　毛水清,1991 年集
李白献赋考　毛水清,1992—1993 年集
2009—2010 年中国李白研究综述　孟祥光,2010—2011 年集
2011—2012 年国内李白研究综述　孟祥光,2013 年集
论李白的游侠崇拜　孟修祥,1992—1993 年集
充满现实感的历史世界
　　——论李白的咏史怀古诗　孟修祥,1994 年集
走向山水的自然选择
　　——谈李白《梦游天姥吟留别》的题旨　孟修祥,1998—1999 年集
论李白对楚辞的接受　孟修祥,2001—2002 年集
论李白诗歌的音乐特性　孟修祥,2003—2004 年集
我本楚狂人
　　——李白的荆楚文化情结　孟修祥,2014 年集
李白《古风》组诗题名、编纂情况考述　缪晓静,2014 年集

N

读李白诗札记　倪培翔,1995—1996 年集
略谈李白文章的艺术成就　牛宝彤,第二辑(1987 年集)

O

李白王道精神及其雅正文学观探析　欧阳艳华,2015 年集

P

Q

R

S

李白《灞陵行送别》考　［日本］松原朗,2001—2002 年集
李颀诗风质变原因探析　隋秀玲,2010—2011 年集
李白《临路歌》诗题辨析　孙功发,1992—1993 年集
论李白诗歌艺术想象的特征　孙功发,1994 年集
李白的文化人格与矛盾个性　孙　立,1990 年集·下
李白五律的艺术成就　孙琴安,1991 年集
指引李白研究的新方向
　　——《李白研究论著目录》评介　孙文杰,2015 年集
九华山李白游踪考　孙运伦,1992—1993 年集
李白诗《望木瓜山》考释　孙运伦,1994 年集
李白与兰陵美酒　孙韫莹,1994 年集

T

李白人格臆说　谭　青,1994 年集
从薛涛的《西岩》诗看李白是否游鉴过万县　谭文兴,1997 年集
峨眉　巫山　蜀道　天姥　华山
　　——略论李白登山诗的创作及其发展过程　谭文兴,1998—1999 年集
评“李白是李陵之后、周隋李贤李穆一系”说　汤华泉,2000 年集
李白与安徽旅游资源的开发　汤华泉,2001—2002 年集
关于李白奉召入京供奉翰林主因的商榷　汤华泉,2003—2004 年集
唐人的歌行概念与李白的七言歌行范围　汤华泉,2005 年集
李白近体格律论析　汤华泉,2008 年集
李白五古三论　汤华泉,2009 年集
关于李白与安徽的五个问题考论　汤华泉,2010—2011 年集
关于李白由南陵奉诏入京问题的补说　汤华泉,2013 年集
李杜诗歌体裁取向及其影响简论　汤华泉,2016 年集
李白三峡游踪及其有关诗作探讨　汤绪泽,1997 年集
天姥山地属考　唐佳文,1998—1999 年集
李白《送贺监归四明应制》诗为伪作　陶　敏,第二辑(1987 年集)
《代佳人寄翁参枢先辈》非李白诗　陶　敏,1991 年集
唐诗中的“天姥”　陶　敏,1998—1999 年集
魏晋审美观与李白诗歌　陶新民,第二辑(1987 年集)
李白的干谒与行卷之关系　陶新民,1995—1996 年集
李白《蜀道难》同时蜀道诗画刍论　陶喻之,2001—2002 年集
分歧与会通:李白《忆旧游寄谯郡元参军》阐释史　田恩铭,2015 年集
略论李白诗歌中女性题材之书写策略　田　苗,2014 年集
试论李白书风　佟培基,1995—1996 年集

W

李白与河东裴氏交游考述　万德敬,2008 年集
河东文化对李白的滋养　万德敬,2009 年集
李白研究又出力作
　　——评张瑞君先生《李白精神与诗歌艺术新探》　万德敬,2013 年集

明清时期李白诗意图考论　万德敬,2016 年集
苏轼与李白　王宝珍,2001—2002 年集
李白籍贯的探讨　王伯奇,1994 年集
李白在兖州的田产　王伯奇,1995—1996 年集
李白开元年间游河北初探　王伯奇,1997 年集
李白与剡中　王伯奇,1998—1999 年集
李白初识杜甫时地新考　王伯奇,2000 年集
李白与杜甫、高适游梁宋时间新考　王伯奇,2001—2002 年集
李白拜谒上书韩荆州时间考
——兼述李白开元十八年入长安后之游踪　王伯奇,2003—2004 年集
关于建议成立“马鞍山市中国李白文化研究基地”的几点浅见　王成武,2016 年集
李白诗中的地名景物矛盾　王定璋,第一辑(1987 年集)
略论李白诗中的战争题材　王定璋,第二辑(1987 年集)
论李白的主体意识
——兼论历代对李白的评价　王定璋,1990 年集·上
诗误？还是史误？
——读李白诗《送贺宾客归越》　王宏生,2005 年集
试论李纲对李白的评价　王红霞,2008 年集
21 世纪以来韩国李白研究述评　王红霞 吴明贤,2009 年集
试论王世贞对李白的接受和评价　王红霞　任　龙,2010—2011 年集
试论王世贞创作实践对李白的接受　王红霞　任　龙,2014 年集
南羲采《龟磵诗话》解李白诸条辨析　王红霞　冉　驰,2016 年集
关于“百代词曲之祖”的臆想　王淮生,2000 年集
李白长流夜郎新考　王辉斌,1991 年集
李白《苦雨》诗的再考订
——兼论三入长安说者的依据问题　王辉斌 ,1992—1993 年集
李白究竟在何地奉诏入京
——兼论安徽南陵为李白的第三故乡　王辉斌,1994 年集
李白在安徽研究综述(1949—1993)　王辉斌,1997 年集
三谈李白《九日龙山饮》
——与郁贤皓、李子龙二文商榷　王辉斌,2000 年集
李白与王维未交游原因探析
——兼及孟浩然、李白、王维三人之比较　王辉斌,2008 年集
论李白的赠内诗　王辉斌,2009 年集
李白与王维“骊山交游”说质疑
——略评毕宝魁《王维与李白关系臆说》一文　王辉斌,2016 年集
以天下为己任的李白
——兼议松浦友久《“客寓”的诗思》　王慧清,2005 年集
“实事求是”的治学精神
——拜读裴斐先生《评李白出生碎叶说兼议李白的籍贯问题》　王慧清,2014 年集
李白与丝绸之路文化初探　王慧清,2015 年集
李白对王安石的影响　王晋光,1991 年集

2009 年李白研究论著目录　韦　兰，2010—2011 年集
2010 年李白研究论著目录　韦　兰，2010—2011 年集
2011 年李白研究论著目录　韦　兰，2012 年集
李白歌行的创变特征新探　魏耕原，2015 年集
李白《自巴东舟行经瞿塘峡登巫山最高峰晚还题壁》诗之写作年代及其离乡出蜀考　文幸福，2006—2007 年集
李杜诗歌比较评述　邬国平，1991 年集
王夫之论李白　邬国平，2006—2007 年集
试论道教存想法术对李白诗歌想象艺术的影响　吴崇明，2009 年集
命运与性格的对话方式
——李白诗中的牢骚　吴河清，2005 年集
“李白与丝绸之路国际学术研讨会”会议综述　吴华峰　周　珊，2015 年集
中国李白网流量统计报告　吴坤地，2006—2007 年集
李白《白头吟》考辨　吴明贤，2008 年集
李白词辩证稿　吴企明，第二辑(1987 年集)
建立李白学刍议　吴企明，1990 年集·上
李白与盛唐绘画艺术　吴企明，1991 年集
从李白翰林供奉的身份看其新乐府诗创作　吴相洲　张　煜，2005 年集
李白古乐府学内涵探析　吴相洲，2013 年集
文本互涉与客寓悲情
——论李白在苏皖所作诗　吴耀宗，2001—2002 年集
李白漫游浙江诗歌初探　[韩国]吴允淑，1998—1999 年集
李白乱后心态矛盾性的文化解析　吴增辉，2009 年集
醉酒与李白的超越追求　吴增辉，2014 年集
求仙与幻灭　吴增辉，2015 年集
论李白的诗序　吴振华，2010—2011 年集
试论李白《秋浦歌》与王维《辋川集》的异同　吴振华，2013 年集
论李白诗歌中塑造的少年形象　吴振华　艾媛媛，2014 年集
试论李白的《姑熟十咏》　吴振华，2015 年集
庐山千古毓灵气　太白雄笔展诗才
——论《庐山瀑布二首》兼及二诗优劣与审美距离　吴振华，2016 年集
李白七首名著注释之误　武承权，2003—2004 年集
李白诗文散失、真伪、著作数目试析　武承权，2005 年集
《上安州裴长史书》中裴长史疑析　武承权，2006—2007 年集
李白研究史上的新发现　武承权，2006—2007 年集
李白弱冠自蜀入京洛求仕漫游考析　武承权，2012 年集
李白诗文中人物及其历史背景辨析　武承权，2014 年集
永王、李白谋反乎？　武承权，2016 年集
从兖州近年出土的四件文物看李白在山东寓家地点　武　秀，1994 年集
“李白剑法”及“李白杜甫的三首佚诗”的发现及初考　武　秀，2005 年集

X

故翰林学士李君墓志(并序)真伪辨　西天禾，2015 年集

李白溧阳之行初探　　奚渭明,2000 年集
李白诗中的王炎　　奚渭明,2001—2002 年集
读李白诗文二题　　奚渭明,2003—2004 年集
宋陟何许人?　　奚渭明,2005 年集
李白与孟浩然同游溧阳考辨　　奚渭明,2006—2007 年集
对《李白研究史上的新发现》一文之我见　　奚渭明,2008 年集
试析李白的战争诗　　奚渭明,2009 年集
李白的形象在日本
——兼论李白与科举的关系　　[日本]下定雅弘,1998—1999 年集
李白笔下的“贺公”小考　　夏义梅　刘百全,2012 年集
《三公画像石》赏析
——兼谈李白与贺知章、杜甫的交往　　夏义梅,2014 年集
李白结婚考　　[日本]笕久美子,1990 年集·下
“赠给妻子的诗”与“爱怜妻子的诗”
——试论李白和杜甫诗中的妻子形象　　[日本]笕久美子,1991 年集
李白“青莲”意象考　　萧丽华,1997 年集
李白拟古诗的诗学意义
——以李白“着题拟古诗”为例　　萧丽华,2008 年集
台湾地区李白研究的鸟瞰与提要(1962—2009 年)　　萧丽华　黄舜彬,2009 年集
《梦游天姥吟留别》诗题诗旨辨　　啸　流,1991 年集
李白诗中的西域文化述论　　谢建忠,2001—2002 年集
论《毛诗》与李白文、赋的儒家情怀　　谢建忠,2009 年集
李白开元末年入京考　　谢　力,第一辑(1987 年集)
李白游九华山事迹考辨　　谢澍田,1990 年集·上
李白家室及相关问题刍议　　谢宇衡,1994 年集
李白“一生低首谢宣城”衍述　　谢宇衡,1995—1996 年集
略论日本近世文学中的李白　　熊慧苏,2001—2002 年集
李白诗文中的佛教描写　　[日本]须滕健太郎,2001—2002 年集
“清新庾开府”义解
——李白与庾信　　徐宝余,2005 年集
李白为李渊五世孙考　　徐本立,1990 年集·上
《李白为李渊五世孙考》补证　　徐本立,1991 年集
李白山东寓家兖州考　　徐本立,1994 年集
《送王屋山人魏万》写作时间辨　　徐步云,1994 年集
简论李白游仙诗　　徐聪文,2015 年集
一位“方”的学者
——纪念裴斐先生　　徐公持,2013 年集
以仙逸之名行终南捷径
——从李白游仙隐逸诗看盛唐隐逸之风　　徐　洁,2015 年集
李白“秋”诗初探
——“悲秋”传统的继承与拓展　　徐丽霞,2001—2002 年集
浅论李白诗歌在唐宋之际的经典化问题
——以《蜀道难》为例　　徐 晓,2016 年集

明代朱谏与李白诗歌辨伪　　徐小洁,2014 年集
论胡震亨对唐诗及李白诗歌的研究　　徐小洁,2016 年集
再谈李白寓家东鲁　　徐叶翎,1995—1996 年集
读李札记　　徐叶翎,2000 年集
李白诗中之酒情感表达　　徐祝林,2005 年集
论李杜咏物赋之特色及其异同(上)　　许东海,1997 年集
论李、杜咏物赋之特色及其异同(下)　　许东海,2000 年集
李白《梦游天姥吟留别》的辞赋身影　　许东海,2001—2002 年集
山神·先贤·谪仙
　　——李白文的寿山、东山隐喻及其自我写真　　许东海,2014 年集
李白交游考录三题　　许嘉甫,1990 年集·下
李白酬赠张诗考释　　许嘉甫,1992—1993 年集
李白西涉岐邠考　　许嘉甫,1994 年集
李白四渡峡江考辨　　许嘉甫,1997 年集
李白《梦游天姥》直解　　许嘉甫　许　玮,1998—1999 年集
李白游昌师院小考　　许嘉甫　杨海波,2000 年集
论李白诗研究中的泛政治化倾向　　薛天纬,第一辑(1987 年集)
李白诗四解　　薛天纬,第二辑,1987 年集
“太白遗风”论　　薛天纬,1992—1993 年集
漫说李白“学剑来山东”　　薛天纬,1994 年集
“李白热”的反思与期待　　薛天纬,1995—1996 年集
李白出蜀漫议　　薛天纬,1997 年集
天姥山的文化高度　　薛天纬,1998—1999 年集
李白精神的历史认识过程　　薛天纬,2001—2002 年集
李白的歌行　　薛天纬,2005 年集
生命与生活之歌
　　——解读《道教徒的诗人李白及其痛苦》　　薛天纬,2006—2007 年集
纪念中国李白研究会成立 20 周年学术总结报告　　薛天纬,2008 年集
2007—2008 年中国李白研究综述　　薛天纬　孟祥光,2009 年集
李白的文学观与历史观
　　——关于《古风》其一的再讨论　　薛天纬,2012 年集
裴斐先生的“逸情”　　薛天纬,2013 年集
关于《古风五十九首》研究的三个问题　　薛天纬,2013 年集

Y

读《李白集》丛札　　阎　琦,第一辑(1987 年集)
李白在安陆、东鲁的亲族臆考　　阎　琦,1991 年集
关于李白的户籍、婚姻及科举的余论　　阎　琦,1992—1993 年集
李白的入仕道路和他的函愤　　阎　琦,1994 年集
李白二、三两次入越考　　阎　琦,1995—1996 年集
李白与三峡　　阎　琦,1997 年集
再论李白不卒于宝应元年　　阎　琦,2000 年集

须教自我胸中出　切忌随人脚后行

——李白对鲍照的学习继承与发扬论略　　杨栩生,2003—2004 年集

关于李白生卒年问题的再认识　　杨栩生　沈曙东,2008 年集

《文苑英华》之录李白诗文所本寻踪　　杨栩生　沈曙东,2009 年集

唐人之李白序志碑传辨读　　杨栩生　沈曙东,2010—2011 年集

《文苑英华》之李白诗题目异文辨读　　杨栩生　沈曙东,2014 年集

李白秦中行吟叙论　　杨栩生　沈曙东　朱昌林,2015 年集

五代宋时李白序志之载事辨　　杨栩生　沈曙东,2016 年集

李白葬友之文本考察　　杨学是,2009 年集

“力士脱靴”本事考辨　　杨莹莹,2014 年集

《李太白诗醇》简述　　杨羽翎,1990 年集·下

读《李白研究论文精选集》有感　　叶帮义,2001—2002 年集

宋代题画诗词中的李白形象　　[新加坡]衣若芬,2008 年集

诗仙与坡仙的交会:苏轼《李白仙诗卷》　　[新加坡]衣若芬,2009 年集

《唐李先生彰明县旧宅碑并序》碑文与王琦改本之优劣辨　　易可情,2012 年集

李白对郭祥正诗歌创作的影响　　殷春梅,2001—2002 年集

李白笔下的皖江风情　　殷春梅,2003—2004 年集

清盛期四大诗论家对李白诗的品评　　殷春梅,2005 年集

现存有关李白的古代书画作品目录　　殷春梅　韦　兰,2005 年集

宋代的李白研究简述　　殷春梅,2006—2007 年集

李白诗歌中的人名运用　　殷春梅,2008 年集

李白四题　　尹楚彬,1997 年集

《李白全集校注汇释集评》求疵　　尹楚彬,2000 年集

解读李白的一扇窗口

——试论李白作品中的谋臣策士形象　　尹楚兵,2012 年集

李白与陵阳山　　尹定根,2012 年集

李诗“飘逸”说绎论　　尹仲文　高昭业,1991 年集

“今古一相接”,走进历史

——试析李白怀古诗的一种类型　　余国辉,2001—2002 年集

李白的出生地与《江西送友人之罗浮》诗　　余恕诚,1990 年集·下

李白与李商隐

——兼论“三李”并称　　余恕诚,1997 年集

剡溪访戴典故在李白笔下

——兼谈盛唐诗人对于魏晋风度的接受　　余恕诚,1998—1999 年集

论李白、杜甫的妻儿诗　　余　霞　余　燕,2008 年集

从李白《梦游天姥吟留别》看士文化的现实意义　　俞晓军,2015 年集

《蜀道难》广论　　禹克坤,1991 年集

李奎报与李白比较研究　　[韩国]禹尚烈,2008 年集

论李白乐府的特质　　郁贤皓,第一辑(1987 年集)

《旧唐书·李白传》订误　　郁贤皓,1992—1993 年集

建国以来李白研究概述　　郁贤皓　倪培翔,第二辑(1987 年集)

论李白《古风五十九首》　　郁贤皓,1990 年集·上

Z

李白与佛教思想　章继光,1990年集·下
李白《古风》其一试解　赵立新,1997年集
李白新题乐府诗渊源及其特色　赵立新,2000年集
李白诗歌的叙事性蠡探　赵立新　孟祥光,2014年集
李白散文三题　赵铭善,1992—1993年集
李白的《上阳台帖》　赵天琪,2001—2002年集
"新弦采梨园""醉发吴越调"
——李白诗歌与剡中戏曲的关系　肇　明,1998—1999年集
胡应麟诗歌创作对李白的接受　郑　慧,2016年集
简论李白诗歌对卢仝创作的影响　郑慧霞,2010—2011年集
李白对杨妃评价刍议　郑慧霞,2014年集
《望天门山》题旨之我见　郑慧霞,2016年集
由李白第一次出长安取道对《李白全集编年注释》的编年异议　郑　文　单　芳,2001—2002年集
李白诗中"鲁中"等地名及寄家地　郑修平　相　力,1995—1996年集
李白东鲁之家在何处　郑修平,2001—2002年集
李白与酒　郑滋斌,1994年集
哈密碎叶与李白身世　钟兴麒,2001—2002年集
读《李白资料汇编》(金元明清之部)札记　钟振振,1997年集
《梦游天姥吟留别》的段落及诗旨　周　涤,1998—1999年集
男女之情
——李白比兴言志的重要手段　周　敏,1997年集
太白"侠事""侠诗"与"侠思"　周　敏,2000年集
弃仕、非仙、皈依自然的惊世浩歌
——《梦游天姥吟留别》主旨再探　周冕章,1998—1999年集
李白游天台山考　周　琦,1990年集·上
李白及其家人名字寓意之推断　周勋初,1990年集·上
李白剡中之恋放谈　周勋初,1998—1999年集
"李白《蜀道难》后继之作"解读　朱昌林,2009年集
论李白的散文　朱金城,第一辑(1987年集)
中华书局标点本《李太白全集》校读小记　朱金城,第二辑(1987年集)
双白簃读《李白集》札记　朱金城,1990年集·上
双白簃读《李白集》札记续篇　朱金城,1990年集·下
一代风骚
——李白及其艺术中的人生与社会　朱金城　朱易安,1992—1993年集
李白笔下的山东物产　朱　宁,2013年集
苏轼论李白浅述　朱秋德,2009年集
李白《静夜思》研究热点述略及再解读　朱秋德,2010—2011年集
李白大赋中的西域元素考察
——以王琦注《李太白全集》为中心　朱秋德,2013年集
李白形象的另一种解读
——谈《李谪仙醉草吓蛮书》中的李白形象　朱全福,2010—2011年集